广州市国家档案馆藏抗战时期办学档案史料选编

（下）

SPM 南方出版传媒
花城出版社
中国·广州

图书在版编目（CIP）数据

广州市国家档案馆藏抗战时期办学档案史料选编 / 广州市国家档案馆，广东省古迹保护协会编. -- 广州 : 花城出版社，2021.12
ISBN 978-7-5360-9526-7

Ⅰ. ①广… Ⅱ. ①广… ②广… Ⅲ. ①教育史－史料－中国－1931-1945 Ⅳ. ①G529.6

中国版本图书馆CIP数据核字(2021)第246459号

出 版 人：肖延兵
策划编辑：张 懿
责任编辑：林 菁
技术编辑：薛伟民 林佳莹
封面设计：庄海萌

书　　名	广州市国家档案馆藏抗战时期办学档案史料选编 GUANGZHOUSHI GUOJIA DANGANGUAN CANG KANGZHAN SHIQI BANXUE DANGAN SHILIAO XUANBIAN
出版发行	花城出版社 （广州市环市东路水荫路 11 号）
经　　销	全国新华书店
印　　刷	深圳市福圣印刷有限公司 （深圳市龙华区龙华街道龙苑大道联华工业区）
开　　本	787 毫米 ×1092 毫米　16 开
印　　张	46.75　4 插页
字　　数	600,000 字
版　　次	2021 年 12 月第 1 版　2021 年 12 月第 1 次印刷
定　　价	298.00 元（全二册）

如发现印装质量问题，请直接与印刷厂联系调换。
购书热线：020-37604658　37602954
花城出版社网站：http://www.fcph.com.cn

目录

第三部分　共克时艰

一　多方筹措经费

二　补贴教职员工

三 补助救济学生

第四部分　胜利复员

第三部分　共克时艰

抗战办学的艰难，不仅来自敌军进犯带来的生命威胁，也来自艰苦物质条件的磨炼。抗战时期，物资匮乏、物价跳涨，维持生计成为学校和师生们不得不克服的难题。因为米荒，众学校为购米费尽心思。因为通货膨胀，教师们薪水的实际购买力不及战前十之一二，除了盼望早日发薪，也要兼课、典当借贷，甚至亲自垦荒种菜以补贴家用。学生们除了领取贷金和补助，还以勤工俭学的方式维持生活。抗战时期，尽管学校对教职员工和学生的待遇一升再升，却始终难以追上物价的涨幅。

一 多方筹措经费

抗战时期，历经数次迁徙的各级学校，面对的最大困难是经费短缺。每次迁校都意味着损失，转移师生、营建校舍、维持校务等等工作，都需要大量经费支撑，而日益严重的通货膨胀更让学校的资金捉襟见肘。教育部门拨发的补助有限，各校除了日常要精打细算，也在积极争取银行借款、地方政府补贴和捐款救济等款项，这成了学校维持教学活动的生命线。

馆藏私立广州大学与行政部门关于经费问题的往来文书反映了抗战时期私立大学的普遍困境。一九四一年十二月香港失陷后，私立广州大学九龙分教处的新旧校舍或被敌机炸毁，或被占用，损失惨重，不得不与中学部一同迁回韶关办学。中学部的内迁得到了侨务委员会的资助，给予其复校补助费国币一万元。大学部除获得教育部拨发的年度补助费外，另有建筑补助费十五万元，成为复校曲江上窑的最大助力。但校舍建设耗资超五十万元，经费不敷使用，故陈炳权校长又呈请教育部增拨三十万元以资救济。一九四四年，私立广州大学又以教育部的补助费及财政部拨给学校税务训练班的经费等共计国币四十万元（以上经费该校尚未具领）作为抵押，由广东省教育厅作为担保人，与广东省银行签订透支合约，以维持办学，透支期限为三个月。

抗战时期，米荒也是各个学校面临的难题。一九四三年五月，国立中山大学召集紧急会议商讨筹款购米事宜。一百万元购米款没有着落，会议决定挪用教职员一至五月研究补助费三十万元、学生贷金六月余款二十六万元，再向省行透支一部分，剩下的由总务处设法筹集补足，派王亚南教授速去湖南采购。一九四五年五月，省立执信女子中学请求仁化县政府拨借五月应领粮额，但因仁化县政府县级公粮已告罄，实无余粮可借。

除政府部门，银行与救济组织也向各学校伸出援手，帮助缓解经费和医药物资紧缺的问题。战时的各级学校辗转办学，为艰辛维持教育而设法多方筹措经费，为华南学子的求学之路铺垫了基石。

国立中山大学校长召开紧急会议商讨筹款购米问题的函　附：会议记录（一九四三年六月一日）

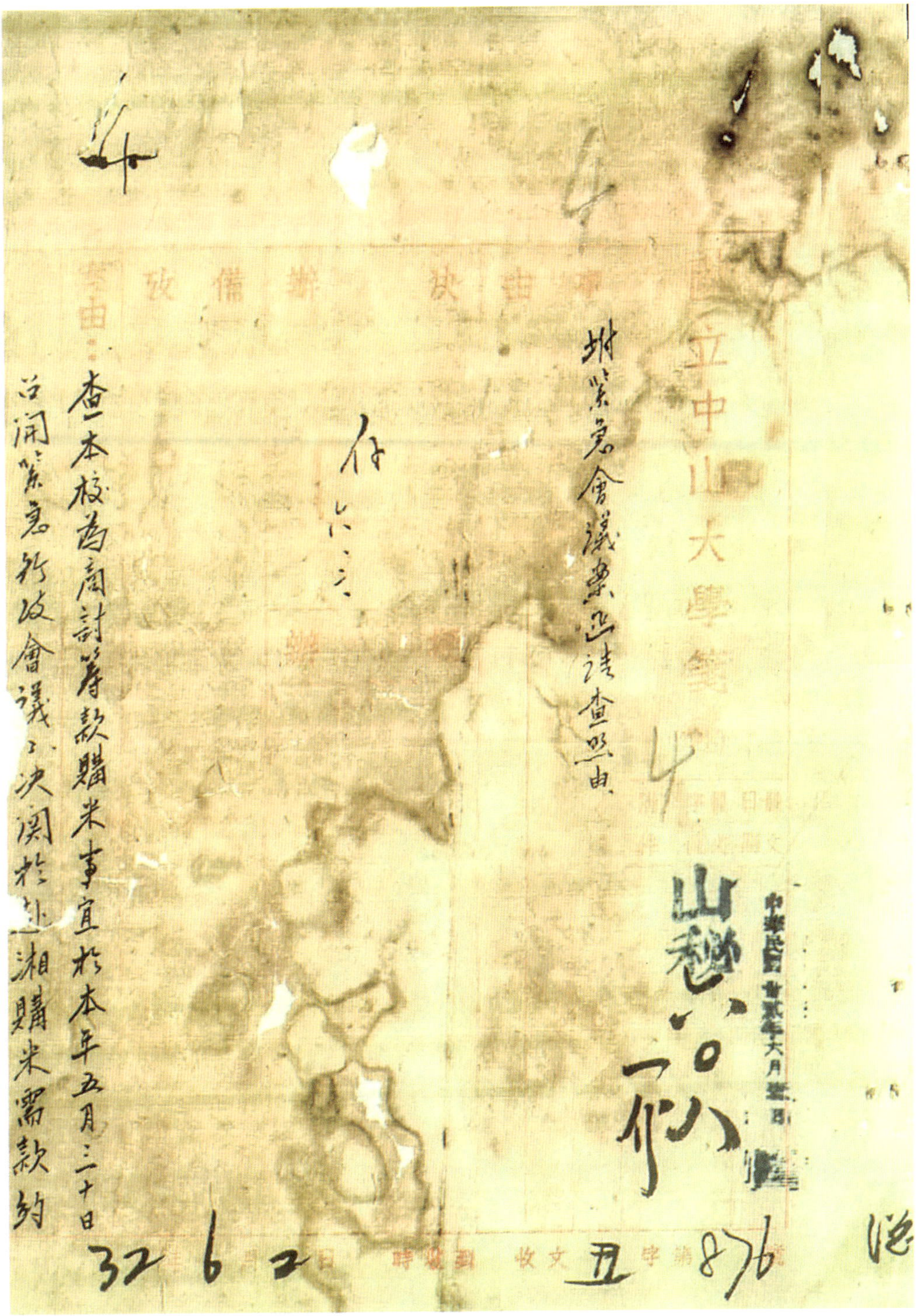

查本校為商討籌款購米事宜於本年五月三十日

召開緊急行政會議，決議於赴湘購米需款約

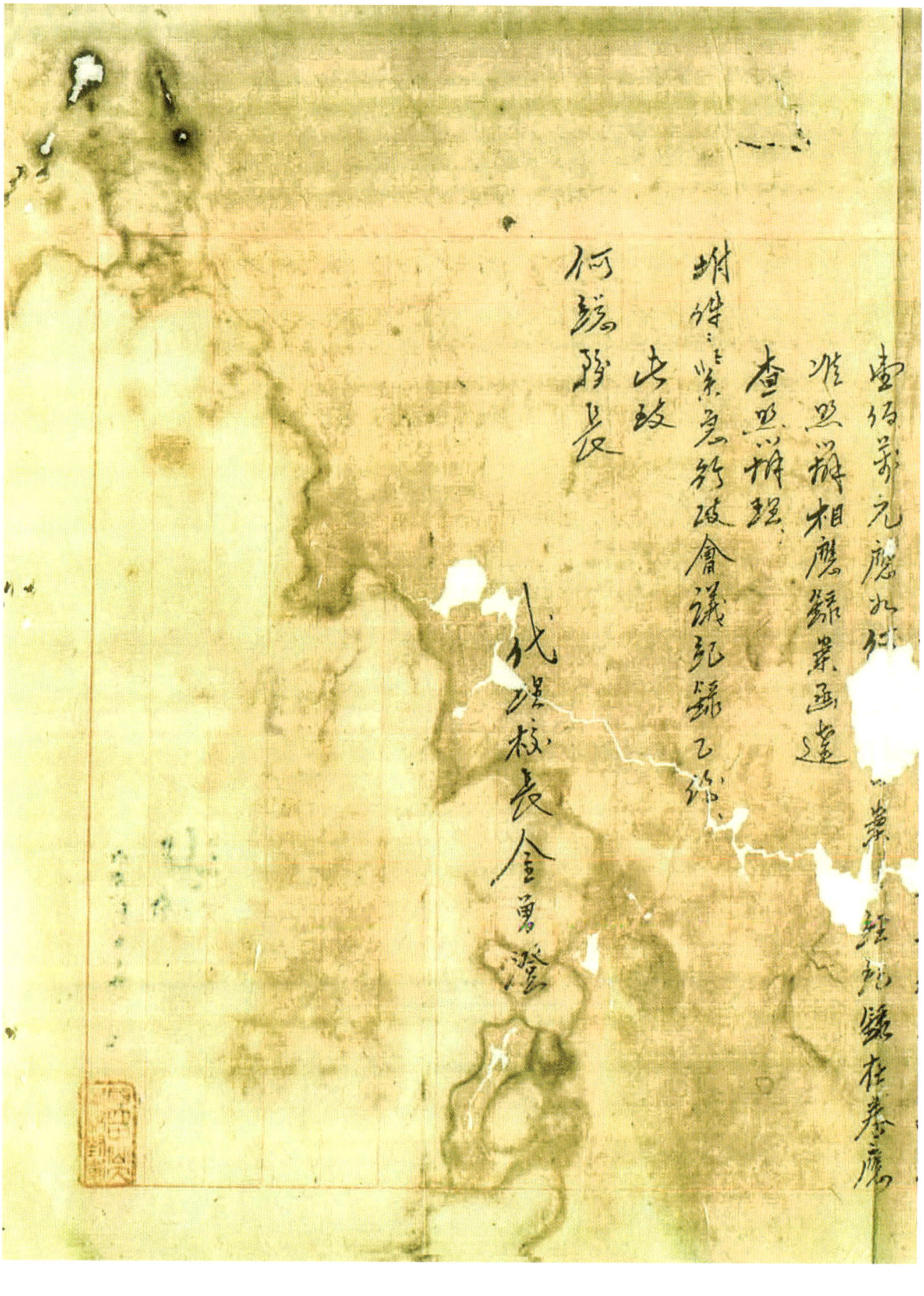

當經前元應如何[illegible]業經紀錄在卷，應
准照辦，相應錄案函達
查照辦理。
附件：緊急行政會議紀錄乙份
此致
何總務長
代理校長金曾澄

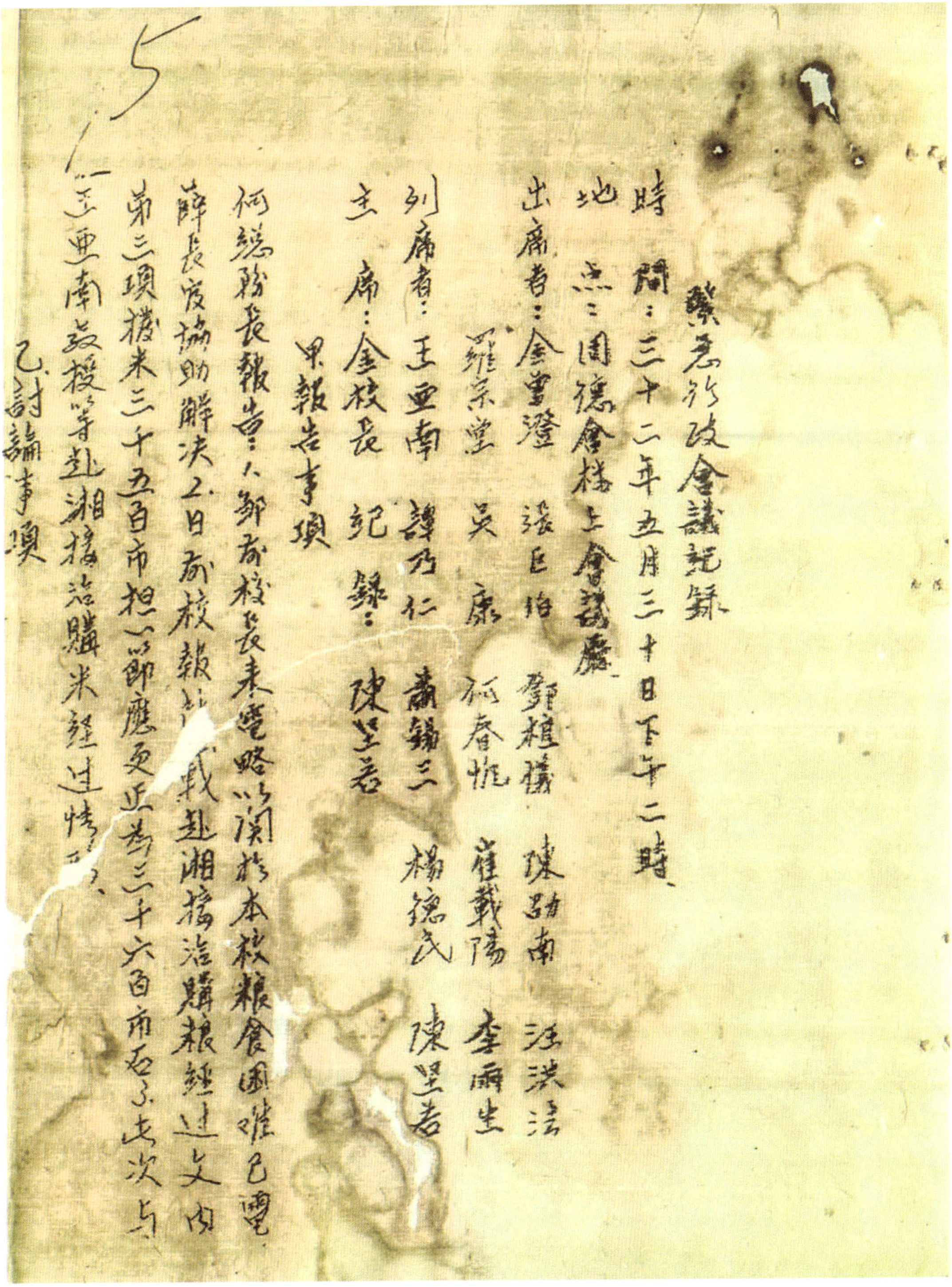

5

糧食行政會議記錄

時　間：三十二年五月三十日下午二時

地　點：國德會樓上會議廳

出席者：金曾澄　張巨伯　鄧植儀　陳劭南　汪洪法

羅榮堂　吳　康　何春帆　崔載陽　李雨生

列席者：王亞南　譚乃仁　蕭錫三　楊總氏　陳望若

主　席：金校長　紀　錄：陳望若

甲、報告事項

何總務長報告：(一)鄧前校長來電略以關於本校糧食問題雖已電薛長官協助解決，又日前校報載赴湘接洽購糧經過文內第三項撥米三千五百市担一節應更正為三千六百市石，又是次與

(三)王亞南教授等赴湘接洽購米經過情形。

乙、討論事項

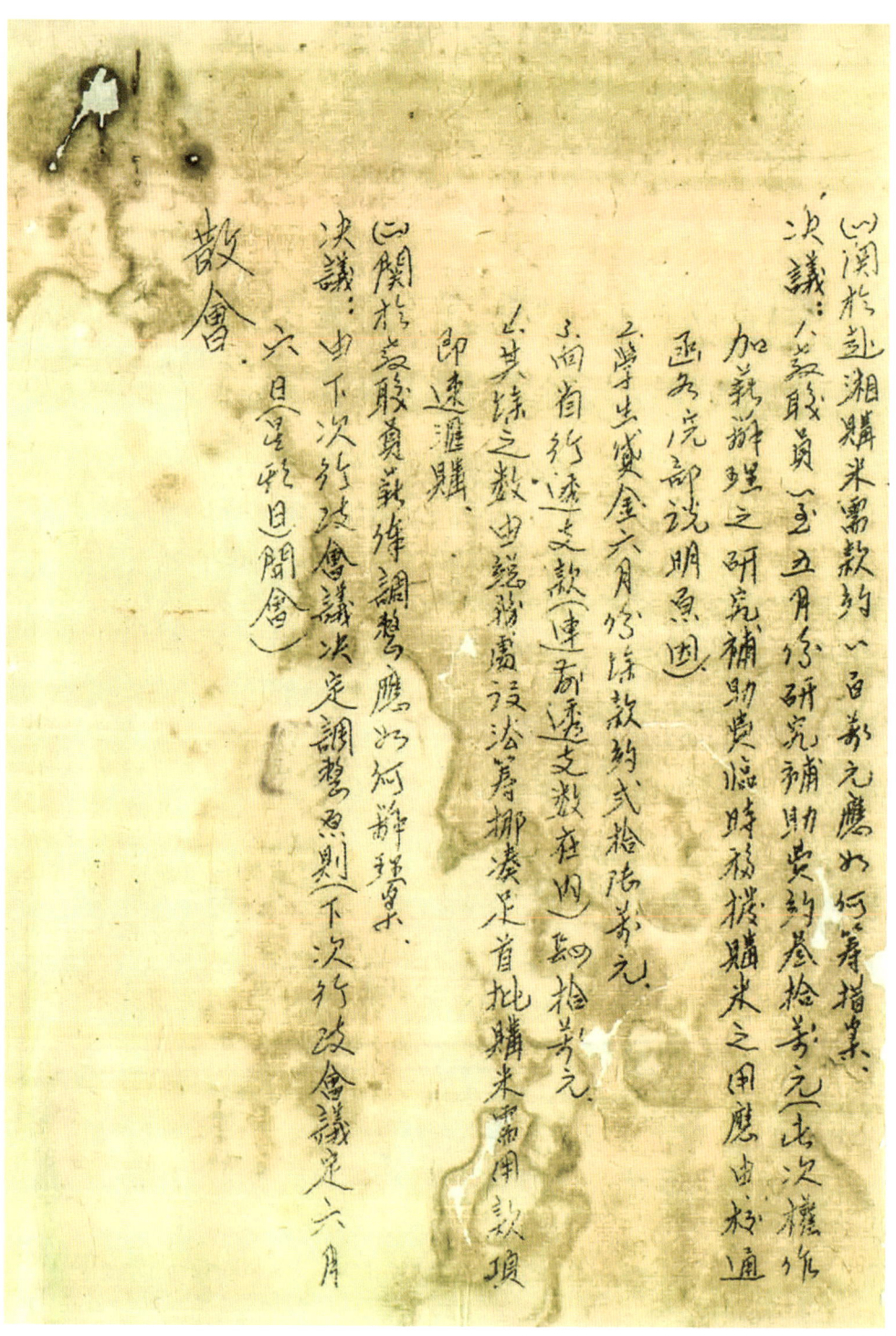

(四)關於赴湘購米需款約六百萬元應如何籌措案。
決議：(1)教職員(一至五月份研究補助費約叁拾萬元(此次權作加薪辦理之研究補助費)臨時移撥購米之用，應由校通函各院部說明原因。
(2)學生貸金六月份餘款約式拾陸萬元。
(3)向省行透支款(連前透支數在內)約拾萬元。
(4)其餘之數由總務處設法籌挪湊足首批購米需用款項即速匯購。
(五)關於教職員薪俸調整應如何辦理案。
決議：由下次行政會議決定調整原則(下次行政會議定六月六日(星期日)開會)
散會。

国立中山大学总务处关于感谢为向广东省银行洽商透支款项事鼎力玉成的函（一九四四年一月二十七日）

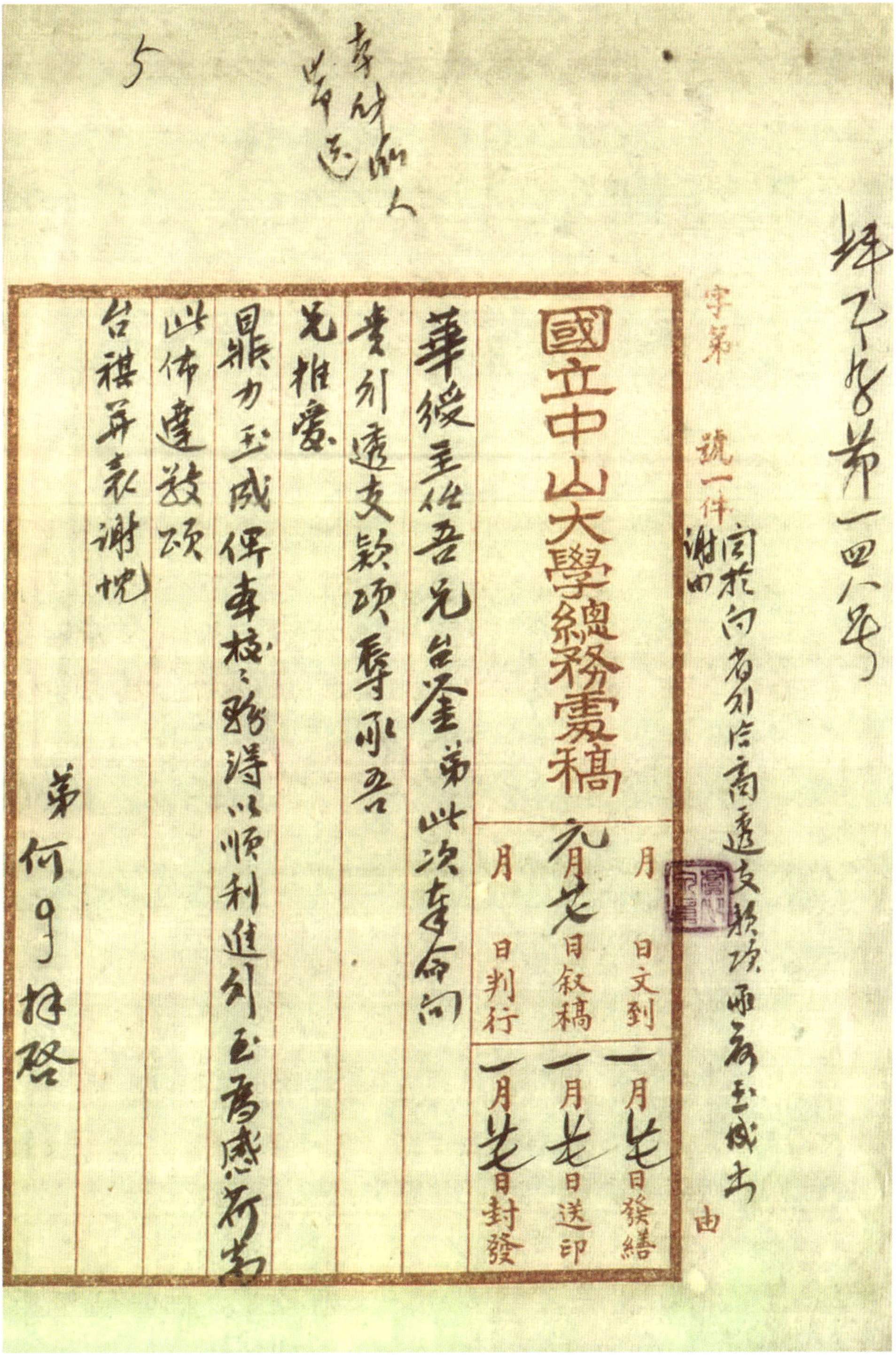
國立中山大學總務處稿

華綬吾兄台鑒：弟此次奉命向
貴行透支款項，辱承吾
兄相愛，
鼎力玉成，俾本校之難得以順利進行，至爲感荷。
此佈達頌
台祺，并表謝忱。
弟何□拜啓

總務長

處員

事務員

書記

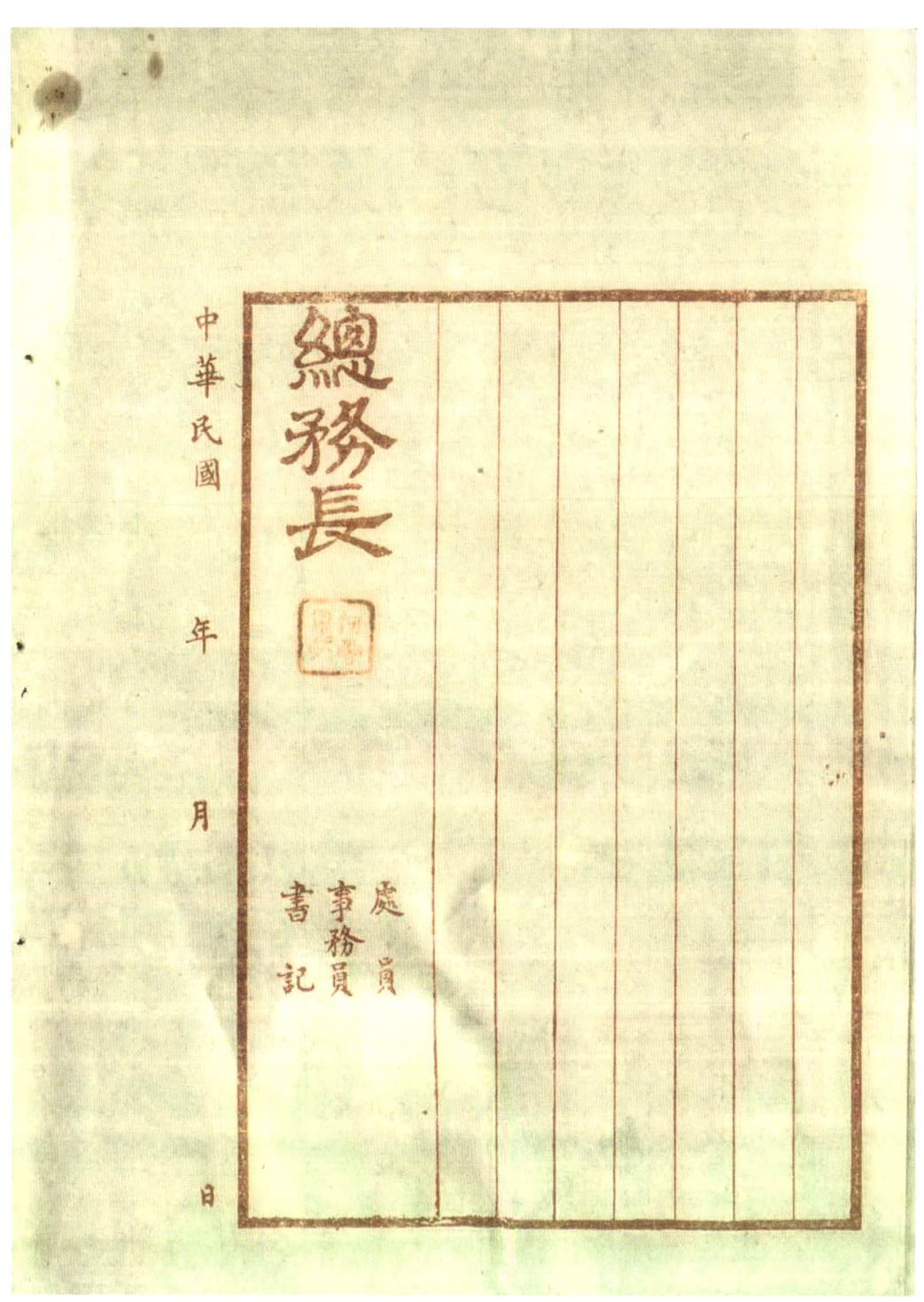

中華民國　年　月　日

广东省粮政局关于召开座谈会商讨洽领公粮事宜请省立广州女子师范学校派代表参加的函（一九四五年四月九日）

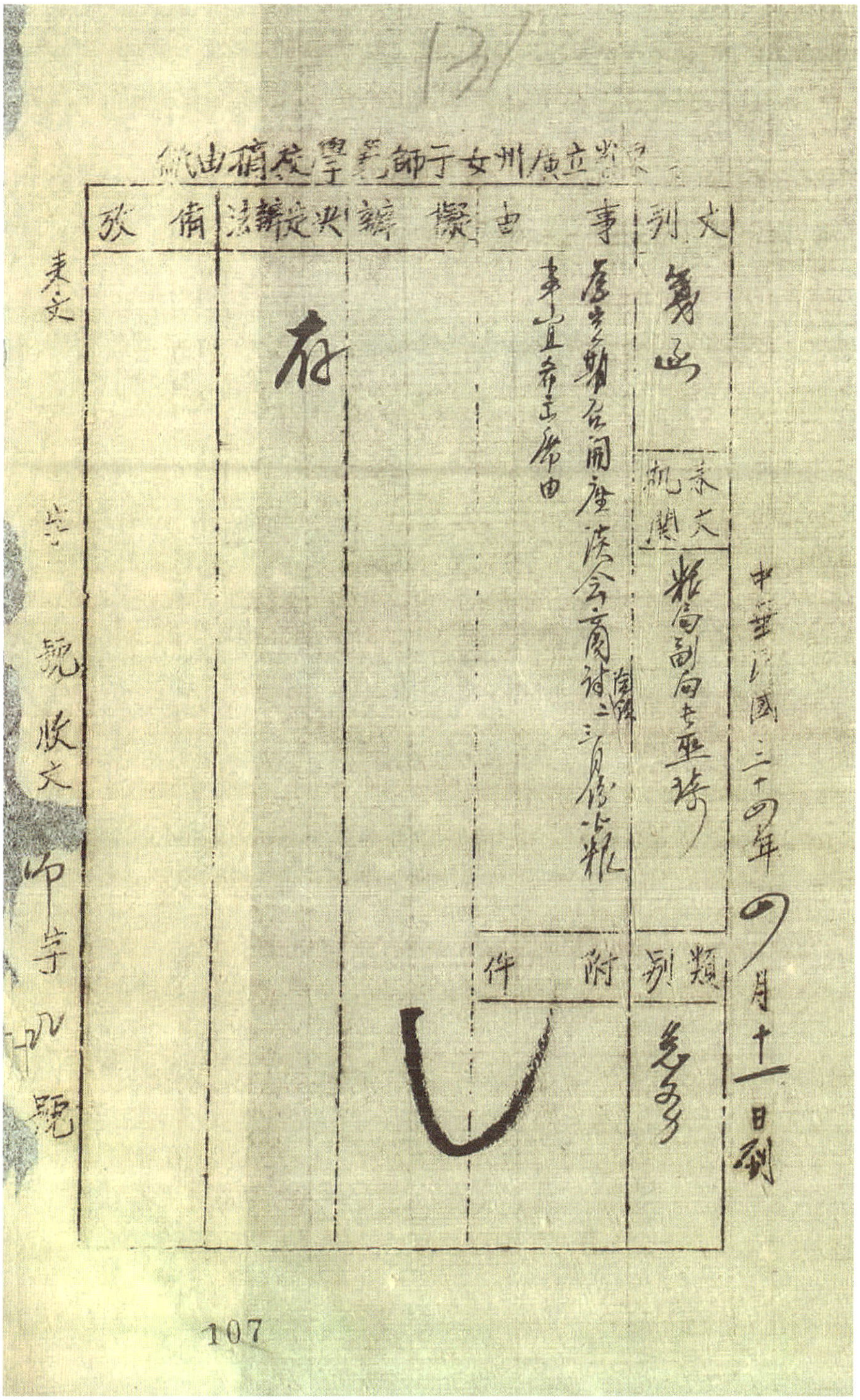

第　頁

查各機關本年二月份及三月下半月應補發公粮現因連縣及陽山
縣倉庫對於經常補給之省級公粮均已超撥至臨時增補部份更無法
就地籌補經迭電請
主席暨龍川本局滙發代金來連因應清發在案惟恐電報往返需時
緩不濟急茲為適應各機關目前寔際需要起見關於上項應籌補之公
粮擬改由連山或廣寧縣倉庫簽發提証以應急需抑應仍俟龍川本局
公粮或代金滙到時再行通知洽領事關駐連各機關同寅食糧問題相應
函請

中華民國三十年　月　日

132

廣東省政府粮政局用箋

108

第　頁

查照希於本月十二日星期四下午一時派員負責代表一人到連縣警察局開座談會共同商定以便辦理為荷

此致

廣州女子師範學校

133

廣東省粮政局副局長　巫　琦　李　瑩

中華民國三十四年四月九日

廣東省政府粮政局用箋

109

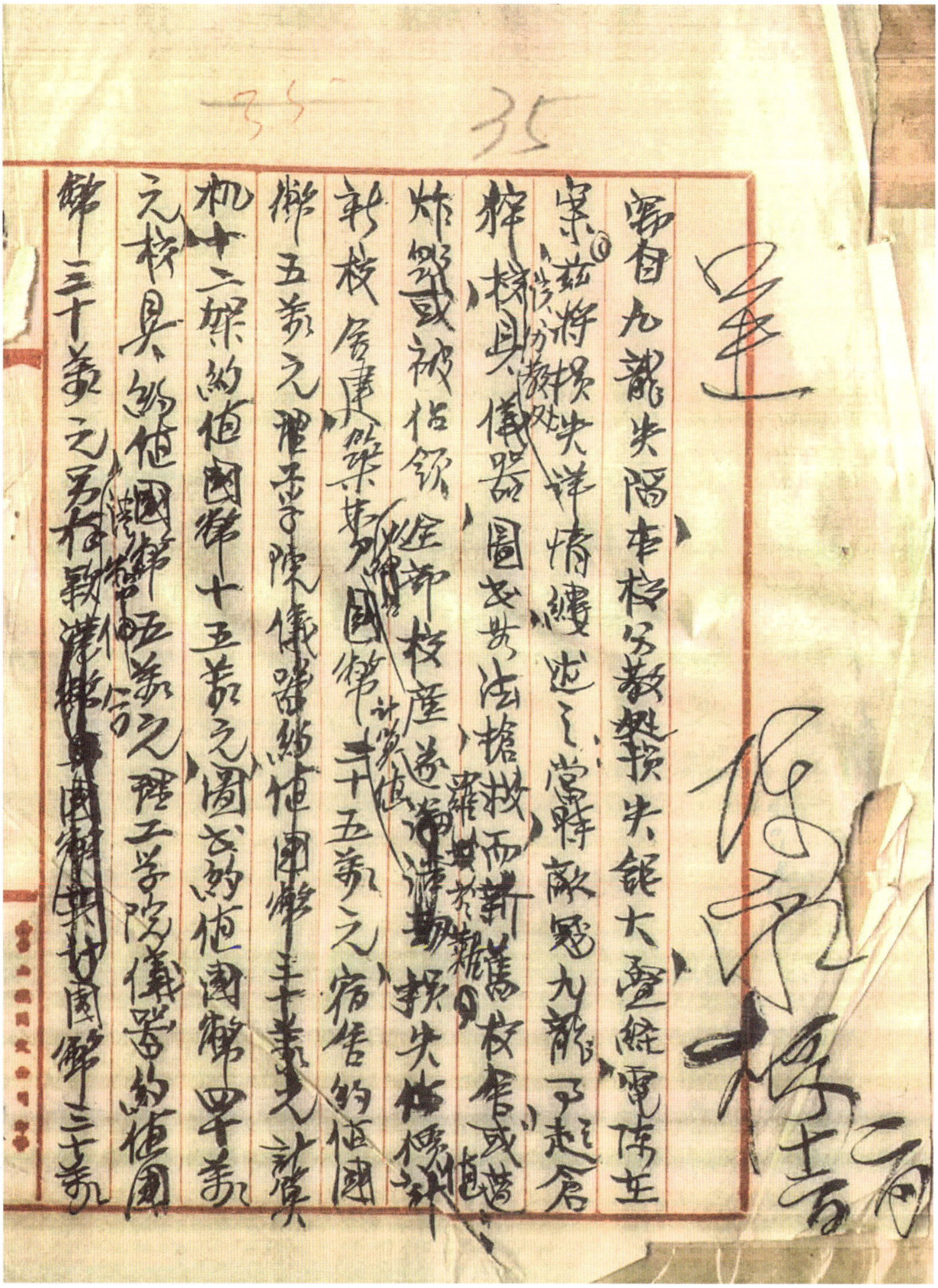

私立广州大学校长关于九龙失陷本校损失巨大现报损失情形请拨救济费的函（一九四二年二月十二日）

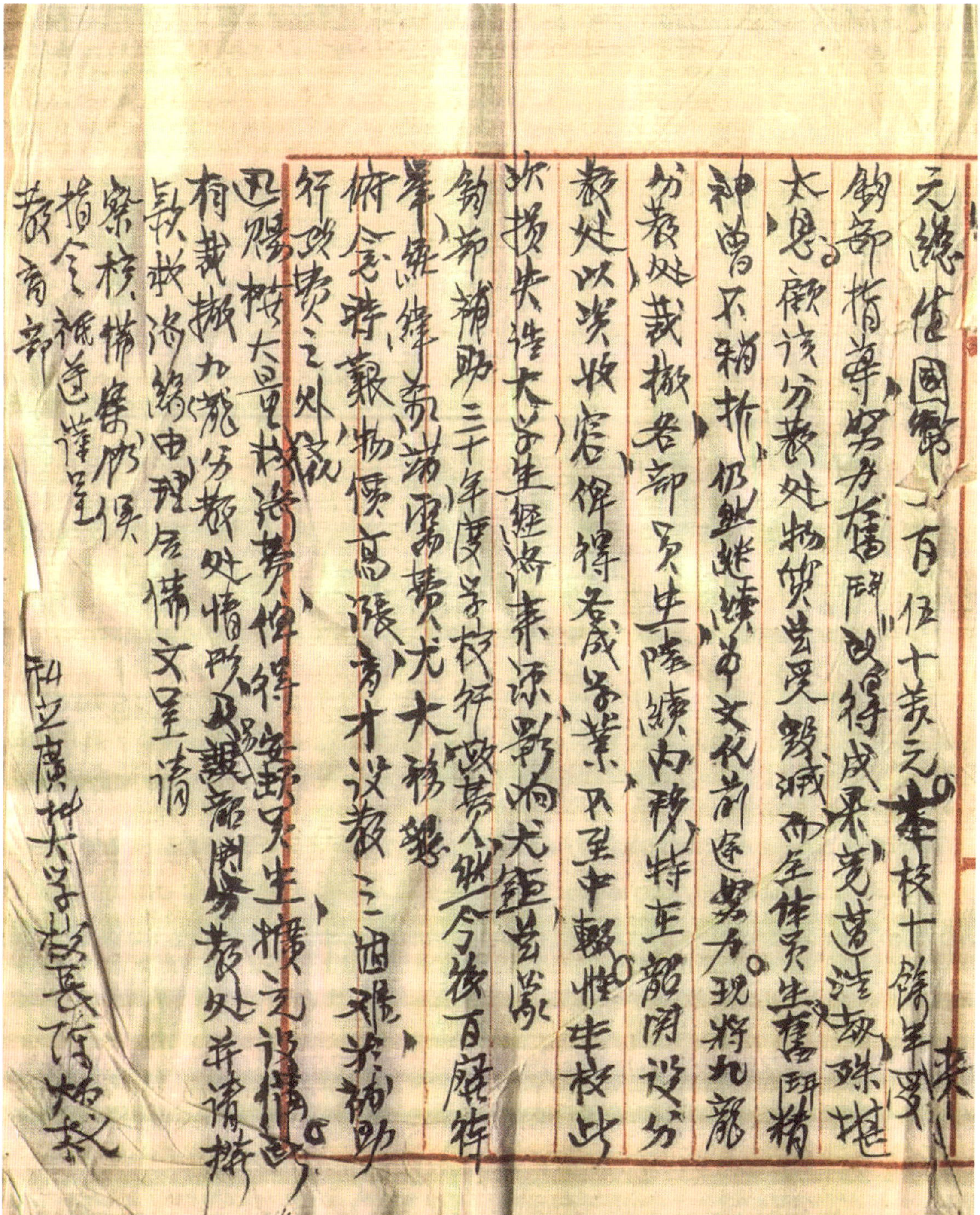
元總值國幣一百伍十萬元。本校十餘年來
鈞部指導努力舊辦，始得成果，竟遭浩劫，殊堪
太息。該分教處物質上雖受毀滅，而全體員生舊辦精
神曾不稍折，仍然繼續為文化前途努力。現將九龍
分教處裁撤，各部員生陸續内移，特在韶關設分
教處以資收容，俾得完成學業，不至中輟。惟本校此
次損失甚大，學生經濟來源影響尤鉅，若蒙
鈞部補助三十年度學校經費，然今後百廢待
舉，維繕、添置需費尤大，務懇
俯念特艱，物價高漲，為才設教之困難，並補助
經費之外，從優
迅賜撥大量建校經費，俾得安頓員生，擴充設備。
有裁撤九龍分教處情形及韶關分教處並請撥
款救濟緣由，理合備文呈請
察核備案，併候
指令祇遵。謹呈
教育部
私立廣州大學校長陳炳權

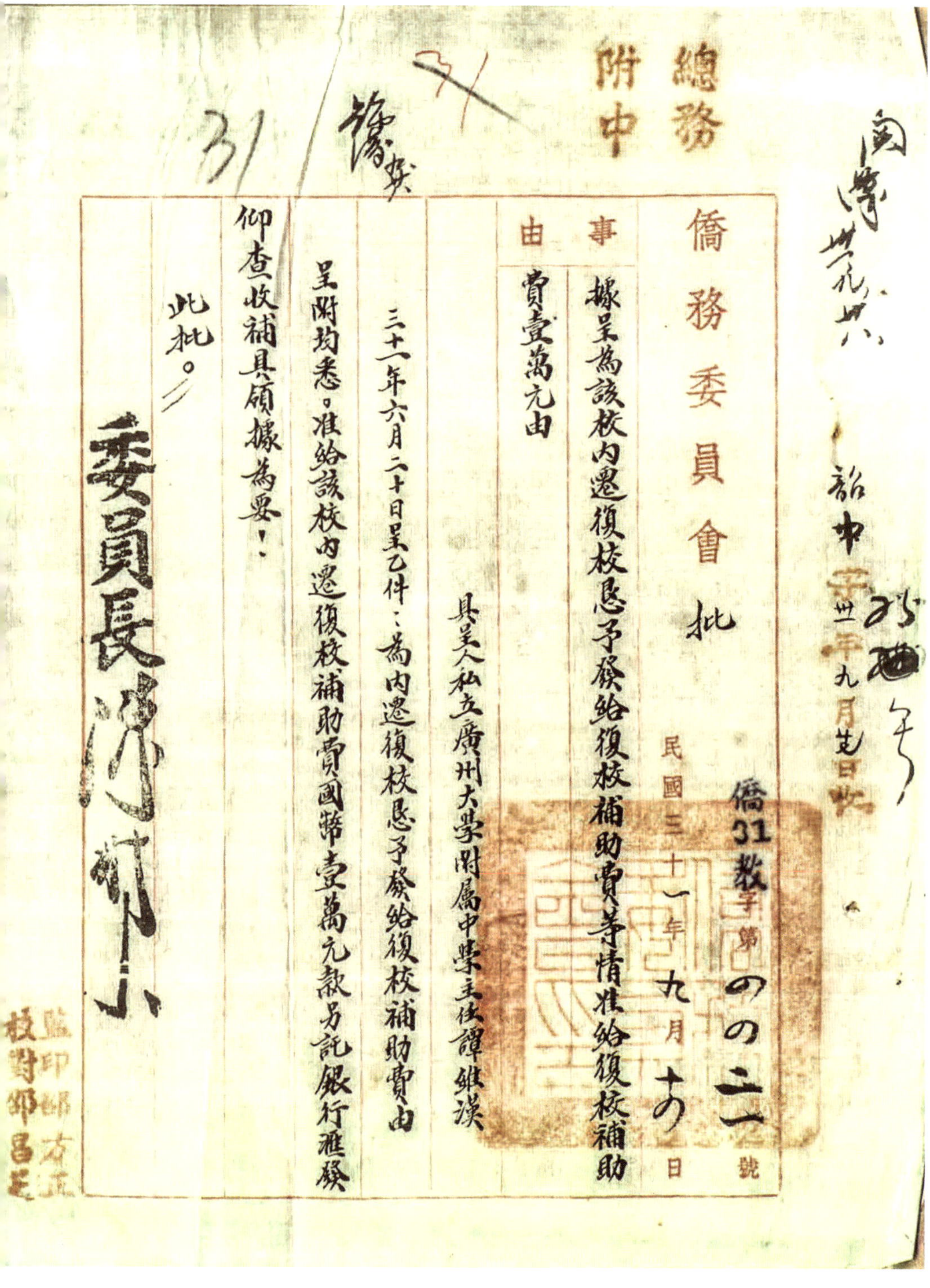

總務
附中

僑務委員會批　民國三十一年九月十四日　僑31教字第00二一號

事由：據呈為該校內遷復校懇予發給復校補助費等情准給復校補助費壹萬元由

具呈人私立廣州大學附屬中學主任譚維漢

三十一年六月二十日呈乙件：為內遷復校懇予發給復校補助費由

呈附均悉。准給該校內遷復校補助費國幣壹萬元款另託銀行滙發仰查收補具領據為要！

此批。

委員長　陳樹人

監印　鄒方遠
校對　鄒昌廷

侨务委员会关于私立广州大学附属中学内迁复校准给复校补助费一万元的批示（一九四二年九月十四日）

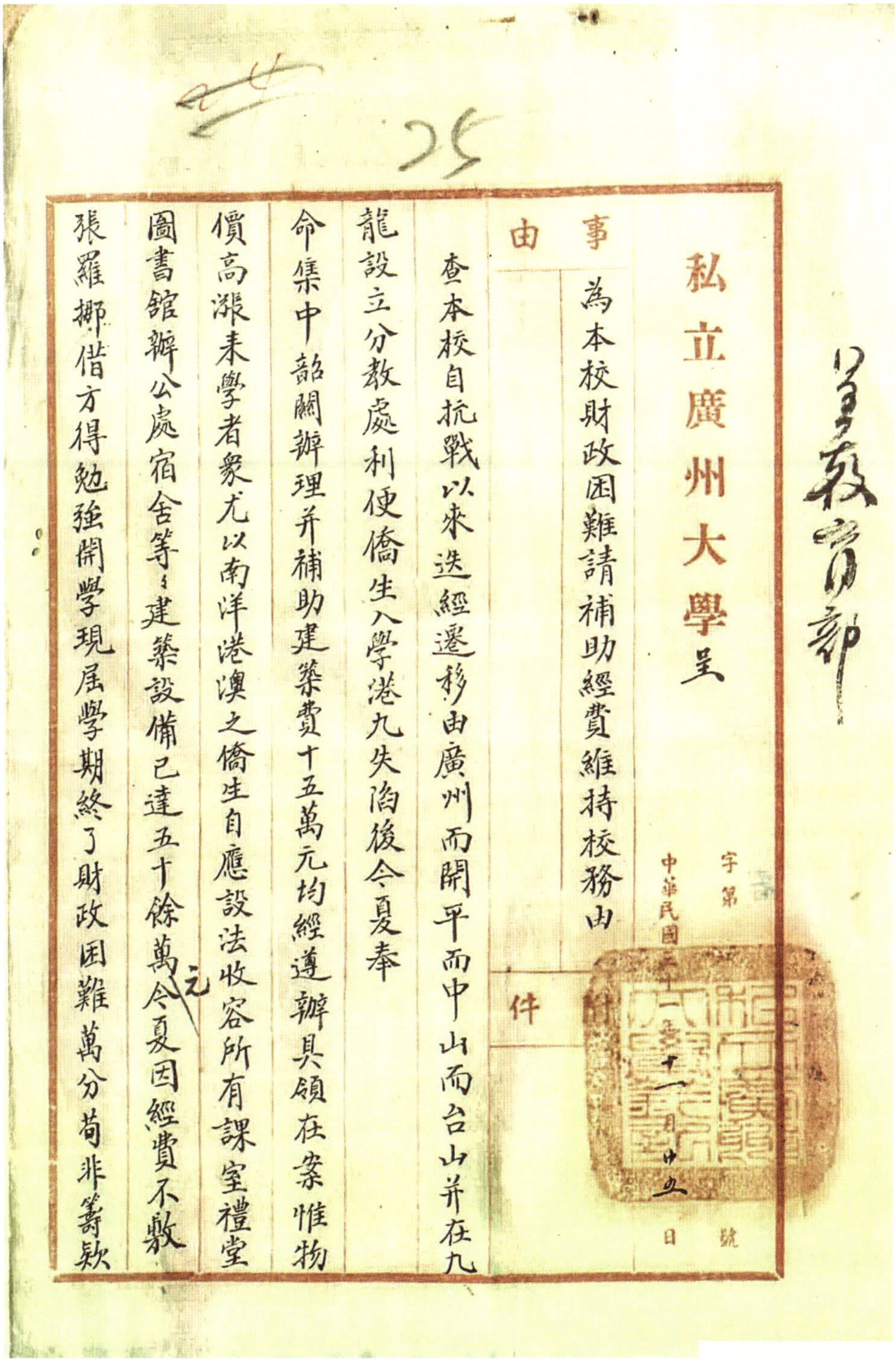

呈教育部

私立廣州大學呈

事由：為本校財政困難請補助經費維持校務由

字第　號

中華民國三十一年十一月廿五日

件

查本校自抗戰以來迭經遷移由廣州而開平而中山而台山并在九龍設立分教處利便僑生入學港九失陷後今夏奉命集中韶關辦理并補助建築費十五萬元均經遵辦具領在案惟物價高漲來學者衆尤以南洋港澳之僑生自應設法收容所有課室禮堂圖書館辦公處宿舍等等建築設備已達五十餘萬元今夏因經費不敷張羅挪借方得勉強開學現屆學期終了財政困難萬分苟非籌款

私立广州大学关于本校财政困难呈请教育部补助经费维持校务的函（一九四二年十一月二十五日）

支持势將全校停頓謹將實際情形縷陳鈞部立請
賜撥補助費三十萬元以資救濟不獨全校員生所當感激而僑生之家長
即身羈海外亦聞風感戴矣又以事關救濟僑生并請鈞部轉咨振
濟委員會及僑務委員會一併酌予補助如何之處敬候
核示祗遵
謹呈
部長陳

私立廣州大學校長陳炳權

請柳先生清繕一份 彦

十一月廿五日

私立广州大学附属中学缴民国三十一年度补助费领据呈请侨务委员会核备的函（一九四三年三月十八日）

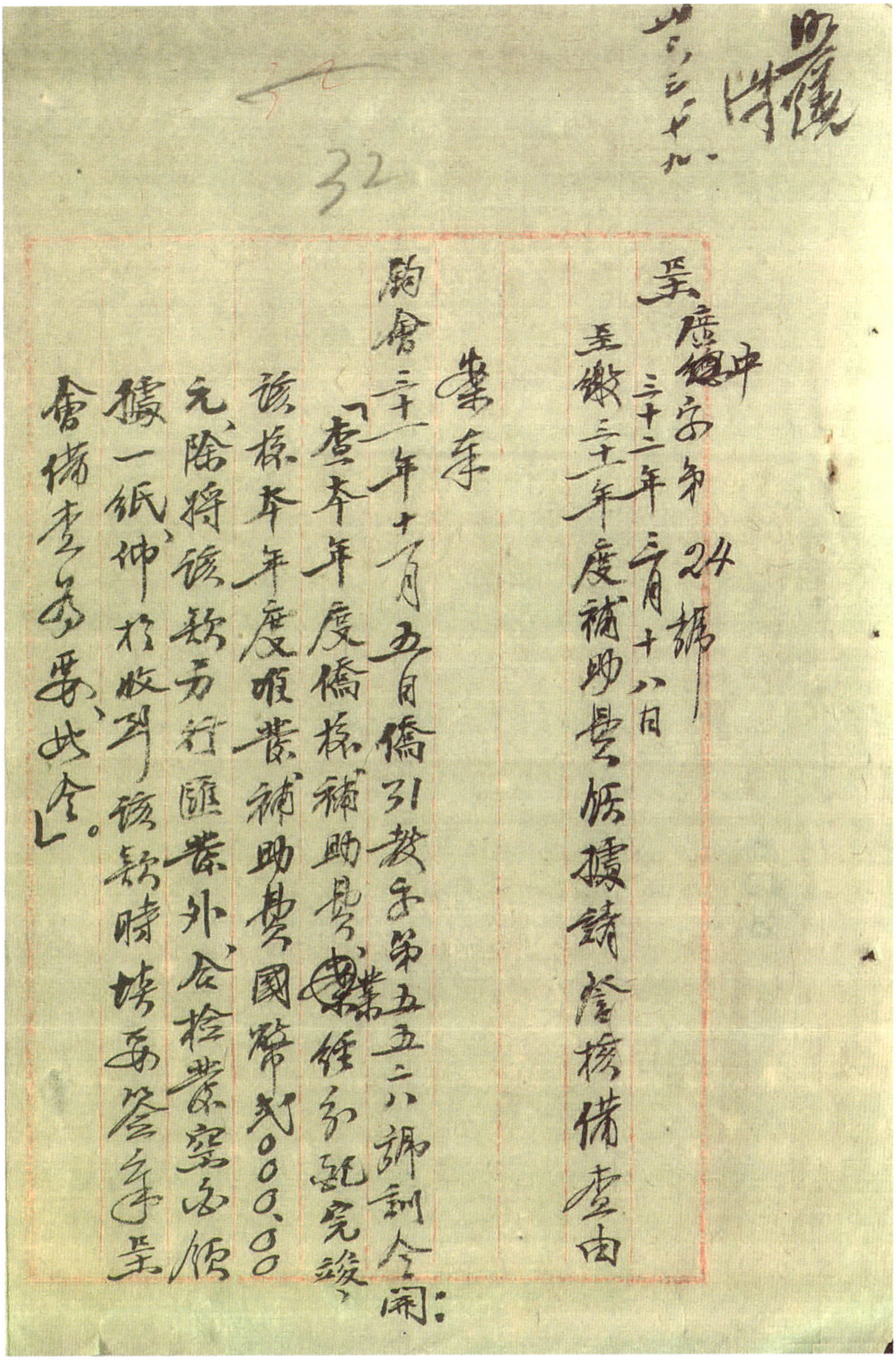
照發
卅二，三，廿九

呈
廣總中字第24號
三十二年三月十八日
呈繳三十一年度補助費收據請鑒核備查由

案奉
鈞會三十一年十一月五日僑引教字第五五二八號訓令開：
「查本年度僑校補助費，業經分配完竣，該校本年度暫發補助費國幣弍〇〇〇.〇〇元，除將該款另行匯發外，合檢發空白收據一紙，仰於收到該款時填具簽章呈會備查為要」此令。

等因。奉此，附發空白領據一紙。奉此，查奉發本年度補助費國幣貳千元，現經如數具領，理合連同具領據一紙，備文呈繳，

鑒核備查。

謹呈

僑務委員會

計呈三十一年度補助費領據一紙

私立廣州大學附屬中學校長 [signature]

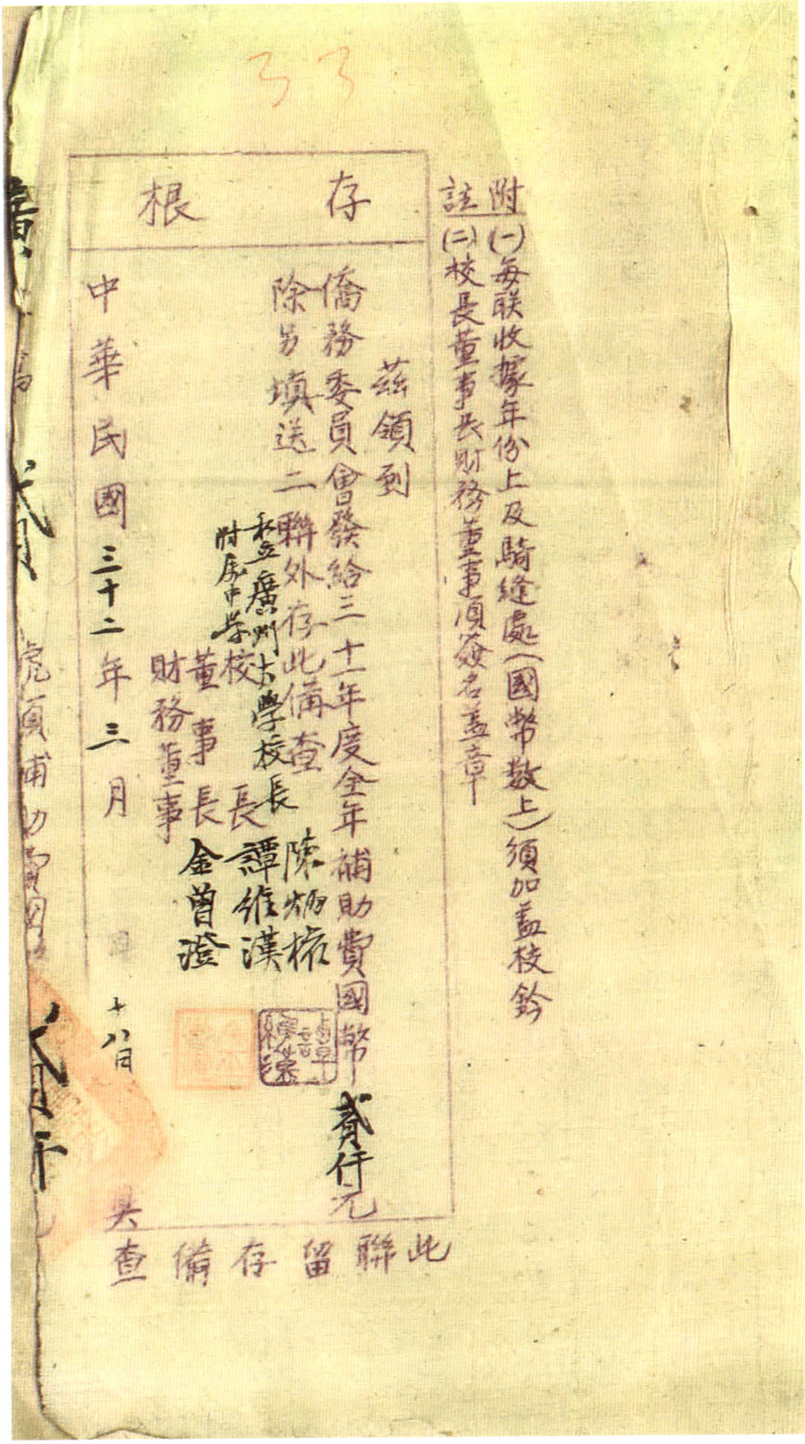

33

附註
(一)每聯收據年份上及騎縫處（國幣數上）須加蓋校鈐
(二)校長董事長財務董事須簽名蓋章

存根

茲領到
僑務委員會發給三十二年度全年補助費國幣貳仟元
除另填送二聯外存此備查
私立廣州大學校長　陳炳權
附屬中學校長　譚維漢
董事長　金曾澄
財務董事

中華民國三十二年三月十八日

此聯留存備查

振济委员会准续予一次拨发私立广州大学补助费请该校即备据来会具领的代电（一九四三年三月二十三日）

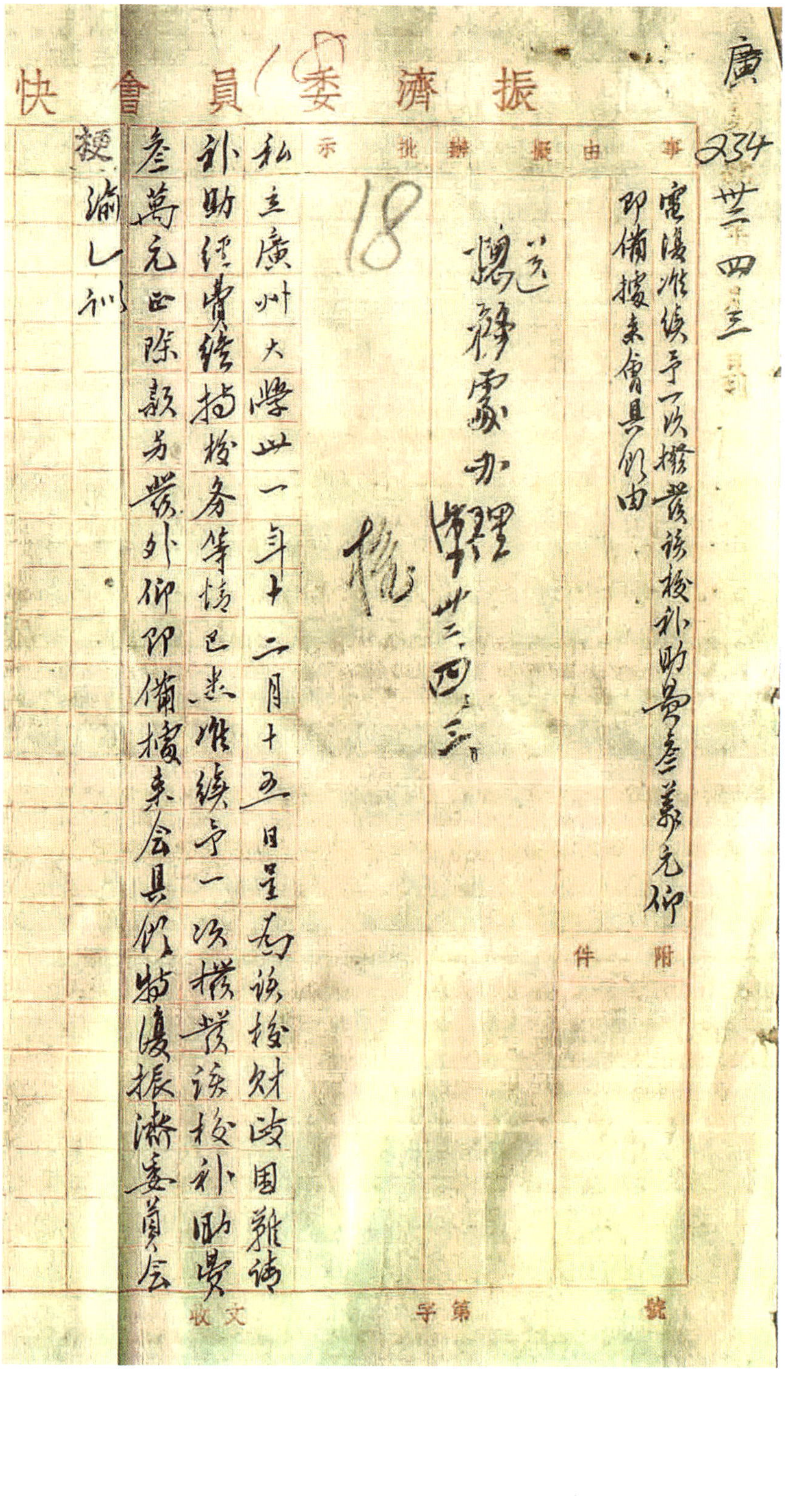
振济委员会快

事由：电复准续予一次拨发该校补助费叁万元仰即备据来会具领由

私立广州大学卅一年十二月十五日呈为该校财政困难请补助续费经揭校务等情已悉准续予一次拨发该校补助费叁万元正除款另发外仰即备据来会具领。振济委员会 梗渝乚

送总务处办理 卅二、四、三

广 234 卅二年四月三日

附件

文收 第 字 號

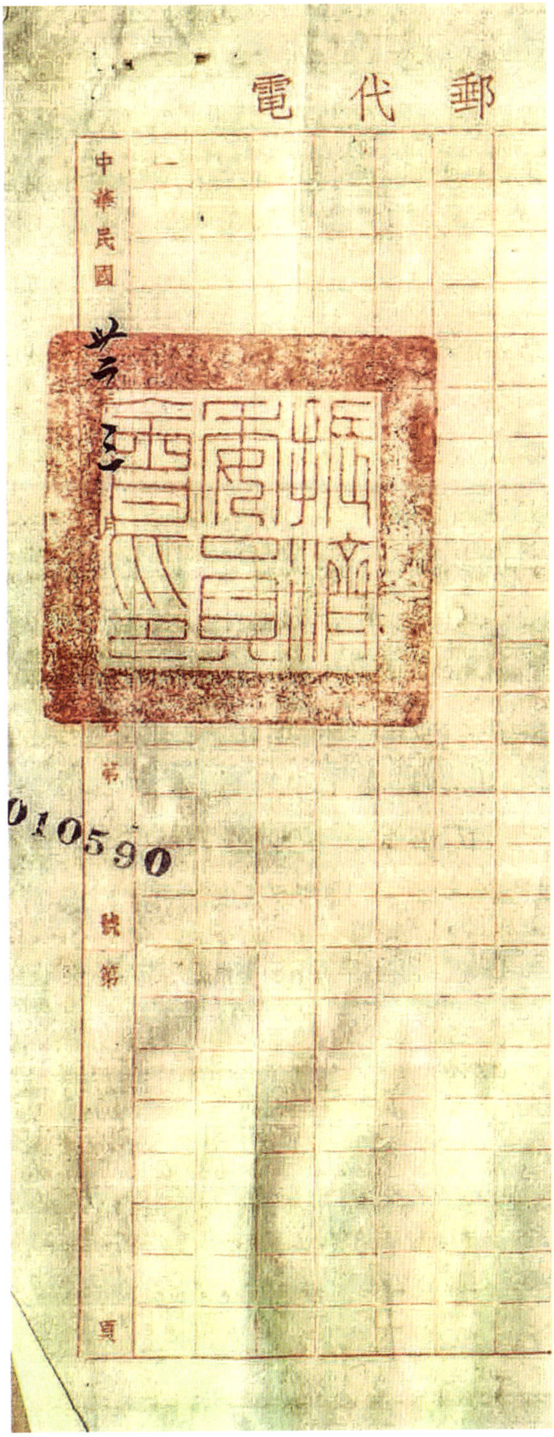

郵代電

中華民國 廿六

收第 010590 號第 頁

私立广州大学缴具领补助费三万元收据呈请振济委员会照案汇发的函（一九四三年四月七日）

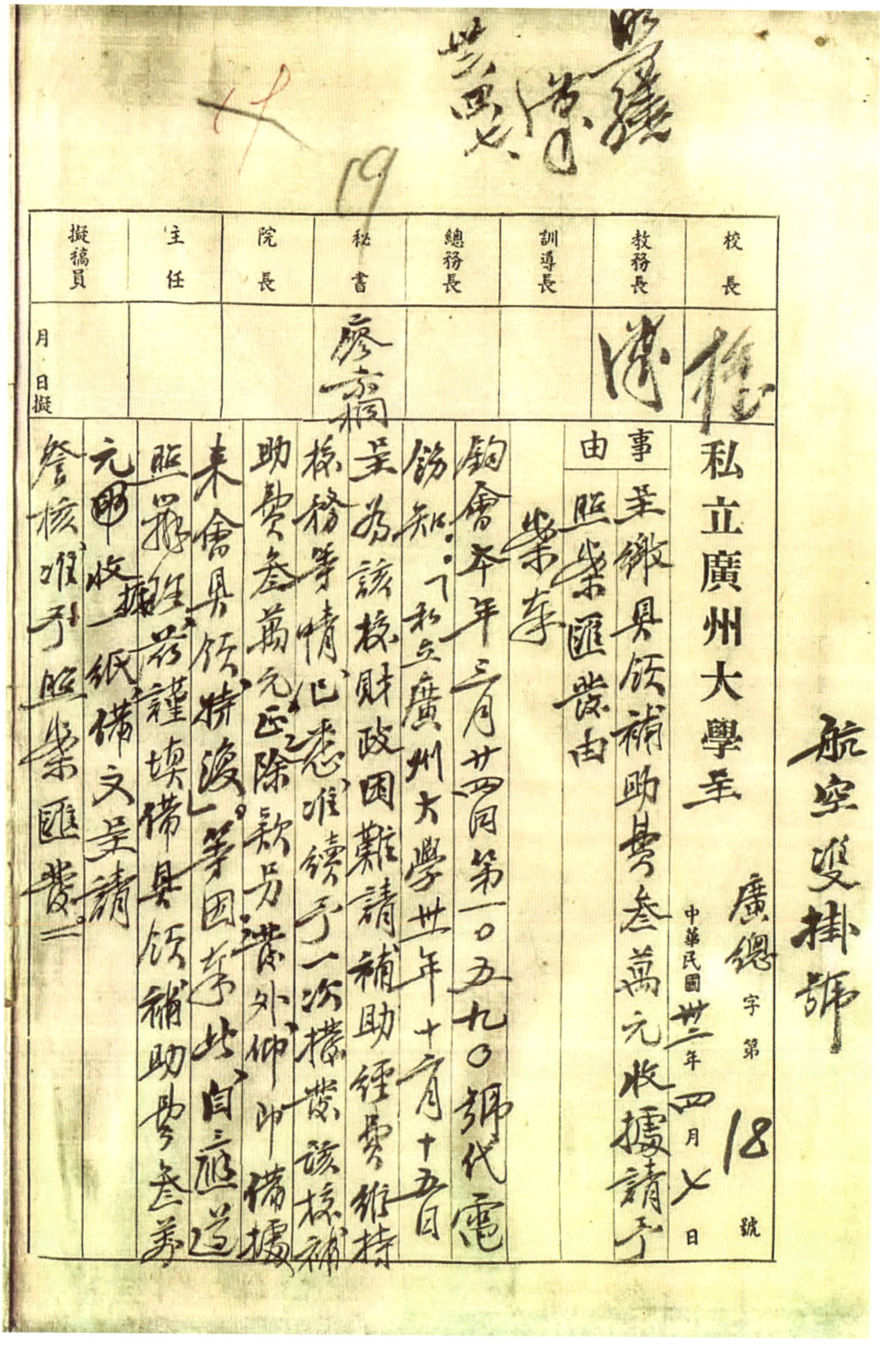

[illegible]

校長	教務長	訓導長	總務長	秘書	院長	主任	擬稿員
[illegible]	[illegible]			廖[illegible]			月 日擬

航空雙掛號

私立廣州大學呈

廣總字第18號

中華民國卅二年四月七日

事由：呈繳具領補助費叁萬元收據請予照案匯發由

鈞會本年三月廿四日第一〇五九〇號代電飭知：「私立廣州大學卅年十月十五日呈為該校財政困難請補助經費維持校務等情，已悉。准續予一次撥發該校補助費叁萬元，除款另撥外，仰即備據來會具領」等因。奉此，自應遵辦。謹填備具領補助費叁萬元收據一紙，備文呈請

鈞會核准，予照案匯發。

謹呈

振濟委員會

計呈具領補助費叁萬元收據一紙

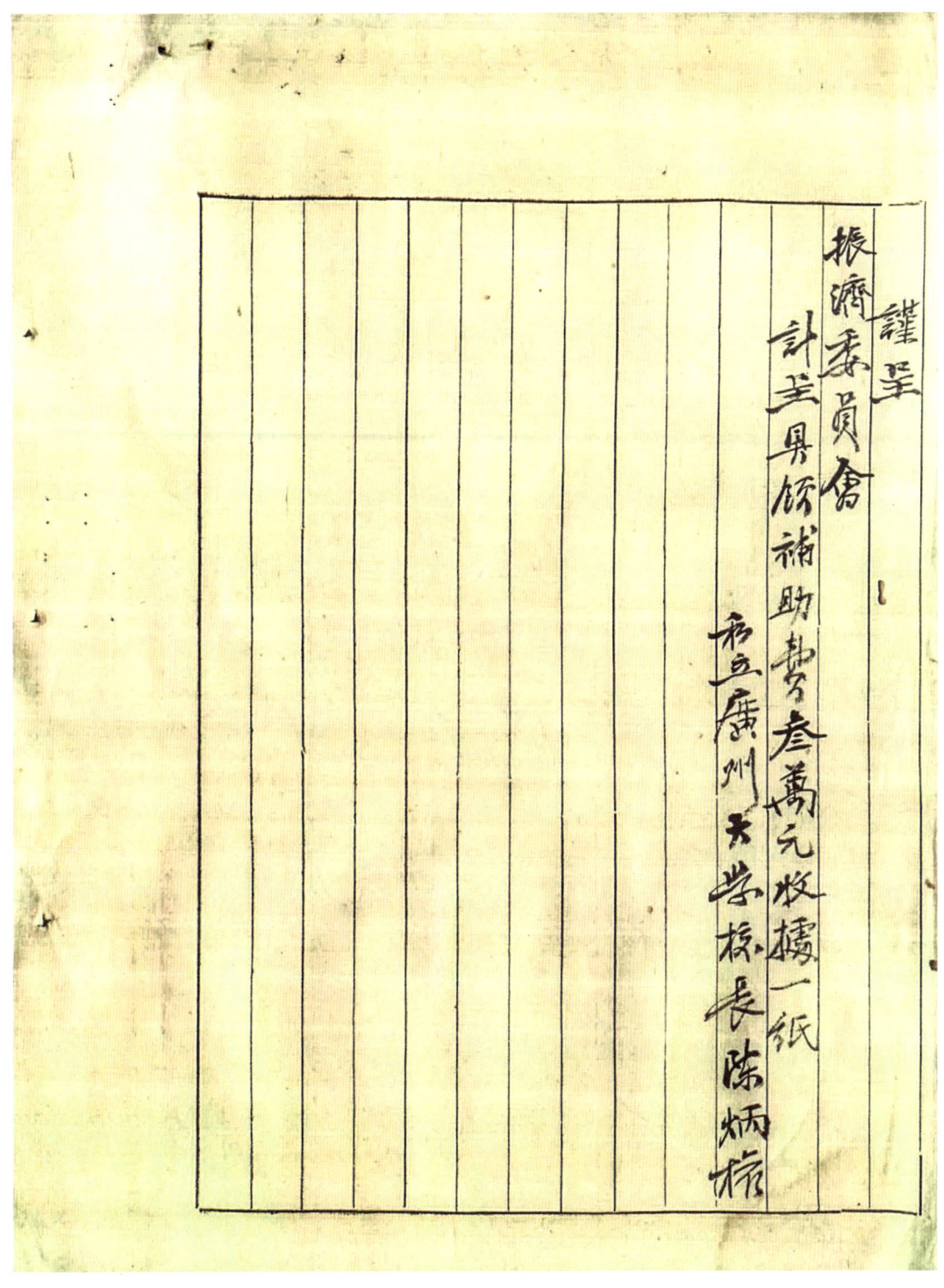

私立廣州大學校長陳炳權

20

存根

茲領到

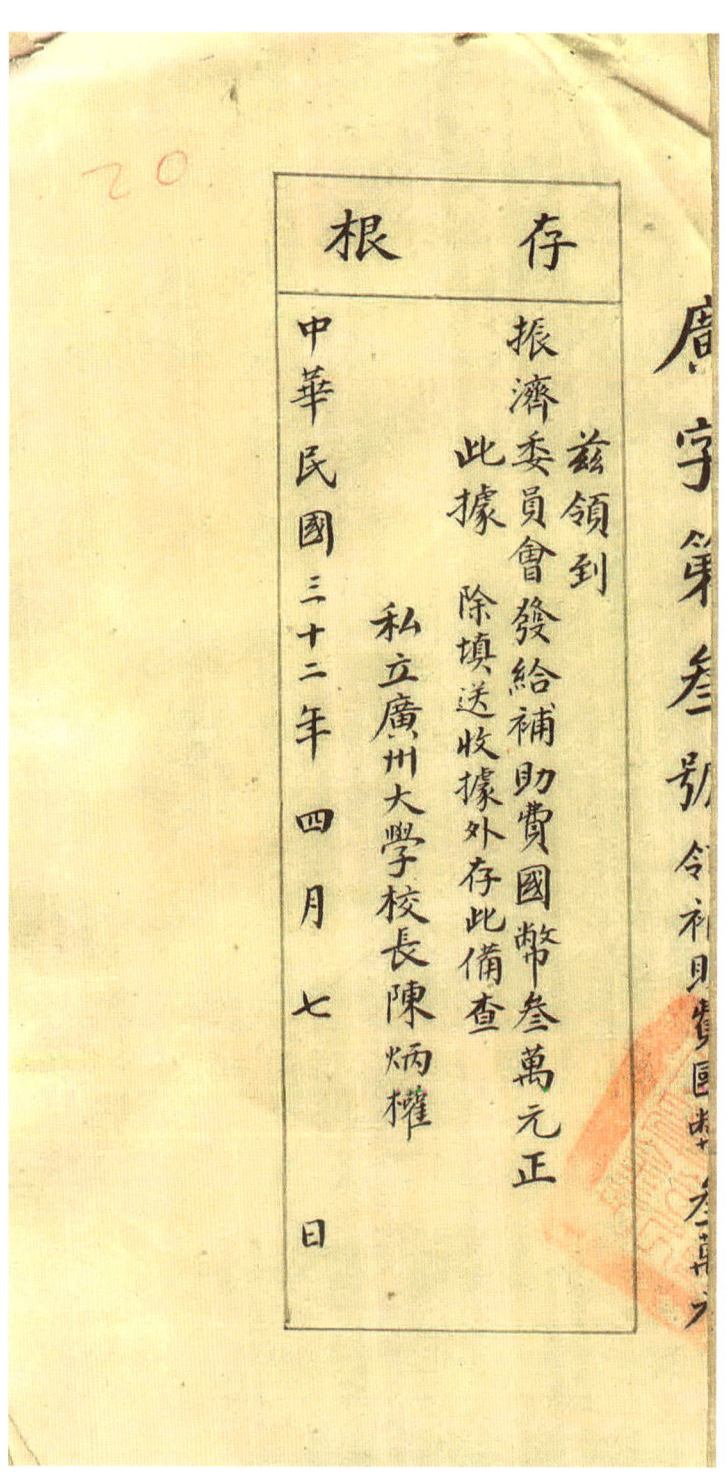

振濟委員會發給補助費國幣叁萬元正

此據　除塡送收據外存此備查

私立廣州大學校長陳炳權

中華民國三十二年四月七日

廣字第叁號

領補助費國幣叁萬

教育部核定民国三十三年度补助费数额及用途请私立广州大学知照的训令（一九四四年五月四日）

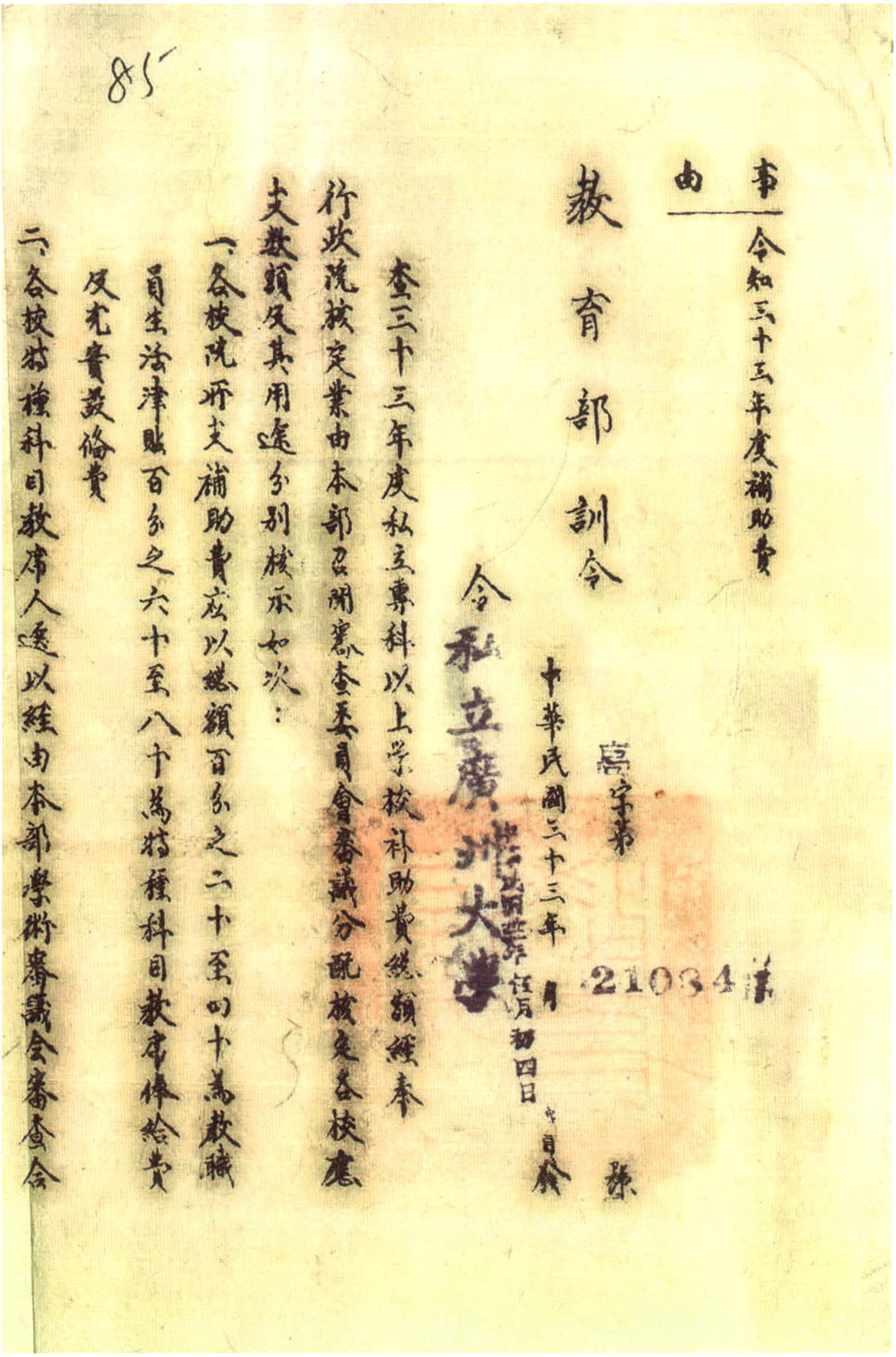

85

事由　令知三十三年度補助費

教育部訓令　高字第 21034 號

令私立廣州大學

查三十三年度私立專科以上學校補助費總額經奉行政院核定業由本部召開審查委員會審議分配核定各校應支數額及其用途分別核示如次：

一、各校院所支補助費應以總額百分之二十至四十為教職員生活津貼百分之六十至八十為特種科目教席俸給費及充實設備費

二、各校特種科目教席人選以經由本部學術審議會審查合

中華民國三十三年　月　日

格之款撥或副款撥為限如須延聘未經審查人員應依照
規定辦法先行送審本項俸給費倘有剩餘仍應充作設備費
三、該校(院)本年度補助費數額經核定計一五0,000元應依照上
年度所頒規定表式擬具詳細設施計劃於文到半月內呈
報核定不得延誤
四、各校擬購設備清冊應依照上年度所頒表式詳晰填明隨
同設施計劃一併呈核併應於年度終了前將設備部份款
項照章報銷
五、各校如有特殊需要須變更規定用途者應於了前呈請核准
六、本年度各校補助費已呈請　行政院轉令財政部飭國庫
於五月及十月分兩次匯撥倘有不遵照上項規定辦理者
本部即通知國庫停付或停止下年補助

86

元、本年三月十八日高字「一三八九」號代電須發領用補助費機關調查表式即依限填報以憑彙轉合行令仰遵照。

此令。

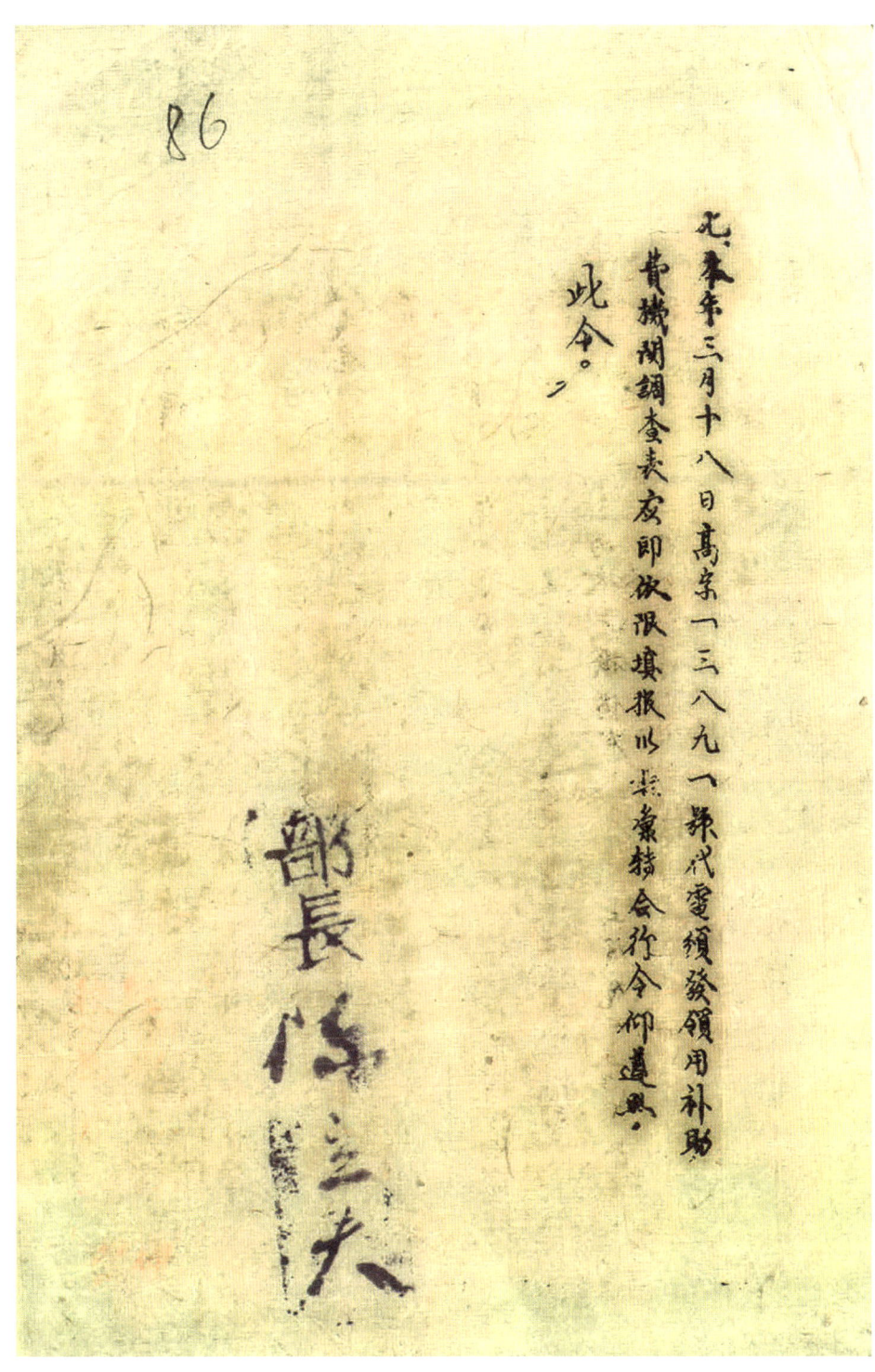

部長　陳立夫

教育部关于准予私立广州大学呈报民国三十二年度补助费案并须另造添置设备清册的指令

（一九四三年七月二十三日）

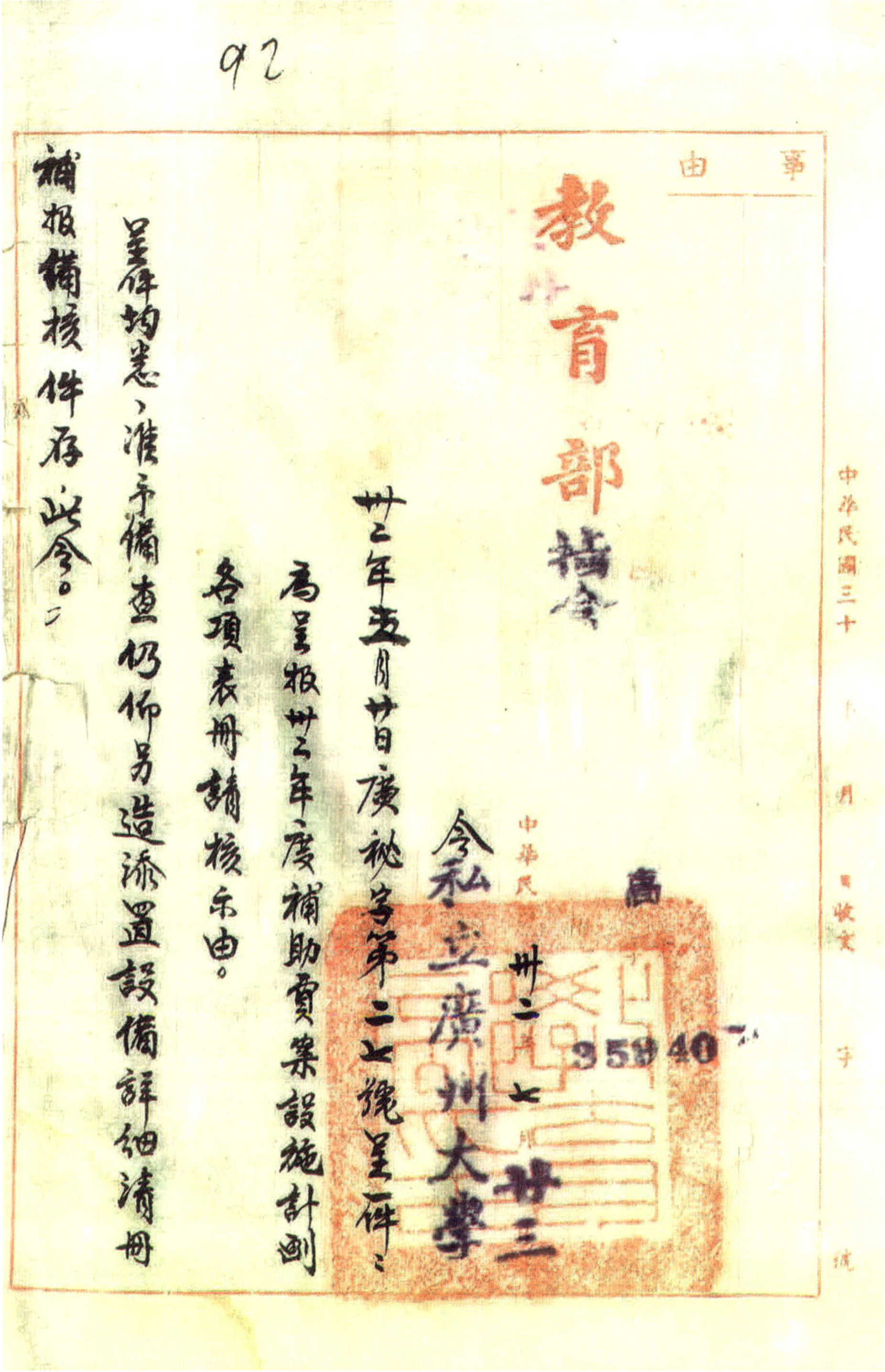
92

教育部指令

令私立廣州大學

卅二年五月廿日廣秘字第二七號呈一件：為呈報卅二年度補助費案設施計劃各項表冊請核示由。

呈件均悉。准予備查，仍仰另造添置設備詳細清冊補報備核。件存。此令。

高

中華民國卅二年七月廿三

35840

部長 陳立夫

該件即送校長核閱。
愛 五、二九

速件 航空 重慶 青木關 教育部
校長 掛號 繕發 5/29

照發
卅二、五、廿九
93

校長	教務長	訓導長	總務長	秘書	院長	主任	擬稿員
（印）	荣	芳	李年	廖霸			月 日擬

私立廣州大學呈

廣秘字第27號

中華民國三十二年五月二十日

事由：呈報三十二年度補助費設施計劃各項表冊請核示由

現奉

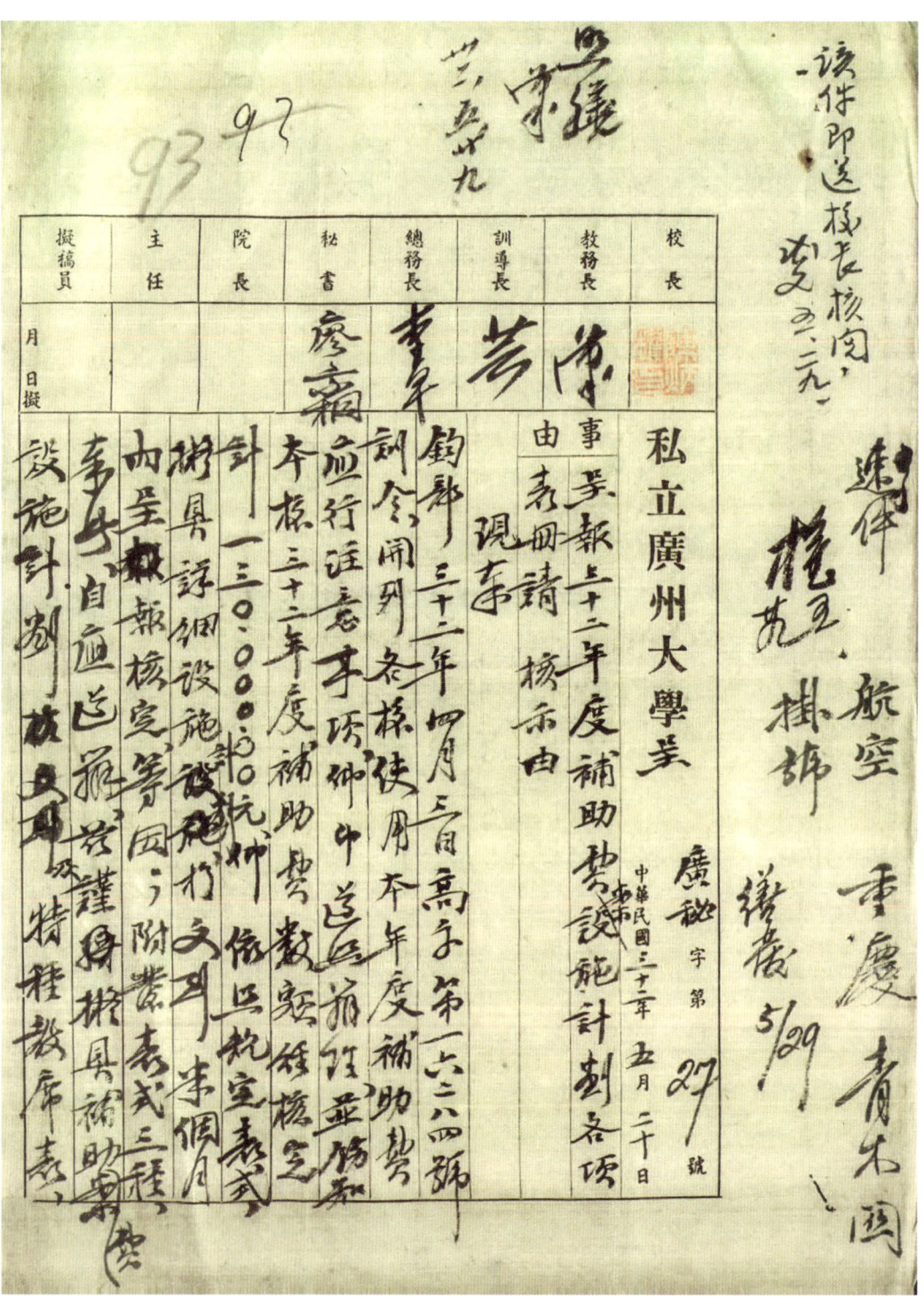

鈞部三十二年四月三日高字第一六二八四號訓令開：列各校使用本年度補助費應行注意事項，仰即遵照並將本校三十二年度補助費數額核定計一三〇〇〇〇元，仰依照規定表式擬具詳細設施計劃，文到半個月內呈部核定等因，附發表式三種。奉此，自應遵辦。茲謹擬具補助費設施計劃、校具特種設備表……

暨將添置設備清冊，教職員生活補助清冊，
依式開列，遵令備文，連同上開表件呈報
鑒核。伏候
指令祇遵。
謹呈
教育部
計呈三十二年度補助學業設施計劃及清冊
二份
私立廣州大學校長陳炳權

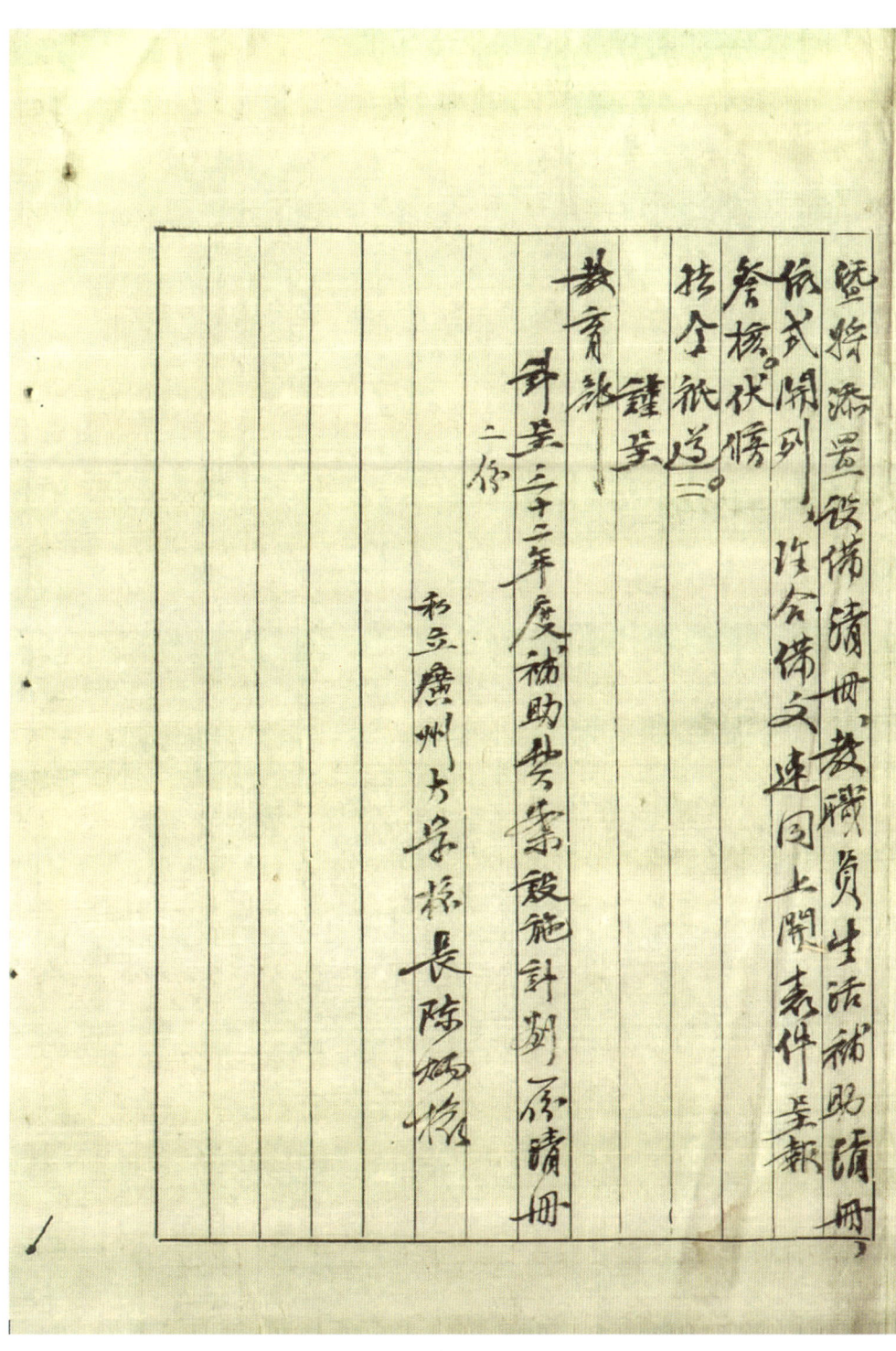

94

私立專科以上學校補助費款設施計劃

（三十二年度）

校名 私立廣州大學　　擬送時間 三十二年五月……日

院系科別	費別	補助項目及數額		擬具詳細用途		說明
		項目	數額	分類項目	預算數額	
各學院	補助	教職員生活津貼	43,200	職員生活津貼	33,600	職員十四人每人每月津貼弍百元，全年共計三萬三千六百元。
				教員生活津貼	9,600	教員四人每人每月津貼弍百元全年共計九千六百元。
各學院	補助	特種科目教席薪額	42,000	教授薪額	42,000	設置特種教席七名每名每月薪額五百元全年共四萬二千元。
各學院	補助	添置及設備	44,800	圖書添置費	19,000	自然科學參考書，社會科學參考書，土木工程參考書，數理參考書，共壹萬玖千元。
				儀器添置費	14,800	物理化學儀器共壹萬四千八百元。
				其他設備費	11,000	消防設備及防空設備共壹萬壹千元。
合計						

[illegible]	姓名	[illegible]	[illegible]	籍貫	資歷	[illegible]	[illegible]	[illegible]	薪額	備註
	陳炳權	男	四十七	廣東台山	美國哥林比亞大學經濟碩士，國立廣東大學教授，[illegible]財政部統計處長，實業部統計長	高級統計學三小時，經濟[illegible]三小時，國際問題三小時，中國經濟問題三小時	仝左	戰時中國經濟	500元	審定教授
	黃毅芸	男	四十二	廣東台山	美國哈佛大學政治碩士，中央訓練團第五期黨政訓練班畢業，美國波士頓[illegible]中學校長	三民主義一小時，西洋外交史三小時，[illegible]政治三小時，中國現代政治問題二小時，政治學二小時	仝左	民眾組織與訓練	500元	仝前
	譚維漢	男	四十[illegible]	廣東三水	美國加省大學教育博士，前立金山中學校長，中央軍校特別班教育家主任	教育哲學，中等教育，行政各二小時，教育心理，社會心理，普通心理各二小時。	仝左	戰時群眾心理	500元	仝前
	胡金昌	男	三十七	廣東順德	美國加省大學碩士，數學科哲學博士，國立中山大學長期教授。	函數論，近世代數，高等微積分，概率計算，近世幾何各三小時。	微分幾何，近世代數，高等微積分，概率函數，時論各三小時	彈道學之數理研究	500元	仝前
	黃兆棟	男	四十五	廣東台山	美國華盛頓大學碩士，國立中山大學、嶺南大學教授，廣東省金庫長兼國稅收支處長。	土地問題，經濟政策各二小時，貨幣銀行學，經濟學，工商管理各三小時	仝左	戰時金融	500元	仝前
	黃文表	男	三十六	廣東開平	美國積彩大學商科碩士，國民政府特許會計師，廣東國民大學教授。	會計學，國際貿易，金融，成本會計，財政學各三小時。	仝左	戰時財務行政	500元	仝前
	鄺明清	男	四十	廣東南海	美國哥林比亞大學公法碩士，國立廣東法科學院政治系教授，嶺南大學講師	西洋政治外交三小時，戰時國際法三小時，中外政治問題三小時。	仝左	戰時國際形勢	500元	審定副教授

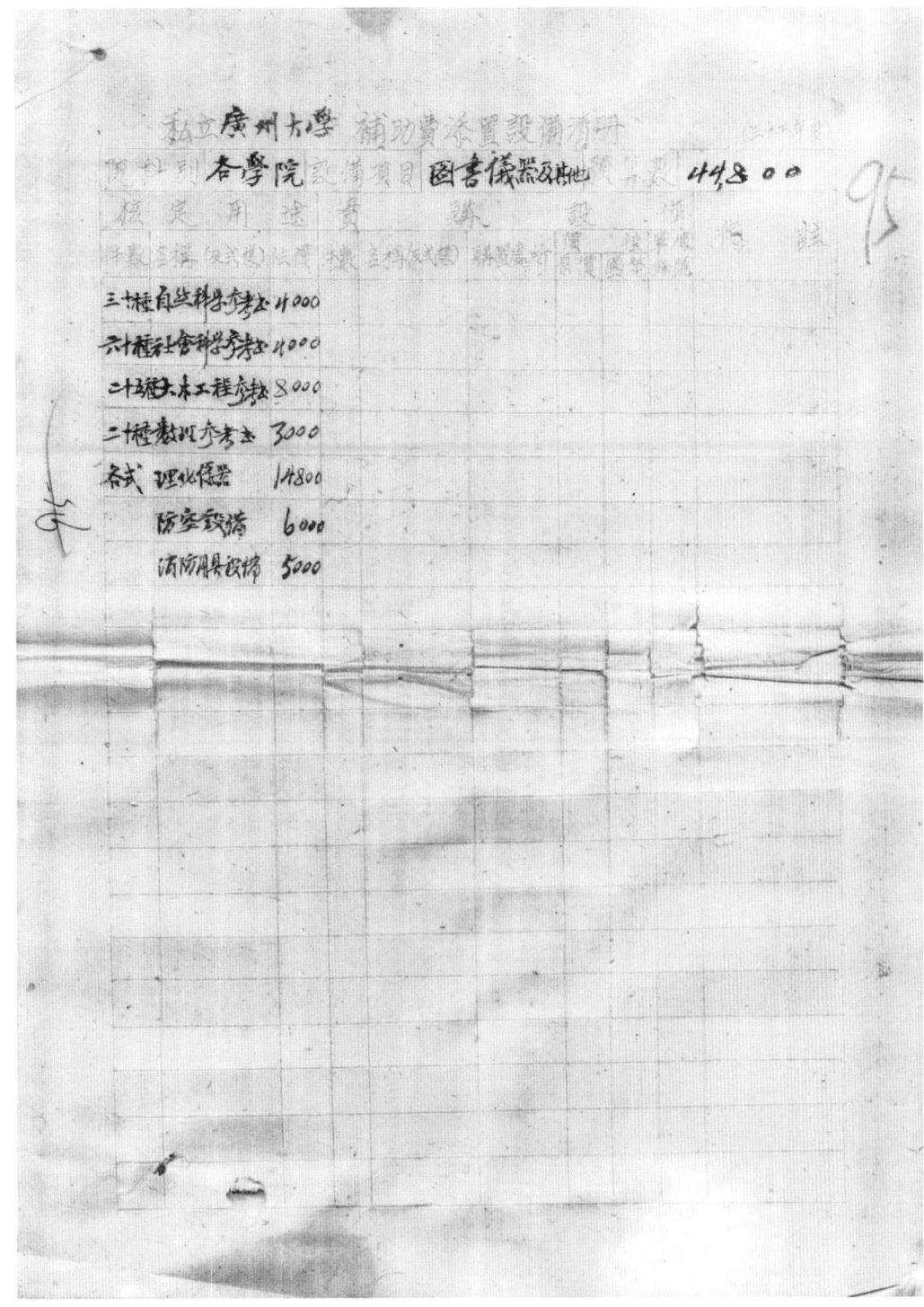

私立廣州大學補助費添置設備清冊

院科別	各學院	設備項目	圖書儀器及其他	預算數	44,800

核定用途費　購設備

件數	名稱（及式樣）	價
三十種	自然科學參考書	4000
六十種	社會科學參考書	4000
二十五種	土木工程參考書	8000
二十種	數理參考書	3000
各式	理化儀器	14800
	防空設備	6000
	消防用具設備	5000

私立廣州大學補助費教職員生活津貼清冊（三十二年度）

姓名	性別	職務	每月生活津貼數	每年生活津貼數	備註
陳炳權	男	校長	200	2400	
鍾維漢	〃	教務長	200	2400	
黃毅若	〃	訓導長	200	2400	
黃文亮	〃	總務長	200	2400	
黃兆棟	〃	文法學院長	200	2400	
胡金昌	〃	理工學院長	200	2400	
馬小進	〃	市政學系主任	200	2400	
黃梓榮	〃	法律學系主任	200	2400	
李卓	〃	土木工程學系主任	200	2400	
戴蓀銓	〃	專任教員兼註冊組主任	200	2400	
廖朗清	〃	專任副教授兼體育組主任	200	2400	
梁式文	〃	專任教員兼出版組主任	200	2400	
曹廷獻	〃	專任教員兼銀行學系主任	200	2400	
陳永標	〃	秘書	200	2400	
吳綺媛	女	專任教員	200	2400	
鍾柏群	男	專任教員	200	2400	
~~李[illegible]~~		~~專任教員~~			
蔡慶恩	〃	專任教員	200	2400	
李玉麟	〃	專任教員	200	2400	
總計			3600元	43200元	

私立專科以上學校補助費款設施計劃　（三十二年度）

校名　私立廣州大學　　擬送時間　三十二年五月　日

院科別	費別	補助項目及數額：項目	數額	擬具詳細用途：分類項目	預算數額	說明
各學院	補助	教職員生活津貼	43200	職員生活津貼	33600	職員十四人每人每月津貼二百元全年共三萬三千六百元
				教員生活津貼	9600	教員四人每人每月津貼二百元全年共九千六百元
各學院	補助	特種科目教席薪額	42000	教授薪額	42000	設置特種教席七名每名每月薪薪五百元全年共四萬二千元
各學院	補助	添置及設備	44800	圖書添置費	19000	自然科學參考書、社會科學參考書、土木工程參考書、法律學參考書共一萬九千元
				儀器添置費	14800	物理化學儀器藥品一萬四千八百元
				其他設備費	11000	消防設備及防空設備共一萬一千元
合計						

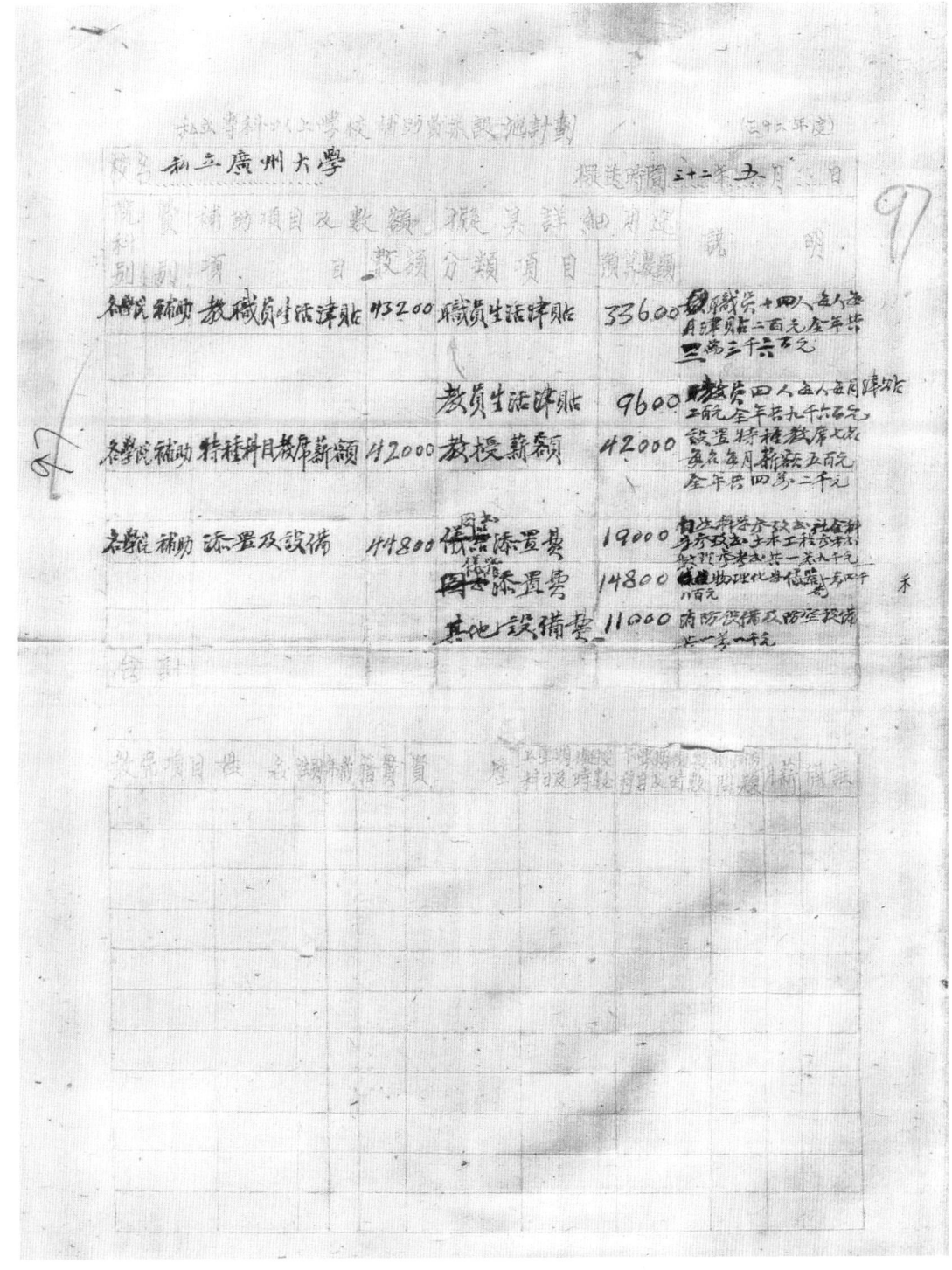

私立广州大学与广东省银行为民国三十三年度补助费透支借款的合约（一九四四年六月十七日）

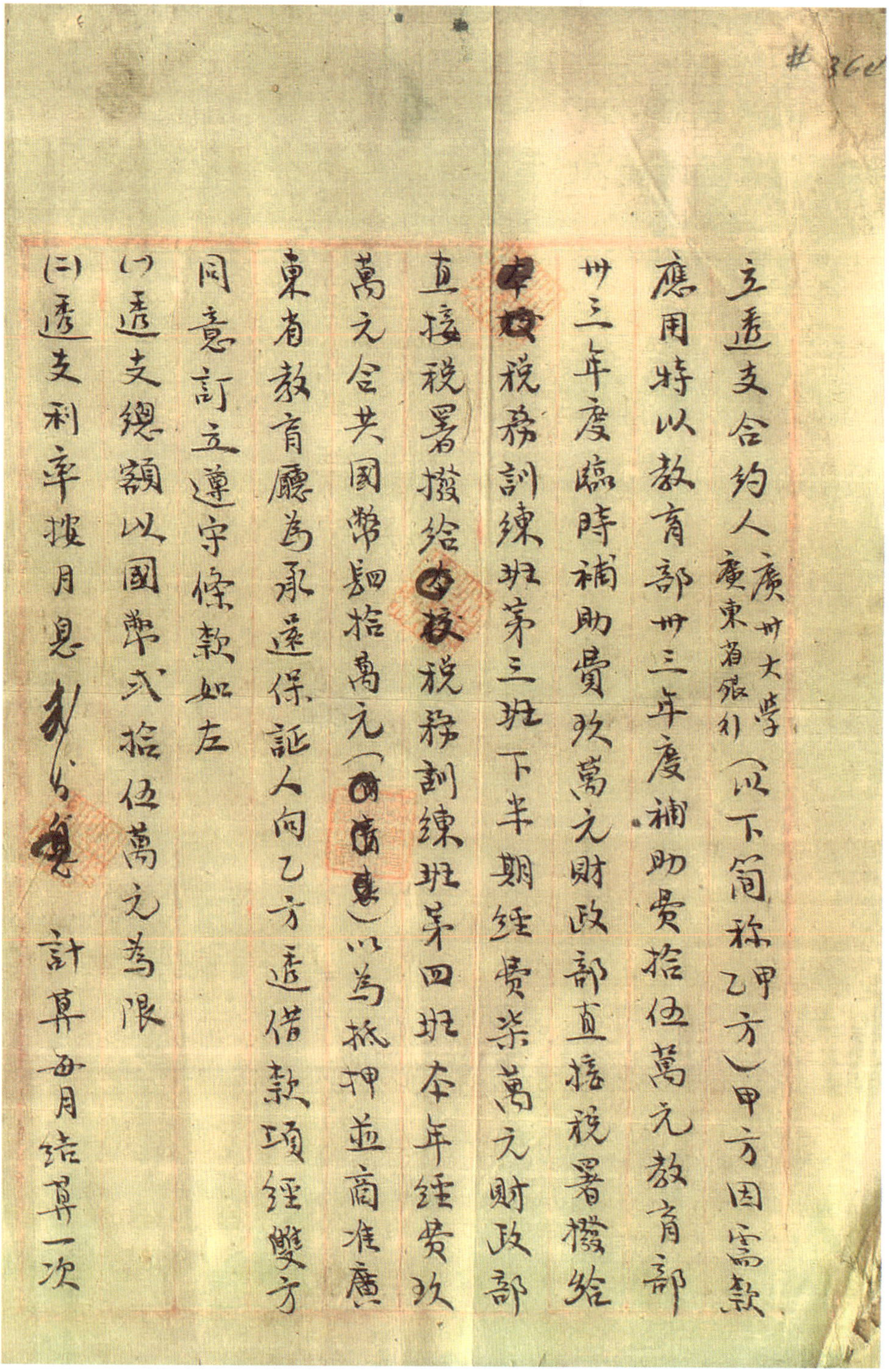

立透支合約人 廣州大學 廣東省銀行 (以下簡稱甲方 乙方)甲方因需款
應用特以教育部卅三年度補助費拾伍萬元教育部
卅三年度臨時補助費玖萬元財政部直接稅署撥給
本校稅務訓練班第三班下半期經費柒萬元財政部
直接稅署撥給本校稅務訓練班第四班本年經費玖
萬元合共國幣叁拾萬元(西廣東)以為抵押並商准廣
東省教育廳為承還保證人向乙方透借款項經雙方
同意訂立遵守條款如左
(一)透支總額以國幣貳拾伍萬元為限
(二)透支利率按月息[illegible] 計算每月結算一次

（三）透支期限以叁個月為期由民國三十三年六月十七日起
至卅三年九月十六日止到期本息清還決不延誤
（四）上項透支指定由乙方連縣支行開戶辦理憑甲方印
鑑用支票提支
（五）本透支係以甲方教育部三十三年度補助費拾伍萬元
教育部卅三年度臨時補助費玖萬元財政部直接稅署
撥給本校稅務訓練班第三班下半期經費柒萬元財政
部直接稅署撥給本校稅務訓練班第四班本年經費
玖萬元合共肆拾萬元為抵押品（以上應領經費肆拾萬元該校尚未具領合併證明）
（六）在本透支未到期前如甲方領到上開各款應即存

入乙方連縣支行抵償透支款

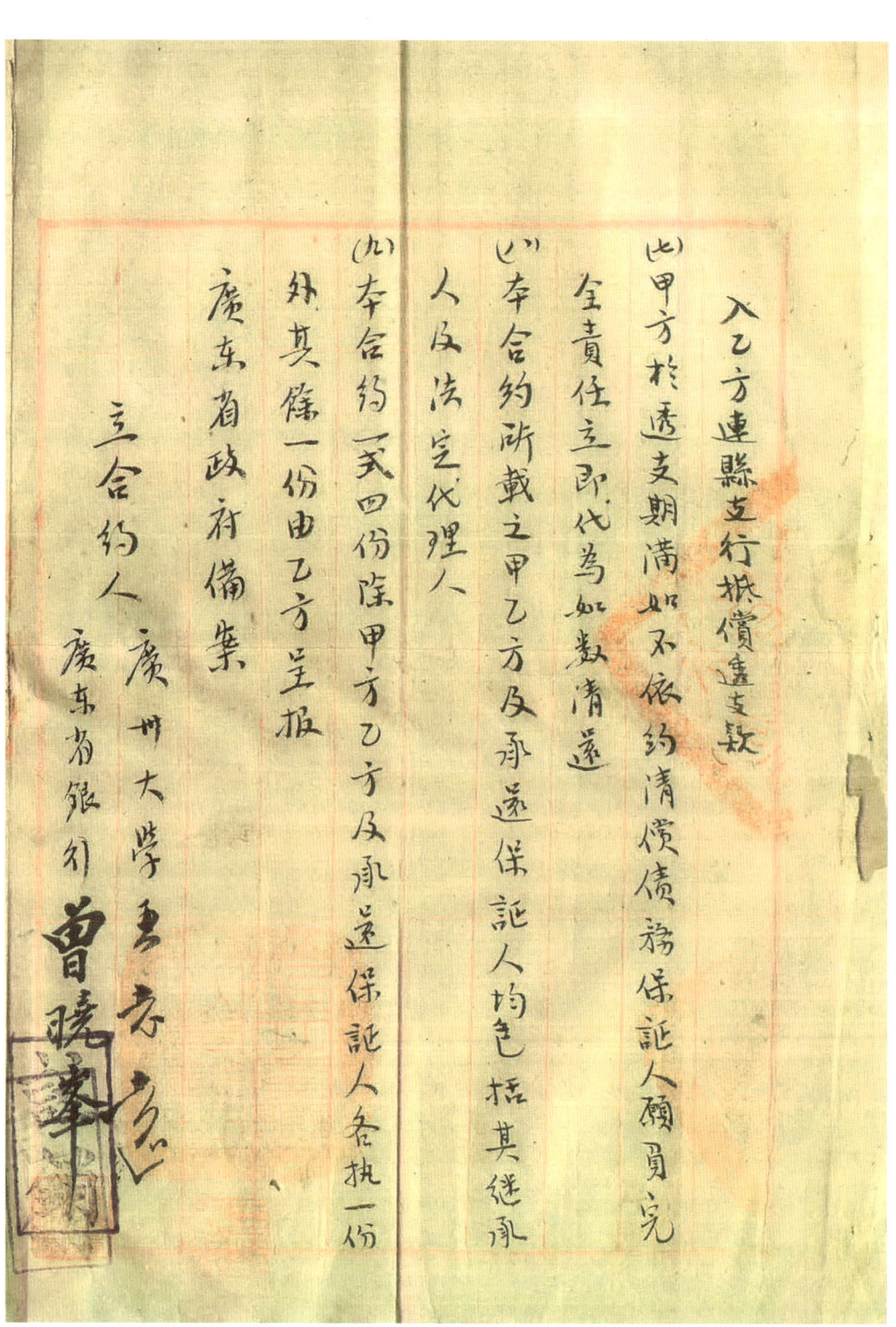

(七)甲方於透支期滿如不依約清償債務保証人願負完全責任立即代為如數清還

(八)本合約所載之甲乙方及承還保証人均包括其繼承人及法定代理人

(九)本合約一式四份除甲方乙方及承還保証人各執一份外其餘一份由乙方呈报廣東省政府備案

立合約人 廣州大學 王志遠

廣東省銀行 曾曉峯

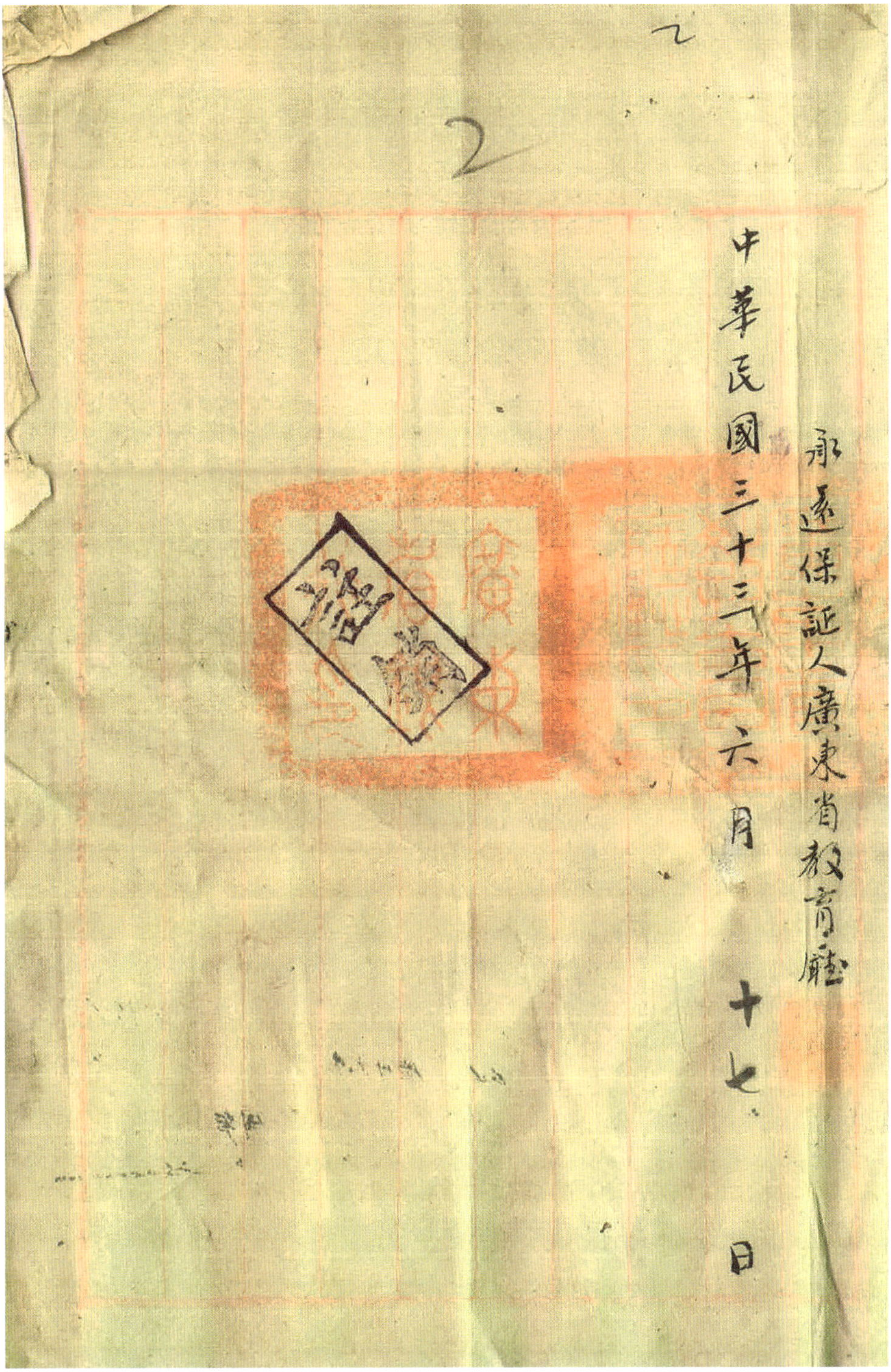
2

承還保証人廣東省教育廳

中華民國三十三年六月十七日

仁化县政府为县级公粮现已告罄实无余粮可借复请省立执信女子中学查照的函（一九四五年五月二十八日）

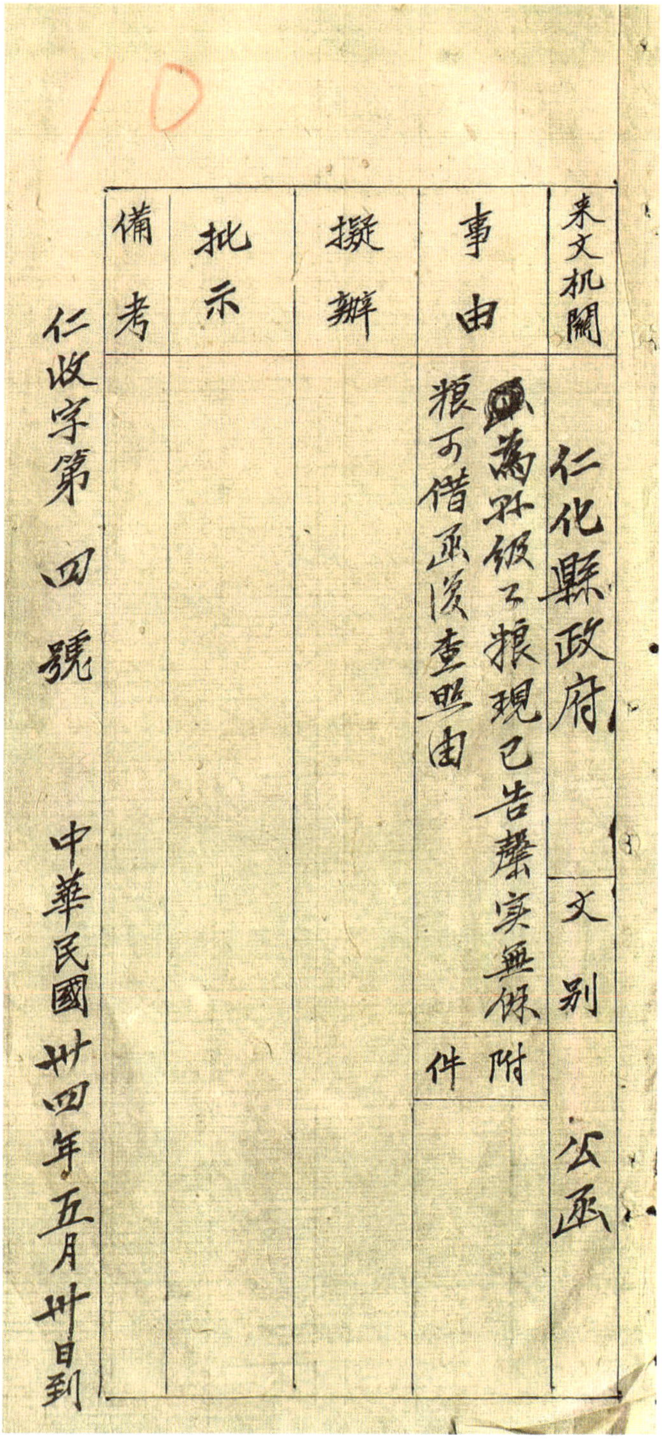
10

来文机關	仁化縣政府
文别	公函
事由	爲縣級公粮現已告罄实無餘粮可借函復查照由
附件	
擬辦	
批示	
備考	

仁收字第四號

中華民國卅四年五月卅日到

擬函守備部撥借軍糧 安

存知 五.卅

仁化縣政府公函

現准

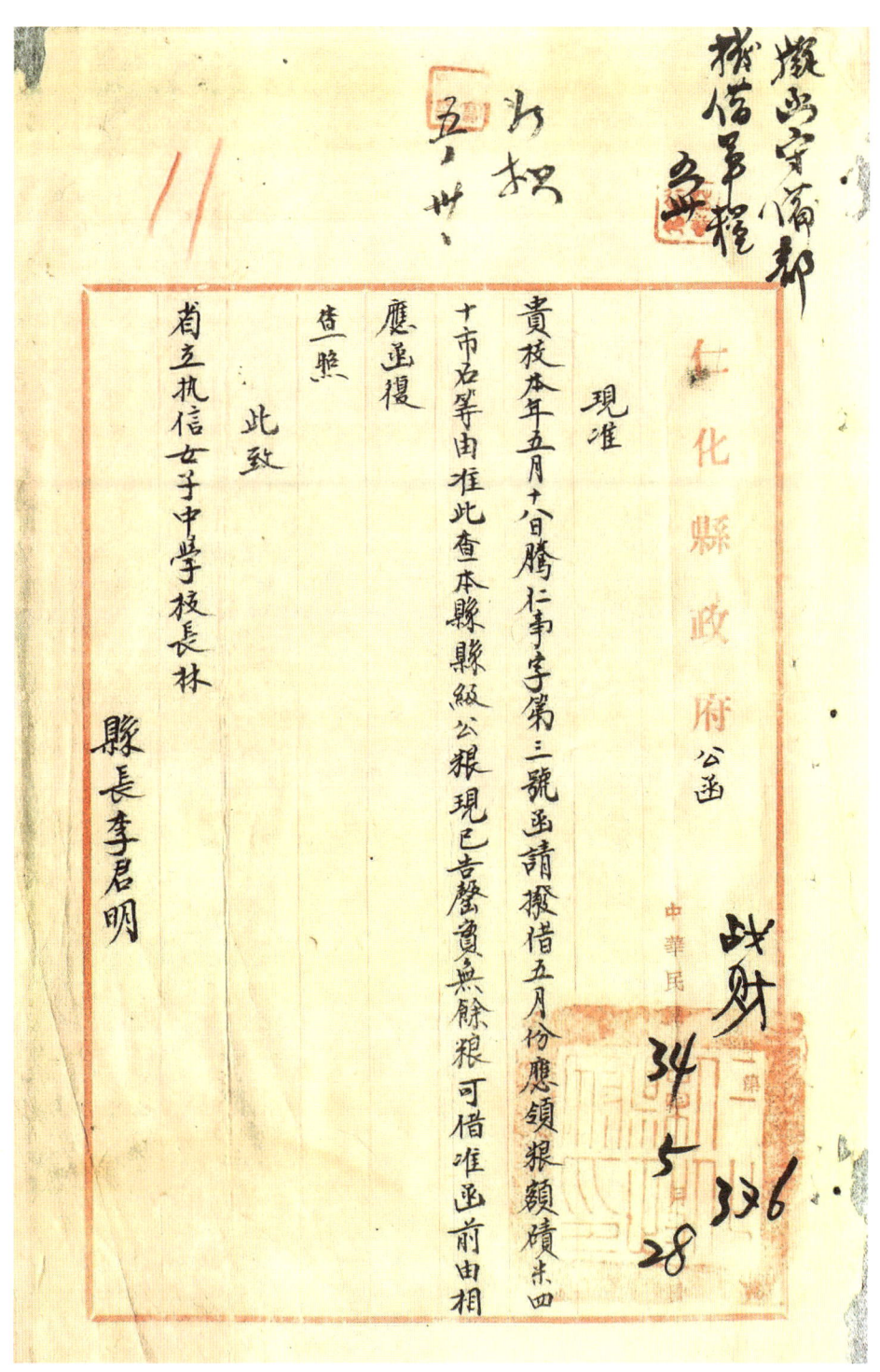

貴校本年五月十八日騰仁事字第三號函請撥借五月份應領糧額積米四十市石等由准此查本縣縣級公糧現已告罄實無餘糧可借准函前由相應函復

查照

此致

省立執信女子中學校長林

縣長李君明

收財 34 5 28 336

乐仁乳守备区司令部关于留属仁化各校员生救济事项请执信中学转各员生知照的代电（一九四五年六月十一日）

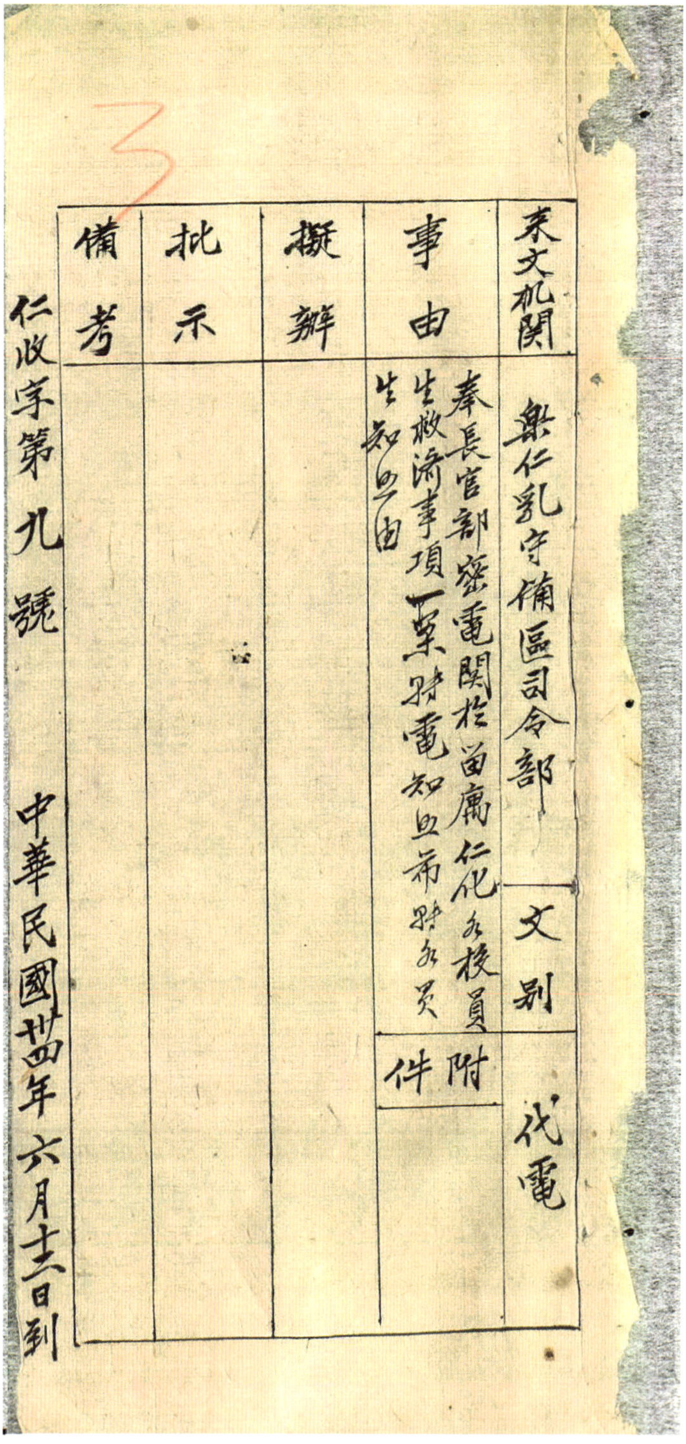
來文機關	樂仁乳守備區司令部
文別	代電
事由	奉長官部銑電關於留屬仁化各校員生救濟事項一案附電知照希轉各員生知照由
附件	
擬辦	
批示	
備考	

仁收字第九號

中華民國卅四年六月十二日到

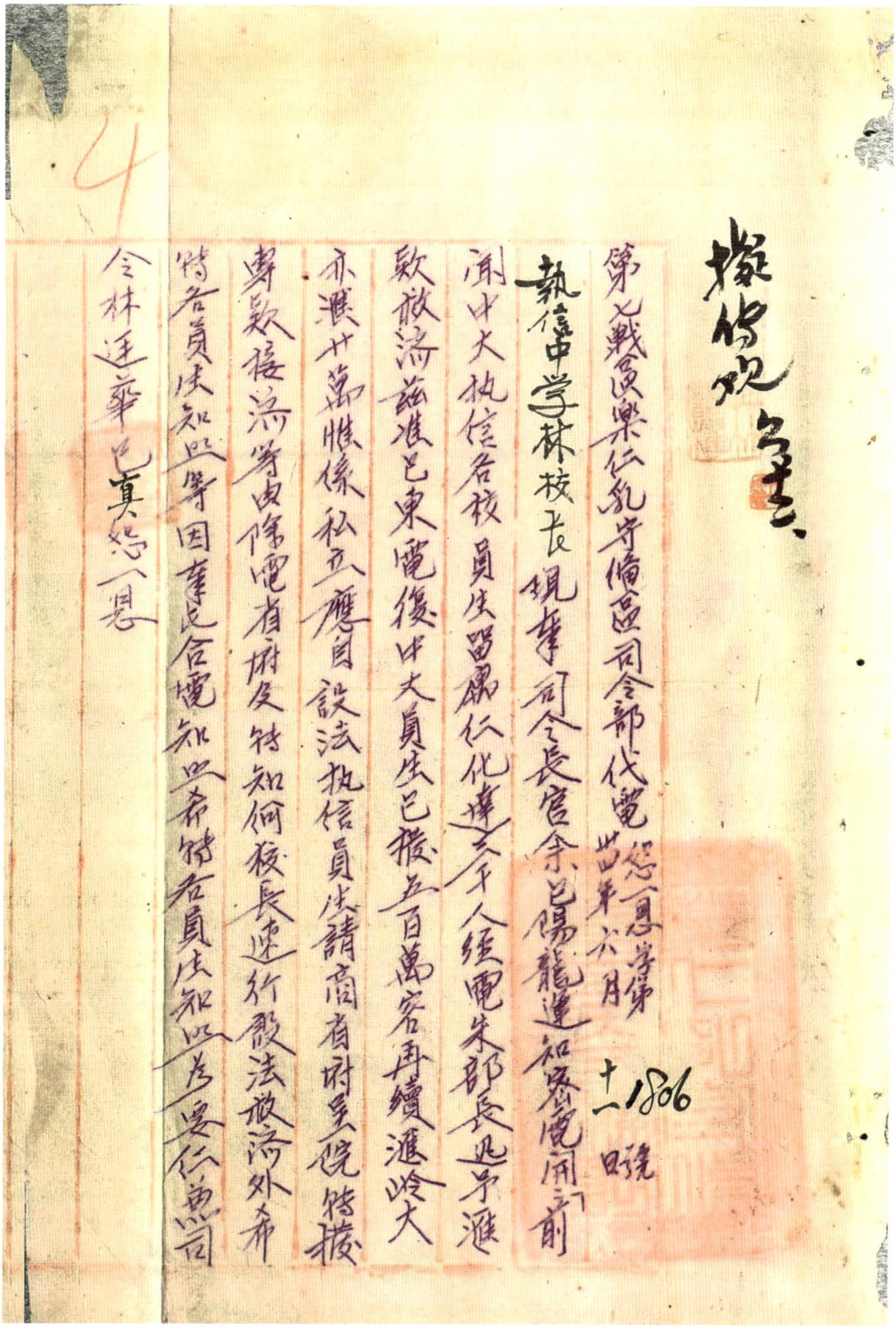
擬修改

第七戰區樂仁乳守備區司令部代電　恩學字第　卅年六月　十二 1806號　日

執信中學林校長覲莘　司令長官余巳陽龍遵知察電開：前

潮中大執信各校員生留韶仁化達六千人經電朱部長迅予滙

款救濟茲准巳東電復中大員生已撥五百萬容再續滙嶺大

亦撥廿萬惟係私立應自設法執信員生請商省府呈院特撥

專款接濟等由除電省府及特知何校長速行設法救濟外希

特各員生知照等因奉此合電知照希轉各員生知照為要仁乳司

令林廷華巳真怨恩

广东省立执信女子中学回复第七战区干部司令团依照规定公粮每市石折合一百五十市斤公谷一百零八市斤计算系属无误的公函（一九四五年七月十六日）

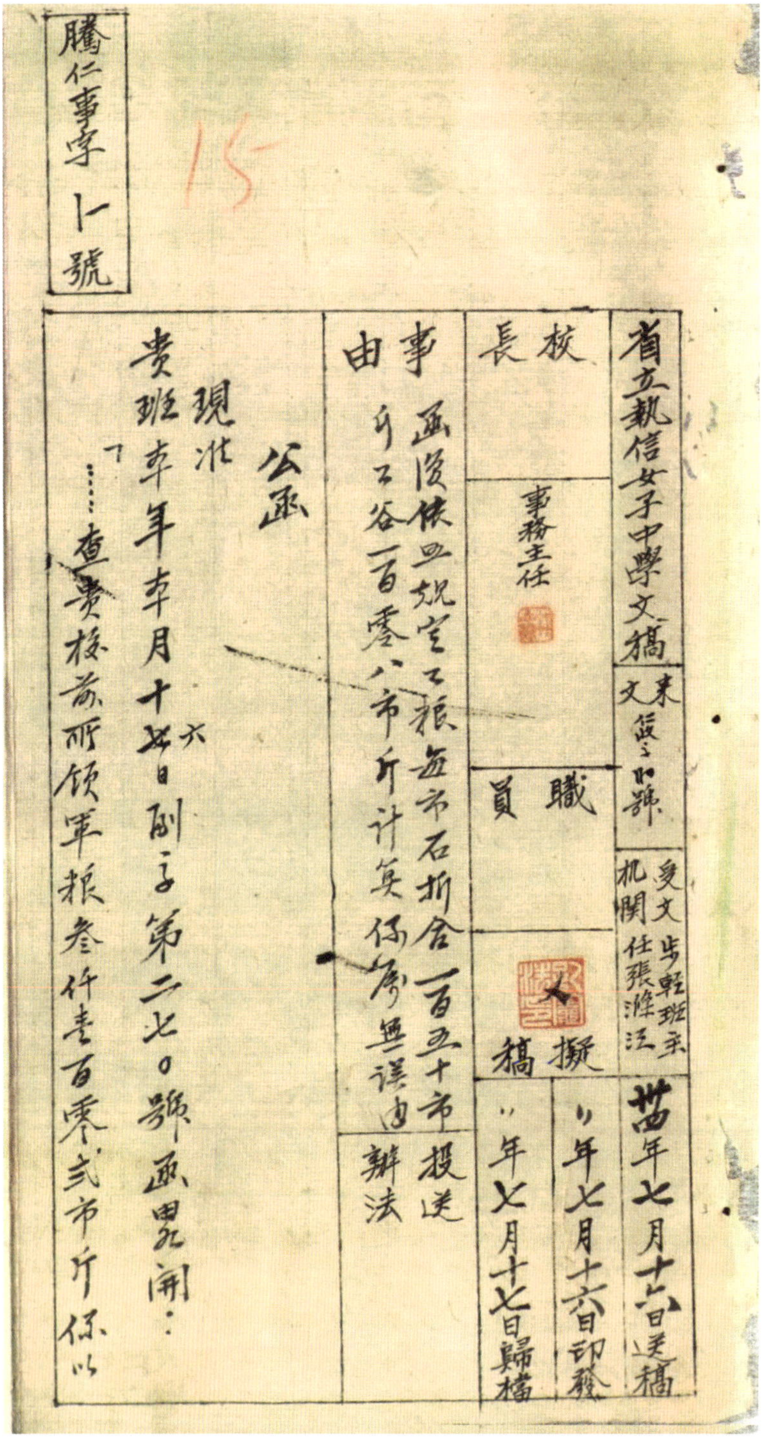
騰仁事字　號

省立執信女子中學文稿

來文　號

受文機關　步幹班主任張

擬稿

卅四年七月十六日送稿

〃年七月十六日印發

〃年七月十七日歸檔

校長

事務主任

職員

事由　函復依照規定公粮每市石折合一百五十市斤公谷一百零八市斤計算係屬無誤由

投送辦法

公函

現准

貴班本年本月十六日副字第二七〇號函開：

「……查貴校前所領軍粮叁仟壹百零貳市斤係以

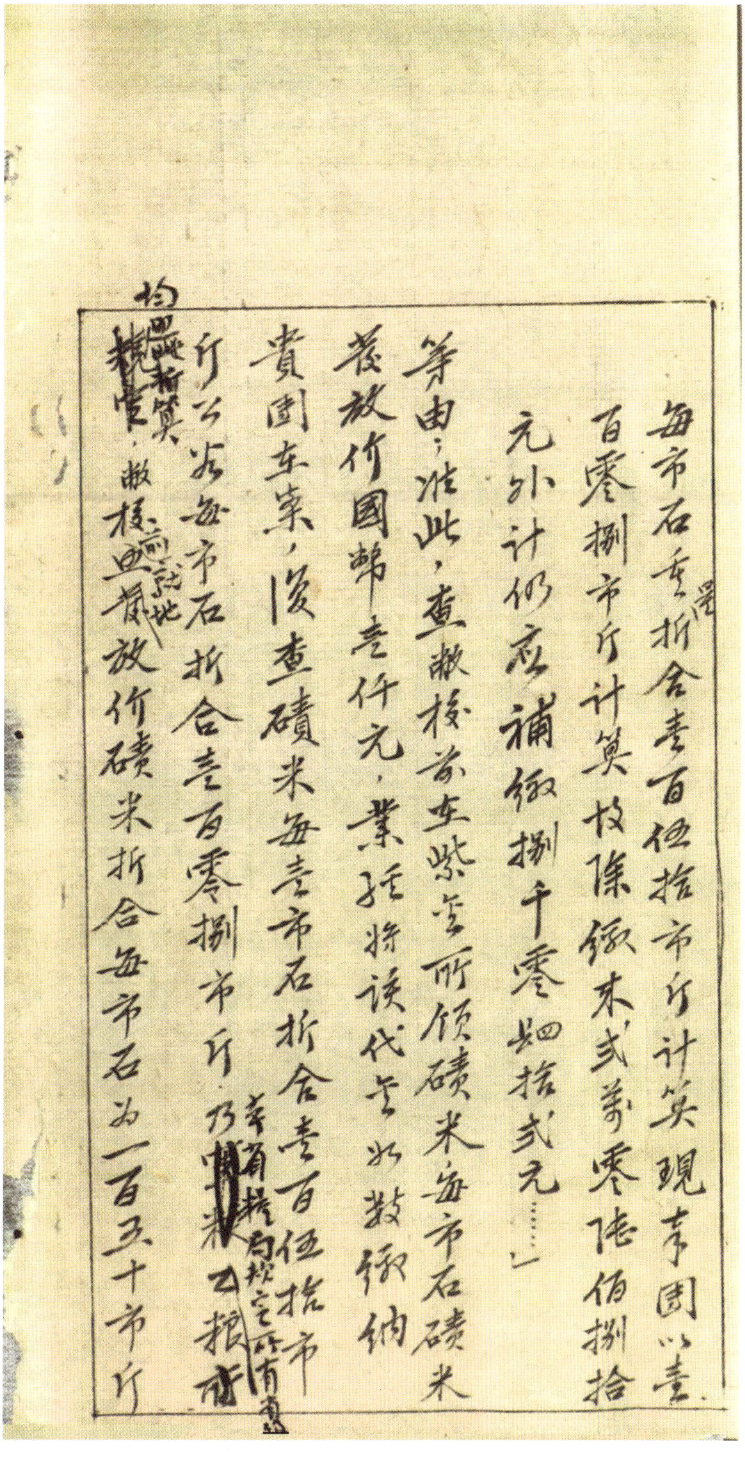
每市石壹折合壹百伍拾市斤计算，现本团以壹
百零捌市斤计算，故除缴来贰万零陆佰捌拾
元外，计仍应补缴捌千零四拾贰元……」
等由，准此，查敝校前在紫金所领积米每市石积米
发放价国币壹仟元，业经将该代金如数缴纳
贵团在案，后查积米每壹市石折合壹百伍拾市
斤以为每市石折合壹百零捌市斤，乃
敝校　发放价积米折合每市石为一百五十市斤

16

計算收金係屬無誤，所稱西紀它不符，未知是否指或誤公谷每市石折合每佰零捌市斤，相應函復，希為

查照為荷，此致

第七戰區幹部訓練團步兵班主任張

（全銜）校長林〇〇

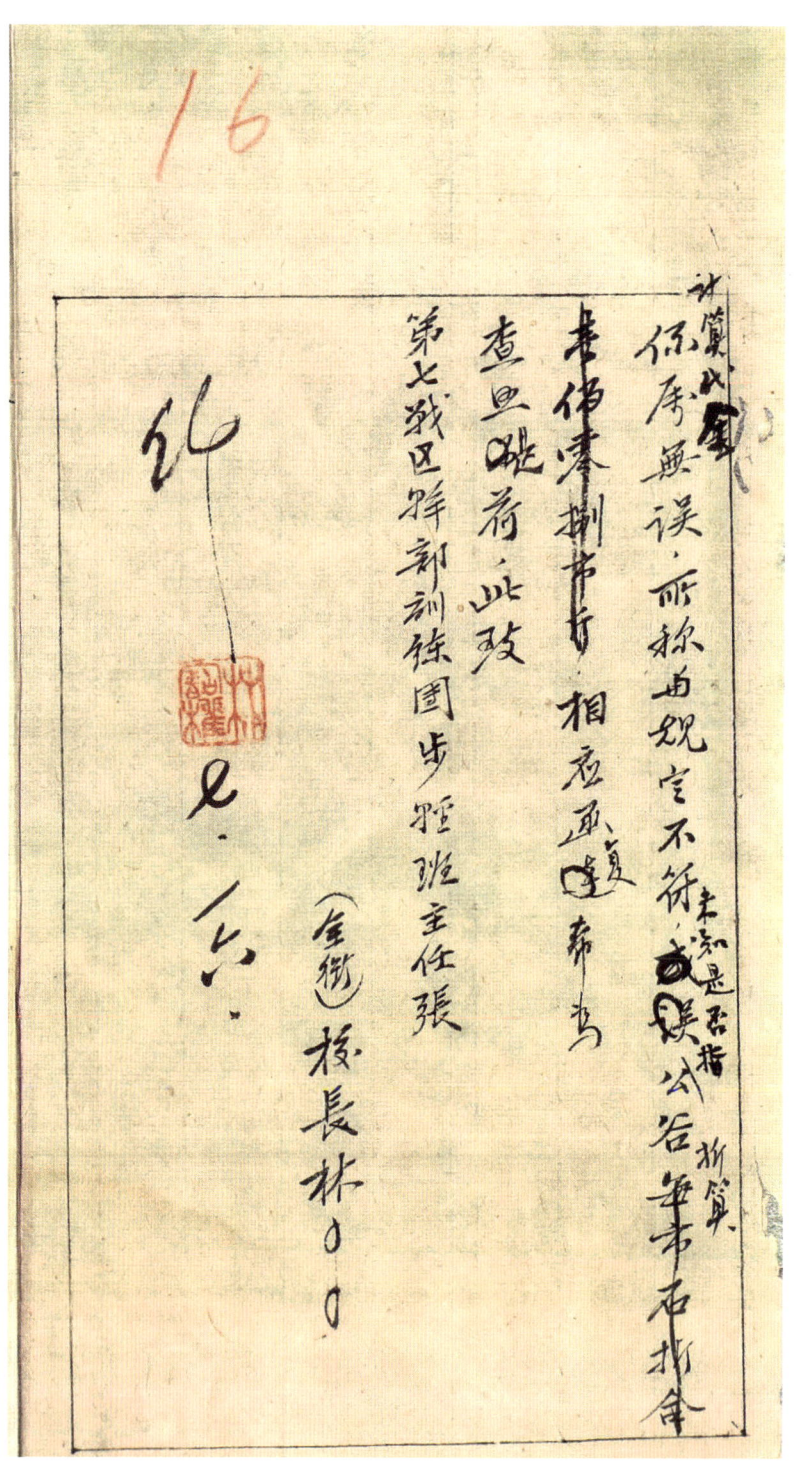

紀七、一六

国立中山大学农学院请广东国际救济委员会连县分会赠给药品转给留居宜章县笆篱堡一带员生备用的函（一九四五年六月九日）

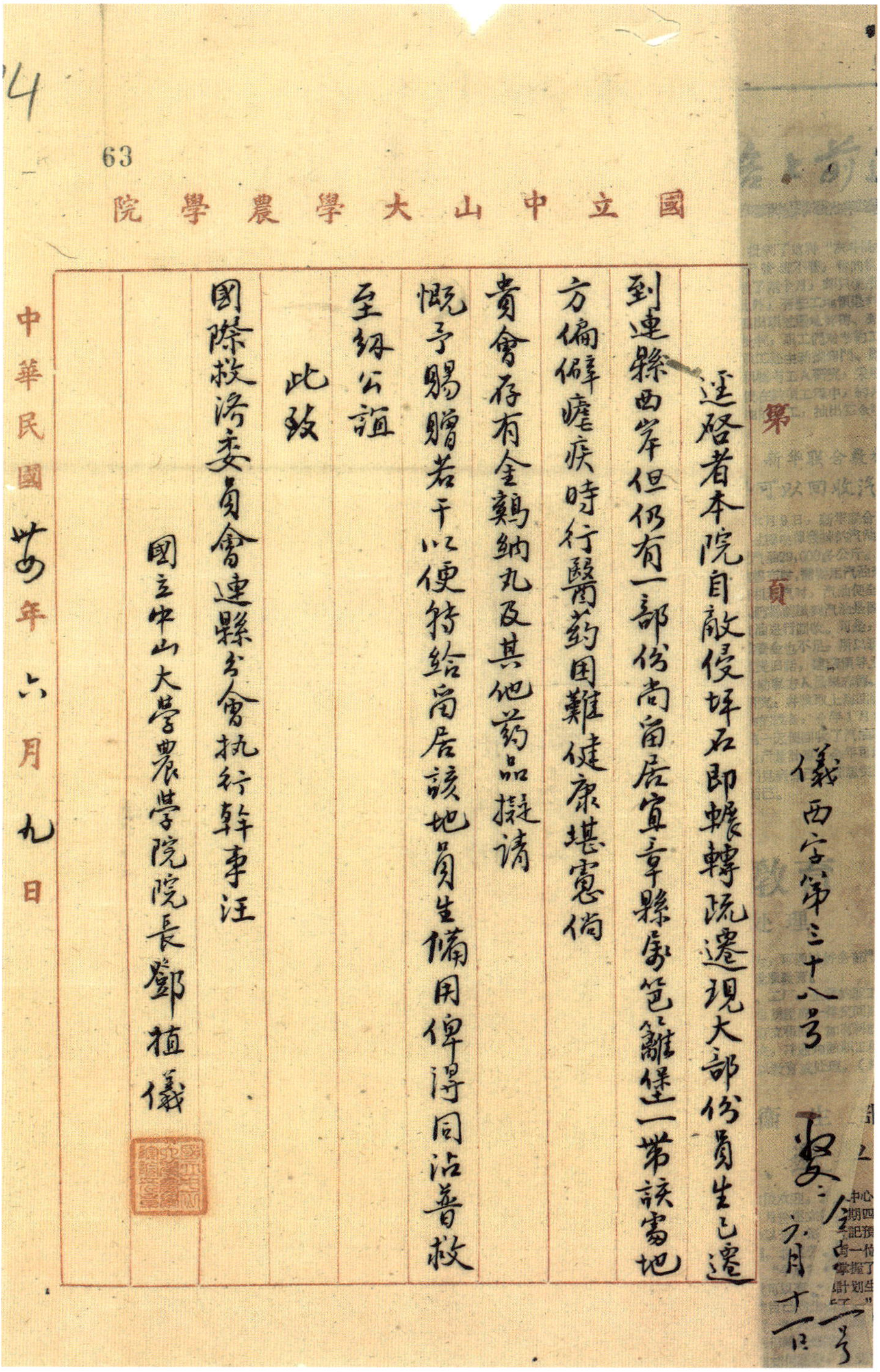

63

國立中山大學農學院

逕啓者本院自敵侵坪石即輾轉疏遷現大部份員生已遷到連縣西岸但仍有一部份尚留居宜章縣屬笆籬堡一帶該處地方偏僻瘴疾時行醫藥困難健康堪虞倘
貴會存有金鷄納丸及其他藥品擬請
慨予賜贈若干以便轉給留居該地員生備用俾得同沾普救
至紉公誼
此致
國際救濟委員會連縣分會執行幹事汪

國立中山大學農學院院長鄧植儀

中華民國卅四年六月九日

儀西字第三十八號

六月十一日

广东省银行韶州分行关于办理汇交基联培英培联三校救济费经过情形致广东国际救济委员会的函（一九四五年五月二十一日）

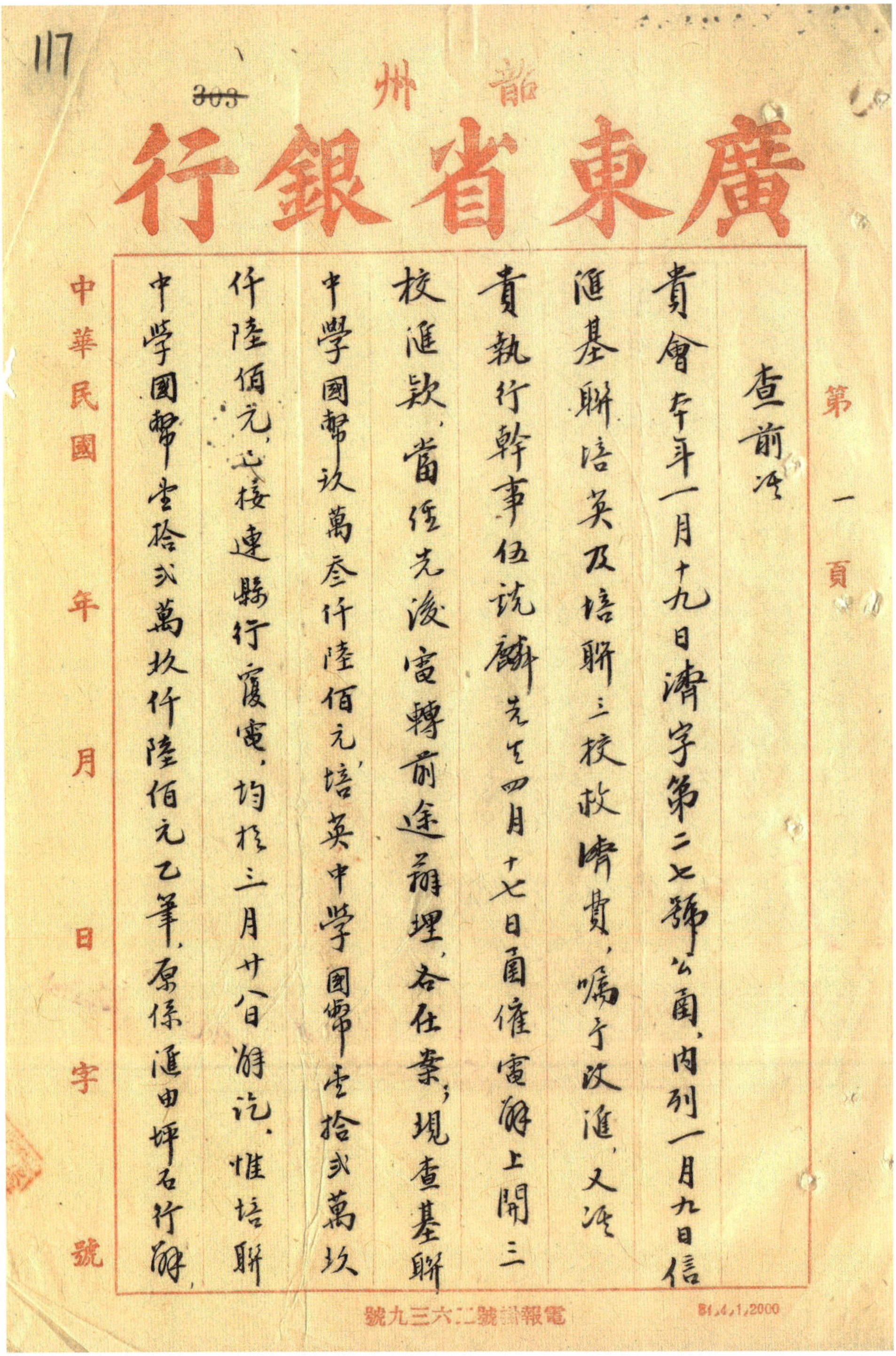
117

~~303~~ 韶州

廣東省銀行

第一頁

查前准

貴會本年一月十九日濟字第二七號公函，內列一月九日信滙基聯培英及培聯三校救濟費，囑予改滙，又准

貴執行幹事伍銳麟先生四月十七日函催電解上開三校滙款，當經先後電轉前途辦理，各在案；現查基聯中學國幣玖萬叁仟陸佰元，培英中學國幣壹拾弍萬玖仟陸佰元，已接連縣行覆電，均於三月廿八日解訖，惟培聯中學國幣壹拾弍萬玖仟陸佰元乙筆，原係滙由坪石行解

中華民國　年　月　日　字　號

電報掛號二六三九號　B1.4.1,2000

118

Received 24/5/45

~~302~~

韶州

廣東省銀行

第二頁

因在淪陷地區，郵電聯絡困難，究竟該款已否付妥，迄無確訊，容復到再行奉告。相應函達，請煩查照為荷。

此致

廣東國際救濟委員會

廣東省銀行韶州分行啟

廣東省銀行韶州分行經理之章

中華民國卅四年五月廿日

業字第一六〇號

Noted

電報掛號二六三九號

广东省银行韶州分行关于汇坪石培联中学之款退汇一事因坪石办事处撤退仁化交通延误致广东国际救济委员会的函（一九四五年八月十五日）

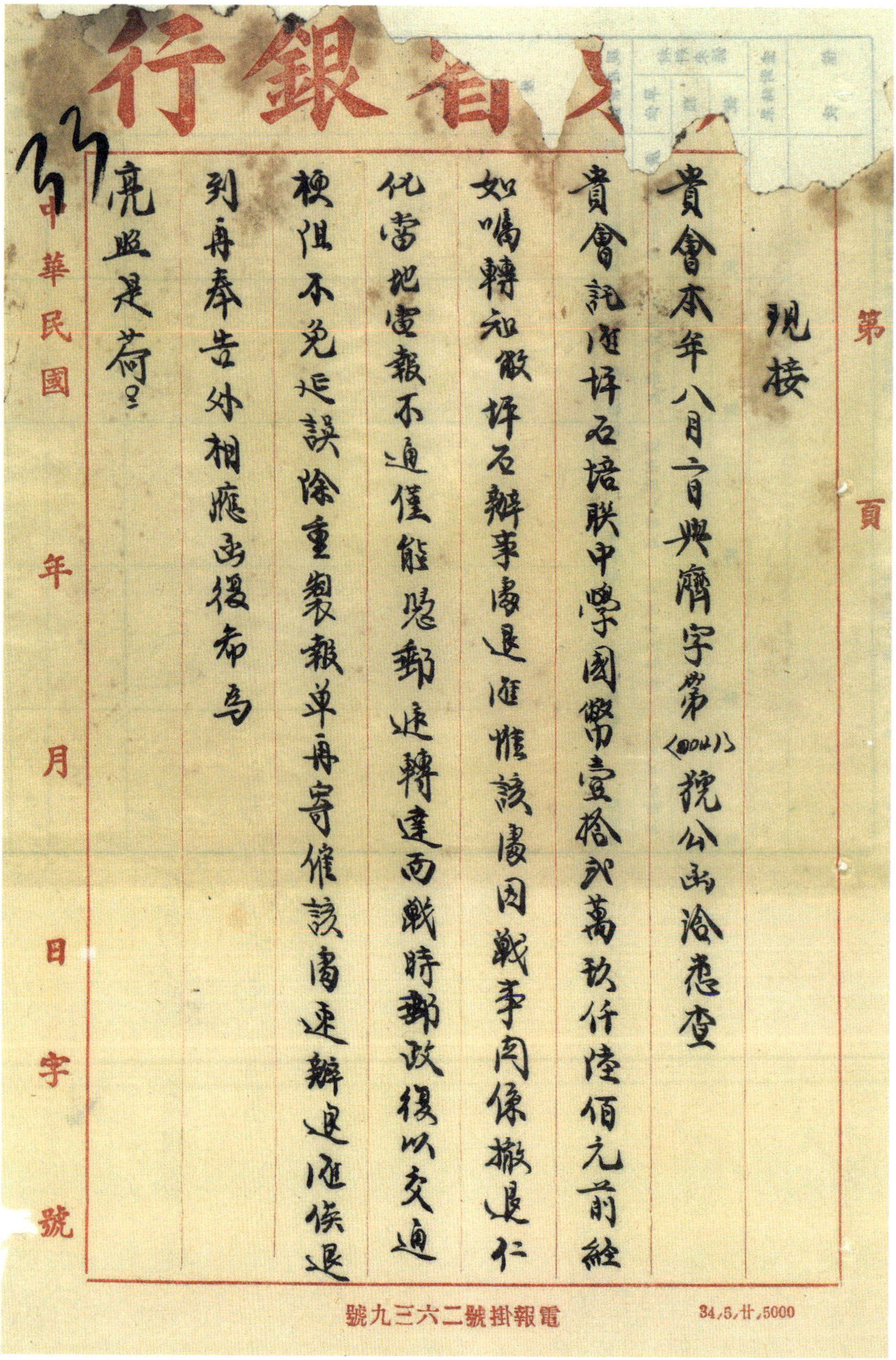

東省銀行

第　頁

現接

貴會本年八月二日興濟字第〈0041〉號公函洽悉

貴會託匯坪石培聯中學國幣壹拾貳萬玖仟陸佰元前經

如囑轉知敝坪石辦事處退匯惟該處因戰事關係撤退仁

化當地電報不通僅能照郵遞轉達而戰時郵政復以交通

梗阻不免延誤除重製報單再寄催該處速辦退匯俟退

到再奉告外相應函復希為

亮照是荷

中華民國　年　月　日　字　號

電報掛號二六三九號　34/5/廿/5000

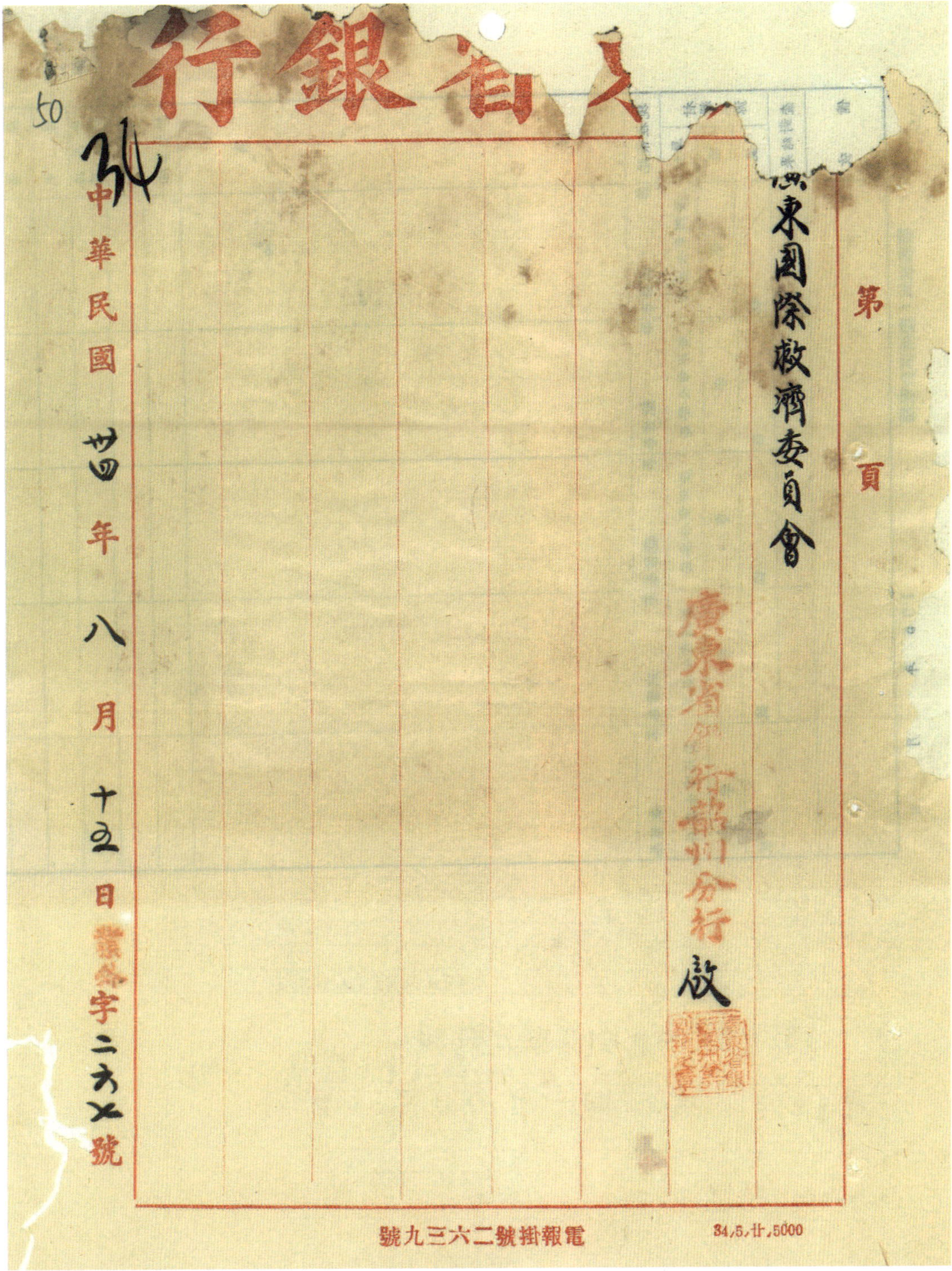
廣東省銀行

第　頁

廣東國際救濟委員會

廣東省銀行韶州分行　啟

中華民國卅四年八月十五日

韶業字二六七號

電報掛號二六三九號

34.5.廿.5000

广东国际救济委员会连县分会工读学生工作报告书（节选）（一九四五年八月二十三日）

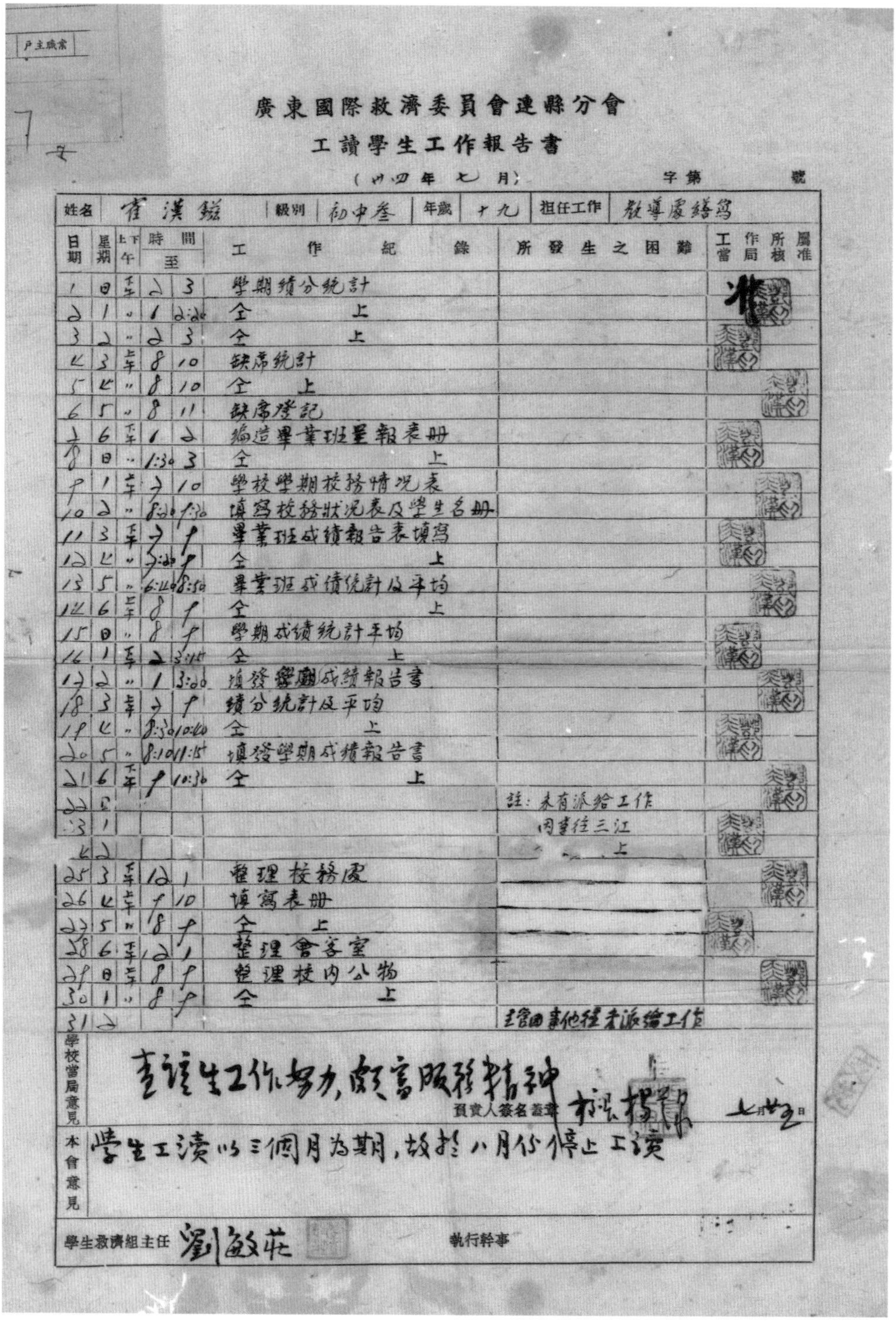

廣東國際救濟委員會連縣分會

工讀學生工作報告書

（卅四年七月） 字第 號

姓名	崔漢鎰	級別	初中叁	年歲	十九	擔任工作	教導處繕寫	
日期	星期	上下午	時間	至	工作紀錄	所發生之困難	工作當局核准	所屬
1	日	下午	2	3	學期績分統計			
2	1	〃	1	2:20	仝上			
3	2	〃	2	3	仝上			
4	3	上午	8	10	缺席統計			
5	4	〃	8	10	仝上			
6	5	〃	8	11	缺席登記			
7	6	下午	1	2	編造畢業班呈報表冊			
8	日	〃	1:30	3	仝上			
9	1	上午	7	10	學校學期校務情況表			
10	2	〃	8:20	9:30	填寫校務狀況表及學生名冊			
11	3	下午	7	9	畢業班成績報告表填寫			
12	4	〃	7:20	9	仝上			
13	5	〃	6:40	8:50	畢業班成績統計及平均			
14	6	上午	8	9	仝上			
15	日	〃	8	9	學期成績統計平均			
16	1	下午	2	3:15	仝上			
17	2	〃	1	3:20	填發學期成績報告書			
18	3	上午	7	9	績分統計及平均			
19	4	〃	8:30	10:40	仝上			
20	5	〃	8:10	11:15	填發學期成績報告書			
21	6	下午	9	10:30	仝上			
22	日					註：未有派給工作		
23	1					因事往三江		
24	2					上		
25	3	下午	12	1	整理校務處			
26	4	上午	9	10	填寫表冊			
27	5	〃	8	9	仝上			
28	6	下午	12	1	整理會客室			
29	日	上午	8	9	整理校內公物			
30	1	〃	8	9	仝上			
31	2					主管因事他往未派給工作		

學校當局意見：查該生工作努力，頗富服務精神　負責人簽名蓋章　[signature]　七月廿三日

本會意見：學生工讀以三個月為期，故於八月份停止工讀

學生救濟組主任　劉敏莊　　執行幹事

30

廣東國際救濟委員會連縣分會

工讀學生工作報告書

~~29~~　（卅四 年 七 月）　字第　號

姓名	鄭兆康	級別	初中一	年歲	十三	担任工作	負責九隍廟範圍衛生

日期	星期	上下午	時間	至	工作紀錄	所發生之困難	工作當局所核准
19/7	4	下	3:00	4:00	清潔九隍廟中堂衛生		
20	5	下	3:00	4:00	清潔九隍廟中堂衛生		
21	6	下	3:00	4:00	清潔九隍廟中堂衛生		
22	日	下	3:00	4:00	清潔九隍廟中堂衛生		
23	1	下	3:00	4:00	清潔教員宿舍		
24	2	下	3:00	4:00	清潔教員宿舍		
25	3	下	3:00	4:00	清潔教員宿舍		
26	4	下	3:00	4:00	幫助摺試卷		
27	5	下	3:00	4:00	幫助摺試卷		
28	6	下	3:00	4:00	幫助摺試卷		
29	日	下	3:00	4:10	休息		
30	1	下	3:00	4:10	幫助摺試卷		
31	2	下	3:00	4:00	幫助摺試卷		
1/8	3	下	3:00	4:00	幫助摺試卷		
2	4	下	3:00	4:00	幫助摺試卷		
3	5	下	3:00	4:00	清潔九王廟走廊衛生		
4	6	下	3:00	4:00	清潔九王廟走廊衛生		
5	日	下	3:00	4:00	清潔九王廟走廊衛生		
6	1	下	3:00	4:00	清潔九王廟中堂衛生		
7	2	下	3:00	4:30	清潔九王廟中堂衛生		
8	3	下	3:00	4:00	清潔課室		
9	4	下	3:00	4:00	清潔課室		
10	5	下	3:00	4:00	清潔課室		
11	6	下	3:00	4:00	清潔課室		
12	日	下	[illegible]	4:00	清潔九王廟石級		
13	1	下	[illegible]	4:00	清潔九王廟走廊		
14	2	下	3:00	4:00	剷草		
15	3	下	3:00	4:00	清潔九王廟中堂衛生		
16	4	下	3:00	4:00	清潔九王廟中堂衛生		
17	5	下	3:00	4:00	清潔教員宿舍		
18	6	下	3:00	4:00	清潔教員宿舍		

學校當局意見：能稍努力。

負責人簽名蓋章　[illegible]　8月18日

本會意見：

學生救濟組主任　　　　執行幹事

32

~~30~~

廣東國際救濟委員會連縣分會

工讀學生工作報告書

（三十四年七月）　　字第　　號

姓名	魏金越	級別	高二乙	年歲	廿	担任工作	總務處書記工作

日期	星期	上下午	時間	至	工作紀錄	所發生之困難	工作當局所屬校准
6.24	日	下	三	四	學生通訊錄		
25	一	下	三	四	學生通訊錄		
26	二	下	三	四	學生通訊錄		
27	三	下	三	四	學生通訊錄		
28	四	下	三	四	學生通訊錄		
29	五	下	三	四	學生通訊錄		
30	六	下	三	四	學生通訊錄		
7.1	日						
2	一	下	三	四	學生通訊錄		
3	二	下	三	四	學生通訊錄		
4	三	下	三	四	學生通訊錄		
5	四	下	三	四			
6	五	下	三	四	國立學校教職員戰時生活補助辦法		
7	六	下	三	四	國立學校教職員戰時生活補助辦法		
8	日						
9	一	下	三	四	國立學校教職員生活補助辦法		
10	二	下	三	四	國立學校教職員戰時生活補助辦法		
11	三	下	三	四	國立學校教職員戰時生活補助辦法		
12	四	下	三	四	國立學校教職員戰時生活補助辦法		
13	五	下	三	四			
14	六	下	三	四	試卷工作		
15	日						
16	一	下	三	四	國立中等以學校學生公費辦法		
17	二	下	三	四	國立中等以上學校學生公費辦法		
18	三	下	三	四	國立中等以上學校學生公費辦法		
19	四	下	三	四	國立中等以上學校學生公費辦法		
20	五	下	三	四	停課溫習		
21	六	下	三	四	停課溫習		
22	日						
23	一	下	三	四	學期考試		
24	二	下	三	四	學期考試		

學校當局意見：工作努力。

負責人簽名蓋章　7月26日

本會意見：學生工讀以三個月為期，故於八月份停止工讀

學生救濟組主任　劉敏花　　執行幹事

45

廣東國際救濟委員會連縣分會

工讀學生工作報告書

（卅四年 六 月）　　字第　　號

43

姓名	趙從槩	級別	高一	年歲	十九	担任工作	勞動工具管理員

日期	星期	上下午	時間 至	工作紀錄	所發生之困難	工作當局所核准
6.24	日					
25	一	下	3—4	訂勞動生產登記簿，抄寫各組名称		
26	二	下	3—4	收回所有借出之農勞動工具		
27	三	下	3—4	重新修理勞動工具		
28	四	下	空间时	登记收獲之農產品		
29	五	下	晚飯後	登记收獲之農產品		
30	六	下	2—3	登记借出之勞動工具		
7月 1	日		空间时	整理耕地		
2	一		同上	整理耕地		
3	二	下	飯後	登記農產收穫		
4	三	下	空间时	修理勞動工具		
5	四	下	3—4	收回借出之勞動工具		
6	五		空间时	整理耕地		
7	六	下	3—4	登记農產收穫		
8	日					
9	一		空间时	整理畢業班考试试卷		
10	二		同上	整理畢業班考试试卷		
11	三		同上	整理畢業班考试试卷，借出工具		
12	四		同上	整理畢業班考试试卷		
13	五		同上	整理畢業班考试试卷		
14	六	下	3—4	收回工具		
15	日					
16	一	下	3—4	整理期考试卷		
17	二	下	3—4	整理期考试卷		
18	三	下	飯後	收回所有借出之工具		
19	四		同上	收回所有借出之工具		
20	五	上	六时半	行畢業礼（整理会场）		
21				準備考试		
22				準備考试		
23				学期考试開始		

學校當局意見：刻苦自勵。

負責人簽名蓋章：黄□□　7月24日

本會意見：學生工讀以三個月為期，故於八月份停止工讀

學生救濟組主任：劉□□　　執行幹事：

-51

49

廣東國際救濟委員會連縣分會

工讀學生工作報告書

（三十四年　　月）　　　　字第　　　　號

姓名	區慶麟	級別	高壹	年歲	十八	担任工作	圖書閱覽室

日期	星期	上下午	時間	至	工作紀錄	所發生之困難	工作當局	所屬准核
六月廿四	日	上	八	九	抄寫圖書目錄並整理閱覽室			
廿五	一		三	四	圖書借還清潔閱覽室			
廿六	二		三	四	負責圖書借還			
廿七	三		三	四	圖書借還登記			
廿八	四		三	四	負責圖書借還			
廿九	五		三	四	負責圖書借還			
卅	六		三	四	圖書借還登記			
七月一日	日	上	八	九	休息			
二日	一		三	四	圖書借還登記			
三日	二		三	四	負責圖書管理			
四日	三		三	四	圖書借還登記			
五日	四		三	四	圖書借還登記			
六日	五		三	四	負責圖書管理			
七日	六		三	四	管理圖書借還登記			
八日	日	上	八	九	休息			
九日	一		三	四	管理圖書借還			
十日	二		三	四	圖書管理借還登記			
十一日	三		三	四	抄寫圖書目錄並編配			
十二日	四		三	四	閱覽室清潔			
十三日	五		三	四	圖書登記			
十四日	六		三	四	圖書管理及清潔閱覽室			
十五	日	上	八	九	休息			
十六	一		三	四	收回逾期圖書			
十七	二		三	四	負責收回逾期圖書			
十八	三		三	四	負責收回逾期圖書			
十九	四		三	四	負責收回逾期圖書			
廿日	五		三	四	並收圖書停止借出			
廿一	六		三	四	將禮堂書櫃搬回閱覽室			
廿二	日	下	三	四	因期考預備整理閱覽室參考物			
廿三	一				期考停止工作			
廿四	二				期考停止工作			

學校當局意見：堪稱努力盡責

負責人簽名蓋章　黄超民　七月廿四日

本會意見：學生工讀以三個月為期，故八月份停止工讀

學生救濟組主任　劉敏花　　　　執行幹事

60

~~58~~

廣東國際救濟委員會連縣分會
工讀學生工作報告書

（　　年　　月）　　　　字第　　　號

姓名	梁鉅鈞	級別	高一	年歲	十八	担任工作	負責音乐室工作

日期	星期	上下午	時間	至	工作紀錄	所發生之困難	工作當局所核准
23	6	上下	8.20 12.30	9.20 2.30	上午佈置音乐室及協助歌詠团工作		
24	日						
25	1	下	12.30	2.30	佈置音乐室及抄寫歌譜		
26	2	下	3.	4.	整理音乐室		
27	3	下	3.	4.	佈置音樂室，助理抄寫歌詠团歌譜		
28	4	下	2.	3.	佈置音樂室		
29	5	下	2.	3.	佈置音樂，抄寫油印紙歌譜		
30	6	上	8.	10.	油印歌詠团歌譜		
1	日						
2	1	上	9.	10	佈置音樂室		
3	2	下	3.	4	抄寫講義		
4	3	下	3.	4	佈置音乐室		
5	4	下	2.	4.	佈置音乐室，油印歌紙		
6	5	下	2.	3.	協助歌詠团工作		
7	6	下	2	3	歌詠团練習佈置工作		
8	日						
9	1	上	9.	10.	佈置音乐室		
10	2	下	3.	4.	抄寫講義		
11	3	下	3.	4.	抄寫講義及歌詠团工作		
12	4	下	3.	4	協助歌詠团練習工作		
13	5	下	2.	3	佈置音乐室		
14	6	下	12.	2.	協助歌詠团練習工作		
15	日						
16	1	下	1.	2.	佈置音乐室		
17	2	下	6.	8	協助歌詠团練習工作		
18	3	下	3.	4	佈置音乐室		
19	4	下	3.	4	佈置音乐室		
20	5	下	3.	4.	抄寫歌詠人員名單		
21	6	下	3.		考試		
22	日						
23	1						

學校當局意見：盡忠職守努力負責

負責人簽名蓋章　　　月　　日

本會意見：學生工讀以三個月為期，故八月份工讀停止。

學生救濟組主任　劉敏莊　　　　執行幹事

61

廣東國際救濟委員會連縣分會

工讀學生工作報告書

（　　年　　月）　　字第　　號

姓名	馮娟聚	級別	初二	年歲	十六	担任工作	合作社服務

日期	星期	上下午	時間 至	工作紀錄	所發生之困難	工作所屬當局核准
6.23	2	上午 下午	10—10.30 4—4.30	奉命協助登記帳目收拾碗筷		
6.24	3	上午 下午	10—10.30 4—4.30	協助端送食品給顧客及收拾碗筷		
6.25	4	上午 下午	10—10.30 4—4.30	協助登記銷貨帳目		
6.26	5	上午 下午	10—10.30 4—4.30	協助收拾碗筷		
6.27	6	上午 下午	10—10.30 4—4.30	協助端送食品給顧客		
6.28	日	上午 下午	10—10.30 4—4.30	協助登記銷貨帳目		
6.29	1	上午 下午	10—10.30 4—4.30	協助收拾碗筷及端送食品給顧客		
7.1	2	上午 下午	10—10.30 4—4.30	協助登記銷貨帳目		
7.2	3	上午 下午	10—10.30 4—4.30	協助登記銷貨帳目		
7.3	4	上午 下午	10—10.30 4—4.30	協助收拾碗筷		
7.4	5	上午 下午	10—10.30 4—4.30	協助端送食品給顧客		
7.5	6	上午 下午	10—10.30 4—4.30	協助登記銷貨帳目		
7.6	日	上午 下午	10—10.30 4—4.30	協助端送食品給顧客		
7.7	1	上午 下午	10—10.30 4—4.30	協助收拾碗筷		
7.8	2	上午 下午	10—10.30 4—4.30	協助登記銷貨帳目		
7.9	3	上午 下午	10—10.30 4—4.30	協助端送食品給顧客		
7.10	4	上午 下午	10—10.30 4—4.30	協助登記銷貨帳目		
7.11	5	上午 下午	10—10.30 4—4.30	協助收拾碗筷		
7.12	6	上午 下午	10—10.30 4—4.30	協助端送食品給顧客		
7.13	日	上午 下午	10—10.30 4—4.30	協助登記銷貨帳目		
7.14	1	上午 下午	10—10.30 4—4.30	協助收拾碗筷		
7.15	2	上午 下午	10—10.30 4—4.30	協助登記銷貨帳目		
7.16	3	上午 下午	10—10.30 4—4.30	協助端送食品給顧客		
7.17	4	上午 下午	10—10.30 4—4.30	協助收拾碗筷		
7.18	5	上午 下午	10—10.30 4—4.30	協助登記銷貨帳目		
7.19	6	上午 下午	10—10.30 4—4.30	協助端送食品給顧客		
7.20	日	上午 下午	10—10.30 4—4.30	協助收拾碗筷		
7.21	1	上午 下午	10—10.30 4—4.30	協助登記銷貨帳目		
7.22	2	上午 下午	10—10.30 4—4.30	協助端送食品及收拾碗筷		
7.23	3	上午 下午	10—10.30 4—4.30	協助登記銷貨帳目		
7.24	4	上午 下午	10—10.30 4—4.30	協助登記銷貨帳目及收拾碗筷		

學校當局意見：尚屬努力

負責人簽名蓋章　林仰文　七月廿日

本會意見：學生工讀以三個月為期，於八月份停止工讀。

學生救濟組主任　劉敏莊　　執行幹事

59

92

~~94~~

廣東國際救濟委員會連縣分會
工讀學生工作報告書

（三十四年七月）　　字第　　號

姓名	郝威華	級別	初二	年歲	十五	担任工作	體育處

日期	星期	上下午	時間	至	工作紀錄	所發生之困難	工作所屬當局核准
1	日	上	8.00	9.00	登記体育用具的借出		
2	1	中	11.30	12.30	登記請假事項		
3	2	中	11.30	12.30	登記請假事項		
4	3	下	3.00	4.00	畫表		
5	4	下	1.30	2.30	登記体育用具的借出		
6	5	中	1.00	2.00	抄寫		
7	6	上	7.00	8.00	点名及登記請假事		
8	日	中	11.30	12.30	登記請假事及用具的借出		
9	1				是日放假溫書		
10	2				是日全校放假溫書		
11	3				是日考試		
12	4				是日考試		
13	5				是日考試		
14	6	中	11.30	12.30	統計体育成績		
15	日	上	8.00	9.00	統計体育全學期學生缺席事		
16	1	中	12.00	1.00	統計体育成績		
17	2	下	1.30	2.30	抄寫		
18	3	上	7.30	8.30	計成績分數		
19	4	上	9.00	10.00	劃表		
20	5	下	3.00	4.00	抄寫		
21	6	中	12.00	1.00	抄寫成績		
22	日	上	8.30	9.30	登記体育用具		
23	1	下	2.20	3.20	抄寫		
24	2	下	1.30	2.30	統計成績		
25	3	中	11.00	12.00	登記用具借出		
26	4	中	11.00	12.00	協助教務處抄寫		
27	5	下	2.00	3.00	協助教務處統計成績		
28	6	上	7.30	8.30	統計体育用具之借出		
29	日	下	3.00	4.00	清理体育處各項		
30	1	中	11.30	12.30	清理体育處各項事		
31	2	中	11.30	12.30	登記未還之体育用具		

學校當局意見	負責人簽名蓋章　李雪英　　月　日
本會意見	學生工讀以三個月為期，故於八月份停止工讀。

學生救濟組主任　劉敏莊　　執行幹事

八十

二 补贴教职员工

民国时期的教授本是高收入人群。抗战时期通货膨胀，物价飞涨，所有职业的薪水购买力都大幅缩水。教师因只拿固定工资，境遇尤为惨淡，逐渐连基本生活开支都无法保障，即便是教授也要为生计发愁。

维持教育必须要维持住师资，教育部门制定了多种改善战时教职员工生活的奖助措施，以使他们安心于工作岗位。如《非常时期改善教职员生活办法》《教育部设置专科以上学校教员奖助金办法》《国立学校教职员战时生活补助办法》等等，对大学、中学、职业学校、小学和民众教育机构教员的补助都做出了相应规定，除了提高薪俸标准，还有不同类型的膳费津贴、研究补助和职业奖励金等款项，务求减轻教职员工的生活压力。

以食米代金为例。根据一九四一年的《各学校教职员生膳食费用补助办法》，教职员及直系亲属（限五人）按照每人每月食米二市斗一市升的标准（儿童酌减），参照学校所在地的中等平均米价，以每市斗五元为基价，超出五元的部分由政府供给。馆藏有大量抗战时期教职员及其家属调查表，均为这一政策办法的体现，学校定期对教职员和家属进行人口调查，编制清册上报教育部，由教育部核发补助金。一九四二年《国立学校教职员战时生活补助办法》又规定，教职员工按照年龄，二十五岁以下每月可领取六市斗米代金，二十六至三十岁每月可领取八市斗，三十一岁以上可领取一市石。米代金数额与地方米价密切相关，从馆藏的国立中山大学坪石镇米价调查表中可见，一九四三年十月，每百元国币可以购米『七市升三市勺』，而半年之后的一九四四年四月，则只能买到四市升多，米价上涨速度可见一斑。薪水和津贴增加的速度追赶不上物价上涨，教职员工仍然常常需要预借当月米代金度日。（以坪石地方度量单位计，一市斗约为十五斤。）

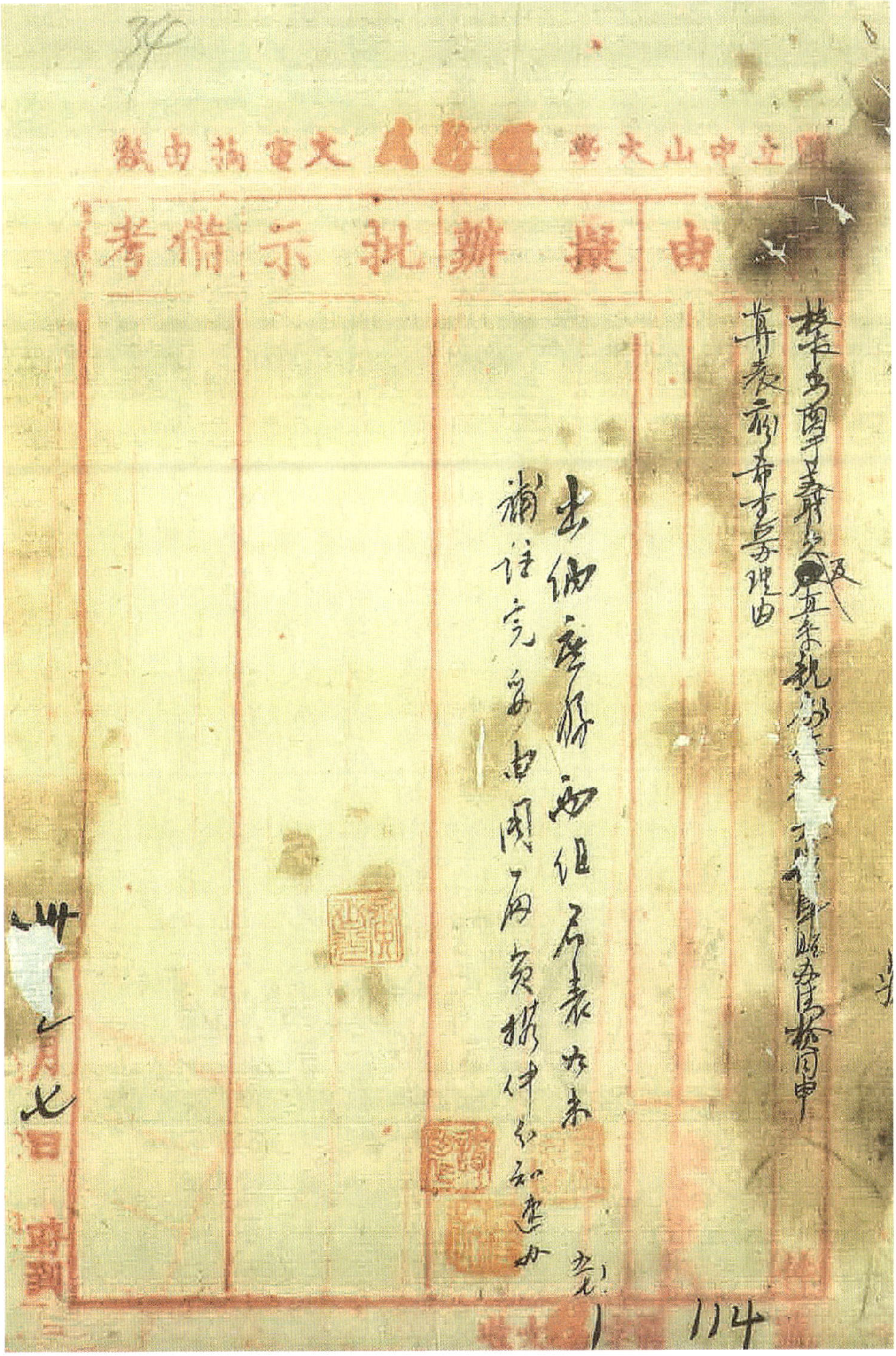
由

擬辦

批示

備考

国立中山大学校长关于教职员及直系亲属远居别地者其米价均照教职员津贴办法请总务处办理的函

附：米津申算表式（一九四一年五月七日）

案奉

教育部三十年四月十四日總字第一四五六五號訓令，頒布各學校教職員生膳食費用補助办法，及實施規則應行改進之處，經於四月三十日布告及分行查照在案。查奉頒改進之處第一條內載：「各學校教職員眷屬不在住所，而其住在地米價并未超過每市石五十元者不予補助膳食費用，由各校校長負責調查彙報，以憑核發」等因；自應遵照辦理。現查此間米價應按照全月三十日平均核算，外處米價調查困難，為便於办理起見，関於直系親屬遠居別地者，其米價與此間相同，或更昂貴者，均照本校教職員本人應領數額給發，至各處米價如在每元購得弍斤以上者，應由主管人員將該直系家屬人數剔除，可在原送名冊上端簽註并加蓋印章，其屬弍斤以下與本地米價相差較遠者，照附表數目核發并由主管人員于冊上簽註備核，除分行外相應檢同米津申算表一份，隨函送達，即希

查照辦理為荷！

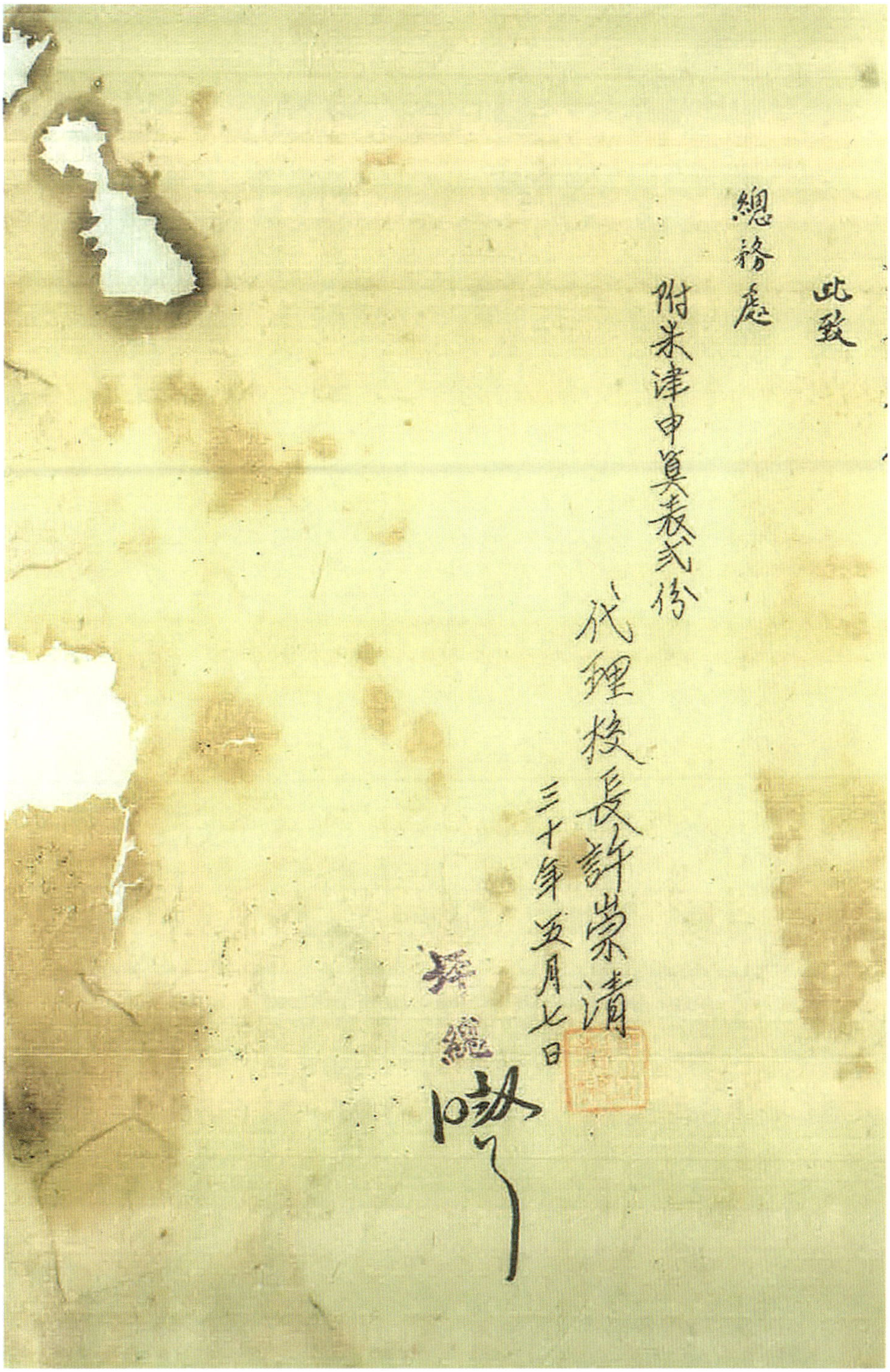
此致
總務處
附米津申算表式份
代理校長許崇清
三十年五月七日

依教育部令食米市價每市石超過伍拾圓時其超過之數給以米津補足。

茲按部令每人每月計食米二市斗一市升則每人每月規定食米價銀為 $\frac{50\times2.1}{10}=10.5$元

今由標準市升(中央度量衡局發來的)直接衡得每市升之米合坪石鎮通用之秤一斤五兩五錢(簡稱舊斤)則二市斗一市升之米重應合舊斤451.5兩因依規定價應為每月購買舊斤43兩(即2斤11兩)則無米津補給至2斤11兩以下應得米津茲表列如下：

市價每元能購舊斤數	每人每月應得米津	市價每元能購舊斤數	每人每月應得米津
2斤11兩	無	1斤5兩	11.00(元)
2斤10兩	0.25(元)	1斤4兩	12.07
2斤9兩	0.51	1斤3兩	13.26
2斤8兩	0.79	1斤2兩	14.58
2斤7兩	1.07	1斤1兩	16.06
2斤6兩	1.38	1斤	17.72
2斤5兩	1.70	15兩	19.60
2斤4兩	2.04	14兩	21.75
2斤3兩	2.40	13兩	24.23
2斤2兩	2.78	12兩	27.12
2斤1兩	3.18	11兩	30.55
2斤	3.61	10兩	34.65
1斤15兩	4.06	9兩	39.66
1斤14兩	4.50	8兩	45.94
1斤13兩	5.17	7兩	54.00
1斤12兩	5.62	6兩	64.75
1斤11兩	6.22	5兩	79.80
1斤10兩	6.80	4兩	102.37
1斤9兩	7.56	3兩	140.00
1斤8兩	8.31	2兩	215.25
1斤7兩	9.13	1兩	441.00
1斤6兩	10.02		

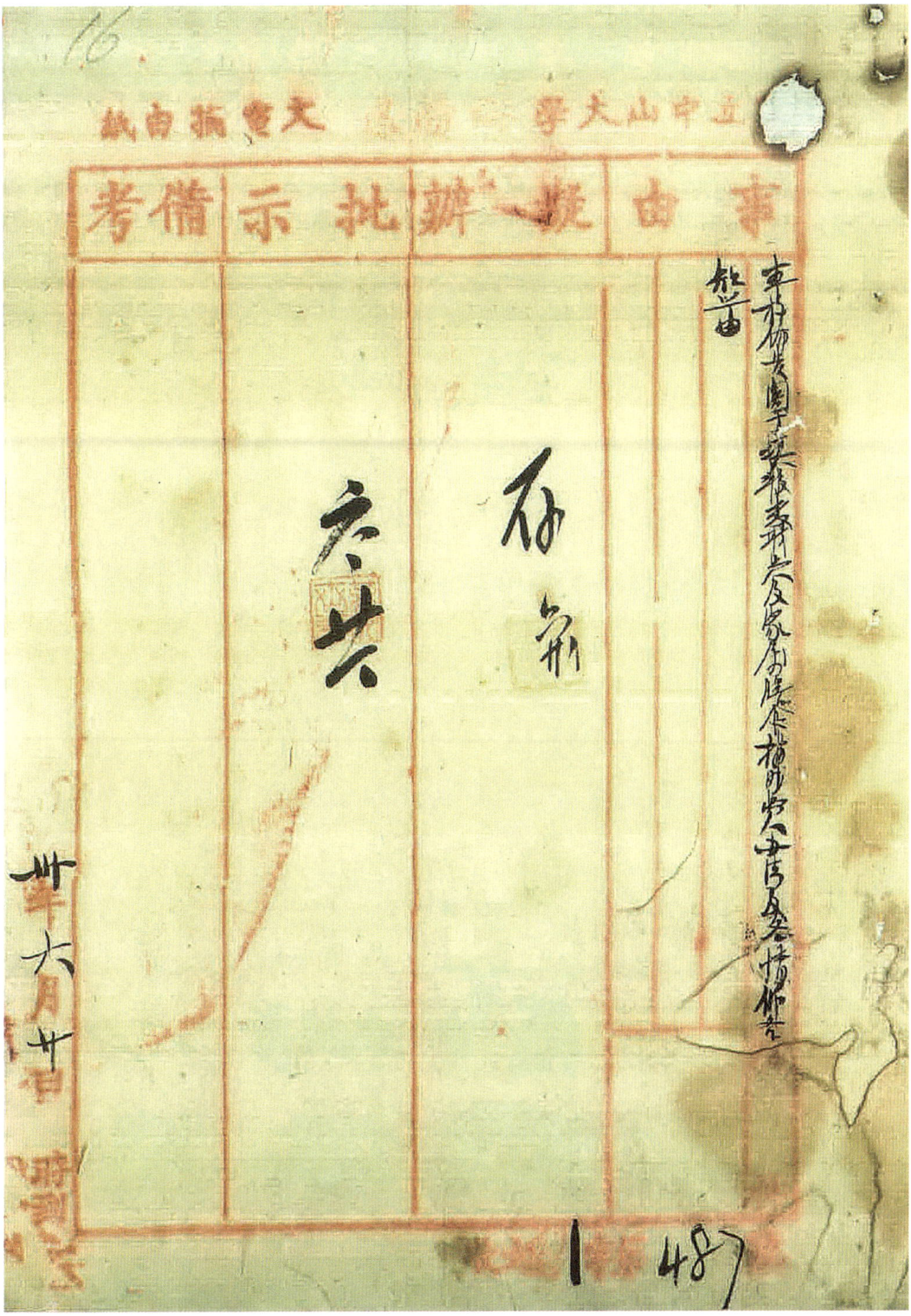

国立中山大学关于教职员及家属申报膳食补助费办法及各情形的布告（一九四一年六月二十日）

國立中山大學佈告

[illegible]學字第[illegible]號

查本校教職員暨直系家屬四月份膳食補助費業於前月按照核定人數分別給發至嗣後各月份各員暨家屬人數如有進退增減應由各主管部份於每月十五日以前填具進退表報核否則無庸另報迭經一再函知有案現查各部份仍間有以遺漏人數申請補辦前來查列報人數一事業經一函聲明須據實填列而各員所報家屬人數既親自填表簽章並由本校教職員二人簽章保証暨由主管人員覆核蓋章自屬詳盡備至何得尚稱遺漏且所稱漏報均以祖父母父母子女為詞申請補報實覺有乖情理茲為利便審核起見亟應規定限制俾資遵循除新到人員及家屬增加人口應照章詳填進退表具報外如有以前託同事代報以致誤填人數而申請補報應由聯保人書面詳細申明理由報由主管人員覆核加具負責按語將漏報人姓名住址等案函報候查明核辦在未查

明前仍照四月份列報人數發給至各員直系家屬在遠處者
如上月該地米價未達應領米貼標準本月份米價業已高漲
每元購米在二斤以下者得將親屬人數補報惟必須由主管
部份詳查該府在地米價註明全月平均每國幣一元能購米
司碼斤若干專案報核以便參照米價計算表核發除分行外
合行布告仰各知照此佈

中華民國三十年六月二十日

代理校長許崇清

国立中山大学法学院院长关于李达教授和职员丘仪彬家属报地方米价情形致总务处的函

（一九四一年六月二十七日）

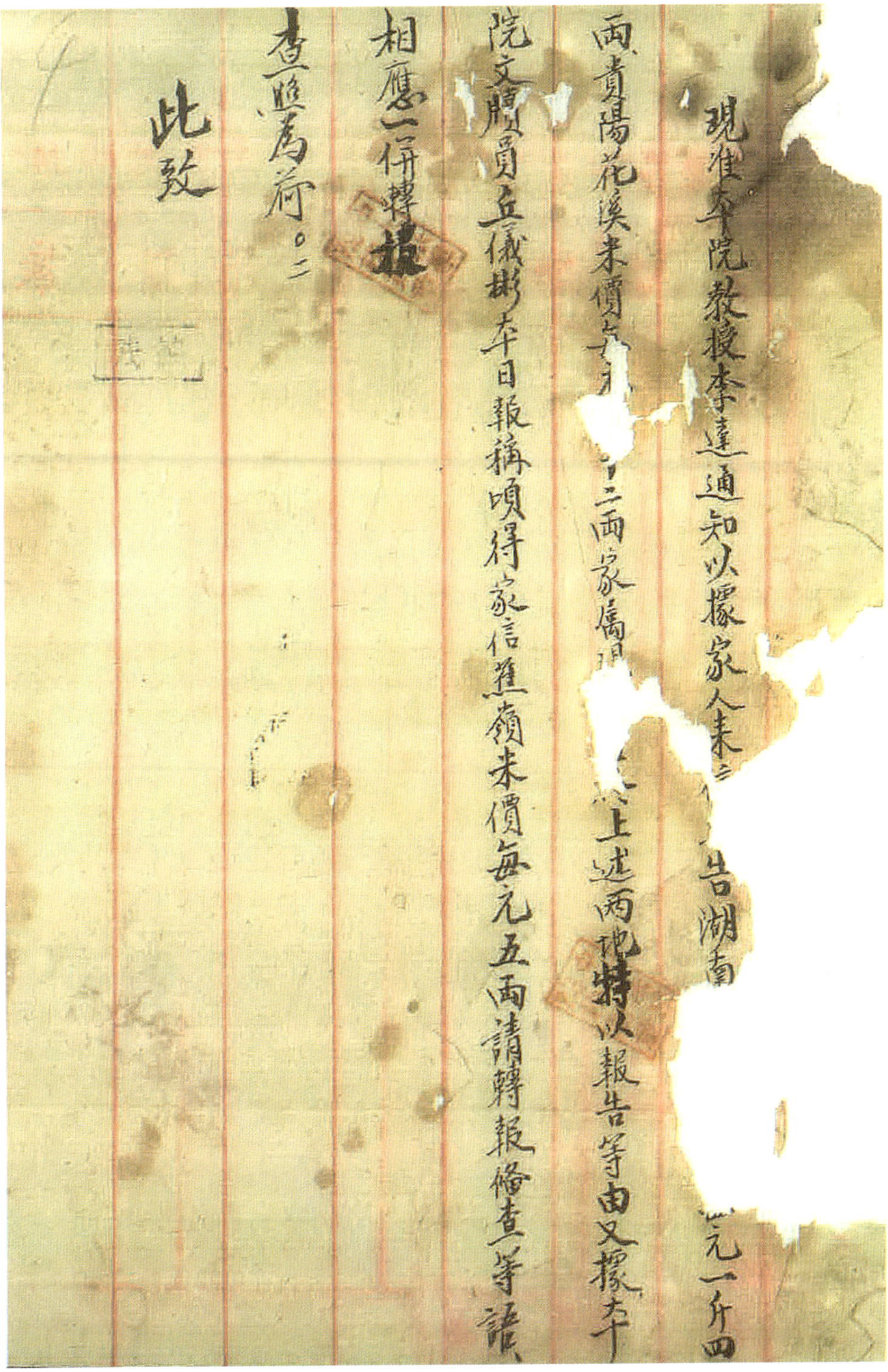

現准本院教授李達通知以據家人來[illegible]告湖南[illegible]元一斤四
兩、貴陽花溪米價每元[illegible]二兩家屬現[illegible]上述兩地特以報告等由又據本
院文牘員丘儀彬本年日報稱頃得家信道領米價每元五兩請轉報備查等謂
相應一併轉請
查照為荷。二
此致

總務長黃

法學院院長黃文山

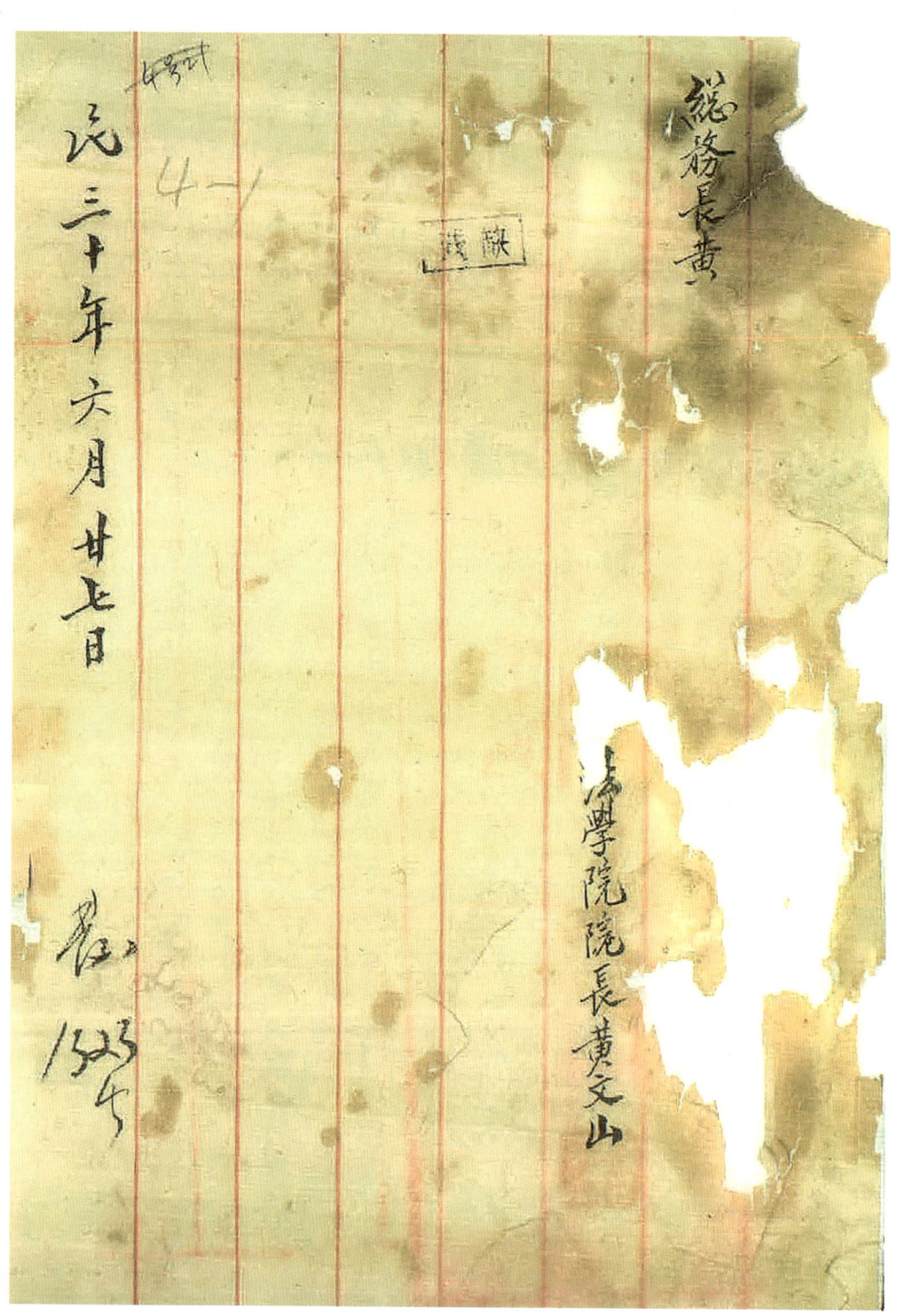

民三十年六月廿七日

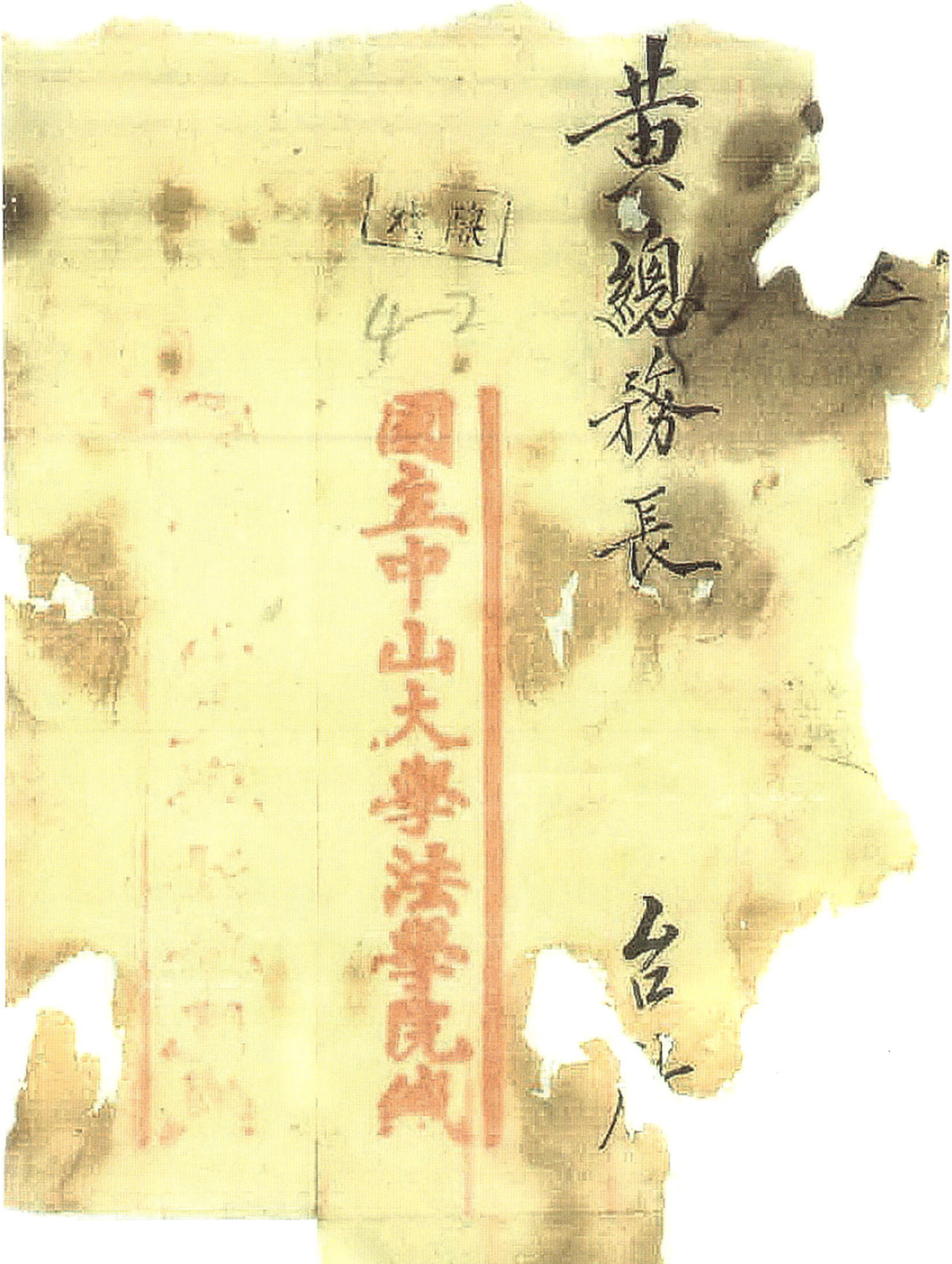
黄總務長　台

國立中山大學法學院

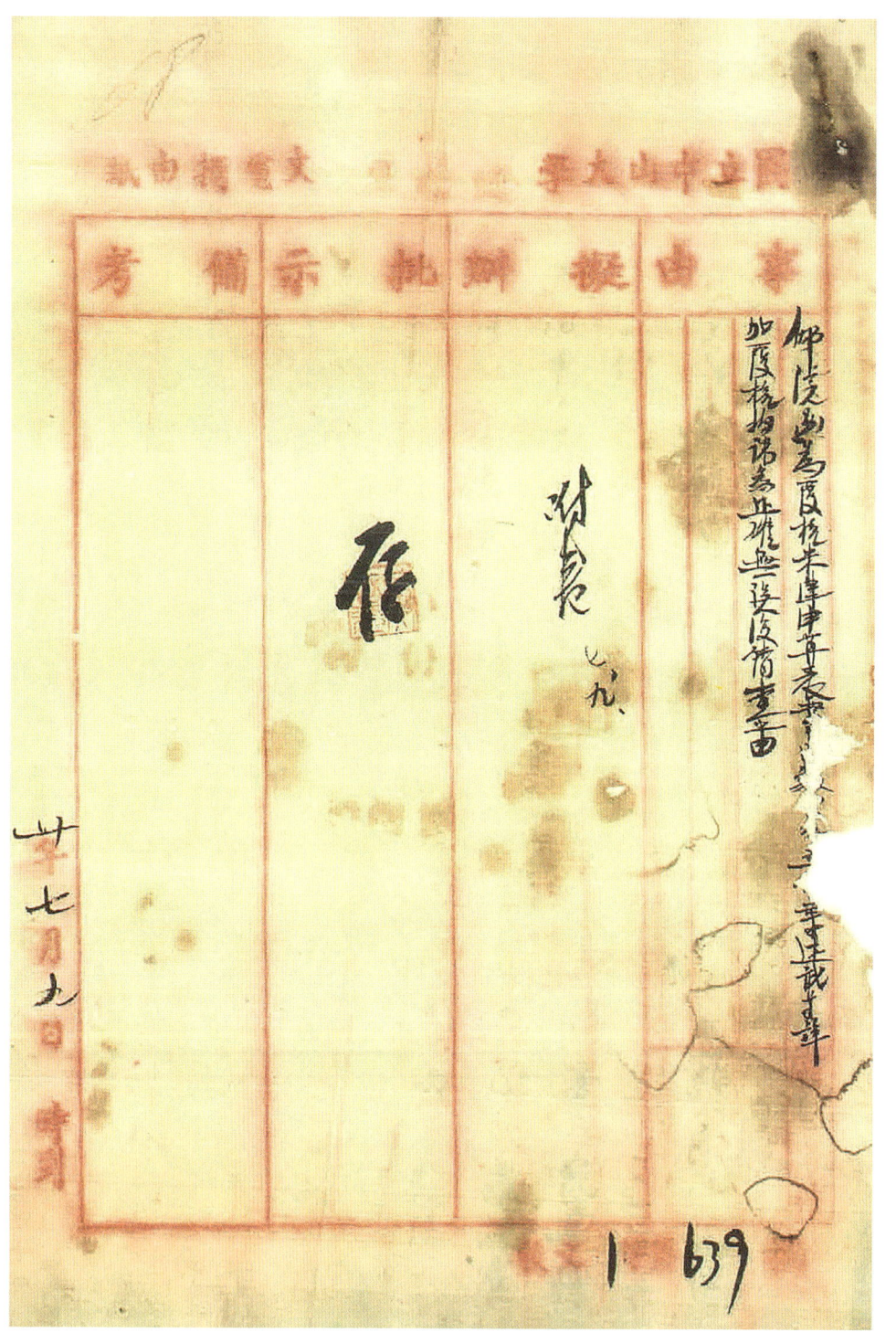

国立中山大学师范学院院长关于米津申算表经数学系叶述武及卢文两教授详加复核均认为正确无误致总务处的函（一九四一年七月八日）

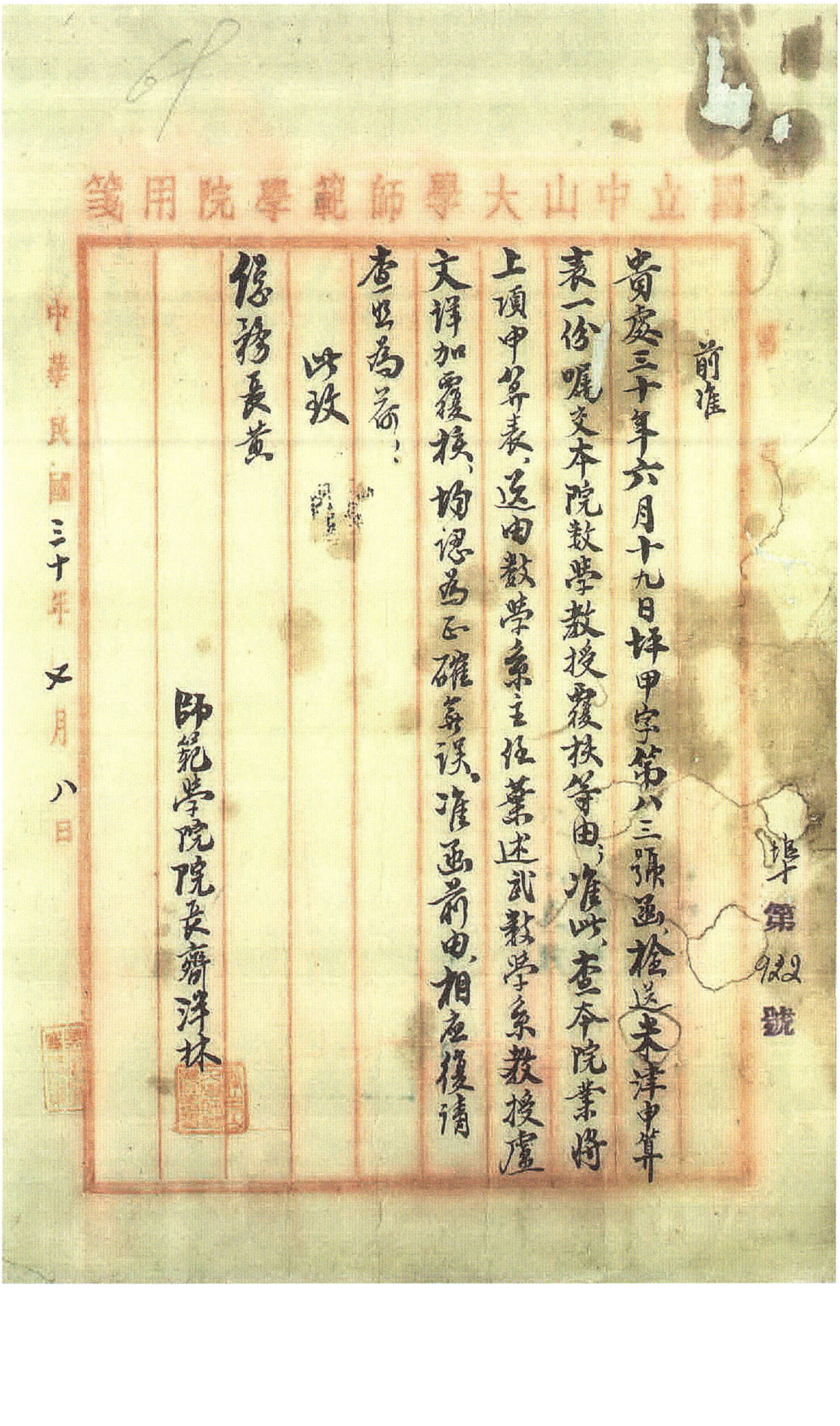

國立中山大學師範學院用箋

埠字第922號

前准

貴處三十年六月十九日坪甲字第八三號函，檢送朱津中算表一份，囑交本院數學教授覆核等由；准此，查本院業將上項甲算表、送由數學系主任葉述武教授虛文詳加覆核、均認為正確無誤、准函前由、相應復請查照為荷！

此致

總務長黃

師範學院院長齊泮林

中華民國三十年七月八日

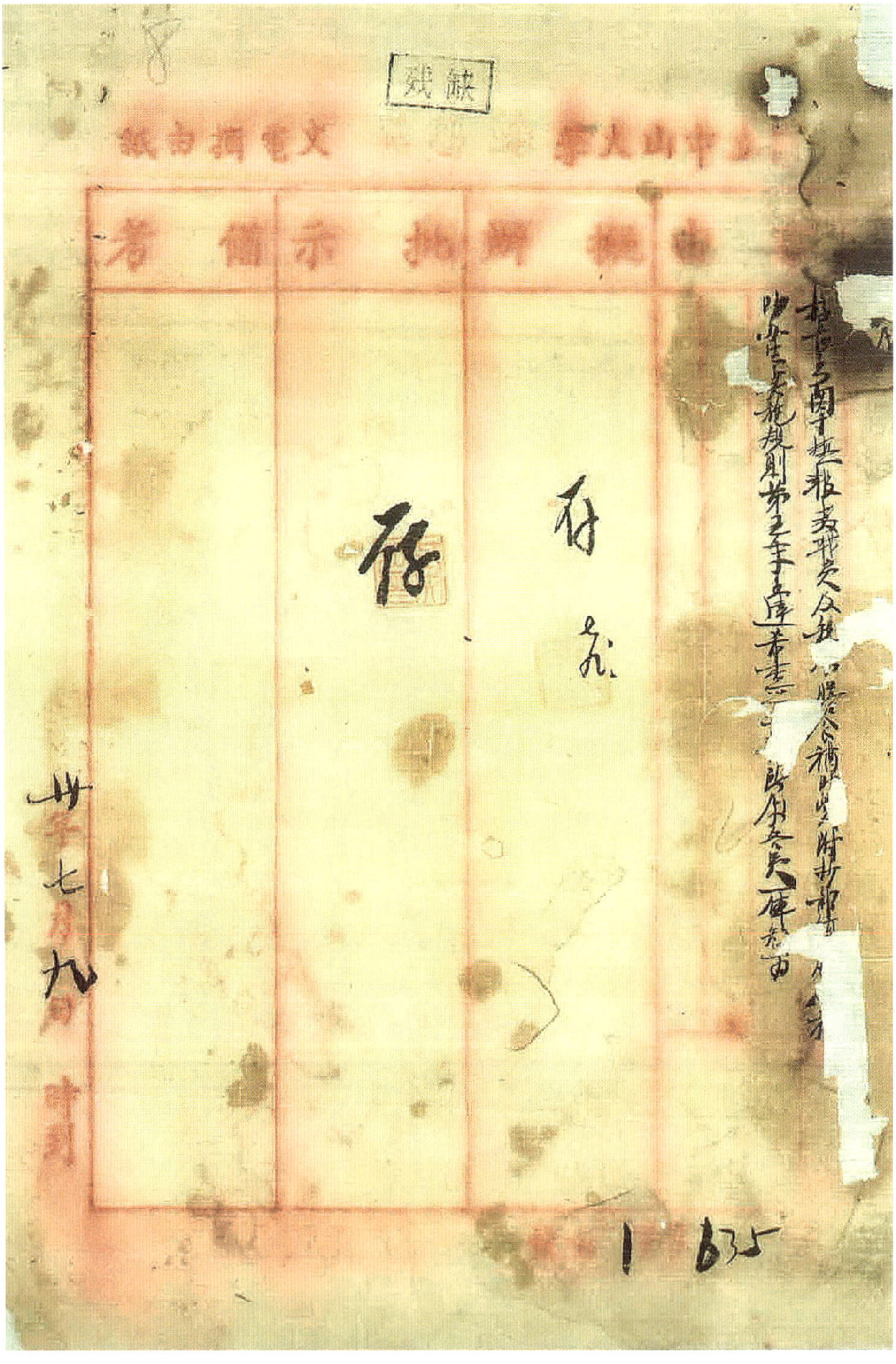

国立中山大学校长关于填报教职员及亲属膳食补助费调查表办法事宜致总务处的函（一九四一年七月九日）

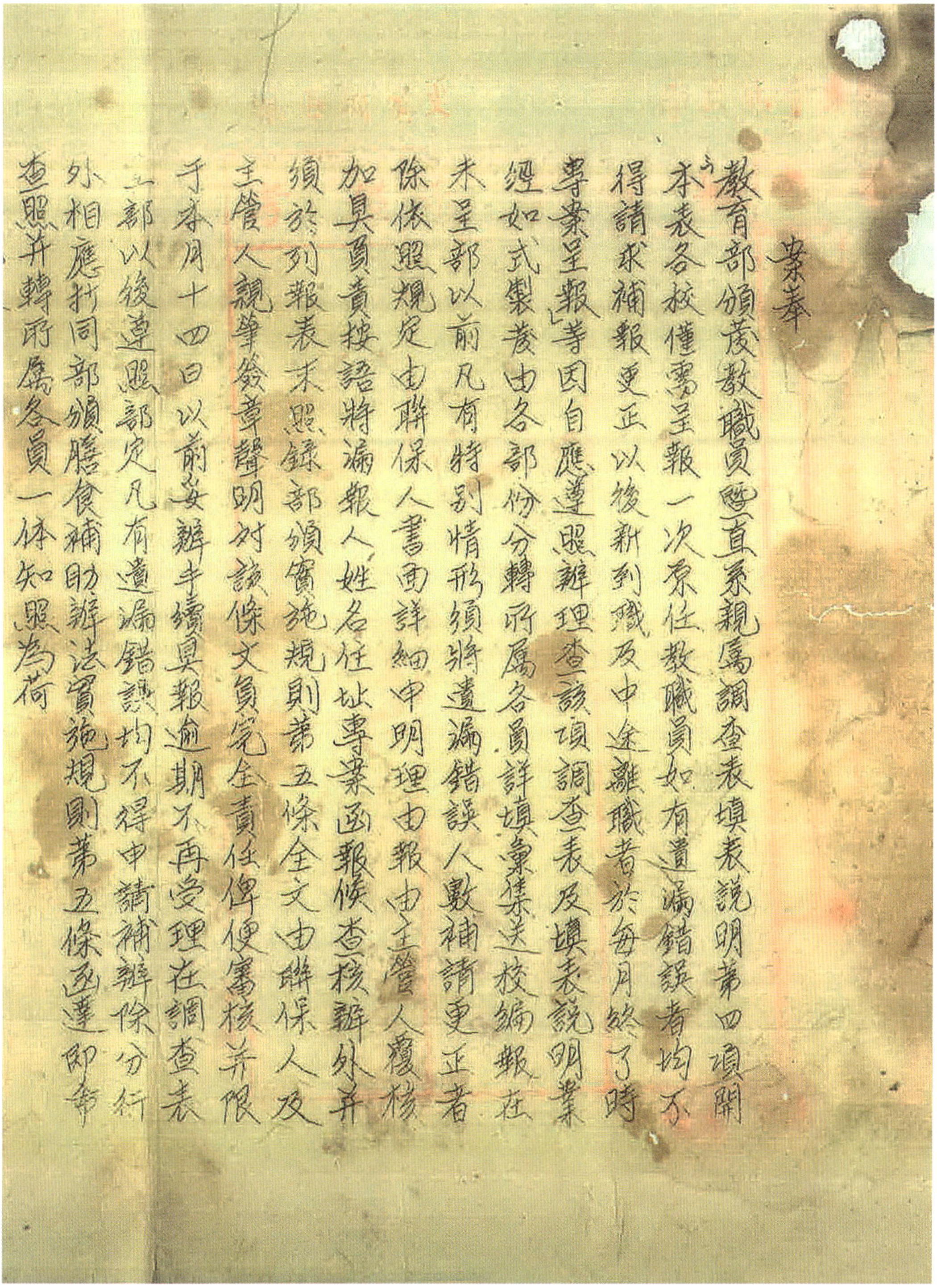

案奉
教育部頒發教職員暨直系親屬調查表填表說明第四項開
「本表各校僅需呈報一次原任教職員如有遺漏錯誤者均不
得請求補報更正以後新到職及中途離職者於每月終了時
專案呈報」等因自應遵照辦理查該項調查表及填表說明業
經如式製發由各部份分轉所屬各員詳填彙集送校編報在
未呈部以前凡有特別情形須將遺漏錯誤人數補請更正者
除依照規定由聯保人書面詳細申明理由報由主管人覆核
加具負責按語將漏報人姓名住址專案函報候查核辦外并
須於列報表末照錄部頒實施規則第五條全文由聯保人及
主管人親筆簽章聲明對該條文負完全責任俾便審核并限
于本月十四日以前妥辦手續具報逾期不再受理在調查表
呈部以後遵照部定凡有遺漏錯誤均不得申請補辦除分行
外相應抄同部頒膳食補助辦法實施規則第五條函達即希
查照并轉所屬各員一体知照為荷

此致

總務處

附抄部頒膳食費用補助辦法實施規則第五條

(四)各校教職員列報家屬人口應有本校教職員二人以上共負聯保責任並應由各校校長及各部份主管人員或各院系科主持人員共負覆核責任如發見有浮冒情事除將浮報者撤職或解聘並追繳已領之膳食補助費外聯保人應受相當處分負覆核責任者應同受處分

代理校長許崇清

三十年七月九日

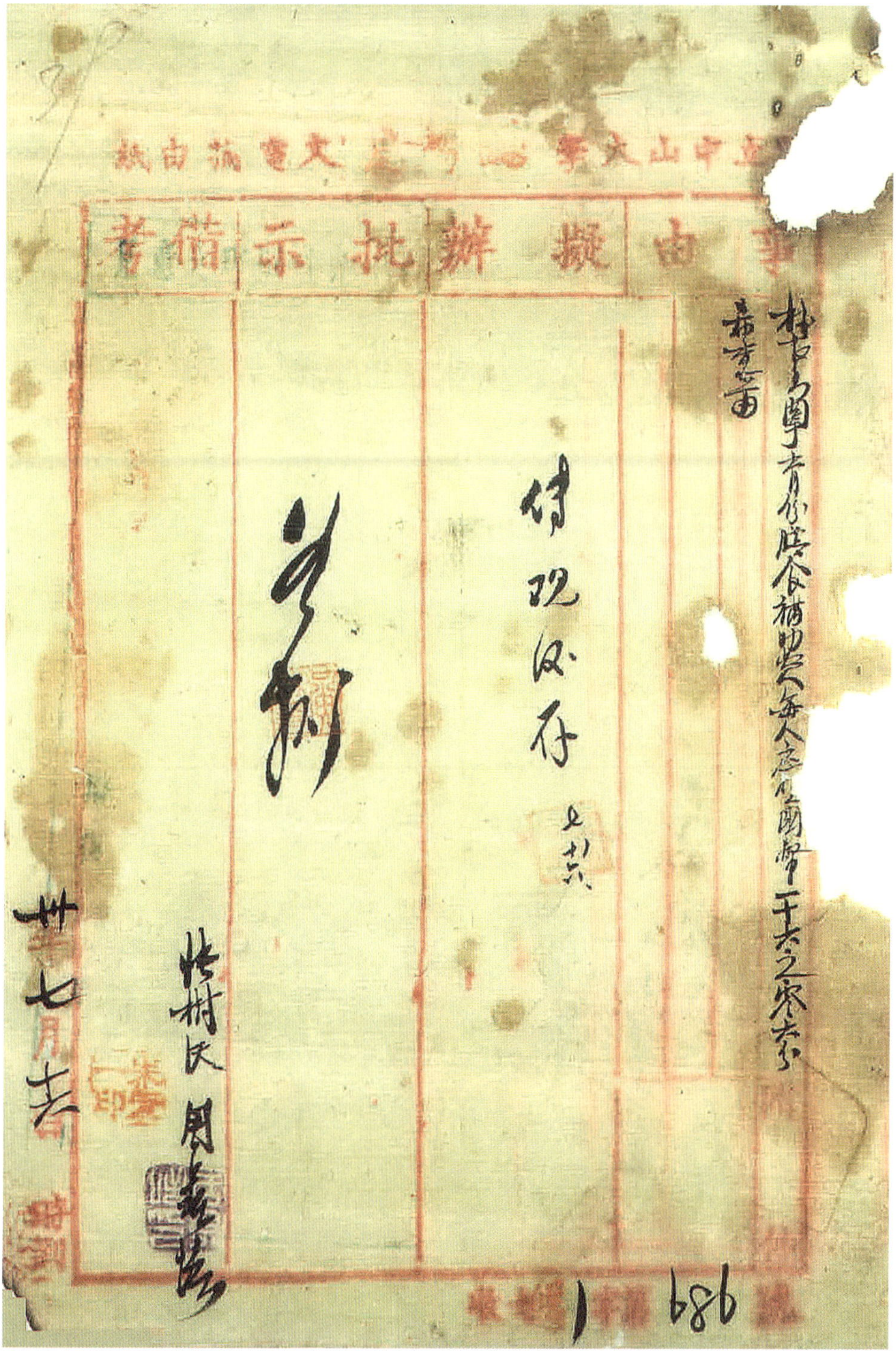

国立中山大学校长关于民国三十年六月份教职员膳食补助费每人应领国币壹拾陆元零陆分致总务处的函（一九四一年七月十六日）

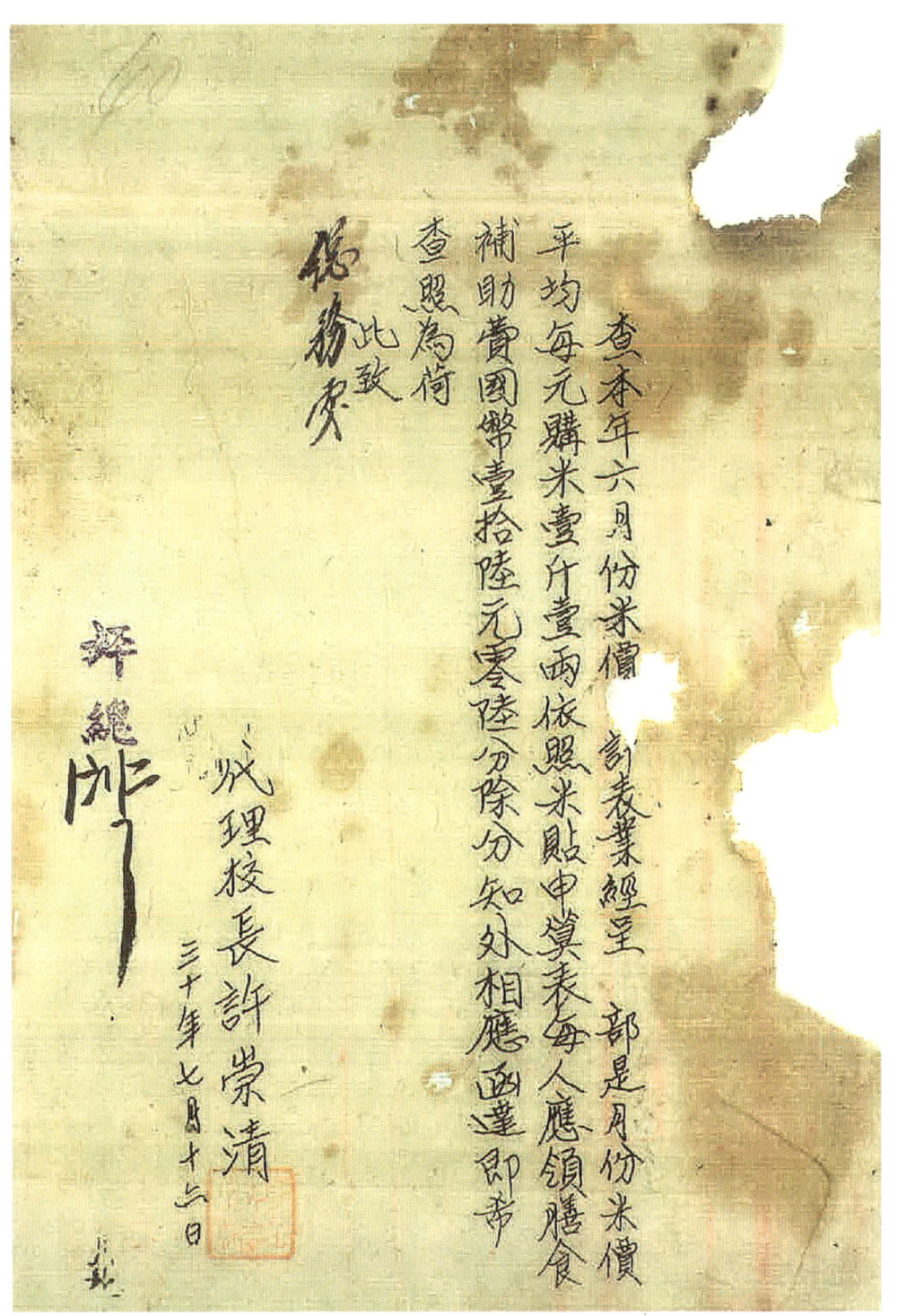

查本年六月份米價詳表業經呈
部是月份米價平均每元購米壹斤壹兩依照米貼申算表每人應領膳食補助費國幣壹拾陸元零陸分除分知外相應函達即希
查照為荷

此致

總務處

代理校長許崇清

三十年七月十六日

国立中山大学校长关于解释教职员及家属报领食粮代金办法的函（一九四一年十二月十三日）

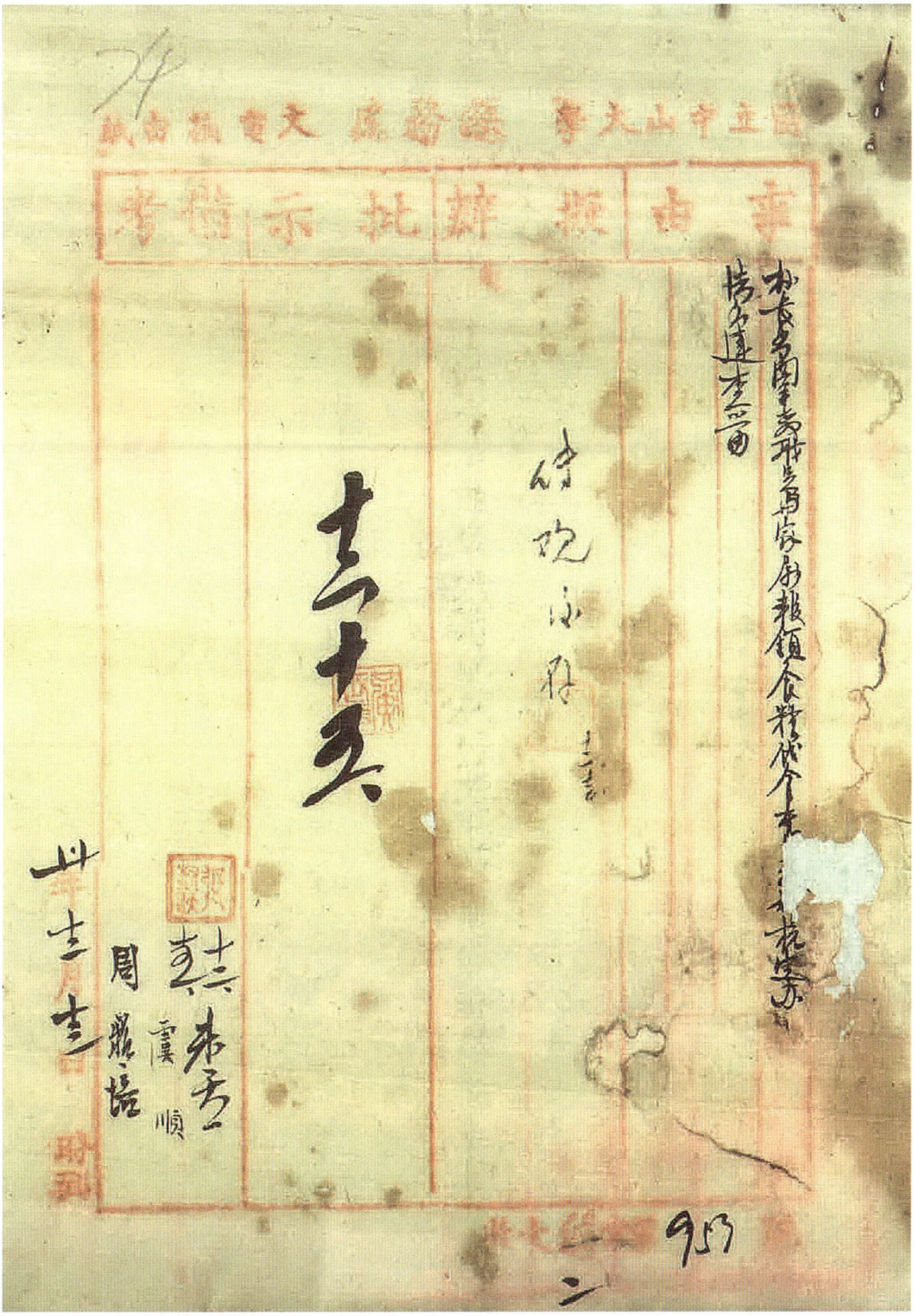

中總 1535

查關於教職員與其家屬報領平價食糧代金一案其中規定未甚明瞭之点業經呈奉
教育部卅年十一月廿八日總字第四六二〇二號代電開中總字一〇四一號代電悉教職員家屬滯留港澳等地者准予併報夫婦併為學校教職員以其直系親屬超過五人者可將子女分報但以不重複為限女性教職員之父母在合於規定範圍以內得與男性教職員一律报領但配偶之父母不在报領之列等因奉此自應遵辦奉電前因相應函達
查照為荷此致
總務處

代理校長張雲
十二、十三、

国立中山大学校长关于文学院女性教职员家属报领平价食粮代金办法的函（一九四二年三月十一日）

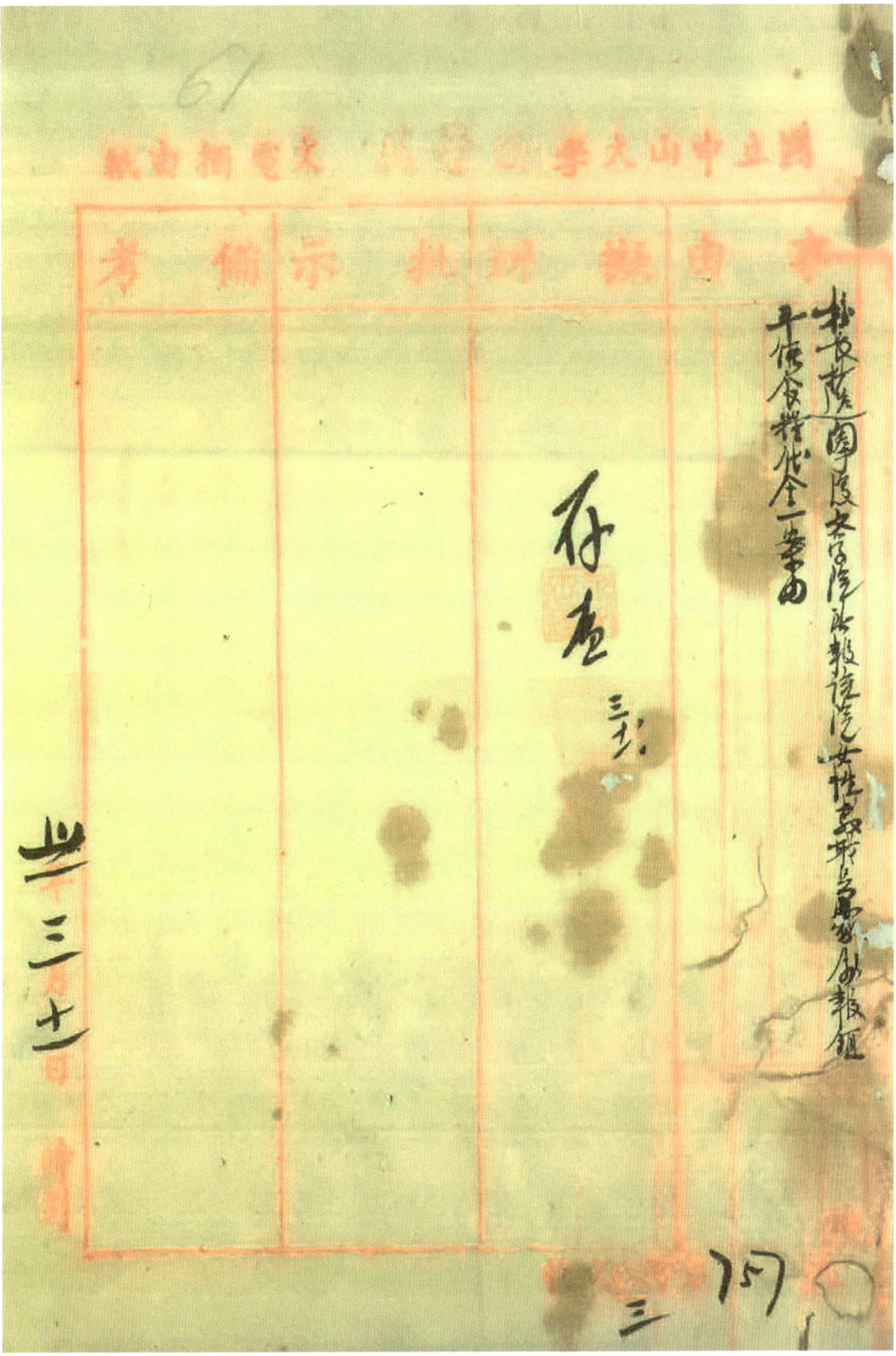

62

抄送
總務處

國立中山大學用箋

現准本年三月六日鐵字第元五号函附該院各員所填女性教職員報領家屬平價食糧代金調查表請核办等由，准此。查該院專任講師譚藻芬列報母子各一人，助教陸叔英列報父母各一人，教務員李黄蘭列報母一人，女生指導員陳雲嬋列報母一人，書記周緻雲列報父母各一人，均經查核，須由各該員等扶養，應准照發各該員家屬代金。准函前由，除分知外，相應函復，即希查照轉知為荷。此致

文學院朱院長

代理校長張雲

中華民國卅一年叁月拾壹日

中總

2626

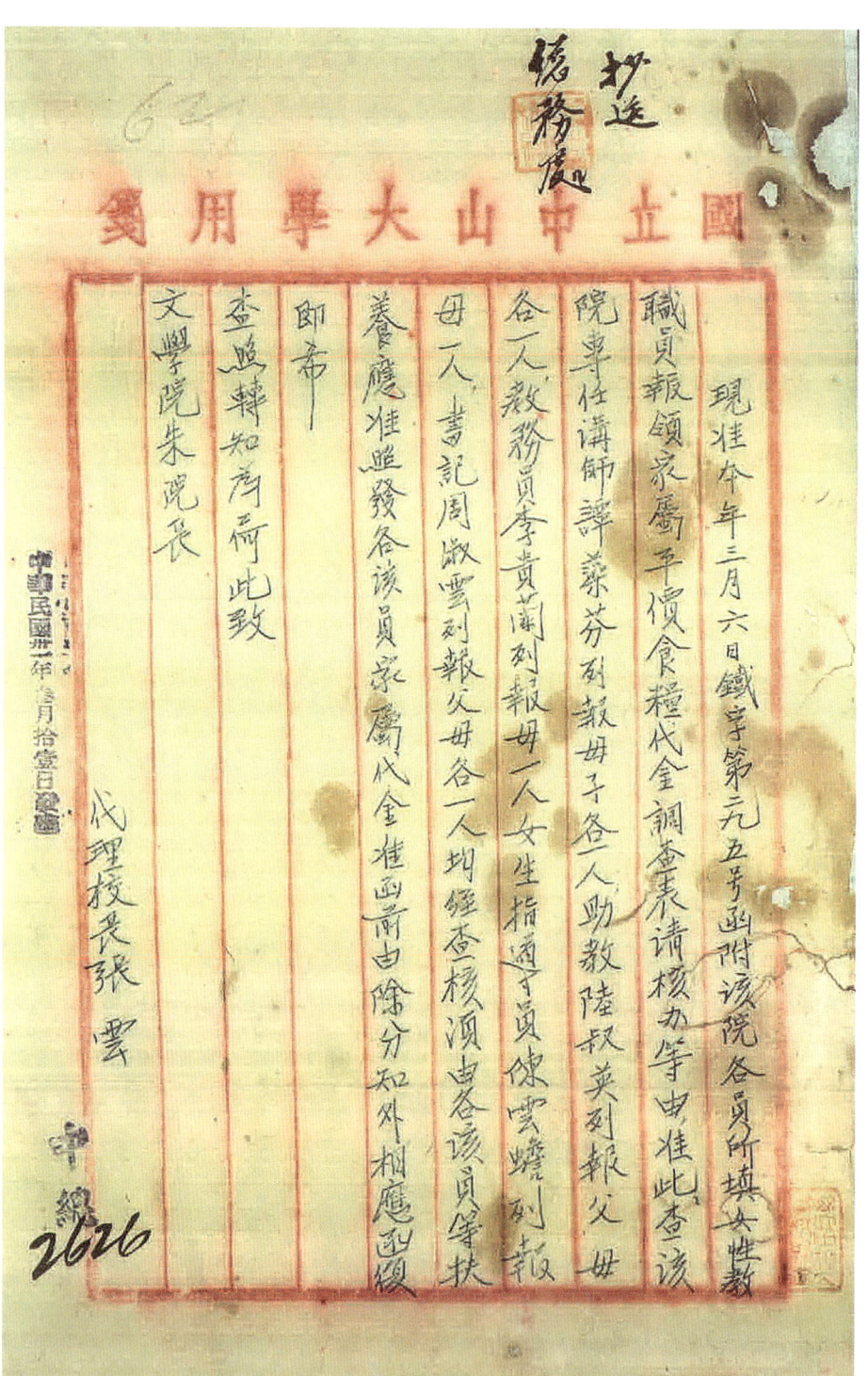

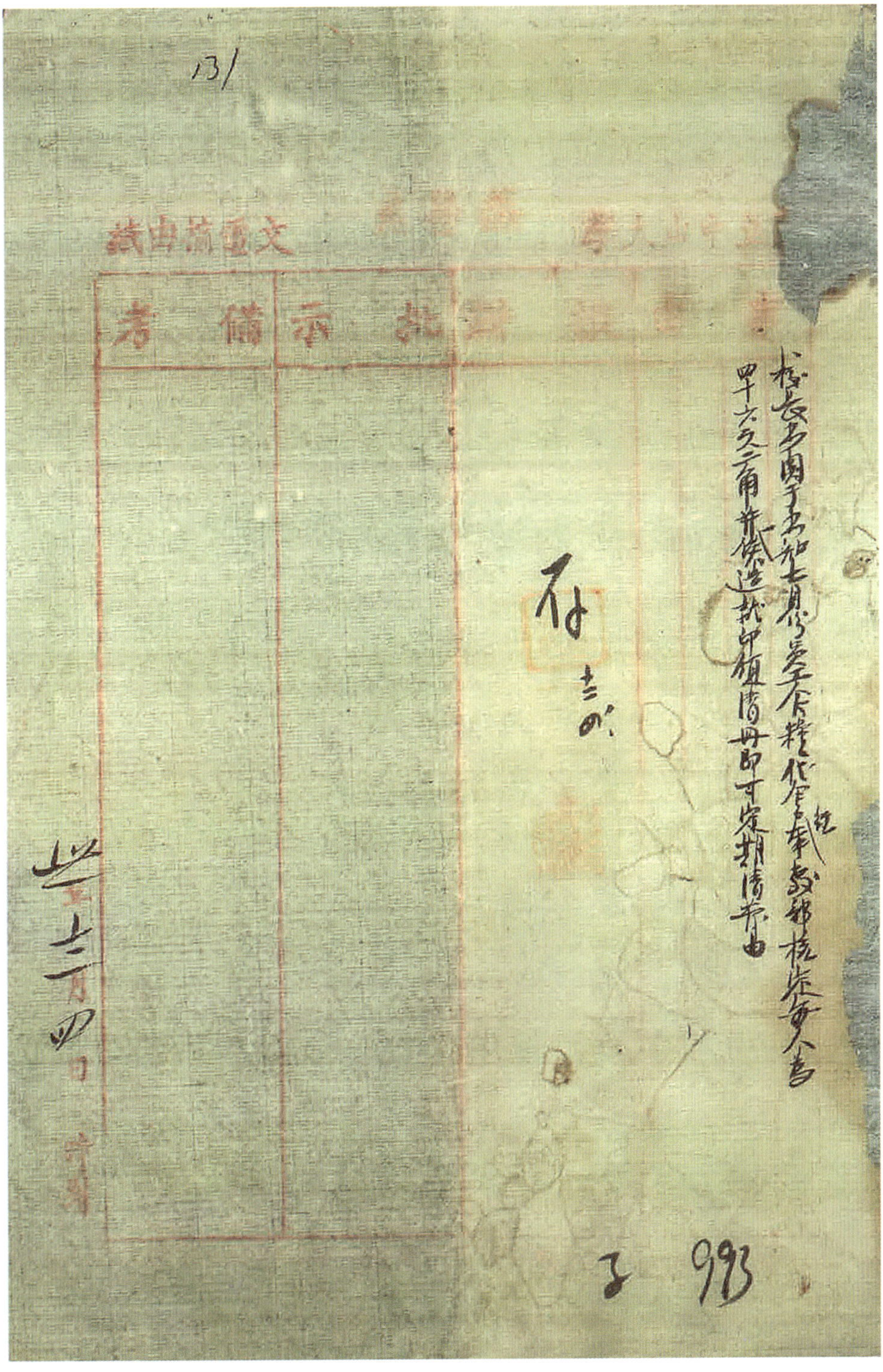

国立中山大学校长关于七月份员工食粮代金核定每人金额四十六元二角并俟造就印领清册即可定期清发的函（一九四三年十二月四日）

132

現奉

教育部卅一年十一月四日総字第四四六六四號指令据本校卅一年八月廿六日総字第六四四號呈一件為呈送七月份員工平價食糧代金人數異動清冊祈鑒核由內開：「呈件均悉。據冊列報本年七月份員工及其直系親屬成人四七〇六人，兒童二七五人，另有成人三十一人，兒童四人支半月，每人發給平價食糧代金四十六元二角，兒童折半計算，合計應發二二四五三二元，除已墊發拾陸萬元外，茲補發六四五三二元，款即另匯，仰於收款後隨即填具印領一紙呈部為要。件存。此令。」等因。奉此，自應遵辦。查七月份平價食糧代金前經核准教職員及家屬每人每口預借三十六元在案，現七月份代金數額經奉核定，一俟造就印領清冊，即定期如數清發。奉令前因，除分行外，相應函達，即希查照為荷。此致

總務處

代理校長金曾澄

[illegible]年十二月四日發出

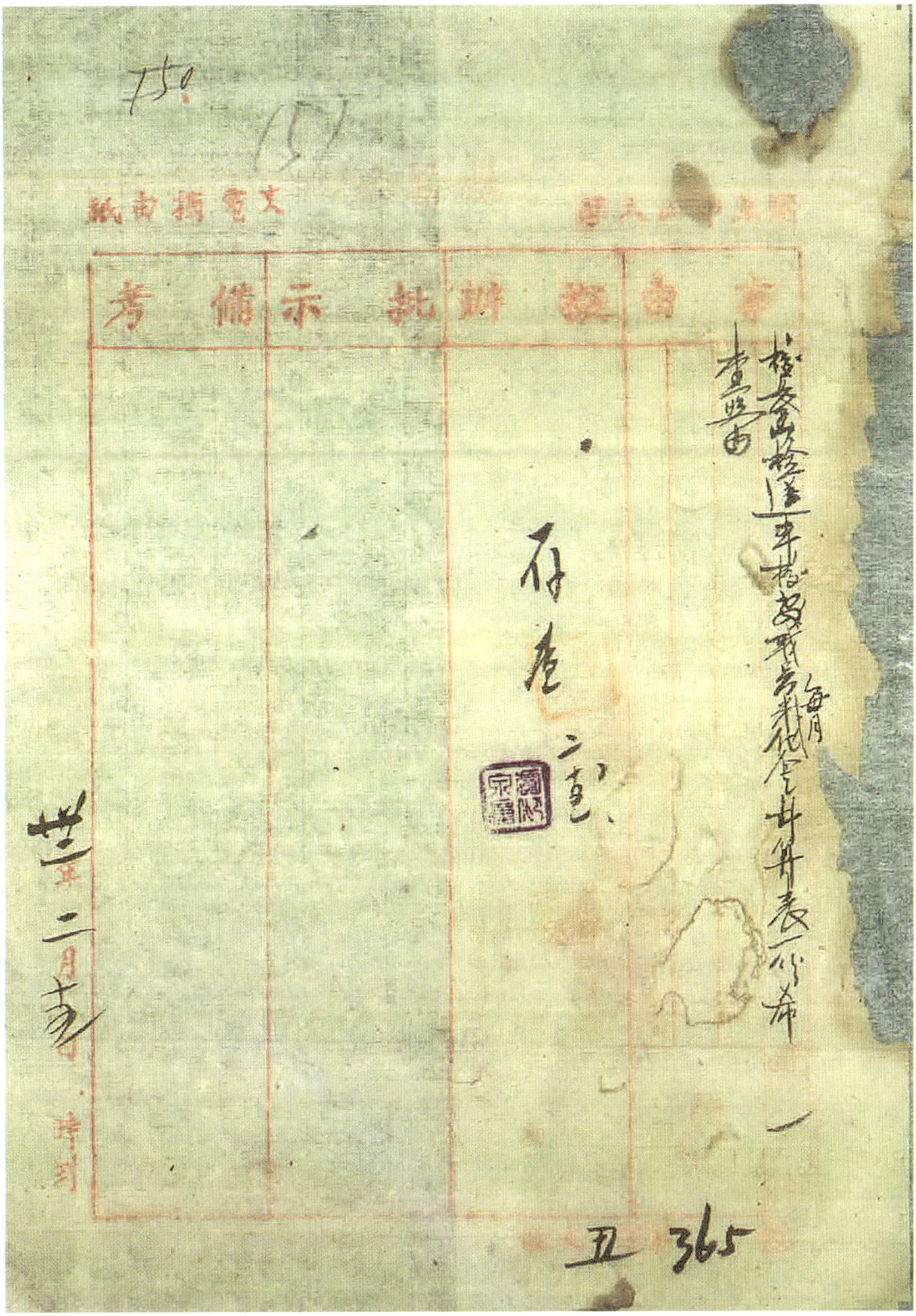

国立中山大学校长检送教职员每月米代金计算表的函（一九四三年二月十五日）

151 152

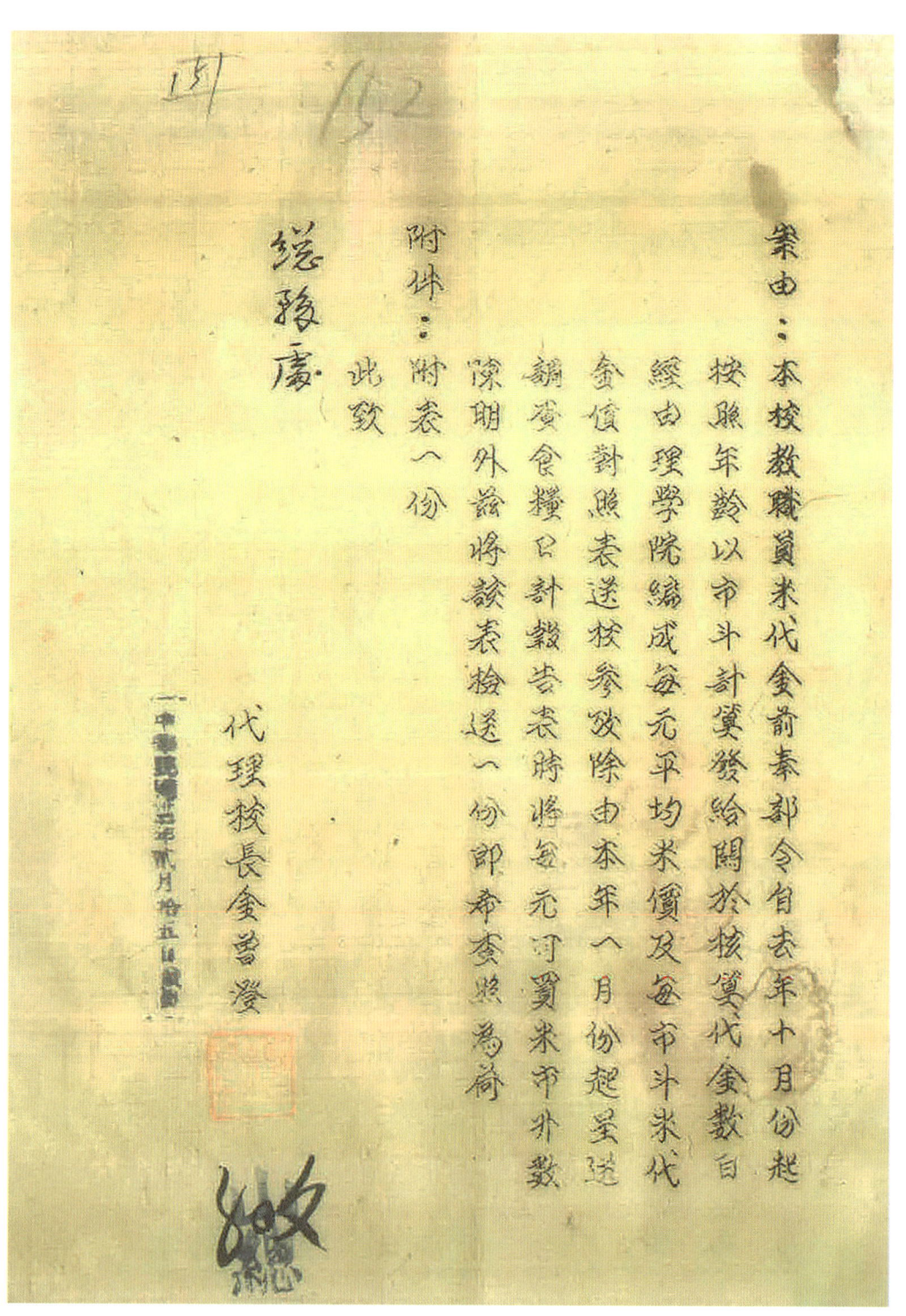

案由：本校教職員米代金前奉部令自去年十月份起按照年齡以市斗計算發給關於核算代金數目經由理學院編成每元平均米價及每市斗米代金價對照表送校參攷除由本年一月份起呈送補發食糧日計報告表時將每元可買米市升數陳明外並將該表檢送一份即希查照為荷

附件：附表一份

此致

總務處

代理校長金曾澄

中華民國卅五年貳月拾五日發

每月平均米價及每市斗米代金值對照表

中等米零售價		每市斗米代金值		中等米零售價		每市斗米代金值	
每元可買米埠石秤斤數	每元可買米市升數	元		每元可買米埠石秤斤數	每元可買米市升數	元	
2.0斤	0.093	107	50	4.0斤	0.186	55	[illegible]
2.	0.098	102	38	4.1	0.191	52	64
2.2	0.102	97	73	4.2	0.195	51	19
2.3	0.107	93	48	4.3	0.200	50	[illegible]
2.4	0.112	89	58	4.4	0.205	48	86
2.5	0.116	86	00	4.5	0.209	47	78
2.6	0.121	82	69	4.6	0.214	46	[illegible]
2.7	0.126	79	64	4.7	0.219	45	[illegible]
2.8	0.130	76	78	4.8	0.223	44	[illegible]
2.9	0.135	74	14	4.9	0.228	43	88
3.0斤	0.140	71	67	5.0斤	0.233	43	00
3.1	0.144	69	35	5.1	0.237	42	16
3.2	0.149	67	19	5.2	0.242	41	[illegible]
3.3	0.153	65	15	5.3	0.246	40	[illegible]
[illegible]	0.158	63	23	5.4	0.251	39	[illegible]
3.5	0.163	61	43	5.5	0.256	39	09
3.6	0.167	59	71	5.6	0.260	38	39
3.7	0.172	58	11	5.7	0.265	37	72
3.8	0.177	56	58	5.8	0.270	37	07
3.9	0.181	55	13	5.9	0.274	36	44
				6.0斤	0.280	35	85

注意：埠石秤約相當司碼秤之96%，又埠石秤司碼秤及市秤之關係各異，易起誤會，報部米價以每百元可購米若干市斗市升市合為易明瞭。

国立中山大学总务处送民国三十二年二至四月份调查食粮市价日计报告表的函（一九四三年五月十日）

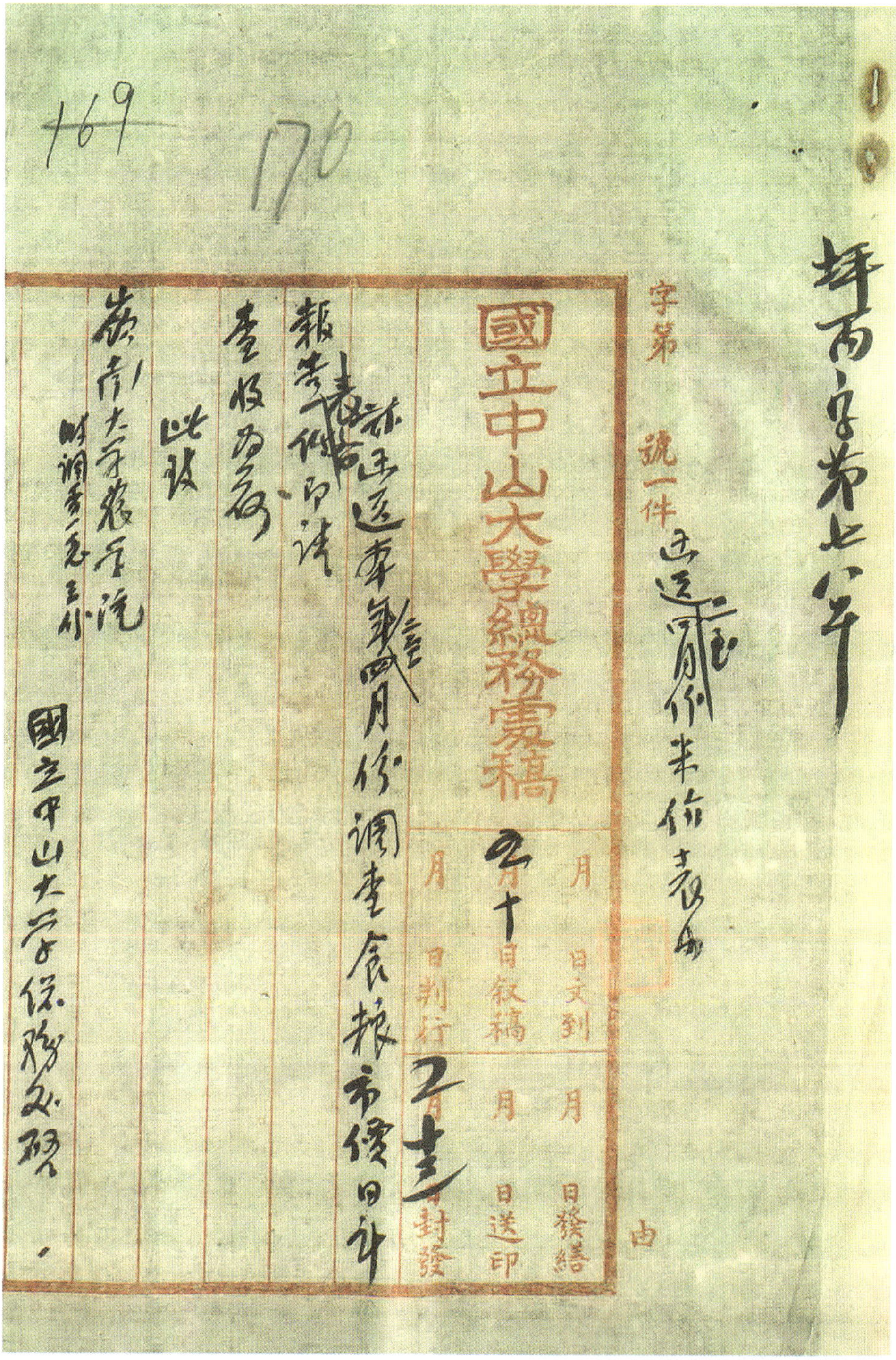
國立中山大學總務處稿

字第　號

一件

月　日文到

月　日叙稿

月　日判行

月　日發繕

月　日送印

月　日封發

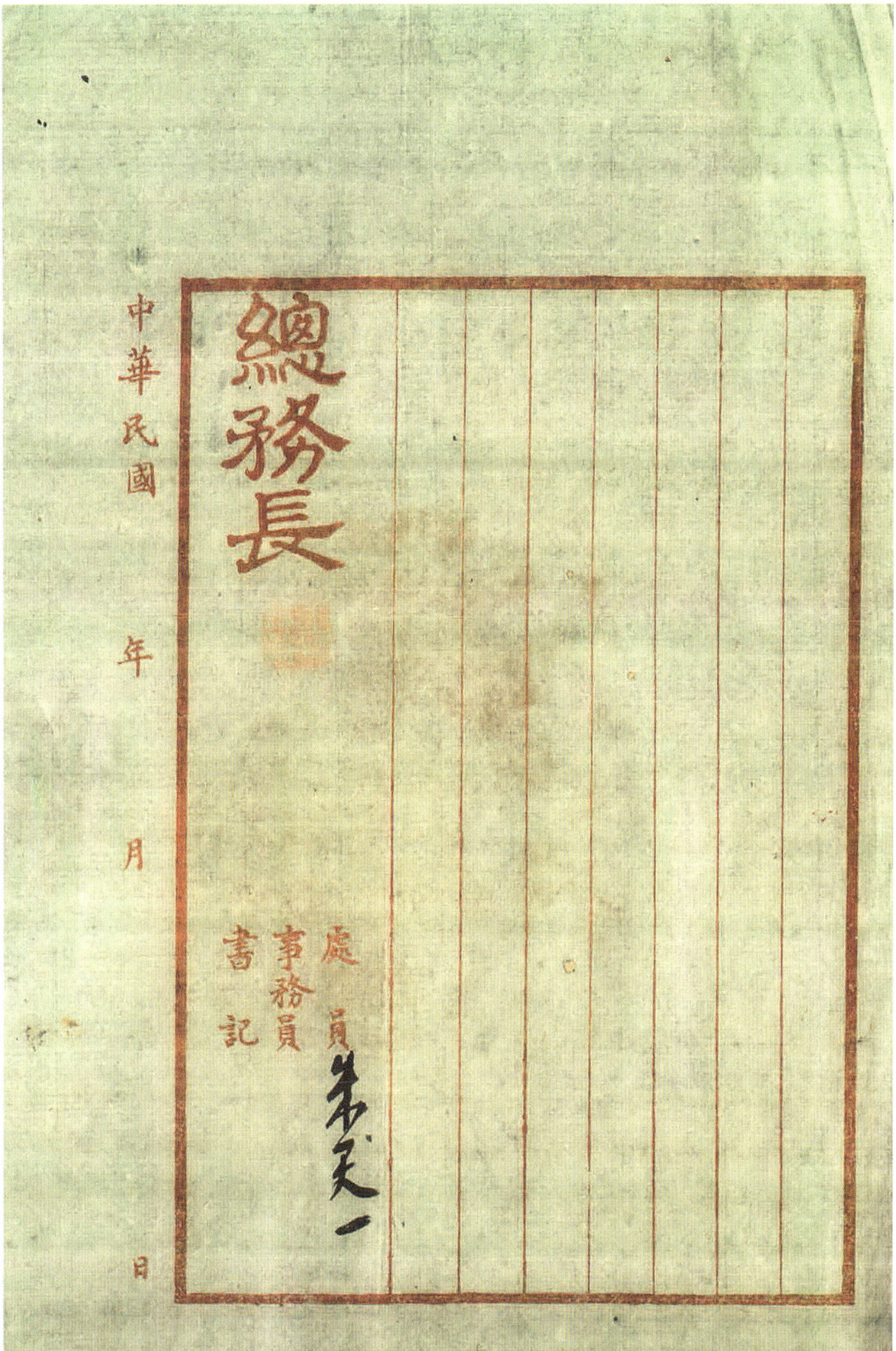

總務長

處員

事務員

書記

中華民國　年　月　日

170-1

國立中山大學調查坪石鎮中等米市價每元可購米幾兩幾合計算表 33年4月份

日期	每元可購米坪石秤斤兩數	每元可購米坪石升升合數	日期	每元可購米坪石秤斤兩數	每元可購米坪石升升合數
1	.113	0.005254	2	.113	0.005254
3	.113	0.005254	4	.113	0.005254
5	.113	0.005254	6	.112	0.005208
7	.112	0.005208	8	.112	0.005208
9	.112	0.005208	10	.112	0.005208
11	.112	0.005208	12	.112	0.005208
13	.111	0.005164	14	.10	0.00465
15	.10	0.00465	16	.10	0.00465
17	.09	0.004185	18	.09	0.004185
19	.09	0.004185	20	.09	0.004185
21	.09	0.004185	22	.09	0.004185
23	.09	0.004185	24	.09	0.004185
25	.09	0.004185	26	.09	0.004185
27	.09	0.004185	28	.09	0.004185
29	.09	0.004185	30	.09	0.004185
31	.09	0.004185	共一個月平均每元可購米	肆市斤陸市合一[illegible]	

備註	
	以上米價經由本會核算每日市價相符 合實證明呈 坪石鎮商會

国立中山大学总务处送民国三十二年十月份调查食粮市价日计报告表的函（一九四三年十一月十三日）

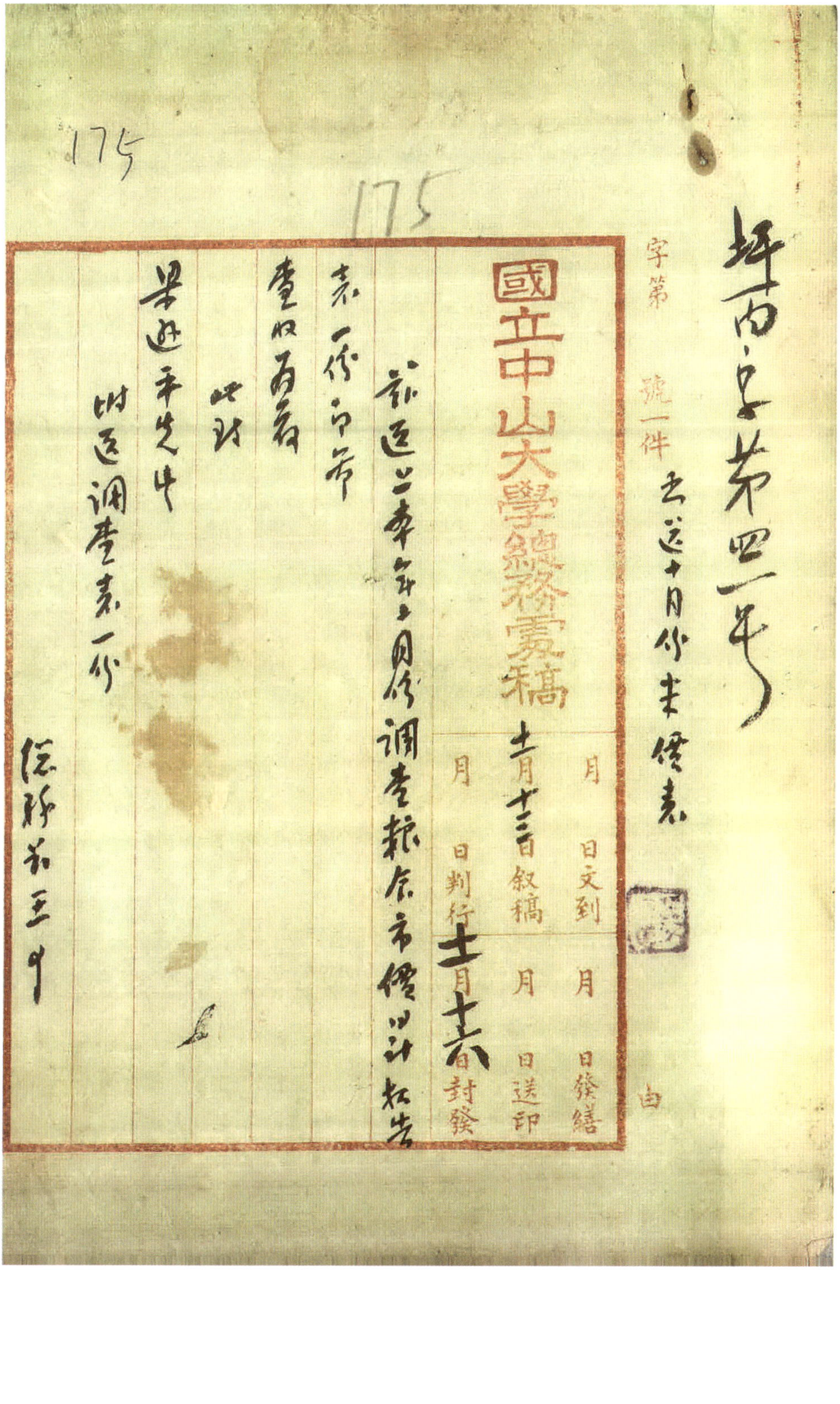
175

坪石字第四一号

字第　号　一件　奉送十月份米价表　由

國立中山大學總務處稿

月　日文到　月　日發繕

十一月十三日叙稿　月　日送印

月　日判行　十一月十六日　封發

兹送上本年十月份调查粮食市价日计报告表一份即希

查收为荷

此致

梁处长平先生

附送调查表一份

总务处　三十

處員 朱天一

事務員

書記

總務長

中華民國　年　月　日

176

國立中山大學調查坪石鎮中等米市價每元可購米幾兩幾合計算表　32年10月份

日期	每元可購米坪石秤斤兩數	每元可購米坪石升合數	日期	每元可購米坪石秤斤兩數	每元可購米坪石升合數
1	.15	0.0697	2	.15	0.0697
3	.15	0.0697	4	.15	0.0697
5	.16	0.0744	6	.16	0.0744
7	.16	0.0744	8	.16	0.0744
9	.15	0.0697	10	.16	0.0744
11	.14	0.0651	12	.14	0.0651
13	.14	0.0651	14	.15	0.0697
15	.15	0.0697	16	.15	0.0697
17	.16	0.0744	18	.16	0.0744
19	.15	0.0697	20	.15	0.0697
21	.14	0.0651	22	.14	0.0651
23	.14	0.0651	24	.14	0.0651
25	.15	0.0691	26	.15	0.0697
27	.15	0.0691	28	16	0.0744
29	.16	0.0744	30	.16	0.0744
31	16	0.0744	共一個月平均每佰元可購米	柒市升零捌市勺	

備註：以上米價經由本會核算與市價相符合與證明之

坪石鎮商會

国立中山大学校长关于加借民国三十二年八月至三十三年四月份教职员米代金及申领表格的函
（一九四四年五月二十日）

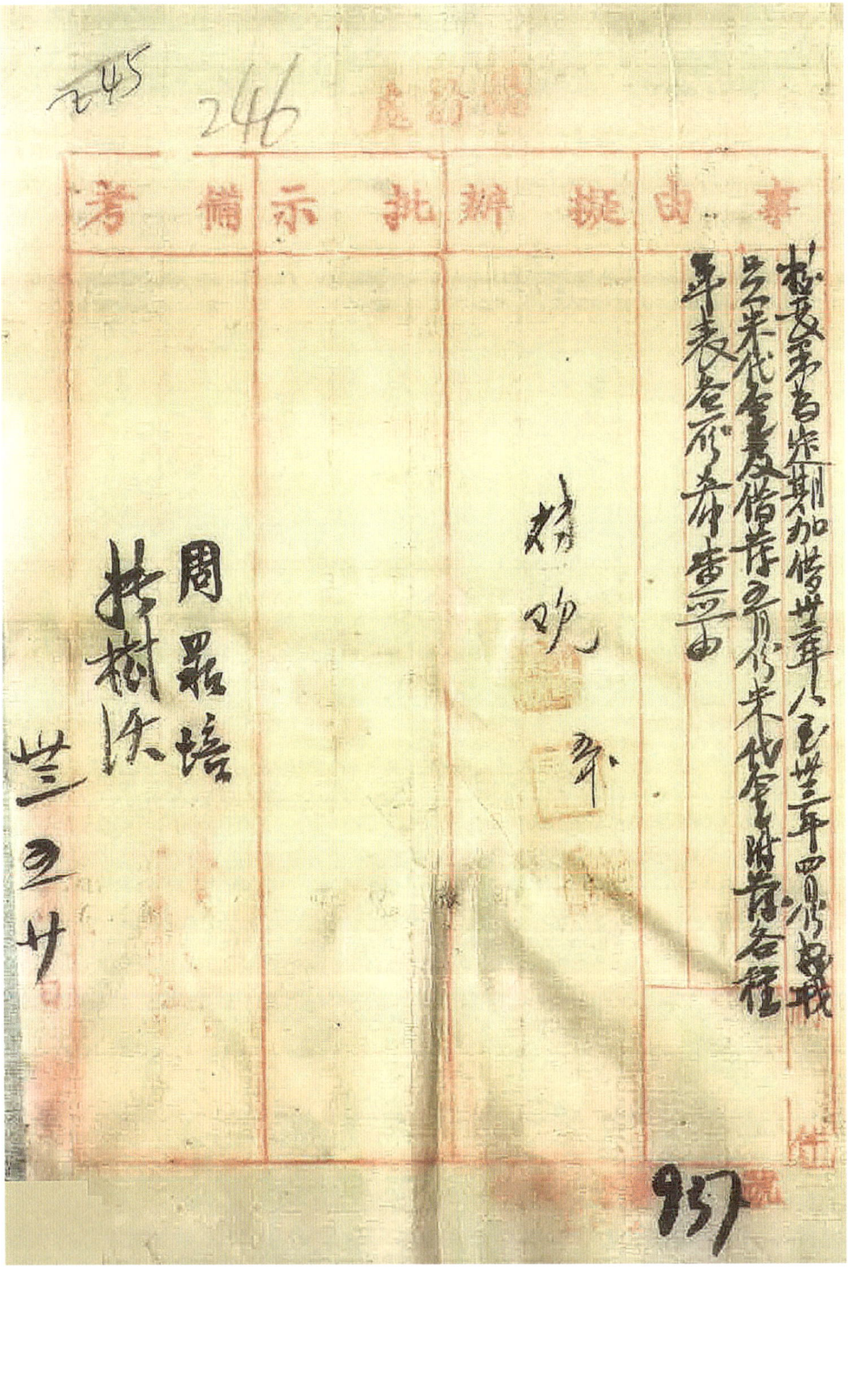

案由：(一)查去年八至十二月及本年一至四月份米代金數額，迭奉教部核定數略有餘款積存。最近又奉部加撥本年一至四月份米代金一百四十萬元。當此物價高漲，生活困苦之際，自應酌予加借薪資，挹注。又現值米價日漲，應否續購米糧，亦應籌定。經提交本年度第八次行政會議議決：(一)現時不購米糧，但如有需請代購米者，請先行登記，彙集數量達五百石時再行洽購，詳細辦法由總務處商定辦理。(二)三十二年八月至本年四月共九個月米代金教職員及工友各共加借薪水貳百元，其逐月分配加借數由總務處酌擬辦理等語，經紀錄在卷。自應照辦。凡各教職員如須請代購米者，希逕即向所屬院部登記，列明擬購米糧金額，由各院部造冊一式三份，註明總數，於本月二十四日以前送校。又因車運關係，須統計如可購米達五百石時再行洽購，如未達五其有將即行停購其擬購米者仍照發米代金貼於加借米代金八錢茲定於本月二十七日起加借除校本部由出納組彙辦外其各院級校並應依附發表式請領名冊詳查各員應領月份填寫於期前送出納組核算以便如期借發凡已登記購米者照數扣發逾期送到者應候核明後再行補發並須依照附發領據格式製備應用以免參差不齊致碍辦理除分行外即希 查照為荷再五月份員工米代金并定同時借發每斗[illegible]壹百捌拾元[illegible]將來多除少補

附件：附發請領加借三十六年八月至三十七年四月米代金名冊及領據格式及每月加借數額表各一份

此致

總務處

代理校長金曾澄

三十七年五月二十日[illegible]

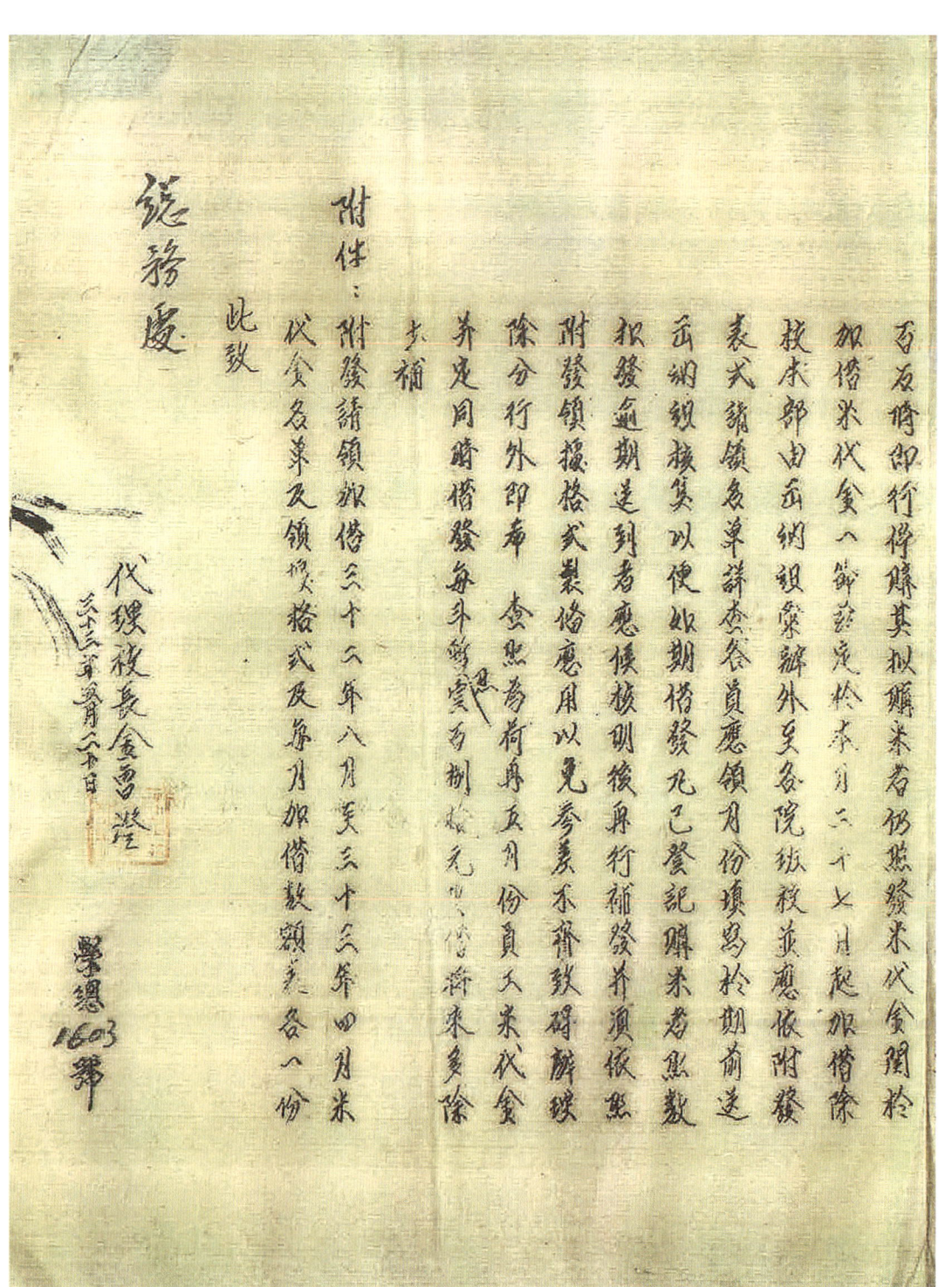

學總1603號

248

加倍發職員工役米代金數額表

年月	每斗貸借數	每斗加借數	附註
32.8	90.00	10.00	加倍米代金以現時在校教職員工警為限，須自上年八月至本年四月發給各月照數，除中途到校之月依照計發，其已離校者俟奉教部核定各月數額時另行請發
32.9	100.00	10.00	
32.10	100.00	20.00	
32.11	100.00	20.00	
32.12	100.00	20.00	
33.1	100.00	30.00	
33.2	120.00	30.00	
33.3	120.00	30.00	
33.4	130.00	30.00	
共計		200.00	

△△△院校處教職員工警領加倍三十二年八月至三十三年四月份米代金名冊

職別	姓名	原領口數	應加倍月份	應加倍金額合計		備考
合計	名	口		元	00	

三 补助救济学生

从沦陷区撤退的学生，依靠侨批汇款的侨生，以及贫寒家庭子弟，在战火蔓延中面临经济来源断绝而失学的危机。国民政府教育部先后颁发《公立专科以上学校战区学生贷金暂行办法》《修正各级学校设置免费学额及公费学额规程》《国立各学校职员学生膳食费用补助办法》《战时救济大中学生膳食暂行办法》等一系列政策，通过扩大公费名额、发放学生贷金、增加膳费补贴和奖学金等措施，减轻学生的生活负担，支持他们完成学业。

根据一九四一年九月颁布的《国立中等以上学校学生贷金暂行规则》，家在战区经济来源断绝的学生，以及非战区家境十分困难的自费学生可以领取学生贷金。贷金数额以每名学生食米两斗一升为标准，参照学校地方所在的中等米价，另附加膳食所需的燃料、油盐和厨工费用发放。随着物价上涨，贷金的标准也有所提升，根据馆藏档案，到一九四四年五月，国立中山大学战区学生贷金已经达到每月五百元以上。申请的学生除应参与校内规定的劳动服务之外，每周还须至少服务三小时，包括抄写讲义教材、整理图书仪器和清洁打扫等工作内容，超出部分按勤工俭学给予报酬。

学生贷金的申请、审核和发放需要学校成立专门的贷金审查委员会处理，馆藏的很多档案反映了此部分工作情况。从中还可以了解到，学生因生活所迫向学校申请预支贷金的情形十分常见，国立中山大学为此专门制定了《本校战区贫苦贷金学生请领生活维持费暂行办法》。

华侨子弟也得到了经济方面的照顾，国民政府侨务委员会主持抗战时期侨生、侨校工作事宜，颁布了《侨生特种救济金办法》，分期执行。在国内公私立中等以上学校肄业的华侨学生，凡属家庭经济困难而成绩优良者可以申请特种救济金。

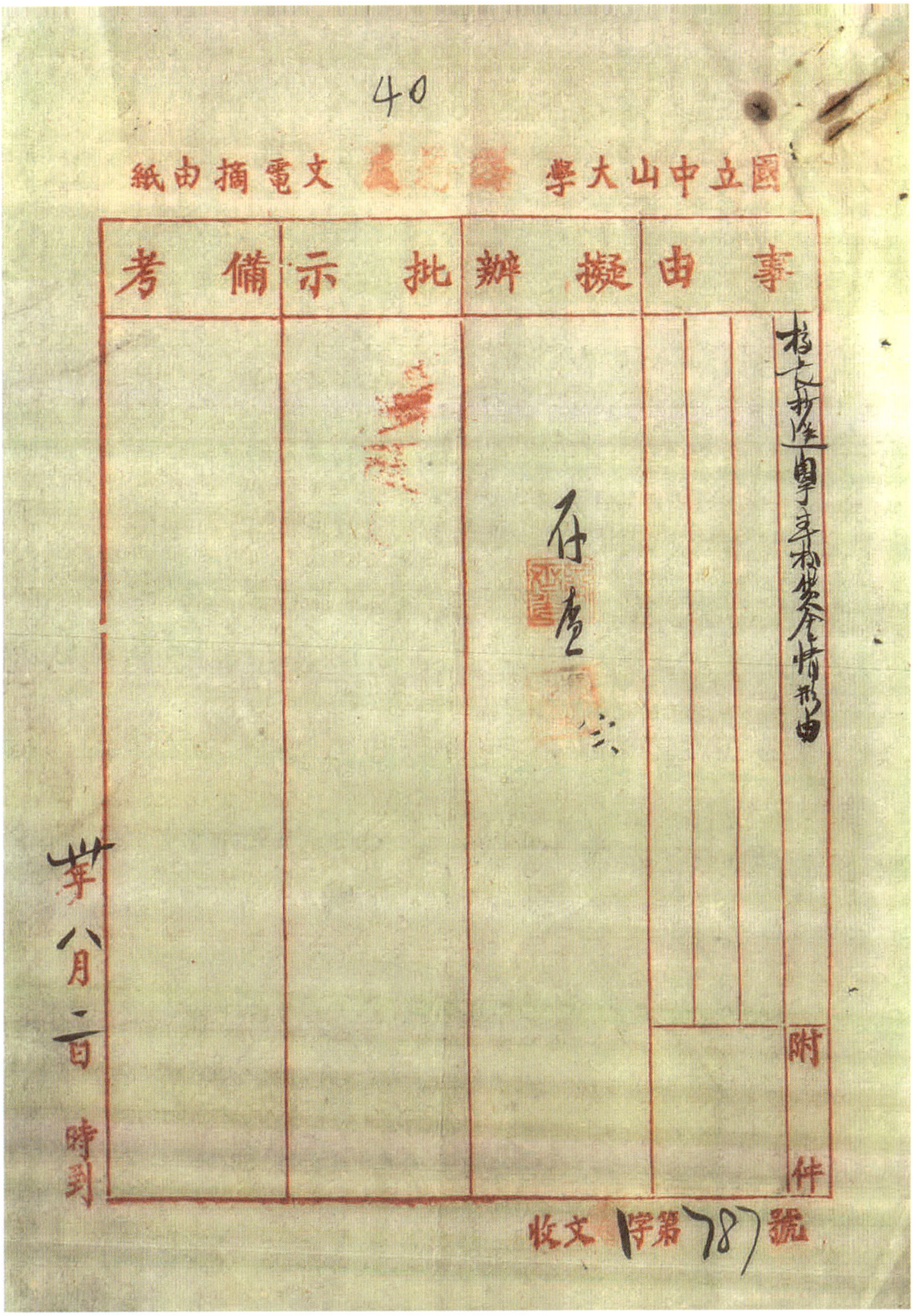
40

国立中山大學　文電摘由紙

事由	擬辦	批示	備考
校長抄送學生貸金情形由	存查		

附件

卅年八月二日　時到

收文 1 字第 787 號

国立中山大学关于本校学生贷金情形的布告（一九四一年八月二日）

41

國立中山大學布告

學字敫號

查本校本年一二三月份貸金生名冊前經妥編並于本年六月八日以坪總字第一四〇九號呈部核示在案現奉教育部三十年七月十八日高字第二七四五号指令以據本校呈送本年一二三各月份貸金生清冊請察核由內開「呈件均悉前據所報一至四月份米價表計算一月份學生膳貸全額每名為十三元九角一分半額每名為六元九角六分二月份全額每名十四元四角三分半額每名七元二角二分三月份全額每名十六元一角六分半額每名八元〇八分四月份全額每名二十三元〇七分半額每名十一元五角四分並經核示在案准予發給學生七百〇一名一月份全額膳食貸金計九千七百五十元九角一分學生九十四名半額膳食貸金計六百五十四元二角四分二三兩月份學生各六百廿八名二月份計全額膳食貸金九千〇六十二元〇四分三月份計一萬〇一百四十八元四角八分又二三兩月份半額學生各二百八十八名二月份計半額膳

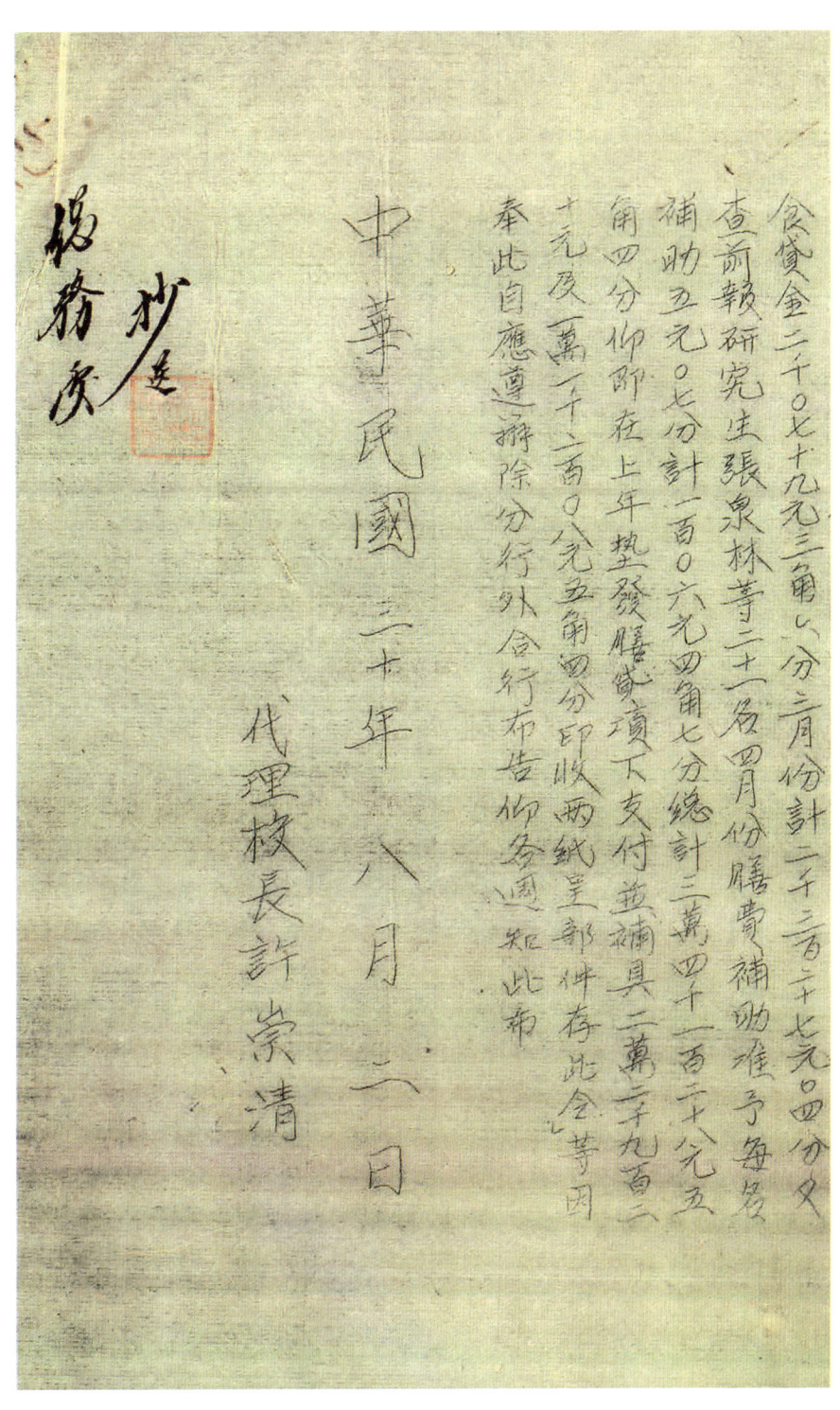

伙食貸金二千〇七十九元三角六分六月份計二千三百二十七元〇四分又
查前類研究生張泉林等二十一名四月份膳費補助准予每名
補助五元〇七分計一百〇六元四角七分總計三萬四千一百二十八元五
角四分仰即在上年墊發膳貸項下支付並補具二萬二千九百二
十元及一萬一千二百〇八元五角四分印收兩紙呈部備存此令等因
奉此自應遵辦除分行外合行布告仰各週知此布

中華民國三十年八月二日

代理校長許崇清

總務處　抄送

国立中山大学关于订定学生贷金办法的布告　附：教育部颁国立中等以上学校学生贷金暂行规则

（一九四一年九月十日）

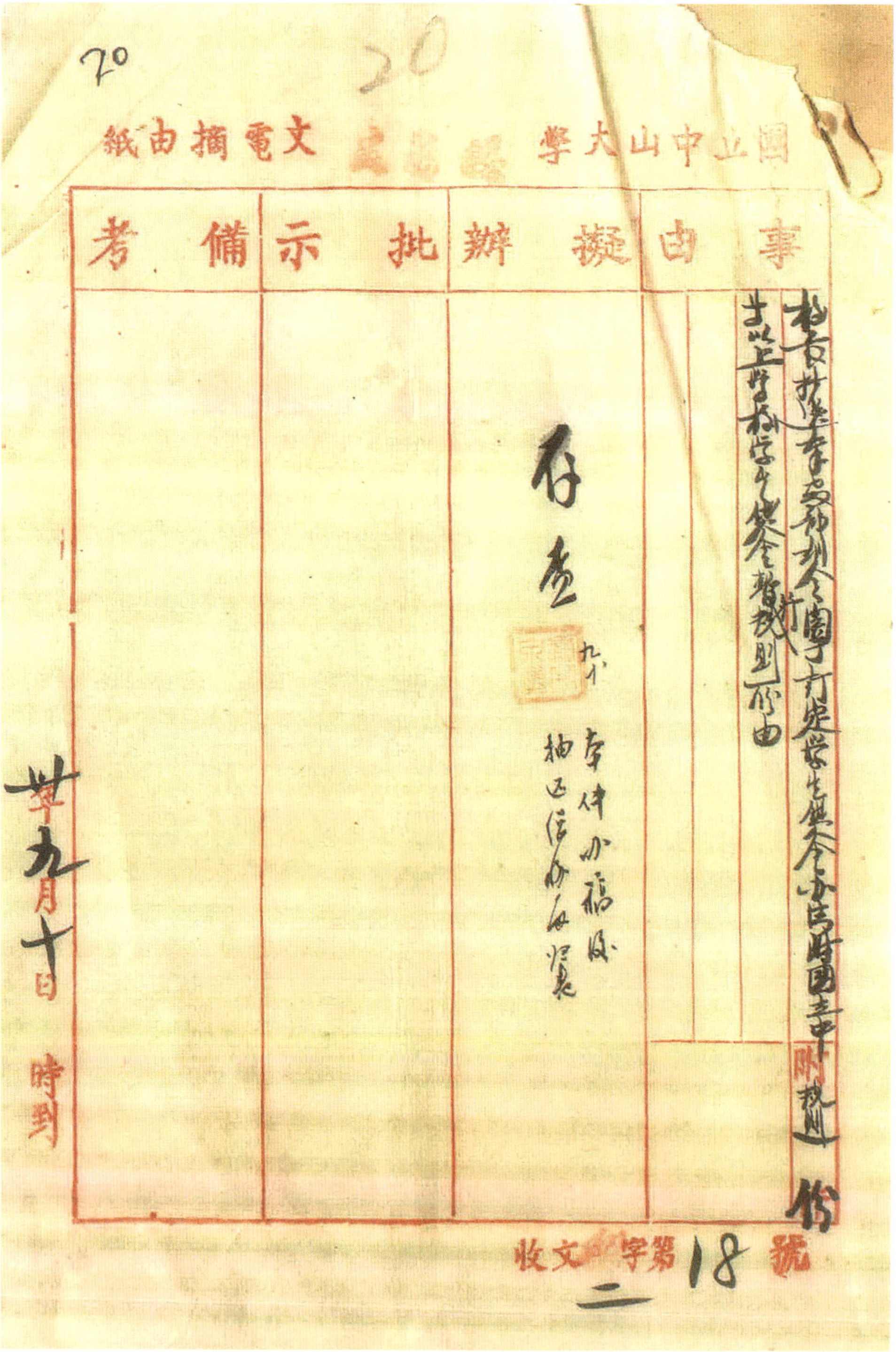
國立中山大學文電摘由紙

事由	擬辦	批示	備考

收文　字第 18 號

2221

國立中山大學佈告

中訓字第[illegible]號

現奉

教育部本年七月十八日總字第二七四九三號訓令開

「查自全面抗戰以來政府為救濟戰區家受禍難之貧苦學生特設戰區生貸金制度俾青年學子在顛連困苦之中因國家之援助仍得維持其學業其後各地物價狂漲一般學生幾於每食不飽爰復對自費生之家庭確係貧乏者給予補助膳食貸金以目前物價估計是項貸金之總額年已不下五千萬元值此軍需浩繁國庫支絀而猶不惜出此鉅資從事救助無非為國家維護元氣作育人材乃實行以來收效雖宏流弊亦所不免其確為流離艱困呼籲無門因獲貸金而得安心學業造詣有成者固多然力足自給或經濟來源仍裕而乘機捏報事實巧

飭據請者亦復不尠甚且獲得貸金之後洒肉徵逐
恣情揮霍政府救濟之善意反以之成為欺詐之
惡習愛之適以害之尤堪浩歎尚有進者貸金原即
借款凡屬私人借款猶須負責償還以全信義否則
即應受法律之制裁國家當此萬分艱窘之中勉以
鉅款無息貸給學生倘如前漫無限制事後復不切
實責令歸償將更滋長青年學生苟取苟得之心理
促國民道德之墮落教育之謂何本部有鑒於此覺
前頒之貸金辦法尚有稍欠嚴密之處茲改另訂國
立中等以上學校學生貸金暫行規則三十五條其
中特別注意之點如左(一)凡受領貸金之學生均應
体念國家於萬分艱窘中竭力愛護青年救助青年

4

22

之至意而深自振奮一致發揮其服務精神為建國努力厲行學校勞動服務即以此為取得貸金之唯一條件倘其服務不勤或不自愛好致成績過劣者即取消其受領貸金資格（二）學生貸金仍須由其家長或監護人出面申請無家長及監護人或家長監護人均滯留戰區者由保証人或校內導師代為申請學生不得自為申請人凡由保証人或導師申請者仍應補繳家長或監護人委託証件嘗見子弟一入學校遂與家長隔離因而一方自向學校申請貸金一方仍向家庭需索供給故特為此限制（三）貸金審查務求嚴格各校貸金審查委員會人選由本部核聘對部直接負責（四）學生貸金應於其學成後得有適當職業時按其就業收入之比例分年攤還是項所還之款半為其母校清寒優秀學生之獎學基金半由本部統籌辦理有關全國學生福利事業以宏獎進而垂久遠但同時顧及戰時物價高漲情形

特殊目前受領貸金之戰區學生將來償還時不免負担過重為減輕其償還力起見特准以一部份作為膳食補助金免予償還以示体卹自此次規定以後所有原訂之公立專科以上學校戰區學生貸金暫行辦法補充辦法貸金種類償還辦法及國立中學戰區學生貸金暫行辦法概行廢止除分令外合行檢發國立中等以上學校學生貸金暫行規則一份令仰遵照切實辦理並自本學年開始實行此令等因附發國立中等以上學校學生貸金暫行規則一份奉此自應遵辦奉令前因合行佈告仰各貸金生一体知照

此佈

附黏國立中等以上學校學生貸金暫行規則一份

中華民國三十年九月十日

代理校長張雲

總務處抄送 附規則一份

23

國立中等以上學校學生貸金暫行規則

第一章　總則

第一條　教育部為救濟家長在戰區（即游擊區）經濟來源斷絕之學生（以下簡稱戰區生）暨家庭經濟確係十分困難之自費生（以下簡稱自費生）起見，并參照行政院核定國立各學校教職員學生膳食費用補助辦法二三兩項訂定本規則

第二條　戰區生及自費生請求貸金者悉依本規則辦理之

第三條　凡受領貸金之戰區生及自費生應体念國家財力艱難特別培育青年之至意，發揮服務本校之精神，為建國而努力，除平時及寒暑假期應照學校一般規定履行勞動服務外，平時每週至少須有三小時為學校服務，如超過上列時間者由學校酌給酬金，其服務項目如左：

一、參加農場工廠生產工作（如為學生實習者不能代替服務）

二、抄寫講義文件

三、訂書報圖
四、校舍道路等之清潔整理及協助管理
五、整理圖書儀器標本
六、其他（須由校按照實際需要報部備核）
服務成績由校紀錄備部隨時抽查

第四條　學校因厲行學生勞動服務應將員工切實核減至最低限度以節開支並報部備查

第五條　凡核給膳食貸金之戰區生均補助其戰時生活並減輕其將來償還之負擔起見特以一部份作膳食補助金其數額定為十八元

第二章　種類及標準

第六條　貸金種類如左：
(一)戰區生——膳食貸金——特種貸金
(二)自費生——補助膳食貸金

24

第七條 戰區生膳食貸金分甲乙兩種如後

甲種 照第十條計算應需總額除以十八元為膳食補助金外餘為貸金

乙種 照第十條計算應需總額由學生自繳十八元其超出之數除以十八元為膳食補助金外餘為貸金

如物價較廉區域每月膳費總額在四十元以內者不適用乙種

第八條 特種貸金另以部令訂之

第九條 自費生補助膳食貸金分甲乙兩種如後：

甲種 照第十條計算應需總額除學生繳納十八元外貸給其超出數之全額

乙種 照第十條計算應需總額除學生繳納十八元外貸給其超出數之半額

第十條 每月以學校所在地購入中等米或麵粉價格之平均數米按二市斗一升折合麵粉按四十二市斤折合另加核定膳食所需之燃料

油鹽柴蔬、厨工標準數目為每一學生全月膳費總額

第二章 申請及審查

第十條 凡戰區學生及自費生請求貸金者，均應由家長或監護人申請。其無家長及監護人或家長、監護人均陷留戰區者，由保證人或本校導師詳細考察其家庭狀況代為申請。學生不得自為申請人。

凡由保證人或導師申請者，均應補繳家長或監護人委託證件。

第十一條 申請貸金時應填具貸金申請書（書式附後）。

第十二條 學校接收貸金申請書後，應交由貸金審查委員會視其家庭經濟狀況與子女入學人數，嚴格審查，不得稍有寬假，必要時得召申請人來校詳詢。

貸金審查委員會於學期開始時由校長遴選教職員若干

25

人報部核聘組織之委員会組織簡章另訂之

第十四條 貸金之申請審查於每学期開学半個月時举行經審查核定之伙食貸金及補助膳食貸金每学期按六個月計算如因特殊情形逾期申請者經核准後自申請之月起算上学期已經核定者本学期仍應重新申請審查

第十五條 凡經學校審定戰區生及自費生貸金者應於開學後一個月內分造名冊（冊式附後）連同申請書呈核

第四章 奬懲辦法

第十六條 凡戰區生及自費生在領取貸金期内如得有家庭或其他方面接濟自行申請停止貸金者應在操行成績内酌加其分數

第十七條 凡已核給貸金之戰區生及自費生學業成績及操行成績均列為甲等者得將本學期所領貸金免予償還由部發給免償證件並由校公佈之

第十八條 凡學業成績及格而操行成績列為丙等或操行成績在乙等以下而學業成績不及格應行留級者均停止其貸金

第十九條　凡已核給貸金之戰區生及自費生如未遵照第二條之規定實行服務者停止其貸金

第廿條　凡已核給貸金之戰區生及自費生在暑假期內之貸金應即停給但戰區生無家可歸者不在此限

暑假留校住宿之戰區生仍須勵行服務違則按照第十九條辦理

第廿一條　凡已核給貸金之戰區生及自費生如另得有原籍省縣地方政府或其他方面補助款項者（獎學金除外）應扣抵其貸金一部份或全部份

如得有補助款項隱匿不報者一經查覺停止其貸金

第廿二條　凡已核給貸金之戰區生及自費生應由學校負責考察平時之生活及消費情形如發覺其經濟並非困苦者應立即停止其貸金並追繳其已領貸金

26

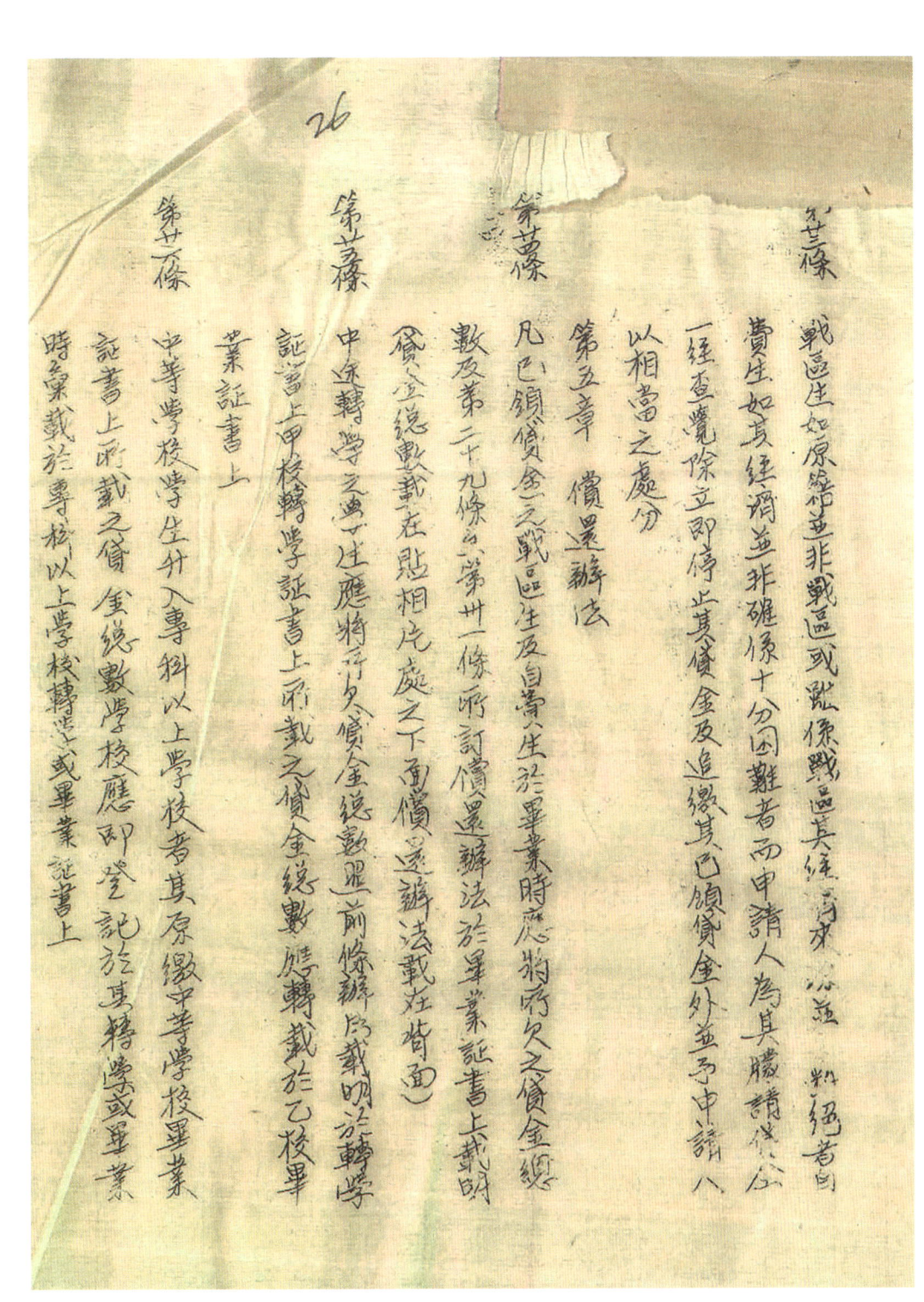

第廿三條　戰區生如原籍並非戰區或雖係戰區其經濟來源並未斷絕者由貸生如其經濟並非確係十分困難者而申請人為其朦請貸金一經查覺除立即停止其貸金及追繳其已領貸金外並予申請人以相當之處分

第五章　償還辦法

第廿四條　凡已領貸金之戰區生及自費生於畢業時應將所欠之貸金總數及第二十九條至第卅一條所訂償還辦法於畢業證書上載明（貸金總數載在貼相片處之下面償還辦法載在背面）

第廿五條　中途轉學之學生應將所欠貸金總數遵前條辦法載明於轉學證書上甲校轉學證書上所載之貸金總數應轉載於乙校畢業證書上

第廿六條　中等學校學生升入專科以上學校者其原繳中等學校畢業證書上所載之貸金總數學校應即登記於其轉學或畢業時彙載於專校以上學校轉學或畢業證書上

第廿七條 凡受領貸金之戰區生及自費生於畢業時由其本人具貸金收據一紙（收據式附後）並須有負責担保人簽字由學校妥為保存於清償後發還或註銷之

中學畢業時期所出之貸金收據於升入專科以上學校後應由學校通知該中學將原收據移轉存俟該生所入專科以上學校畢業出具貸金收據時即予發還以免重複

第廿八條 各校應將每屆畢業之戰區生及自費生所得貸金數目根據貸金收據造具總冊呈部備查（冊式附後）

第廿九條 凡畢業證書上所載之貸金應於就業後第二年開始向原畢業之學校償還每年償還數目按其薪資收入至少為百分之五償清期限至多為二十年

第卅條 學生每次償還貸金款項學校應隨給收據一紙存執俟清償後由學校於畢業證書所載之貸金總數上加蓋「償清」印戳由現任校長加蓋私

27

章此項收據即行作廢

第卅一條　凡未照第廿九條規定歸還貸金者經查明後由學校通知其服務處所代為扣還或向担保人追繳

第卅二條　中途退學之學生其貸金償還辦法由各校自行擬訂報部備核

第卅三條　學校經收學生償還貸金應入帳專儲除以百分之五十留校作為清寒優秀學生獎學基金外其餘百分之五十解繳教育部統籌辦理全國有關學生福利事業之用

專科以上學校經收學生所还貸金其有一部份屬於該生原在中學時所貸者經查明該中學如尚存在應就留校百分之五十數額內照例撥還該中學作清寒優秀學生獎學基金

第六章　附則

第卅四條　本規則由教育部頒布施行

第卅五條　本規則如有未盡事宜由教育部修正之

貸金申請書

學號

學生姓名　籍貫　年齡　性別　科系　年級

家長姓名　與學生之關係　服務處所　職稱

機關所在地　每月收入　每月支出

直系親屬人口　稱謂　姓名　年齡　職業　說明

家庭經濟狀況

住址　(1)永久　(2)現在

請求貸金種類　(屬于戰区生者)　膳食貸金(甲)(乙)種　特種貸金(甲)(乙)種

(屬于自費生者)　補助膳食貸金(甲)(乙)種

勞動服務項目

保證人　(簽名蓋章)　與學生關係　住址　永久　現在

核定貸金種類　核定該生参加勞動服務項目

貸金審查委員會主任委員(簽名蓋章)

填表說明　(1)本表各欄應逐項填入(2)直系親屬人口其職業[illegible]及每月收入于說明欄内注明如在[illegible]者[illegible]校注明(3)家庭經濟狀况应將動產不動產詳细注明(4)双線以上由申請人或代申請人填列双線以下由貸金審查委員会填列

29

（校名）學年第　學期審定戰區生貸金名冊

學號	姓名	籍貫	年齡	性別	科（系）別	年級	膳食貸金甲種	膳食貸金乙種	特種貸金甲種	特種貸金乙種	特種貸金兩種	備考

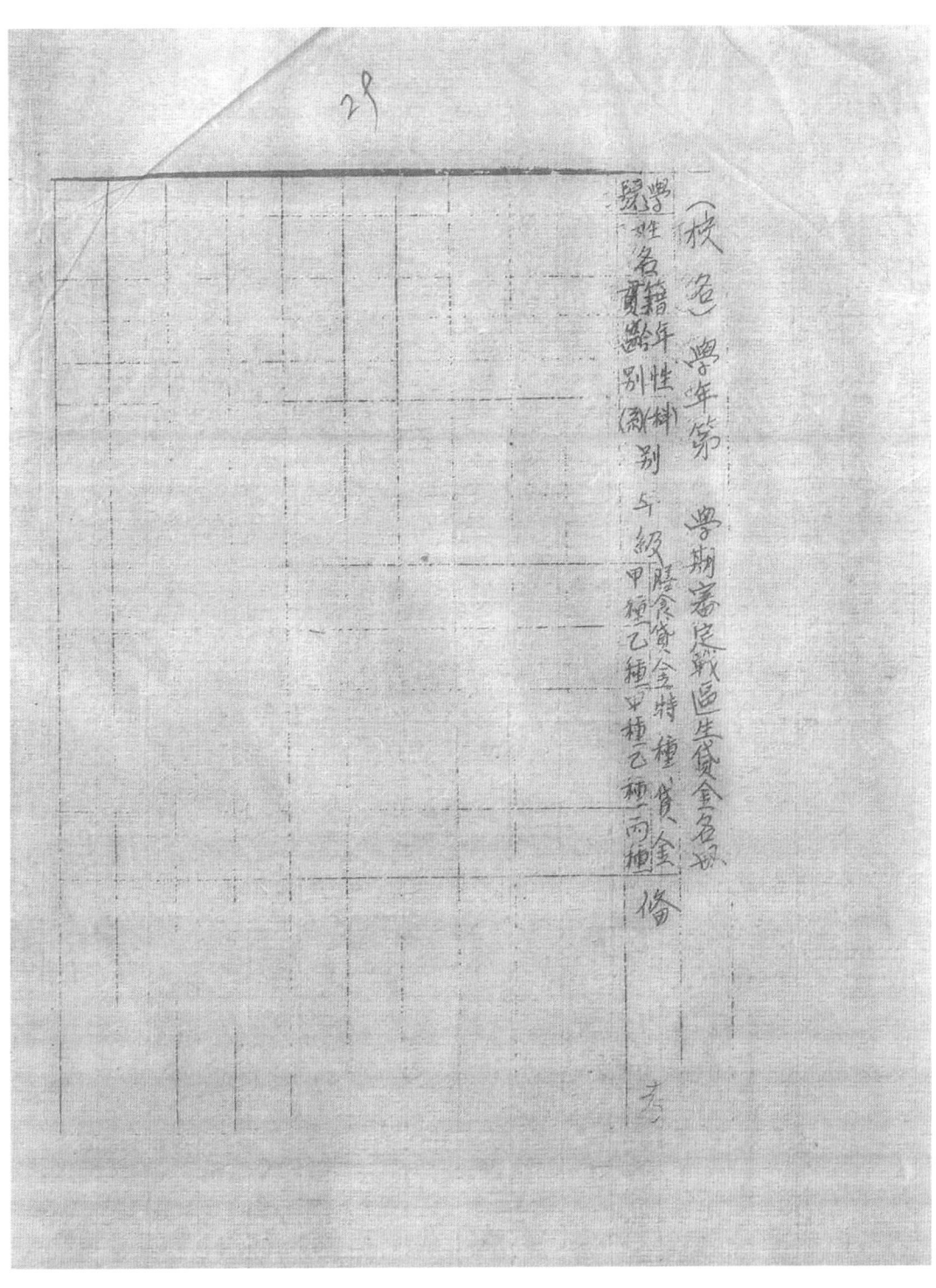

六

（校名）學年第　學期審定自費生（貸金）名冊

學號	姓名	籍貫	年齡	性別	（系）科別	年級	補助膳貸金		備攷
							甲種	乙種	

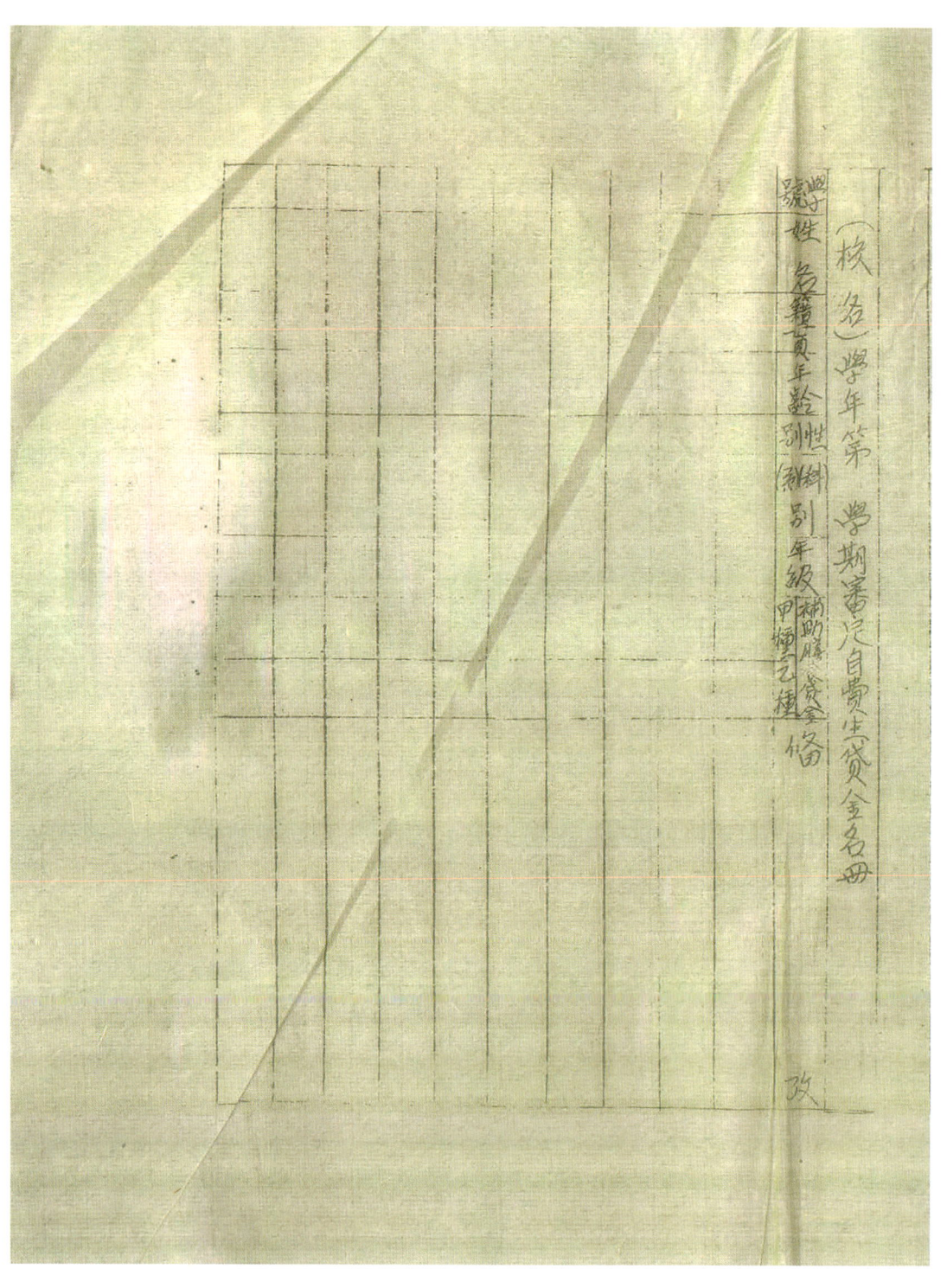

30

（　　　校）

學生貸金收據

第　　字　　號

貸金種類			合計
金額			

具領人（簽名蓋章）

學號　年級　籍貫　通訊處（永久、暫時）　年齡　性別　科系

擔保人（簽名蓋章）　職業　住址（永久、現在）

中華民國　　年　　月　　日

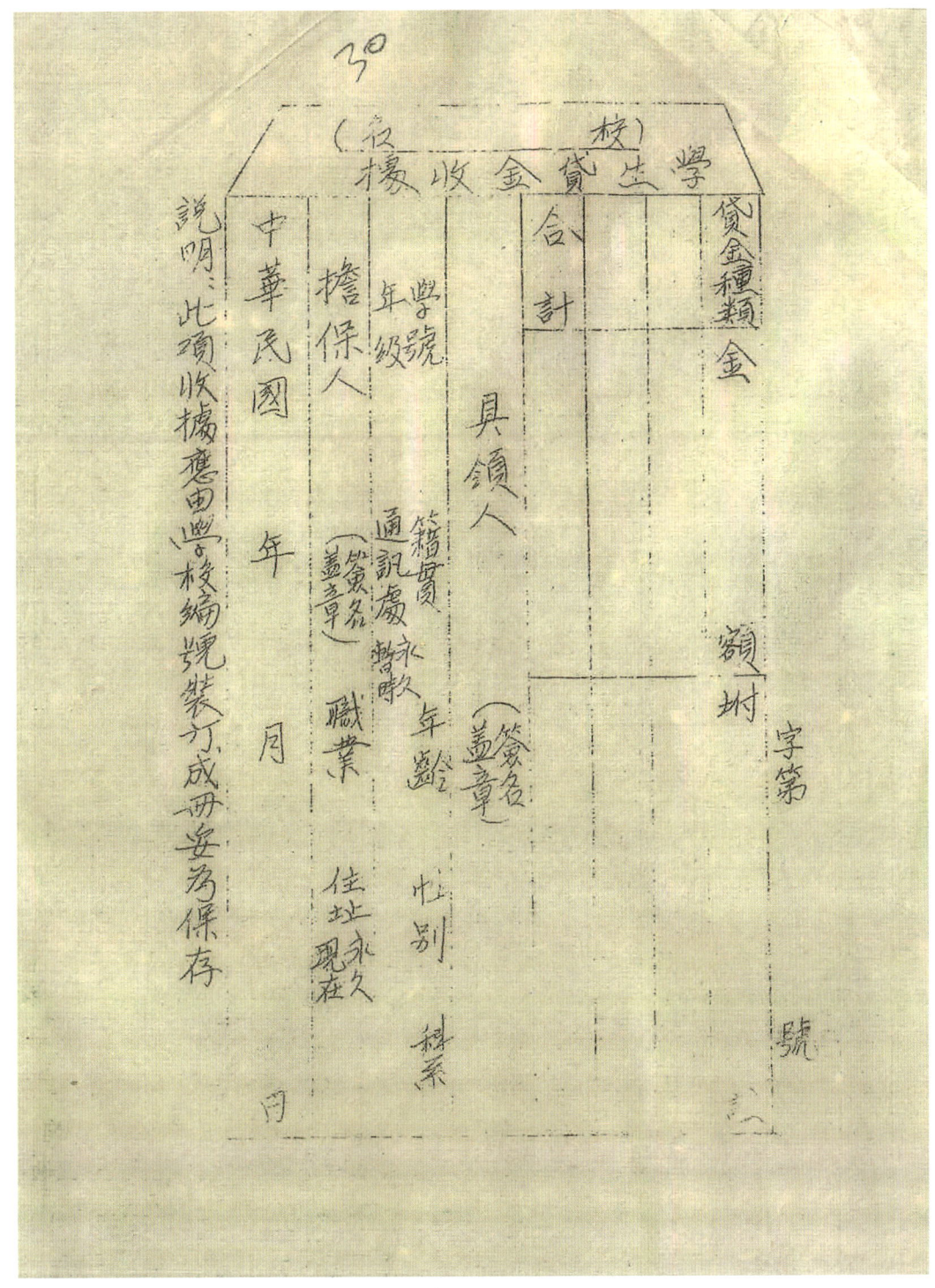

說明：此項收據應由學校編號裝訂成冊妥為保存

（校名）學年第　學期畢業生貸金總冊

號次	姓名	籍貫	年齡	性別	(系)(科)別	戰區生		自費生	備考
						膳食貸金	特種補助金	補助膳食貸金	

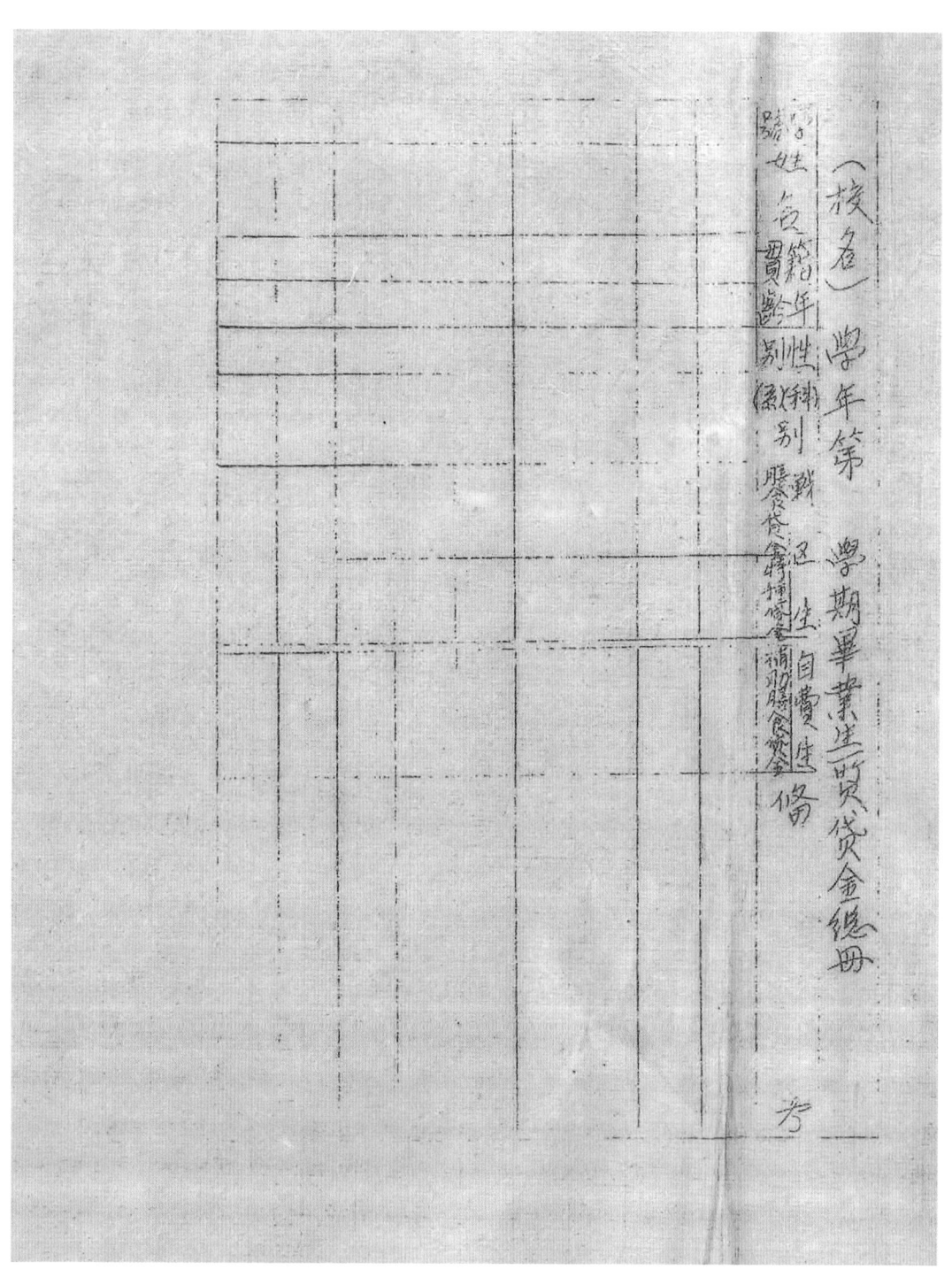

国立中山大学校长关于本校上半年粤籍战区生贷金尚未汇到请教育厅查明的函及关于此事拟定的布告（一九四一年十月一日）

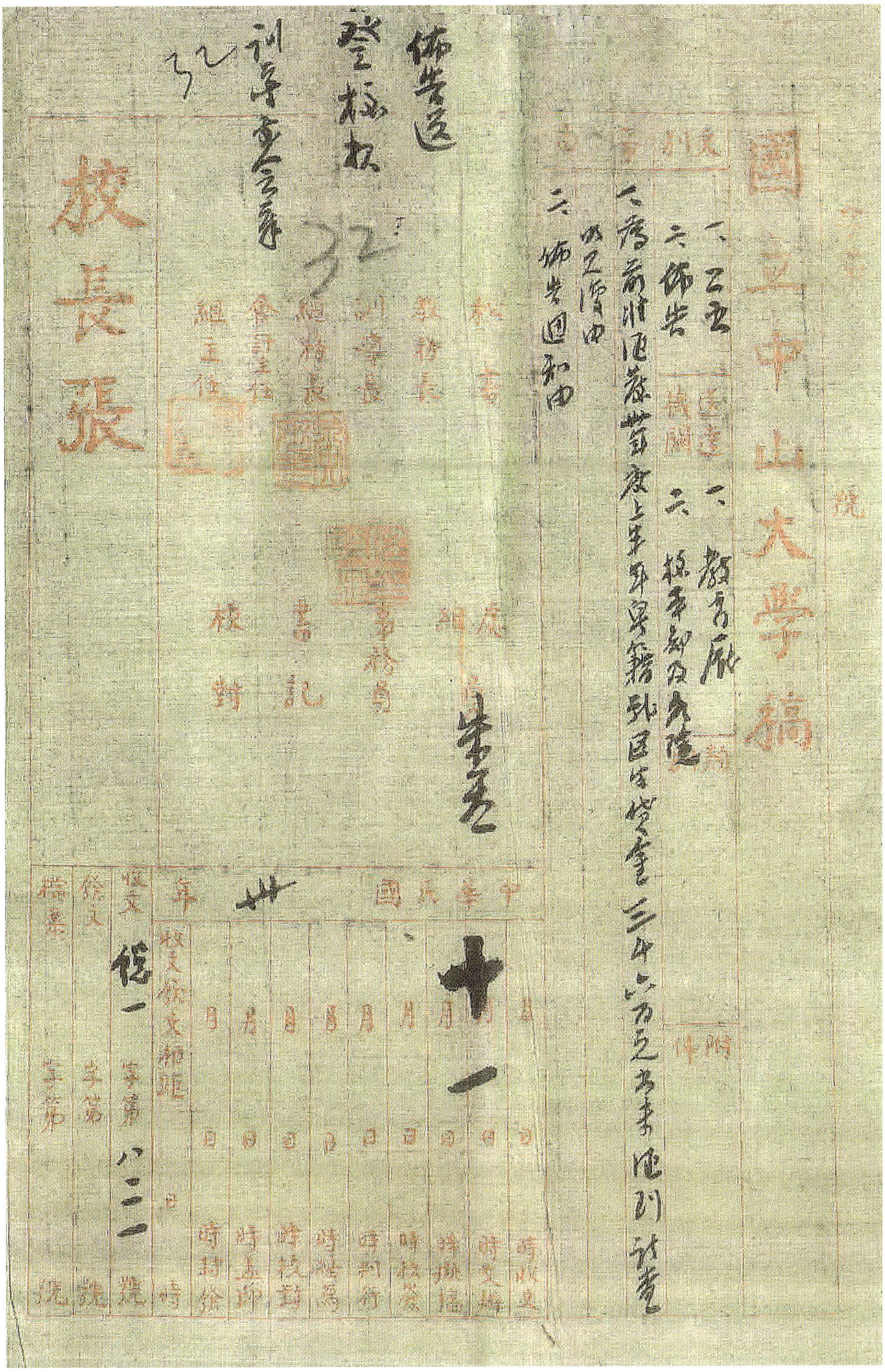
國立中山大學稿

文別 一、公函 二、佈告
送達 一、教育廳 二、校本部及各院

校長張

中華民國卅年十月一日

卅五函

現准

貴廳本年七月廿六日計字第一五八二號公函以本校依造送卅年度粵籍戰區生貸金學生名冊名額匯發本年上半年（一月至六月份）貸金國幣叁仟陸百元囑向坪石省銀行洽領各節并請補據見復等由准此查該項貸金迄今尚未匯到無從洽領各發准去函由相應函復希煩查照惠予查明見復至紉公誼

此致

廣東省教育廳廳長黄

代理校長張〇

37

（二）佈告

前准

廣東省教育廳卅年七月廿六日社字第一八五二號公函：

「以准貴校詞具報，希補撥見復為要」

等由。准此。查該項卅年度上半年第一日一日至六月份粵籍戰區

生貸金叁千陸百元之迄今未見匯到，除陳請該廳查明

見復外，合行佈告週知。此佈。

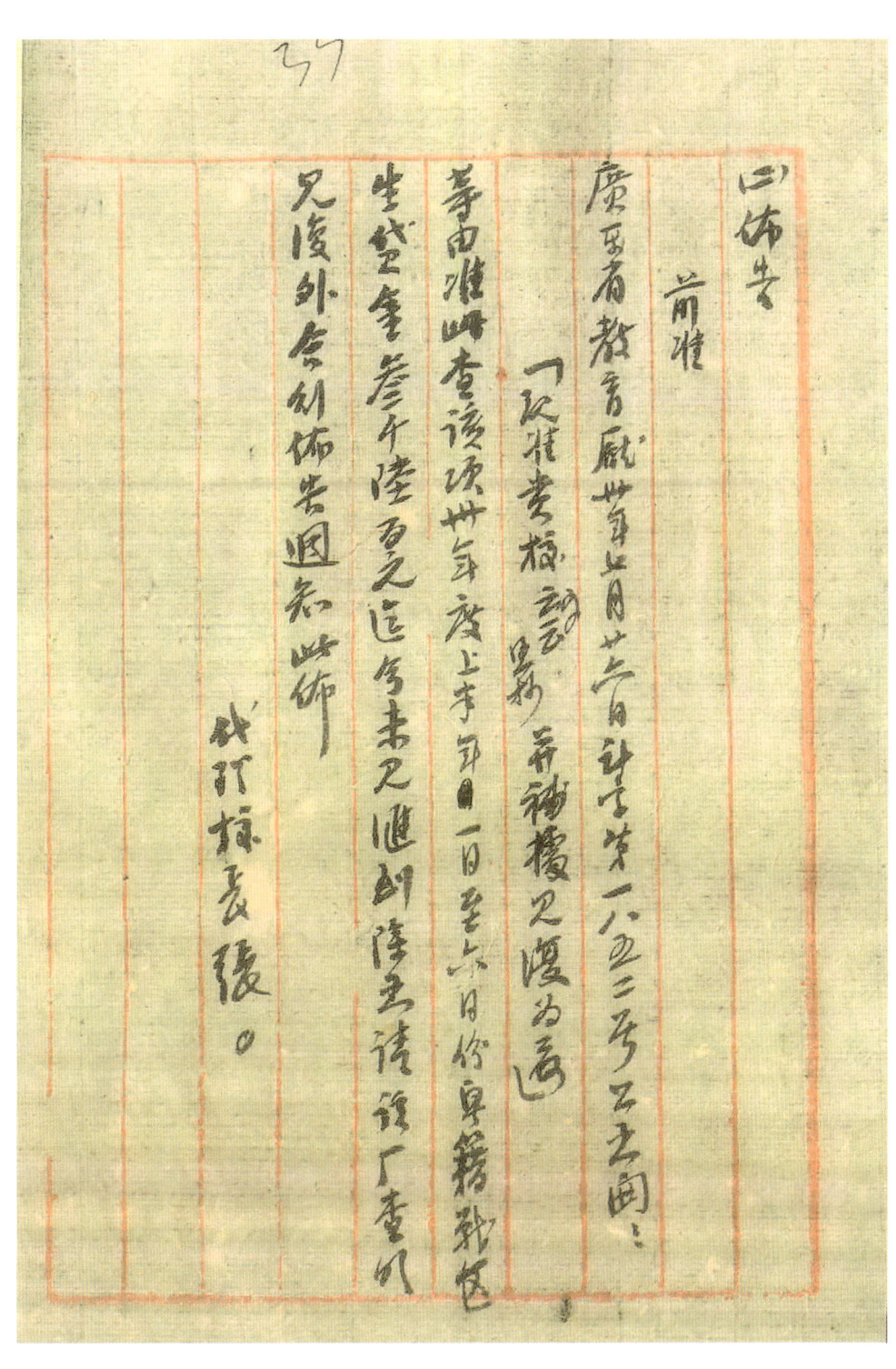

代理校長張○

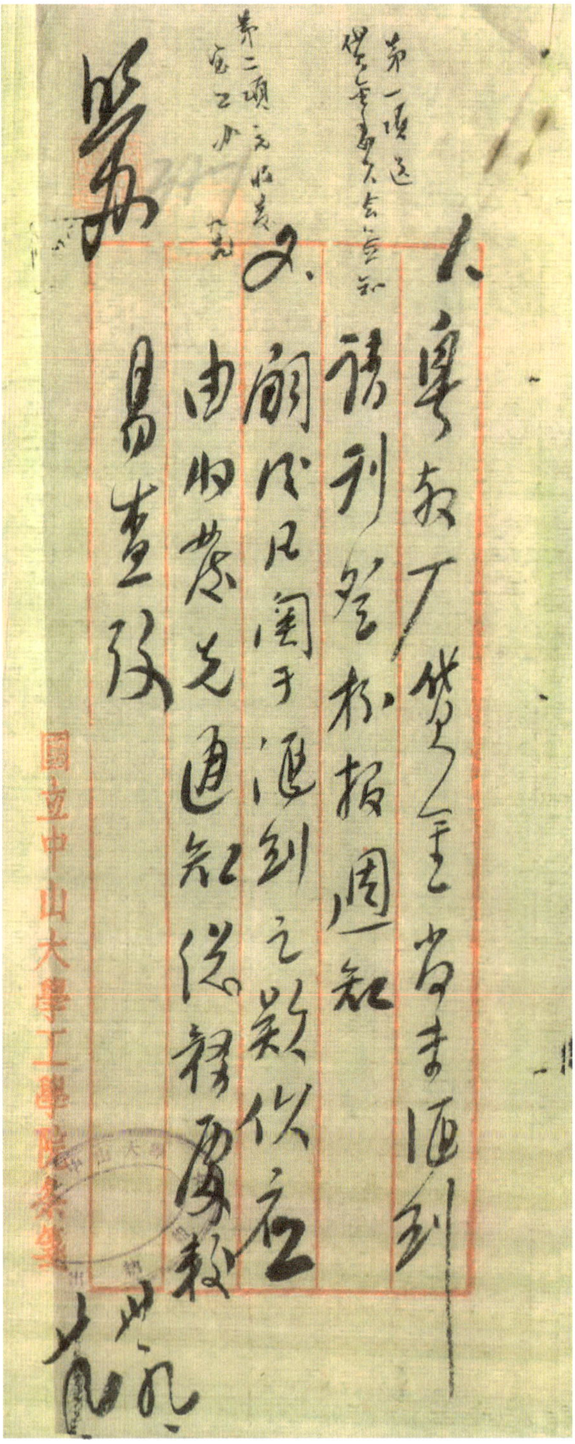
國立中山大學工學院箋

国立中山大学贷金委员会第八次会议记录（一九四一年十月十八日）

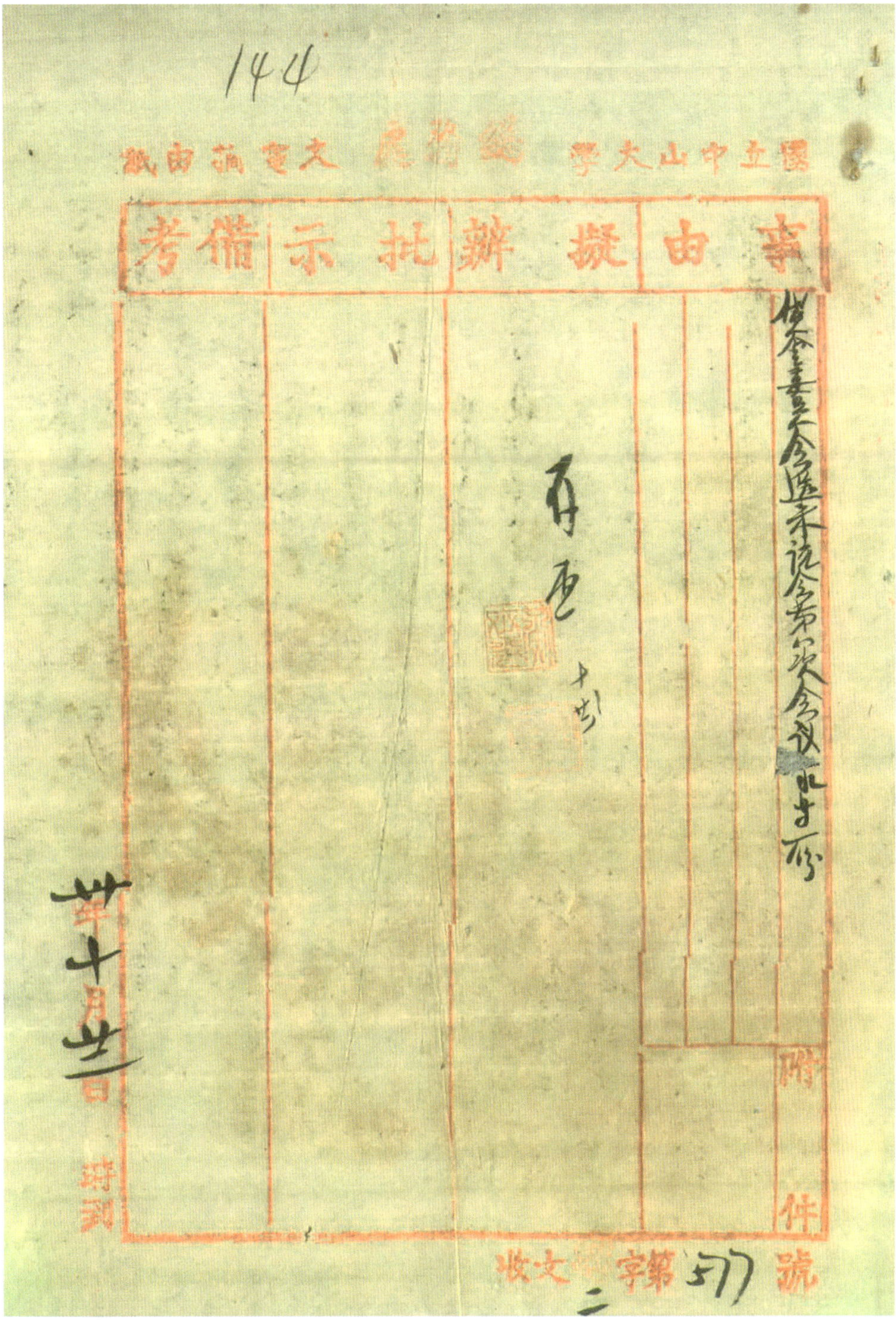
144

國立中山大學 貸金委員會 公文由箋

事由	擬辦	批示	備考
貸金委員會送來該會第八次會議記錄		存查	

附件

卅年十月廿二日 時到

收文 字第 577 號

總務處 送

貸金委員會第八次會議錄

時間：十月十八日下午一時

地点：本校同德會

出席者：任啓珊　丁穎（侯過代）　陳宗南　陳國治　張文昌　董爽秋　朱謙之　王越　齊泮林

列席者：董百洵

主席：任啓珊　　紀錄：董百洵

行礼如儀

甲、報告事項：

（一）主席報告辦理補發核定各月份膳貸經過情形（詳略）

乙、討論及決議事項：

（一）關於本年度上海銀行社會事業補助委員會補助清寒優良學生二十五名應如何辦理案、

決議：

（1）名額分配根據該行所定標準儘先選取農工商醫理各科学生并照舊案分定

農學院四名　工學院九名　醫學院三名　理學院二名

師範學院三名　文學院二名　法學院二名　共二十五名

（2）審查手續照案先由学生填具表格（照該行所定格式填寫）連同申請書先送各該所屬學院由院長會同系主任及有關導師會議嚴格審查決定加倍名額再送本会複審公佈。

（3）審查標準照該行規定章則辦理。

（4）申請日期定十一月十日截止并於十一月十五日前辦妥初審送本會複審。

（二）關於本年八月份起廣東省粤籍學生貸金准函改變名額應如何办理案

決議：

各粤籍生應重新申請并限定於下月三十日前辦妥申請手續（申請表格式附后）由各生造填送各學院初審再送會核定函送粤省府核發貸金。

国立中山大学贷金委员会第九次会议记录及本校受上海银行补助金学生名单（一九四二年十二月一日）

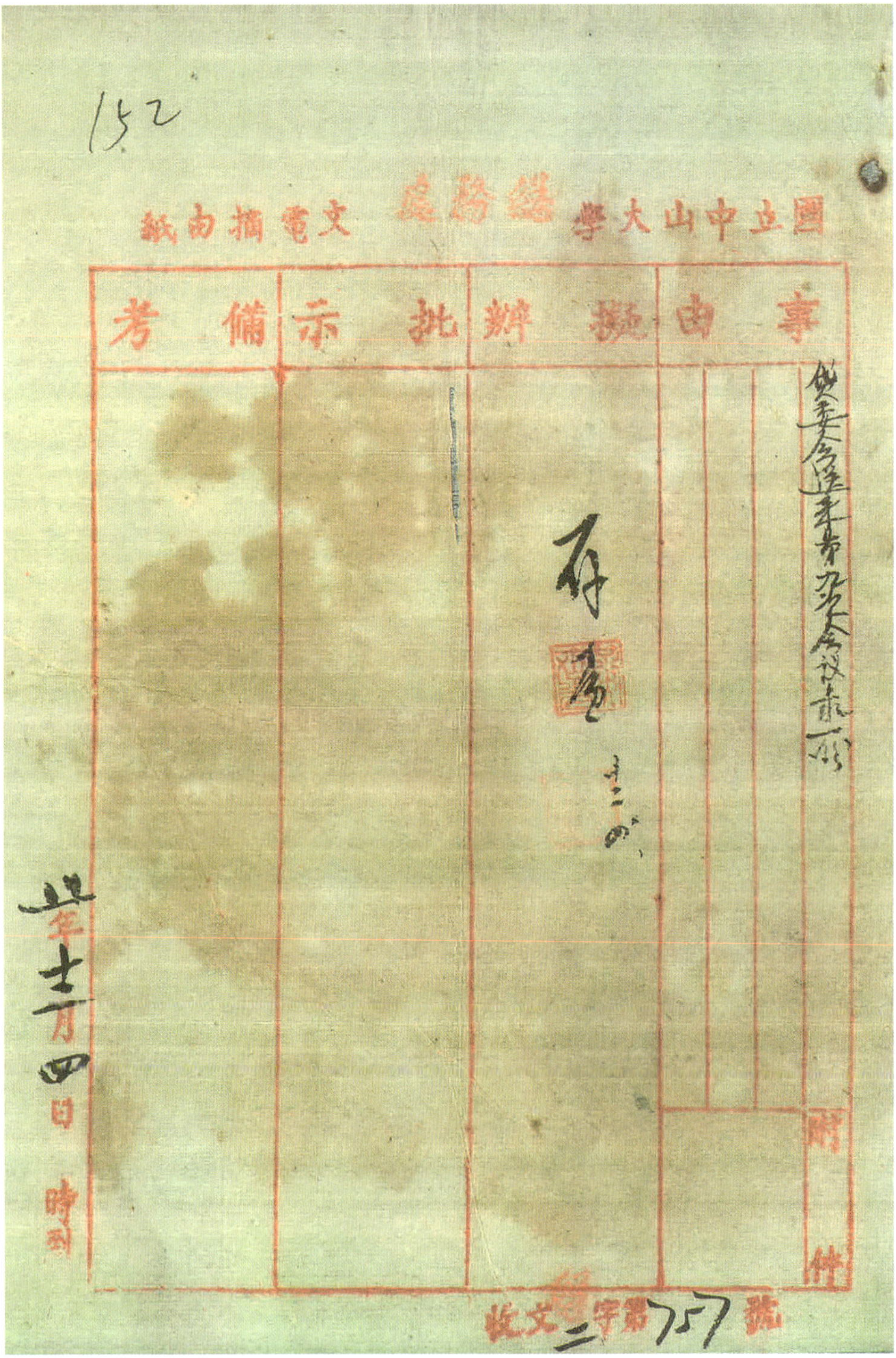
152

國立中山大學總務處文電摘由紙

事由	擬辦	批示	備考
貸委會送來第九次會議記錄一份	存 十二.四		
附件			

卅一年十二月四日 時 刻

收文 二 字第 757 號

153

第九次會議錄

時間：十二月一日上午八時

地点：本校同志會

出席者：蔣法賢　陳[illegible]代　朱謙之　陳國治　黃世光

蕭錫三　董爽秋　任啓珊　張文昌

列席者：董百洵

主席：任啓珊　紀錄：董百洵

行礼如儀

甲、報告事項（畧）

乙、討論及決議事項

一、関於上海銀行社會事業補助委員會補助本校清貧學生名額初選名額應如何複審決定案。

決議：照本會複選名單通過并公佈通知。

二、関於本期貸金複審办法及給與標準應如何規定以資縝密案。

决議：

1、關於游擊区之規定及給予貸金之標準，凡合于下列各項籍貫之学生申請貸金經審查合格時：

甲、原籍於淪陷而本鄉鎮未淪陷者及

乙、原籍鄉鎮於其後淪陷者。——可予战区生乙種甲種膳貸及特貸。

丙、原籍曾經淪陷而現非淪陷者祇可給战区乙種貸金。

丁、鄰近淪陷区而受其影响者祇可給自費生补助貸金。

2、關於学生籍貫是否淪陷区之調查，如有可疑時，須飭該生覓具該省籍同学二人以上之保証，將来如查覺偽報時，該保証人及受保証人須受處分。

3、原籍非屬淪陷区而經將来原在淪陷区者須繳其原籍政府証明文件或其他有效証據始可作淪陷区論。

4、非淪陷区学生照部章祇給自費生補助貸金，不得給战区貸金。

5、關於曾受各省縣各社團貸金補助金津貼救济金各生，照部章生貸金抵扣全部或一部份。

6、將各院初審名冊送送照本次會議議錄第二、三各点從嚴審查再送會複審提會決定。

154

本校獲選受上海銀行借助金學生名單

姓名	院別	系別	年級
黃慶華	文	歷史	三
許彥常	文	哲学	四
梁伯衍	法	社会	四
陳安貞	法	經濟	四
梁永[illegible]	理	物理	三
鍾[illegible]	農	蠶桑	二
馮輝漢	工	建工	四
王繼德	工	土工	三
李大[illegible]	工	土工	四
楊文[illegible]	工	化工	四
劉海[illegible]	工	電工	四
張紹光	工	電工	四
梁啟華	工	機工	三
余子剛	工	機工	三

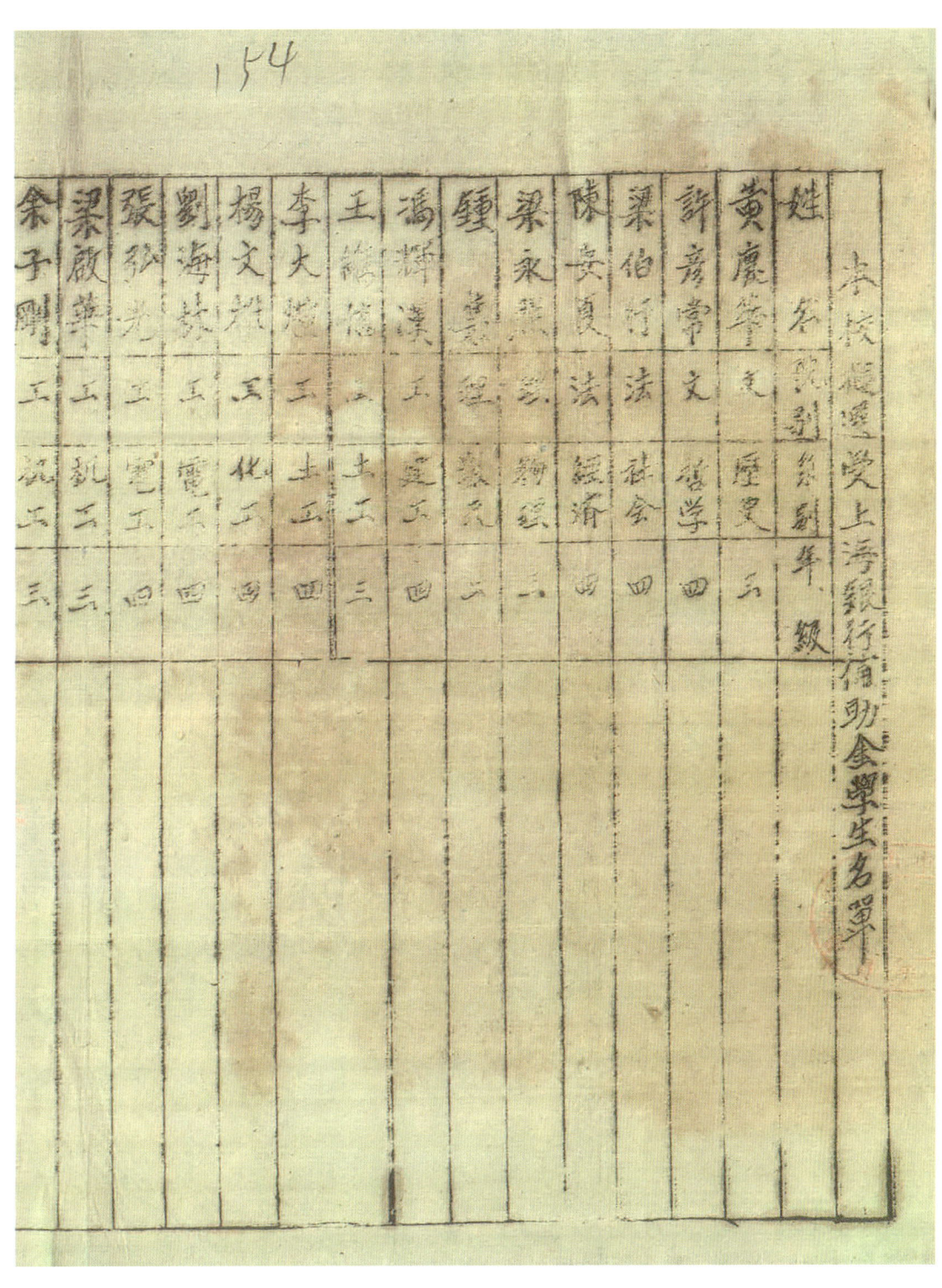

王鎮明	工	机工	四
梁壽	農	農藝	四
温健	農	農學	六
袁振遠	農	農化	一
毛鴻甫	農	獸醫	三
羅輔俊	醫		四
陳順和	醫		五
邵昆侖	醫		三
戴石鳴	師	公訓	二
張守能	師	國文	四
林孔熾	師	教育	三

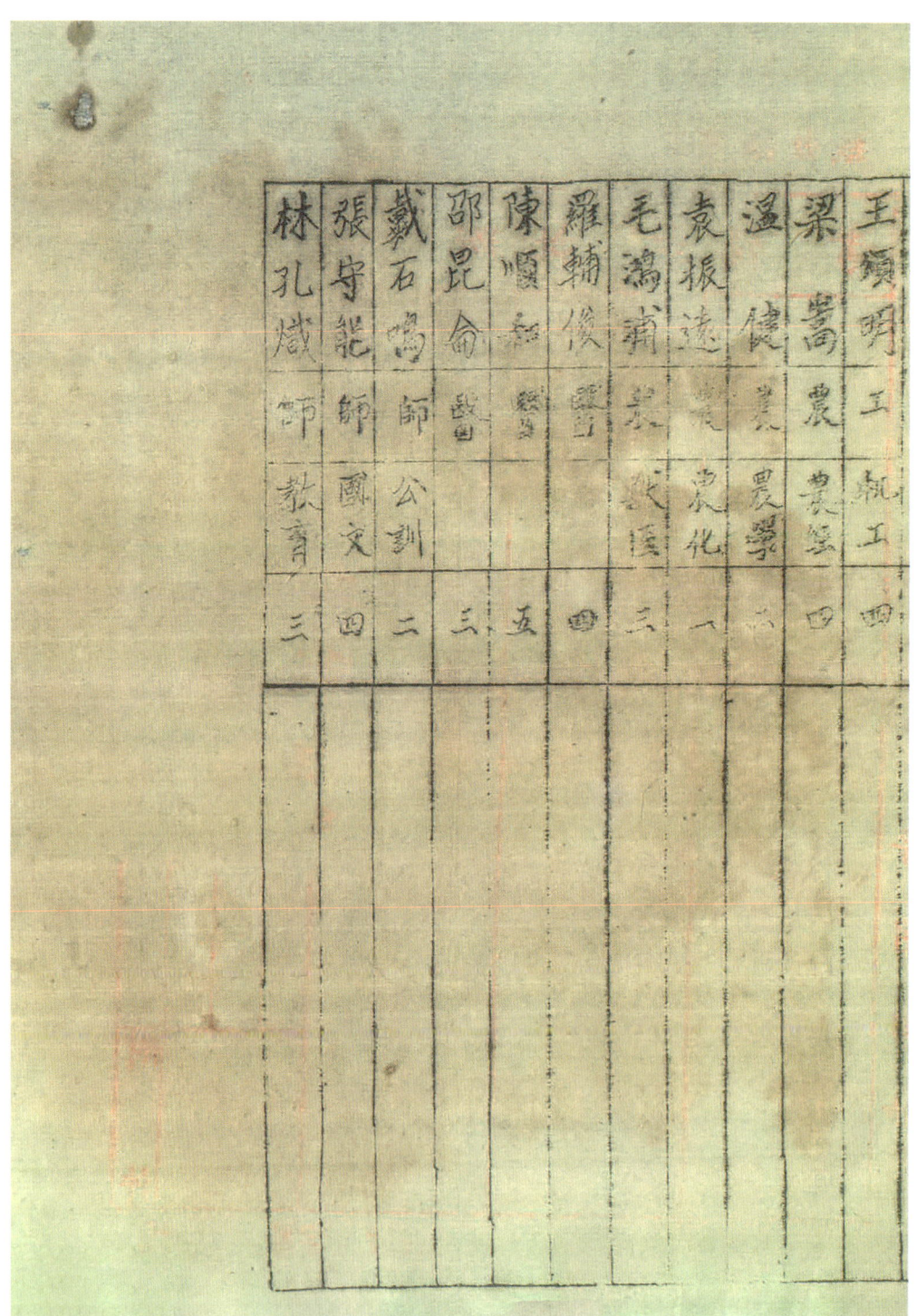

国立中山大学黎祖圻等学生关于准予借贷金四十元维持生活呈校长的函及各自批复（一九四一年十二月十日）

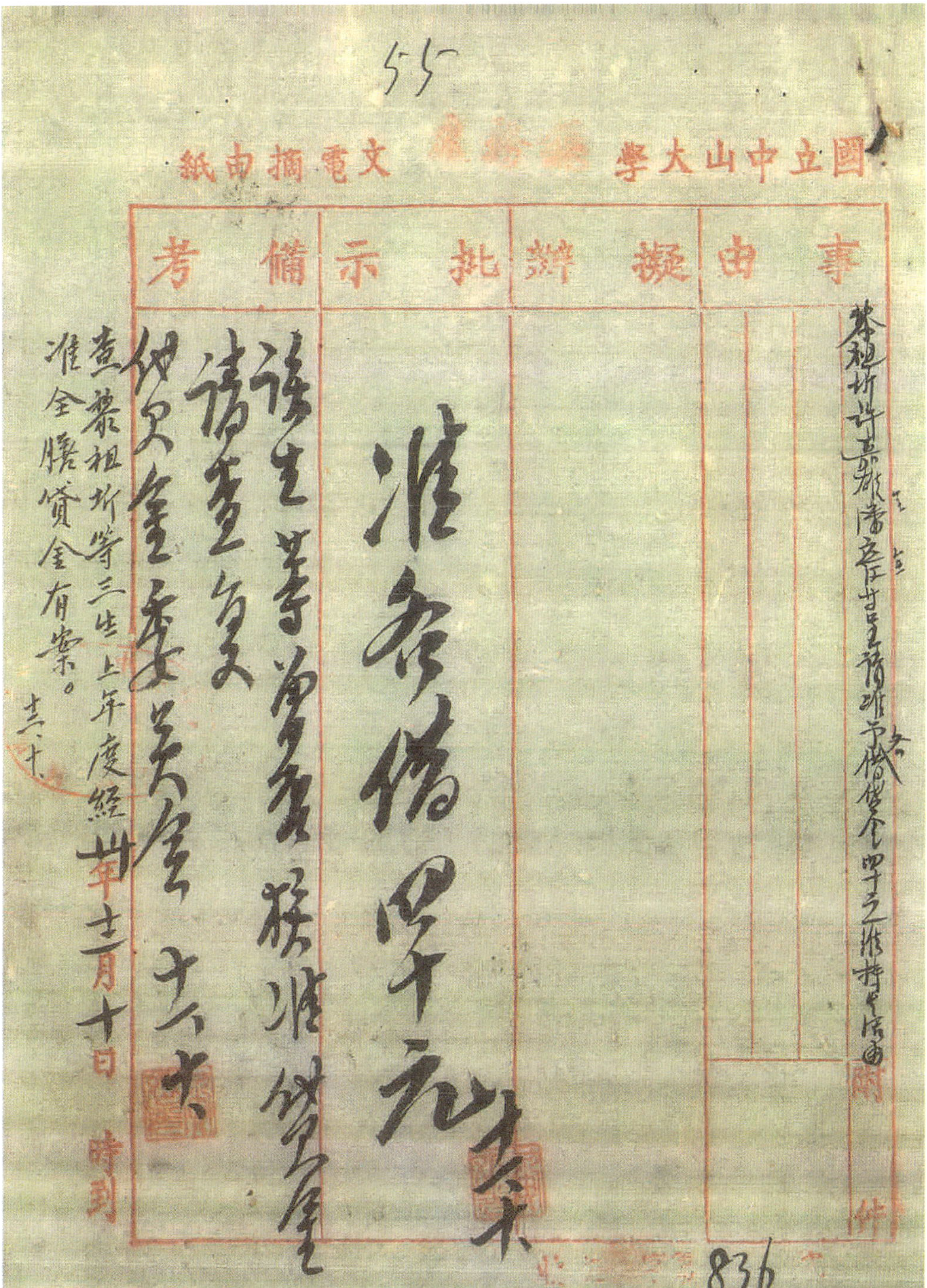
55

國立中山大學文電摘由紙

事由	擬辦	批示	備考
黎祖圻許嘉彬潘彦莊等三生請准予借貸金四十元維持生活函		准各借四十元	查黎祖圻等三生上年度經准全膳貸金有案。

卅年十二月十日 時到

836

56

國立中山大學用箋

呈為呈請借發貸金救濟貧苦事竊生等家鄉久已淪陷經濟來源完全斷絕向靠貸金維持生活現因本期貸金尚未發給借貸無門斷炊堪虞迫得據情直陳懇請

鈞長體察實情准予借給國幣肆拾元以資維持生活而繼學業實為德便　謹呈

總務長黃轉呈

校長張

工學院電機系四年級學生　黎祖沂　許嘉雄　潘應江　謹呈

中華民國卅年十二月十日

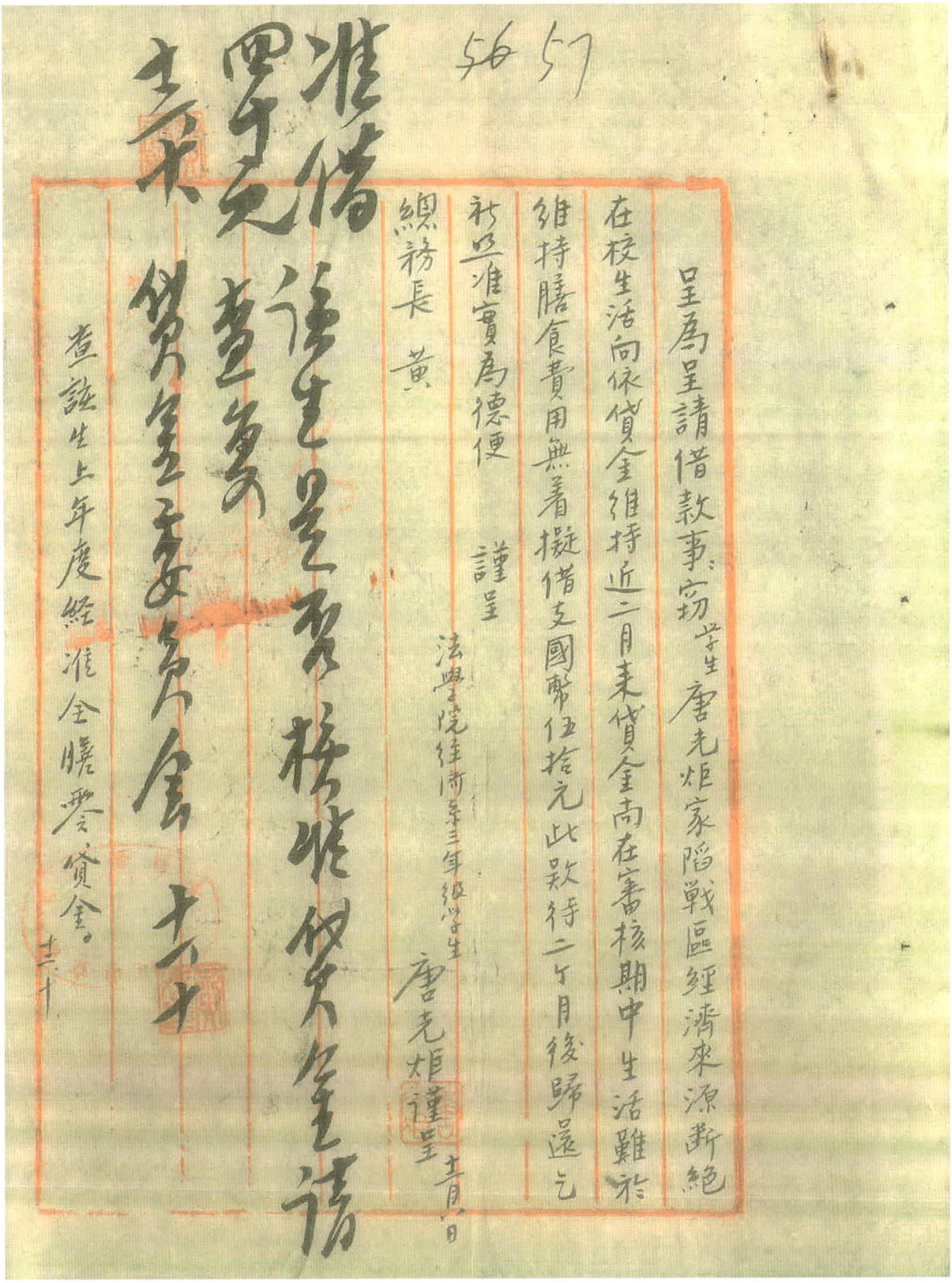
56 57

呈為呈請借款事竊學生唐光炬家陷戰區經濟來源斷絕
在校生活向依貸金維持近二月來貸金尚在審核期中生活難於
維持膳食費用無着擬借支國幣伍拾元此款待二个月後歸還乞
祈照准實為德便　謹呈
總務長　黃

法學院經濟系三年級學生　唐光炬謹呈　十二月八日

准借
四十元
主任
俟該生呈貸核准後貸金請
查照
貸金委員會
十六、十

查該生上年度經准全膳費貸金。
十二、十

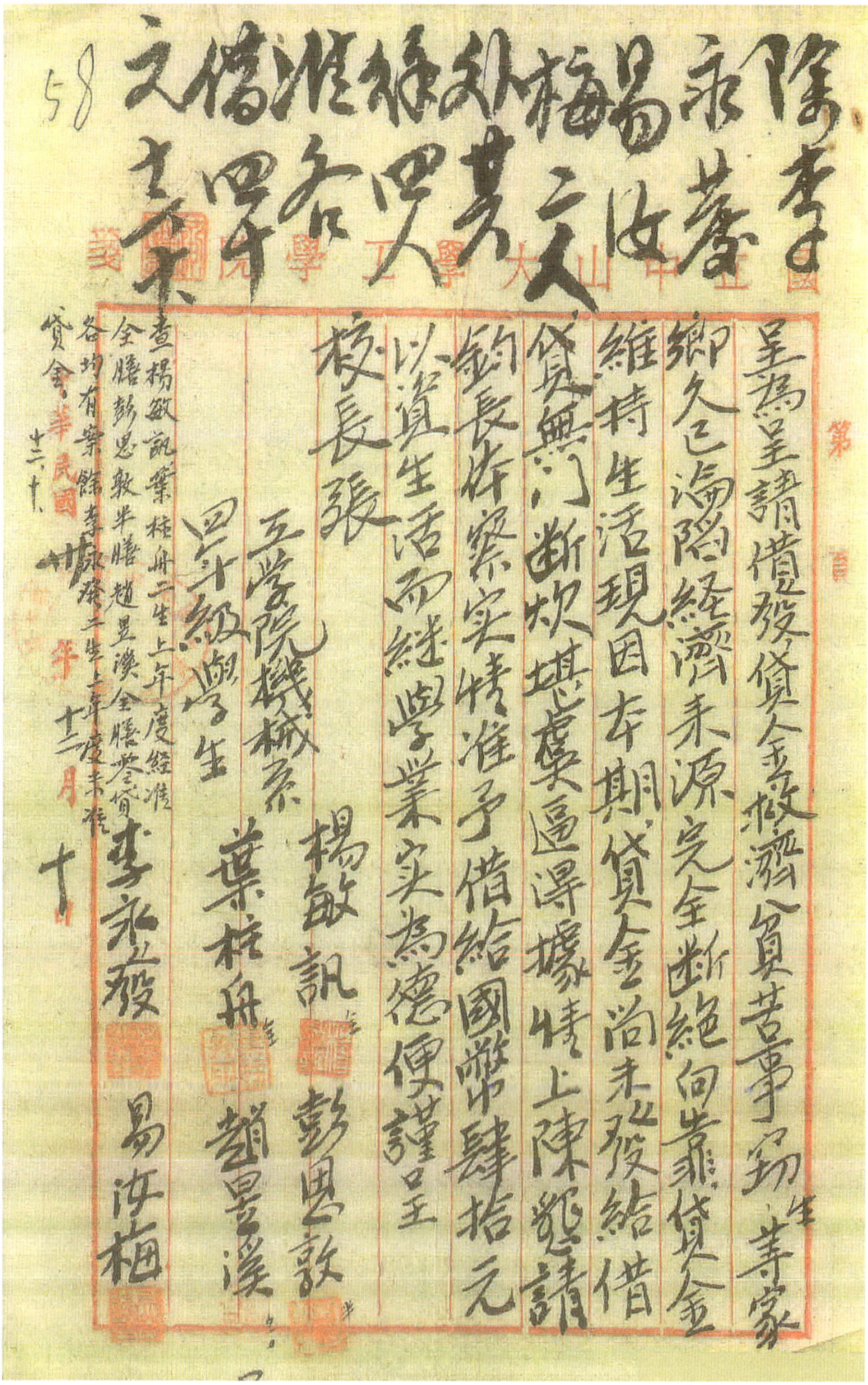

58

除李永發、易汝梅二人外，其餘四人准各借四十元。[illegible]

國立中山大學工學院箋

第　頁

呈為呈請借發貸金救濟貧苦事。竊生等家鄉久已淪陷，經濟來源完全斷絕，向靠貸金維持生活。現因本期貸金尚未發給，借貸無門，斷炊堪虞，逼得據情上陳，懇請

鈞長體察實情，准予借給國幣肆拾元，以資生活而維學業，實為德便。謹呈

校長張

工學院機械系
四年級學生
楊敏訊　彭恩敦
葉桂舟　趙昱溪
李永發　易汝梅

查楊敏訊、葉桂舟二生上年度經准全膳，彭恩敦半膳，趙昱溪全膳暨貸金，各均有案。餘李永發二生上年度未准貸金。

十二、十

中華民國卅年十二月十日

国立中山大学关于中途退学贷金学生偿还贷金暂行办法的布告（一九四二年五月七日）

国立中山大学文书摘由纸
秘书处

事由	拟办	批示	备考
本校布告为学生中途退学贷金学生偿还贷金暂行办法 附件 一	存		

卅一年五月八日
校文字第296号

2

國立中山大學佈告　中總字第3493號

茲制定本大學中途退學貸金學生償還貸金暫行辦法公布之此布

國立中山大學中途退學貸金生償還貸金暫行辦法

一、本辦法遵照　部頒國立中等以上學校學生貸金暫行規則第三十二條之規定訂定之

二、中途退學之貸金學生一切償還貸金辦法除　部章經有規定者外概照本辦法辦理之

三、凡經領借貸金各生如中途退學應即追還其貸金

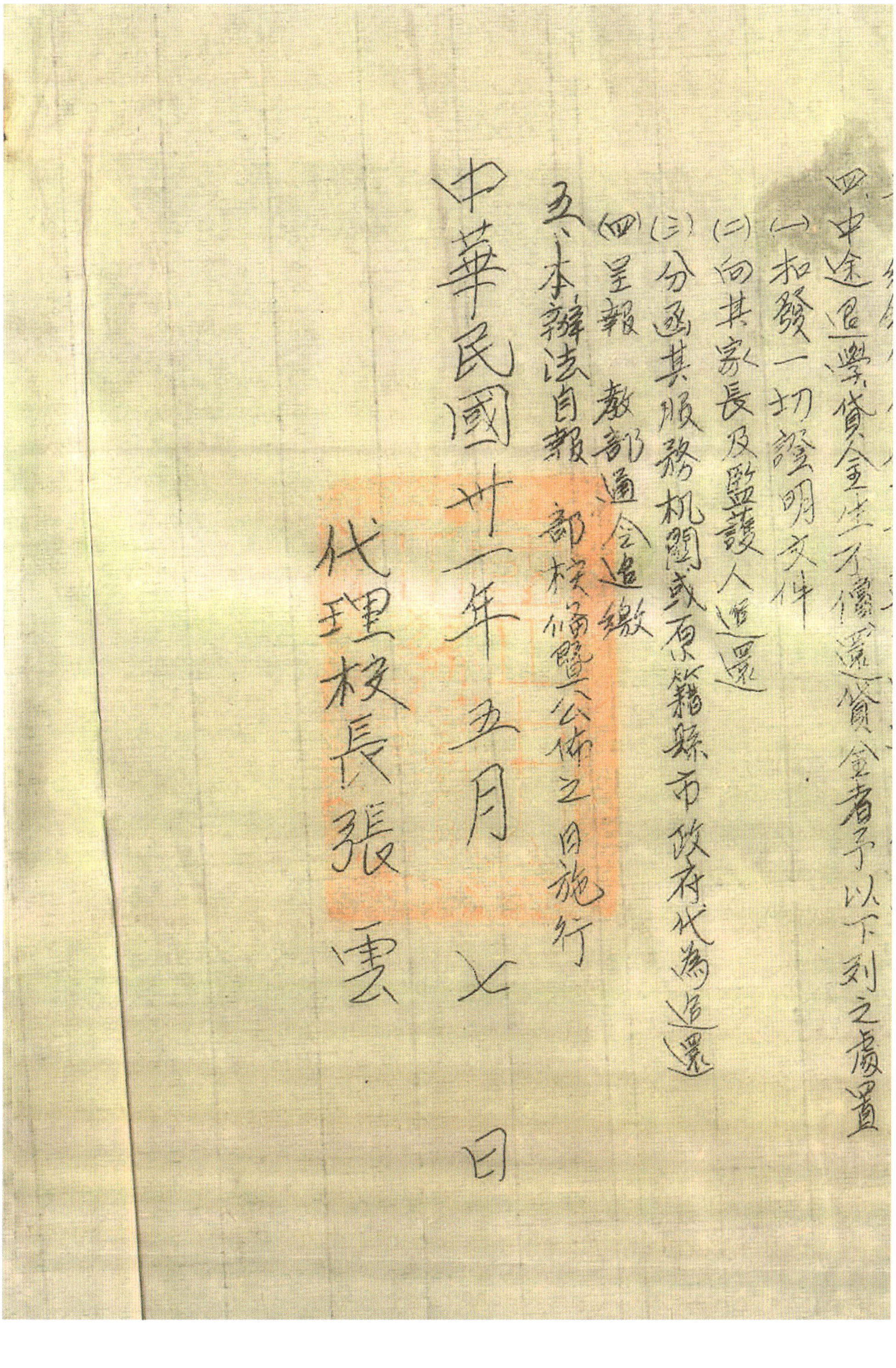
四、中途退學貸金生不償還貸金者予以下列之處置
（一）扣發一切證明文件
（二）向其家長及監護人追還
（三）分函其服務機關或原籍縣市政府代為追還
（四）呈報 教部通令追繳
五、本辦法自報 部核備暨公佈之日施行
中華民國卅一年五月七日
代理校長張雲

国立中山大学校长关于本校战区贫苦贷金生请领生活维持费暂行办法请总务处办理的函

（一九四二年九月十四日）

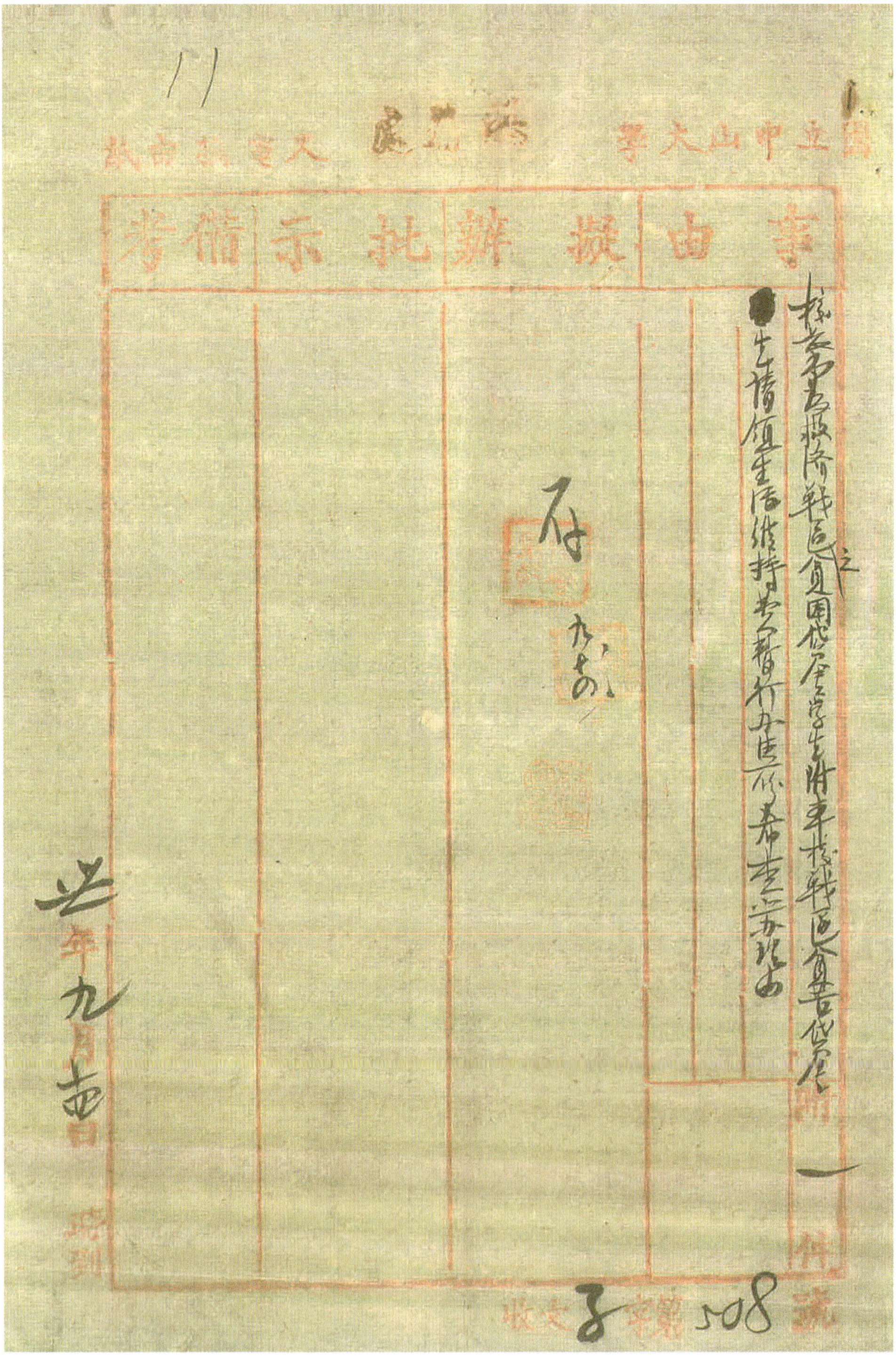

12

本校現為救濟家鄉或僑居地淪為戰區經濟斷絕生活困迫之貸金學生生活起見特訂定本校戰區貧苦貸金學生請借生活維持費暫行辦法一份公佈施行除分行暨公佈週知外相應檢同該項辦法一份函達即希查照辦理為荷此致

總務處

附本校戰區貧苦貸金學生請領生活維持費暫行辦法一份。

代理校長金曾澄

中華民國卅壹年九月拾四日發

訓

本校戰區貧苦貸金學生請借生活維持費暫行辦法

一、凡本校家鄉或僑居地淪陷而經濟來源斷絕生活貧苦而需要維持之上年度繼戰區貸金學生在本年度貸金未核定前得遵照規定手續請借生活維持費

二、本項生活維持費每月准借七十元

三、核借生活維持費期間本月在本月十八日至廿七日以後各月在月之一日至十日內舉辦逾期無論任何理由概不受理

四、各生請借生活維持費每月以一次為限不得重借及多借否則一經查覺除追還經借生活維持費外并停止其

五、本年度貸金資格 各生請借生活維持費手續

甲 須繕具呈文將本人院別系別級別籍貫或僑居地上年度經准何種貸金及請借生活維持費理由等項詳細敘明

乙 呈件須先經各院部主管審查核准并取具核准文件

丙 須覓本校教授或高級職員一人為担保人（担保人註明院部別職別）出具保証書声明負責償還本項借款

丁 上列三項手續辦妥後各生須携同呈件學生証私章親到農運兩院學生可用書面呈請貸金審查委員會

13

核定再到出納組照數領借如不依規定手續辦理或手續不完備者概不受理。

十、凡借本項生活維持費各生如經核准貸金後則于借發各該月份貸金時照數扣還，如無核准貸金則于公佈核定各生貸金之月起按照借過生活維持費月數及金額在担保人之薪津項下分月扣還。

十一、本辦法自公佈日施行至貸金核定後公佈廢止。

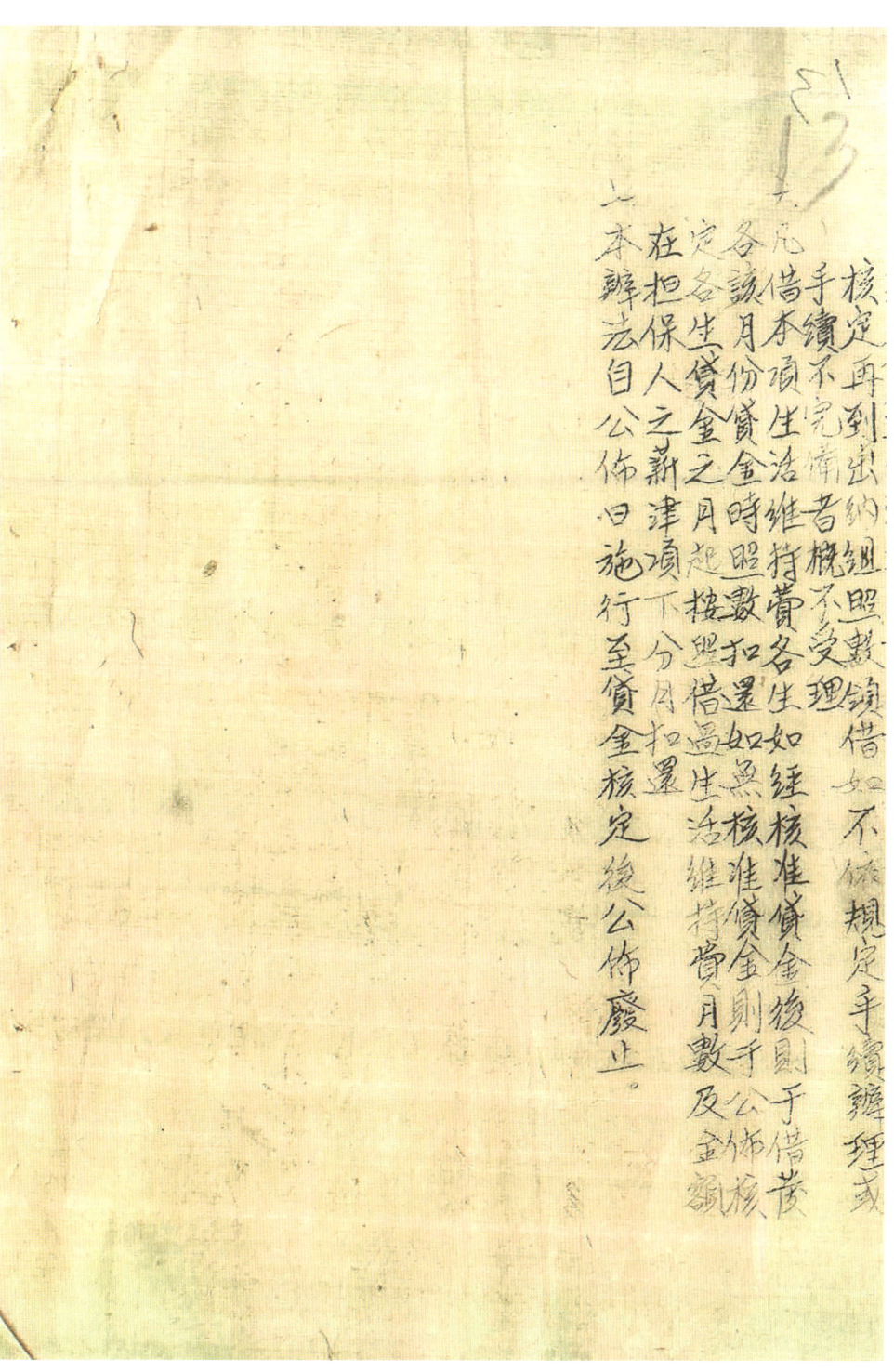

国立中山大学关于六月份起增加学生食米每人每月二市升的布告（一九四三年七月二十二日）

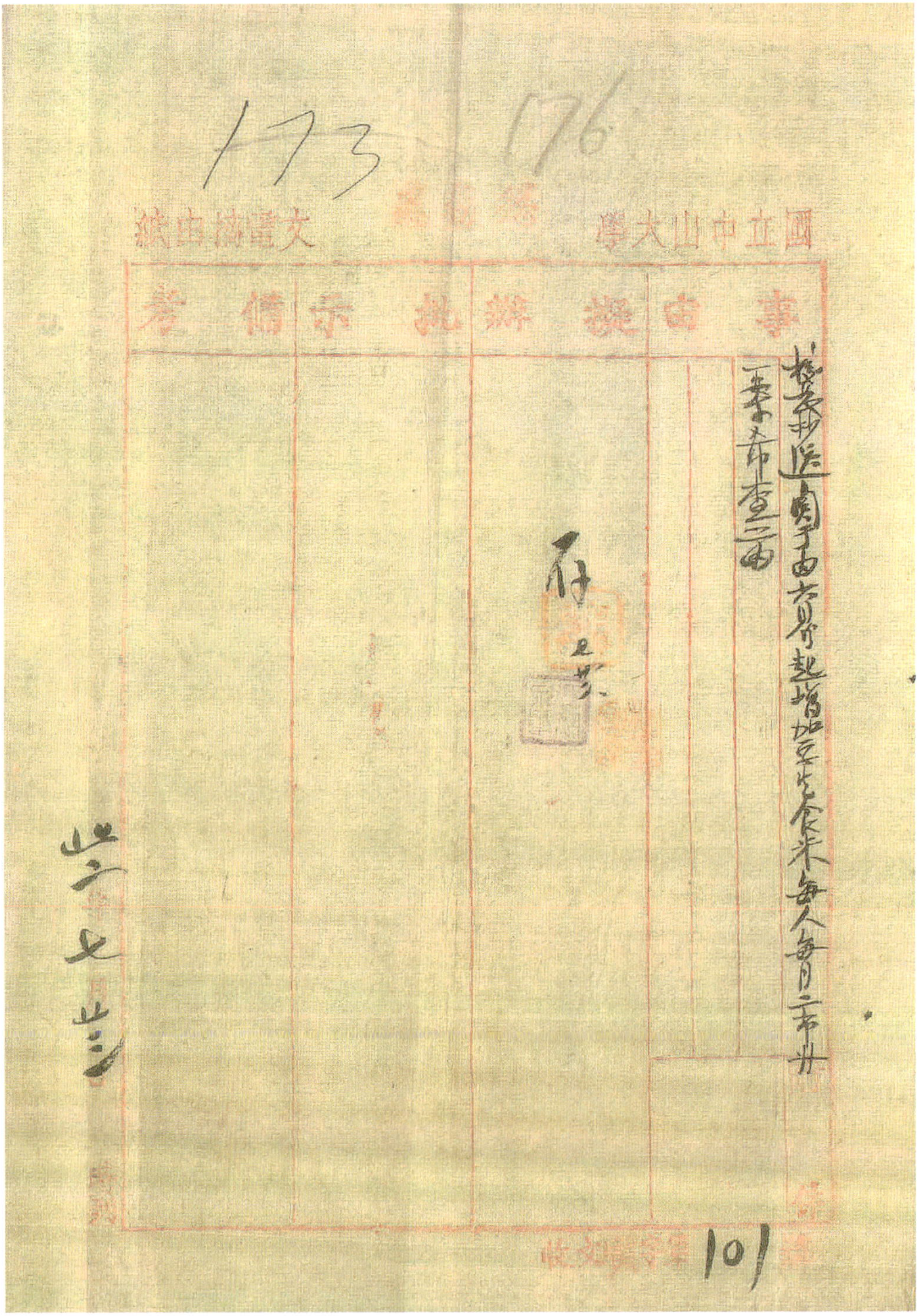
173 176

國立中山大學 文書摘由紙

事由	擬辦	批示	備考
校長抄送關于由六月份起增加學生食米每人每月二市升一案布告查照由	存		

卅二 七 廿三

101

174
111

國立中山大學佈告　山字第　號

現奉

教育部本年六月十二日總字第二七八八九號代電開：

「查各校學生食米業經本部呈准每月每人增加二市升，應自本年六月份起遵照辦理。其為不產米區域學生全食麵粉者，准照貸金規則第十條規定，每名每月折合增加麵粉四市斤，合行電仰知照。」

等因，奉此，查六月份貸金經定照續請有案，奉核增加食米二市升折值後，部令核定該月份貸金定照清發時再照數補發。奉令前因，除分行外，合行佈告周知。此布

元佈

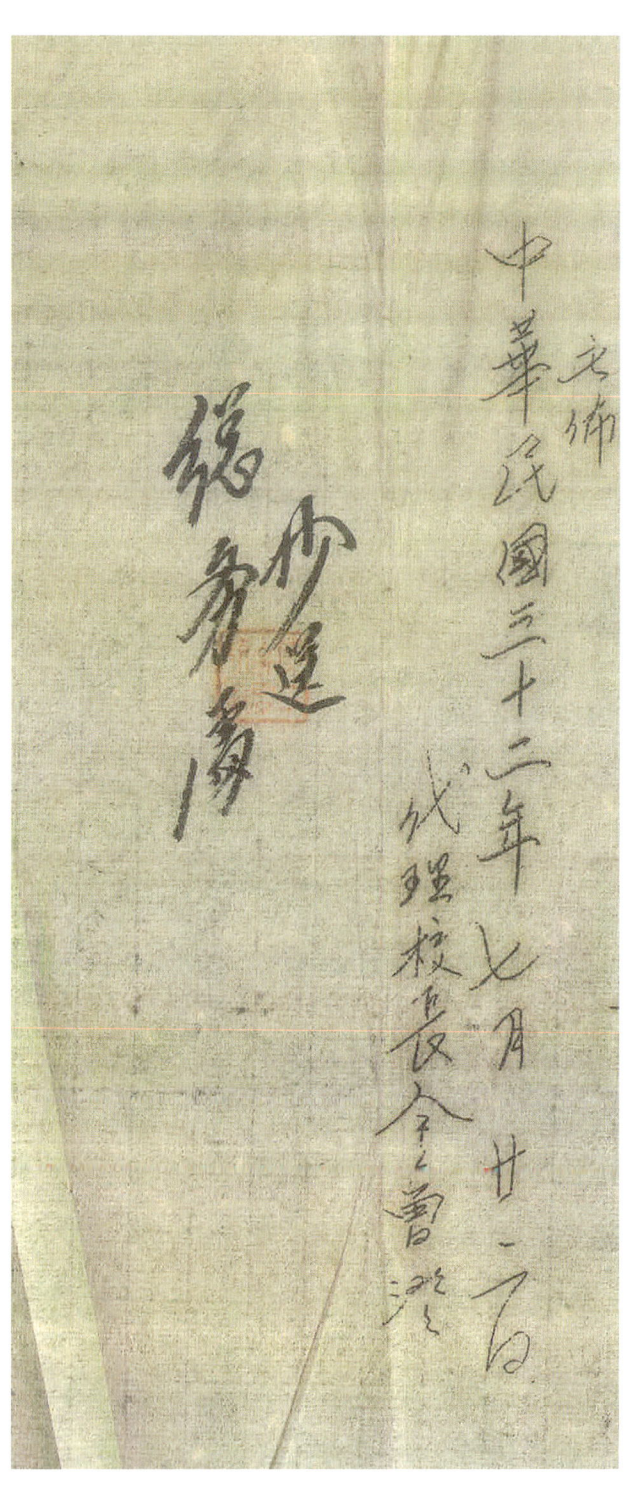

中華民國三十二年七月廿二日

代理校長 金曾澄

總務處

抄送

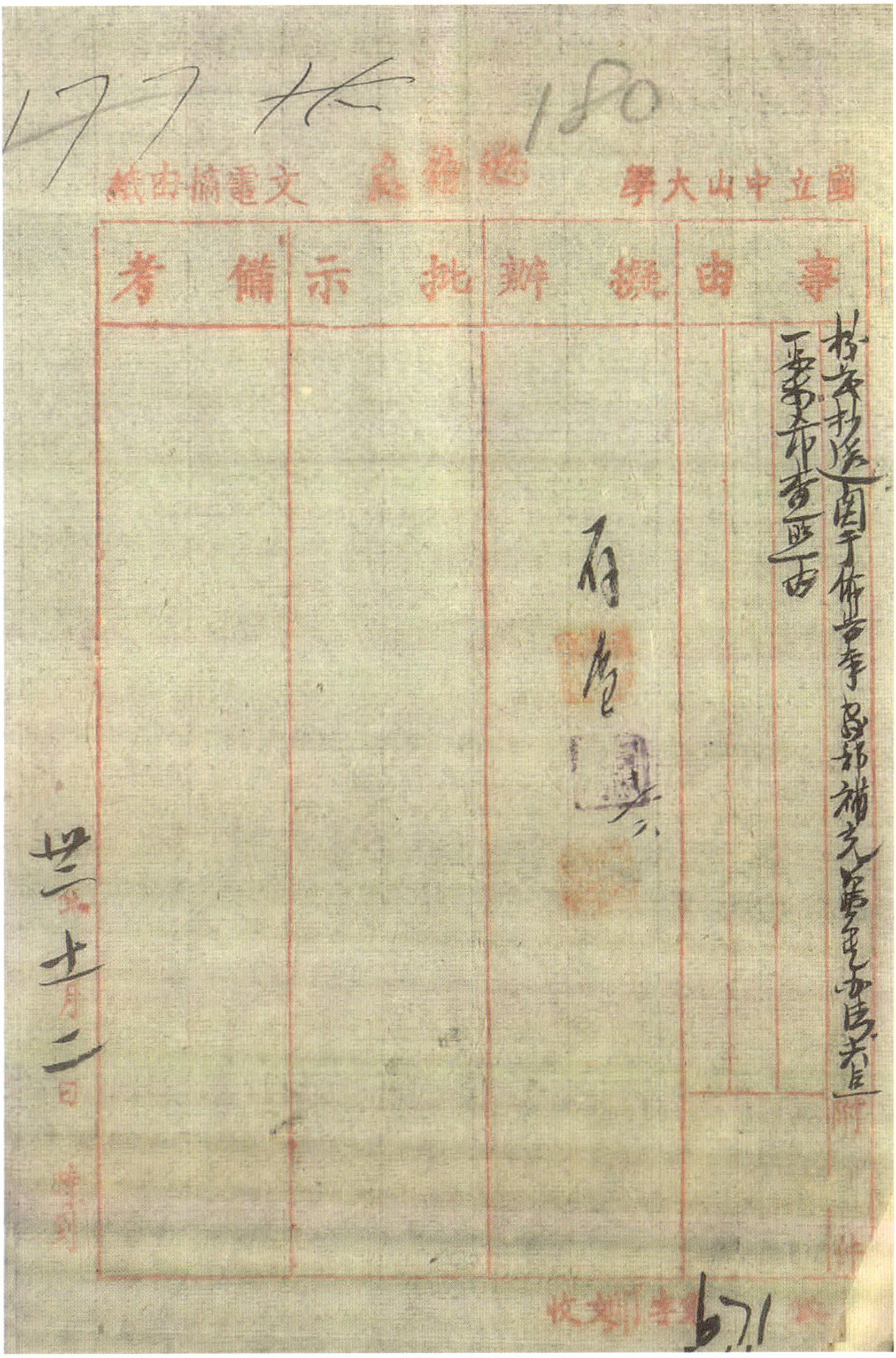
國立中山大學　總務處　文書摘由紙

事由	擬辦	批示	備考

卅二年十一月二日

国立中山大学关于补充公费生六点办法的布告（一九四三年十一月一日）

178 181

國立中山大學佈告

山總字第三三一五號

規奉

教育部三十二年十月十四日總字第五零四九三號訓令開：查非常時期國立中等以上學校及省私立專科以上學校規定公費生辦法業奉　行政院核定頒發在案，茲將應行補充各點分列如次：(一)凡由甲校轉入乙校之插班生視為新生，但曾經本部核准戰區生甲乙種膳食貸金或自費生甲種補助膳食貸金有案取得甲校証明者(証明書內應將給予貸金或補助貸金種類及部令核准文號詳細註明)得按非常時期國立中等以上學校及省私立專科以上學校規定公費生辦法第十一條之規定繼續發至修業期滿或戰事結束為止(二)卅二學年度第一學期本部分發各國立中學之進修班學生得按非常時期國立中等以上學校及省私立專科以上學校規定公費生辦法第十一條之規定其貸金繼續發至修業期滿或戰事結束為止自卅二學年度第二學期起所分發之進修班學生視作新生一律按規定公費生辦法第九條之規定辦理(三)本部分發新由戰區內來之插班學生視作新生照公費生辦法之規定辦理但在規定公費生名額中得儘先核給公費(四)一年級新生與本部分發之各年級插班生其公費名額得分別年級計算其百分比人數(例如某國立中學本學期一年級新生總人數為一百人其公費生百分比為七十人二年級插班生二十人其公費生百分比為十四人三年級插班生十人其公費生百分比為七人餘類推)(五)指定專收保育生之國立中學其公費名額不受百分之七十之限制其他國立中學所收之保育生得在規定名額內儘先核給公費(六)本校初中學生

179
182

升入高中者視作新生除分行外合函令仰遵照等因奉此

合行佈告週知此佈

中華民國卅二年十一月一日

代理校長金曾澄

抄送

總務處

国立中山大学关于定期借发五月份学生贷金和公费的布告（一九四四年四月二十八日）

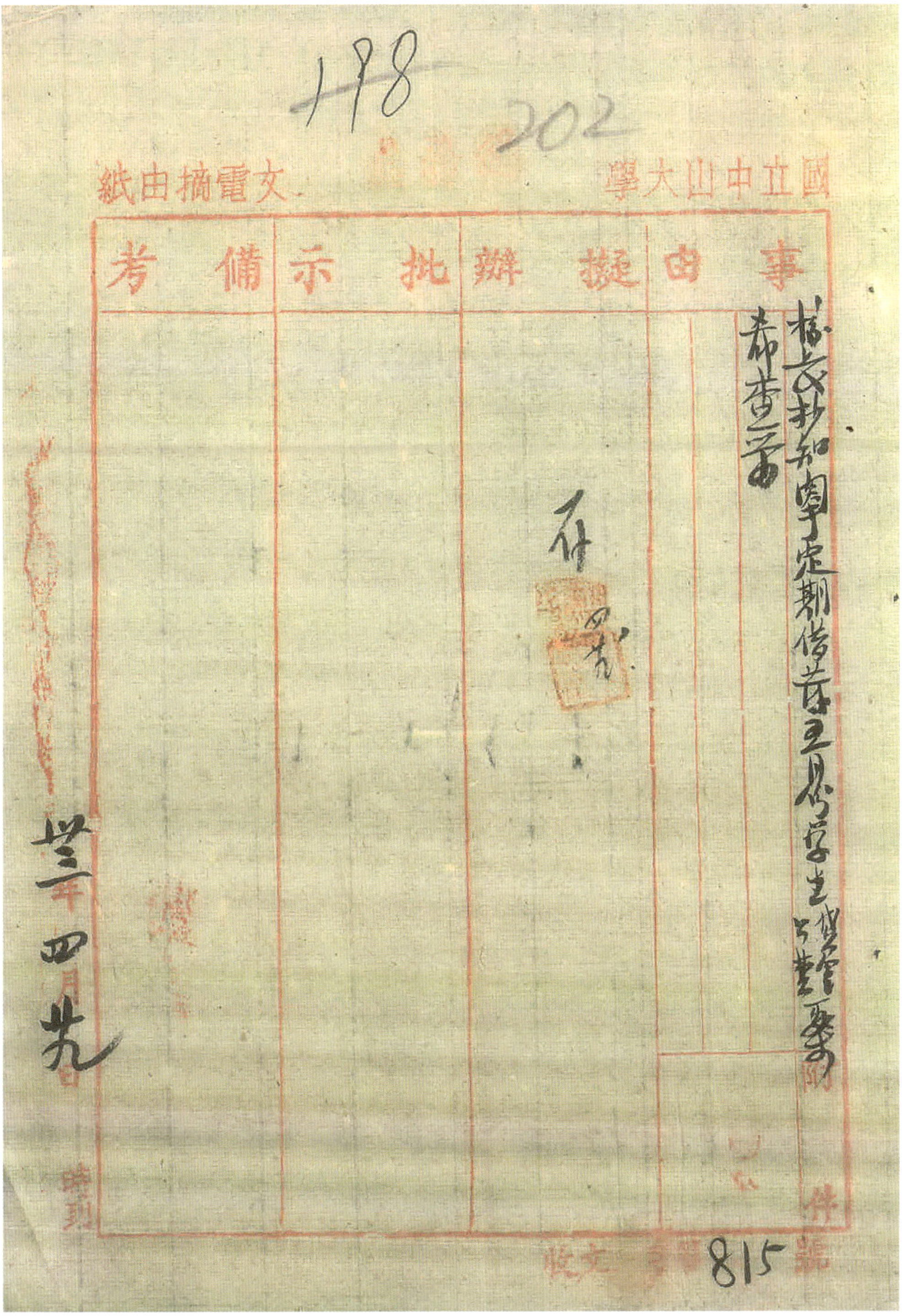
198
202
國立中山大學 文電摘由紙

事由	擬辦	批示	備考
校長手諭知學定期借發五月份學生貸金公費案	布告	存	

卅三年四月廿九日
815

国立中山大學佈告　學審字106號

茲定五月八日至十六日借發本年五月份貸金及公費依照本月份六十五天以來之中等米價平均數暨副食費核計暫定戰甲及甲乙公費生各借伍佰捌拾元戰乙借伍佰陸拾弍元自甲借伍佰

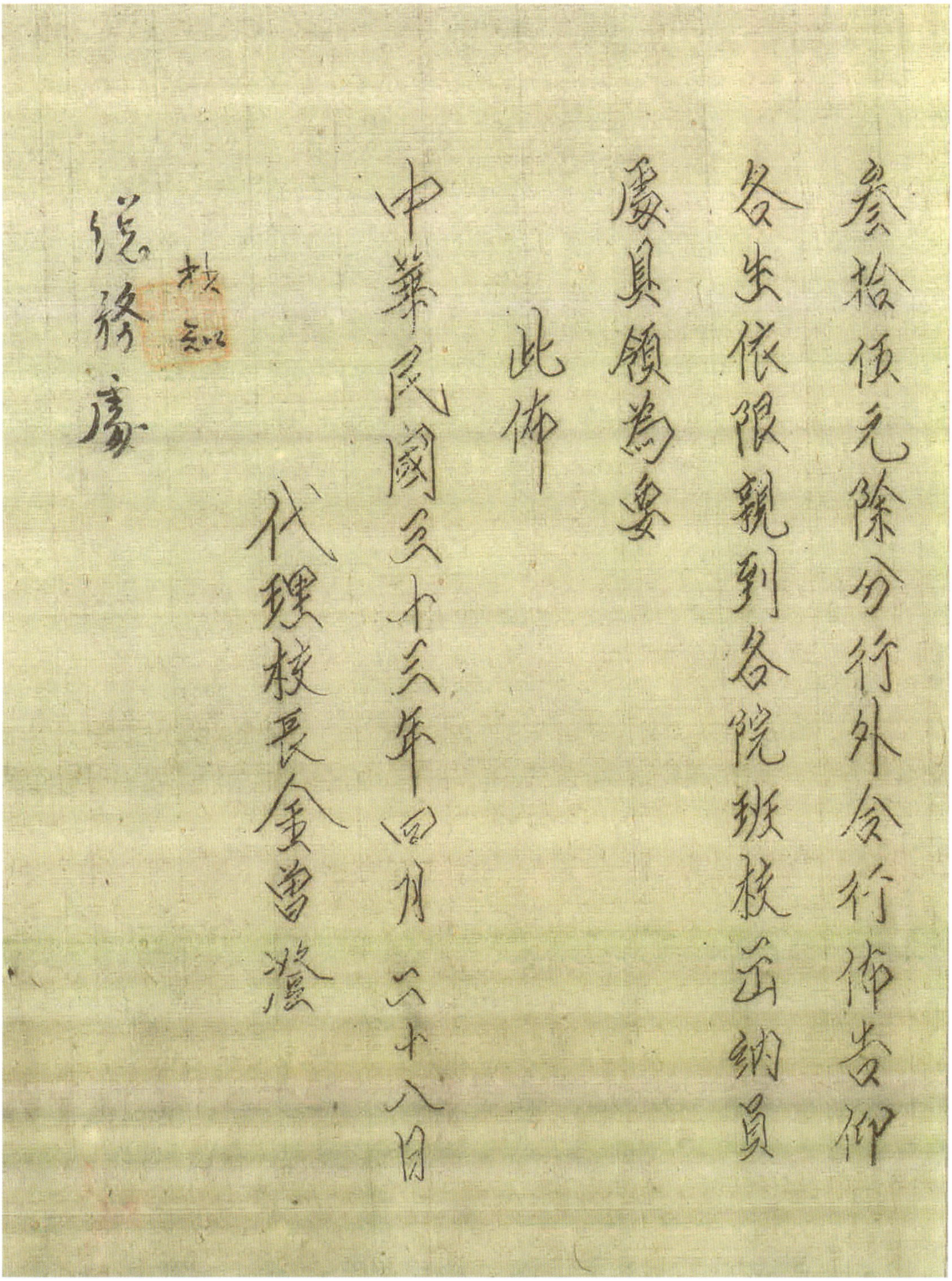

叁拾伍元除分行外合行佈告仰
各生依限親到各院班核並納員
處具領爲要
此佈
中華民國三十三年四月二十八日
代理校長金曾澄
校知
總務處

教育部抄送侨务委员会颁发侨生第六期特种救济金办法致国立中山大学知照办理的函（一九四四年十一月四日）

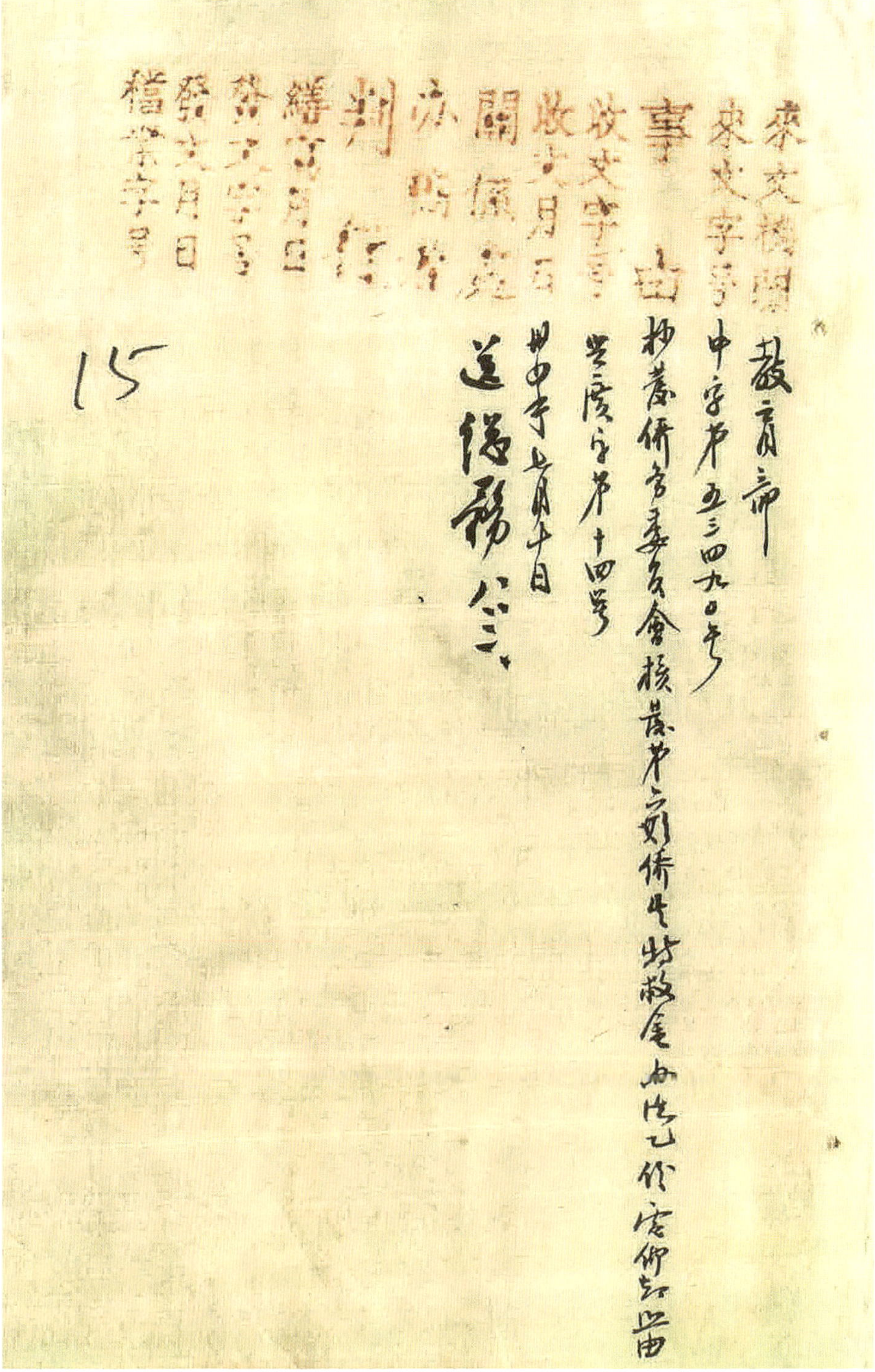
来文机关 教育部
来文字号 中字第五三四九〇号
事由 抄发侨务委员会核发第六期侨生特救金办法仰知照由
收文字号 第十四号
收文月日 卅三年十一月十日
关系处
办理 送总务处
判行
缮写月日
发文字号
发文月日
档案字号
15

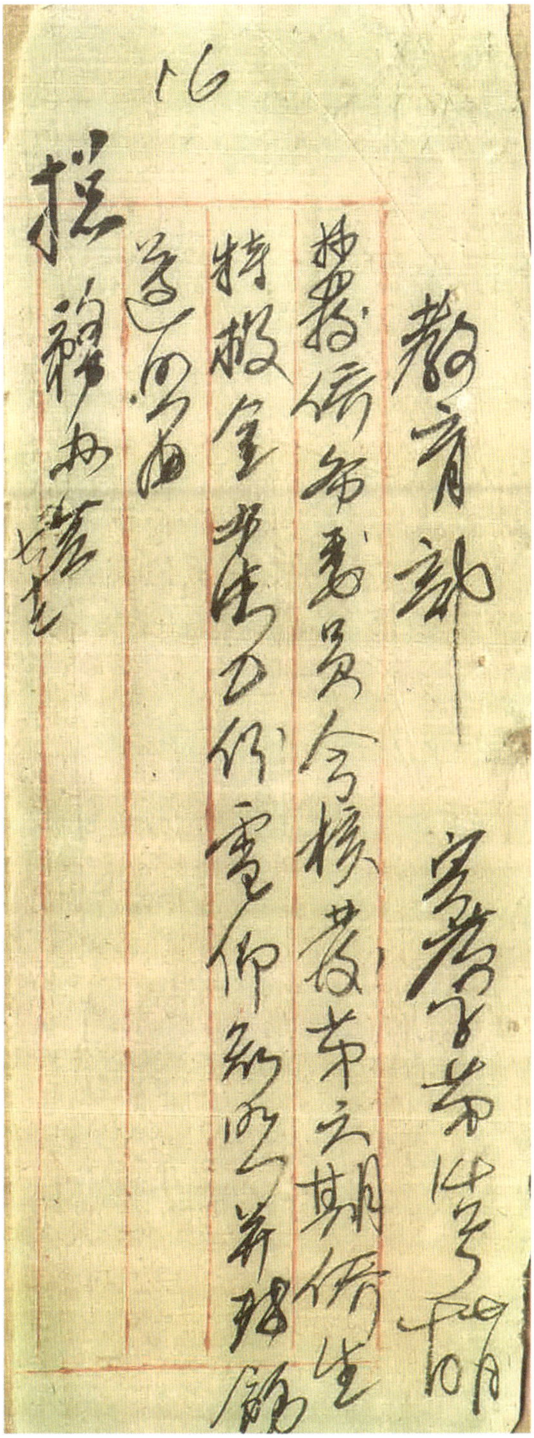
16
教育部

17

抄發僑務委員會核發第六期僑生特救金办法乙份電仰知照并轉飭遵照由

私立廣州大學

教育部代電

中字第 53490 號

中華民國三十三年 月 日發

中華民國卅三年十一月初四日

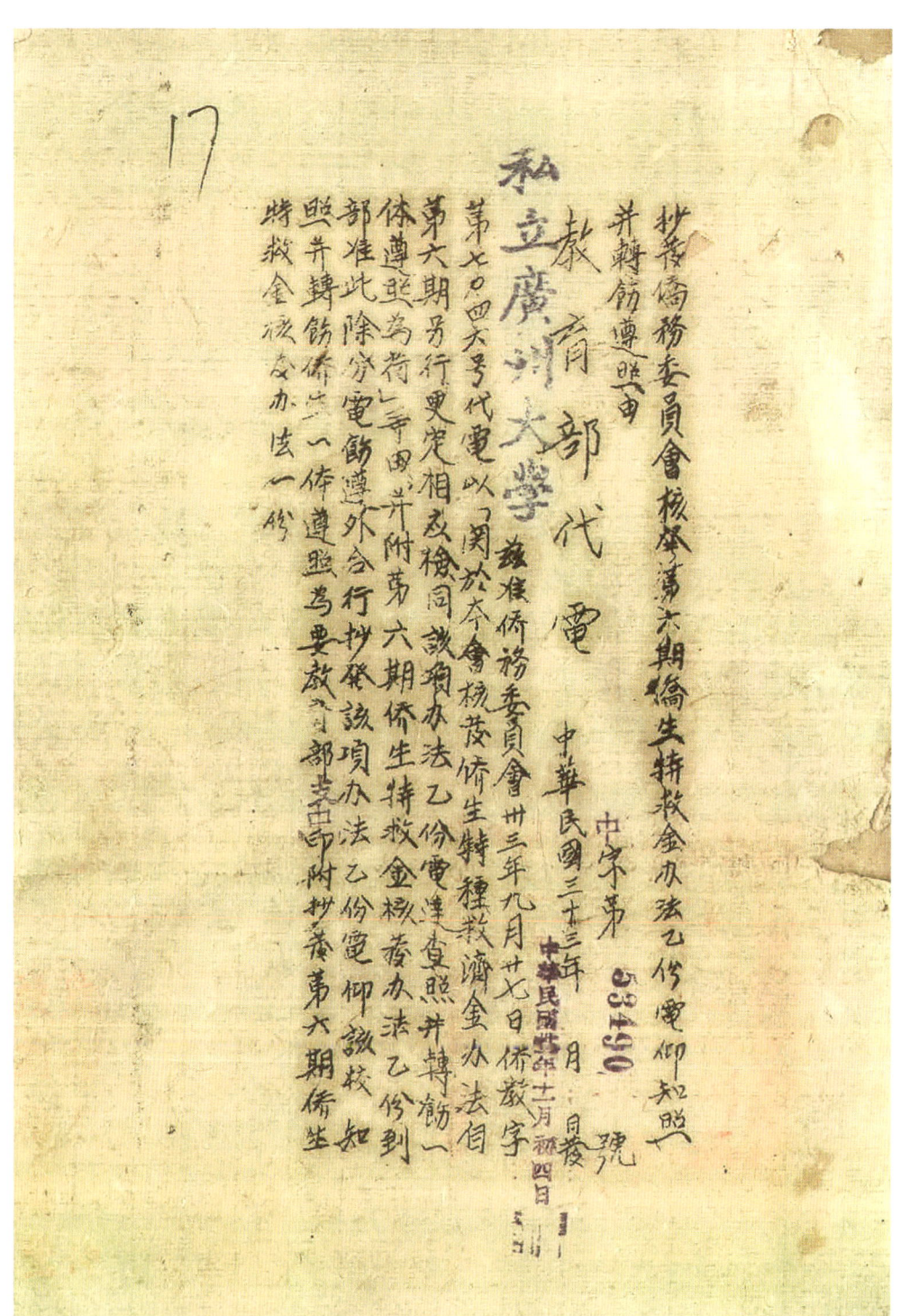

據准僑務委員會卅三年九月廿七日僑發字第七九四六號代電以「関於本會核發僑生特種救濟金办法自第六期另行更定，相應檢同該項办法乙份電達查照并轉飭一体遵照為荷」等因，并附第六期僑生特救金核發办法乙份到部，准此，除分電飭遵外，合行抄發該項办法乙份電仰該校知照并轉飭僑生一体遵照為要。教育部[illegible]印 附抄發第六期僑生特救金核發办法一份

48

第六期僑生特救金核發辦法

(一)三十三年秋季在國內公私立中等以上學校肄業之華僑學生凡屬經濟困難而成績優良者均得申請第六期僑生特種救濟金

(二)本期特種救濟金分為甲乙二等，依僑生之經濟狀況及學行成績核發，惟成績平均須在七十分以上者方得列為甲等，其各等金額規定如左表：

校別 \ 等級 \ 每人金額	甲等	乙等
中等學校	肆百元	叁百元
專科以上學校	捌百元	陸百元

(三)申請本期特種救濟金之僑生，應請由肄業學校造具申請名冊遞函本會核發，不必向本會各地僑務處局核轉，以資便捷，其由僑生直接申請或由僑團代請者本會概不受理

(四)學校造具申請名冊應包括下列各項：(1)僑生姓名(2)性別(3)年齡(4)籍貫(5)僑居地(6)肄業科系及年級(7)經濟狀況(8)學業成績(等第或總平均分數)(9)操行成績(10)体育成績(11)曾否領到何期僑生特救金(12)隨繳證件(13)備註。學業成績、操行成績及体育成績各欄應將上學期成績填入，如為本學期新生，其學業成績應填入學成績，操行及体育成績則以第一學月之[illegible]為準

(五)向未具領特種救濟金之僑生並應填具僑生登記表一張連同華僑身份證明文件呈由□校隨同申請名冊函送本會辦理登記手續右列各項文件視為華僑身份證明之有效證件

1、部會教育視導專員發給之僑生證明書

2、駐外領事館所發之僑民登記證

3、中國國民党駐海外高級党部發給之華僑身份證明書

4、僑居地中華商會或中華總商會發給之華僑身份證明書

5、回國僑民事業輔導委員会所發之華僑登記證

6、僑居地政府所發之居留證或出生紙

7、其他足資證明華僑身份之證件

僑生登記表附後

(六)本期特種救濟金申請期限自本年九月開始截至十二月底止逾期不予受理

(七)港澳僑生仍不發給特種救濟金

(八)僑生特種救濟金由本会滙由申請學校轉發僑生收到特種救濟金時應在領據上簽名蓋章并由學校加蓋校鈐後送還本會以便彙轉核銷

(九)本辦法由僑務委員會公佈施行之

在國内學校肄業僑生登記表

姓名		性別		年齡		籍貫	省　縣	相片
僑居海外史實								
現肄業學校名稱				現在年級及所習科系				

每年所需費用	類別	款額	類別	款額	類別	款額
	學費		膳費		衣服費	
	繳入學校什費		必需零用費		宿費	
	自購必需書籍文具		其他		合計	

用費來源	類別	款額	類別	款額
	由僑居地家庭供給者		由國内家庭供給者	
	(公費)		(貸金)	
	(補助費)		(獎金)	
	(其他)		合計	

三十年度海外匯款收到之	承匯銀行名稱及地址	解付之銀行名稱及地址	解付月日	款額
			月　日	
			月　日	
			月　日	
			月　日	

如海外不能繼續供給能否在其他方面獲得救濟							
家庭狀況	家長	姓名		與該生之關係		職業	現在國外或國内
		通訊處					
	家庭人口及職業						
	全年收支款項						
該生現肄業學校地址							
附繳證件							
備註							

中華民國三十　年　月　日　填報

查該生所填左列各項均屬實在特此證明

校長　簽名蓋章

中華民國三十　年　月　日

注意：前項填報時請用加罪紙

19

1. 以上各欄應據實填註如查明有一項不確即否定其他各項
2. 本表由僑生填就呈由肄業學校查核蓋印呈送僑務委員會
3. 「附繳證件」欄填明附繳證件之名稱及件數其應繳證件為華僑身份證件及由海外供給求學費用之證件前者[illegible]由海外供給求學費用之證件即通知某月某日由某地某銀行匯款若干元以為該生用費之存根或銀行通知書等
4. 僑居海外史實應詳細敘明在海外出生或何時前往何處在海外依何人為生抑自行謀生曾任何項工作並其在海外奮鬥情形等

国立中山大学生活改善委员会第一、二次会议记录（一九四二年五月九日）

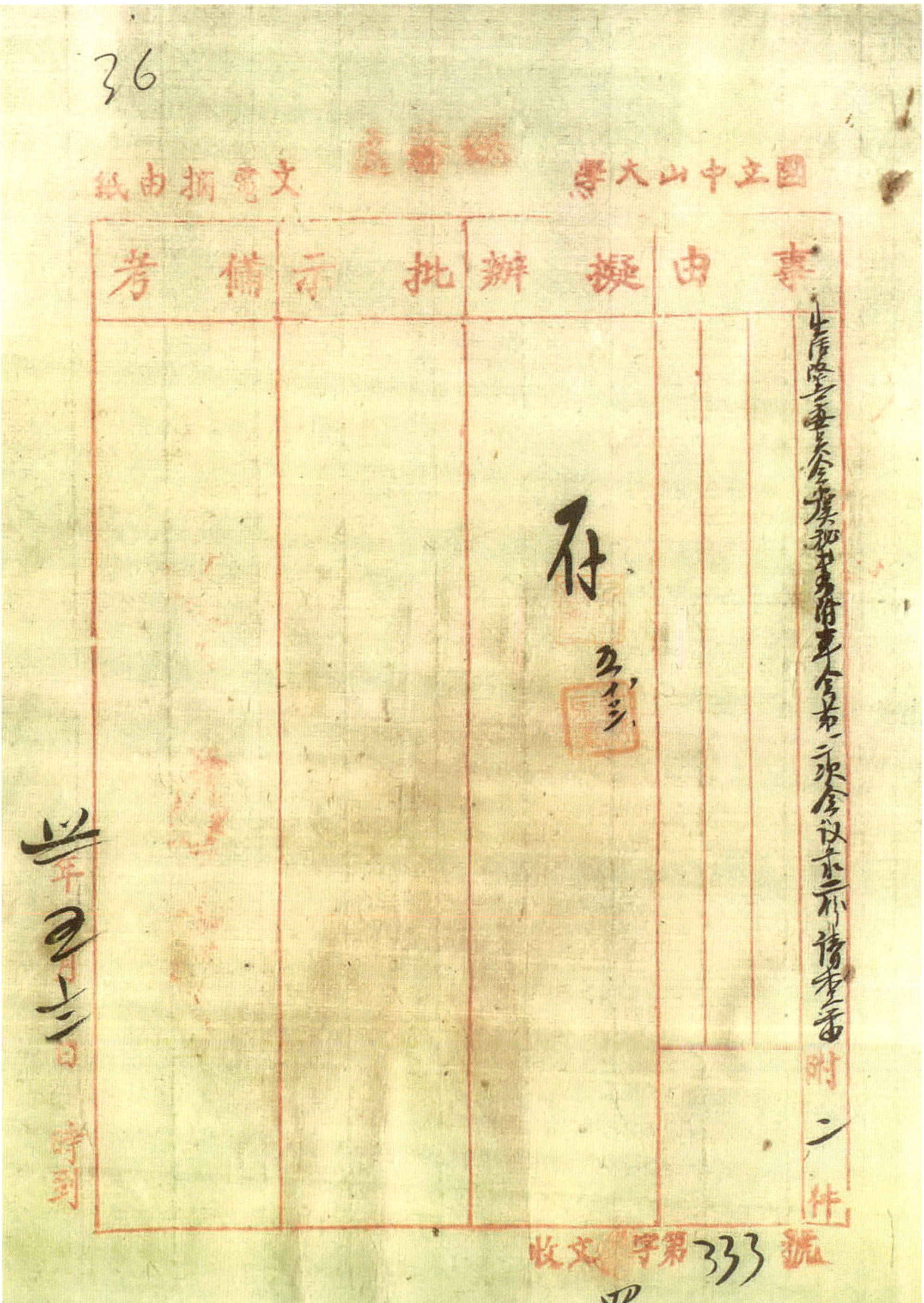
36

國立中山大學 文電摘由紙

事由	擬辦	批示	備考
附 二 件	存		

時到

收文 字第333號

37

逕啟者本會第一第二兩次會議議決各案現經印就至本校教職員代表呈部代電亦經于本月十一日航郵發出相應檢同會議錄二份函達請煩

查照為荷

此致

總務長黃

附會議錄二份

生活改善委員會秘書虞仰泉

中華民國卅一年五月拾貳日發出

38

生活改善委員會第一次會議紀錄

時間：卅一年五月九日（星期六）上午八時半

地點：同德齋樓上會議室

出席者 黄世光 方嗣樸 董爽秋 張巨伯 錢清康
王亞南 朱謙之 王駿人 衛梓松 康辛元
任啓珊 洪深 陳宗南（温其濬代） 丁穎
齊泮林 史國雅
紀京虞 何仰泉

主席 董爽秋

行禮如儀

報告事項

主席報告本會因候各院推選出席代表故延至今日始開第一次會議請各位儘量發揮意見

黄總務長報告办理准請教部撥發平價食糧代金及生活補助費與向財部交涉准照公價售給本校員生工警食鹽經过情形

討論及議決事項

(一)洪深、康辛元、谷教授提，議請學校斟酌本年經費情形，儘量籌節，希望每一教職員能照本年年四月份薪額增加百分之十，從卅一年一月份起，計請公決案

議決：照案通過

(二)齊泮林、方嗣櫻、洪深各教授提，議教職員薪金生活補助費及平價食糧代金請學校按月在二十五日以前發給案

議決：照案通過

(三)王亞南、康辛元、谷教授提，議改善衛生醫療事務案

議決：(1)請學校多量儲備藥物及治療器械(2)在坪石設一附屬醫院或門診所(3)醫藥費減低征收

(四)籌辦消費合作社案

議決：推定王亞南、方嗣櫻、孫宕伯三教授起草章則

(五)關于解決生活問題應否參照樸治李兩項呈請教部核示案

議決：照辦并請錢清廉教授起草呈文

39

生活改善委員會第二次會議紀錄

時間：卅一年五月十日上午八時

地点：同德會樓上會議室

出席者：張雲　史國雅　方嗣櫻　齊泮林　康寧元

衛梓松　丁穎　朱謙之　張亙伯　陳宗南（俞浩鳴代）

王亞南　錢濟康　洪深　黃世光　王駿人

主席：張雲　紀錄　虞仰泉

行禮如儀

討論及議決事項

(一) 覆議加薪問題案

議決：遵照教育部關於加薪之訓令所示各点及將本校經費設法節省，擬成办法由行政會議詳為審議將教職員薪俸酌增并注意过去年資以作調整之標準。

(二) 錢濟康教授擬送呈部代電文稿請審閱指發案

二

議決：照原稿審查通過以全校教職員代表名義發出

(三)續議職員等办消費合作社案

議決：仍請王亞南、方嗣櫻、張巨伯三教授參攷總務處原擬章程擬訂組織之

附呈電稿如后

重慶教育部陳部長鈞鑒此間物價高漲同人等生活極感困難經集会商討改善生活办法除請校方電轉并設法實施外謹呈請(一)准予本校教職員比照適用中央黨政机关公務員及其家屬生活必需品定量分配實施办法(政院第五六一次會議通過)(二)請行政院令飭廣東省政府指定本省貿易机關办理俾便洽購用品(二)比照軍政人員加給教職員子女教育費或一律給予公費生待遇其在私立學校肄業者酌給膳費及書籍衣服津貼費(三)俾照本校所報米價按月撥發平價食糧代金(因本校無法領購平米)并請照學生所領米額中膳費發給(四)迅予核定去年十二月至本年四月份本校員工平價食糧代金(五)迅賜轉催國庫署即將本校墊發一至四月份教職員生活補助費撥還歸墊迫切瀝陳敬祈鑒核俯准所請籍紓艱困至為感禱國立中山大學教職員代表王亞南方嗣櫻史國雅洪深張巨伯衛梓松等同叩真

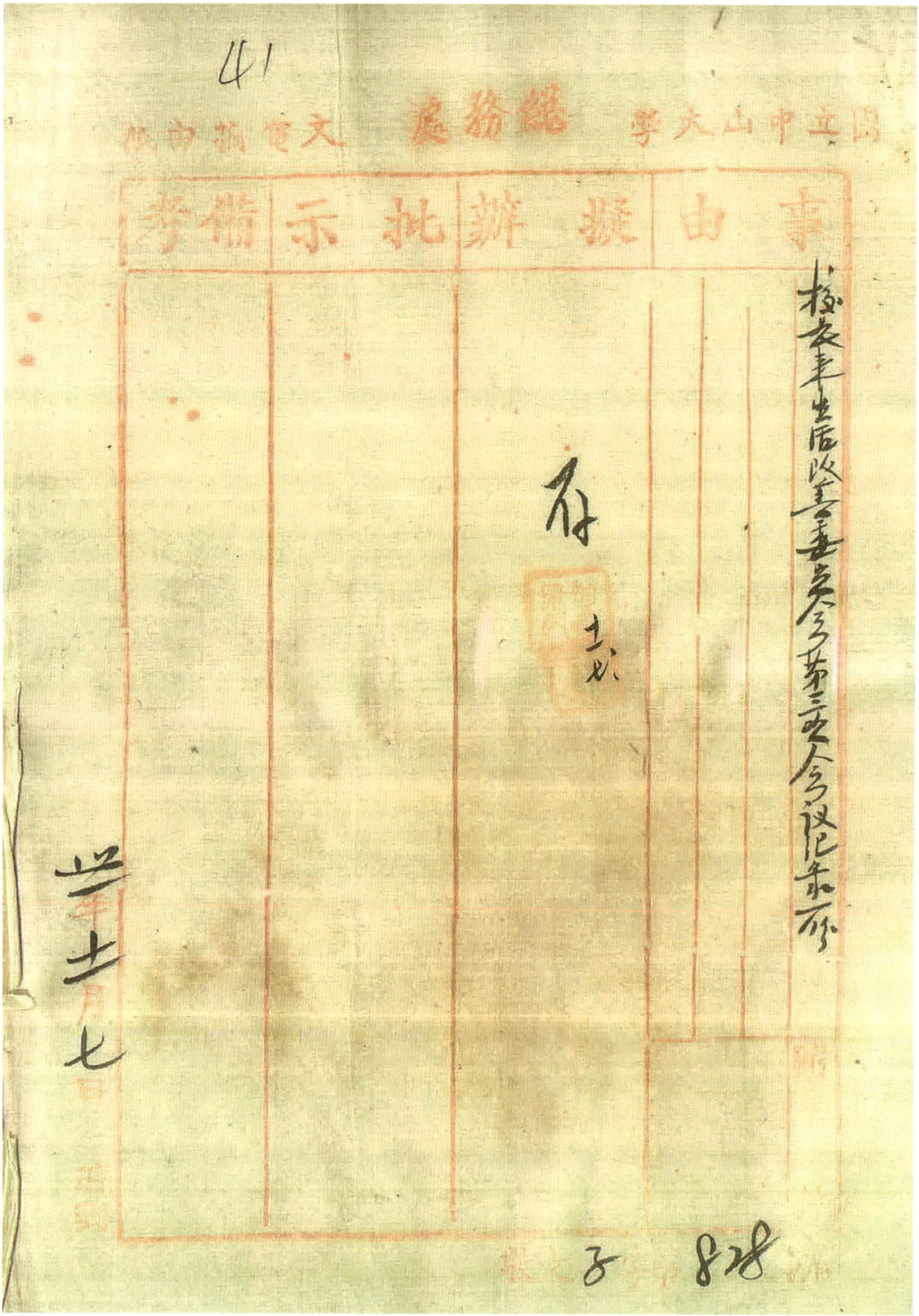

41

国立中山大学总务处文书组用纸

事由	拟办	批示	备考
据本年生活改善委员会第三次会议记录	存		

十二月七日

字 828

国立中山大学生活改善委员会第三次会议记录

42

總務處　送

生活改善委員會第三次會議紀錄

時間：卅一年十二月四日下午二時

地點：同總會樓上會議室

出席者：鄭楨儀　齊泮林　衛梓松　何杰　戴彥皆　李雨生　王亞南　張亘侮　羅潛鏗代

陳定謨　崔載陽　林亮東　翟宗代　俞浩鳴　吳康　侯璠　王駿人

何春帆　江洪濤　胡體乾代　陳宗南　楊成志

主席：鄭楨儀　紀錄：虞仰泉

主席報告：近來物價高漲，同人生活倍感困難，唯各院紛請召開生活改善委員會議以謀解決。本部電令加本校經臨費一百廿萬餘元，惟電文甚簡，如何支配使用須俟奉到明令始能詳悉。關於生活改善辦法，本校地質調查所已奉到部令，示若該院擬定辦法，惟施行細則未見頒發，想正在訂擬中，茲請何院長將部令內容宣讀，俾明梗概。

何院長報告：各機關奉到是項明令遲早不一致，其緣因或因主管機關尚須審察現情，訂定施行細則，可或現未找。教部通令內容大致係廢除現行按月按標準制度，而以年齡為計給食糧多寡之標準，十至外得加薪五成一節，係一種假設定例，究竟能否新頒或成加發補助費，想仍須由主管機關核定頒佈，始能實行。惟此次變更辦法，總將來是項補助費可由等款撥開，須為墊付教員之款，嗣後借發米代金，不致發生困難，此為吾人日夕所期求者也。

何總務長報告：本校經費收入數支，加以本年八至十月教職員生活補助費尚未匯到，須由校墊發，且各月米代金教部祗預墊一部，須俟核定請領清冊始加撥補足，以致數月以來未能按月借發代金為應付緊急起見特向廣東省銀行商請透支每次以廿萬元為限經與各方接商并蒙本省軍政最高當局贊助已有成議一俟簽妥合約即可實行此後如遇緊急需又不致束手無策

工会計主任报告截至最近半年價食粮代金收支情形

五西南教授报告該學院同人對生活改善希望學校實行及解釋各点請本校行政當局予接到該院來文後在下次開会時分别答復

医学院李院長报告因本校在坪設立附屬医院分院或分診所問題因本校經費支绌購買药械一項已感困难加以人力物力不敷分佈雖經一再籌劃一時尚难实現

討論及議决事項

(一)関于改善教職員生活具体办法如何决定案

議決：(1)即電教部請示教職員生活改善实施办法同時电請校長請示實在情形以全体教職員之名義拍發

(2)電請教部迅將追加經常費全數照滙及增加每月粮滙代金數目及清發差額

(3)陳明本校同人困苦情形再呈教部援照近建區例增給生活補助費

(二)本校教職員八九十各月米代金如何設法清理案

議決：請照本校迅將九十兩月米代金早日借發嗣後按月由[illegible]借發

(三)教職員捐款應如何辦理以求妥善案

議決：(1)嗣後凡須教職員捐款請由本校先交本会討論議決然後執行關于此次節约儲蓄所扣薪金應請先行發還候購到儲券并于借發各月米代金後始可扣薪

(2)近因粤北後所征同德会費及集体捐款收支數目請在校報宣佈及分送各院部

(四)関于其他生活改善问题應否請學校于近期内召集校務会議并于兩週内再開生活改善委員会之議討論請公决案

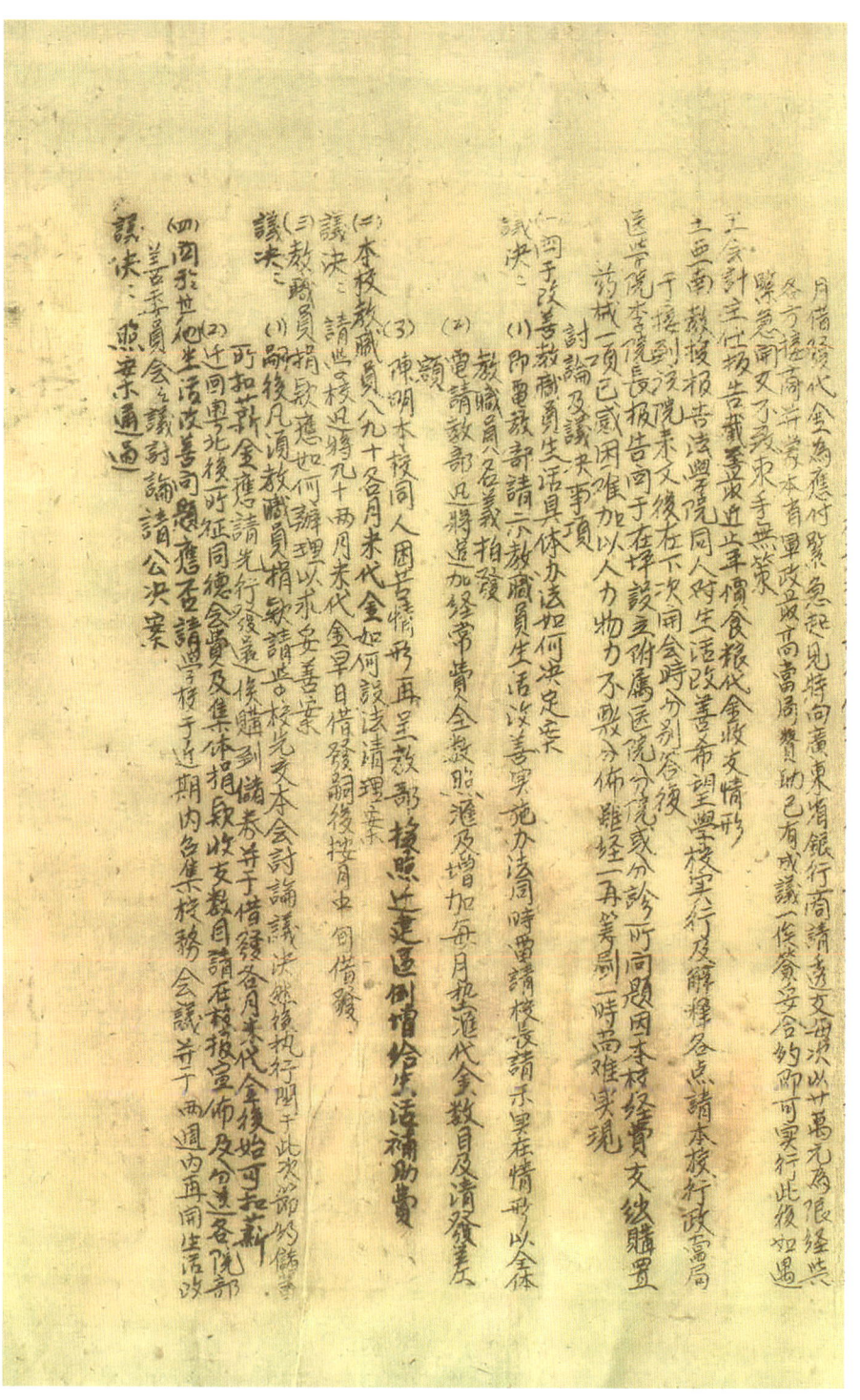

議決：照案通過

第四部分 胜利复员

一九四五年八月，艰苦的抗战结束，流离数载的广东院校纷纷踏上归家的路。

在胜利的喜悦中，有一些遗憾永远无法挽回。一九四五年十一月十四日，国立中山大学代理校长金曾澄发布布告，要为那些在抗战胜利复员前后遇难和牺牲的师生举行追悼会。其中，『未及迁避，受敌威迫，不屈就义』的是建筑工程学系主任卫梓松先生。一九四五年一月，曲江沦陷，卫梓松因病没能随校撤离，他因为优秀的工程专业背景被日军要求去服务粤汉铁路，卫先生坚决不从，服用大量安眠药殉国。『奔避跋涉之中猝然遇敌致遭戕害而丧生』的是附属中学的陆兴焰师生，他们在撤往梅县的途中遭遇敌人而殉难。抗战数载中同甘共苦、尽厥职守的教师和学生，青山埋骨的不在少数，他们没能看到最后的胜利，但他们的精神将与华南教育的文化火种一同传承延续。

等待复员师生的是百废待兴的局面。昔日壮美整洁的校园，或成废墟，或被侵占，不及转移的图书校产四散而失，再加上经费短缺，物资匮乏，要尽快安置师生、早日开课，无疑是艰巨的任务。私立岭南大学接收被敌伪占用的校产的经过，以及私立广州大学、省立仲恺农业职业学校、私立培英中学等校复员后的往来文书都反映了当时种种困难。

重整旗鼓，再上征程。今日华南院校中如中山大学、华南理工大学、华南农业大学、华南师范大学和仲恺农业工程学院、广东轻工职业学院、广雅中学、执信中学等众多高、中等学校，还有香港岭南大学，以及粤港澳三地同宗同源的培正与培道学校，他们的校史中都镌刻着烽火育人的印记，书写着对先辈学人的致敬。抗战时期，广东文化教育发展遭遇挫折，但也在战火洗礼中坚强恢复和发展，文脉绵延至今，在今天华南乃至全国文化教育系统中都留下深远影响。

广东省立执信女子中学关于本校已迁回广州复员及临时复课办事处地址致广州市警察局的函（一九四五年十月七日）

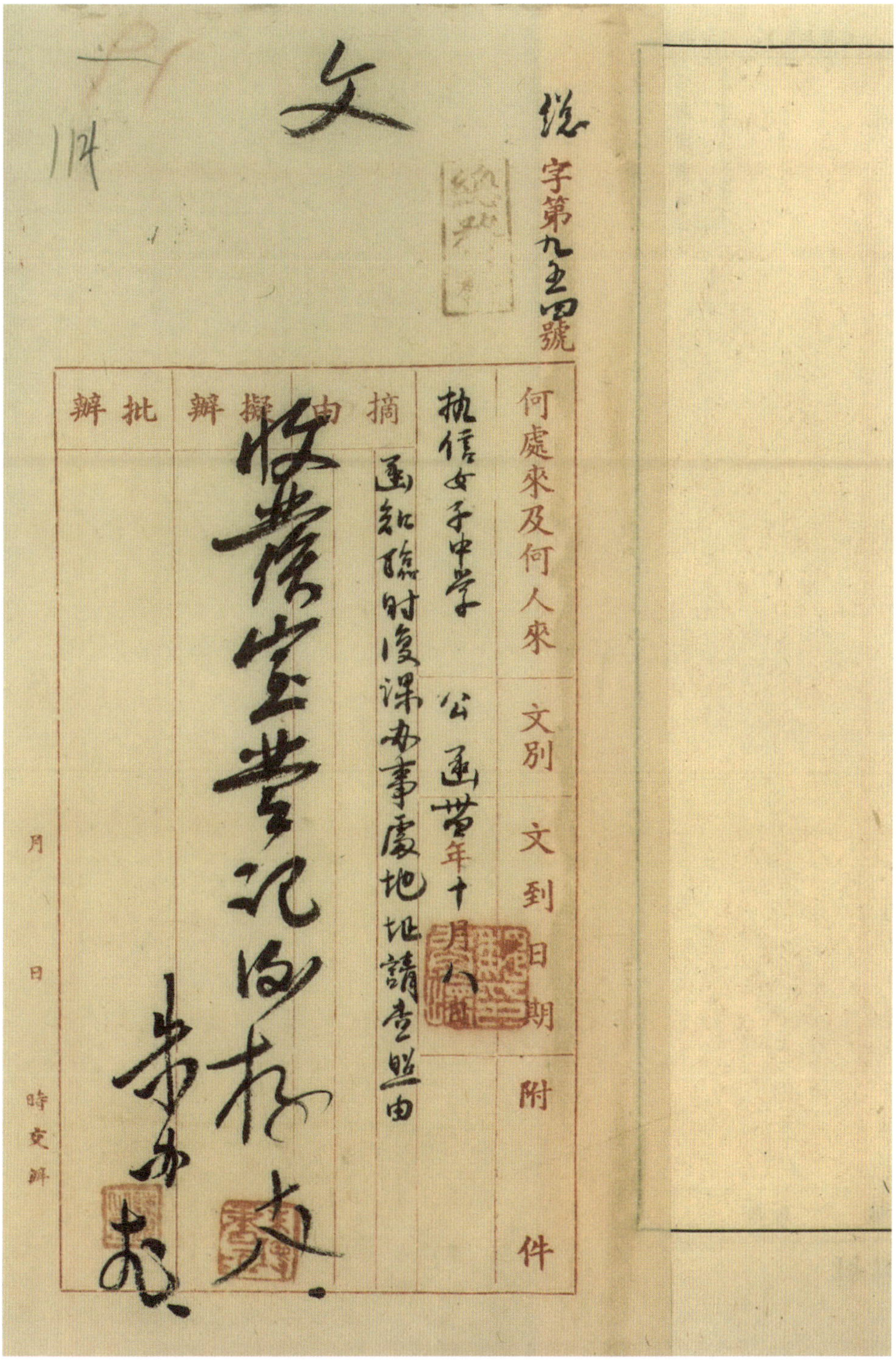

文

総字第九五四號

何處來及何人來	文別	文到日期	附件
执信女子中学	公函	卅年十月八	

摘由：函知臨时復課办事處地址請查照由

擬辦：

批辦：

月　日　時交辦

中華民國　年　月　日收文　字第　號

事由：函知本校已遷回廣州復員及臨時復課辦事處請查照由

廣東省省立執信女子中學公函　騰廣事字第一號　附件

查本校已遷回廣州復員暫在寶華路寶華正中約為臨時復課辦事處相應函達查照為荷此致

廣州市警察局局長李

廣東省立執信女子中學校長林寶權

中華民國卅四年十一月十七日發

私立岭南大学呈报校园接收情形请广州市政府核备的函（一九四五年十月九日）

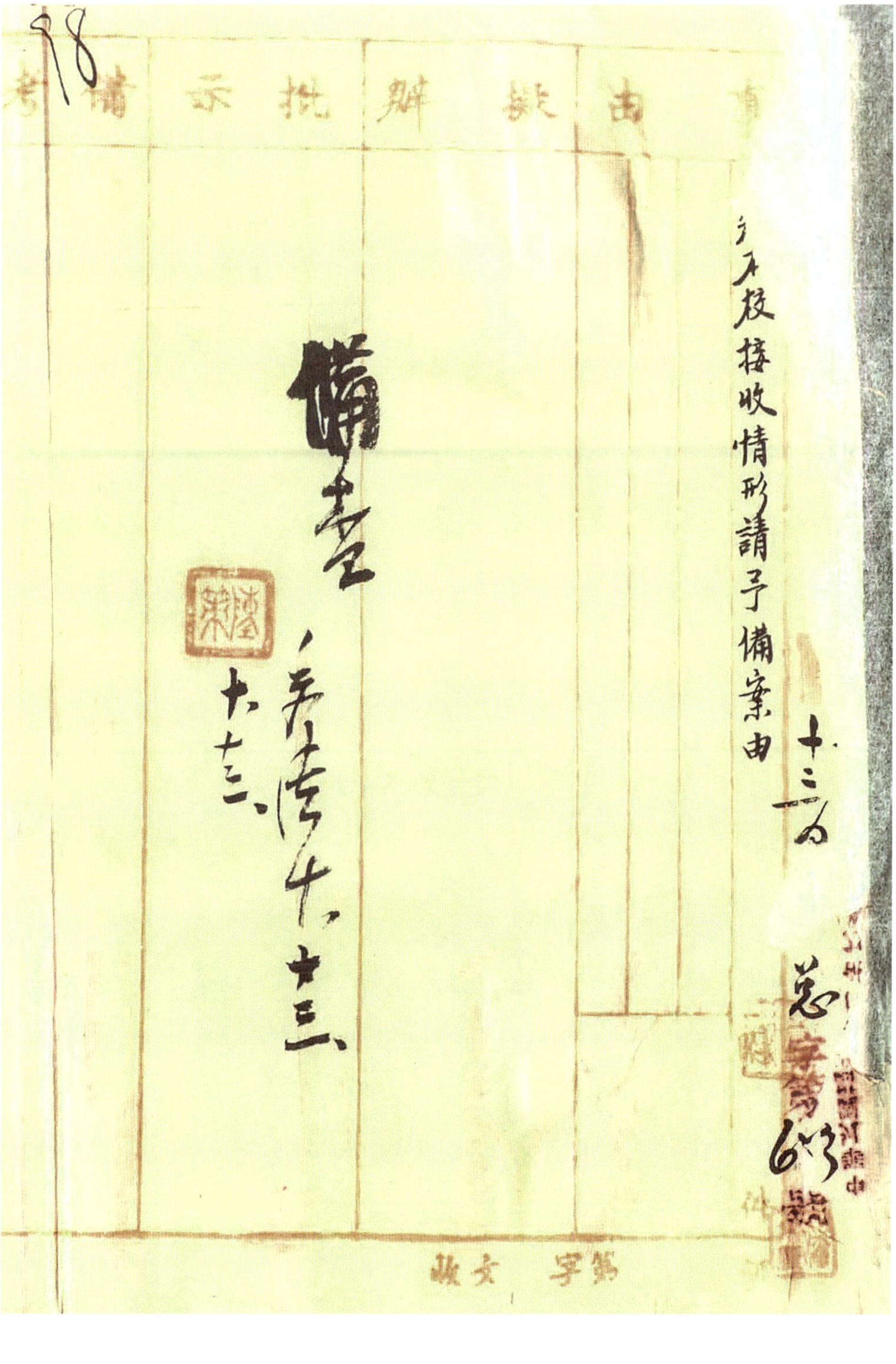
事由　擬辦　批示　備考

為本校接收情形請予備案由

備查

第　字　文收

查本校於民國二十七年十月撤退廣州時，將原有全部校產按照與美國基金委員會訂租合約交由該會保管，及至太平洋戰事爆發，全部校舍校地即為敵軍進駐，旋由偽廣東大學佔用康樂校本部之大部份校舍校地校具，其他一部校舍校地校具及乳業因之機器等則由日敵交與南日本漁業統制株式會社利用原有牛房牲畜牧場豬屋教員住宅等開辦「嶺南牧場」，一部份校舍校地及校具則由陳逆璧君佔用開辦工讀學校，而本校在西堤之孫逸仙博士紀念醫學院及附屬博濟醫院則為博愛會佔用開辦博愛廣東醫院，直至敵獲准投降時，本校即會同美國基金委員會代表香雅

字第　號　年　月　日　時

99

各博士派本校職員黎壽彬為接管校產專員，兼程從梅縣趕來廣州接管校產。該員於八月二十四日抵達本市後，即與瑞士駐廣州領事（瑞士領事乃代理美國在廣州權益者）接洽，早日收回校產，俾免益增破損。茲謹將該員報告接管各部份校舍校地校具情形，分別開列如下：

一、接管偽廣東大學情形　九月五日到康樂校本部接管偽廣東大學。由該偽大學偽校務主任委員陳良士派員將所存圖書儀器校具分別列冊點交，同時本校亦即派員分別接管校舍校地。計所接管各項校舍則多被毀壞，幾無完全者。校地則荒蕪異常，草高過膝。原有路面破壞不堪、儀器圖書校具均損失奇重、惟其中有禾田二部、一部在對海二沙約二百二十畝、一部在二涌口約十畝、則非校產、現由本校暫批與李公和承耕、一俟原主提出合法証據、自當交還原主。

二、應付偽工讀學校情形　偽工讀學校佔用之校舍校地校具本擬亦行接管、但以陳逆璧君經已就捕所餘數百學童無人負責、倘一接管則最易成為童丐、故祇於九月七日派員會同該偽校主任李敬顏將其物資包括佔用本校校具點明列冊仍交該偽校主任負責保管、財物室一所勞作室一所則由本校加貼封條、其中稍為貴重

100

之物如衣車頭等，則應該校主任之請，暫移至本校辦事處代為保管。經本校立回收據交其收執，但本校仍需該部份校舍校地校具，為復課之用，故着該偽主任於本校復課前，陸續疏散該偽校學童，交回應用，至屬於該校自置物品，則將來仍由該偽主任點交法定接收團体。

三、接管西堤博愛會廣東博愛醫院情形

接管康樂本校後，即於九月九日到西堤原日本校孫逸仙博士紀念醫學院及附屬博濟醫院時，則該博愛會所辦之博愛醫院已於早日將其設備器材藥品遷往維新路某號，同日下午乃由該院事務係長佐藤列冊將該院點交，本校因醫院為服務社會機關、不可一日停止、乃一面將被敵逼遷往文德路之原日博濟醫院遷回舊地繼續服務、一面整理醫學院部份、預備復課、

四、接管嶺南牧塲情形　初以南日本漁業統制株式會社所辦之嶺南牧塲乃敵軍部軍管事業之一、雖其中乳牛三十八頭（新生牛不在內）乃本校從前校產而為敵人掠奪者、亦未便由本校接管、只往該處商諸該社主任友賀着其對於牛隻設法盡力保全、而本校亦以其在本校校產範圍內、亦時加注意、迨日軍繳械後、該塲飼料缺乏、牛隻日漸多病、而同時又奉新卅八師司令部通知、着將前

101 101

被敵軍從嶺南牛塲運往小北病馬房之九十餘頭乳牛，設法分批運回本校，俾得專門技術人才料理，以免日漸瘦病而致無用。本校為愛護該批牛隻，深欲盡其責任，初則商諸經濟部特派員辦事處，繼則向羅主席面商該項牛隻由本校接管，均已得其同意，乃於本月二日派出本校畜牧獸醫系副教授李永祿前往該牧塲接管，由該塲主任敵人友賀負責列冊移交，現目該牧塲每日飼料人工伙食皆已自該日起由本校負責。

本校自經敵偽佔駐，損失奇重，今所接收各部份已急派員暫行設法修理補充，以期早日復課，誠以教育事業

為建國綱要、不可一日停止、至偽工讀學校並懇飭令法定
接收人員早日遷出、借用校舍校地交還本校、以利教育進行、
為此將本校接管校舍校地校具經過情形函達查照、南
希賜予備案為荷。此致
廣州市政府市長陳

私立嶺南大學校長李應林

中華民國三十四年十月九日

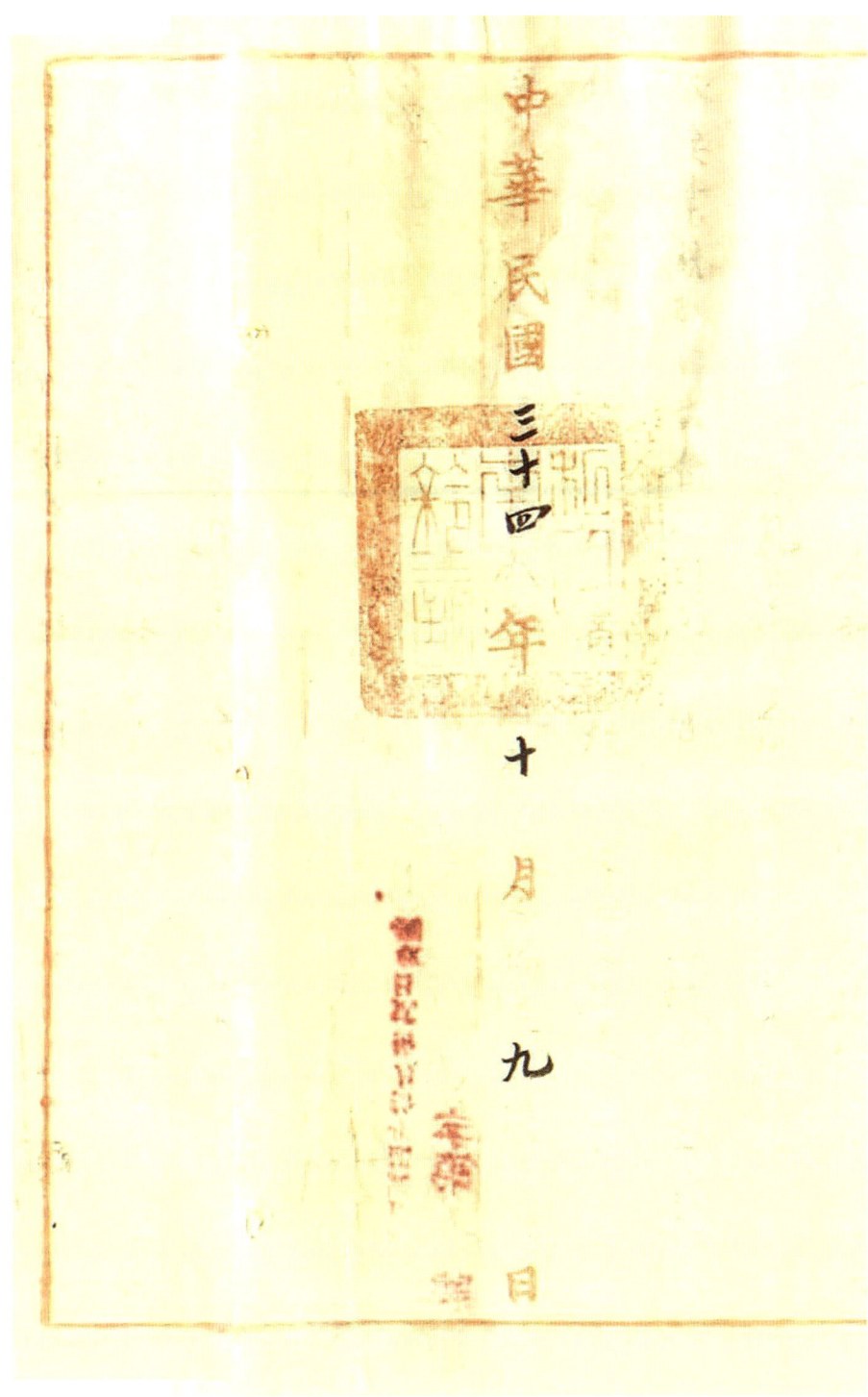

私立广州大学关于申请征购学校附近空地以兴建校舍致广州市政府的函（一九四五年十一月四日）

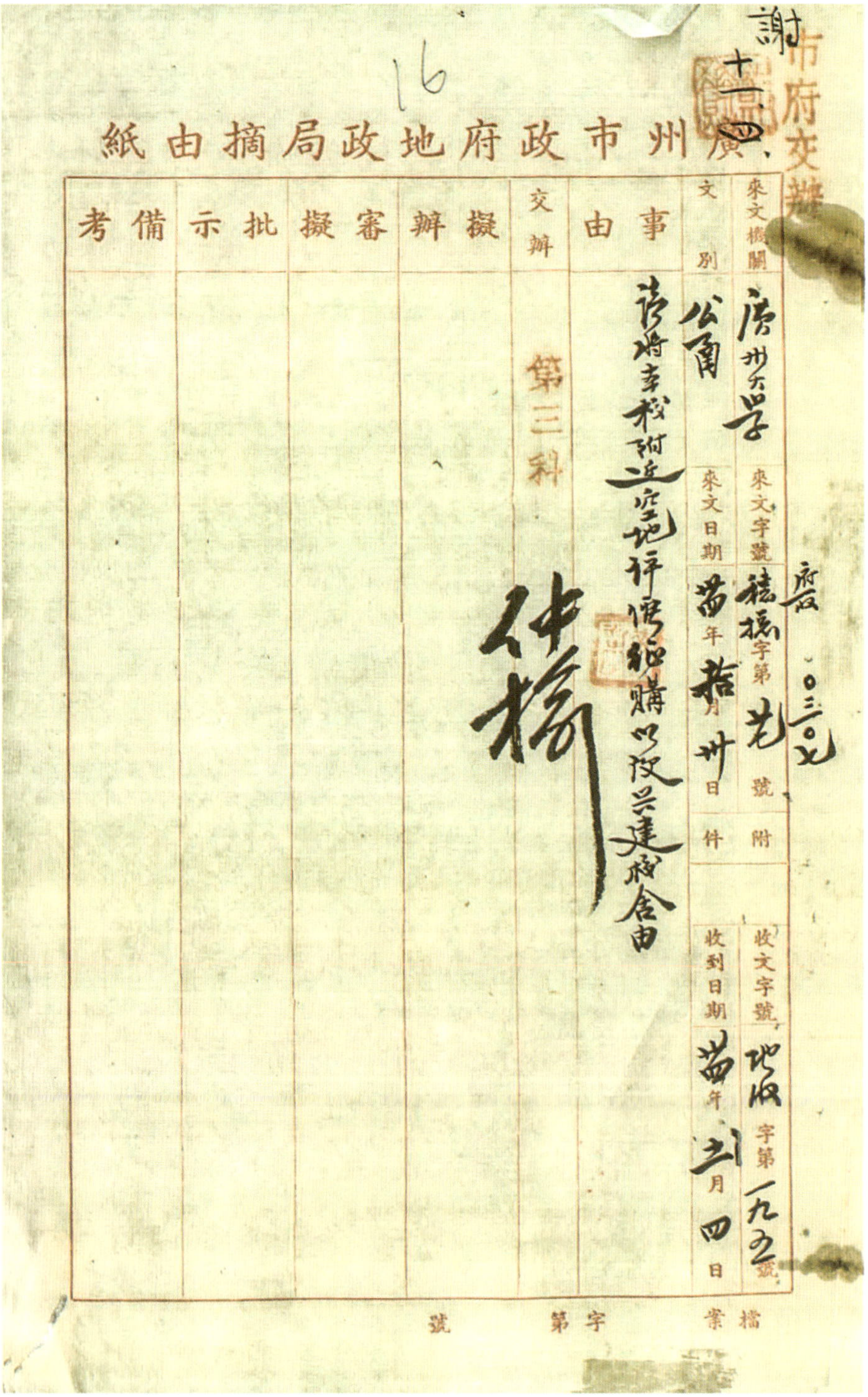

市府交辦

地政局

廣州大學公函

穗接字第卅七號

中華民國卅四年十月卅日

府一收字第[illegible]號

查廣州光復後本校即由興寧遷返廣州東橫街原有校址復課惟本校雖因戰局流離遷徙但學生愈遷愈衆以至現有校址不敷應用業查本校右鄰由東橫街至仰忠街一帶迭經敵機炸燬淪為一片空地而原有屋宇經界雖分町畦不明為數約計有三百英井照案似應由政府以公價征購興建惟此地毗連本校原有校地可供本校發展教育事業之用現該地界域不明無法找尋原有業主洽購茲特繪具簡圖附請

貴府代予公布並准許定公價以便本校照價收買以維教育相應函請

查照懇予代辦俾資擴充校舍為荷

0285

呈

廣州市政府

附本校附近空地簡圖乙份

代理私立廣州大學校長王志遠

交地政局查核擬辦 十一、三

[illegible]

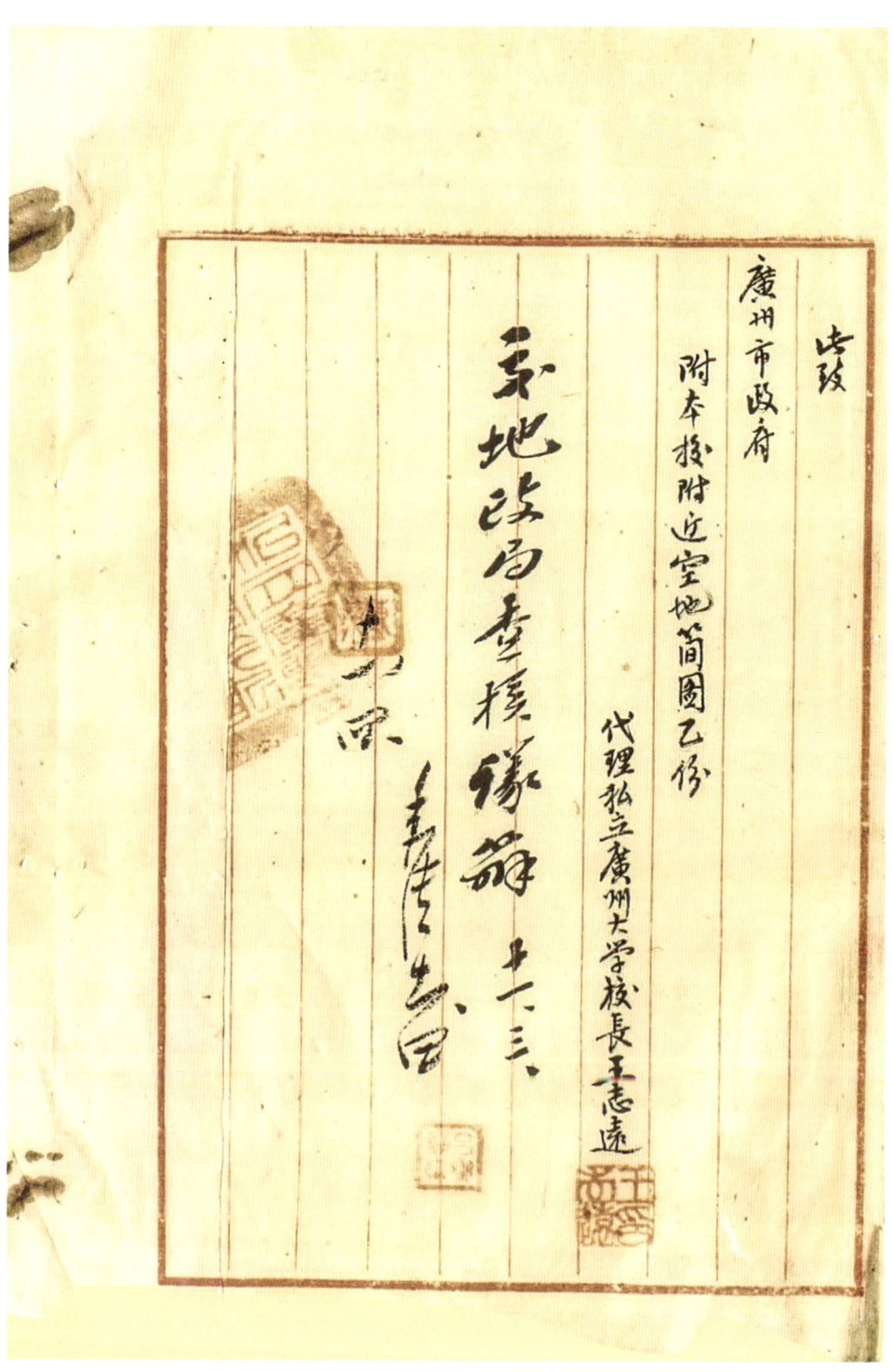

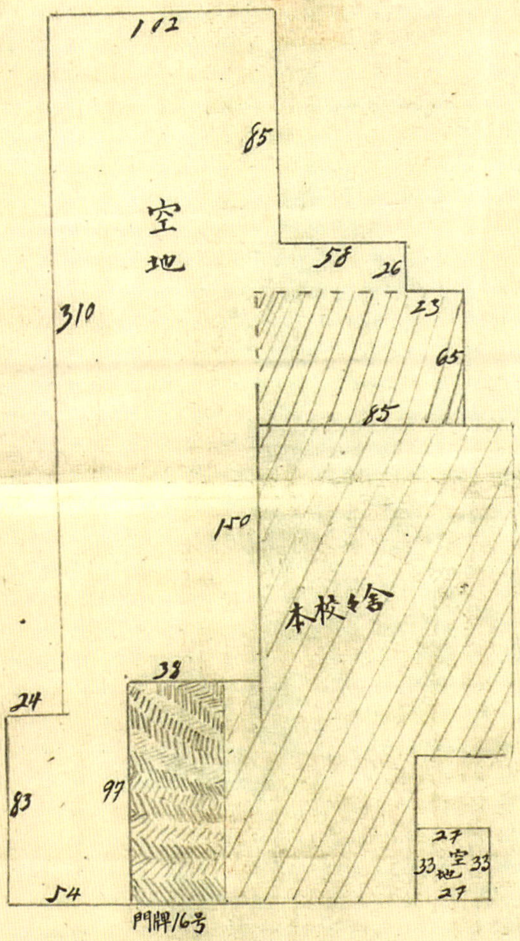

圖例：①有▨者、為本校原有校舍。有▨者、是他人屋宇。

②圖內所有尺寸長度，係以英呎計算。

③圖內尺寸係約數、合註明。

合共約三百三十英井

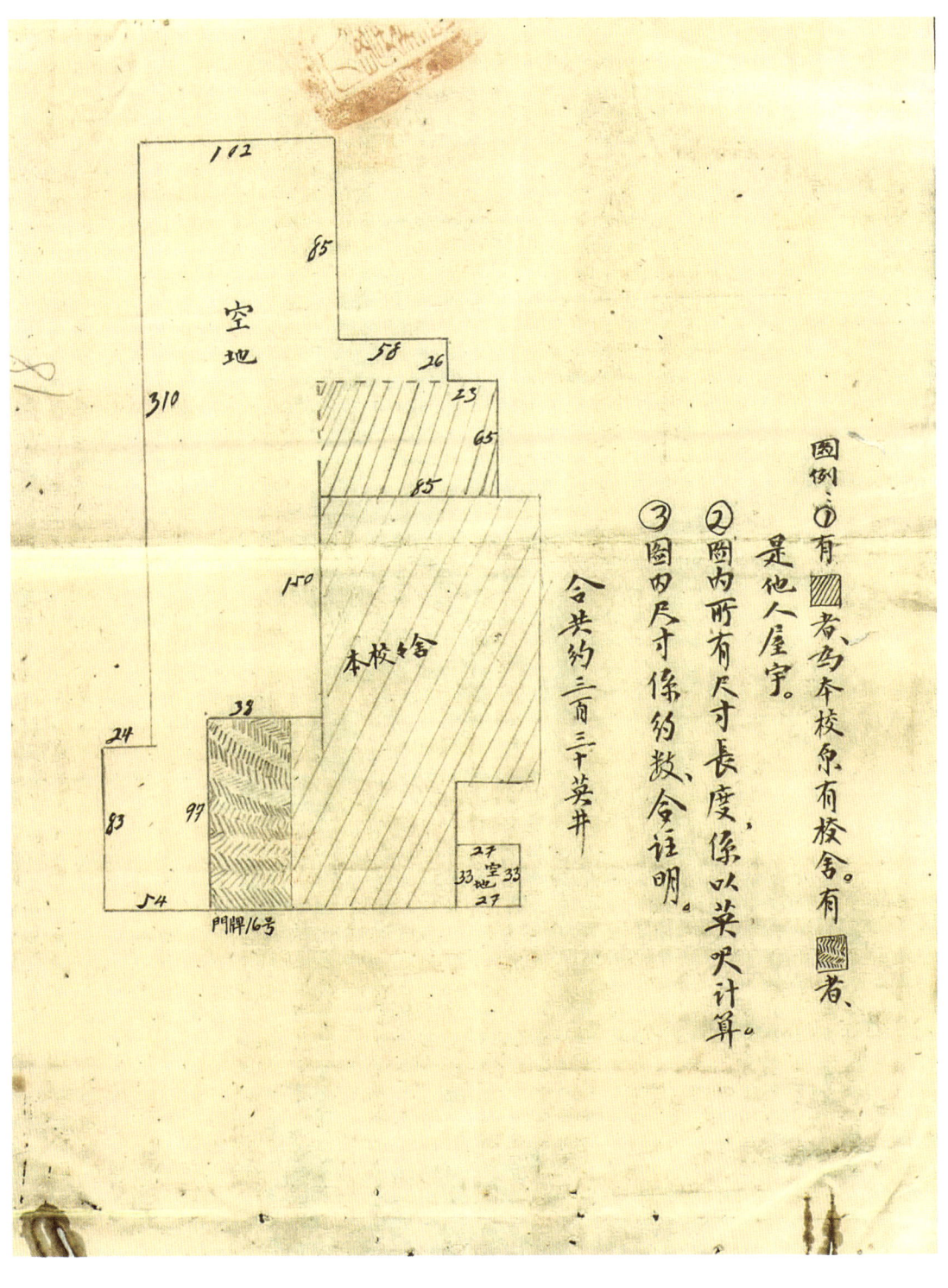

国立中山大学校长关于复员委员会工作亟待开展致各组的函（一九四五年十一月七日）

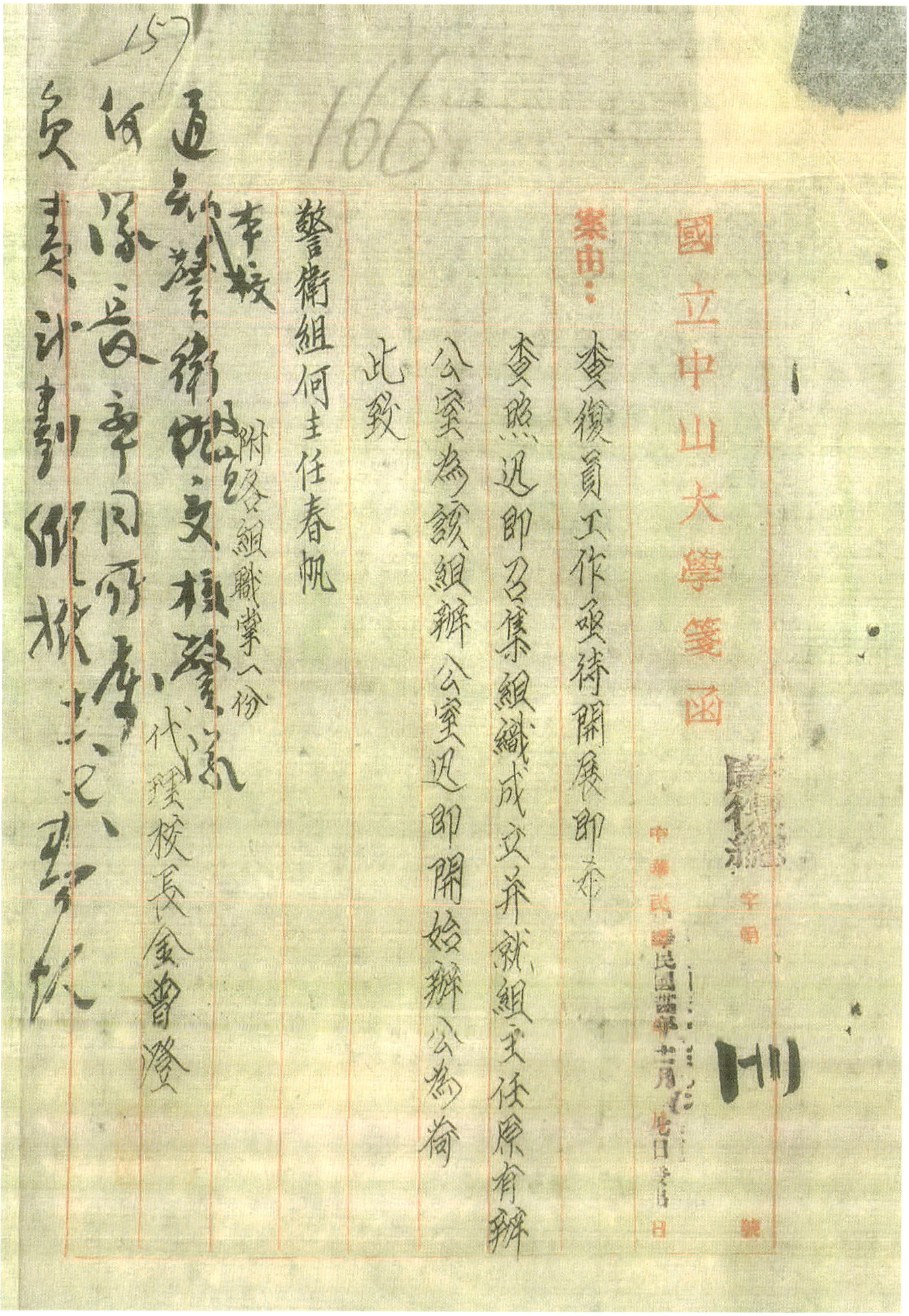

國立中山大學箋函

案由：查復員工作亟待開展即希

查照迅即召集組織成立并就組主任原有辦

公室為該組辦公室迅即開始辦公為荷

此致

警衛組何主任春帆

附各組職掌一份

代理校長金曾澄

中華民國三十四年十一月七日

158

167

復員委員會各組職掌

(一)接收組：負責接收校舍校產

(二)工程組：修建房舍及水電

(三)遷運組：遷運各地公物

(四)校具設備組：辦理廚房宿舍教室及辦公室之用具設備

(五)交通組：辦理車輛電話等交通工具

(六)管理組：辦理膳食舍務

(七)警衛組：負責警衛(公安)

(八)保管組：保管校舍校產

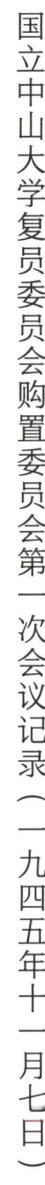

国立中山大学复员委员会购置委员会第一次会议记录（一九四五年十一月七日）

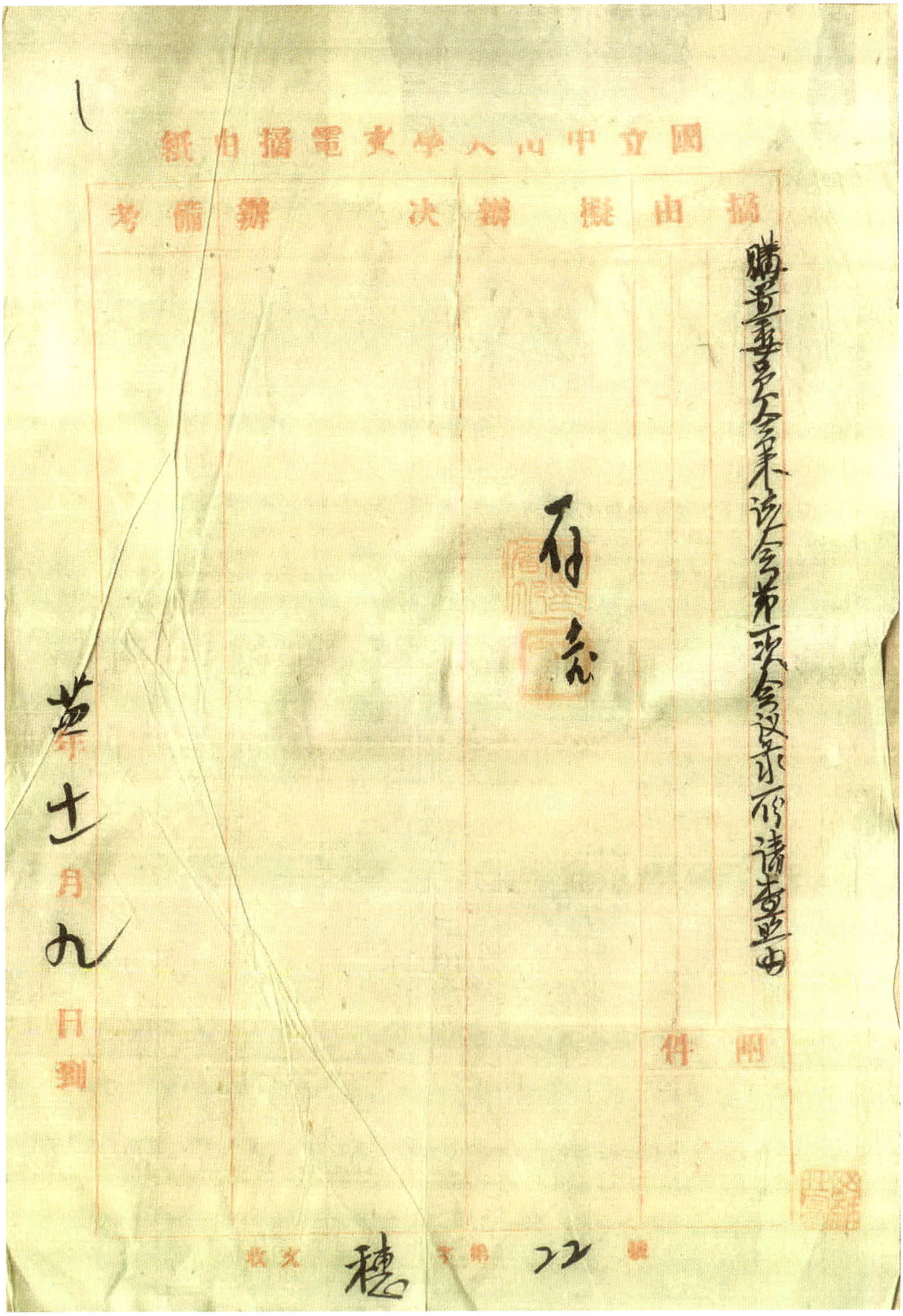

國立中山大學文電摘由紙

摘由	擬辦	決辦	備考
購置委員會來送該會第一次會議記錄一份請查照由		存	

附件

卅四年十一月九日到

文收 穗 字第 22 號

2

國立中山大學復員委員會購置委員會第一次會議紀錄

日期：十一月七日

地點：本校平山堂

出席者：何継興 陳道明 陳懷嵩 謝立仁

列席者：黃榮謙 畢仲炘 謝煥章 鄭鼎銘 陳端標 梅任遜 黃錫鄰 鍾景裕

主席：何継興

紀錄：畢仲炘

討論事項

一、關於各院部現辦中需用傢具種類及數量表冊應如何列報案

議決：由各單位將急需傢具為床板連櫈辦公枱椅課室枱櫈公文架碗厨具等項分別詳細列表并限於本月九日前送會彙請核辦

二、本會第二次開會日期應定何日案

議決：定本月十日上午九時在平山堂

總務處 送

国立中山大学总务处关于复员工作组织警卫组情形致各学院请予以协助的函（一九四五年十一月三十日）

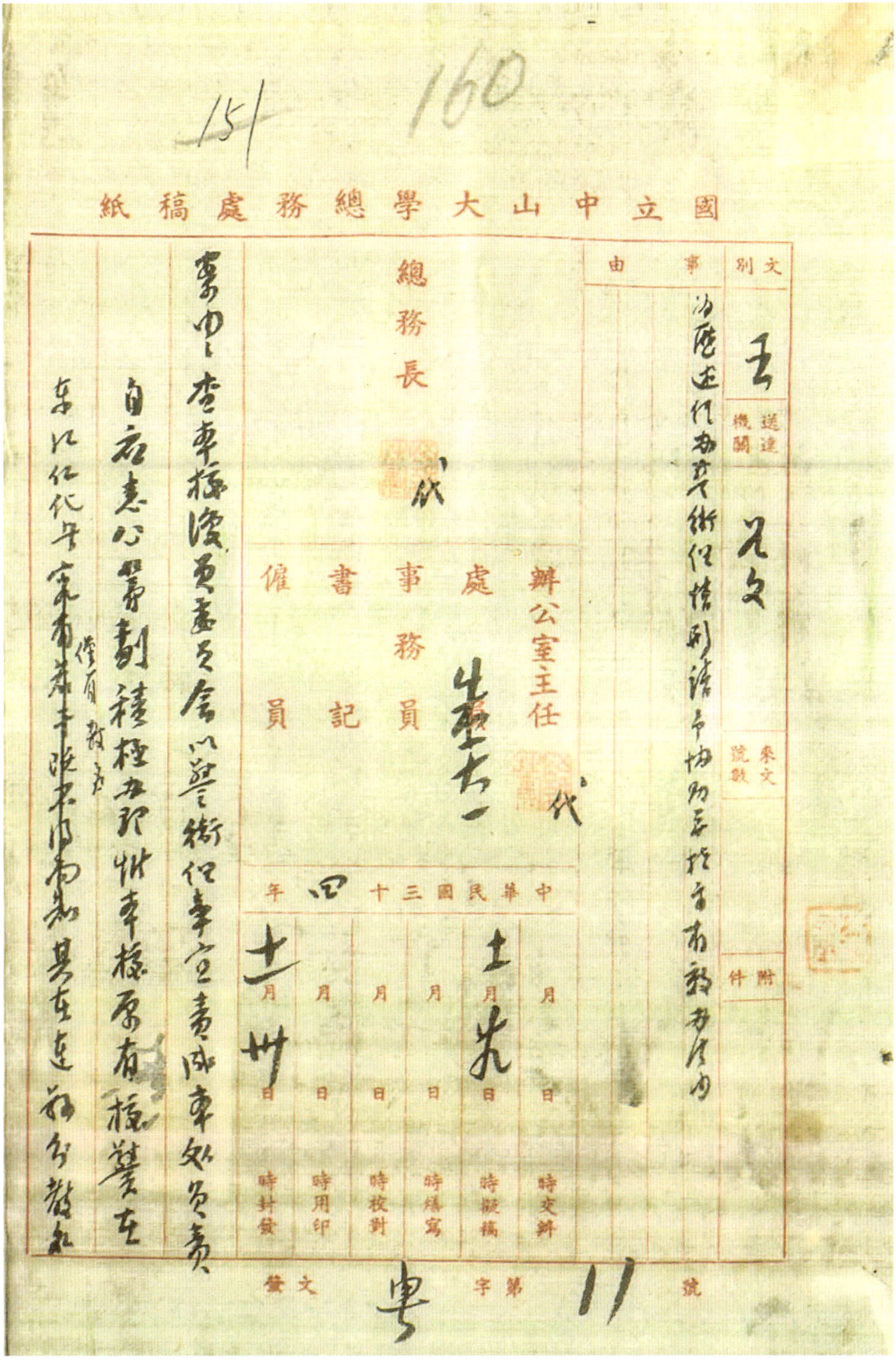
151
160

國立中山大學總務處稿紙

文別
送達機關
來文號數
附件
事由

總務長
代

辦公室主任
代
處事務員
書記
僱員

中華民國三十四年

月 日 時交辦	月 日 時擬稿	月 日 時繕寫	月 日 時校對	月 日 時用印	月 日 時封發

發文 字第 號

均有美术五十名而调回广州者仅有十余某
美术科由连静教员全部留守连县江西岸
及湘南边以资保管保存一带着重古物并备
押运古物回校之用因此在广州可调遣之抗敌美术仅有
十余名（好不敷）美术抗敌工作自属杯水车薪力求发展甚不
一方请求当局转请广东省保安司令部派员一连
驻在驻以资保卫一方命抗美术会同应将保持调 [illegible]
本院部青年工友编组美术队令派员分别美术现已
陆续组织起西配工作但因此种保安队令需派员驻在
办一处已令其负责严备纳曾以派员前往驻在自前

152

161

祕有就原調回廣州之稅警及新編之警衛班
全部撥作警衛局之未來炊巧歸并於內本校長
學生徐修請派警察實覺力与額達若此請將經費
惟利害詳
查可予以協助并請予有教安以為荷

此致

行政院　[illegible]

張院長　[illegible]

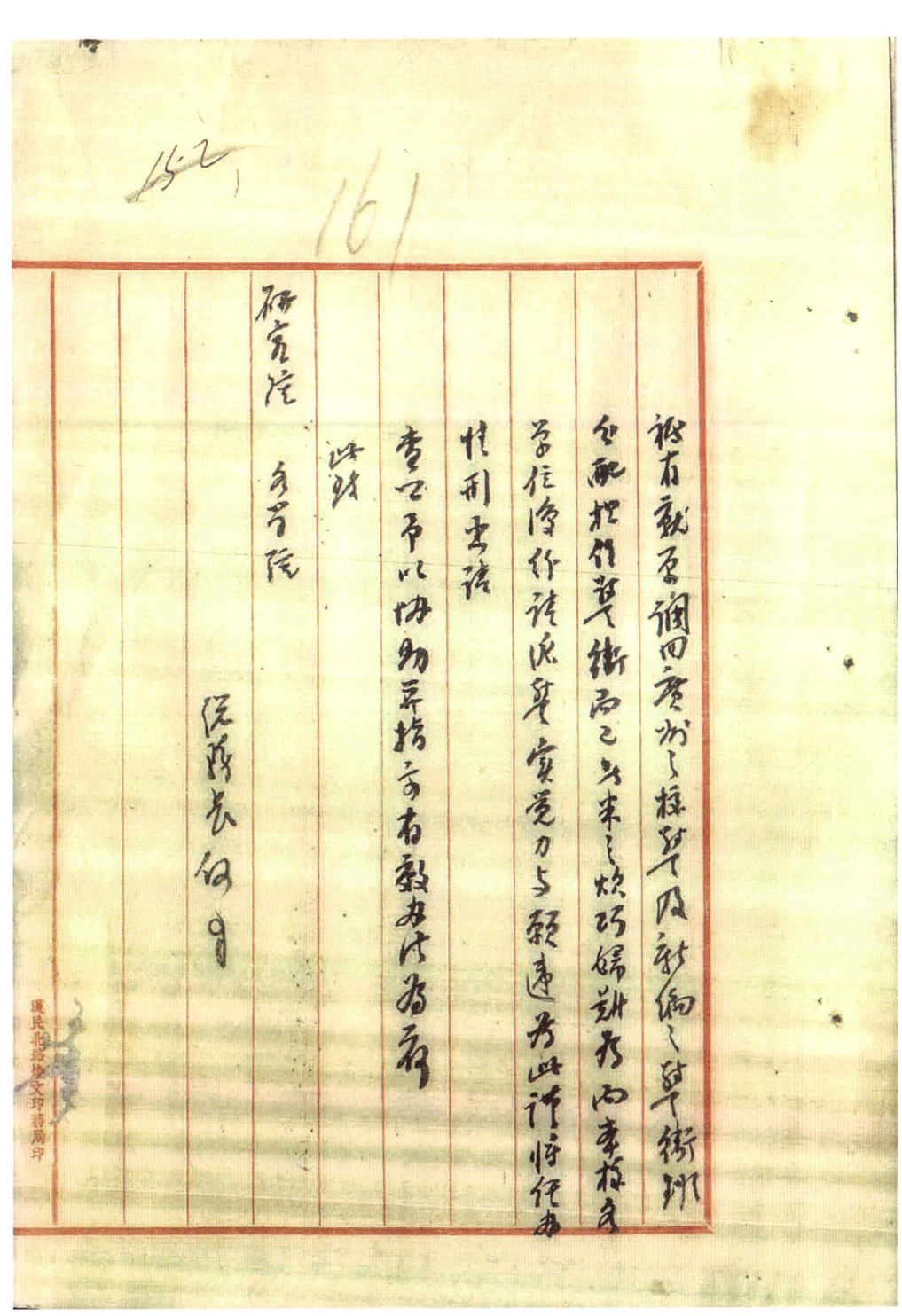

国立中山大学关于各院在坪石沦陷期间如有人员遭敌戕害者应即查明列报以便举行追悼一案的布告（一九四五年十一月十四日）

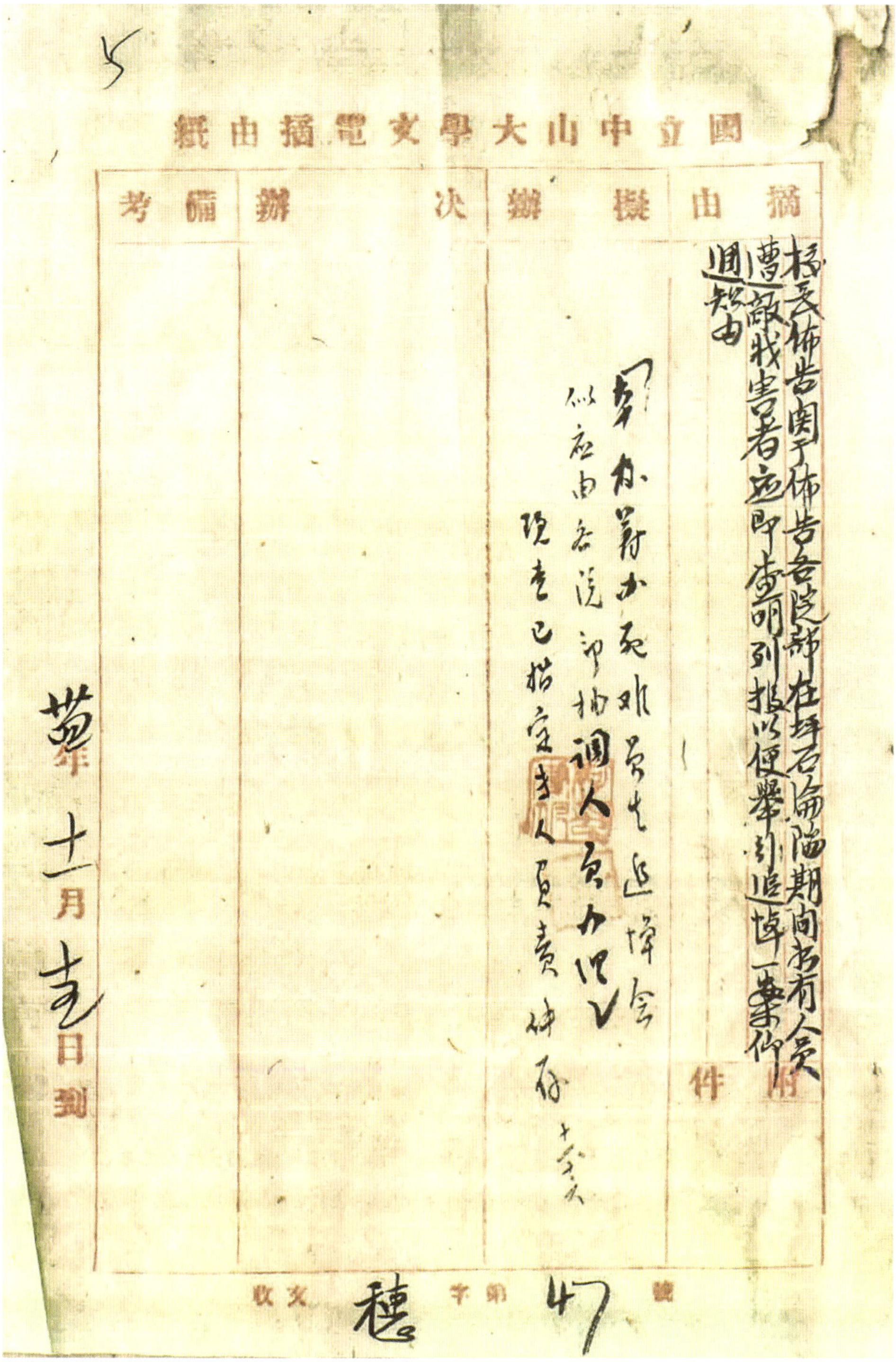
5

國立中山大學文電摘由紙

摘由	擬辦	決辦	備考
校長佈告關於佈告各院部在坪石淪陷期間如有人員遭敵戕害者應即查明列報以便舉行追悼一案仰遵照由	查本辦事處死難員生追悼會似應由各院部搜調人員加以現查已指定專人負責辦存 十一．十六		

附件

卅四年十一月十五日到

收文 穗字第 47 號

6

國立中山大學佈告

廣復總字18號

查坪石淪陷事出倉卒本校員生有未及逃避受敵威迫不屈就義或在奔避跋涉之中猝然遇敵致遭戕害而喪生者寔為國殤大節凜然同人咸共悲憤至抗戰數年不為利誘艱苦共嘗始終不殆盡厥職守而在復員之中遽爾遭難者殊堪痛悼自應調查清楚舉行追悼以慰英靈應由各院部班校於本月二十日以前查明分別列具姓名職別年齡死難或遭難日期及地點如屬學生應開列姓名院系年級死難或遭難日期及地點彙送來校以憑辦理合行佈告週知。

此佈

中華民國三十四年十一月十四日

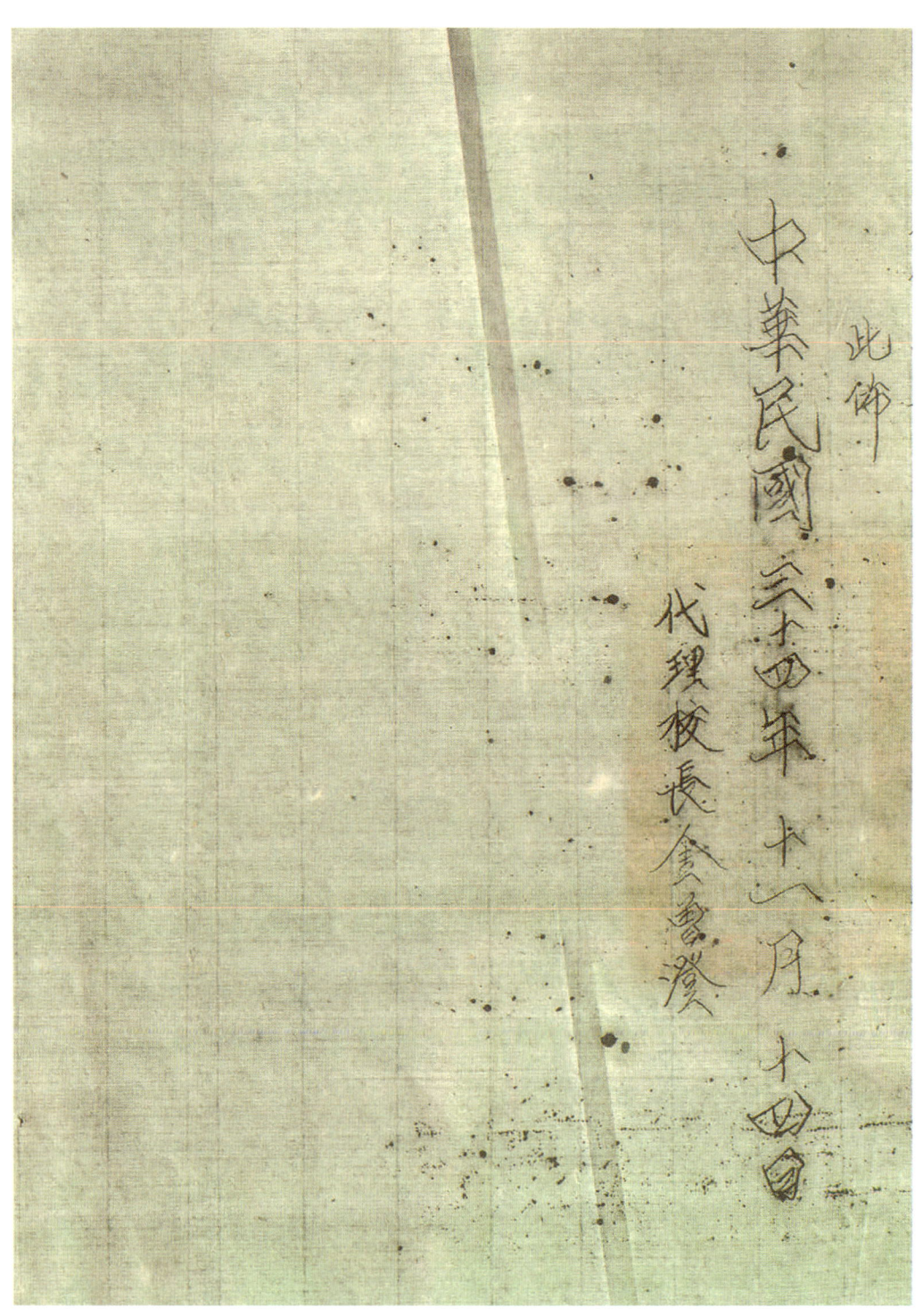

代理校長金曾澄

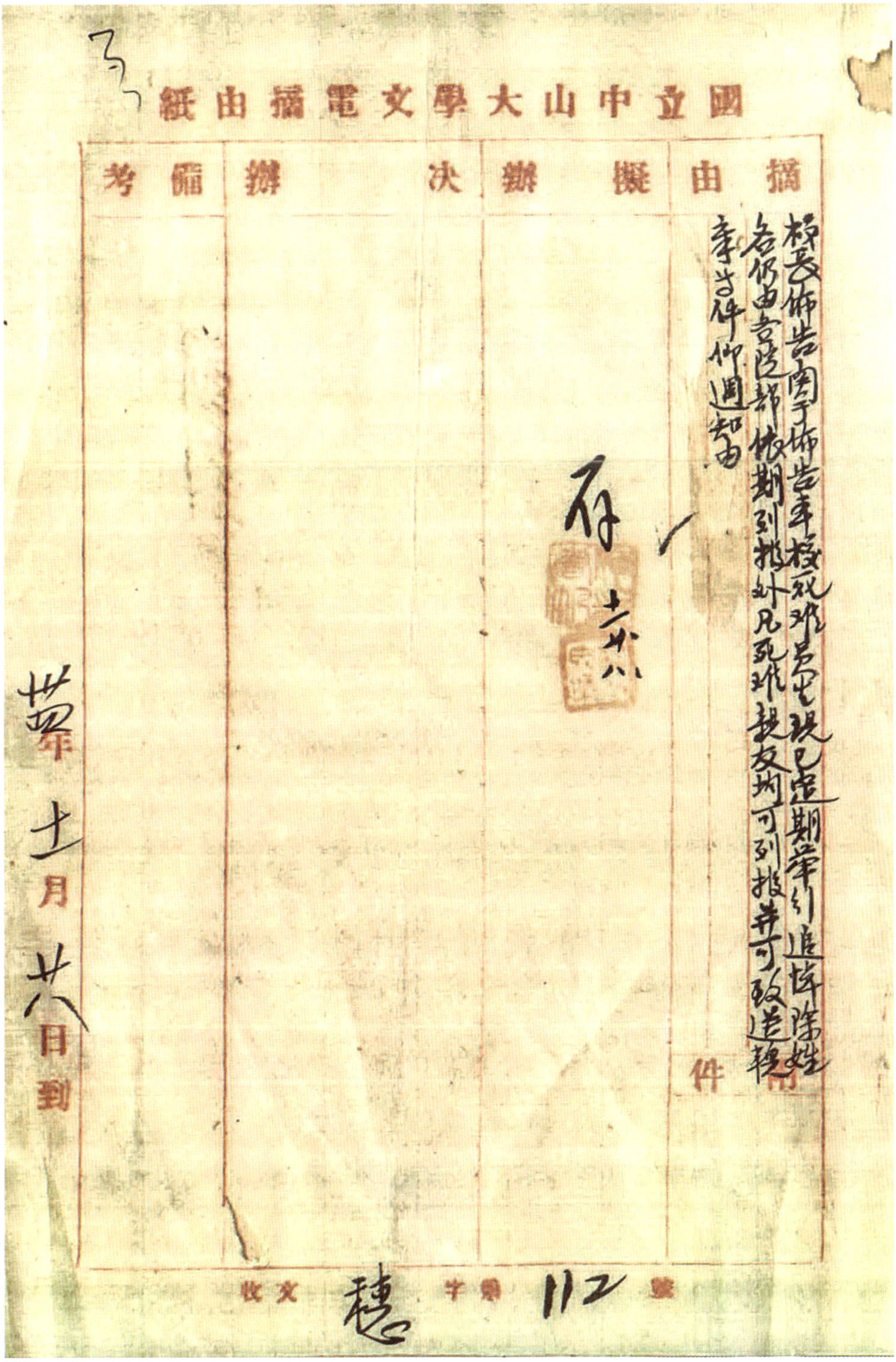
國立中山大學文電摘由紙

摘由	擬辦	決辦	備考
校長佈告關于佈告本校死難員生現已定期舉行追悼除姓名仍由各院部依期列報外凡死難親友均可列報并可致送輓章等件仰週知由	存 十一·廿八		

件

卅四年十一月廿八日到

文收 穗字第112號

国立中山大学关于为本校遇敌不屈死难者及复员途中遭难者举行追悼会请各学院列报的布告（一九四五年十一月二十七日）

4

國立中山大學佈告

廣浚總字465號

查今春敵擾粵北本校員生因奔避不及遇敵不屈而死者及在淪亡途中罹難者均應舉行追悼前經佈告由所屬院部列具姓名職別年齡死難日期及地點如屬學生並應加列院系年級限於十一月三十日前彙送來校在案現追悼會已定期十二月中旬舉行為免遺漏起見除仍由各院部依期列報外凡死難親友均可列報如有輓聯等件並送本校總務公廳收發處除分知外合行佈告通知此佈

中華民國卅四年十一月廿日

代理校長金曾澄

国立中山大学关于为本校死难者举行追悼会的布告（一九四五年十二月十二日）

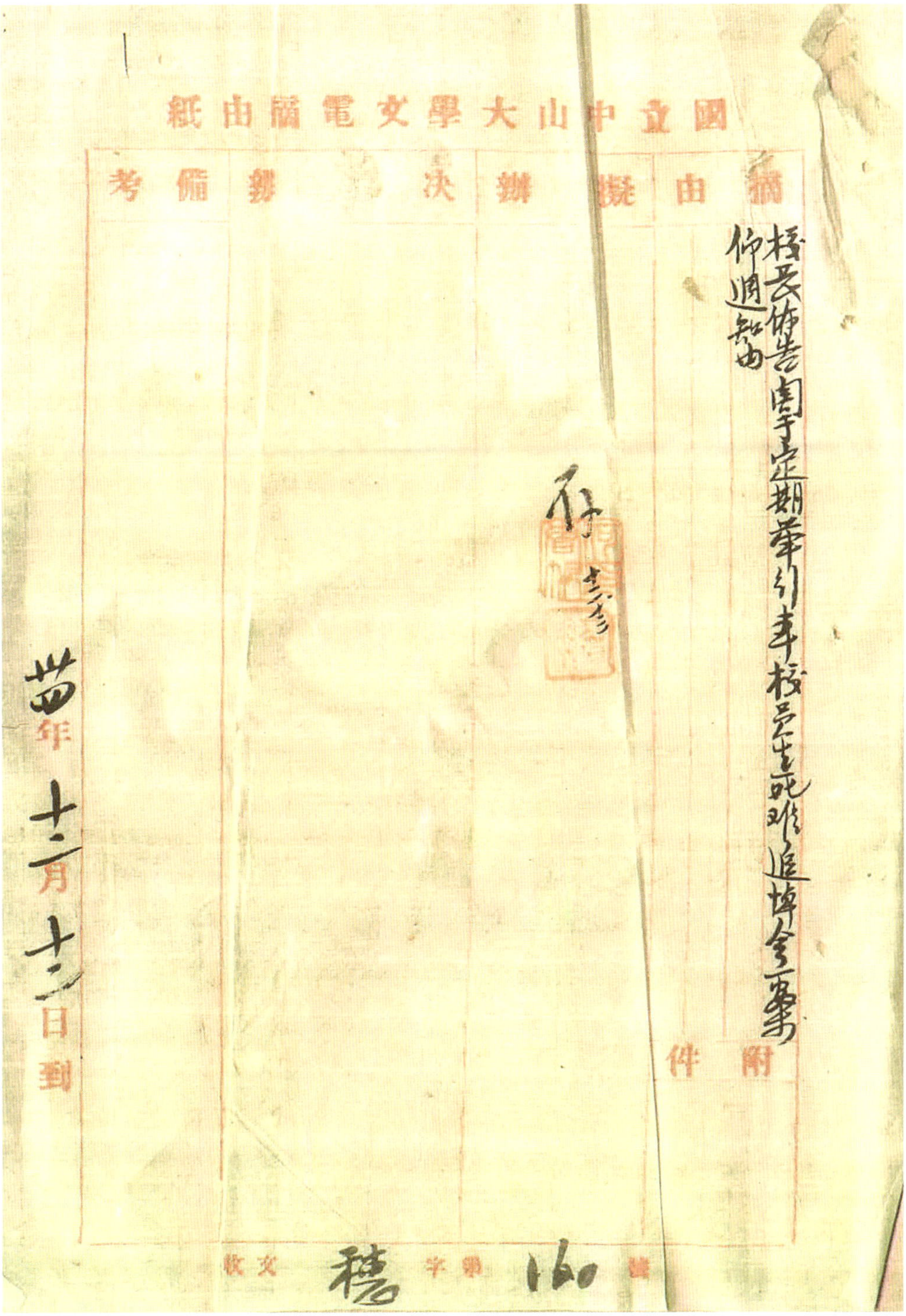

國立中山大學文電摘由紙

摘由	擬辦	決辦	備考
校長佈告本校定期舉行本校員生死難追悼會案仰週知由		存　十二、十三	

附件

卅四年十二月十二日到

收文稽字第160號

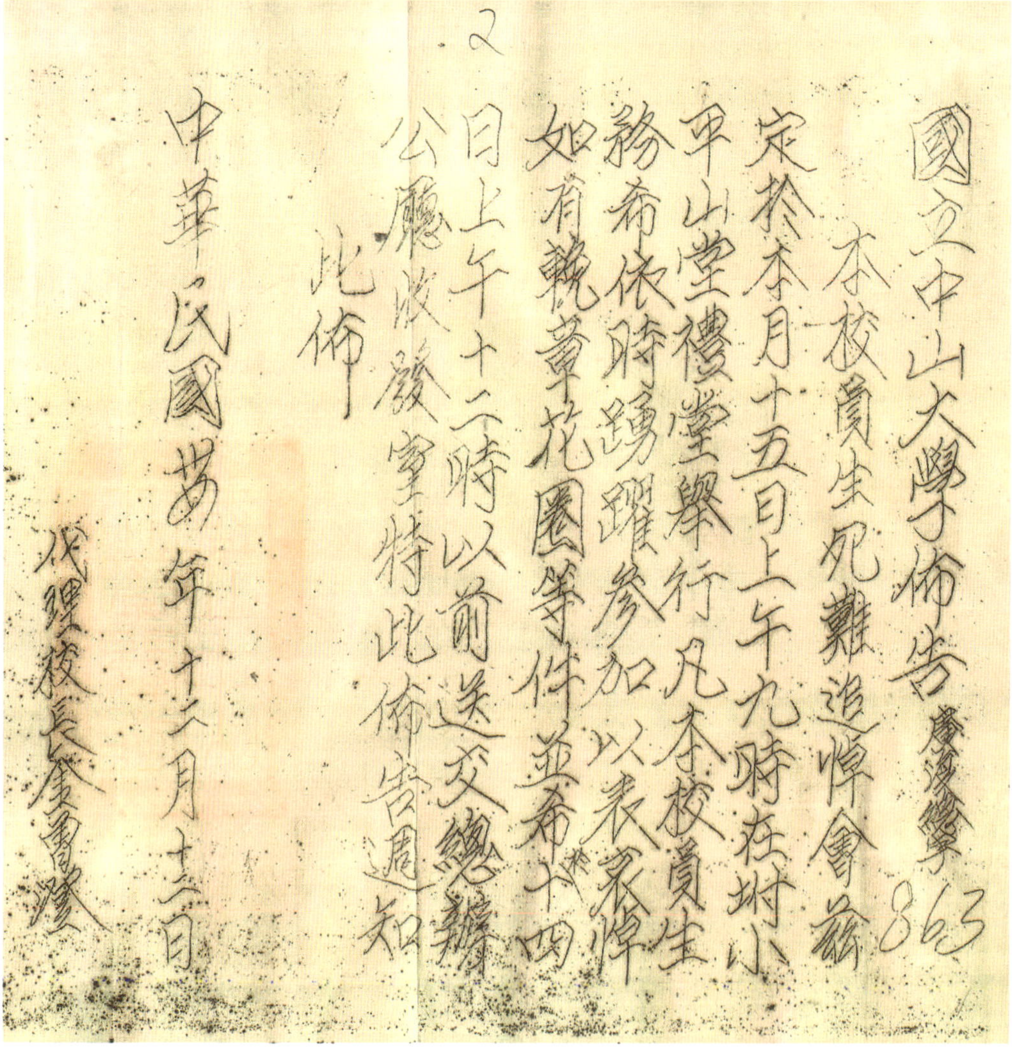

2

國立中山大學佈告 廣發總字863

本校員生死難追悼會茲
定於本月十五日上午九時在坪小
平山堂禮堂舉行凡本校員生
務希依時踴躍參加以表哀悼
如有輓章花圈等件並希於十四
日上午十二時以前送交總辦
公廳收發室特此佈告周知

此佈

中華民國卅年十二月十二日

代理校長金曾澄

国立中山大学致广州市政府请抚恤本校故教授卫梓松遗族的函（一九四六年十二月二十八日）

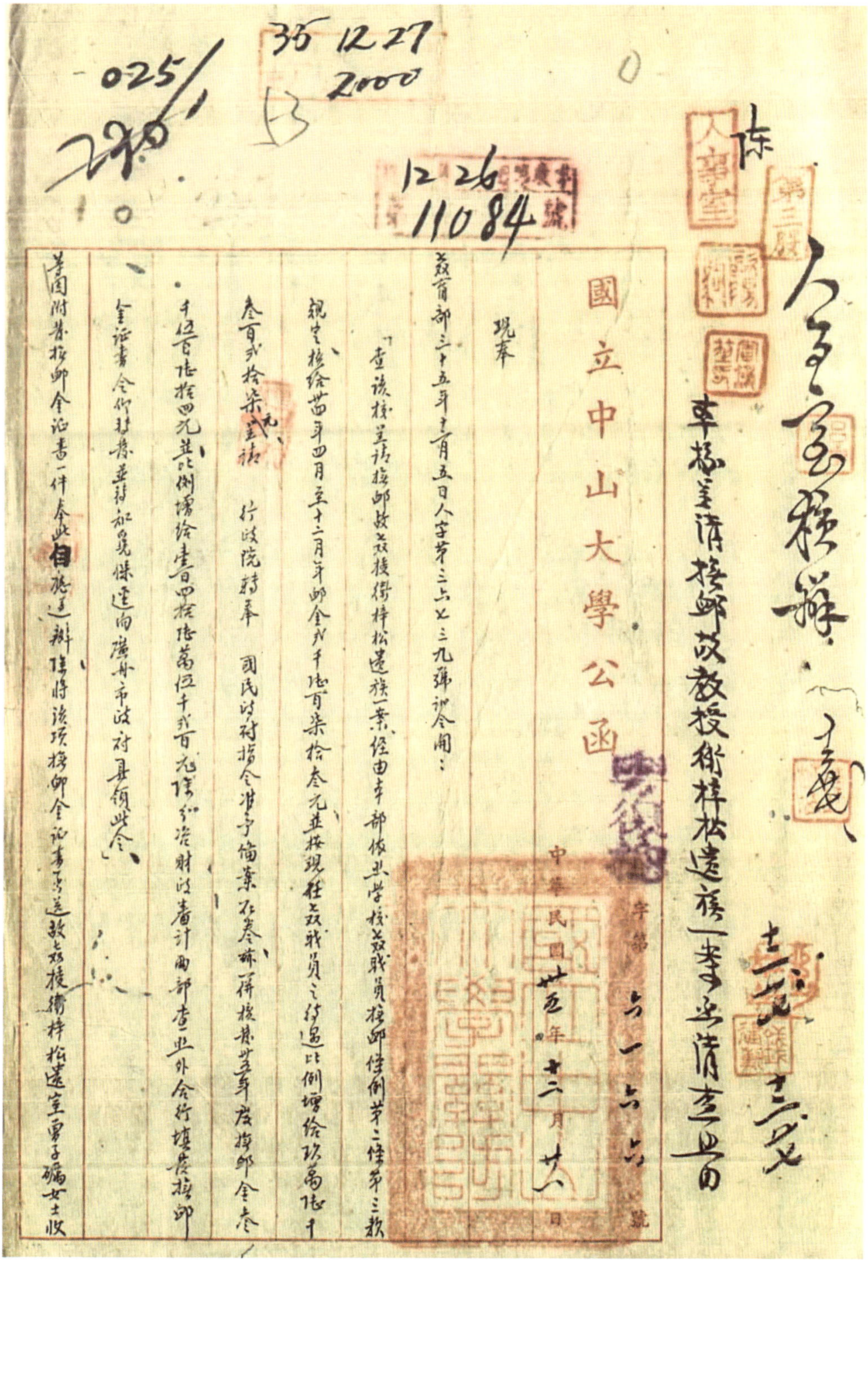

國立中山大學公函

本校呈請撫卹故教授衛梓松遺族一案呈請查照由

中華民國卅五年十二月廿八日　字第六一六六號

現奉
教育部三十五年十一月五日人字第三六七三九號訓令開：
「查該校呈請撫卹故教授衛梓松遺族一案，經由本部依照學校教職員撫卹條例第二條第三款規定核給當年四月至十二月年卹金九千伍百柒拾叁元，並按現任教職員之待遇比例增給功高俸千叁百弍拾柒元弍角，
行政院轉奉　國民政府指令准予備案在案。茲將核發卅五年度撫卹金叁千伍百拾四元，並比例增給壹百四拾陸萬伍千弍百元，除分咨財政審計兩部查照外，合行填發撫卹金證書令仰轉發，並轉知遺族逕向廣州市政府具領。此令。」
等因附發撫卹金證書一件，奉此，自應遵辦。除將該項撫卹金證書函送故教授衛梓松遺室曾子碥女士收

執並仰依章赴領外相應函達請煩

查照給發為荷

此致

廣州市政府市長歐陽

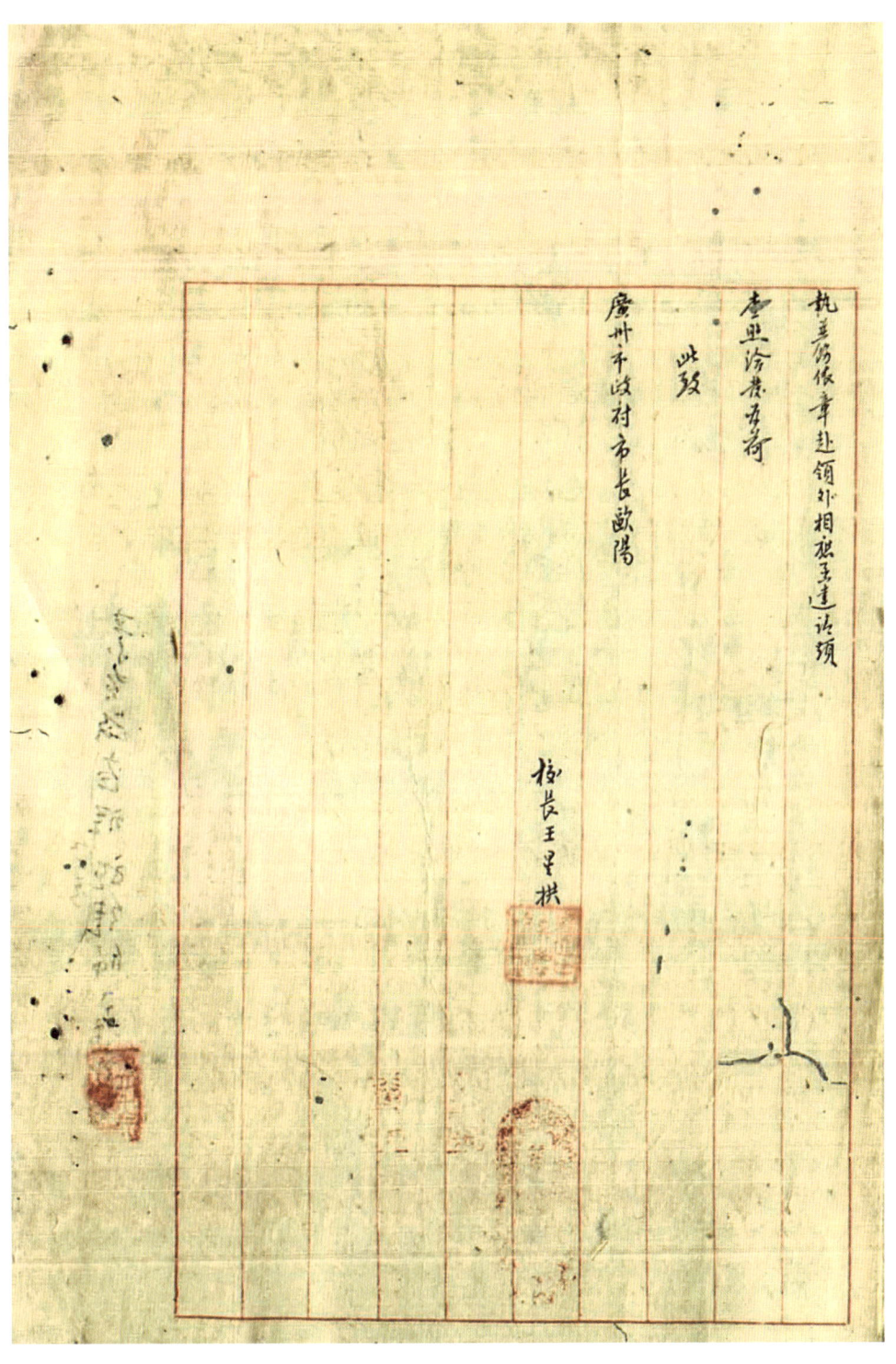

校長王星拱

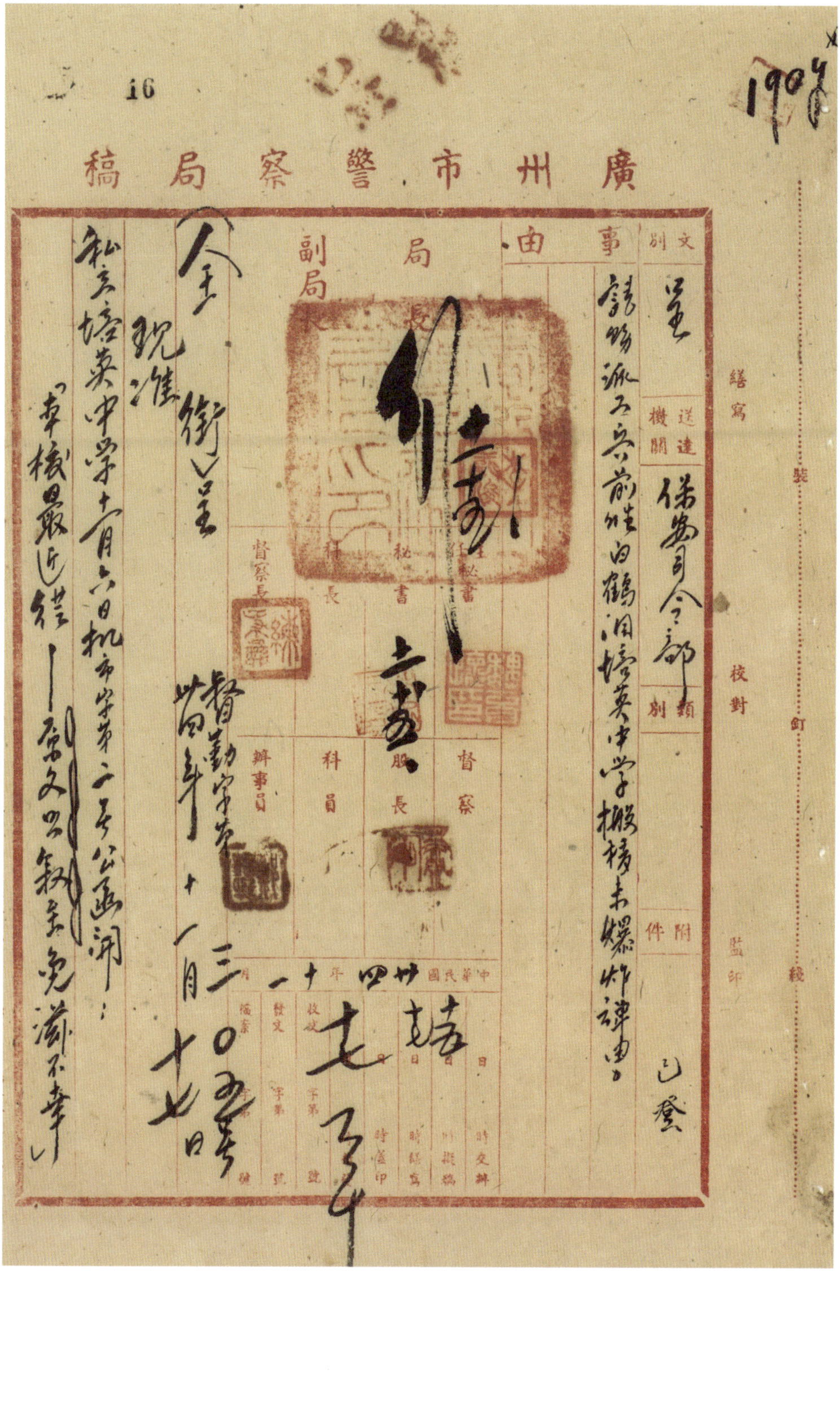

16

1904

廣州市警察局稿

文別：呈

事由：請派工兵前往白鶴洞培英中學搬移未爆炸彈由

送達機關：保安司令部

局長

副局長

主任秘書

秘書

科長

督察長

督察

股長

科員

辦事員

附件

類別

繕寫

校對

監印

裝　釘　綫

中華民國卅四年十一月十七日

交辦　日　時

擬稿　日　時

核稿　日　時

蓋印　日　時

收文　字第　號

發文　字第　號

檔案　字第　號

廣州市警察局關於請派工兵前往白鶴洞培英中學校搬移未爆炸彈致廣東全省保安司令部的公函
（一九四五年十一月十七日）

等由。准此，除已备文转报

察核，恳予饬派工兵接收前线撤移。

谨呈

广东全省保安司令余、副司令李

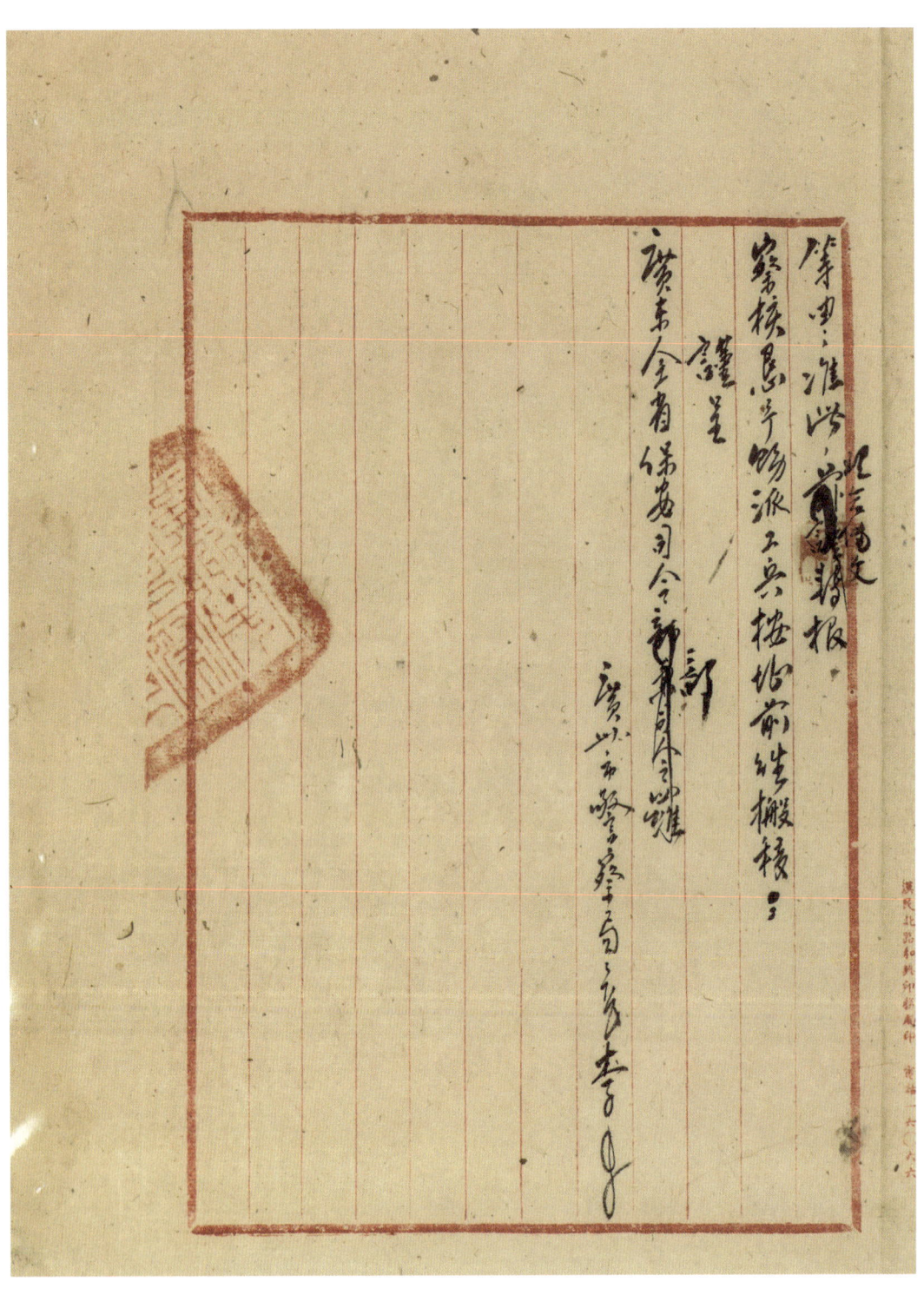

广州市警察局局长李

18

廣州市私立培英中學公函

事由：因現在校舍範圍內發見有未爆炸彈請派幹員來校勘視設法移去免遭不幸由

機　市　字　第　二　號

中華民國三十四年十一月六日

逕啟者：本校最近從連縣遷回市區白鶴洞原址復課，所有校舍均分別修葺待用，惟現忽在校舍範圍內發見有未爆炸彈乙枚，頗具危險性，事關公安，相應函請貴局即派有經驗幹員來校勘視，設法移去，免遭不幸為要。希頃查照實紉公誼。

此致

廣州市警察局局長李

廣州市私立培英中學校長傅世仕

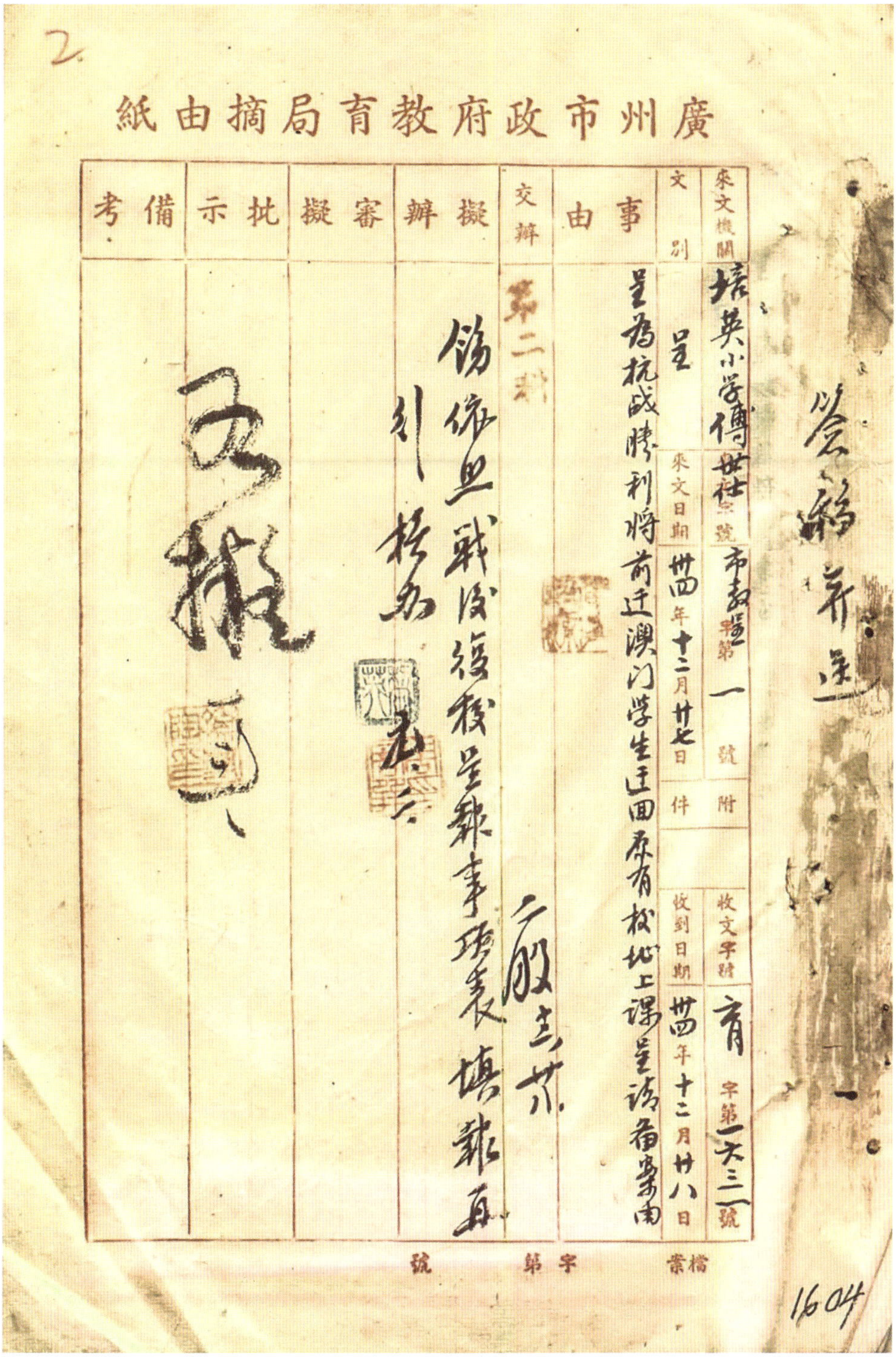

廣州市政府教育局摘由紙

來文機關	培英小学傅世仕	字號	市教呈第一號
文別	呈	附件	
來文日期	卅四年十二月廿七日		
收文字號	育字第一六三一號	收到日期	卅四年十二月廿八日
事由	呈為抗戰勝利將前遷澳門學生遷回原有校址上課呈請備案由		
文辦	第二科		
擬辦	飭依照戰後復校呈報事項表填報再		
審擬			
批示	可		
備考			

檔案　字第　號

1604

广州市私立培英小学关于抗战胜利将前迁澳门学生迁回原有校址上课呈报教育局备案的函（一九四五年十二月二十七日）

3.

事由	擬辦	決定辦法	備考
呈為抗戰勝利將前遷澳門學生遷回原有校址上課呈請備案事。			
附件			

字第　號　年　月　日　時到

收文　字第　號

3-0

市教呈字第壹號

廣州市私立培英小學校呈

竊自抗戰軍興，本市市區時遭敵機轟炸，本校為學生安全計，於民國廿七年七月遷往澳門繼續開學。茲以抗戰勝利，廣州光復，自應遷回原有校址（西關多寶路尾）復課，經於本年十月十五日將前遷澳門學生，全部遷回。今鈞局復員本市，辦公理合備文呈報，請予備案，實為公便！

謹呈

廣州市教育局局長孫

廣州市私立培英小學校長傅世仕

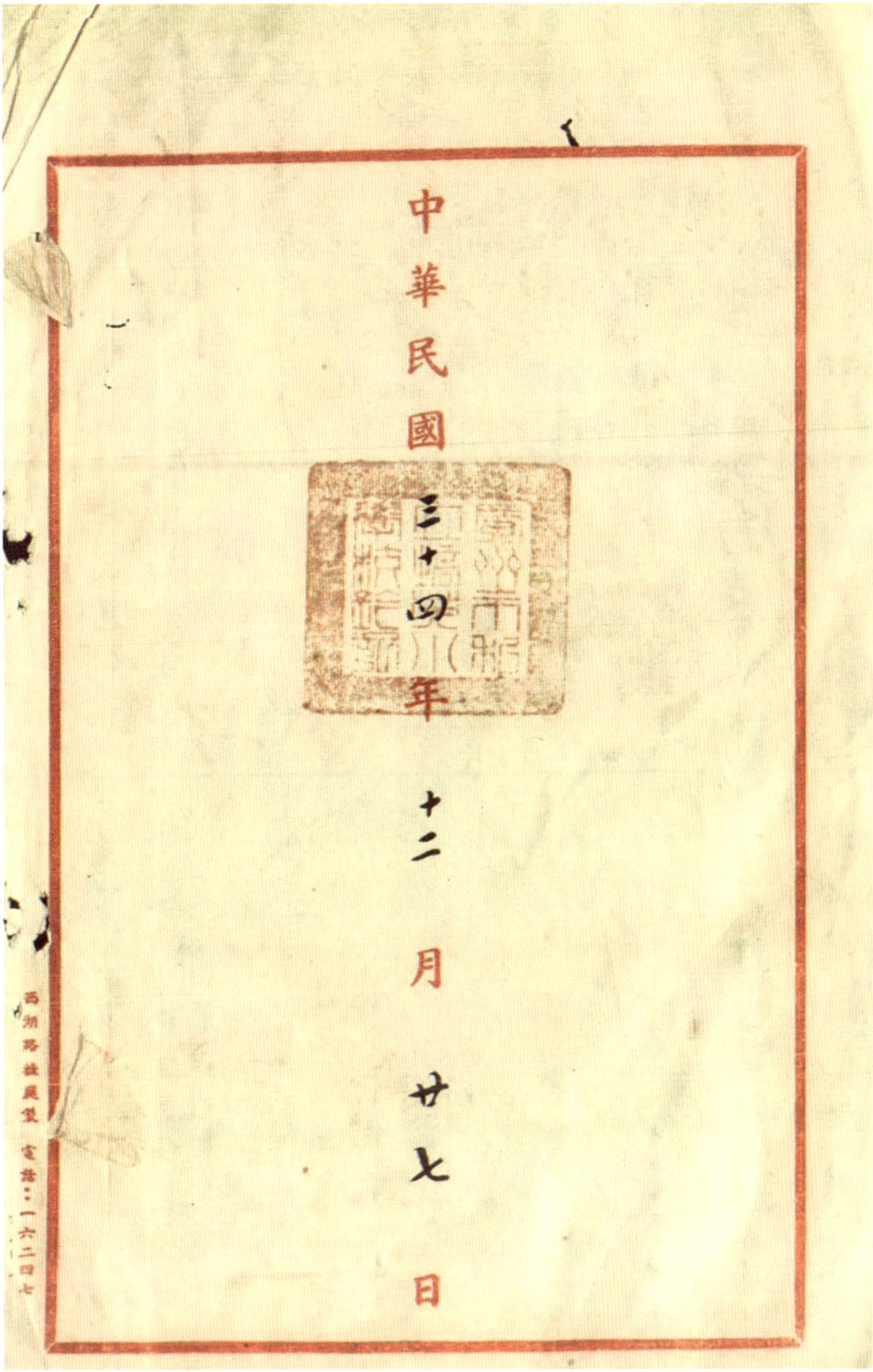
中華民國三十四年十二月廿七日

西湖路[illegible] 電話：一六二四七

广州市私立真光小学呈报战后复课事项表及校董会章程呈请教育局备案的函（一九四五年十二月三十一日）

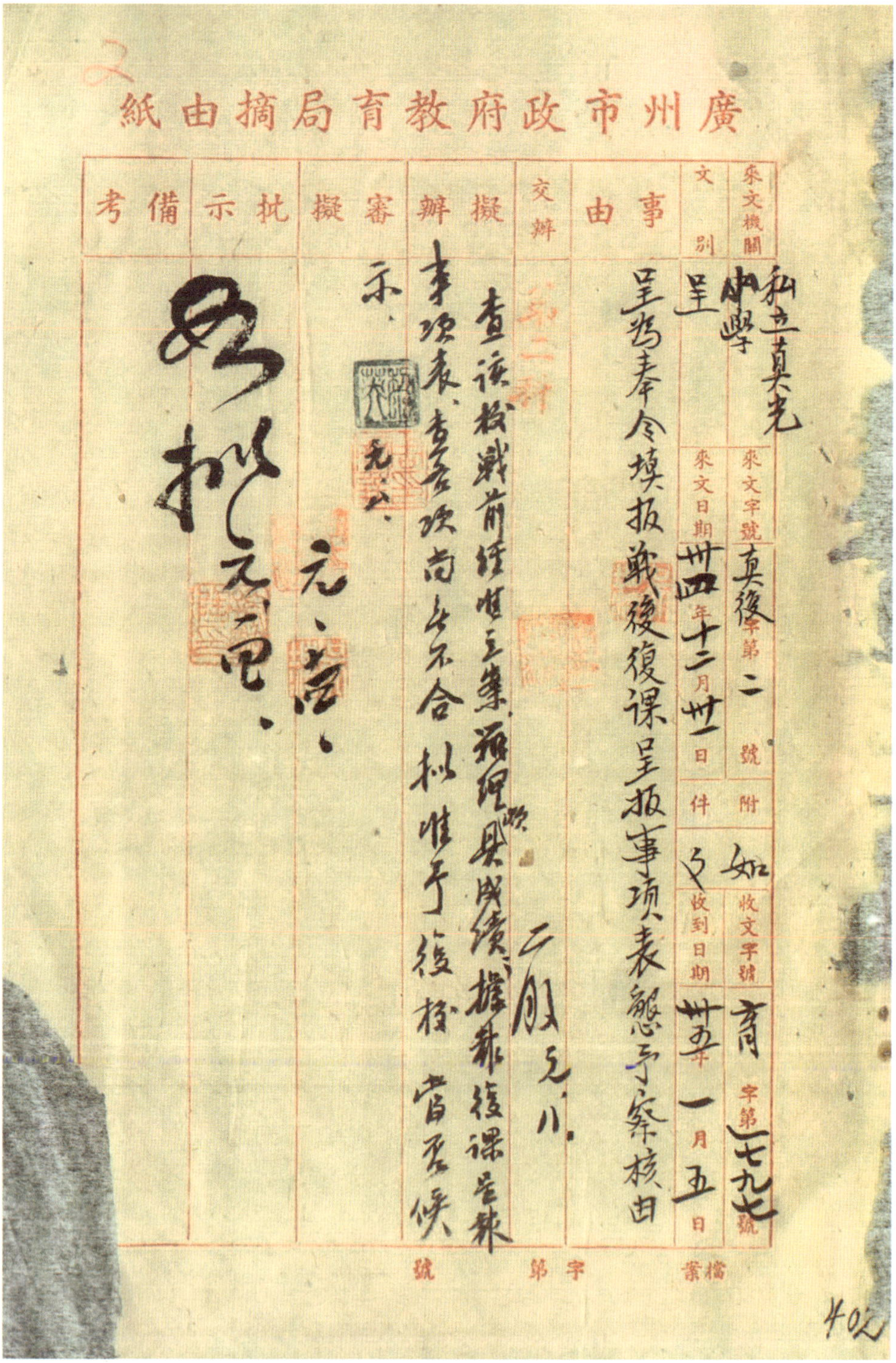
廣州市政府教育局摘由紙

來文機關	私立真光小學
文别	呈
來文字號	真復字第二號
來文日期	卅四年十二月卅一日
附件	如文
收文字號	育字第一七九七號
收到日期	卅五年一月五日
事由	呈為奉令填報戰後復課呈報事項表懇予察核由
文辦	第二科
擬辦	查該校戰前經准立案，茲經其成績，據報復課呈報事項表、章程項尚無不合，擬准予復校，當否候示。二月 元八
審擬	示。元六
批示	如擬 元、九
備考	

檔案 字第 號

廣州市私立真光小學校戰後復課呈報事項表

廣州市教育局訂

甲.中華民國二十七年第一學期學校狀况

(一)校董會方面:

1.目的
以經營及發展本校為目的

2,會址
本市仁濟路本校

3.曾否立案
已立案

4.立案年月及奉准文号
廿一年七月四日文号17号

5,校產資金及其他收入詳細項目、
1.校友會捐地產在西村當時值一萬伍仟元每年收入約五佰元
2,校董會捐得現金四八佰元
3,學費收入約六佰元

6,校董姓名年籍履歴現在職務地址
另表

(二)學校方面:

1.校址
廣州市仁濟路

2.立案年月及奉准文号
民國二十七年七月四日文号第一七号奉准廣州市教育局立案

3.校長姓名性别年齡籍貫履歴(曾否經教育廳或教育局核准備案)
見本校復員後職教員表(已在教育廳備案)

4.職教員人數
二十九人

5.班級數
六級九班

6.各班級學生數
三百六十人

7.校舍狀况
原有舊樓兩層一座新建三層校舍二座共可容壹仟餘人

8.設備狀况
當時教材教具圖書儀器設備充实足供六級九班之用

9.經費收支狀况
收入:19,395,37元
支出:19,395,37元

乙,戰時學校狀况

(一)校董會方面:

1.校董會狀况
本市淪陷後董事長及過半之董事多數在港遂得繼續行使職权展開会務

2,校董在後方或戰區担任公務職務者之姓名及其服務機関名称職務任職起止年月
本校校董散處各方,尚未完全復員回市此條亟待調查

2.校董有無附敵偽行為(如有應開列姓名)
無

(二)學校方面：

1.戰時停閉年月

二十七年十月

2.停閉是否内遷，其内遷地址及辦理概况

停閉後遷香港九龍福華街三十三号一連六間继續辦理至香港失陷後無法再行内遷遂暫停辦

3.校[redacted]長姓名性别年龄籍貫履歷（曾否經教育廳或教育局核准備案）

見復員職教員表

4.三十三年度第二學期職教員人數

5.三十三年度第二學期學生班數

6.三十三年度第二學期學生人數

7.校舍狀况

8.設備狀况

（三十三年度第二學期在停閉時期）

丙.戰後復課計劃：

(一)校董會狀况

原有校董因戰事關係流散各方，勝利後返市者九人，現擬增聘熱心教育者以補其缺。

(二)學校方面：

1.校長姓名性别年龄籍貫履歷（曾否經教育廳或教育局核准備案）見前

2.主要之職教員姓名性别年龄籍貫資歷現任職務及現在地址

另表

3.學校基金

本校有校地七畝在西村每年收息約126,000元

4.經費及來源

1.校產收益 2.校董會募捐 3.學費收入

5.職教員待遇

每月平均薪津15000元

6.學生應繳費用

每期每生學什各費共繳四仟五佰元

7.擬辦之班級及學生人數學生來源如何？ 另表

8.校址

廣州市仁濟路

9.校舍

新建三層校舍兩座連原有校舍一座兩層共可容壹仟餘人

10.設備

設備完全可供六級十二班之用戰時雖失去一部份現在積極籌劃補置中

說明：1.廣州市教育局管轄下之私立學校如欲復課應於事前得本表分别填報，一二兩份，並附校董會章程二份呈局核准方得復課，如有本學期招生章程，並應付呈二份備查

2.本表各項篇幅，得依繁簡自由伸缩

3.倘有圖表得附繳呈報

4.倘有特别情形得於備考欄叙述之

填報學校名称 廣州市私立真光小學校

填報人姓名 羅有節（印）

填報日期 三十五年元月四日

34

事由	擬辦	批示	備考
呈為奉令填報戰後復課呈報事項表懇予察核由			各表一份存科 [illegible]
附件：戰後復課呈報事項表，附：1.校董一覽表，2.職教員人名表，3.學生班級人數及來源表，校董會章程			

呈　字第　號　年　月　日　時到

收文　字第　號

廣州市私立真光小學校 呈

真複字第 式 號
中華民國三十 年 月 日

頃奉

鈞局教二甲字第四二一號指令內開：

「呈悉。查本局對於本市各私立學校復員，業經訂有戰後復課呈報事項表，由學校填報辦理。茲檢發一份，仰即依式分別填報，再行核辦。此令。」

等因，奉此，理合繕具戰後復課呈報事項表，備文呈請

察核示遵，實為公便！

謹呈

廣州市政府教育局局長孫

4

廣州市私立真光小學校校長羅有節

外附：戰後復課呈報事項表兩份；並附表：二十七年校董一覽表；又戰後復課職教員一覽表；又擬辦班級人數及學生來源表各兩份。

又附校董會章程兩份

羅有節章

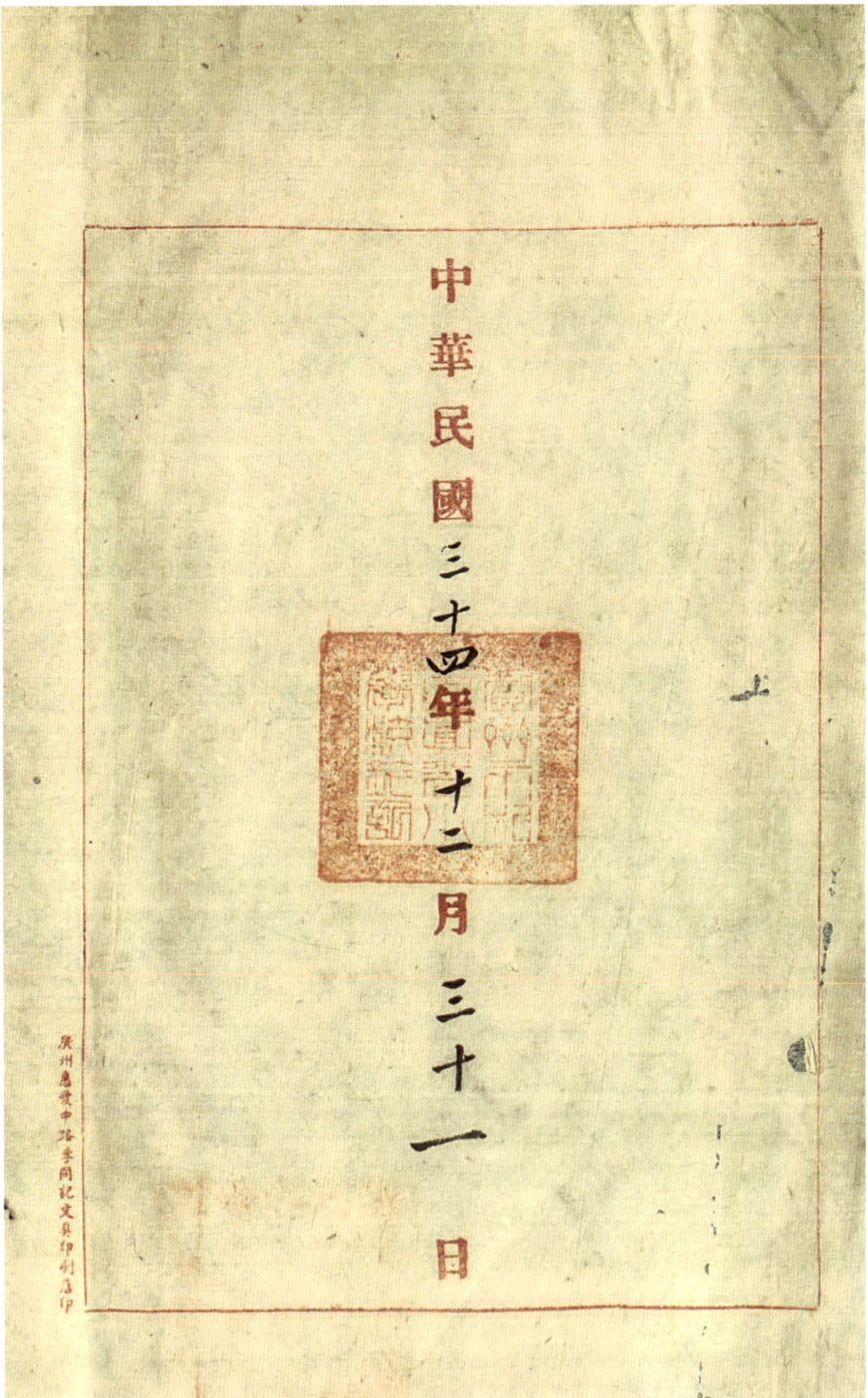
中華民國三十四年十二月三十一日

廣州惠愛中路李岡記文具印刷店印

曲江私立循道高級護士職業學校報告書

曲江私立循道高级护士职业学校报告书（一九四六年一月五日）

曲江私立循道高級護士職業學校報告書

甲 沿革

本校係於民國十三年成立，當時僅有學生一人，是年在中華護士會註冊列為註冊護士學校第九十九號。民十五年因兵變停辦，民廿四年冬復辦，校內組織及課程均遵照 教育部所頒法令辦理。當時因立案手續未竣，又因抗戰軍興敵機頻炸學校附近機場，無日安寧，故為學生安靜求學計，特將學生轉往佛山私立循道高級護士職業學校繼續肄業。自廣州淪陷後，本校鑒於粵北一帶護校缺乏，而護士人才社會需求甚殷乃於民廿八年十二月正式在曲江再為復辦是年有學生六名民卅年初已獲教育部批准備案在抗戰期間本校对于護士人才之訓練進行不遺餘力以適應社會國家之需求復蒙各界人士賜助校務得以循序漸進日益發展雖屢受敵人空襲威脅而各教職員更覺今後所負之責任重大故更為努力刻苦教導學生以期有成時因敵人迫近曲境各機關多有前後遷移數次而本校各教職員仍冒險站立崗位不動蓋有感於逃難期間傷病軍民亟需醫護人員予以幫助也迨民卅三

②

年六月時局又告緊張政府限令疎散本校乃隨隸屬實習醫院(曲江循道醫院)遷往連縣双喜山惠愛醫院暫駐是年應屆畢業生當時餘下六名本校乃與惠愛醫院商洽得入該院繼續實習以竟學業是年十月曲江轉為安定故本校隨屬與實習醫院乃遷返曲江原址復課復業際此期間湖南零陵普愛醫院附設高級護士職業學校全体員生凡十五人因零陵淪陷敵手由該校校長周靜女士率領來本校借讀本校以同屬教會且該校學生逃難之餘厥狀至告乃慨允收容并免入學試驗分別插入各該級上課

實習并予以一切方便并蒙實習醫院院長伍學宗醫生應允資助該校各生一切膳宿制服等費并聘請該校校長周靜女士及護士長羅韻清女士在院内分别担任工作是年本校應屆畢業生六名與湖南零陵普愛醫院附設護士學校借讀應屆畢業生四名一同參加于卅四年一月之畢業會考剛考驗完畢而敵人犯境曲江情勢惡劣本校乃提前于是月廿二日舉行畢業典禮廿二、廿三兩日本校與零陵普愛護士學校隨同實習醫院分批先後疎散至曲江縣屬龍歸鄉多田村暫駐為免荒廢學業及遵行　廣東

3

省教育廳訓令採取流動式上課起見隨即在該處繼續上課并實習鄉村衛生工作卅四年二月零陵普愛護校校長周靜女士率領員生由北取道乳源赴連縣轉返湖南在于八閱月疎散期中本校員生雖僻處窮鄉中交通硬塞外援斷絕艱苦備嘗但对于護士專門人才之訓練未嘗或輟而當此变亂期中實習醫院感於內地醫療衛生設備之缺乏為普遍服務計曾在「東江」「曲乳」「連陽」三地分設三工作區繼續醫療衛生工作本校亦派有畢業生及應屆畢業班學生到該三工作區參加團隊救護過境難民醫

葯服務鄉村衛生準備配合盟軍登陸諸工作是以各生不致受戰事影响而仍有機會繼續學習誠屬幸事迨敵人投降曲江重光八月廿八日敵人甫退出本校及實習醫院隨卽派員正式接管校址院址九月一日實習醫院恢復門診及留醫留產防疫諸工作而本校亦於同月十二日由多田遷回曲江原址復課

乙：經費

本校乃曲江循道醫院所附設經費除每年中華循道公會捐助國幣伍仟圓外餘皆由曲江循道醫院補

4

助又第二次疎散搬移費院方雖在經濟極度困難中而院長伍學宗仍勉力資助年來因戰事關係学生多有與家庭失去联絡或家境困難無從接濟者本校曾得蒙　廣東國際救濟會先後捐助國幣弍拾萬元共援華會捐助又弍拾萬元以致各生得免陷於困境而能安心向學實深感激。

丙：教務及教職員

民廿四年初英籍女護士羅美麗女士主理護校復辦事宜至為努力推羅女士於是年冬患病回國

休養廿八年英籍彭愛蓮女士由佛山特到本校勷
助彭女士在華辦理護士教育多年經驗豐富故
对于復校計劃及工作貢献至大後女士於廿九年
秋返佛山主理私立佛山循道護校事務民廿九年
初本校校董會選舉陳愛心為現任校長是年夏
英籍女護士陸自勤女士由港抵韶協助教務事宜
女士不特对於學生課程與實習方面教導優良更
為學生之最佳導師惜女士於卅二年冬因病回家休
養當時汕頭淪陷汕頭福音醫院總護長吳馥之彭
彬兩女士相繼來校協助教務兩女士畢業多年經

驗豐富各生獲益良多惜卅三年夏曲江疏散兩女士疏散昆明另有高就卅三年秋復得區煥珍來校代替教務主任之職區女士歷任省立護士學校教官之職經驗豐富到校不久即遭曲江淪陷女士率領各生僻難鄉中教授各科至為努力本校教職員除護理科由護士專門人員担任教授外復得本校實習醫院（曲江循道醫院）各醫師担任教授故各科課程收效至佳各生復能在院內各科病室及外科手術室實習外并在藥房病理物檢驗室等分別實習獲益良多。

丁：校舍

本校原有校舍乙座并有图書室課室護病技術實習室會客室各一間網球場等地氏廿年因学生人數激增是以向中華循道公會借用原日英光女校校舍乙座改建為学生宿舍并增建教職員宿舍乙座及羽毬場等并於圖書室兴課室地方設置足力電燈以供学生晚上自修之用。

戊：学生生活

本校向來注重学生之康健除聘有校醫并建有各種運動場規定運動時間及举行野外遠足等課外生活外对於学生营養方面至為注重年來百物騰貴尤以食物價格飛漲為甚本校各生膳食向由醫院供給前院長梅守德爱護各生視同子女自民卅三年起按学生所需之营養定量分配是以各生膳食不致因物價飛漲而影响健康。

己、学生人数

民廿八年有学生六名廿九年一年級及預科班有

学生十六名三十年有学生廿三名分一、二年級及預
科班三班卅一年有学生共四十名分三、二、一年級及
預科班四班其中插班生五名卅二年一、二、三年級及
預科班五十二名插班生十名卅三年一、二、三年級及
預科班共三十八名連零陵護校借讀生十三人共
五十一人是年因疎散回家停学者計十一人插班
生一人卅四年春因困居鄉間学生人數大減各班
学生共計十九人現尚有学生數人首途返校復課
計自廣州香港相繼淪陷本校插班生共計十六人來自
廣州柔濟醫院端拿護士学校香港廣華醫院那

干

打素醫院、瑪麗醫院、汕頭福音醫院等護士學校，本校為造就人才起見，特予收容，以完成其學業。又有因其原校與本校課程不同者，至感困難，本校皆為之分別補授，現該插班生等先後多已畢業離校，在社會服務。

庚、歷屆畢業生人數及服務概況。

復辦後第一屆畢業生五人，第二屆畢業生十四人，第三屆畢業生六名，另湖南零陵護校借讀畢業生四名，各畢業生中除一名因病逝世外，餘皆在

國內各醫院及衛生機關服務

申：今後計劃

本校復員以來最感困難者首為經費缺乏蓋校內原有之圖書校具標本掛圖模型傢俬等被敵劫毀損失至大現以百物昂貴添置無力又本校位於曲江曾經作為省會盛極一時教育機關林立今者人口較前大減聘請合式教員實為難事如能就地分別選送各科合式人員到各專門學校以求深造將來回校担任教職以充實教務人員

為佳惟此項計劃自需一筆巨大費用其他如護病實習示教室之假人成年及兒童共嬰孩各一個之建設以為學生實習之用并加强各項設備使各生進修游息均足應用使能專心向学使本校建設為一現代化及管教最完善之護士学校造就大量護士專門人才為社會國家服務實厚望焉。

曲江私立循道高級護士職業學校校長陳愛心

卅五年一月五日

广州市私立金陵中学附属小学填具战后复课报事项表及校董会章程呈请教育局察核备案的函
（一九四六年一月八日）

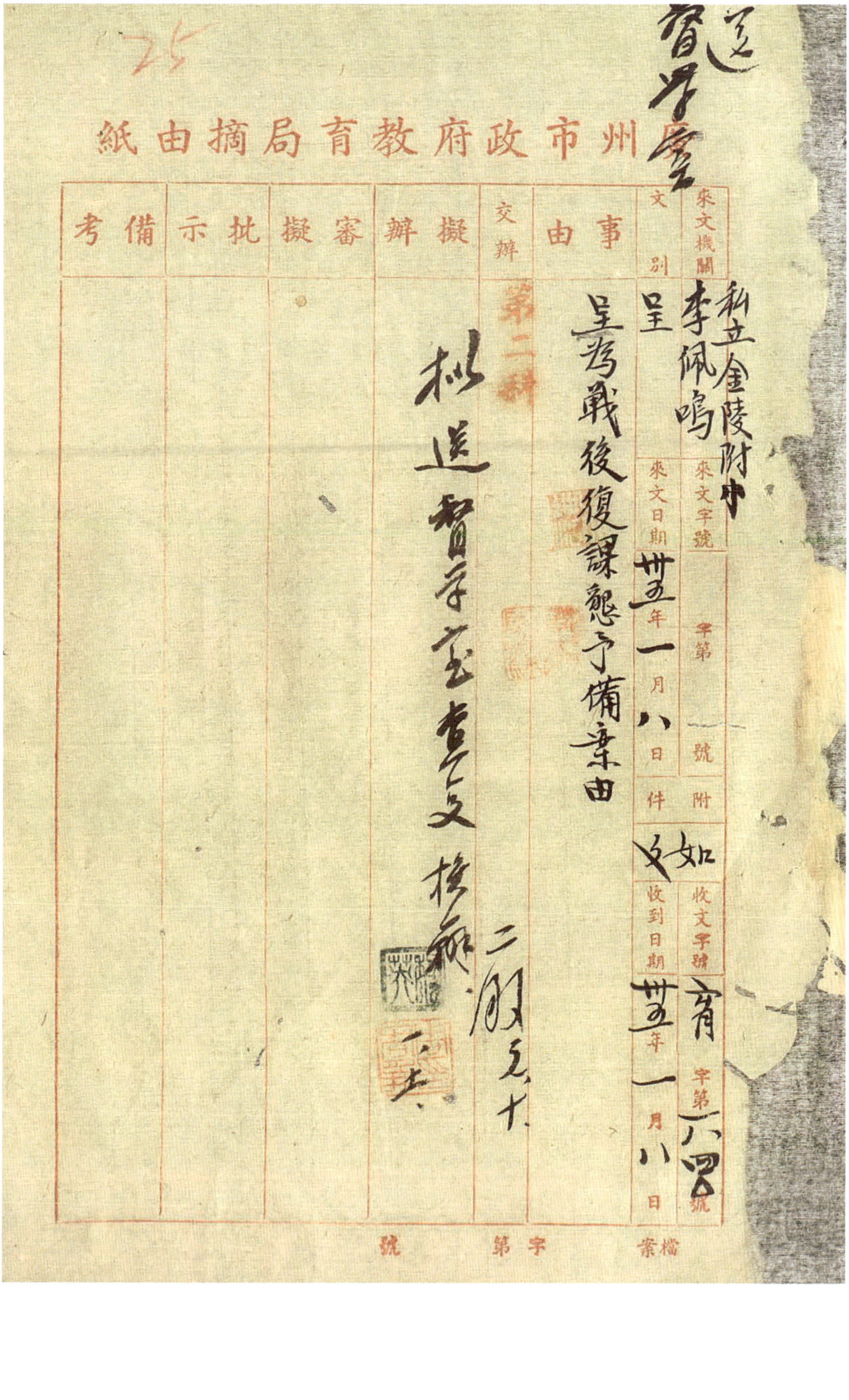
25

督學室　送

廣州市政府教育局摘由紙

來文機關	私立金陵附中
文別	呈
	李佩鳴
來文字號	字第　號
來文日期	卅五年一月八日
附件	如文
收文字號	育字第一八四四號
收到日期	卅五年一月八日
事由	呈為戰後復課懇予備案由
交辦	第二科
擬辦	擬送督學室查文核辦　二月五十　一、十六
審擬	
批示	
備考	

檔案　字第　號

26

事由	擬辦	批示	備考
呈為戰後復課懇予備案由			附件乙份存科
附件：如文			

字第　號　年　月　日　時到

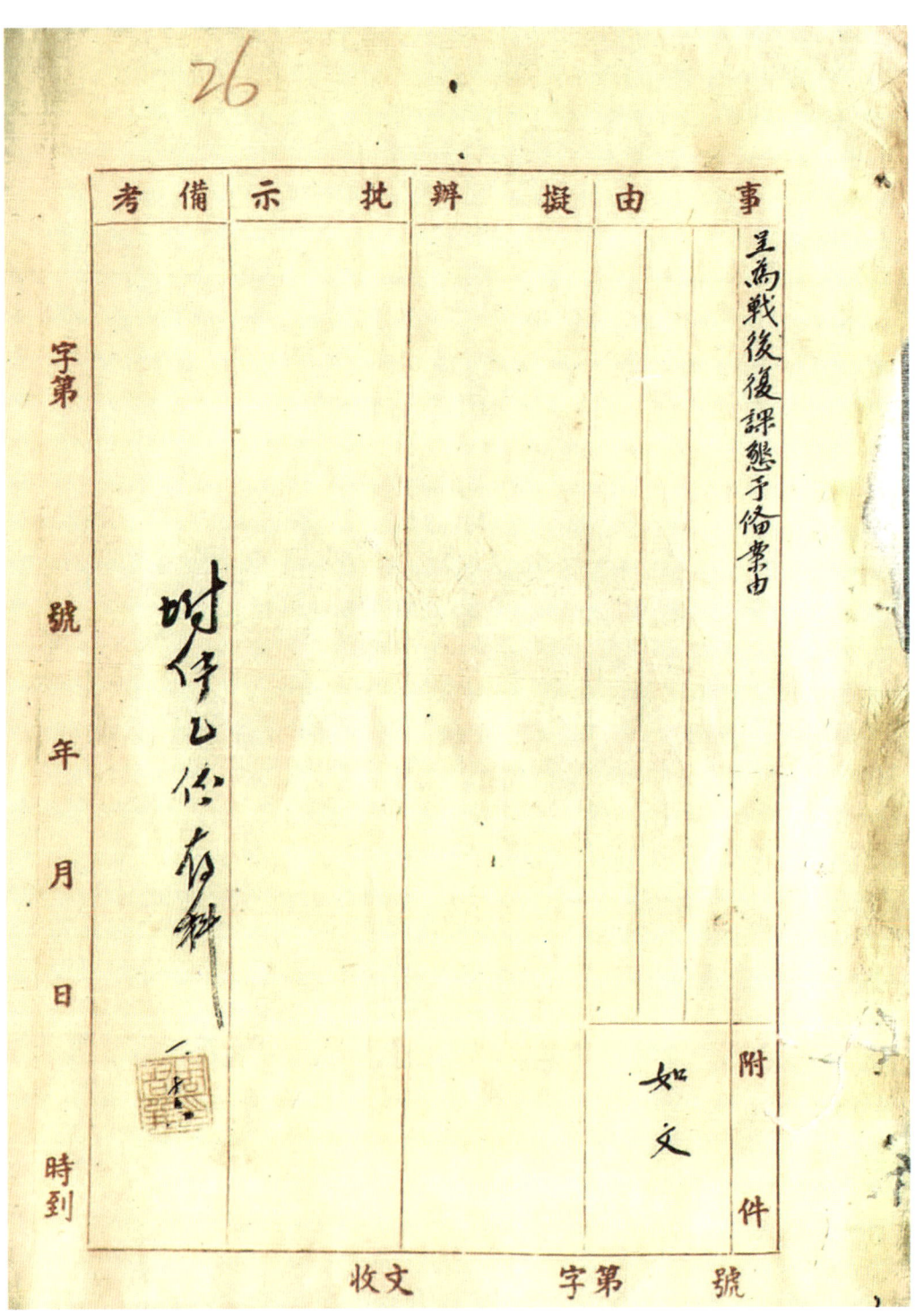

收文　字第　號

竊屬校於民國二十一年間開辦，業經呈奉

廣東省教育廳核准立案有案。民國二十七年廣州淪陷時，中學部遷往羅定縣城繼續授課，小學部則於是時停辦。現以國土重光，為恢復教育事業計，小學部先行在本市原址（惠愛中路桂香街二十七號）復課，經招收學生壹百八十餘人，并於去年十月二日開始上課，理合填具小學戰後復課呈報事表暨校董會章程各弍份呈報

鈞局察核備案，實為公便！

謹呈

廣州市教育局局長孫

計呈廣州市小學戰後復課呈報事項表弍份、校董會章程弍份

私立金陵中學附小主任李珮鳴

中華民國三十五年元月八日

广州市私立广中中学附属小学关于战后复校一事呈请教育局核准备案的函（一九四六年二月七日）

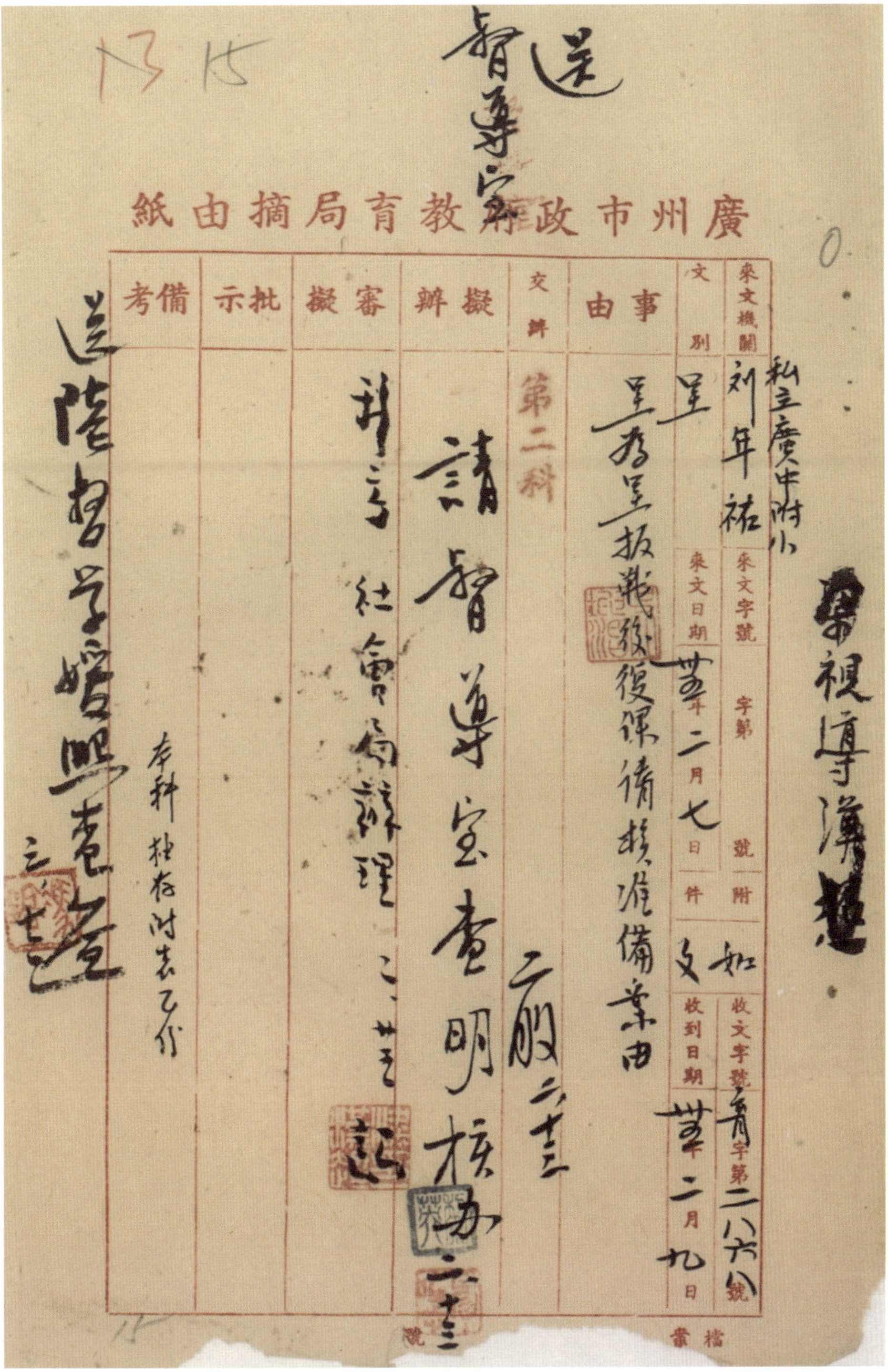
廣州市政府教育局摘由紙

來文機關	私立廣中附小
文別	呈
來文字號	字第　號
來文日期	卅五年二月七日
附件	如文
收文字號	育字第二八六八號
收到日期	卅五年二月九日
事由	呈為呈报戰後復課備核准備案由
交辦	第二科
擬辦	請督導室查明核办 二、十三
審擬	社會局辦理 二、廿三
批示	
備考	
檔號	

16

事由	擬辦	批示	備考
呈為呈報戰後復校請核准備案由			
附：學校戰後復課呈報事項表及校董會章程各二份			

呈　字第　號　年　月　日　時到

收文　第　字

16

竊職校於抗戰期間奉教育當局令疏散，先遷開平，繼移澳門，迭經教育廳核准在案。抗戰勝利，於卅四年十月回市復課，亦經呈准教育廳備案。旋奉教育廳令飭「附屬小學應單獨設立，呈報市教育局」，正擬辦間，復奉鈞局教二甲字第一一零五號令填報小學校戰後復課呈報事項表，奉令前因，遵即填表並抄附校董會章程各二份呈報鈞局，懇予核准備案，實為德便。謹呈

廣州市教育局局長孫

廣州市私立廣州中學附屬小學校長劉年祐

附：學校戰後復課呈報事項表及校董會章程各二份。

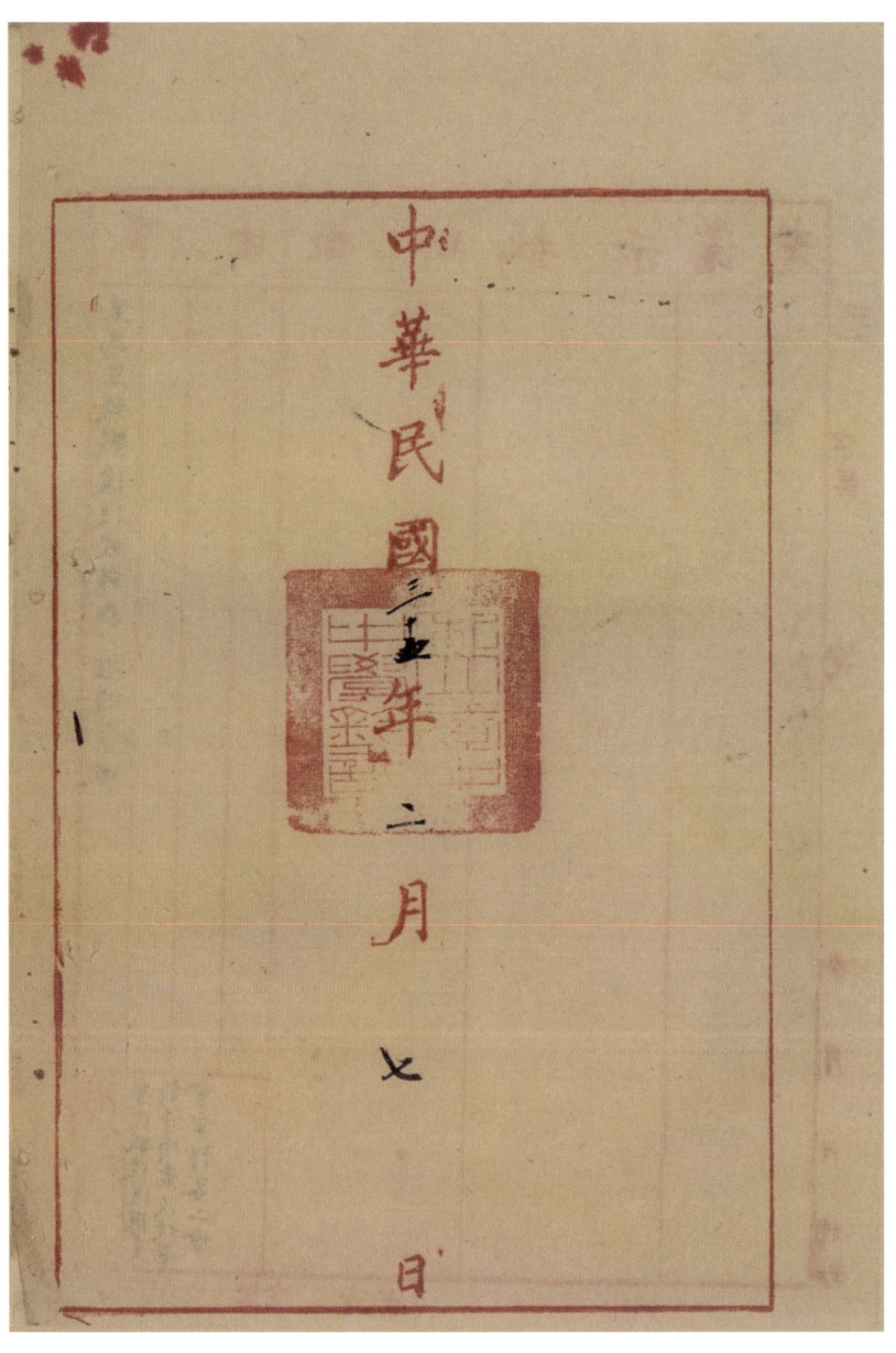

中華民國三十五年二月七日

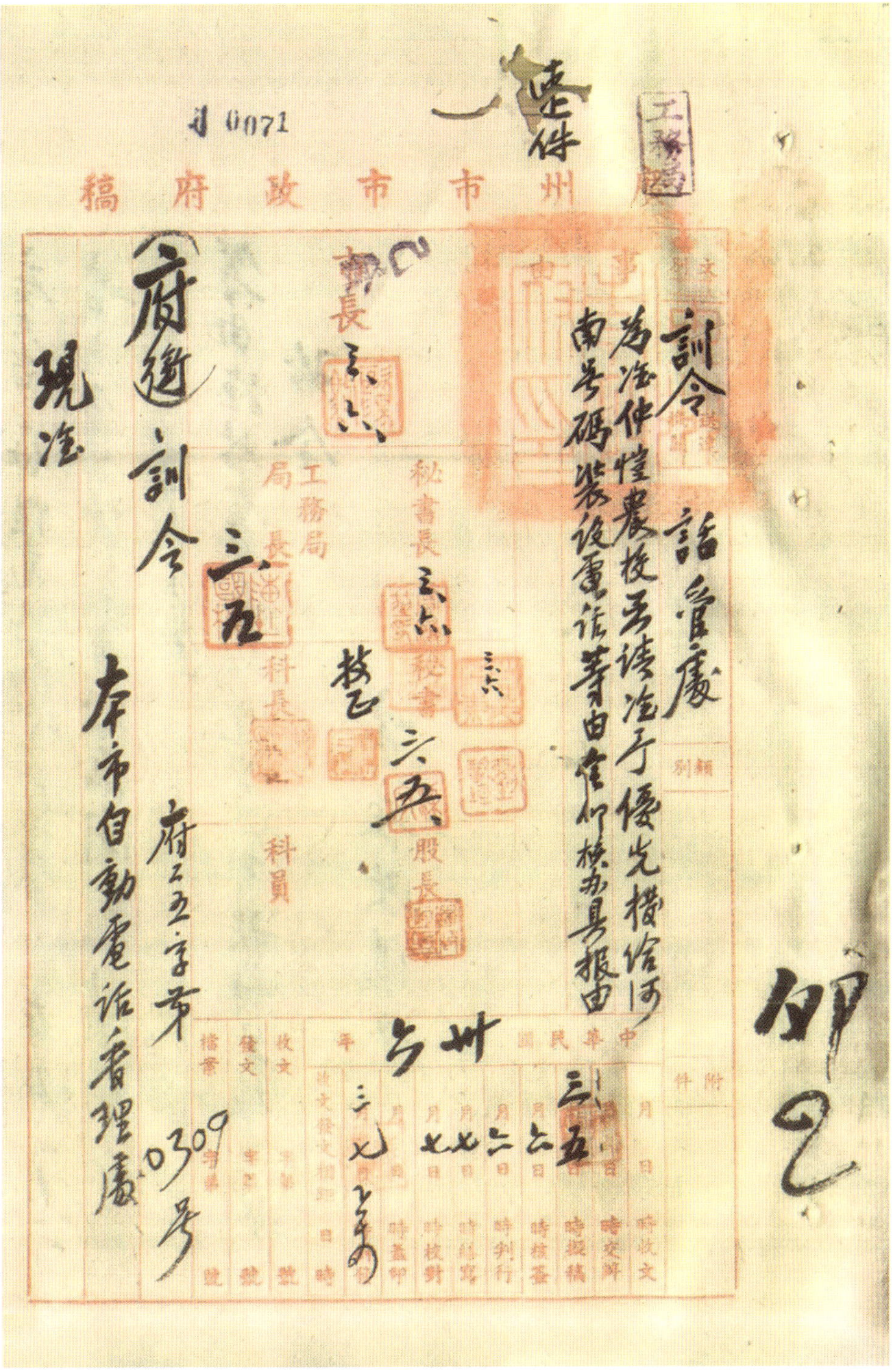
0071

速件

工務局

廣州市市政府稿

訓令

話會處

為准仲愷農校函請准予優先撥給河南号碼裝設電話事由令仰核辦具報由

府建

訓令

本市自動電話管理處

府工五字第0309号

廣州市政府准广东省立仲恺高级农业职业学校函请优先拨给河南号码装设电话的训令

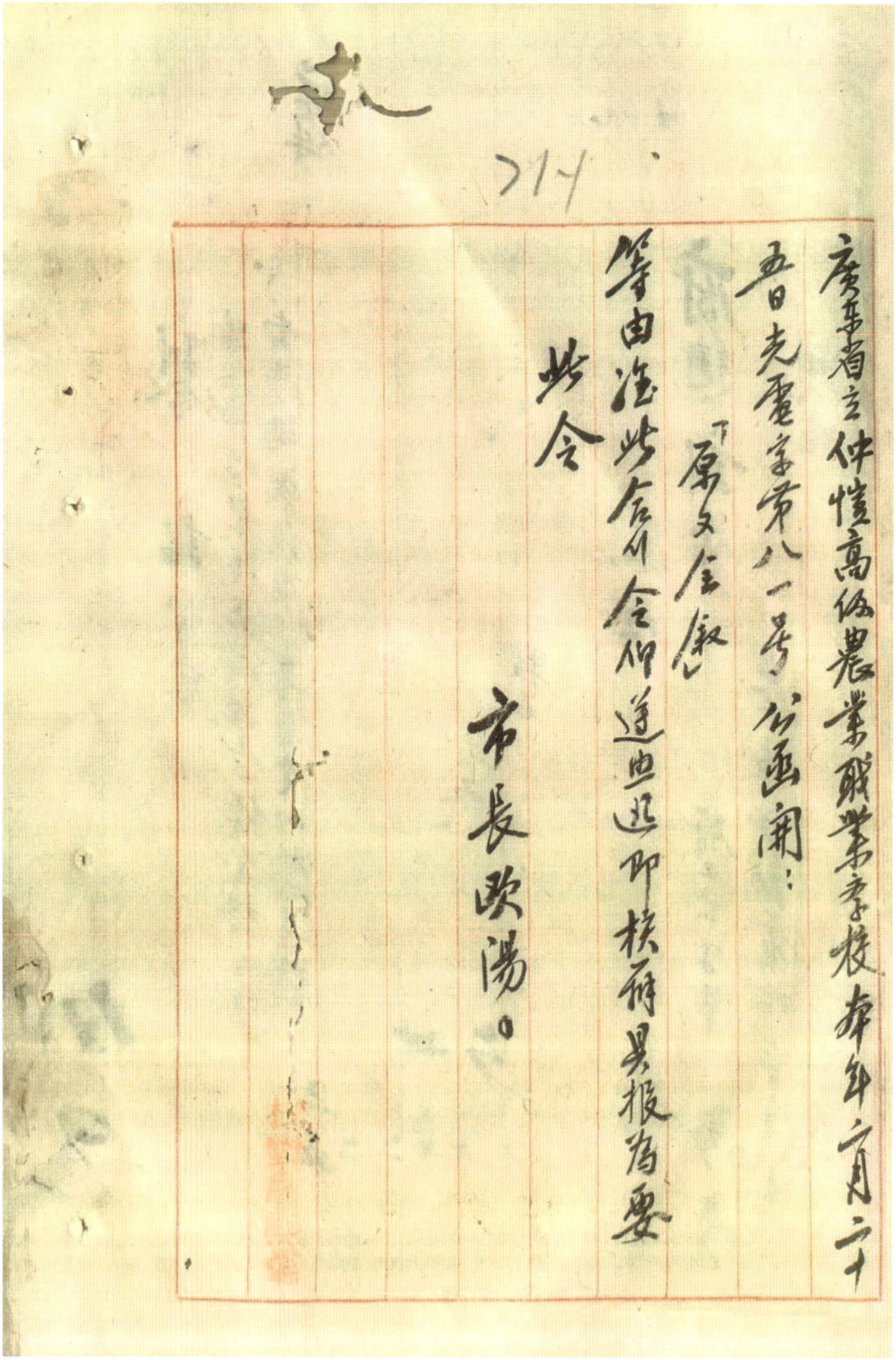

714

廣東省立仲愷高級農業職業學校本年六月二十

五日先農字第八一號公函開：

「原文全叙」

等由，准此，合行令仰遵照即核辦具報為要。

此令

市長歐陽〇

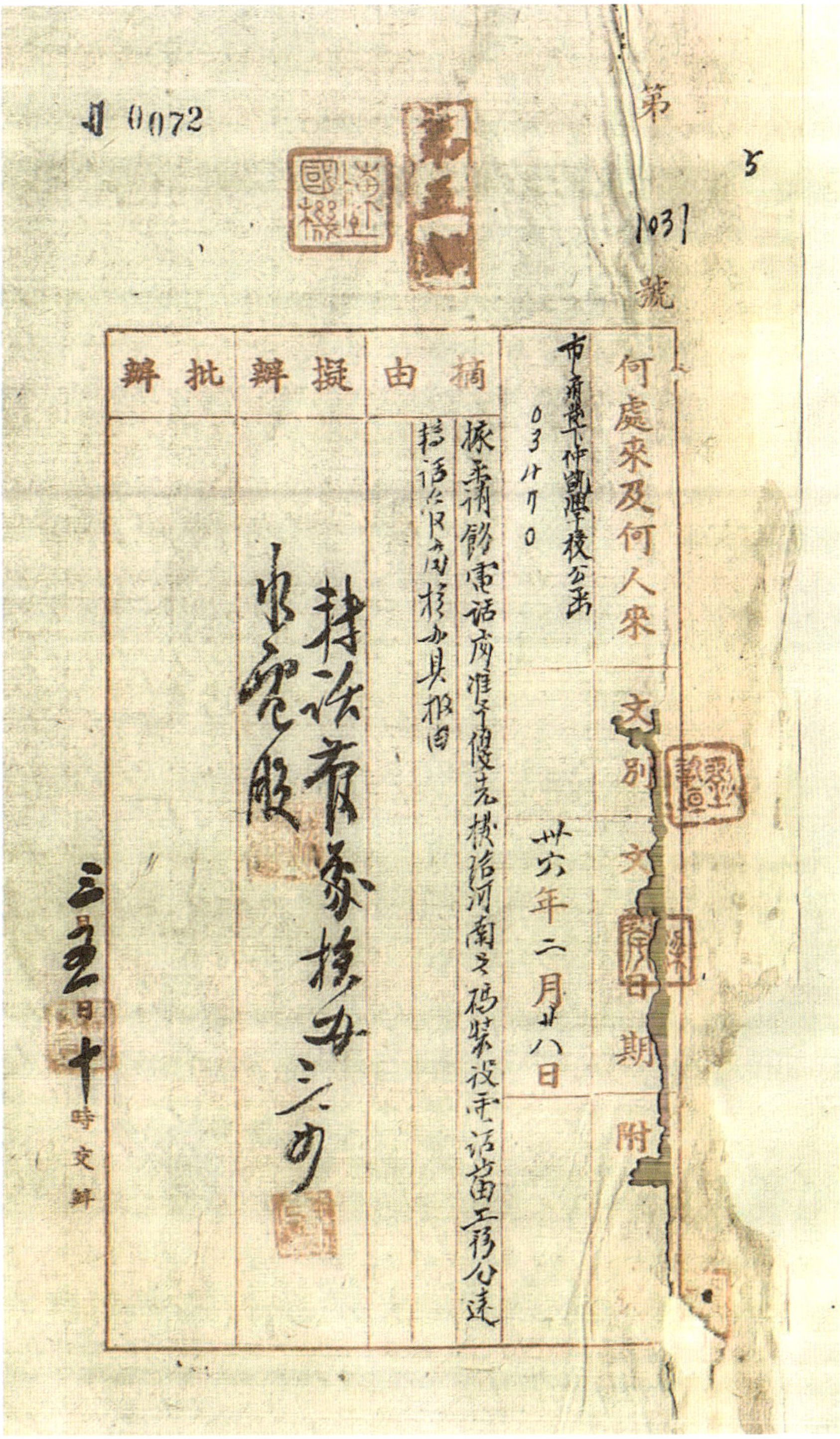
第 5 1031 號

0072

何處來及何人來：市府第十中國學校公函　03470

文別

文日期：卅六年二月廿八日

附

摘由：據呈請飭電話局准予復裝該校河南之碼頭裝設電話由工務分送

擬請令飭局核辦具報由

擬辦

批辦

三月五日十時　文辦

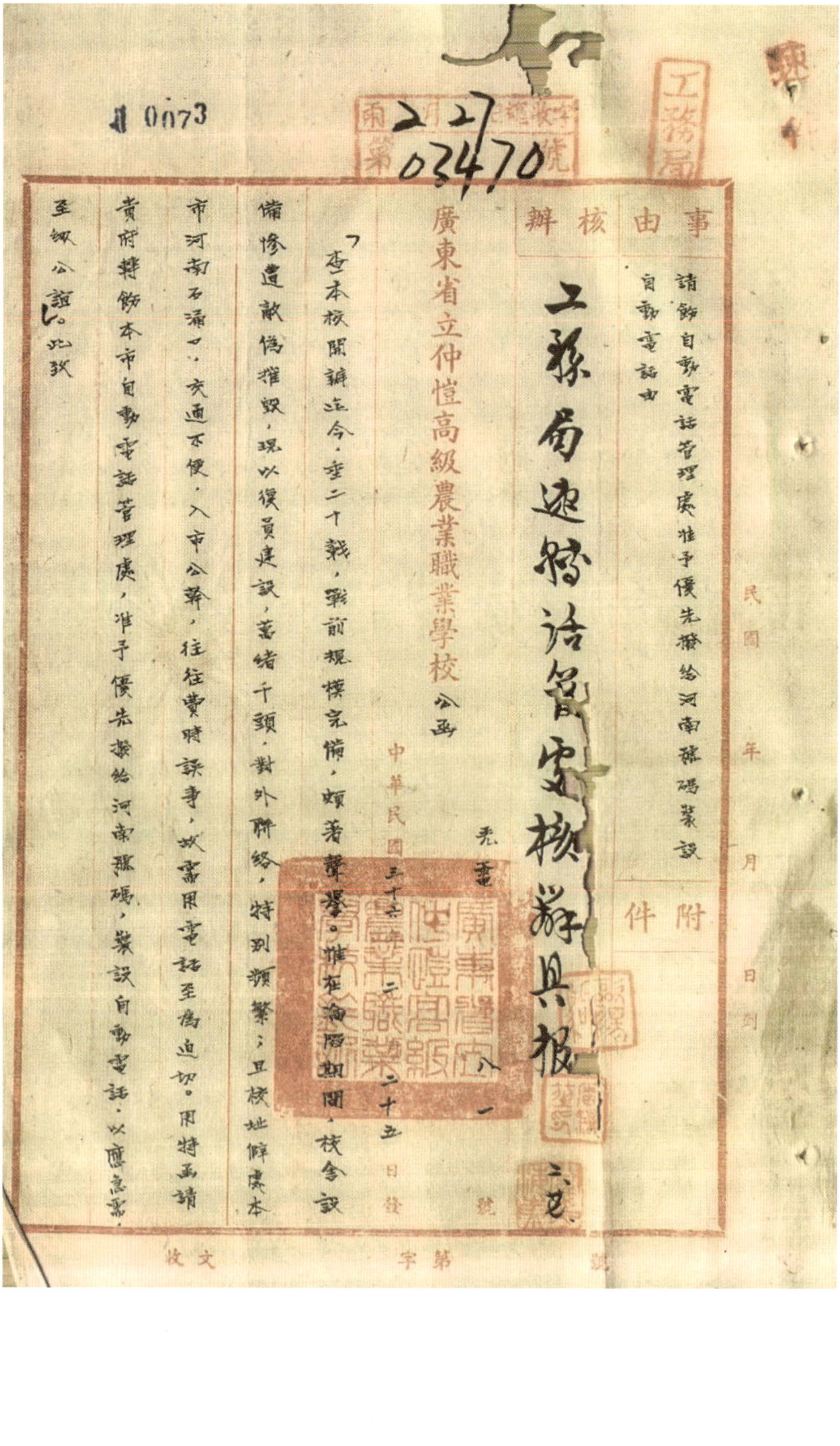

0073

事由：請飭自動電話管理處准予優先撥給河南號碼裝設自動電話由

附件

核辦

工務局速轉話管處核辦具報 二、廿

廣東省立仲愷高級農業職業學校公函

中華民國三十六年二月二十五日發

卅六農（八一）號

「查本校開辦迄今，垂二十載，戰前規模完備，頗著聲譽。惟在淪陷期間，校舍設備慘遭敵僞摧毀，現以復員建設，萬緒千頭，對外聯絡，特別頻繁；且校址僻處本市河南石涌口，交通不便，入市公幹，往往費時誤事，故需用電話至爲迫切。用特函請貴府轉飭本市自動電話管理處，准予優先撥給河南號碼，裝設自動電話，以應急需，至紉公誼。」此致

文收　字第　號

734

廣州市市長歐陽

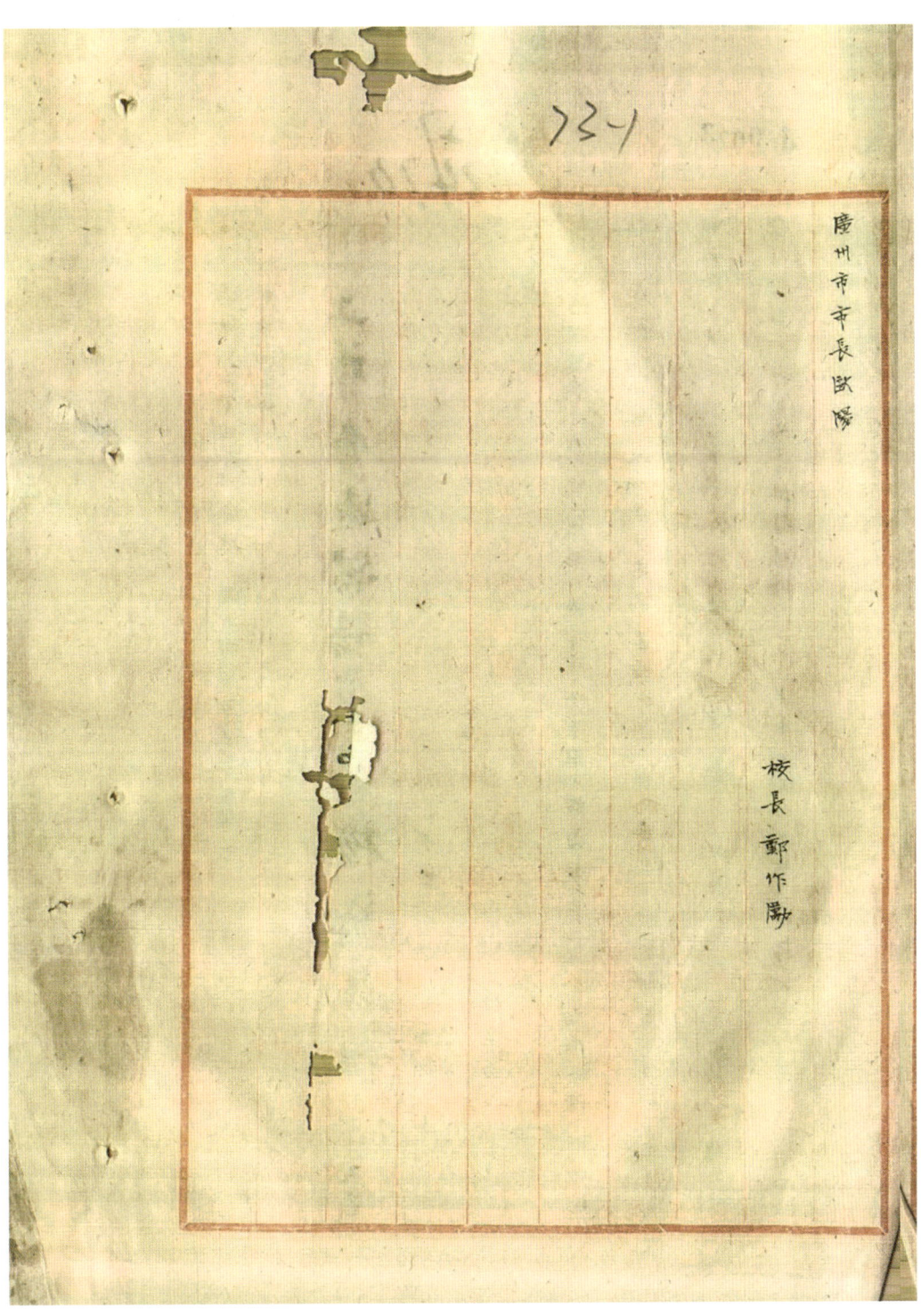

校長鄭作勵

广州私立协和女子中学附设小学呈送校董会章程及战后复课报事项表请教育局核示的函
（一九四六年六月十七日）

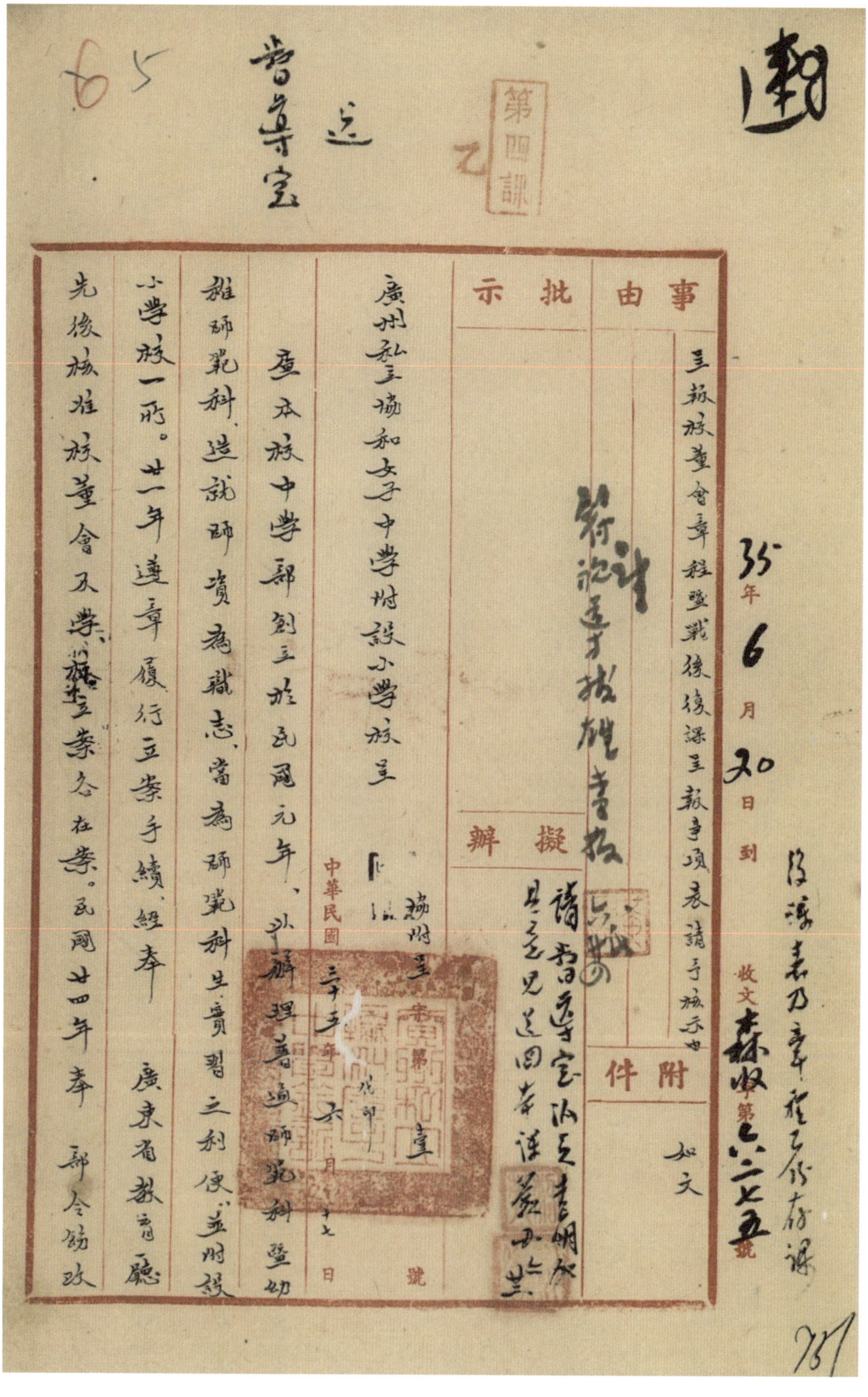
事由：呈報校董會章程暨戰後復課呈報事項表請予核示由

附件：如文

35年6月20日到
收文第六二七五號

第四課

普導室 送

廣州私立協和女子中學附設小學校呈
查本校中學部創立於民國元年，以辦理普通師範科暨幼稚師範科，造就師資為職志。當為師範科生實習之利便，並附設小學校一所。廿一年遵章履行立案手續，經奉
廣東省教育廳先後核准校董會及學校立案各在案。民國廿四年奉
部令飭改

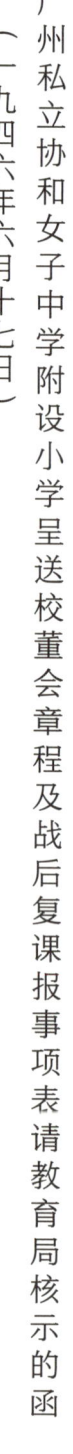

中華民國三十五年六月十七日

辦中學，但以辦理師範科，歷史悠久，頗著成績，特准繼續設置，因而本校仍照辦理，俾供實習。抗戰軍興，本校遷離遷址澳門，自國土重光，全部即遷回廣州西山原址復課，茲謹遵照

鈞局規定，繕具戰後復課呈報事項表弍份連全校董會章程弍份備文呈報

察核，乞賜准予備案，並乞指令祗遵，實為公便！

謹呈

廣州市社會局局長袁

附呈：戰後復課呈報事項表二份、校董會章程弍份

廣州私立協和女子中學附設小學校長廖奉靈

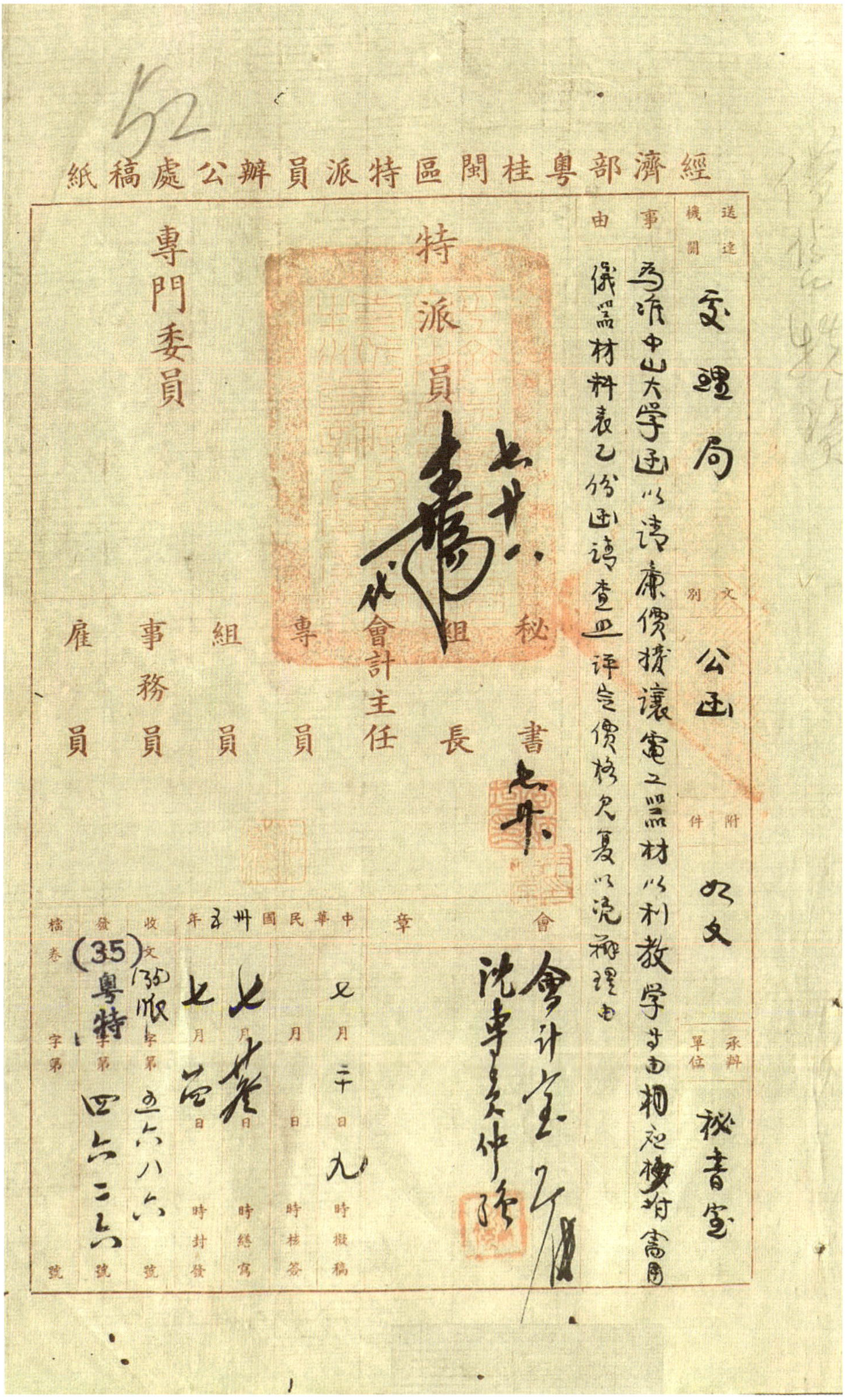

經濟部粵桂閩區特派員辦公處稿紙

送達機關	受理局
文別	公函
附件	如文
承辦單位	秘書室
事由	為准中山大學函以請廉價撥讓電工器材以利教學由

相應檢附需用儀器材料表乙份函請查照評定價格見復以憑辦理由

特派員

專門委員

秘書 組長 會計主任 專員 組員 事務員 雇員

會章：會計室

中華民國卅五年 七月二十日九時擬稿

發文（35）粵特字第四六二六號

经济部粤桂闽区特派员办公处关于准予国立中山大学函请廉价拨让电工器材的函（一九四六年七月二十四日）

公函

現准

中山大學本年七月六日粵復總字第三五三三號公函開：

「查本校為教學暨裝置電燈等需要謹錄列請煩查照

餘物洽辦爲荷公誼」

等由附需用儀器材料表乙份准此相應抄同附表

函達請

查照希即評定價格見復以便辦理為荷

此致

粵桂閩區敵偽產業處理局、袁林

63

附抄寄用器材表乙份

特派员 林○○

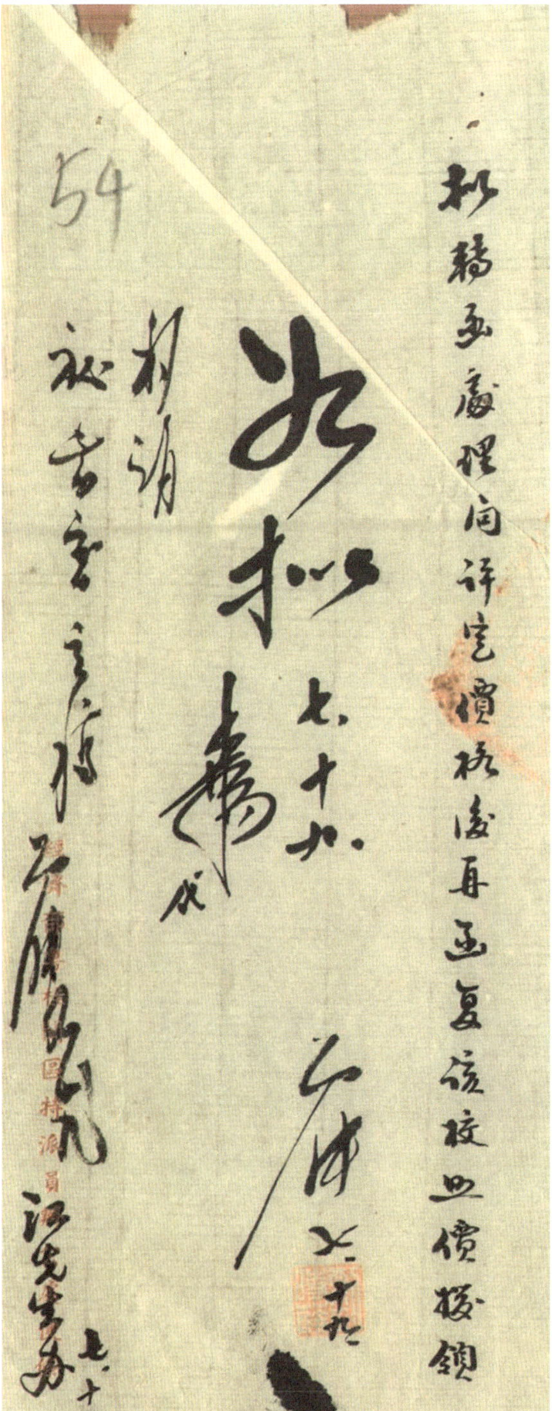
54
擬移函處理局詳定價格後再函復該校照價撥領
七、十九
如擬
代
七、十九
相請
秘書室核
經濟部特派員
七、十九

35 派字 5686 號

查中山大學前次函請領購電器材時，曾派該校電工系張主任到處接洽，并會同前往第一倉庫巡視一週，查時當現有電工器材多項，該校殊感需要，此次函請領購各件，當係根據前日所見，查該各項器材現尚存該倉。

劉

卅五、七、十六

經濟部粵桂閩區特派員辦公處便條

66

經濟部粵桂閩區特派員辦公處收文摘由紙

姓名或機關	摘由	擬辦	批示
中山大學	函請廉價撥讓電工器材以利教學由	閱飭有關查明孔士洋行及第一倉庫有無是項電工器材具報再核 七．十一 壽	
文別：公函			
附件：如文			
收文：中華民國卅五年七月拾日收到			

收文（35）派字第5686號

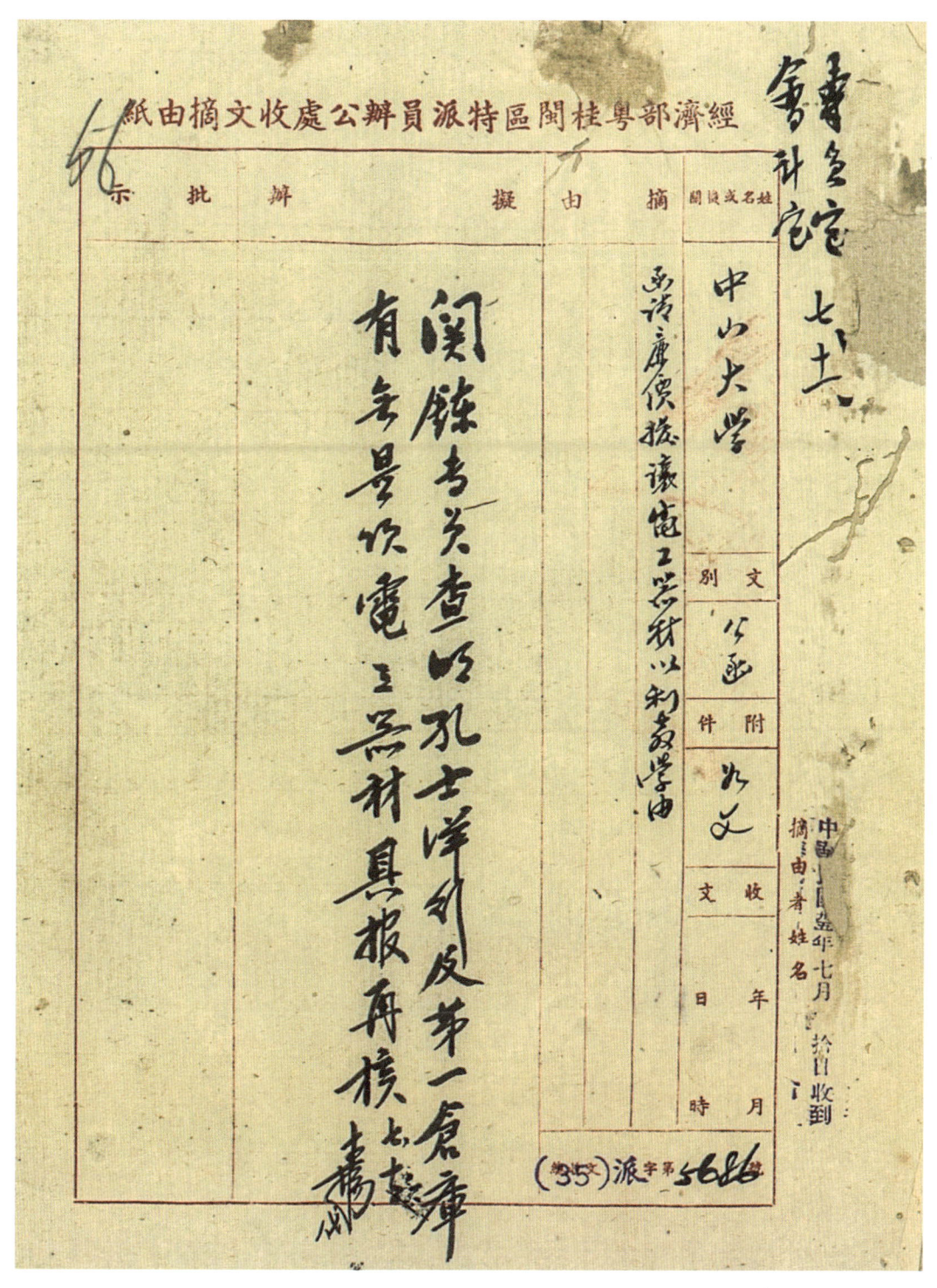

會……科室 七十一

國立中山大學公函

字第三五三三號

中華民國三十五年七月六日

查本校為教學暨裝置電燈需要原經有電廠之設備又電機工程學系為實習起見亦經購置該項器材不少惟在廣州淪陷時期內已散失無遺茲經復員回穗上課多日亟應分別補充以利教學現聞

貴處存有該項電工器材甚夥擬懇

惠允儘予以廉價撥讓俾能充分供給科

學研究之需相應備函由電工系主任
張鋭生教授賫達請煩
查照惠賜洽辦實紉公誼
此致
經濟部粵桂閩區特派員辦公處
校長 王星拱
附電機工程學系需用儀器材料表壹份

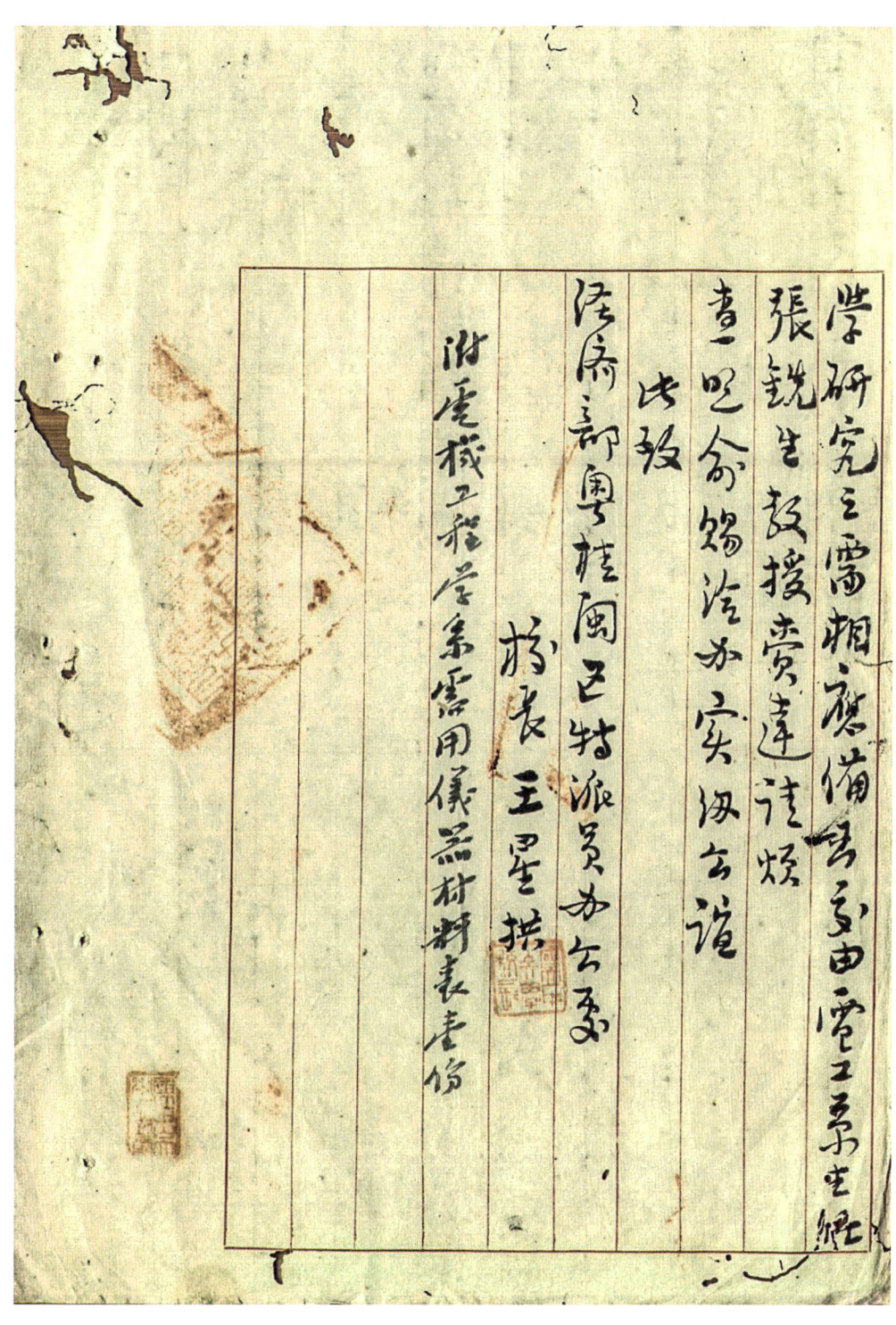

58

國立中山大學電機工程學系需用儀器材料表

列號	品名	數量	備攷
No 390	攜帶用直流電錶	壹個	
391A 391B	交流電流錶	弍個	
392A 392B	直流電流錶	弍個	
394	電流電壓兩用錶	壹個	
396	內線電話機	壹架	查已殘缺不全
399	手提電力計	壹個	
400	電流變換器	壹個	
401	絕緣膠条	壹餅	

惠愛中路國華印務局印 電話：一一五五六

402

黄臘布壹餅

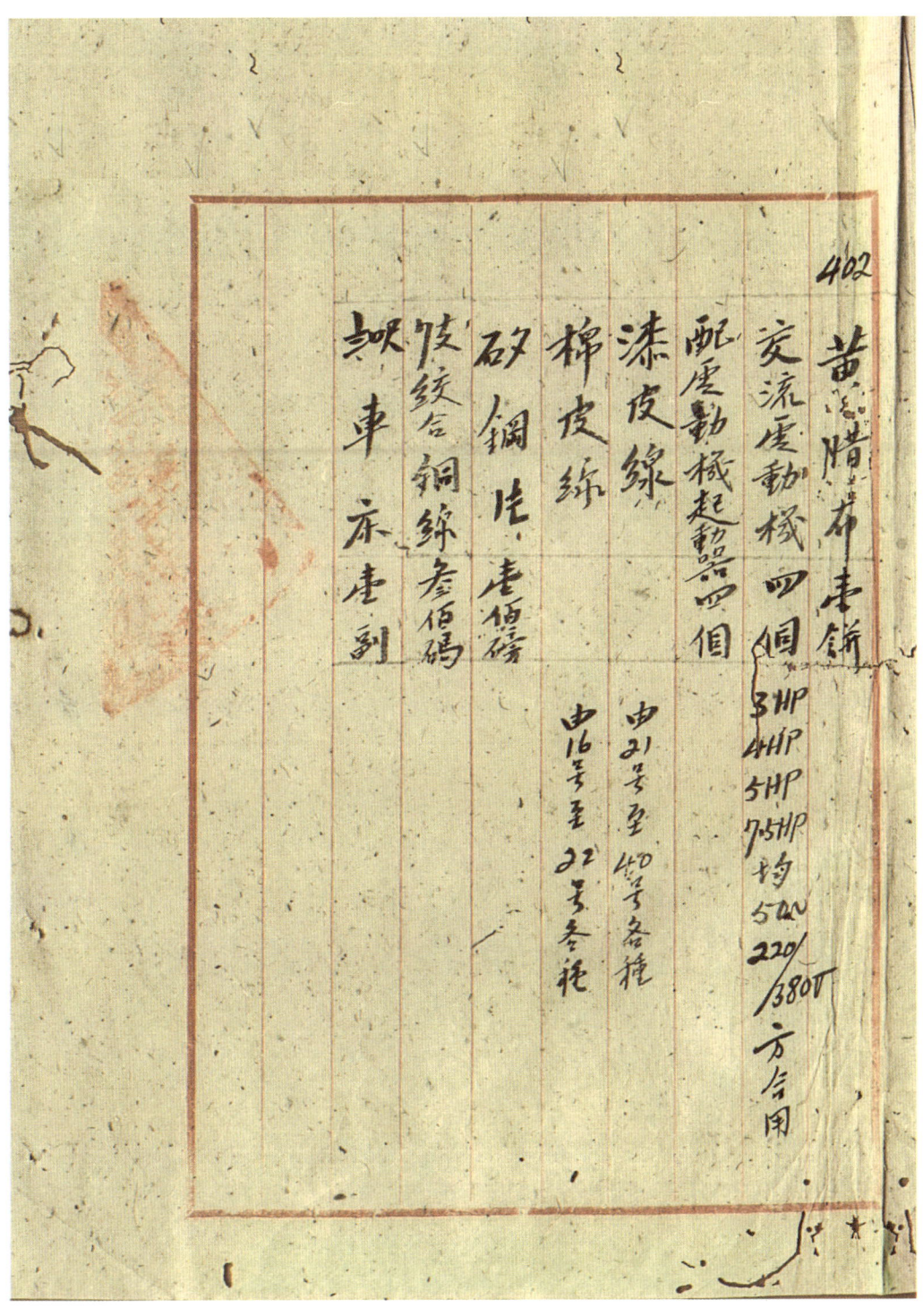

交流電動機四個　3HP 4HP 5HP 7.5HP 均50∿ 220/380V 方合用

配電動機起動器四個

漆皮線　由21号至40号各種

棉皮線　由16号至22号各種

矽鋼片壹佰磅

紫絞合銅線叁佰碼

鑽車床壹副

后记

档案选编工作是一个探索挖掘的过程，同时也是一个带来丰厚的学习回馈的过程。档案卷帙浩繁，沉浸在这些一手史料中，仿佛回到那些人物、事件所在的时空，以一种更具参与感的视角重新研读抗战时期华南教育历史。

由于篇幅有限，本书只能收录部分馆藏抗战办学档案，但求通过这些材料为读者勾勒出那段宏大历史的背景，呈现出一些生动的历史细节，同时也让读者感受到档案的魅力和价值，以及它们唤起的历史共鸣。

广州市国家档案馆保藏的文化教育类史料中，有很大一部分是各校的学籍和教职员名册，其中很多形成于抗战时期。因为涉及人员隐私，这类史料不适宜公开，但档页中的一个个人名，是一代知识分子和青年学子的组成部分，履历栏中的字迹，勾勒着他们与国家民族共同的命运轨迹。这是进行历史研究的珍贵材料，也是广州市国家档案馆馆藏的一大特色，希望有志于挖掘和研究华南教育历史的人士可以有机会亲自到馆研读。

编者

二〇二一年七月

广州市国家档案馆藏抗战时期办学档案史料选编

（上）

SPM
南方出版传媒
花城出版社
中国·广州

图书在版编目（CIP）数据

广州市国家档案馆藏抗战时期办学档案史料选编 / 广州市国家档案馆，广东省古迹保护协会编. -- 广州 : 花城出版社，2021.12
ISBN 978-7-5360-9526-7

Ⅰ. ①广… Ⅱ. ①广… ②广… Ⅲ. ①教育史一史料一中国一1931-1945 Ⅳ. ①G529.6

中国版本图书馆CIP数据核字(2021)第246459号

出 版 人：肖延兵
策划编辑：张　懿
责任编辑：林　菁
技术编辑：薛伟民　林佳莹
封面设计：庄海萌

书　　名　广州市国家档案馆藏抗战时期办学档案史料选编
GUANGZHOUSHI GUOJIA DANGANGUAN CANG KANGZHAN SHIQI BANXUE DANGAN SHILIAO XUANBIAN
出版发行　花城出版社
（广州市环市东路水荫路 11 号）
经　　销　全国新华书店
印　　刷　深圳市福圣印刷有限公司
（深圳市龙华区龙华街道龙苑大道联华工业区）
开　　本　787 毫米 ×1092 毫米　16 开
印　　张　46.75　4 插页
字　　数　600,000 字
版　　次　2021 年 12 月第 1 版　2021 年 12 月第 1 次印刷
定　　价　298.00 元（全二册）

如发现印装质量问题，请直接与印刷厂联系调换。
购书热线：020-37604658　37602954
花城出版社网站：http：//www.fcph.com.cn

编委会

前言

一九三七年七月全面抗战爆发，侵略者对我国文化教育机构进行了针对性破坏和掠夺，摧毁民族文化命脉的意图昭然。大批知名学府纷纷踏上艰辛的迁徙办学之路，书写了中国抗战史和教育史上悲壮的篇章。

广东是中国近代开风气之先的地方，各类文化教育事业自清末民初便蓬勃发展起来。抗战中，随着广州等地沦陷，百余所华南各类院校在战火中辗转，在靠近沦陷区和前线的地方坚守教育使命直至胜利。他们为抗战救国培养了大批优秀人才，也为华南文化教育留存下珍贵的火种。尤为可贵的是，粤港澳地域相近、文化相通，在抗战洪流中命运紧密联结。三地院校在战时的守望相助，留下今日彼此交缠的文脉，也留下共同的教育记忆。

广州市国家档案馆保藏有规模庞大的广东文化教育档案，其中为数众多的抗战办学史料，为我们回溯了华南教育这一段烽火育人的光辉岁月。梳理并研读这些史料，选取其中具有代表性的内容汇编成册，希望以此增进社会公众对这段历史的了解，从先辈学人的奋斗经历中得到鼓舞和启发。在广东省政府的关注下，华南教育历史研学基地建设正全力推进，对于抗战办学历史的挖掘和研究是一项重要的基础性工作，也希望此书可以为研学基地的建设提供史料支持，并助力社会各界开展对华南教育历史的学术研究。

编者

二〇二一年七月

编辑说明

本书所选用的档案均为广州市国家档案馆馆藏。经过前期细致的研读，编者选取了自抗战全面爆发到抗战胜利后各院校陆续复员这一历史区间内，广东省教育厅、广州市社会局等教育主管部门，以及国立中山大学、私立岭南大学和培正中学等众多华南各级院校形成的文书档案共计一百六十九件。

全书顺应华南文化教育机构抗战历程的发展脉络，分为『抗战爆发』『迁徙办学』『共克时艰』和『胜利复员』四个部分，选取内容具有代表性、文字清晰易读的档案史料分别组织到各主题部分中。在每一部分中，除同一事件相关的档案史料集中在一起，其余档案按照形成时间顺序排列。

在编辑工作中，为确保档案史料的原始性和真实性，不对档案内容进行修改。少数档案原文较长、涉及内容较多，只节选与抗战办学相关内容编入书中，并在标题中有所注明。部分档案的形成时间缺失或不完整，通过考证尽量予以补充，无法考证的，根据其内容判断形成时间安排进相应位置。档案标题中的人名使用通用名，机构名称使用全称或规范简称，历史地名沿用当时地名。对于部分存在表述错误问题的标题，进行修改或重拟以保证其统一性和规范性。

限于编者水平，考订研究和编辑工作中难免出现疏漏，欢迎各位专家学者及社会公众指正。

编者

二〇二一年七月

目录

第一部分　抗战爆发

一　文化教育机构频遭空袭

二 保全教育的政策措施

三 各校积极支援抗战

第二部分　迁徙办学

一　收容战区学生和港澳侨生

二　靠近前线的战时学园

第一部分　抗战爆发

一九三七年，日本发动『卢沟桥事变』，抗战全面爆发后，我国的文化教育机构遭到日军的重点破坏。为了维系祖国教育独立，留存中华民族文化火种，大批院校迁徙后方艰难办学。广东的文化教育事业在抗战爆发前已繁荣发展，至一九三七年，拥有高等院校七所，中等院校三百余所，以及小学两万余所，还有各类民众教育机构。抗战的爆发造成许多学校被迫停闭，同时有大量院校撤离，开始走上迁徙之路。本部分收录的档案反映了部分院校遭受空袭的损失情况，以及危难之中，教育行政部门与各院校的积极应对措施。

一 文化教育机构频遭空袭

抗战中，广州是全国遭受空袭最为严重的城市之一，在沦陷前经受了长达十四个月的连续轰炸，政府机关、工厂、商业区、交通设施，甚至平民建筑都遭到毁坏，人员生命和财产损失惨重。这其中，教育机构是日军摧毁的主要目标。

根据国民政府相关统计，抗战全面爆发至一九三八年六月，广东各地遭到空袭次数达一千四百余次，仅广州一市就有八百余次。广东省政府一九四〇年统计，自一九三七年九月至一九三九年十二月，日军敌机空袭广东达一万六千六百二十五架次，投弹两万四千八百八十八枚，共造成一万一千四百三十四间房屋损毁，四千六百八十八人死亡，八千一百九十七人受伤。

当时广东省教育厅、广州市政府等相关机构的往来文书中反映了文化教育机构受损失的情形。广东省教育厅转发教育部令，要求各学校和文化机关呈报在空袭中遭受损失的具体经过。广东省防空协会广州市防护团编制的『轰炸弹破坏情形调查表』详细记录着每日敌机投弹的地点以及造成的损失，各级学校的名字频频出现。

一份呈报表详细记录了一九三八年六月五日和六日，位于广州市文明路的国立中山大学附属中学在两日内连遭轰炸的情况，校门、校园内的避难壕沟和东堂课室中弹，十人伤亡。同日被轰炸的还有大学的文、法、理三学院，造成校舍受损。时任校长邹鲁为此致电全国各大、中、小学及各省教育厅与文化机关，揭露日军轰炸中山大学的暴行。至广州沦陷前，这座华南地区最高学府及其附属中学被轰炸十余次，投弹五十多枚。

抗战全面爆发前期，广东各地如私立岭南大学、省立勷勤大学、私立志锐中学、私立知艰小学等数十所大、中、小学校遭袭。随着一九三八年十月日军大规模入侵广东，广州、汕头等市县纷纷陷落，各类学校大批停闭或迁徙，辗转在沦陷区与战场的边缘，各类经济损失已难以用数字明确计算。

广东省教育厅关于呈报学校及教育文化机构被敌军摧毁损坏情形转发广州市政府的公函（一九三七年十一月三日）

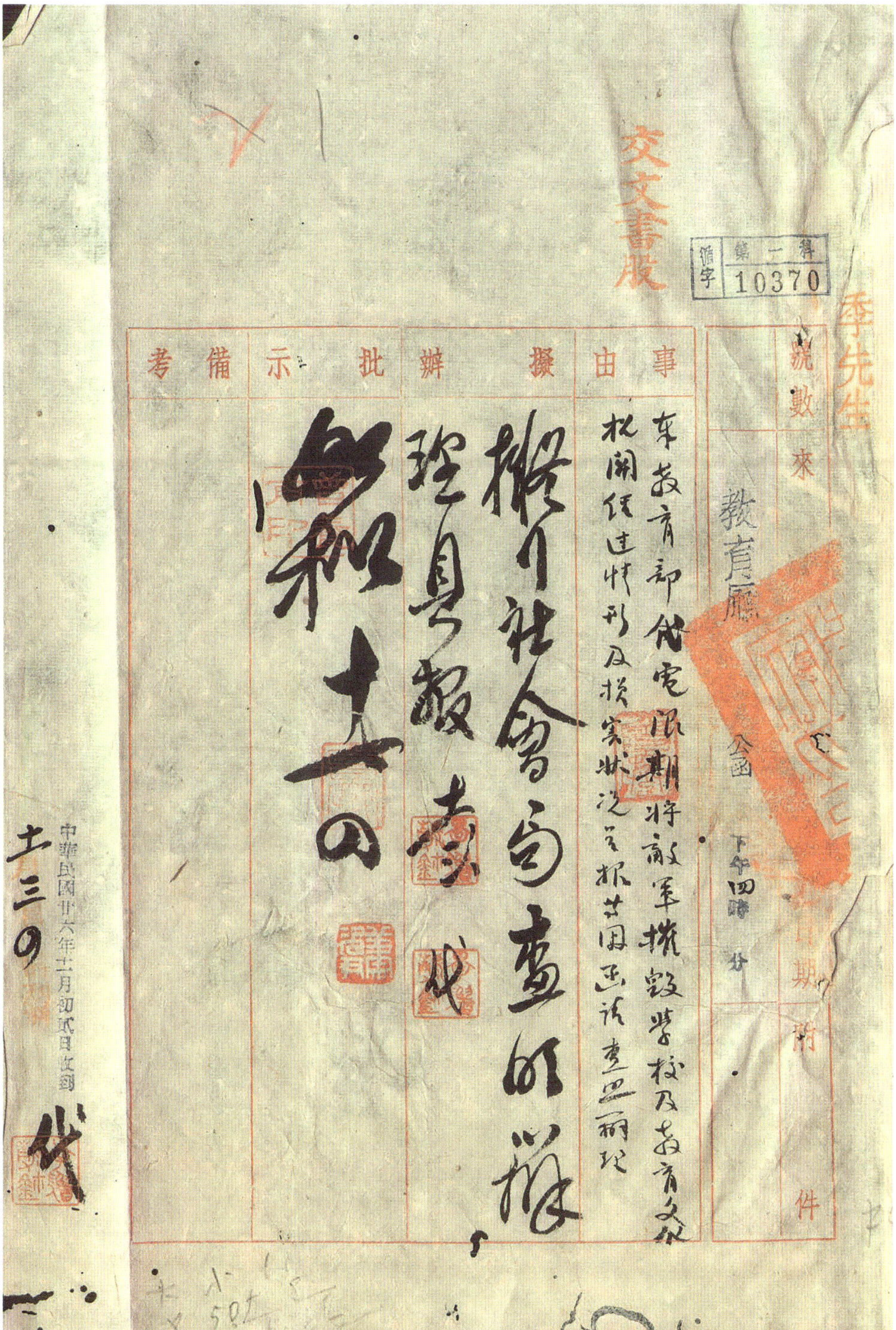

廣東省政府教育廳公函

高字第九一九號

現奉

教育部本年十月九日快郵代電開：

「戰事發生以來，各地學校及教育文化机關被敵軍摧毀經過情形及損害狀况，應由該省於文到七日內詳細紀載呈報，並酌附照片，勿延為要。嗣後如有同樣情形，亦應隨時補報。」

等因，奉此。除分別函令外，相應抄錄原文函達，希為查照辦理。此致

廣州市政府

廣東教育廳廳長　許崇清

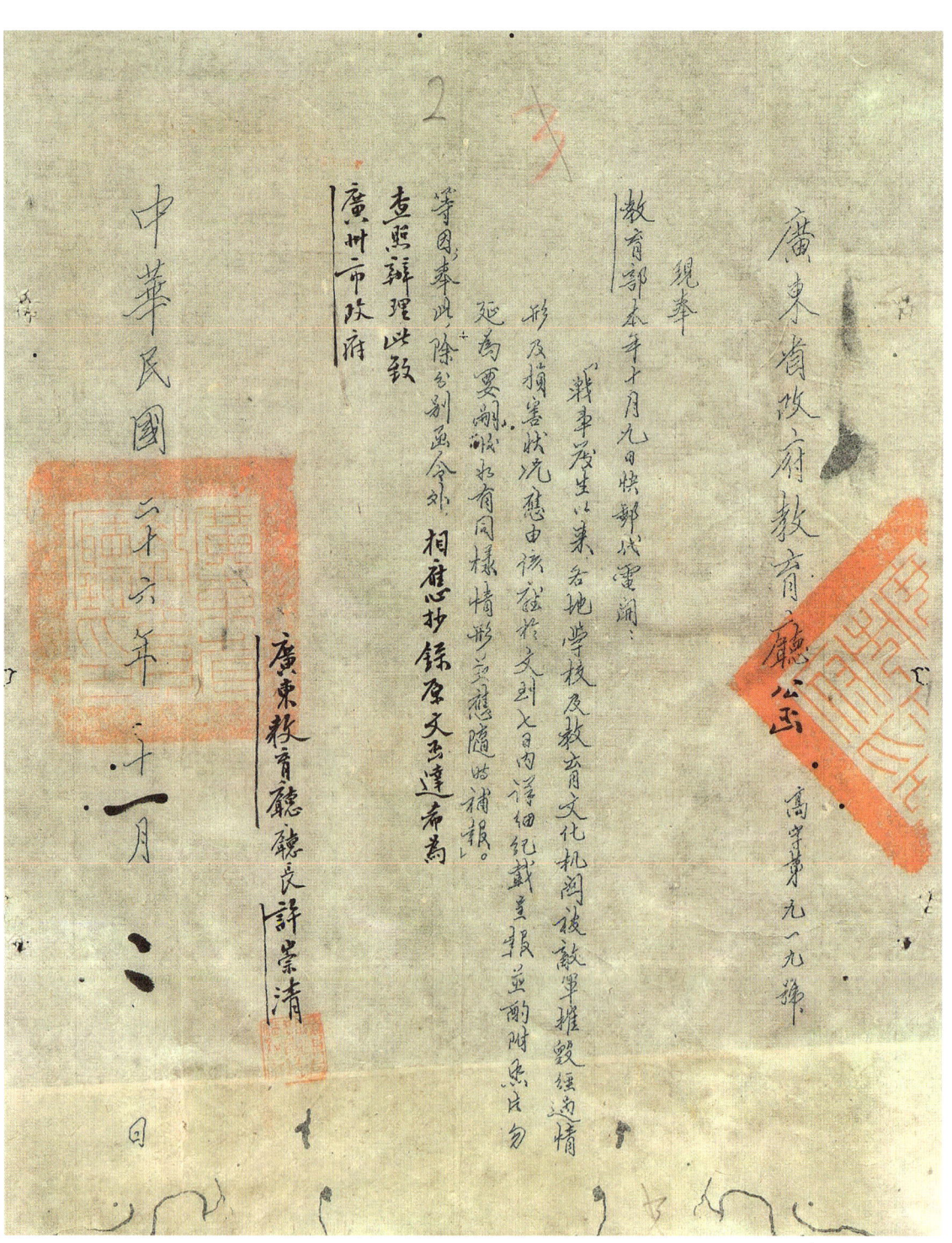

中華民國二十六年十一月二日

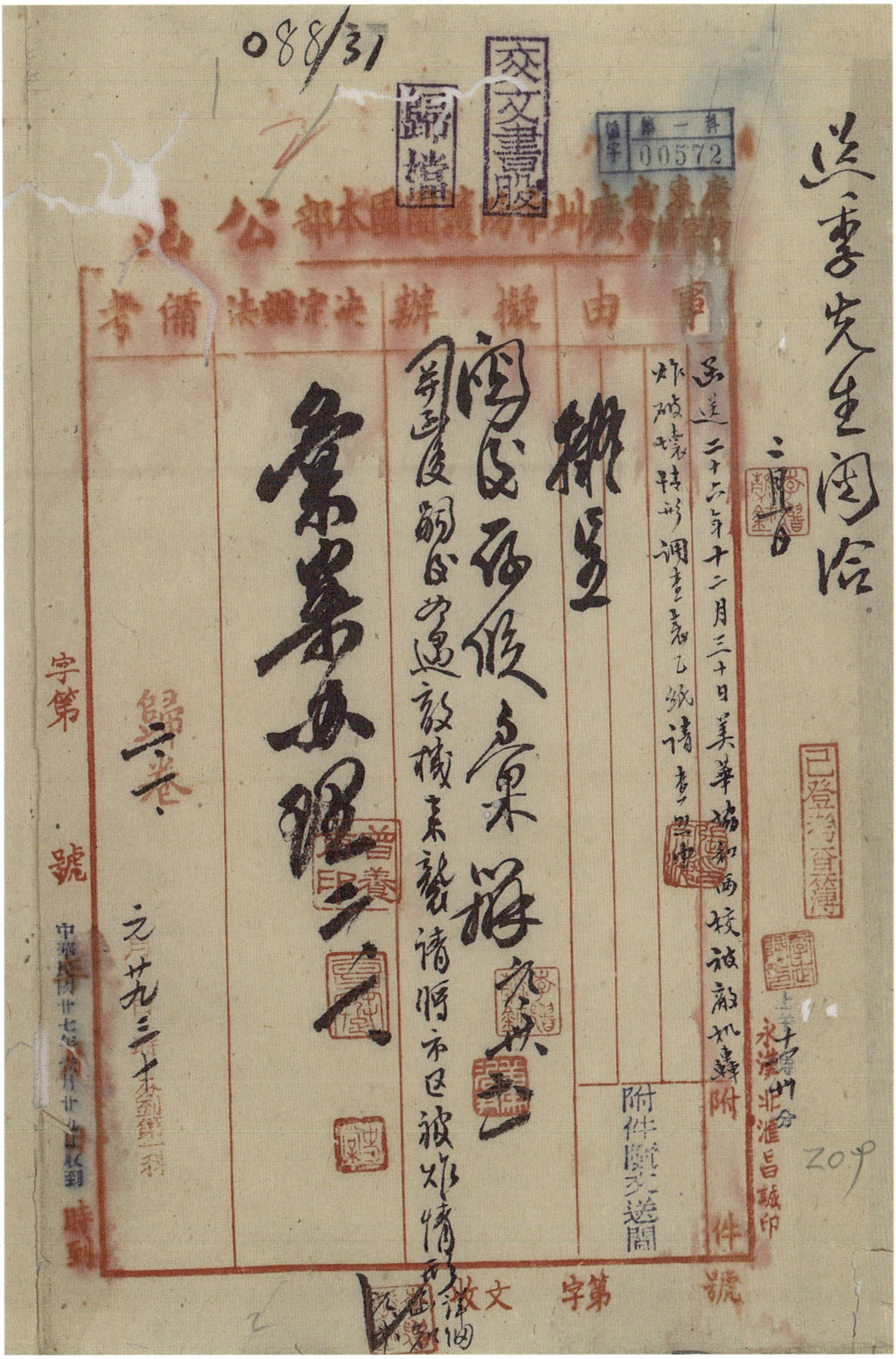

广州市防护团关于美华协和两校遭敌机轰炸破坏情形呈报广州市政府的公函（一九三八年一月廿八日）　附：调查表一张

廣東省會廣州市防護團團本部公函

護字第284號

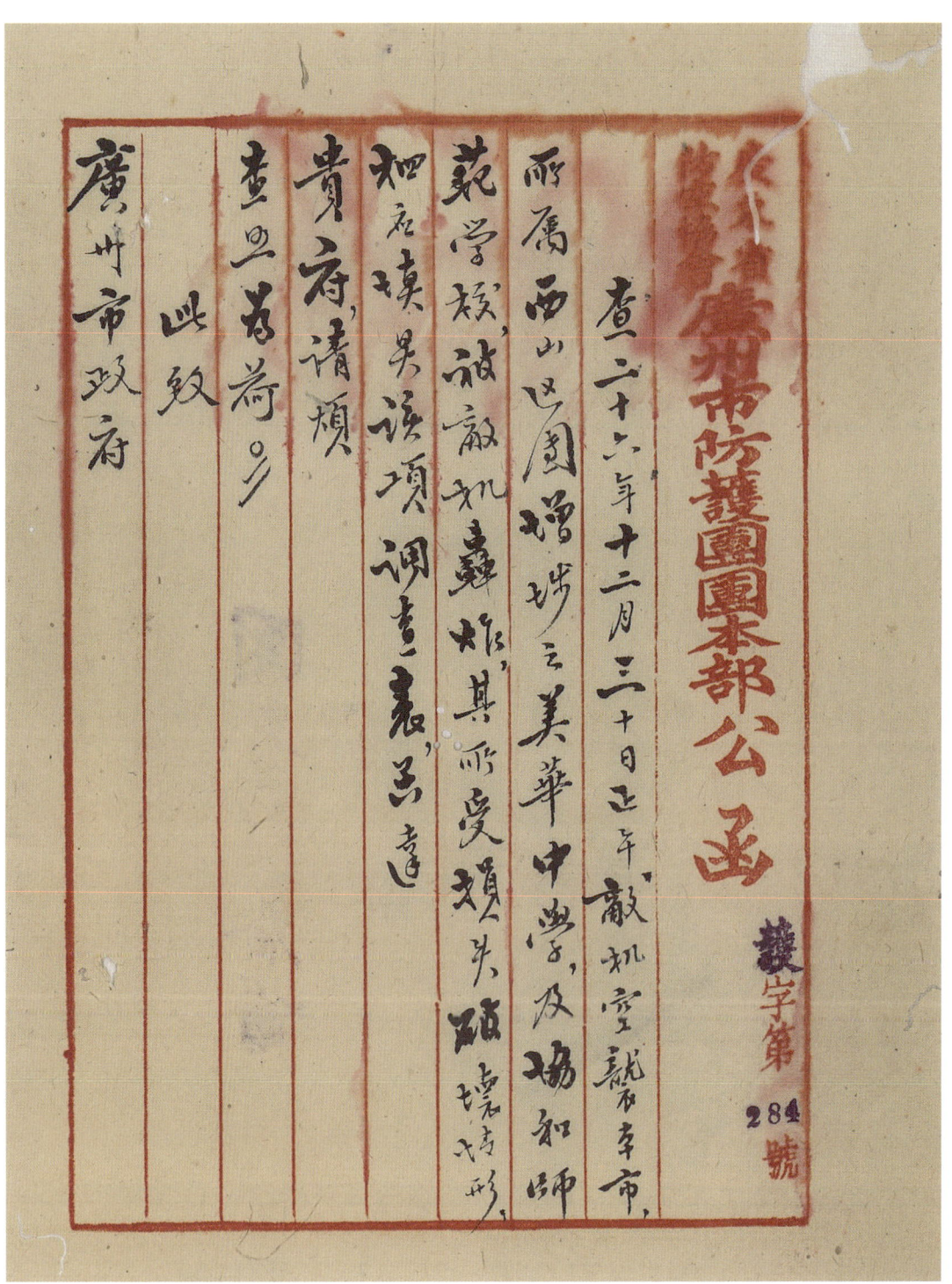

查二十六年十二月三十日正午，敵機空襲本市，所屬西山區圍墻坊之美華中學及協和師範學校，被敵機轟炸，其所受損失破壞情形，如右填具該項調查表，函達

貴府，請煩

查照為荷。

此致

廣州市政府

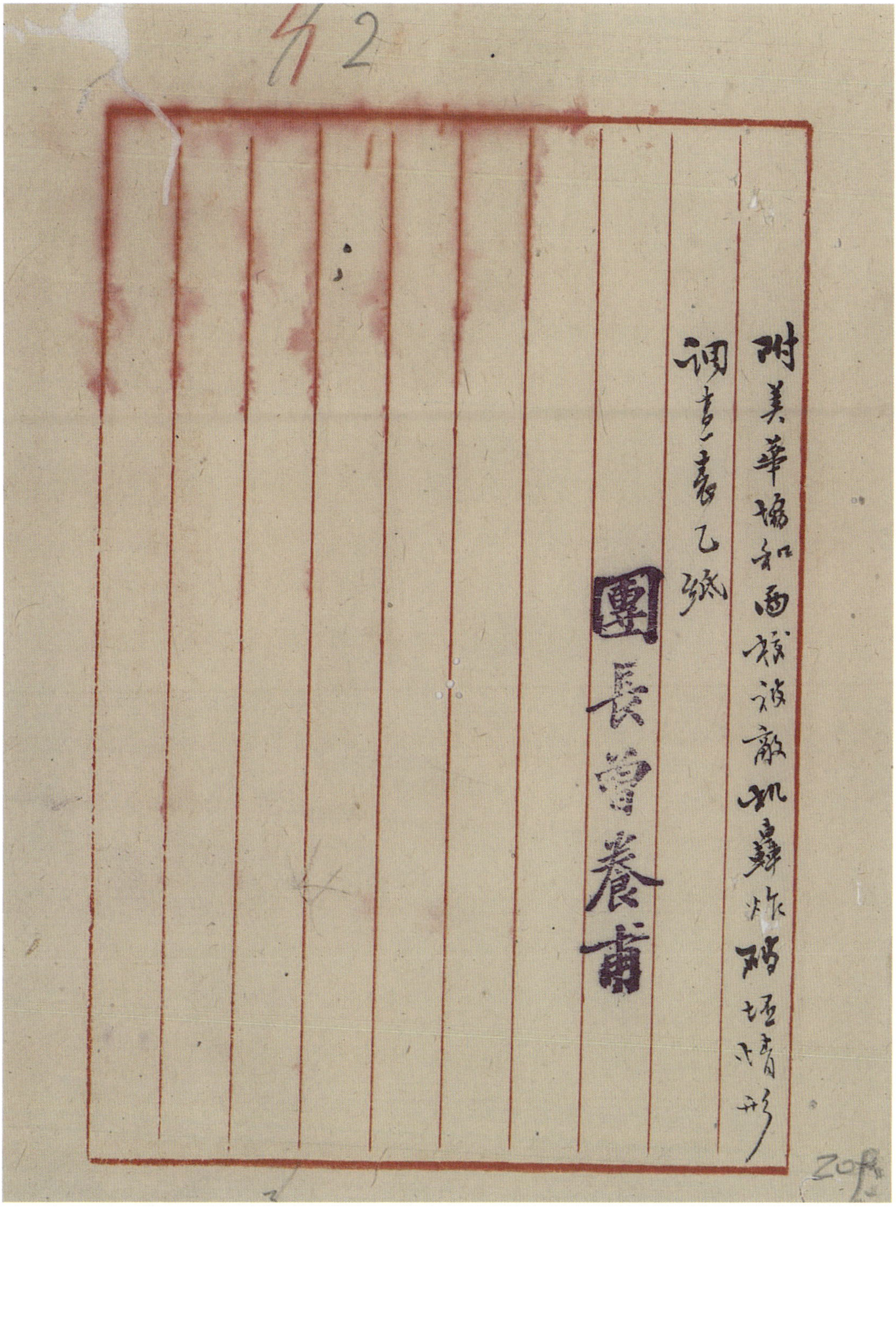

附美華協和西校被敵機轟炸損壞之情形
調查表乙紙

團長曾養甫

中華民國卅五年一月廿八日

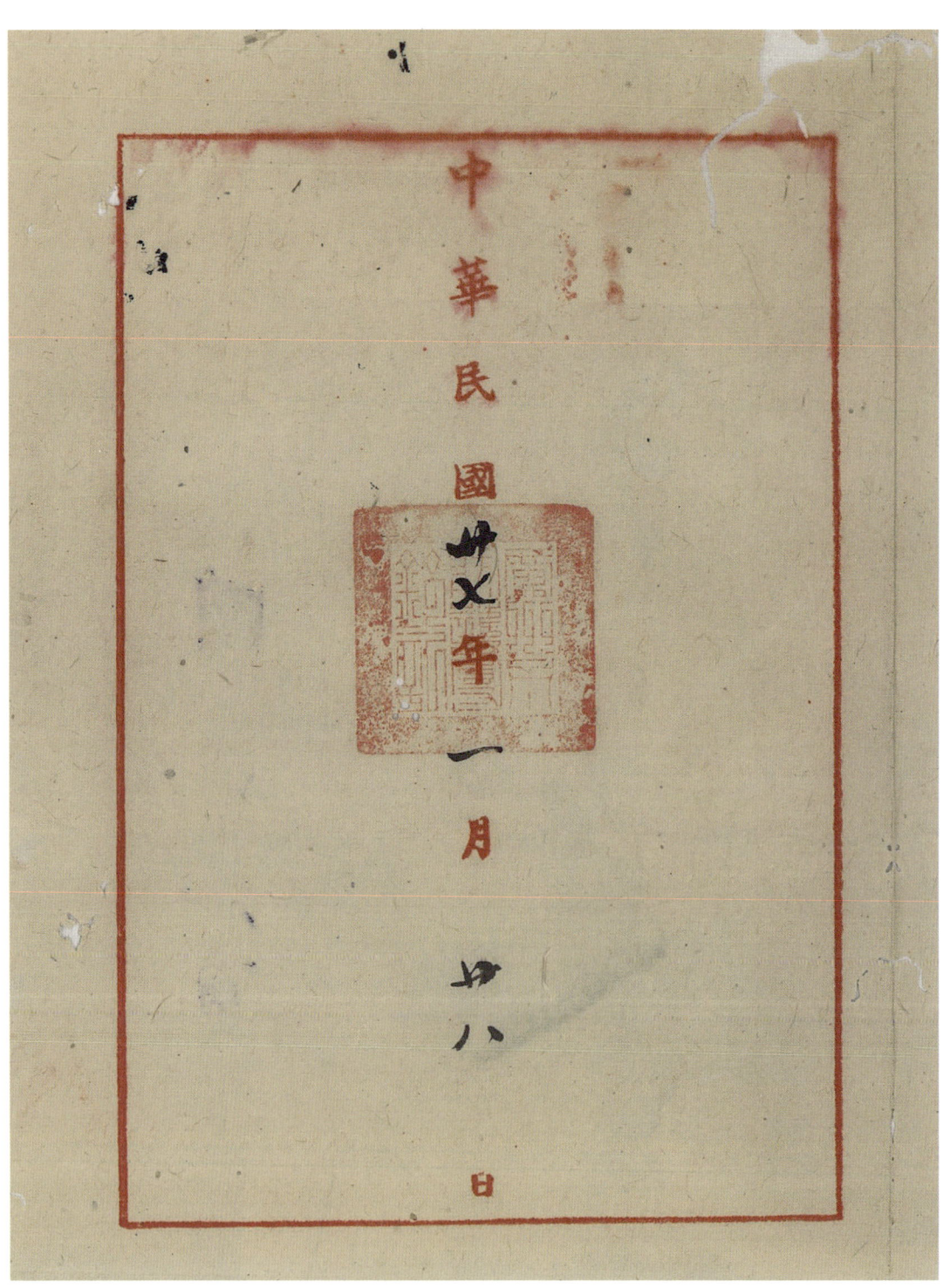

廣東省廣州市轟炸彈破壞情形調查表

次序	類別	破壞情形	附錄
1	地址	西山 區團 增埗 路街里 美華中學 協和師範	
2	日期	民國二十六年十二月三十日	正午至午後一時
3	投彈高度	公尺	無法測量
4	轟炸彈重量	二百五十五公斤四個一百公斤兩個 另燒夷彈一個 公斤	
5	被炸處漏斗孔(彈痕)	公尺直徑 大者十二至十五 小者五至八 公尺	
6	偏離轟炸目的物	約二百至三百五十 公尺	目的物是自來水廠水泥廠及高射砲隊
7	破碎片爆炸距離	由五至十五 公尺	
8	震倒民房間數	美華一小屋全座塌及宿舍一全座破壞但未塌 協和塌崗亭一座宿舍一座全塌 間	
9	炸燬民房間數	間	
10	受破碎片[redacted]炸傷人數	重傷三名守兵 人	另一說係兩被屋桷傷究竟是彈傷抑是壓傷因無手令被守兵所阻未能進前詳查
11	受破碎片爆死人數	一個守兵 人	頭顱粉碎不知飛去何處
12	受房屋壓傷人數	人	
13	受房屋壓死人數	人	
14	二[redacted]十公尺内破壞情形	屋毛玻璃均破壞甚重單黑土焦	
15	五十公尺内破壞情形	玻窗微傷牆壁痕彈	
16	六百公尺内破壞情形		
17	大受損失面積數	約三百 平方尺數	
18	微受損失面積數	約一百 平方公尺	
19	其他		

說明
(一)第一項須在附錄欄填明門牌號數
(二)第五項須在附錄欄說明地質
(三)第七項須在附錄欄註明其大小及破壞附近建築物情形
(四)第八九項須在附錄欄註明建築方法及所用材料
(五)第十四十五十六項須附明晰影片
(六)第十七十八項須附千分一實測平面圖

主管長官

調查者廣東省防空協會廣州市防護團

視察組幹事(西山 區團)李聞銓

广州市社会局关于市小各校已呈报遭敌机轰炸损失情形致广州市政府的公函（一九三八年五月五日）

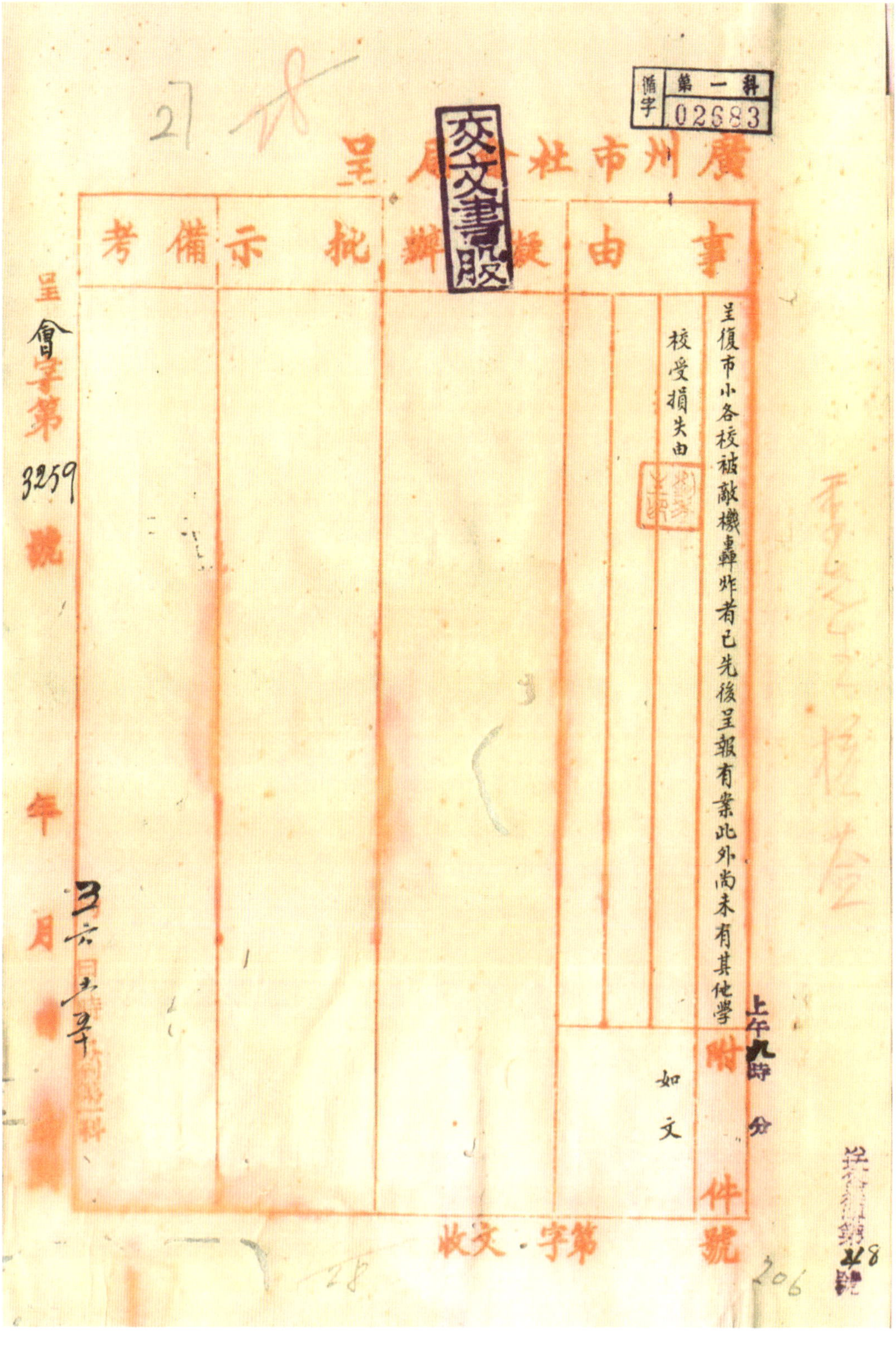
循字 第一科 02683

廣州市社會局呈

交文書股

事由	擬辦	批示	備考
呈復市小各校被敵機轟炸者已先後呈報有案此外尚未有其他學校受損失由			
附件：如文			

上午九時 分

呈會字第3259號 年 月 日

收文 字第 號

現准
鈞府秘書處本年五月一日，文字第一六七號片移：關於教育廳函請將各學校被炸詳情及照片查送，以便彙轉教育部核辦一案：奉
市長批：「交社會局送辦具報」等因；相應檢同原件，送請貴局查照辦理，等由；准此，查自敵機侵襲市區以來，市小各校被其轟炸或波及者，先後有私立知艱小學，市立第三十一小學，市立第二十八小學，市立第五十小學等數間，除市立第五十小學現正待呈報外，其餘均經呈報有案，此外尚未有其他學校受損害。奉
批前因，理合具文連同附發原件，呈復
鈞府察核。
謹呈

廣州市市長曾

計繳還附發教育廳原函。及附發各乙件。

附件登記

廣州市社會局局長劉石心

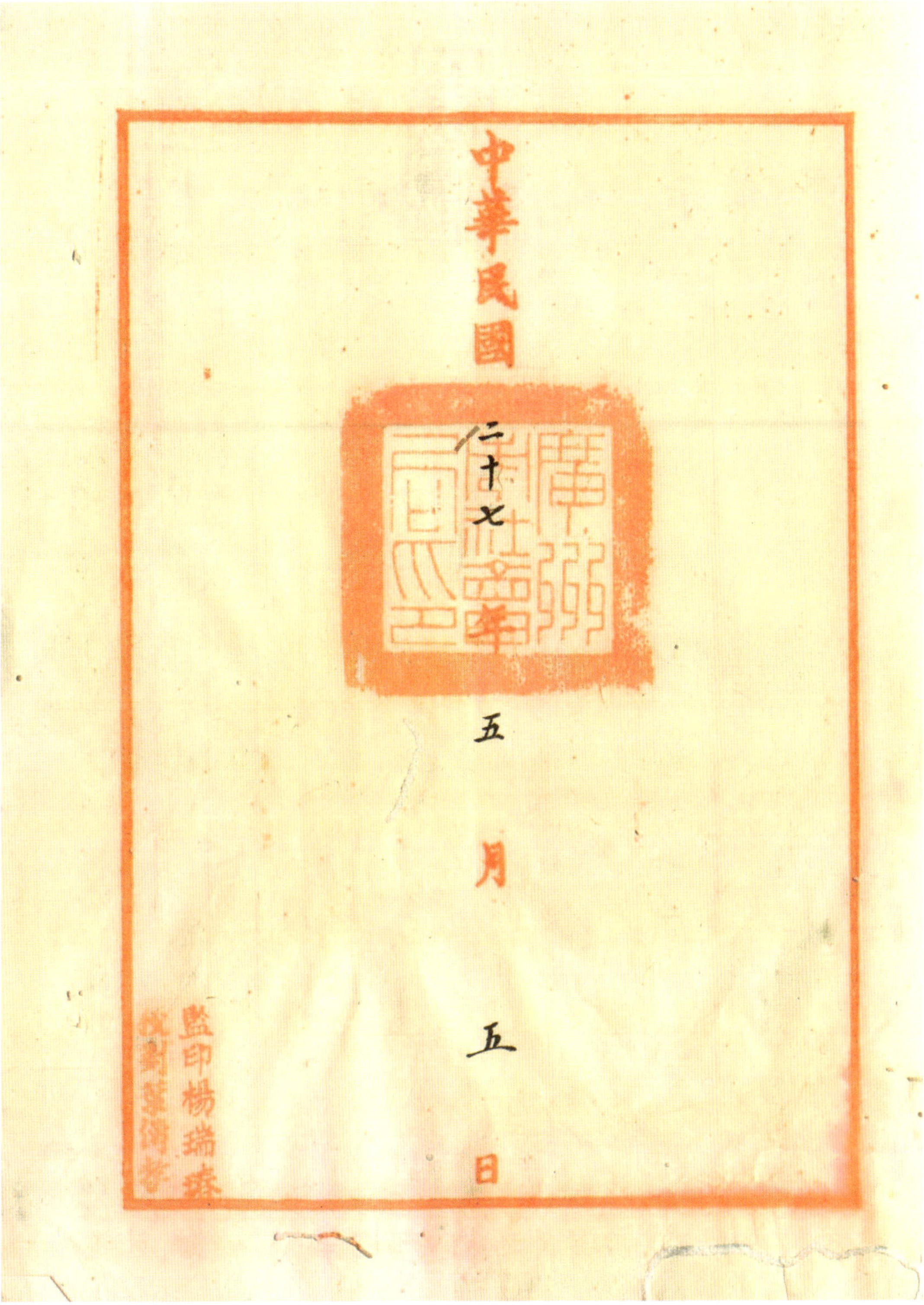

中華民國二十七年五月五日

監印楊瑞[illegible]

校對[illegible]

广州市东堤保甲区关于呈报敌机轰炸损失及救护情形请广州市政府察核的公函 附：调查表和照片（节选）（一九三八年六月七日）

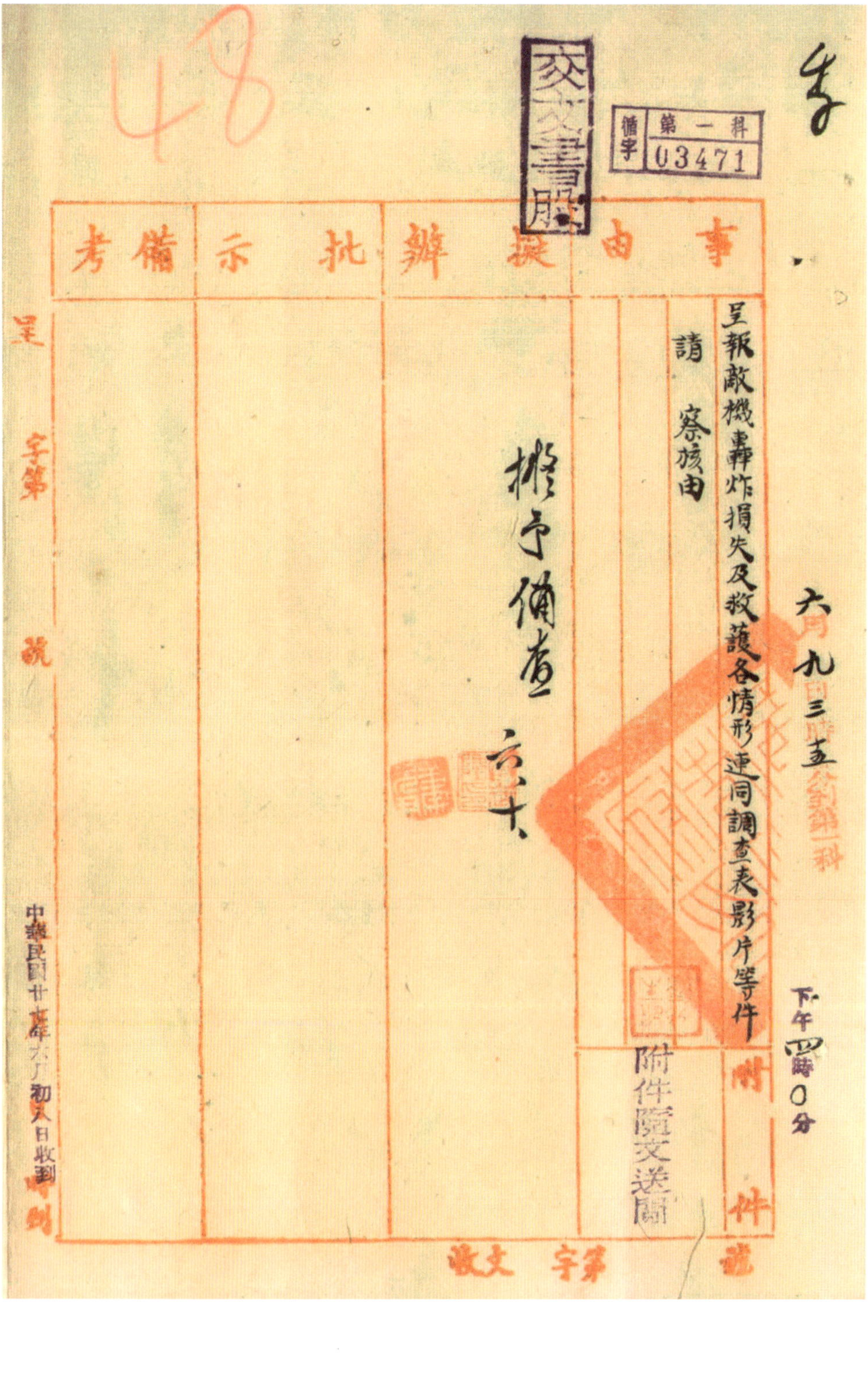
48

交書股

循字 第一科 03471

事由	擬辦	批示	備考
呈報敵機轟炸損失及救護各情形連同調查表影片等件 請察核由	擬予備查 六.十.		

附件隨文送閱

六月九三五

下午四時〇分

中華民國廿七年六月初八日收到

竊查本月四日敵機在轄內大塘街東政街各投落一彈，五日敵機在文明路中山大學附屬中學校門前及校內防空避難壕各投落一彈，六日敵機又在中大附中東堂投落一彈。區長擐報，當經一面分電鈞府及救護隊、工程隊。一面親率員警及社訓隊馳赴災區警戒；并指揮各項防護工作人員，從事搶救。計在大塘街及東政街災區，救護傷者二十四人，掘出屍体十二具，毀塌及微損民房共十四間，損失約值二萬元。至文明路中大附中學校災區，救護傷者六人，掘出屍体四具，毀塌房舍四間，損失一萬元。至六日中大附中校內東課堂又中一彈，毀塌課堂一間，損失五千元，幸無傷斃人命。除分呈外，理合將大塘街東政街及中大附中等處災區調查表連同影片等件，備文報請

40

察核。

謹呈

市長曾

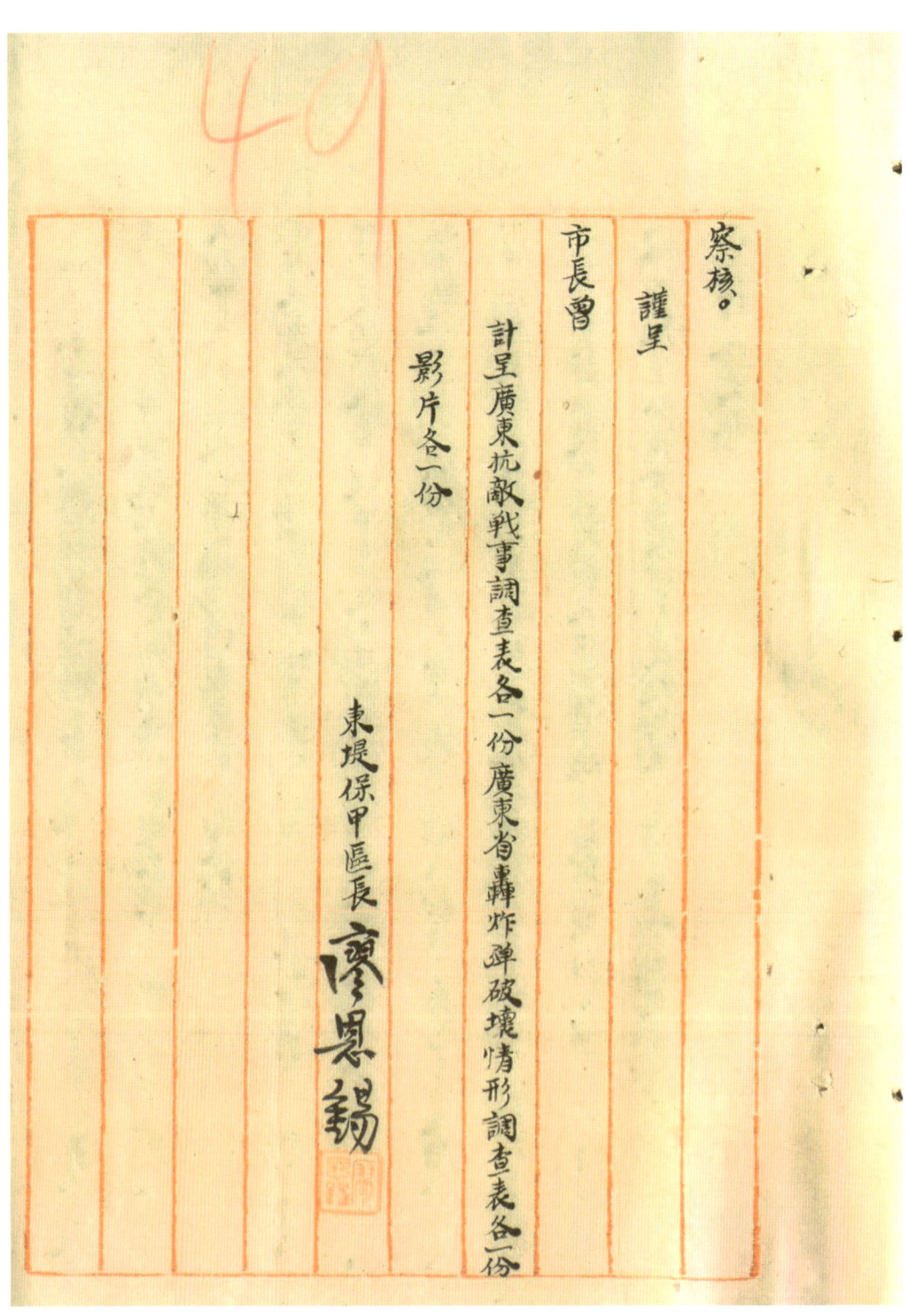

計呈廣東抗敵戰事調查表各一份廣東省轟炸彈破壞情形調查表各一份

影片各一份

東堤保甲區長廖恩錫

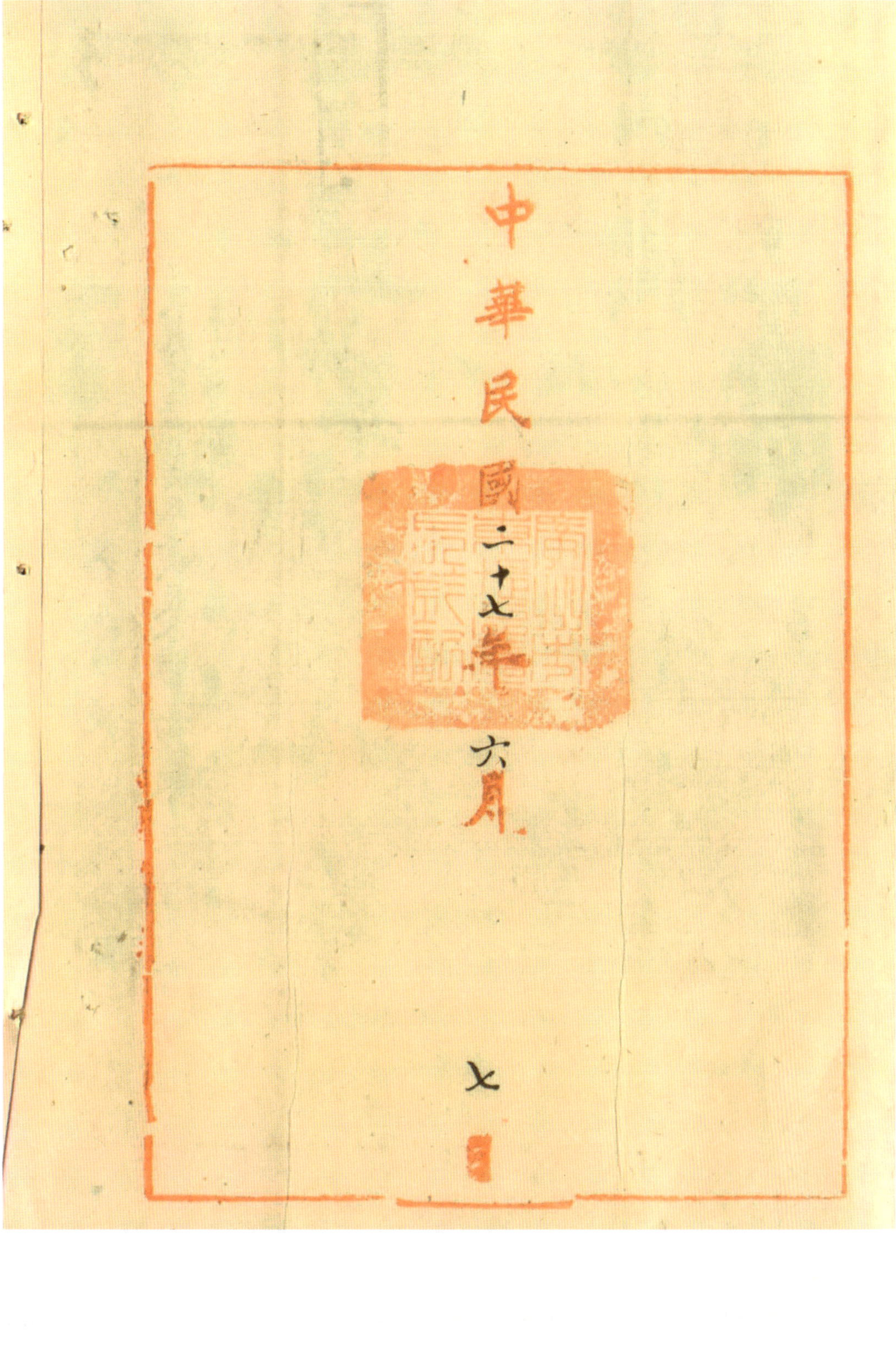
中華民國二十七年六月七日

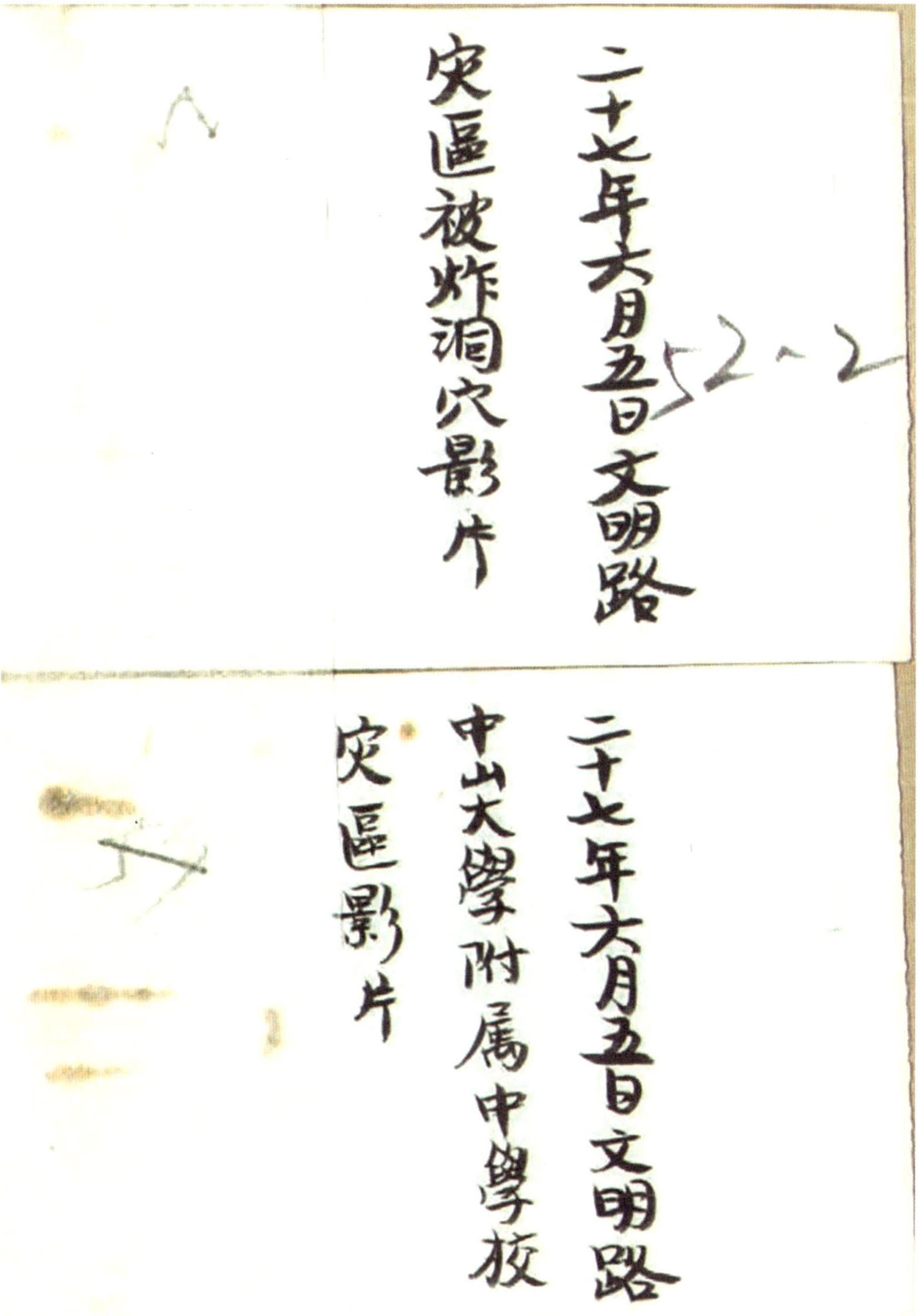
二十七年六月五日文明路
災區被炸洞穴影片
52-2

二十七年六月五日文明路
中山大學附屬中學校
災區影片

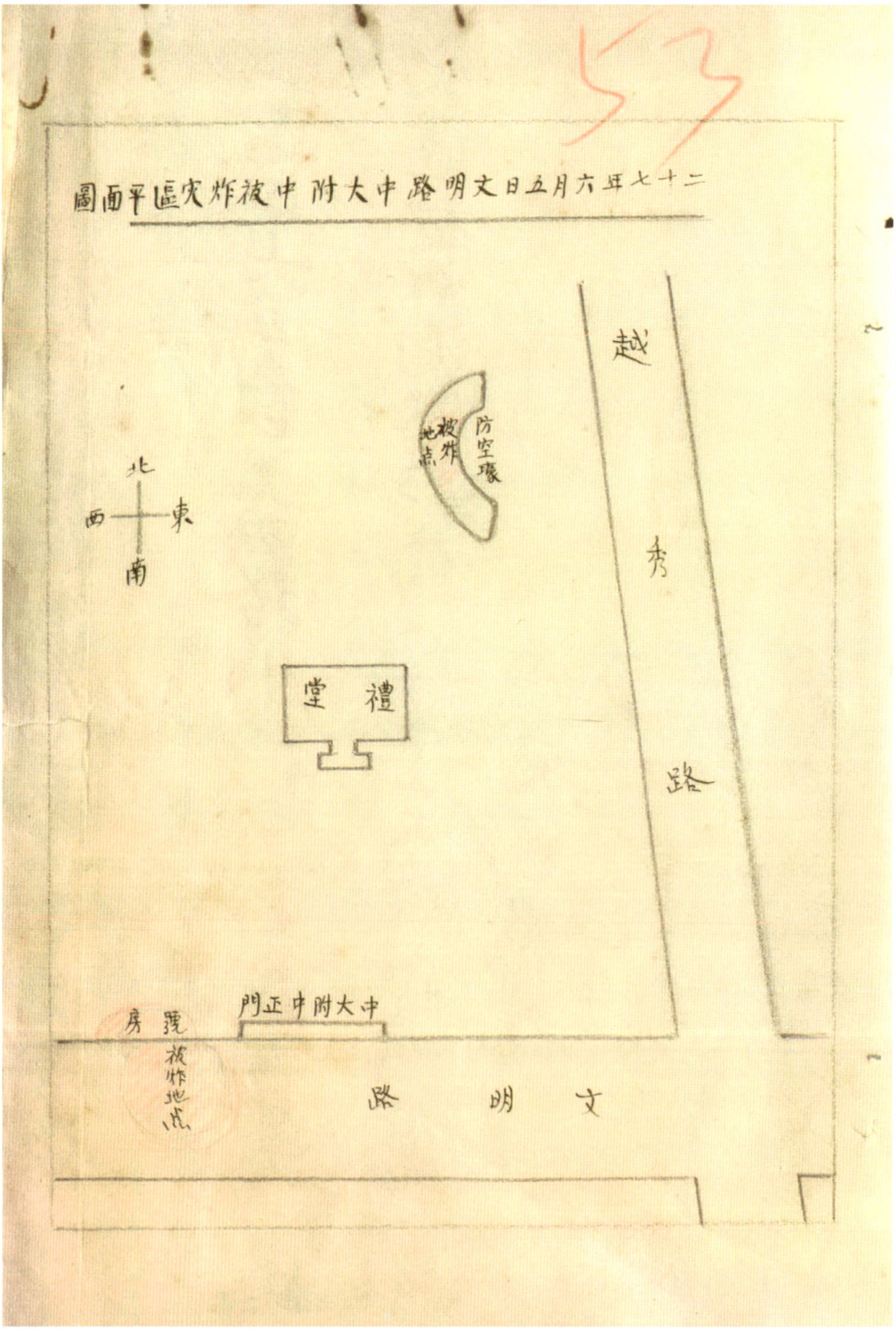
53
二十七年六月五日文明路中大附中被炸灾區平面圖
越秀路
防空壕
被炸地点
北
東
西
南
禮堂
中大附中正門
號房
被炸地点
文明路

廣東省抗敵戰事調查表

（甲）敵機襲擊情形

(1)時期 月	日	時	(2)來襲敵機 種類	機數	(3)襲擊情形 轟炸機掃射或偵察	投彈數 種類	爆炸	未炸	掃射機槍發數	襲擊時間	(4)我方損失情形 中彈或受槍擊地點	中彈數或機槍發數	物質損失 種類	數量	約值國幣	人員傷亡數 死	傷	失踪	(5)擊落敵方人物 擊落敵機 種類	數量	地點	情形	擊落敵機師 死	傷	俘獲	俘獲物品及數量	(6)敵機襲擊後救護情形	(7)備考
六	五	十一	轟炸機	四十六架	轟炸	爆炸彈	二枚			上午十時二十五分	文明路中大附中學校門口	中彈二枚	中大附中學校傳達室工人宿舍	四間	一萬元	四人	六人										死者通知殮理隊殮埋及指揮各救護隊工程隊分別警戒救護挖掘傷者送院醫治敵機襲擊後一面分電有關機關一面親率員警壯丁清緝伏	

縣市名稱 廣州市東堤保甲區　主管長官 廖恩錫　填報員 梁就三　填報日期 二十七年六月七日

說明：

1. (2)項「種類」欄，可能時應分別列明，如陸上或水上轟炸機，戰鬥機，偵察機等。
2. (3)項「投彈種類」欄，係指爆炸彈，燒夷彈，或照明彈等。
3. (3)項「襲擊時間」欄，指敵機停留該管領空時間。
4. (4)項「中彈或受槍擊地點」欄，應分別列明。
5. (4)項「物質損失」欄，應分別種類，按項詳列。
6. (4)項「人員傷亡數」欄，應分別係戰鬥員或民衆，並將傷亡情形簡列，如炸死炸傷等。
7. (5)項「擊落敵機情形欄」，應填明係空軍擊落或槍砲擊落等。
8. (5)項「俘獲物品及數量」欄，應分別種類按項詳列。
9. (6)項應將被敵機襲擊後，對於受害人物之處理及救護，簡要列明。
10. 各縣市受敵機襲擊，除照填本表外，並應查填轟炸彈破壞情形調查表。又如敵機被我空軍追擊墜落縣境時，除應卽電告外，並查照本表(4)(5)(6)各項，分別填列，及在「備考」項註明，於三日內填妥附具影片三份報府。
11. 如有未盡事宜，應在「備考」項分別詳註。
12. 本表面積爲44×30公分，重製時，應照此尺度，不得隨意放大或縮小。

廣東省轟炸彈破壞情形調查表

次序	類別	破壞情形	附錄
1	地址（須詳細註明縣市區鄉或街道名稱）	文明路中大附中學校門口及校內防空避難壕	
2	日期	民國二十七年六月五日十一時	
3	投彈高度	二千公尺	
4	轟炸彈重量	避難壕處一百公斤 校門處二百公斤	
5	被炸處漏斗孔	深六公尺直徑四公尺	避難壕處深四公尺直徑三公尺均坭質
6	偏離轟炸目的物	公尺	
7	破碎片炸射距離	公尺	破碎片炸射距離尚大毀房舍四間 破壞二間
8	震倒民房間數	四間	傳達室工人宿舍各二間均用木料磚塊建築而成
9	炸燬民房間數	間	
10	受破片擊傷人數	二人	
11	受破片爆死人數	三人	
12	受房屋壓傷人數	四人	
13	受房屋壓死人數	一人	
14	二十公尺內破壞情形		
15	五十公尺內破壞情形	震倒房舍四間破壞文明路二十五號二十七號窗門墻壁	
16	一百公尺內破壞情形		
17	大受損失面積數	十五平方公尺	
18	微受損失面積數	八平方公尺	
19	其他		

縣市名稱廣州市東堤保甲區 主管長官廖恩錫 調查者梁就三 填報日期二十七年六月七日

說明

1. 本表有關尺度各欄，應由填報機關派技術人員測量填註。
2. 第5項，應在備考欄說明地質。
3. 第7項，須註明其大小，及破壞附近建築物情形。
4. 第8，9兩項，註明建築方法及所用材料。
5. 第14，15，16三項，須附明晰四寸影片（軟片）二份。
6. 第17，18兩項，須附千份一實測平面圖。
7. 本表須填二份，隨抗戰戰事調查（甲）表或（乙）表報府。
8. 本表大小：直為四十四公分橫為三十公分重製時，不得放大或縮小，說明各項文字，毋庸重列。

廣州市西湖路大中工業社承印

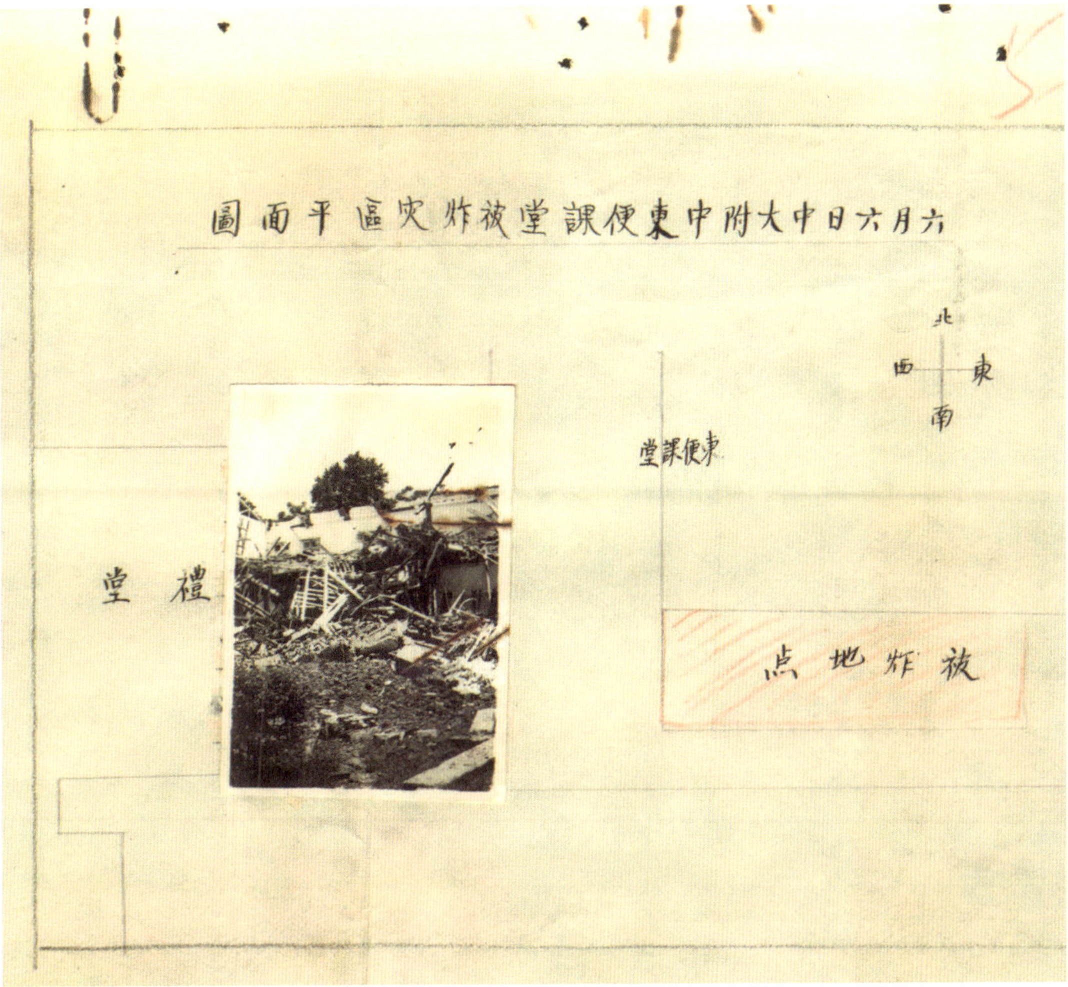
六月六日中大附中東便課堂被炸災區平面圖
北
西
東
南
東便課堂
禮堂
被炸地点

廣東省轟炸彈破壞情形調查表

次序	類別	破壞情形	附錄
1	地址（須詳細註明縣市區鄉或街道名稱）	文明路中山大學附屬中學校	
2	日期	民國二十七年六月六日八時	
3	投彈高度	二千公尺	
4	轟炸彈重量	五十公斤	
5	被炸處漏斗孔	深二公尺直徑一公尺	坭質
6	偏離轟炸目的物	公尺	
7	破碎片炸射距離	公尺	破碎片炸射距離尚小毀課堂一間
8	震倒民房間數	間	
9	炸燬民房間數	一間	用木料磚坭建築而成
10	受破片擊傷人數	人	無
11	受破片爆死人數	人	無
12	受房屋壓傷人數	人	無
13	受房屋壓死人數	人	無
14	二十公尺內破壞情形	破壞該校東便課堂一座	
15	五十公尺內破壞情形		
16	一百公尺內破壞情形		
17	大受損失面積數	平方公尺	
18	微受損失面積數	十平方公尺	
19	其他		

縣市名稱 廣州市東堤保甲區 主管長官 廖恩錫 調查者 梁就三 填報日期 二十七年六月七日

說明

1. 本表有關尺度各欄，應由填報機關派技術人員測量填註。
2. 第5項，應在備考欄說明地質。
3. 第7項，須註明其大小，及破壞附近建築物情形。
4. 第8，9兩項，註明建築方法及所用材料。
5. 第14，15，16三項，須附明晰四寸影片（軟片）二份。
6. 第17，18兩項，須附千份一實測平面圖。
7. 本表須填二份，隨抗敵戰事調查（甲）表或（乙）表報府。
8. 本表大小：直爲四十四公分橫爲三十公分重製時，不得放大或縮小，說明各項文字，毋庸重列。

廣州市西湖路大中工業社承印

廣東省抗敵戰事調查表

（甲）敵機襲擊情形

(1)時期			(2)來襲敵機		(3)襲擊情形						(4)我方損失情形								(5)擊落敵方人物								(6)敵機襲擊後救護情形	(7)備考
					轟炸機槍掃射或偵察	投彈數			掃射機槍發數	襲擊時間	中彈或受槍擊地點	中彈數或機槍發數	物質損失			人員傷亡數			擊落敵機				擊落敵機師			俘獲物品及數量		
月	日	時	種類	機數		種類	爆炸	未炸					種類	數量	約值國幣	死	傷	失踪	種類	數量	地點	情形	死	傷	俘獲			
六	六	八	轟炸機	十六架	轟炸	爆炸弹	一枚			上午八時十分	文明路中大附中學校東堂	中弹一枚	課堂	一座	五千元	無	無										敵機襲擊後親率員警壯丁將災區警戒查無傷亡人員旋將災區撤銷警戒	

縣市名稱 廣州市東堤保甲區　主管長官 廖思錫　填報員 梁就三　填報日期二十七年六月八日

說明：

1. (2)項「種類」欄，可能時應分別列明，如陸上或水上轟炸機，戰鬥機，偵察機等。
2. (3)項「投彈種類」欄，係指爆炸彈，燒夷彈，或照明彈等。
3. (3)項「襲擊時間」欄，指敵機停留該管領空時間。
4. (4)項「中彈或受槍擊地點」欄，應分別列明。
5. (4)項「物質損失」欄，應分別種類，按項詳列。
6. (4)項「人員傷亡數」欄，應分別係戰鬥員或民衆，並將傷亡情形簡列，如炸死炸傷等。
7. (5)項「擊落敵機情形欄」，應填明係空軍擊落或槍炮擊落等。
8. (5)項「俘獲物品及數量」欄，應分別種類按項詳列。
9. (6)項應將被敵機襲擊後，對於受害人物之處理及救護，簡要列明。
10. 各縣市受敵機襲擊，除照填本表外，並應查填轟炸彈破壞情形調查表。又如敵機被我空軍追擊墜落縣境時，除應即電告外，並查照本表(4)(5)(6)各項，分别填列，及在「備考」項註明，於三日內填妥附具影片三份報府。
11. 如有未盡事宜，應在「備考」項分別詳註。
12. 本表面積爲44×30公分，重製時，應照此尺度，不得隨意放大或縮小。

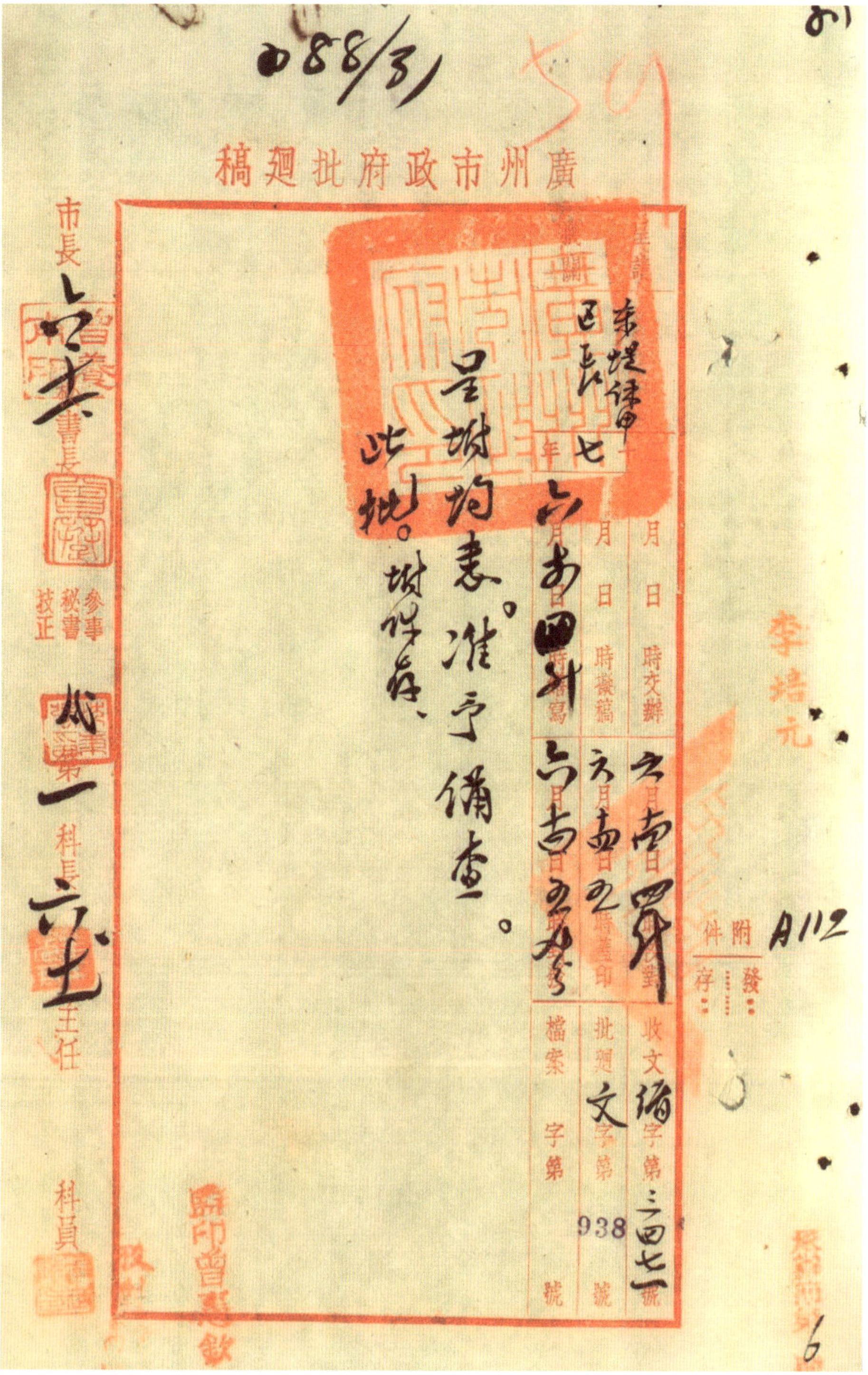
廣州市政府批廻稿

市長
秘書長
參事 秘書
技正
科長
主任
科員

呈請機關 東堤鋪區長

呈坿均悉。准予備查。此批。坿件存。

年 月 日 時交辦	年 月 日 時擬稿	年 月 日 時繕寫
六月廿四日	六月廿四日	六月廿四日

收文	批廻	檔案
編字第三四七一號	文字第938號	字第 號

附件 發 存

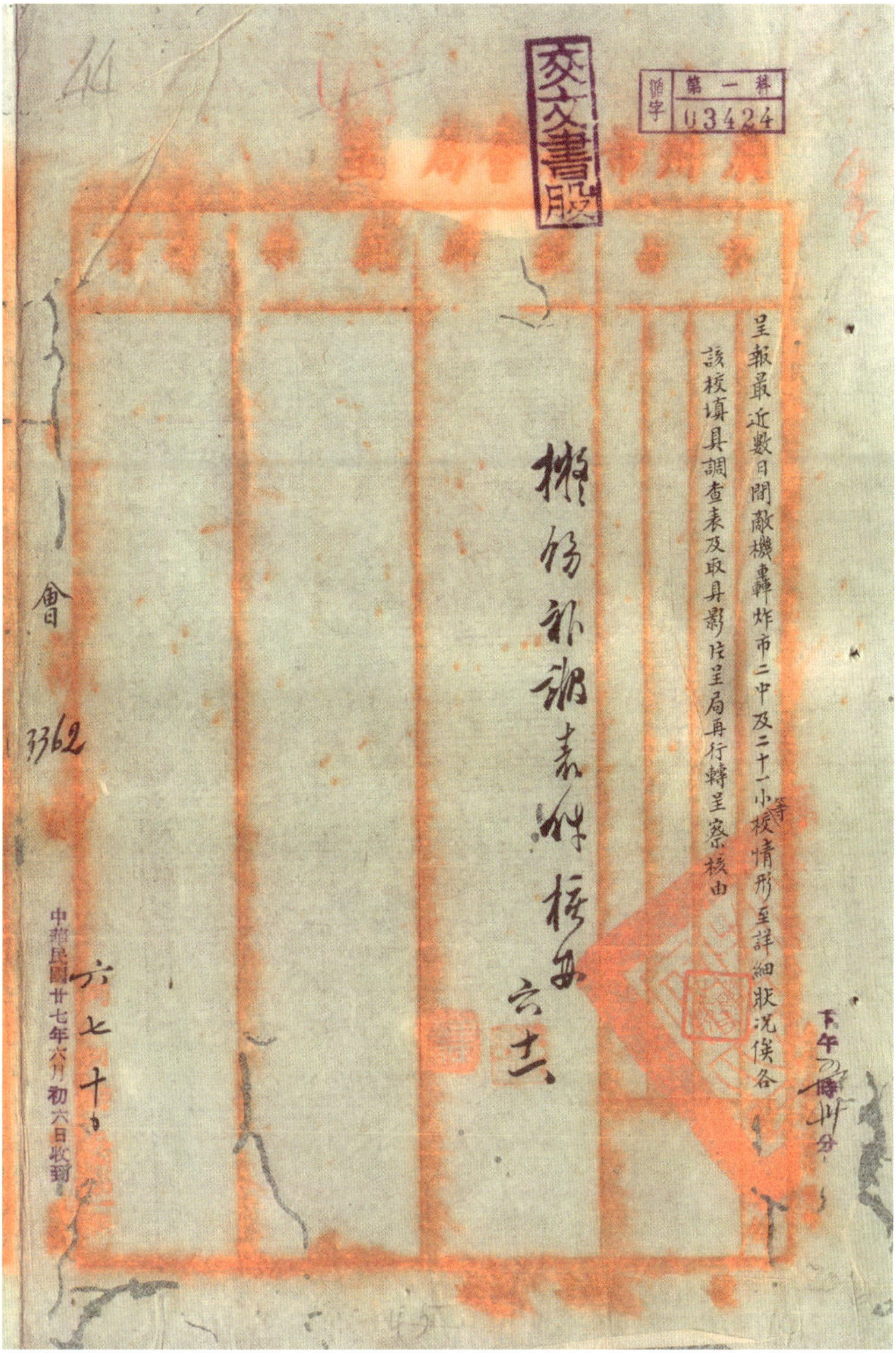
交文書股

第一科　字　03424

呈報最近數日間敵機轟炸市二中及二十一小等校情形至詳細狀況俟各該校填具調查表及取具影片呈局再行轉呈察核由

中華民國廿七年六月初六日收到

下午　時　分

广州市政府据广州市社会局呈敌机轰炸市二中及二十一小等校情形令补缴调查表以备核实的批示（一九三八年六月十三日）

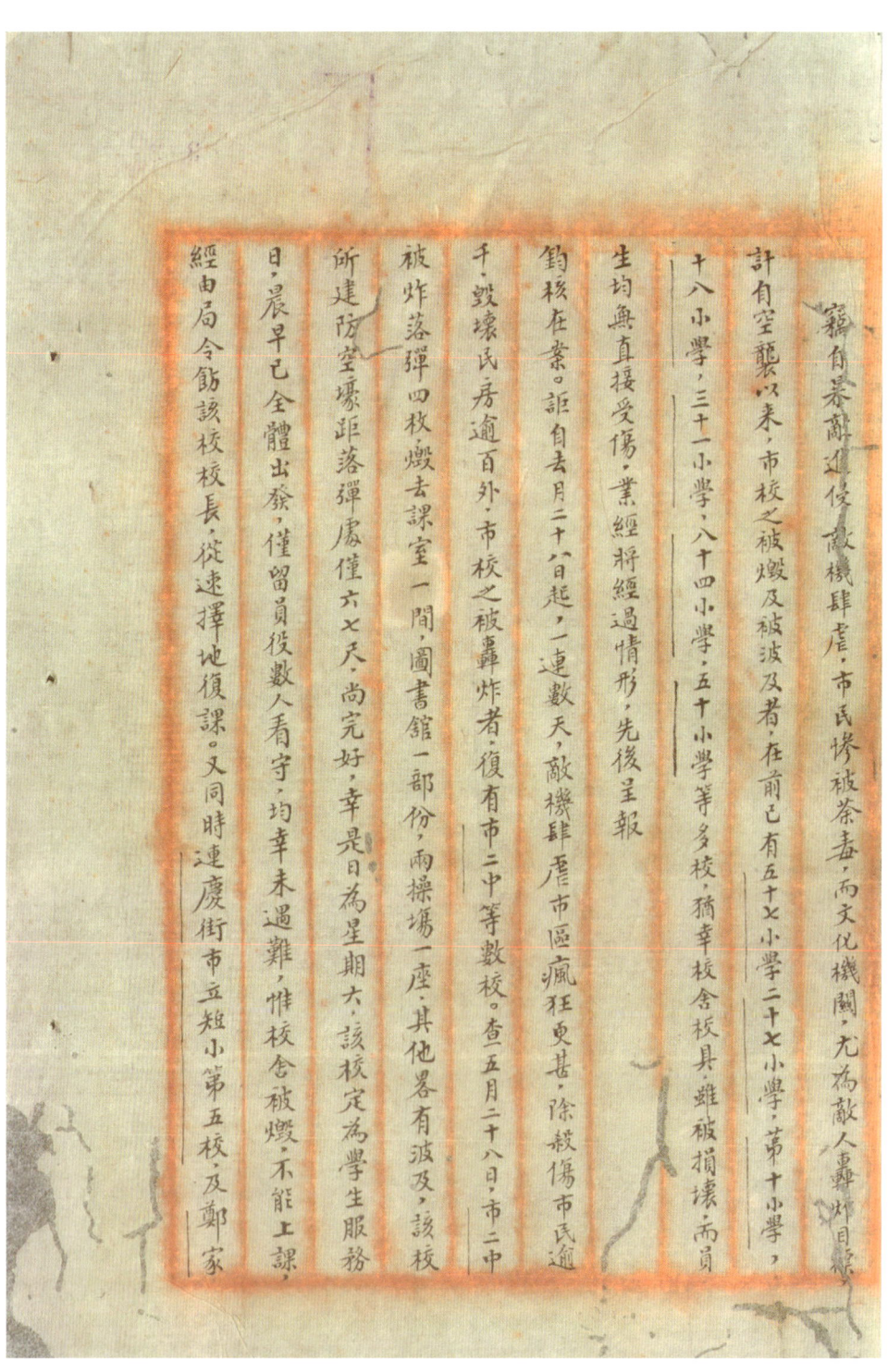

竊自暴敵進侵，敵機肆虐，市民慘被荼毒，而文化機關，尤為敵人轟炸目標，計自空襲以来，市校之被燬及被波及者，在前已有五十七小學、二十七小學、第十小學、十八小學、三十一小學、八十四小學、五十小學等多校，猶幸校舍校具，雖被損壞，而員生均無直接受傷，業經將經過情形，先後呈報

鈞核在案。詎自去月二十八日起，一連數天，敵機肆虐市區，瘋狂更甚，除殺傷市民逾千、毀壞民房逾百外，市校之被轟炸者，復有市二中等數校。查五月二十八日，市二中被炸落彈四枚，燬去課室一間，圖書館一部份，兩操場一座，其他畧有波及，該校所建防空壕距落彈處僅六七丈，尚完好，幸是日為星期六，該校定為學生服務日，晨早已全體出發，僅留員役數人看守，均幸未遇難，惟校舍被燬，不能上課，經由局令飭該校校長，從速擇地復課。又同時連慶街市立短小第五校，及鄭家

45 46

祠內市立第六十四小學校舍，亦被波及損壞，該校等均辦有街坊學校數班，於落彈前，已由教員妥為疏散，幸均無遇難。二十九日敵機再大轟炸，越華路譚家祠內之市立第二十一小學，全校被燬，損失至鉅，市二中再次被炸，粵路南站對正之述善堂內，氏教區及街坊學校被燬，幸是日星期，並未傷人。此外市轄私立小學被摧殘者，有廣衛路已停辦之南中小學校舍。職局對於此次被炸或波及各小學，其原日附有街坊學校者，已飭令先行分送轉讀於附近各校，或另行擇地復課，以維學生學業。至於以後學生上課安全辦法，已由職局擬定，另案呈報

鈞府察核。除令飭市二中及市二十一小各校校長，從速將被炸損失詳情，赶日填具調查表，連同攝影照片呈局，以憑核轉外；理合將各校被炸情形，先行呈報

鈞府察核備案。

謹呈

廣州市市長曾

廣州市社會局局長劉石心

二十七
六
三
監印

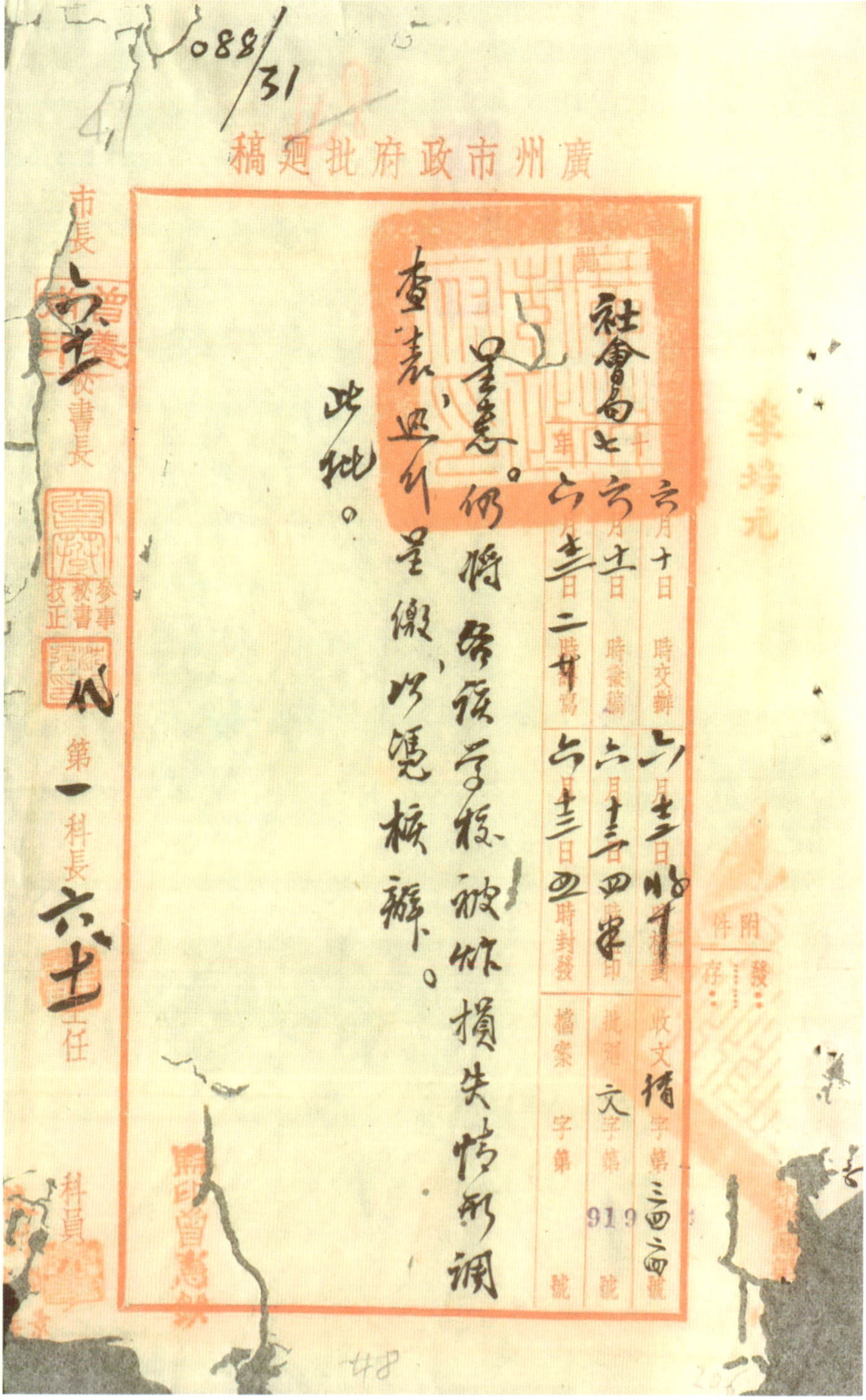

廣州市政府批迴稿

社會局

呈悉。仰將各該學校被炸損失情形調
查表，迅行呈繳，以憑核辦。
此批。

二 保全教育的政策措施

抗战全面爆发后，为尽力维持教育工作，自国民政府教育部至广东省教育厅连续颁布多项法令，指导各级院校做好空袭中的安全防范措施、安排非常时期的上课办法及疏散迁徙事宜。

广东为华南地区日军空袭侵入的主要省份，教育部于一九三七年八月电令广东省教育厅做好各类学校处置措施：首先是要『力持镇静』，受轻微袭击时酌情短期休课；尽快选择安全地点设立临时校舍，以备收容战区退出的学生；各校预先妥善处置重要文件和校产，在必要时以适当形式组织迁移；停课的学校应给学生发放证明以方便他们择校借读等等。此时，广东已经开始遭到空袭，省教育厅要求各级学校在新学期开学之前布置好避难设备以防空袭、火灾和机枪扫射等情形，保证人员安全『是为至要』。随后又根据教育部令颁布了《省内各级学校处理校务临时办法》，主旨仍然是尽力维持课业，除广州、汕头两市的学校因受袭严重开学时间另定外，其他地区学校照常开课；暂时休课的学校都应尽快想办法恢复开课。

事实上，自一九三七年九月始，便有一些学校从城市中心纷纷转移到相对安全的乡村地区甚至港澳地区临时上课，揭开广东院校迁徙的序幕。进入一九三八年，随着战局日趋危急，大规模迁校已迫在眉睫。省教育厅颁布《疏散人口地区各级学校处理办法》，除规定了学校迁移开课、学生借读事宜外，还特别对因迁徙疏散而失业的教职员工做出安排，帮助他们寻找服务岗位。

馆藏史料中收录了部分当时的教育政策法令，包括各类、各级学校的战时办理措施、辅导地方教育和支援抗战等方面，反映了抗战时期广东各界为艰难维持教育事业所做的努力。

广州市政府转发教育厅关于战区内学校斟酌措置办法的函令广州市社会局遵照办理的公函

（一九三七年八月十六日）

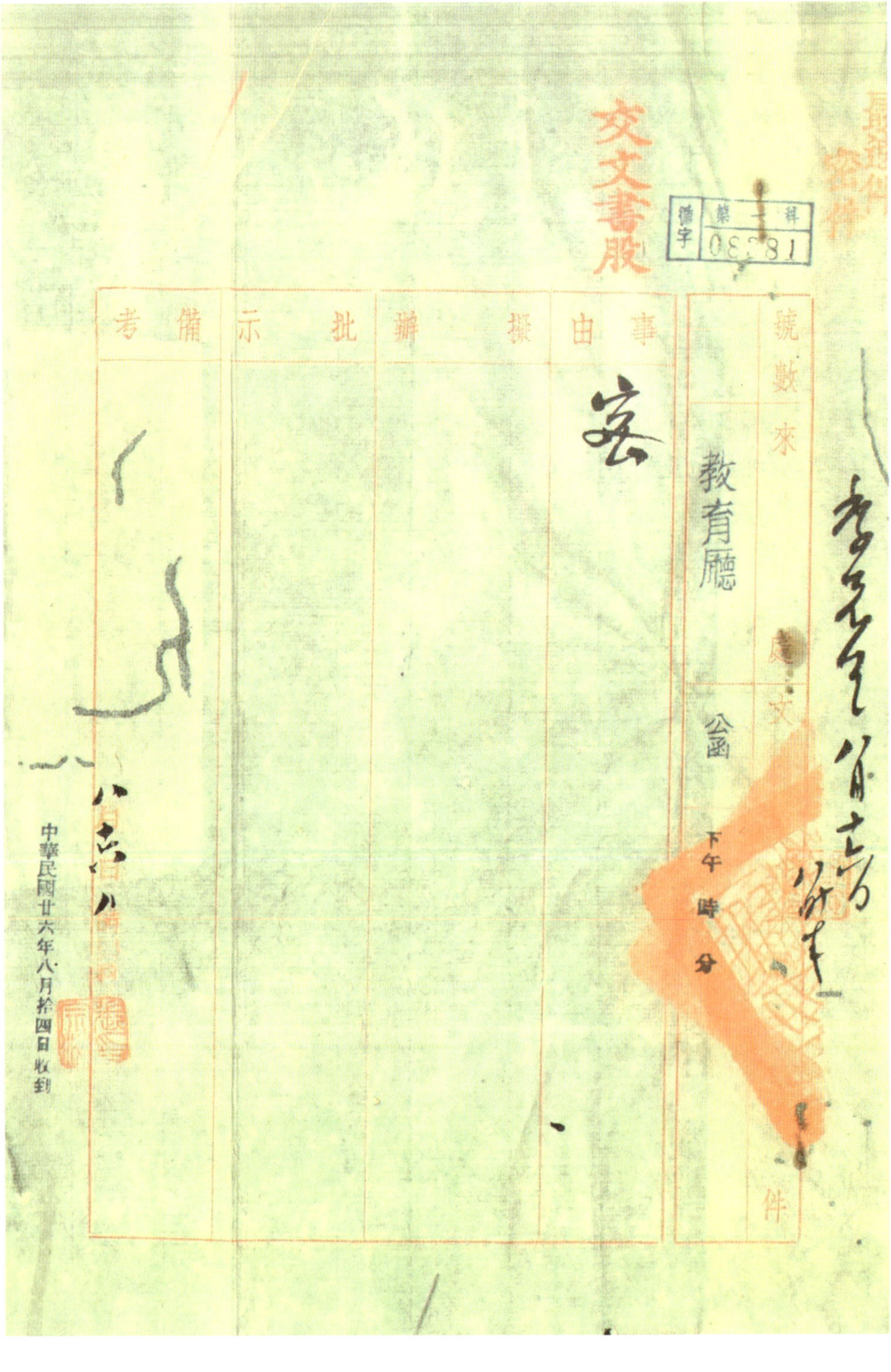

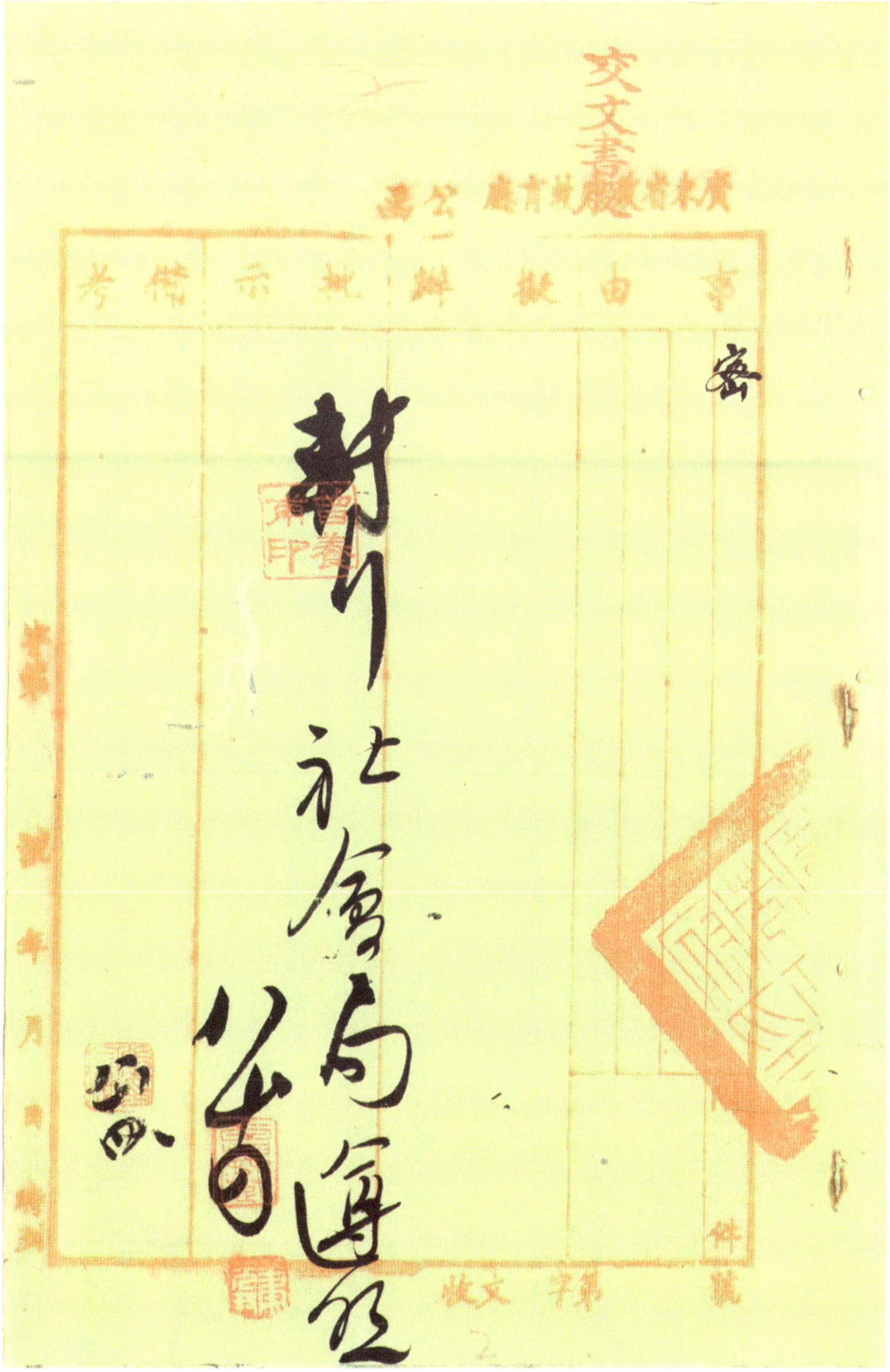
交文書
密
封門
社會局遵照

廣東省政府教育廳公函

文字第1666號

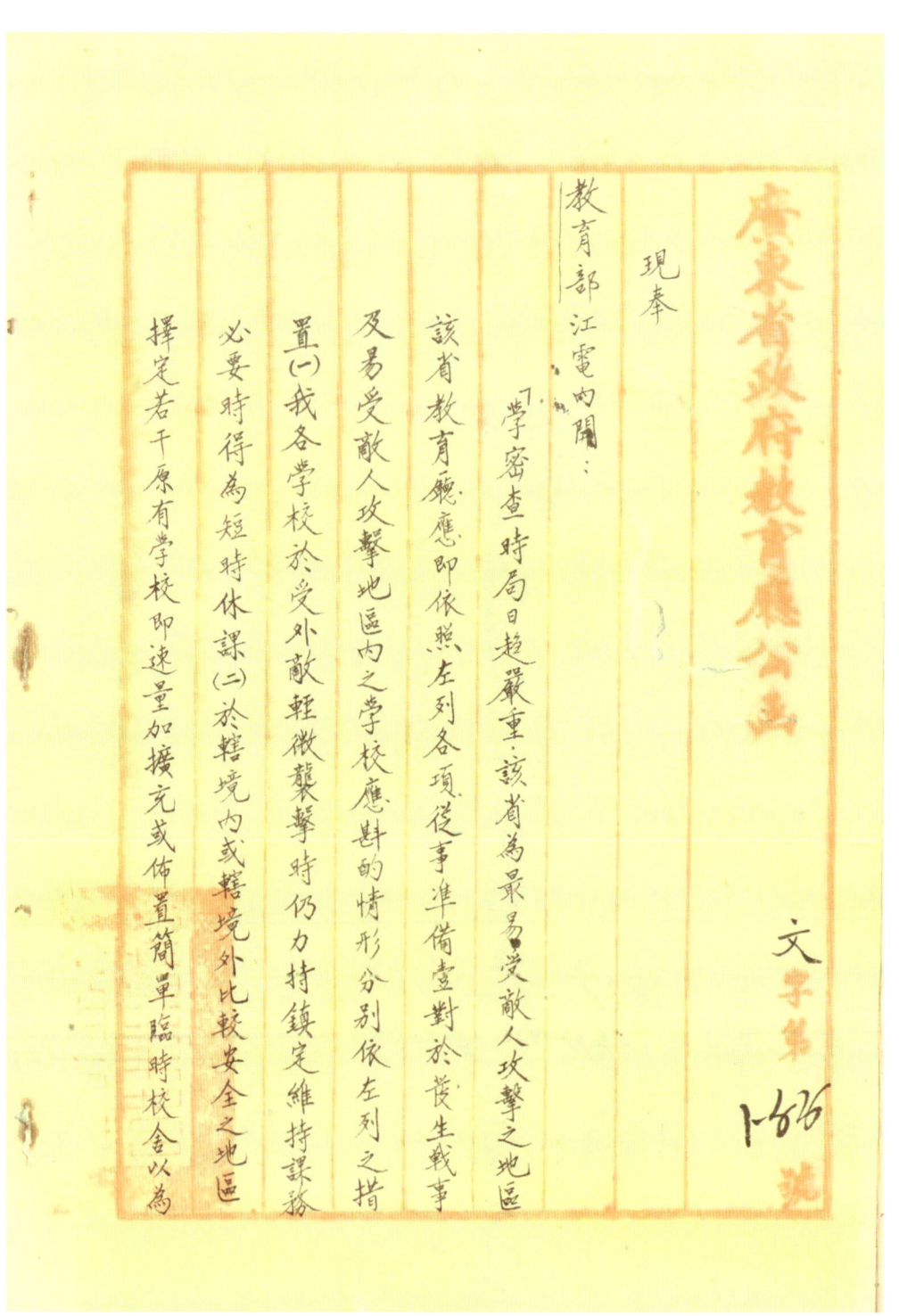

現奉
教育部江電內開：
「學密查時局日趨嚴重，該省為最易受敵人攻擊之地區
該省教育廳應即依照左列各項從事準備並對於發生戰事
及易受敵人攻擊地區內之學校應斟酌情形分別依左列之措
置(一)我各學校於受外敵輕微襲擊時仍力持鎮定維持課務
必要時得為短時休課(二)於轄境內或轄境外比較安全之地區
擇定若干原有學校即速量加擴充或佈置簡單臨時校舍以為

必要時收容戰區學生受課之用不得延誤(三)於必要時允准學校遷移其方式得以各校為單位或混合各校各年級學生統籌支配或暫行歸併或暫行附設于他校(四)暫行停閉或戰區內學校于戰事發生或逼近時應酌量將學生成績照片重要帳簿書籍學校貴重而易于移動之設備預為移藏叁暫行停閉之學校應發給學生借讀証書註明學生姓名性別年齡籍貫科別年級等項以便學生自由擇校借讀、戰區內之初中及小學雖未停閉得依學校家屬之請求發給借讀証書除另令詳為指示外合亟電令遵照」

等因：奉此，除分別遵照辦理外，相應函達

查照辦理為荷，此致

廣州市政府

廣東教育廳廳長許崇清

中華民國二十六年八月十四日

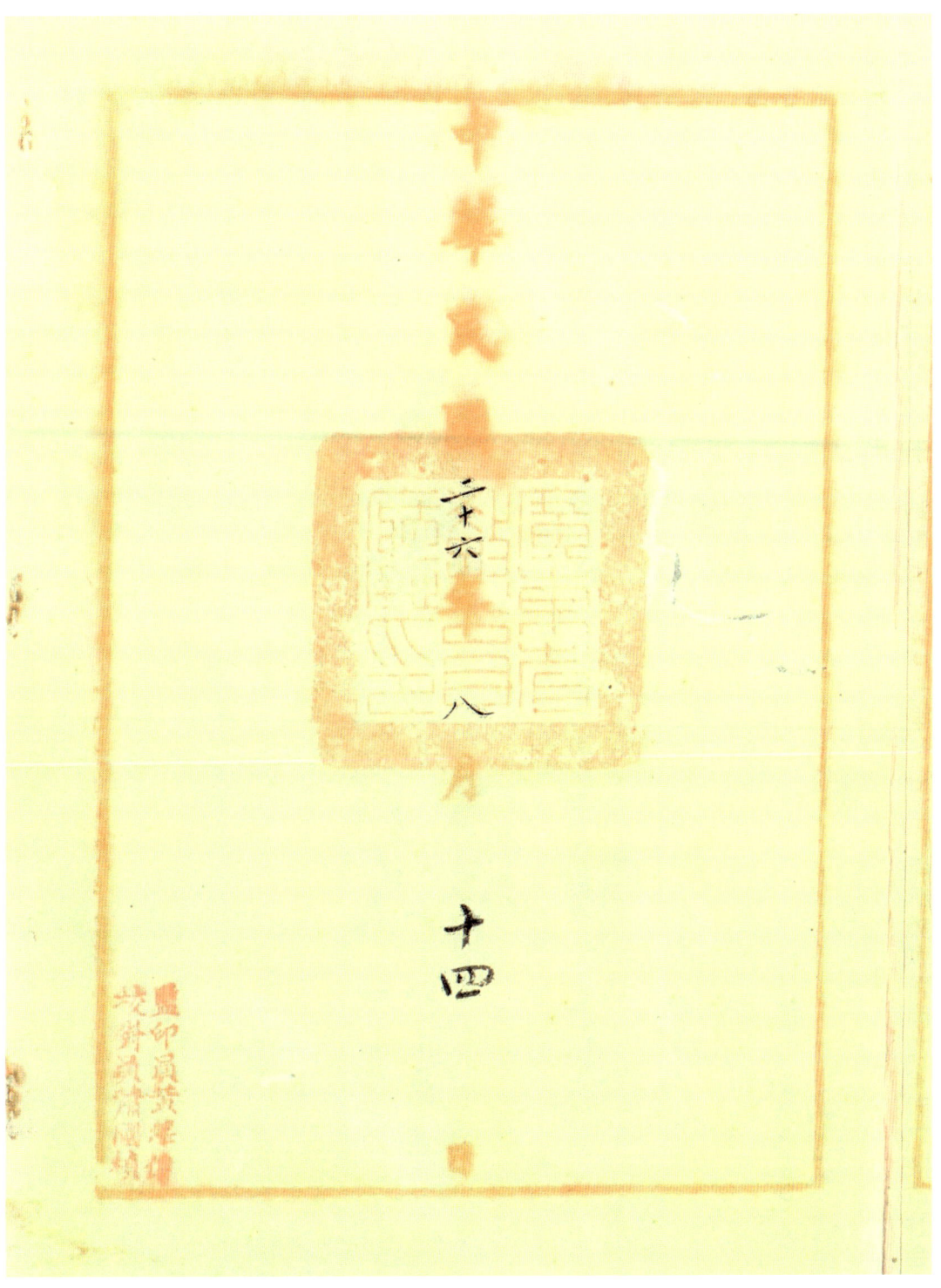

監印員黃澤墉
校對員陳國楨

廣州市政府稿

密速

密令
密不錄由

社會局

原出府

市長會 宣

秘書長

局長

秘書 技正 課長

主任 技正 課長

參事 秘書 技正 科長 專員 主任 科員

宣 鈞 九稽

中華民國廿六年八月

文件	月	日	時
收文			
擬辦	八	十六	
撰稿	八	十六	九
核簽			
判行			
繕寫			
校對	八	十六	
核印			
封發	四	十六	三

收文距發文相距 日 時

收文 字第 號

發文 文字第二七二號

歸案 字第 號

103/176

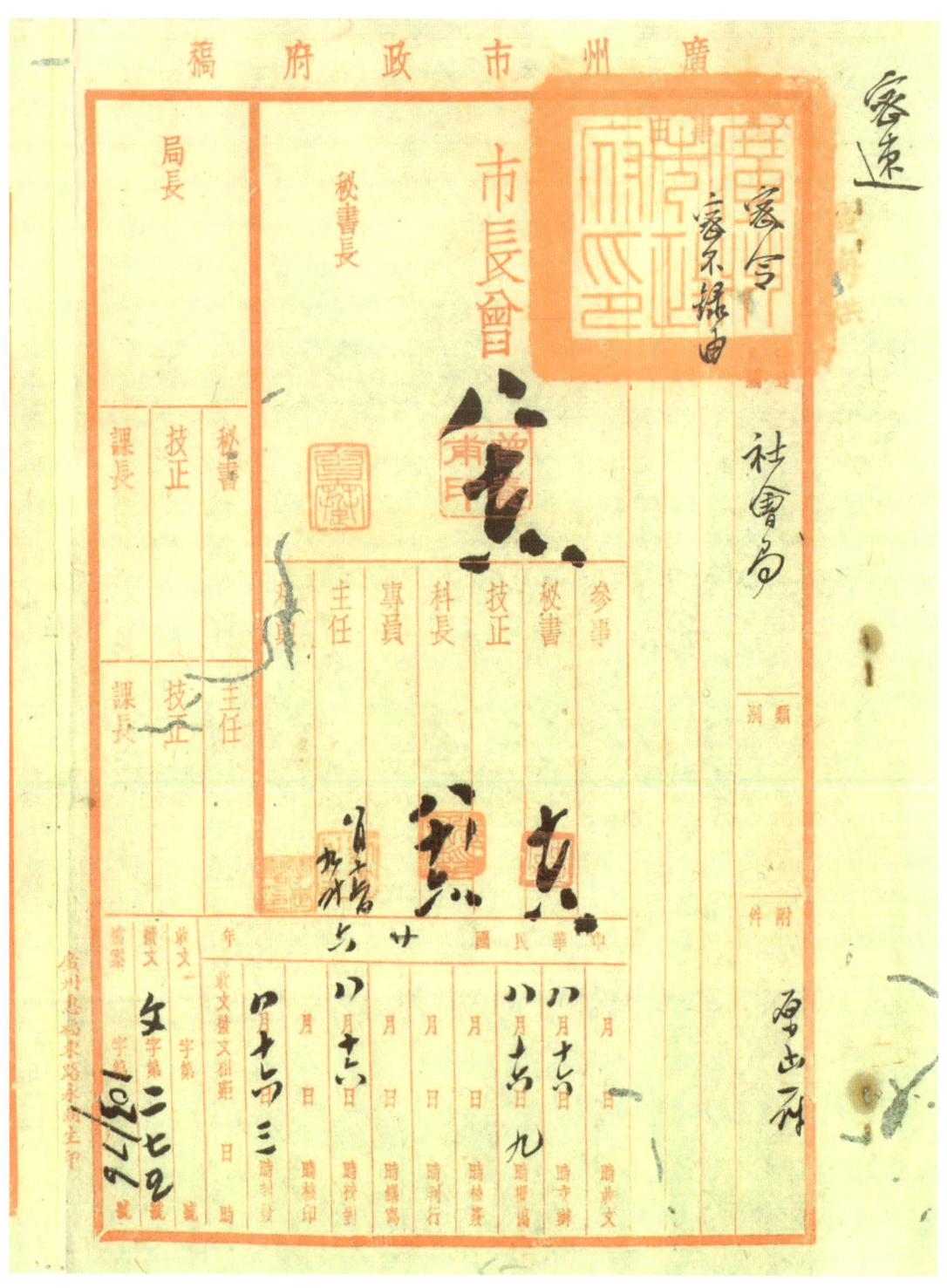

廣州惠福東路永興生印

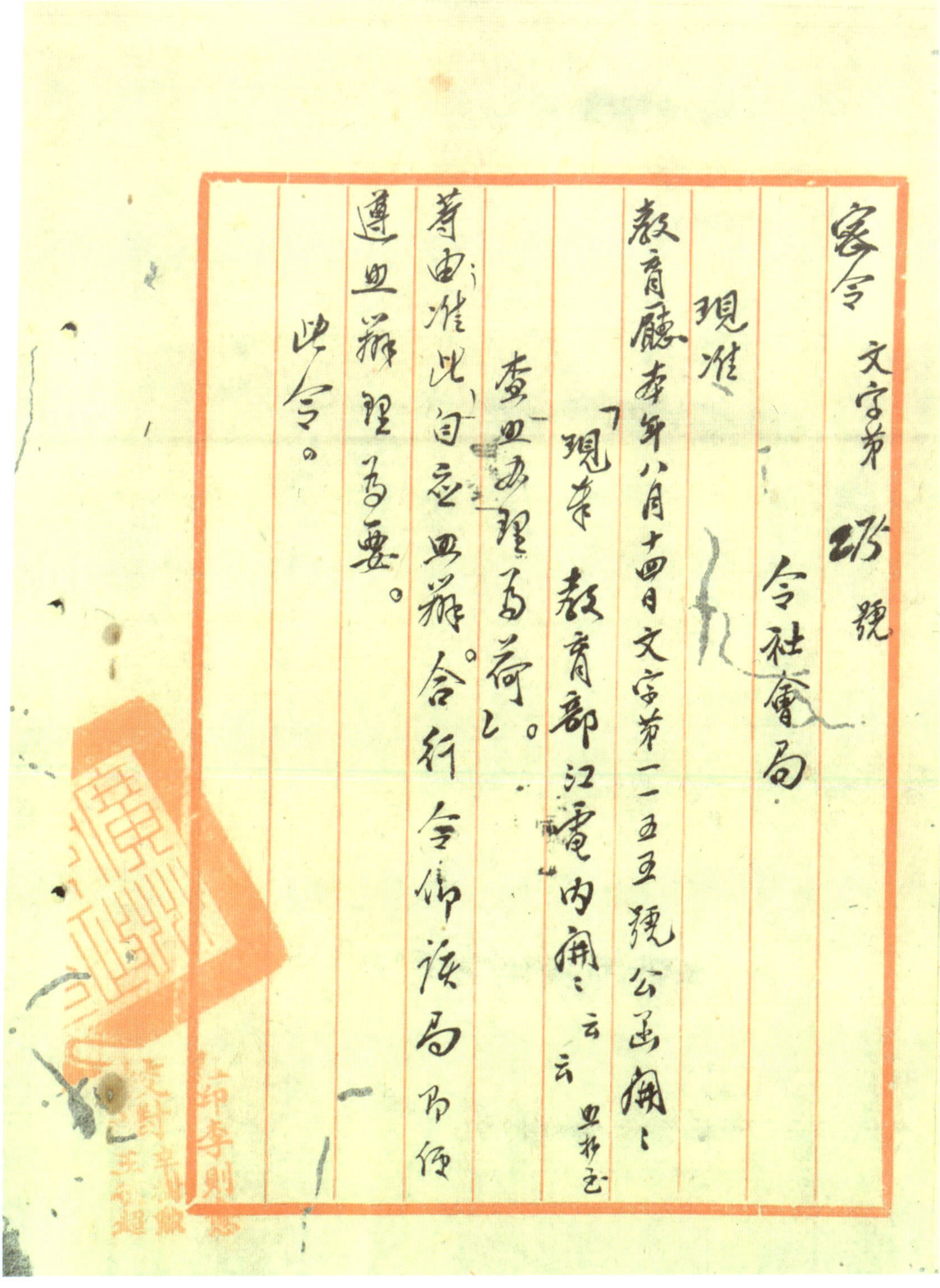

訓令　文字第[illegible]號

令社會局

現准

教育廳本年八月十四日文字第一一五五號公函開：

「現奉　教育部江電內開：云云　照抄去

查照辦理為荷」。

等由；准此，自應照辦。合行令仰該局即便

遵照辦理為要。

此令。

广州市政府转发广东省教育厅关于各校应布置避难设备以防空袭密函令广州市社会局遵照办理的公函（一九三七年八月二十三日）

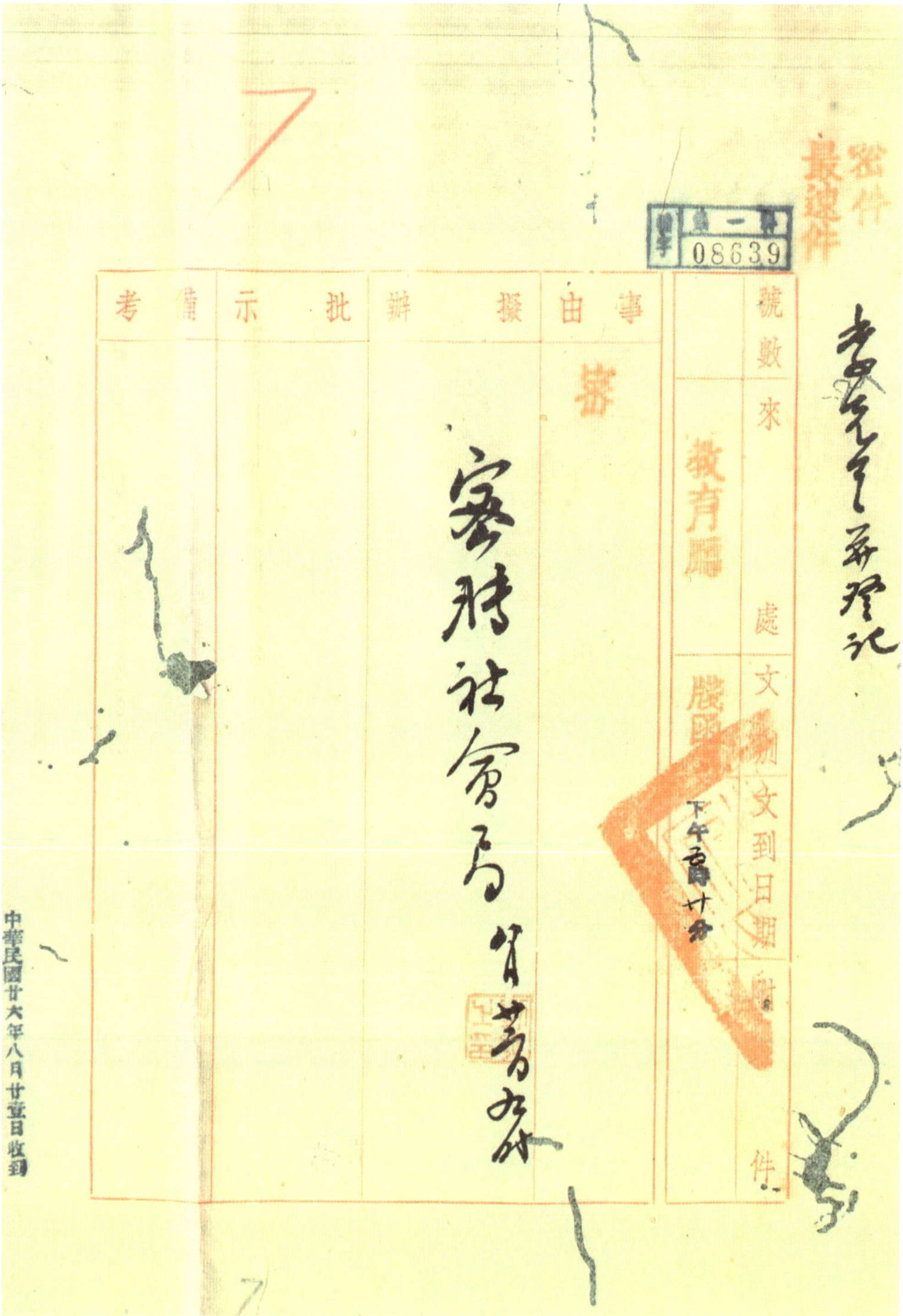
密件
最速件
08639
來文號數
教育廳
處文
收文到日期
附件
事由
擬辦
批示
備考
密
中華民國廿六年八月廿五日收到

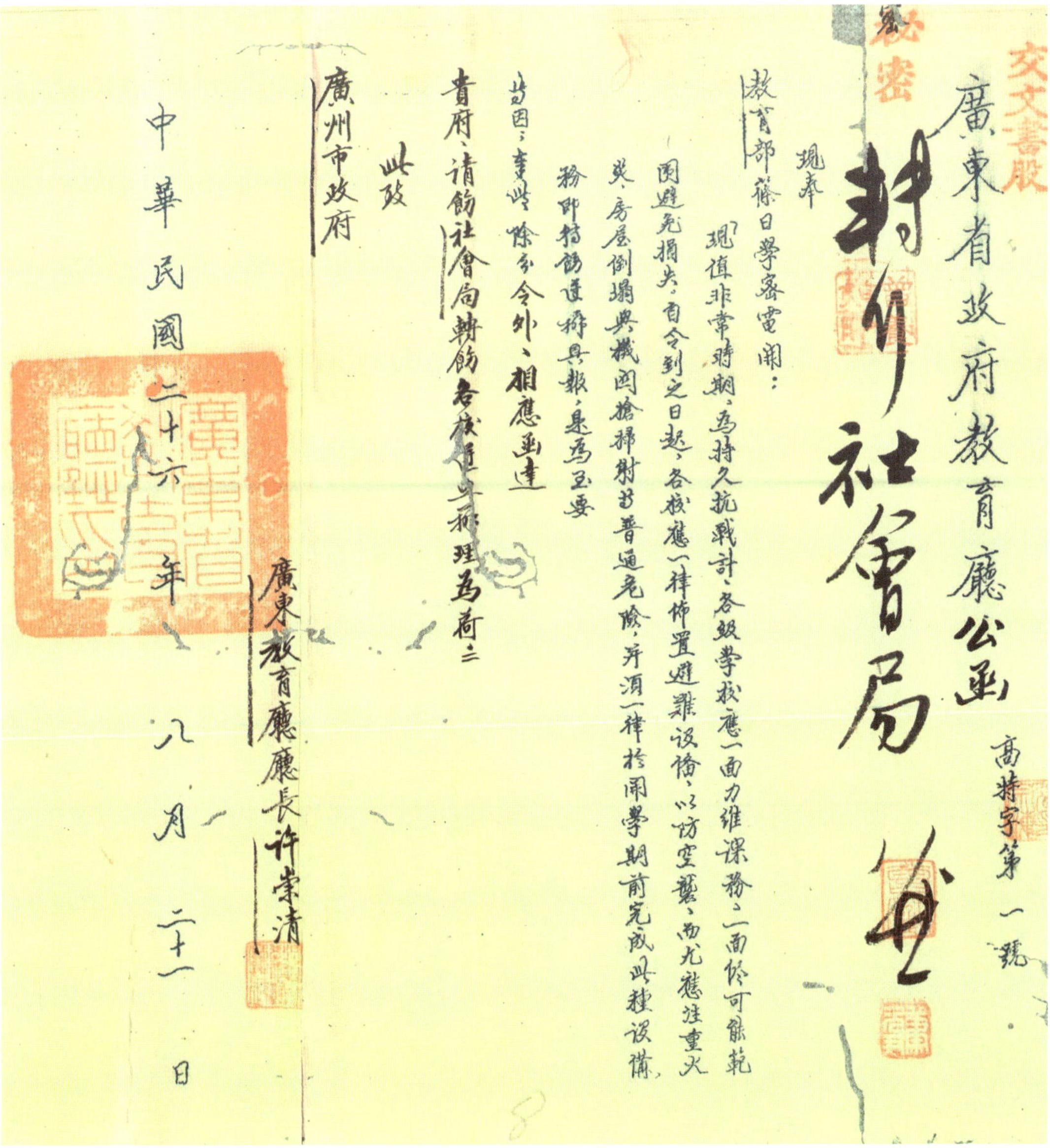
交文書股
秘密
廣東省政府教育廳公函　高特字第一號
抄行社會局查
現奉
教育部篠日學密電開：
「現值非常時期，為持久抗戰計，各級學校應一面力維課務，一面於可能範圍避免損失。自令到之日起，各校應一律佈置避難設備，以防空襲，而尤應注重火災、房屋倒塌與機關槍掃射等普通危險，並須一律於開學期前完成此種設備，務即轉飭遵辦具報，是為至要」
等因；奉此，除分令外，相應函達
貴府，請飭社會局轉飭各校遵照辦理為荷。
此致
廣州市政府
廣東教育廳廳長許崇清
中華民國二十六年八月二十一日

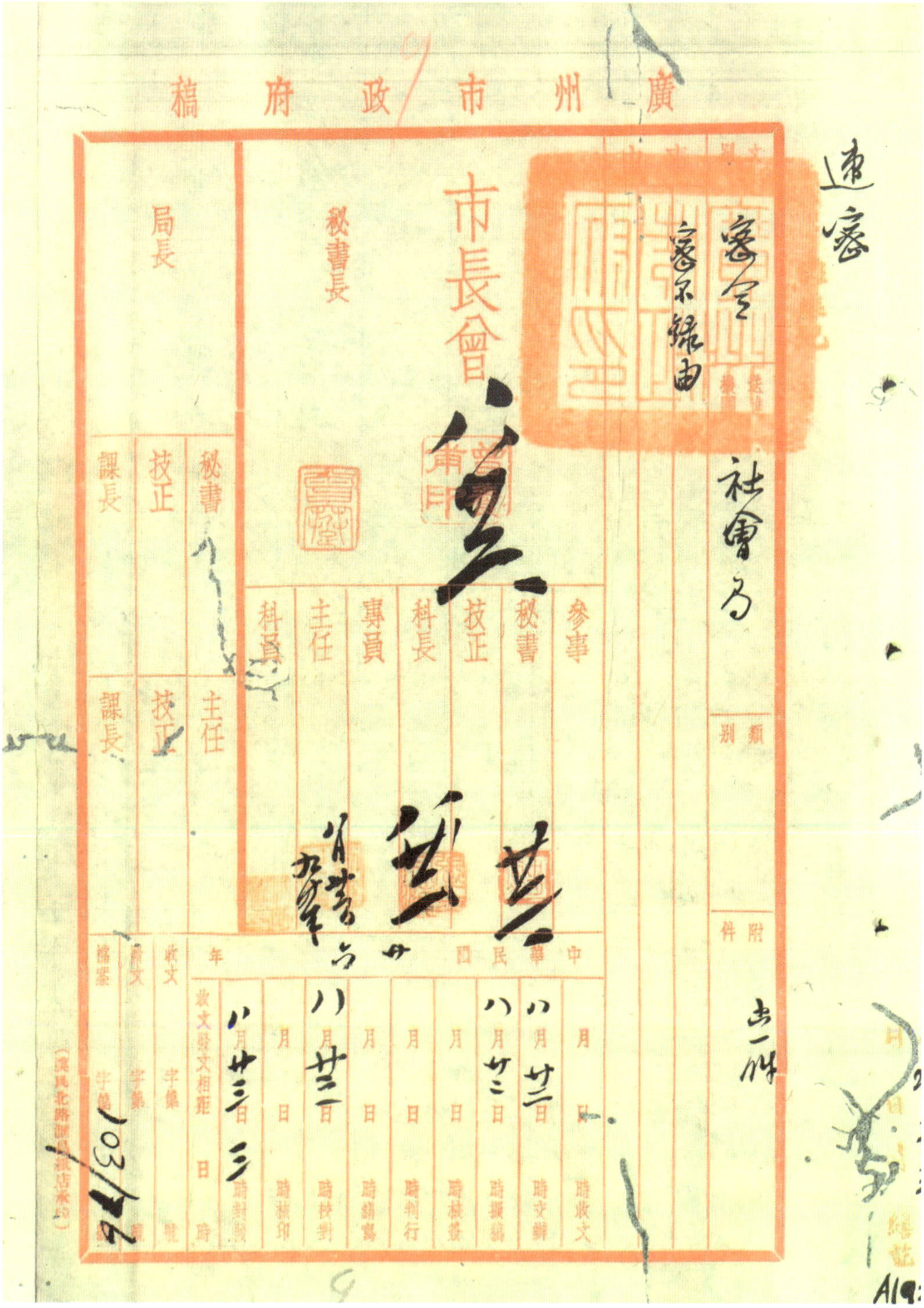
广州市政府稿

市长曾

秘书长

局长

秘书　技正　课长

主任　技正　课长

参事　秘书　技正　科长　专员　主任　科员

文别　事由　机关

寄令

寄示缘由

速寄

社会局

类别

附件

出一件

中华民国　年　月　日

收文　月　日　时

交办　八月廿二日　时

拟稿　八月廿二日　时

核签　月　日　时

判行　月　日　时

缮写　月　日　时

校对　八月廿二日　时

核印　月　日　时

封发　八月廿三日　时

收文发文相距　三日　时

收文　字第　号

发文　字第　号

档案　字第　号

103/76

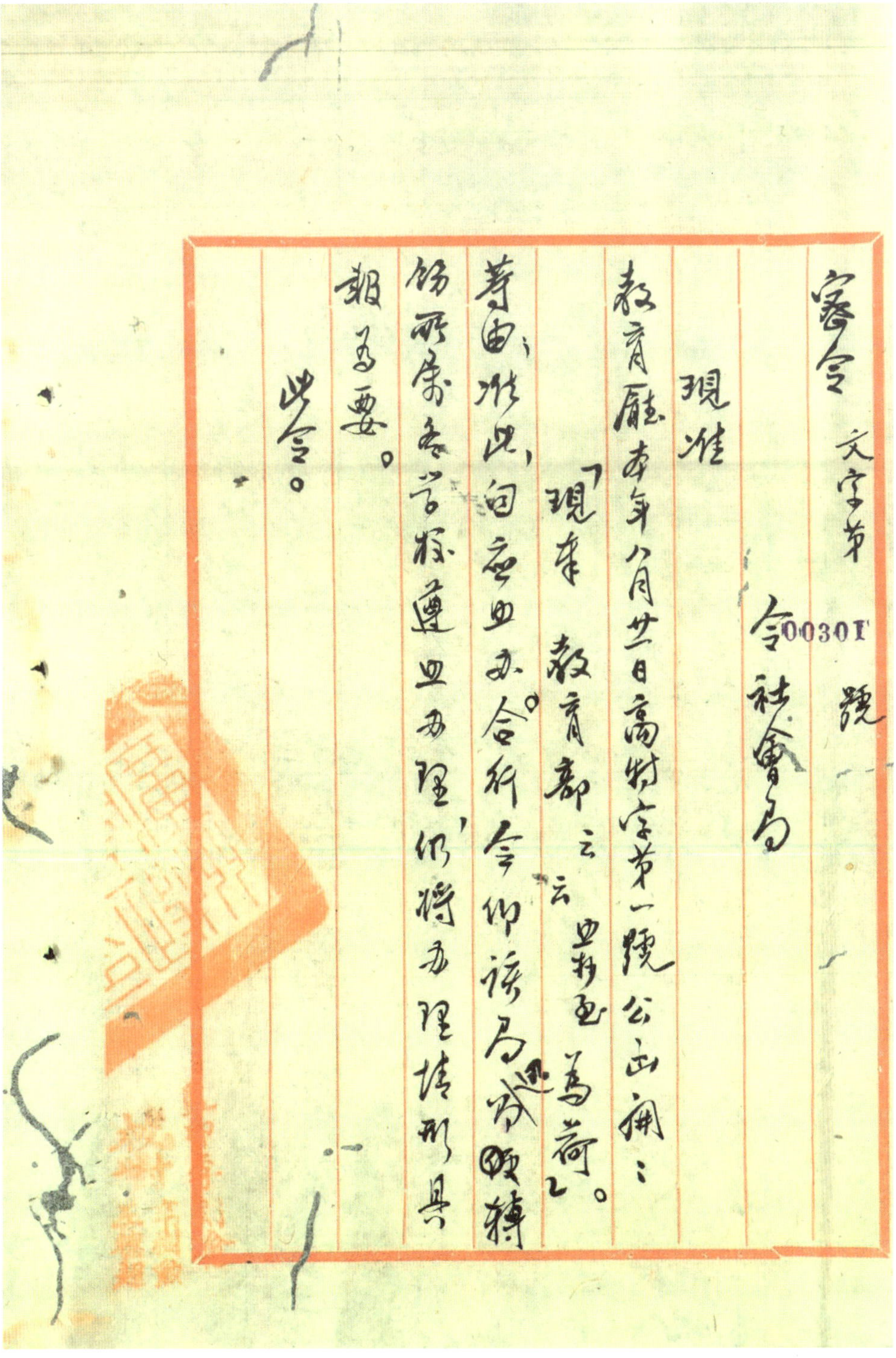

密令　文字第　號

令社會局　00301

現准

教育廳本年八月廿二日高特字第一號公函開：

「現奉　教育部　云云　此特函達　爲荷。」

等由，准此，自應照辦。合行令仰該局遵照轉

飭所屬各學校遵照辦理，仍將辦理情形具

報爲要。

此令。

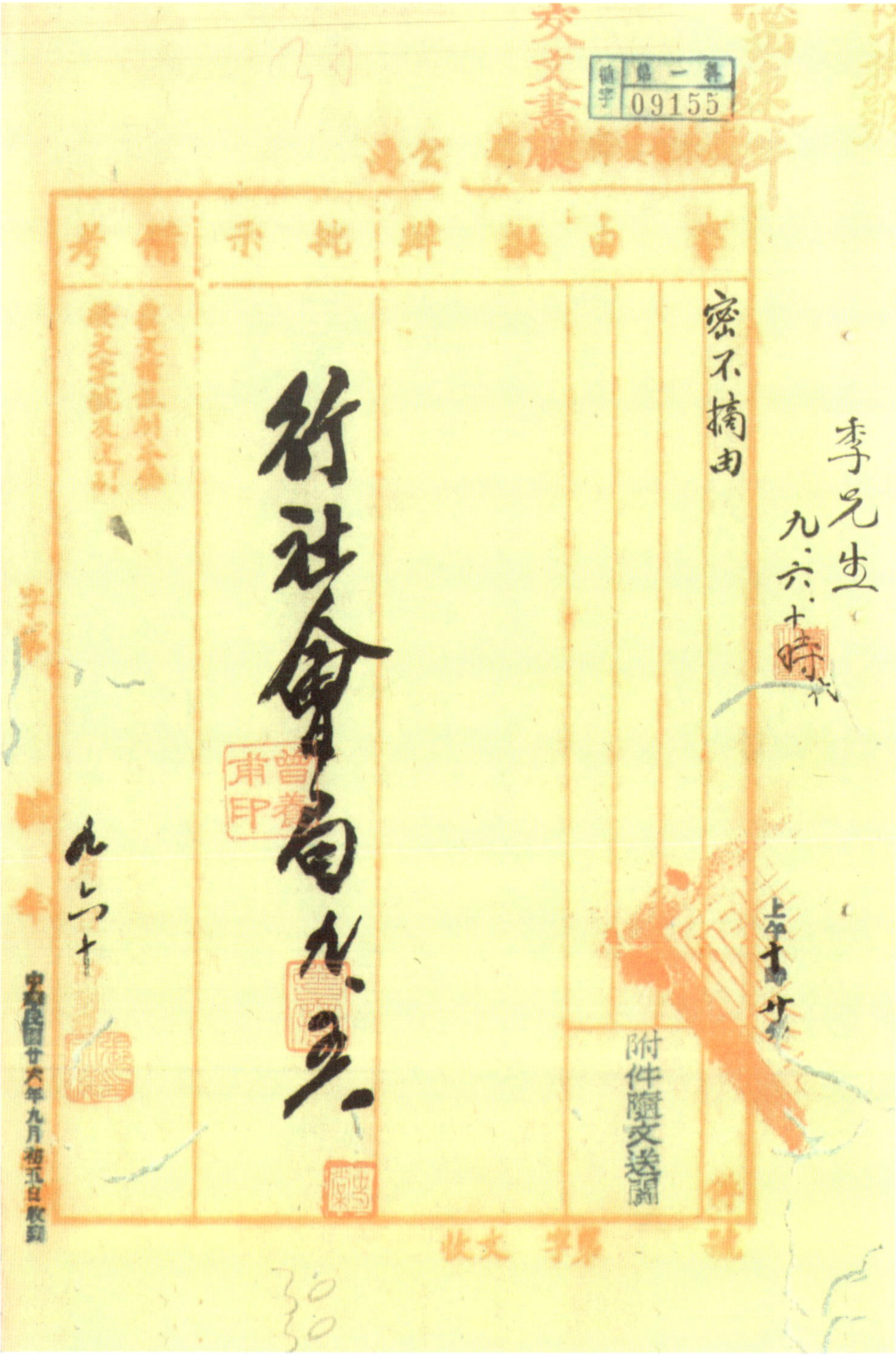

广州市政府转发广东省各级学校处理校务临时办法令广州市社会局遵照办理的公函（一九三七年九月九日）

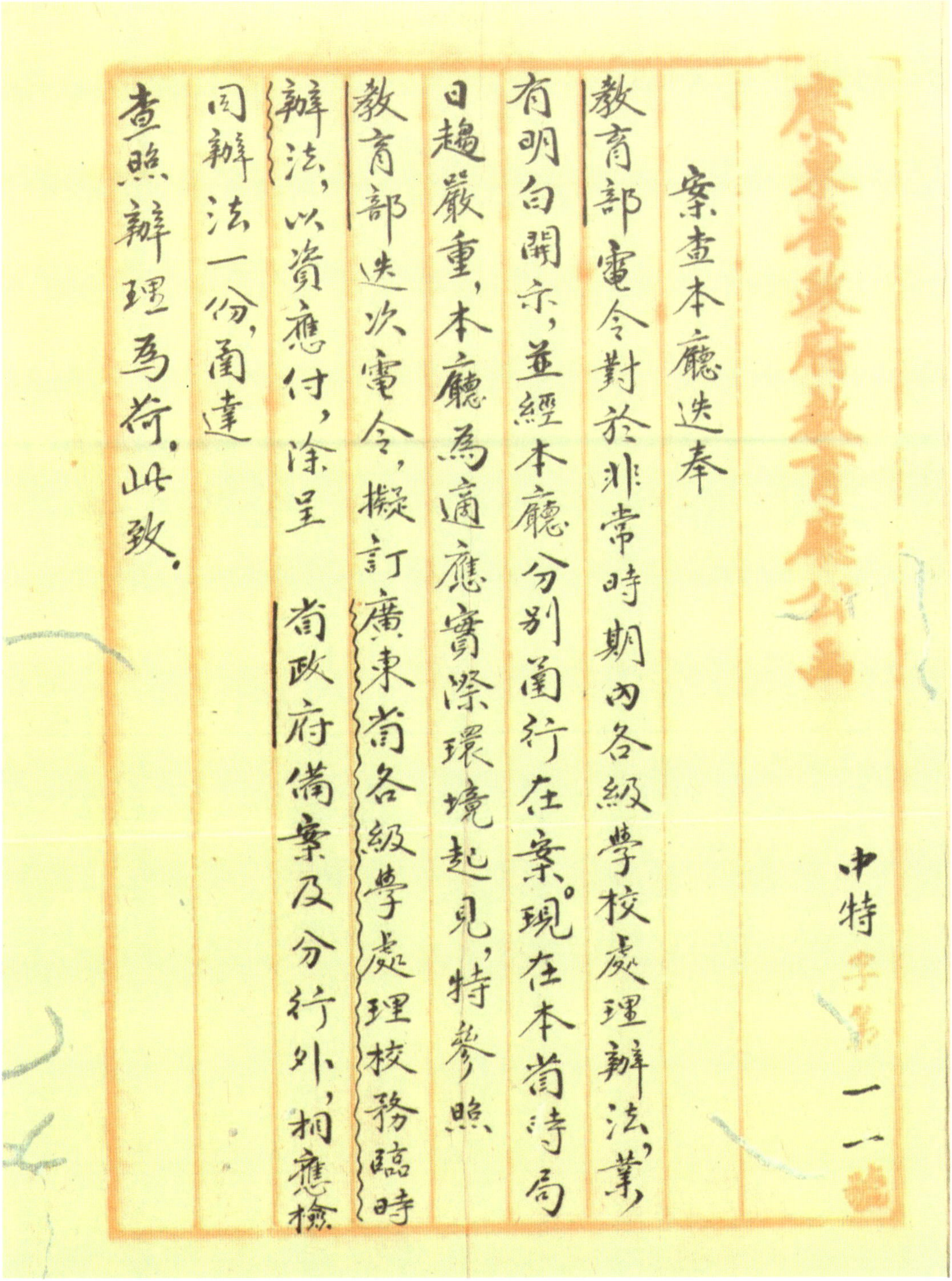

廣東省政府教育廳公函

中特字第一一號

案查本廳迭奉

教育部電令對於非常時期內各級學校處理辦法，業有明白開示，並經本廳分別函行在案。現在本省時局日趨嚴重，本廳為適應實際環境起見，特參照

教育部迭次電令，擬訂廣東省各級學校處理校務臨時辦法，以資應付，除呈

省政府備案及分行外，相應檢同辦法一份，函達

查照辦理為荷。此致。

广州市市政府

附广东省各级学校处理校务临时办法二份

广东教育厅厅长许崇清

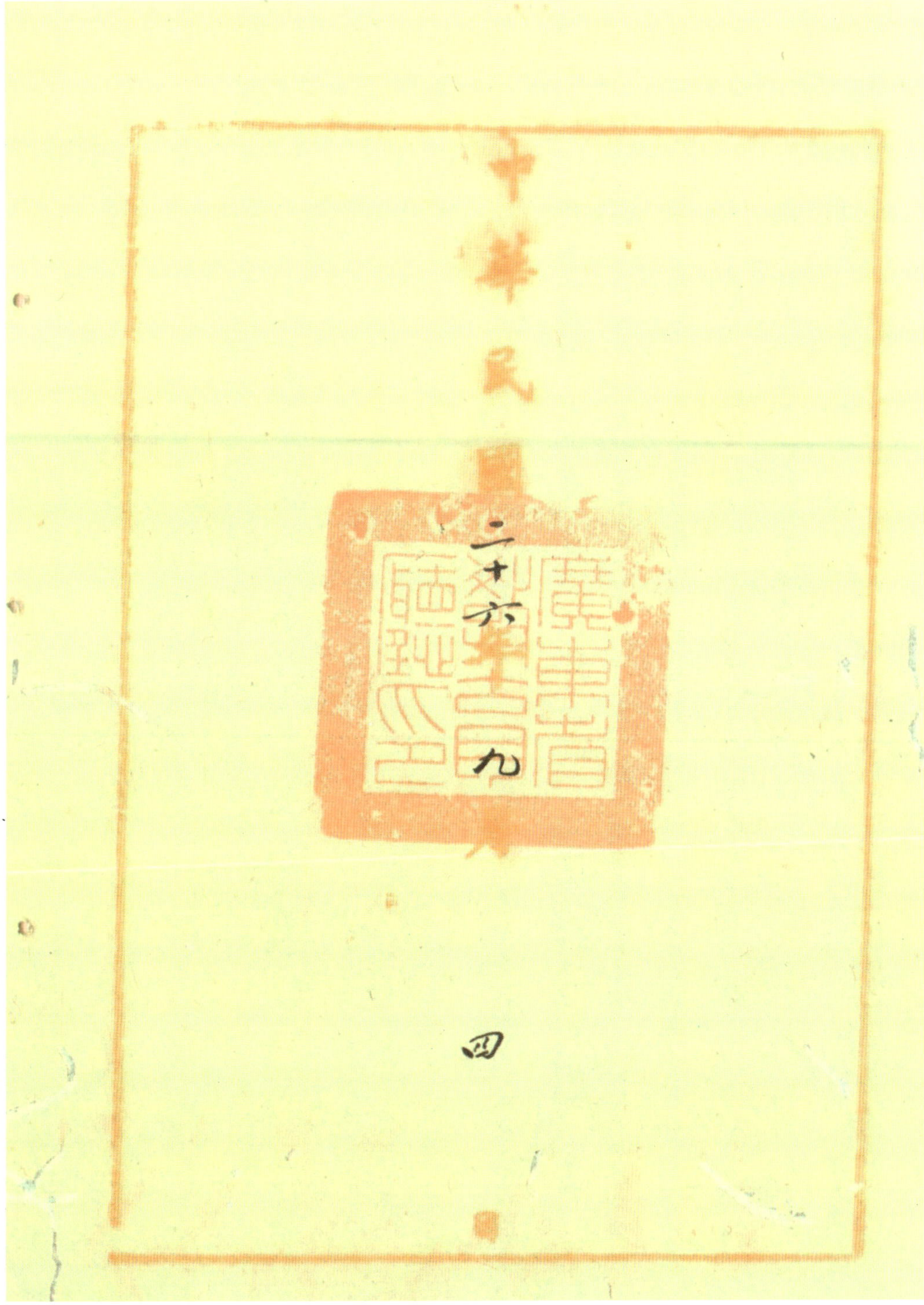
中華民國二十六年九月四日

廣東省各級學校處理校務臨時辦法

(甲)總綱

一、廿六年度第一學期各校開課日期，依照左列之規定：

1、廣州市及汕頭市內各校，其開課日期，俟必平靜局勢安定，另定。

2、其他各縣市內各校，應照常定日期開課。

二、各校因戰事關係，得呈准主管教育行政機關暫行停閉，或擇比較安全之縣區或鄉村為遷移之處，必要時得遷行辦理。

三、各校對於因戰事關係，由他地遷來之同等學校學生，向本校請求轉學或臨時借讀者，應設法儘量收容。轉學不限定年級，臨時借讀，依照後開臨時借讀辦法行之。

四、各校對於因戰爭致交通被阻關係，致未能依期到校之原有學生，可酌量寬展其期限。

五、本學期公私立學校膳宿費，均定為由學生按月繳納。公立學校學生各學期學費，由學生分兩期繳納，私立學校徵收學費，應從可能範圍內，援照公立學校辦法辦理。公私立學校制服費，得分秋冬兩季繳納。

六、本學期各校尚未招生或祇招一次者，經主管教育行政機關之核准，得於廿六年九月十一日以前舉行新生入學考試。

（乙）

临时借读

一、中学以上学校学生，如因战事关系，得依本办法暂行借读于性质相同之他校。

二、借读之学校以公立或已立案之私立学校为限。

三、各校应尽量收受借读生，每班学生数得增至六十人为度。

四、各校如级学额已满或教室不能容纳借读生时，应酌量租用学校附近房屋，或建盖临时房屋，暂作教室及宿舍。

五、借读生须呈缴原校发给之借读证明书或最后一学期之成绩单，或本年县级升学考试及格之证明文件，以此证明文件并得由各校考察请求借读者迁延情形酌量宽定限期令其呈缴。

前项证明文件，如有朦混假冒情事，除开除学生学籍外，并予原校负责人员以相当处分。

六、借读生应于学年或学期开始上课时入学，各校并得斟酌情形，于学期中收容借读。

七、借读得以插班或设特别班之法行之。

八、借读不限定年级。

九、借读生修之借读学校[illegible]全部学程或[illegible]，并由校于借读期满时，给予借读成绩证明书。

十、借讀生應繳納之學費及其他費用，依所借讀學校之規定；但得因借讀期間之長短由該校依照比例另定之。各校如因收受巨額借讀生而增加之經費無法籌措時，得呈准增收借讀生之學費，公立學校并得呈准指學費留校開支。

十一、借讀生應遵守借讀學校之一切規章。

十二、小學學生如因住址遷移，得隨時隨地請求借讀，惟須經所借讀學校准許，并呈驗原校成績單；其無原校成績單者，得以測驗編定其班次。

小學遇求借讀學生為數過多時，除得酌量添設班次外，并得採用二部制。

十三、借讀之學生得於本學期內隨時回原校復學，但須繳驗借讀成績證明書。請求復學，以離所借讀學校一個月內為限。

（完）

33

廣州市政府稿

市長

秘書長

局長

秘書 技正 課長

主任 技正 課長

參事 秘書 技正 科長 專員 主任 科員

密速

密令

密不錄由

社會局

類別

附件

中華民國 年 月 日

收文 月 日 時

辦文 月 日 時

擬稿 月 日 時

核稿 月 日 時

判行 月 日 時

繕寫 月 日 時

校對 月 日 時

蓋印 月 日 時

封發 月 日 時

密令　文字第 00355 號

令社會局

現准

教育廳本年九月四日中特字第一一號公函開：

「案查本廳云云（照抄至）為荷。」

等由，附廣東省各級學校處理校務臨時辦法二份，

准此，除分行外，合行檢發原辦法，令仰該局

即便轉飭市立各校遵照辦理。

此令。

計檢發廣東省各級學校處理校務臨時辦法二份。

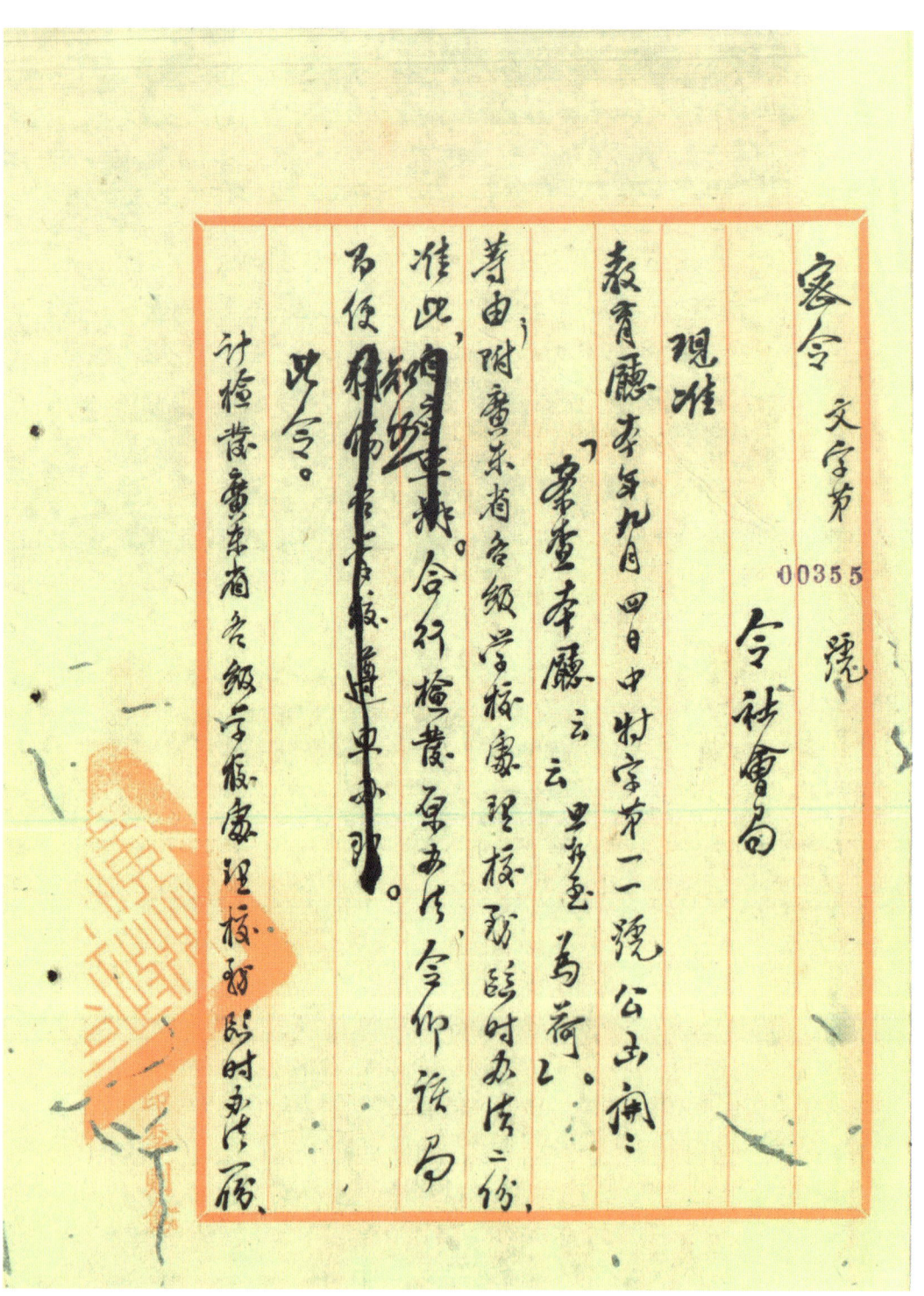

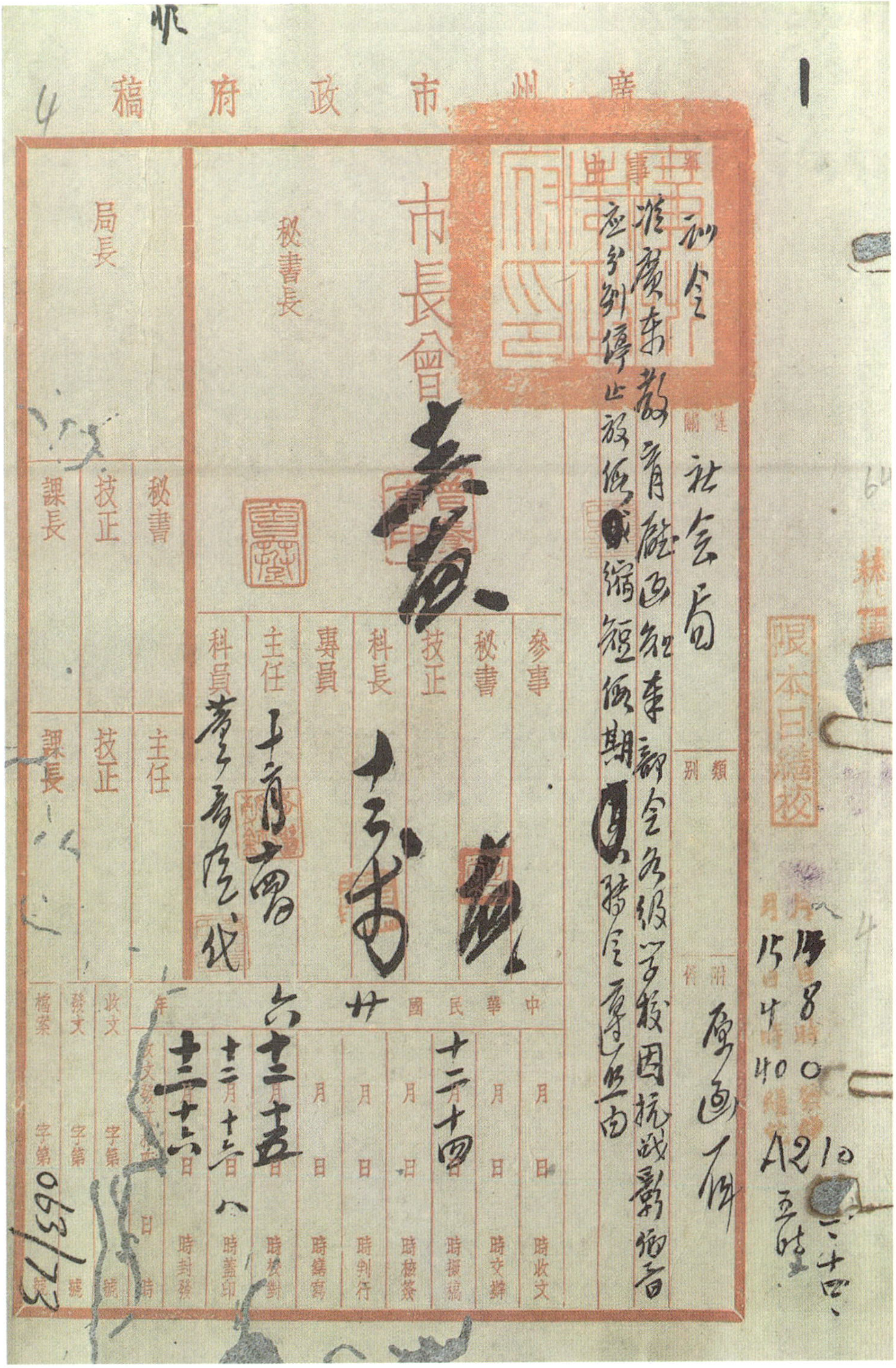

广州市政府转发广东省教育厅关于受战事影响延期开学各校应取消和缩短假期的令饬广州市社会局遵照办理的公函（一九三七年十二月十六日）

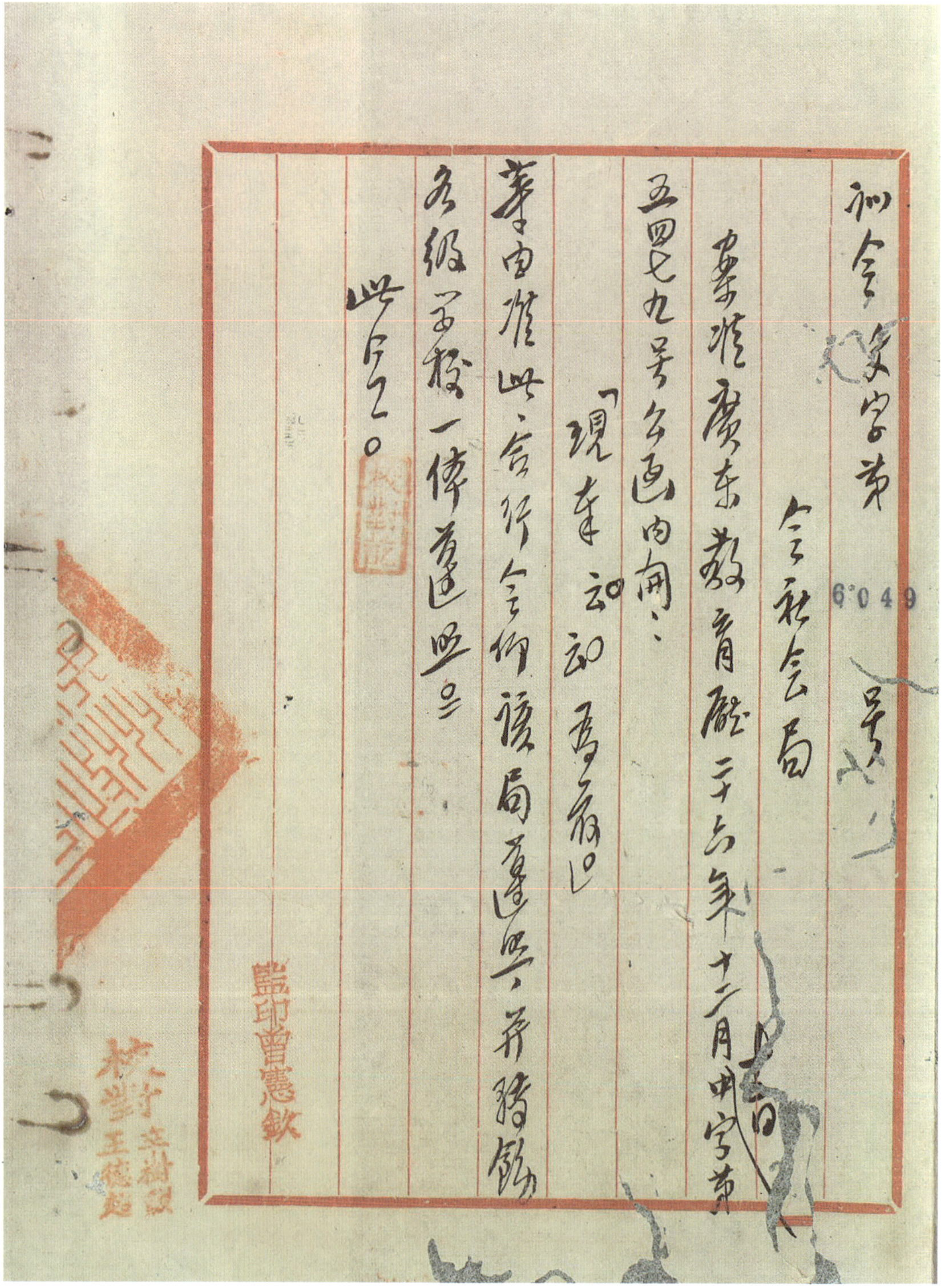

訓令　文字第　號

令社會局

案准廣東教育廳二十六年十二月卅日字第

五四七九號公函內開：

「現奉　訓　訓寒假已」

等由，准此。合行令仰該局遵照，並轉飭

各級學校一體遵照為要。

此令。

校對訖

6049

監印曾憲欽

校對　文樹敬　王德魁

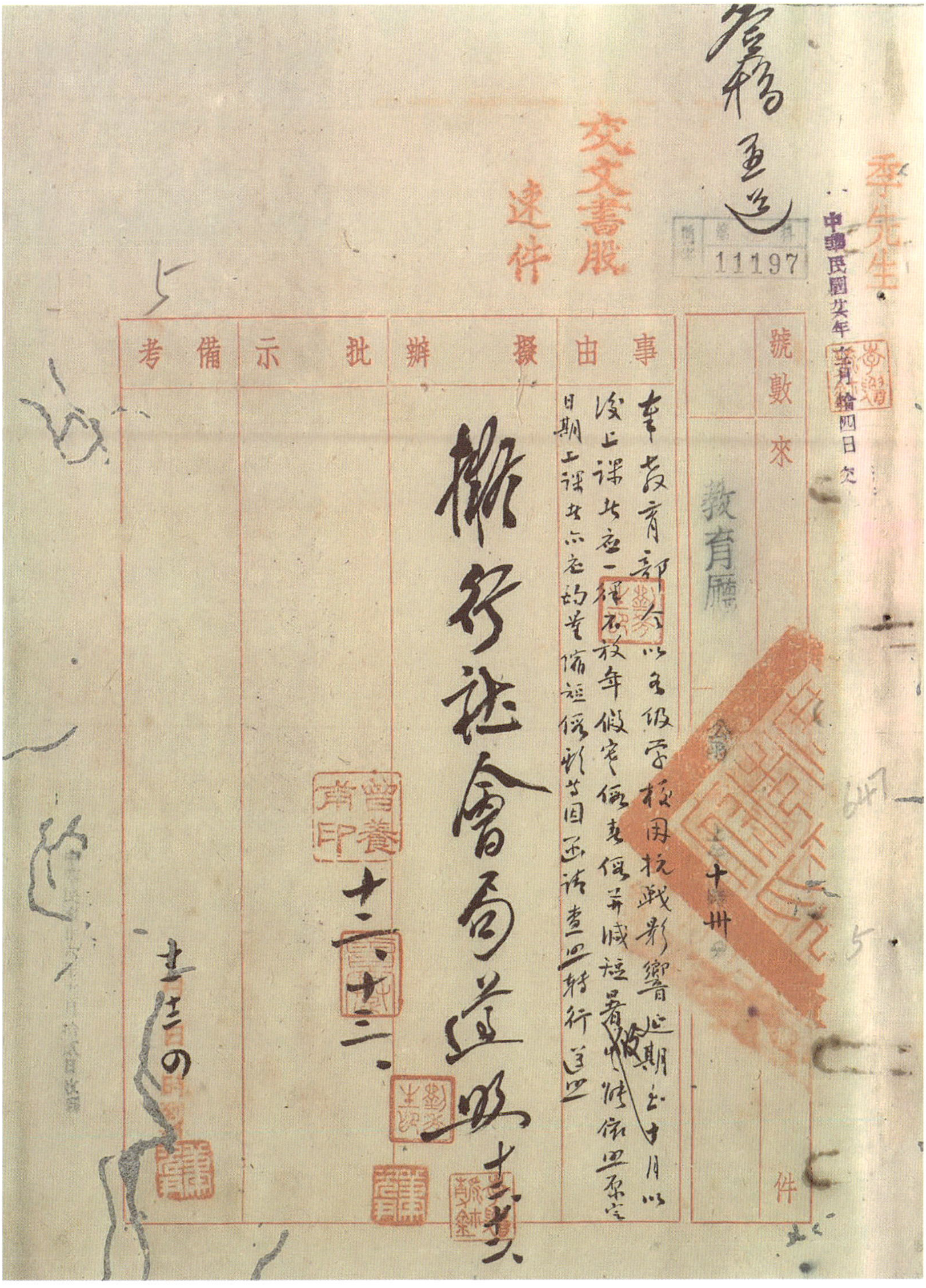

簽稿 呈送

交文書股

速件

11197

季先生

中華民國廿六年十一月廿四日交

來文號數	事由	擬辦	批示	備考
教育廳 十一月卅 件	奉教育部令以各級學校因抗戰影響延期至十月以後上課者應一律取消年假寒假並縮短暑假借資補救其已如期上課者亦應妥為準備補授功課因遵轉行查照	擬行該會局遵照 十一、十二		十一、十四

廣東省政府教育廳公函　中字第五四七九號

現奉

教育部廿六年十二月五日高字第一八九八八號訓令開：

"查自全面抗戰以來，各級學校因在戰區以内或鄰近戰區，受戰事直接或間接之影響，多未能如期開學及上課。對於此類學校學生之學業，自應設法補救。茲規定凡延期至本年十月以後上課各校，應一律不放年假寒假春假，並縮短暑假，以資補課；但得酌於相當時期停課三日至五日辦理學期結束事宜。至依照規定日期開學而中途未停課各校，其學期起訖及休假日期，均照原定校曆辦理，但假期應酌量縮短。除分行外，合行令仰知照并轉行各級學校遵照。再本年度如仍舉行集中軍訓，當另飭知。此令。"

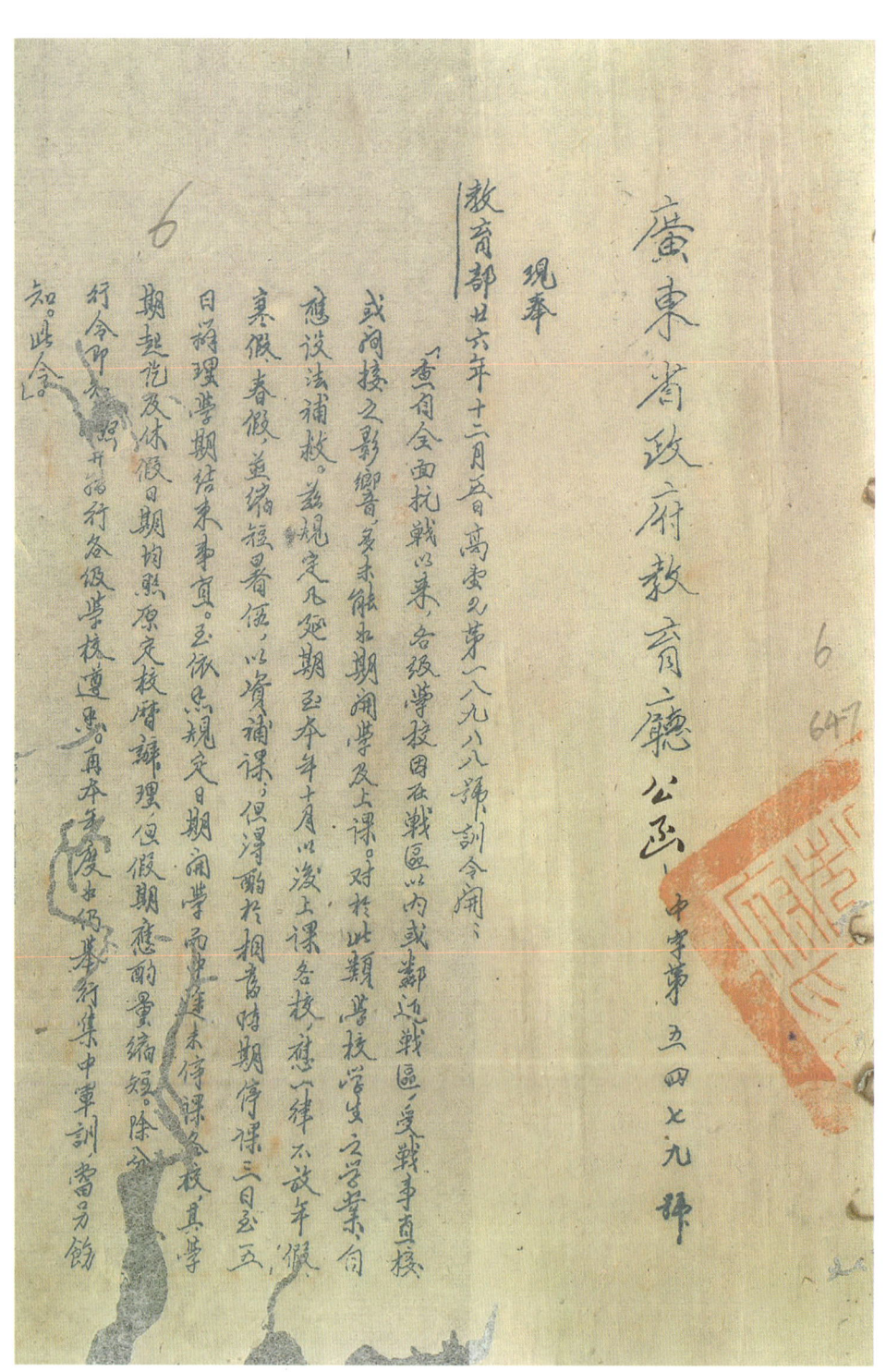

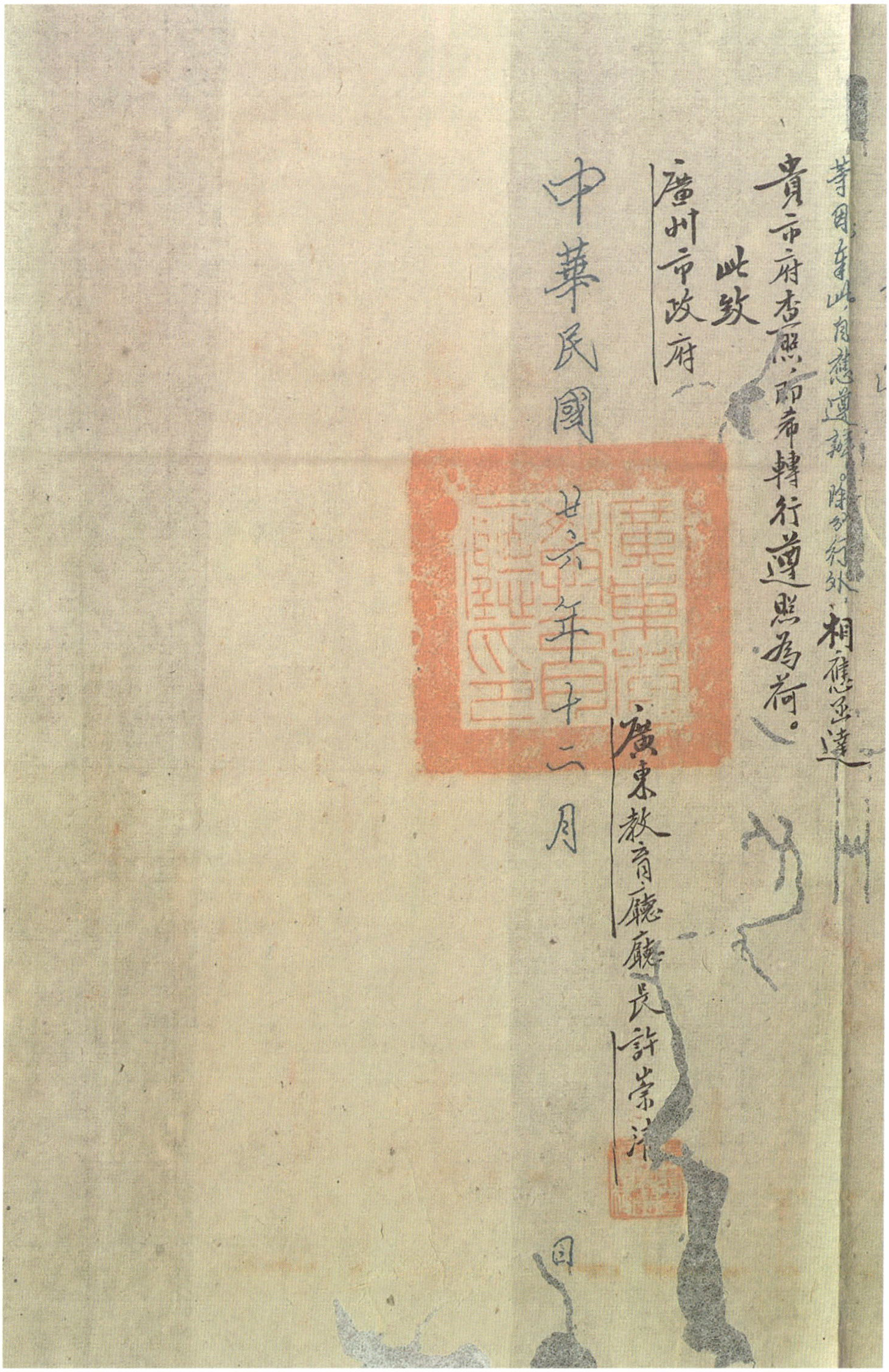
等因，奉此，自應遵辦，除分行外，相應函達
貴市府查照，並希轉行遵照為荷。
此致
廣州市政府
廣東教育廳廳長許崇清
中華民國廿六年十二月 日

广州市政府转发广东省教育厅关于各校设备采购若受战事影响不能按计划进行应储备补助费不得挪作他用的令请广州市社会局遵照办理的公函（一九三七年十二月十七日）

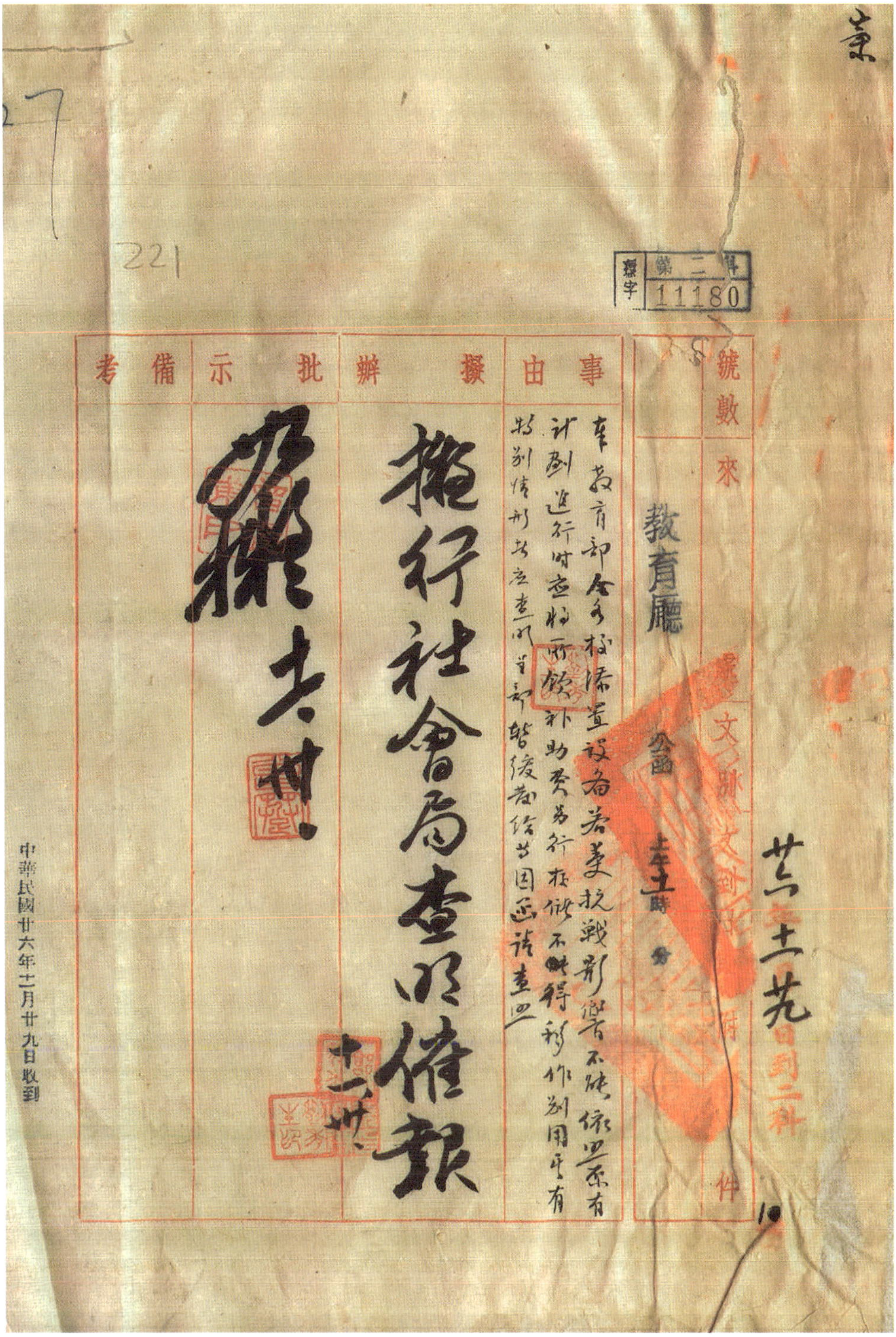
第二科 摄字 11180

來數號：教育廳 公函

事由：奉教育部令各校添置設備若受抗戰影響不能依照原有計劃進行時應將所領補助費另行存儲不得移作別用如有特別情形者應查明呈部暫後發給等因函請查照

擬辦：擬行社會局查照備報 十二.卅

批示：如擬 十二.卅

中華民國廿六年十二月廿九日收到

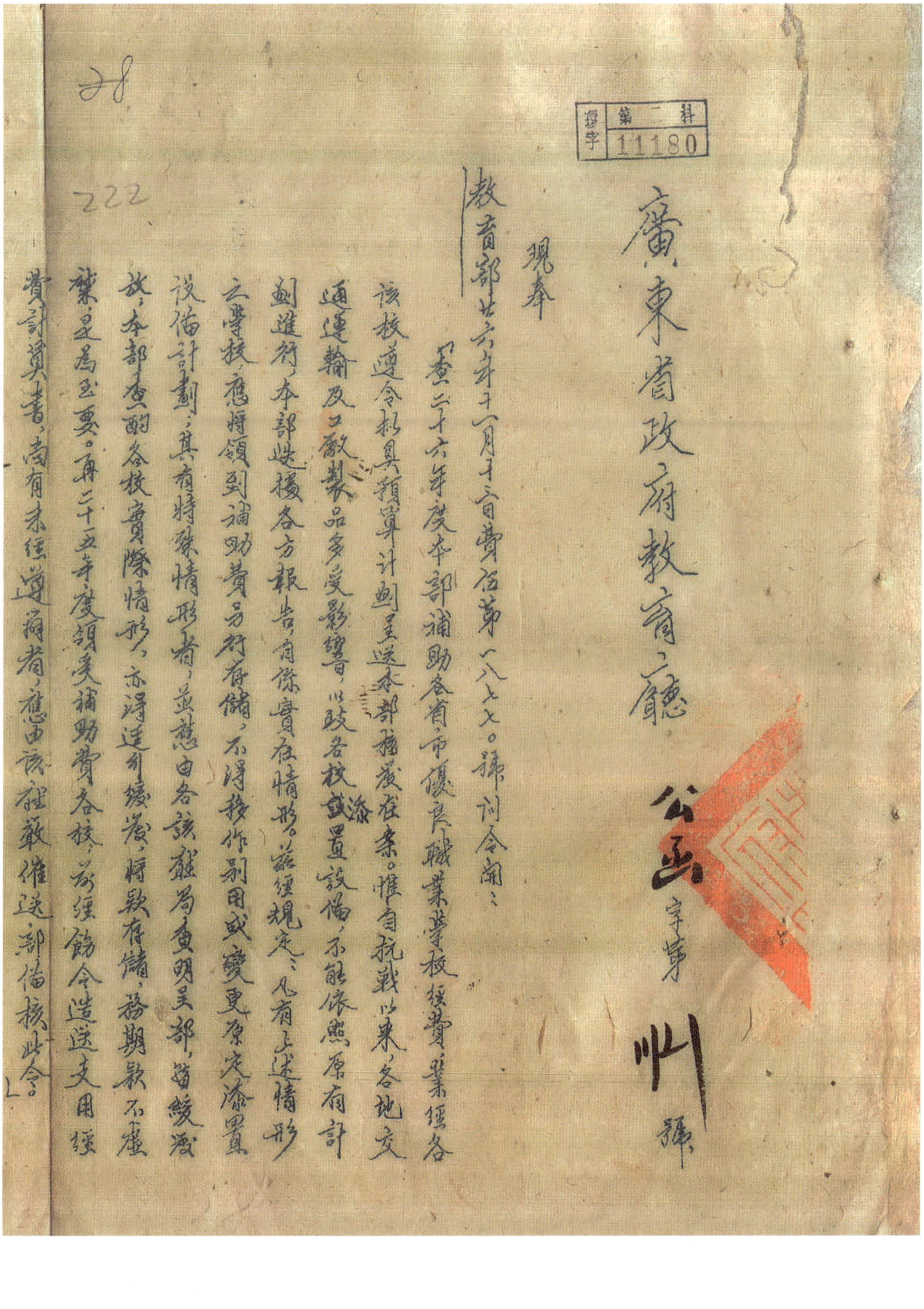
第二科
11180

廣東省政府教育廳

公函 字第 號

現奉

教育部廿六年十一月十二日發佈第一八七七〇號訓令開：

查二十六年度本部補助各省市優良職業學校經費，業經各該校遵令擬具預算計劃呈送本部核發在案。惟自抗戰以來，各地交通運輸及工廠製品多受影響，以致各校添置設備，不能依照原有計劃進行，本部迭據各方報告，自係實在情形。茲經規定：凡有上述情形之學校，應將領到補助費另行存儲，不得移作別用或變更原定添置設備計劃；其有特殊情形者，並應由各該校呈明本部，暫緩添置；本部查酌各校實際情形，亦得延期撥發，將款存儲，務期款不虛糜，是為至要。再二十五年度領受補助費各校，前經飭令造送支用經費計算書，尚有未經遵辦者，應由該廳嚴催造送部備核。此令。

等因，準此，相應函達

貴市府即希查照為荷。

此致

廣州市政府

廣東教育廳廳長許崇清

中華民國二十六年十一月廿七日

監印李念堂

校對蕭國楨

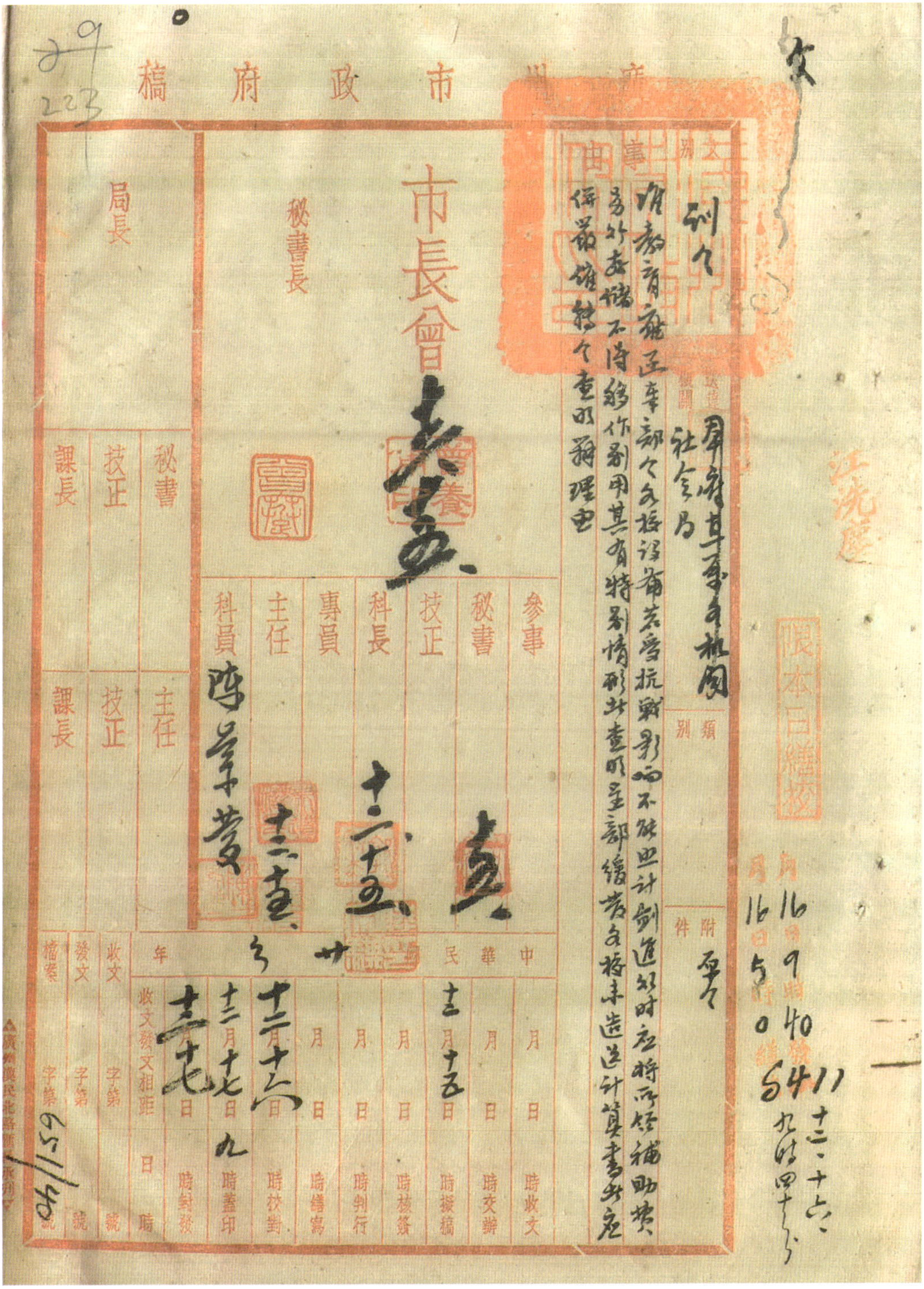

廣州市政府稿

文別：訓令

事由：准教育部電送奉部令各校設備若受抗戰影響不能照計劃進行時應將所領補助費另行存儲不得移作別用其有特別情形者查明呈部核准並將來造送計算書以應保留備案錄令查明辦理由

送達機關：廣州市各事業機關　社會局

附件：原令

市長曾　養甫

训令　穗字第6072号

令社会局、市府直辖学术机关

现奉准

广东省政府教育厅二十六年十二月二十七日第三五一号公函开：

"现奉教育部廿六年总字第……号为……等由，准此。合行令仰该局即便遵照办理，并转饬维领受补助费各校，迅将支出计算书，赶速造报为要。"

此令。

监印　曾宪钦

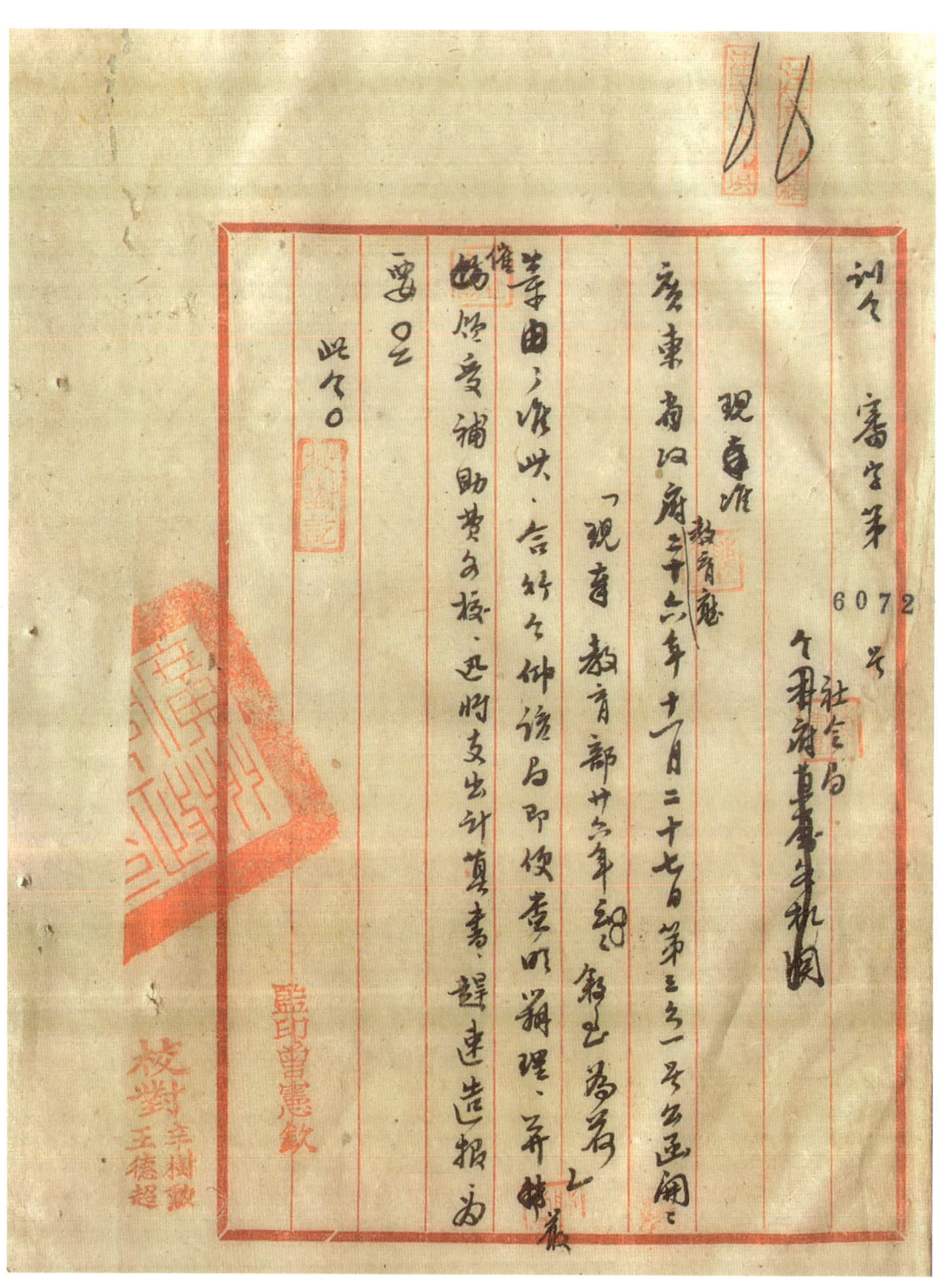

校对　辛树勋　王德超

广州市政府抄送划一各级政府对于各级教育机关处理办法八条请广州市社会局遵照执行的函
（一九三八年二月十四日）

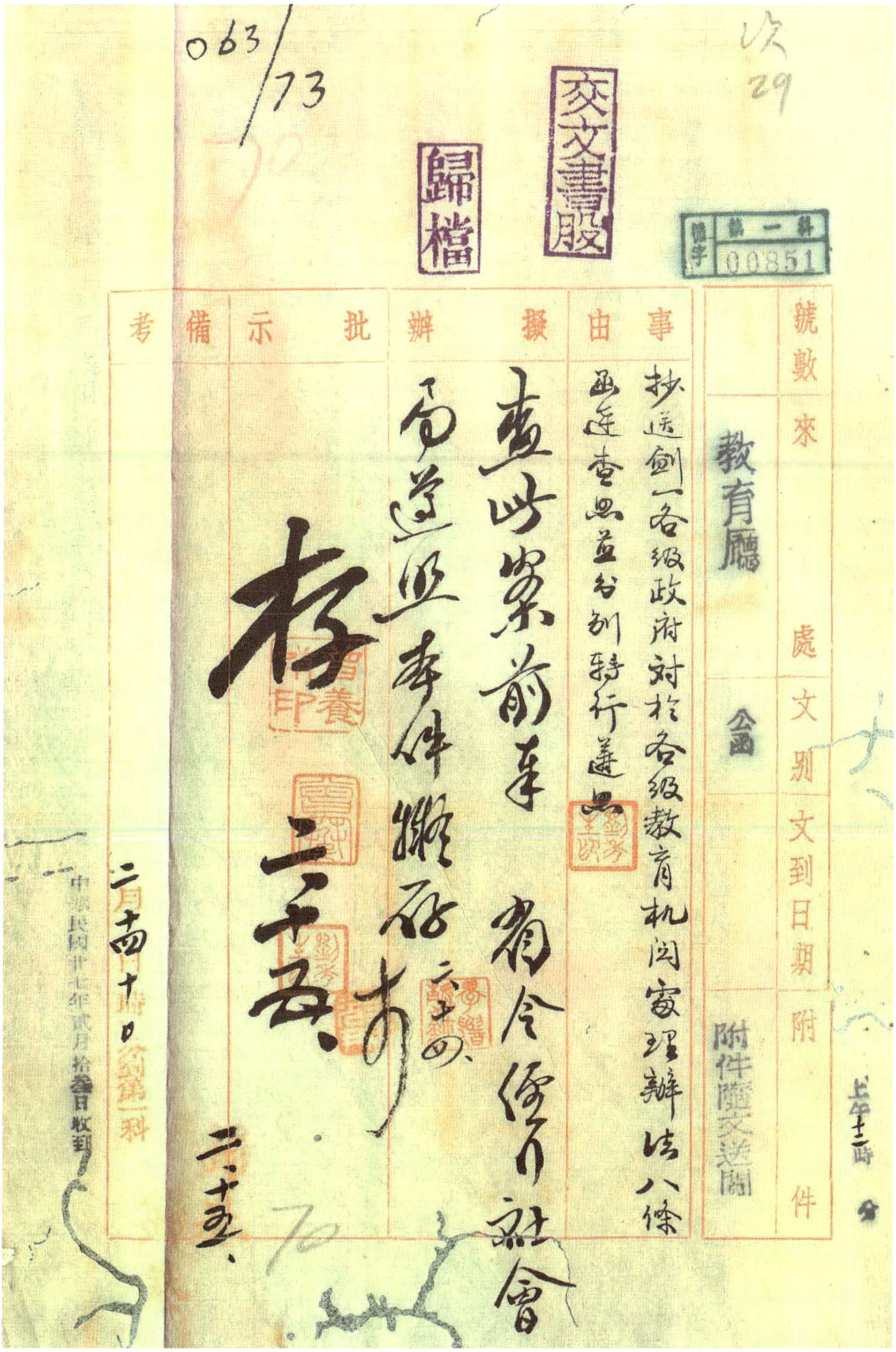

中字第八二二號

廣東省政府教育廳公函

案奉

省政府廿七年二月二日三教字第日七七號訓令開：「案奉行政院廿七年一月二十日漢字第六四四號訓令開：『據教育部呈稱：查教育事業為國家命脈所繫，青年訓練尤與復興民族前途關係甚鉅，現在雖值抗戰時期，青年教育仍須繼續維持，加緊辦理，斷不可任其停頓，致使青年徬徨失所，影響及於抗戰前途。茲為劃一各級政府對於各級教育機關處理便利起見，特規定辦法八條，提請決議通令施行等情。據此，經提出本院第三四六次會議決議通過，除分令外，合行抄發原辦法，令仰遵照。』此等因，計抄發辦法八條。奉此，合將原辦法抄發，令仰遵照辦理。此令。」等因，計抄發辦法八條。奉此，自應遵辦。除分行外，相應抄發原辦法，函達

貴市府查照，並分別轉行遵照為荷。此致

廣州市政府

抄送辦法八條

廣東教育廳廳長許崇清

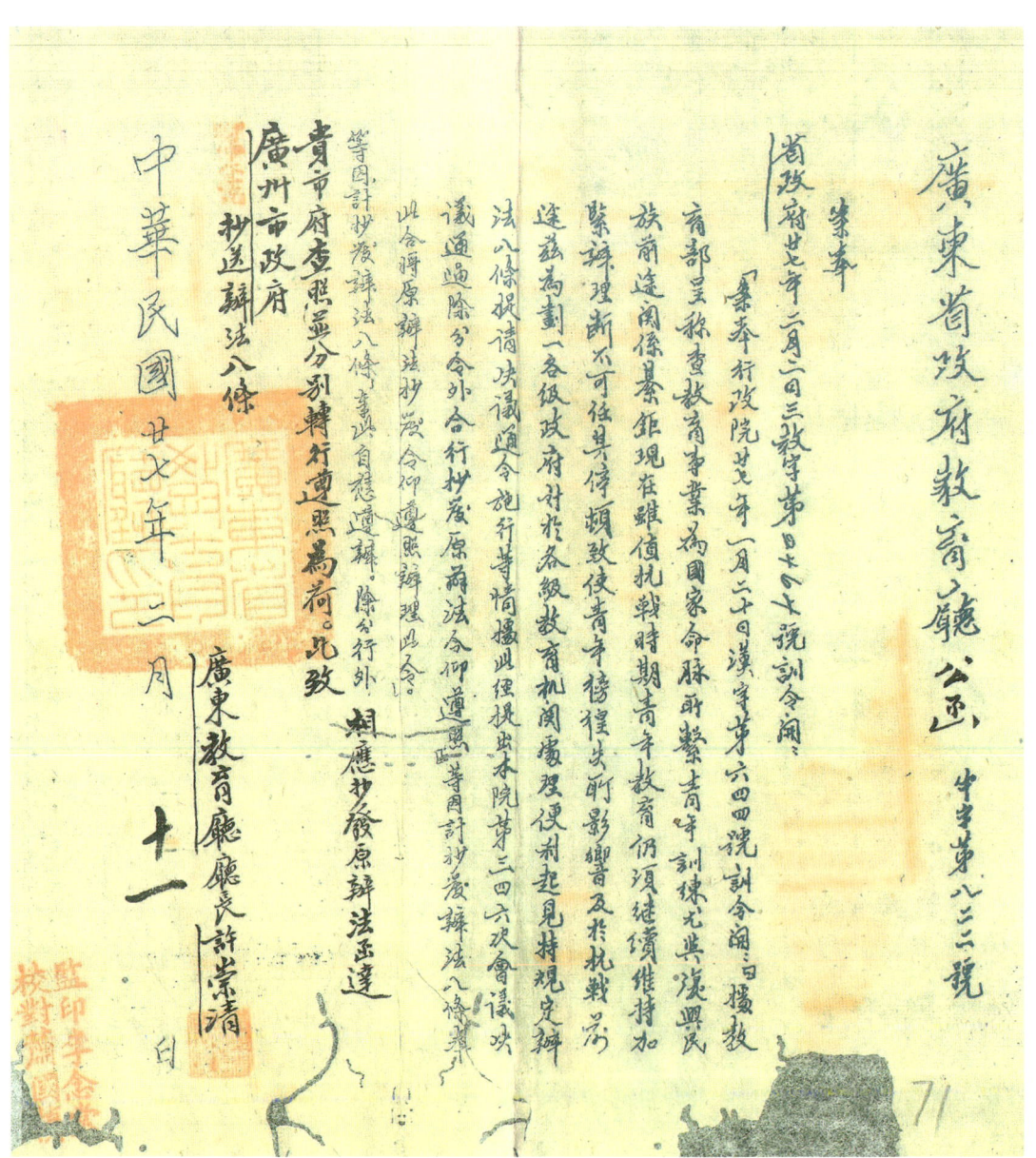

中華民國廿七年二月十一日

一、凡未至戰時狀態之省市各級學校除有特別規定者外仍應照常辦理不可停頓或變更办法

二、凡照常維持課業之學校其經費仍應由主管机関發給

三、凡在戰區之中等以上學校應另擇相當安全地點聯合或分別組織臨時大學或中學盡量收容已戰區教職員及學生

四、各級學校除實施正常教育外初級中學應遵照中國童子軍戰時後方服務訓練辦法高中以上學校應遵照高中以上學校戰時後方服務組織與訓練办法大綱切實辦理

五、高中以上學校學生志願參加戰時服務者應由主管教育行政机関分別登記後遵照高中以上學生志願參加戰時服務辦法大綱分送各訓練机関訓練服務

六、各地方政府及軍事机関如欲对於高中以上學校學生施以特殊訓練時應先商得最高主管教育行政机関同意

七、各級政府对於教育經費應予維持不得藉詞挪移如有变更應先商得最高教育行政机関之同意

八、戰區各級教育行政机関及各級教育机関應將已領未發及餘存經費妥為保存並將實在數目及保管情形呈報上級主管机関備案

72

广东省教育厅转发广东省政府关于疏散人口地区各级学校处理办法的训令（一九三九年七月十日）

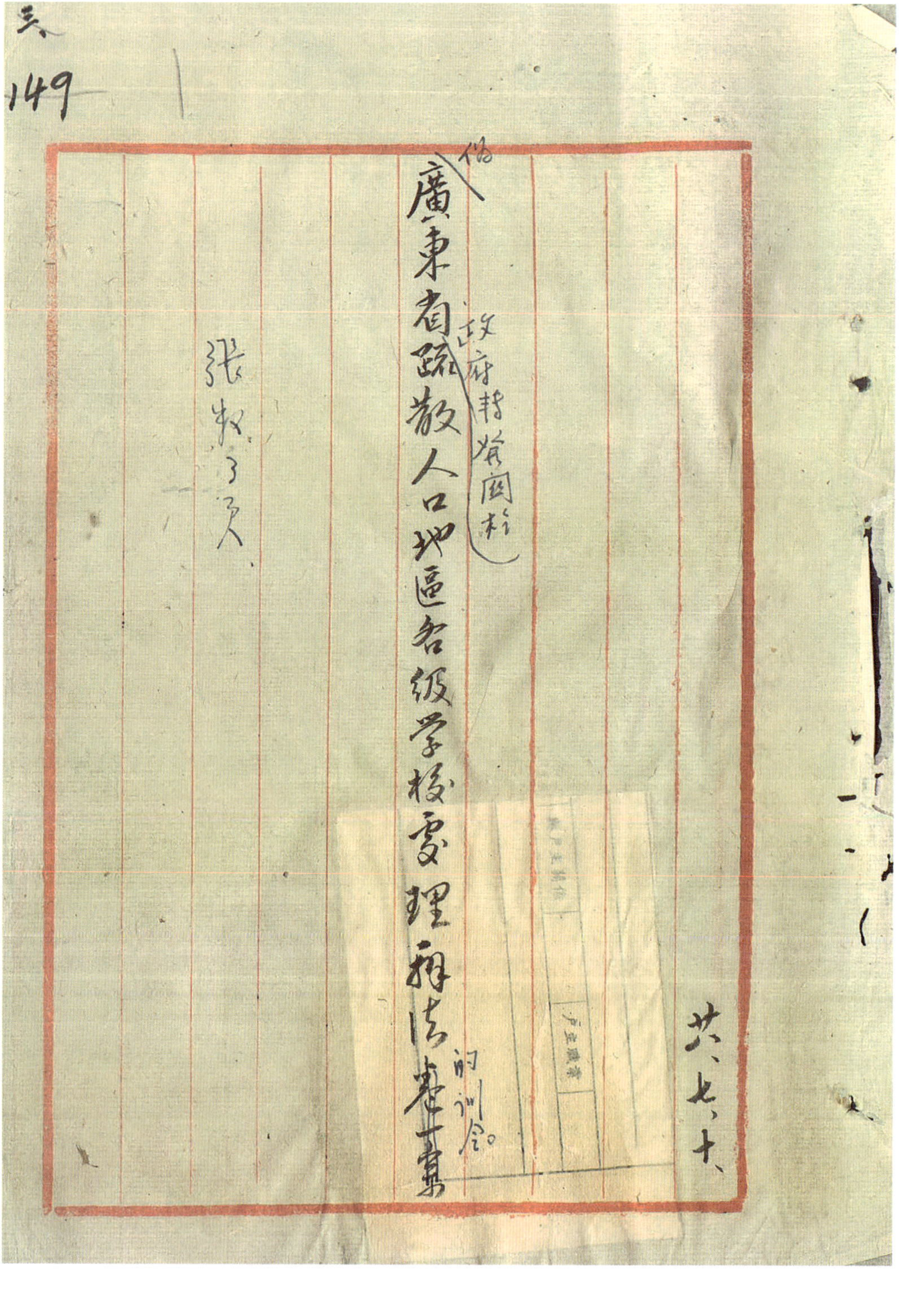
149

廣東省政府轉發關於疏散人口地區各級學校處理辦法的訓令

共七十

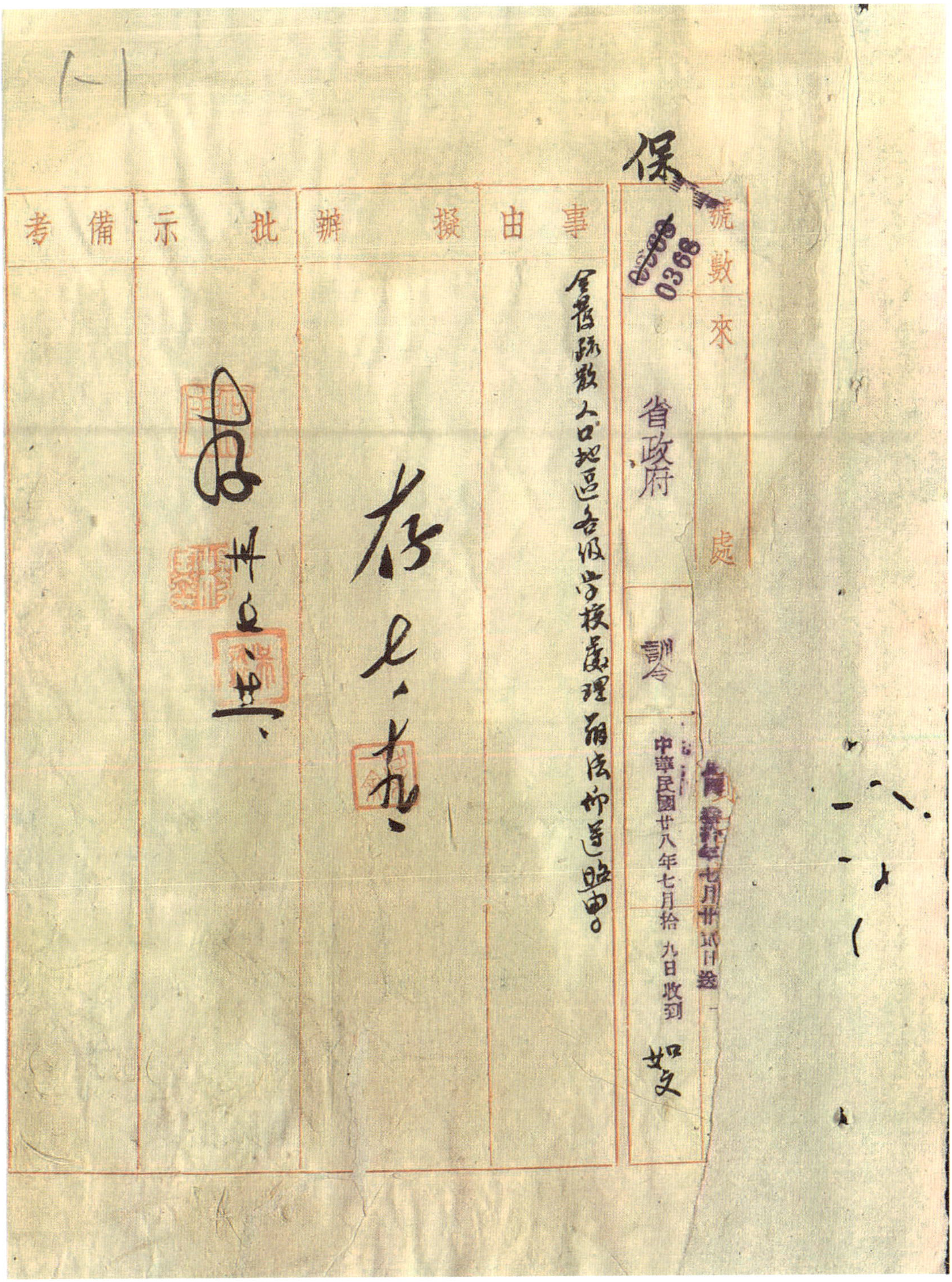

保

來文號數	0368
來處	省政府
	訓令
	中華民國廿八年七月拾九日收到

事由	擬辦	批示	備考
令發疏散人口地區內各級學校處理辦法仰遵照由	存		

七月廿貳日送

2

廣東省政府訓令 教二政字第〇〇一六號

廣州市政府

事由：令發疏散人口地區各級學校處理辦法仰遵照由

查自敵寇南侵，本省各縣市時有疏散人口之舉，各級學校自當隨民衆遷移，非至萬不得已時，寔不容稍存停頓。惟各縣市間有希圖節省經費，未經呈准即將各校停閉者，亦有先事籌劃而各縣市辦法參差，處理未盡適當者。苟非訂定辦法通飭遵行，不足以資劃一而維教育。茲經擬具疏散人口地區各級學校處理辦法，提付本府第六屆委員會第四十二次會議決議通過，在案。嗣後凡屬疏散人口地區之公私立各級學校，應一律遵依辦法處理，以免紛歧。除分令外，合行

辦法一份令發仰即遵照並轉飭所屬學校遵照

此令。

附發疏散人口地區各級學校處理辦法一份

中華民國二十八年七月 拾 日

主席 李漢魂

教育廳長 許崇清

監印 林貞泰

校對 劉宅安 吳永[illegible]

疏散人口地區各級學校處理辦法

一、凡疏散人口地區各級學校應隨人民遷移。

二、遷移之學校應擇相當安全地点聯合或分別設立臨時校舍，容納疏散人口地區退出之學生。

三、其有萬不得已情形，暫行停閉者，仍應趕緊籌備遷校復課。

四、凡暫行停閉之學校，應一律發給學生轉學証或借讀証，其遷移之學校，如有學生家長請求發給轉學証或借讀証亦應發給。

五、凡因學校暫行停閉或因學校遷移而裁班併校，以致失業之職教員，除自願疏散者外，應依下列辦法處置。

(一)凡屬省立學校者，應由校長列冊呈報教育廳核辦。

(二)凡屬受省款補助之縣市立小學及縣市立短期小學者，由縣市列冊呈報教育廳，以憑分派附近縣市服務。

(三)凡屬縣市立中等學校及非受省款補助之縣市立小學

縣市立短期者應由縣市另予組織分配工作並俟該縣
校之情形酌發生活費。
(四)此後區立鄉立私立各中小學者應由縣市查明酌予工作，
其生活費與並責成各區鄉或校董會就經費可能範圍
內酌量發給。
六、對於停辦之學校應將重要文件冊籍校具等妥為遷移保
管，如有領存或繳存之公款並應妥慎保存。
七、各縣市應將各校處理情形呈報教育廳查核，即省立學校
亦應一併呈報。
八、本辦法如有未盡事宜應查遵有關各項法令辦理（如前（一）各
級政府對於各級教育機關處理辦法各縣戰時教育工作綱要

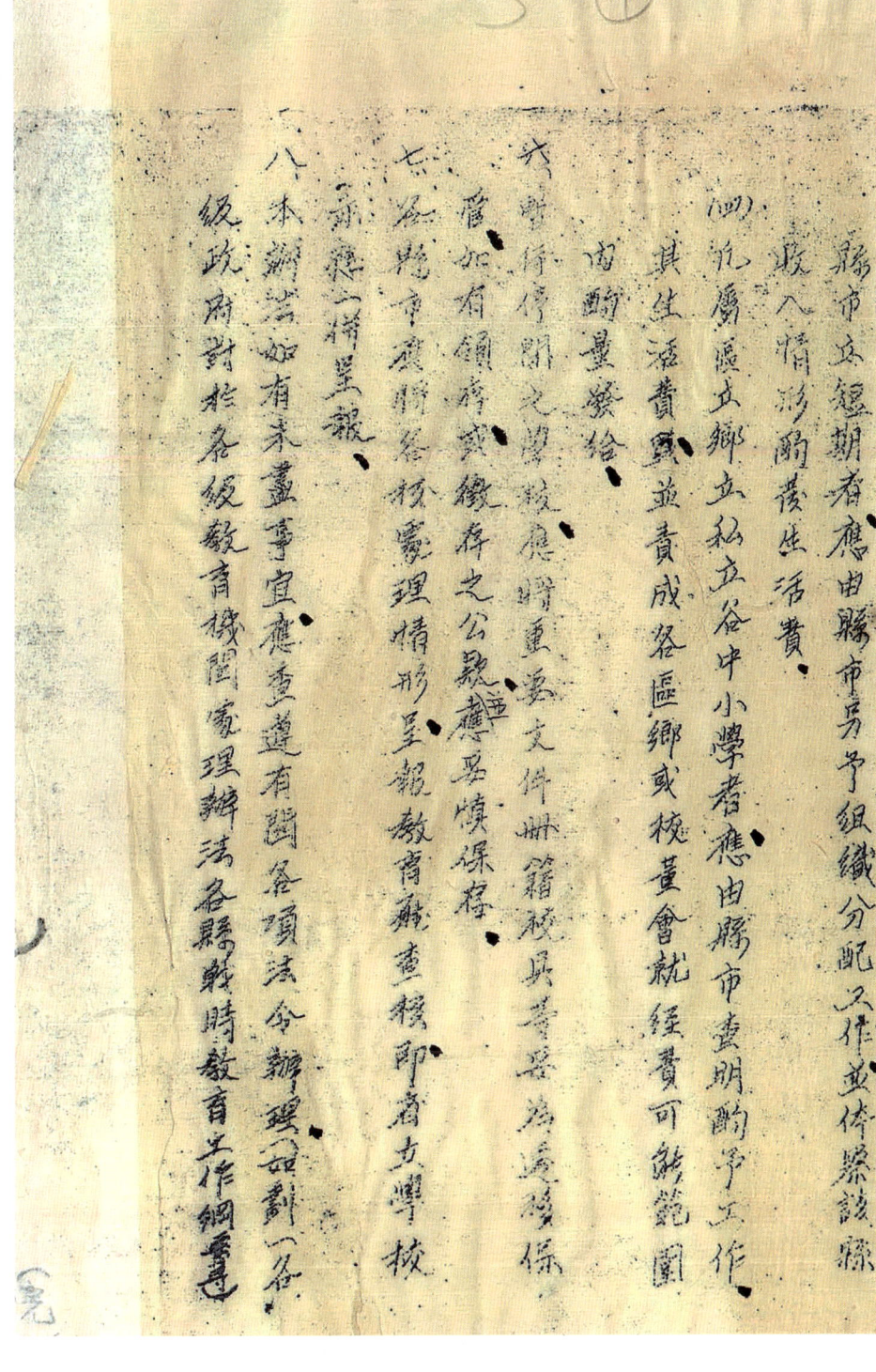

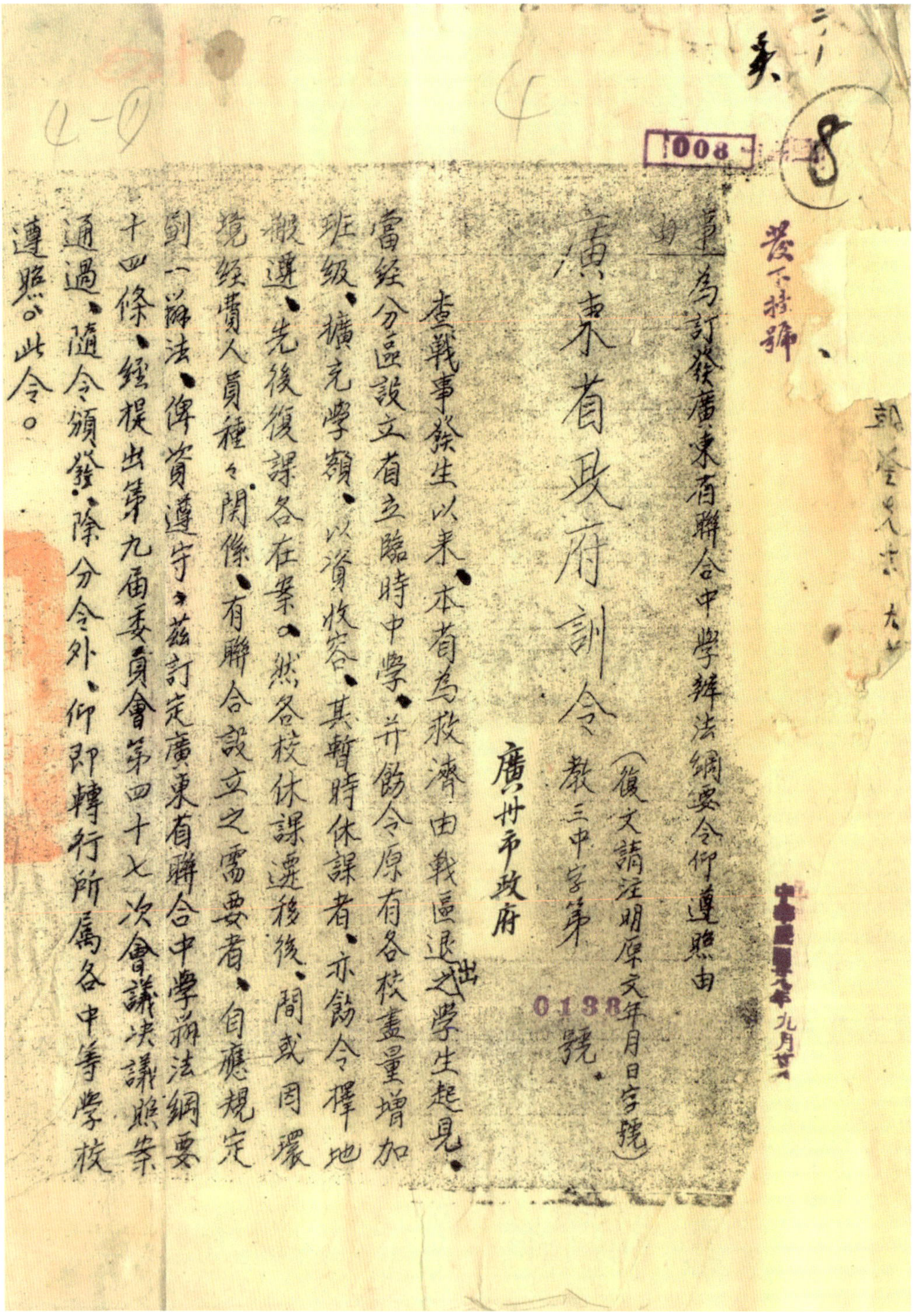

事由　為訂發廣東省聯合中學辦法綱要令仰遵照由

廣東省政府訓令　教三中字第　　號　（復文請注明原文年月日字號）

廣州市政府

查戰事發生以來，本省為救濟由戰區退出學生起見，當經分區設立省立臨時中學，并飭令原有各校盡量增加班級，擴充學額，以資收容。其暫時休課者，亦飭令擇地搬遷，先後復課各在案。然各校休課遷移後，間或因環境經費人員種種關係，有聯合設立之需要者，自應規定劃一辦法，俾資遵守。茲訂定廣東省聯合中學辦法綱要十四條，經提出第九屆委員會第四十七次會議決議照案通過，隨令頒發。除分令外，仰即轉行所屬各中等學校遵照。此令。

广东省教育厅关于颁发广东省联合中学办法纲要的训令（一九三九年九月二十日）

附發廣東省聯合中學辦法綱要一份

中華民國二十八年九月貳拾日

主席李漢魂

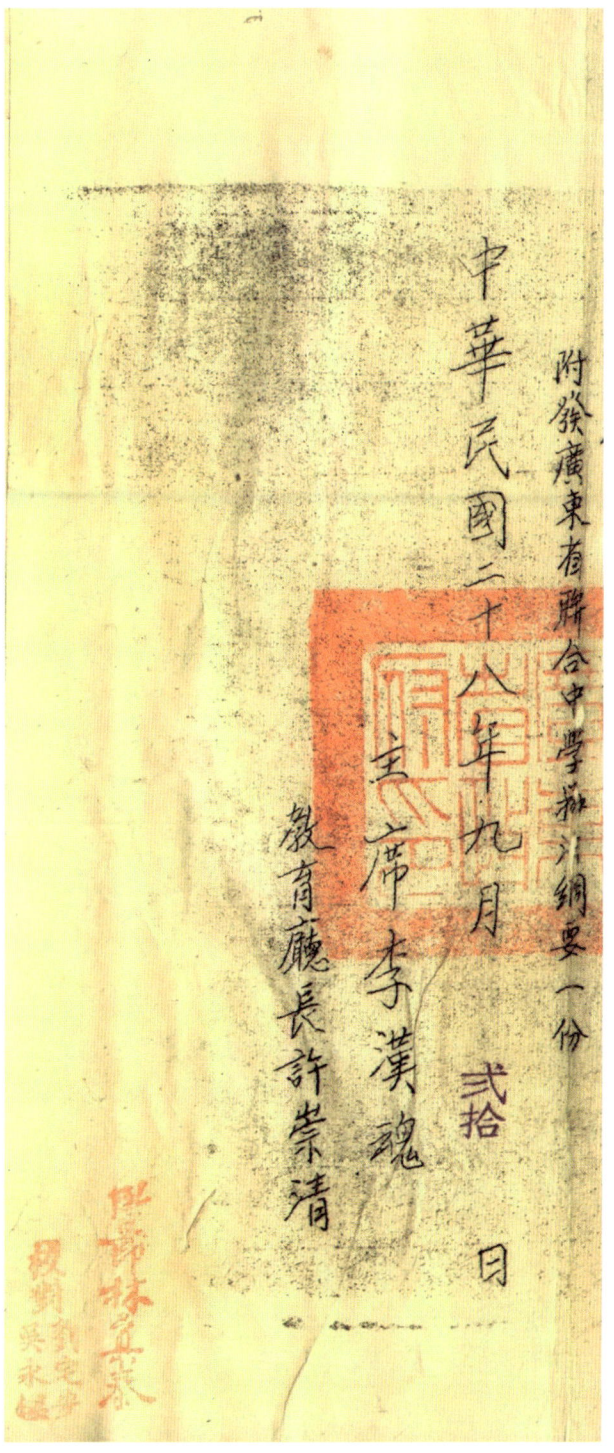

教育廳長許崇清

廣東省聯合中學辦法綱要

一、戰區中等學校得依照剏一各級政府對于各級教育機關處理辦法第三條之規定擇相當安全地点設立聯合中學收容戰區學生

二、中等學校不論高級初級男校女校中學師範職業等校均可聯合設置但以聯合兩校至三校為限

三、公立學校不得與私立學校聯合已立案之學校不得與未立案之學校聯合

四、聯合中學之設置須分別逕呈或轉呈教育廳核准

五、聯合中學之屬公立者應冠以原隸屬之地名（如南海縣立各中等學校聯合應稱為南海縣立聯合中學省立瓊崖中學瓊崖師範聯合應稱廣東省立瓊崖聯合中學等）如屬私立者應冠以專名（如私立某某聯合中學）

六、公立聯合中學經費由各原校直屬机關負担，私立聯合中學經費由各原校校董會妥商分別負担。

七、公立聯合中學校長由主管教育行政机關指定，私立聯合中學校長由各原校校董會共同推選。

八、聯合中學遇必要時得分部辦事（如中學部師範部男生部女生部等）並設部主任。

九、聯合中學未滿六學級者設教導主任一人，六學級以上者得設教務訓育事務主任各一人。

十、聯合中學應儘先聘用原日各校教職員。

十一、聯合中學應儘先收容原日各校學生。

十二、聯合中學教學管訓應依照廣東省中等學校戰時課業要則之規定辦理。

十三、其他一切事項悉依照各中等學校法規辦理。

十四、本綱要自頒佈之日施行。

广东省教育厅要求所属中小学列报所需教科图书以便配运的函（一九四一年四月三十日）

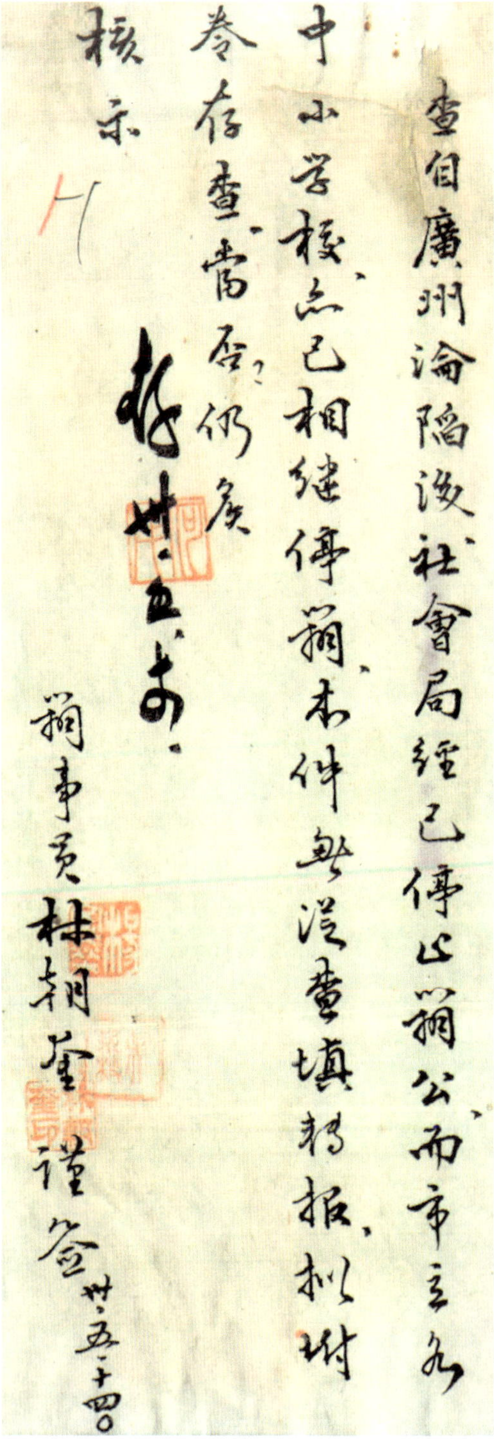
查自廣州淪陷後，社會局經已停止辦公，而市立各中小學校亦已相繼停辦，本件無從查填轉報，擬將卷存查，當否？仍候核示。

辦事員林翔鑾謹簽 卅、五、十四

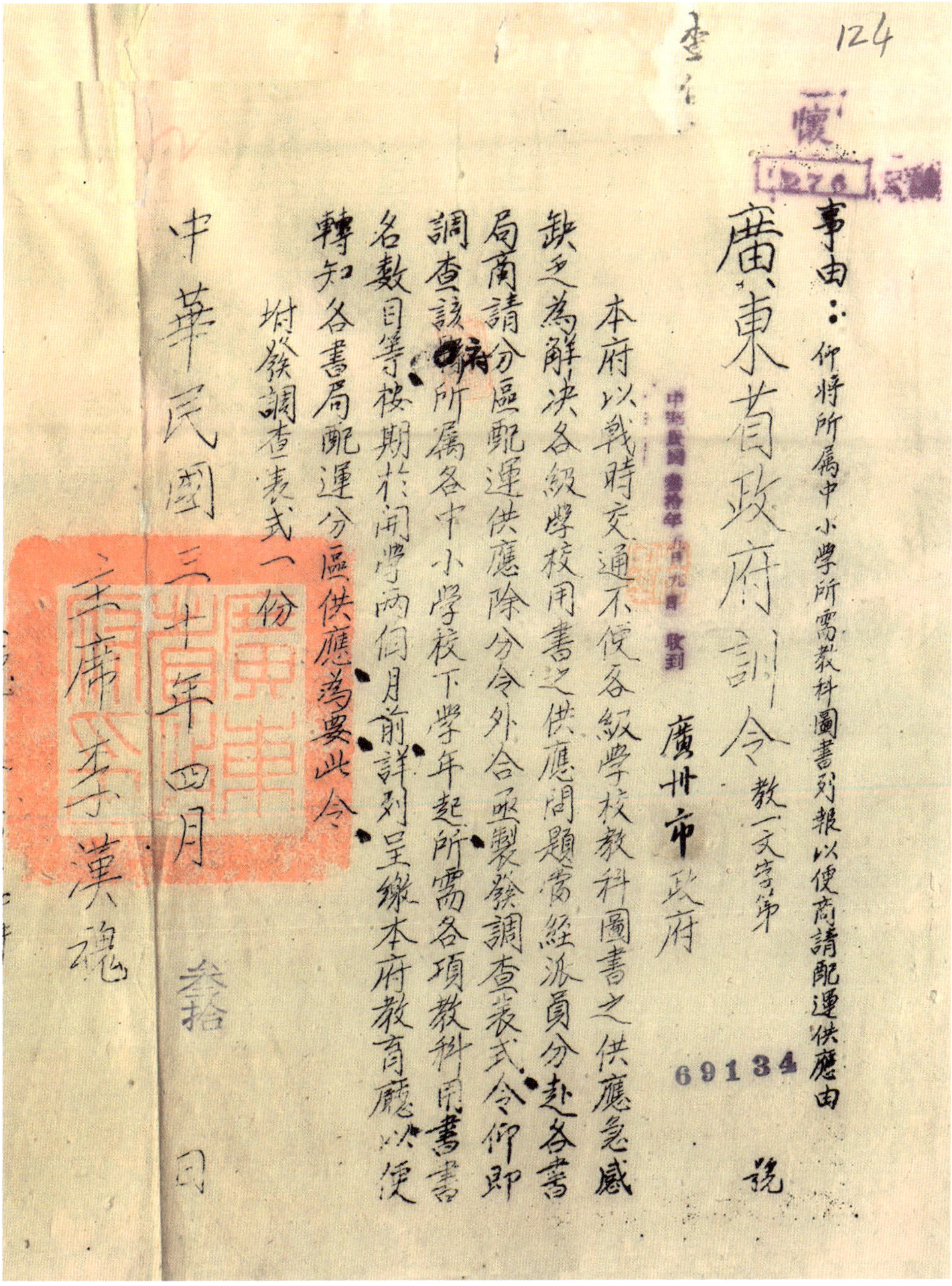
124

一檔 1276

事由：仰將所屬中小學所需教科圖書列報以便商請配運供應由

廣東省政府訓令　教一文字第　號

廣州市政府

中華民國叁拾年九月九日收到

本府以戰時交通不便各級學校教科圖書之供應急感缺乏為解決各級學校用書之供應問題當經派員分赴各書局商請分區配運供應除分令外合亟製發調查表式令仰即調查該市所屬各中小學校下學年起所需各項教科用書書名數目等核期於開學兩個月前詳列呈繳本府教育廳以便轉知各書局配運分區供應為要此令

附發調查表式一份

中華民國三十年四月　日

主席李漢魂

叁拾

69134

廳長黃麟書

〇〇縣所屬〇〇學校〇年第〇學期所需教科圖書一覽表

種類	書名	著譯者	出版或發行者	第幾册	定價	需用册數	備考

附註：1.各縣校每學期所需教科圖書于學期開始兩個月前須列表呈報本府教育廳以便轉知配送供應

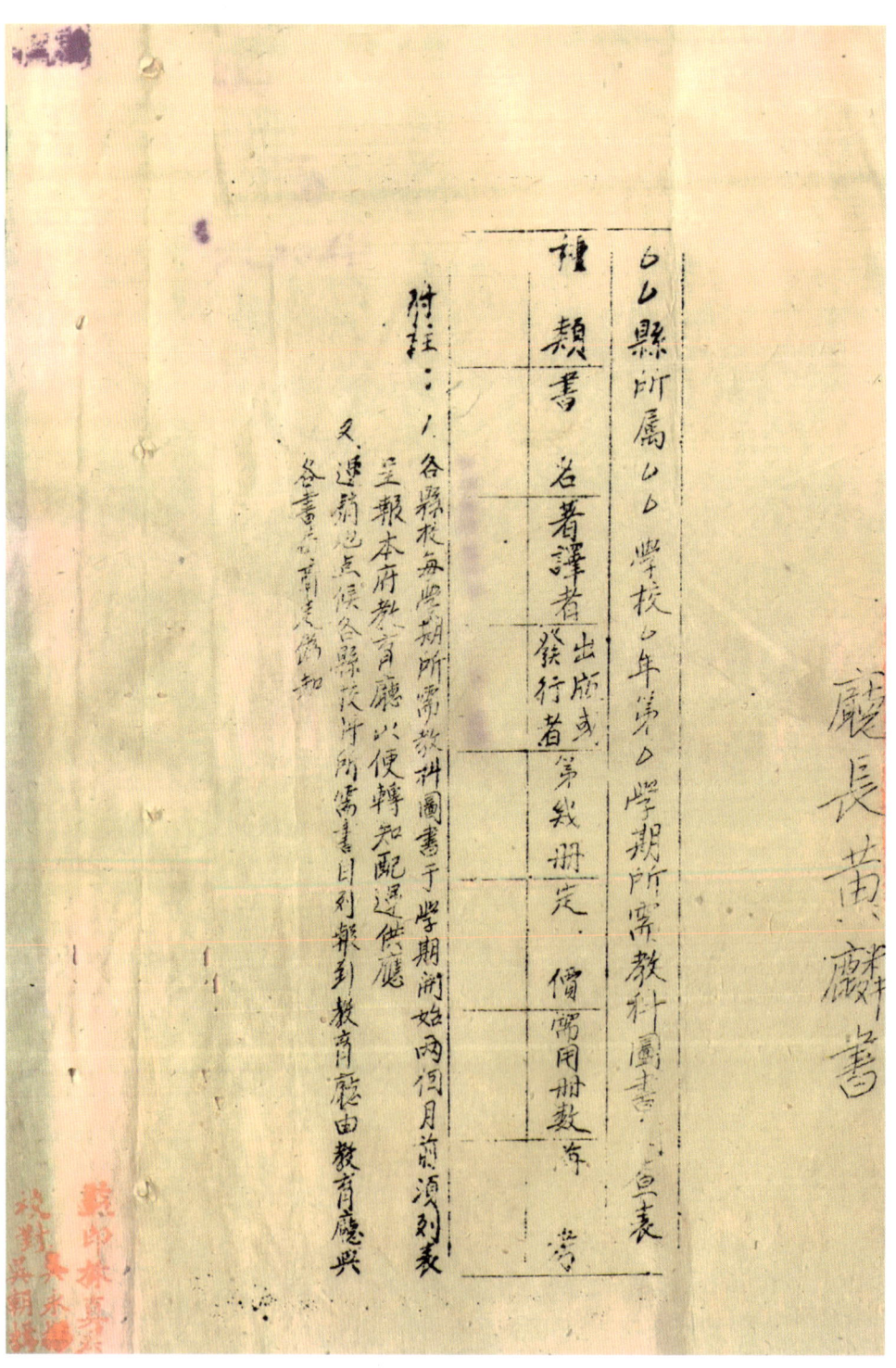

又，逾期迄未據各縣校將所需書目列報到教育廳由教育廳與各書店商定後飭知

广东省教育厅颁发师范学校辅导地方教育办法的训令（一九四四年二月五日）

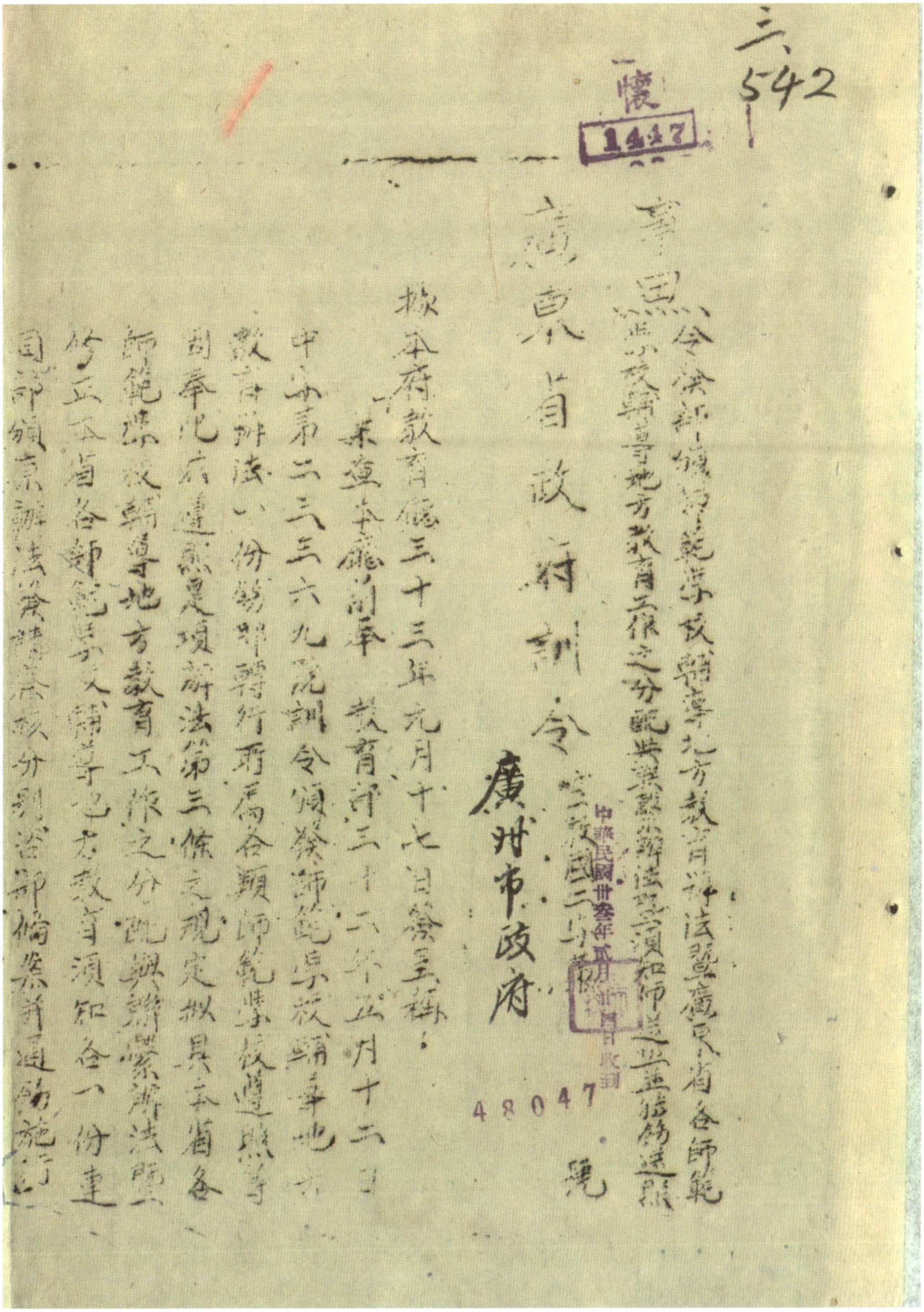

三　542

懷 1447

事由：令發師範學校輔導地方教育辦法暨廣東省各師範學校輔導地方教育工作之分配與聯繫辦法暨須知仰遵照並轉飭遵照

廣東省政府訓令　教二字第　號

廣州市政府

據本府教育廳三十三年九月十七日簽呈稱：案查本廳前奉教育部三十二年六月十二日中字第二三三六九號訓令頒發師範學校輔導地方教育辦法一份，飭即轉行所屬各類師範學校遵照等因。奉此，自應遵照是項辦法第三條之規定，擬具本省各師範學校輔導地方教育工作之分配與聯繫辦法暨訂立本省各師範學校輔導地方教育須知各一份，連同部頒原辦法，簽請核示分別咨部備案並通飭施行

中華民國卅叁年貳月　日收到

48047

等情，附呈部頒原辦法暨廣東省各師範學校輔導地方教育工作之分配與聯繫辦法暨須知各一份。據此，查該廳所訂廣東省各師範學校輔導地方教育工作之分配與聯繫辦法暨輔導地方教育須知尚屬可行，除咨送教育部備案暨分令外，合行檢發教育部原辦法暨前項分配聯繫辦法及須知各一份，令仰遵照，並轉飭所屬各類師範學校遵照。

此令

附發教育部原辦法暨廣東省各師範學校輔導地方教育工作之分配與聯繫辦法及須知各一份

中華民國三十三年二月　日

主席　李漢魂　伍

教育廳廳長　黄麟書

監印　林冀

校對　劉光安

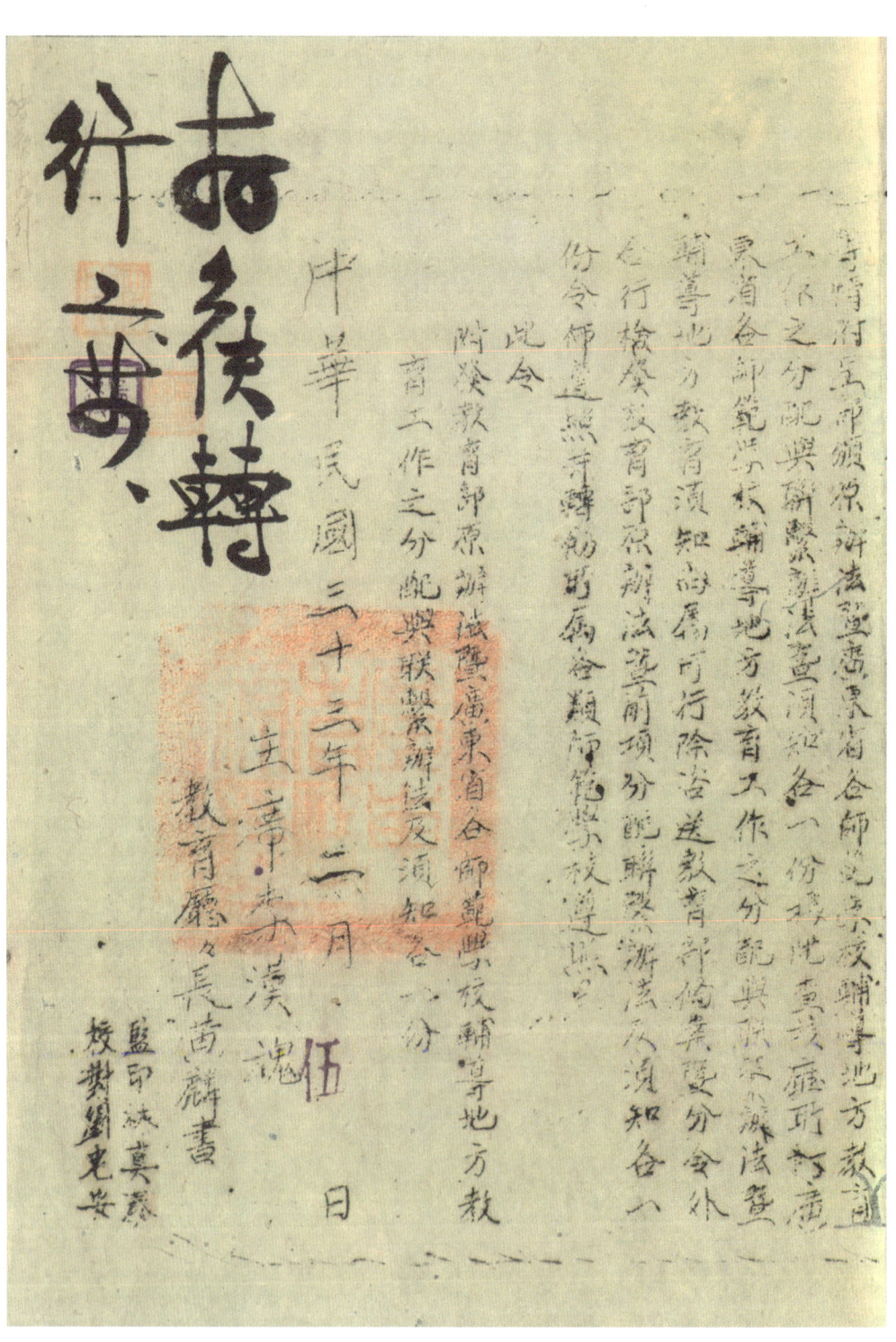

令徐轉行之。黄

2

廣東省各師範學校輔導地方教育工作之分配與聯繫辦法

第一條 本辦法根據 部頒師範學校輔導地方教育辦法第三條之規定訂定之

第二條 本省省立師範學校縣立師範學校與簡易師範學校(以下簡稱各師範學校)對應辦理(輔導地方教育事宜除法令另有規定外應依本辦法辦理之

第三條 各師範學校輔導地方教育應設置地方教育輔導委員會其組織規程及工作範圍應由各該輔導區師範學校根據師範學校輔導地方教育辦法有關各條訂定呈請上級教育行政機關核准施行

第四條 各校地方教育輔導委員會輔導地方教育應優先輔導中心學校并依部頒鄉鎮中心學校設施要則第十三條規定各事項指導各中心學校輔導國民

第五條　學校
省立師範學校其輔導區域以所在地之師範學校區為原則縣市師範學校其輔導區域以所在地之各該縣市為原則但有特殊情形者得由省教育廳指定其輔導區域其輔導單位另定之

第六條　在同一師範學校區域內一縣市有省立師範學校或縣級師範學校二所以上時由教育廳指定其中一校負主持輔導之責其他各校並由省教育廳指定其輔導區域協助輔導

第七條　各師範學校之輔導事項應遵照部頒師範學校輔導地方教育辦法第六條之規定辦理除其中第一項必須辦理者外其他二至八項則由各學校斟酌各該區內或各縣地方情況至少舉辦二項以上

第八條　各師範學校向教廳呈繳輔導工作計劃報告及有關表件時並應向各該師範區主持輔導之省立師範學校及區內國民教育研究會送一份以備考查

第九條　各師範區主持之省立師範學校對於區內各師範學校進行輔導工作負有指導監督考核之責

第十條　各師範學校輔導地方教育事業並應與各區縣國民教育研究會隨時發生密切聯繫

第十一條　省立師範學校輔導經費由省教育廳核發縣市師範學校輔導經費由縣市政府核發并列入年度預算

第十二條　各縣級師範學校如限於人力財力不能單獨辦理輔導工作者應與其所在師範區主持輔導之省立師範學校合作辦理其合作辦法由省立師範學校負

聯二

第十三條 集各該校負責人員協商之並呈報教育廳備案

各師範區每年至少應舉行全區輔導會議一次并得與各該區內之國民教育研究會聯合舉行由各該區主持輔導之省立師範學校或縣立國民教育研究會召集之

第十四條 本辦法自公佈之日施行

廣東省各師範學校輔導地方教育區域劃分表

區別	主持輔導學校	輔導區域
連州區	省立連州女子師範學校	連縣 連山 陽山 [illegible]化
北江區	省立韶州師範學校	仁化 南雄 始興
	國立[illegible]師範學校	樂昌 乳源
	省立[illegible]師範學校	曲江 翁源
	英德縣立簡易師範學校	英德
	清遠縣立簡易師範學校	清遠
東江區	省立惠陽[illegible]師範學校	龍川 和平 連平 [illegible] 紫金 博羅 惠陽
	河源縣立簡易師範學校	河源
	龍門縣立簡易師範學校	龍門
	東莞縣立簡易師範學校	東莞
	從化縣立簡易師範學校	從化
梅州區	省立梅州師範學校	梅縣 五華
	省立[illegible]女子師範學校	蕉嶺 平遠
	大埔縣立簡易師範學校	大埔
	興寧縣立簡易師範學校	興寧
潮汕區	省立韓山師範學校	豐順 饒平 陸豐 惠來
	揭陽縣立簡易師範學校	揭陽
	普寧縣立[illegible]簡易師範學校	普寧
	潮陽縣立簡易師範學校	潮陽
四邑區	省立[illegible]師範學校	[illegible] 恩平 赤溪
	開平縣立簡易師範學校	開平
	鶴山縣立簡易師範學校	鶴山
	台山縣立師範學校	台山
	[illegible]縣立[illegible]簡易師範學校	

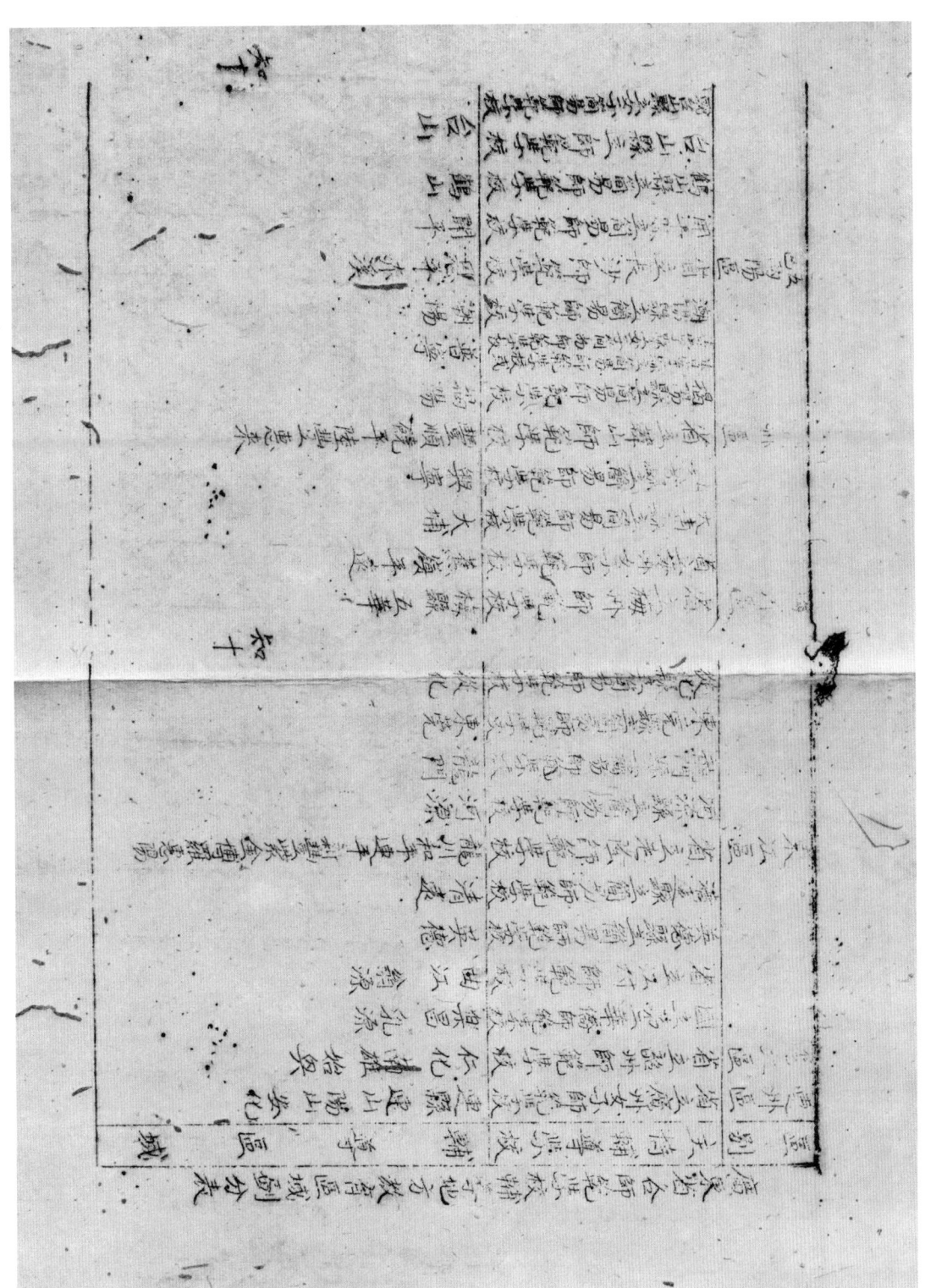

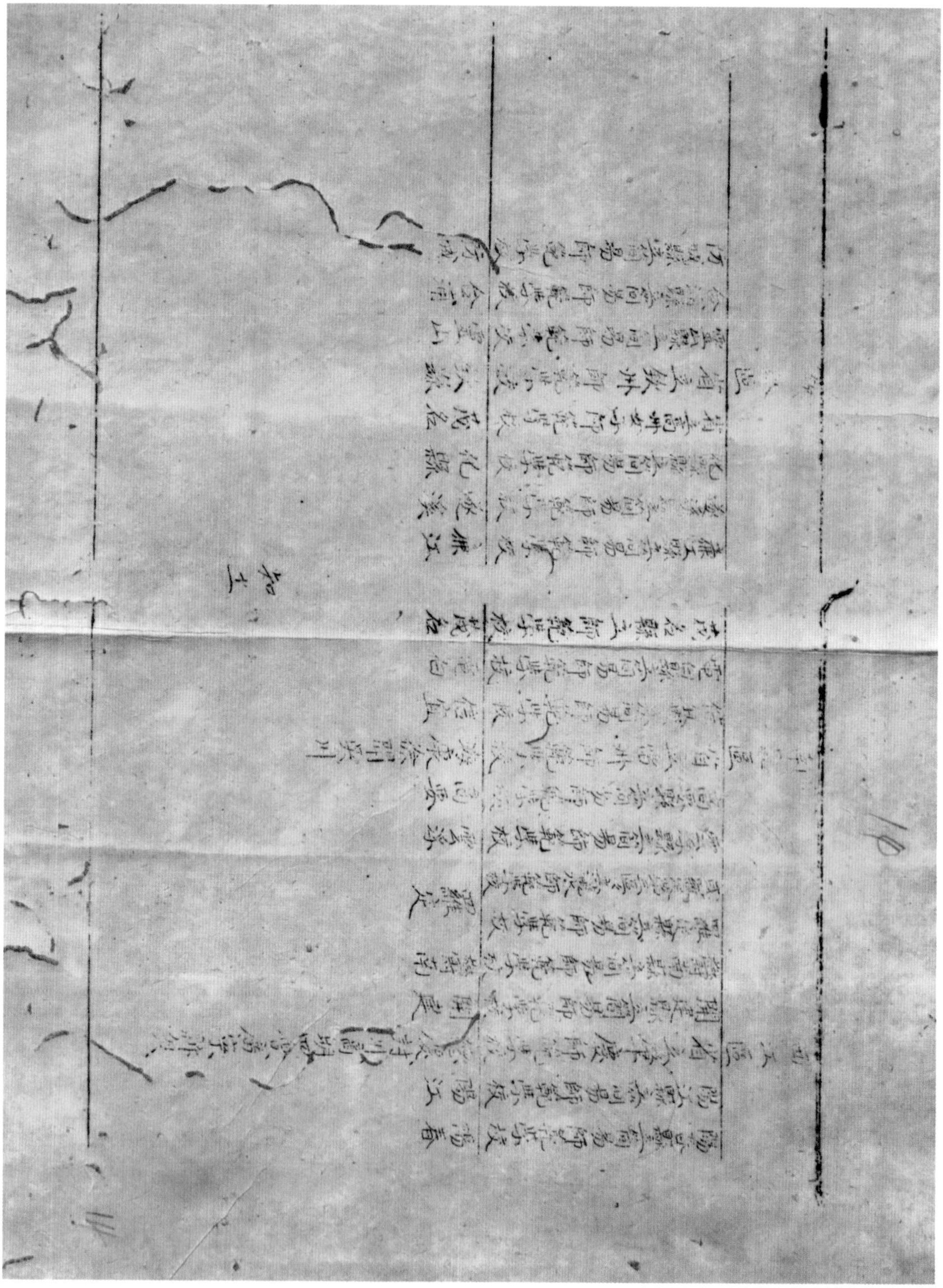

二 各校积极支援抗战

面对敌人进犯，广东各级院校在尽力维持教学的同时，或响应政府号召，或自发组织，积极参与各市县防空演习医疗服务、抗日救亡文艺宣传和募捐救济等活动。青年学生在战争中切身领会了民族精神，学会了担起家国责任。

国土沦丧激发了人们的抗日救亡热情，青年学生在这股浪潮中扮演着重要角色。中山大学抗日先锋队、广州市学生抗敌救亡会、救亡呼声社、青年群社、青年抗日先锋团等学生团体涌现出来，带领大批进步青年通过演讲、壁报、标语、创办刊物、编印派发抗战宣传册、创作汇演抗战文艺作品等形式广泛发动群众，大力宣传抗日救亡。他们还承担慰劳伤兵、协助疏散民众等工作，是一股不可小觑的年轻力量。

广州市社会局组织成立广州市立中学校 和职业学校战时服务团，每周划出一天为战时服务日，学生轮流担任各类战时服务工作。广东省立女子师范学校向第二十九路军将士赠送慰劳品，私立广州知用中学将学校出版的各种刊物，及师生搜集的各类书报捐赠给专为慰劳前线抗战受伤归来的将士们开辟的图书馆。馆藏的广州私立知用中学抗战期内工作报告就反应了他们的工作内容和热情。中山大学战地服务团为慰劳频遭空袭而流离失所的广州市民，集资购买了大批食品分发给受袭同胞。

战乱导致医护资源尤为重要与紧缺，全面抗战爆发后，广州部分医学院整合院内资源，一部分受指令组织救护队北上开展救援工作，一部分编成临时救护队配合市防空演习，如私立广东光华医学院、孙逸仙博士医学院、国立中山大学第一医院、各护士学校等。非医学救护类的学校也积极响应，踊跃参与进各种救护工作中去，如在一九三七年八月的一次防空演习中，广东省立广州女子师范学校即组织了一百名学生编成临时救护队供防空演习时差遣。

广东光华医学院关于本学院及附属医院派员参加防空演习人员安排致广州市防空演习筹备处的函（一九三七年八月六日）

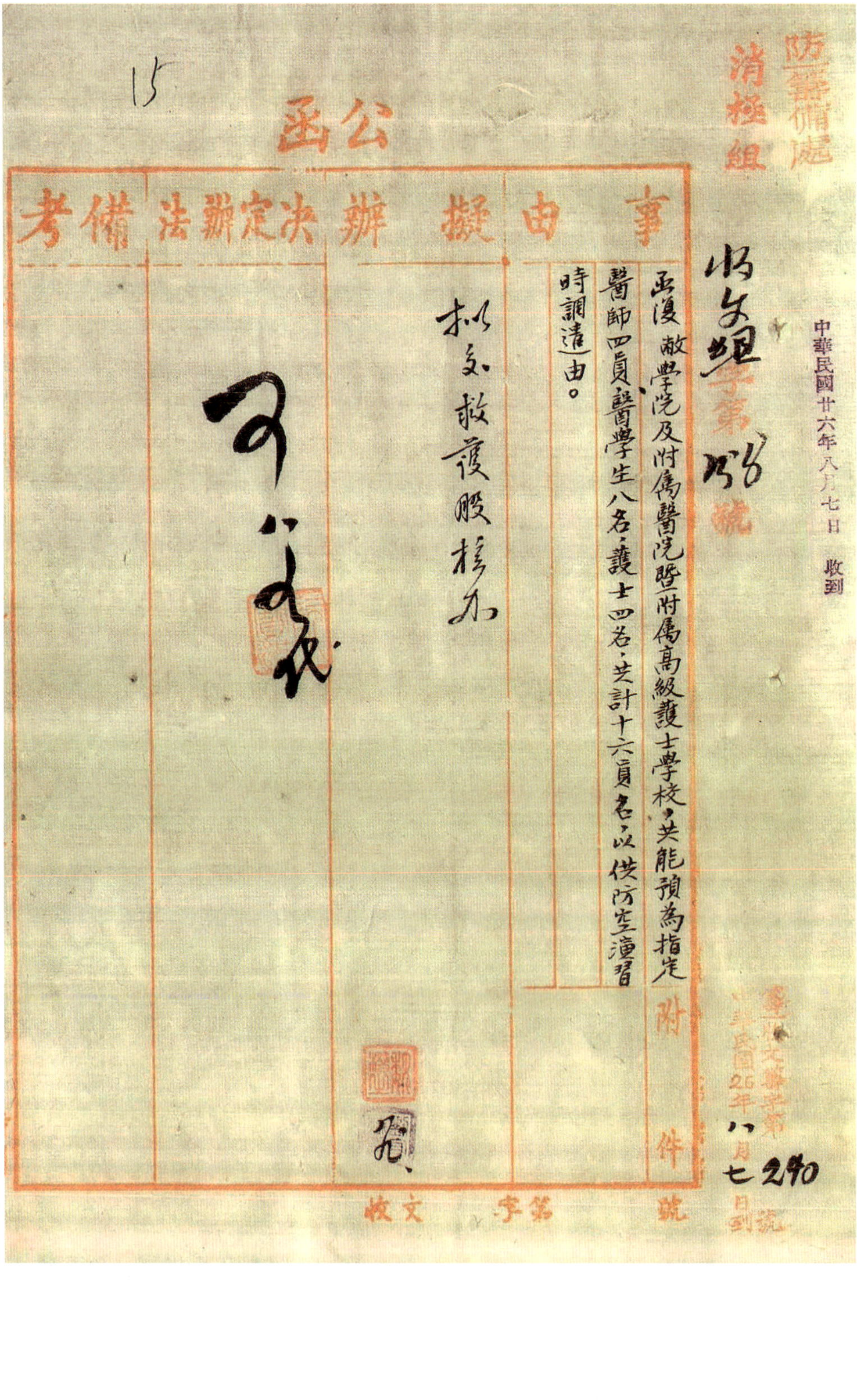
15

公函

防空演習籌備處消極組

事由	擬辦	決定辦法	備考
函復敝學院及附屬醫院暨附屬高級護士學校，共能預爲指定醫師四員、醫學生八名、護士四名，共計十六員名，以供防空演習時調遣由。	擬交救護股核办		

收文組字第　號

中華民國廿六年八月七日收到

廣州光華醫學院 中華民國26年八月七日到 第240號

附件

收文字第　號

廣東光華醫學院公函

字第 14 號

逕啟者：現准

貴處本月二日消字第三〇號公函，略以本市防空演習，經奉中央規定於本月九日舉行，擬請預為指定醫生六員、學生二十四名，合計三十員名，以備本市防空演習時，編成臨時救護隊之用，并祈迅覆等由；同時　敝學院附屬醫院復准

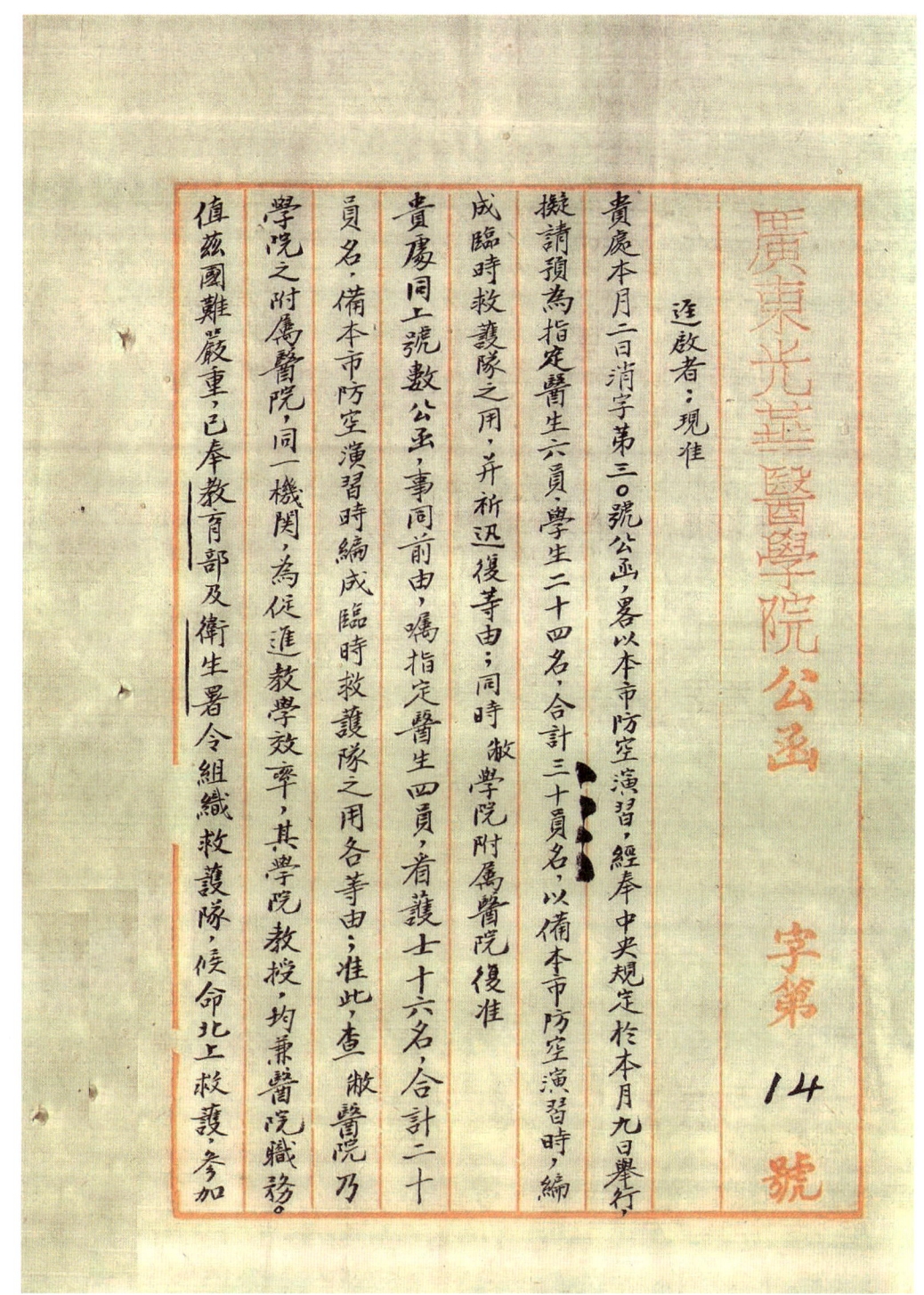

貴處同上號數公函，事同前由，囑指定醫生四員，看護士十六名，合計二十員名，備本市防空演習時編成臨時救護隊之用各等由；准此，查　敝醫院乃學院之附屬醫院，同一機關，為促進教學效率，其學院教授，均兼醫院職務。值茲國難嚴重，已奉教育部及衛生署令組織救護隊，候命北上救護，參加

16

者除醫師葯師外，敝學院五年級全體學生，須一律參加，六年級實習生，亦須抽調一部份，此項人員，業已準備隨時北上，不能預為指定。而一二三年級學生，現在學習基本學科期間，對於救護技術，尚未練習，現計學生中能參加者，祇四年級學生男女共八名。而學院醫院除各項社會服務已派定人員担任及留院任務外，計共能派出醫師四員。至於 敝學院附屬高級護士學校學生，除本年六月間畢業離校及一年級新生刻在招考中之外，計在校學生祇有十八名，除留院工作外，計能派出四名。綜上以觀，則 敝學院及醫院暨護士學校，共能預為指定醫師四員，醫學生八名，護士四名，合計十六員名，以供

貴處防空演習時調遣，編為臨時救護隊之用。相應函復

查照為荷。二

此致

廣州市防空演習籌備處

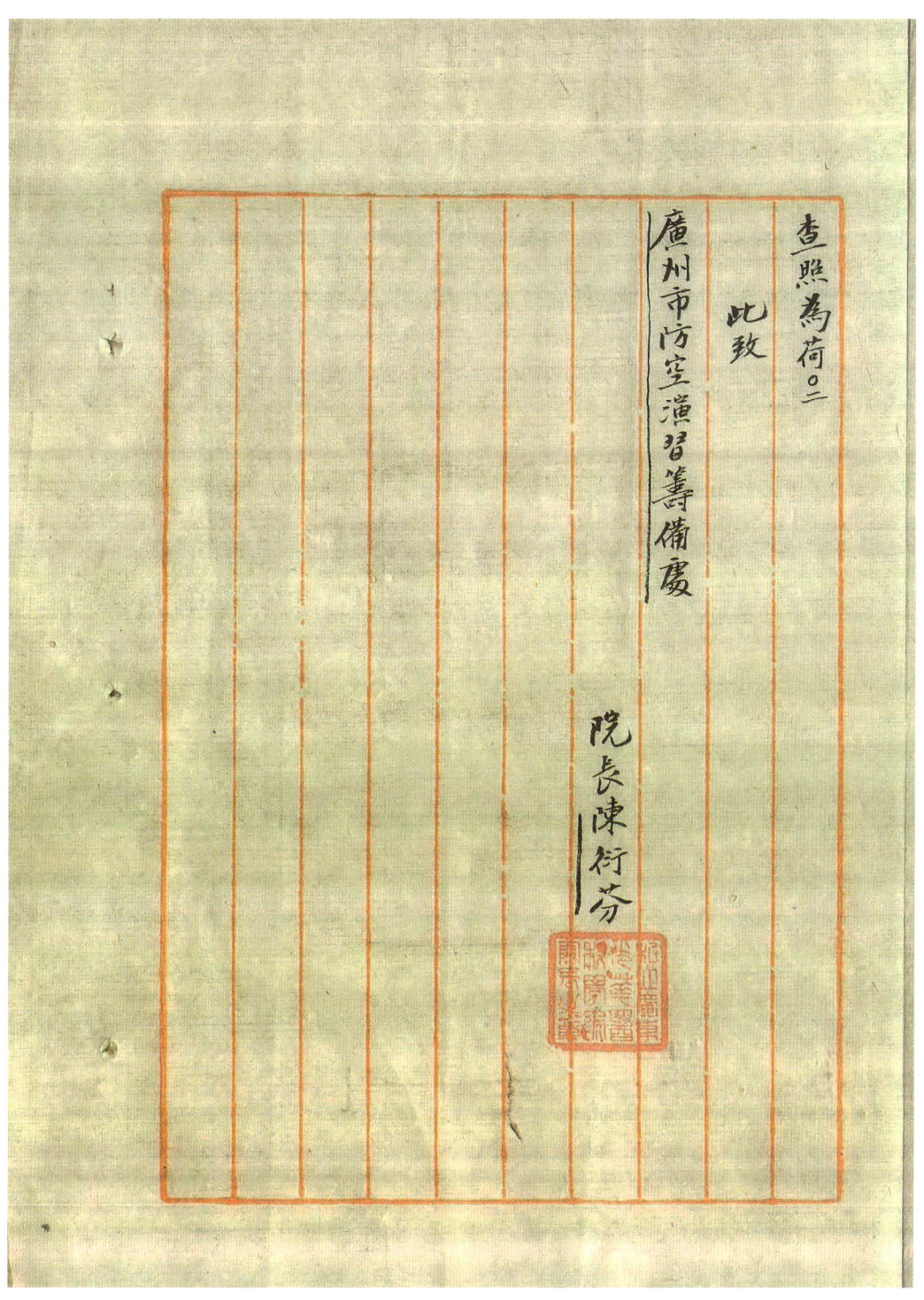

院長陳衍芬

中華民國二十六年八月六日

广东省立广州女子师范学校关于指定本校一百名学生组成临时救护队参与防空演习致广州市防空演习筹备处的函（一九三七年八月十日）

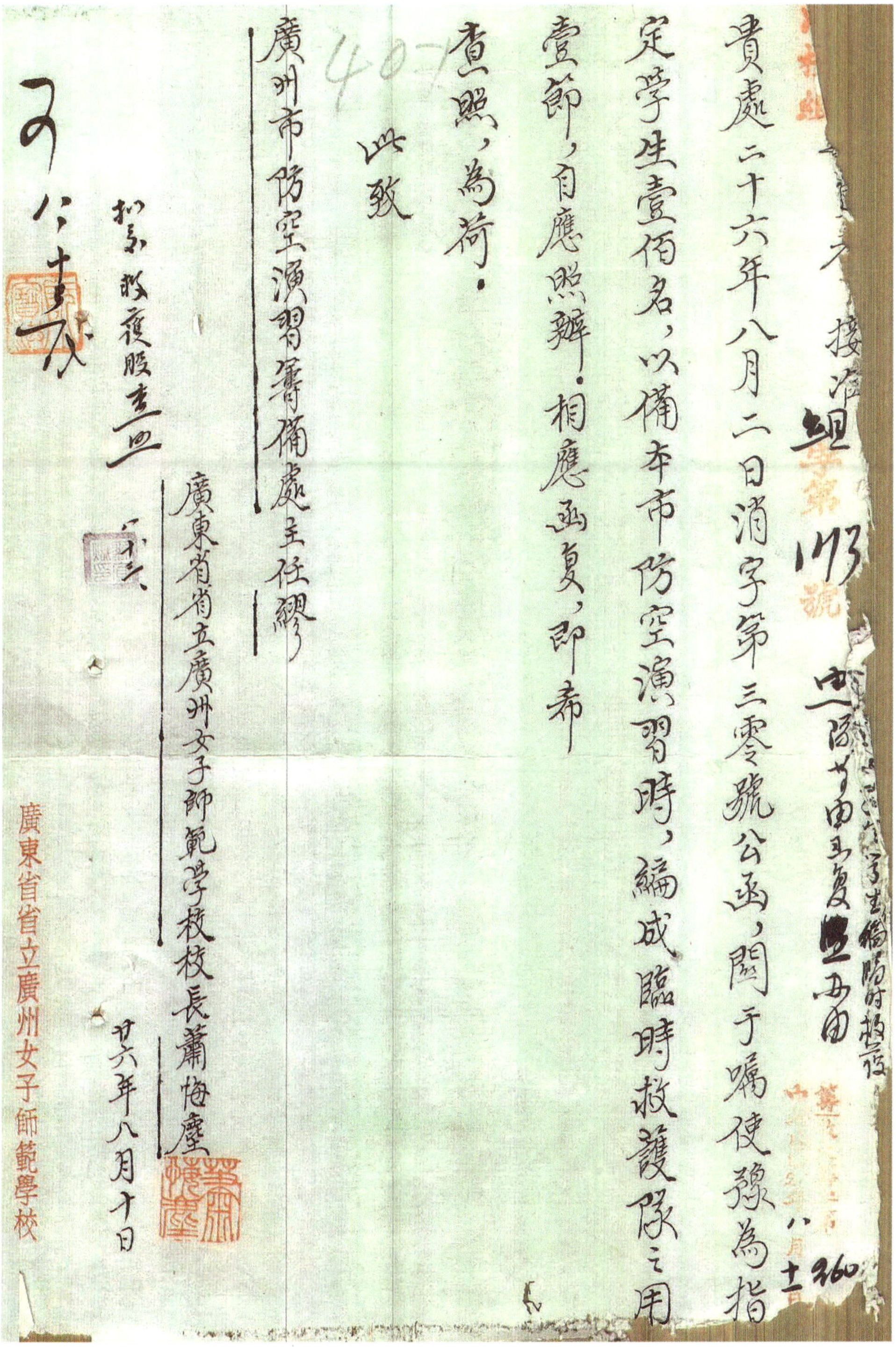

貴處二十六年八月二日消字第三零號公函，閲于囑使豫為指定學生壹佰名，以備本市防空演習時，編成臨時救護隊之用壹節，自應照辦。相應函复，即希查照，為荷。

此致

廣州市防空演習籌備處主任繆

廣東省省立廣州女子師範學校校長蕭梅塵

廿六年八月十日

廣東省省立廣州女子師範學校

国立中山大学报本校军事训练部电话号码嗣后如遇警讯请广州市防护团径电指导的函（一九三七年十一月十日）

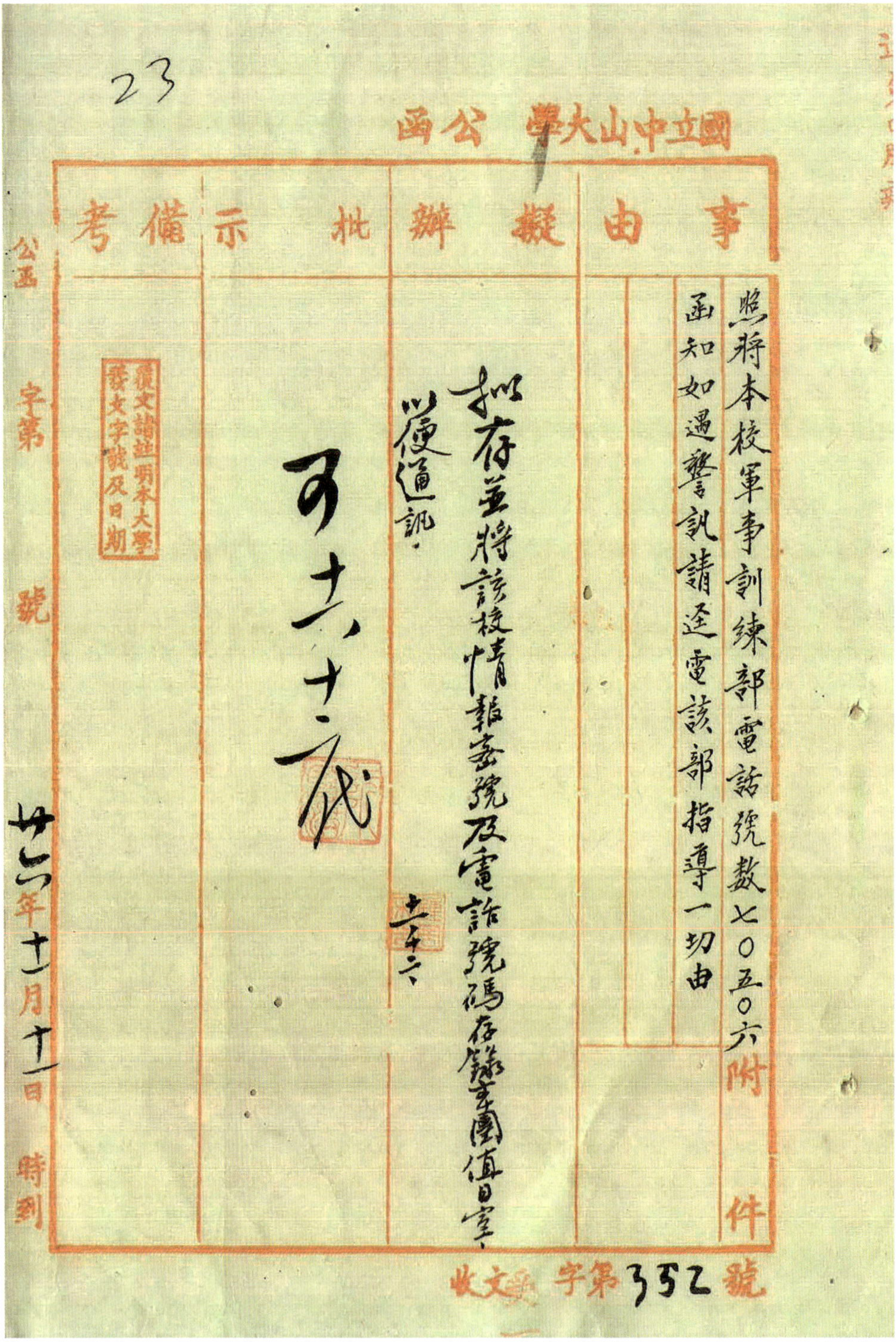

23

國立中山大學公函

事由：照將本校軍事訓練部電話號數七〇五〇六函知如遇警訊請逕電該部指導一切由

附件

擬辦：擬存並將該校情報處號及電話號碼存錄本團值日室以便通訊。十一、十六

批示：可 十一、十六

備考：發文請註明本大學發文字號及日期

公函 字第 號

廿六年十一月十一日 時到

收文 字第352號

國立中山大學公函

臣字第一秉一弍號

案准

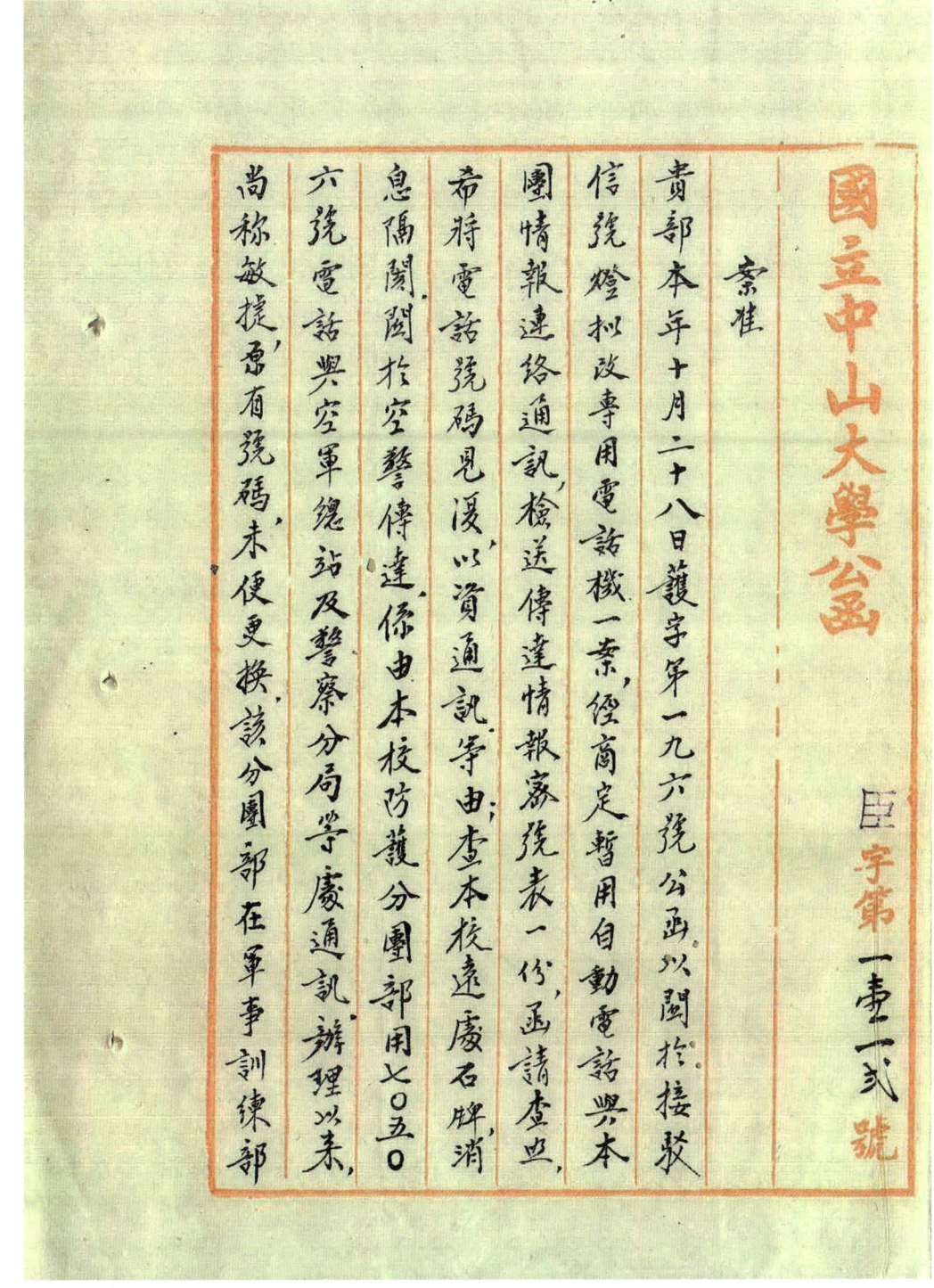

貴部本年十月二十八日護字第一九六號公函以關於接發信號燈擬改專用電話機一案，經商定暫用自動電話與本團情報連絡通訊，檢送傳達情報密號表一份，函請查照，希將電話號碼見復，以資通訊等由；查本校遠處石牌，消息隔閡，關於空警傳達，係由本校防護分團部用七〇五〇六號電話與空軍總站及警察分局等處通訊辦理以來，尚稱敏捷，原有號碼，未便更換，該分團部在軍事訓練部

24

内附設并設有警報班輪值聽訊及司理鳴鐘報警等事，

關後如遇警訊，請照上列號碼，逕電該部指導一切，除將

原送察號表轉送該部應用外，為此函復，即祈

查照為荷！

此致

廣東省防空協會廣州市防護團團長曾

國立中山大學校長鄒魯

中華民國廿六年十二月十日

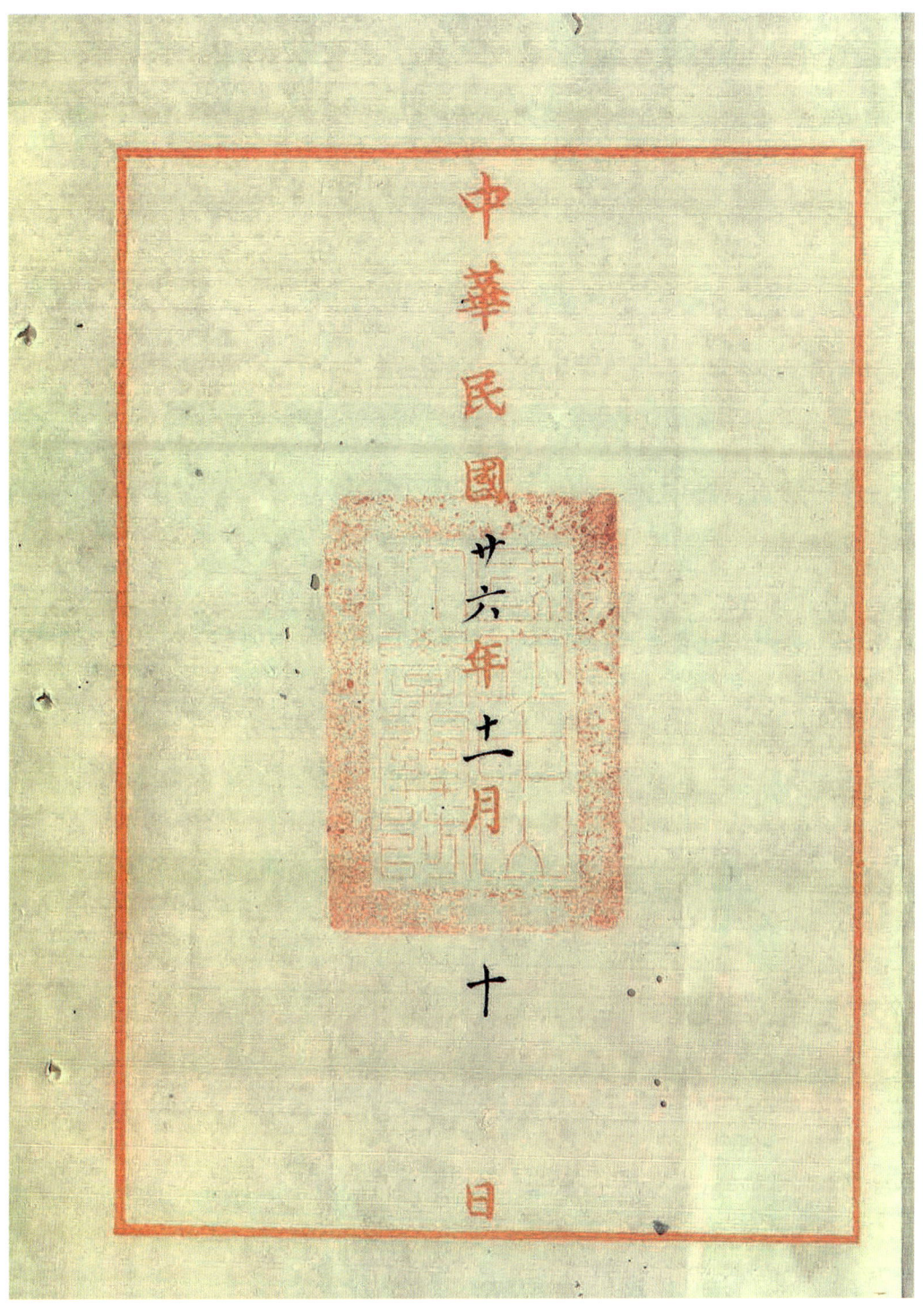

广州市防护团关于照准国立中山大学灯火管制熄灯时间延时至下午十一时的函（一九三七年十一月二十日）

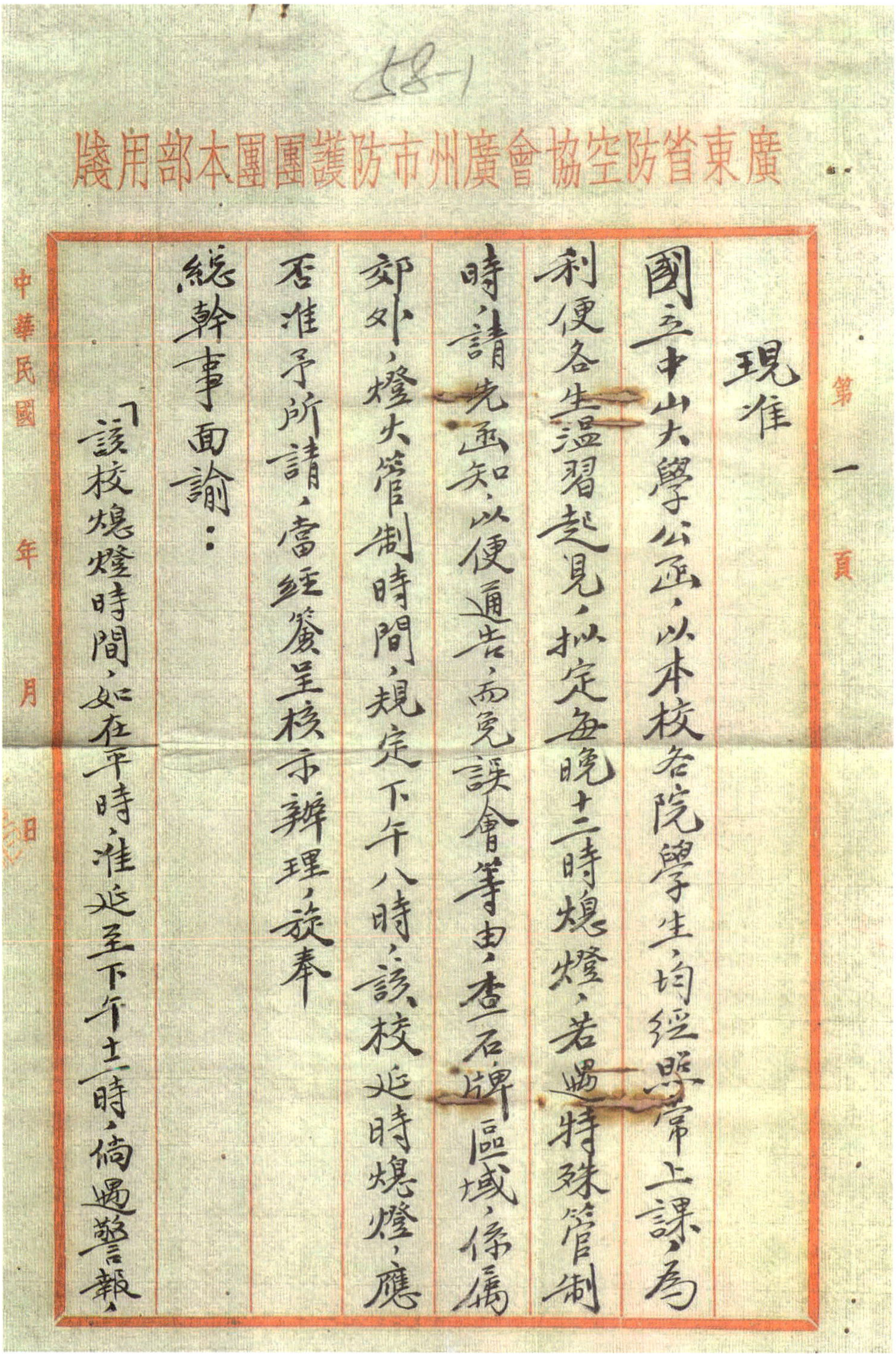
58-1

廣東省防空協會廣州市防護團團本部用箋

第一頁

現准

國立中山大學公函，以本校各院學生，均經照常上課，為利便各生溫習起見，擬定每晚十二時熄燈，若遇特殊管制時，請先函知，以便通告，而免誤會等由，查石牌區域，係屬郊外，燈火管制時間，規定下午八時，該校延時熄燈，應否准予所請，當經簽呈核示辦理，旋奉

總幹事面諭：

「該校熄燈時間，如在平時，准延至下午十一時，倘遇警報，

中華民國　年　月　日

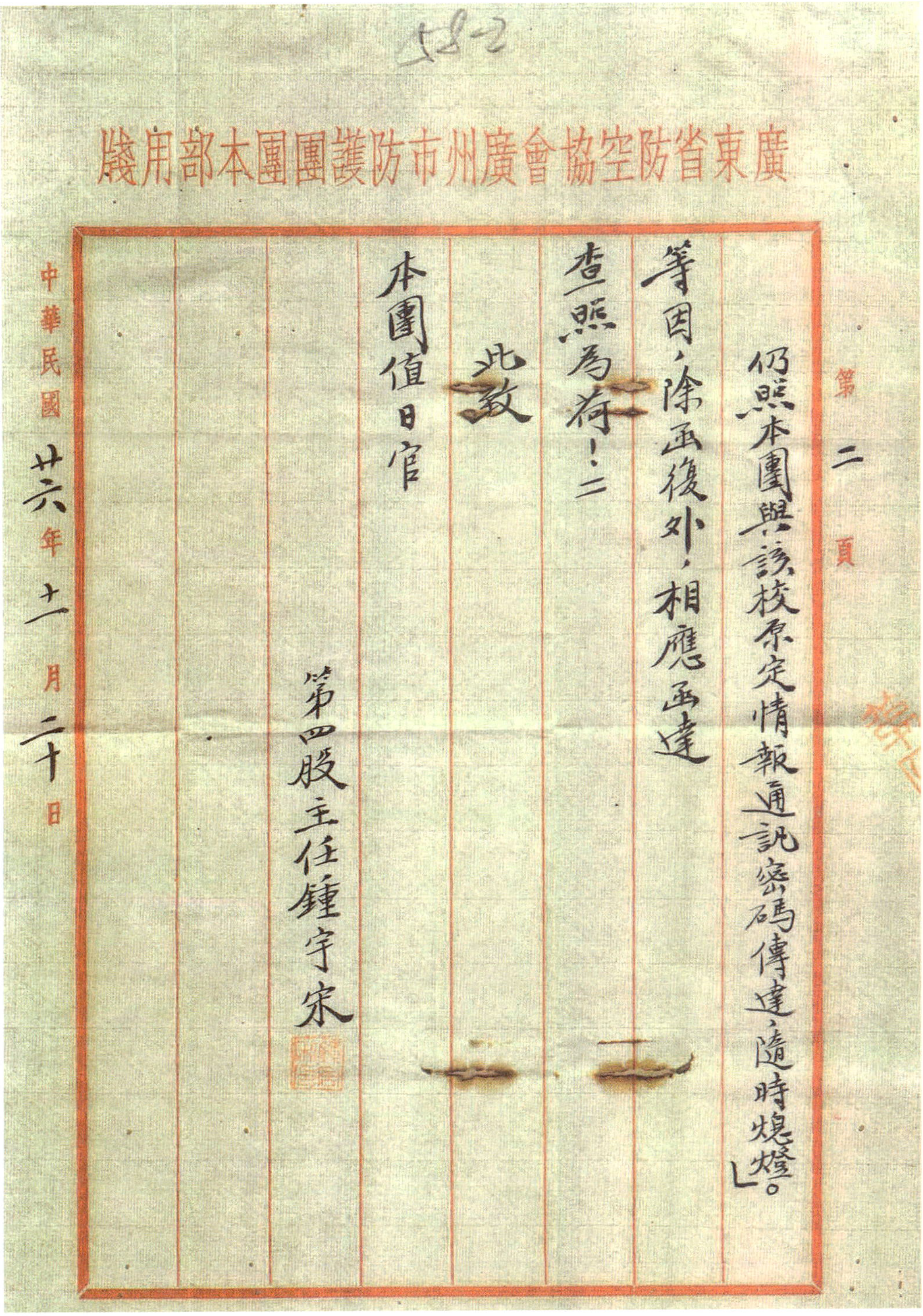

廣東省防空協會廣州市防護團團本部用牋

第二頁

仍照本團與該校原定情報通訊密碼傳達，隨時熄燈。」

等因。除函復外，相應函達

查照為荷！

此致

本團值日官

第四股主任鍾守宋

中華民國廿六年十二月二十日

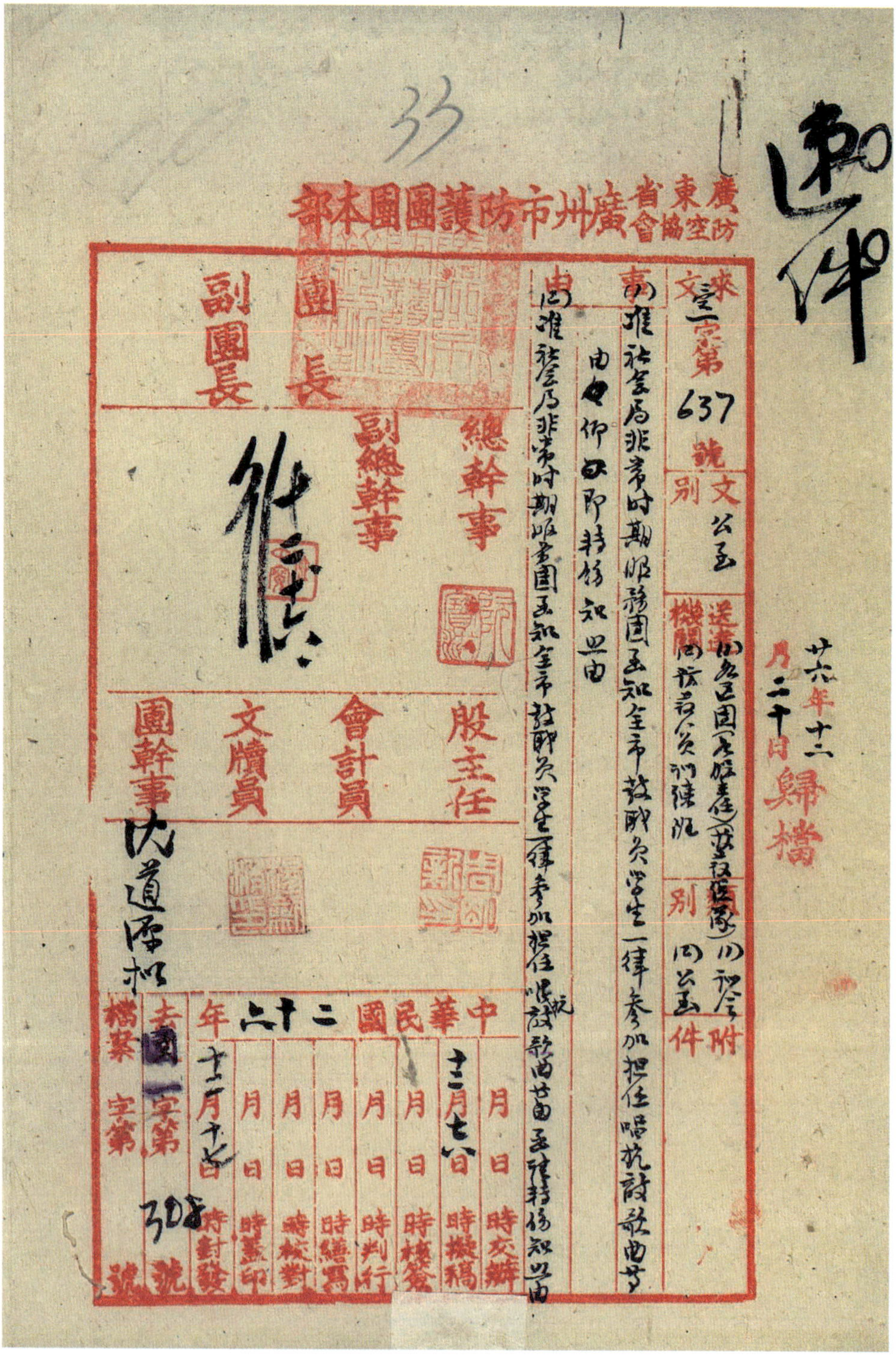

广东省防空协会广州市防护团团本部

来文	字第637号
文别	公函
送来机关	非常时期服务团
附件	
事由	准社会局非常时期服务团函知全市教职员学生一律参加担任唱抗敌歌曲廿首

团长　副团长

总干事　副总干事

股主任　会计员　文牍员　团干事

中华民国二十六年　月　日

归档

广州市社会局非常时期服务团关于要求全市教职员学生在民众抗敌集会中演唱抗敌歌曲致广州防护团的公函（一九三七年十二月十七日）

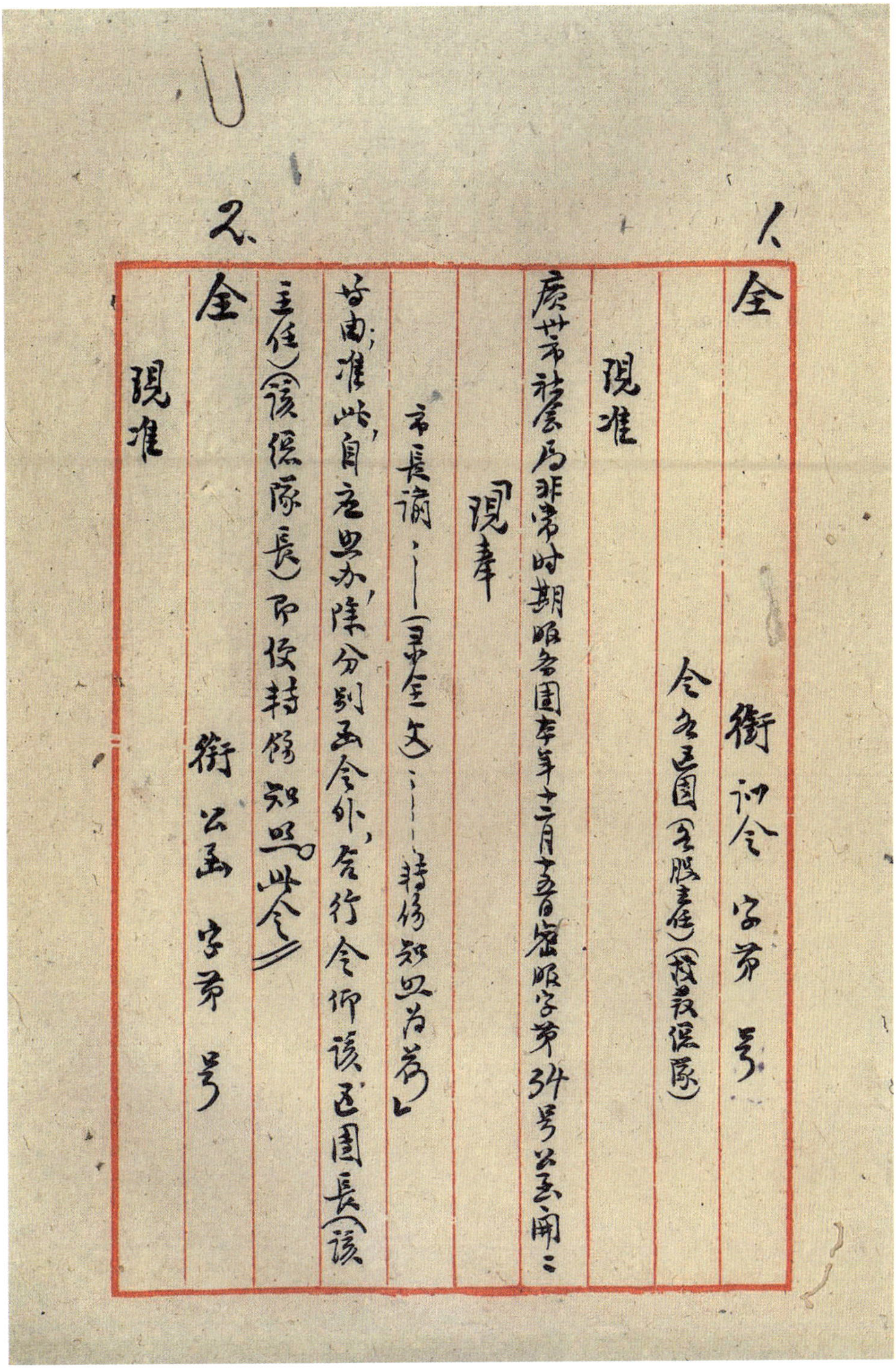

人

全銜訓令　字第　号

令各區團（各股主任）（救護保隊）

現准

廣州市社會局為非常時期服務團本年十二月十五日穗服字第34号公函開：

「現奉

市長諭：……（录全文）……特飭知照為荷」

等由；准此，自應照办，除分別函令外，合行令仰該區團長（該主任）（該保隊長）即便轉飭知照。此令。

乙

全

銜公函　字第　号

現准

34

廣州市社會局非常時期服務團本年十二月十五日字第24號公函開：

「現奉

市長諭：：：（錄全文）：：：特仰知照爲荷」

等由，准此，自應照辦，除分令外，相應函請

查照爲荷。

此致

廣東省防空協會防護人員訓練班

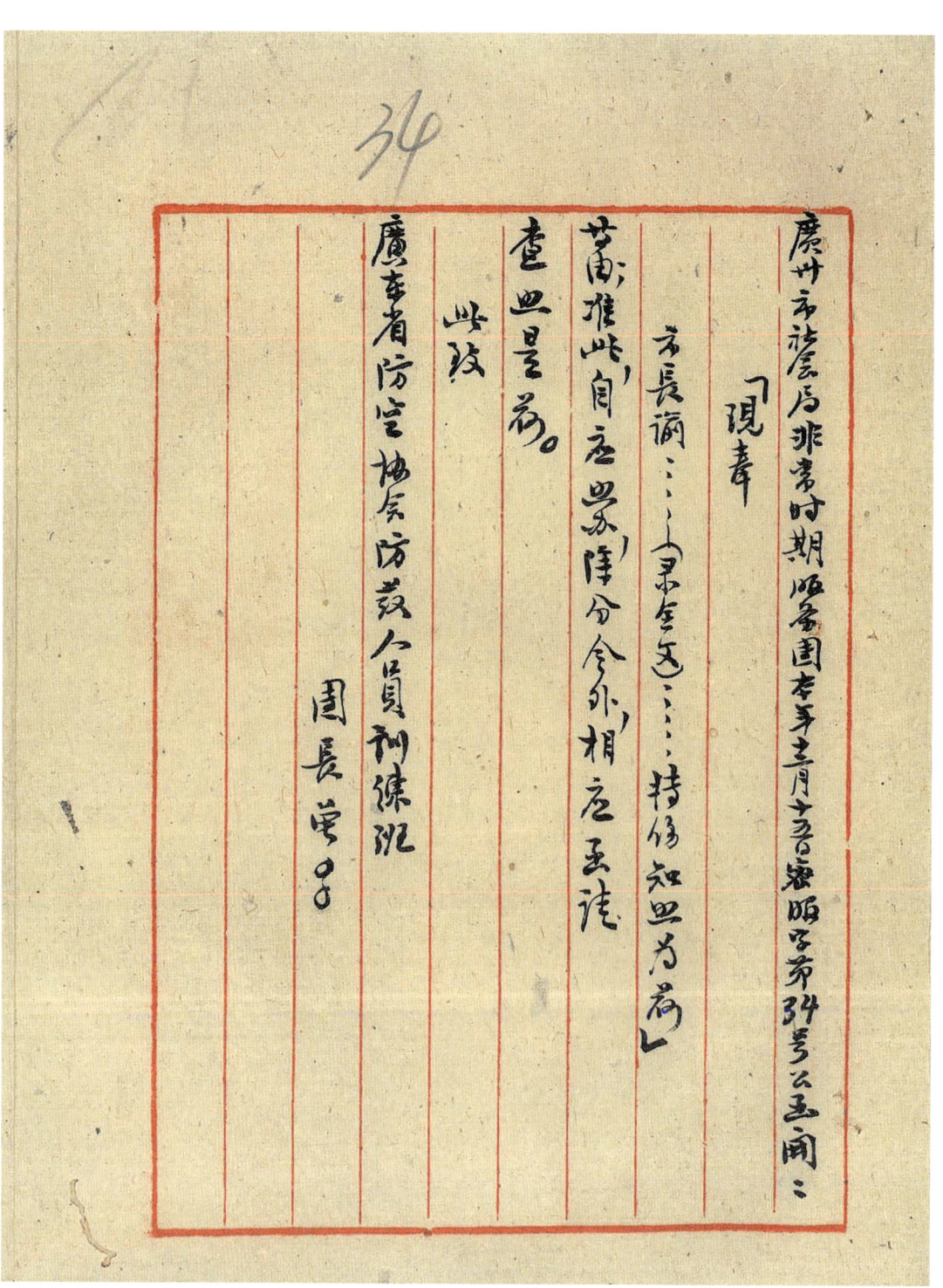

團長 黄子

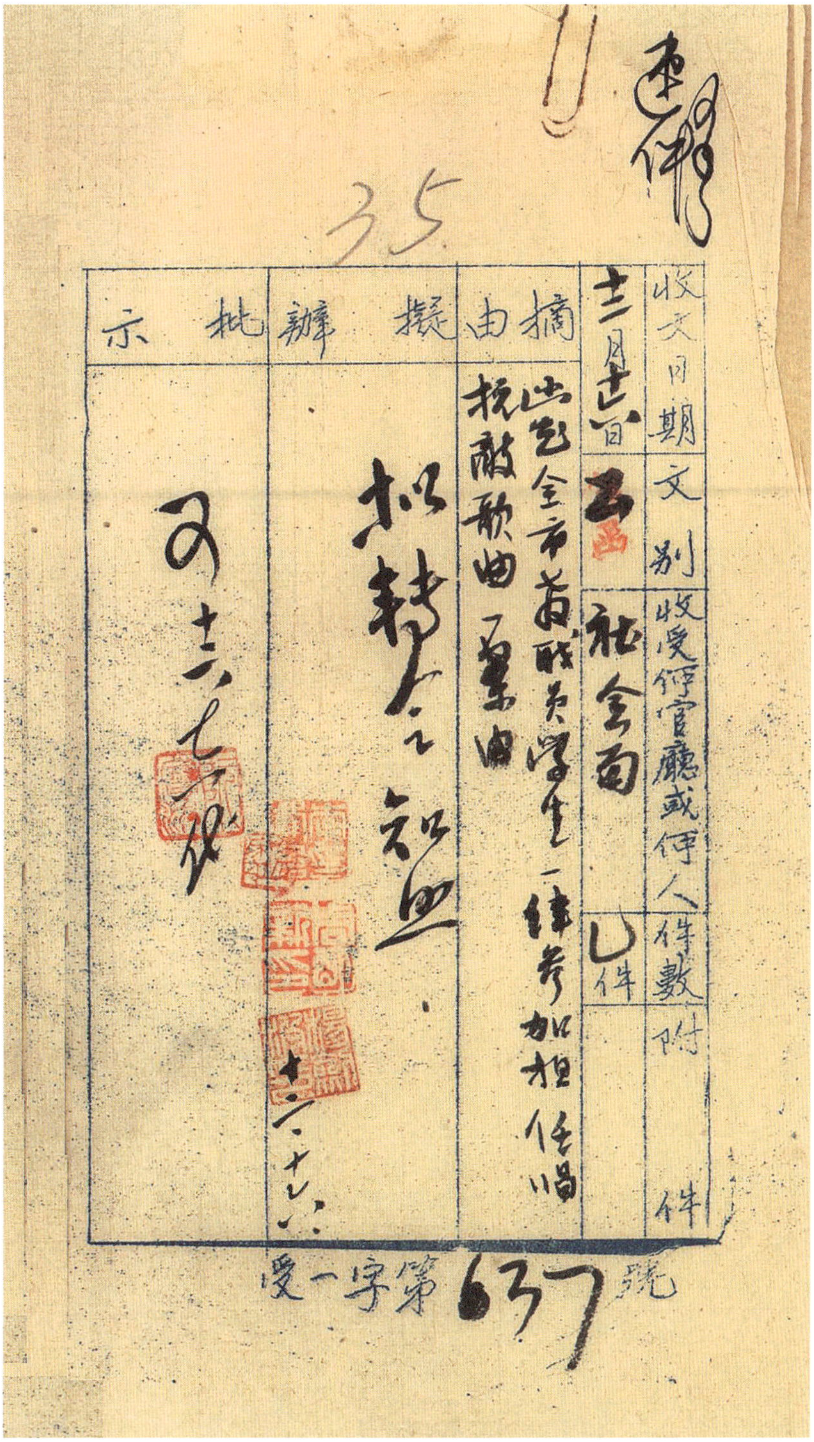

速件

35

收文日期	文别	收受何官厅或何人	件数	附件
十二月廿七日	函	社会局	七件	件

摘由：为令全市首战员学生一律参加担任唱抗敌歌曲及集曲

拟办：拟转令知照　十二、廿八

批示：可　十二、廿七

受一字第617号

36

廣州市社會局非常時期服務團公函　密服字第34號

現奉

市長諭：「本月十八日（即星期六）舉行廣州市各界民衆抗敵集會，全市教職員學生一律參加担任唱抗敵歌曲，并定於本月十七日（即星期五）下午二時齊集中大附中禮堂先行演習」。等因，奉此，自應遵辦，除分別函令外，相應函請

查照，并希轉飭知照為荷。

此致

廣州市防護團團本部

總團長劉石心

中華民國二十六年十二月十五日

監印梁金
校對葉傳

广州市防护团转发省立民众教育馆举办抗战讲演论文比赛办法令各区团及救护总队踊跃参加的公函　附：比赛办法（一九三八年二月二日）

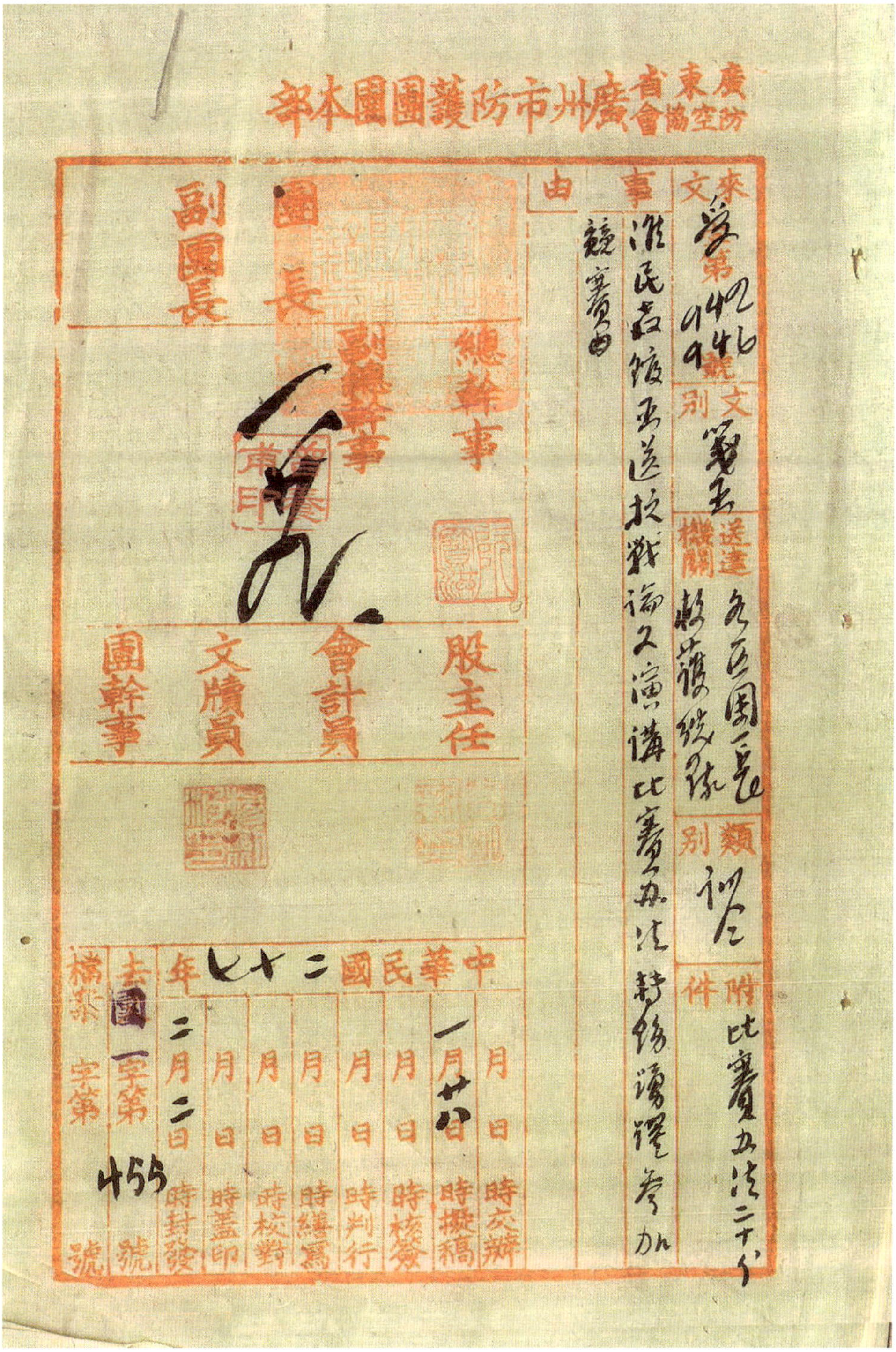
廣東省防空協會
廣州市防護團團本部

來文　字第　號
文別　箋函
送達機關　各區團 救護總隊
類別　訓令
附件　比賽辦法二十份
事由　准民眾教育館函送抗戰論文演講比賽辦法請轉飭踴躍參加等由

團長　副團長
總幹事　副總幹事
股主任　會計員　文牘員　團幹事

中華民國二十七年
月　日　時交辦
一月廿八日　時擬稿
月　日　時核簽
月　日　時判行
月　日　時繕寫
月　日　時校對
月　日　時蓋印
二月二日　時封發
去文　團一字第455號
檔案　字第　號

令

現准

衔 訓令 字第 号

令各區團長
救護總隊

廣東省立民衆教育館箋函略開：「本館為激發民衆抗戰情緒，鼓勵民衆創作及演講天才起見，特舉辦抗戰論文及演講比賽，(附)檢同各該比賽辦法乙份，送請查照，函飭激勵參加」等由，附論文及演講比賽辦法各乙份，准此。查論文及演講比賽，事關砥礪學術，不但可以激發抗戰情緒，尤可互相切磋、他山攻錯，准函前由，自應照辦。除分令外，合將各该办法，随文附发，仰该团长、队长即便遵照办理，转饬所属面对演讲前往参加竞赛为要！

此令

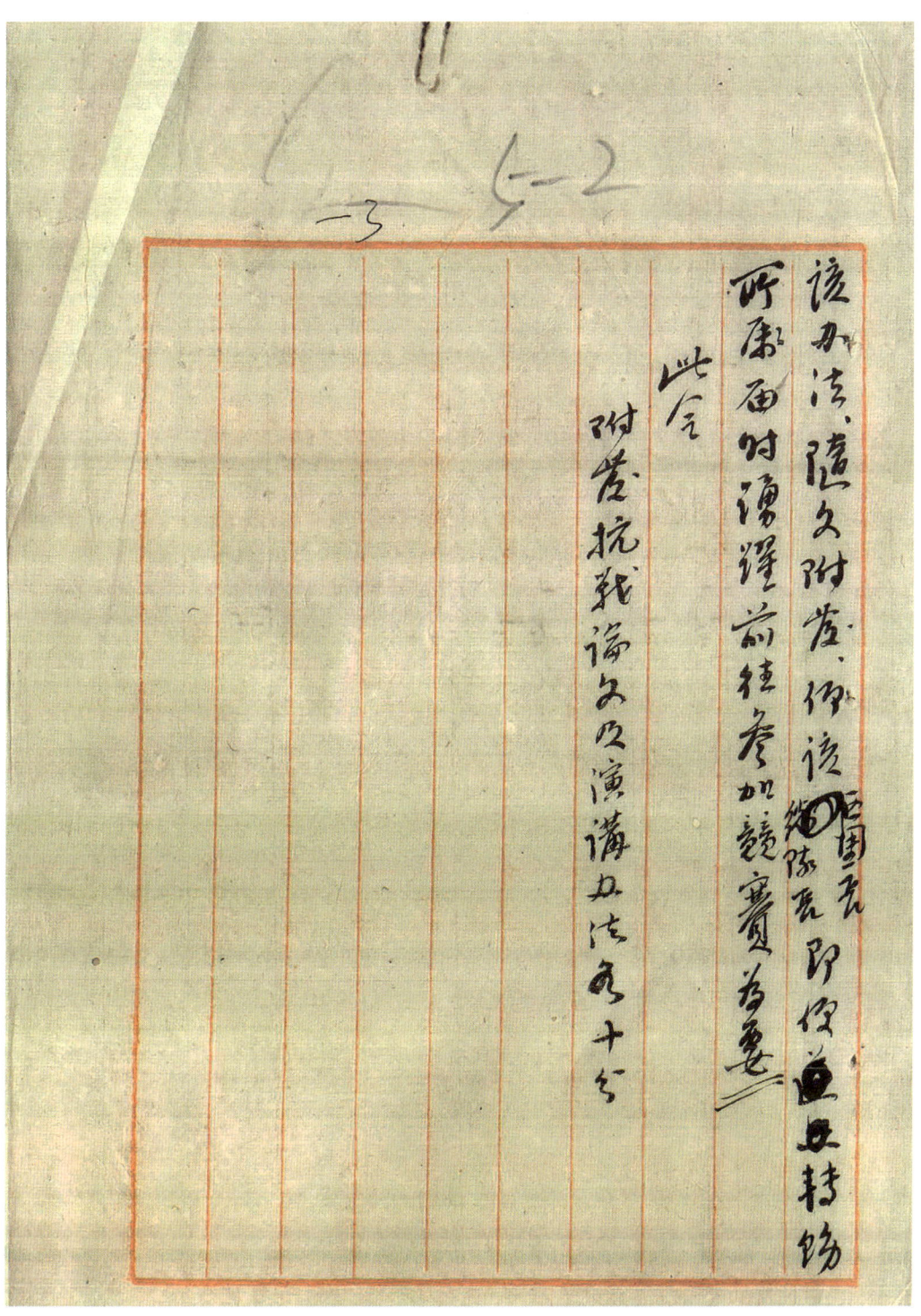

附发抗战论文及演讲办法各十份

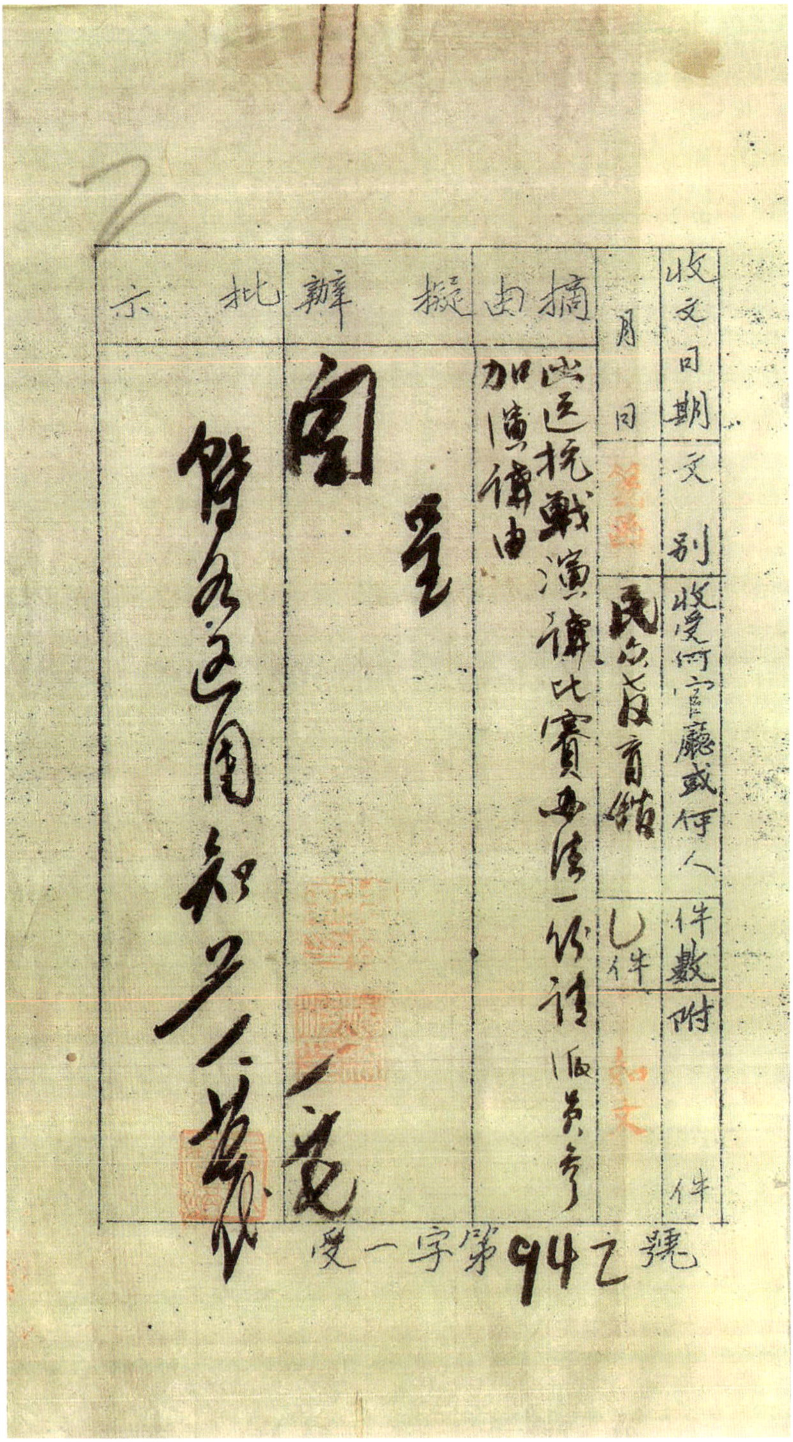
收文日期　月　日
文别　公函
收受何官廳或何人　民众教育館
件數　一件
附件　如文　件
摘由　函送抗戰演講比賽辦法一份請派員參加演講由
擬辦　閱　呈
批示　覆函送閱知照
受一字第942號

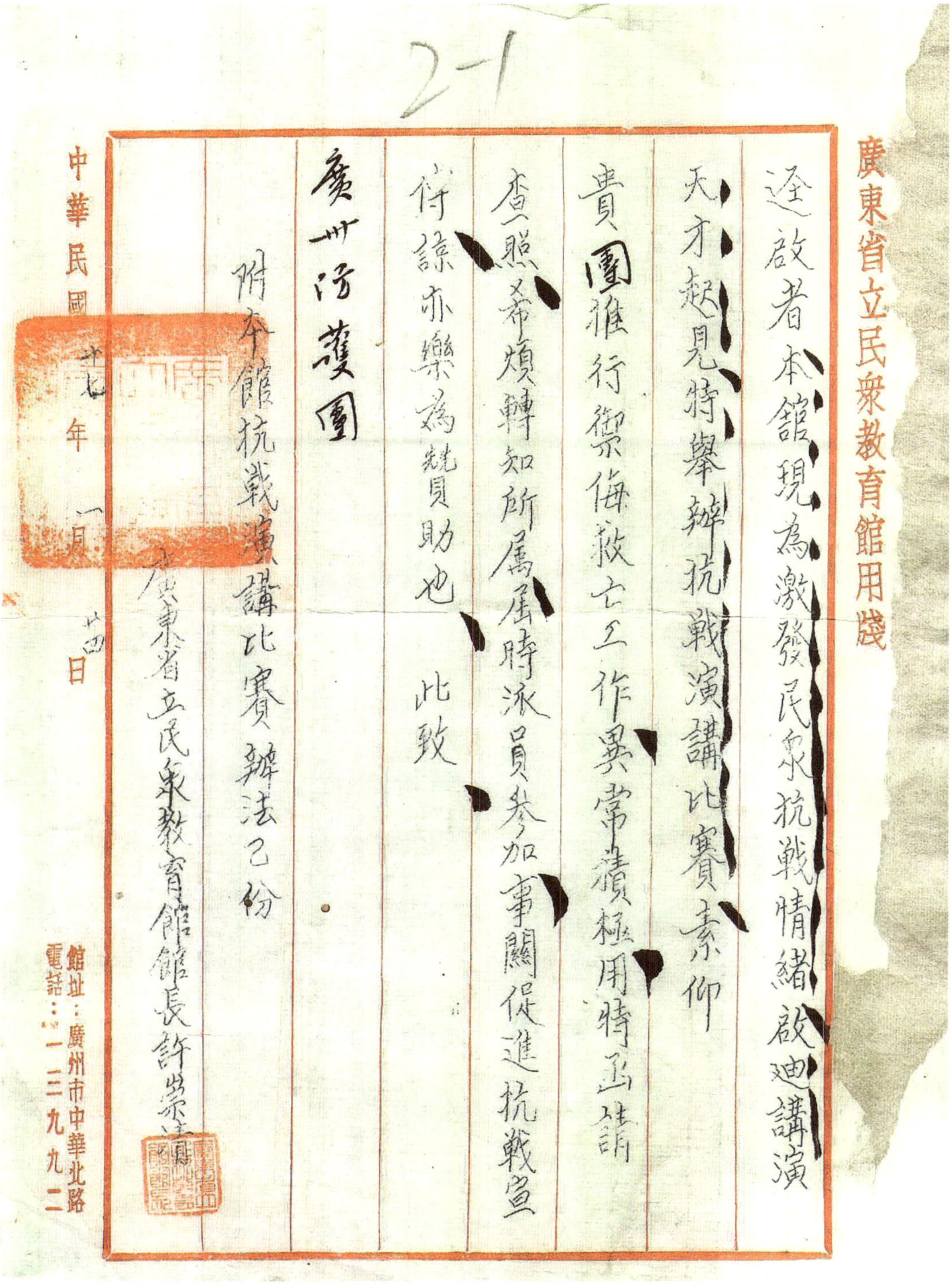

2-1

廣東省立民衆教育館用箋

逕啟者本館現為激發民衆抗戰情緒啟迪講演天才起見特舉辦抗戰演講比賽素仰貴團推行禦侮救亡工作異常積極用特函請查照希煩轉知所屬届時派員參加事關促進抗戰宣傳諒亦樂為贊助也此致

廣州防護團

附本館抗戰演講比賽辦法乙份

廣東省立民衆教育館館長許崇清

中華民國廿七年一月廿四日

館址：廣州市中華北路
電話：一一三九九二

廣東省立民眾教育館抗戰演講比賽辦法

(一)宗旨　以激發民眾抗戰情緒，啟迪講演天才，為宗旨。

(二)組別　分為兒童、少年、成年三組，八歲至十二歲得參加兒童組；十三歲至十九歲，得參加少年組；二十歲以上，得參加成年組。

(三)題目　由本館擬定如下：

兒童組：我們在抗戰期間怎樣做一個好兒童。

少年組：從敵人暴行說到全國總動員。

成年組：我們要怎樣爭取最後勝利。

(四)日期　二月十三日上午九時為演講日期。

(五)報名時間　由即日起至二月十二日止，每日上午八時至下午五時。

(六)報名手續　凡報名參加比賽者，須將姓名、年齡、籍貫、性別、職業、教育程度、通訊處，在報名表內填寫清楚，報名處在本館教導組辦公室。

（七）評判

由本館聘請專家及教育界名流，担任評判，以平均積分決定優劣，其評判標準如下：

思想佔30%　言語佔30%　姿態佔20%　結構佔20%

（八）規則

(1)演講次序，用抽簽法決定。

(2)抽簽後，依照指定地點集合，由本館職員唱名依次演講。

(3)演講所用語言，以國語及廣州話為限。

(4)演講時間，每人限五分鐘，講至最後一分鐘時，即按鈴預告，滿五分鐘時，再按鈴請其停止。

(5)如參加人數太多時，得先舉行預賽。

（九）獎額

每組設獎額若干名（名額于報名截止後公佈）每名各獎優勝紀念章一枚，其前三名各加獎鏡框題詞一面，以資獎勵。

（十）附則

本辦法如有未盡事宜，得由本館隨時修正公佈之。

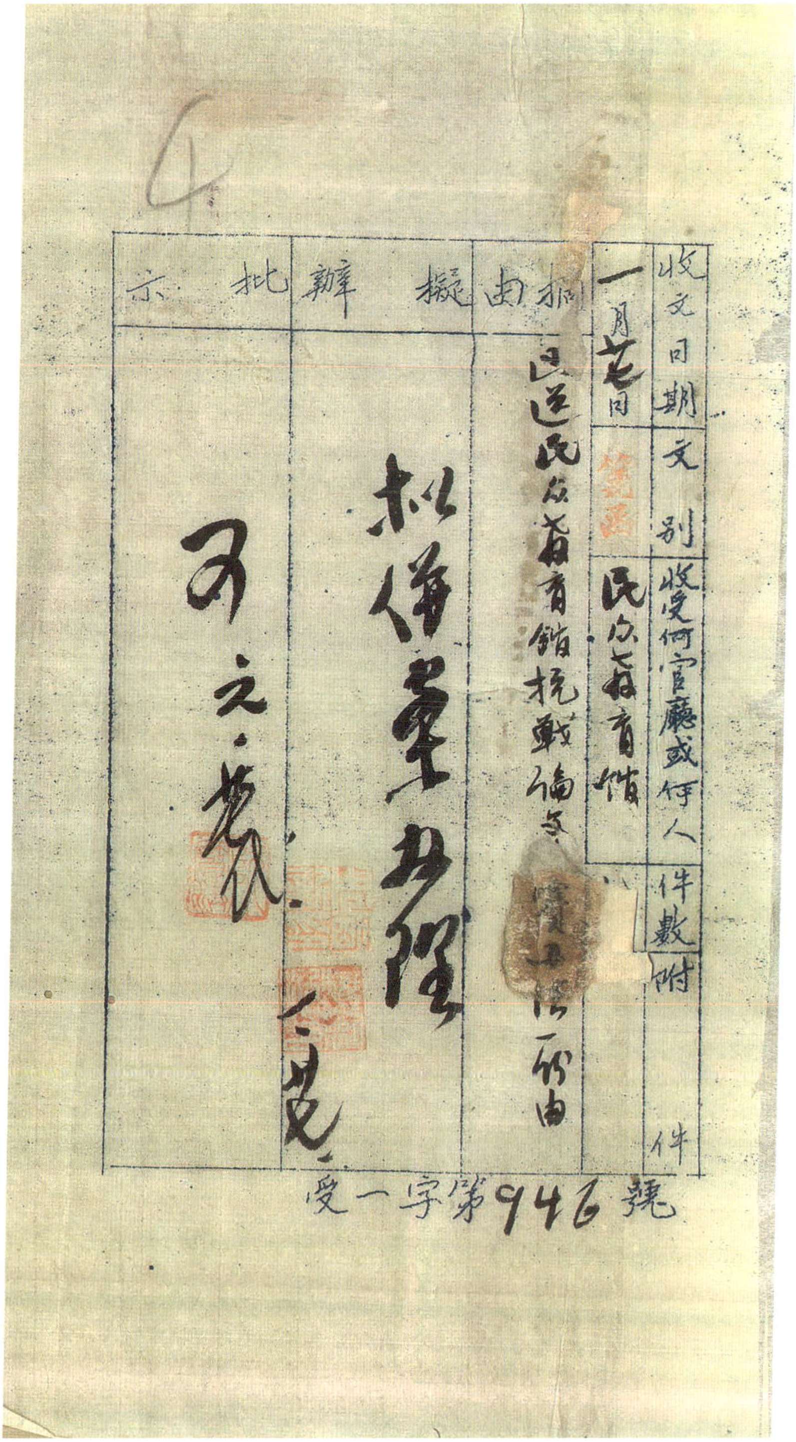

批示	擬辦	摘由	收文日期	收受何官廳或何人	件數	附
可 文·黄	擬[illegible]	呈送民众教育館抗戰論文[illegible]一份由	一月廿[illegible]日	民众教育館		件

受一字第946號

廣東省立民衆教育館用箋

查本館現為提高民衆抗戰情緒增强抗戰力量起見特舉辦抗戰論文比賽素諗

貴團對於禦侮救亡工作之推行卓著成績特此函達

查照希煩轉知所屬撰文參加以廣宣傳而利抗戰為荷

此致

廣州市防護團

附本館抗戰論文比賽辦法一份

廣東省立民衆教育館館長許崇清

中華民國廿七年 月二十六日

館址：廣州市中華北路

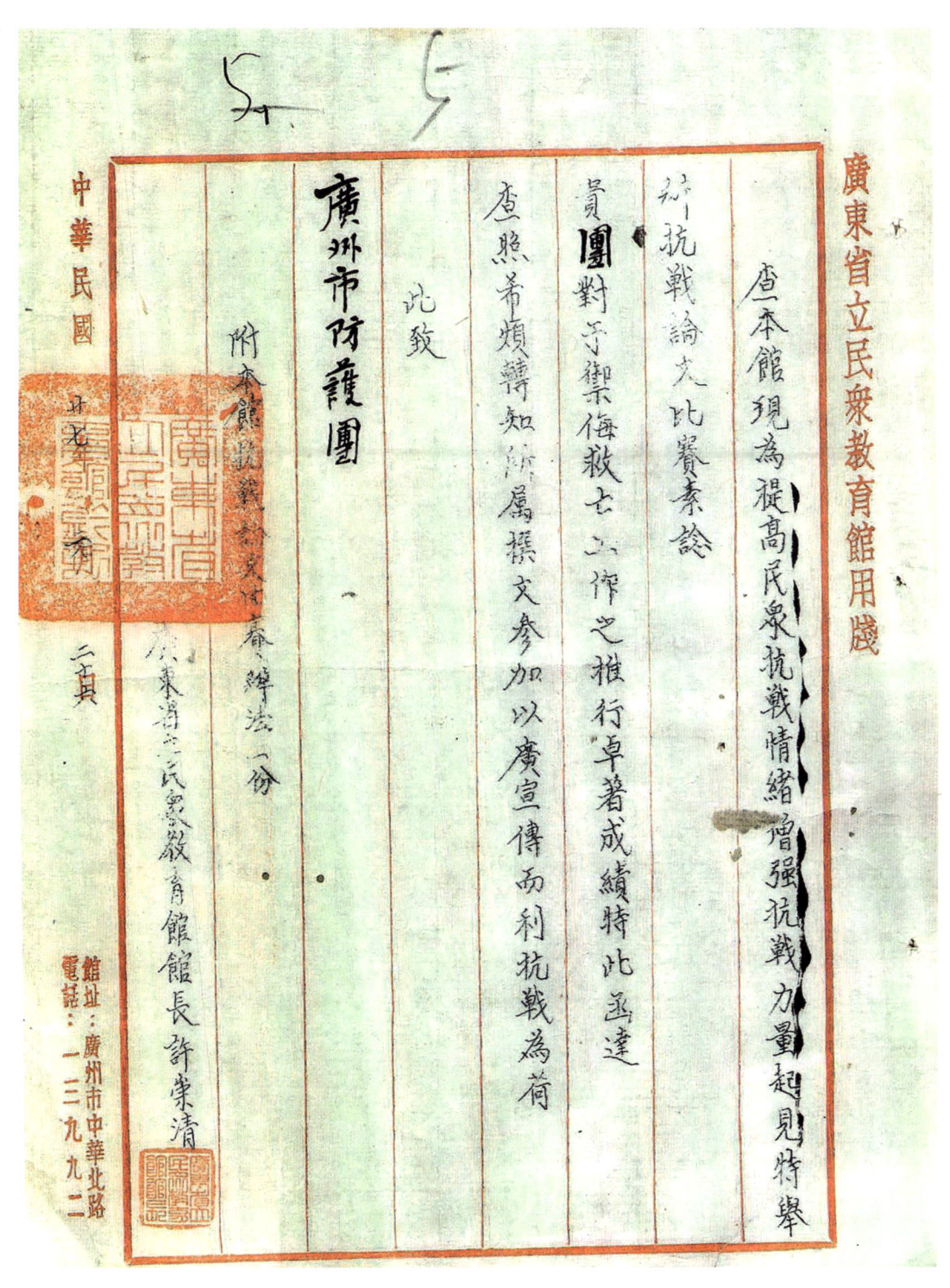

電話：一一三九九二

廣東省立民衆教育舘抗戰論文比賽辦法

（一）宗旨　以提高民衆抗戰情緒，增强抗戰力量爲宗旨。

（二）題目　應如何訓練民衆與組織民衆參加抗戰。

（三）日期　自即日起至二月廿八日止，遠地則以郵戳爲憑。

（四）徵文簡則：

（1）來文不拘文言、白話、惟須繕寫清楚，並加新式標點符號。

（2）文中凡引用語句，事實及統計數字者須註明出處。

（3）文末須塡寫真姓名、性別、年齡、職業，並通訊地址。

（4）來文入選與否，概不退還，惟落選各文其先付足郵資者例外。

（5）來文可逕寄廣州中華北路廣東省立民衆教育舘教導組收。

(五)評判　由本館組織抗戰論文比賽評判委員會，聘請文化界名流担任之。

(六)獎額　選取[illegible]名，經取錄者，各獎給本館廣東民衆教育月刊半年其前十名加送獎金，數目如次：

第一名獎國幣伍元，第二名至第五名各獎國幣叁元，第六名至第十名各獎國幣壹元。

(七)公佈　比賽結果，在報章發表，並將選取各文，擇尤在本館廣東民教月刊或送請本市各報館刊登。

(八)附則　本辦法如有未盡善處，得隨時修正公佈之。

广州市社会局关于设立市校中学生战时服务团暨市辖中学生战时服务指导委员会呈请广州市长核示的公函　附：广州市立中学校职业学校战时服务团组织简章（一九三八年三月四日）

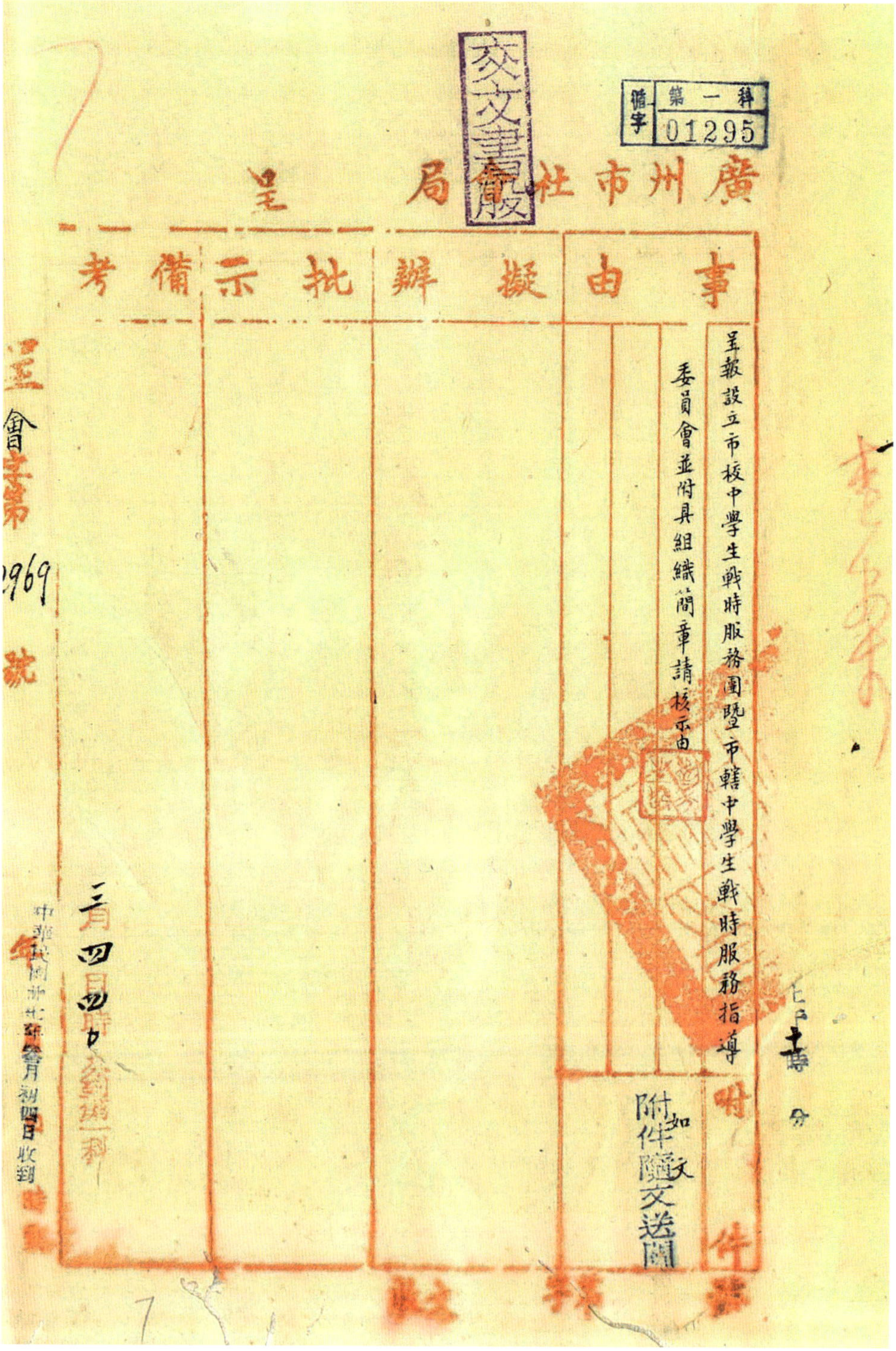
廣州市社會局　呈

第一科　備字　01295

交文書股

事由	擬辦	批示	備考
呈報設立市校中學生戰時服務團暨市轄中學生戰時服務指導委員會並附具組織簡章請核示由			

附件：如文　隨文送閱

會字第969號

三月四日

查本學期市校高中學生，已回校照常上課，至初中各生，亦經一體復課，舉行童軍集訓。惟在此抗戰時期，青年學子，除本身教育外，尤當從事救國工作，成為教育化即依據教學做合一的原則，在實踐救國工作中來教，在救國活動中去學，同時並應極力避免，因服務工作，以致妨礙學業之損失，故擬組織廣州市市立中學校職業學校戰時服務團，俾得協助政府推進一切抗戰救國工作。在學校各級每週上課時期內，劃出一天為戰時服務日，以五天完成原有功課，各班學生，輪次在校外担任戰時服務工作，部頒高中以上學生戰時後方服務組織與訓練辦法大綱所規定之訓練辦法亦得於是日舉行，務使在校上課時間，與救國工作時間，不相衝突。而期兼收實效。

又查各學生既參加戰時服務工作，尤須步驟一致，使成為紀律化的團體行動，故併擬組織市轄高中學生戰時服務指導委員會，負責設計指導。現經將上項委員會與

服務團組織簡章，分別擬就，是否可行，理合具呈連同簡章，呈送

鈞府核示祇遵。

謹呈

廣州市市長曾

計呈廣州市市立中學校、職業學校戰時服務團組織簡章，暨市轄高中學生戰時服務指導委員會組織簡章各乙份。

廣州市社會局局長劉石心

中華民國二十七年三月三日

監印梁金鈴
校對[illegible]

廣州市立○○中學校/○○職業學校戰時服務團組織簡章

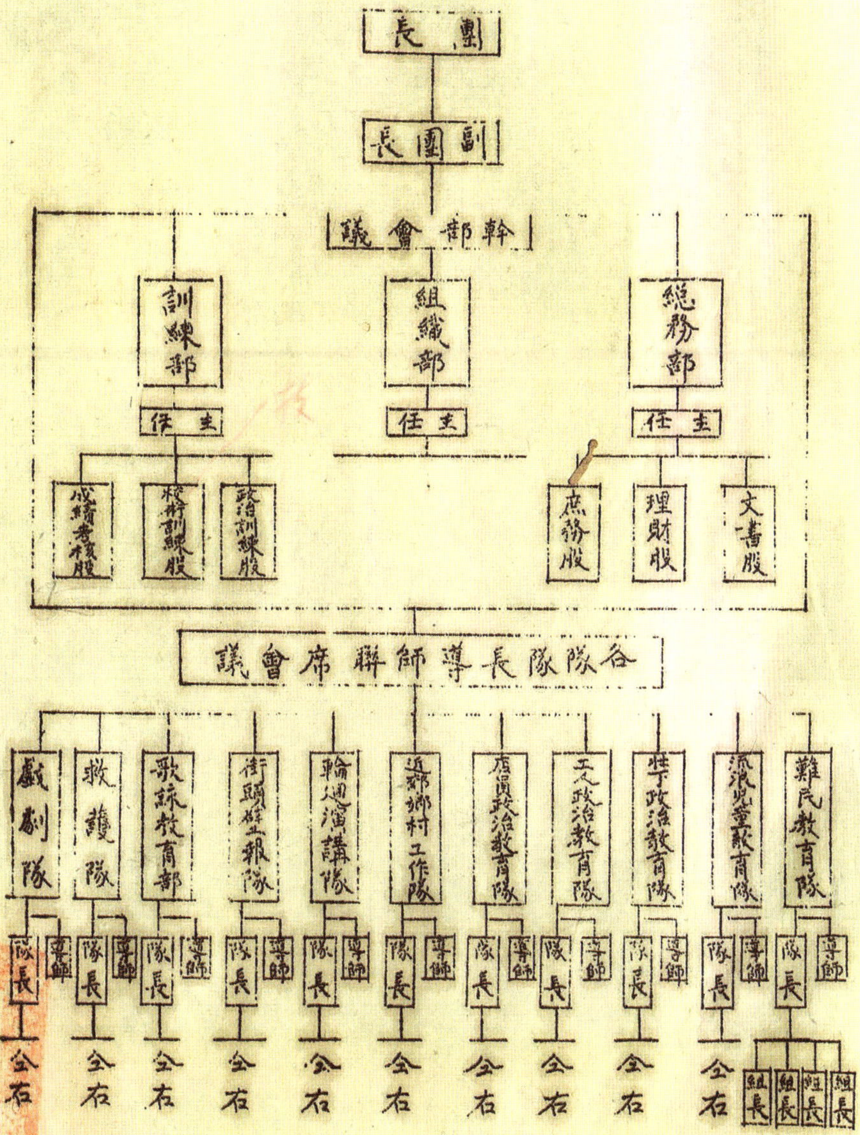
團長
副團長
幹部會議
訓練部
組織部
總務部
主任
主任
主任
成績考核股
校務訓練股
政治訓練股
庶務股
理財股
文書股
各隊隊長導師聯席會議
戲劇隊
救護隊
歌詠教育部
街頭壁報隊
輪迴演講隊
近郊鄉村工作隊
店員政治教育隊
工人政治教育隊
流浪兒童教育隊
難民教育隊
隊長
導師
仝右
組長

廣州市立○○中學校／○○職業學校戰時服務團組織簡章

第一條　名稱：定名為廣州市立○○中學校／○○職業學校戰時服務團。

第二條　宗旨：本團以協助政府進行抗日救國工作為宗旨。

第三條　團員：凡本校教職員及學生均為本團團員。

第四條　團長：以本校校長為正團長，以本校訓育主任（教導主任）為副團長。

第五條　組織：本團組織系統如左表：

第六條　職權：

團長綜理全團工作之推進，

副團長協助團長辦理本團各種工作，

總務部主任秉承正副團長之命令辦理文書理財庶務及其他什務

組織部主任秉承正副團長之命令辦理各服務隊人員之編配分組輪值工作之安排各隊各組工作之聯絡及民眾組織之發動等工作，

訓練部主任秉承正副團長之命令辦理本團團員政治意識訓練、工作技術訓練、以及團員工作成績之稽計考核等工作，

各隊導師遵奉正副團長之命令擬訂該隊工作計劃及推進該隊工作並考核隊員工作成績，

各隊隊長遵奉正副團長之命令，秉承導師之指導指揮隊員辦理該隊應辦工作，

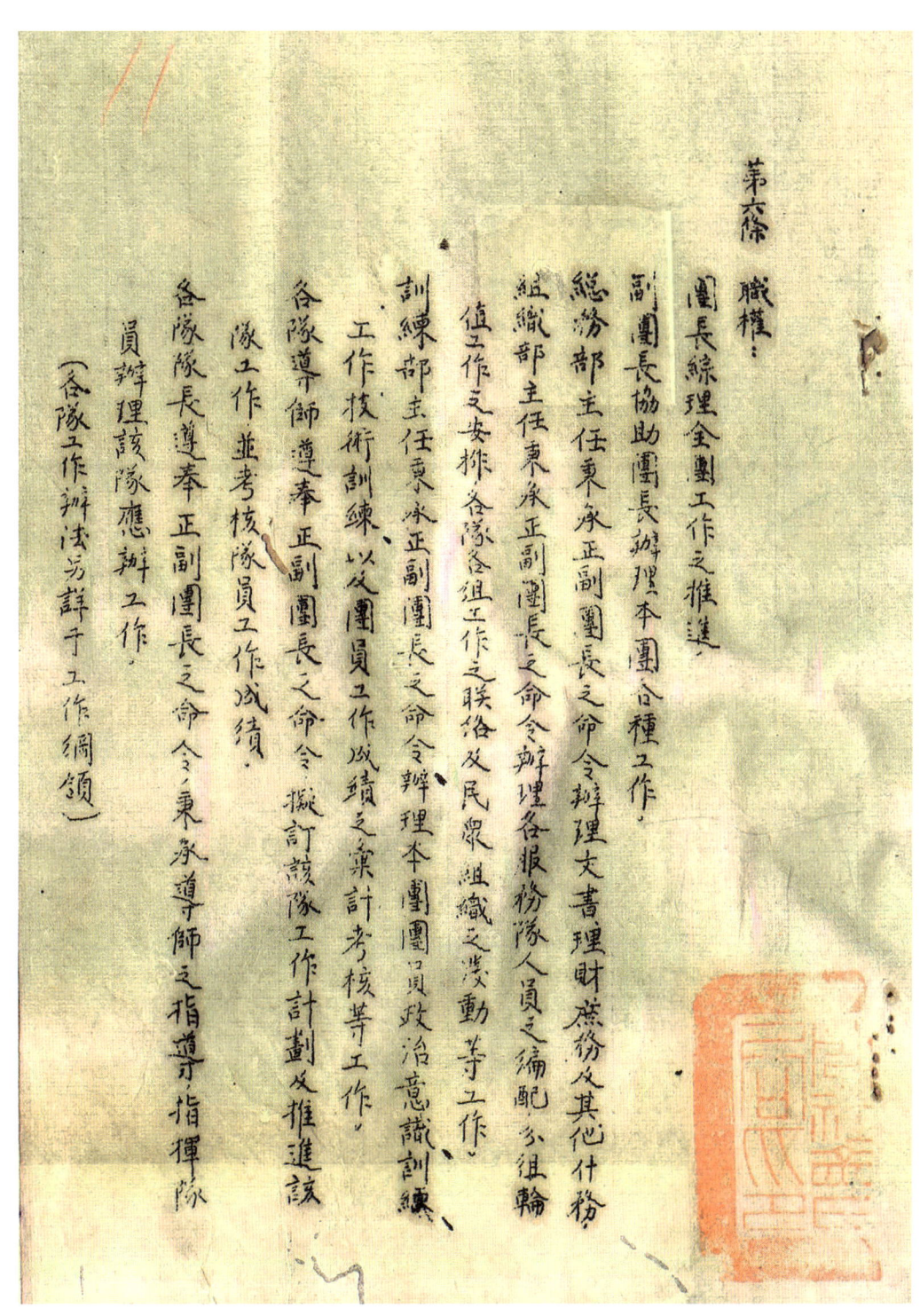

（各隊工作辦法另詳于工作綱領）

第七條 任命：本團各部主任各隊長各隊導師均由團長任命之，主任及導師均以教職員充任，隊長由學生担任之。

第八條 會議：

(1)幹部會議——由團長及各部主任組織之，由團長主席，每月舉行一次，遇必要時得臨時召集，審議各隊詳細工作計劃，各隊工作之分配以及各部之联络工作。

(2)各隊隊長導師聯席會議——由各隊隊長及導師組織之，以團長為主席，每兩月開會一次，以溝通各隊工作經驗。

第九條 經費：本團經費由學校辦公費項下撥資領數五佰一元充本團經費。

第十條 工作分配：每團員就其性之所近，就工作個領之工作項目中担任一項工作，每人只准担任一項，不能兼任，但經團長許可者不在此限。

第十一條 附則：本簡章由社會局公佈施行，本簡章如有未盡事宜，得呈請社會局修改之。

广州市各界慰劳伤兵委员会关于请为伤兵图书馆捐赠画报和出版刊物致知用中学的函（一九三八年五月五日）

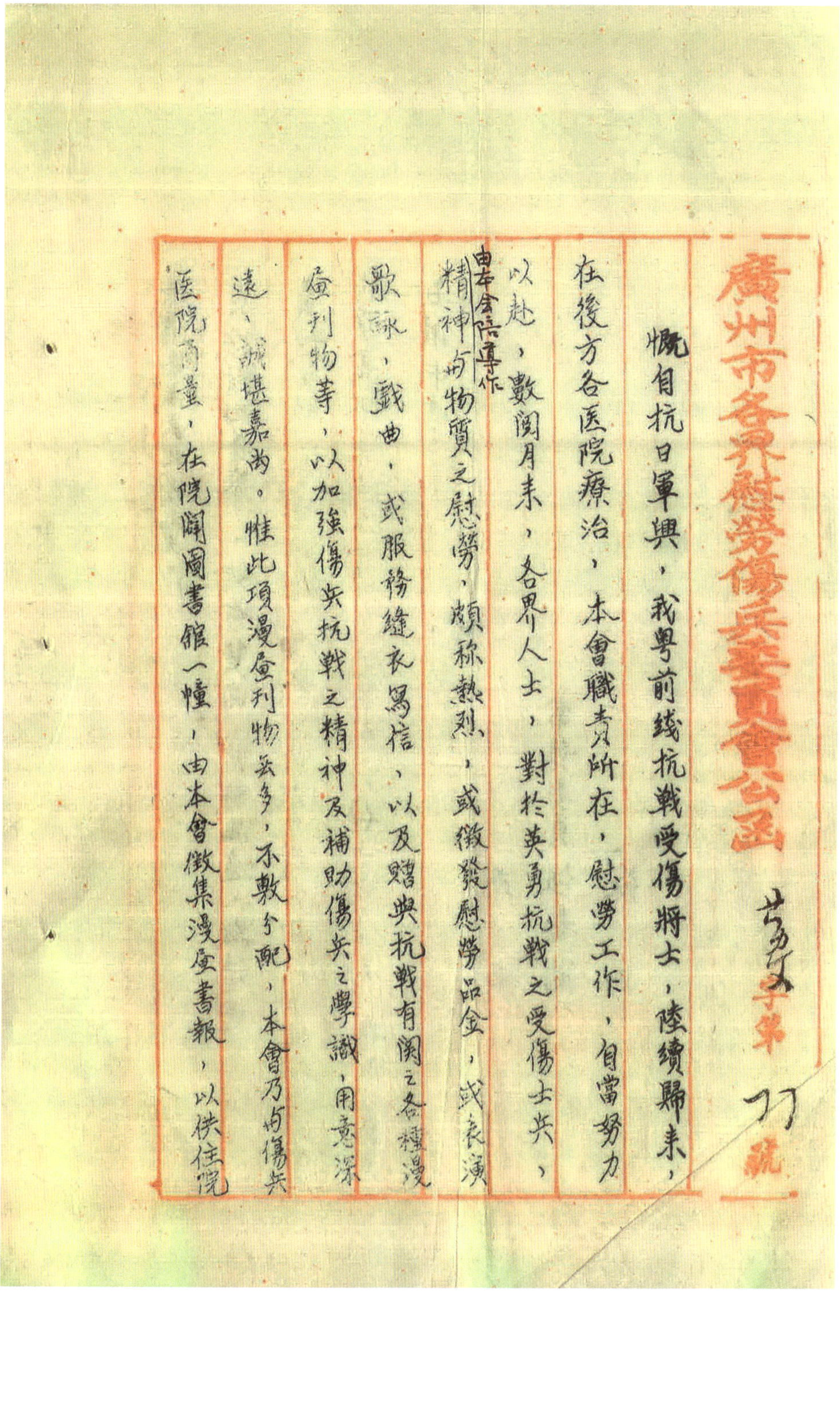

廣州市各界慰勞傷兵委員會公函　[illegible]字第[illegible]號

慨自抗日軍興，我粵前线抗戰受傷將士，陸續歸來，在後方各医院療治，本會職責所在，慰勞工作，自當努力以赴，數閱月來，各界人士，對於英勇抗戰之受傷士兵，由本會倡導作精神与物質之慰勞，頗称熱烈，或徵發慰勞品金，或表演歌詠、戲曲，或服務縫衣寫信，以及贈與抗戰有関之各種漫畫刊物等，以加強傷兵抗戰之精神及補助傷兵之學識，用意深遠，誠堪嘉尚。惟此項漫畫刊物無多，不敷分配，本會乃向傷兵医院商量，在院闢圖書館一幢，由本會徵集漫畫書報，以供住院

20

21

療傷各士兵之瀏覽。

貴校對此善舉，必荷贊同，用特函達，敬請將

貴校出版之各種刊物，按期寄贈，並請向全體員生徵集一切

新舊畫報彙送來會，以便轉致該傷兵圖書館 為荷。此致

知用中學

常務委員 蔡昌

伍智梅

蘇民

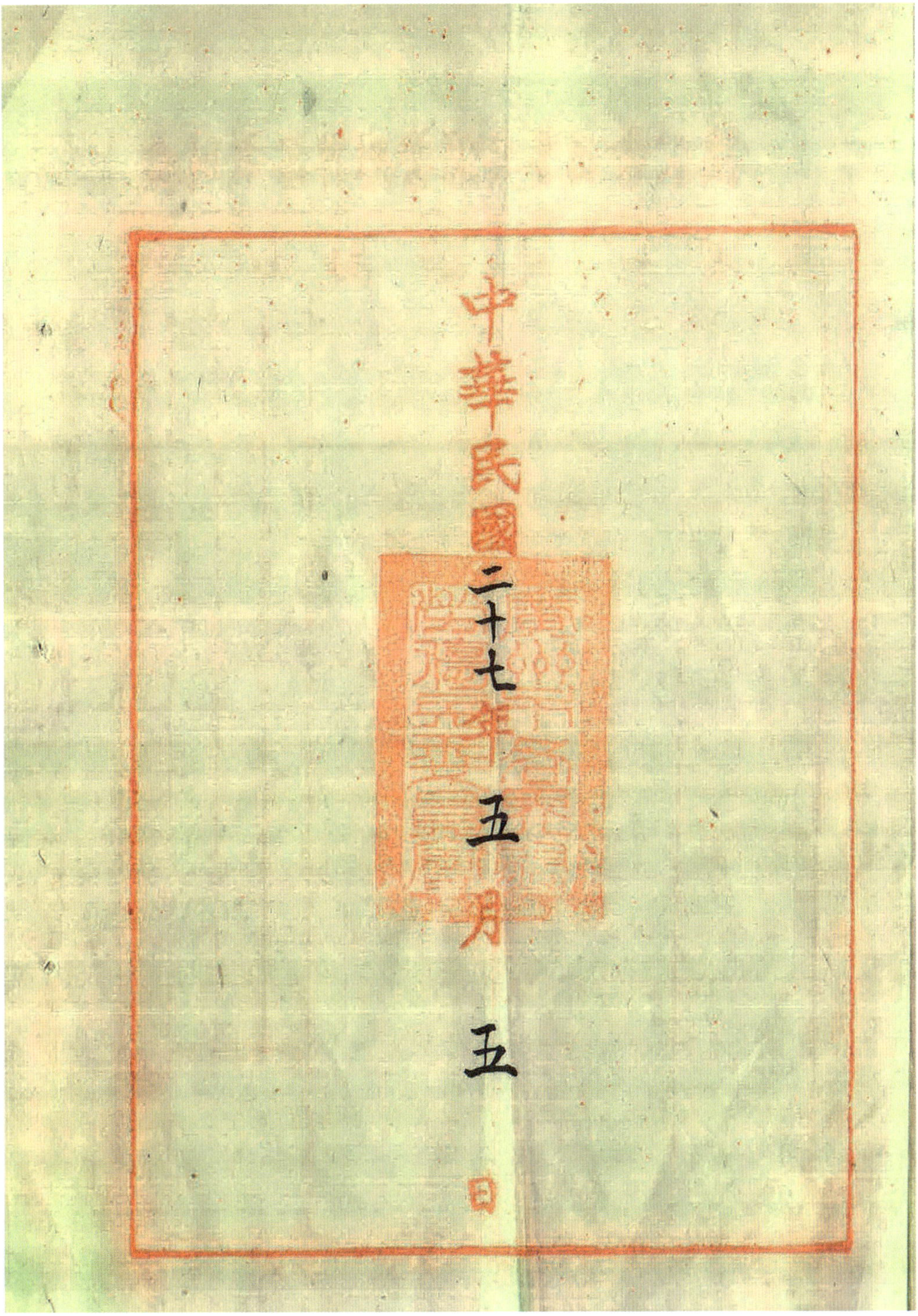
中華民國二十七年五月五日

私立广州知用中学抗战期内工作概况报告书（一九三八年）

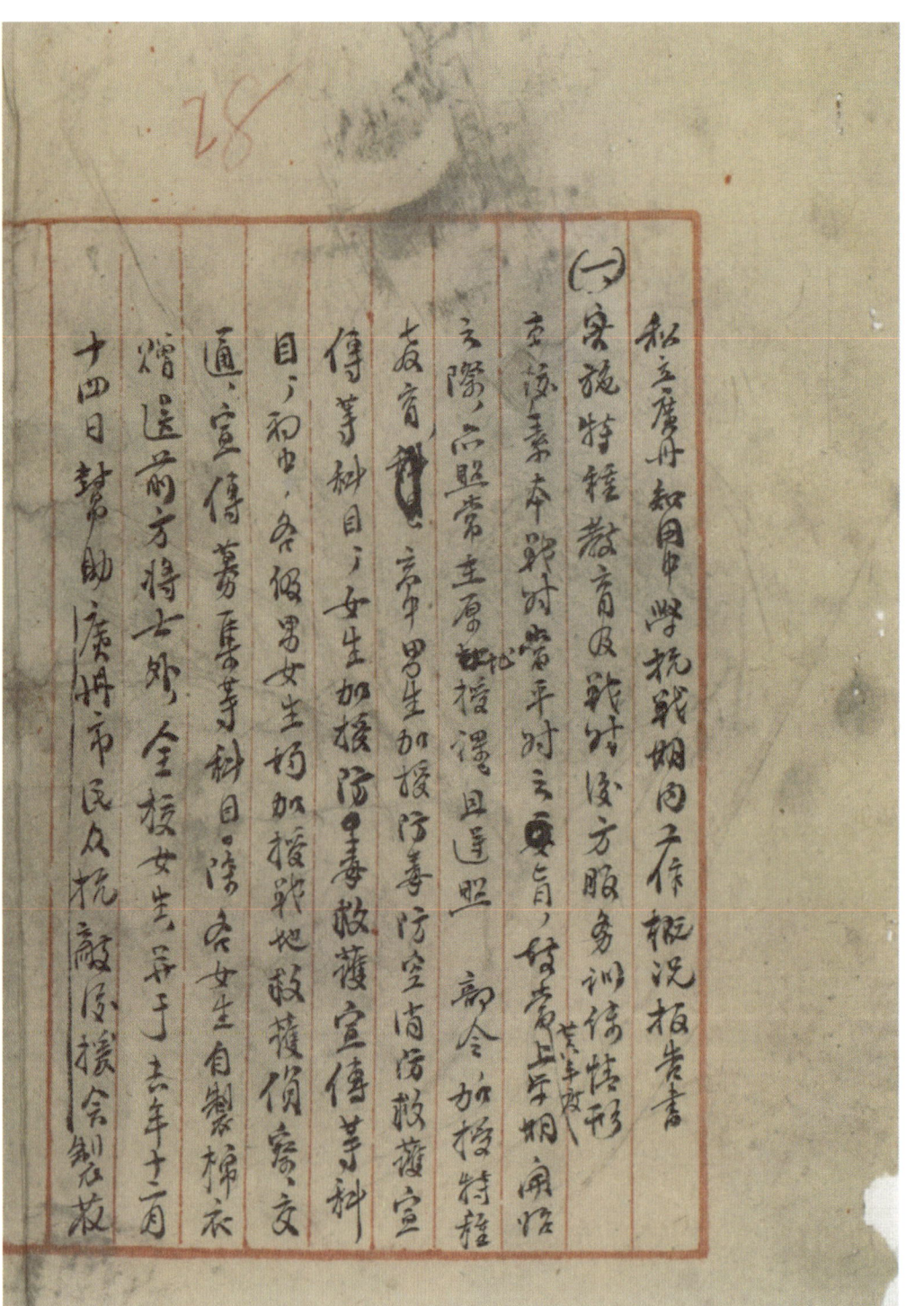

私立廣州知用中學抗戰期內工作概況報告書

(一)實施特種教育及戰時後方服務訓練情形

本校素本戰時當平時之旨，於本年度上學期開始之際，仍照常在原校授課，且遵照 部令加授特種教育。高中男生加授防毒、防空、消防、救護、宣傳等科目；女生加授防毒、救護、宣傳等科目；初中，各級男女生均加授戰地救護、偵察、交通、宣傳、募集等科目。除各女生自製棉衣贈送前方將士外，全校女生並于去年十二月十四日幫助廣州市民眾抗敵後援會製衣救及售花，以慰劳前方将士。又于去年十一月二十九日协助中国童子军战时服务团第十三团电影筹款，~~协助广州市做~~征集药品运动委员会募集药品，以赠前方将士。至本年一月下旬又训练高中级学生，俾其利用寒假往各乡村服务。三月十五日，又派各童子军帮助广东人民购机抗敌筹募委员会推销购机纪念章。

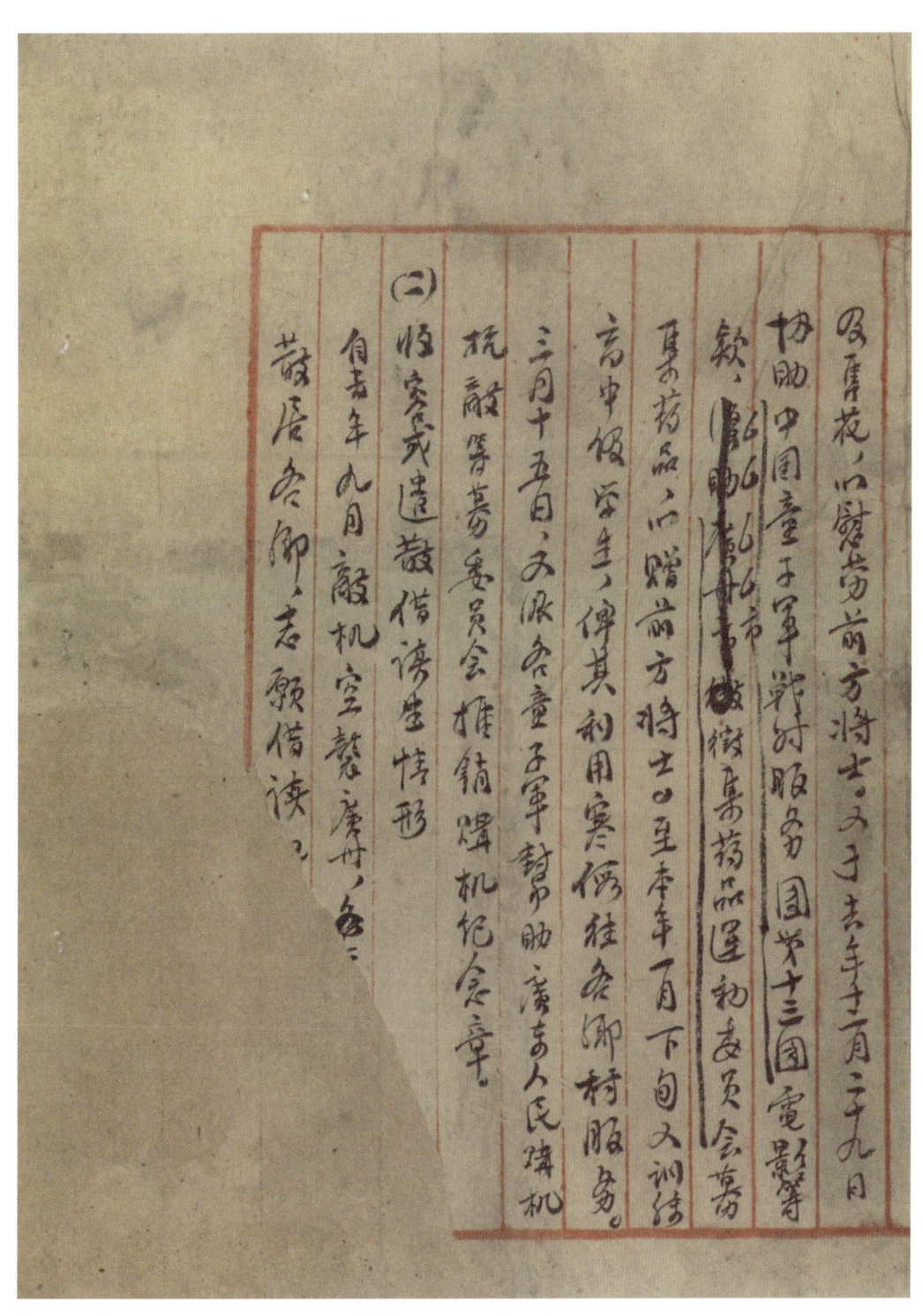

（二）收容或遣散借读生情形

自去年九月敌机空袭广州，各

校居各乡，志愿借读

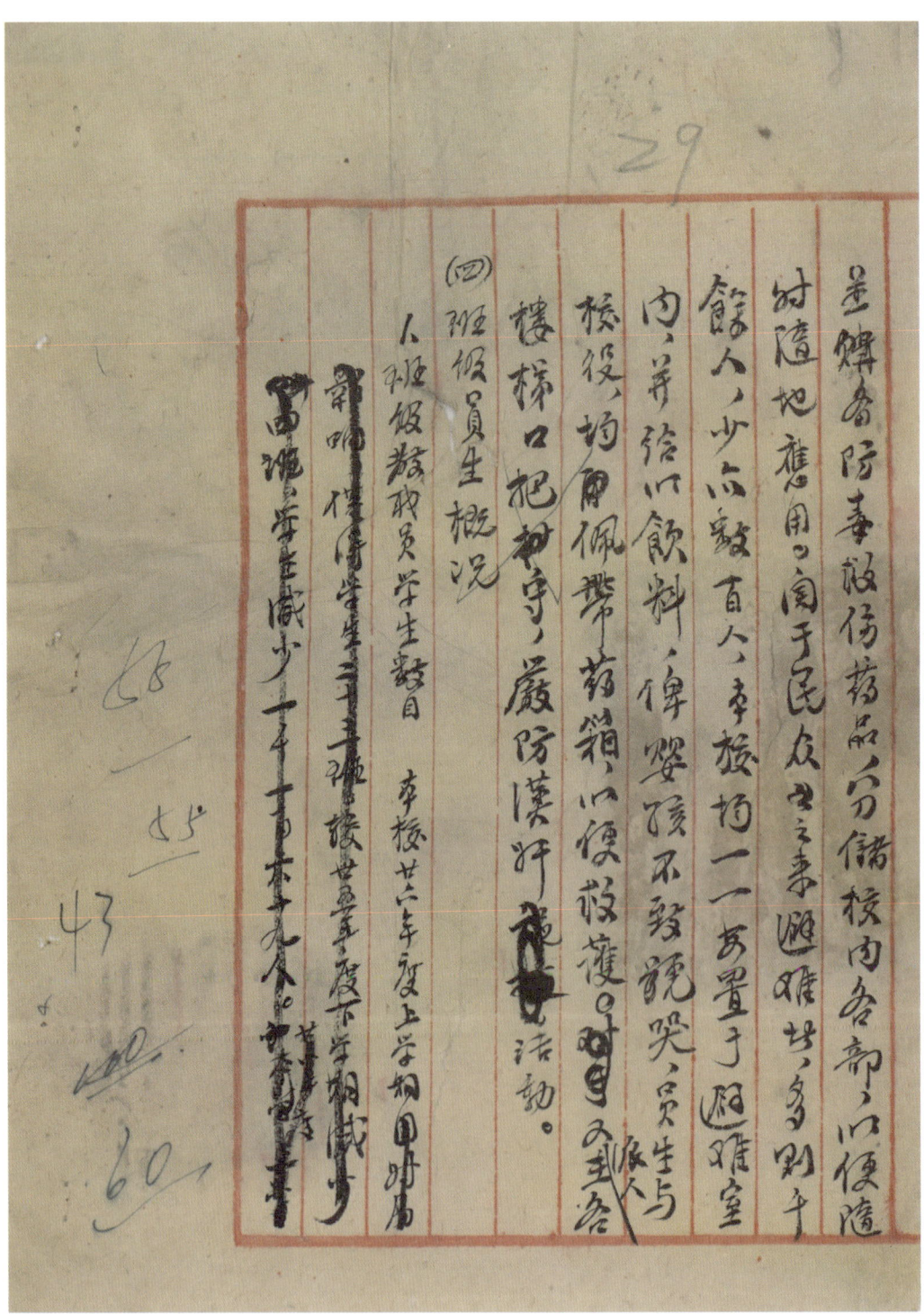

並購備防毒救傷藥品，分儲校內各部，以便隨時隨地應用。關于民眾之來避難者，多則千餘人，少亦數百人，本校均一一安置于避難室內，並給以飲料，俾嬰孩不致號哭，員生與校役，均佩帶藥箱，以便救護。又派人于各樓梯口把守，嚴防漢奸[illegible]活動。

（四）班級員生概況

1.班級數職員學生數目　本校廿六年度上學期開學時僅得學生二十二班，較廿五年度下學期減少四班，學生減少一千一百五十九人。

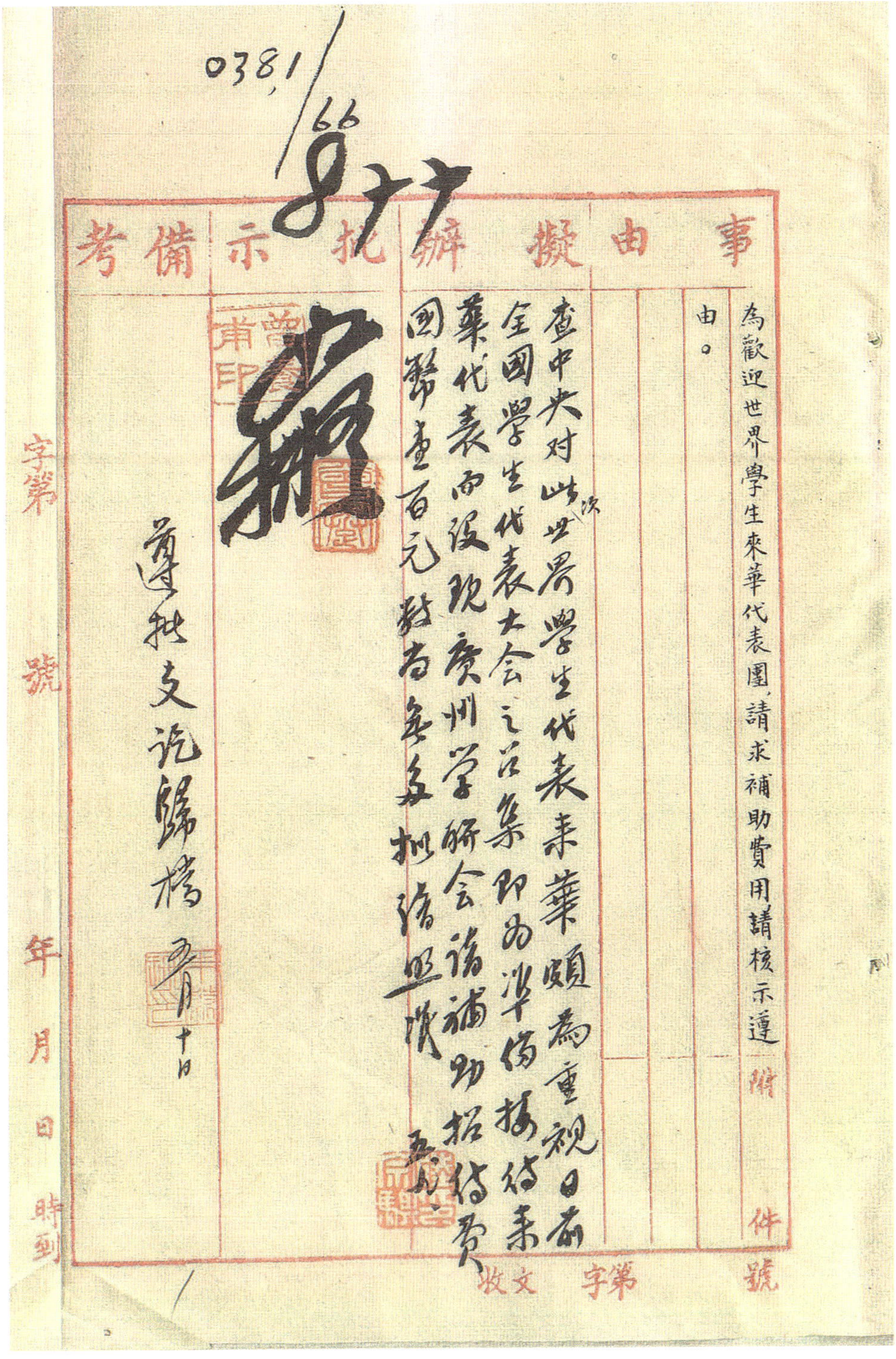

0381/66

事由　擬辦　批示　備考

為歡迎世界學生來華代表團，請求補助費用請核示遵由。

查中央对此次世界學生代表來華頗為重視，日前全國學生代表大会亦召集印刷并備接待來華代表，而後現廣州學聯会請補助招待費國幣壹百元，對尚無多擬請照准。

遵批支記錄檔　五月十日

字第　號　年　月　日　時到

件　號　收文　字第

广州市政府关于准批广州学生抗敌联合会为欢迎世界学生来华代表团并制作分发抗日宣传品申请补助费的函（一九三八年五月十日）

竊自蘆溝橋事件發生以來，敵人侵佔我土地，殘殺我同胞，姦淫擄掠，無所不為，此種兇殘行為，實為世人所共憤！吾人亟應將之公佈世界，使各國人士均悉敵人暴行，同時并將我國圖存抗戰各情形廣為宣傳，以博取公正和平人士之同情，俾予我以有利之援助。本會有見及此，擬藉世界學生來華代表團抵粵之便，除舉行盛大歡迎會及妥為招待外，並盡量搜集敵人殘殺我民眾，及摧毀我文化機關，以及我軍忠勇抗戰各種圖片文字，編印成冊，分送各國學生代表，以廣宣傳。惟招待印刷等費，約需國幣伍佰元，而本會經費支絀，無從籌措。用敢呈請

鈞府補助國幣壹佰元，使原定計劃得以有成，事關國際宣
傳，伏祈俯允，可否照准，仍候
指令祇遵！
謹呈
廣州市市政府

廣州學生抗敵聯合會謹呈

中華民國二十七年五月　日

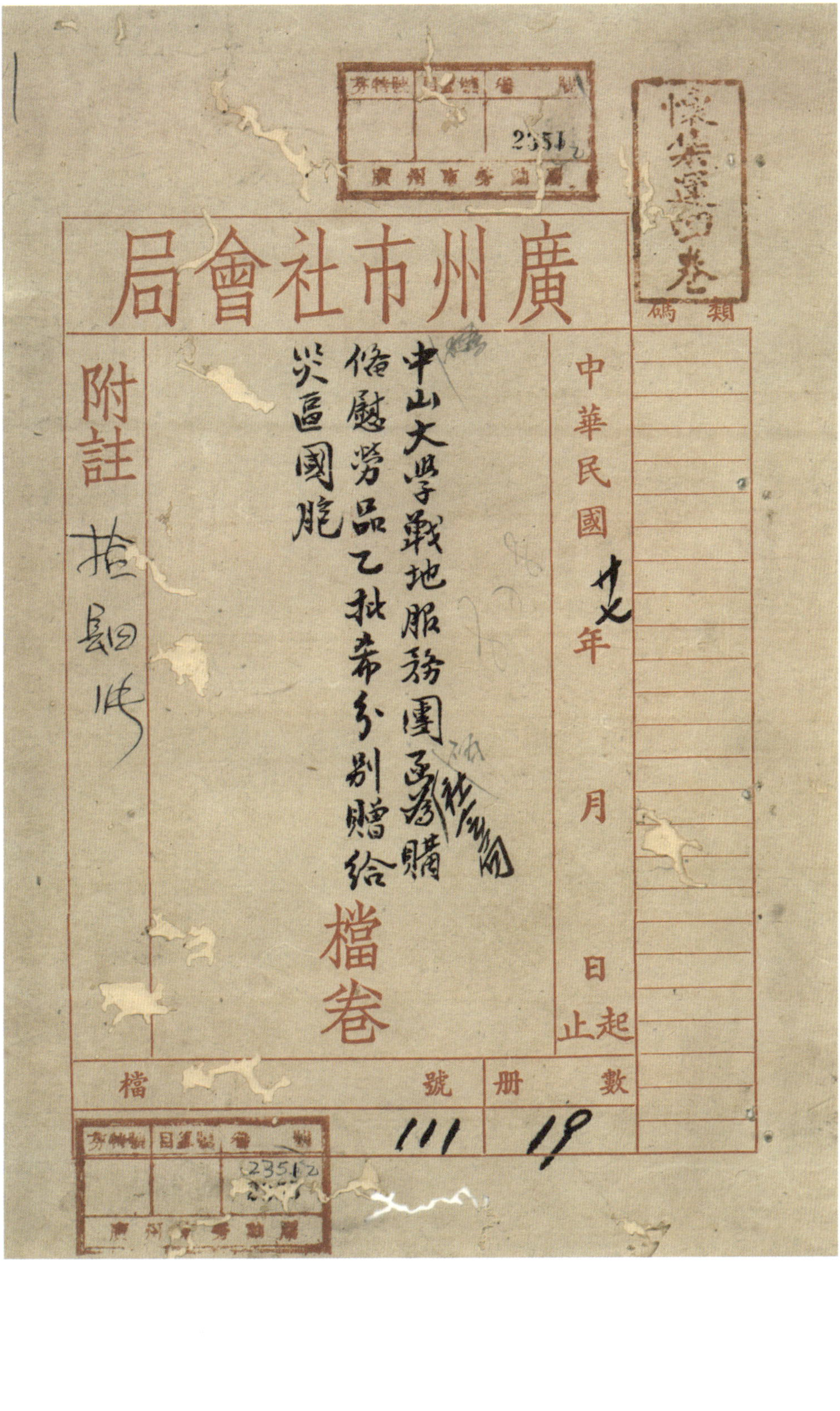

廣州市社會局

中山大學戰地服務團函為社會局購備慰勞品乙批希分別贈給災區國胞

附註

檔卷

中華民國廿七年　月　日起止

檔號	冊數
111	19

广州市社会局关于中山大学购备慰劳灾区民众物品仍未收到请中山大学战地服务团查照的函　附：慰劳品清单（一九三八年七月九日）

111之19

001

中山大學戰地服務團用箋

（港稱廣州中大同學北上服務團）

為備慰勞品一批，希分別贈給災區同胞，除另列清單隨函呈上外，……查照……

逕啟者：連日廣州同胞慘被敵機屠殺，死傷慘重，顛沛流離，敝團北望鄉邦，傷心怵目，爰竭棉力購備慰勞品物乙批，由港運交

貴局，希為分別贈給災區同胞，聊表愛護之情。准上緣由，除將該批品物，另列清單隨函呈上外，相應函達

貴局查照，至希

察收示復，實紉公誼！

此致

廣州市政府社會局局長劉

駐港辦事處：……行五樓七號B 電話：二壹三四四

簽給本市災區被難者 六、廿六

收文社字第41373號 六月廿九日

3

002

中山大學戰地服務團用箋

（港稱廣州中大同學北上服務團）

第　頁

附慰勞品物清單乙紙

廣州中大北上服務團團長梁定慧

中華民國廿七年六月十五日

駐港辦事處：華人行五樓七號B
電話：二壹三四四

4

003

國立中山大學戰地服務團運粵慰勞品清單

計開

箱號 包數	內容	數量	
第四號	皇后牌鍊奶	四打	壹箱
第五號	皇后牌鍊奶	四打	壹箱
第六號	牛牌鍊奶	四打	壹箱
第七號	牛牌鍊奶	四打	壹箱
第八號	三熊牌麥片	玖拾磅	壹包
第九號	三熊牌麥片	玖拾磅	壹包
第十號	三熊牌麥片	玖拾磅	壹包

惠愛中路文寶樓印

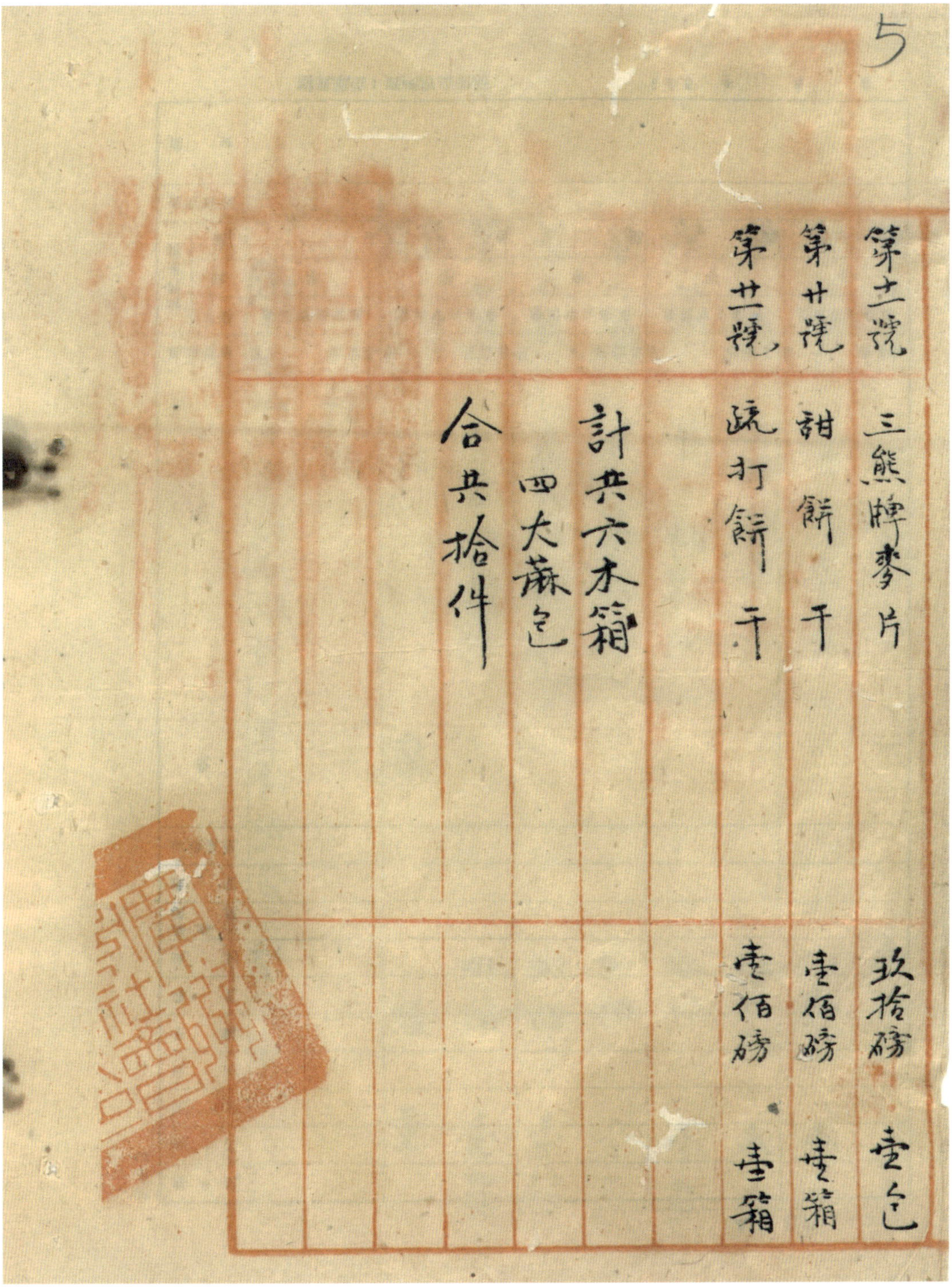

5

第十二號	三熊牌麥片	玖拾磅	壹包
第廿號	甜餅干	壹佰磅	壹箱
第廿二號	疏打餅干	壹佰磅	壹箱

計共六木箱 四大蔴包

合共拾件

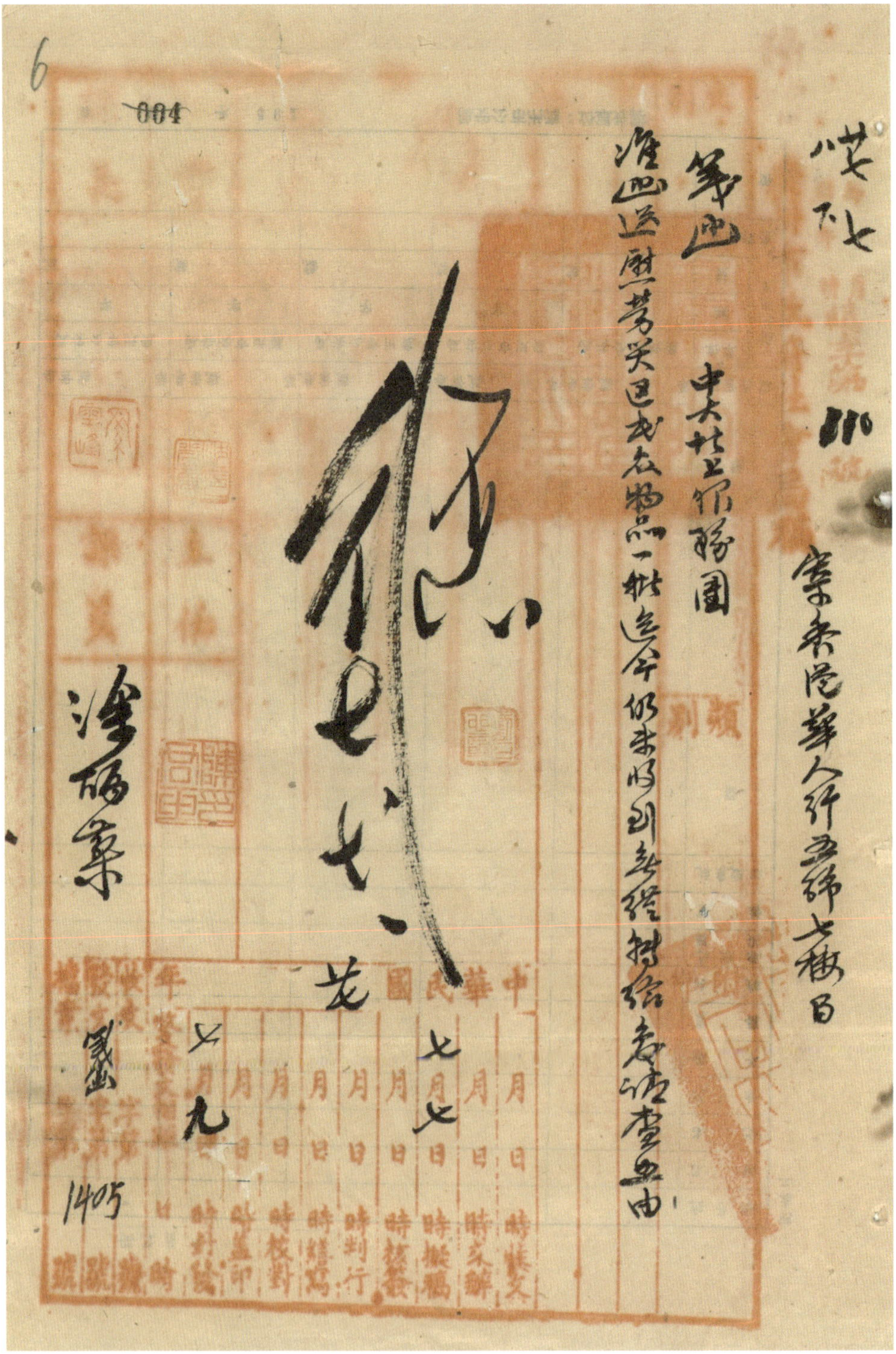
6
004
卅七 下七
第四
中大校工作務團
准函送慰勞英勇戰士衣物品一批並今收到
案奉邑華人行委第七叁日
存
七
七
中華民國
七月七日
七九
涂 稿 案
1405

7

箋函

琪淮

大函：為籌備慰勞品一批，希分別饋給災區同胞，除另列清單送上外，請查收見復，等由；准此。自當照辦。貴團熱心服務，惠及兵戎，至堪欽佩。惟查該批慰勞品，迄今日久，尚未收到，無從饋給。准函前由，相應函請查照辦理，并希見復，為荷。此致

廣州中大北上服務團團長果

團長 劉○○

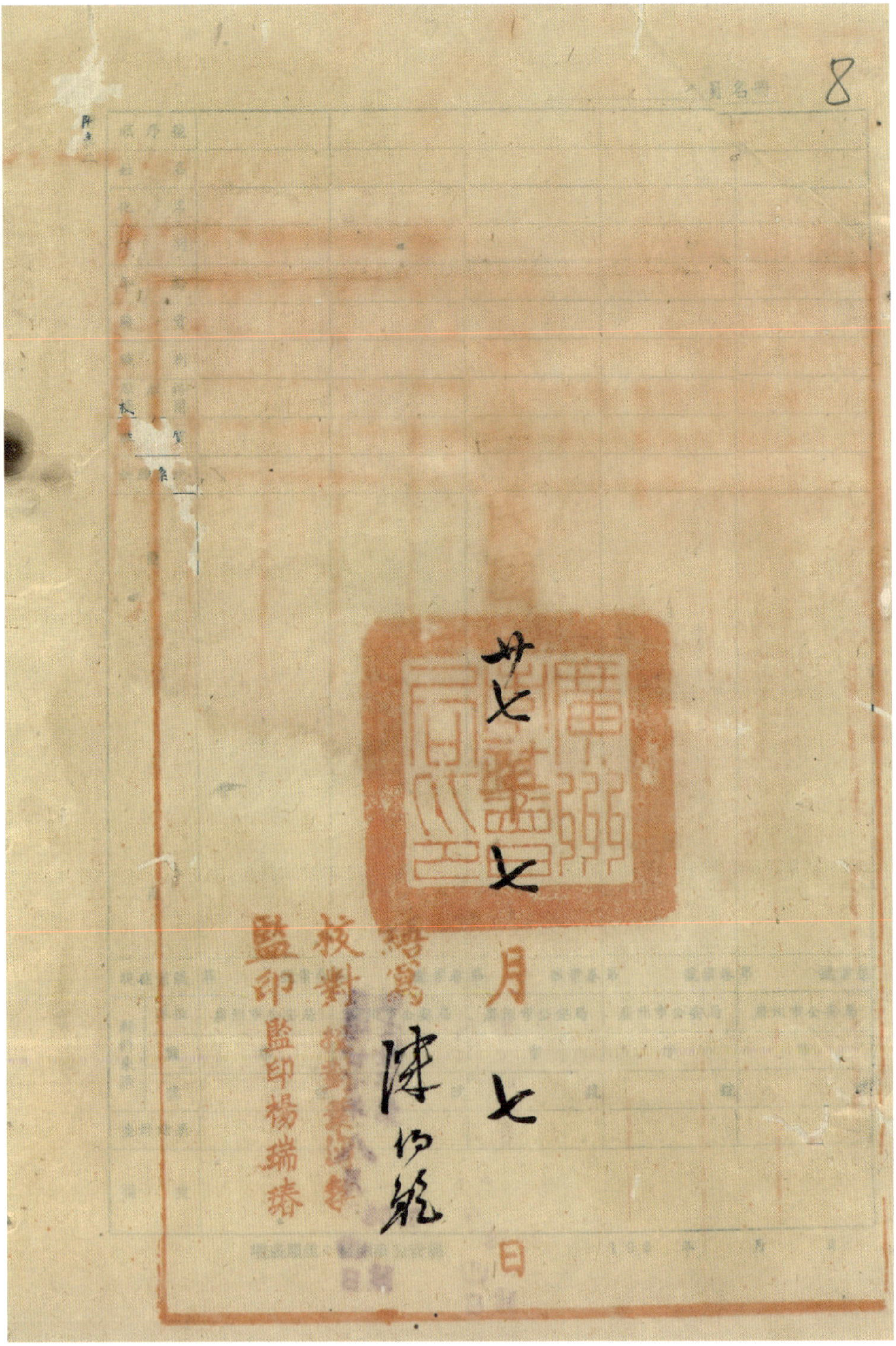
8

廿七 七 月 七 日

繕寫 陳炳能

校對 校對葉澍藩

監印 監印楊瑞琇

广州市社会局关于中大战地服务团捐赠灾区物品已照单如数点收分发的函（一九三八年九月二十四日）

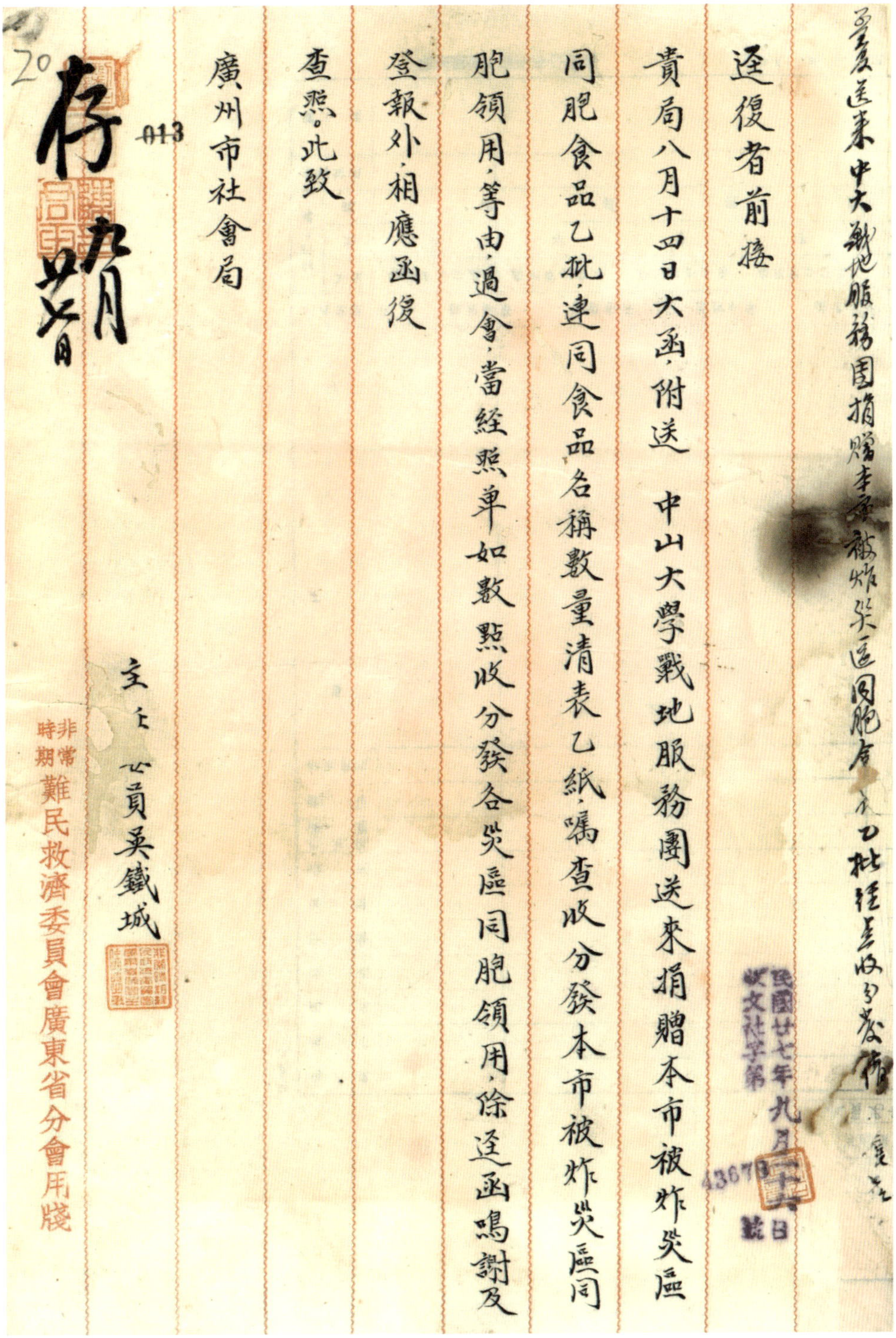
函復送來中大戰地服務團捐贈本市被炸災區同胞食物乙批經點收分發

逕復者：前接

貴局八月十四日大函，附送　中山大學戰地服務團送來捐贈本市被炸災區同胞食品乙批，連同食品名稱數量清表乙紙，囑查收分發本市被炸災區同胞領用，等由，過會，當經照單如數點收分發各災區同胞領用，除逕函鳴謝及登報外，相應函復

查照。此致

廣州市社會局

主任委員吳鐵城

非常時期難民救濟委員會廣東省分會用牋

民國廿七年九月二十四日　收文社字第43679號

存　卅日

21

014

副主任委員鄧洪

陳耀祖

廿七年九月廿四日

非常時期難民救濟委員會廣東省分會用牋

第二部分　迁徙办学

一九三八年十月，日军登陆大亚湾，战火迅速蔓延华南大地。广州、汕头等市县纷纷陷落，未沦陷地区也风雨飘摇，学校已经难以维持正常的教学活动，连师生的安危都无法保障。百余所华南院校踏上迁徙之路，近者迁移到邻近的村庄，远者跋涉千里到达云南澄江，还有许多院校暂避香港和澳门。由于战事的变化，迁徙并非一劳永逸，许多院校在抗战数年中历经多次迁徙，每一次动身都伴随着损失，但为了保存教育力量，他们仍冒着炮火在沦陷区的边缘辗转，坚守着自己的教育使命。

一 收容战区学生和港澳侨生

战争中人民痛失家园，学校被迫迁徙，加之交通不便、往来通信不畅等因素，学生入学受到严重影响。为便利学生继续学业，抗战期间各级学校均接收插班生或借读生，教育部及广东省教育厅对此类情况做出了一系列指令。一九三七年九月初，广东省教育厅发布《各级学校处理校务临时办法》，其中（乙项）第五款规定：『借读生须呈缴原校发给的借读证明书或最后一学期的成绩单或本年度暑假升学考试及格的证明文件』。九月十日教育厅指令：各级学校如遇学生请求往他校借读，自应不分新生旧生，一律发给借读证，不得借故为难。接收插班生或借读生时，针对实际操作中存在的学生学级不相同、学期不衔接、甚至科别紊乱等问题，各级学校应照章办理。

此后教育部又陆续颁布了《战区各级学校学生转学及借读办法》《战区中等学校借读生学业成绩考查及补习暂行办法》《教育部处理由战区退出之各级学校学生办法大纲》《教育部登记专科以上学校学生分发借读办法》《抗战期间专科以上学校借读生学籍处理及毕业证件发给办法》等，对处理各类借读事宜加以说明。

广州市国家档案馆保藏有大量抗战时期各级学校开具的转学、借读和考试成绩证明等文书，其中尤为值得注意的是港澳学子转来内地读书的证明材料。粤港澳地域相近，文化同源，民国以来，三地在文化教育方面一直密切交往。抗战时期广东市县纷纷沦陷之时，许多私立院校迁徙到香港和澳门上课办学。一九四一年太平洋战争爆发，香港沦陷之后，又有大批侨生伴随着港澳学校迁返内地完成教育。本章收录的史料反映了那一段烽火岁月中青年学子辗转多地求学的情形，是抗战时期华南众多院校守望互助、共同守护青年学子的求学之路，为国家教育事业的传承存续香火的生动体现。

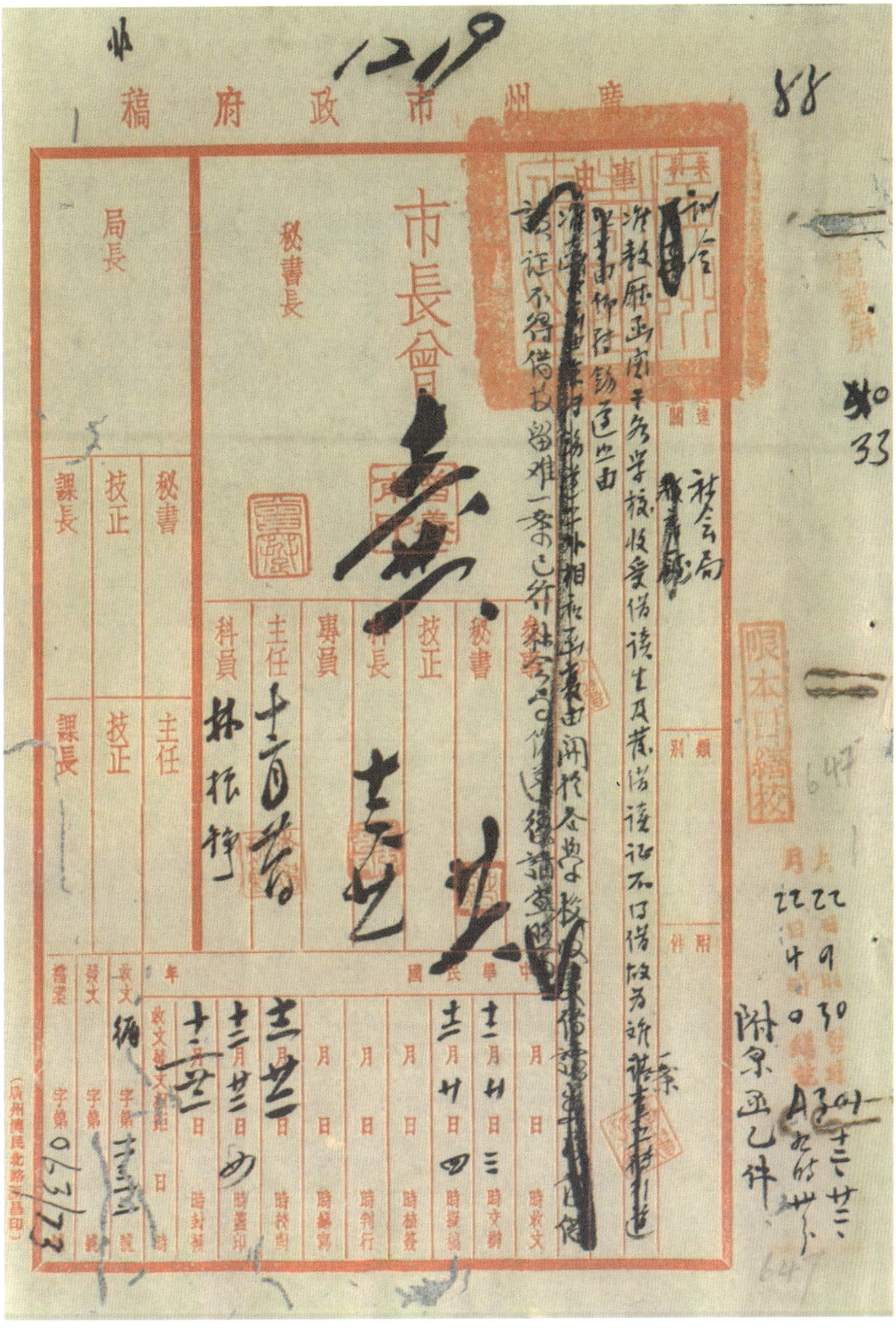

广州市政府转发教育厅关于各学校收受借读生及发借读证不得借故为难的函令广州市社会局遵照办理的公函（一九三七年十二月二十二日）

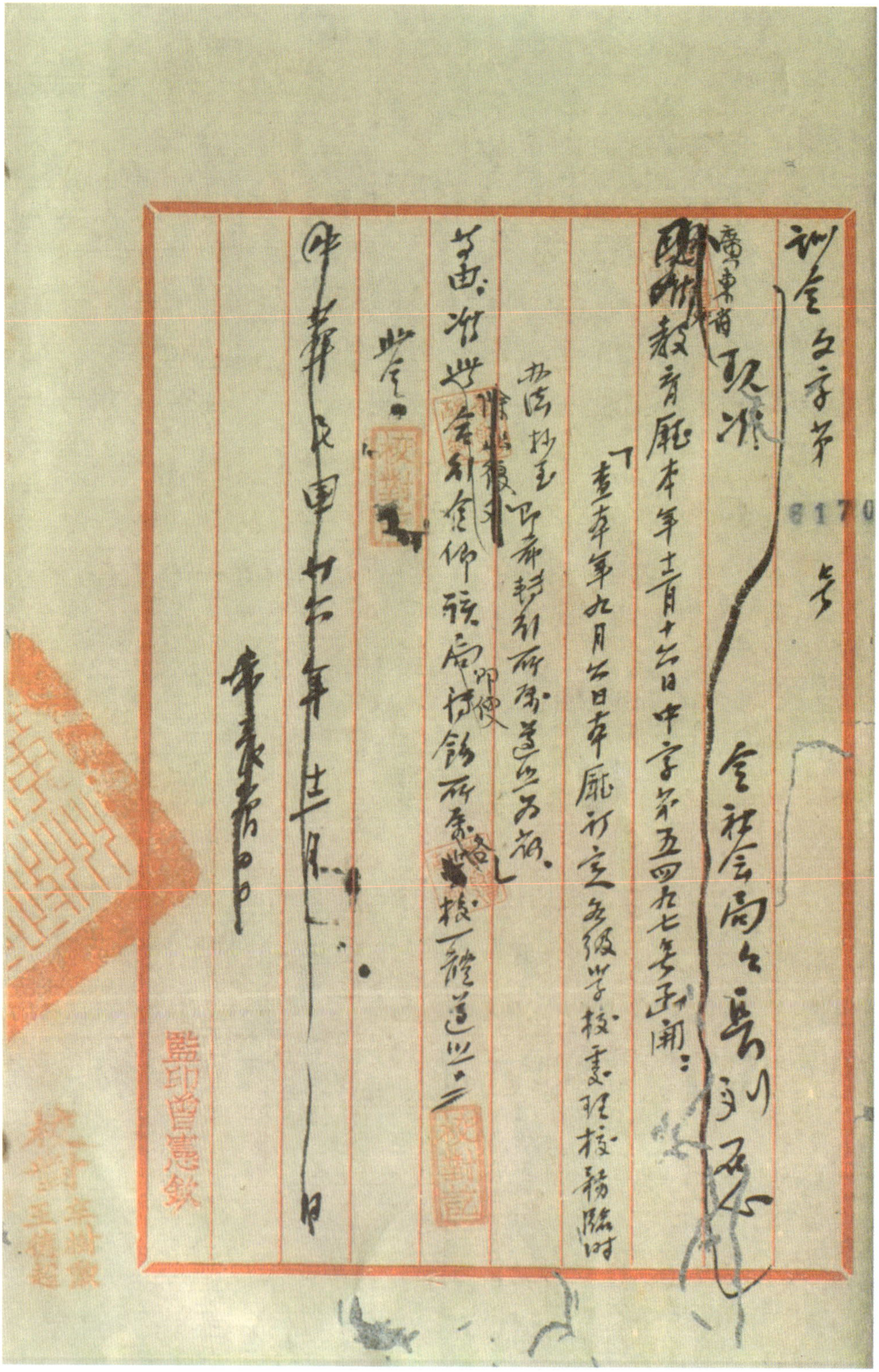

訓令　字第　號

令社會局局長劉石心

現准廣東省教育廳本年十一月十六日中字第五四九七號咨開：

「查本年九月六日本廳訂定各級學校處理校務臨時辦法抄呈，即希轉行所屬遵照為荷。」

等由，准此，除函復外，合行令仰該局即便轉飭所屬各校一體遵照為要。

此令。

中華民國廿六年十一月　日

市長曾養甫

監印曾憲欽

校對

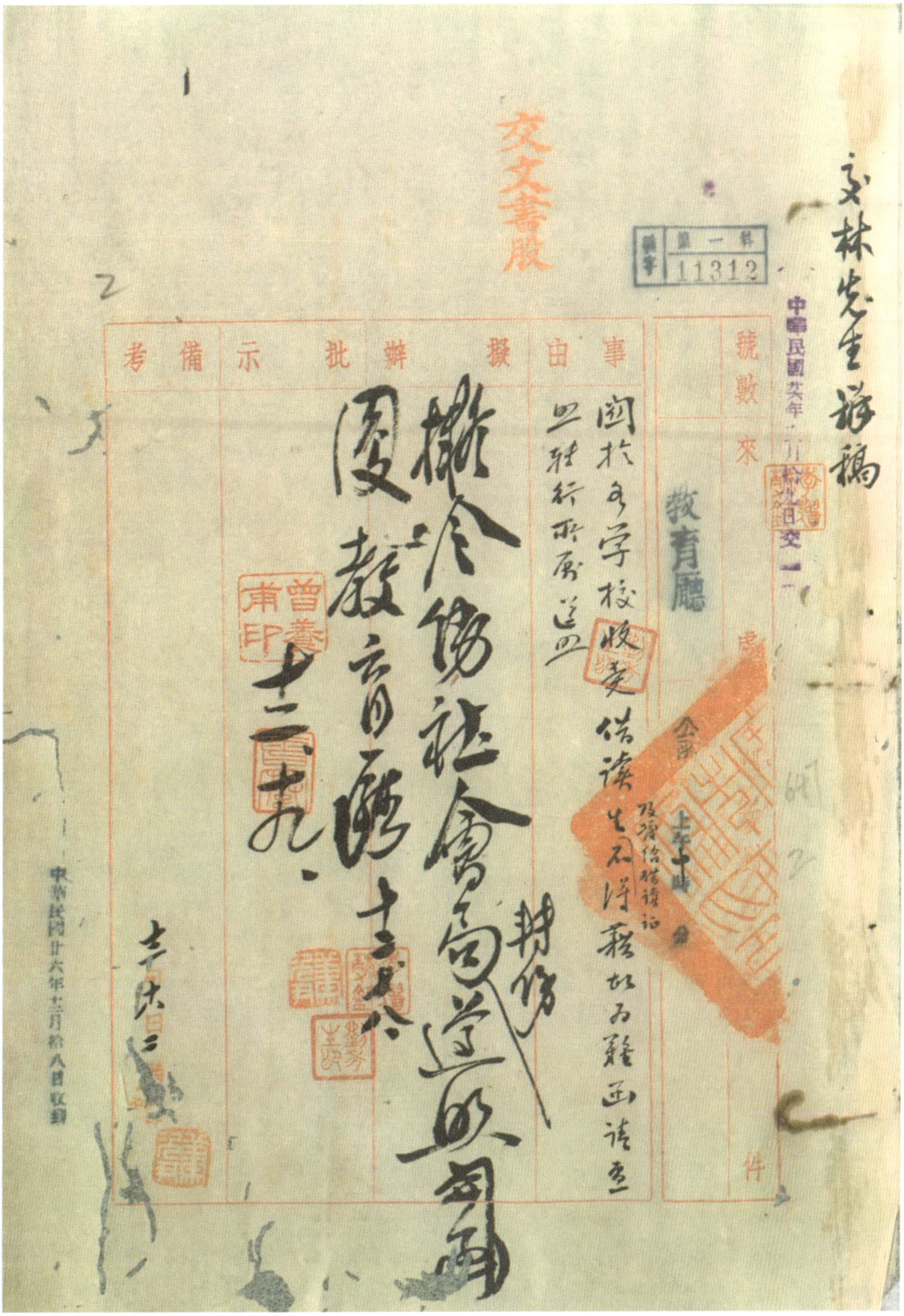
文文書股

第一科

11312

事由

擬辦

批示

備考

來數號

教育廳

中華民國廿六年十二月拾八日收到

廣東省政府教育廳公函

中字第五四九七號

查本年九月六日本廳訂定各級學校處理校務臨時辦法乙項第五款規定："借讀生須呈繳原校發給之借讀證明書或最後一學期之成績單或本年暑假升學考試及格之證明文件。"本年九月十日本廳通令，令各級學校，如遇學生請求往他校借讀，自應不分新生舊生，一律發給借讀證……凡經學校揭錄之新生，雖未到校繳費註冊，亦應准予發給借讀證，至各校對於借讀生之收受，如查明該生確有借讀證或成績單或及格證明書之任何證明書者，可予以收受，各校對於學生請求發給或補請發給借讀證書者，如查明確為本校學生（無論新生舊生），應即發給借讀證明書，俾便借讀。乃近查各校收受借讀生時，每令學生繳驗成績單或及格證明書外，仍限令取具原校借讀證明書；其在原校未遇學生請求發給或補發給借讀證明書者，又必以學生曾否繳費註冊為限制。似此致違功令，且增重學生家庭之負擔，殊非在此國難嚴重當中便利學生求學之道。茲特重申前令：凡收受借讀生之校，如學生經繳驗最後一學期成績單或本年暑假升學考試及格證明文件者，毋須再令學生繳驗原校借讀證明書；凡原校學生未經繳費而借讀他校者，不得限令學生補繳學費，然後承認為本

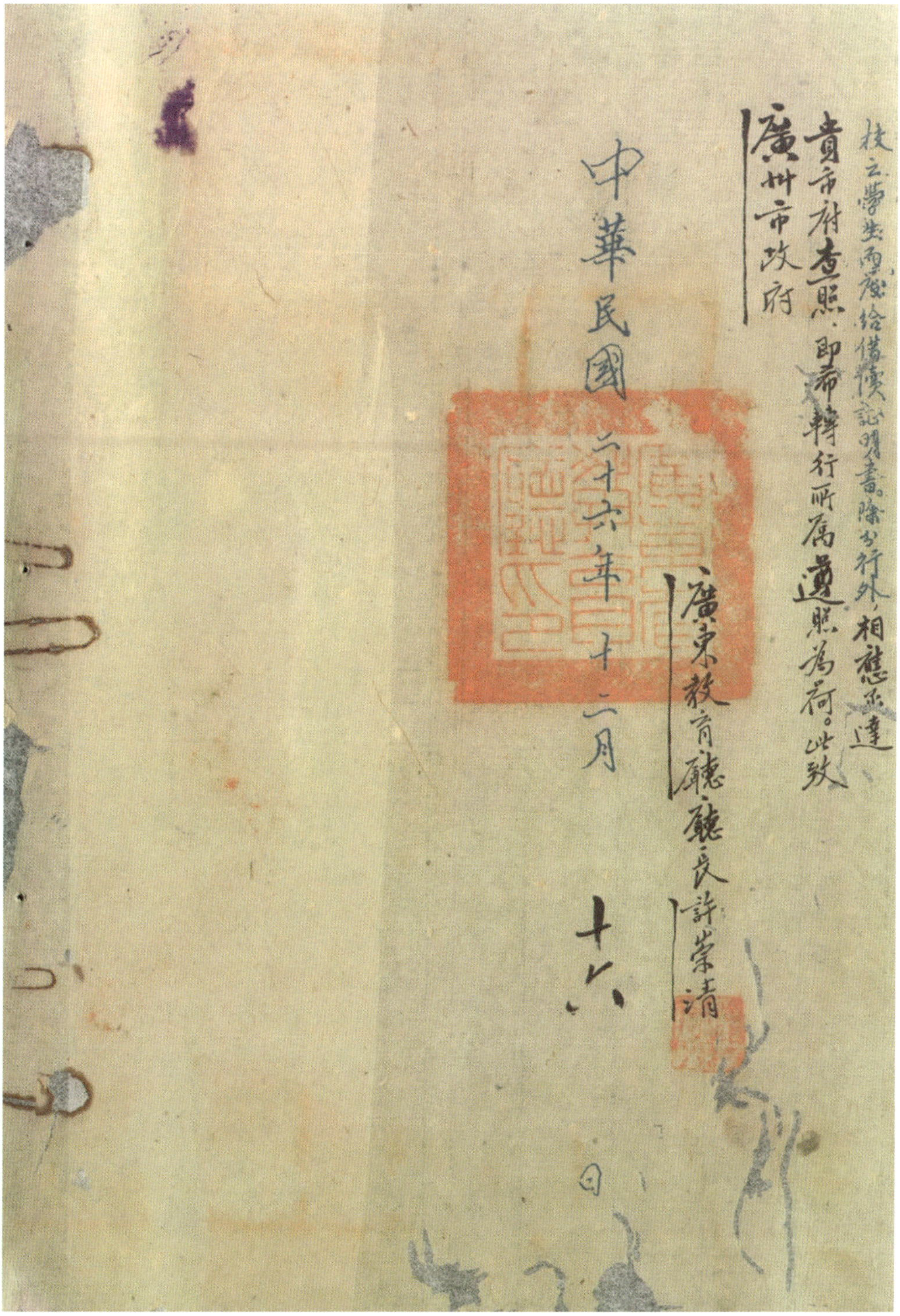
校之學生，需發給借讀証明書。除分行外，相應函達
貴市府查照，即希轉行所屬遵照為荷。此致
廣州市政府
廣東教育廳廳長許崇清
中華民國二十六年十二月十六日

广州市政府转发教育厅关于各中学及师范学校收受插班生和借读生应遵照规程办理的公函

（一九三八年二月十日）

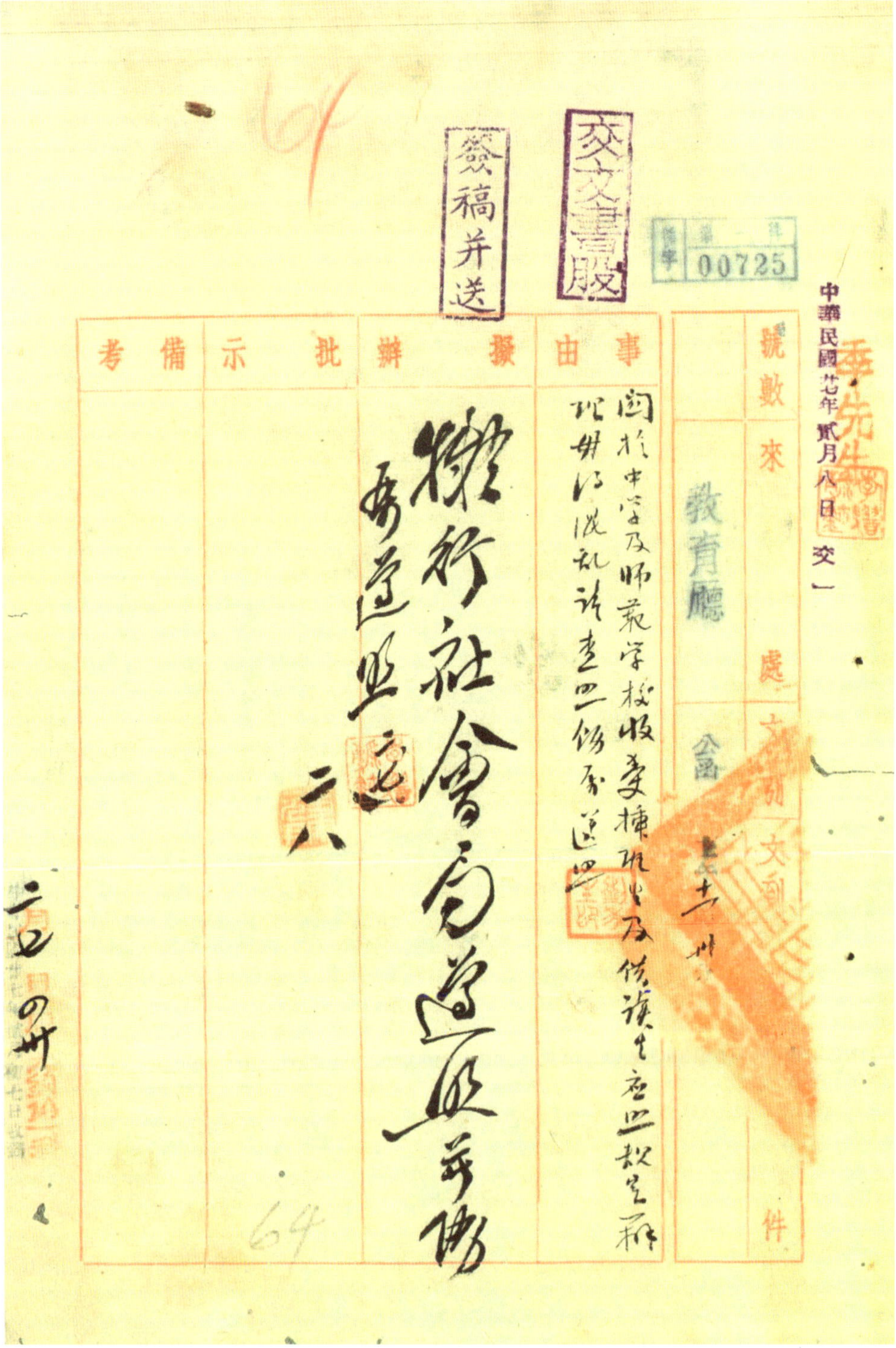

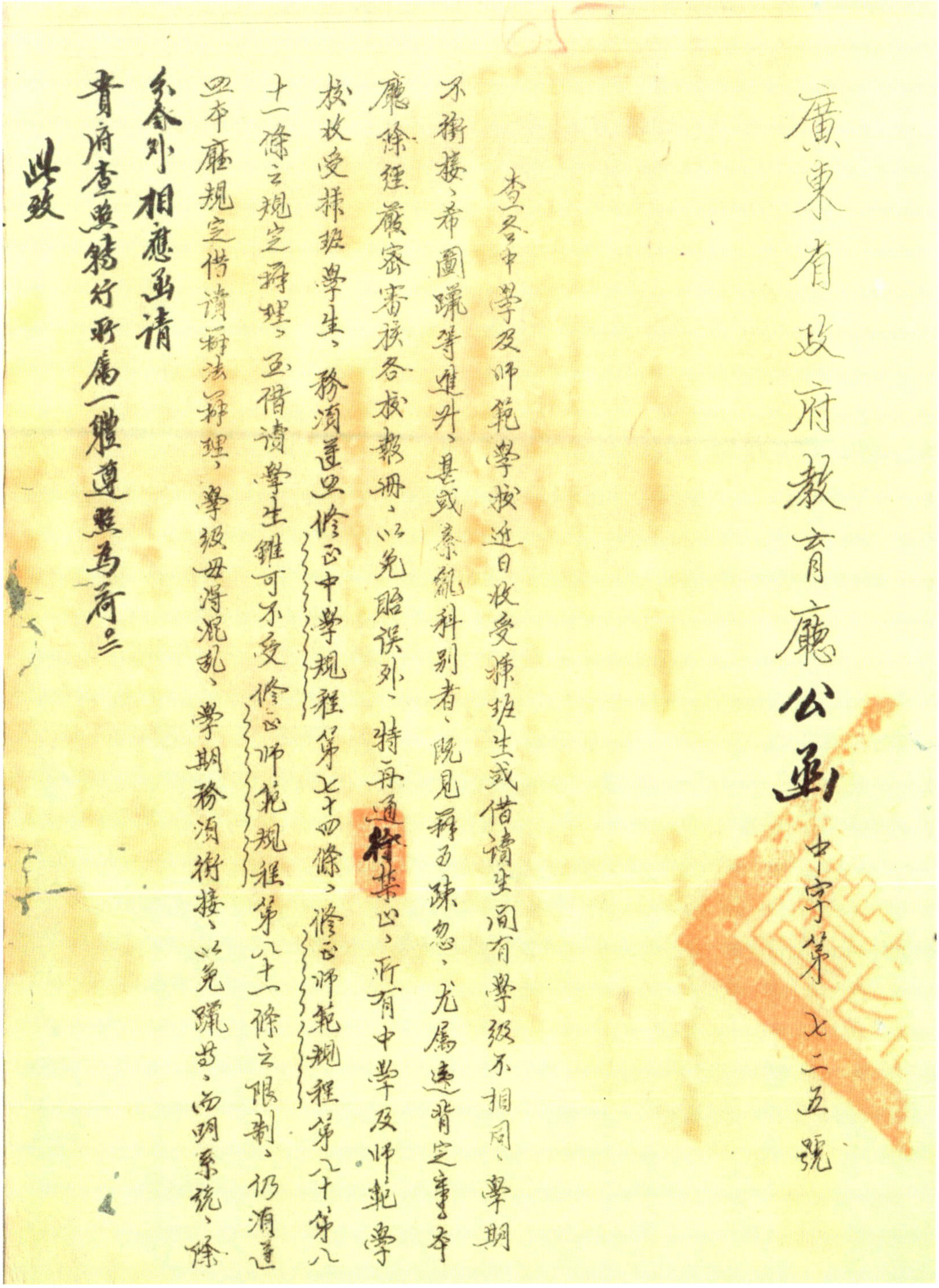
廣東省政府教育廳公函　中字第七二五號

查各中學及師範學校近日收受插班生或借讀生間有學級不相同、學期不銜接、希圖躐等進升、甚或紊亂科別者、既見辦理疏忽、尤屬違背定章、本廳除經嚴密審核各校報冊、以免貽誤外、特再通飭遵照、所有中學及師範學校收受插班學生、務須遵照修正中學規程第七十四條、修正師範規程第八十、第八十一條之規定辦理、至借讀學生雖可不受修正師範規程第八十一條之限制、仍須遵照本廳規定借讀辦法辦理、學級毋得混亂、學期務須銜接、以免躐等、而明系統、除分令外、相應函請

貴府查照轉行所屬一體遵照為荷。

此致

廣州市政府

廣東教育廳廳長許崇清

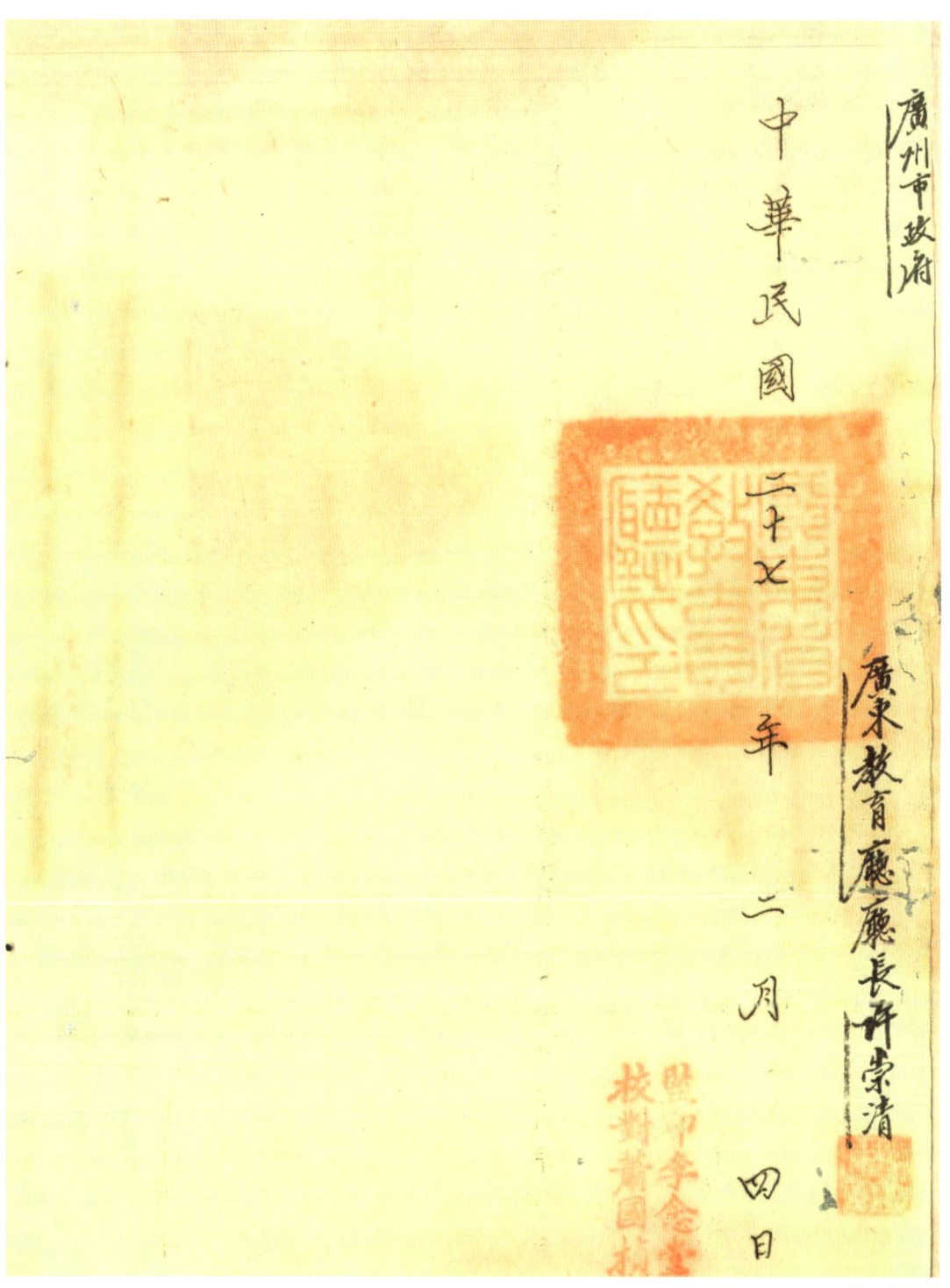

中華民國二十七年二月四日

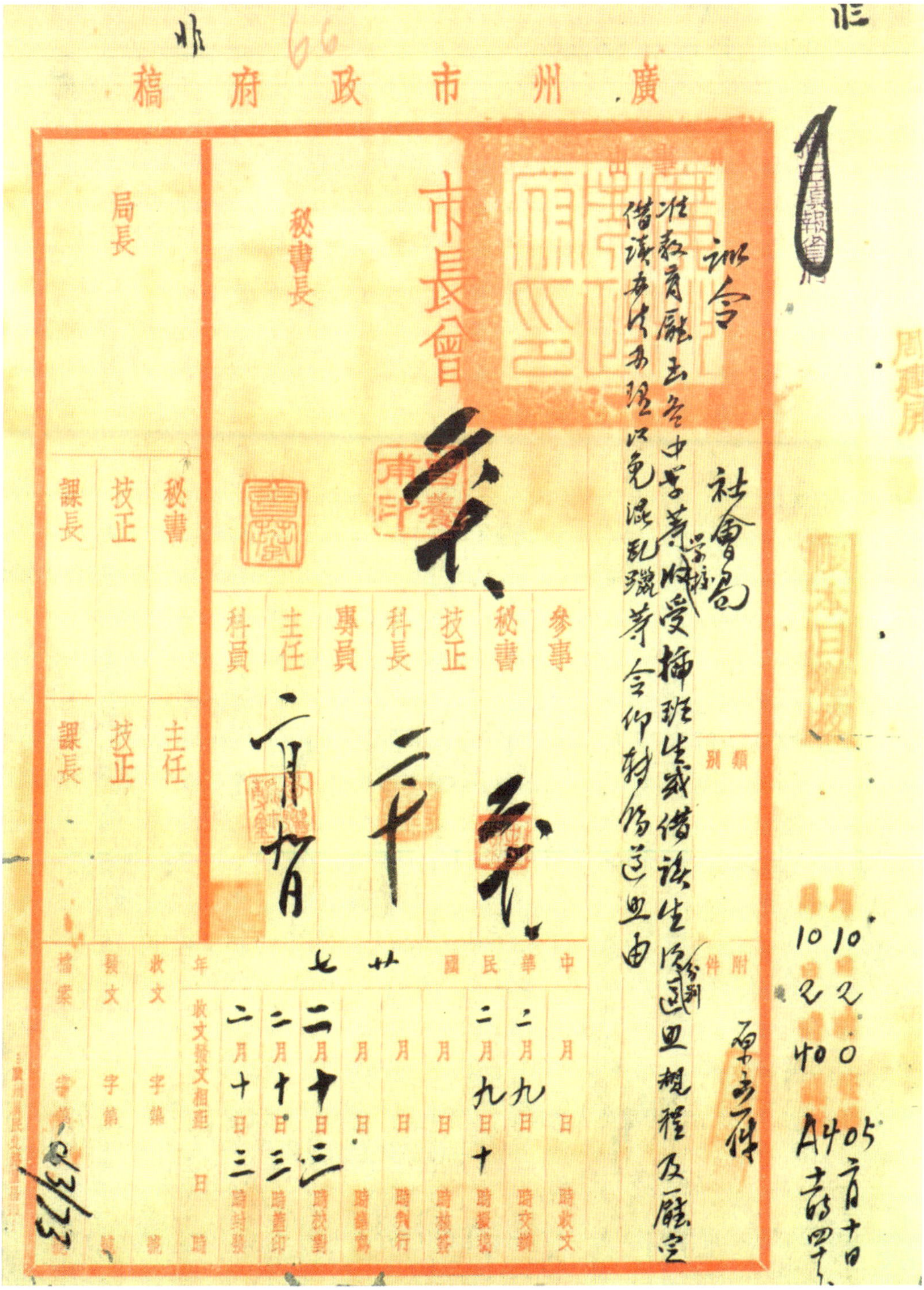
廣州市政府稿

市長　秘書長　局長

训令

社會局

准教育廳函各中學兼收受插班生或借讀生除分函外仰遵照規程及一廳定借讀办法办理以免混亂等令仰轉飭遵照由

參事　秘書　技正　科長　專員　主任　科員

秘書　技正　課長　主任　技正　課長

類別

附件　原函

中華民國廿七年

二月九日收文

二月九日交辦

二月十日擬稿

二月十日判行

二月十日校對

二月十日封發

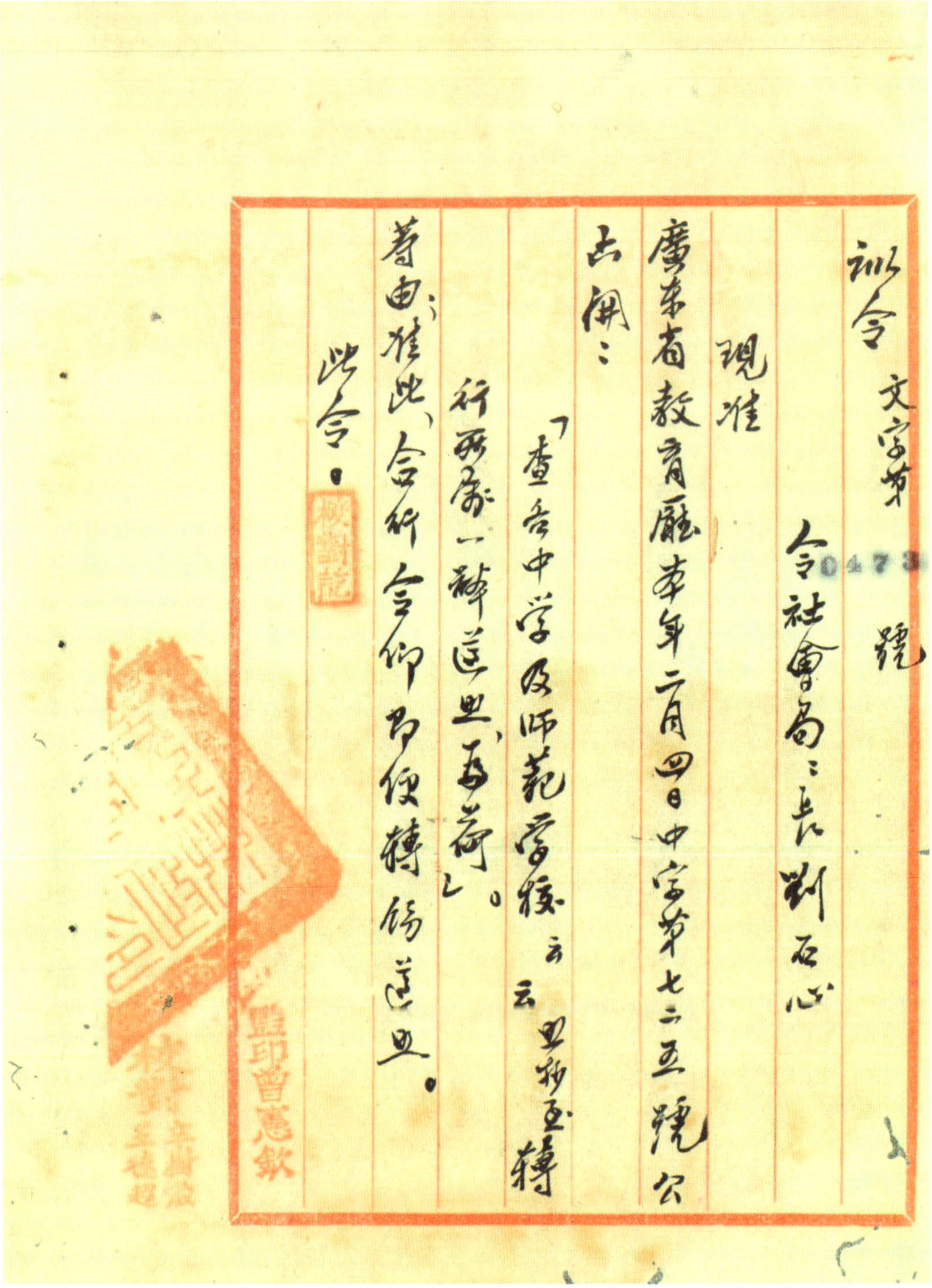

訓令　文字第　　號

令社會局局長劉石心

現准

廣東省教育廳本年二月四日中字第七二五號公函：

「查各中學及師範學校云云照抄至轉行所屬一體遵照為荷」。

等由；准此，合行令仰即便轉飭遵照。

此令。

0473

監印曾憲歆

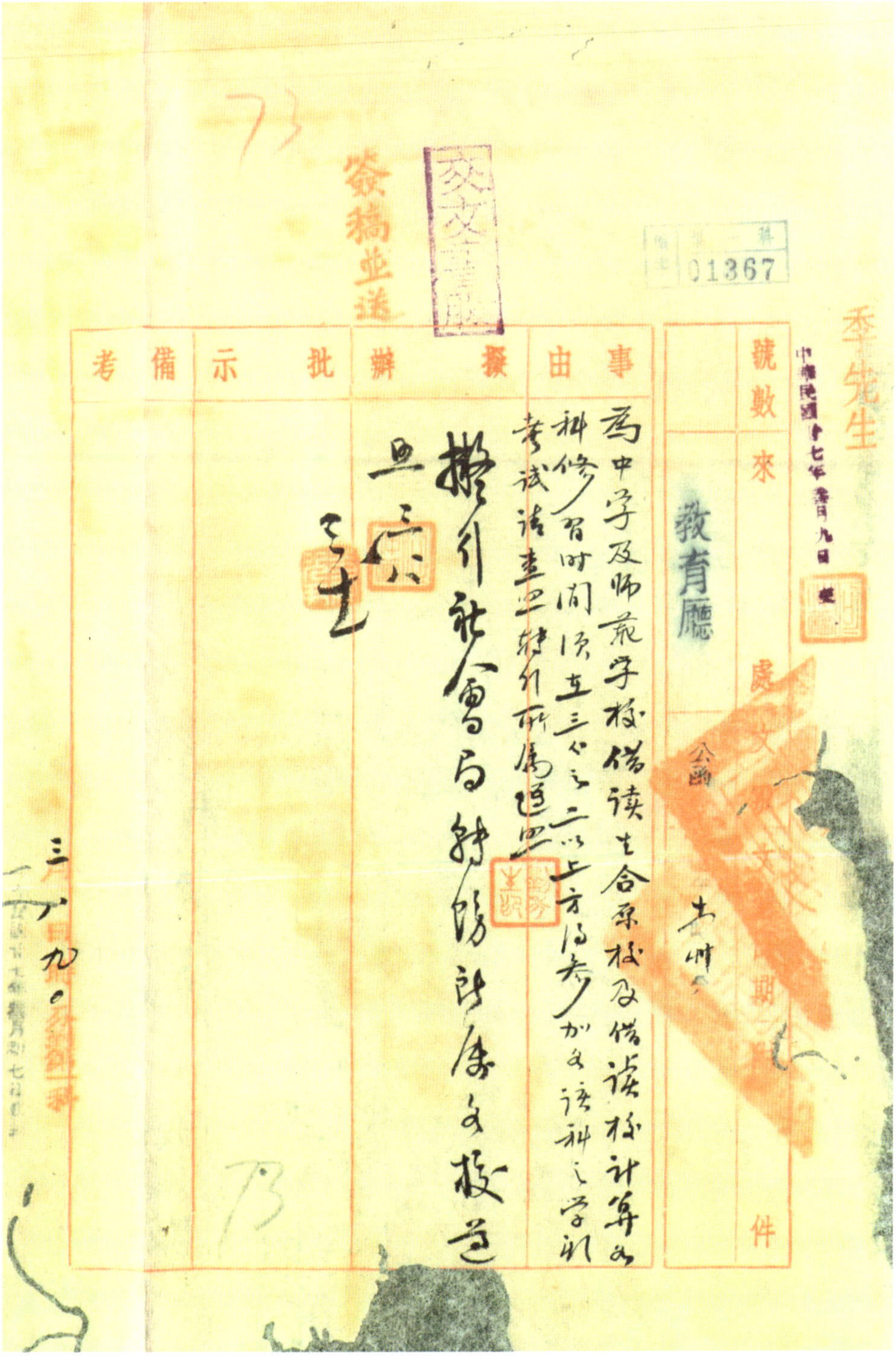

广州市政府转发教育厅关于借读生各科修习时间须在三分之二以上方得参加该科学期考试的函令所属各校遵照办理的公函（一九三八年三月十二日）

廣東省政府教育廳公函

中字第九八一號

查學生學業，原有定程，修正中學規程暨修正師範學校規程均規定："每學期各科缺席時數達該科教學總時數三分之一以上之學生不得參加該科之學期考試。"各級學校處理校務臨時辦法乙項第六條雖有"……各校并得斟酌情形於學期中收容借讀"之規定，但對於此項在學期中借讀之學生，仍應遵照規程辦理，合原校及借讀學校計算各科修習時間必須在三分之二以上者方得參加該科之學期考試。除分別外，相應函達

貴市府查照，即希轉飭所屬遵照為荷。此致

廣州市政府

廳長 許崇清

中華民國廿七年二月 四 日

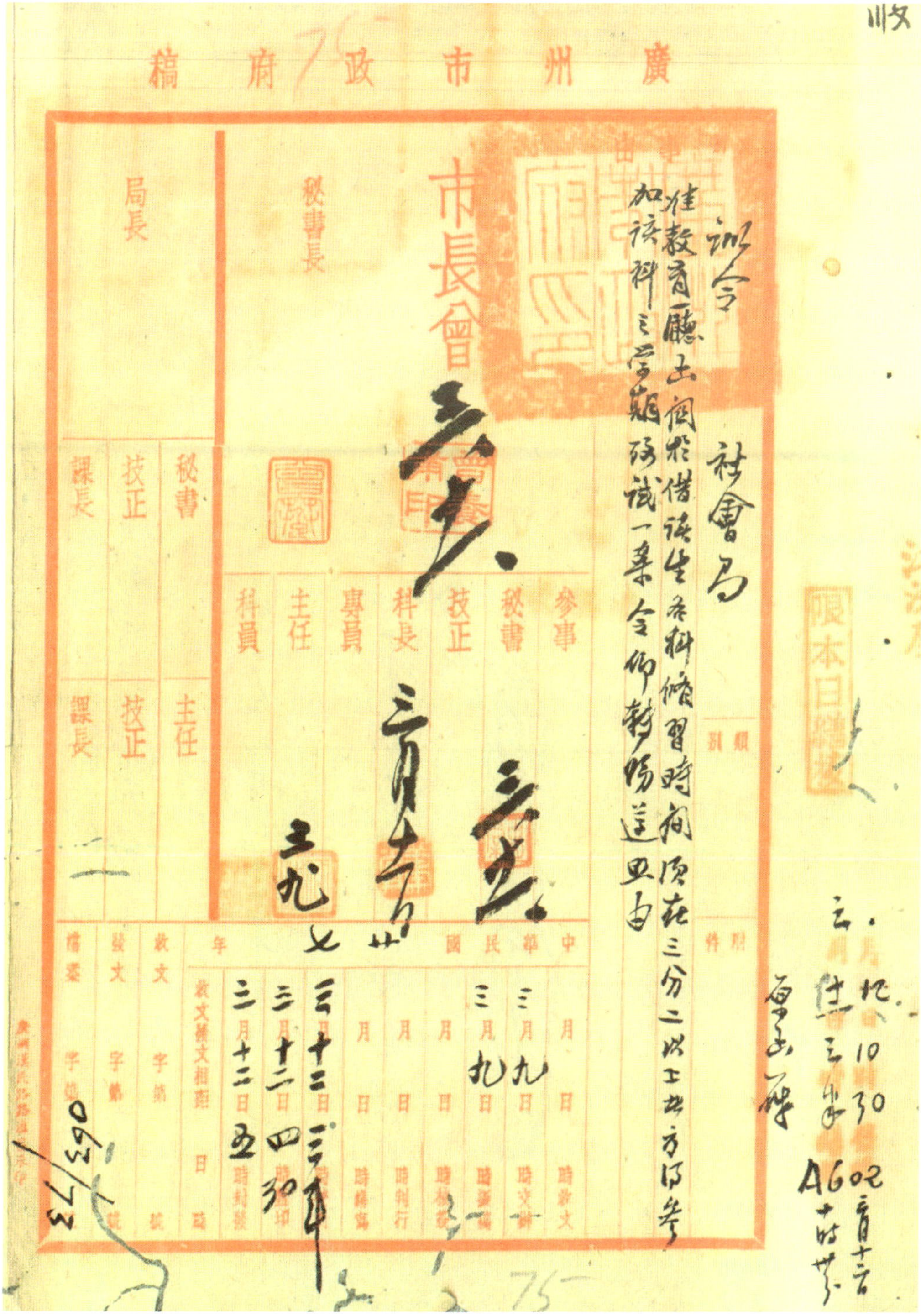
廣州市政府稿

市長 會

秘書長

局長

秘書　技正　課長

主任　技正　課長

參事　秘書　技正　科長　專員　主任　科員

訓令

社會局

准教育廳函開戰區借讀生各科補習時間須在三分二以上者方得參加該科之學期考試一案令仰轉飭遵照由

類別

附件

限本日繕發

中華民國　年　月　日

擬稿 三月九日

核稿 三月九日

收文 三月十二日

發文 三月十二日

原函存

训令　文字第　　号

0772

令社会局局长刘石心

现准

广东省教育厅本年六月四日中字第九八一号

公函开：

「查学生学业云云照抄至印希转行

所属遵照为荷」等由，准此，合行令仰该局转饬所属各校

遵照。

此令。

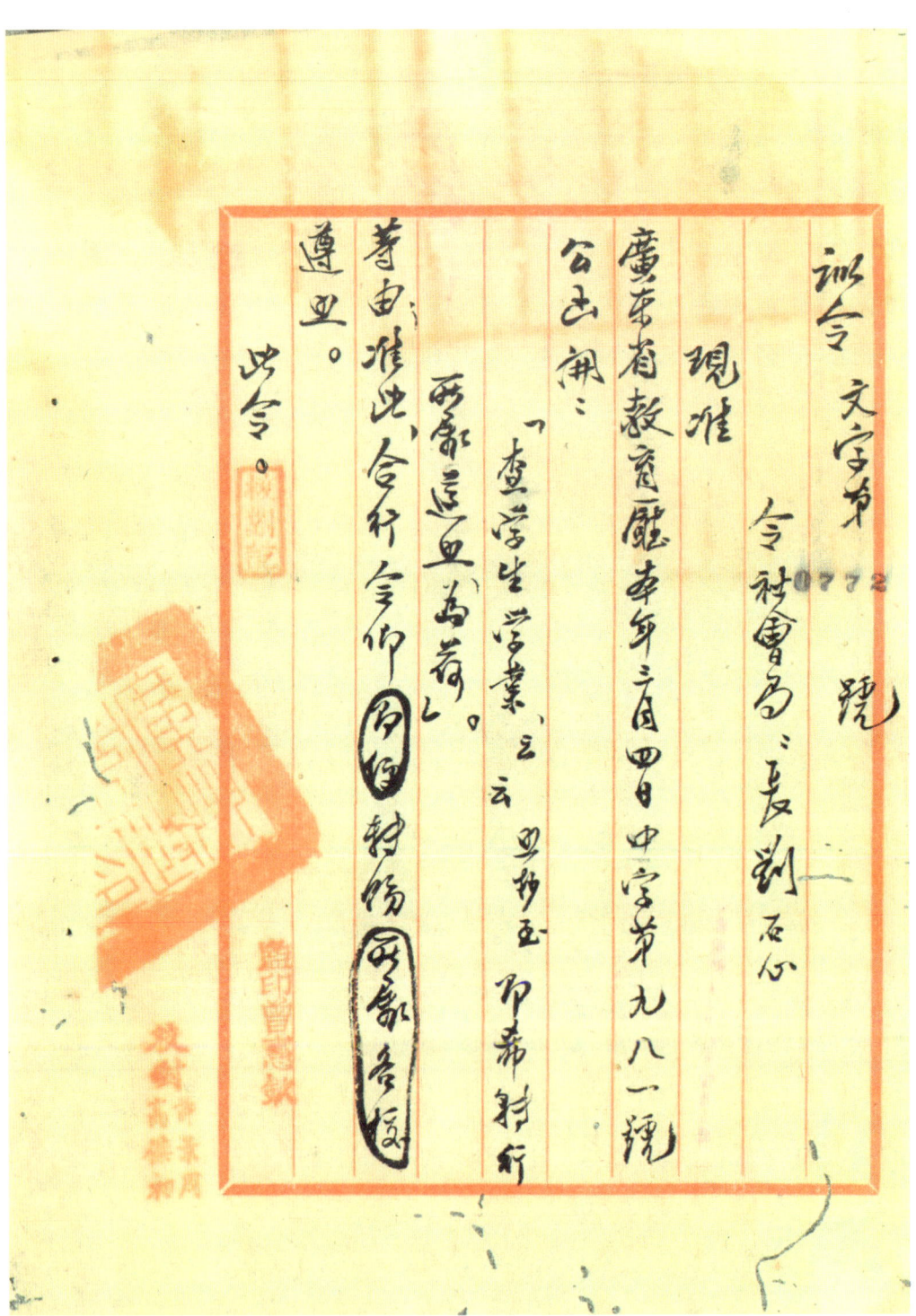

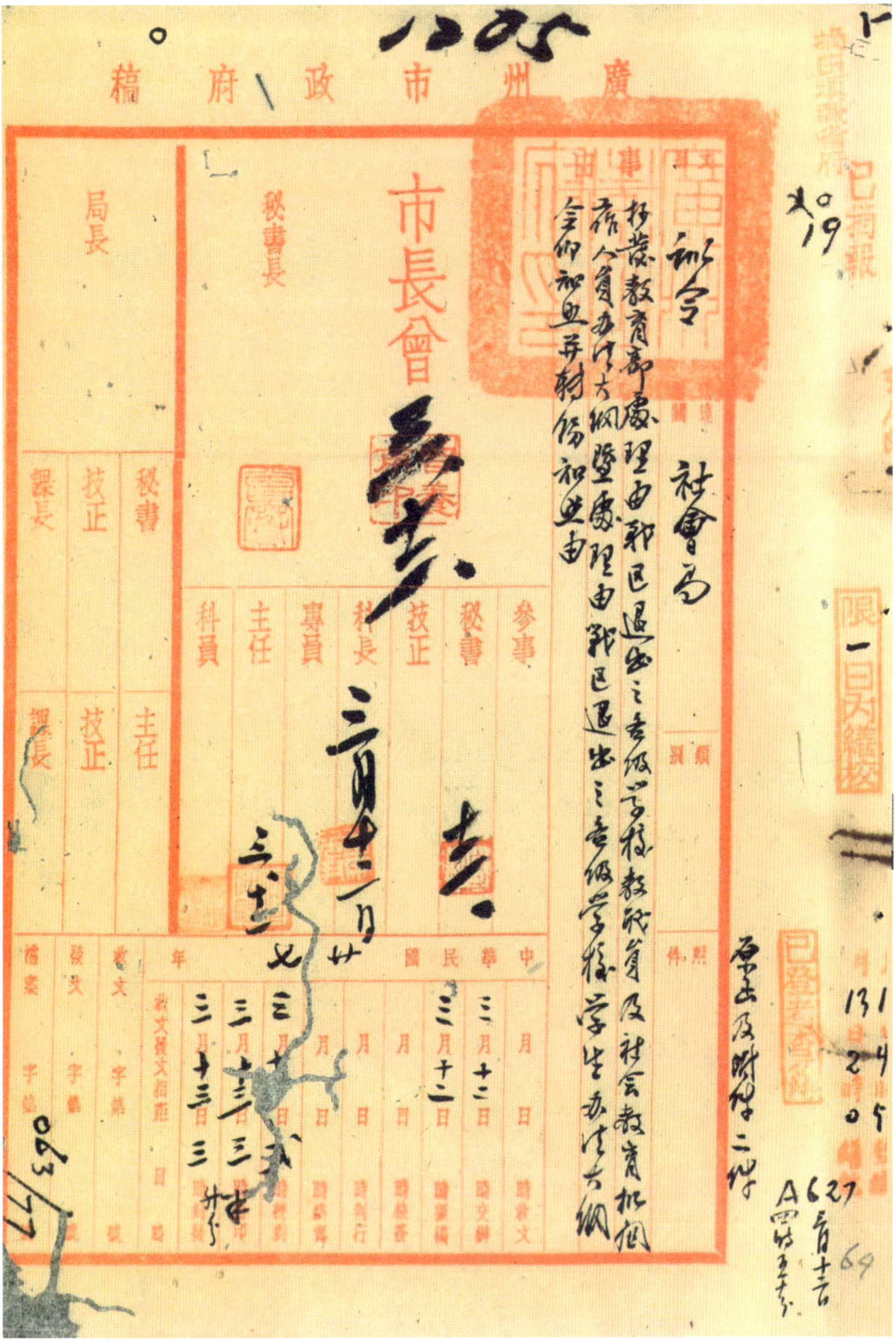

廣州市政府稿

事由：抄發教育部處理由戰區退出之各級學校教職員及社會教育機關工作人員辦法大綱暨處理由戰區退出之各級學校學生辦法大綱令仰知照並轉飭知照由

訓令 社會局

市長 會

秘書長 局長

广州市政府转发教育厅关于处理由战区退出之各级学校教职员及社会教育机关工作人员办法大纲及处理由战区退出之各级学校学生办法大纲令各校遵照办理的公函（一九三八年三月十三日）

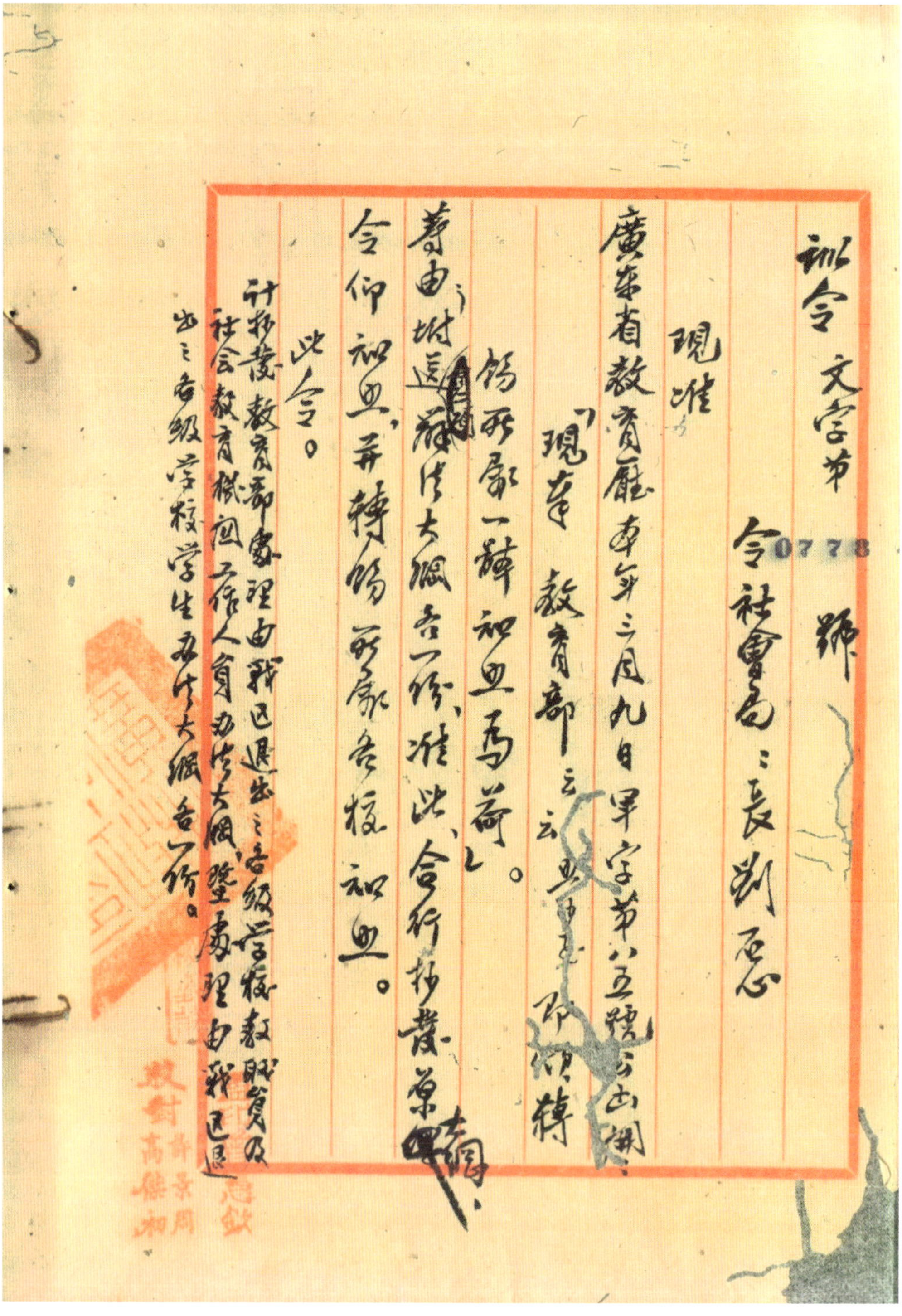
训令 文字第0778号

令社会局局长刘石心

现准

广东省教育厅本年三月九日卑字第八五号公函开：

"现奉 教育部云云[illegible]须转饬所属一体知照为荷。"

等由，附送办法大纲各一份，准此，合行抄发原件，

令仰知照，并转饬所属各校知照。

此令。

计抄发教育部处理由战区退出之各级学校教职员及社会教育机关工作人员办法大纲暨处理由战区退出之各级学校学生办法大纲各一份。

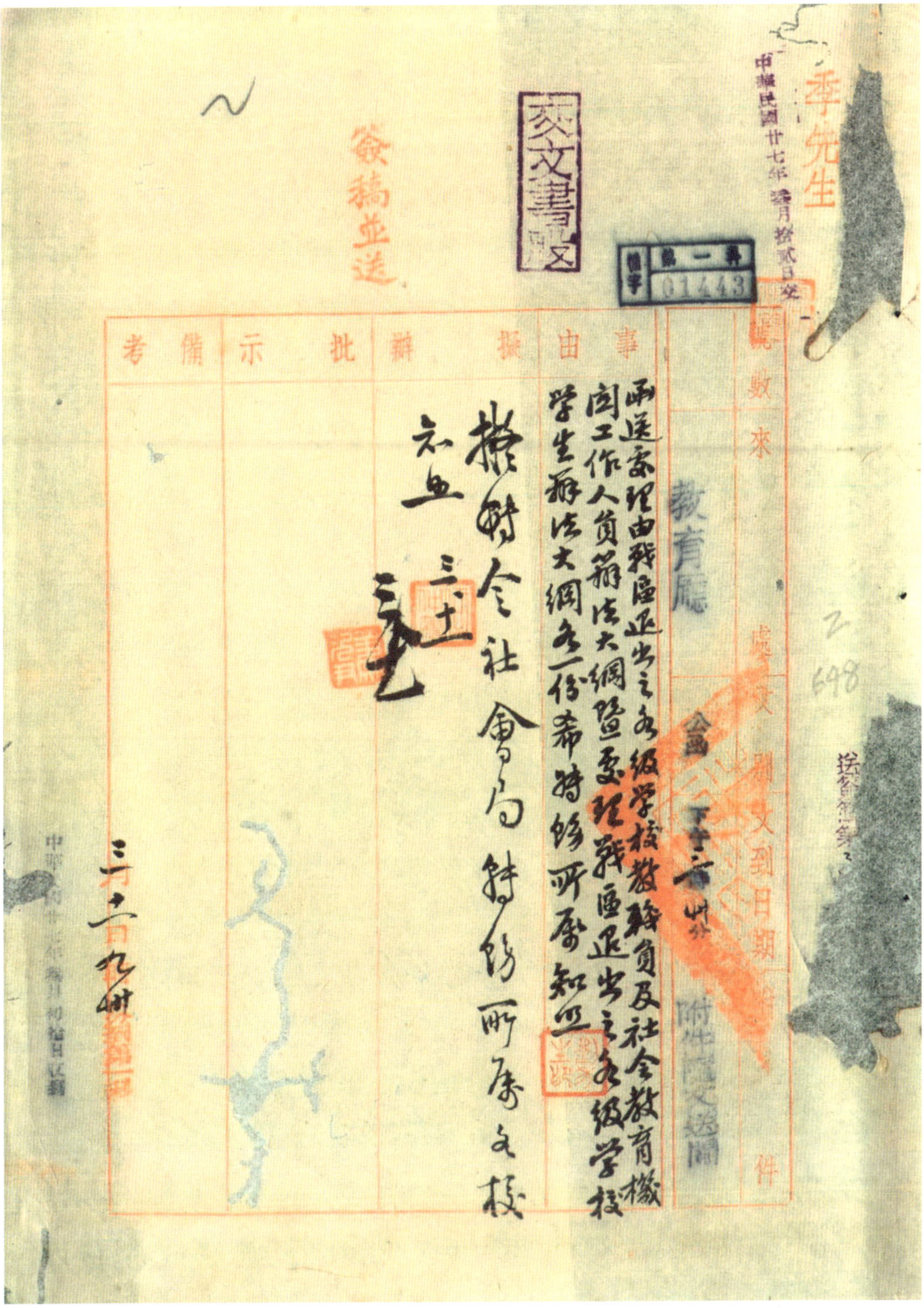

李先生
中華民國廿七年拾月拾貳日發
發稿並送
交文書股
第一號 01443
信字
號數
來
教育廳
文別
公函
文到日期
附件隨文送閱
件
事由
函送處理由戰區退出之各級學校教職員及社會教育機關工作人員辦法大綱暨處理戰區退出之各級學校學生辦法大綱各一份希轉飭所屬知照
擬辦
擬轉令社會局轉飭所屬各校知照
批示
備考

廣東省政府教育廳公函 軍字第八一五號

現奉

教育部本年一月廿五日漢教字第六六〇號訓令開：

案奉 行政院廿七年一月十七日漢字第九三七號指令，以據本部呈送處理由戰區退出之各級學校教職員及社會教育機關工作人員辦法大綱及處理由戰區退出之各級學校學生辦法大綱，請示遵由，內開：「呈件均悉。經提出本院第三五〇次會議，決議'通過'，仰即知照。此令。」等因；奉此，合行檢同該二項辦法大綱各一份，令仰該廳知照，並轉令所屬各機關及各級學校一體知照。此令。

等因；計發處理由戰區退出之各級學校教職員及社會教育機關工作人員辦法大綱暨處理由戰區退出之各級學校學生辦法大綱各一份；奉此，自應遵辦。除分令外，相應檢送原附件函達

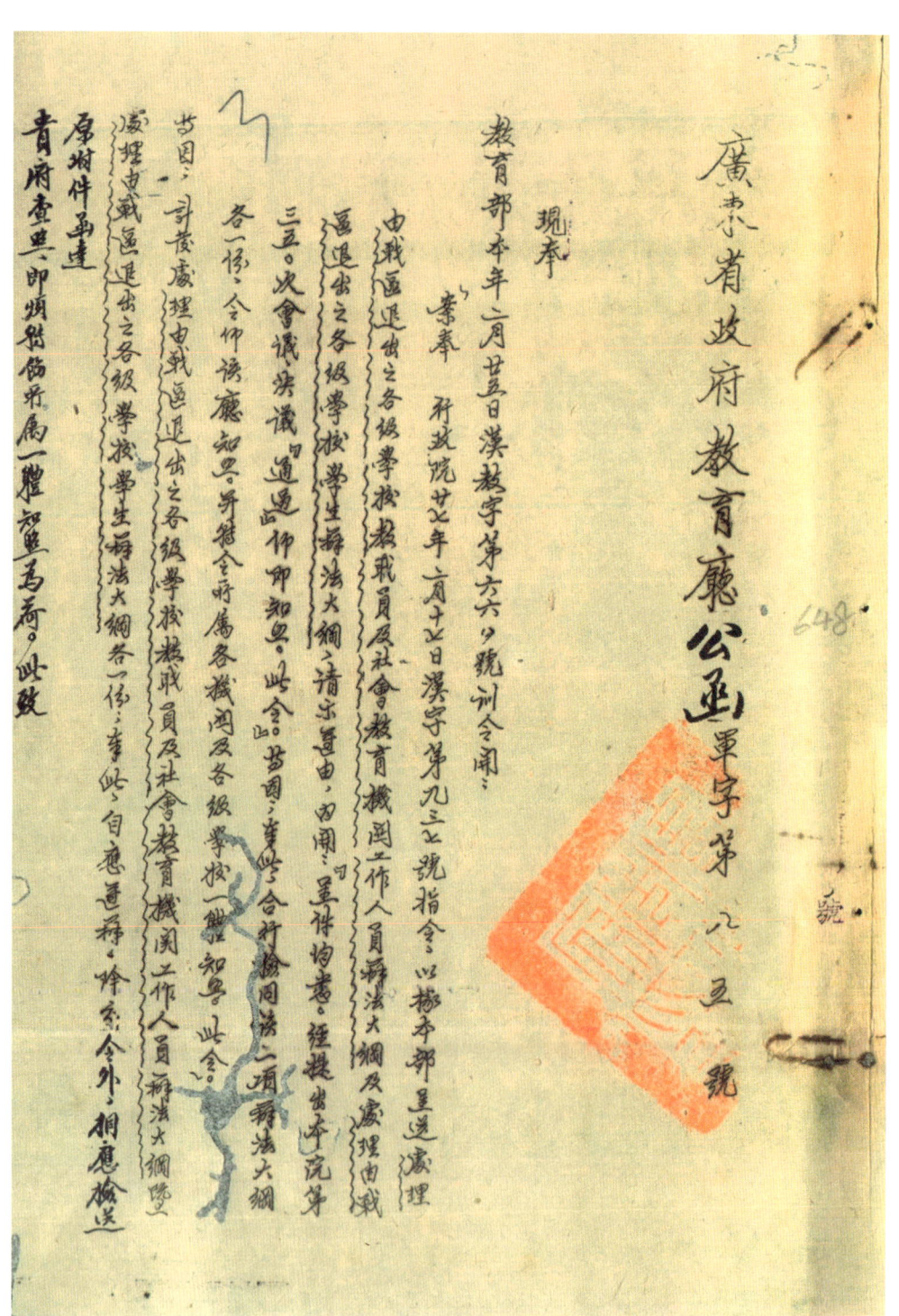

貴府查照，即煩轉飭所屬一體知照為荷。此致

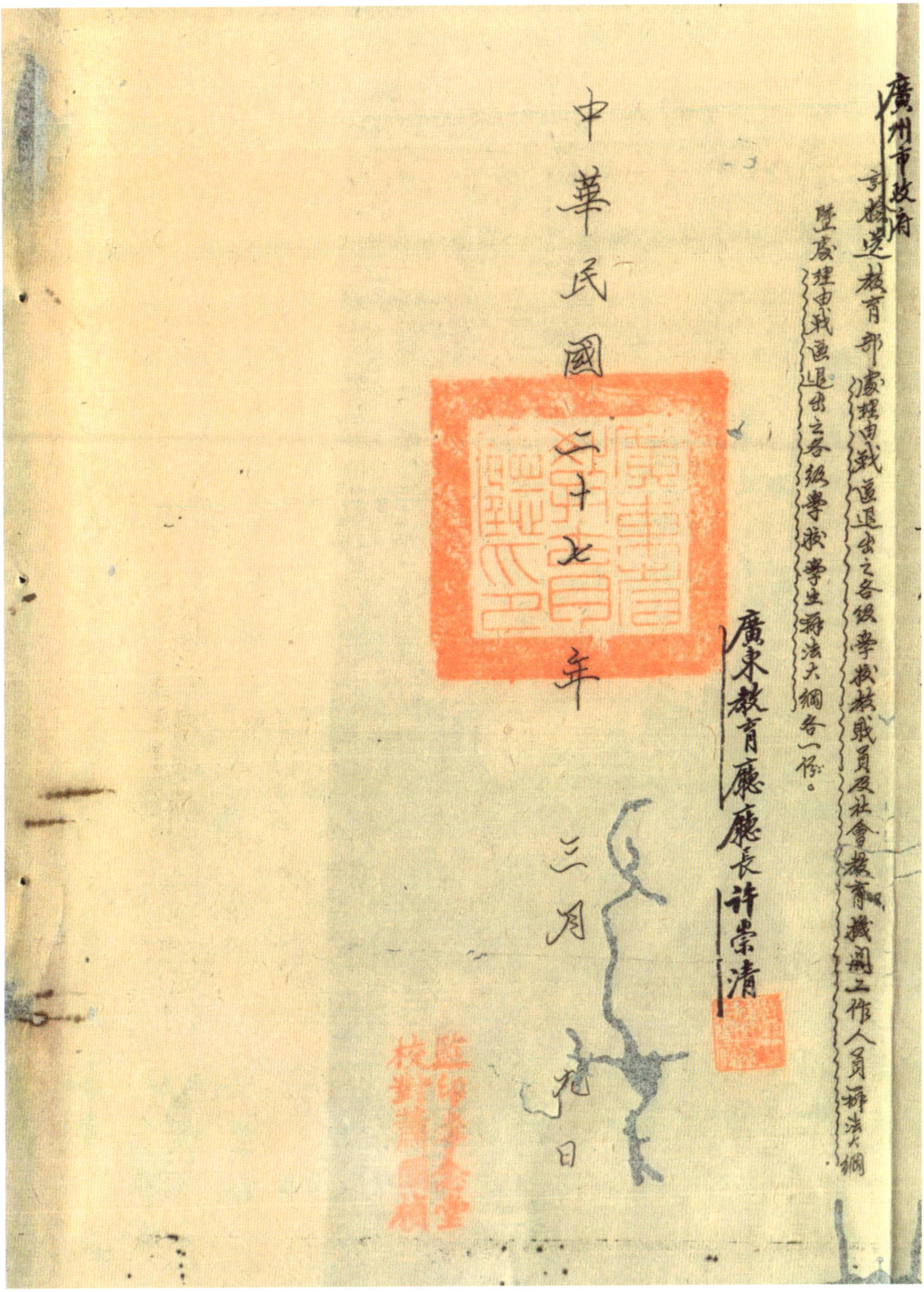
廣州市政府

計檢送教育部處理由戰區退出之各級學校教職員及社會教育機關工作人員辦法大綱

暨處理由戰區退出之各級學校學生辦法大綱各一份。

廣東教育廳廳長許崇清

中華民國二十七年三月九日

教育部處理由戰區退出之各級學校學生辦法大綱

甲、專科以上學生

一、戰區專科以上學校，不能在原地繼續開學且未遷移他地或指定借讀學校者，其原有學生可向各省市教育廳局登記，由教育廳局彙集本部。

二、上項登記學生志願繼續讀書者，可轉學或借讀於各後方開辦之公私立大學，經濟困難者，得向各校請求免費及貸金（貸金辦法另訂之）。

三、上項登記學生志願參加戰時工作者，可由本部轉送軍事委員會政治部經檢驗身體甄別考試及格後，施以訓練。

四、上項登記學生志願加入戰事有關之技術訓練班或其他訓練班者，可由本部或各教育廳局分別介紹。

乙、中學學生

一、戰區中等學校不能在原地繼續開學且未遷移他地或指定借讀學校者，其原有學生可向各教育廳局登記，由教育廳局彙報本部。

二、上項登記學生志願繼續讀書者，可由本部指定入各國立中學肄業。

三、上項登記學生志願轉學或借讀他校者，可由各教育廳局代為介紹，經濟困難者，得向各校請求免費。

四、上項登記學生得由家長聲明在家自請教師自修補習，以後參加考試。惟各科之實驗或實習部分，以後應另設法補足之（自修辦法另訂之）。

五、上項登記學生志願參加戰時工作者，可由本部特送軍事委員會政治部，經檢驗身體及考試合格後，施以訓練。

六、上項登記學生志願加入戰事有關之技術訓練班或其他訓練班者，可由本部或各教育廳局分別介紹。

丙、小學及幼稚園兒童

一、戰區之小學或幼稚園兒童，得隨時向其將遷移地點相當之小學或幼稚園請求轉學肄業。

二、戰區內之兒童，其家長無力遷移至安全地點者，得將兒童送交鄰近之戰區兒童救濟所轉送入戰區兒童教養團（戰區兒童教養團辦法另訂之）。

三、戰區遷到後方各地之家庭，其兒童無力入相當之小學或幼稚園者，得送入附近之兒童教養團。

四、原在小學各年級肄業之兒童，無法送入學校或兒童教養團者，得在家庭自請教師補習或自修。至學期開始時，如欲轉入相當學校者，受各該校入學試驗及格後，編入各該校相當之年級（自修辦法另定之）。

教育部處理由戰區退出之各級學校教職員及社會教育機關工作人員辦法大綱

甲、專科以上學校教師

一、戰區各專科以上學校之教師，因受戰事影響不能繼續服務者，得向本部或各省市教育廳局登記。

二、上項登記之教師，得由本部視其專長，分別指定下列工作：

(1) 擔任臨時設立之學校或各種訓練班教師；

(2) 擔任指定之各項專門研究工作；

(3) 擔任指定之各項編譯工作；

(4) 擔任指定之各種特殊工作；

工作期間之生活費用由本部担負之。

三、上項登記之教師，得依照志願及專長由本部分別介紹於其他服務機關。

乙、專科以上學校職員

一、戰區各專科以上學校之職員，得由各學校指定一小部分擔任原校保管工作。

二、戰區各專科以上學校之職員不能繼續任職者，應由各校自行疏散辦法

三、上項疏散之職員，得填明學歷志願，由各校造冊彙報本部登記，以便分別介紹於其他服務機關。

丙、中等學校教職員

一、戰區中等學校教職員，可向各省市教育廳局登記。

二、上項登記人員得由本部調充各國立中學教職員，工作期間之生活費由本部發給。

三、上項登記人員，得由本部調充各地教師服務團團員，分別担任指定之義教社教等工作，工作期間之生活費由本部發給。

四、上項登記人員，得由本部指定研究或編撰工作，工作期間之生活費由本部發給。

五、上項登記人員，得依其志願由本部或各省市教育廳局介紹於其他服務機關。

六、上項登記人員有志戰時工作者，得由本部依照其學歷志願，介紹於軍事訓練機關。

丁、小學教職員

一、戰區各小學教職員可向各省市教育廳局登記。

二、上項登記人員得由本部調充各地教師服務團團員，分別担任指定之義教社教等工作，工作期間之生活費由本部發給。

三、上項登記人員可由各省市教育廳局介紹至各地担任小學教師或兒童教養團服務員或其他適當工作。

四、上項登記人員有志戰時工作者，得由本部依照其學歷志願，介紹於軍事訓練機關。

戊、社會教育機關工作人員

一、戰區各公立社教機關專任工作人員可向各省市教育廳局登記。

二、上項登記人員得由本部調充各地教師服務團團員，分別担任指定之義教社教等工作，工作期間之生活費由本部發給。

三、上項登記人員得由本部編組社會教育工作團，担任後方服務等工作，工作期間之生活費由本部發給（社教工作團辦法另訂之）。

四、上項登記人員得由本部或各省市教育廳局分別介紹於其他服務機關。

五、上項登記人員有志戰時工作者，得由本部依照其學歷志願，介紹於軍事機關。

广州市政府转教育厅关于各中小学校遇有由战区退出学生请求借读应尽量收容的函请社会局遵照办理的公函（一九三八年五月二十一日）

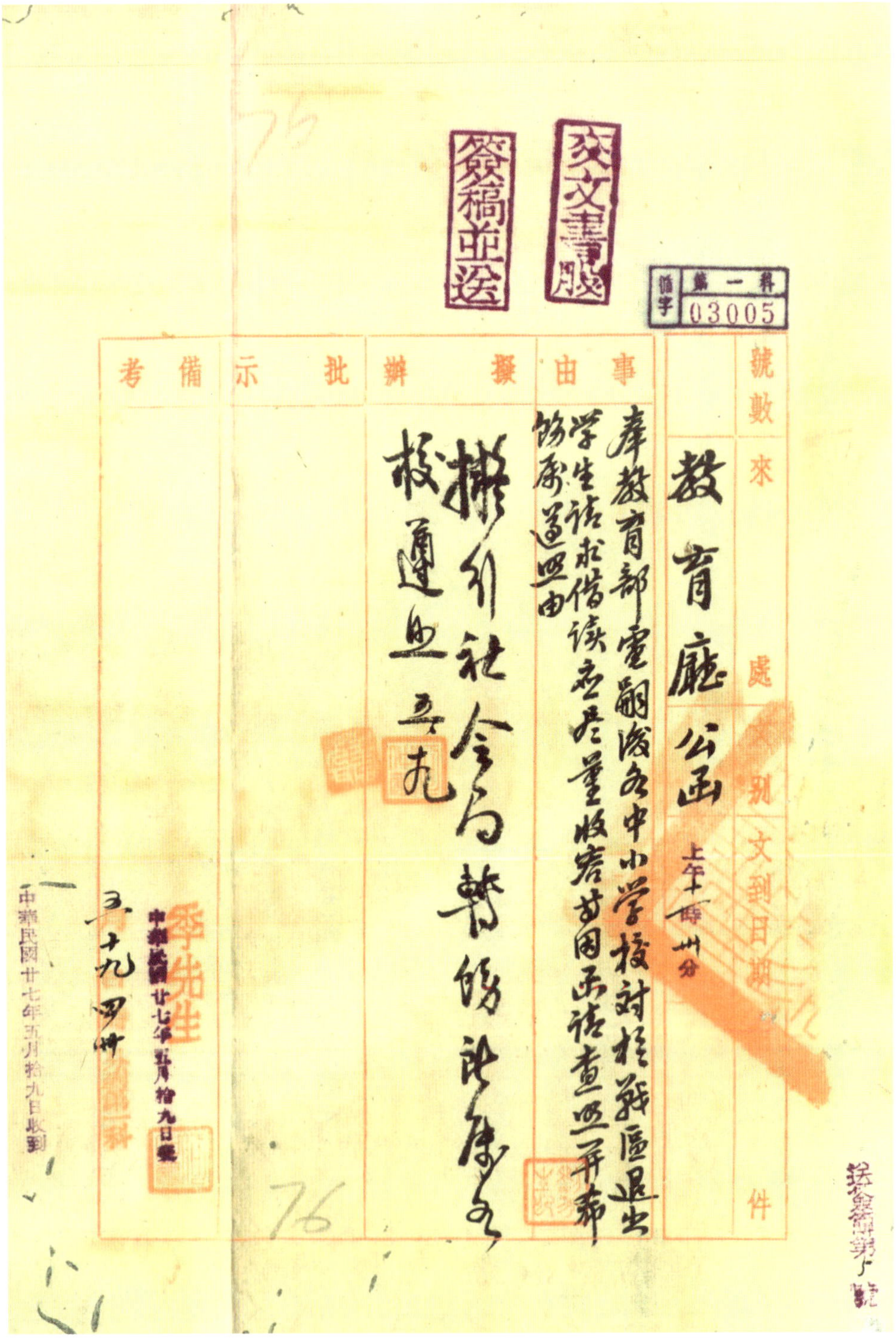
发文书股
发稿并送
循字 第一科 03005
来文机关 教育厅 公函
收到日期 上午十一时卅分
事由 准教育部电嗣后各中小学校对于战区退出学生请求借读应尽量收容并函请查照并希饬属遵照由
拟办 拟行社会局暂饬各校遵照
中华民国廿七年五月拾九日收到

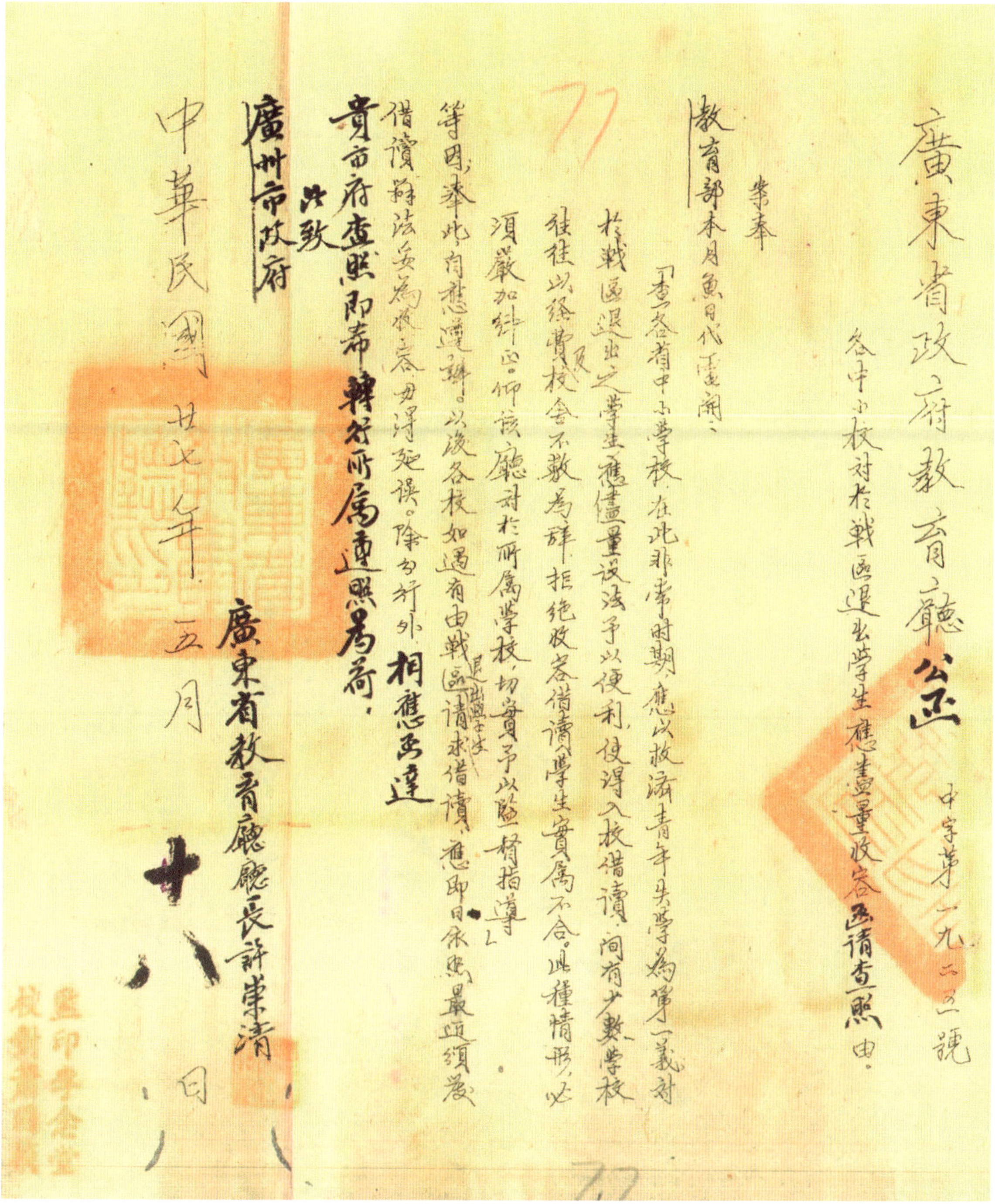

廣東省政府教育廳公函 中字第一九二五二號

各中小校對於戰區退出學生應盡量收容函請查照由。

案奉

教育部本月魚日代電開：

「查各省中小學校，在此非常時期，應以救濟青年失學為第一義。對於戰區退出之學生，應儘量設法予以便利，使得入校借讀。聞有少數學校往往以經費及校舍不敷為辭，拒絕收容借讀學生，實屬不合。此種情形，必須嚴加糾正。仰該廳對於所屬學校，切實予以監督指導。」

等因；奉此，自應遵辦。以後各校如遇有由戰區退出學生請求借讀，應即日依照最近頒發借讀辦法妥為收容，毋得延誤。除分行外，相應函達

貴市府查照，即希轉飭所屬遵照為荷，

此致

廣州市政府

廣東省教育廳廳長許崇清

中華民國廿七年五月十八日

壹委9

廣州市政府 稿

訓令 社會局

准教育部函以關於各中小學校遇有由戰區退出學生請求借讀應盡量收容一案令仰轉飭遵照由

市長 曾養甫

秘書長

局長

參事 秘書 技正 科長 專員 主任 科員

秘書 技正 課長

主任 技正 課長

中華民國 年

五月廿日 時 交擬

五月廿日 時 擬稿

月 日 時 核簽

月 日 時 判行

月 日 時 繕寫

五月廿一日 三時 校對

五月廿一日 四時 蓋印

五月廿一日 四時 封發

收文 字第 號

發文 字第 號

檔案 字第 號

2121 / 311 / 3020 / A603 / 十一時 五月廿六

0853/73

78

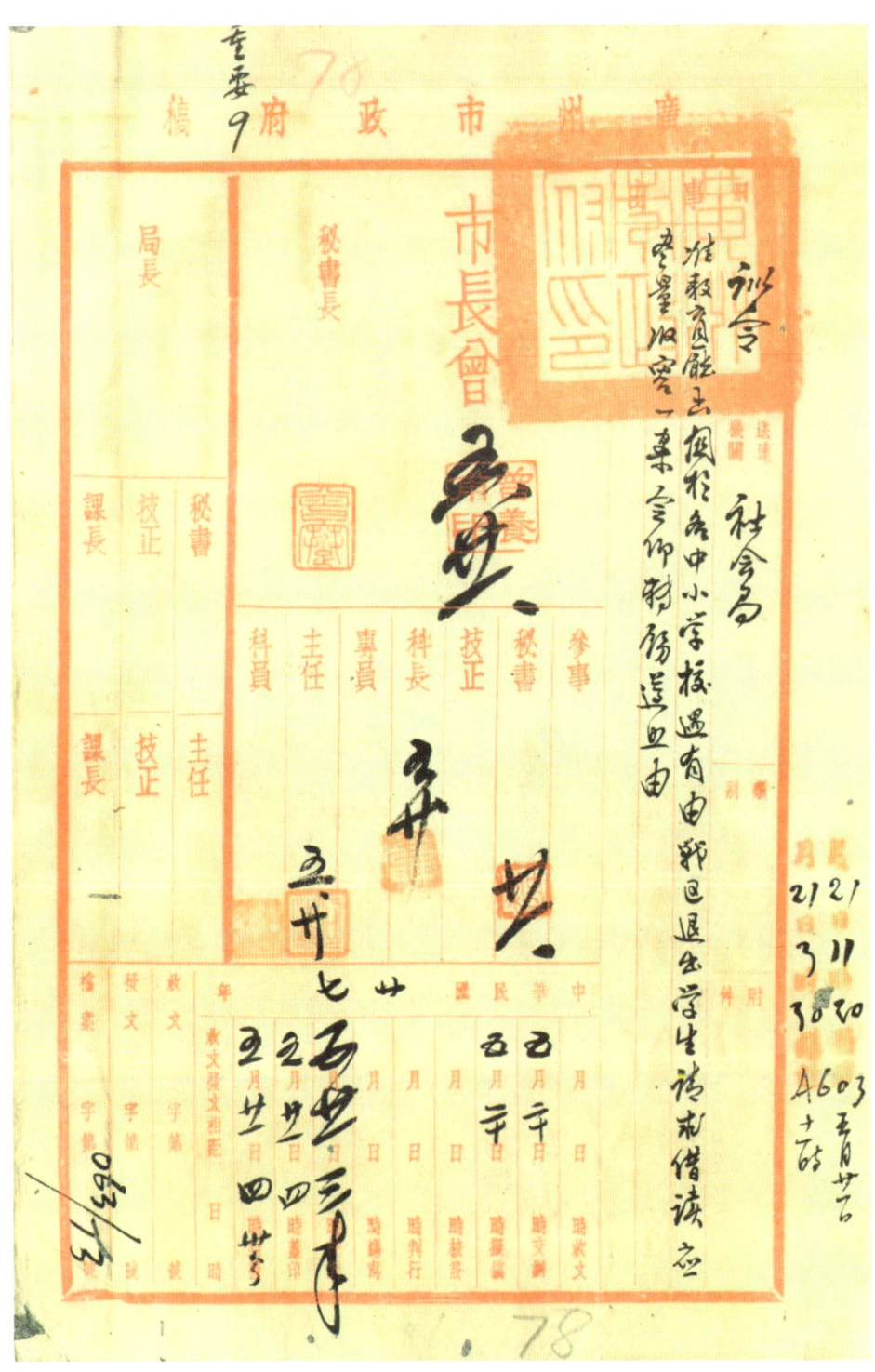

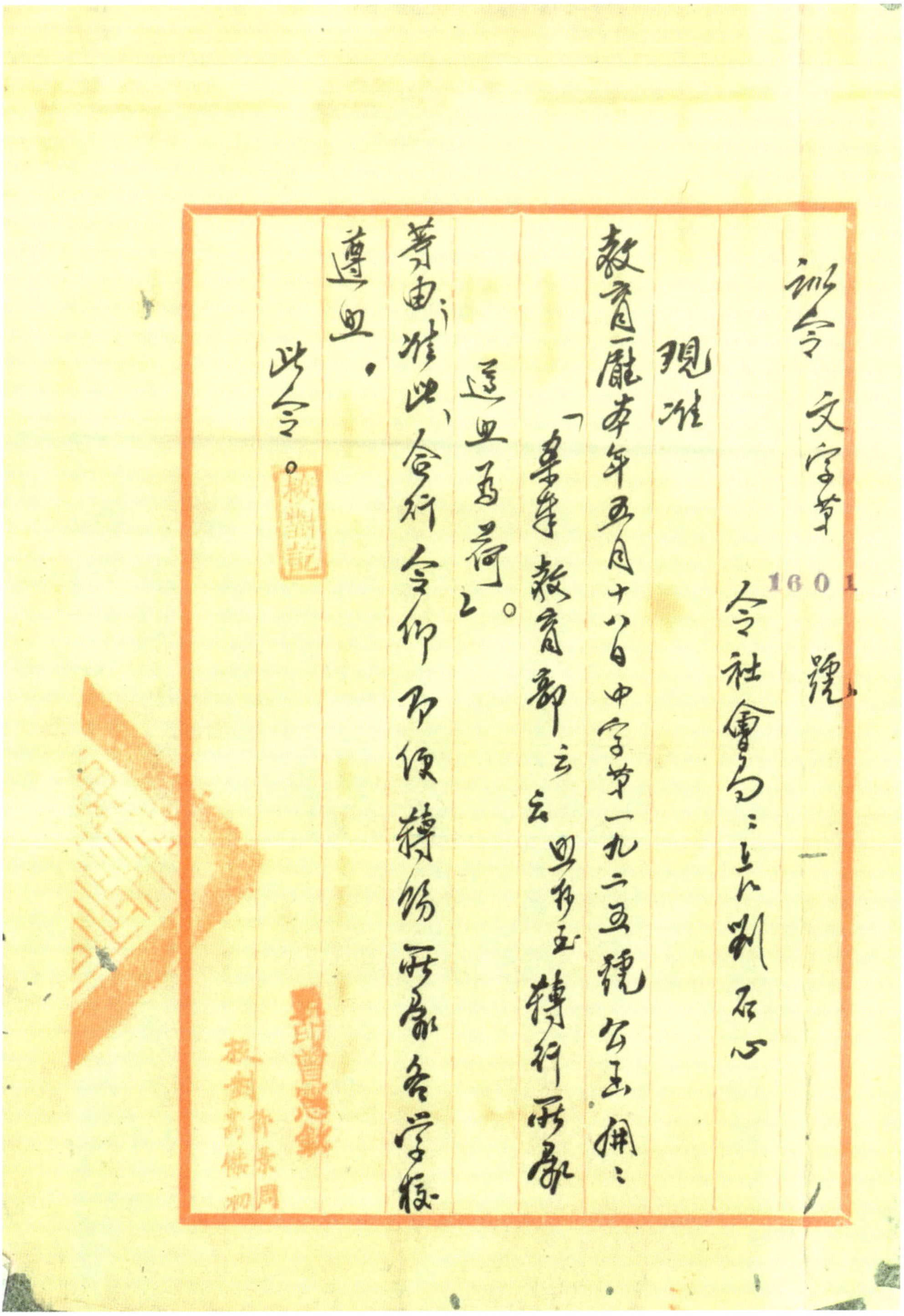

訓令 文字第 1601 號

令社會局之長劉石心

現准

教育廳本年五月十八日中字第一九二五號公函開：

「奉 教育部云云因，相應函 轉行所屬

遵照為荷。」

等由，准此，合行令仰即便轉飭所屬各學校

遵照。

此令。

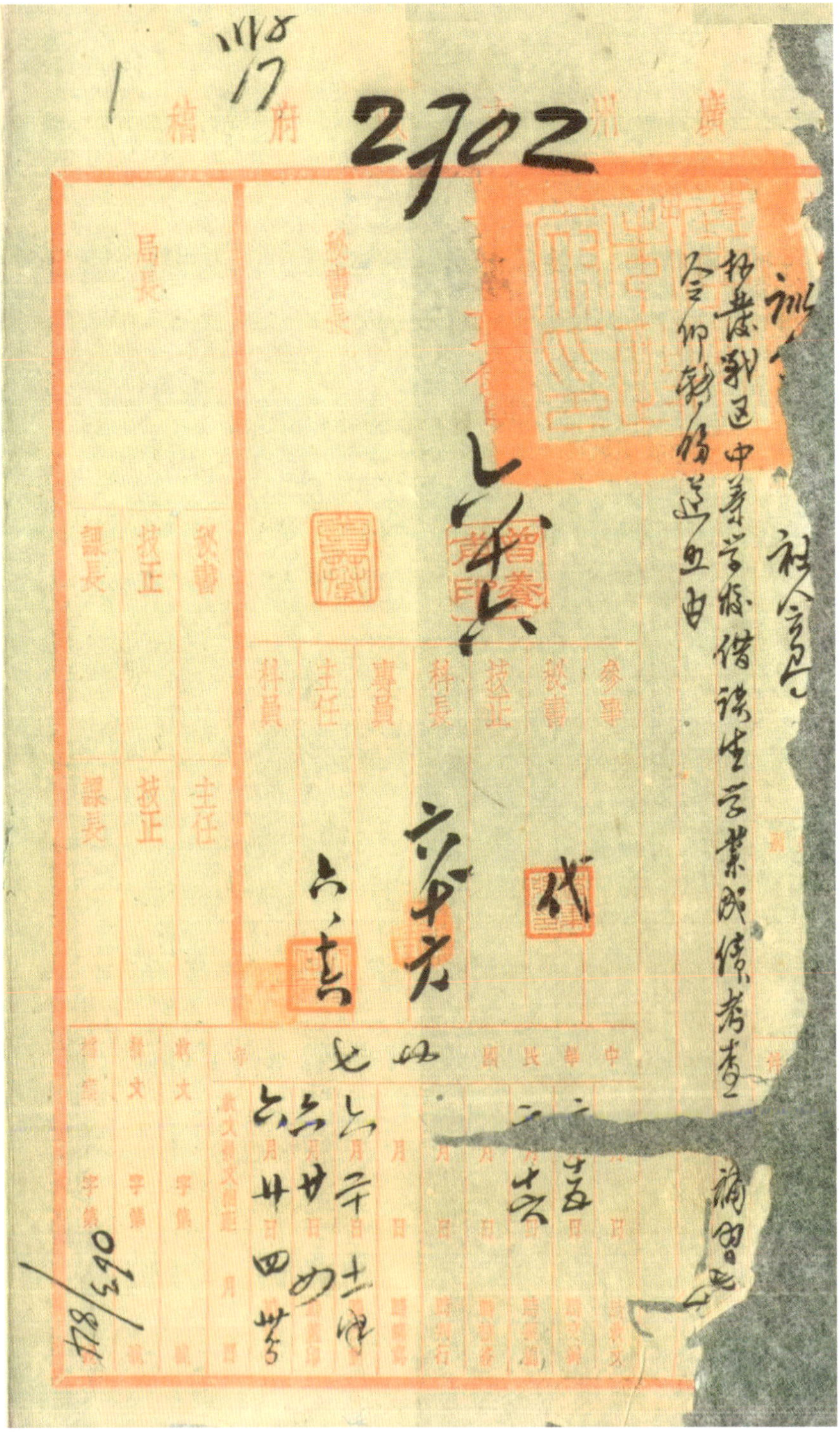
廣州市政府稿

2702

广州市政府抄发战区中等学校借读生学业成绩考查及补习办法请广州市社会局遵照办理的公函

（一九三八年六月二十日）

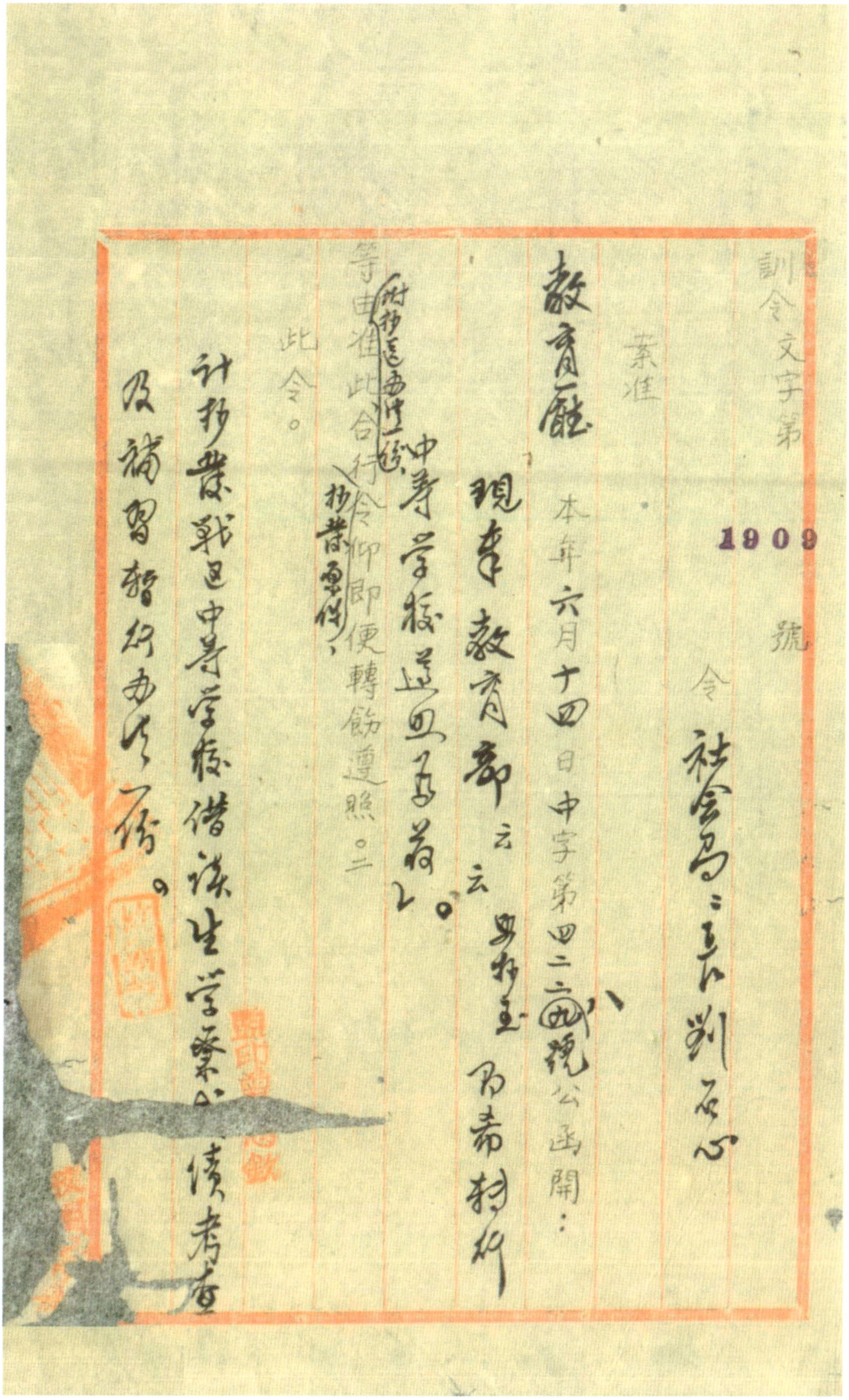
訓令文字第1909號
令社会局局長劉石心
案准
教育廳本年六月十四日中字第四二八〇號公函開：
現奉教育部云云 安抄至 即希轉行
中等学校遵照為荷。
等由（附抄送函件一份）准此合行令仰即便轉飭遵照。（抄發原件）
此令。
計抄發戰区中等學校借讀生學業成績考查及補習暫行辦法一份。

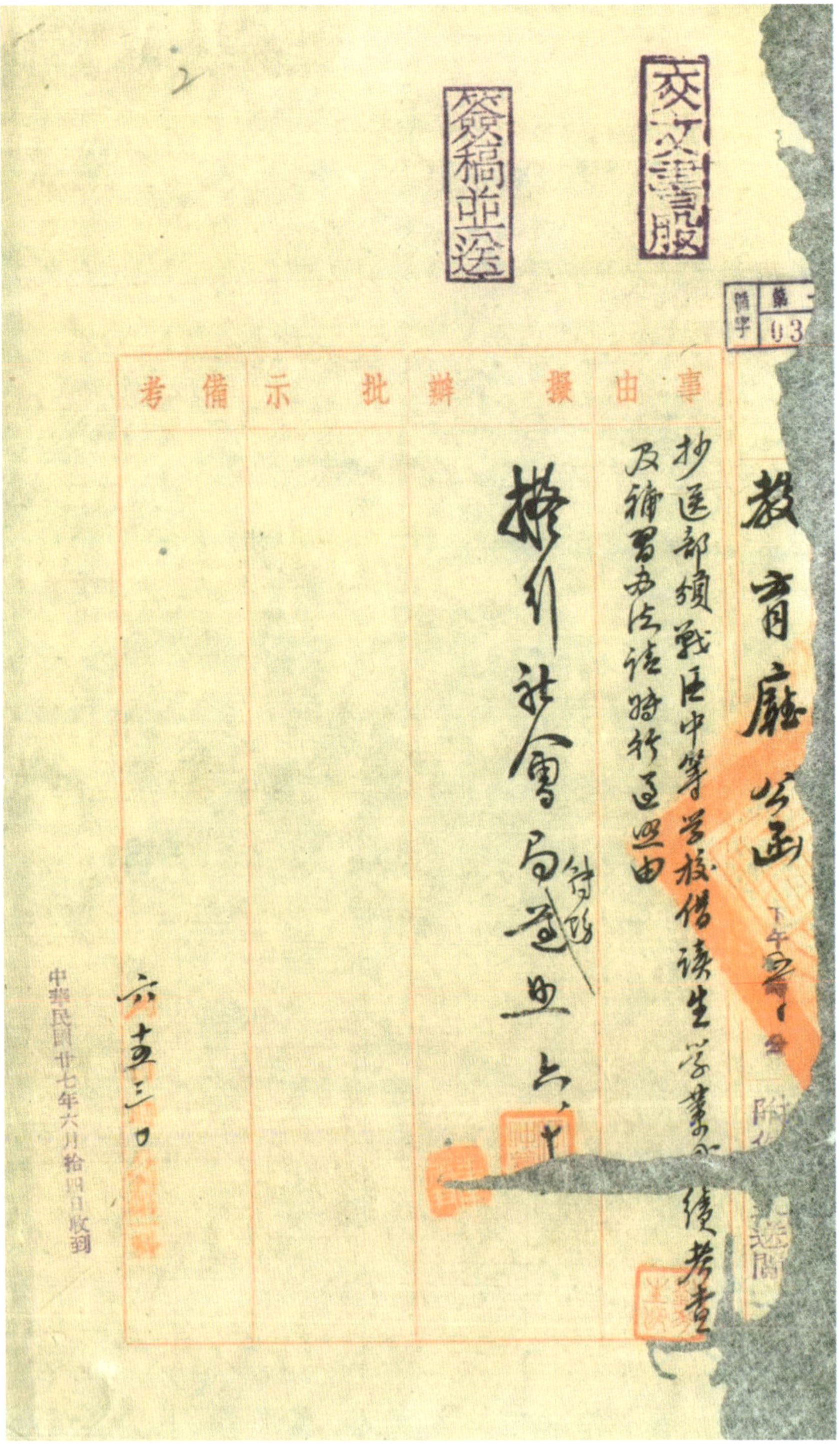

交文書股

發稿並送

事由	擬辦	批示	備考
教育廳公函 抄送部頒戰區中等學校借讀生學業成績考查及補習辦法請轉行遵照由	擬行社會局遵照		

中華民國廿七年六月拾四日收到

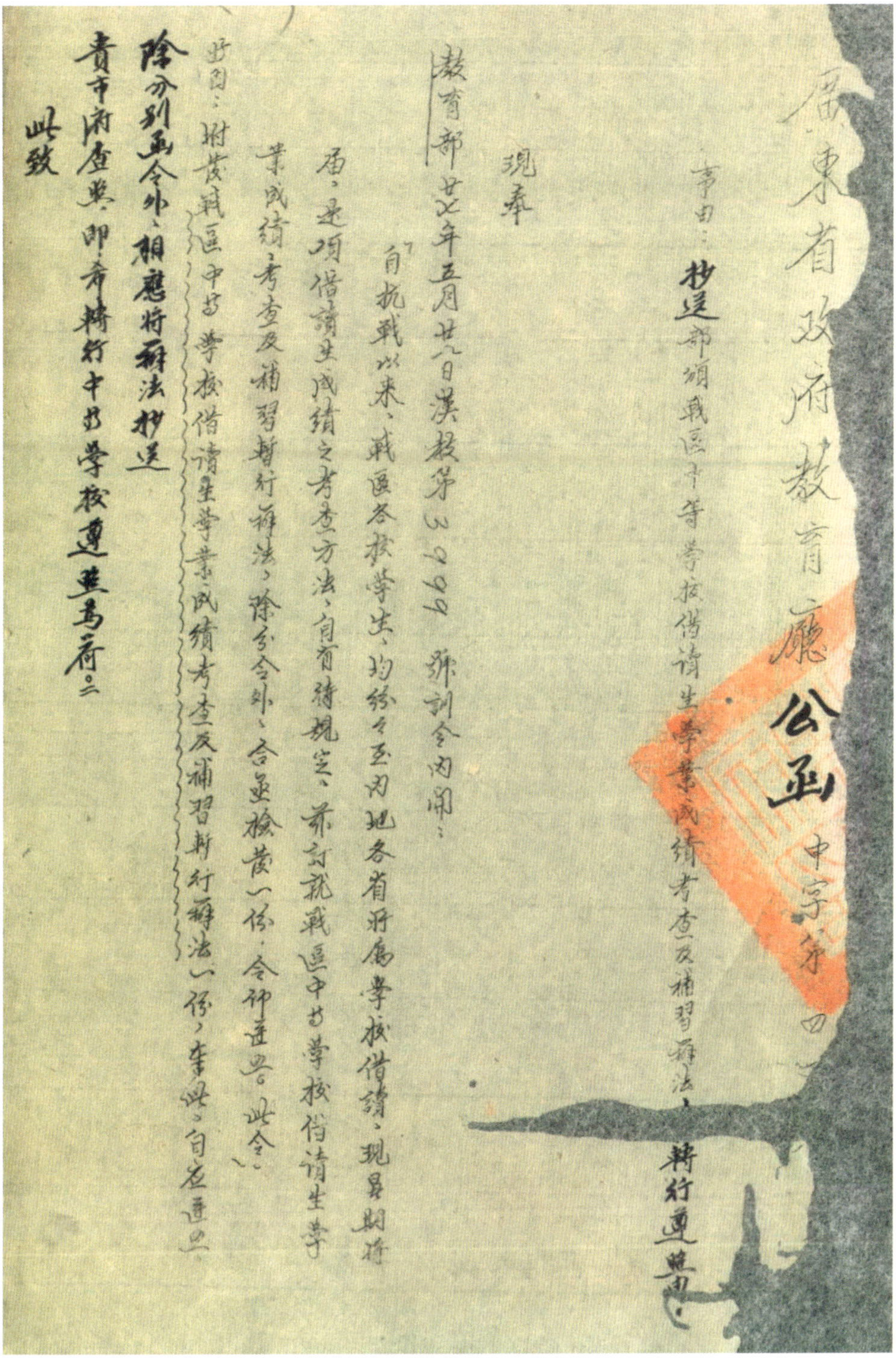
广东省政府教育厅公函 中字第四

事由：抄送部颁战区中等学校借读生学业成绩考查及补习办法，转行遵照由。

现奉

教育部廿七年五月廿八日汉教字第3999号训令内开：

"自抗战以来，战区各校学生，均纷纷至内地各省府属学校借读，现学期将届，是项借读生成绩之考查方法，自有特规定，兹订就战区中等学校借读生学业成绩考查及补习暂行办法，除分令外，合亟检发一份，令仰遵照。此令。"

等因：附发战区中等学校借读生学业成绩考查及补习暂行办法一份，奉此，自应遵照。

除分别函令外，相应将办法抄送

贵市府查照，即希转行中等学校遵照为荷。

此致

廣州市政府

抄送戰區中等學校借讀生學業成績考查及補習暫行辦法一份

廣東教育廳廳長許崇清

中華民國二十七年六月十四日

監印黎金堂
校對蕭國楨

一九戰區公私立中等學校學生，在各相當學校借讀者，（以下簡稱借讀生）之
之考查，應照本辦法之規定。

二、借讀生在原校之年級與現在借讀年級相銜接者，（須呈繳足資証明之文件）應參加借讀
學校之一切考試。

三、借讀生因借讀學校無相當年級，插入較高年級借讀者，應作為試讀生或旁聽生，不必
參加借讀學校之一切考試，俟下學期開始時，仍插入相當年級借讀。

四、借讀生在原校之年級與現在借讀年級雖不銜接，但其所缺之授學時數，未超過一學期
另除校課總時數之三分之一者，得准參加借讀學校之一切考試，惟其所缺課業，應在假
期中補修之，此項補修學業完畢時，由借讀學校加以測驗。

五、借讀生在原校之年級與現在借讀年級雖銜接，但本學期入校較遲，其所缺授學時數超過
一學期有除校課總時數三分之一以上而未滿二分之一時，不必參加借讀學校之學期考試，應
在假期中補修所缺課業完畢後，再由學校補行學期考試。

六、借讀生之應屆畢業者應一律參加畢業會考，其在借讀之後，仍修習之各科，如原校成
績，應以借讀學校之成績作為平時成績占百分之四十，與會考成績占百分之六十合併計算
之，如在借讀後不修習之科目，則其成績專以畢業會考為準。畢業証書上并註明借
讀生字樣及各科計算之標準。

七、借讀生之補修課[illegible]由借讀學校指定假期修業，如某某等科目之補修學

私立广州知用中学关于报送借读生萧君起学期考试及毕业考试成绩请广州培正中学校查照的公函（一九三九年七月）

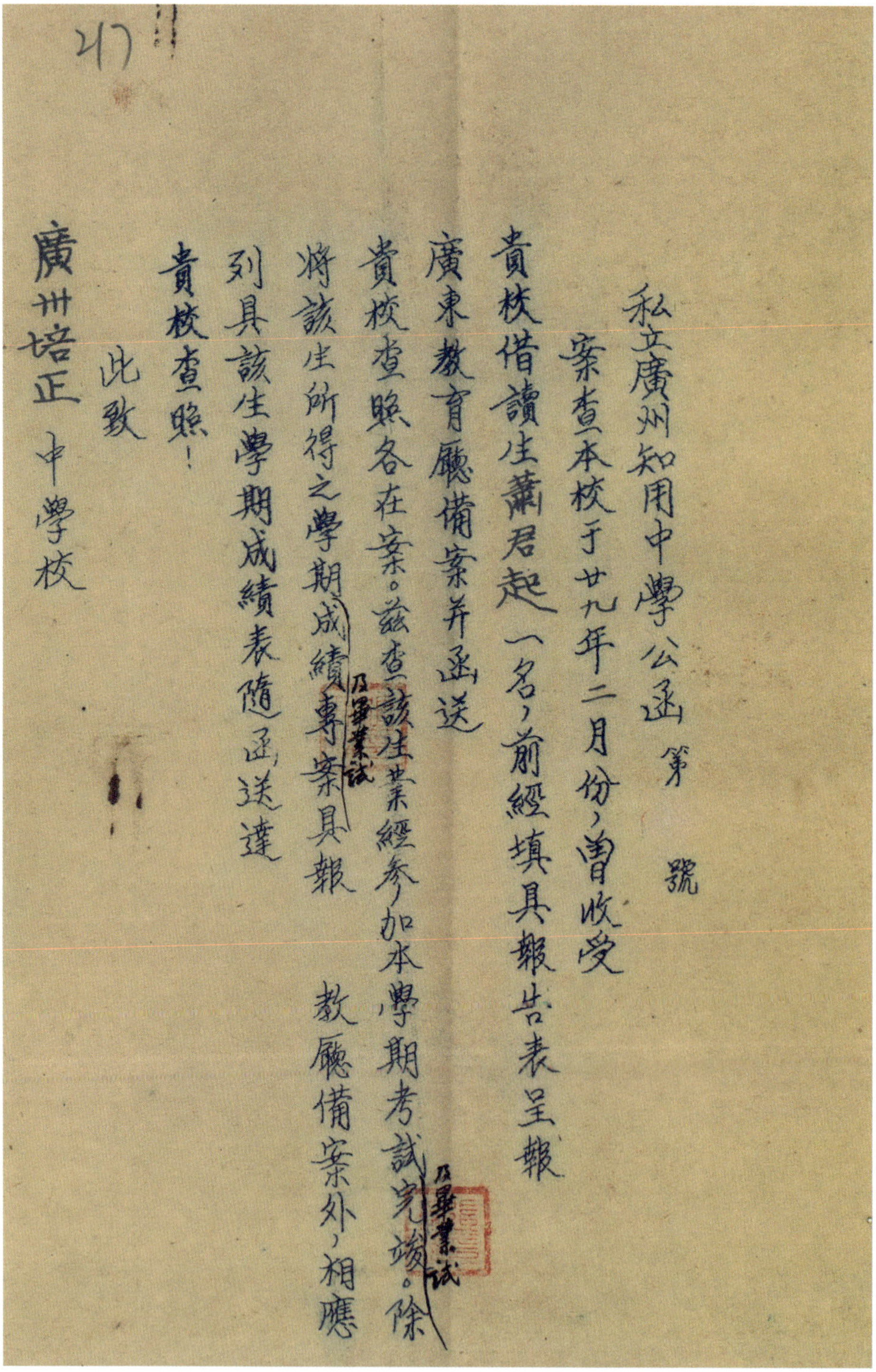

217

私立廣州知用中學公函 第　號

案查本校于廿九年二月份，曾收受

貴校借讀生蕭君起一名，前經填具報告表呈報

廣東教育廳備案并函送

貴校查照各在案。茲查該生業經參加本學期考試（及畢業試）完竣。除

將該生所得之學期成績（及畢業試）專案具報 教廳備案外，相應

列具該生學期成績表隨函送達

貴校查照！

此致

廣州培正中學校

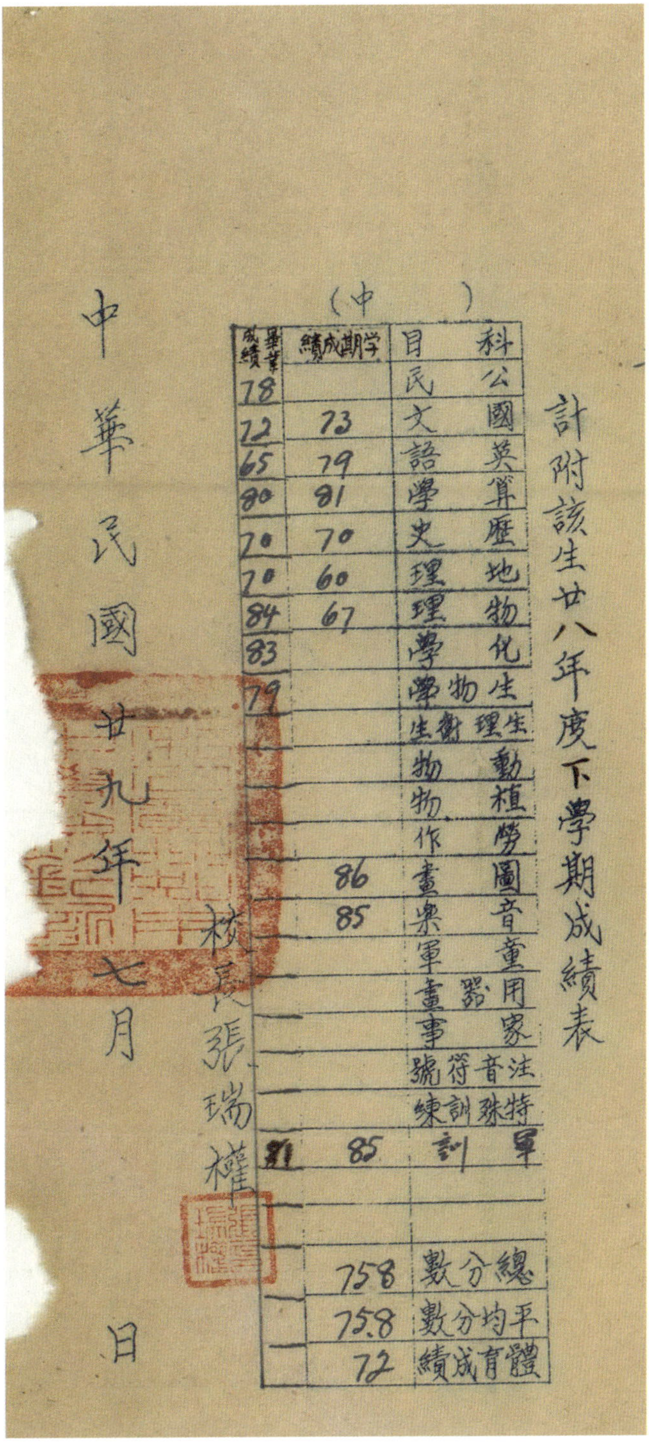

（中 ）

計附該生廿八年度下學期成績表

科目	學期成績	畢業成績
公民		78
國文	73	72
英語	79	65
算學	81	80
歷史	70	70
地理	60	70
物理	67	84
化學		83
生物學		79
生理衛生		
動物		
植物		
勞作		
圖畫	86	
音樂	85	
童軍		
用器畫		
家事		
注音符號		
特殊訓練		
軍訓	85	81
總分數	75.8	
平均分數	75.8	
體育成績	72	

校長張瑞權

中華民國廿九年七月 日

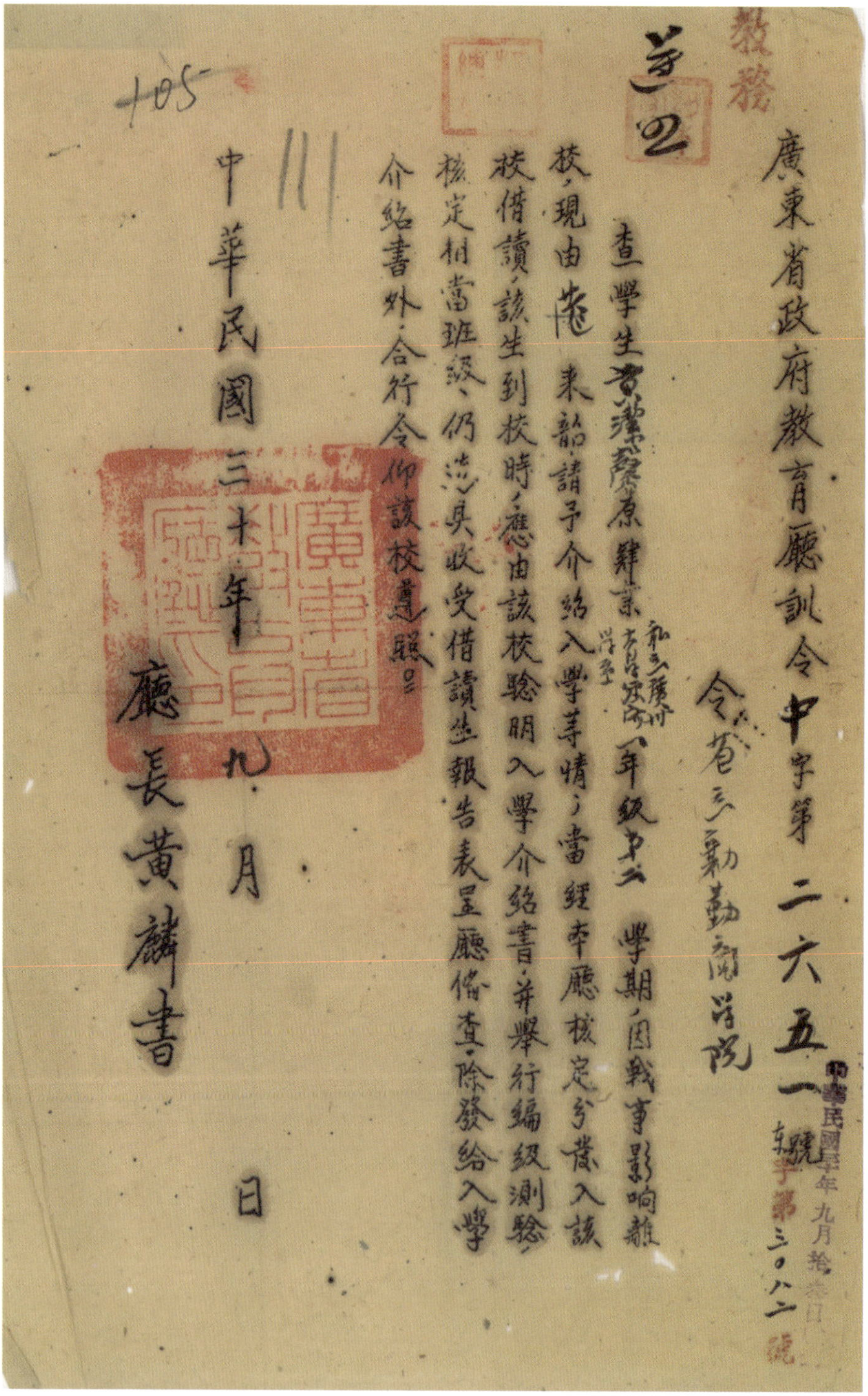

廣東省政府教育廳訓令 中字第二六五一號

令省立勷勤商學院

查學生黃潔馨原肄業私立廣州大學附屬中學高中一年級第二學期，因戰事影響離校，現由港來韶，請予介紹入學等情，當經本廳核定分發入該校借讀，該生到校時，應由該校驗明入學介紹書，並舉行編級測驗，核定相當班級，仍造具收受借讀生報告表呈廳備查。除發給入學介紹書外，合行令仰該校遵照。

中華民國三十年九月 日

廳長黃麟書

广东省教育厅关于学生黄洁馨由港来韶转学致省立勷勤商学院的入学介绍书（一九四一年九月）

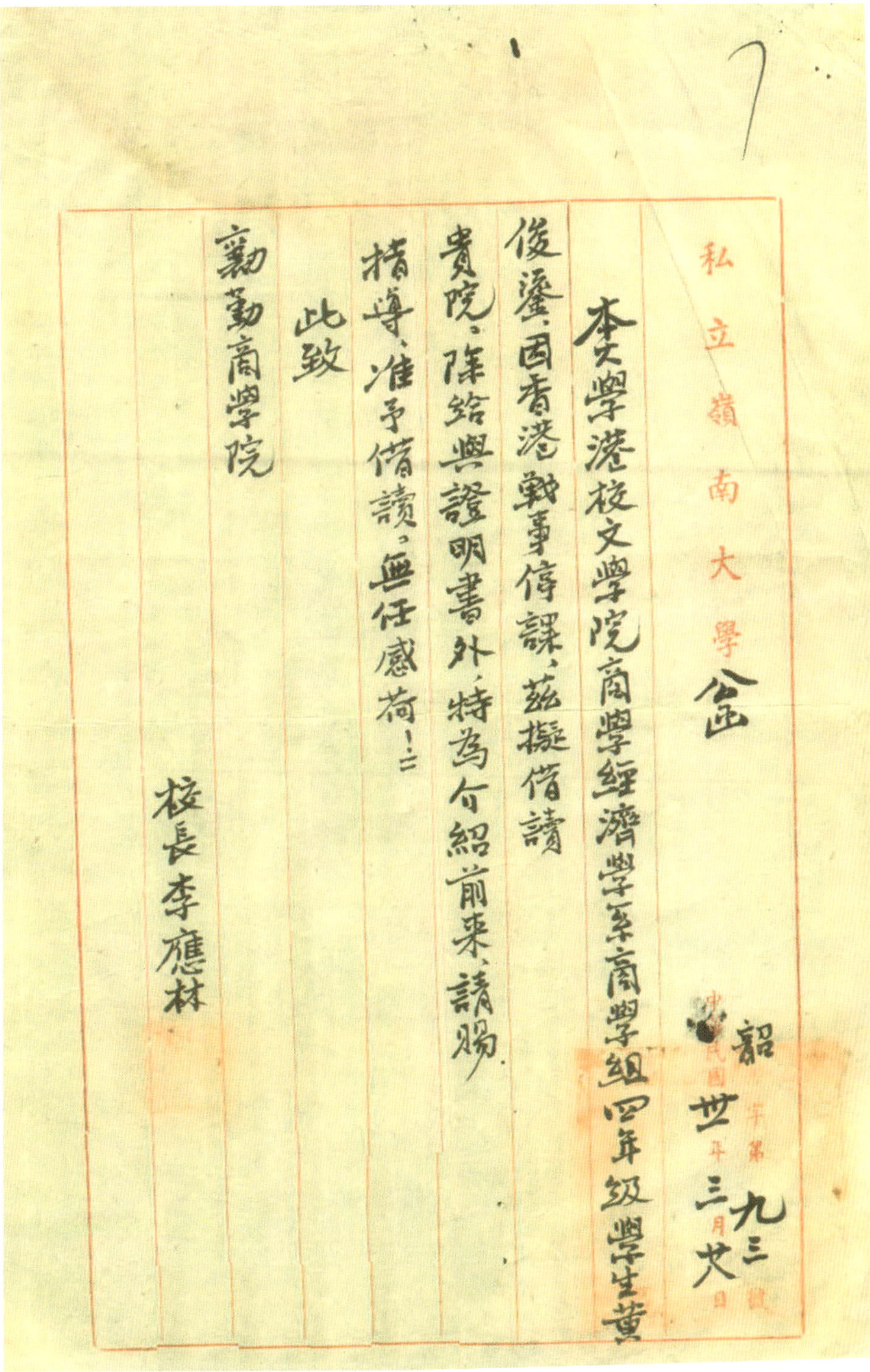
私立嶺南大學公函

本大學港校文學院商學經濟學系商學組四年級學生黃俊鎏，因香港戰事停課，茲擬借讀

貴院，除給與證明書外，特為介紹前來，請賜

指導，准予借讀，無任感荷！！

此致

勷勤商學院

校長李應林

韶字第九三號

中華民國卅一年三月廿八日

私立岭南大学关于学生黄俊鎏因香港战事停课拟请借读于勷勤商学院的公函（一九四二年三月二十八日）

6

私立嶺南大學

證明書

韶字第二十號

中華民國丗年三月廿八日

學生黃俊鎏係廣東省澄海縣人現年廿二歲在本大學港校文學院商學經濟學系商學組四年級第一學期肄業至民國三十年十二月八日因香港發生戰事停課特此證明。

校長李應林

私立澳门中德中学校关于周炳森的转学证书（一九四二年九月三十日）

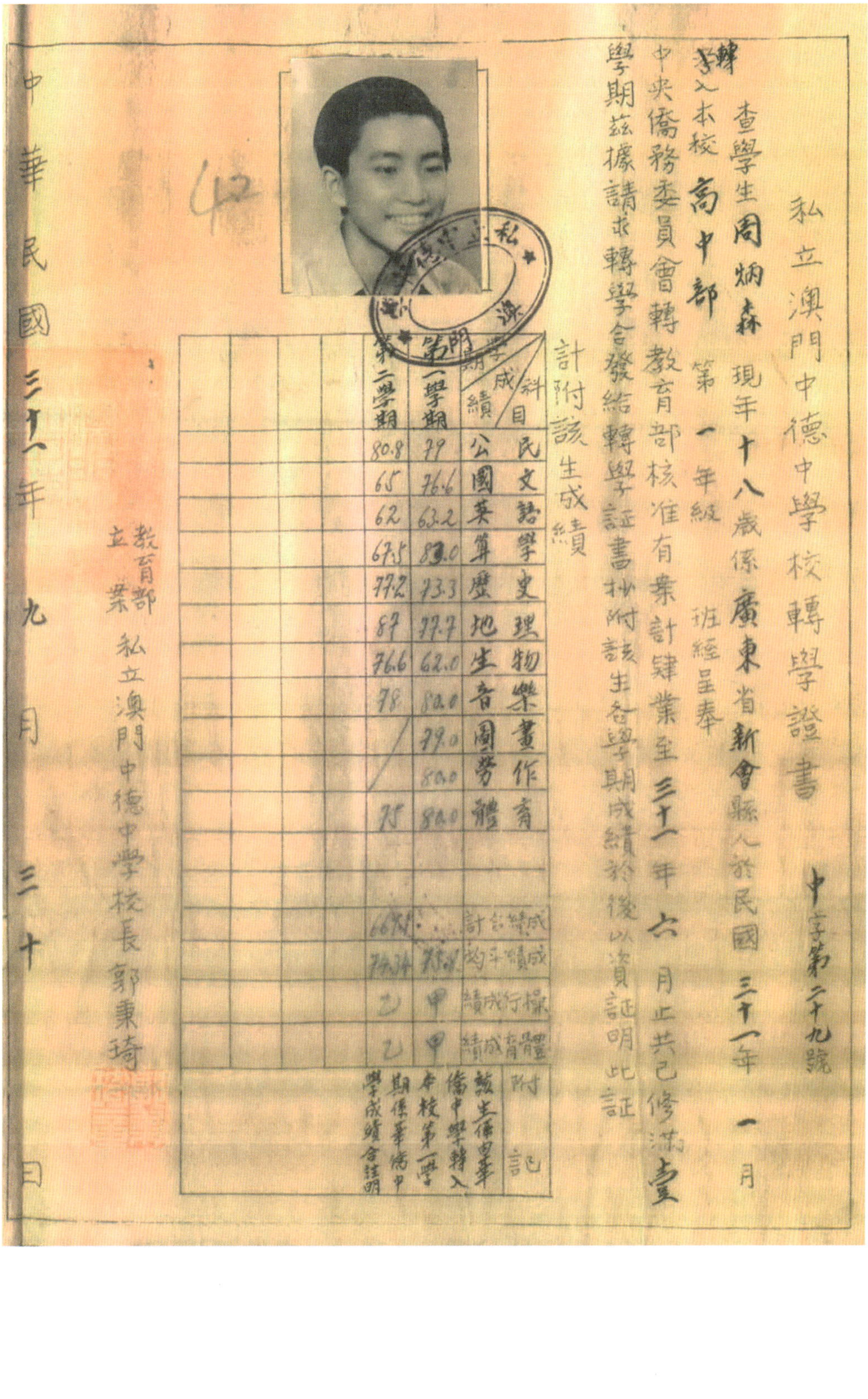

私立澳門中德中學校轉學證書

中字第二十九號

查學生周炳森現年十八歲係廣東省新會縣人於民國三十一年一月轉入本校高中部第一年級　班經呈奉中央僑務委員會轉教育部核准有案計肄業至三十一年六月止共已修滿壹學期茲據請求轉學合發給轉學證書抄附該生各學期成績於後以資証明此証

計附該生成績

科目 / 成績 / 學期	第一學期	第二學期
公民	79	80.8
國文	76.6	65
英語	63.2	62
算學	83.0	67.5
歷史	73.3	77.2
地理	77.7	87
生物	62.0	76.6
音樂	82.0	78
圖畫	79.0	
勞作	80.0	
體育	84.0	75
成績合計	[illegible]	[illegible]
成績平均	78.18	74.34
操行成績	甲	乙
體育成績	甲	乙

附記：該生係由華僑中學轉入本校第一學期係華僑中學成績合註明

教育部立案　私立澳門中德中學校長郭秉琦

中華民國三十一年九月三十日

私立南华学院关于吴惠生的借读证明书（一九四二年十一月六日）

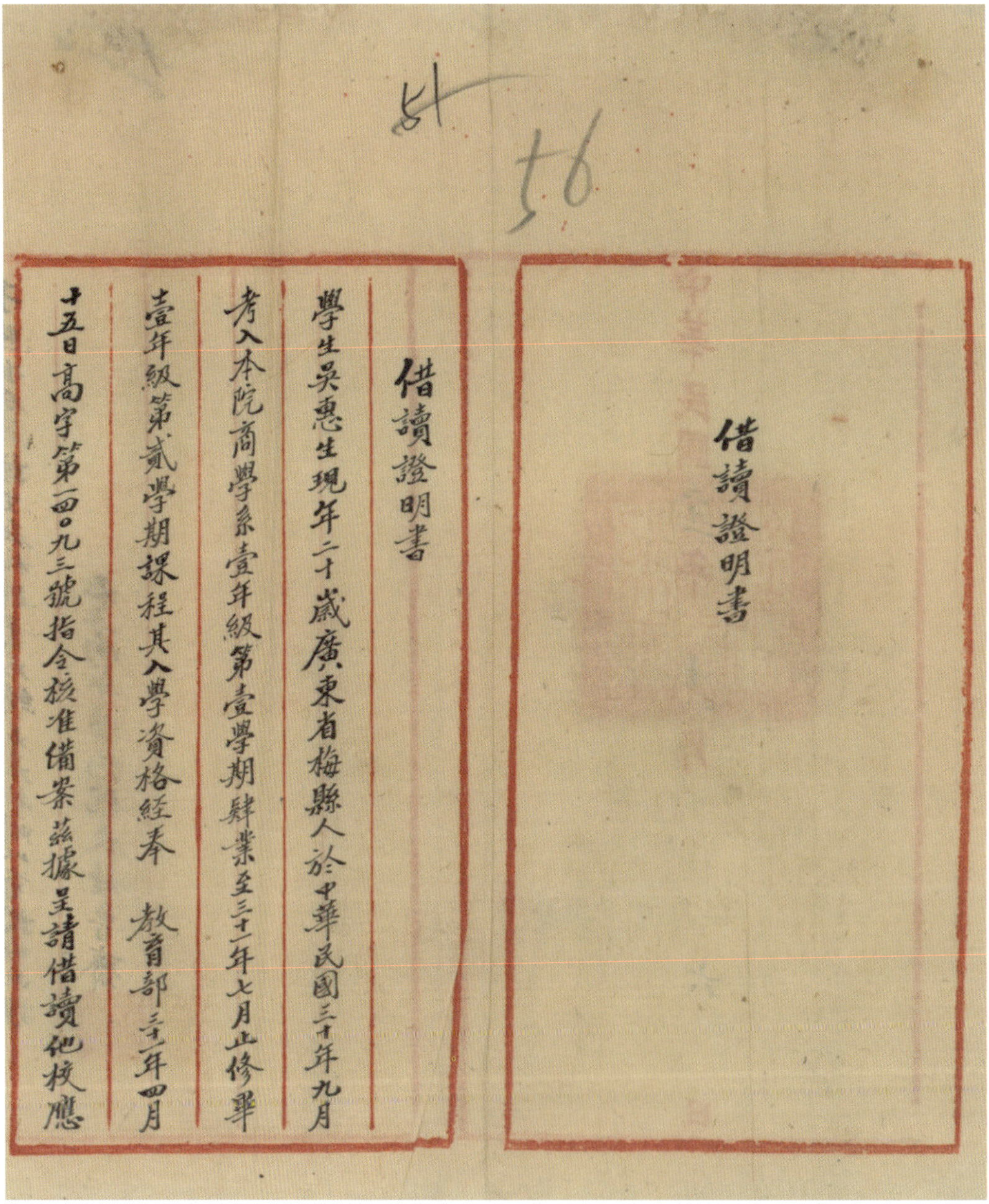
借讀證明書

借讀證明書

學生吳惠生現年二十歲廣東省梅縣人於中華民國三十年九月考入本院商學系壹年級第壹學期肄業至三十一年七月止修畢壹年級第貳學期課程其入學資格經奉 教育部三十一年四月十五日高字第一四〇九三號指令核准備案茲據呈請借讀他校應

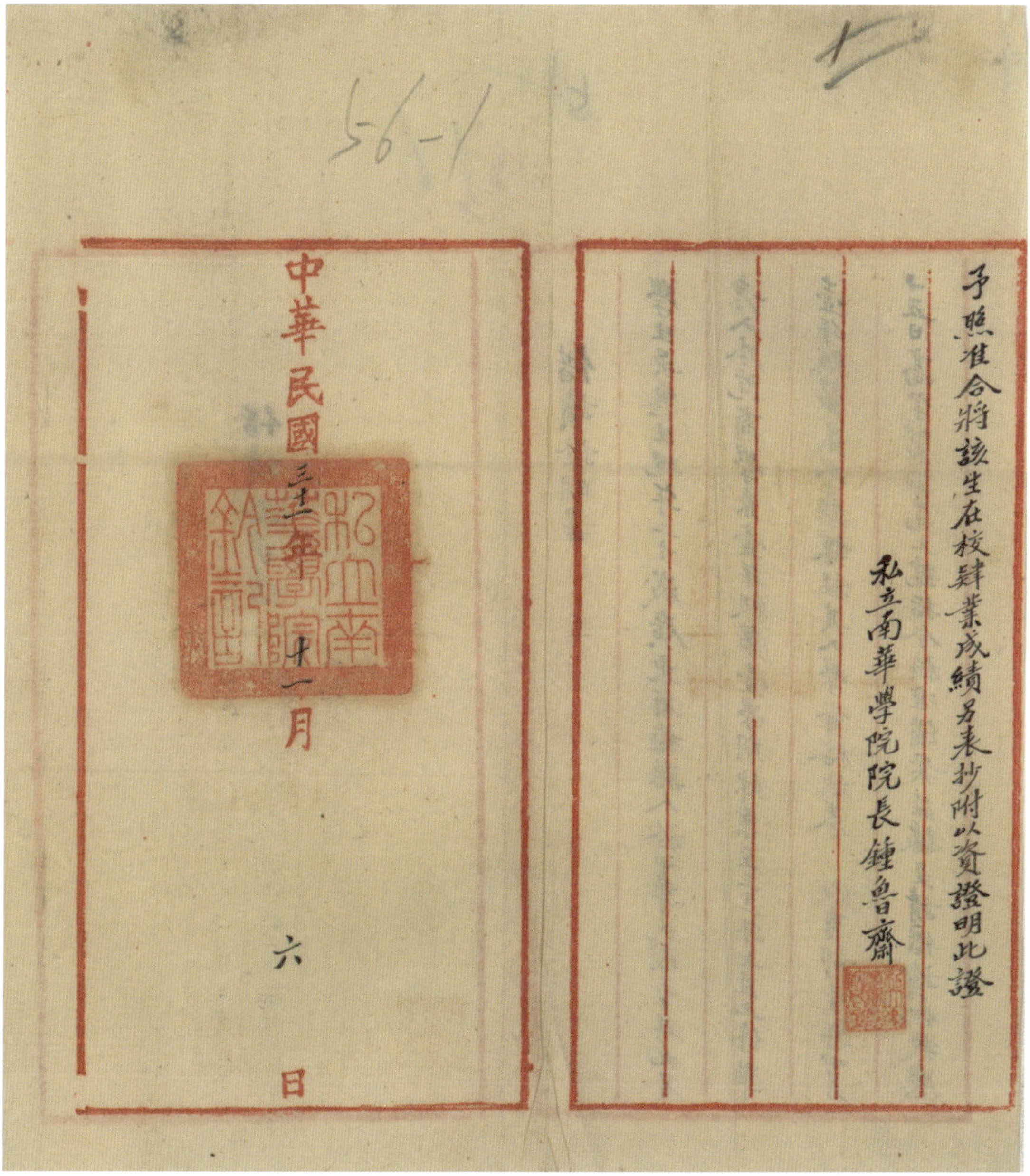
56-1

予照准合將該生在校肄業成績另表抄附以資證明此證

私立南華學院院長鍾魯齋

中華民國三十二年十一月六日

学生黄兆兰关于为免失学恳请广东省立勷勤商学院准予就读的信函（一九四五年一月二十八日）

68

事由　為免失學懇請　准予就讀　貴院計政班由

竊生原籍廣西陸川，於去年（民國卅三年）暑期畢業於曲江中德中學，適會湘桂戰事發生，乃旋返故鄉，留意投考　貴院。唯以本年度　貴院前後兩次招考均以獲息過遲而阻誤，是以只得閒居家中，暫行自習。今得友人來信藉悉　貴院為維持失學青年計，特增設計政班一班，以便收容失學青年，生聞訊後不勝慶幸。唯查該班須高中學業成績審查合格後始得就讀，生母校於曲江，一時實無法領取成績，祇得將生苦衷及求知心切，懇誠披瀝呈於

鈞長，懇請　俯念求學情殷，體恤失學痛苦，先准予就讀，然

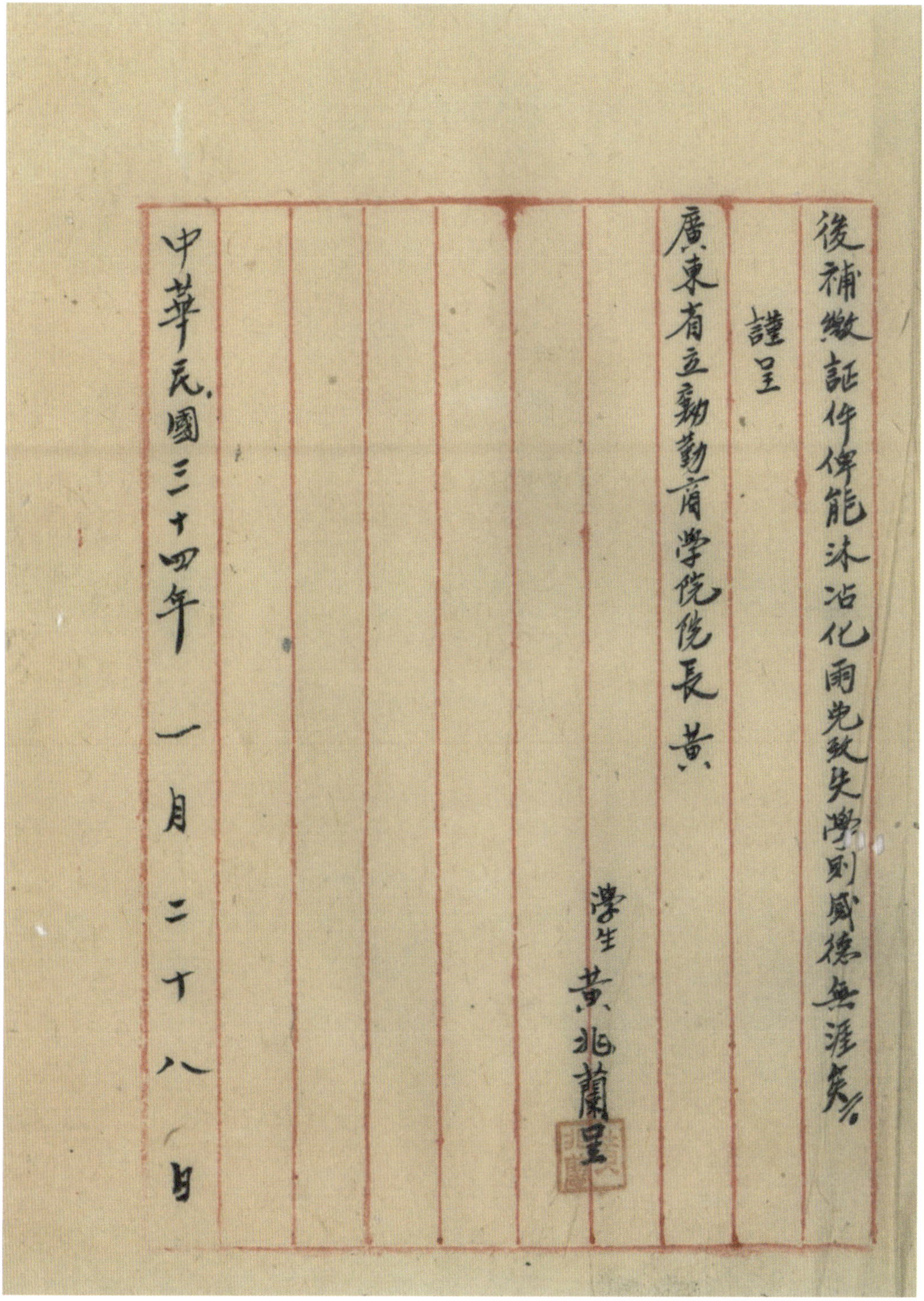
後補繳証件俾能沐浴化雨免致失學則感德無涯矣

謹呈

廣東省立勷勤商學院院長黄

學生 黄兆蘭 呈

中華民國三十四年一月二十八日

广东省教育厅关于中等学校毕业证书遗失请求证明毕业资格办法的批示（一九四二年）

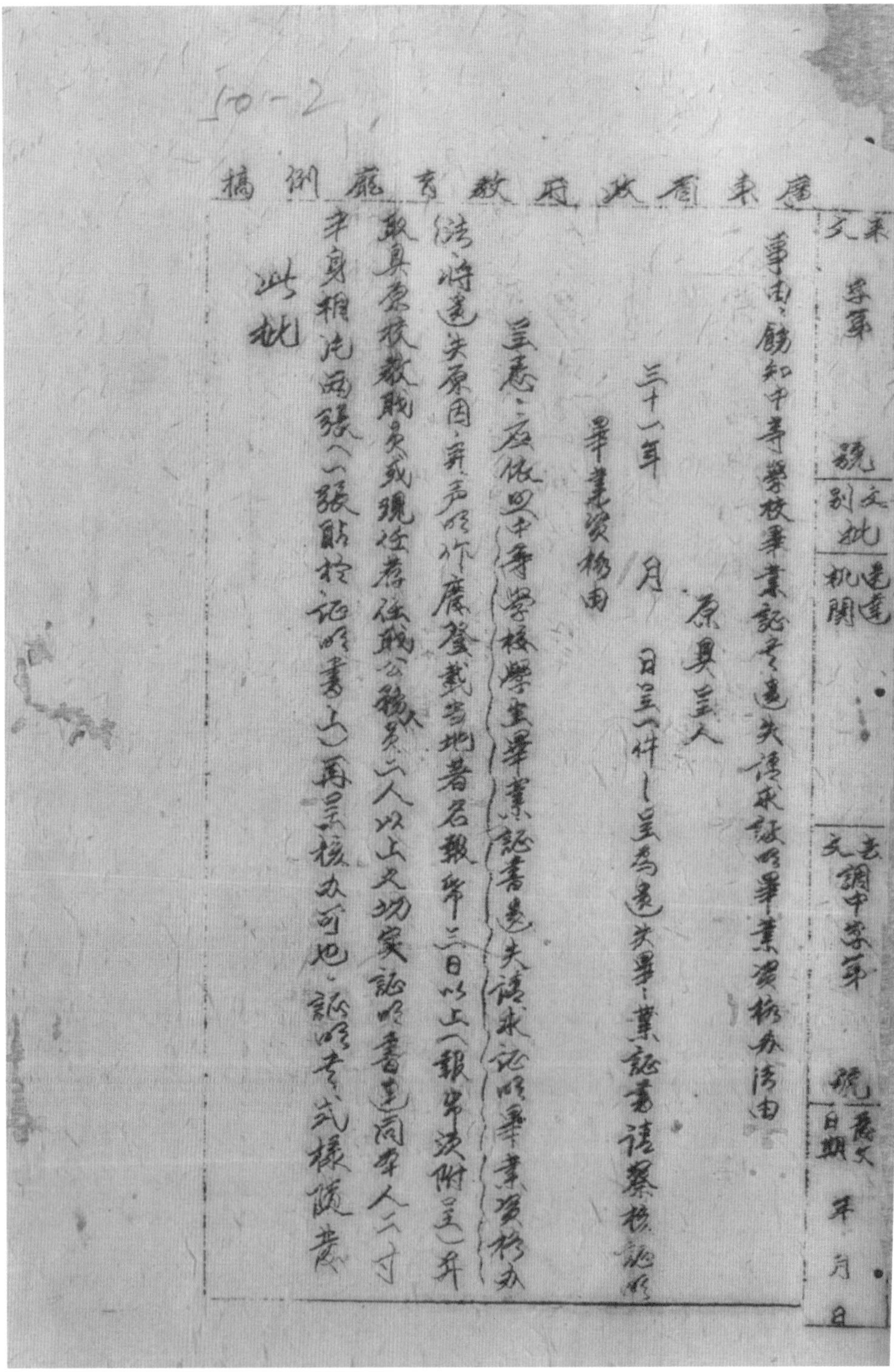

50-2

廣東省政府教育廳批稿

来文 字第 號

文别 批

送達机関

去文 調中字第 號

發文日期 年 月 日

事由：飭知中等學校畢業證書遺失請求證明畢業資格辦法由

原具呈人

三十一年 月 日呈一件：呈為遺失畢業證書請察核證明畢業資格由

呈悉。應依照中等學校學生畢業證書遺失請求證明畢業資格辦法將遺失原因並聲明作廢登載當地著名報紙三日以上（報紙須附呈）并取具原校教職員或現任委任職公務員二人以上之切實證明書（連同本人二寸半身相片兩張，一張貼於證明書上）再呈核辦可也。證明書式樣隨發

此批

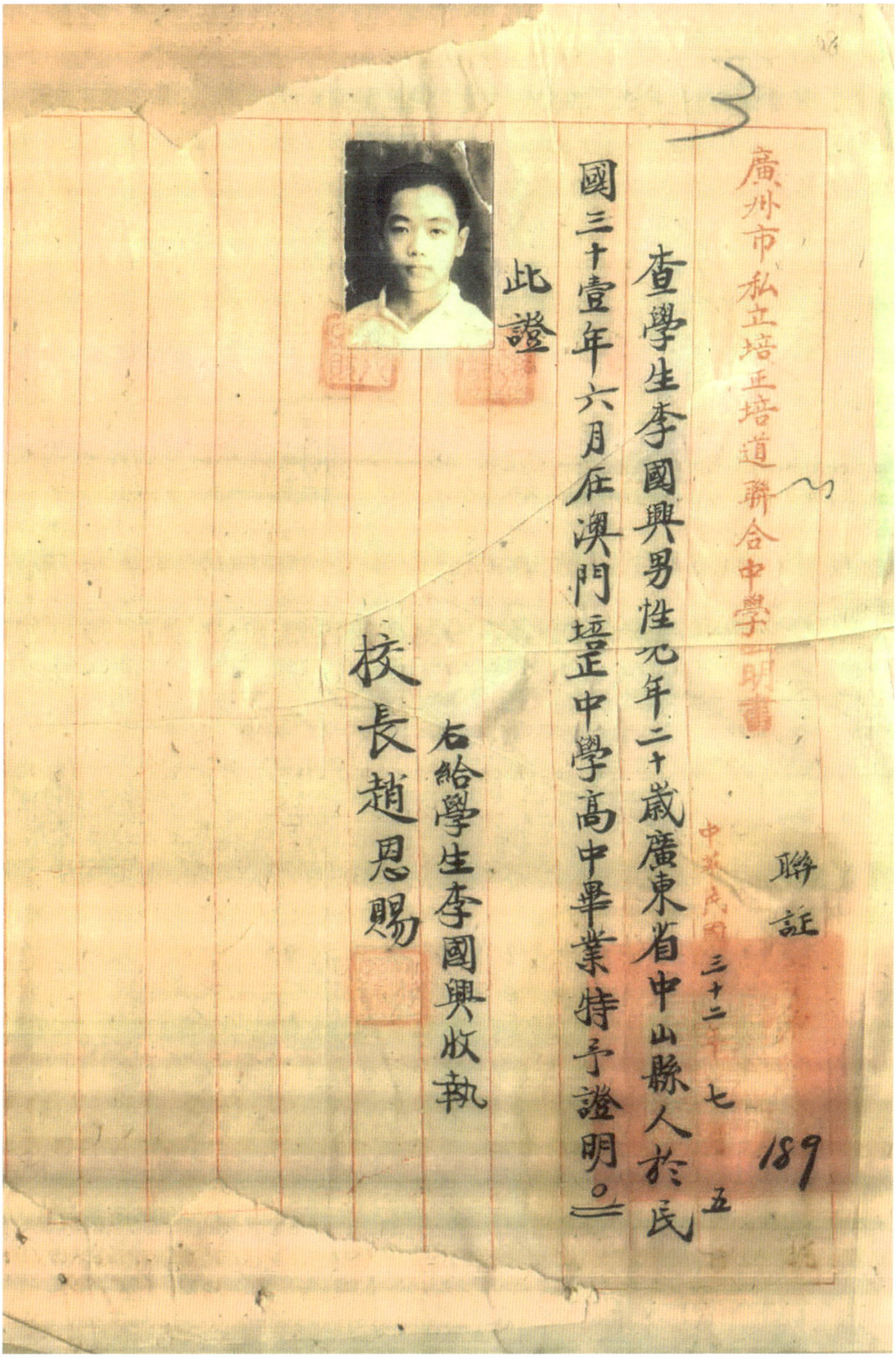

廣州市私立培正培道聯合中學證明書

聯証 189

查學生李國興男性現年二十歲廣東省中山縣人於民國三十壹年六月在澳門培正中學高中畢業特予證明之

此證

右給學生李國興收執

校長趙恩賜

中華民國三十二年七月五日

广州市私立培正培道联合中学关于李国兴在澳门培正中学高中毕业的证明书（一九四三年七月五日）

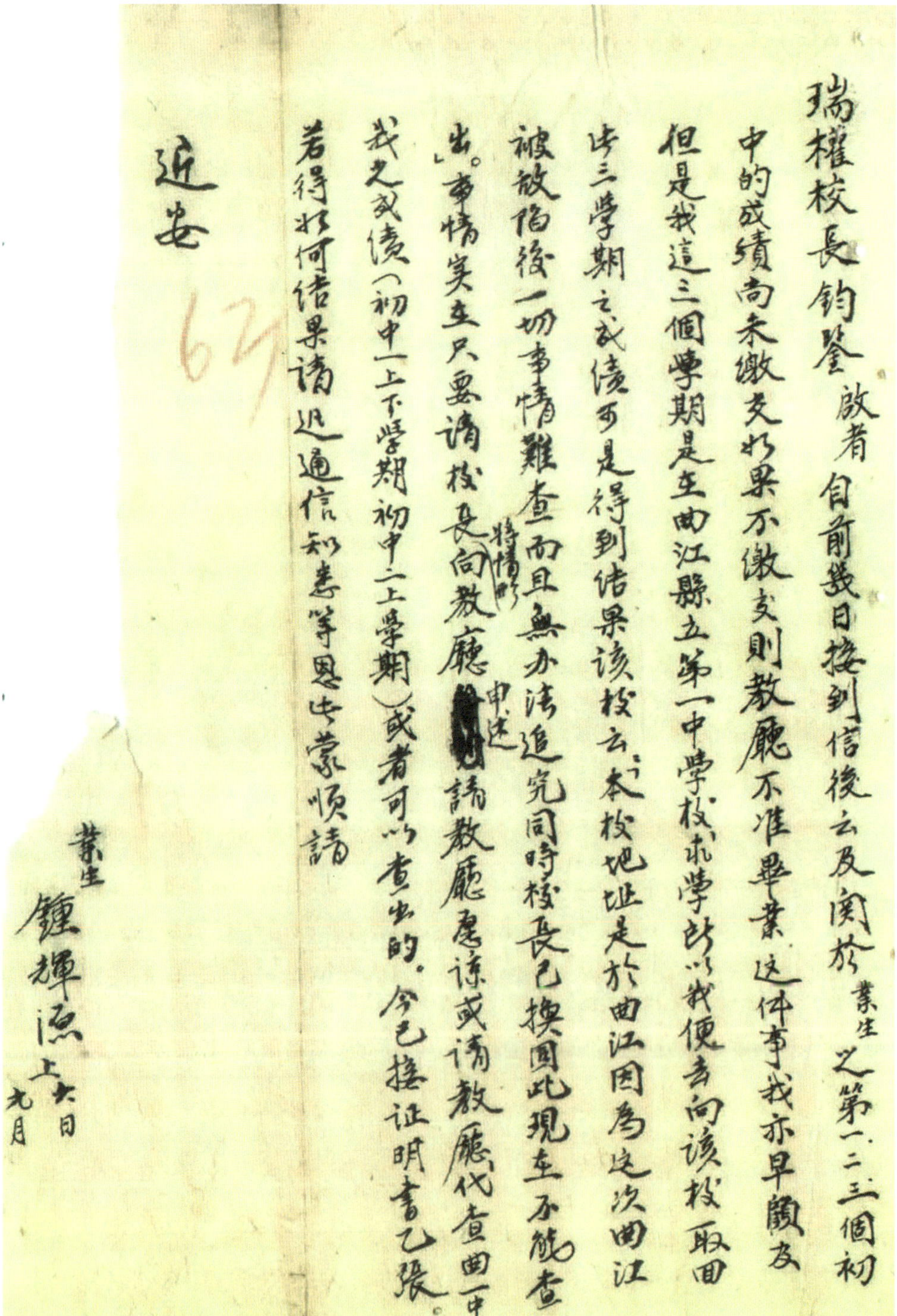

瑞權校長鈞鑒 啟者 自前幾日接到信後云及關於 業生 之第一二三個初中的成績尚未繳交如果不繳交則教廳不准畢業 這件事我亦早聞友 但是我這三個學期是在曲江縣立第一中學校求學所以我便去向該校取回此三學期之成績可是得到結果該校云本校地址是於曲江因為這次曲江被敵陷後一切事情難查而且無办法追究同時校長已換因此現在不能查出。事情實在只要請校長向教廳（特情形申述）[redacted]請教廳原諒或請教廳代查曲一中我之成績（初中一上下學期初中二上學期）或者可以查出的。今已接证明書乙張 若得什何結果請迅速通信知患等恩此蒙順請

近安

業生 鍾輝源 上

九月六日

钟辉源关于借读期间成绩无从查出恐影响毕业呈请私立知用中学校长代向广东省教育厅申述代查的信函（九月六日）

二 靠近前线的战时学园

自一九三七年八月始，广东省遭受日军的频繁空袭，为师生安全起见，不少学校已经开始疏散。馆藏的《广东省中等学校暂迁地址表》显示，一九三七年九月至十月间有多所中学迁徙至周边受战事影响较小的地区。私立仲元中学从广州市中心迁至番禺县属第七区蚌湖乡步瀛书院；位于广州白鹤洞的私立真光中学迁移至香港上课；广雅中学迁移至顺德；广东省立女子中学则迁至顺德县属第五区良教乡上课。一九三八年十月广州沦陷之后，大量学校或停闭或迁徙。据广东省政府有关统计，至一九三九年六月，因战事休课的公私立中等学校有八十三所，至一九四一年三月还有四十所以上，因战事迁址的中等学校有六十九所以上。高等院校也全面转移，私立广州大学曾在香港、开平、中山、台山和韶关等地辗转；岭南大学则迁至香港，后迁曲江办学。

国立中山大学先迁至云南澄江，又于一九四〇年迁回粤北坪石。学校规模庞大，各学院分散在武江两岸的村庄里，除租用民居祠堂之外，还大量兴建竹织批荡的简易校舍。因路程远，师生往来各处要乘船渡江。从馆藏档案中，可以看到师范学院、法学院和文学院往来校本部的渡船时刻表。相比于城市生活，战时学园虽然一切都因陋就简，却也别有山野趣味。

战时校园缺少图书和仪器设备，但仍然有前沿的科学研究与学术交流，山丘上建立起天文台，理、工、医学系建立了工厂和实验室，课外还有各类研讨会和演讲会。国内外学者访学交流也不曾停止，如英国都伦大学教授雷威克、美国地理学家葛德石、英国科学访问团代表李约瑟教授等都曾先后到粤北的校园参观访问。各院校也利用自己的专业特长，植树造林、推广农业技术、支持民众教育、开办职业训练班，支持地方发展和抗战建设。

战时校园中有丰富的课外活动，除了音乐、歌咏、戏剧和运动会等文体活动，还协助鞋袜劳军运动委员会出版壁报、采集自然标本赠送省立民众教育馆，青年学子们为抗战中的粤北山区带来生机和活力。

广州市政府转发教育厅关于省市公私立各级学校暂迁地址表式令社会局遵照办理具报的公函 附：广东省中等学校暂迁地址表（一九三七年十一月九日）

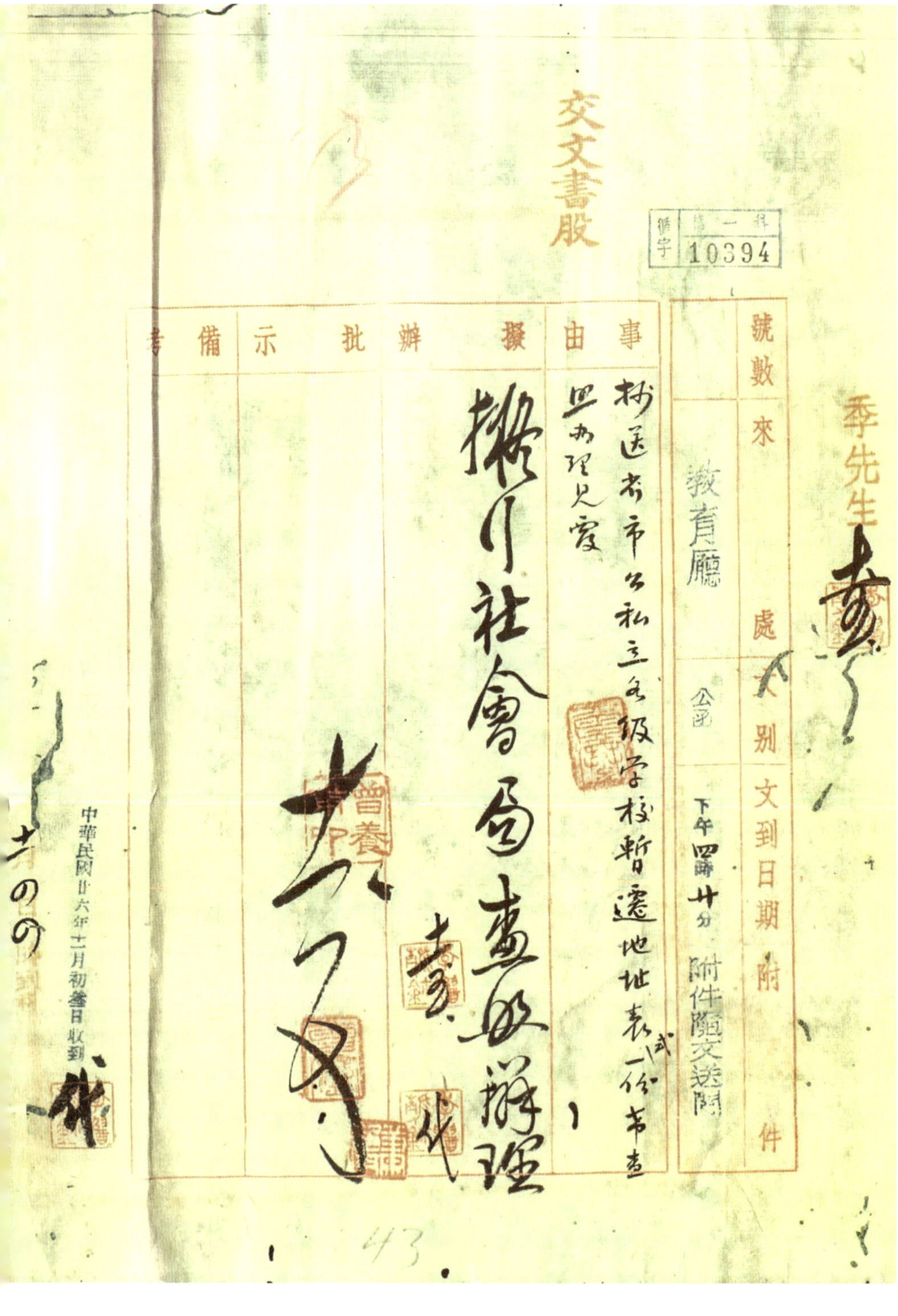

交文書股

10394

季先生

來數號	教育廳
處	
文別	公函
到日期	下午四時廿分
附件	附件隨文送閱

事由	抄送省市公私立各級學校暫遷地址表式一份希查照辦理見復
擬辦	撥社會局查照辦理
批示	
備考	

中華民國廿六年十一月初叁日收到

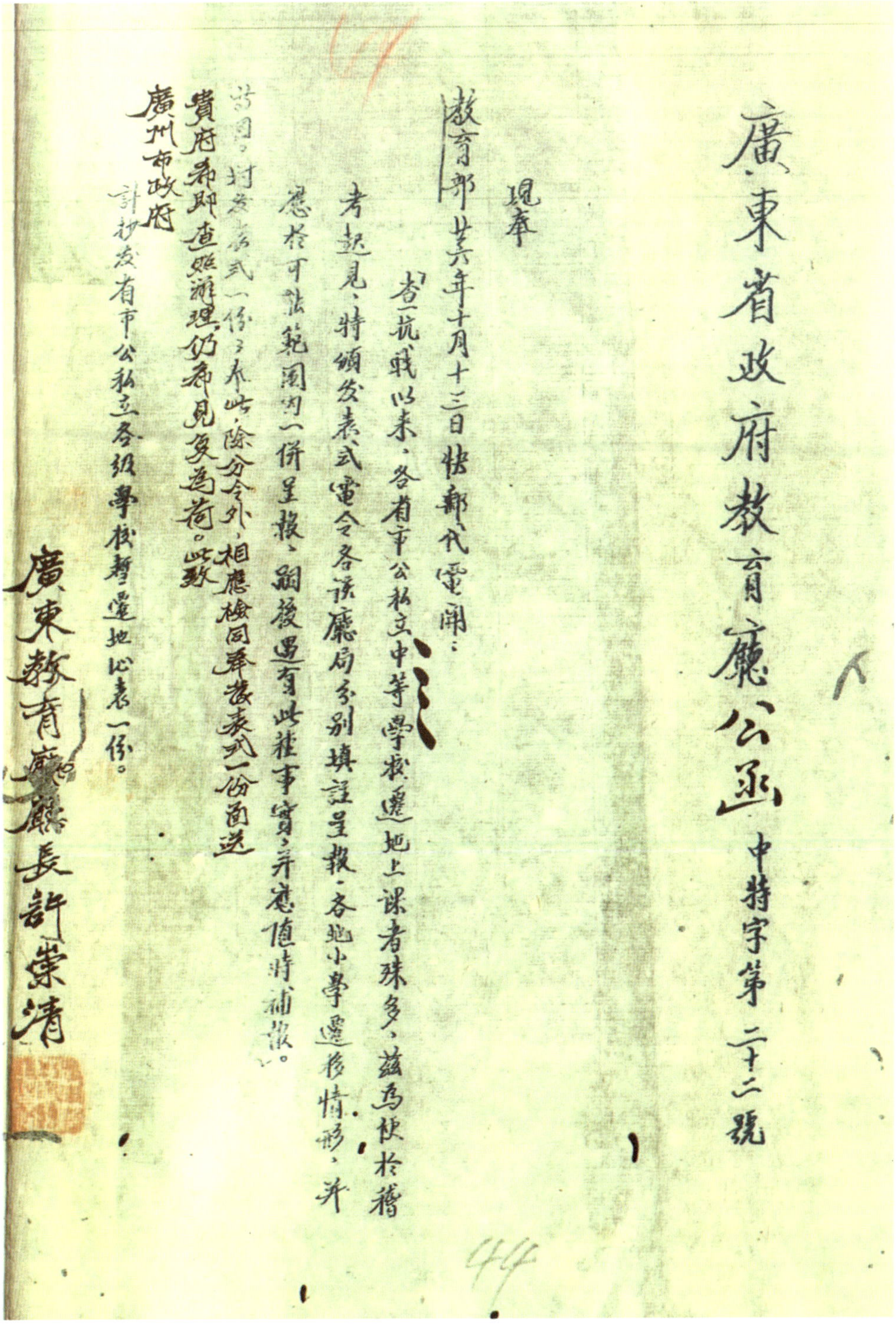

廣東省政府教育廳公函 中特字第二十二號

現奉

教育部廿六年十月十三日快郵代電開：

「查抗戰以來，各省市公私立中等學校遷地上課者殊多，茲為使於稽考起見，特頒發表式，電令各該廳局分別填註呈報。各地小學遷移情形，并應於可能範圍內一併呈報，嗣後遇有此種事實，并應隨時補報。」

等因。附發表式一份。奉此。除分令外，相應檢同原發表式一份函送

貴府希即查照辦理，仍希見復為荷。此致

廣州市政府

計抄發省市公私立各級學校轉遷地址表一份。

廣東教育廳廳長許崇清

中華民國二十六年十一月廿九日

監印李念堂
校對蕭國楨

廣東省中等學校暫遷地址表

校名	遷移地點	日期	備考
省立廣雅中學	順德碧江	廿六年十月	
省立康成中學	鶴山沙坪市	仝右	
省立廣州女子中學	順德良教鄉	仝右	
省立廣州女子師範學校	南海西樵簡村	仝右	
省立江村師範學校	番禺龍岡村	仝右	
省立廣州農工業職業校	順德大良	廿六年九月	
省立韓山師範學校	潮安秋田	仝右	
省立嶺東商業職業校	梅縣松江南岸	仝右	
私立仲愷農工校	南海官山	廿六年十月	
私立執信女子中學	南海西樵吉水鄉	仝右	
私立知行中學	南海佛山昇平路	仝右	
私立復旦中學	番禺謝村	仝右	
私立仲元中學	番禺蚌湖鄉	仝右	
私立長城中學	南海九江	廿六年九月	
汕頭私立大中中學	潮陽六區銅砵盂鄉	仝右	
私立協和女子中學	台山公益晉山中學內	仝右	

45

私立越山中學	開平赤坎木埠	仝	右
私立廣中中學	開平海門	仝	右
私立南武中學	南海九區大鎮鄉	仝	右
潮安私立初級中學	潮安意溪	仝	右
私立培正中學	鶴山舊城	仝	右
私立志銳初級中學	開平海門	仝	右
番禺私立九桂中學	番禺九區竹料鄉	仝	右
東莞縣立簡易師範	東莞篁村鄉	廿六年十月	
私立培道女子中學	肇慶中路	廿六年九月	
私立思思中學	台山舊縣城徐氏宗祠	仝	右
私立興華中學	開平白沙	仝	右
私立培桂中學	廣西藤縣	仝	右
私立廣州大學附中	九龍新嶺	廿六年十月	
私立廣法中學	順德樂從	廿六年九月	
私立國民大學附中	台山白沙	廿六年十月	
新會私立國民初級中學	新會三區篁莊村	仝	右
省立勷勤大學附中	開平蘆村闔公祠	仝	右
私立卓頃中學	新會縣城	仝	右
省立水產職業學校	海豐太平墟	仝	右

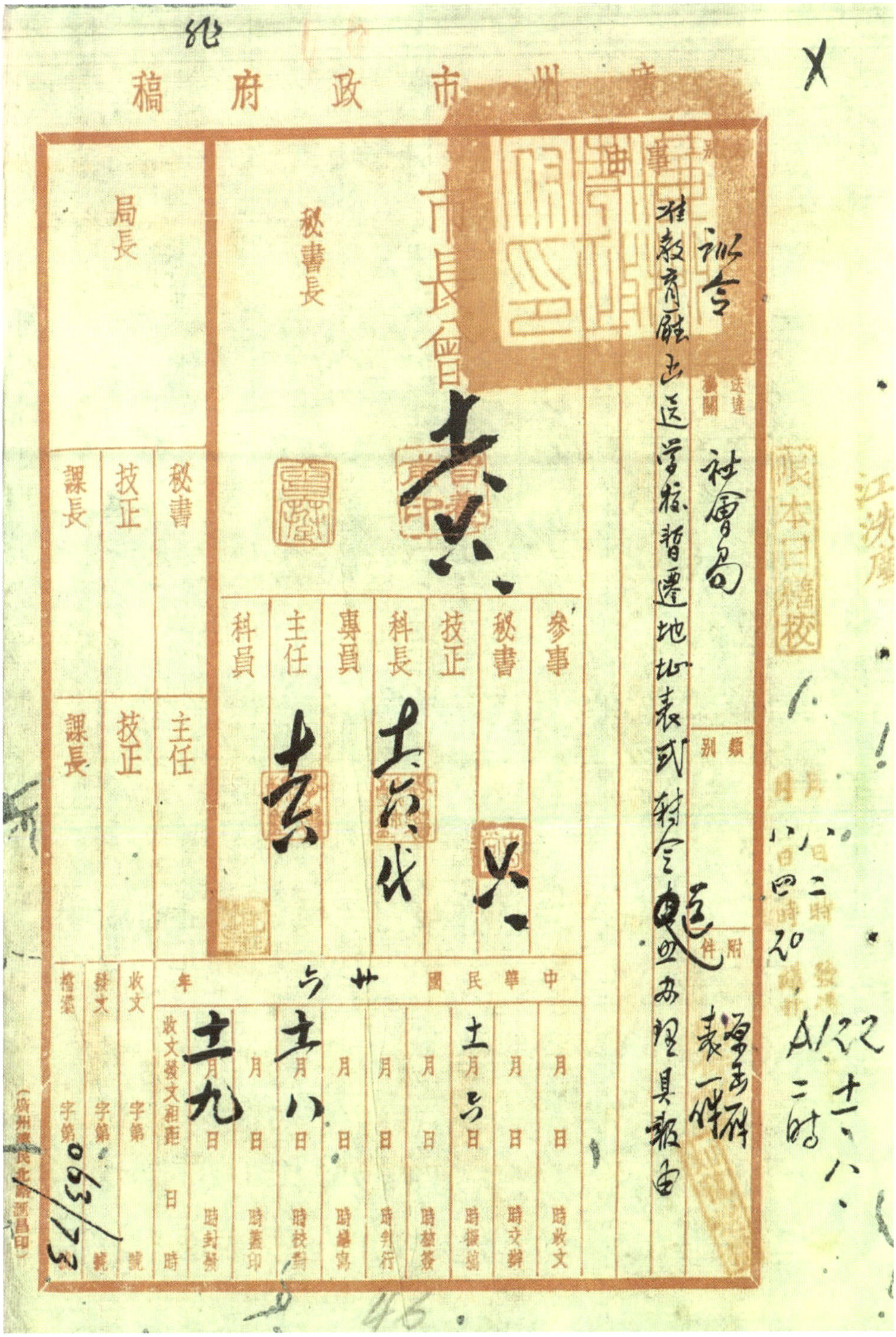
廣州市政府稿

市長
秘書長
局長

事由：准教育廳函送學校暫遷地址表式飭令遵照辦理具報由

訓令

社會局

附件：表一件

中華民國廿六年十一月十八日

訓令 文字第5630號

令社會局

現准

教育廳本年十一月二日中特字第二二號公函開：

「現奉教育部 云云 照抄至 查照辦理，仍希見復為荷。」

等由；附表一份，准此。合行抄發原表，令仰該局即便遵照辦理，具報，以憑轉復。

此令。

計抄發原附表一份。

監印 曾憲欽

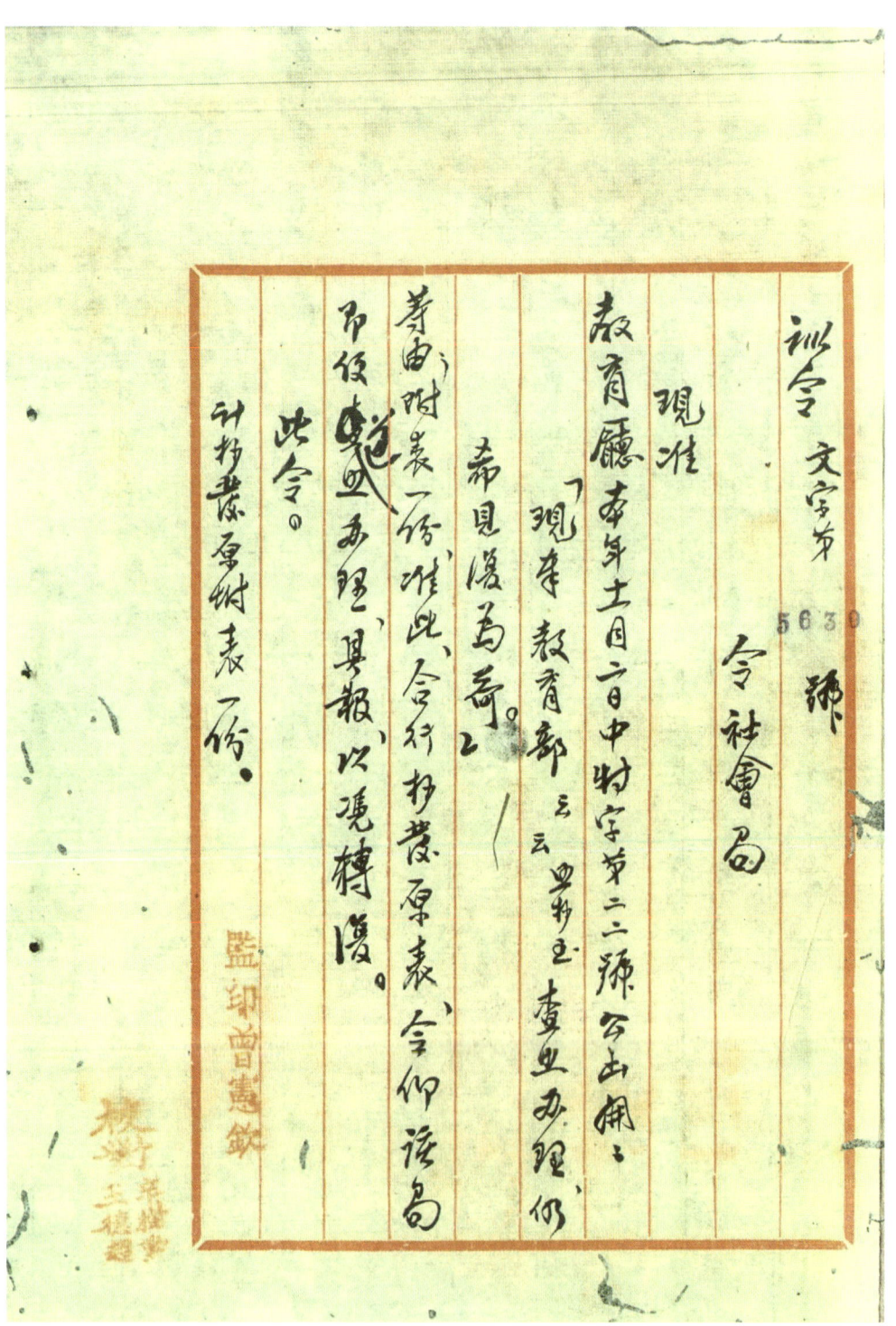

校對 王德超

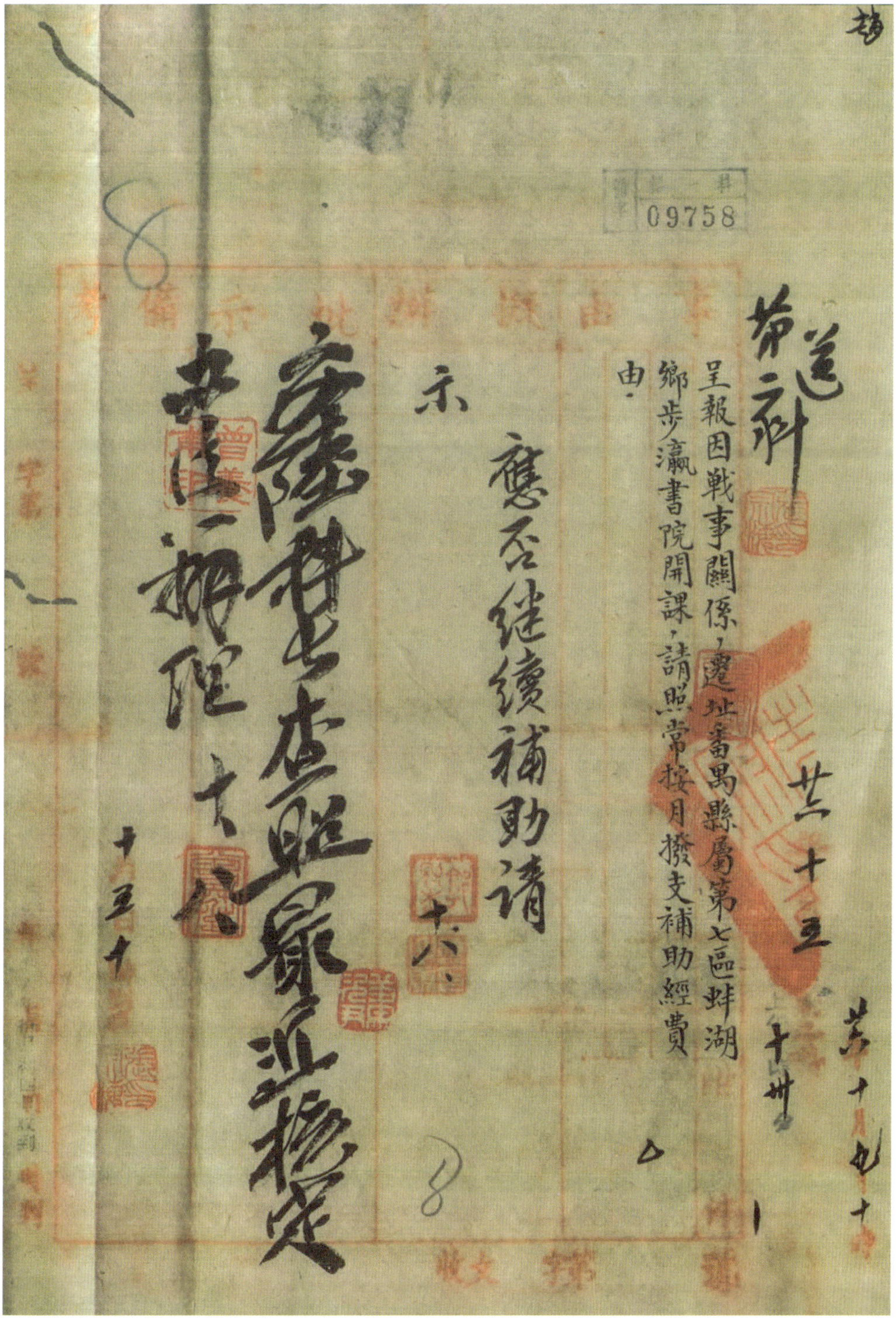

09758

呈報因戰事關係，遷址番禺縣屬第七區蚌湖鄉步瀛書院開課，請照常按月撥支補助經費由。

應否繼續補助請示

應查照最近核定

广州市政府关于私立仲元中学迁校开课呈请照常拨支补助经费令查照最近核定办法办理的批示（一九三七年十月九日）

竊本校地處廣州市中心區，適當軍事要衝，自受敵機侵襲以來，旦夕警報頻仍，影响所及，員生精神，刻無寧處，教學為難，當經遵照教育廳規定辦法遷址番禺縣屬第七區蚌湖鄉步瀛書院，並定期九月廿七日開課。除呈報教育廳外，理合具文呈報察核，懇予俯賜照常按月撥支補助經費，俾得繼續維持教育，實為公便。

謹呈

廣州市政府市長曾

私立仲元中學校長鄧士采

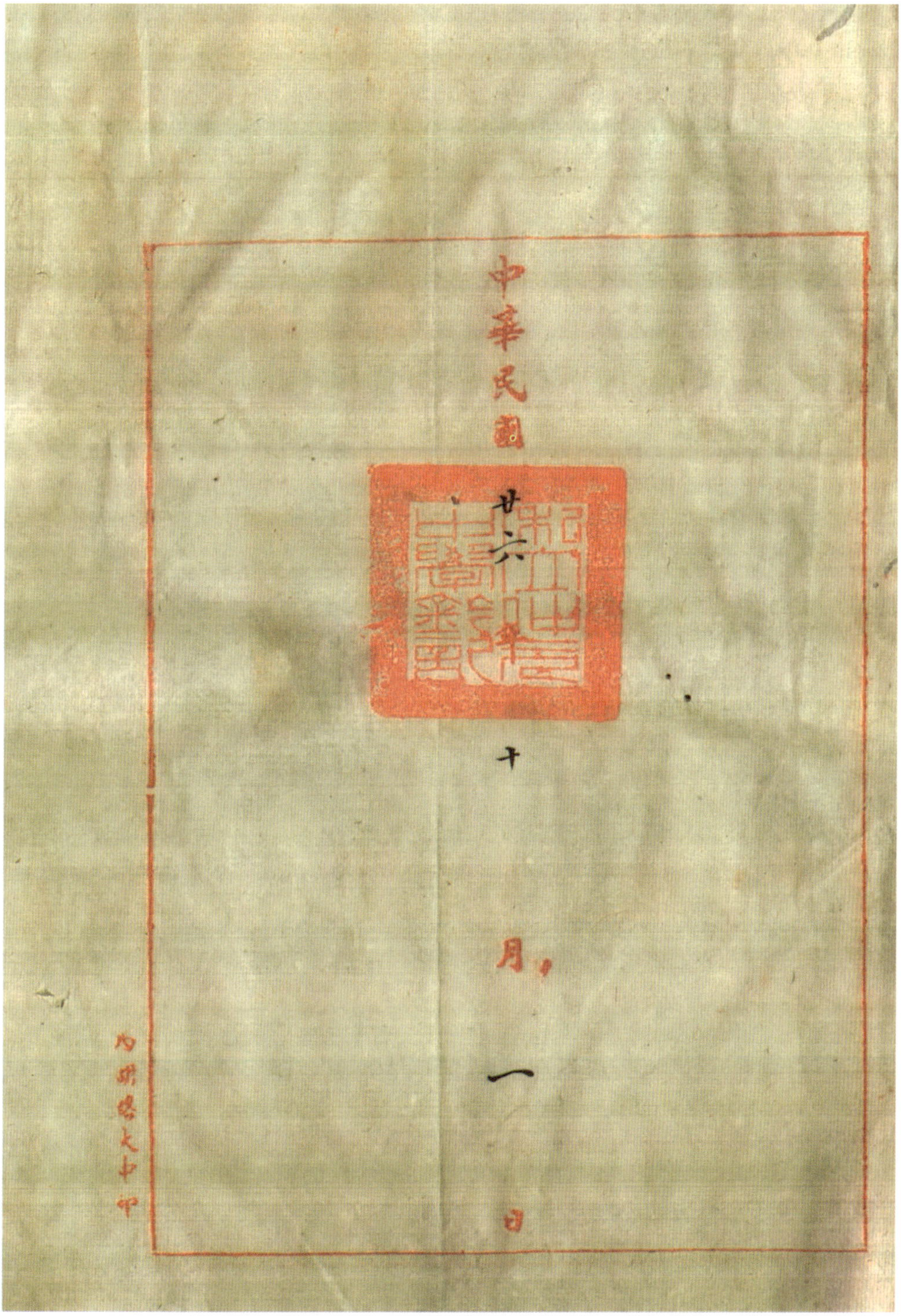
中華民國廿六年十月一日

私立真光中学关于请柔济医院见复可有曾在香港注册之医生及曾预备派来本校之医生可有经受经济损失的信函（一九三七年十月十五日）

28

私立真光中學用牋

校址：廣州白鶴洞　電話：一五五八三

第　頁

逕啓者十月七日來函謹悉敝校在今年七月向曾
與古察醫生商請
貴院派醫生來白鶴洞駐校已詳細加談未經
確定現因時局影响敝校已全部遷來香港上
課惟寄宿學生甚少未能需用校醫且廣州醫
生來港須先在港註冊始能執行職務
貴院未知亦有曾在香港註冊之醫生暨此次前
來

中華民國　年　月　日

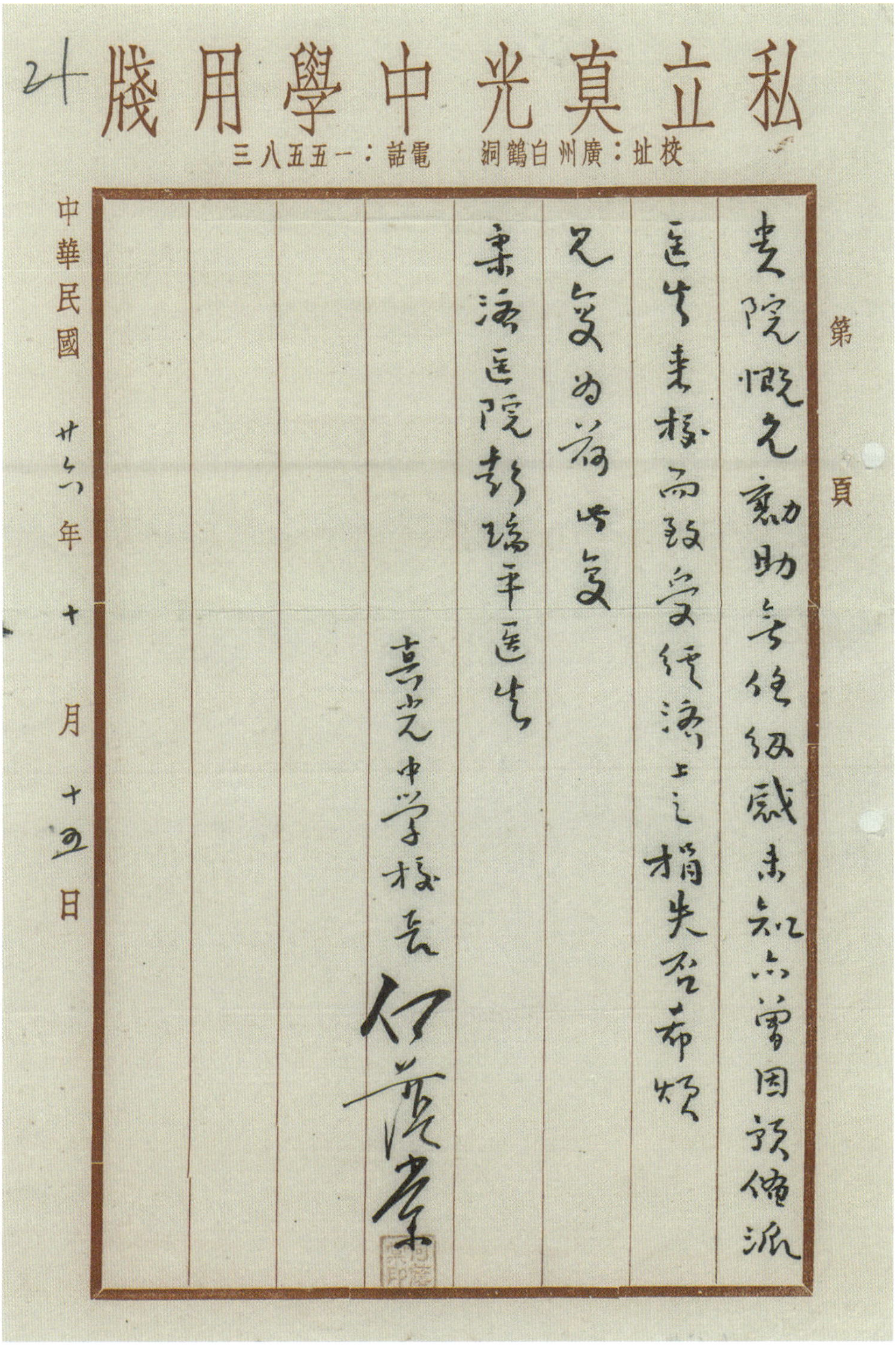
24
私立真光中學用箋
校址：廣州白鶴洞　電話：一五五八三
第　頁

貴院慨允勷助，吾儕銘感。未知亦曾因預備派醫生來校而致受經濟上之損失否？希煩見復為荷。此復
柔濟醫院彭瑞年醫生
真光中學校長何蔭棠
中華民國廿六年十月十五日

广东省立女子中学关于本校迁校一事附迁校办法及随校就读报到登记表借读办法请各家长查照的信函（时间不详）

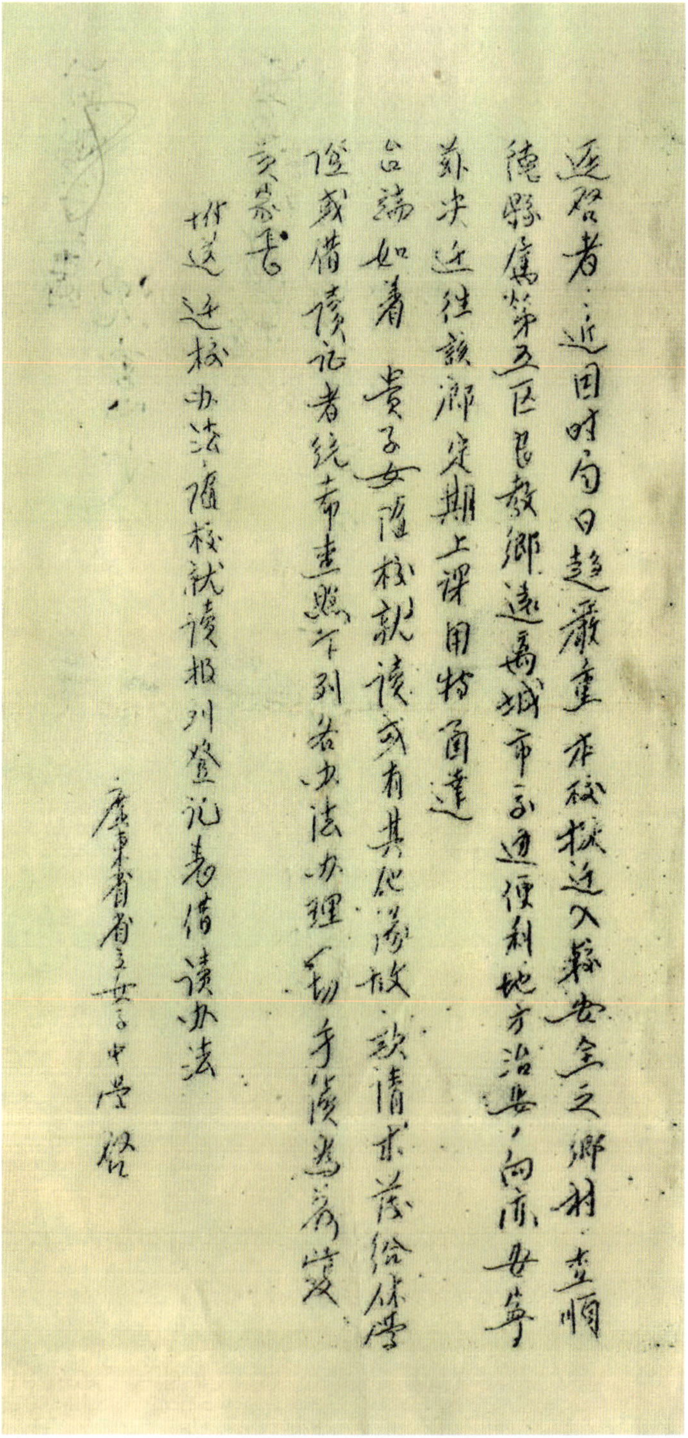

迳启者：近因时局日趋严重，本校拟迁入县属安全之乡村。查顺德县属第五区良教乡远离城市，交通便利，地方治安，向称安宁。兹决迁往该乡，定期上课，用特函达

台端。如贵子女随校就读或有其他变故，欲请求发给休学证或借读证者，统希查照下列各办法办理一切手续为荷。此致

家长

附送迁校办法、随校就读报到登记表、借读办法

广东省省立女子中学启

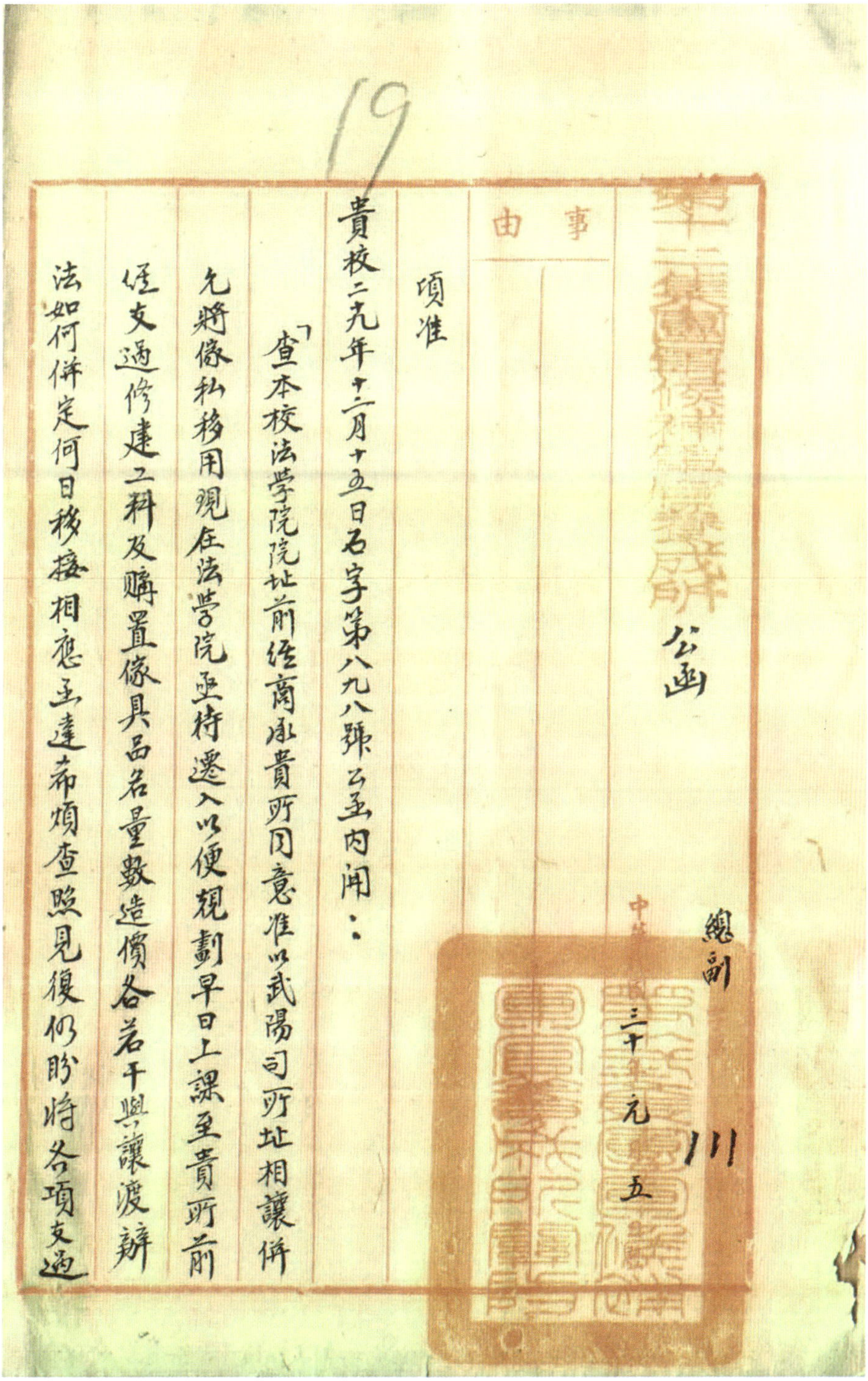
第十二集團軍候補軍官養成所 公函

事由

項准

貴校二九年十二月十五日石字第八九八號公函內開：

「查本校法學院院址前經商承貴所同意准以武陽司所址相讓併允將傢私移用現在法學院亟待遷入以便規劃早日上課至貴所前經支過修建工料及購置傢具品名量數造價各若干與讓渡辦法如何併定何日移接相應函達希煩查照見復仍盼將各項支過

總副 川

中華民國三十年元月五日

第十二集团军候补军官养成所关于移交武阳司所址事宜请国立中山大学查照的公函　附：修建楼板棚厂宿舍工料及家具及棚厂材料品名数量价值清册（一九四一年一月五日）

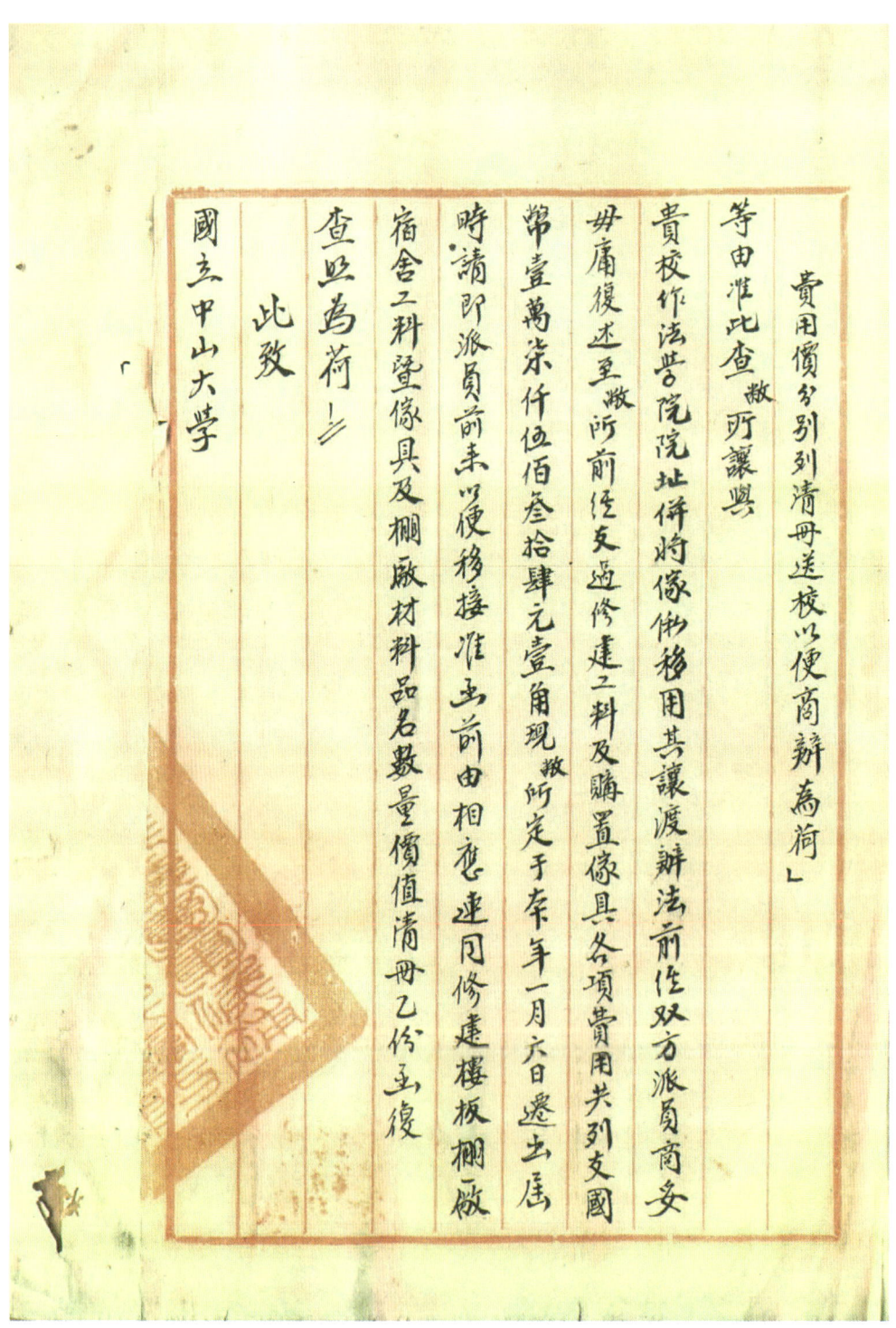

貴用價分別列清冊送校以便商辦爲荷」等由准此查敝所讓與貴校作法學院院址并將傢俬移用其讓渡辦法前经双方派員商妥毋庸復述至敝所前经支過修建工料及購置傢具各項費用共列支國幣壹萬柒仟伍佰叁拾肆元壹角現敝所定于本年一月六日遷出屆時請即派員前來以便移接准函前由相應連同修建樓板棚厰宿舍工料暨傢具及棚厰材料品名數量價值清冊乙份函復查照爲荷！

此致

國立中山大學

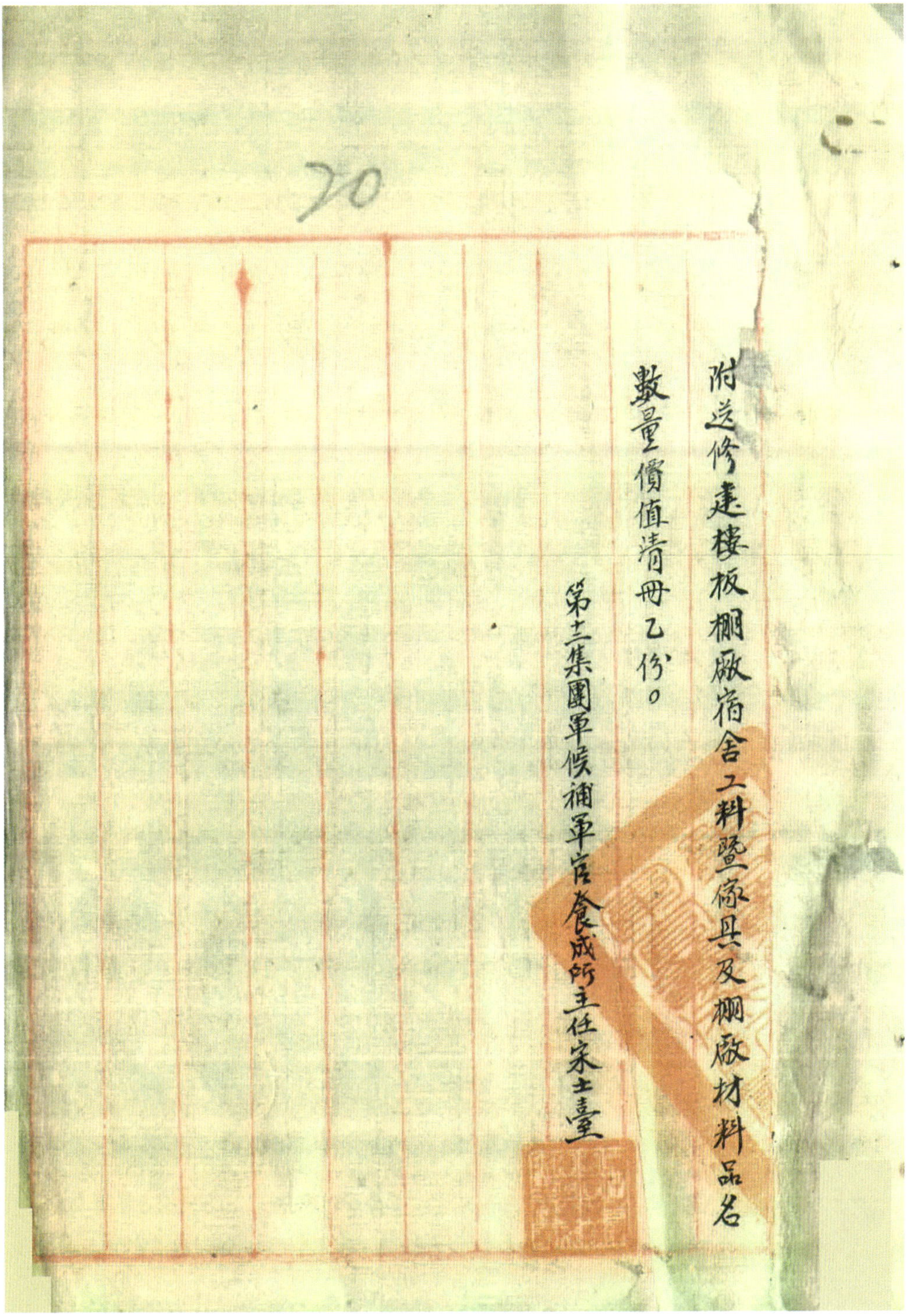

70

附送修建樓板棚廠宿舍工料暨傢具及棚廠材料品名
數量價值清冊乙份。
第十二集團軍候補軍官養成所主任宋士臺

十二集團軍軍官養成所公物清單

名稱	單位	原有數	現有數	備攷
西式床	張	一	一	
睡竹椅	張	二	二	
大黑板	塊	四	四	
小黑板	塊	八	八	少一塊（陳軍需取去）
洗身盆	個	三	三	
四方枱	張	十	十	
圓枱面	塊	一	一	
長竹床	張	一	一	

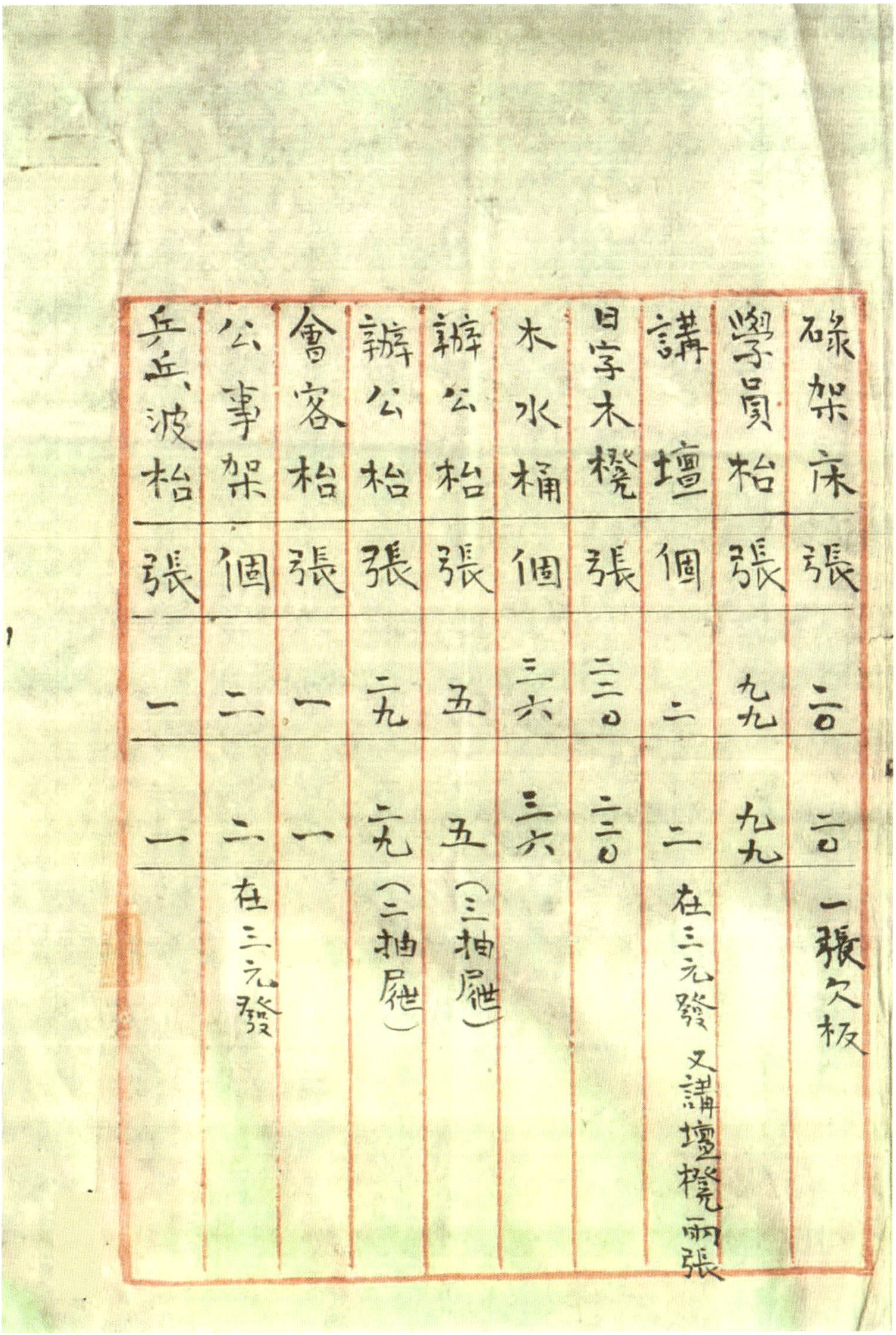

碌架床	張	廿	廿	一張欠板
學員枱	張	九九	九九	
講壇	個	二	二	在三元發 又講壇櫈兩張
日字木櫈	張	三〇	三〇	
木水桶	個	三六	三六	
辦公枱	張	五	五	(三抽屜)
辦公枱	張	二九	二九	(三抽屜)
會客枱	張	一	一	
公事架	個	二	二	在三元發
乒乓波枱	張	一	一	

22

小木桶	個	二二	二二	
猪腰洗身盆	個	二	二	在三元發
床板	副	四四	四四	
高面盆架	個	五	五	
矮面盆架	個	一〇	一〇	
大存桶	個	一〇	一〇	
旗竿	枝	一	一	
党牌	個	一	一	在福泉利
扶手椅	張	二五	二五	
日字竹椅	張	二三	二三	

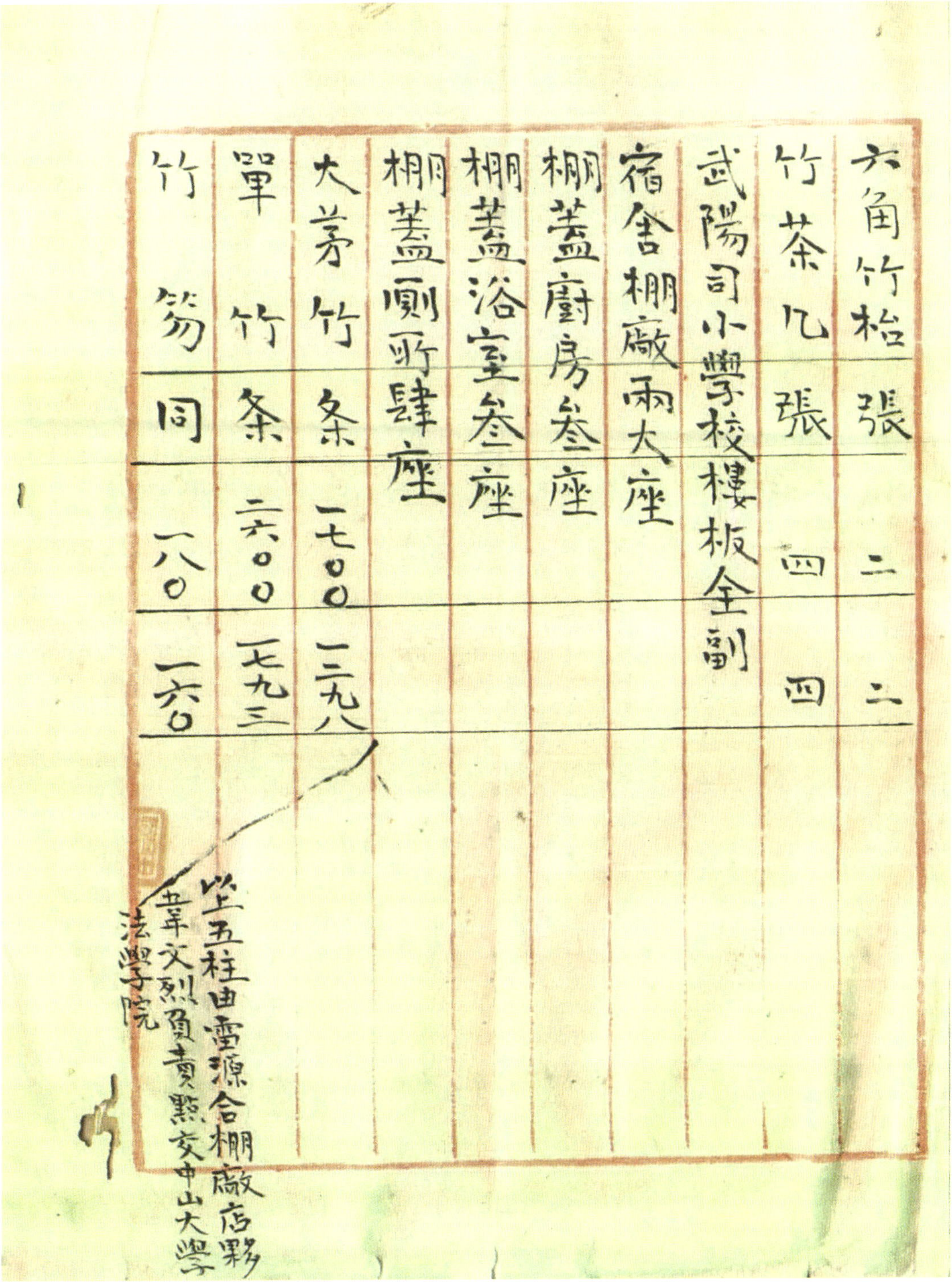

六角竹枱	張	二	二
竹茶几	張	四	四
武陽司小學校樓板全副			
宿舍棚廠兩大座			
棚蓋廚房叁座			
棚蓋浴室叁座			
棚蓋廁所肆座			
大茅竹	条	一七〇〇	一二九八
單竹	条	二六〇〇	一七九三
竹笏	同	一八〇	一六〇

以上五柱由雷源合棚廠店夥韋文烈負責點交中山大學法學院

23

竹笪	張	六二〇	四六一
松板	卅	五〇	二三·五

點交人 十二集團軍軍官養成所副官 吳洞英

接收人 國立中山大學法學院職員 魏明新

中華民國卅年一月六日

大茅竹單竹竹箣三項材料後准該養成所負責人稱因該所學員將取作搭校園演講臺等用去不少所缺數目請本校不要向該所追究已蒙本校當局面許

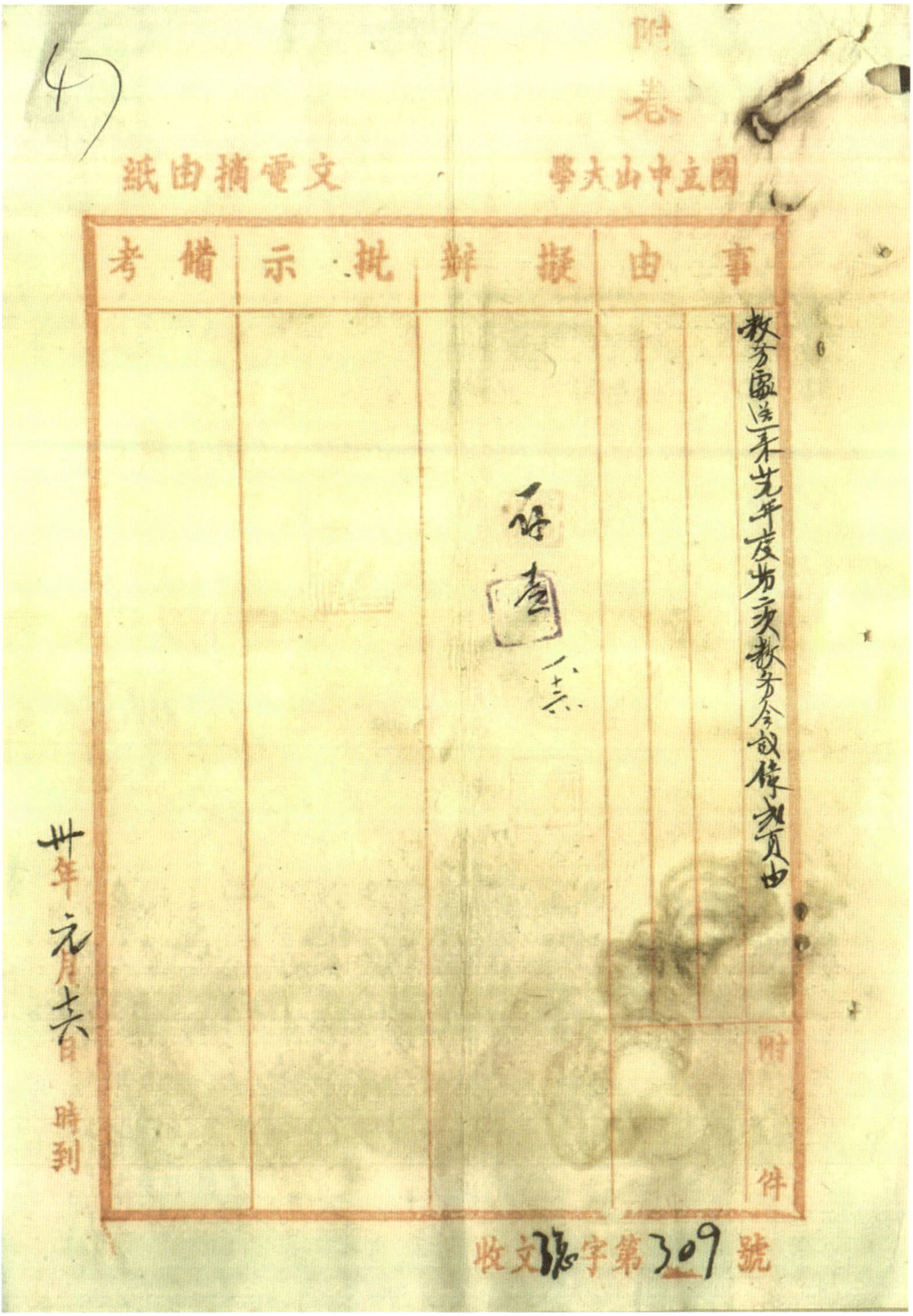
附卷

國立中山大學　文電摘由紙

事由	擬辦	批示	備考
教務處送來廿九年度第二次教務會議紀錄由	存查 一.十六		

附件

卅年元月十六日 時到

收文張字第309號

国立中山大学民国二十九年度第二次教务会议记录（一九四一年一月十一日）

總務處

廿九年度第二次教務會議錄

時間：三十年一月十一日下午一時

地点：本校先修班

出席者：徐學瀬 齊泮林 張雲 楊邦傑 張作人

吳尚時 侯過 康辛元 陳孝禪 汪慕尊

蕭錫三 陸侃如（齊泮林代） 葉述武（齊泮林代）

胡子安（齊泮林代） 任國榮（張作人代） 崔龍光 楊導儀

黃際遇 胡體乾 丁穎 温文光 馮子章

黃中廑 陳宗南

主席：張雲 紀錄：陳孝禪

行禮如儀

（一）報告事項：

甲、主席報告：

1、各學院上課情形。

2、辦理轉學考試經過。

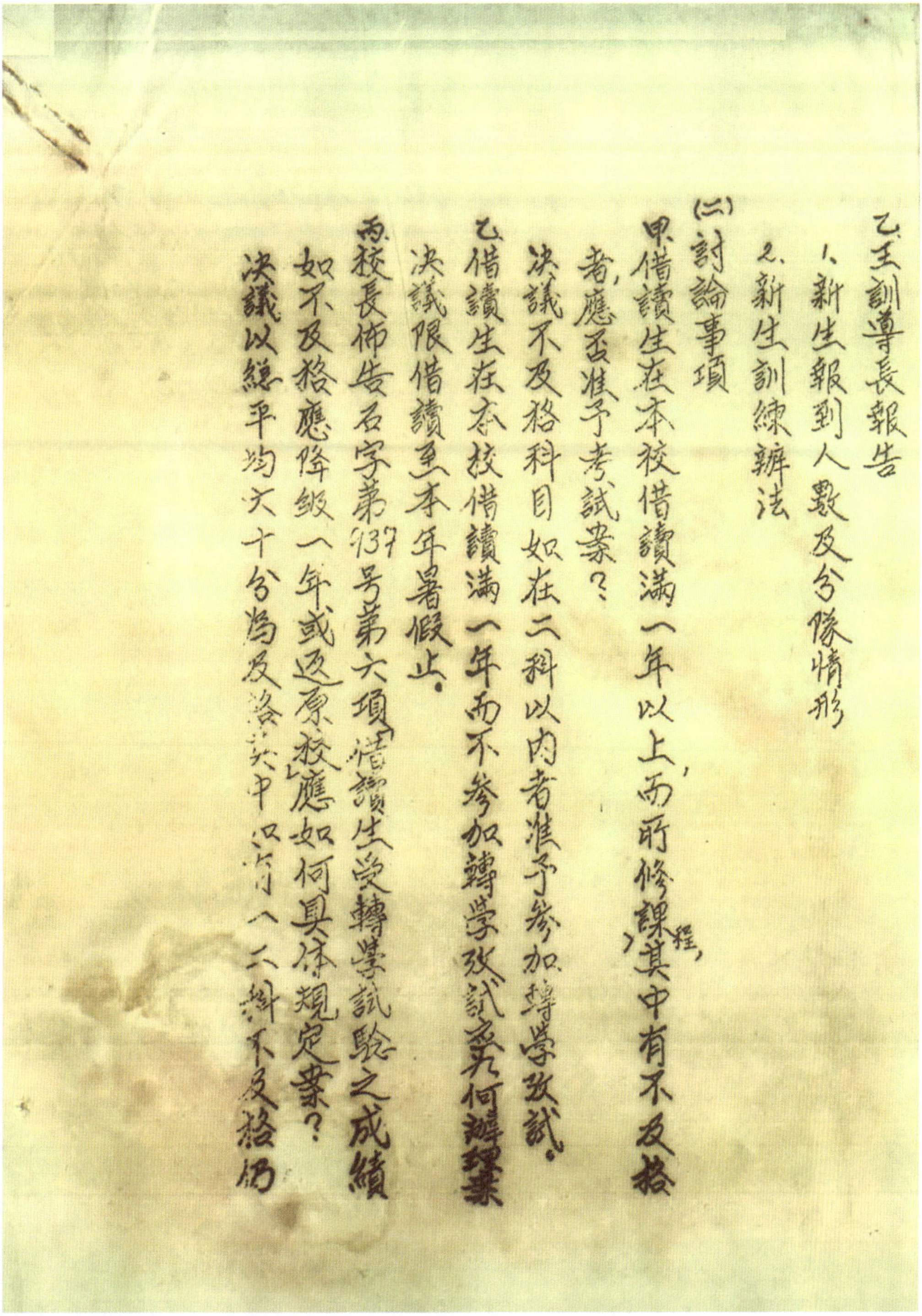
乙、主訓導長報告

1、新生報到人數及分隊情形

2、新生訓練辦法

(二)討論事項

甲、借讀生在本校借讀滿一年以上，而所修課程，其中有不及格者，應否准予考試案？

決議：不及格科目如在二科以內者准予參加轉學考試。

乙、借讀生在本校借讀滿一年而不參加轉學考試者，如何辦理案

決議：限借讀至本年暑假止。

丙、校長佈告石字第937号第六項「借讀生受轉學試驗之成績如不及格應降級一年，或返原校」應如何具体規定案？

決議：以總平均六十分為及格，其中只有一、二科不及格仍

48

第二頁

應補修，如三科不合格，應留校補修一年。

丁、借讀生補考補修之功課及格，應否免試案？

決議：准予免試

戊、出發吉安服務之借讀生應如何補行試驗案？

決議：照丙案辦理，考期改在五月舉行。

己、查部頒大學轉院轉系規則第五條「學生轉院轉系於學年之始開學後兩星期內請求」等由，現各學院開學時間不同，應以何者為標準案？

決議：以各學院註冊日期為標準。

庚、工學院機工系四年級借讀生胡立賢、錢徽庸呈請免試轉學，可否照准案？

決議：碍難照准。

辛、本校旁聽生、特別生、試讀生、隨班聽講生應如何限期結束案

決議：由教育部分發來校之各生，如經考取錄，可轉為正式生，否則應取消其在校資格，惟自行向教育部請求由部

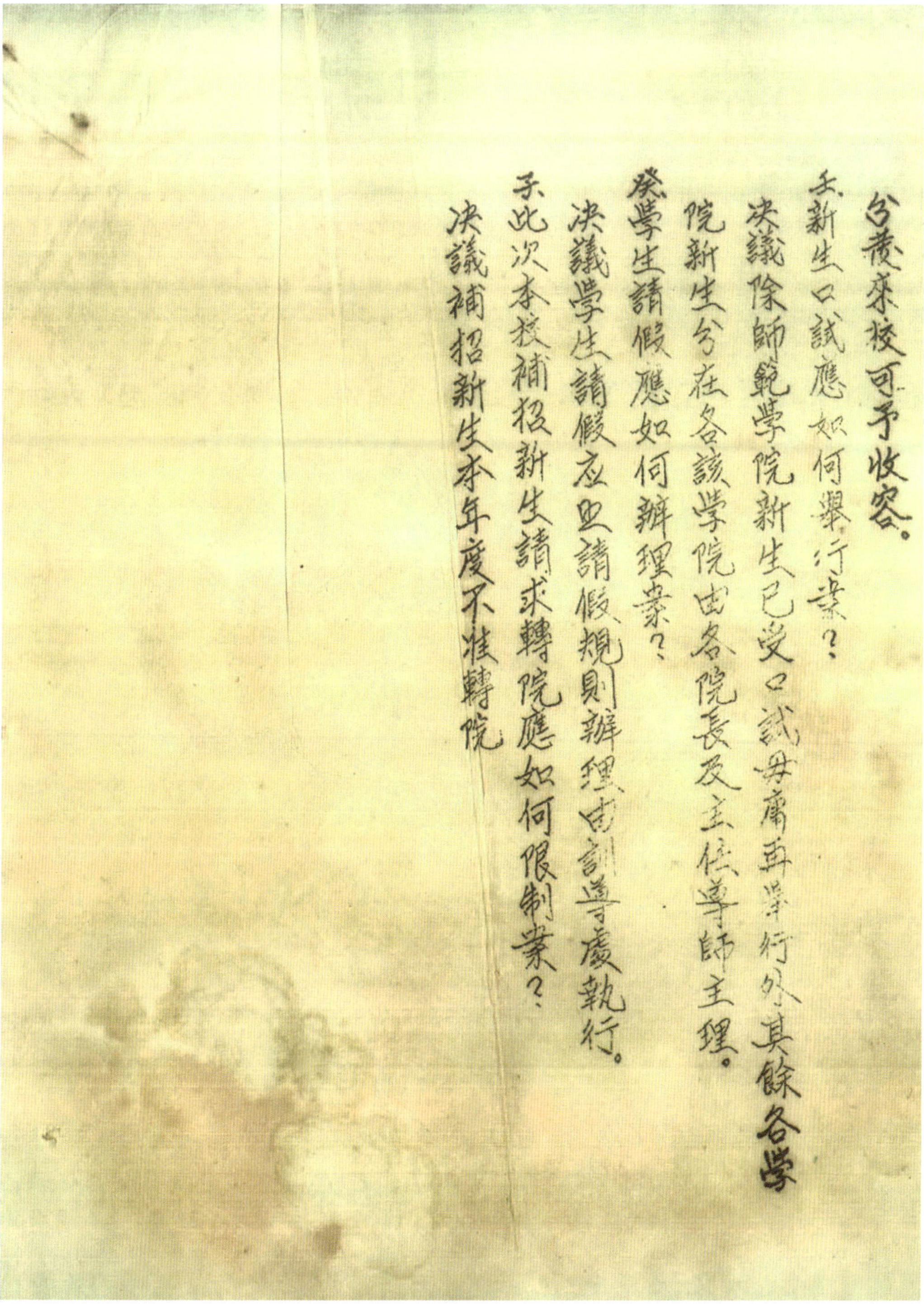
分發來校可予收容。
壬、新生口試應如何舉行案？
決議：除師範學院新生已受口試毋庸再舉行外，其餘各學院新生分在各該學院由各院長及主任導師主理。
癸、學生請假應如何辦理案？
決議：學生請假應照請假規則辦理，由訓導處執行。
子、此次本校補招新生請求轉院應如何限制案？
決議：補招新生本年度不准轉院

国立中山大学校长兼研究院院长关于定本月十九日在校长公馆召开研究院迁坪后第一次院务会议希届时拨冗出席的函（一九四一年一月十七日）

存

国立中山大学文電摘由

事由	擬辦	批示	備考
兼研究院許院長定本月十九日下午二時在校長公館開本院遷坪後第一次院務會議希屆時撥冗出席由	將知 一、十八、		

附件

268

30年1月18日時到

收文誌字第321號

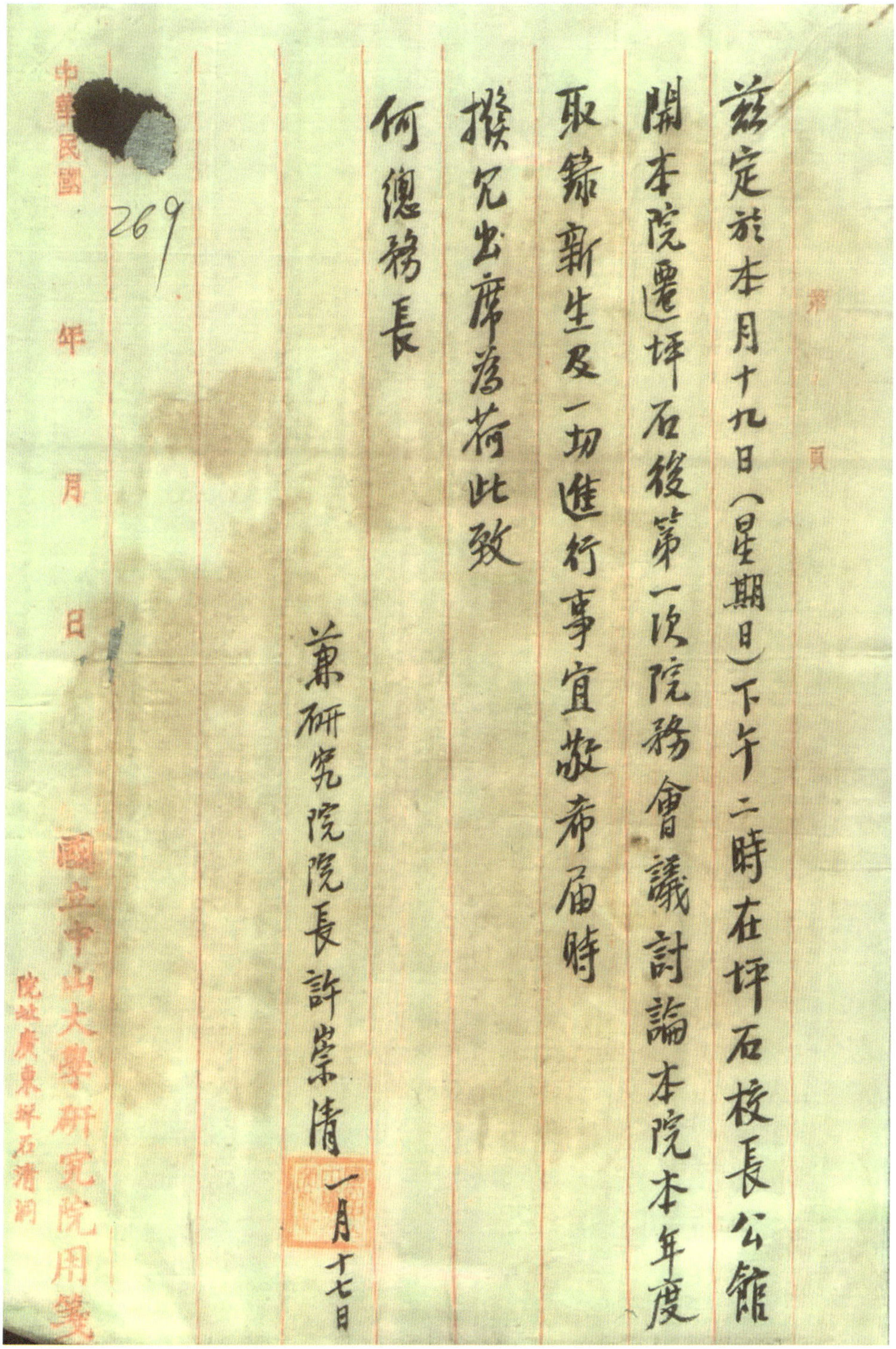
第　頁

茲定於本月十九日（星期日）下午二時在坪石校長公館
開本院遷坪石後第一次院務會議討論本院本年度
取錄新生及一切進行事宜敬希屆時
撥冗出席為荷此致
何總務長

兼研究院院長許崇清
一月十七日

中華民國　年　月　日

269

國立中山大學研究院用箋
院址廣東坪石清洞

国立中山大学文学院第二次院务会议记录（一九四一年一月二十二日）

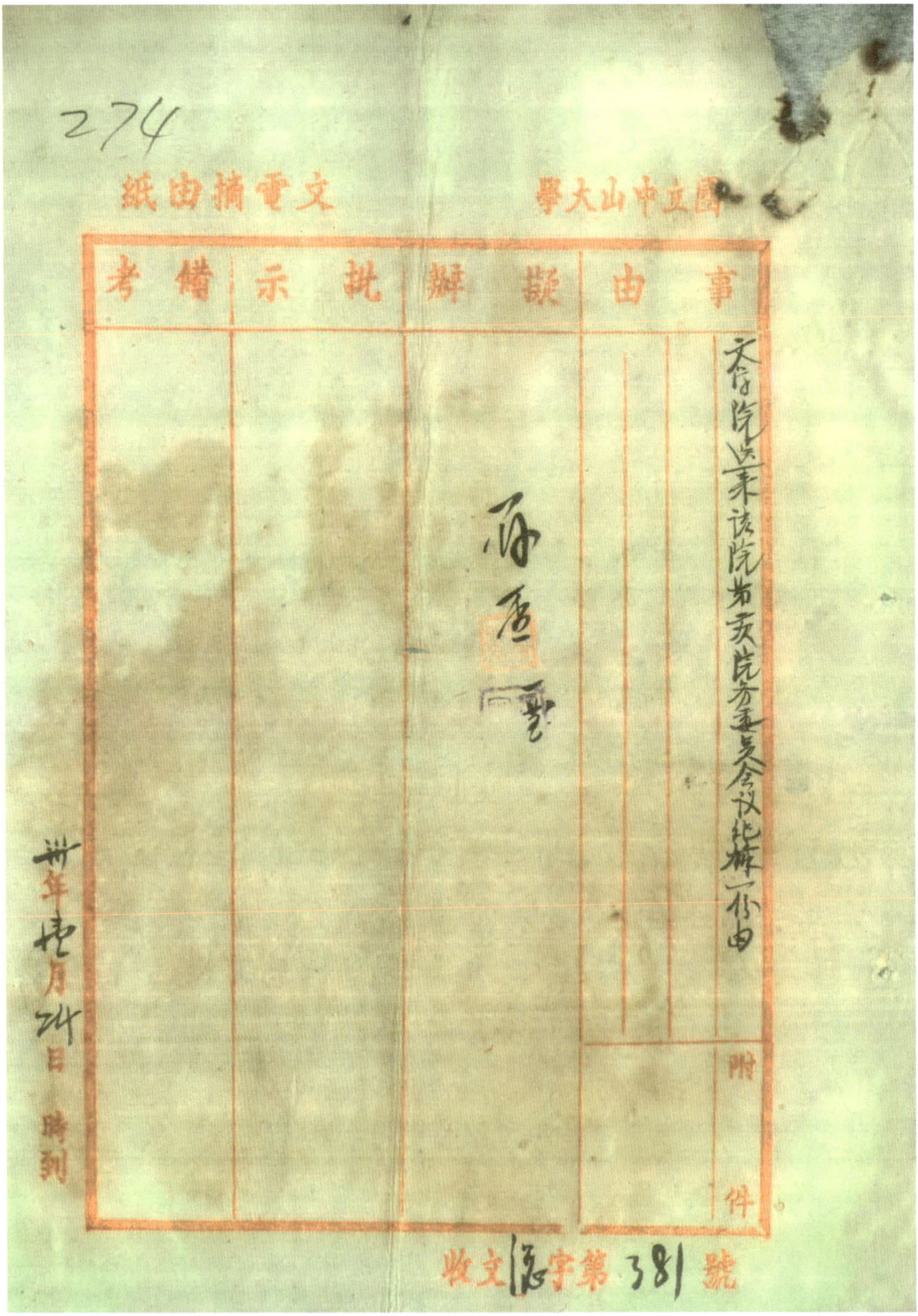
274

国立中山大學文電摘由紙

事由	擬辦	批示	備考
文學院送來該院第二次院務會議紀錄一份由	存		
附件			

卅年壹月廿日 時到

收文字第381號

275

總務處

文學院第二次院務委員會議紀錄

地点：本院會議室

時間：一月廿二日上午十二時

出席：藍忠勳　王慕尊　朱謙之

列席：譚太冲　鄭師許　李金佳　黃學勤　羅香林

陳安仁　馬采　徐家驥　尹聰宧　陳國治

李吳禎

主席：王慕尊

紀錄：范繼曦

行禮如儀

主席報告

報告事項

主席報告：今天是本院院务委員會第二次会議，特請

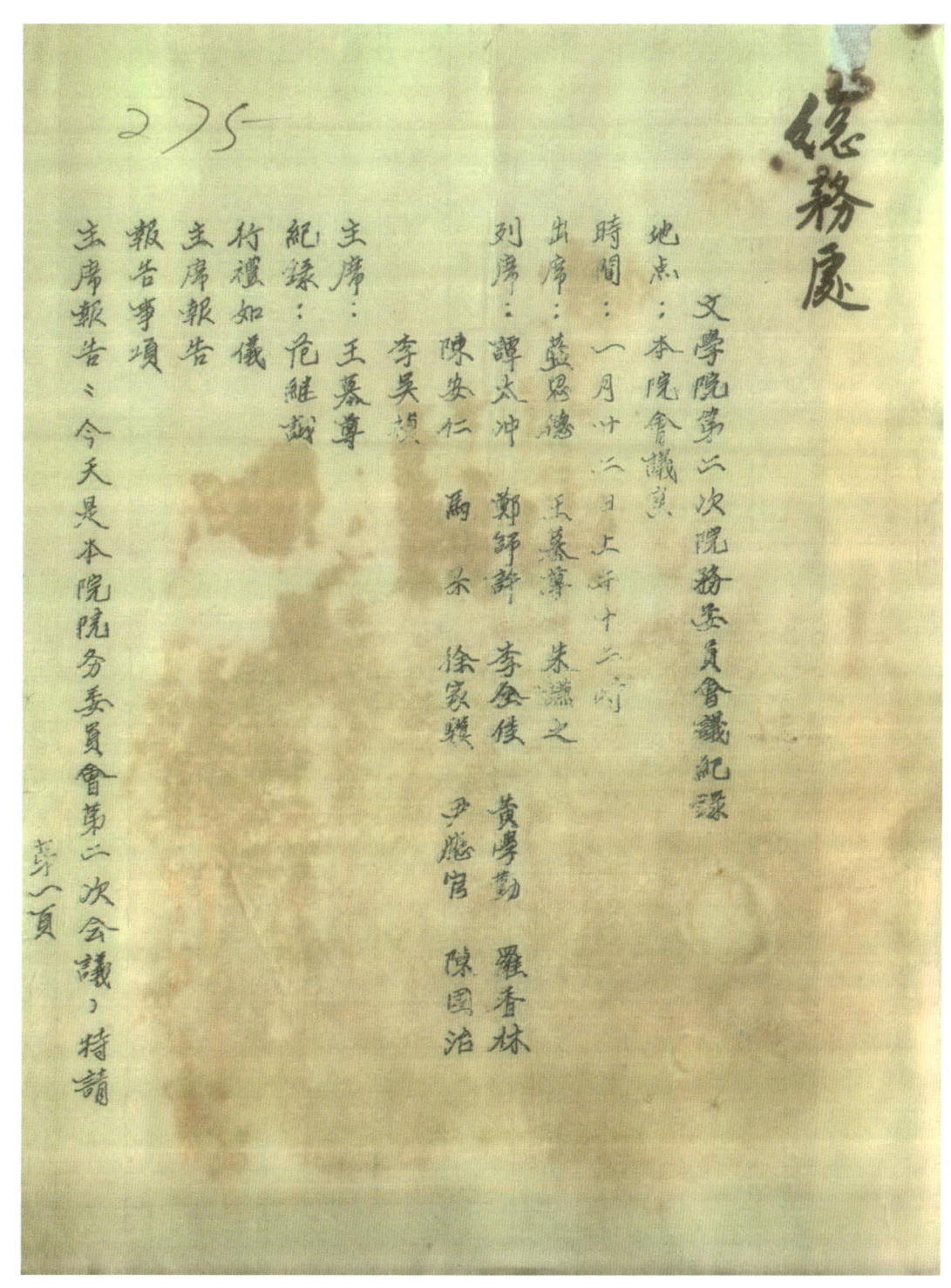

第一頁

本院全体同人参加討論，茲先將本會設立之經過略為報告一下、校長因吳院長辞職，新院長因事尚未到（戰）期間院务不應停頓，故特設本會主持一切，本人因工作繁忙，不能常川駐院負責各種教務事務，多賴尹秘書偏勞，應乘此機會表示謝意，本会自成立迄今僅十天已進行工作約分三方面報告

一、關於教務方面

本院过去只有史學系上課，因時大部份課室正在鳩工建築中，原有課室只四間，因此上課時間與地點多未能照原訂課程配合，為針对事实，適合需求起見，故重新編定臨時課程表，經於本星期一实行，中文系哲學系英文系係於同時分別上課，并編定學生坐位開始點名，其曠課逾限者概照章辦理，期造成一種良

276

好習慣與風氣。

六、舍務方面

查本院男生第一宿舍設雙橋會館，可容六十餘人，第二宿舍在劉家祠，可容四十餘人，該宿舍正在修理中；大約二日後即可完成，並女生宿舍已竣工，約可容四十餘人，教職員宿舍設羅氏宗祠，所經佈置就緒，環境幽靜宜人。

七、建設方面

本院興築之大禮堂膳堂課室等約下月中即可完成，除派員加緊督促外，并繼續修築球場，籌建校醫室閱覽室，期於最短期間內蕆事，以便利員生閱讀與維護員生之健康，其餘各辦公處之整修，院道之修築，衛生之設備，亦在實施中，并加强人事管理，增進行政效能，至今後院务之推進計有相當計劃，候謝院长到时，再由建議備作参考。

第二頁

討論事項

1.本院學生何爾德等联名請求本院遷回鐵嶺應如何決定案

決議：以暑假後遷回為原則，地点時間請校務會決定并從長詳討

2.函催頒發建國储蓄券本院各团体学生认储数额應如何酌定轉核送部案

決議：本院学生尚未列有認储数目，殊难確定，候謝院長到院後再决

3.函催中國文及外國文教材綱要如何決定送核案

決議：請函教务處將本院前送之國文外國文教材綱要呈存，俟教育部大學用書編輯委員會鑑選之教材頒發到後照行办理

4.本院應否組織合作社案

決議：候謝院長到院後办理

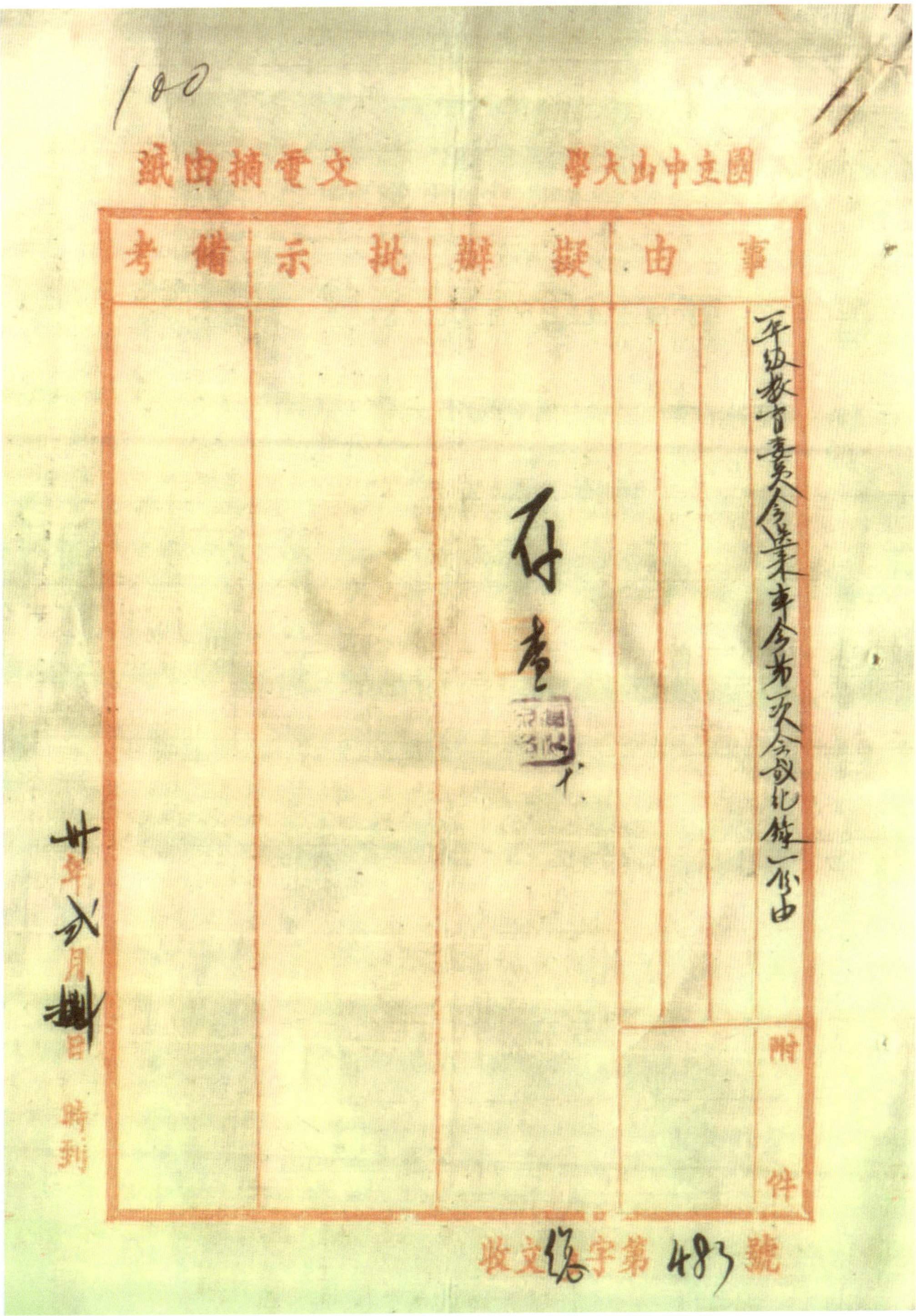

国立中山大学一年级教育委员会第一次会议记录（一九四一年二月三日）

101

國立中山大學一年級教育委員會第一次會議紀錄

日期：民國三十年二月三日（星期一）上午九時

地點：本校總辦事處

出席者：許崇清　王慕尊　謝扶雅　胡體乾　康辛元
張雲　齊泮林　陳宗南

列席者：尹應官　吳漢暉　鄭蔭

主席：許崇清　紀錄：周鼎培

行禮如儀

（一）報告事項：

主席報告：略以奉　部令一年級生與別級學生情況不同，應另訂教育實施方案，集中訓練，前在澂江因遷校關係尚未舉行，茲遷址已定，特組織本校一年級教育委員會，主持其事，現開第一次委員會議，討論各項進行事宜。

王訓導長報告：關於籌劃訓導事項及進行各情形。

張教務長報告：關於教程編配經過各情形。

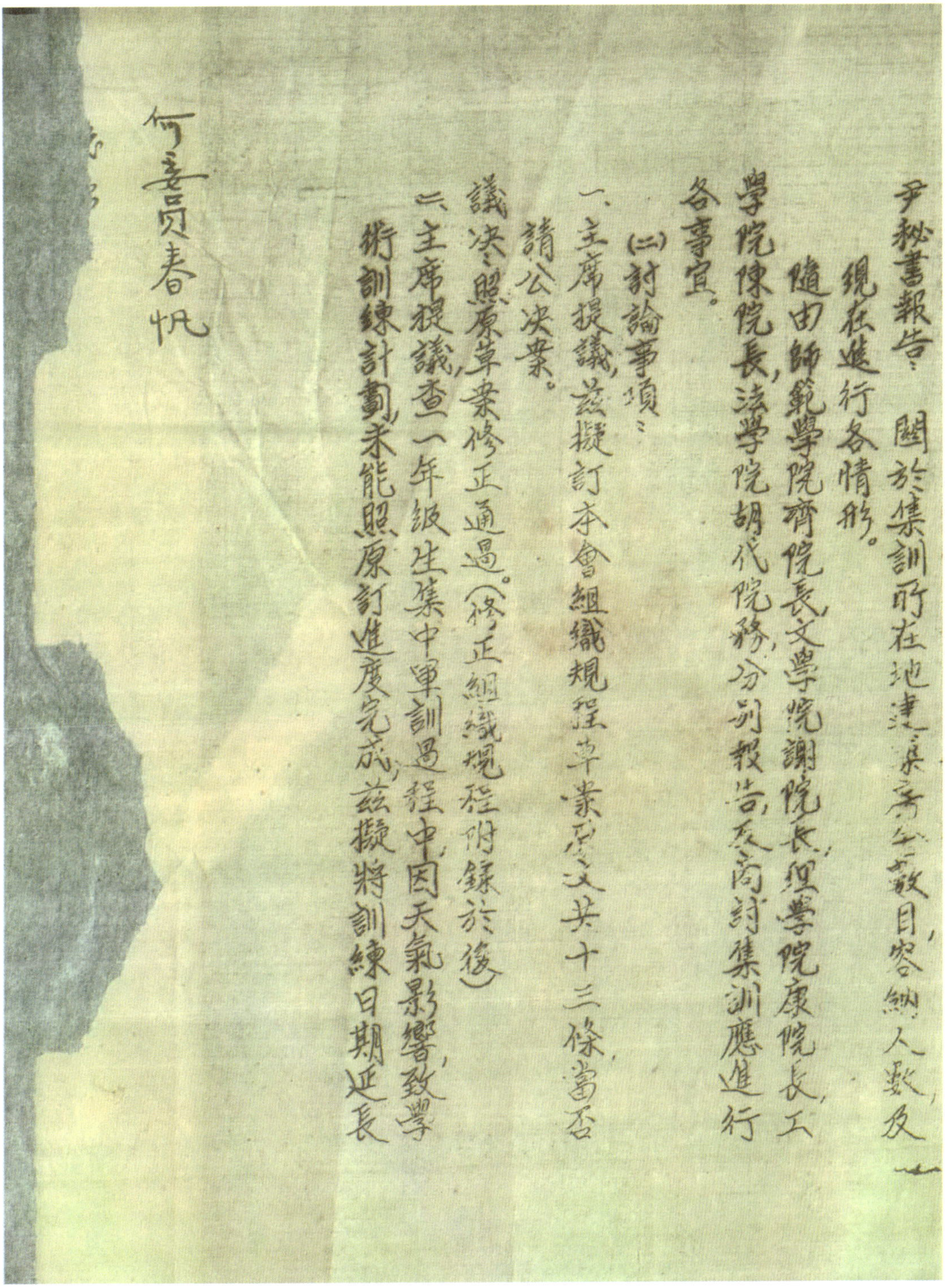
尹秘書報告：關於集訓所在地建築宿舍數目，容納人數及
現在進行各情形。
隨由師範學院齊院長、文學院謝院長、理學院康院長、工
學院陳院長、法學院胡代院務，分別報告，交商討集訓應進行
各事宜。
(二)討論事項：
一、主席提議，茲擬訂本會組織規程草案全文共十三條，當否
請公決案。
議決：照原草案修正通過。(修正組織規程附錄於後)
二、主席提議查一年級生集中軍訓過程中因天氣影響，致學
術訓練計劃未能照原訂進度完成，茲擬將訓練日期延長
何春帆

十天，當否請公決案。

議決：照原案通過。

三、主席提議關於一年級生註册日期，定一星期；并由本校註册組分别派員前赴集訓所在地辦理；當否請公決案。

議決：　註册日期從本年二月二十五日起至二十九日止；由本校註册組分别派員前赴集訓所在地辦理。

四、關於一年級生選課日期及指導應如何決定案。

議決：應早印發選課表與學生填寫俾可決定担課教員人數

五、關於一年級生口試應如何舉行案

議決：照本校本年度第三次教務會議議決案辦理。

六、一年級軍訓生應否置備服裝案

議決：應置備服裝；詳細辦法由訓導總務兩組擬定。

七、本會教育實施方案應否推定人員擬訂案。

議決：應由教務，訓導兩處及軍訓大隊部，分别擬定，提交會議決定。

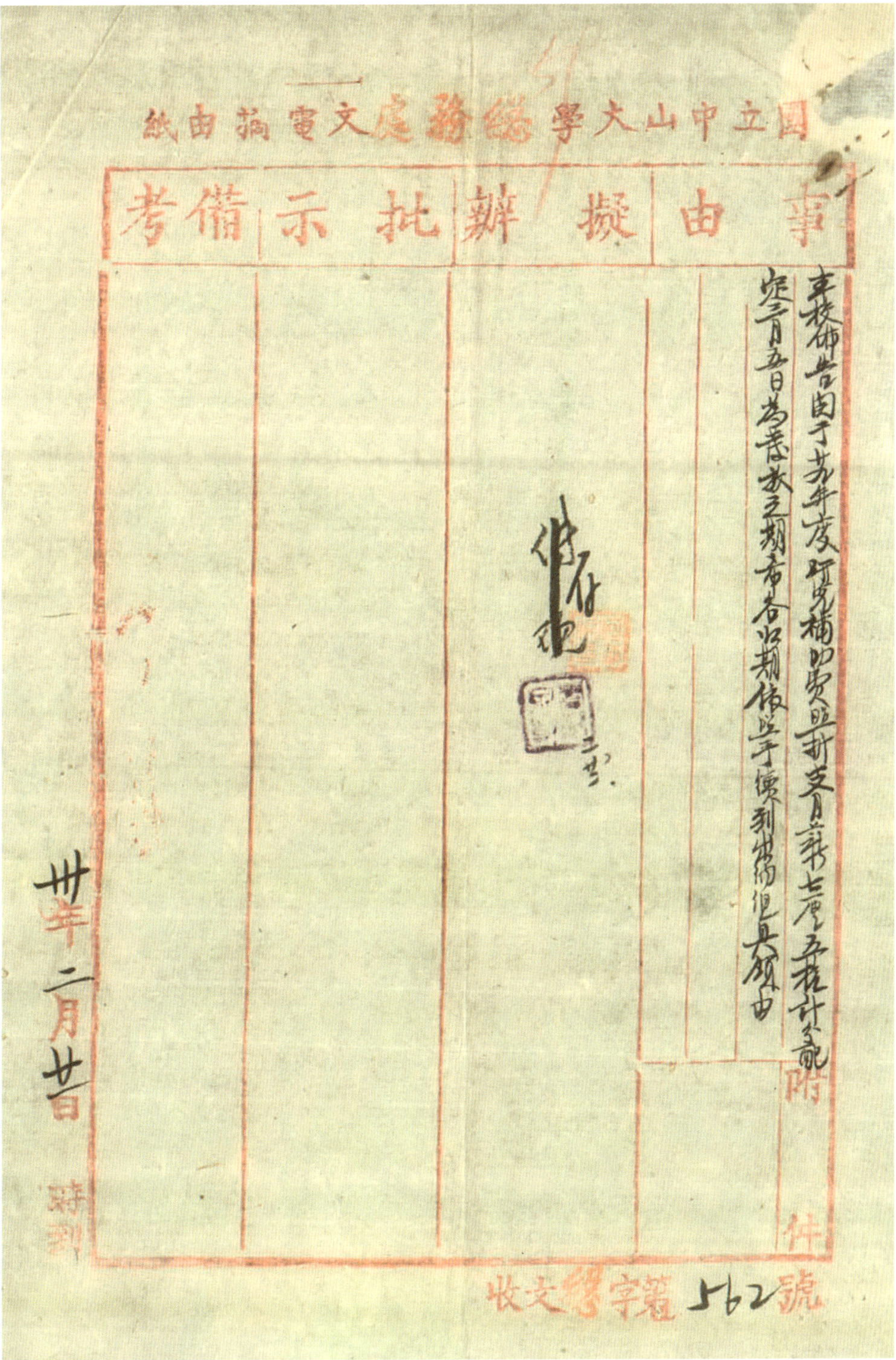

國立中山大學總務處文電稿由紙

事由	擬辦	批示	備考
本校佈告關于廿九年度研究補助費照新支月薪七厘五核計支配定二月五日為發放之期希各如期依照手續到出納組具領由	佈存		

附件

卅年二月廿日 時刻

收文總字第562號

国立中山大学关于定期发放二十九年度研究补助费请如期依照手续具领的布告（一九四一年二月二十一日）

國立中山大學佈告　坪總字第〣〤號

查本校廿九年度奉撥研究補助費，僅得柒萬元，實較年前奉撥額減少，未克依照前例按照實支薪額勻發一成之數，僅能按照折支月薪之七厘五核計分配，並定期三月五日為發放是項補助費之期，除

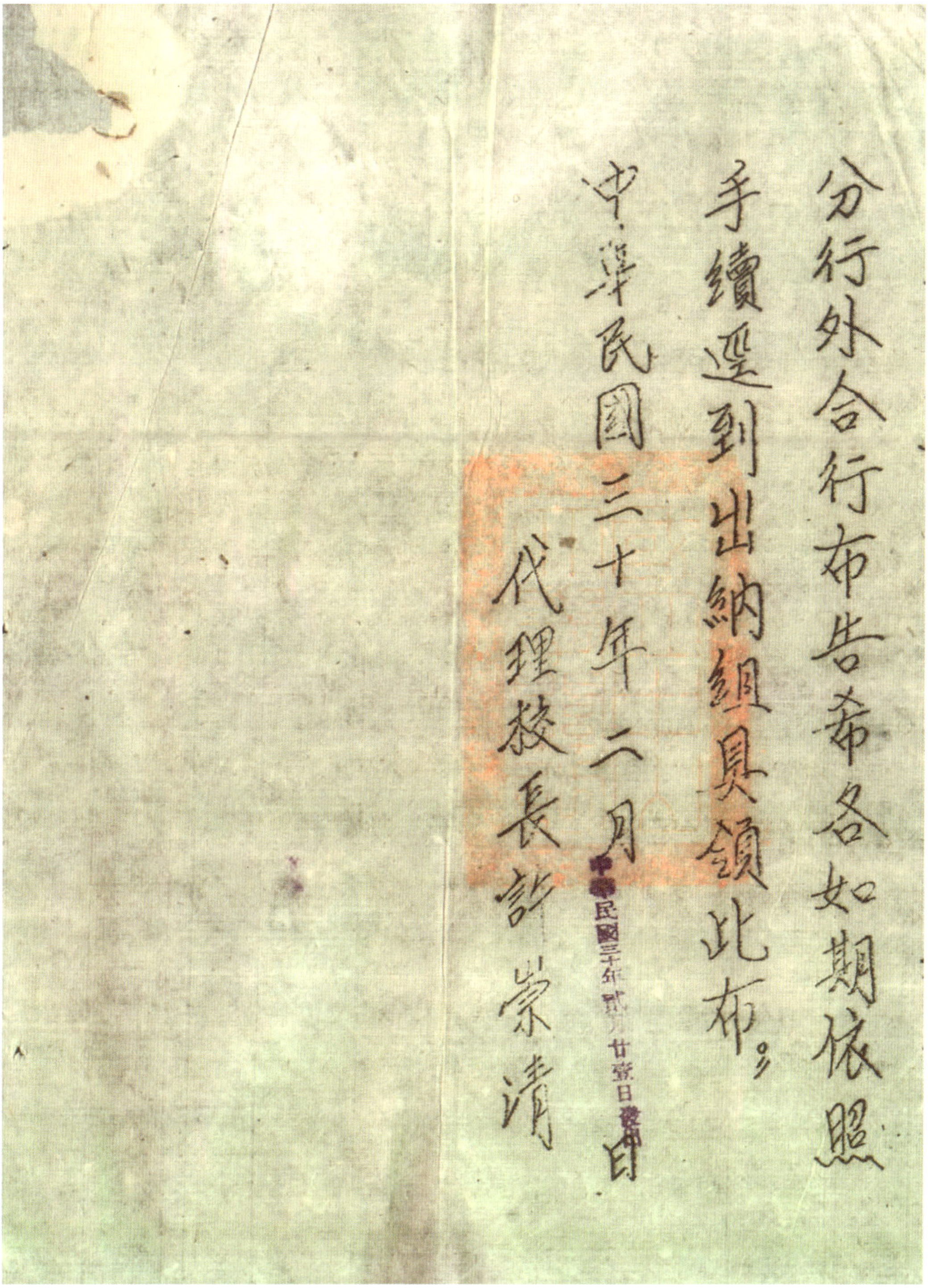
分行外合行布告希各如期依照
手續選到出納組具領此布
中華民國三十年二月 日
代理校長許崇清
中華民國三十年貳月廿壹日發出

国立中山大学师范学院民国二十九年度第一次院务会议记录（一九四一年三月二十二日）

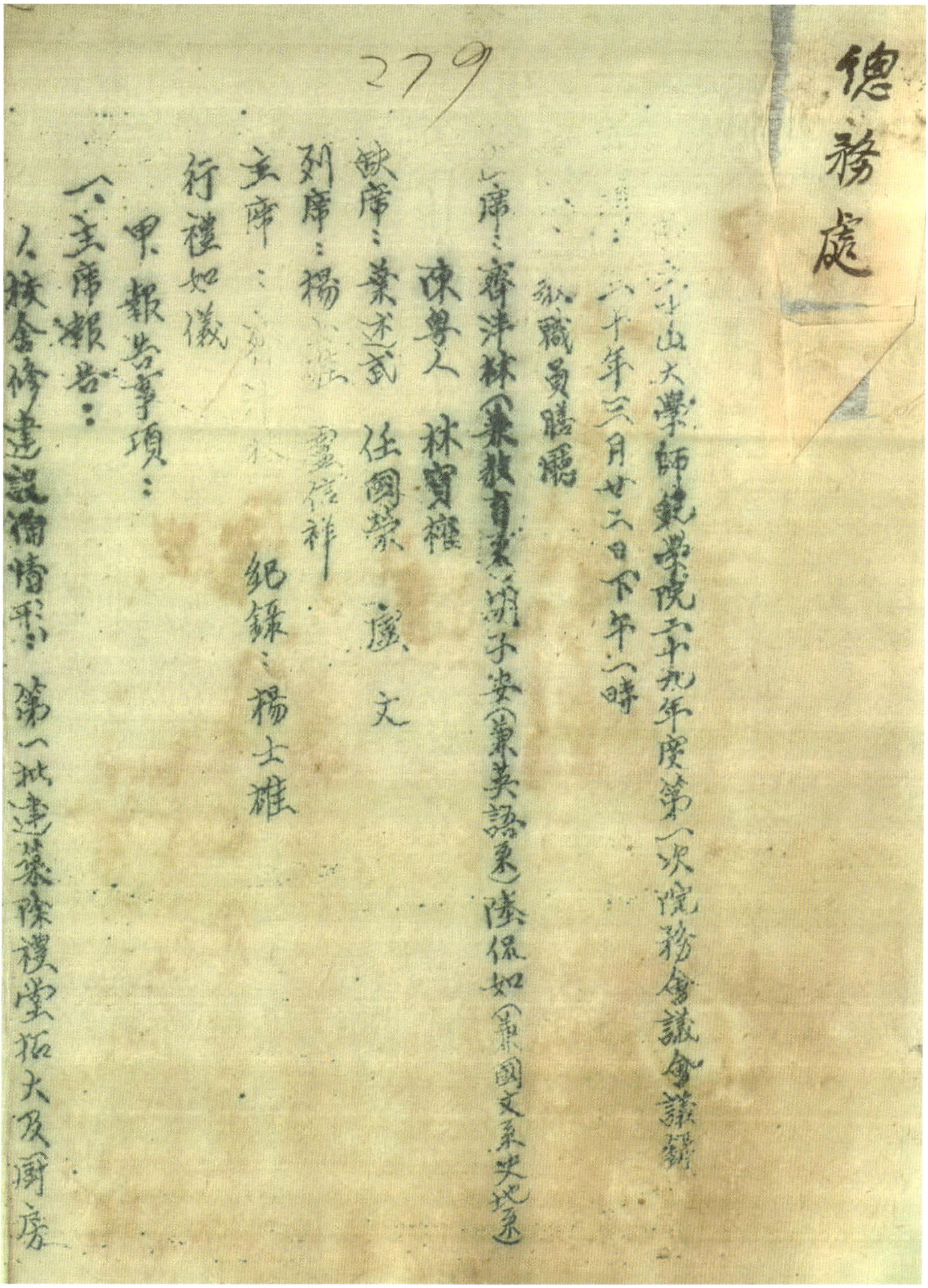

總務處

279

國立中山大學師範學院二十九年度第一次院務會議會議錄

時間：三十年三月廿二日下午一時

地點：教職員膳堂

出席：齊泮林（兼教育系）胡子安（兼英語系）陸保如（兼國文系史地系）

陳粤人 林寶權

缺席：葉述武 任國榮 盧文

列席：楊[illegible] 雲信祥

主席：齊泮林 紀錄：楊士雄

行禮如儀

甲、報告事項：

一、主席報告：

1、校舍修建設備情形：第一批建築除禮堂擴大及廚房

二、工程方大致完成第二批業已動工二批建築費約四萬

以千元合其修理費設備費及一切雜費計共約六萬元

三、圖書購置情形：部撥本學院圖書儀器費計三萬五千

元在曲江購書約三千元在桂林購書及儀器二萬餘元

均已到院在登記中俟登記完竣即可由館管理方面將來擬交

各系研究室保管

3、實驗學校籌備情形：部令飭催本院設立實驗學校經費亦已撥

到部份本院業將開辦計劃要点呈報計劃先辦中學五班高初

中各二班六年制中學一班始收學生二百五十人初步建築設備

費約需三萬五千元部撥開辦費只二萬五千元已由校請加撥

萬元現尚在積極籌備中

4、設立本學院畢業生工作指導課：辦理畢業生工作介紹及工

作事宜課主任由辦公室主任暫兼各項課務則由辦公室各

員分担

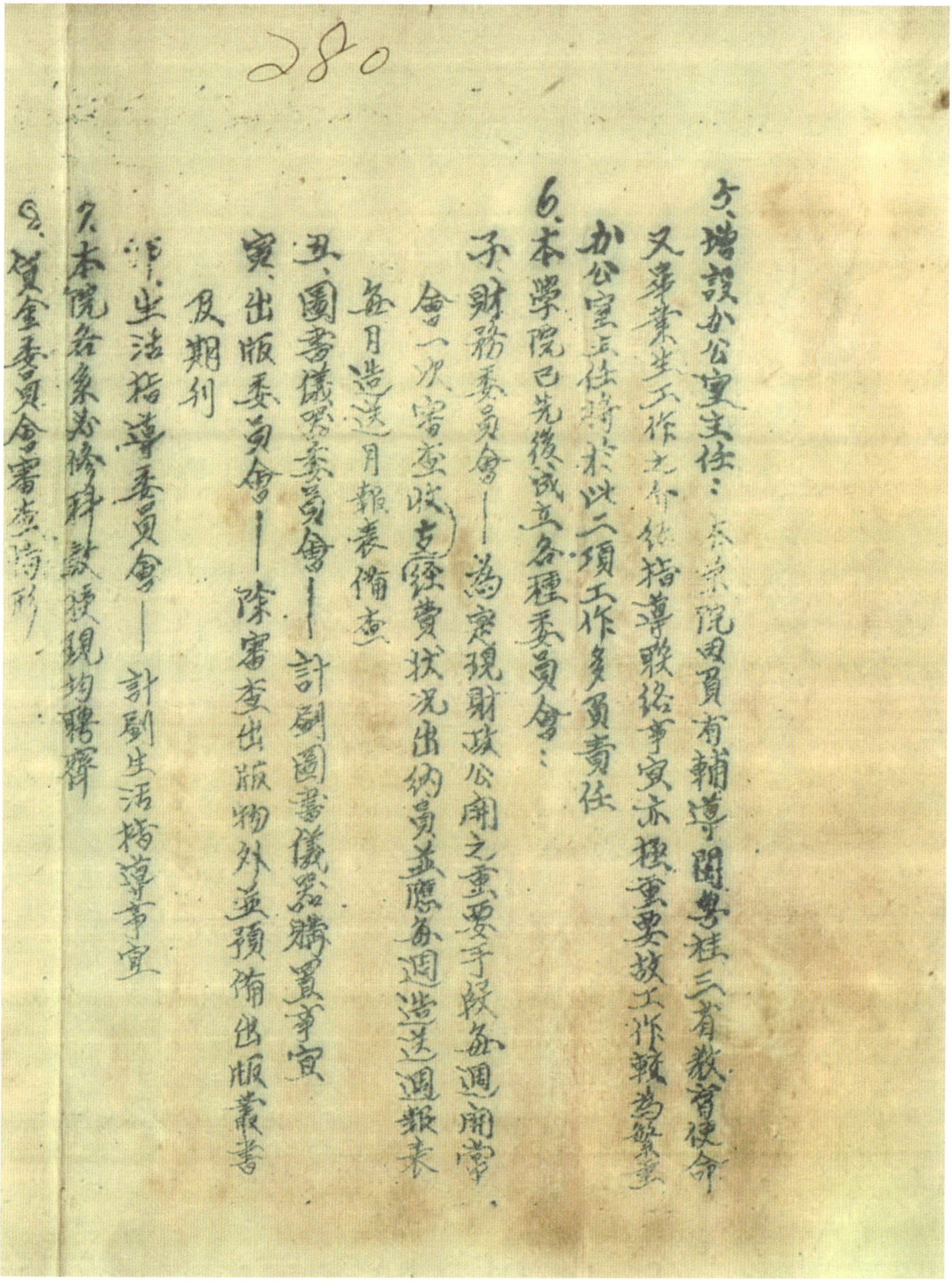

280

5、增設辦公室主任：本院因負有輔導閩粵桂三省教育使命又畢業生工作之介紹指導聯絡事宜亦極重要故工作較為繁重辦公室主任將於此二項工作多負責任

6、本學院已先後成立各種委員會：

子、財務委員會——為實現財政公開之重要手段每週開常會一次審查收支經費狀况出納員並應每週造送週報表每月造送月報表備查

丑、圖書儀器委員會——計劃圖書儀器購置事宜

寅、出版委員會——除審查出版物外並預備出版叢書及期刊

卯、生活指導委員會——計劃生活指導事宜

7、本院各系必修科教授現均聘齊

8、貸金委員會審查情形

9. 教育系四年级定四月初出发考察三省教育，已经校长核准。

二、出纳员报告：经手经费收支概况不日即另行列表公布——

三、教务主任报告课外学术研究情形：各系学术研究会现均次第成立，由教务训导事务分别指导，各系研究室拟于下学期成立。

四、训导主任报告：

1. 导师分配情形

2. 审查贷金情形：由生活指委会决定原则，由各系分别审查。

3. 课外生活活动情形：课外活动组织现有音乐组会及艺术研究会。

4. 宿舍分配情形——男生以十一人一室为原则，女生以九人一室为原则，俟家私到即可迁入新宿舍。

丙、讨论事项：

1. 本学院院务会议[illegible]条例修正案

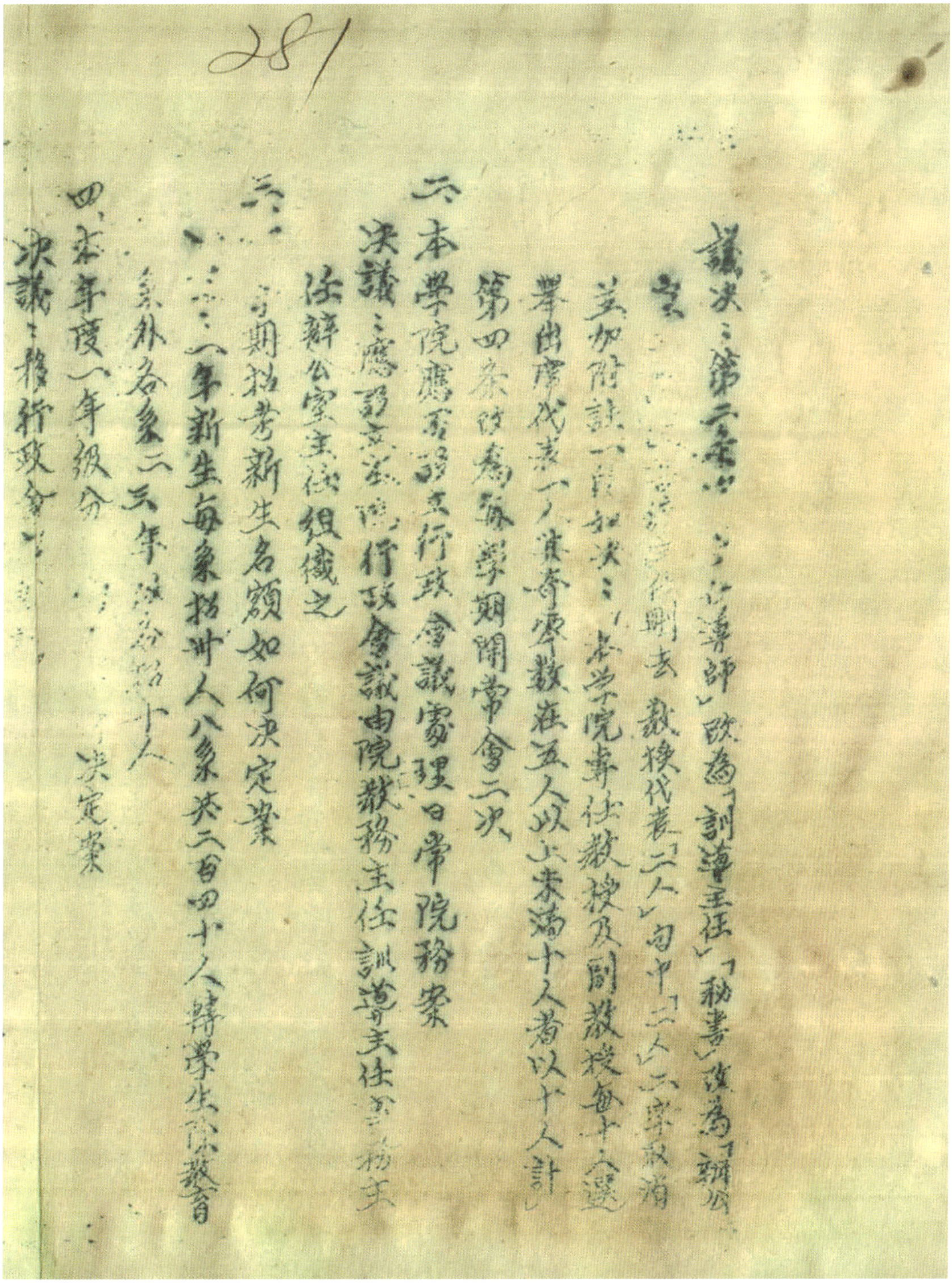

281

議決：第六條中「導師」改為「訓導主任」「秘書」改為「辦公室[illegible]」[illegible]刪去 教授代表「二人」句中「二人」二字取消
並加附註一條如次：「本學院專任教授及副教授每十人選舉出席代表一人，其零數在五人以上未滿十人者以十人計」
第四條改為每學期開常會二次
六、本學院應否設立行政會議處理日常院務案
決議：應設立行政會議由院教務主任、訓導主任、總務主任辦公室主任組織之
[illegible]下期招考新生名額如何決定案
[illegible]：一年新生每系招卅人，八系共二百四十人，轉學生除教育系外各系二三年級各招十人
四、本年度一年級分[illegible]決定案
決議：移行政會[illegible]

五、教育系五年級生四人因特殊情形請求准許下學期免予留
級上[illegible]如何處置案
決議：移行政會議討論
六、部令依會議決議遲到學生處理辦法請追認案
決議：原決議案[illegible]須改正為「已註冊學生於五月二日以後四月
六日以前到[illegible]所缺功課准於暑假補修在下學
年開課後補考，其餘各項照原案追認
七、課外補修考試辦法應如何決定案
決議：由担任教師自行決定
八、[illegible]
補考試應否會考案
[illegible]議：定各門功課[illegible]暫不會考
九、一年級學期考試[illegible]定案
決議：依校本部[illegible]

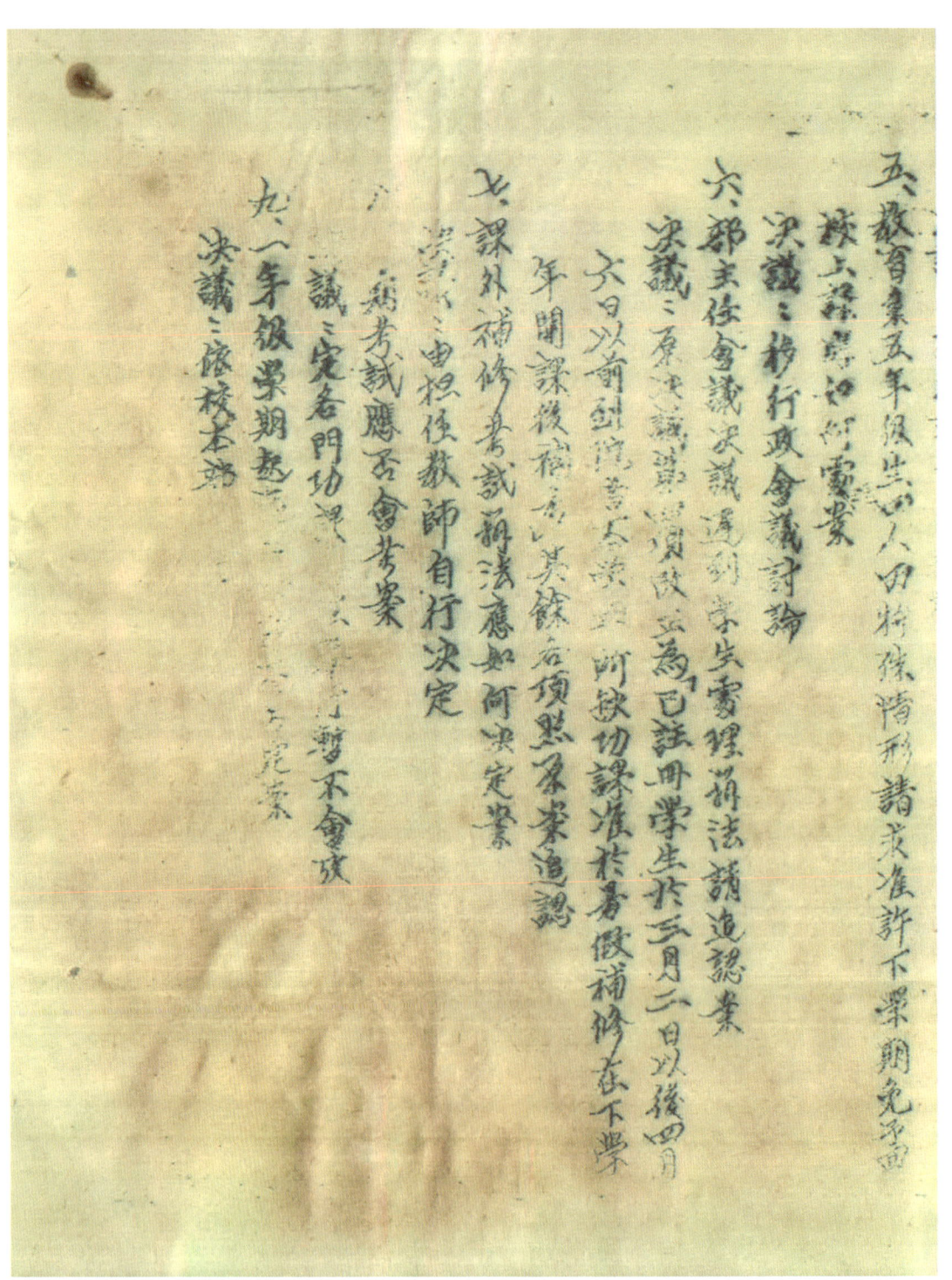

282

十、第二學期應定何日上課案

決議：定四月十四日

十一、五年級課程編排案則應否重行決定案

決議：交院務會議決定

兩[illegible]

国立中山大学图书馆图书委员会民国二十九年度第一次会议记录（一九四一年四月八日）

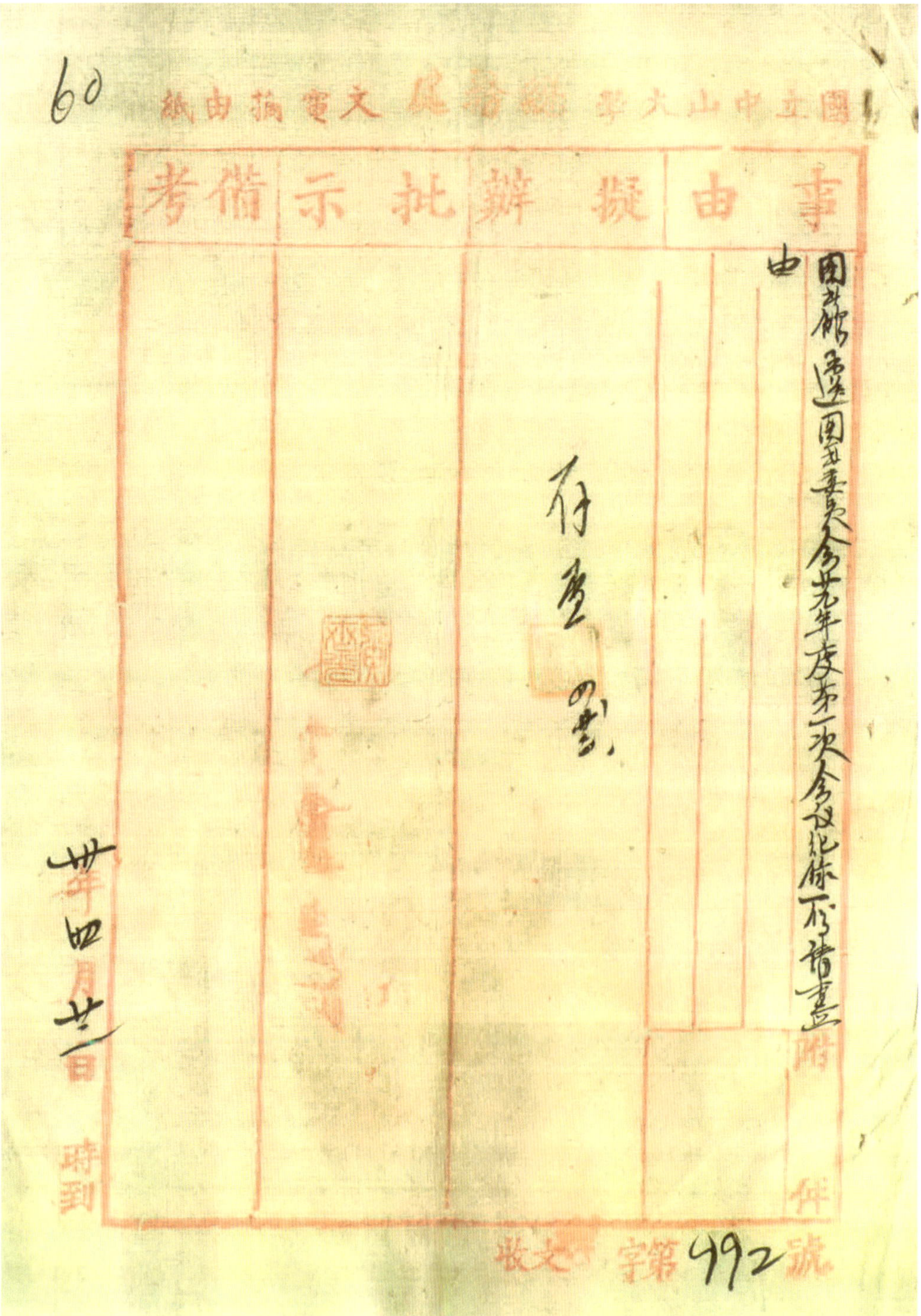
60

國立中山大學總務處文電摘由紙

事由	擬辦	批示	備考
由 圖書館函送圖書委員會廿九年度第一次會議紀錄請查照	存查 劉		

附件

卅年四月廿二日 到時

收文 字第492號

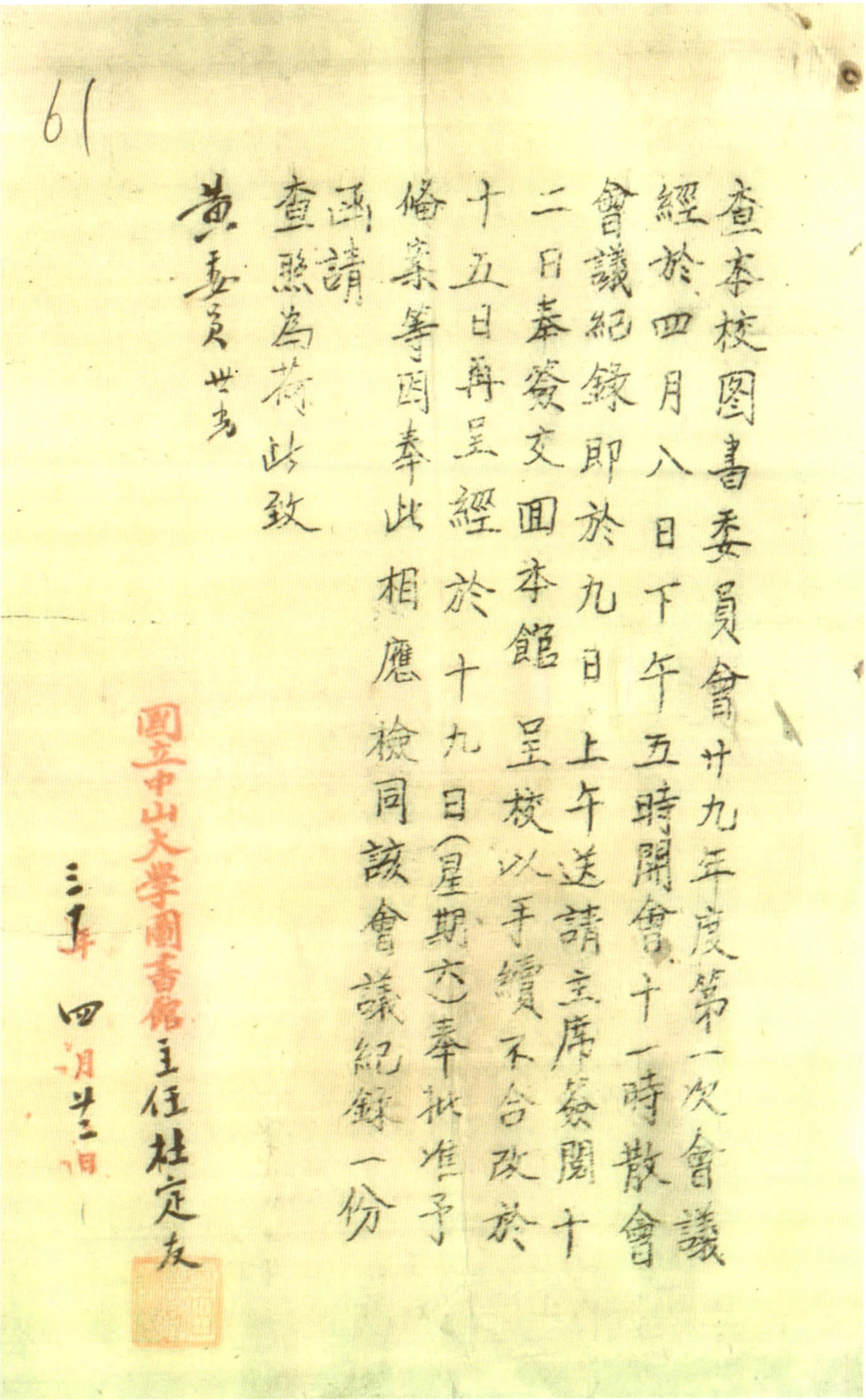

61

查本校圖書委員會廿九年度第一次會議經於四月八日下午五時開會十一時散會會議紀錄即於九日上午送請主席簽閱十二日奉發交回本館呈校以手續不合改於十五日再呈經於十九日(星期六)奉批准予備案等因奉此相應檢同該會議紀錄一份

函請

查照為荷此致

黄委員世光

國立中山大學圖書館主任杜定友

三十年四月廿二日

62

圖書委員會二十九年度第一次會議紀錄

時間：三十年四月八日下午四時

地點：總辦公所

出席：張雲 王慕尊 杜定友 丁穎 楊成志
康辛元 王駿人 趙善歡 謝扶雅 龔洋林

主席：張雲 紀錄：杜定友

甲、報告事項

圖書館杜主任報告：

一、教育部專款購書費美金七千餘元奉令知已於去年十二月寄滙美國訂購

二、一九四〇年各學院雜誌（除醫學院自購外）已有十之七八陸續寄到，其餘未到者諒因交通關係已去

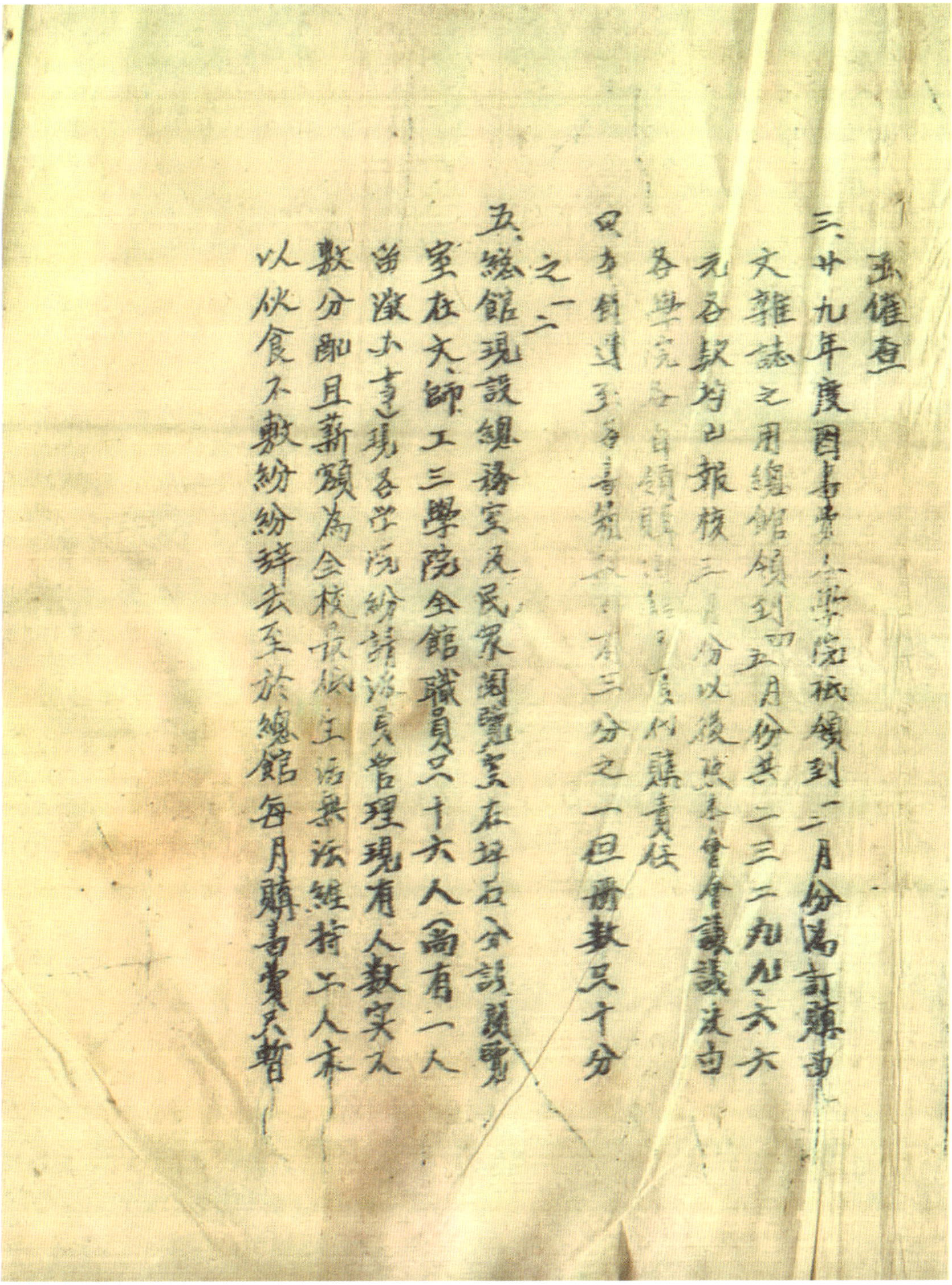
函催查
三、廿九年度圖書費本學院祗領到一二月份為訂購西
文雜誌之用總館領到四五月份共二三二九元六六
元各款均已報核三月份以後照本會會議決由
各學院各自領購總館不負代購責任
四、本館遷至各書籍今只有三分之一但冊數只十分
之一二
五、總館現設總務室及民眾閱覽室在坪石分設閱覽
室在文、師、工三學院全館職員只八十六人（尚有一人
留滯）本書現各學院紛請派員管理現有人數實不
敷分配且薪額為全校最低生活無法維持工人亦
以伙食不敷紛紛辭去至於總館每月購書費只暫

64

支四百元除報紙雜誌月需一百餘元外僅二百餘元購書供給四個閱覽室之用實屬無法應付雜費方面每月六百元除總務室及四閱覽之用外尚需供給各学院所用之借書證等亦感不足此近日圖書館之情形也

會計室王主任報告：

一、上年度圖書費積存約二三萬元但因辦公費超出預算此款現無現款支付

二、本年度圖書費暫定每月六千元

乙、討論事項

一、本年度圖書費应如何支[illegible]案

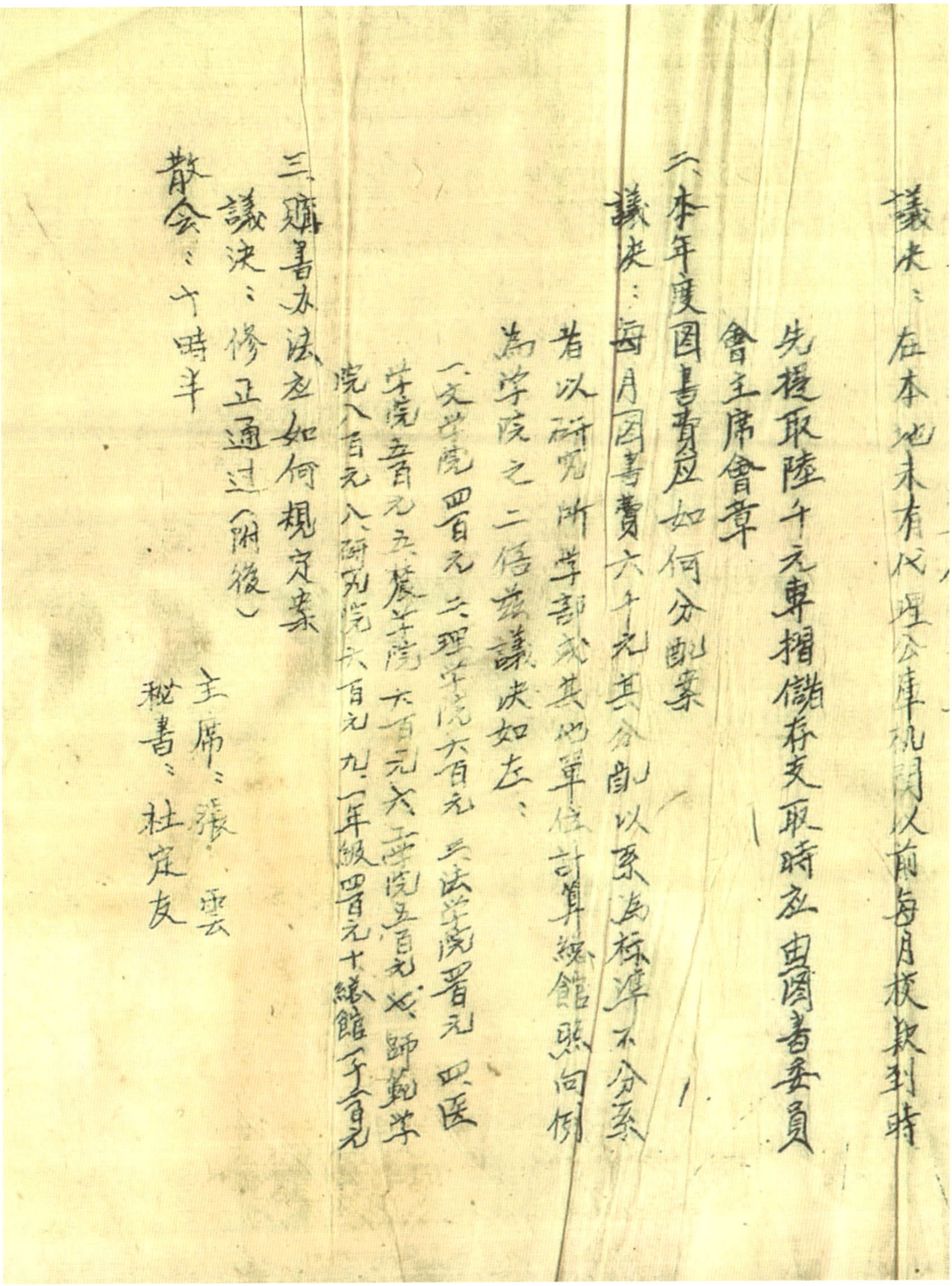

議决：在本地未有代理公庫機關以前每月校款到時
先提取陸千元專摺儲存支取時应由图書委員
會主席會章

二、本年度图書費应如何分配案
議决：每月图書費六千元其分配以系為標準不分系
者以研究所學部或其他單位計算總館照向例
為學院之二倍茲議决如左：
一、文學院四百元　二、理學院六百元　三、法學院四百元　四、医
學院五百元　五、農學院　六百元　六、工學院五百元　七、師範學
院八百元　八、研究院六百元　九、一年級四百元　十、總館一千二百元

三、購書办法应如何規定案
議决：修正通过（附後）

散会：十時半

主席：張雲
秘書：杜定友

63

國立中山大學圖書館購訂圖書辦法

一、本校各院館購訂參考圖書照本辦法之規定辦理之

二、本校圖書費之分配由圖書委員會議決之

三、購訂圖書分零購與整購二種

四、圖書總館及各院圖書分館閱覽室需要臨時急用及零星參考圖書日報雜本小冊等得由各館室自行速購將該書及發票收據等送總館驗收付款經登記後照章借出

五、右列零購圖書各院館室每月以該圖書費三分之一為限

六、各院館除零購圖書外其他圖書應於每月二十五日以前列單註明書名著者版次出版處價格及分別緩急（△最急用△△次急用△）送交圖書總館彙案承辦購，但如有特別情形時得由原提請人會同總館購

七、各院館請購圖書於每月月底由圖書總館彙齊經核对後依照圖書費預算分配標準列單呈請校長核購

八、各院館請購零星或大批圖書如超出當月預算則由總館根據緩急先後依次併入下月購置

九、每月訂購圖書冊數及價值凡已定未到者由總館於每月

月底列單通知各院館備查

十、零購圖書費每月二千元由總館向出納組具領分發各館室備用并由總館造賬案核

十一、購圖書費經圖書委員会主席及會計室会章後送請校長核准由出納組直接支付之

十二、本校各部份所購圖書并經圖書總館驗收登記後該單始会計室概不予以入賬

十三、本办法如有未尽事宜由圖書館主任提請圖書委員会通过修正之

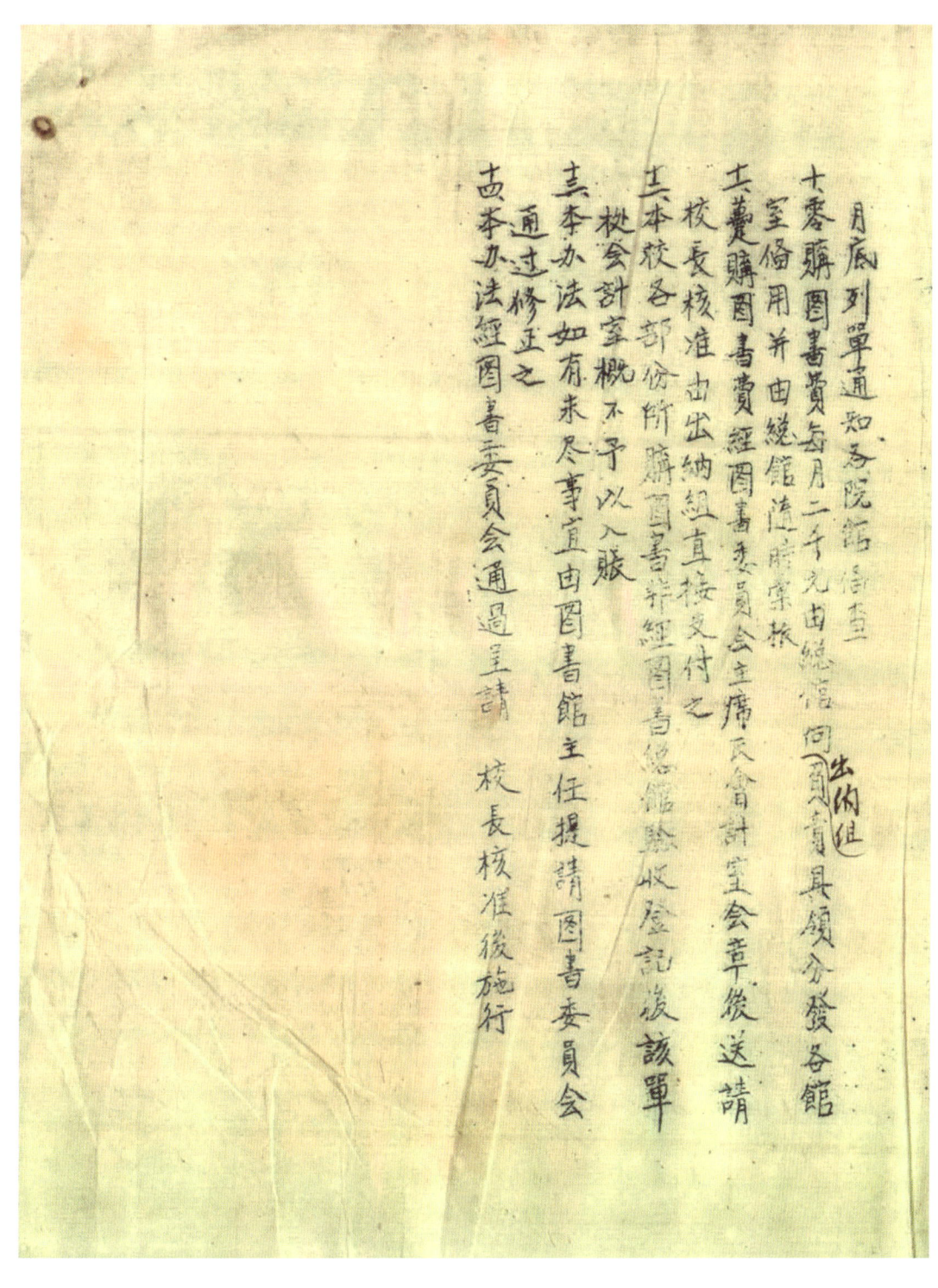

十四、本办法經圖書委員会通過呈請 校長核准後施行

国立中山大学图书馆民国二十九年度第一次总分馆联席会议记录（一九四一年六月二十八日）

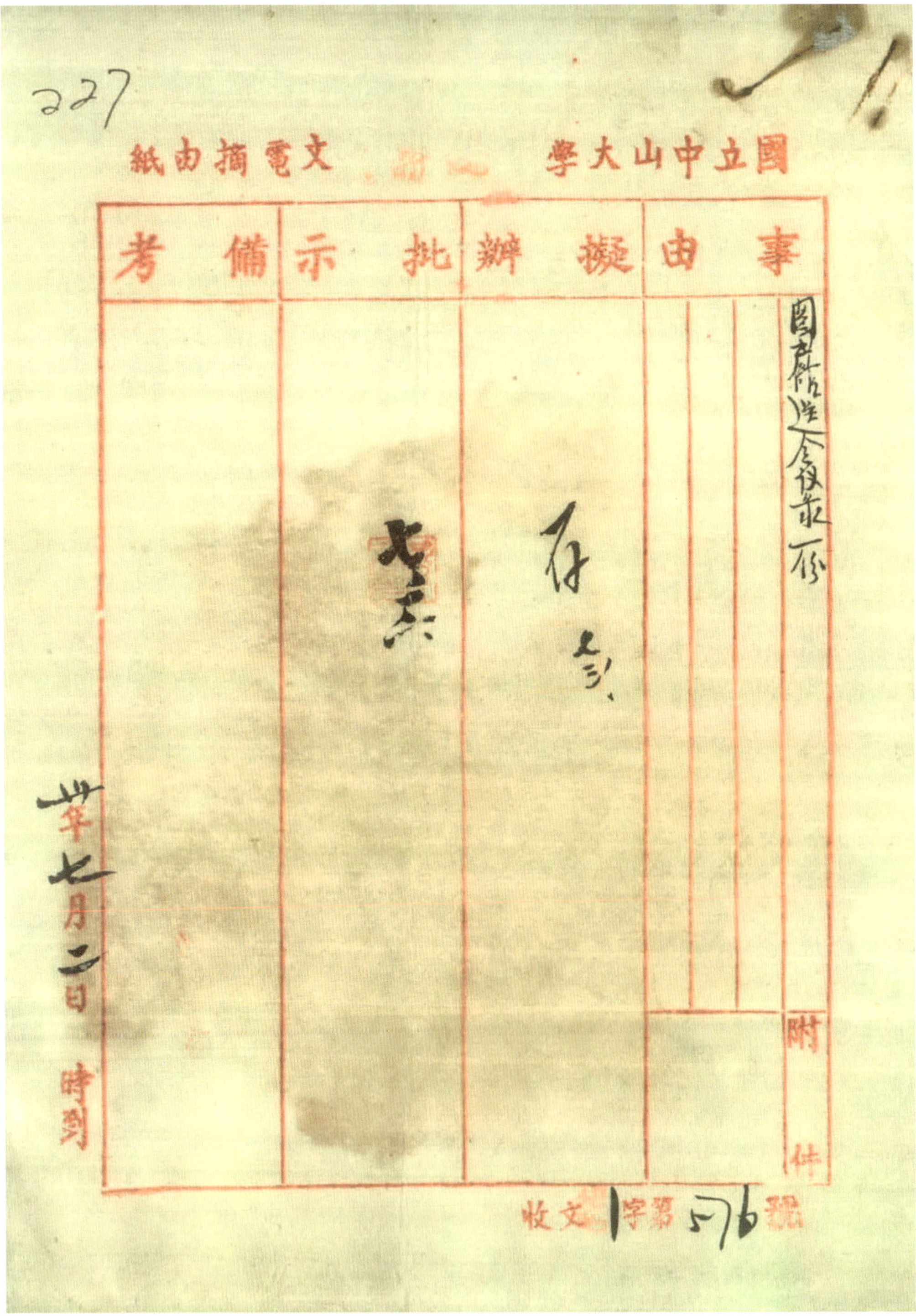
227

國立中山大學文電摘由紙

事由	擬辦	批示	備考
圖書館送會議錄	存參	如擬	
附件			

卅年七月二日時到

收文1字第576號

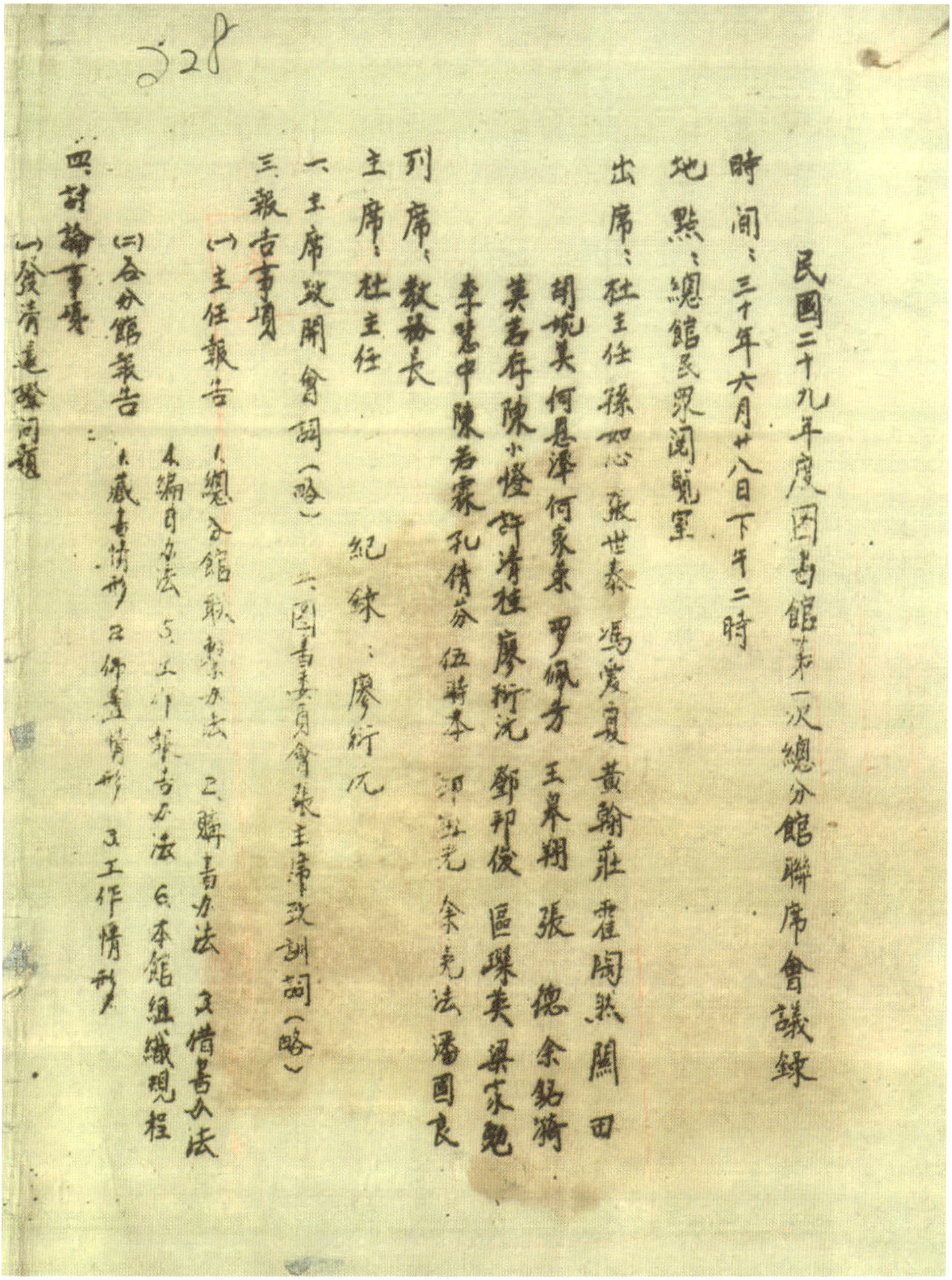
228

民國二十九年度圖書館第一次總分館聯席會議錄

時間：三十年六月十八日下午二時

地點：總館民眾閱覽室

出席：杜主任　孫如心　張世泰　馮愛寬　黃翰莊　霍陶然　關田
胡琬美　何昆澤　何家榮　罗佩芳　王眾翔　張德　余銘濟
莫若存　陳小燈　許清桂　廖衍洸　鄧邦俊　區璪英　梁家勉
李慧中　陳若霖　孔倩芬　伍騎本　邝懿光　余堯法　潘國良

列席：教務長

主席：杜主任　紀錄：廖衍洸

一、主席致開會詞（略）　二、圖書委員會張主席致訓詞（略）

三、報告事項

(一)主任報告：1.總分館聯繫辦法　2.購書辦法　3.借書辦法　4.編目辦法　5.工作報告辦法　6.本館組織規程

(二)各分館報告：1.藏書情形　2.佈置情形　3.工作情形

四、討論事項：

(一)發清遺失問題

議決：[illegible]本學期借書清還證由各學院分館分發但有本院員生向其他分館借書者應根據借書證或通知單還清後始得照發

(二)各分館定六月三十日停止外院學生借書並將人名單及借出圖書書單於七月五日前通知各關係學院及分館

(三)七月一日起停止發借書證

(四)本届畢業生借書限於考試完畢前三天一律交還如有逾期不還者即通知各該院及總館轉知註册組扣發畢業証書

(二)失書賠償問題

議決：照購價加倍賠償 時價中外書應以商務印書館所定為準 仍應呈請 校長核定

(三)借書逾期處罰問題

議決：照章辦理

(四)專款購書編存問題

議決：各學院專款購入圖書應一律存各該學院

(五)分館人員工作及分配問題

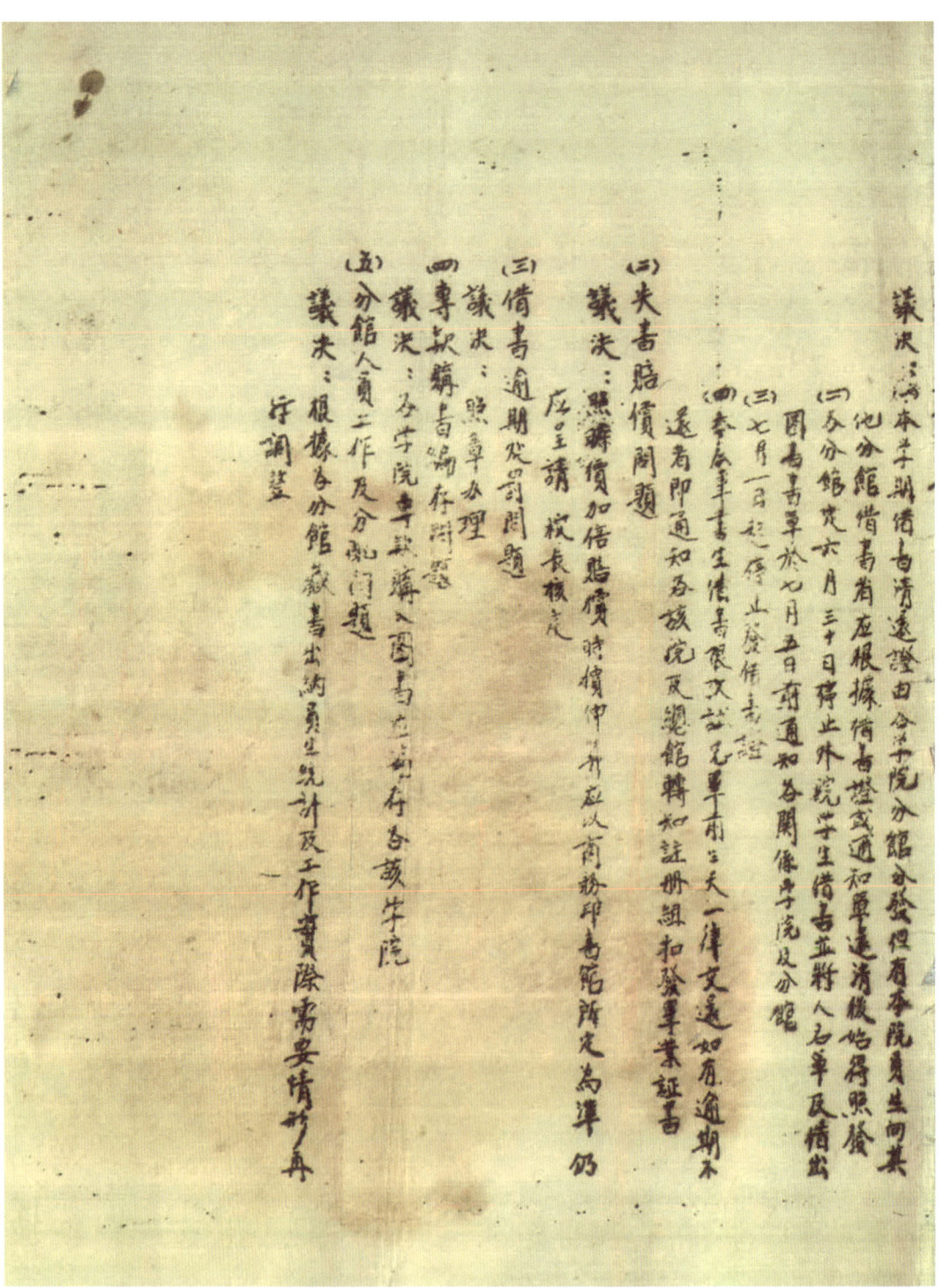

議決：根據各分館藏書出納員生統計及工作實際需要情形再行調整

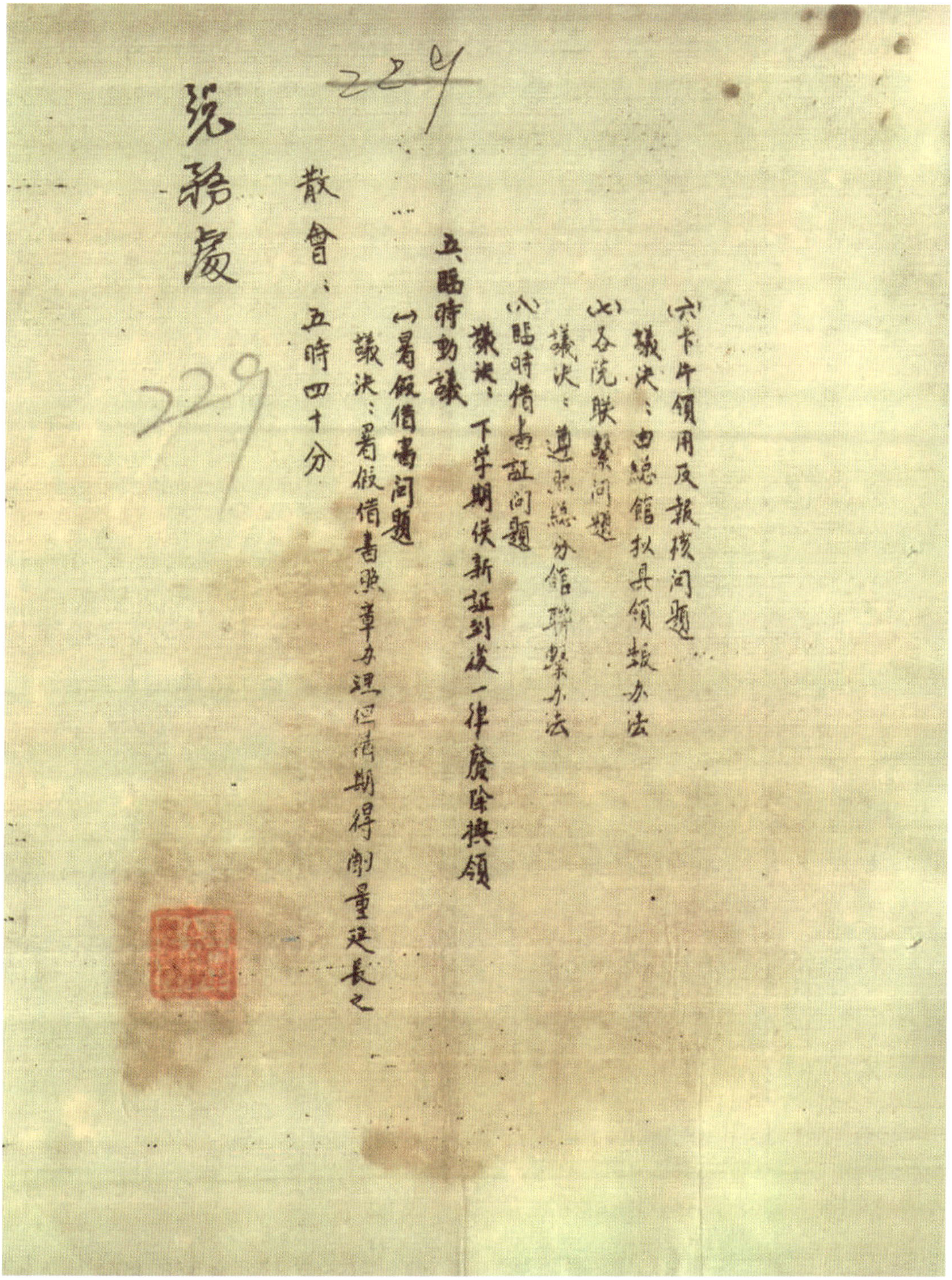

(六)卡片領用及報核問題
議決：由總館擬具領報办法
(七)各院聯繫問題
議決：遵照總分館聯繫办法
(八)臨時借書証問題
議決：下学期俟新証到處一律廢除換領
五、臨時動議
(一)暑假借書問題
議決：暑假借書照章办理但清期得酌量延長之
散會：五時四十分
總務處
~~224~~
229

国立中山大学民国二十九年度第一次仪器委员会会议记录（一九四一年五月十八日）

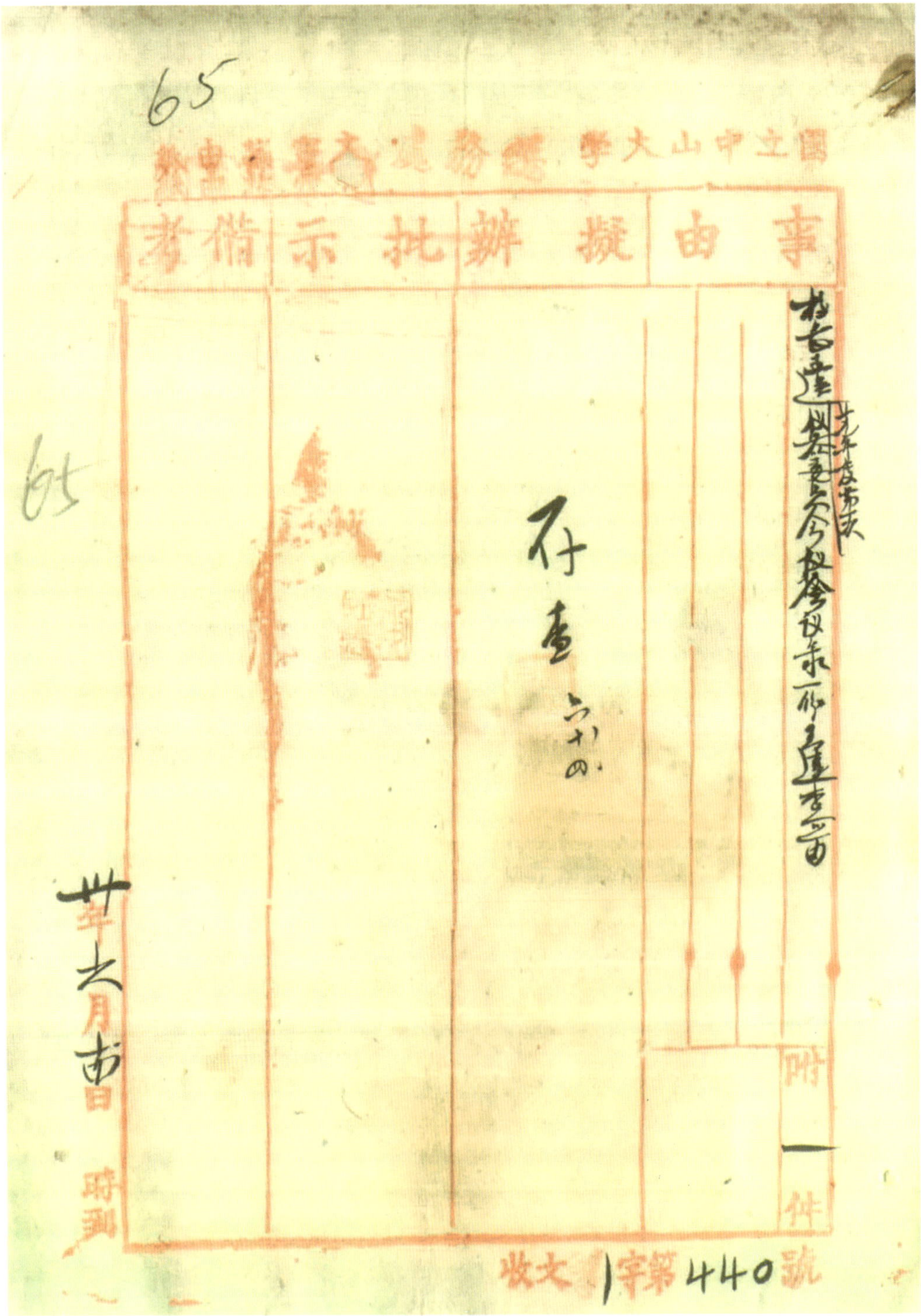

65

國立中山大學總務處文書組用箋

事由	擬辦	批示	備考
	存查 六.十四		

附 一 件

卅年六月十四日到

收文 1 字第440號

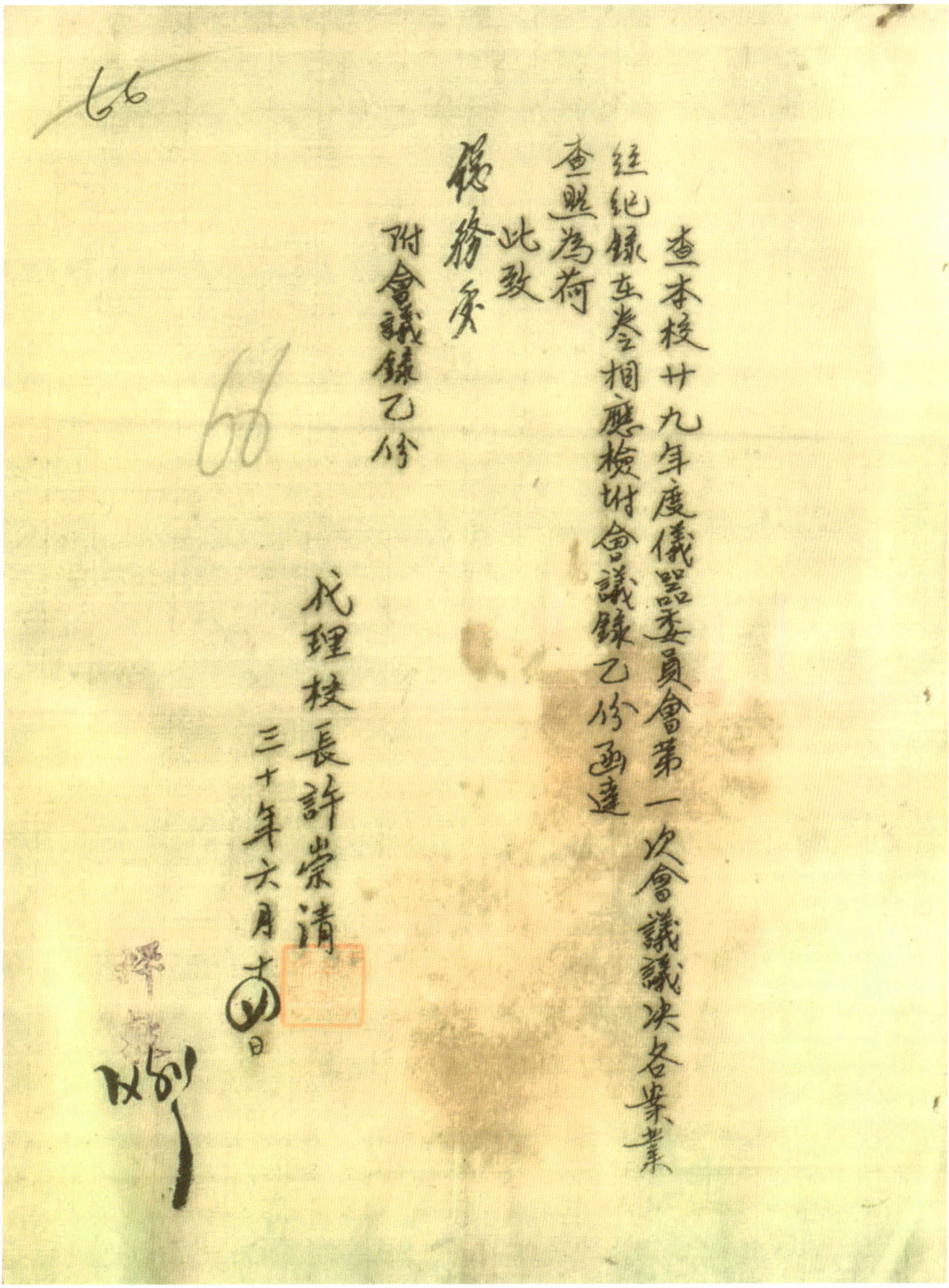
查本校廿九年度儀器委員會第一次會議議決各案業
經紀錄在卷相應檢附會議錄乙份函達
查照為荷
此致
總務處
附會議錄乙份
代理校長許崇清
三十年六月十四日

67

廿九年度儀器委員會第一次會議

時間：三十年五月十八日下午一時

地点：本校總办事處樓上會議廳

出席者：徐學瀾　伍國榮　張　雲　康辛元　王駿人
齊泮林　黄世光　楊成志　楊遵儀　梁甌第
陳宗南　丁　穎　侯　過

主席：張　雲　紀錄：梁甌第

行禮如儀

討論事項

一、本會章程業經擬定請審議案

議決：照修正通過

二、本會儀器設備費每月額定為五仟元應如何分配案

議決：(甲)儀器設備費以系為單位其人數班數特多者得予酌加各學院之單位分配如下：

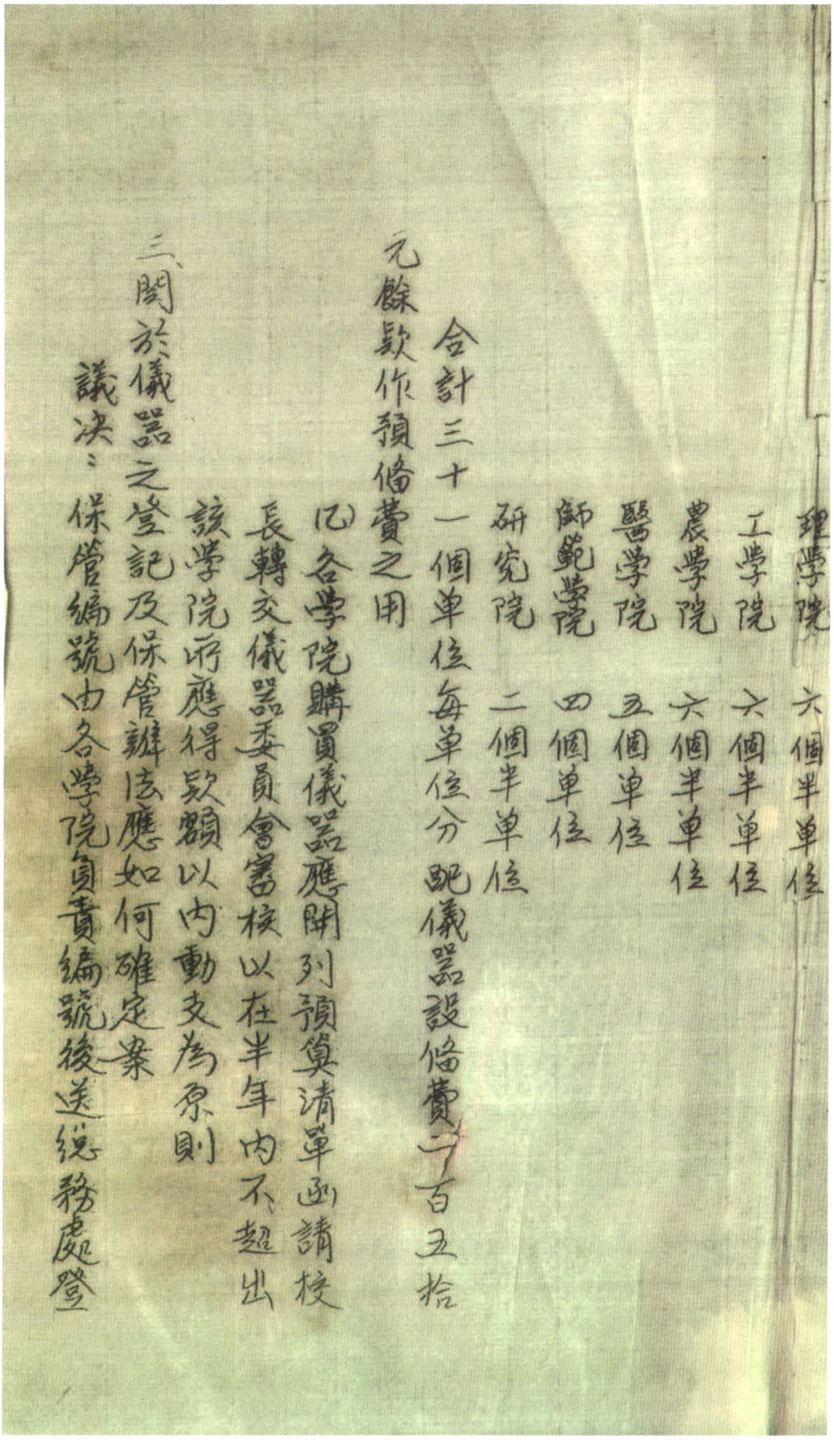
理學院　六個半單位
工學院　六個半單位
農學院　六個半單位
醫學院　五個單位
師範學院　四個單位
研究院　二個半單位
合計三十一個單位每單位分配儀器設備費千百五拾
元餘款作預備費之用
(乙)各學院購買儀器應開列預算清單函請校長轉交儀器委員會審核以在半年内不超出該學院所應得款額以内動支為原則
三、關於儀器之登記及保管辦法應如何確定案
議決：保管編號由各學院負責編號後送總務處登

68

記存查編號及保管辦法由總務處擬定

附錄一、本大學儀器委員會章程

第一條 本委員會（以下簡稱本會）依據本大學組織大綱第〇條之規定組織之

第二條 本會設委員十四人由教務長總務長会計主任研究院秘書理工農醫師範五學院院長及上列學院教授代表各一人組織之以教務長為主席

第三條 上項教授代表之任期為一年連選得連任

第四條 本會設幹事一人承主席之命辦理本會事務整理議案并保管案卷等事項

第五條 本會之職務如左：

（一）審議儀器標本購置計劃

（二）擬定儀器標本購置費之分配

（三）擬定儀器標本保管辦法

（四）計劃及審議其他關於儀器標本設備事項

第六條　本會以三分之二委員出席為法定人數以出席人數過半數之同意為決議

第七條　本會每學期開會二次于每學期之第一月與第三月內舉行由主席召集遇必要時得召開臨時會議

第八條　本章程如有未盡事宜得由委員二人以上之提議交由本會議決轉請校長核定之

第九條　本章程自校長核准公布之日施行

附錄二：本年度各學院已領儀器經費表

學院別	已領金額	備考
理	一〇、九八七、一四	
醫	五〇一〇、二〇	
農	八五、六〇	
合計	一六、〇八二、九四	

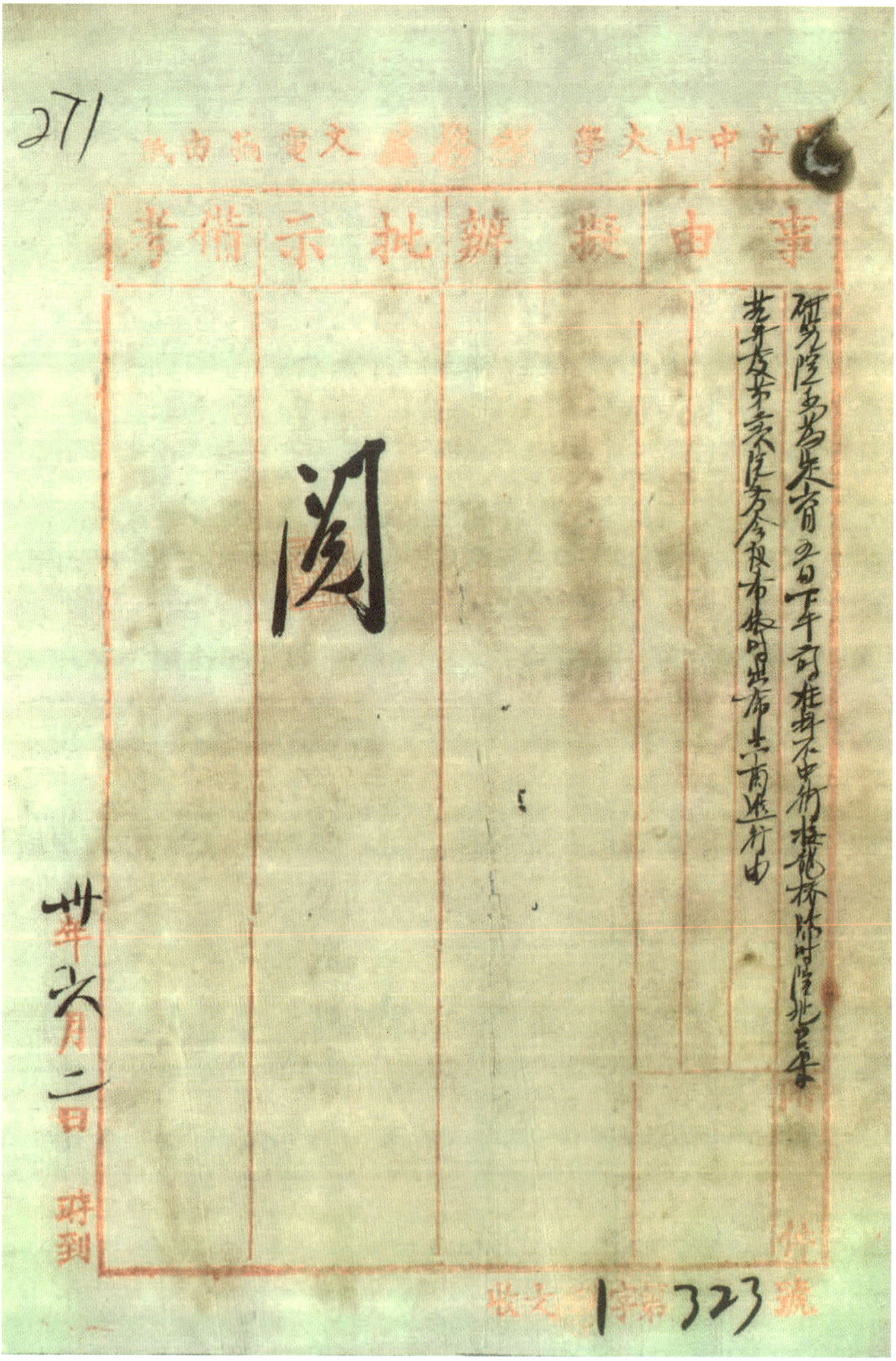
271

國立中山大學研究院文電摘由紙

事由	擬辦	批示	備考
研究院函為定六月五日下午在坪石中街接龍橋臨時院址召集廿九年度第二次院務會議討論第五屆碩士學位考試等事宜由		閱	

卅年六月二日 時到

收文 第1字323號

国立中山大学研究院定于六月五日在坪石中街接龙桥临时院址召集二十九年度第二次院务会议讨论第五届硕士学位考试等事宜的函（一九四一年五月三十一日）

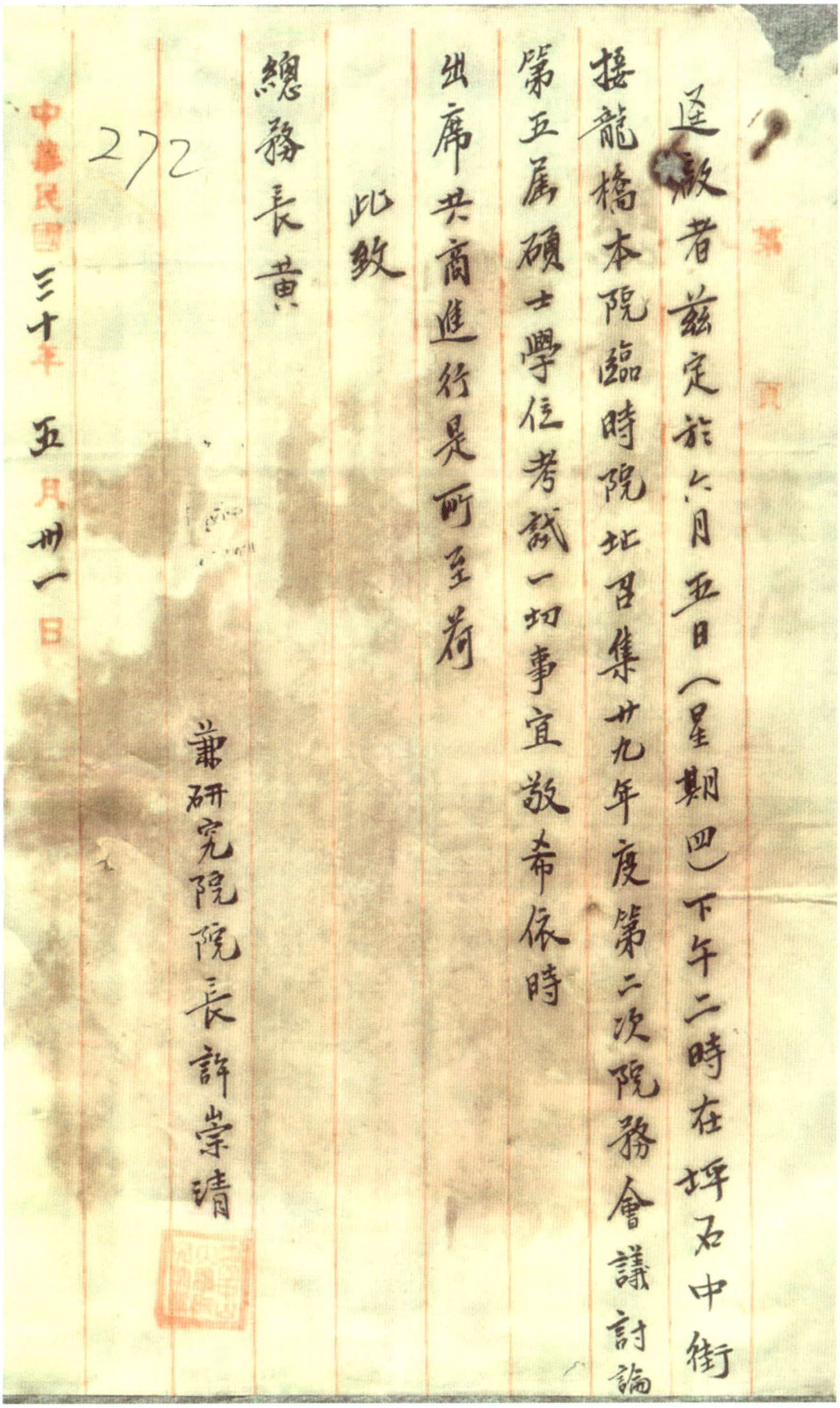
第　頁

逕啟者茲定於六月五日（星期四）下午二時在坪石中街
接龍橋本院臨時院址召集廿九年度第二次院務會議討論
第五屆碩士學位考試一切事宜敬希依時
出席共商進行是所至荷
此致
總務長黃
兼研究院院長許崇清
272
中華民國三十年五月卅一日

国立中山大学总务处关于租定来往坪石管埠一线船只合约并通告本校各院航行时间的函（一九四〇年十一月十三日）

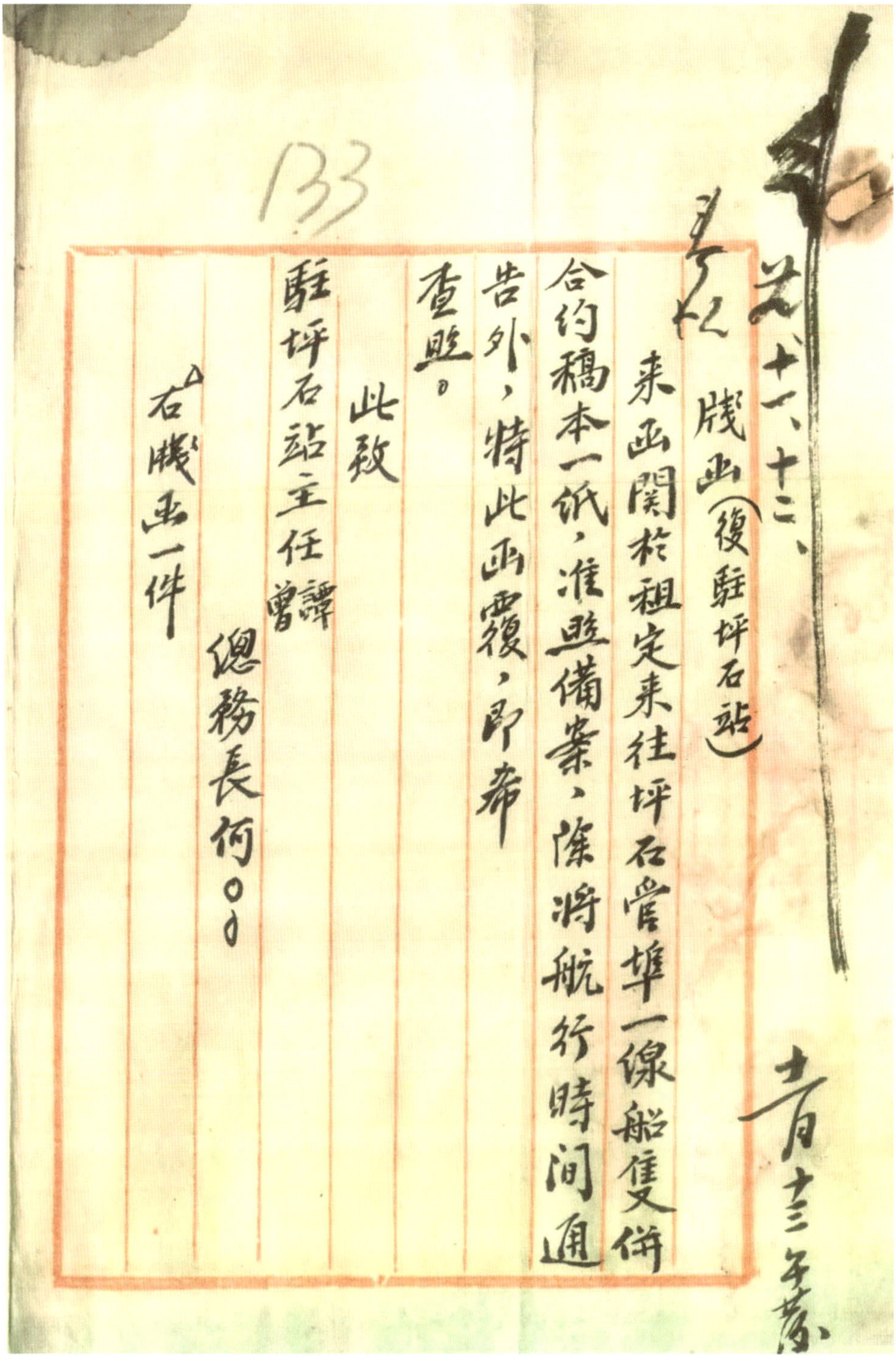
133

廿九、十一、十二、

牋函（復駐坪石站）

来函関於租定来往坪石管埠一線船隻併合約稿本一紙，准照備案，除將航行時間通告外，特此函覆，即希

查照。

此致

駐坪石站主任譚曾

總務長何○○

右牋函一件

十一月十三午發

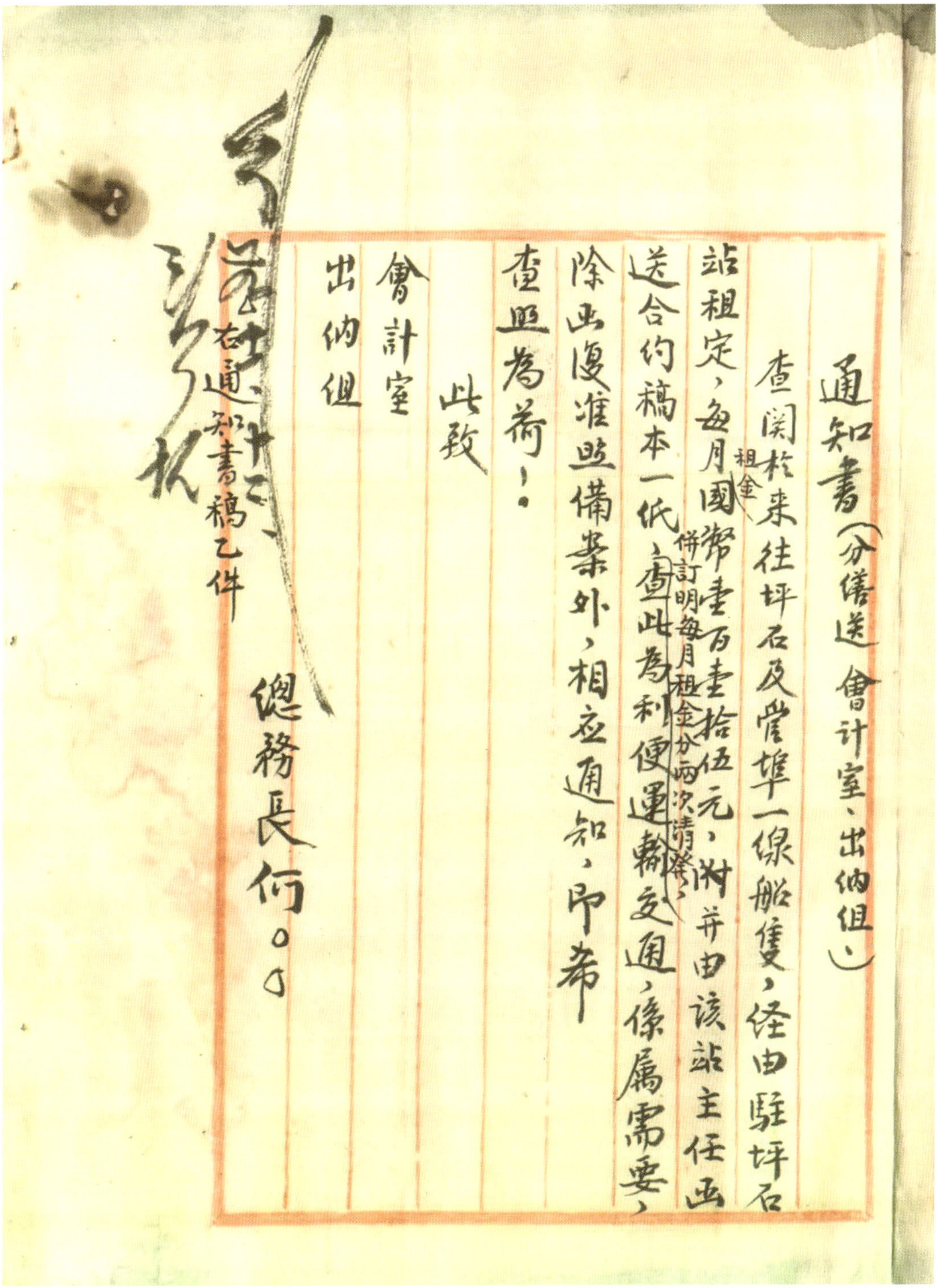
通知書（分繕送會計室、出納組）

查閱於来往坪石及黌埠一線船隻，經由駐坪石站租定，每月租金國幣壹百壹拾伍元，併訂明每月租金分兩次請發，附并由該站主任函送合約稿本一紙，查此為利便運輸交通，係屬需要，除函復准照備案外，相應通知，即希

查照為荷！

此致

會計室

出納組

總務長何○○

右通知書稿乙件

134

十月十三日午發

通告

為通告事：關於坪石及管埠十一係交通，經租定船隻一艘，以利便本校員工之來往及物品之運儀，茲將灣泊地點及航行時間列左：

(1)灣泊地點　坪石墟本校辦事處前

(2)航行時间　每日上午七時由坪石墟啟行開往管埠，下午十一時由管埠啟行開回坪石，風雨不改

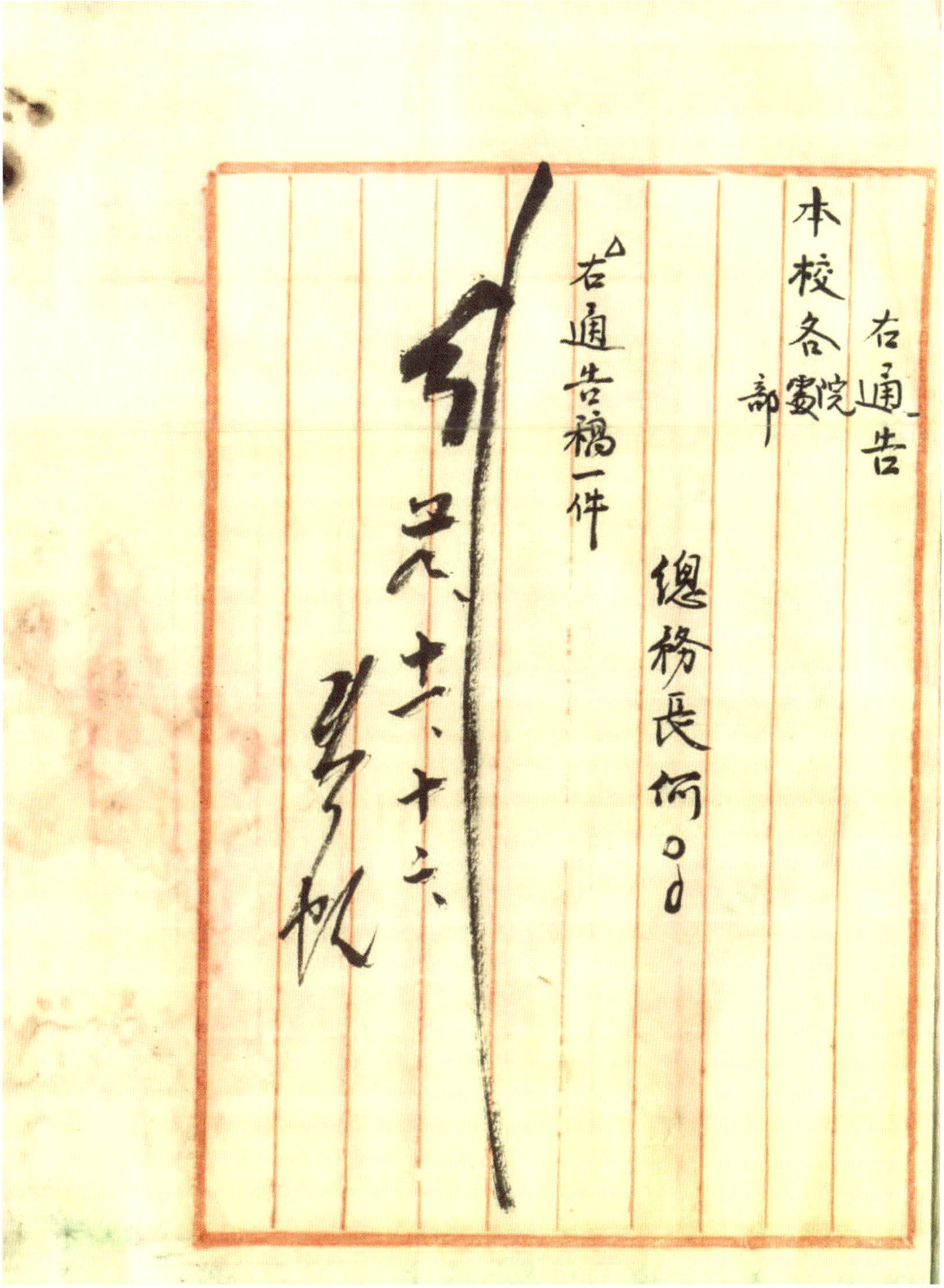
右通告
本校各院處部
總務長何○○
右通告稿一件
判
廿八、十、十六

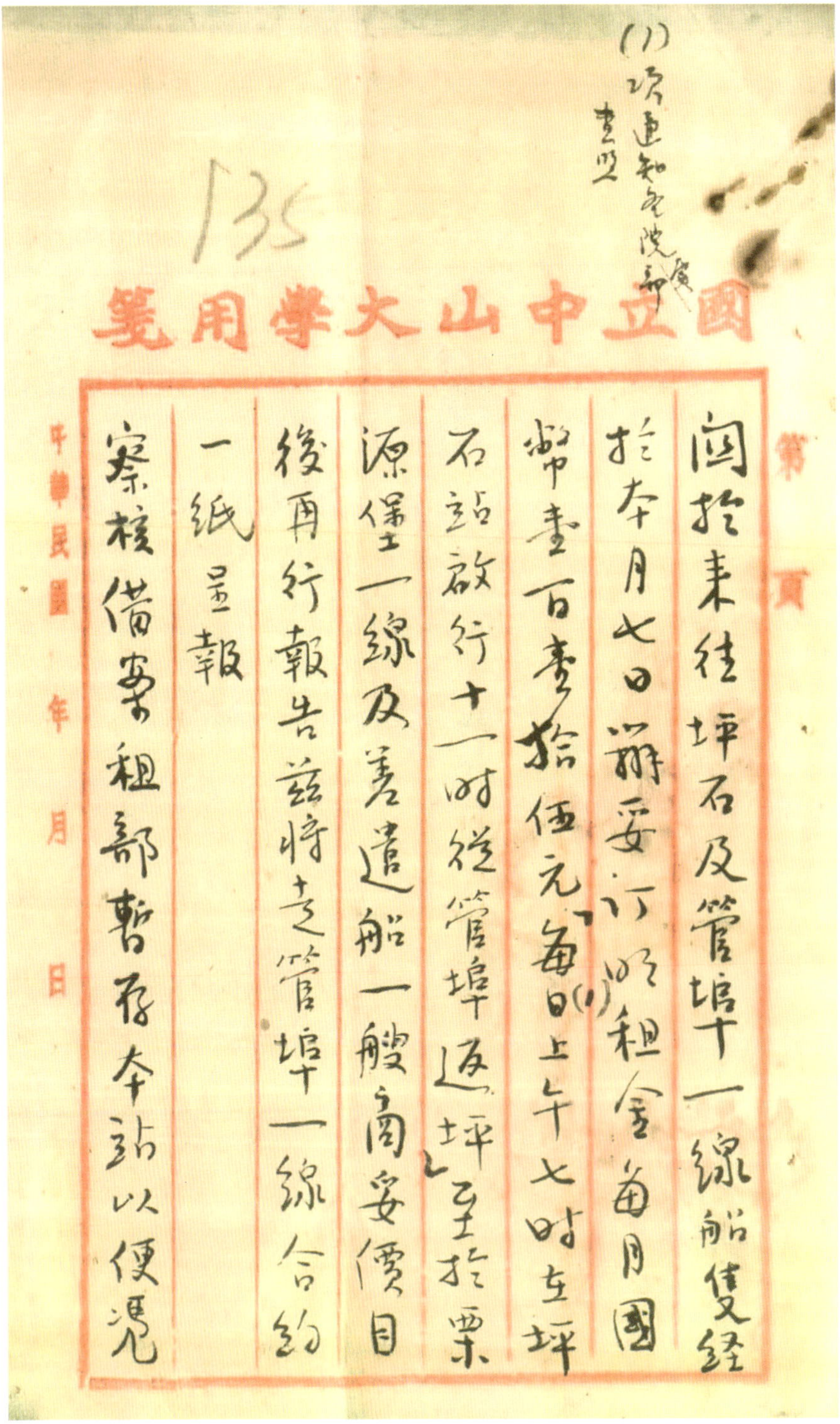

(1) 函達知會總務處
查照

135

國立中山大學用箋

第 頁

関於來往坪石及管埠十一線船隻經
於本月七日辦妥订明租金每月國
幣壹百壹拾伍元每日上午七时在坪
石站啟行十一时從管埠返坪至於栗
源堡一線及善遣船一艘商妥價目
後再行報告茲將走管埠一線合約
一紙呈報
察核借案租部暂存本站以便憑

中華民國 年 月 日

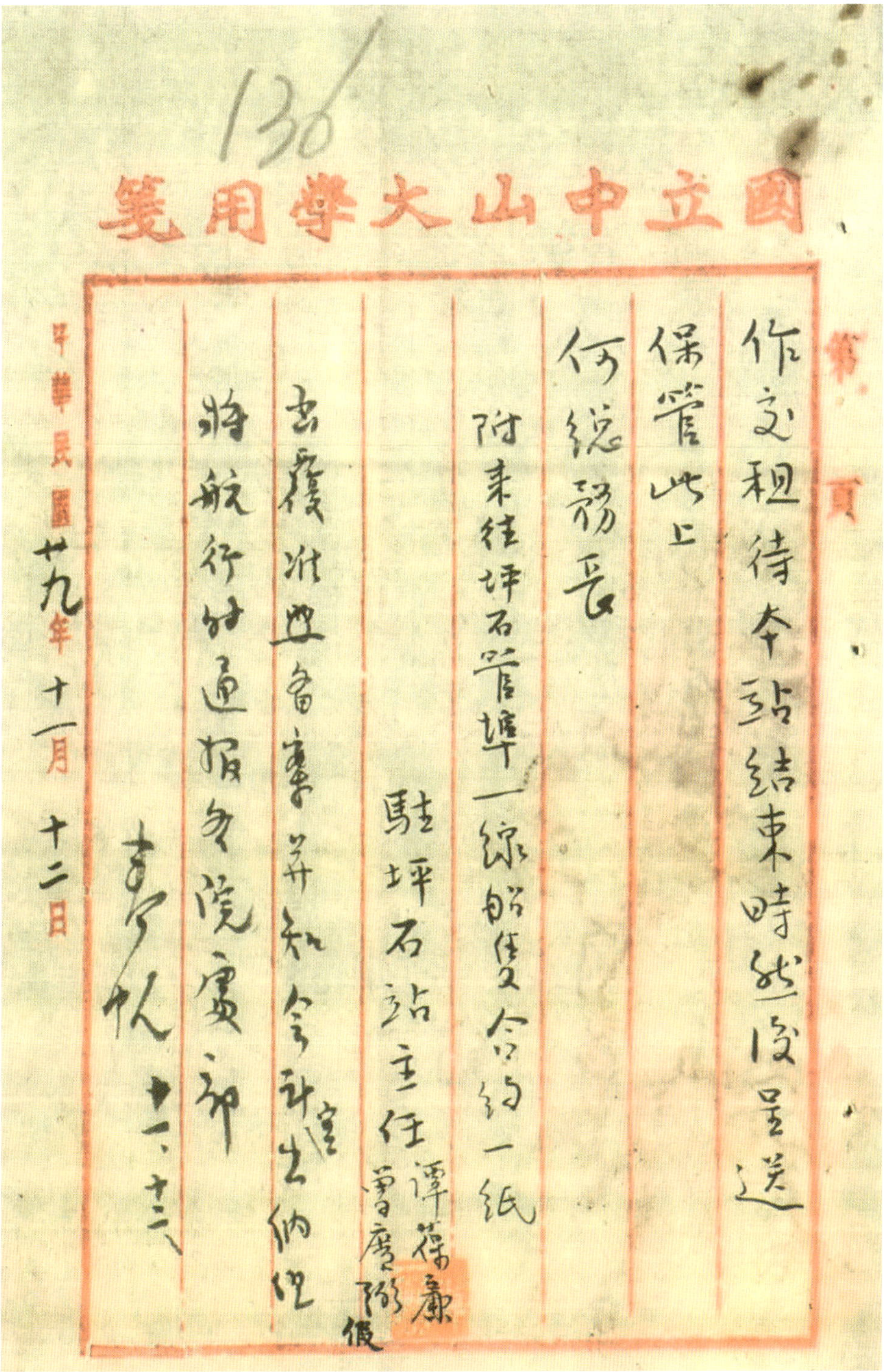

130

國立中山大學用箋

第　頁

作交租待本站結束時然後呈送
保管此上
何總務長
附来往坪石管埠一綜船隻合約一紙
駐坪石站主任譚葆康 曾慶瀾 假
去覆准照備案并知會科出納組
將航行時通報各院處部
李帆 十一、十二

中華民國廿九年十一月十二日

137

立合约租船人

今将大船乙艘租与中山大学行驶管埠至坪石墟一线订明该艇所有一切之用具船伕三人之伙食由租船人供给承租人每月给回国币壹百壹拾伍元并遵守下列之规则为是

承租人

租船人

担保人

(一)本船定每日上午七时由坪石墟启行往管埠风雨不改

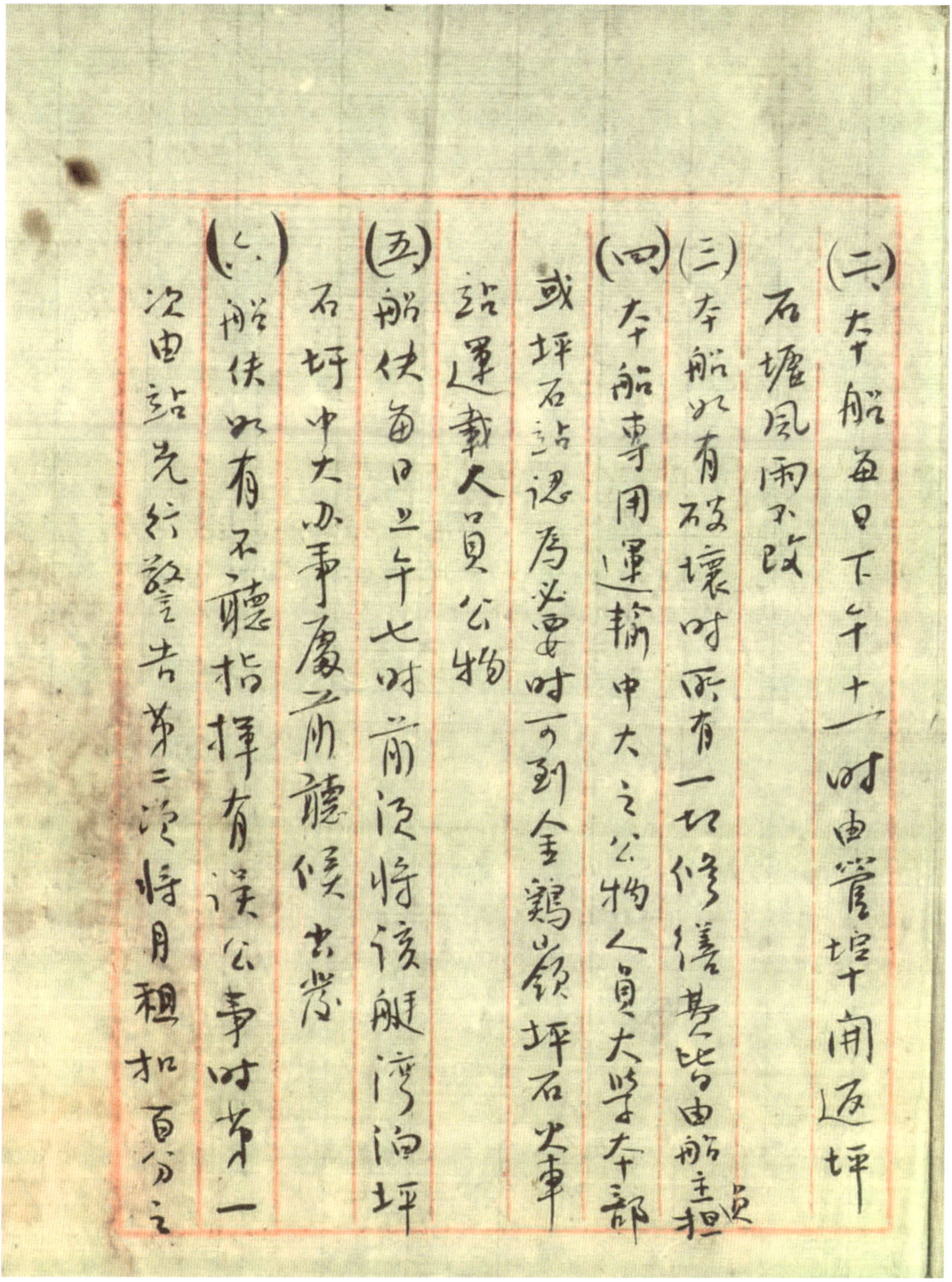
（二）本船每日下午十一时由管埠開返坪石塘風雨不改
（三）本船如有破壞时所有一切修繕費皆由船主担負
（四）本船專用運輸中大之公物人員大學本部或坪石站認為必要时可到金鷄嶺坪石火車站運載人員公物
（五）船伕每日上午七时前須将該艇灣泊坪石坪中大办事處前聽候出發
（六）船伕如有不聽指揮有误公事时第一次由站先行警告第二次将月租扣百分之

138

二作为罚则款第三次由中大交地方官厅

四训

（七）如有船伕因病不能工作时租船人另僱人代之但该工金由租船人供给仍照规定时间行驶

（八）每日不论有无货物人员搭载须要照规定时间往来

（九）每月租金分两次清发但租船人应备殷实商店或殷商担保

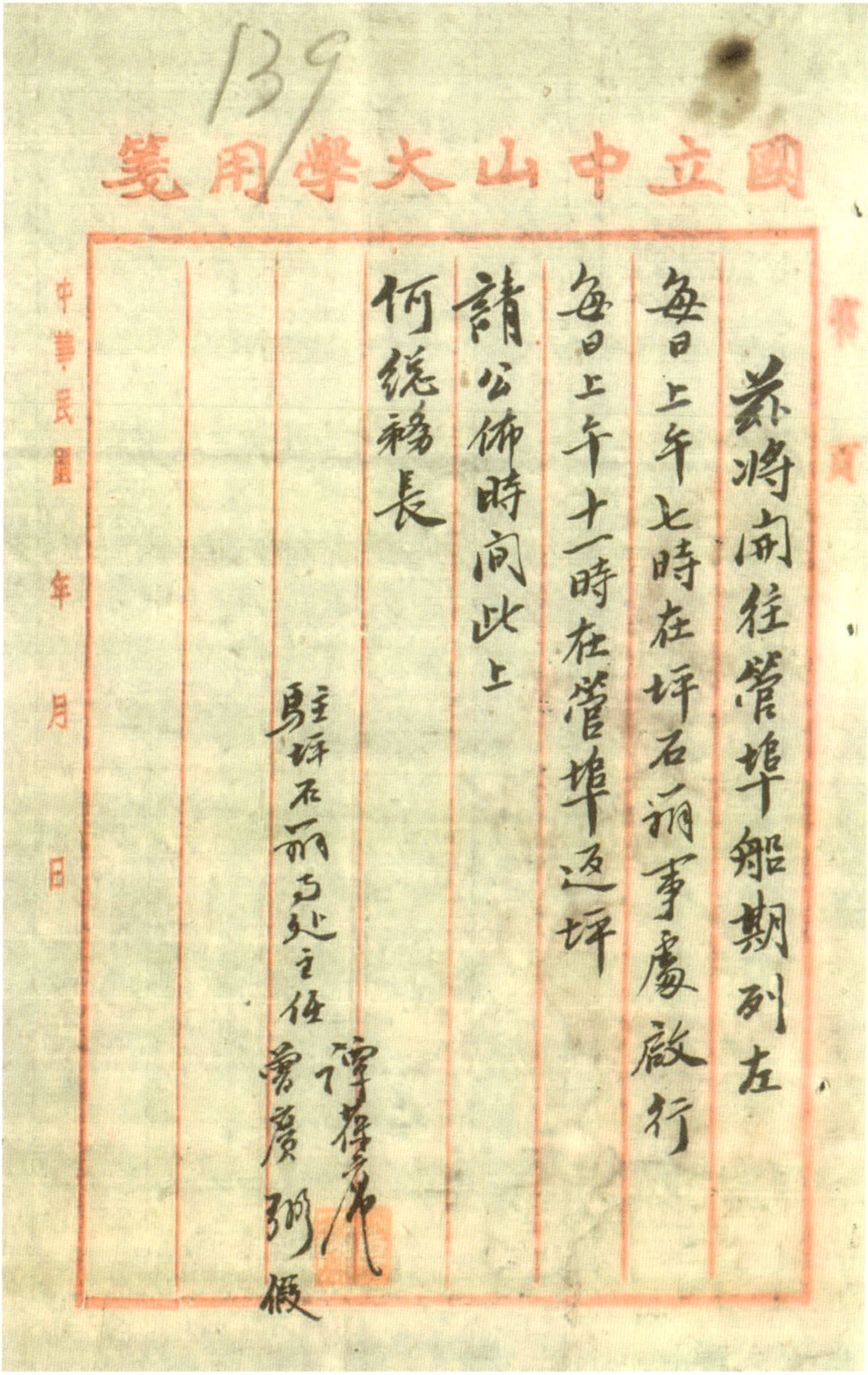
139

國立中山大學用箋

第 頁

茲將開往管埠船期列左

每日上午七時在坪石辦事處啟行

每日上午十一時在管埠返坪

請 公佈時間此上

何總務長

駐坪石辦事處主任 費廣弼 假

覃[illegible]代 謹上

中華民國 年 月 日

国立中山大学总务处关于坪石管埠差遣船已无更改时间之必要请师范学院查照的函（一九四一年一月三十一日）

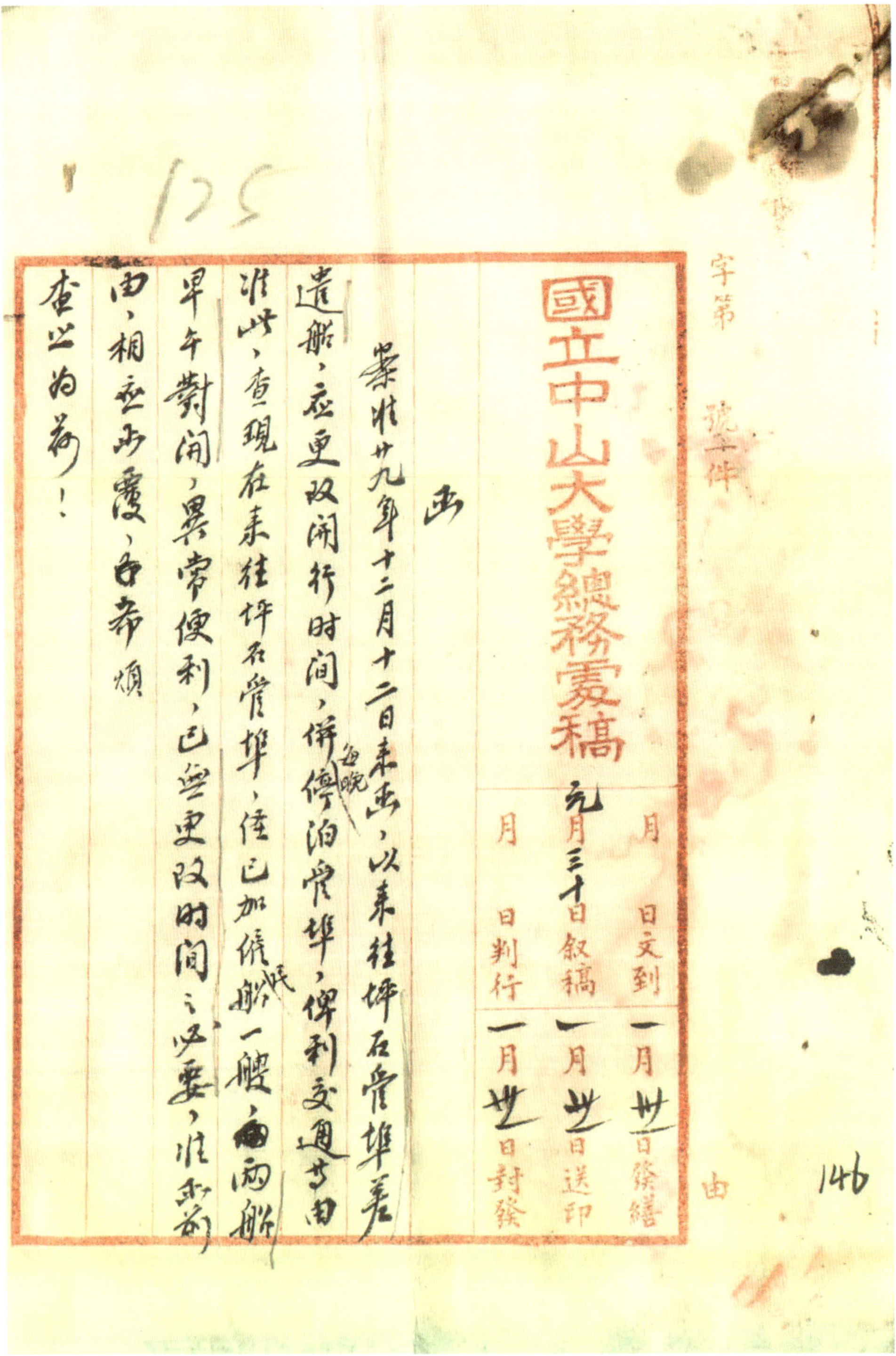

125

國立中山大學總務處稿

字第　號　件

由

月　日文到　一月廿日發繕

元月三十日敘稿　一月卅一日送印

月　日判行　一月卅一日封發

函

案准廿九年十二月十二日來函，以來往坪石管埠差遣船，應更改開行時間，俾每晚停泊管埠，俾利交通等由。准此，查現在來往坪石管埠，經已加派船一艘，兩船早午對開，異常便利，已無更改時間之必要，准函前由，相應函覆，即希煩查照為荷！

146

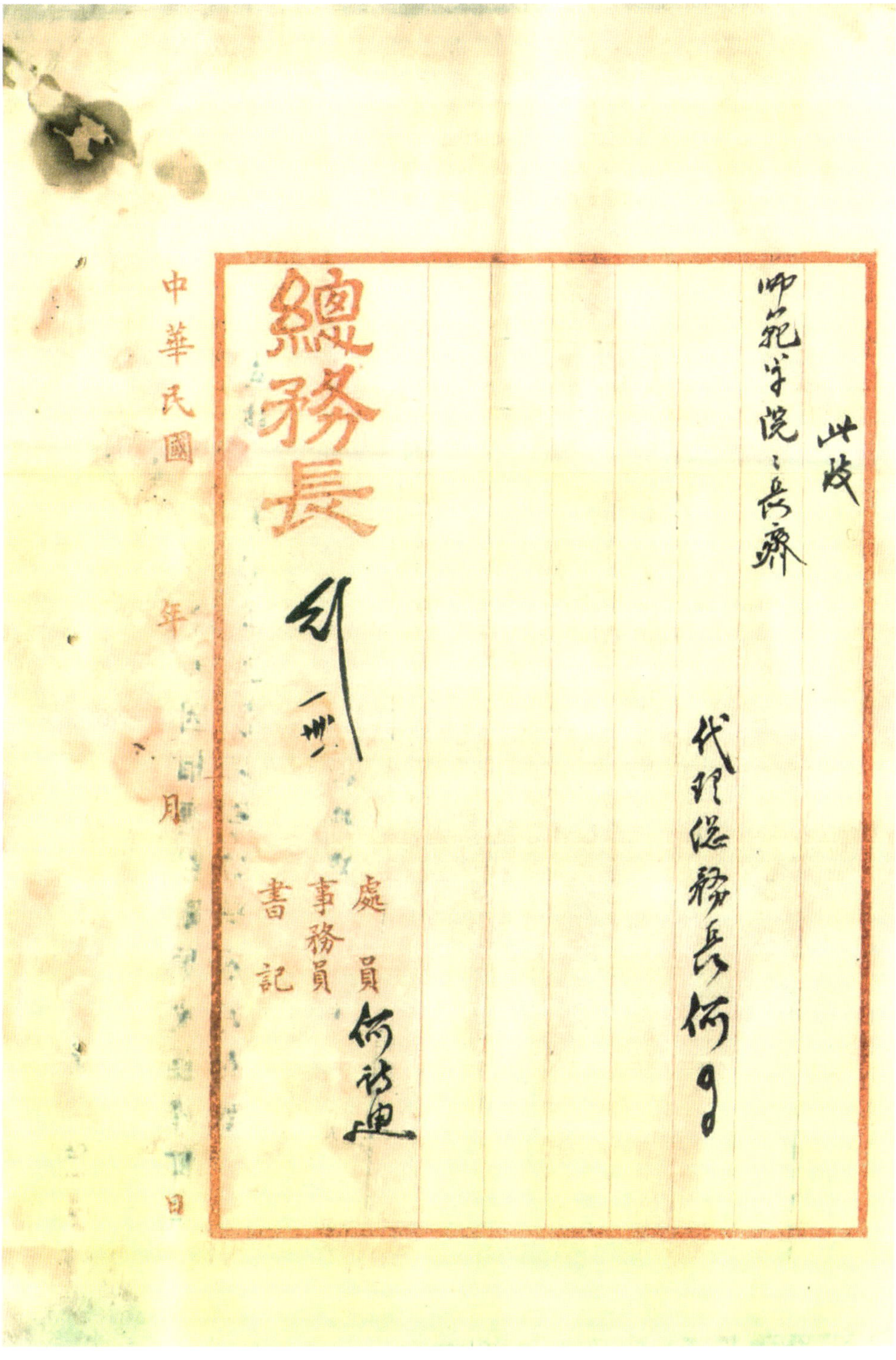
此致

師範學院院長齊

代理總務長何

總務長

（一卅）

處　員

事務員

書　記

中華民國　年　月　日

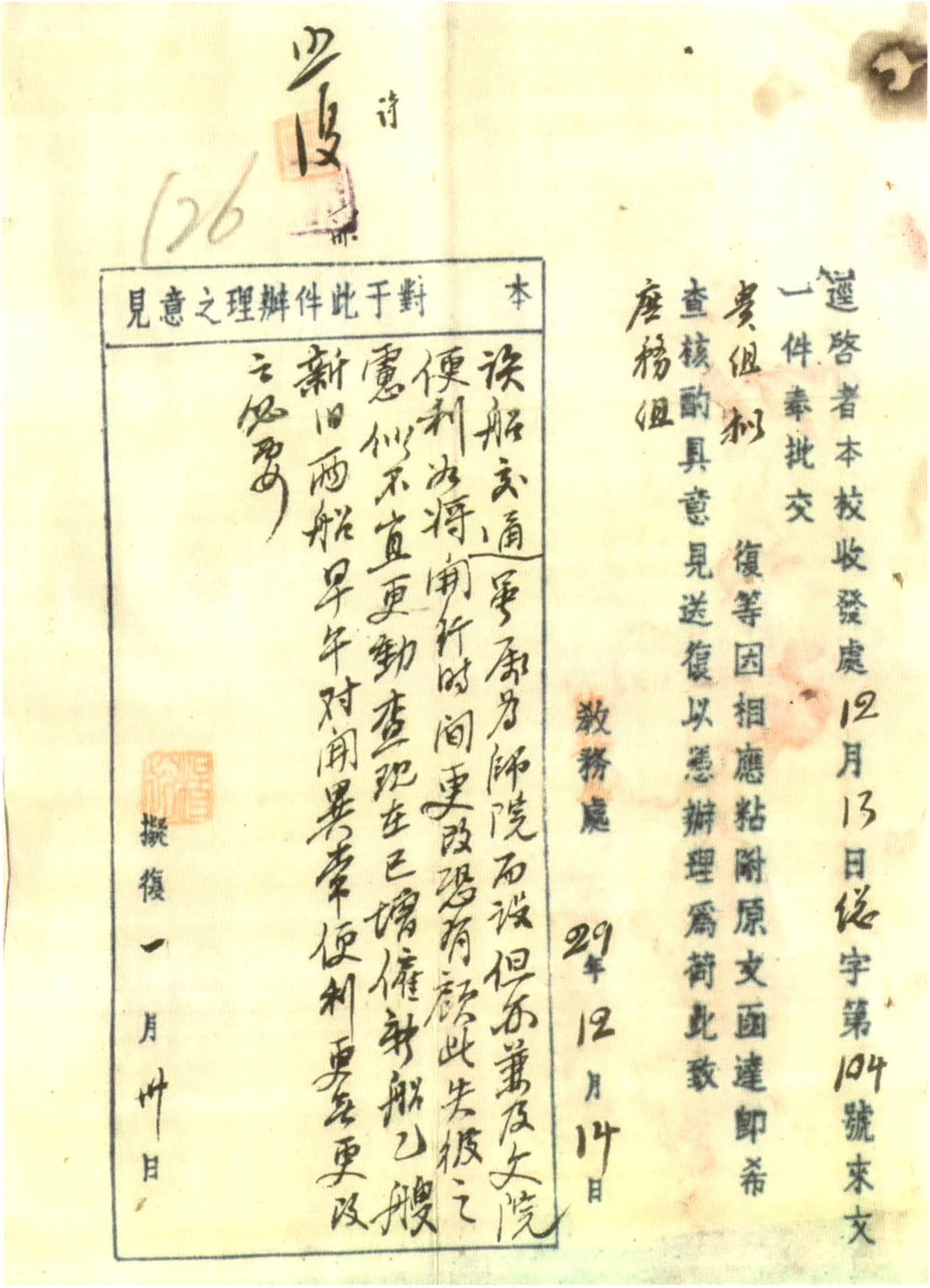

126

照復　許

逕啓者本校收發處12月13日総字第104號來文一件奉批交貴組利　復等因相應粘附原文函達即希查核酌具意見送復以憑辦理爲荷此致

庶務組

教務處

29年12月14日

本對于此件辦理之意見

該船實通粵康爲師院而設但亦兼及文院便利如將開行時間更改恐有顧此失彼之慮似不宜更動查現在已增備新船乙艘新舊兩船早午對開異常便利更無更改之必要

擬復　一月卅日

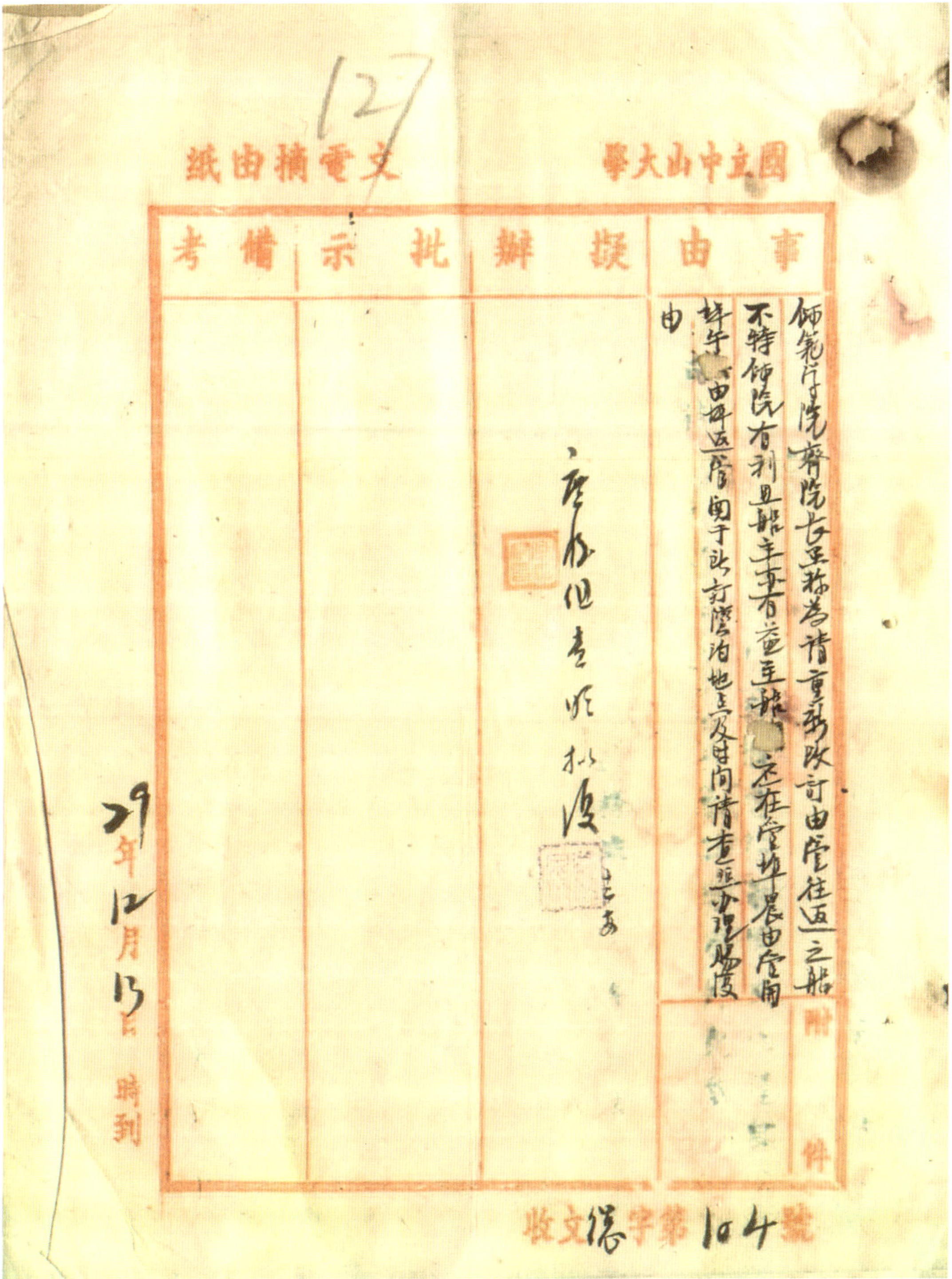
127
國立中山大學 文電摘由紙
事由
師範學院齊院長呈稱為請重新改訂由營往返之船不特師院有利且船主亦有益至船[illegible]應在營埠晨由營開埠午[illegible]由坪返營開于改訂營泊地点及時間請查照辦理賜復由
擬辦
批示
備考
附件
29年12月15日 時到
收文穗字第104號

128

埠字第30號

查本院址管埠去坪石二十餘里交通辦法除步行外尚
有校船乙艘来往兩地藉資運輸惟查校船由坪至管時以
順流放疾坐者多載運公物亦路由管至坪則適相反該船若
每晚停泊坪石則於交通影响誠非淺鮮令試举其弊之大
端者言之本院採辦糧食員工必需留宿坪石方能將貨物交船
否則必需於同日徒步往返兩地未免過勞一也坪石開船
為時過早往往於天未明前即需由本院將傢俬趁運而搬運未
畢即已超越開船時間貽誤甚多二也綜上諸因本院認
為該船駛行時間實有重新改訂之必要即校船之停泊
應在管埠而非坪石每晨由管埠開行午後則由坪石駛

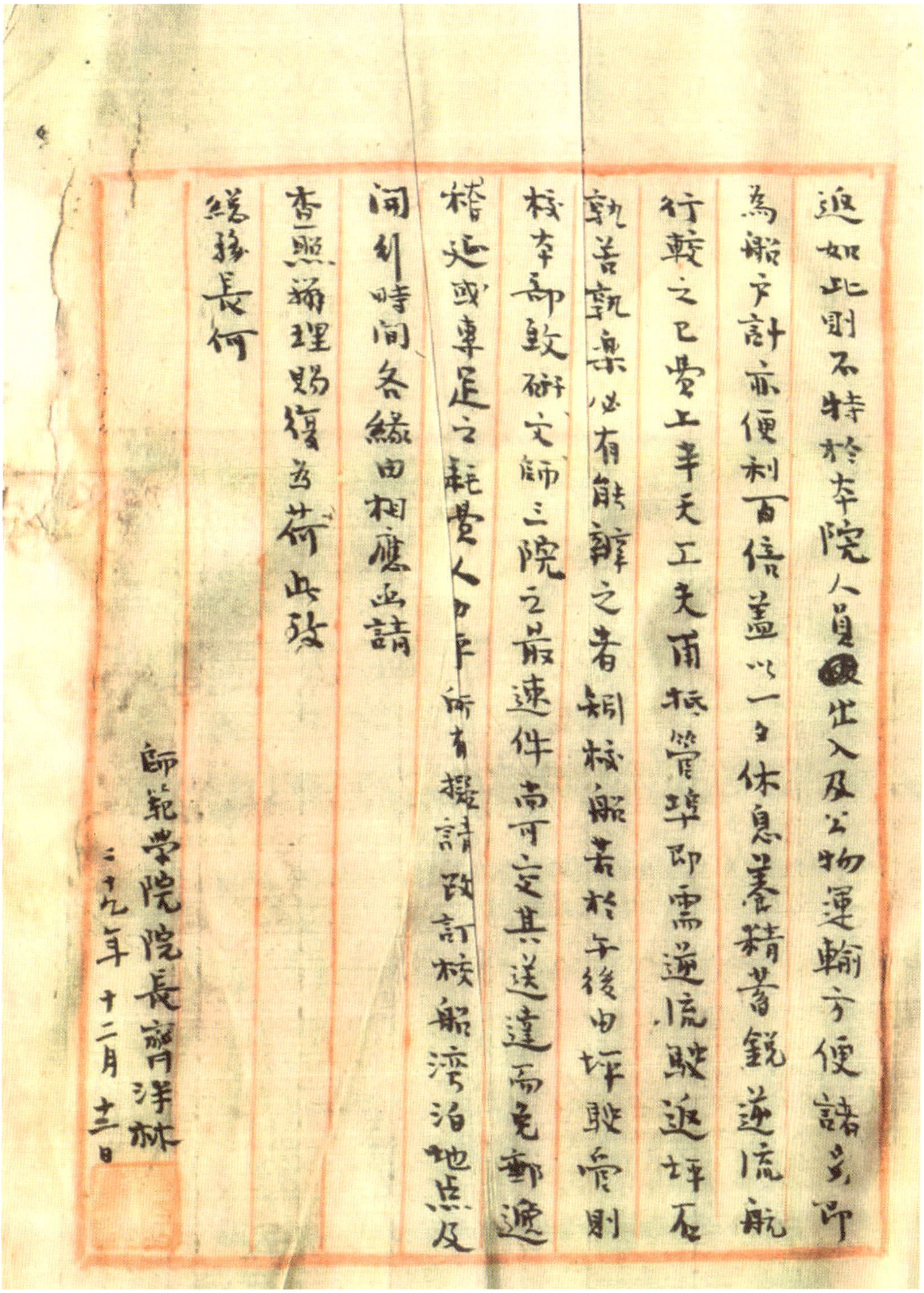

遲如此則不特於本院人員[illegible]出入及公物運輸方便諸多即為船户計亦便利百倍蓋以一夕休息養精蓄鋭逆流航行較之已費上半天工夫甫抵管埠即需逆流駛返埠否孰善孰樂必有能辨之者銅梁船若於午後由埠駛管則校本部致研文師三院之最速件尚可定其送達而免郵遞稽延或專足之耗費人力所有擬請改訂校船灣泊地點及開行時間各緣由相應函請

查照辦理賜復為荷此致

總務長何

師範學院院長齊泮林

二十九年十二月十三日

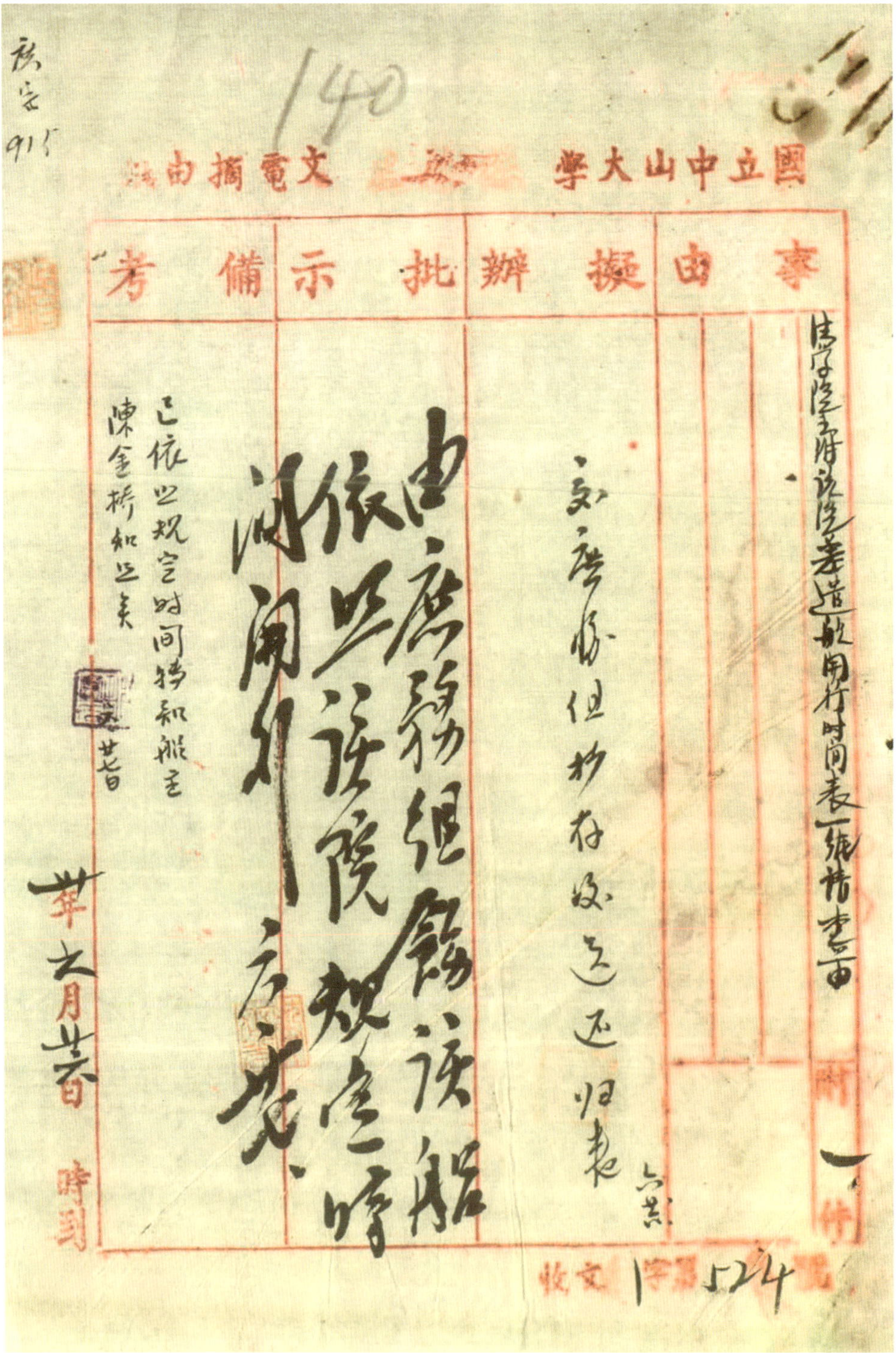

国立中山大学法学院关于坪石武阳司差遣船开行时间表请总务处查照的函（一九四一年六月二十六日）

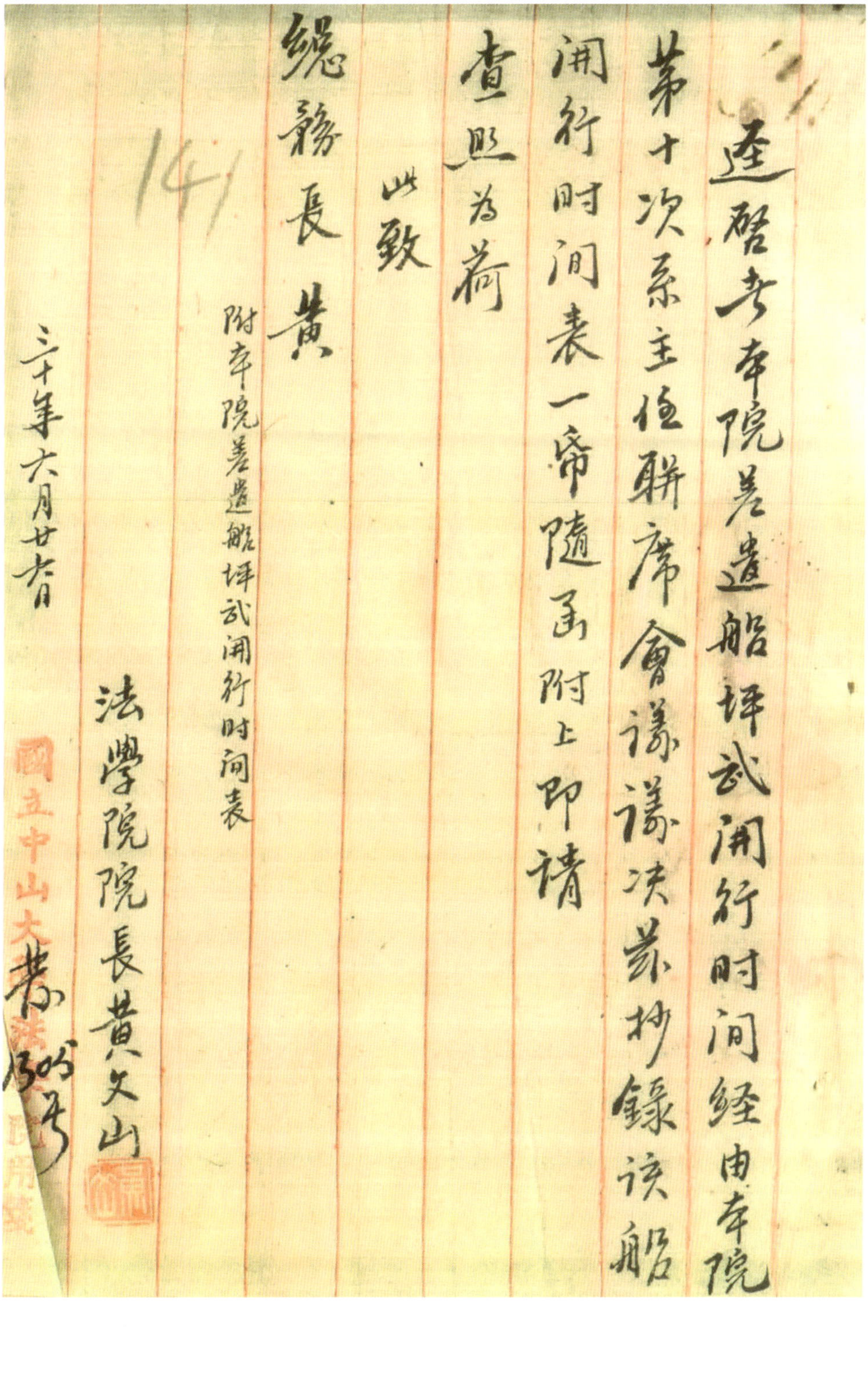
逕啓者本院差遣船坪武開行時間經由本院
第十次系主任聯席會議議決並抄錄該船
開行時間表一份隨函附上即請
查照為荷
此致
總務長黃
附本院差遣船坪武開行時間表
法學院院長黃文山
三十年六月廿六日

142

第十次系主任聯席會議議決

星期二至星期五

上午六時由坪石開武陽司

下午四時由武陽司開坪石

星期五下午停開

星期六星期日

上午七時由武陽司開坪石

下午三時由坪石開武陽司

星期一上午停開下午四時由武陽司開坪石

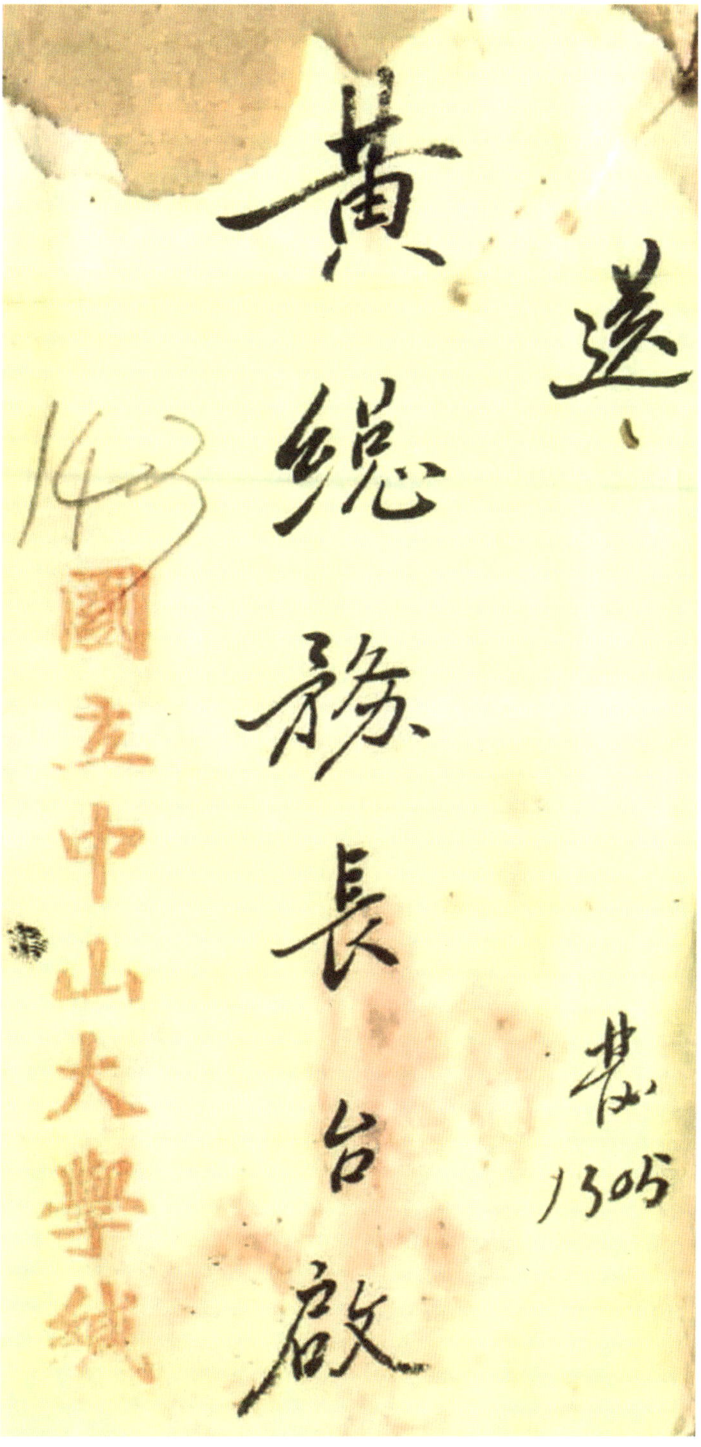
送
黃總務長台啟
1305
國立中山大學緘

国立中山大学总务长关于同意附送照片供印制毕业同学录为纪念致第十五届及研究院第五届同学毕业筹备会的函（一九四一年四月十七日）

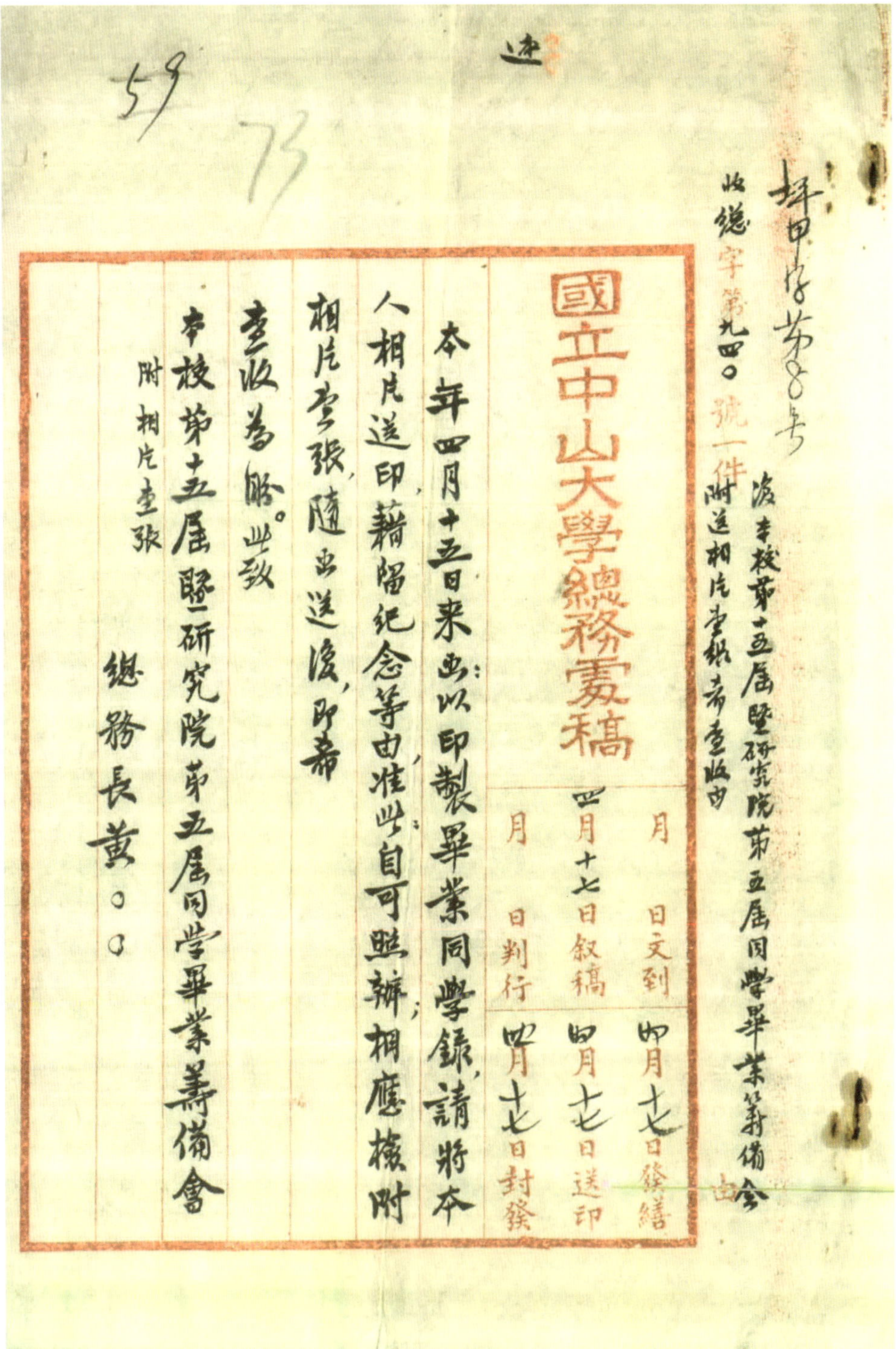

速

坪中字第8号

收總字第九四〇號一件

復本校第十五届暨研究院第五届同學畢業籌備会 附送相片壹张 希查收由

國立中山大學總務處稿

月 日文到 四月十七日發繕

四月十七日敘稿 四月十七日送印

月 日判行 四月十七日封發

本年四月十五日來函以印製畢業同學錄，請將本人相片送印，藉留紀念等由，准此，自可照辦，相應檢附相片壹張，隨函送復，即希查收為盼。此致

本校第十五届暨研究院第五届同學畢業籌備會

附相片壹张

總務長黄〇〇

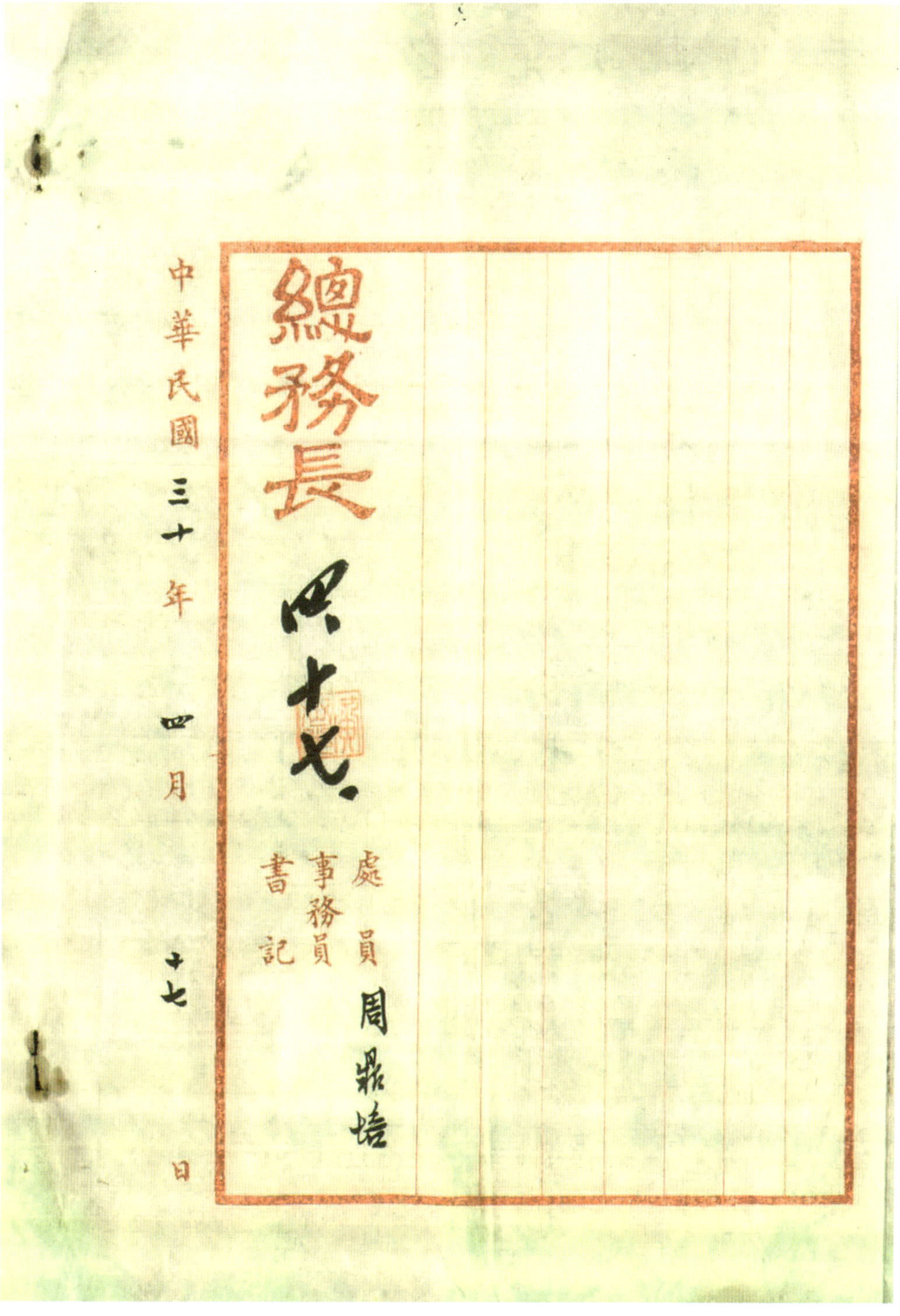

總務長　照十七

處員　周鼎培
事務員
書記

中華民國三十年四月十七日

西 74

國立中山大學總務處文書摘由紙

事由	擬辦	批示	備考
十五屆醫科研究院本屆同學畢業等備念册為紀念，即懇同學永在家內皆印教務訓導總務三長玉照留作紀念，兹懇玉照俾便附印，不勝盼禱由		照辦並送相片壹張	卅年四月十六日時

附件

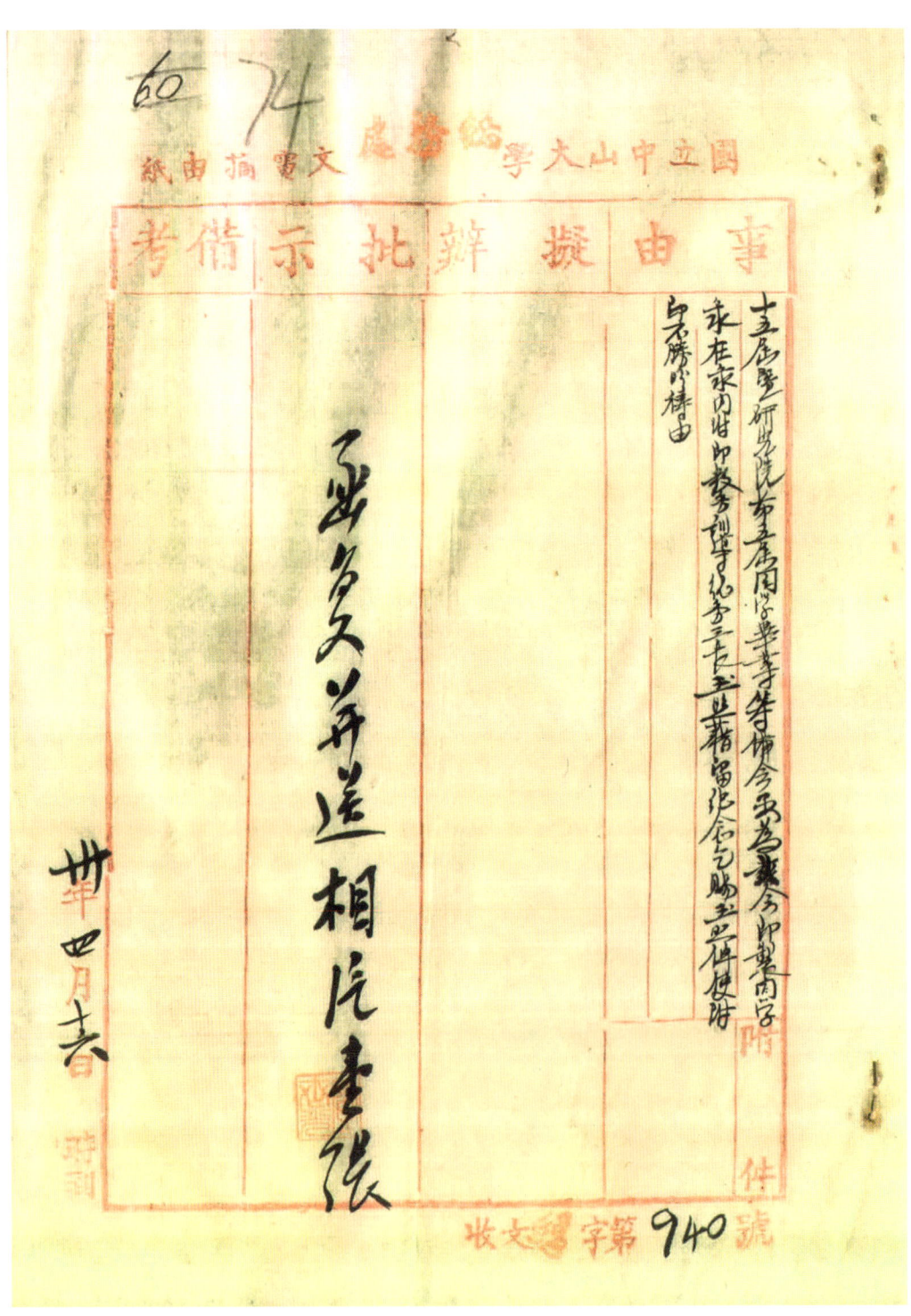

收文　字第940號

国立中山大学总务长关于同意拟送文词供编印五四青年节特刊致训导长的函　附：五四青年节特刊纪念题词（一九四一年四月三十日）

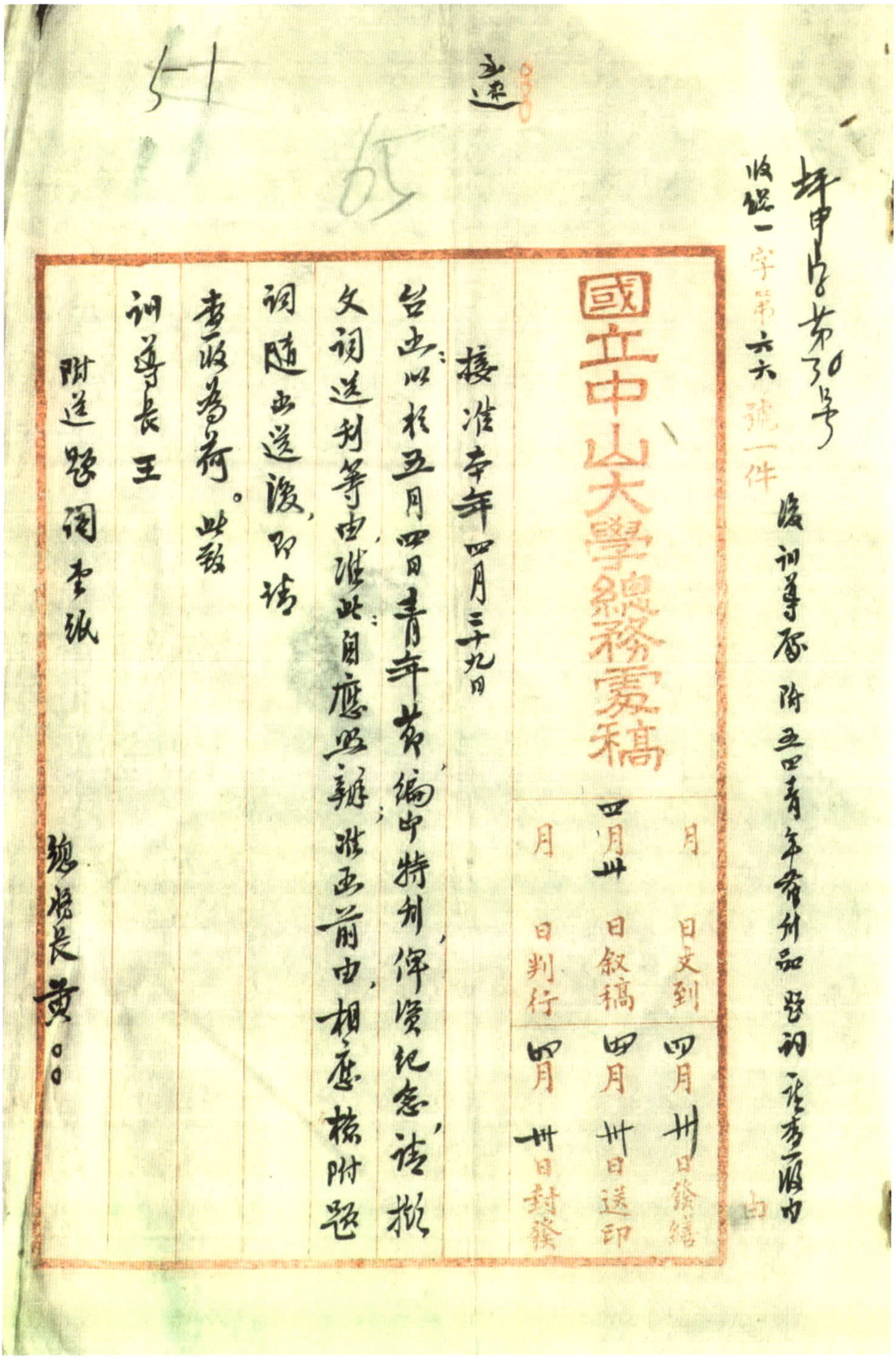
坪中呈第70号
速
收總一字第六六號一件
復訓導處　附五四青年節特刊題詞一張
國立中山大學總務處稿
月　日文到　四月卅日發繕
四月卅日叙稿　四月卅日送印
月　日判行　四月卅日封發
接准本年四月二十九日
台函，以於五月四日青年節編印特刊，俾資紀念，請撰
文詞送到等由；准此，自應照辦。准函前由，相應檢附題
詞隨函送後，即請
查收為荷。此致
訓導長王
附送題詞壹紙
總務長黄○○

處員 周[illegible]

事務員

書記

總務長 四卅

中華民國三十年四月三十日

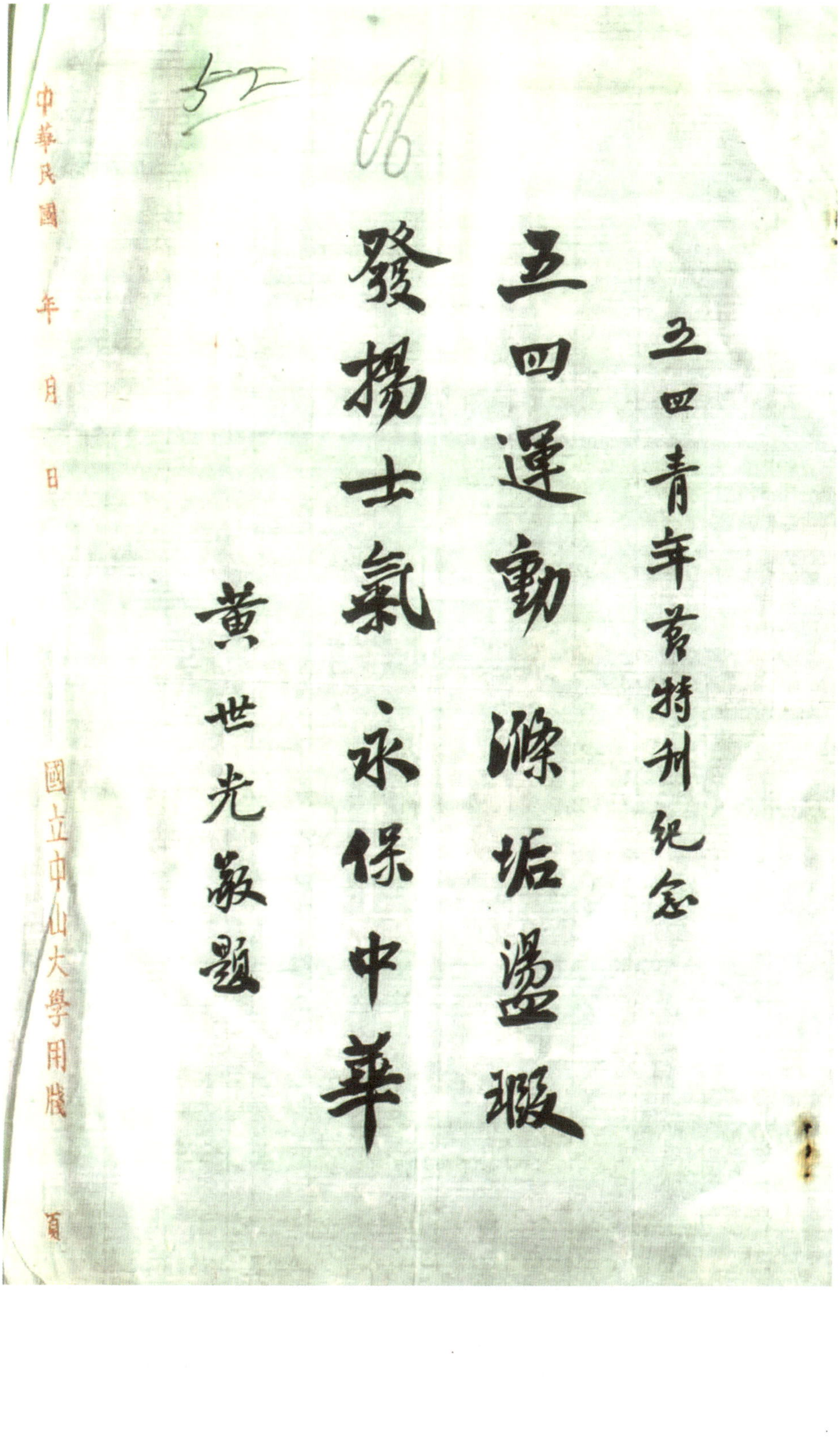

52

66

五四青年节特刊纪念

五四運動滌垢盪瑕

發揚士氣永保中華

黄世光敬題

中華民國　年　月　日

國立中山大學用箋　　頁

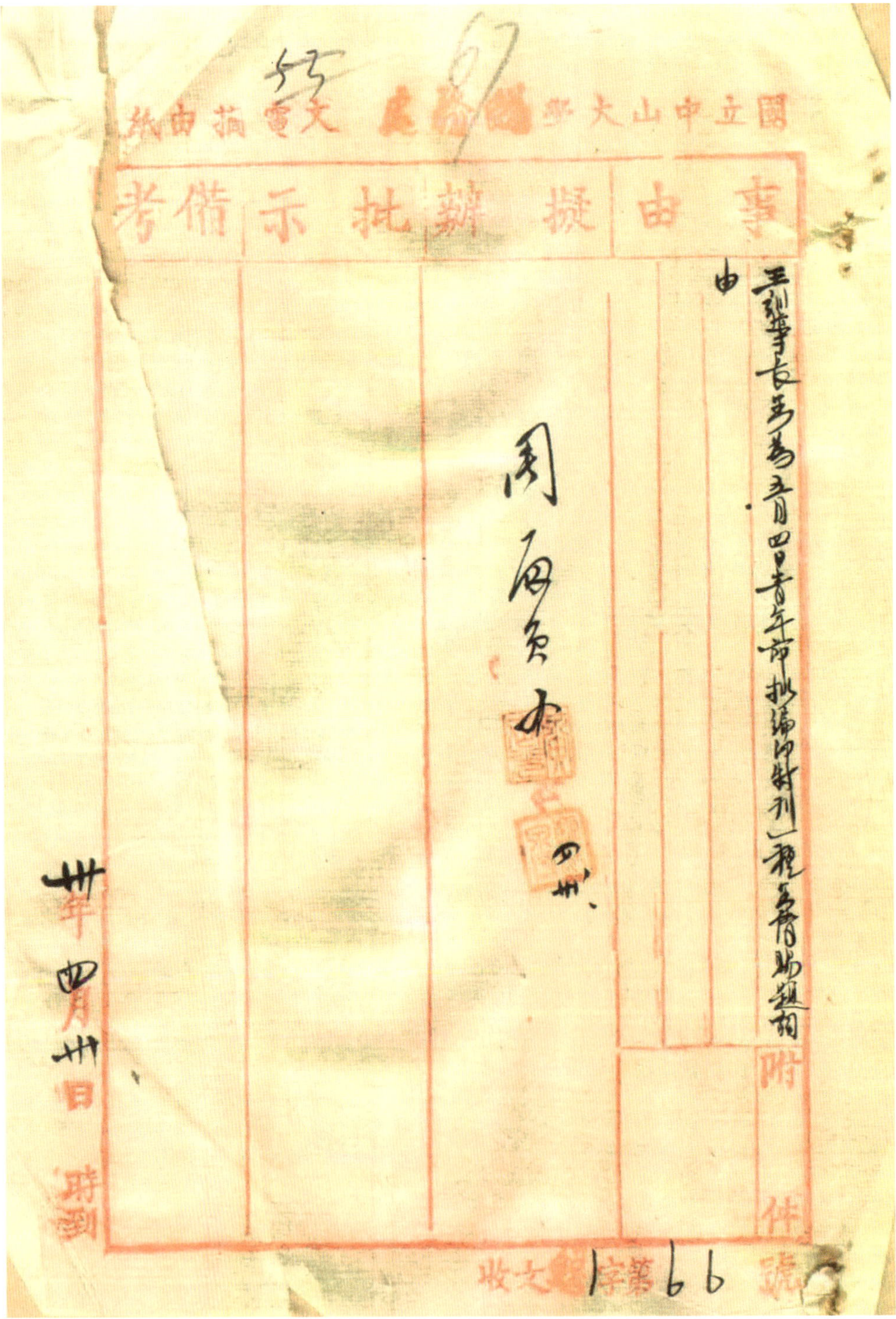

國立中山大學……文電摘由紙

事由	擬辦	批示	備考
王訓導長岳為五月四日青年節擬編印特刊一種乞資助題詞由	周函負本 四．卅		

附件

卅年四月卅日到時

收文166號

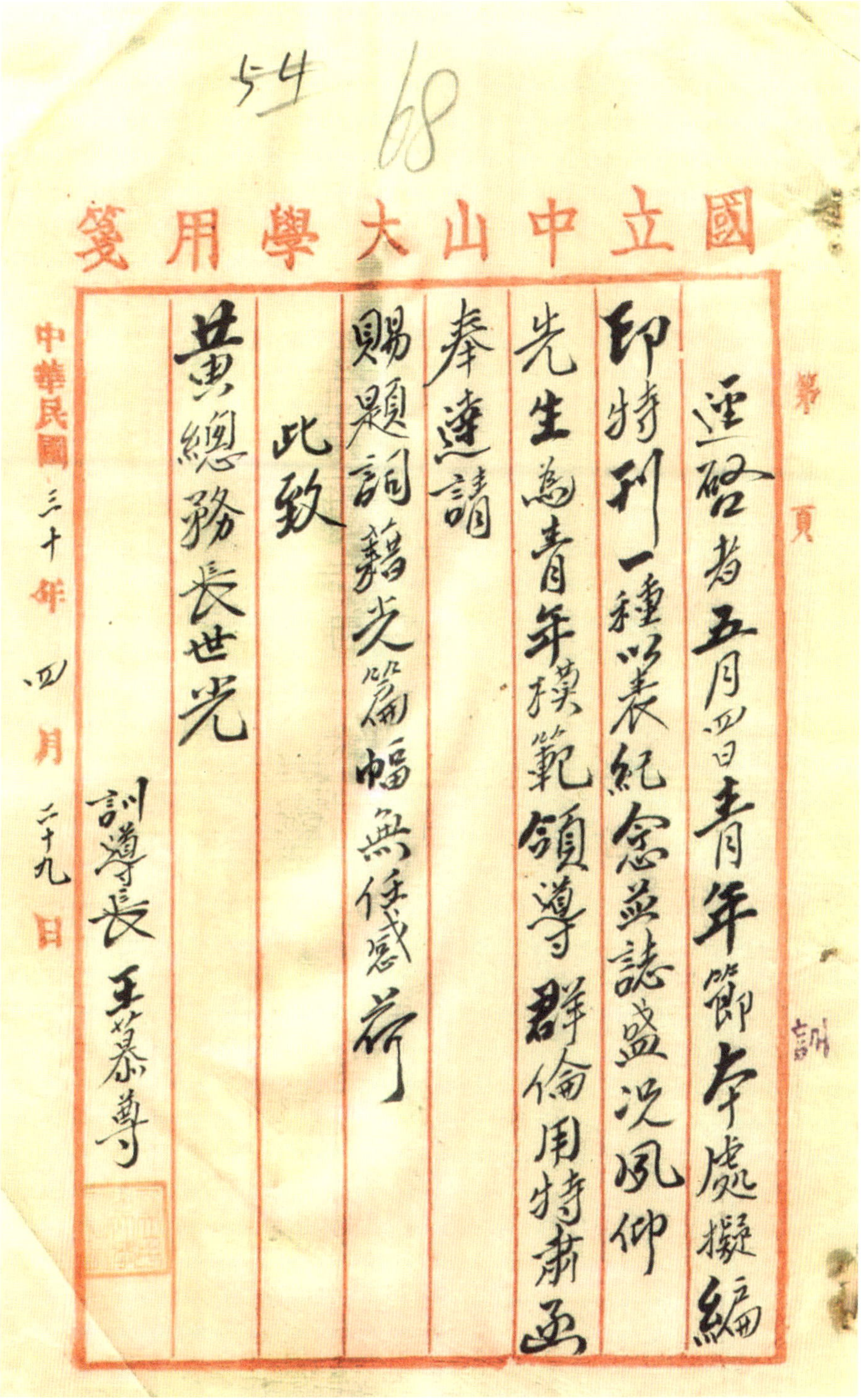

國立中山大學用箋

逕啓者五月四日青年節本處擬編印特刊一種以表紀念並誌盛況夙仰先生為青年模範領導群倫用特肅函奉達請賜題詞藉光篇幅無任感荷

此致

黃總務長世光

訓導長 王慕尊

中華民國三十年四月二十九日

坪石镇防护区团召集各界开第六次防空联席会议记录（一九四一年九月十一日）

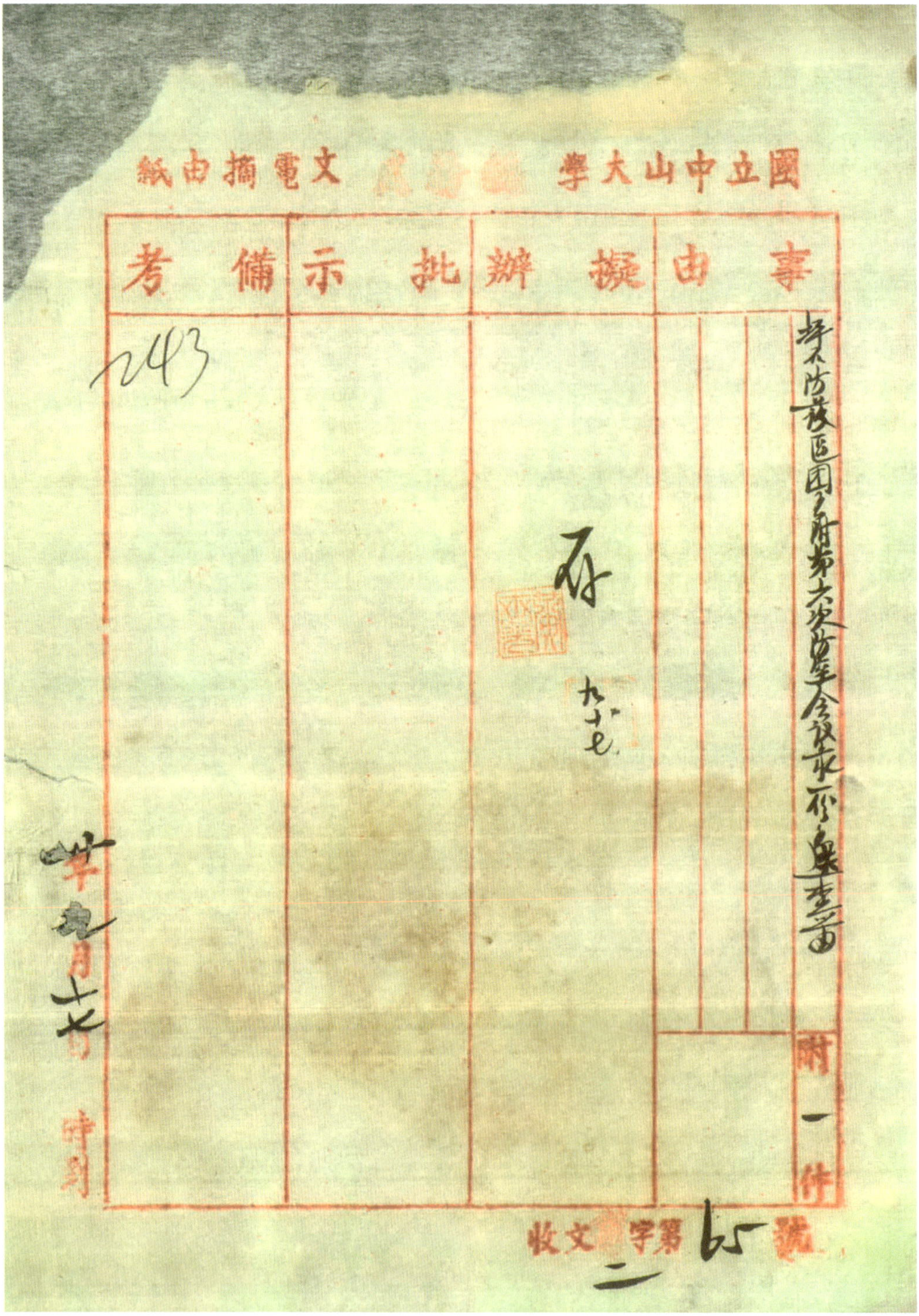

國立中山大學文電摘由紙

事由	擬辦	批示	備考
坪石防護區團為開第六次防空會議錄一份函達查由 附一件	存 九十七		2413

卅年九月十七 時到

收文 字第 65 號

二

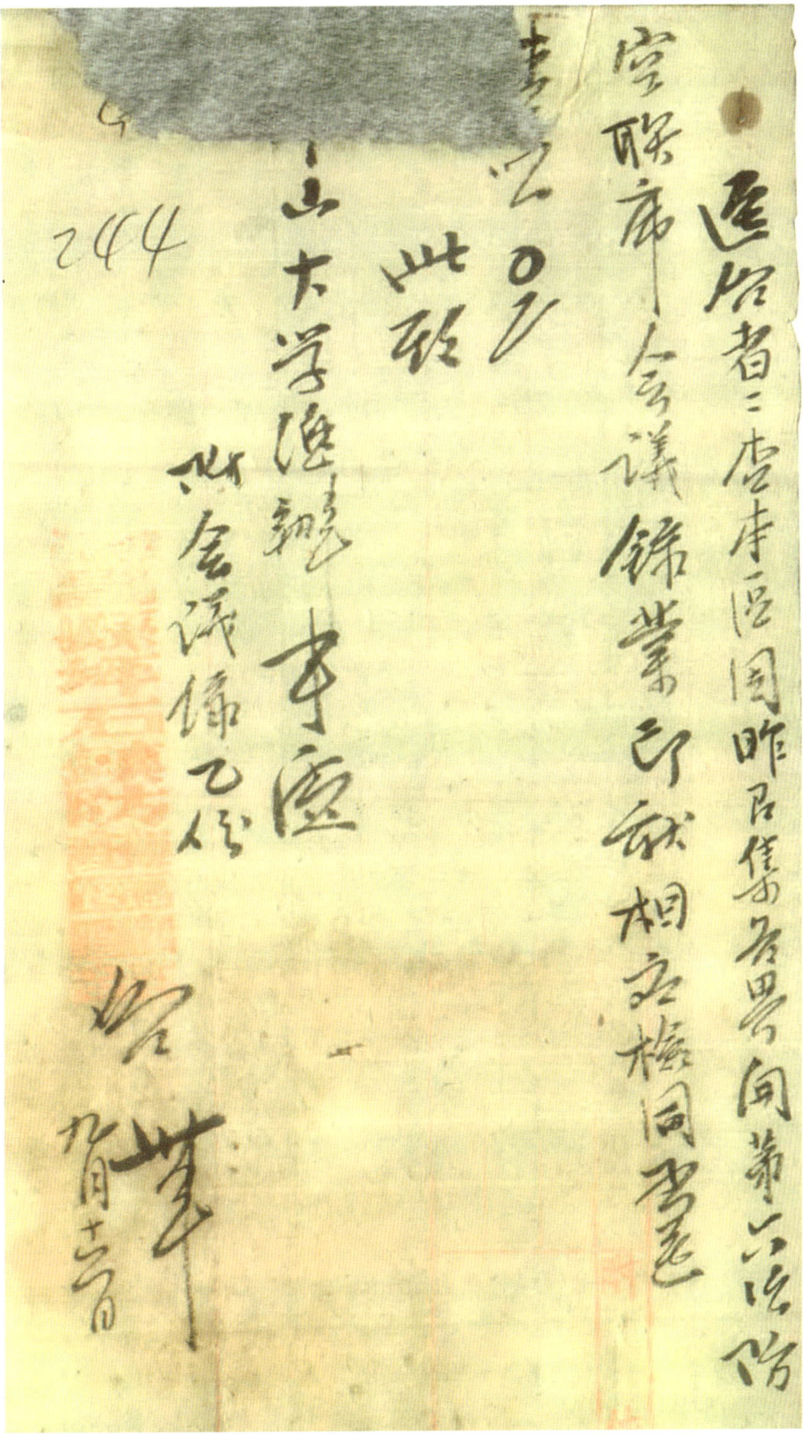
逕启者，李[illegible]同昨召集各界開第六次防
空聯席會議，錦業即就相宜檢同紀錄
[illegible]上，即希
此致
[illegible]山大學 逕轉 李校長
附會議錄乙份
錦業
九月十二日
244

坪石鎮防護區團各機各界聯第六次防空聯席會議錄

日期：三十年九月二十日上午十時半點　地點：商會禮堂

出席者：中山大學何仕尚、省銀行梁秀海、防護團張楷、防空監視哨長途電話主任袁、公安院沈坤業、警察所王遠、坪石稽征所單學通、曲北茶法堯、鹽公所何仲秋、坪石鎮公所段裕德、第二區署袁縣、[illegible]、坪石商會黃永成、蔡良、何鵬碩、李騰芳

主席：張楷　紀錄：梁義山

一、行禮如儀

二、報告事項

主席報告近日各處仍時有警報，本鎮擬增强防空防護能力，故召集各界舉行本次會議共策進行（略）

三、討論事項

一、本區團副團長一職，原係前梁區長兼任，其兼缺，現梁區長郎任從政，職務亟需遞補，如何請公推案

議決：公推第二區（兼）警區譚兼王欽清兼第二區署譚區[illegible]十[illegible]警察所長

二、所長兼任

二、坪石鎮現有警鐘四個，惟恐情報尚未周密，擬增設街內[illegible]播音三處協[illegible]情報效能究如何增設請公決案

議決：增加街內流動播音三處（一）省銀行（二）專警巡查處（三）[illegible]各派出播音

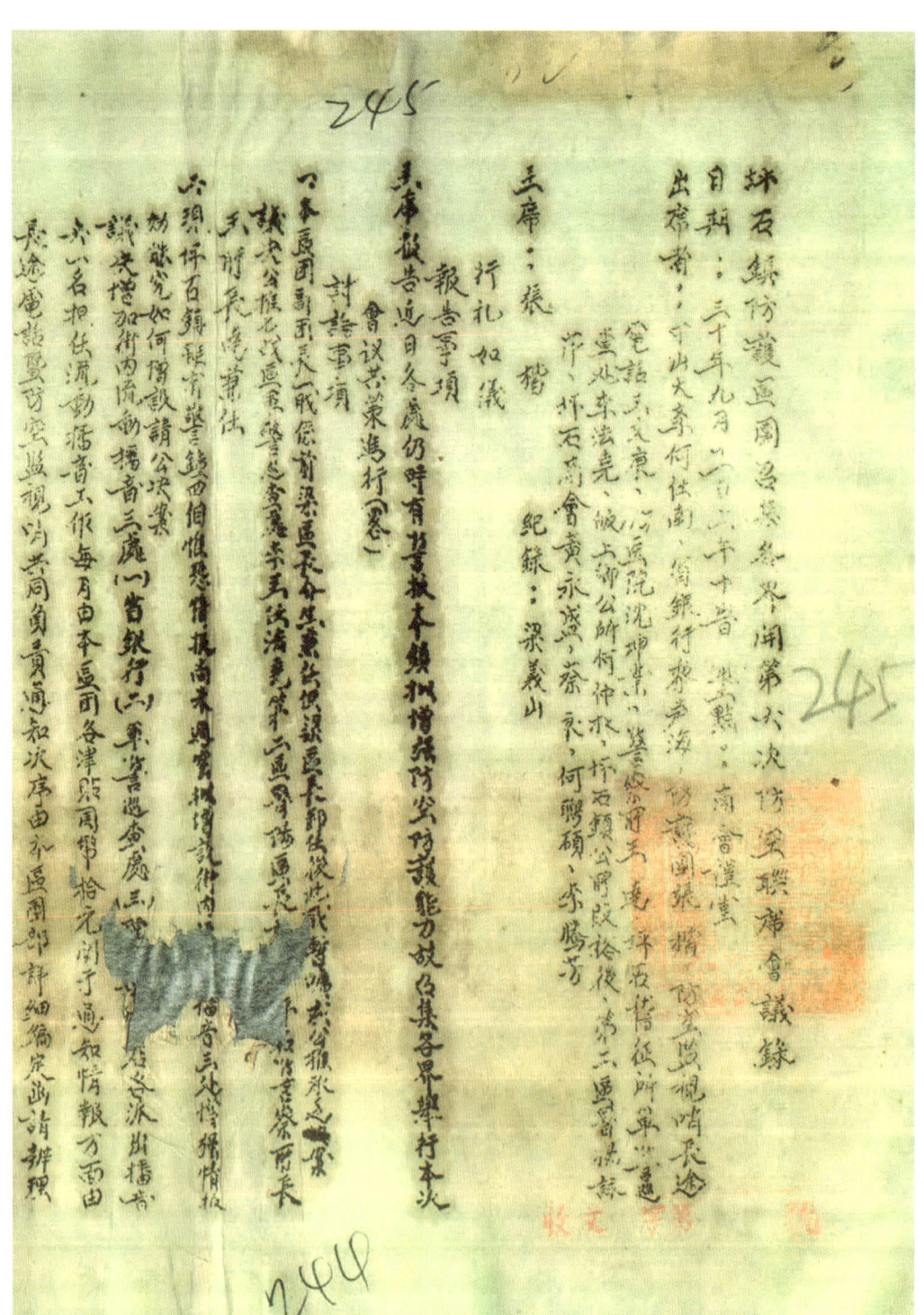

三、以名担任流動播音工作，每月由本區司各津貼國幣拾元，關于通知情報方面由長途電話暨防空監視哨共同負責通知，次序由本區團部詳細編定函請辦理

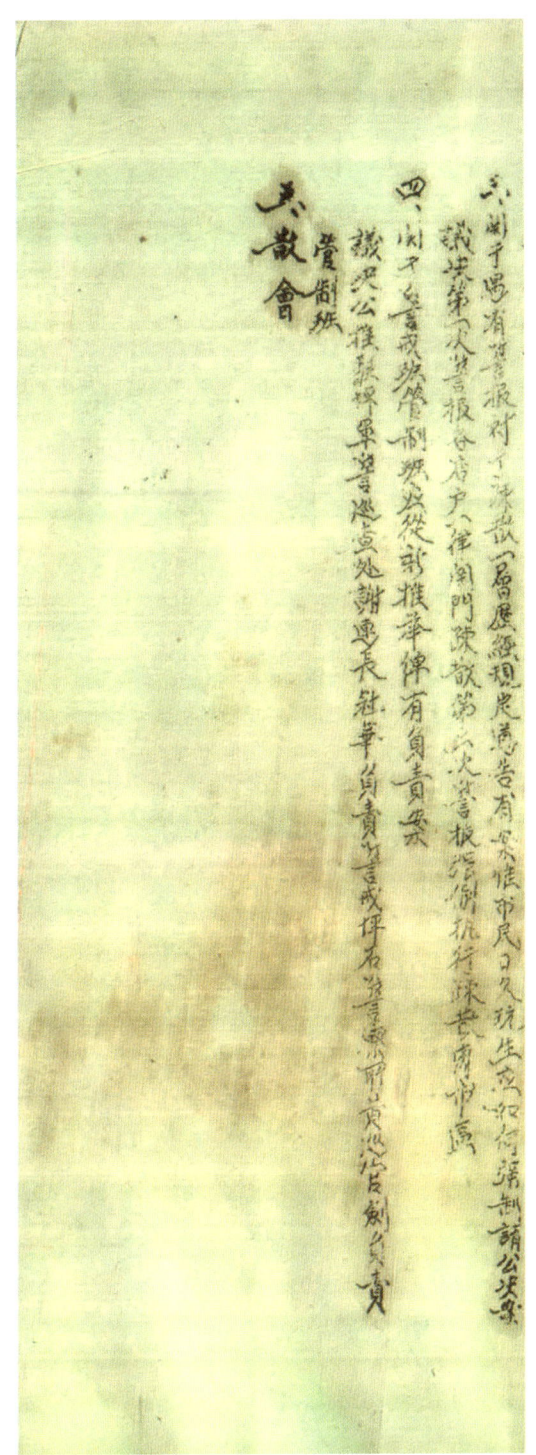

三、關于出版壁報對于演說一層歷經想見甚苦有要係市民日久玩生厭如何籌劃請公決案
議決第一次壁報各宿舍一律開門陳設第二次壁報[illegible]
四、關于壁報或戲劇管制機關從新推舉俾有負責案
議決公推張輝旱壁報邀卓光謝惠長鈕華負責壁報或[illegible]負責
戲劇組
五、散會

国立中山大学送第三次行政会议录讨论如何举行校庆纪念日大会事项的函（一九四一年十一月七日）

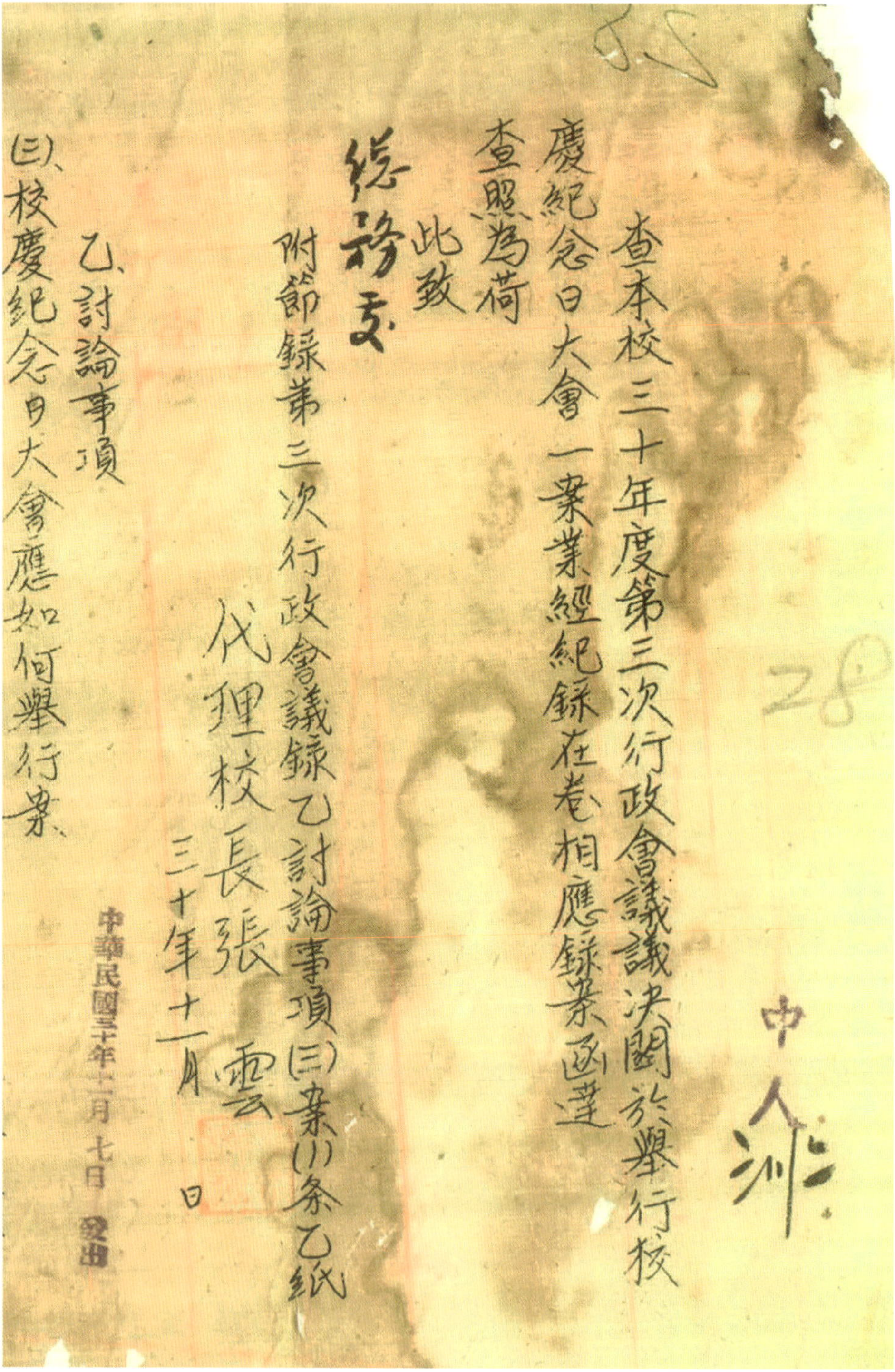

查本校三十年度第三次行政會議議決關於舉行校慶紀念日大會一案業經紀錄在卷相應錄案函達

查照為荷

此致

總務處

附節錄第三次行政會議錄乙討論事項(三)案(1)条乙紙

代理校長張雲

三十年十一月　日

中華民國三十年十一月七日發出

乙、討論事項

(三)、校慶紀念日大會應如何舉行案、

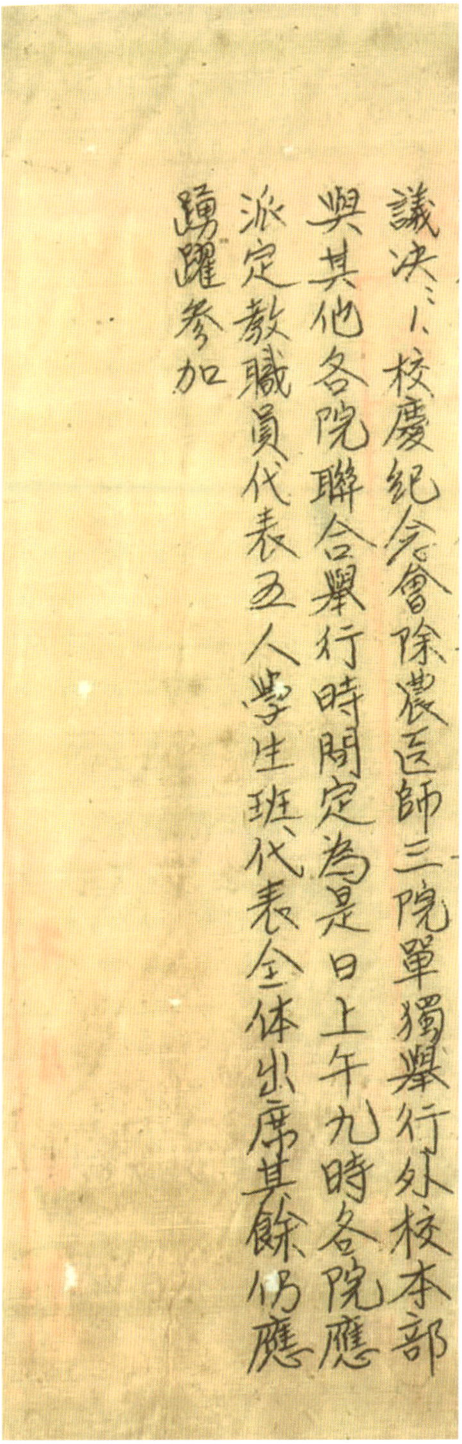
議決：1、校慶紀念會除農醫師三院單獨舉行外校本部與其他各院聯合舉行時間定為是日上午九時各院應派定教職員代表五人學生班代表全体出席其餘仍應踴躍參加

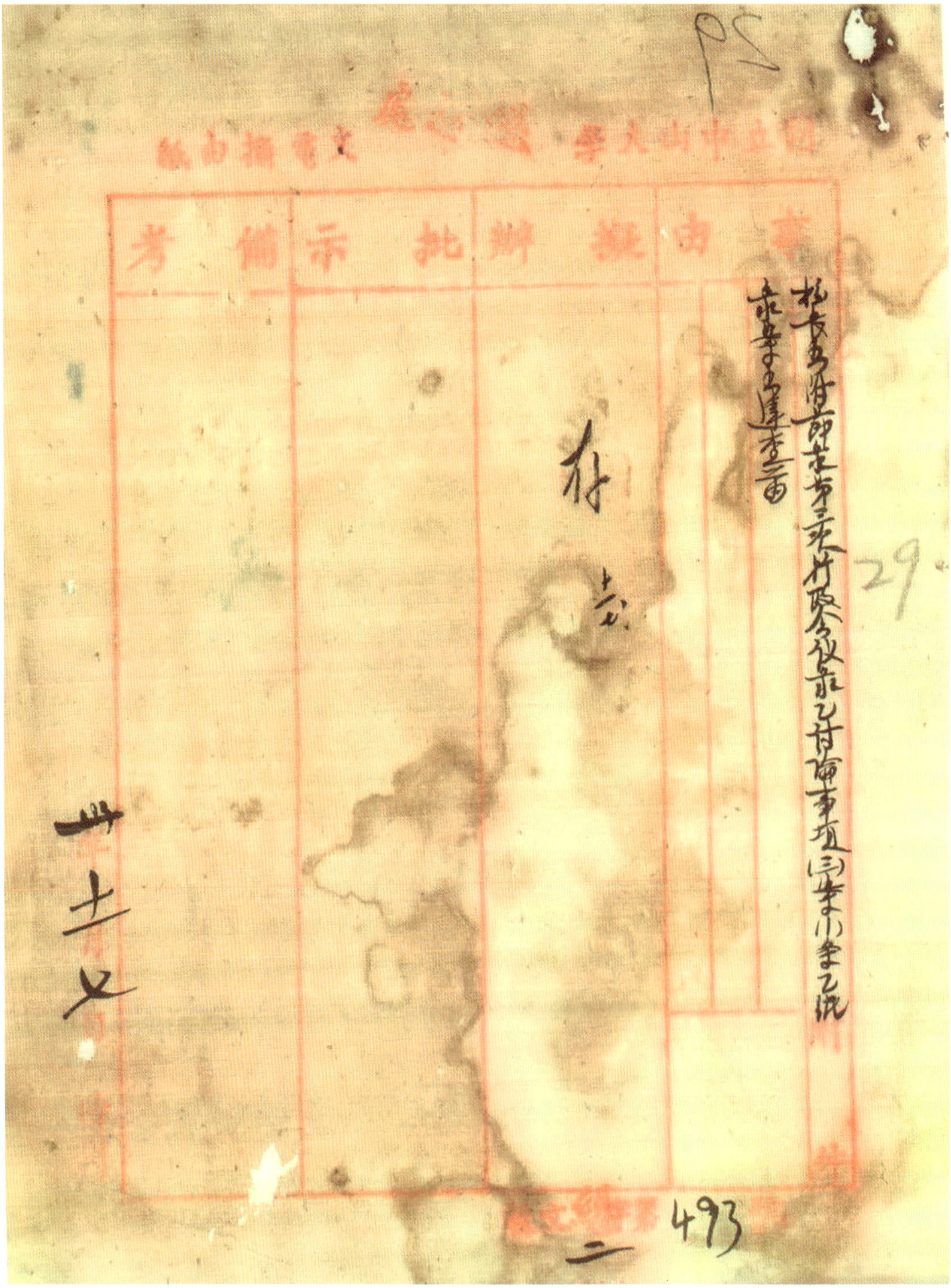
國立中山大學 文書稿面紙
事由
擬辦
批示
備考
存
29
493

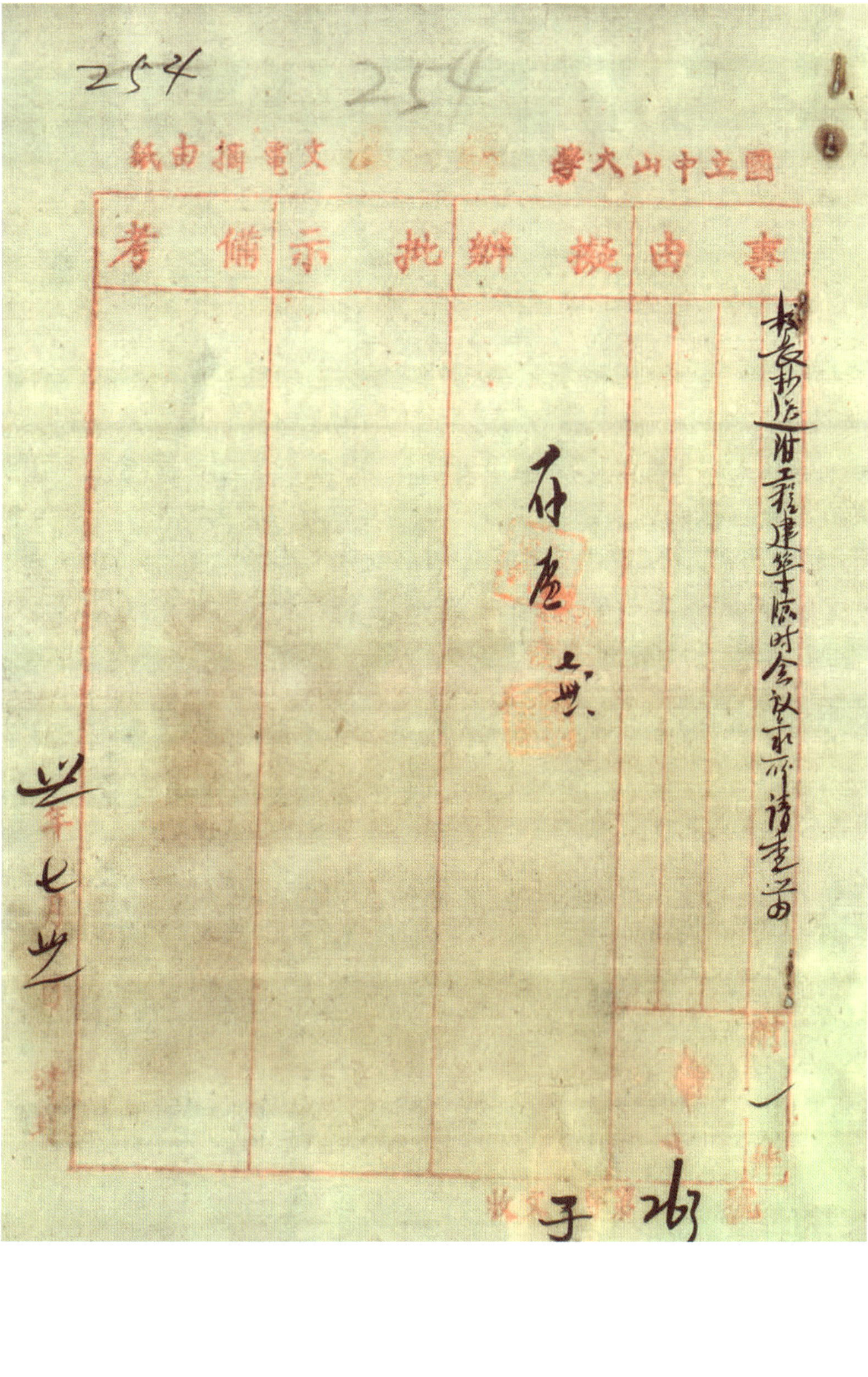
國立中山大學文電摘由紙

事由	擬辦	批示	備考
	存查		

国立中山大学工程建筑临时会议记录（一九四二年七月二十九日）

255

本校以各院部本年度增建校舍需费甚巨，而建筑费又奇绌，难以因应，将于本年七月廿九日召开工程建筑临时会议，以谋解决。当经决议三项并纪录在卷，相应函达，即希查照议决各项办理具报为荷。

此致

各学院研究院附中先修班

附送会议录一份

代理校长金曾澄

抄送

总务处查照

附会议录一份

总

刚

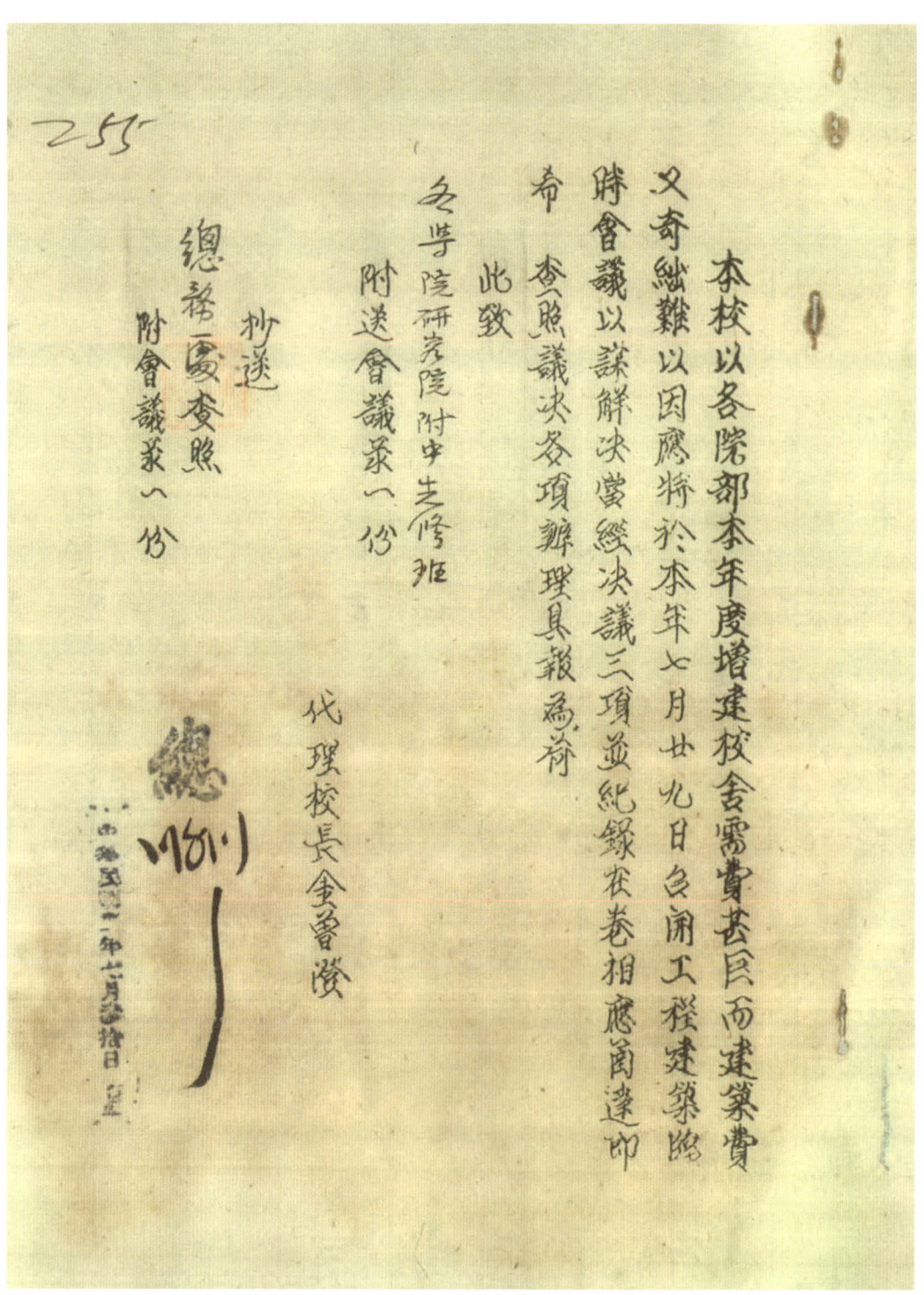

中华民国卅一年七月卅日发

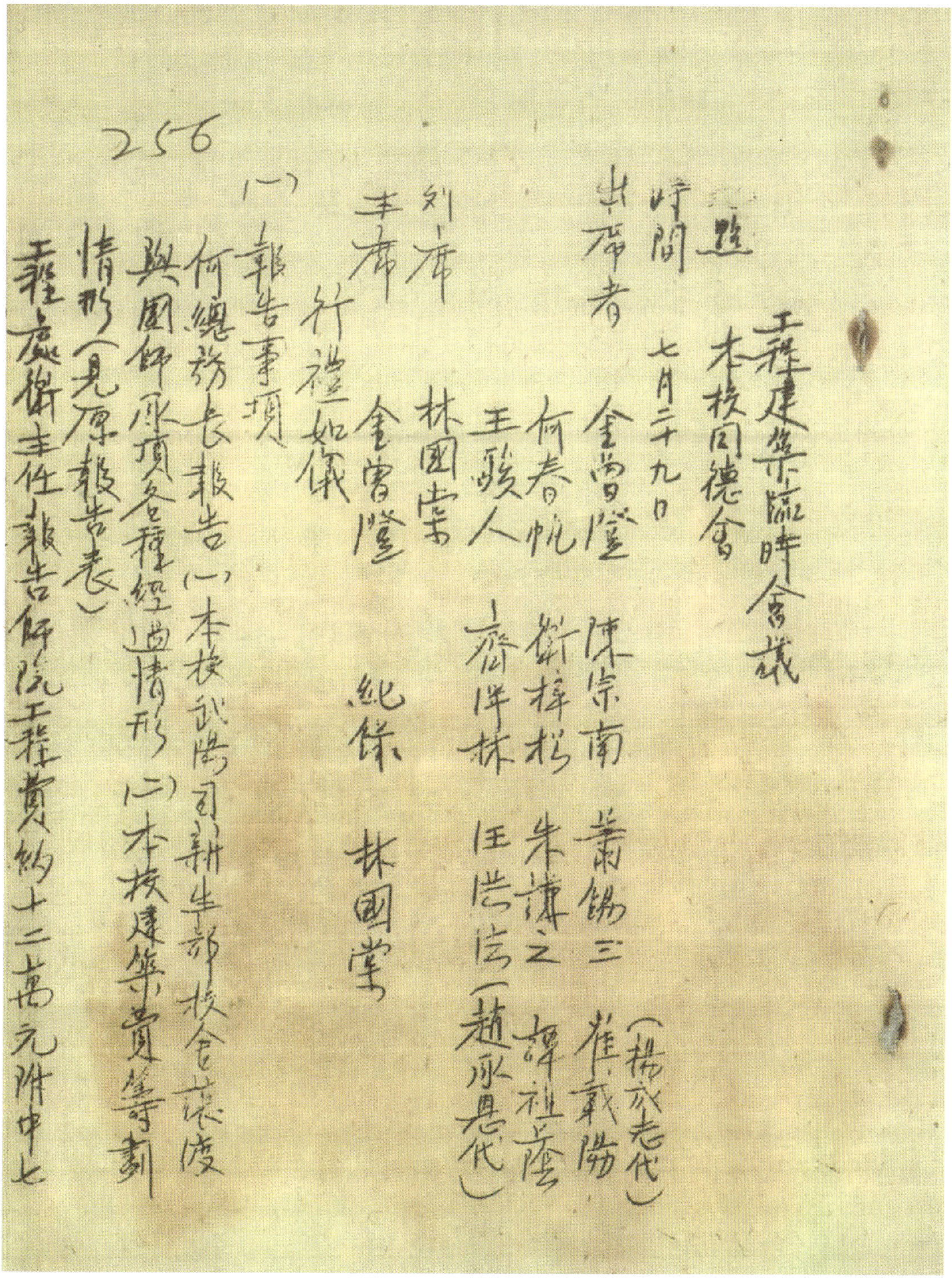
256

工程建築臨時會議

地點 本校同德會

時間 七月二十九日

出席者 金曾澄 陳宗南 蕭錫三 （楊成志代）崔載陽

何春帆 衛梓松 朱謙之 譚祖蔭

王駿人 齊泮林 任國榮（趙承嘏代）

列席 林國棠

主席 金曾澄 紀錄 林國棠

行禮如儀

（一）報告事項

何總務長報告（一）本校武陽司新生部校舍之破壞

與園師所負各種經過情形（二）本校建築費籌劃

情形（見原報告表）

工程處衛主任報告師院工程費約十二萬元附中七

萬元以上二項工程自明日起招商估價八月三日審核開投至法學院工程商减為十九萬二千元工院工程商擬分期舉辦第一期預算四十八萬五千五百元先修班工程商减為三萬三千一百元研究院工程預算二十一萬元其餘農學院約六千元文院列報約四五萬元師院齊院長報告該院現在開投之工程費十二萬元係康算之一部不足以適應需要至全部工程大約照現投價須增四五倍已開列預算送校核辦

（二）討論事項

（1）各院部及附中增建費預算逾越本校經費支絀無法應支應如何盡量縮减俾資因應案

決議

（1）各院部增建費除研究院先修班各有專款暫

257

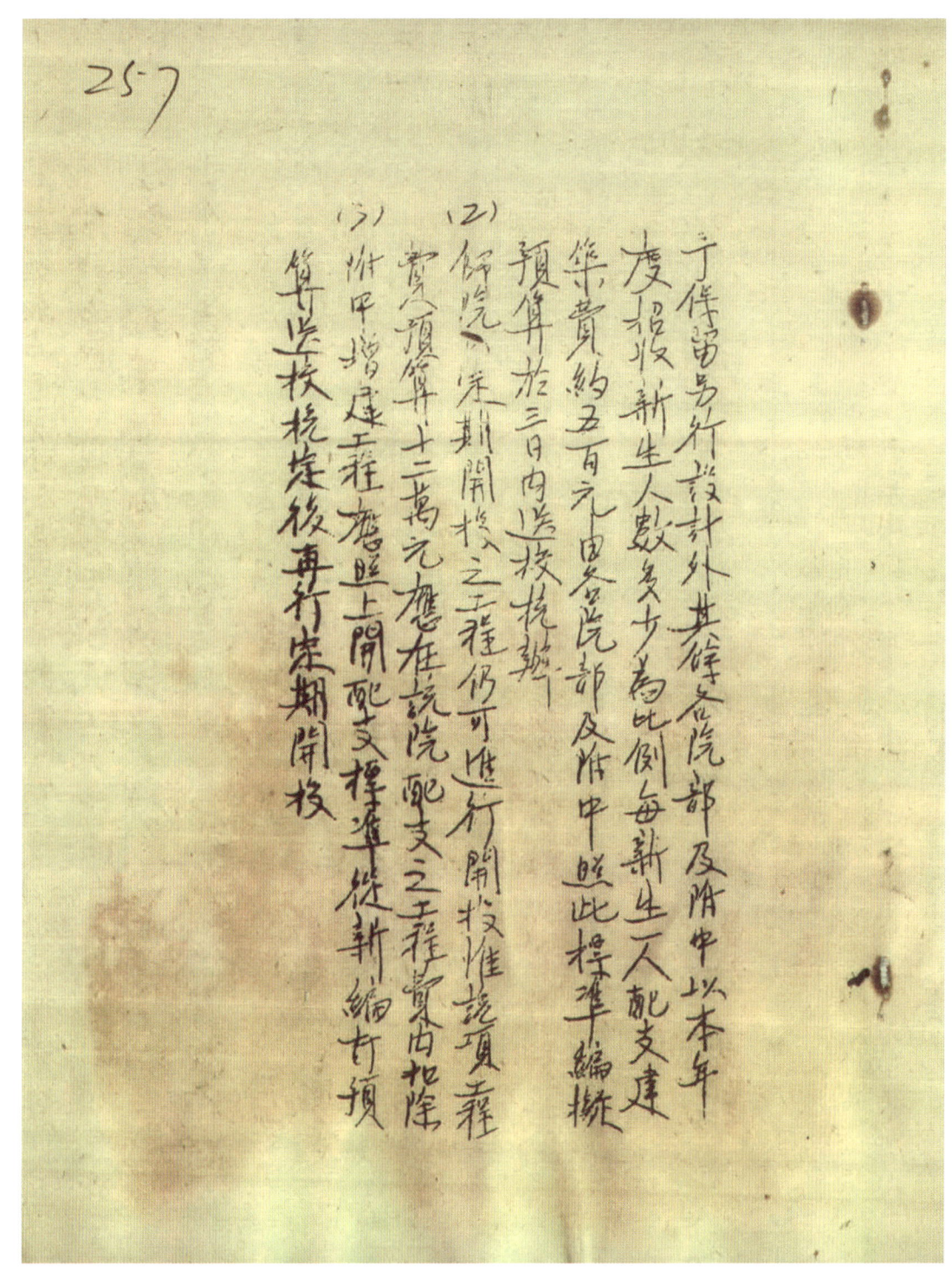

予保留另行設計外其餘各院部及附中以本年度招收新生人數多少為比例每新生一人配支建築費約五百元由各院部及附中照此標準編擬預算於三日內送校核辦

(2) 師院之定期開校之工程仍可進行開校惟該項工程費之預算十二萬元應在該院配支之工程費內扣除

(3) 附中增建工程應照上開配支標準從新編訂預算呈校核定後再行定期開校

国立中山大学总务处关于呈送本校教职员同德会设计委员会第一次会议录及会所管理规则草案修正意见请校长察核的函（一九四二年一月九日）

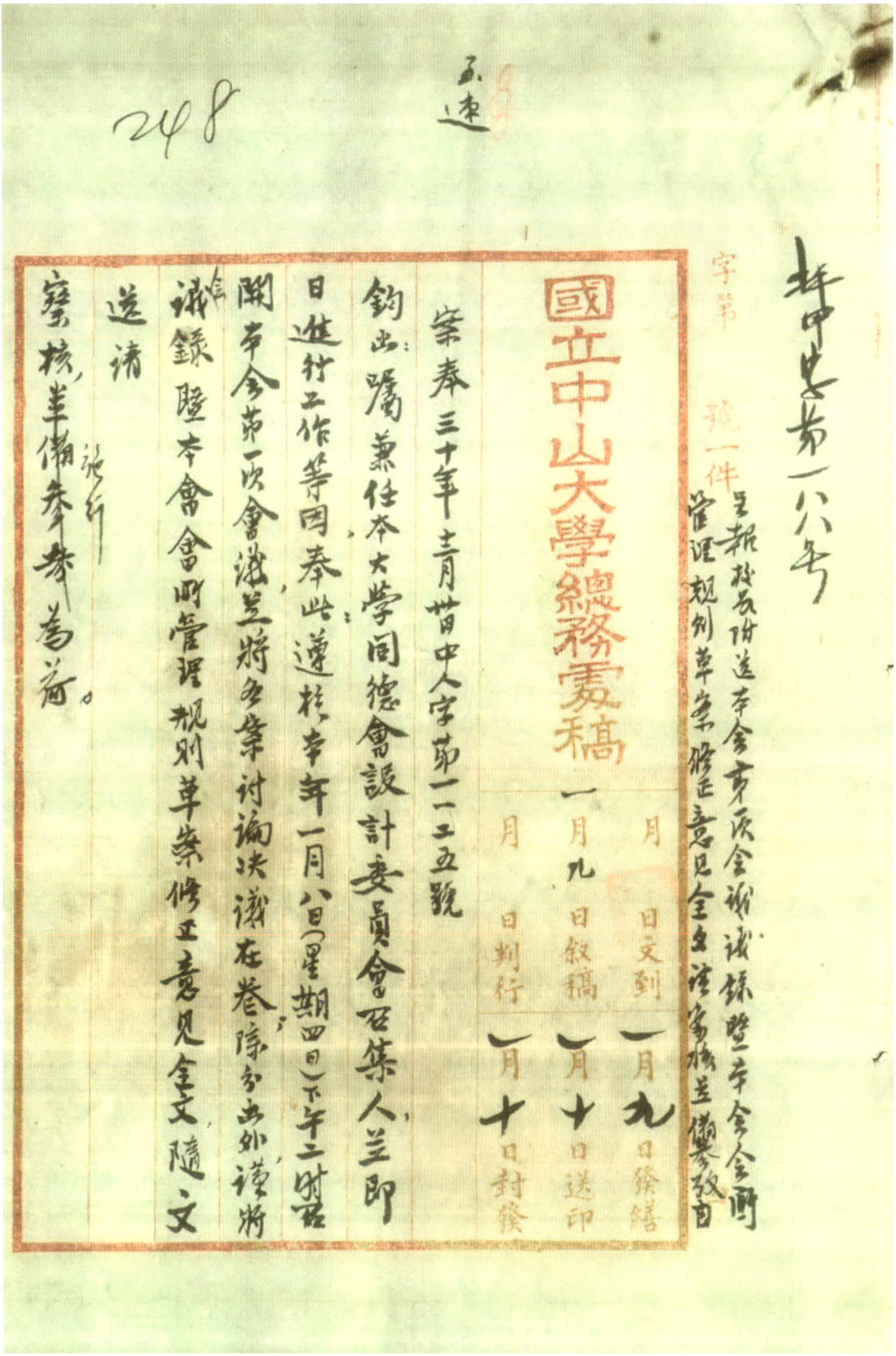
國立中山大學總務處稿

呈報校長附送本會第一次會議錄暨本會會所管理規則草案修正意見全文請察核並備參考由

一月九日文到 一月九日敘稿 月日判行 一月九日發繕 一月十日送印 一月十日封發

案奉三十年十二月廿日中人字第一一二五號
鈞函：囑兼任本大學同德會設計委員會召集人並即日進行工作等因，奉此，遵於本年一月八日（星期四）下午二時召開本會第一次會議，並將各案討論決議在卷，除分函外，謹將議錄暨本會會所管理規則草案修正意見全文隨文送請
察核，並備參考為荷。

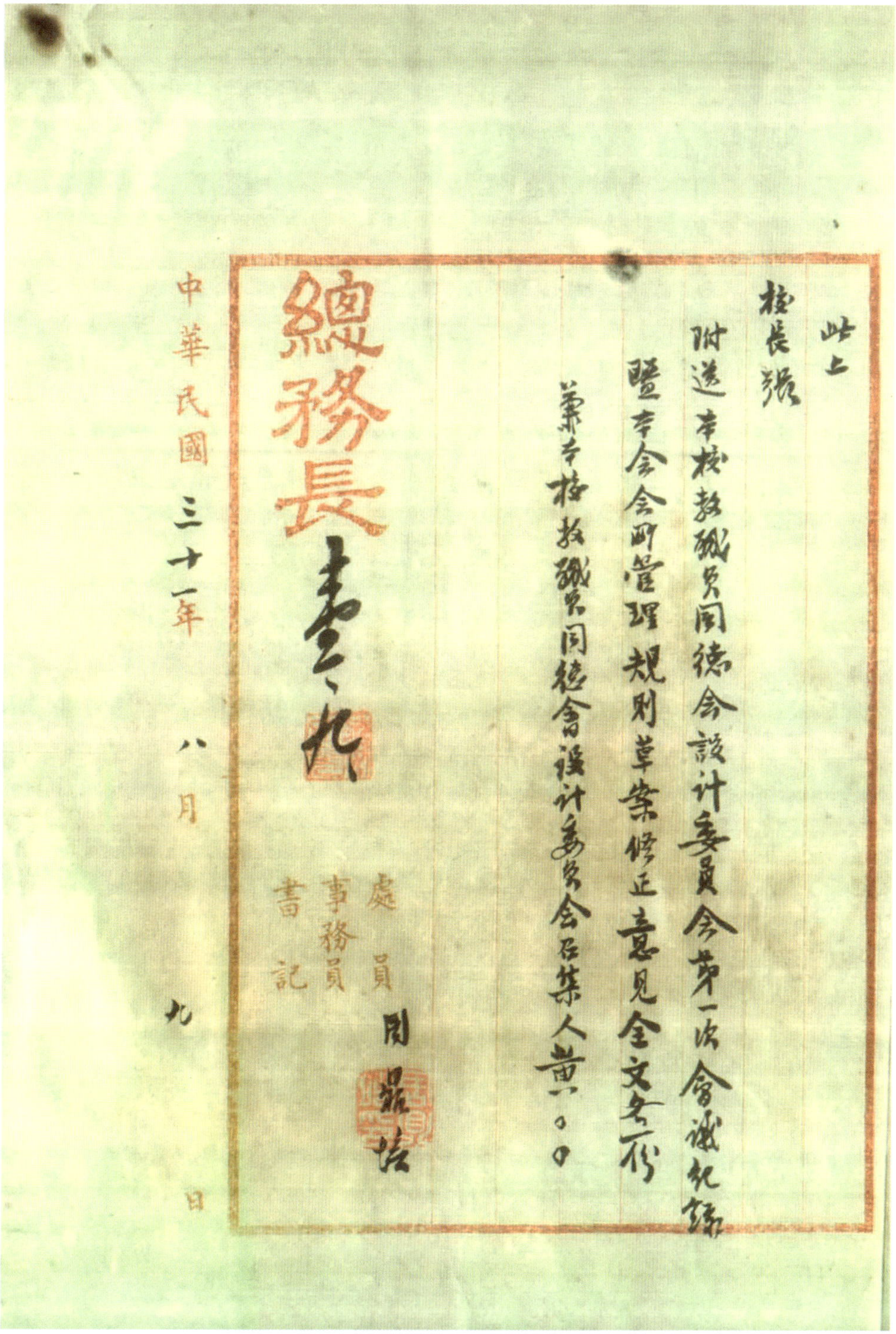

此上

校長張

附送本校教職員同德會設計委員會第一次會議紀錄

暨本會會所管理規則草案修正意見全文各份

兼本校教職員同德會設計委員會召集人黄〇〇

總務長 [illegible]

處員 周鼎培

事務員

書記

中華民國三十一年八月九日

全…
卯三…
備用

249

国立中山大學教職員同德會設計委員會第一次會議

紀錄

日期 民國三十一年一月八日（星期四日）下午二時

地点 本會樓上

出席委員 黄世先 丁紀凌 洪深 周梅羹 敖華煊 周鼎培

主席 黄世先 紀錄 周鼎培

行禮如儀

報告事項

主席報告本會會所修建設備管理各事項

討論事項

(一)本校教職員同德會會所管理規則草案應如何決定案

議決　提出修正意見呈報校長參考（全文附後）

(二)關於本會會所佈置事項應如何決定案

議決　推定丁紀凌委員設計會所佈置事項經費以不超過國幣壹千元為限

(三)關於本會開支報銷事項應如何決定案

議決　由庶務組主任負責辦理

(四)本會同人聯歡大會時期應否決定案

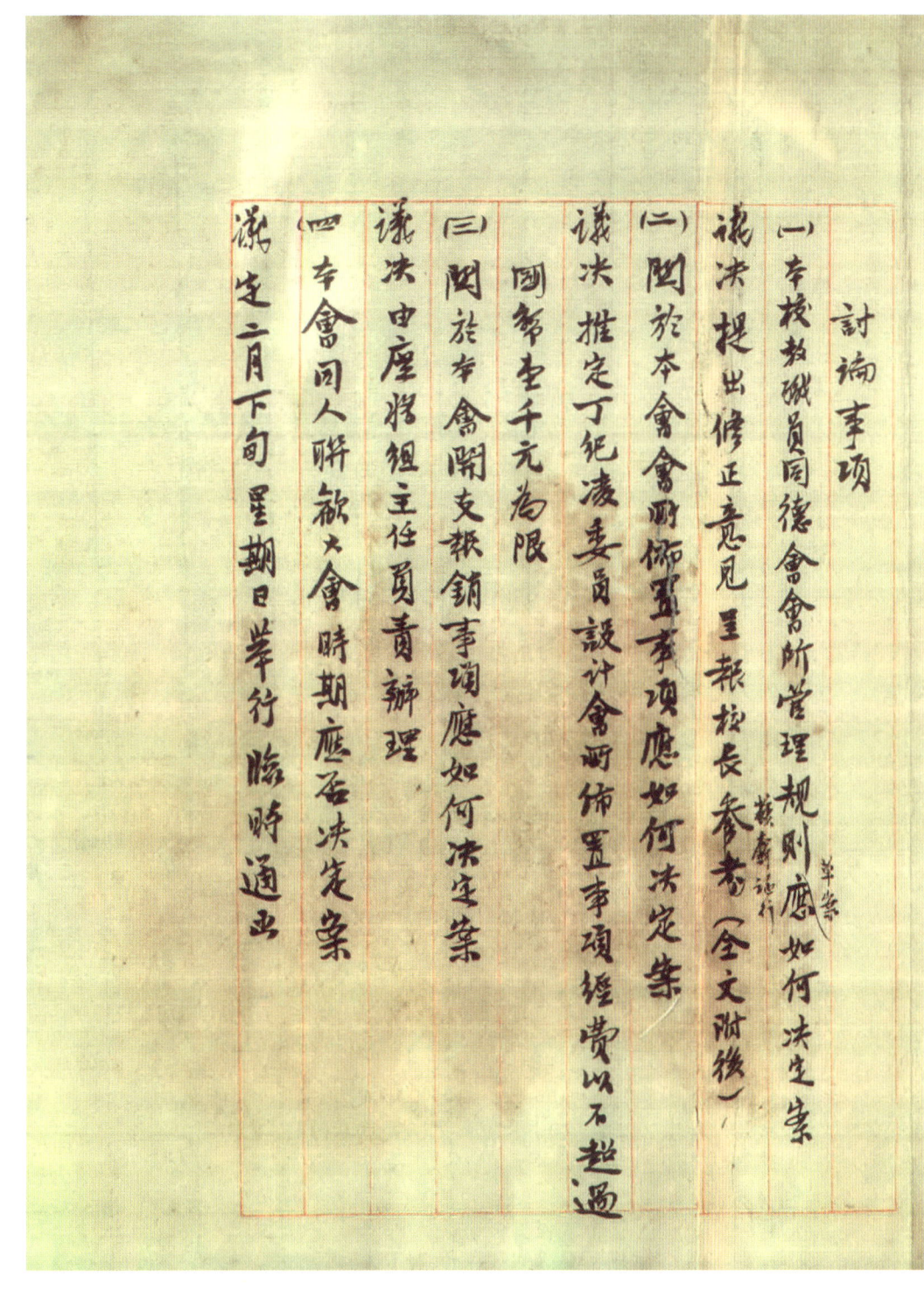

議決　定二月下旬星期日舉行臨時通知

250

國立中山大學教職員同德會會所管理規則草案修正意見全文

第一條 本會會所專供本大學教職員之休憩及集會之用藉以娛樂身心聯絡感情

第二條 本會開放時間每日照標準鐘由上午六時起至下午九時止

第三條 本會設置圖書雜誌報章及娛樂用具如球 象棋等項以供玩讀

第四條 本會圖書用具之保管及供應事宜由庶務組派專員負責辦理

第五條　本校各院部暨各教職員如需借用本會地方為集會之用者應先期將集會人數日期時間列明於開會期前四天函報總務處

第六條　本會書報概不借出閱讀各種傢具器物非經許可不得任意移用

第七條　本會設有宿位數個因公人員如須在本所臨時住宿者應依照左列辦法留住

一、各學院院長因公來坪未能趕及返寓所者

二、各院出納員庶務員因公來坪越宿始返備有證明條據者

251

三、各教授講師由甲院到乙院兼課或因公來坪是日未能遄返本院備有函件證明者

四、除因公來住宿者外如有宿位其他教職員亦可住宿須先向管理員接洽但不得住過兩天

五、本校來賓如有必要招待時亦可在內住宿

第八條：本規則由公佈之日起施行如有未盡善者得隨時修正公佈之

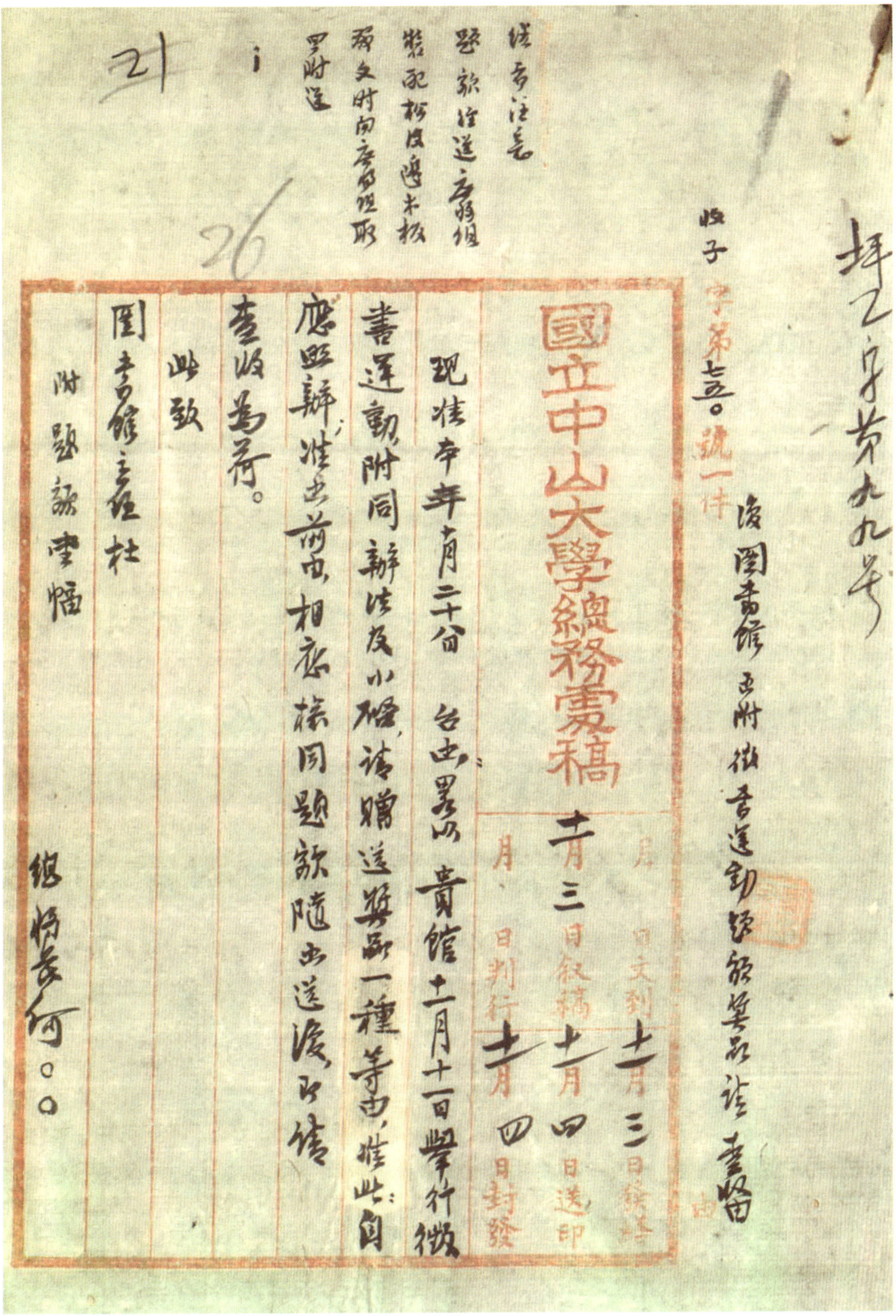
國立中山大學總務處稿

復 圖書館 函附徵書運動贈獎品 查照

現准本年十月二十日 台函，略以 貴館十一月十日舉行徵書運動，附同辦法及小冊，請贈送獎品一種等由，准此。自應照辦，准函前由，相應檢同題款隨函送達，即請查收為荷。

此致

圖書館主任杜

附題款壹幅

總務長何○○

国立中山大学总务长关于为图书馆征书运动赠送奖品致图书馆主任杜定友的函　附：奖品题词及征书运动办法（一九四二年十一月四日）

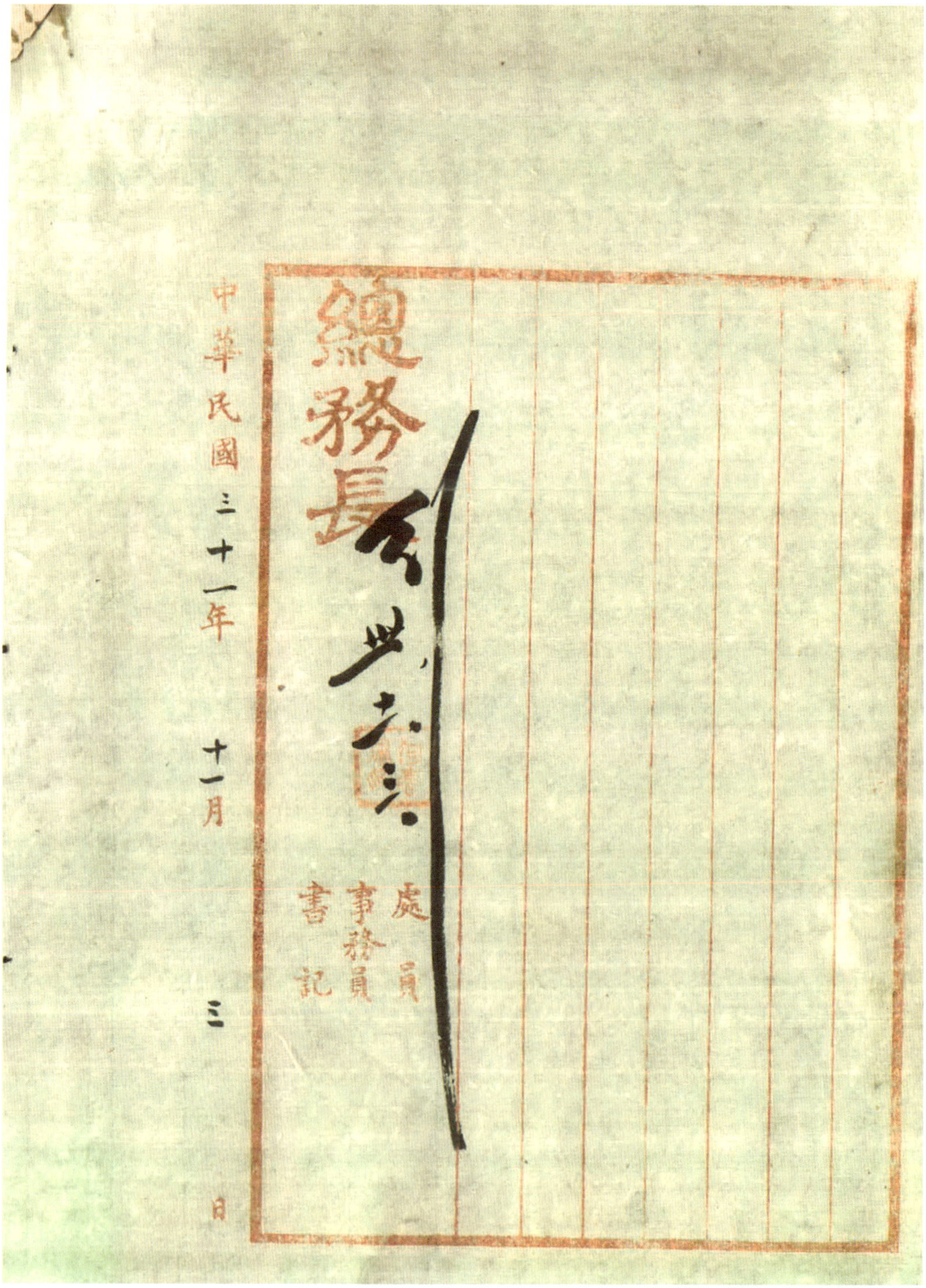
總務長 刘世杰

處員

事務員

書記

中華民國三十一年十一月三日

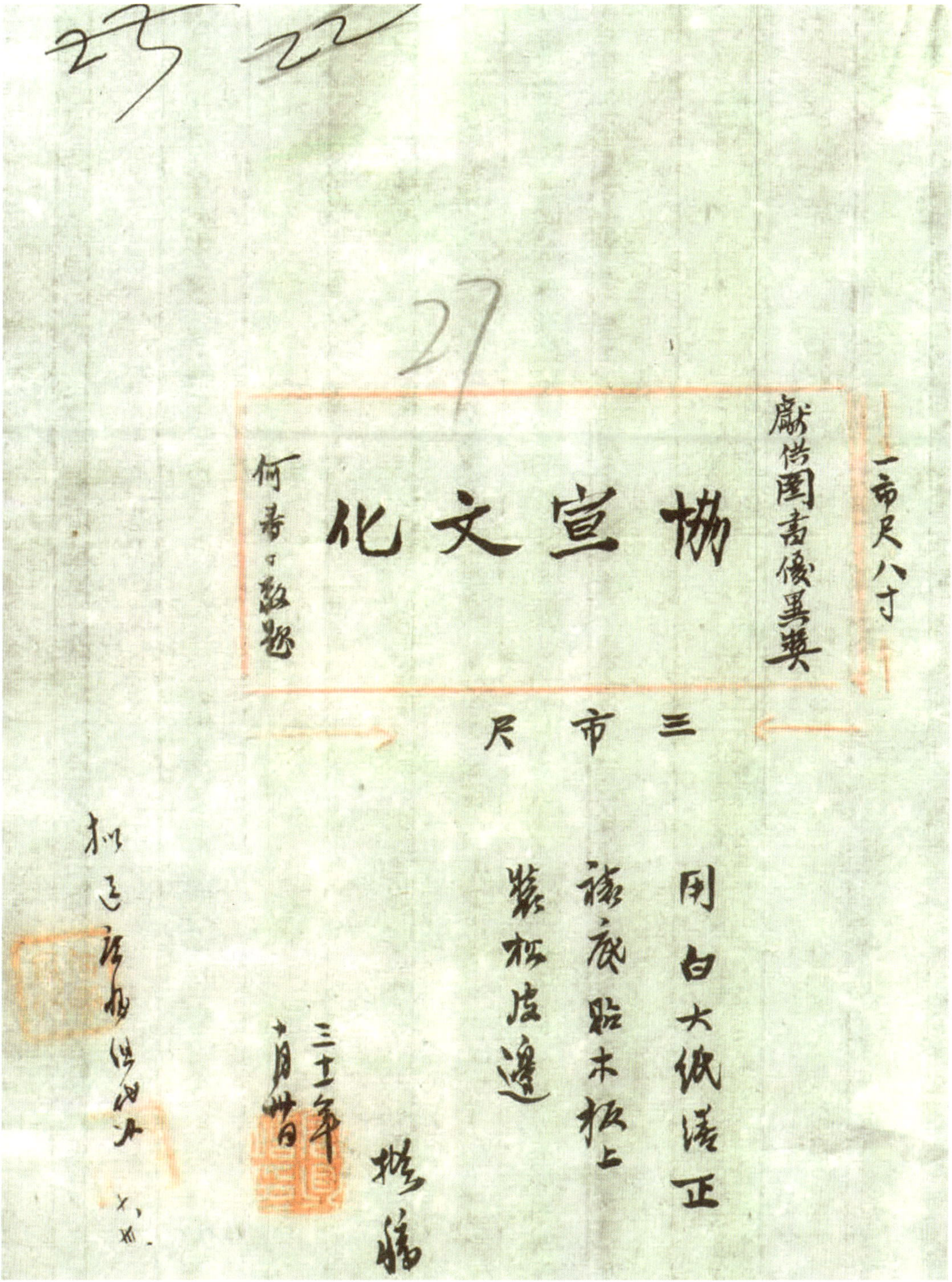
一市尺八寸

獻借圖書儀器獎

協宣文化

何壽□敬題

三市尺

用白大紙謄正

請底貼木板上

裝松皮邊

擬稿

三十一年十月卅日

擬送庶務組洽辦　六、卅

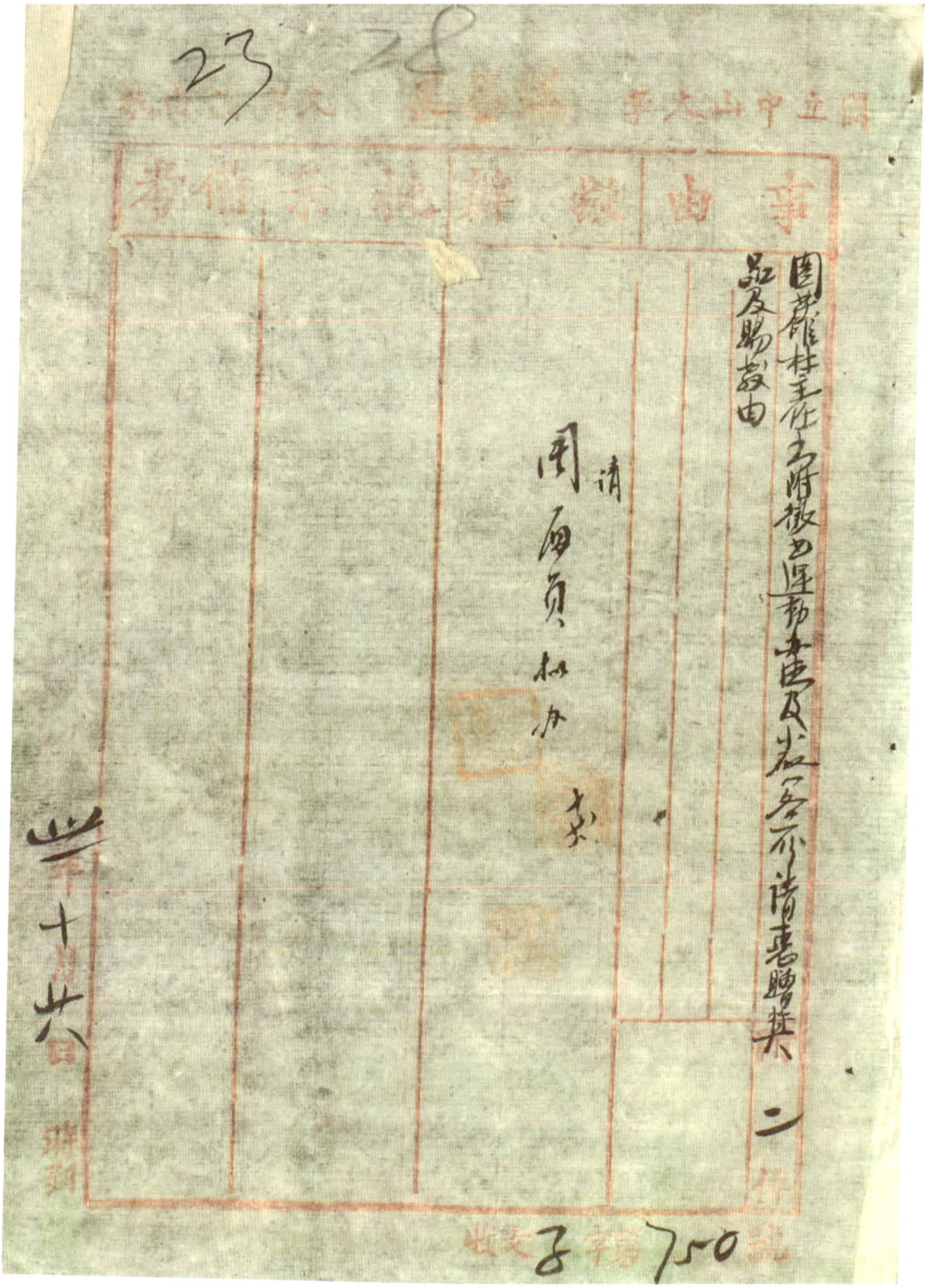

國立中山大學圖書館簽稿

事由	擬辦	批示	備考
圖書館杜主任定友函撥出運動會及出品各件請惠贈獎品及贈款由 二件	請周兩員核辦 奕		

卅年十一月廿六日到

收文子字第750號

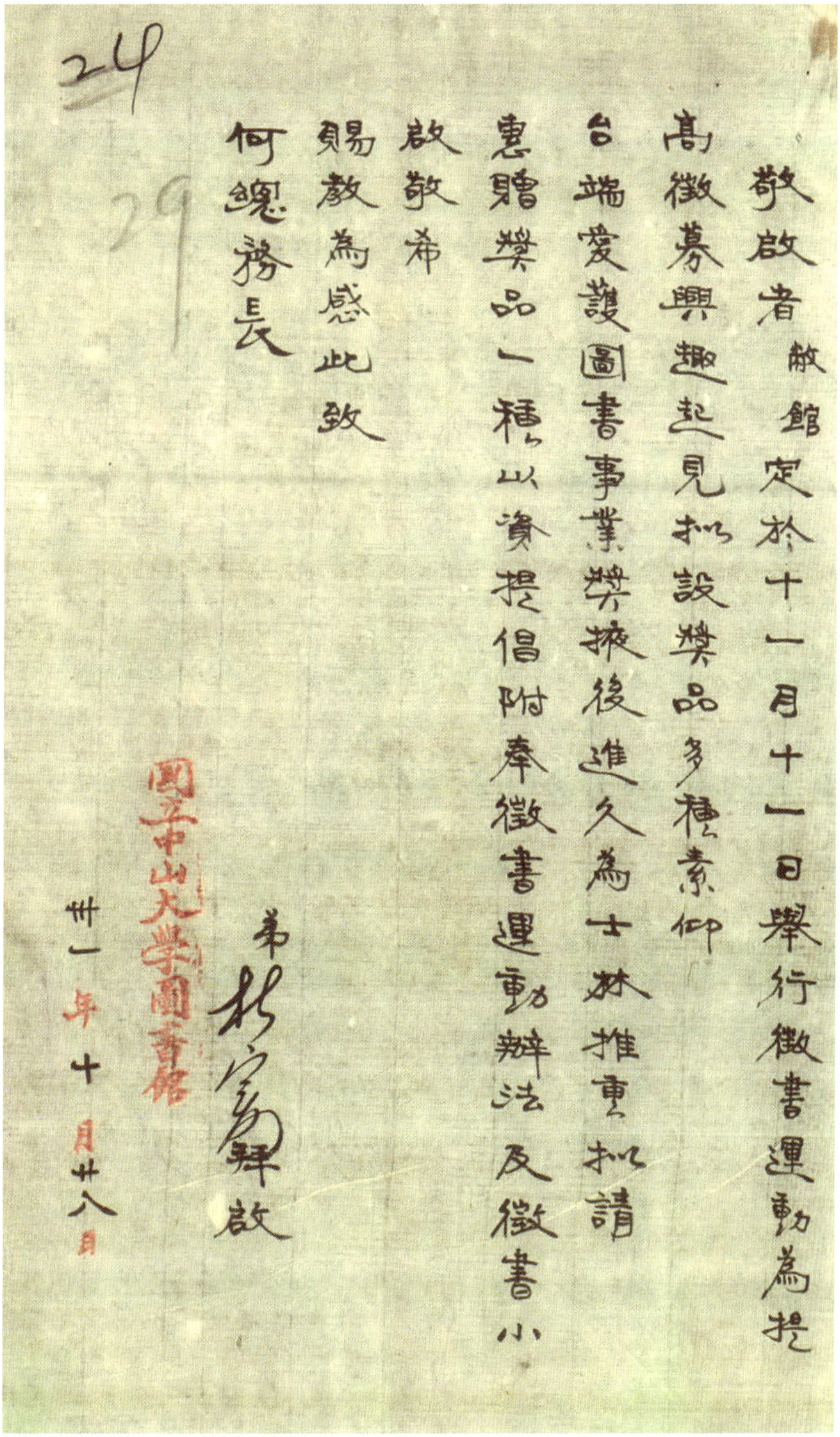

24

29

敬啟者　敝館定於十一月十一日舉行徵書運動為提
高徵募興趣起見擬設獎品多種素仰
台端愛護圖書事業獎掖後進久為士林推重擬請
惠贈獎品一種以資提倡附奉徵書運動辦法及徵書小
啟敬希
賜教為感此致
何總務長

弟　杜定友拜啟

國立中山大學圖書館

卅一年十月廿八日

卅一年十一月十一日举行徵書運動辦法

一、意義：十一月十二日為本校校慶，又擬十分一為「士園為女人之家」，誠定每年双十一為圖節，擴大宣傳推進圖書事業。

二、目標：向讀者徵募圖書，每人平均一本為最低限度。（按本館現有讀者弍千人）

三、日期：十一月九、十兩日由各分館分別徵募，十一日在總館設獻書台集中徵募。

四、手續：

（一）由本館同仁擔任徵募宣傳計劃，由各館室自行辦理。

（二）徵書收據，由總館印發。

（三）收到圖書不論多少，均須填發收據二份，注明收據號數、贈書人姓名及冊數，以一份交由贈書人收執。

（四）收到圖書，應在封面注明收據號數，以便登記。如在一本以上者，加註冊次，如「卅八-二」即第三十八號收據第二冊。

（五）所有收到圖書，須於十一日上午十二時以前。

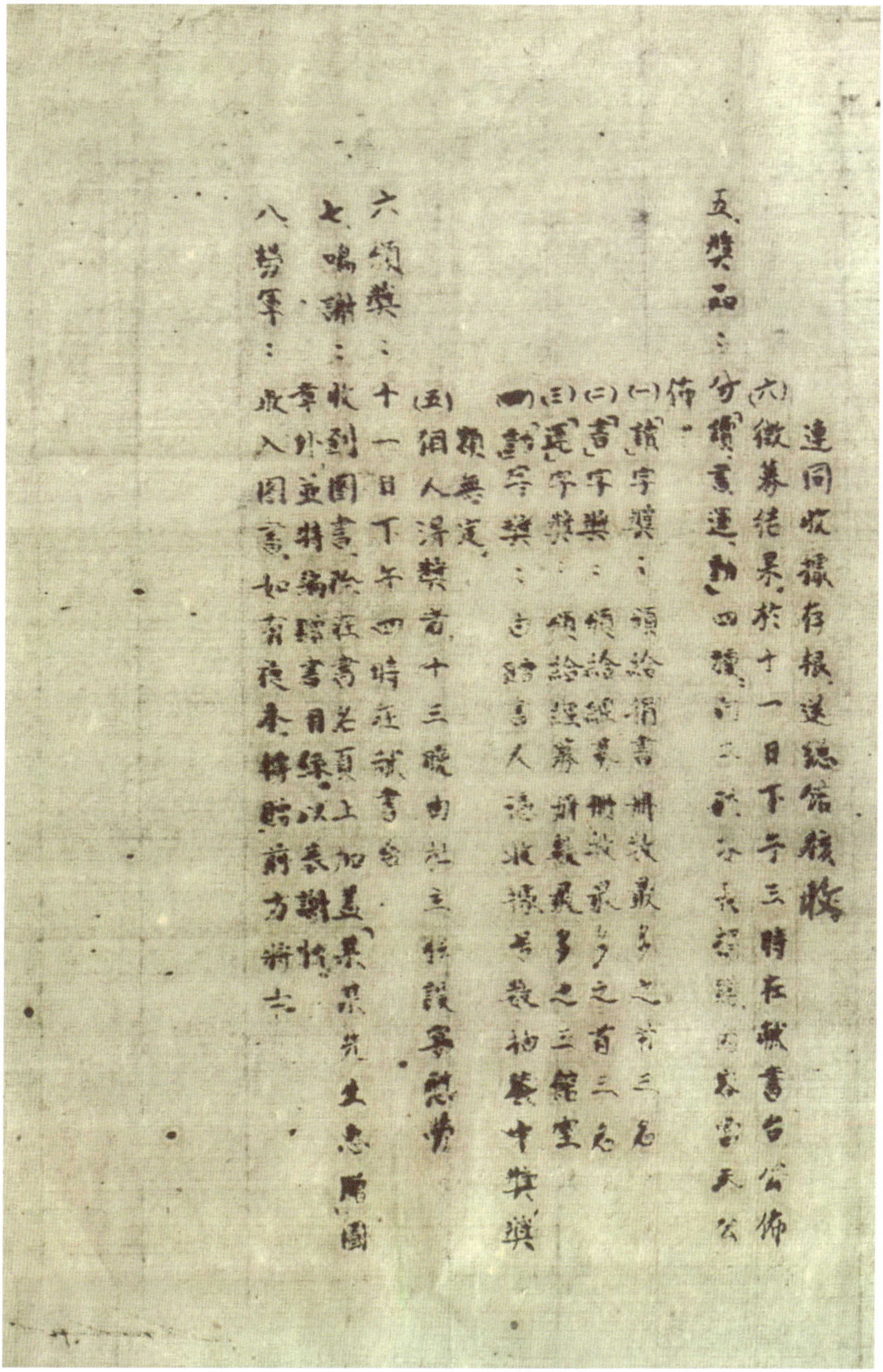
連同收據存根，送總館核收。
(六)徵募結果，於十一日下午三時在藏書台公佈
五、獎品：分「讀」「書」「運」「動」四獎：前二獎[illegible]，內容另公佈：
(一)「讀」字獎：頒給捐書冊數最多之前三名
(二)「書」字獎：頒給經募冊數最多之首三名
(三)「運」字獎：頒給經募捐款最多之三館室
(四)「動」字獎：由贈書人憑收據號數抽籤中獎，獎類無定。
(五)捐人得獎者，十三號由社主持設宴慰勞
六、頒獎：十一日下午四時在藏書台
七、鳴謝：收到圖書，除在書若頁上加蓋「某某先生惠贈圖書」章外，並特編贈書目錄，以表謝忱。
八、勞軍：收入圖書，如有復本，轉贈前方將士。

26 31

獻書運動

十一月十二日圖書節

親愛的讀者

一年以來承 您惠臨借閱圖書，很是榮幸。諸君所讀所得，於德業上多一分進益，為國家多出一分力量，同人等也與有榮焉。不過 敝館因連年遷徙，圖書損失巨萬，供應上尚感不足，又因人力物力的艱困，不能為 您服務周到，這是很抱歉的。現在讀者日增，上年度到館閱覽的，在二十二萬人以上，出納圖書十餘萬冊，同人等

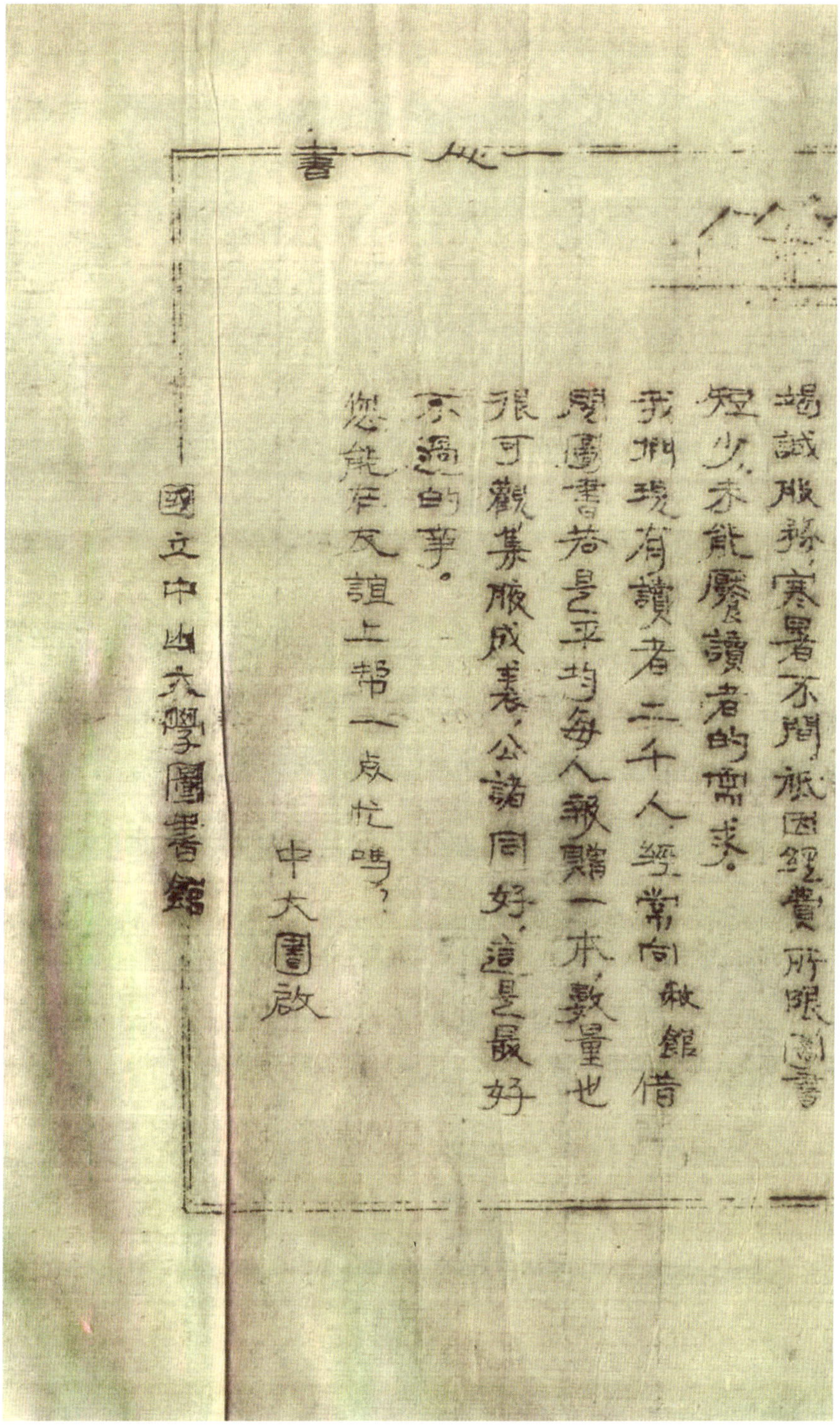

竭誠服務，寒暑不間，祇因經費所限，圖書短少，未能饜讀者的需求。

我們現有讀者二千人，經常向敝館借閱圖書，若是平均每人捐贈一本，數量也很可觀，集腋成裘，公諸同好，這是最好不過的事。

您能否在友誼上帮一点忙嗎？

中大圖啟

國立中山大學圖書館

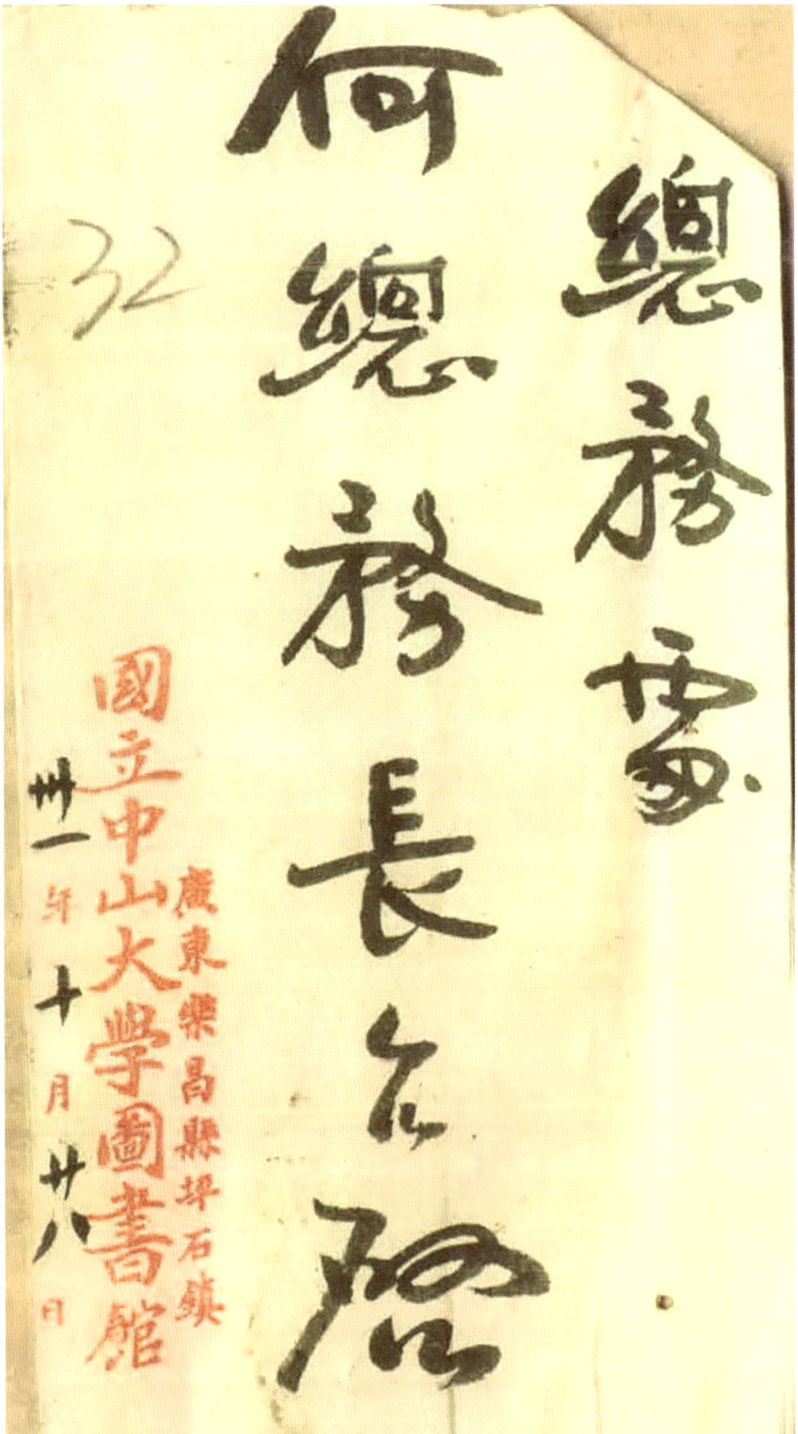
總務處
何總務長台啟
32
國立中山大學圖書館
廣東樂昌縣坪石鎮
卅一年十月廿八日

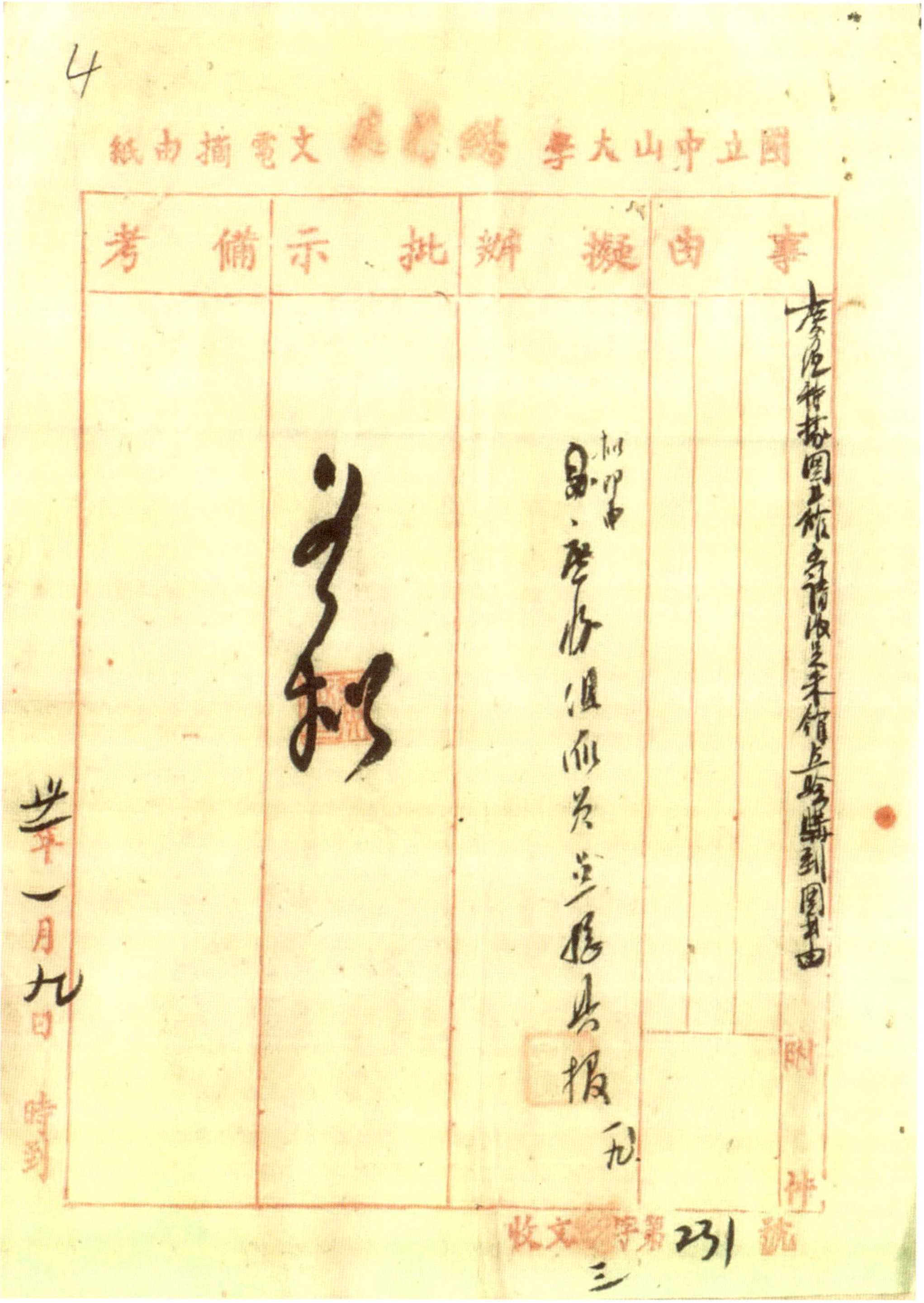
國立中山大學總務處文電摘由紙

事由	擬辦	批示	備考

附件

卅一年一月九日時到

收文第231號

国立中山大学图书馆关于请派员来馆点验购到图书致总务处庶务处的函（一九四二年一月八日）

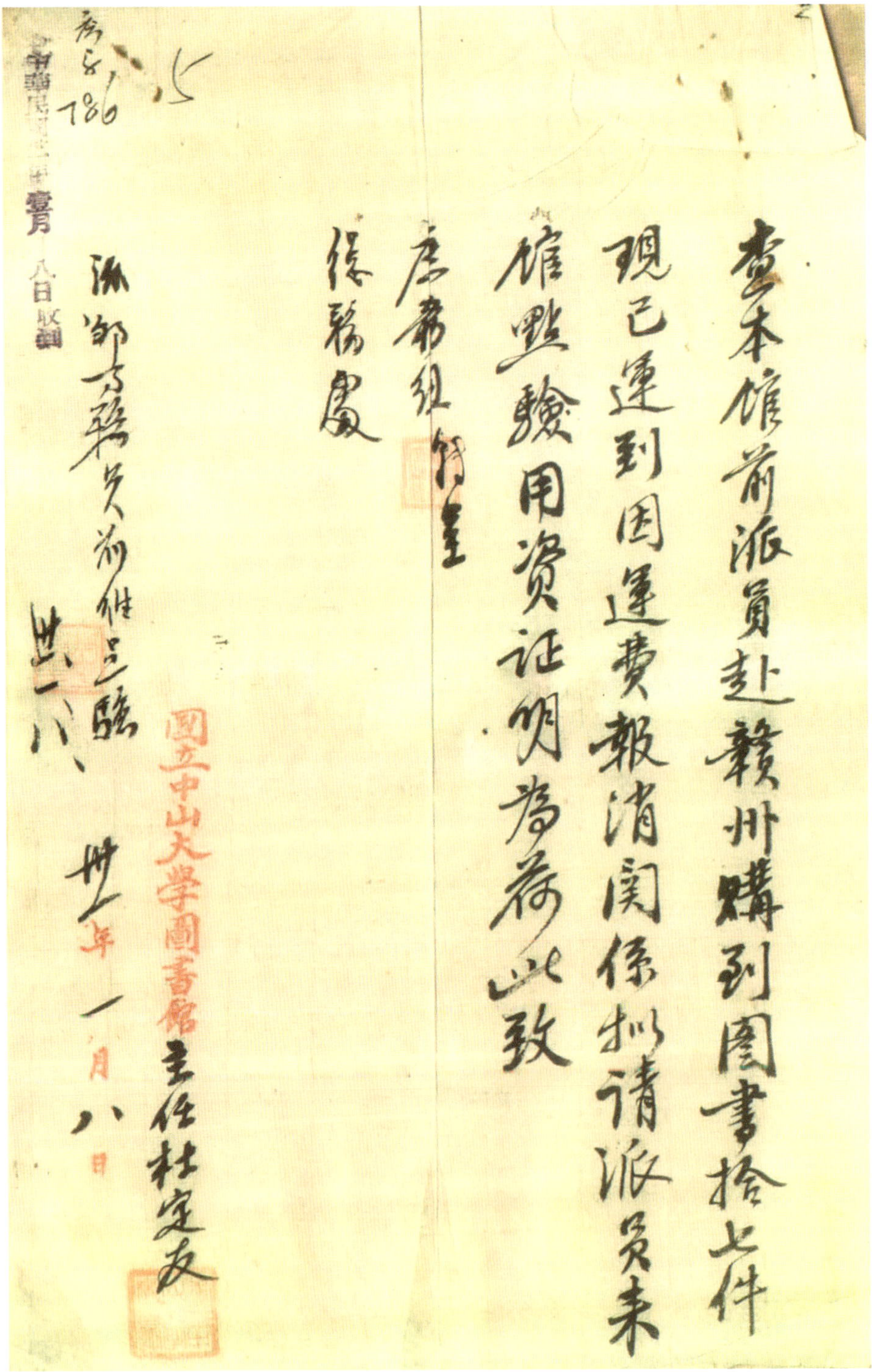

查本館前派員赴贛州購到圖書拾七件現已運到因運費報消関係擬請派員來館點驗用資证明爲荷此致

庶務組 轉呈

總務處

國立中山大學圖書館 主任杜定友

卅一年一月八日

派鄭方騁員前往點驗

卅一、八、

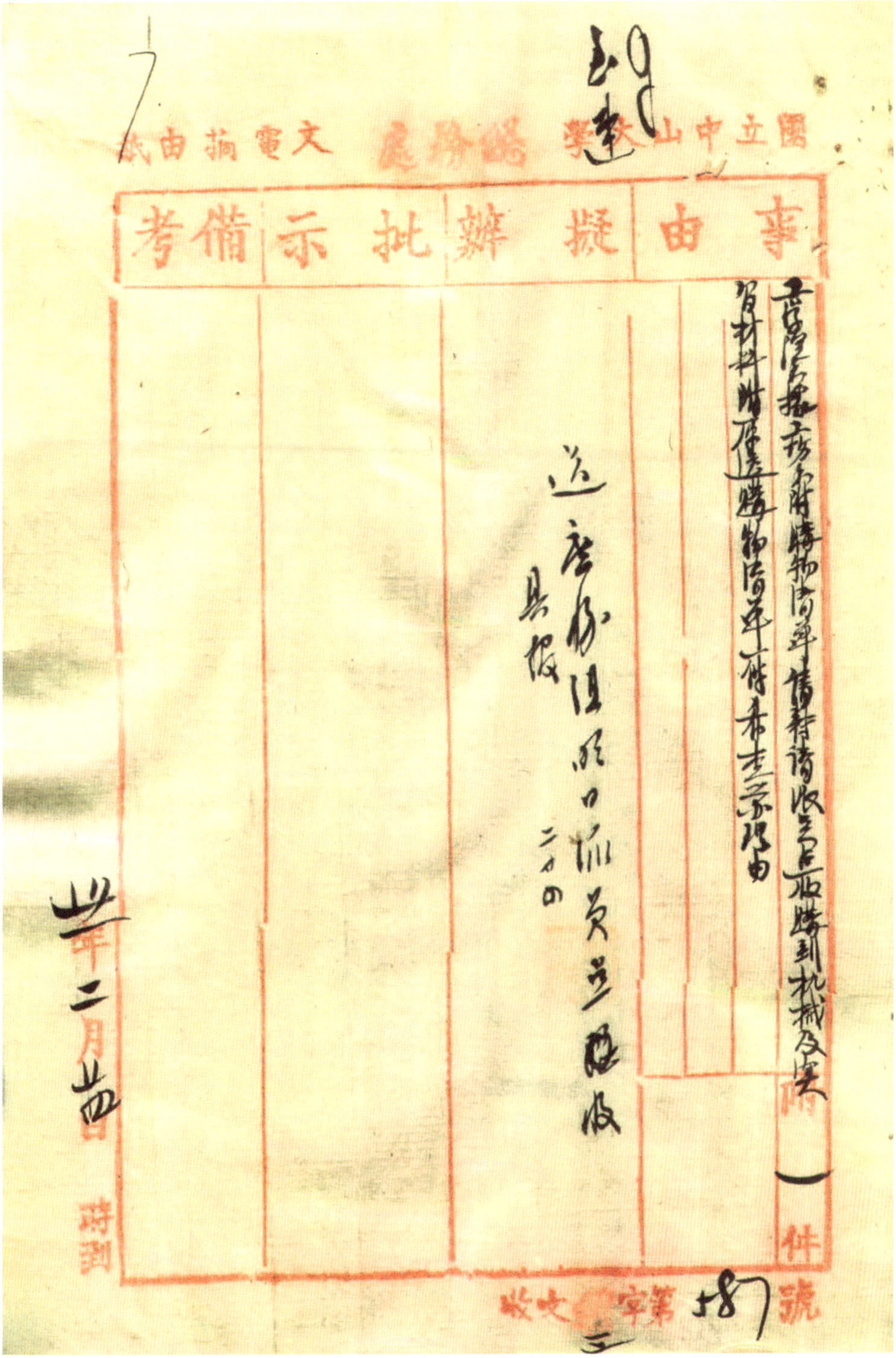
國立中山大學總務處　文電摘由紙

事由	擬辦	批示	備考

附件

卅一年二月廿四日時到

收文字第187號

国立中山大学工学院请派员点收购到机械仪器及实习材料致总务长的函　附：购置材料清单
（一九四二年二月二十三日）

國立中山大學工學院用箋

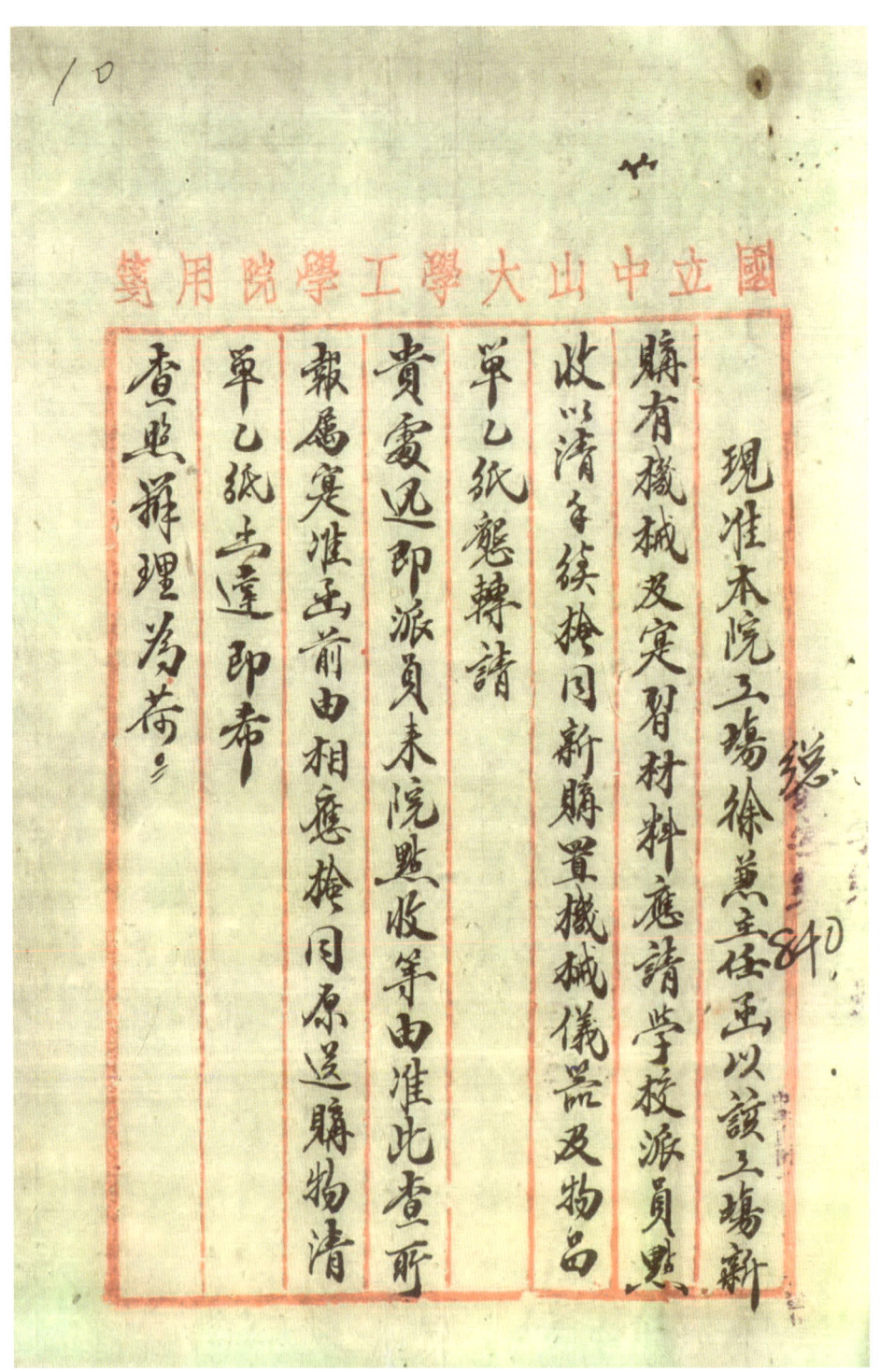

現准本院工場徐蕙主任函以該工場新購有機械及實習材料應請學校派員點收以清手續檢同新購置機械儀器及物品單乙紙懇轉請
貴處迅即派員來院點收等由准此查所報屬實准函前由相應檢同原送購物清單乙紙函達即希
查照辦理為荷

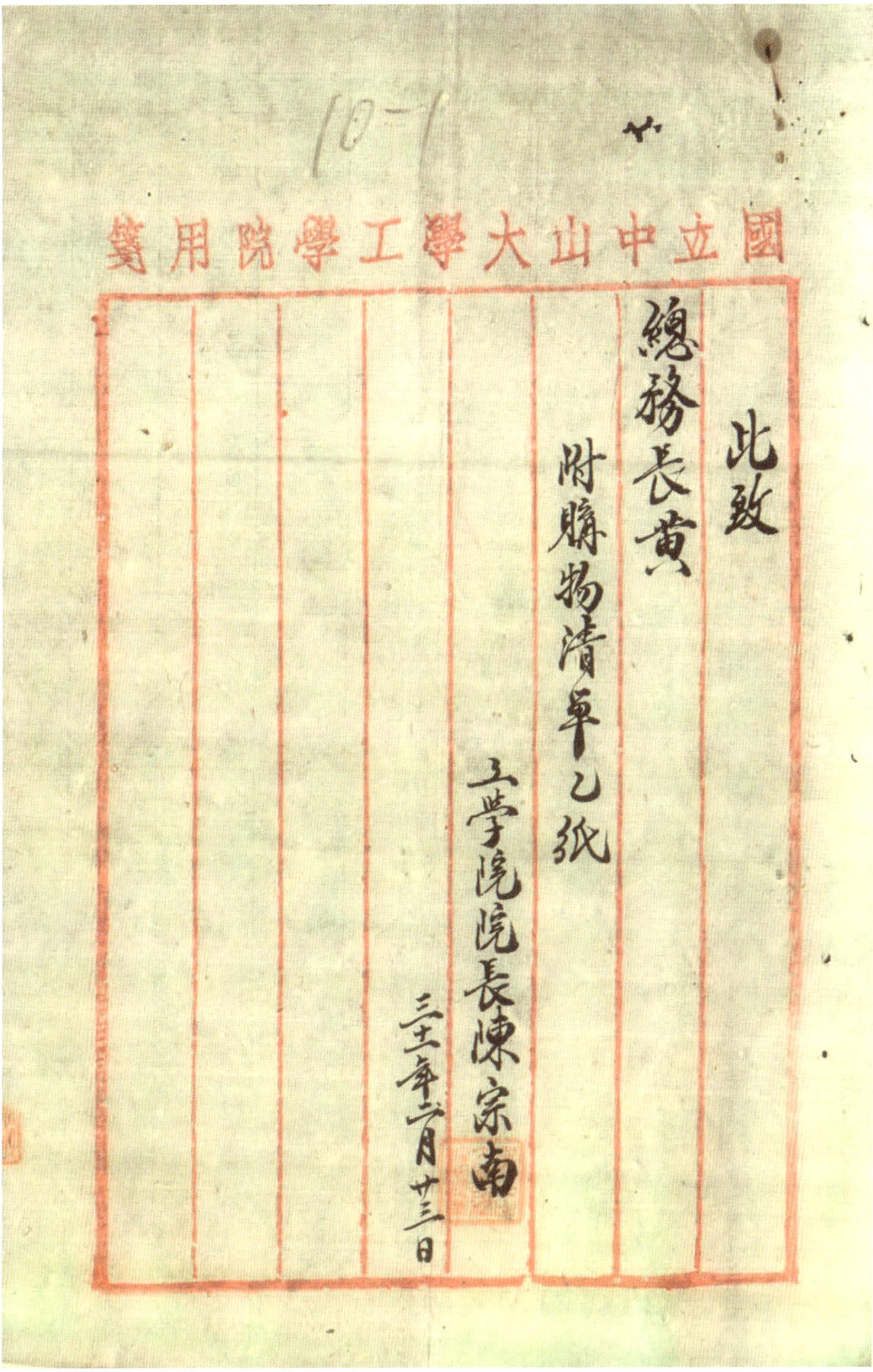
國立中山大學工學院用箋

此致
總務長黃
附贈物清單乙紙
工學院院長陳宗南
三十二年六月廿三日

8

工場赴衡陽購買機械儀器及實習材料清單

3/32" 紅紙板 1/2張
1/4 紙板線 三磅半
4" 細边 四枝
6" 細边 四枝
10" 細边 六枝
5" 細方 四枝
12" 粗边 八枝
12" 鋸條 十四打
方扁鉄 共二百五十五斤

銅枝 二十磅
鋼水鎗 弍枝
60孔鋼絲布 壹呎
手搖四呎鉋床乙副
牛膠粒 斤
鉄風炉乙個
沙罐大小廿六弍十個
酒精乙磅
黄凡士林拾磅

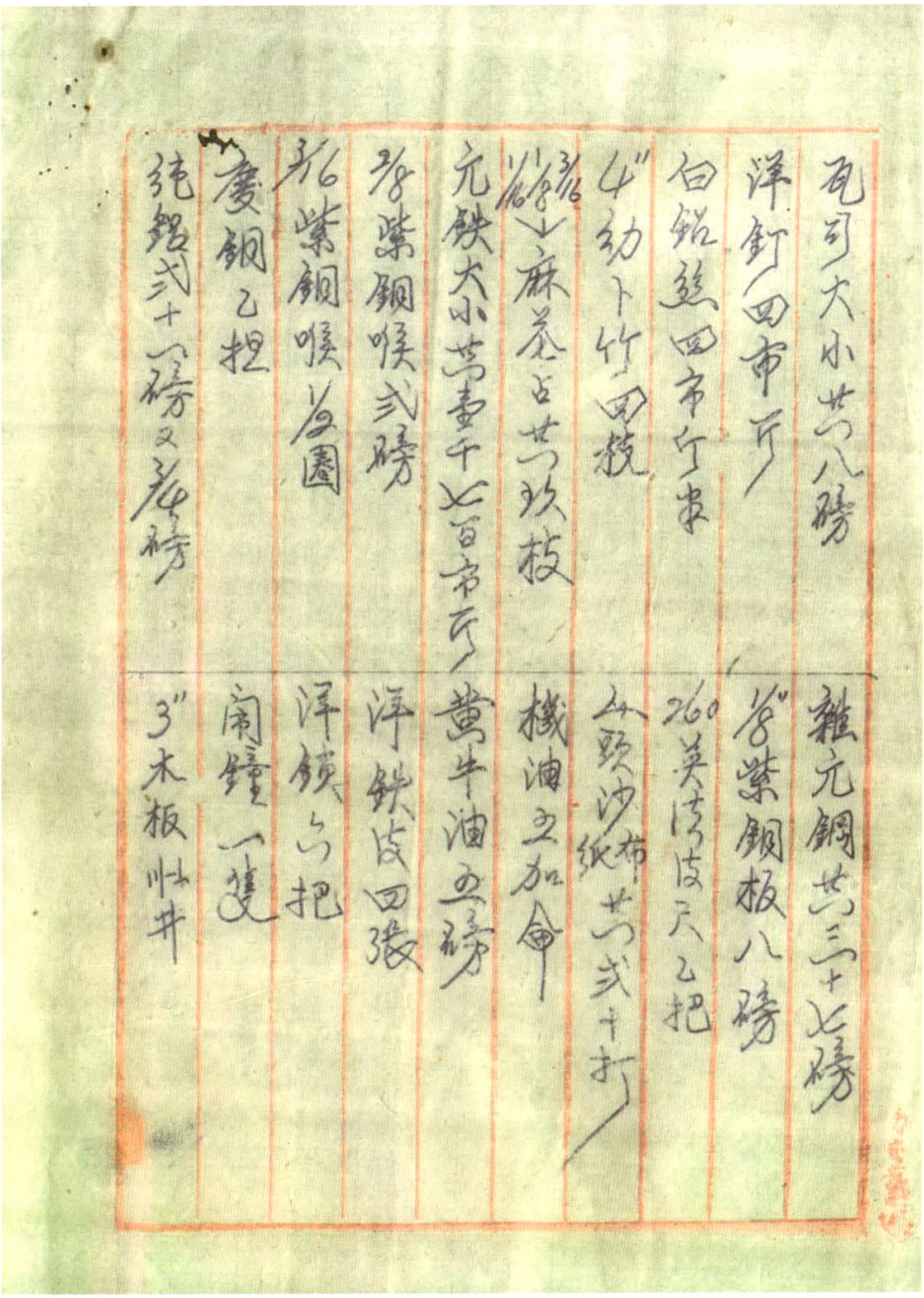
瓦司大小廿六八磅
洋釘四市斤
白鉛絲四市斤半
4"幼卜竹四枝
3/16 1/4 麻花占廿六玖枝
元鉄大小共壹千七百市斤
3/8紫銅喉弍磅
3/16紫銅喉1/2圈
黄銅乙担
純鉛弍十一磅又1/2磅
雜元鋼廿三十七磅
3/8"紫銅板八磅
260英尺皮尺乙把
砂頭沙紙布廿六弍十打
機油五加侖
黄牛油五磅
洋鉄皮四張
洋鋏六把
閙鐘一隻
3"木板卅井

9

文具一單：

黑鉛筆 二打

紅鉛筆 五支

圖釘 二盒

卷宗皮 弍十個

廻文針 二盒

謄紙 弍十張

複寫紙 弍十張

經領人鄔慶元

弍月廿三

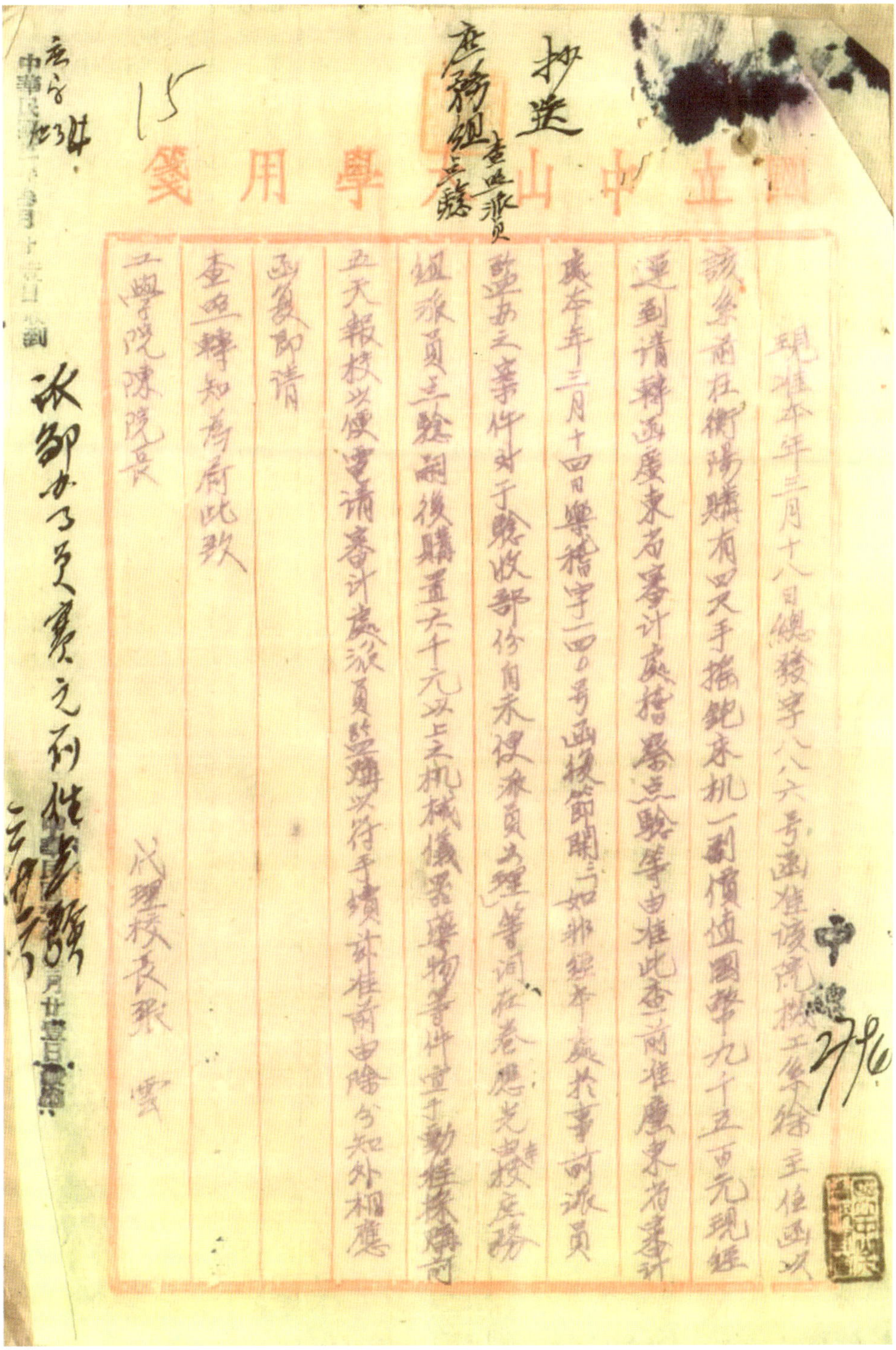
國立中山大學用箋

抄送

庶務組

現准本年三月十八日總發字八八六號函准該院機工系徐主任函以該系前在衡陽購有四尺手搖鉋床機一副價值國幣九千五百元現經運到請轉函廣東省審計處指派點驗等由准此查前准廣東省審計處本年三月十四日藥稽字一四〇號函據節開"如邢總本處於事前派員監督之案件對于驗收部份自未便派員辦理"等詞在卷應先由校庶務組派員點驗嗣後購置六千元以上之機械儀器藥物等件宜于動工採購前五天報校以便函請審計處派員監購以符手續等由前由隨函知外相應函復即請

查照轉知為荷此致

工學院陳院長

代理校長張雲

国立中山大学张云代校长关于请广东省审计处派员监购机械仪器药物事项致工学院长的函（一九四二年三月二十一日）

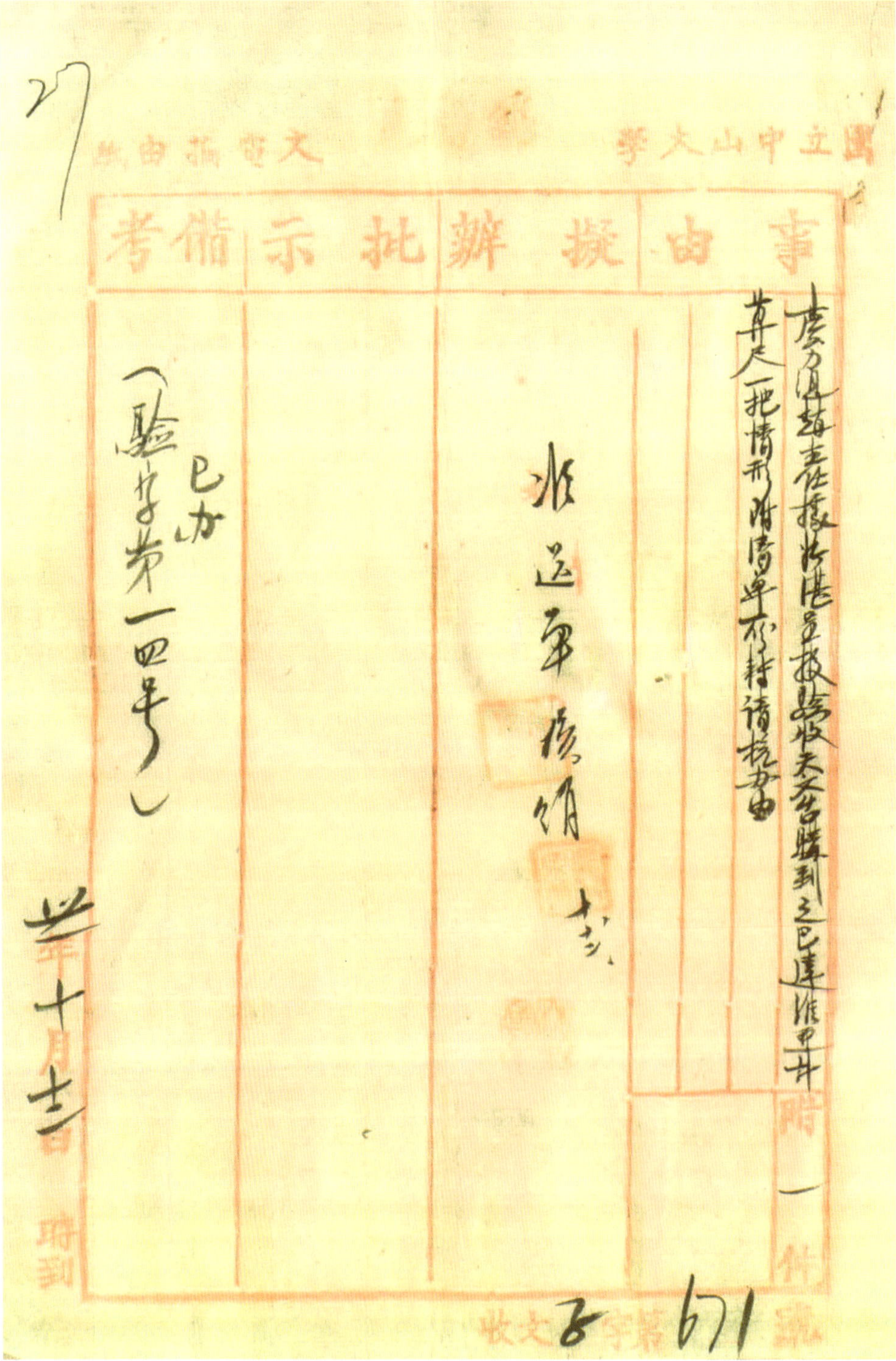
國立中山大學 文書處用紙

事由	擬辦	批示	備考
據天文台主任報告張湛呈報驗收天文台購到之巴達維亞計算尺一把情形附清單存轉請核由 附一件	准送第 核顧 十二		（驗字第一四號） 已辦

卅一年十月十二日 時到

收文 字第 671 號

国立中山大学总务处关于职员张湛呈报验收天文台购到之巴达维亚计算尺情形的批示（一九四二年十月十二日）

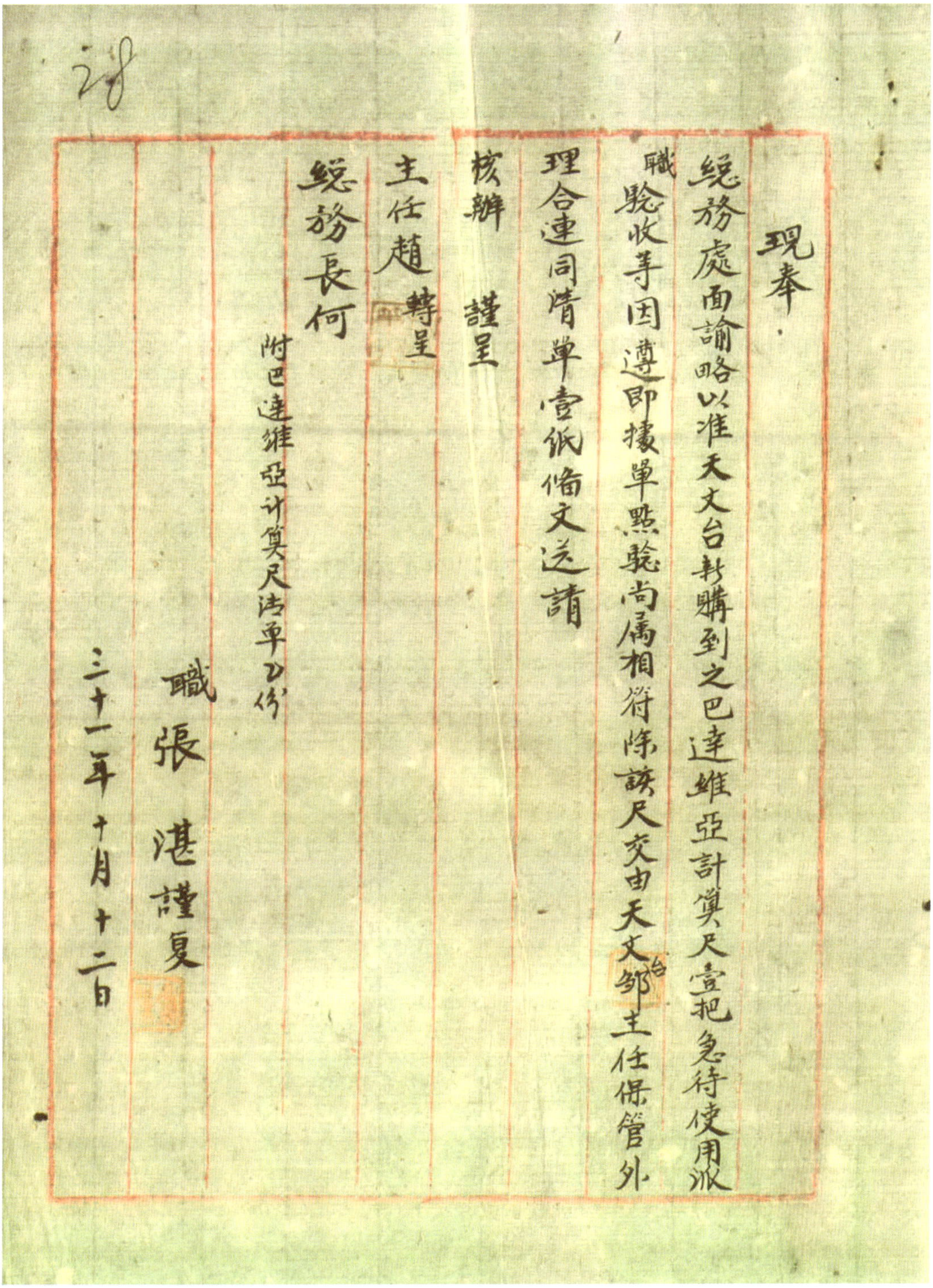
28

現奉

總務處面諭略以准天文台新購到之巴達維亞計算尺壹把急待使用派

職驗收等因遵即據單點驗尚屬相符除該尺交由天文台部主任保管外

理合連同清單壹紙備文送請

核辦　謹呈

主任趙　轉呈

總務長何

附巴達維亞計算尺清單乙份

職　張　湛　謹復

三十一年十月十二日

国立中山大学总务处关于天文台购来仪器经派员验收相符的函（一九四三年十二月十一日）

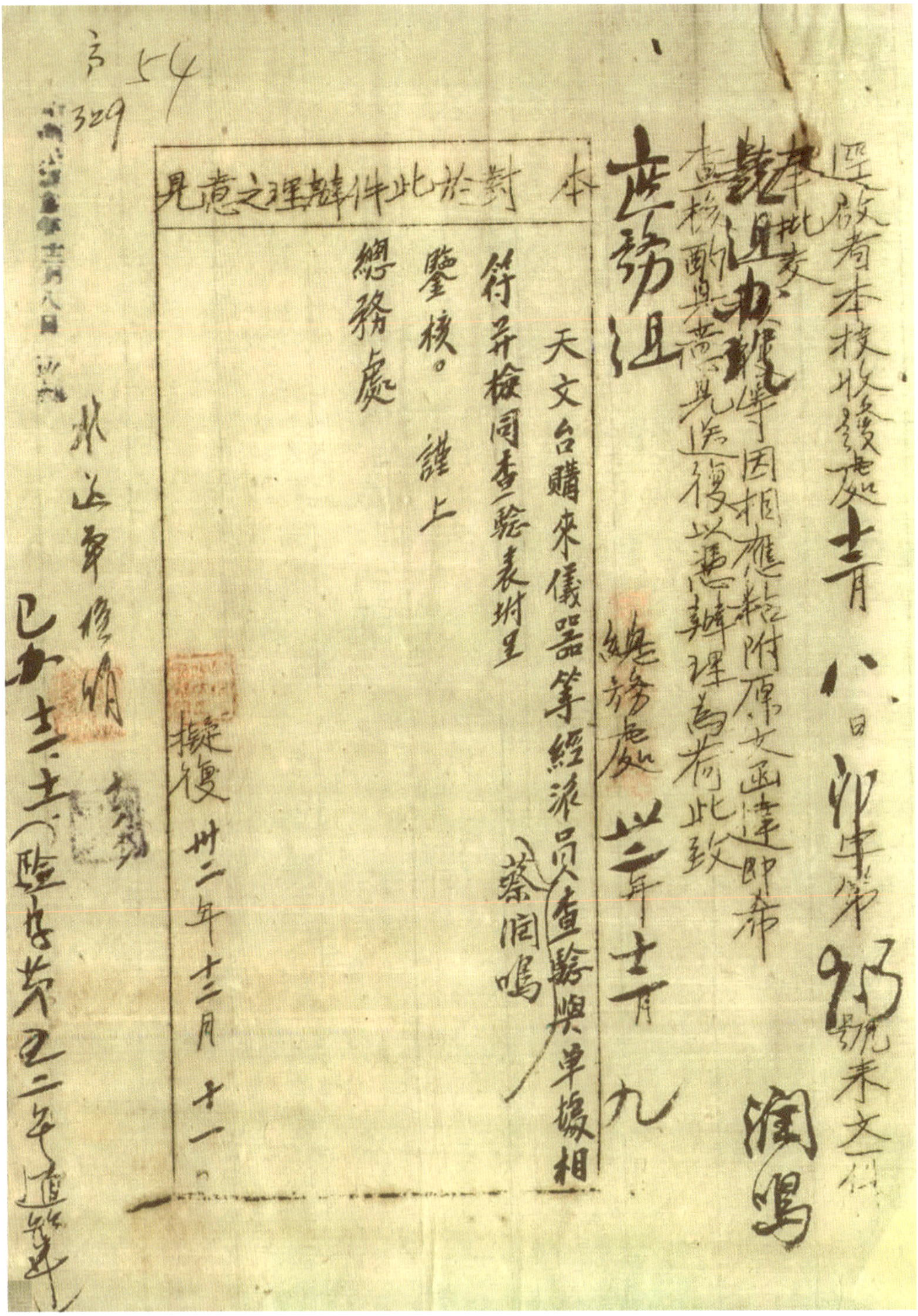
逕啟者本校收發處十二月八日卯字第985號來文一件
本批交
查核該處等因相應抄附原文函達即希
查照見復以憑辦理為荷此致
總務組
總務處
卅二年十二月九
潤鳴

本 對於此件辦理之意見

天文台購來儀器等經派員查驗與單據相
符并檢同表冊呈
鑒核。 謹上
總務處
蔡潤鳴

擬復 卅二年十二月十一

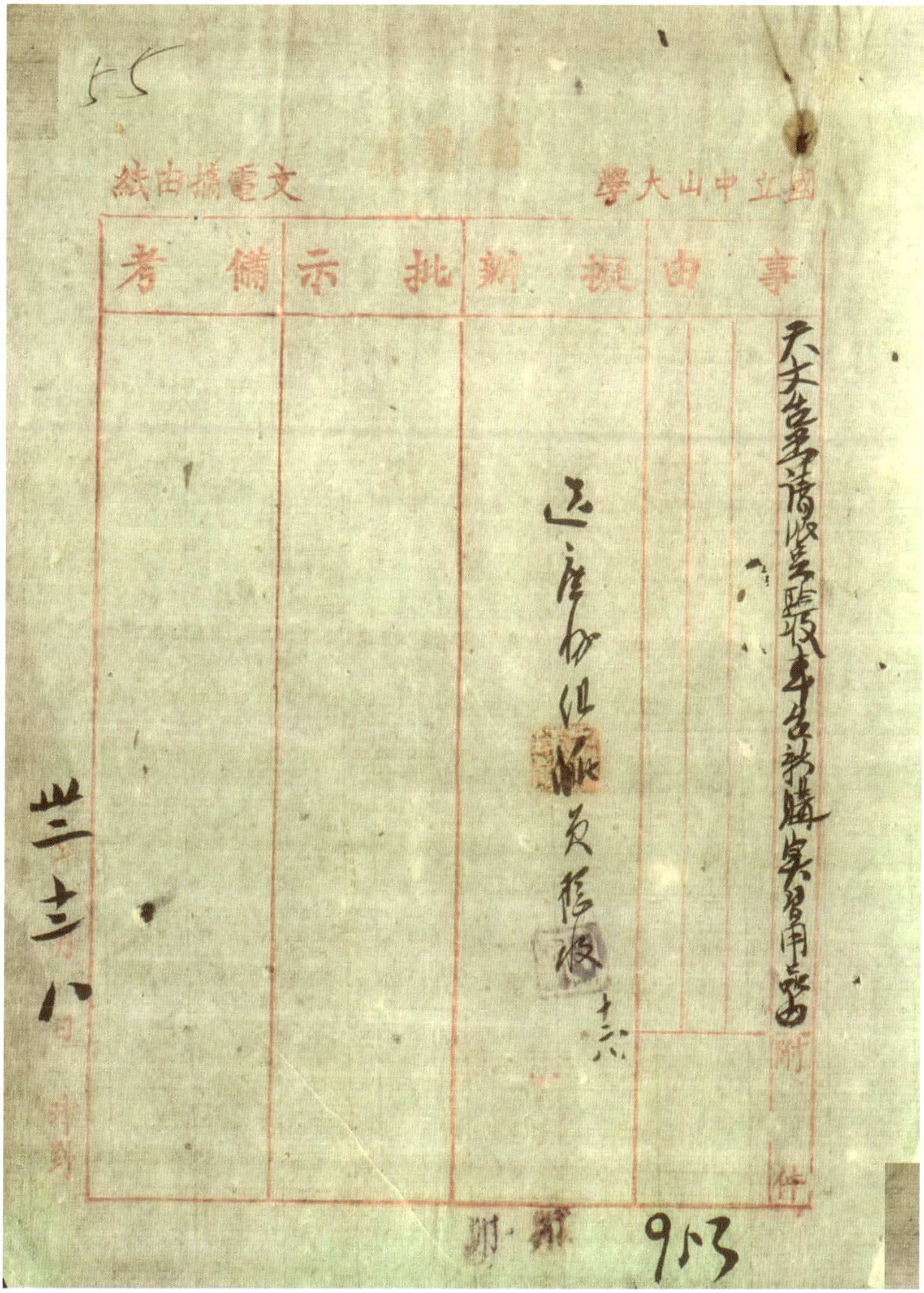
55
國立中山大學
文電摘由紙
事由
擬辦
批示
備考
953

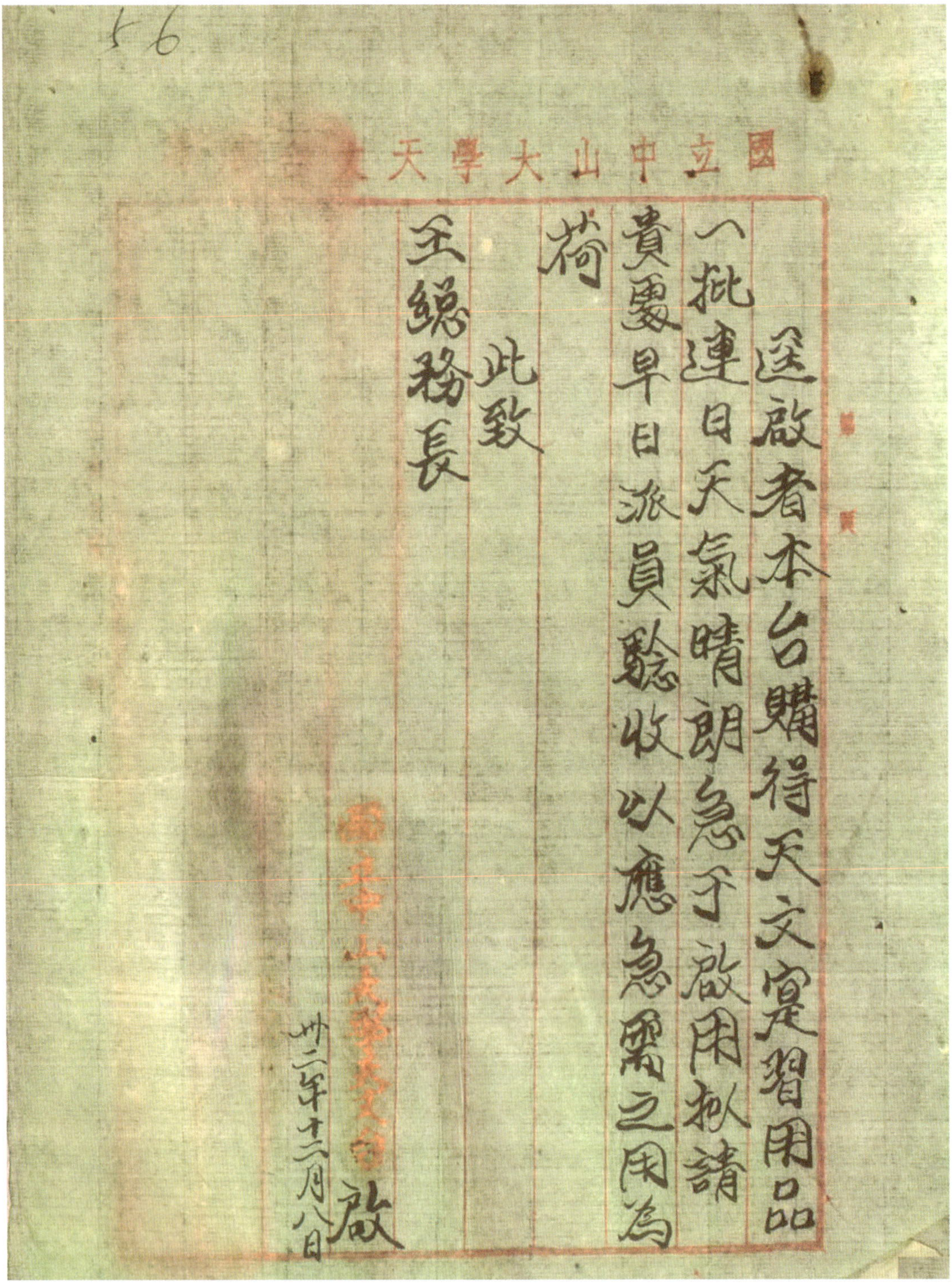

56

國立中山大學天文臺

逕啟者本台購得天文實習用品一批連日天氣晴朗急于啟用擬請

貴處早日派員驗收以應急需之用為

荷

此致

總務長

國立中山大學天文台啟

卅二年十二月八日

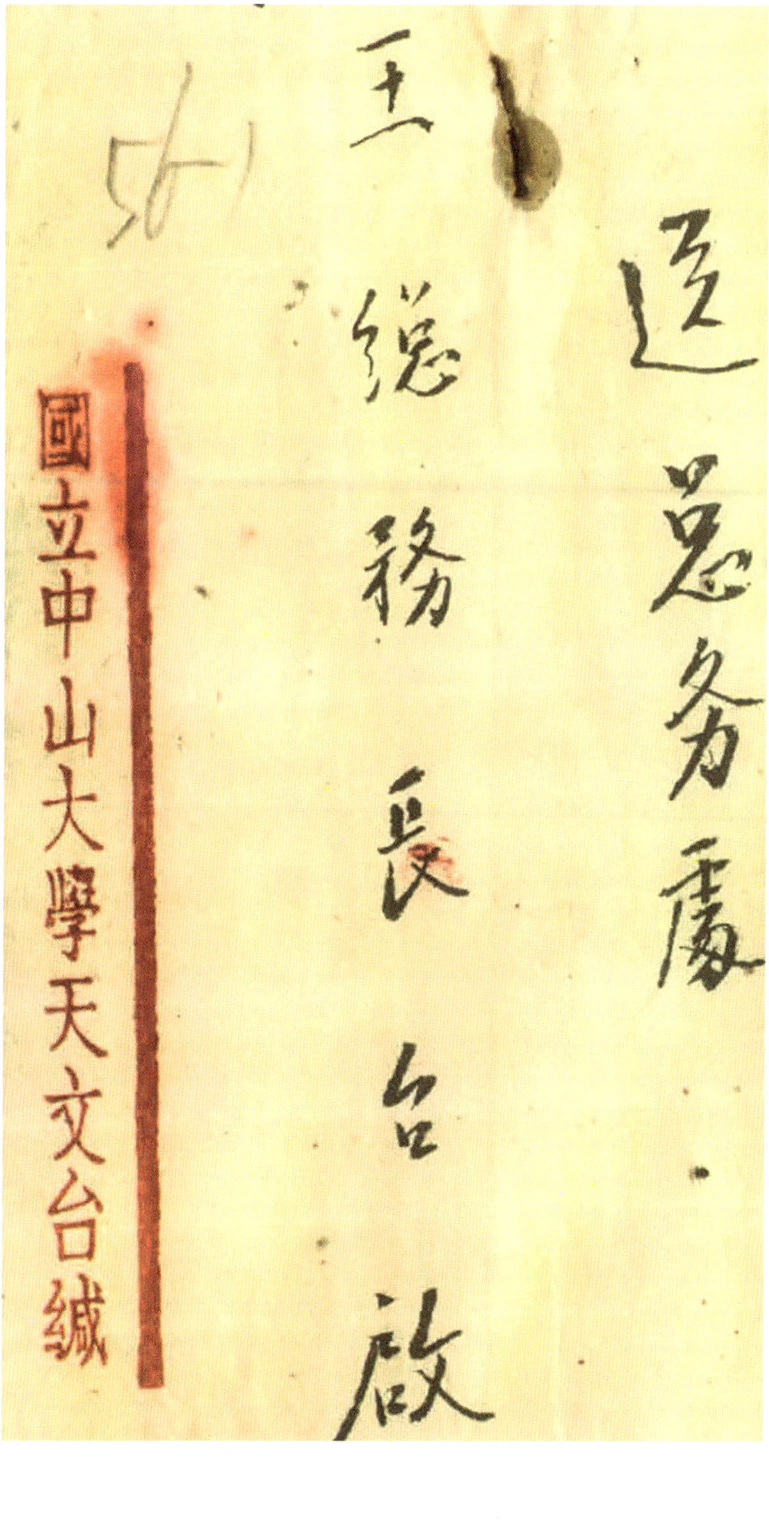
送總務處
王總務長 台啟
國立中山大學天文台緘
56

衡阳三友理化玻璃厂关于国立中山大学生物系前在本厂定购之仪器情形的函（一九四三年十一月十八日）

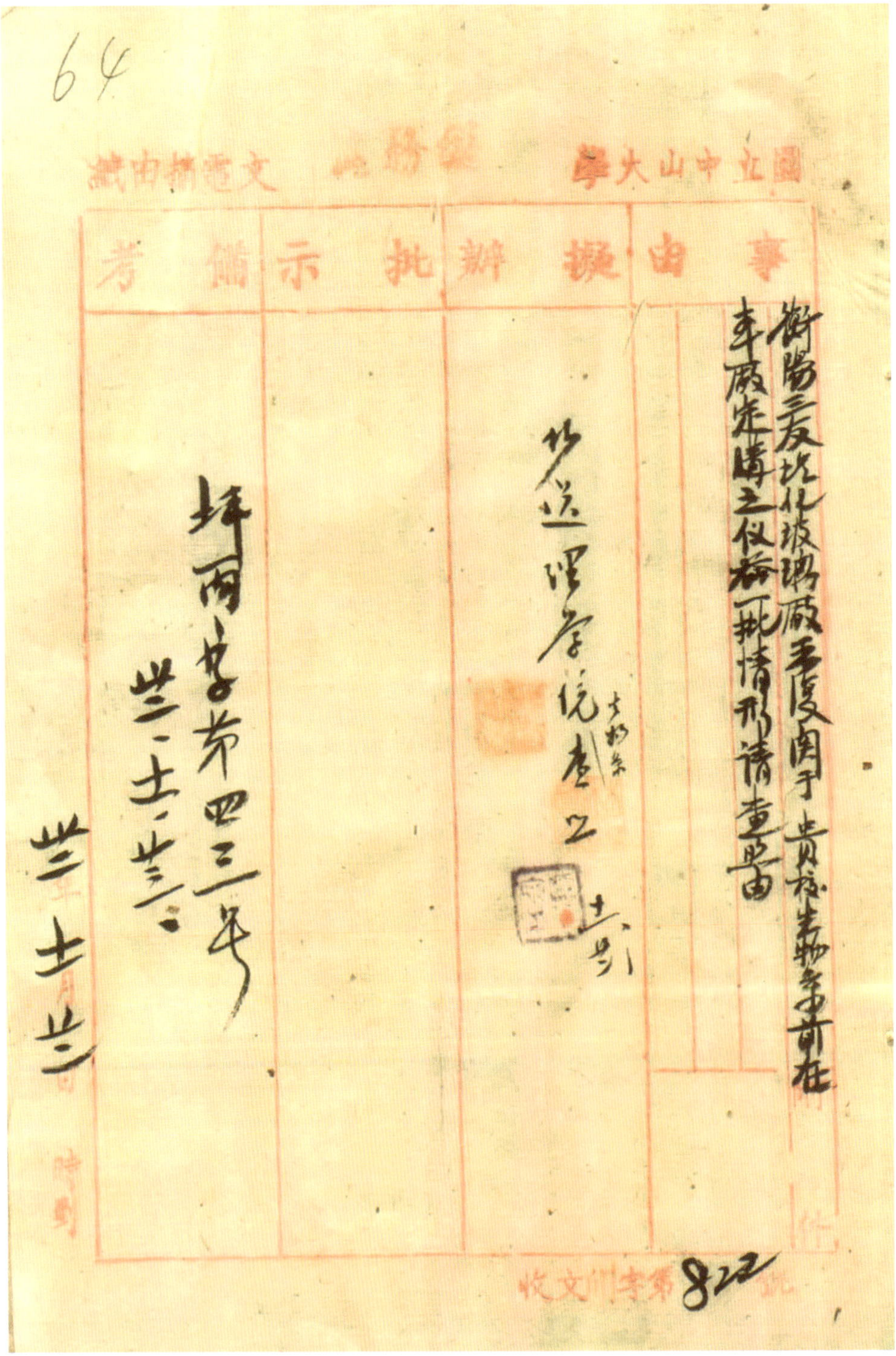
64

國立中山大學 總務處 文書摘由箋

事由	擬辦	批示	備考
衡陽三友理化玻璃廠函復關于貴校生物系前在本廠定購之儀器一批情形請查照由	抄送理學院生物系查照		卅二 十一 廿二

收文第 822 號

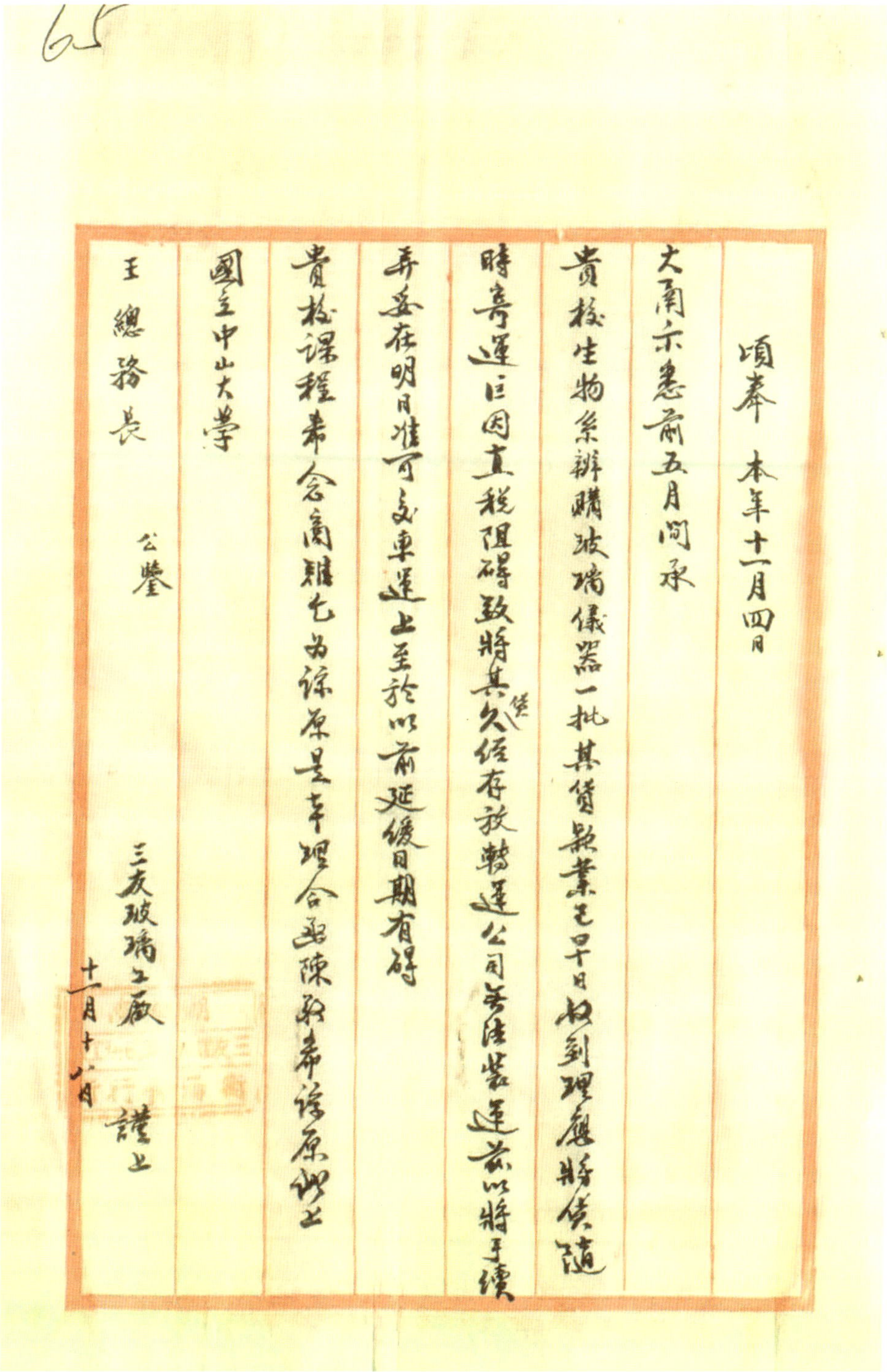

頃奉 本年十一月四日
大函示悉前五月間承
貴校生物系辦購玻璃儀器一批其貨款業已早十日收到理應將貨隨
時寄運只因直稅阻碍致將其久經存放轉運公司無法裝運茲以將手續
弄妥在明日准可交車運上至於以前延緩日期有碍
貴校課程希念商艱乞為諒原是幸理合函陳敬希諒原此上
國立中山大學
王總務長 公鑒
三友玻璃工廠 謹上
十一月十八日

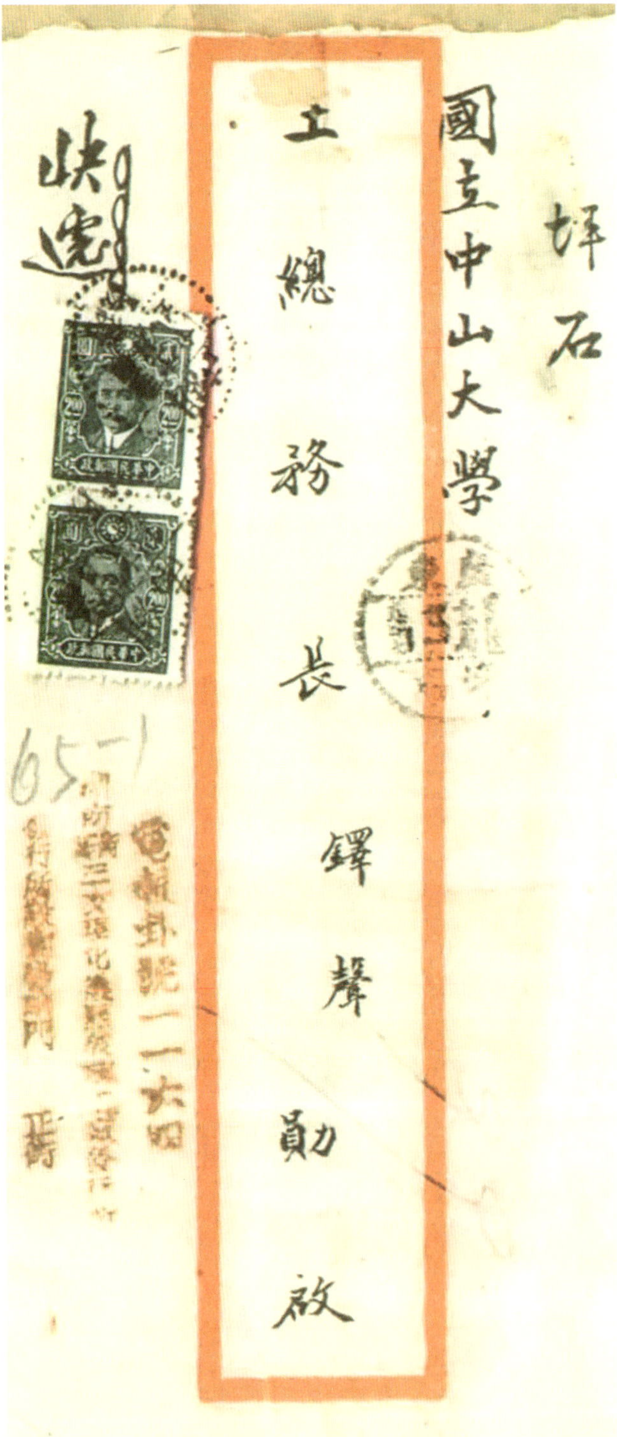

坪石

國立中山大學

工總務長

鐸聲勛啟

快遞

65-1

電報掛號二一六四

国立中山大学总务处关于为师范学院学生体育竞赛赠送奖旗一面的函　附：优胜奖题词（一九四一年六月十七日）

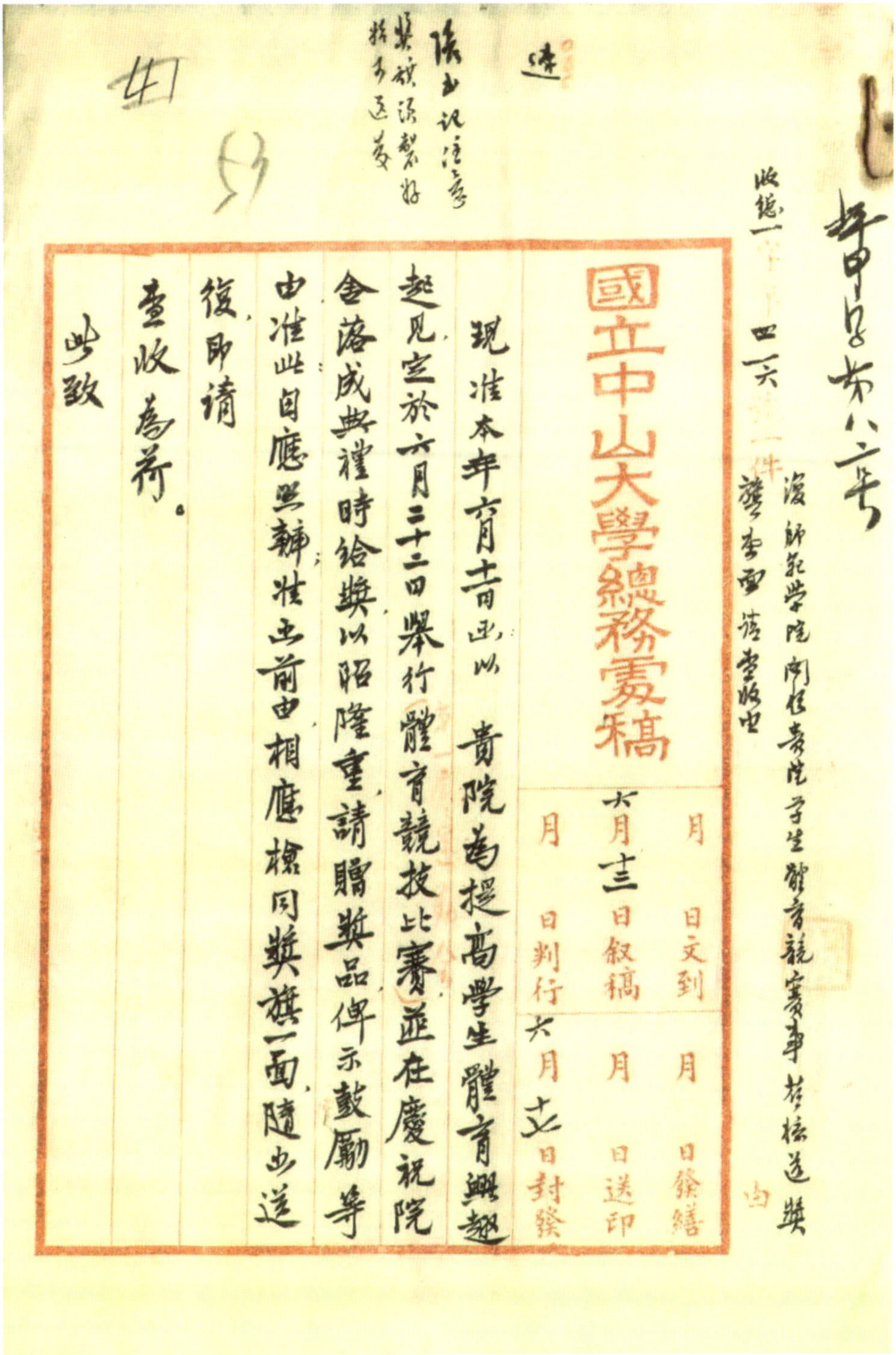

國立中山大學總務處稿

六月十三日敘稿

六月十七日封發

現准本年六月十三日函以
貴院為提高學生體育興趣見定於六月二十二日舉行體育競技比賽並在慶祝院舍落成典禮時給獎以昭隆重請贈獎品俾示鼓勵等由准此自應照辦准函前由相應檢同獎旗一面隨函送
查收為荷
復即請
此致

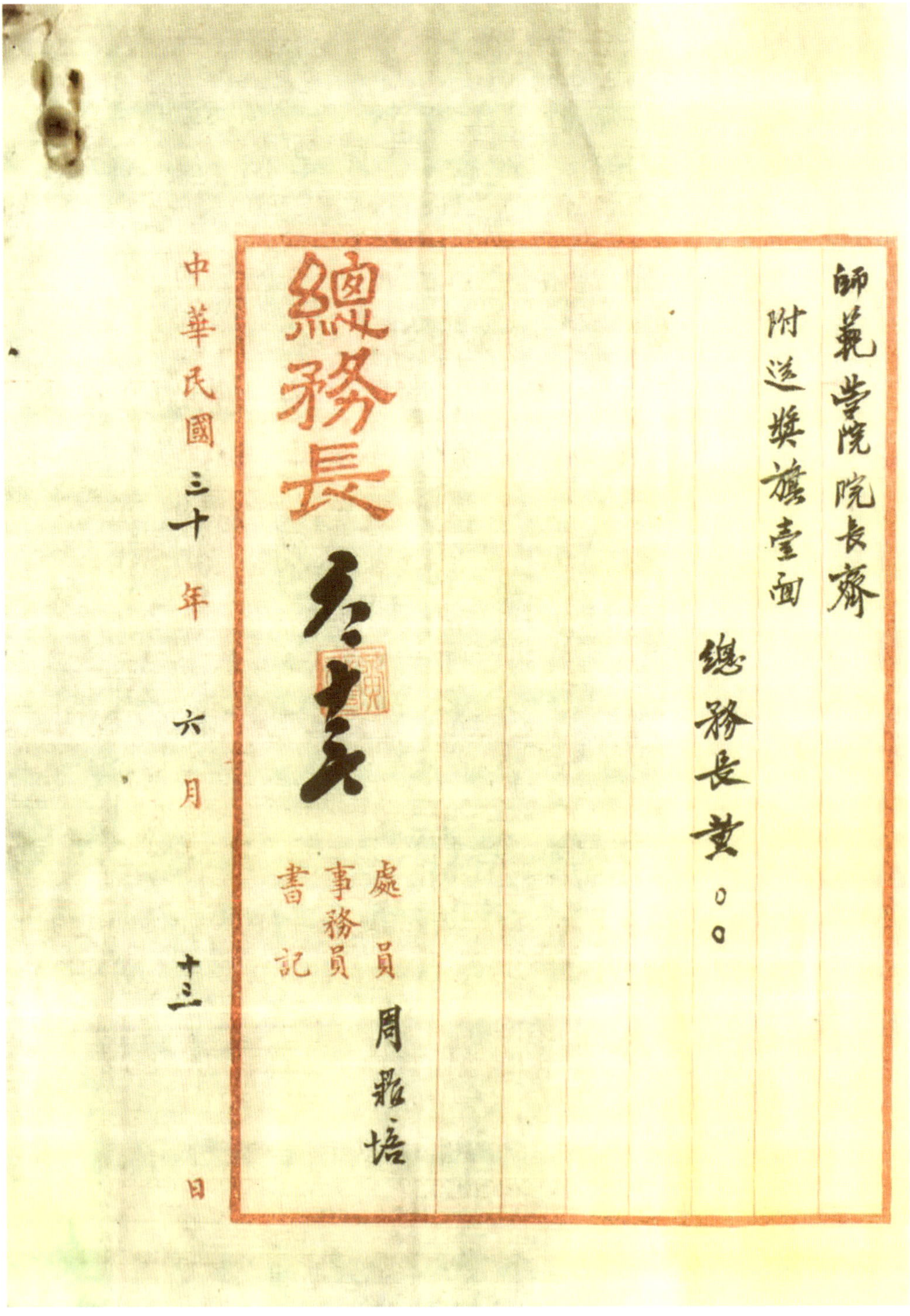

師範學院院長齋

附送獎旗壹面

總務長黃○○

總務長

處員 周鼎培

事務員

書記

中華民國三十年六月十三日

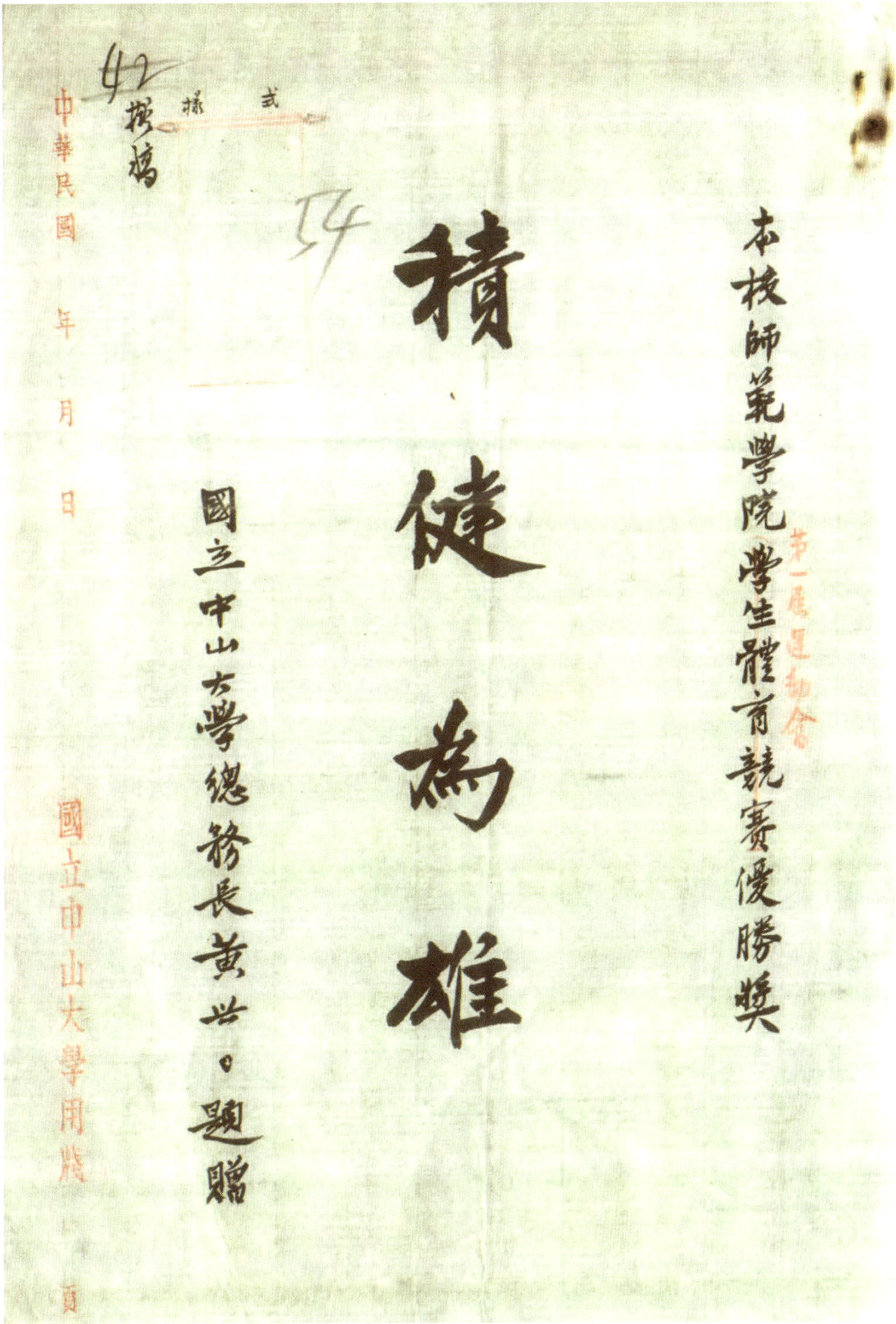
擬稿　樣式

本校師範學院學生體育競賽優勝獎（第一屆運動會）

積健為雄

國立中山大學總務長黃[illegible]題贈

中華民國　年　月　日

國立中山大學用牋

頁

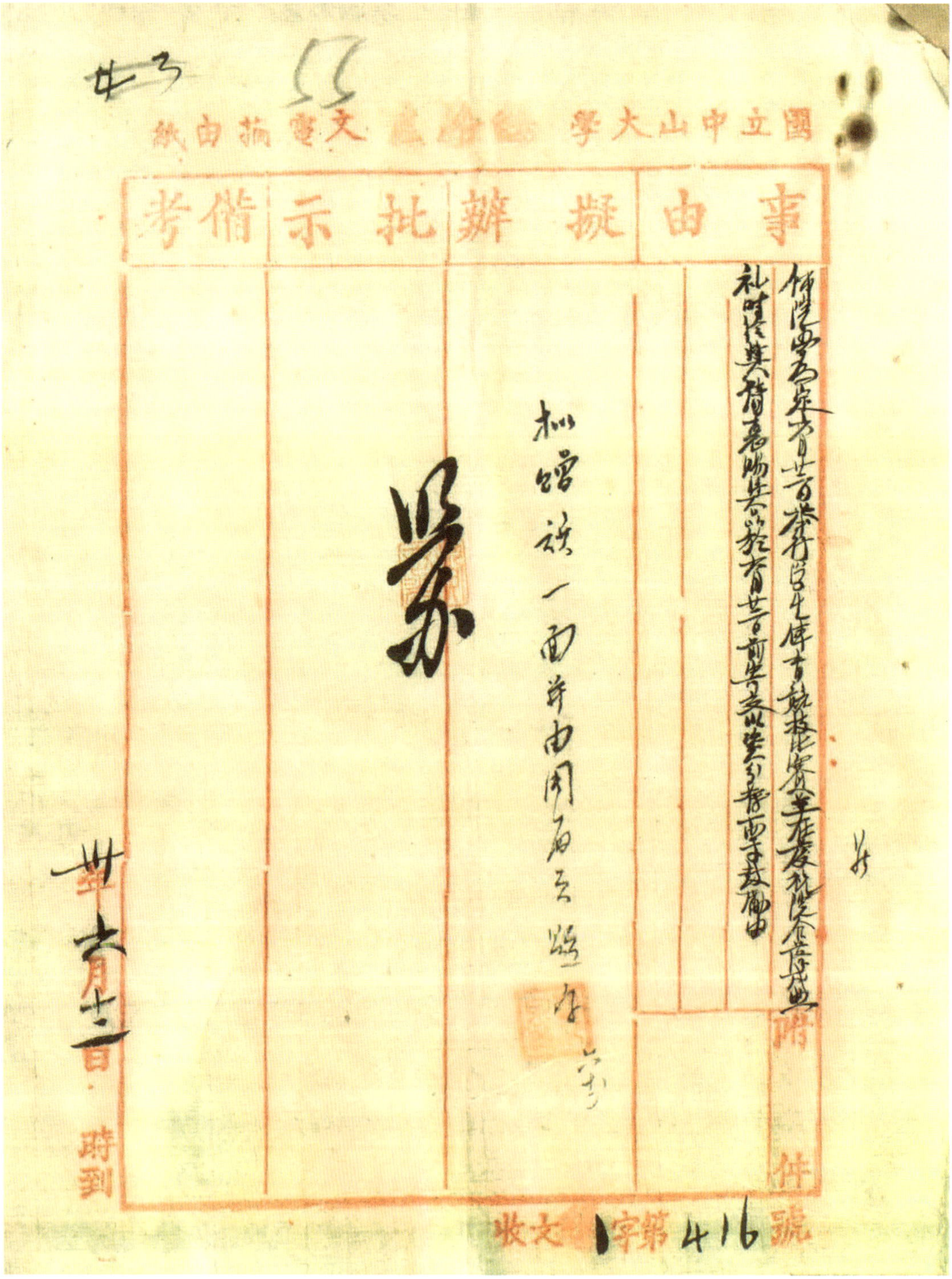

國立中山大學　文電摘由紙

事由	擬辦	批示	備考
	擬贈旗一面並由周局長函復	照	

附件

到時

收文　字第416號

国立中山大学总务处关于为侯子约教授七旬寿辰题写祝词致农学院毕业同学会森林学会的函

附：祝词（一九四一年十月二十九日）

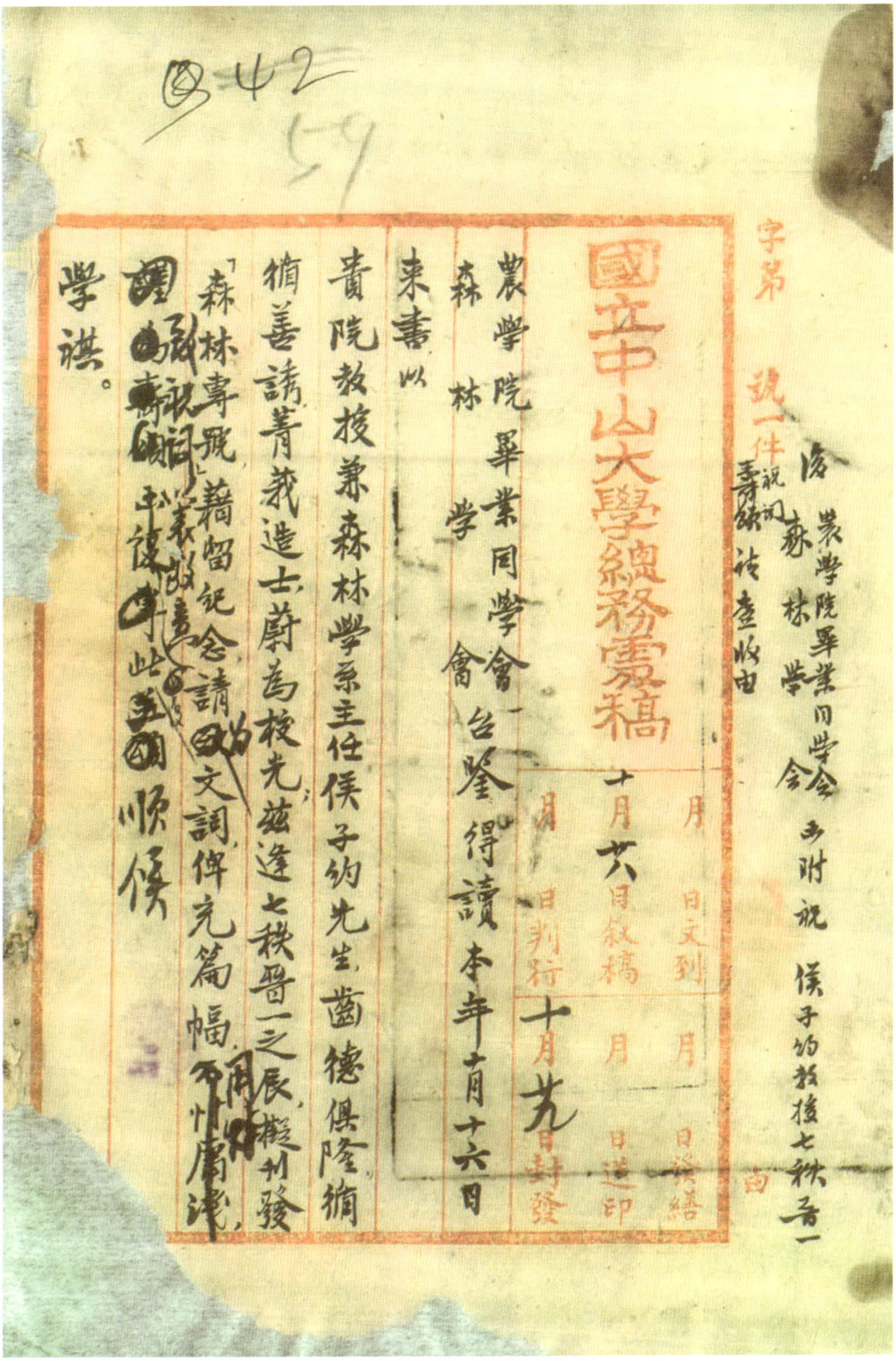
國立中山大學總務處稿

字第　號

為農學院畢業同學會森林學會函附祝侯子约教授七秩晉一壽辰祝詞請查收由

十月廿六日敘稿

十月廿九日封發

農學院畢業同學會森林學會台鑒：得讀本年十月十六日

來書，以

貴院教授兼森林學系主任侯子约先生齒德俱隆，循循善誘，菁莪造士，蔚為校光，茲逢七秩晉一之辰，擬刊發「森林壽覽」藉留紀念，請賜文詞，俾充篇幅……順候

學祺。

60

附說[illegible]一紙

黄世○ 啟

總務長

處員 周

事務員

書記

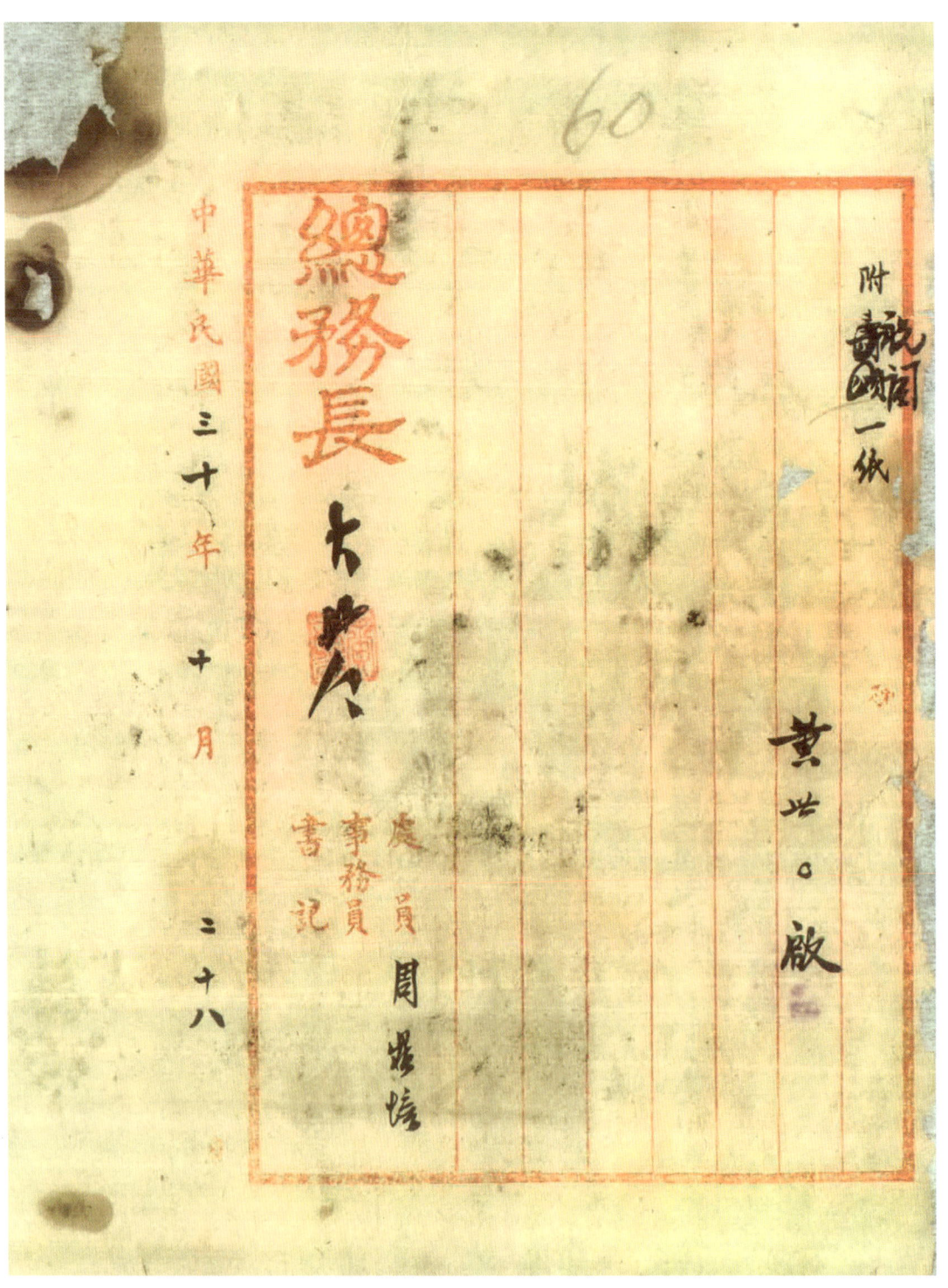

中華民國三十年十月二十八

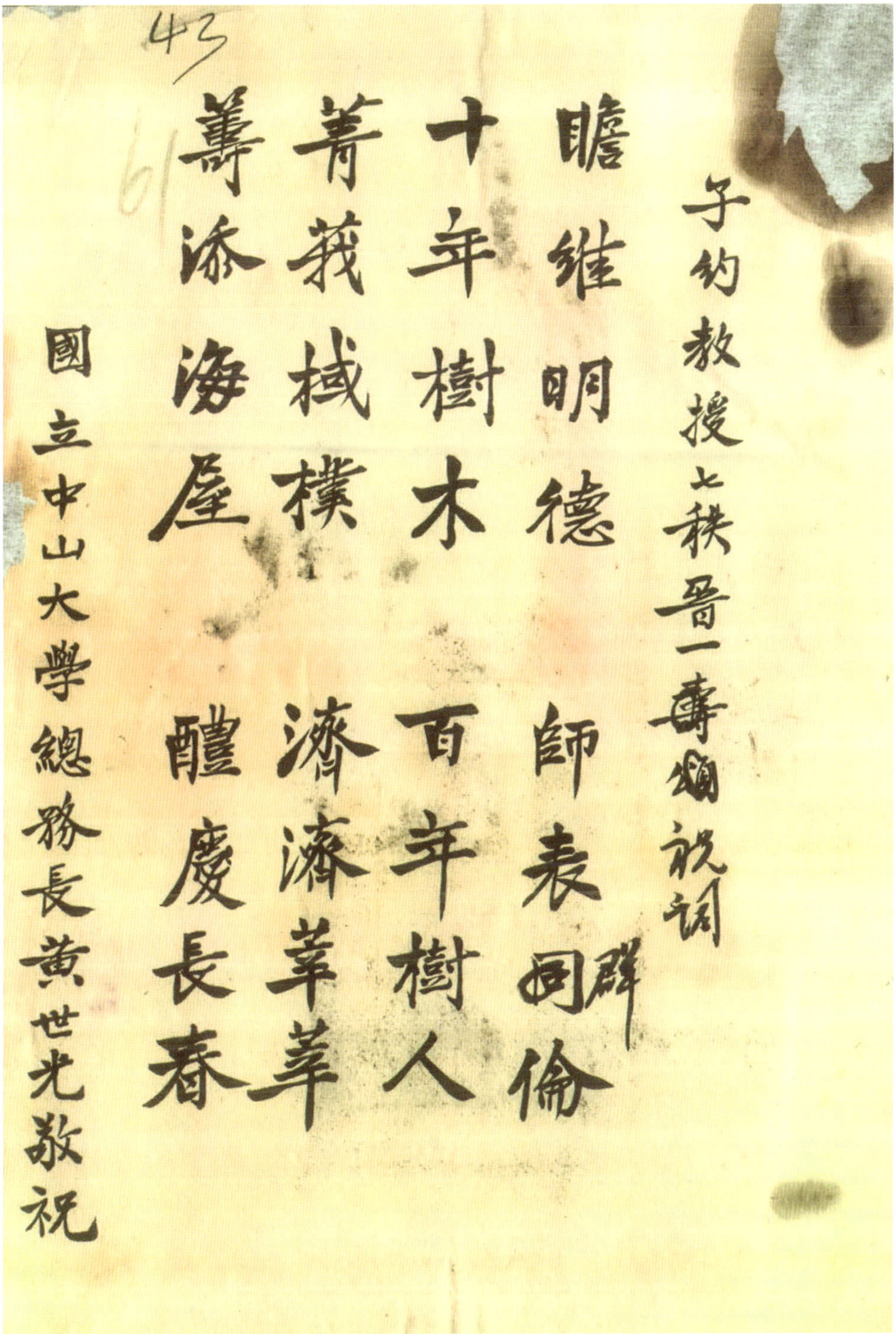

43

61

子鈞教授七秩晉一壽燭祝詞

瞻繼明德 師表群倫

十年樹木 百年樹人

菁莪棫樸 濟濟莘莘

壽添海屋 醴慶長春

國立中山大學總務長黃世光敬祝

~~44~~

62

世光先生閣下敬啟者本院教授黃

森林系及訓導處主任子約侯老

先生前後在校講学凡十有餘年

樹木樹人嘉惠後学且平日提倡

森林治水不遺餘力功在社会本年

欣逢 七旬閏一壽慶同人等擬將本院

農聲雜誌特發「森林專號」以留紀念

同

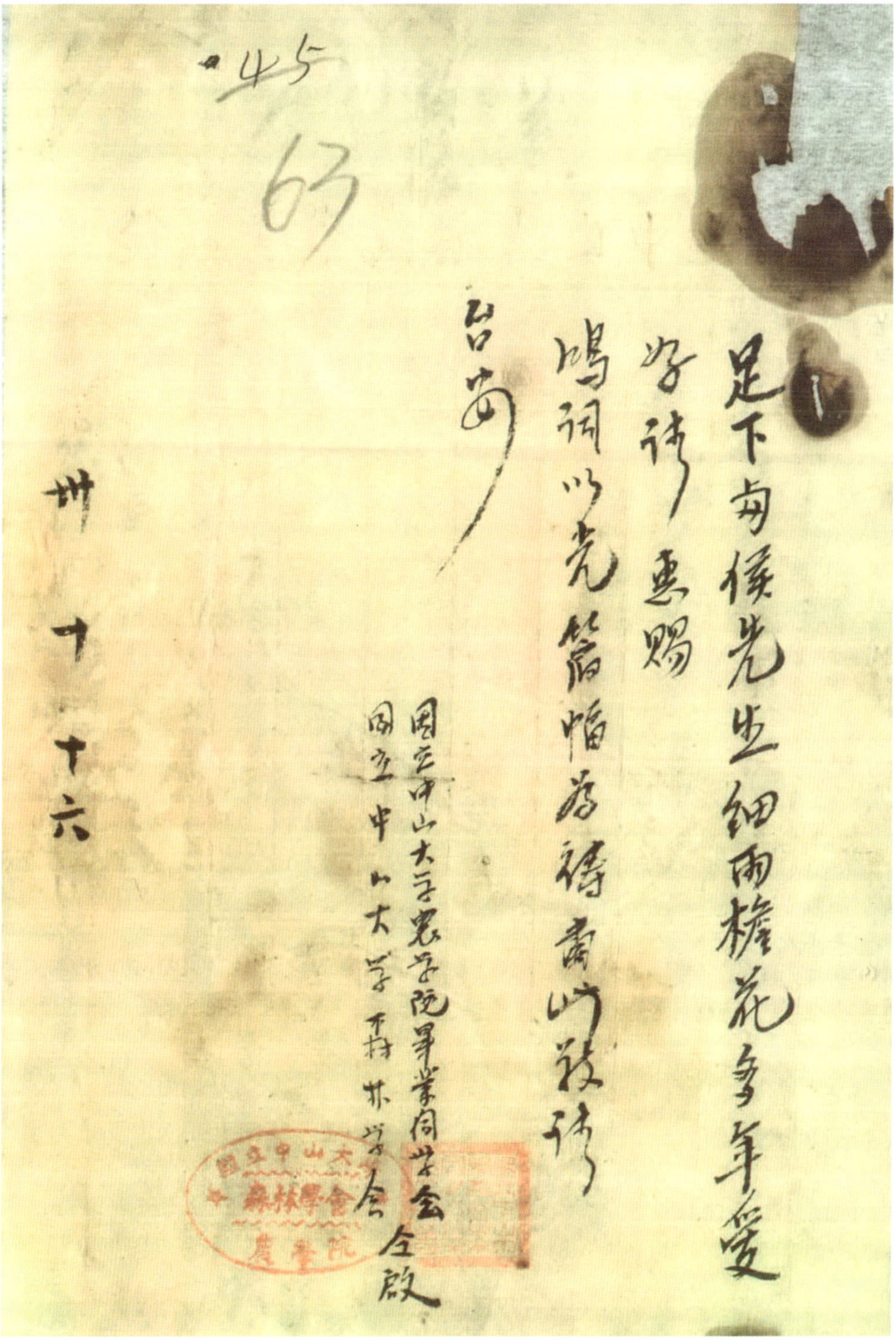

045

63

足下每侯先生細雨樓花多年愛
好詩　惠賜
鳴詞以光篇幅為禱　耑此敬請
台安

國立中山大學農學院畢業同學會
國立中山大學森林學會　仝啟

卅　十　十六

国立中山大学校长关于本校理法两院新生入学训练竞赛奖品请总务长惠赠题词的函（一九四二年十一月九日）

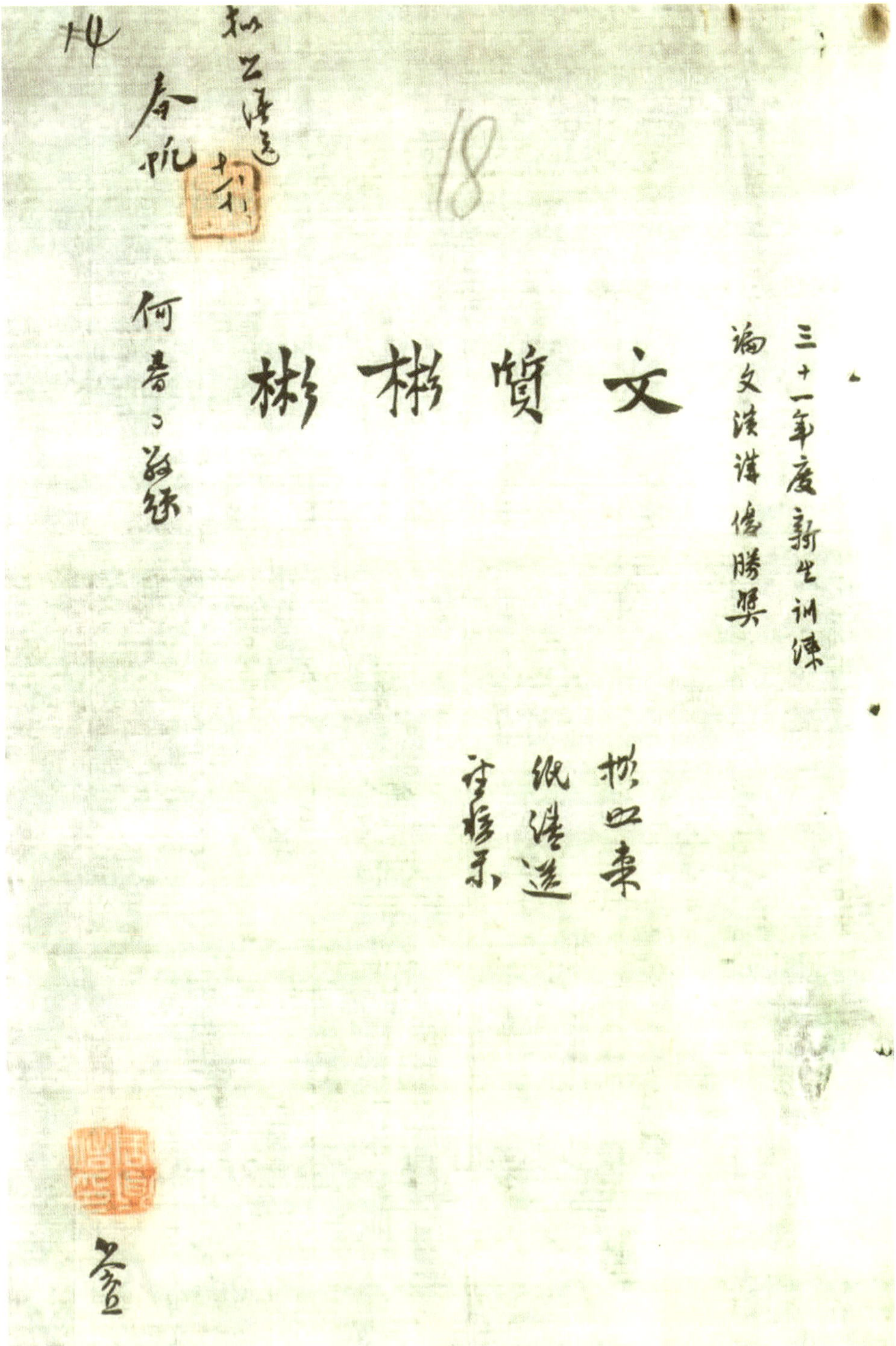
三十一年度新生訓練
論文演講優勝獎
文質彬彬

15

19

國立中山大學　文電摘由箋

事由	擬辦	批示	備考
校长为关于本届此次提请之新生入学训练歌曲及告附白宣纸一张请惠赐题词并希于本月十二日前题毕掷回由　附件一	請周先生办		

廿年十一月九日時到

校文字第846號

查本年度理法兩學院新生入學訓練業經定期舉行此次訓練預定有論文演講及爬山等項競賽各項優勝名額凡十二名獎品除由校購備外並請由各處長各院長暨附屬中學主任分別惠贈題詞用勵優秀相應函附白宣紙一張送請

查照希於本月十二日以前題畢擲回以便辦理為荷。

此致

何總務長

附白宣紙乙張

代理校長金曾澄

中華民國卅壹年十二月初九日

国立中山大学总务处送清洁卫生座谈会记录请各部门查照函（一九四三年八月十七日）

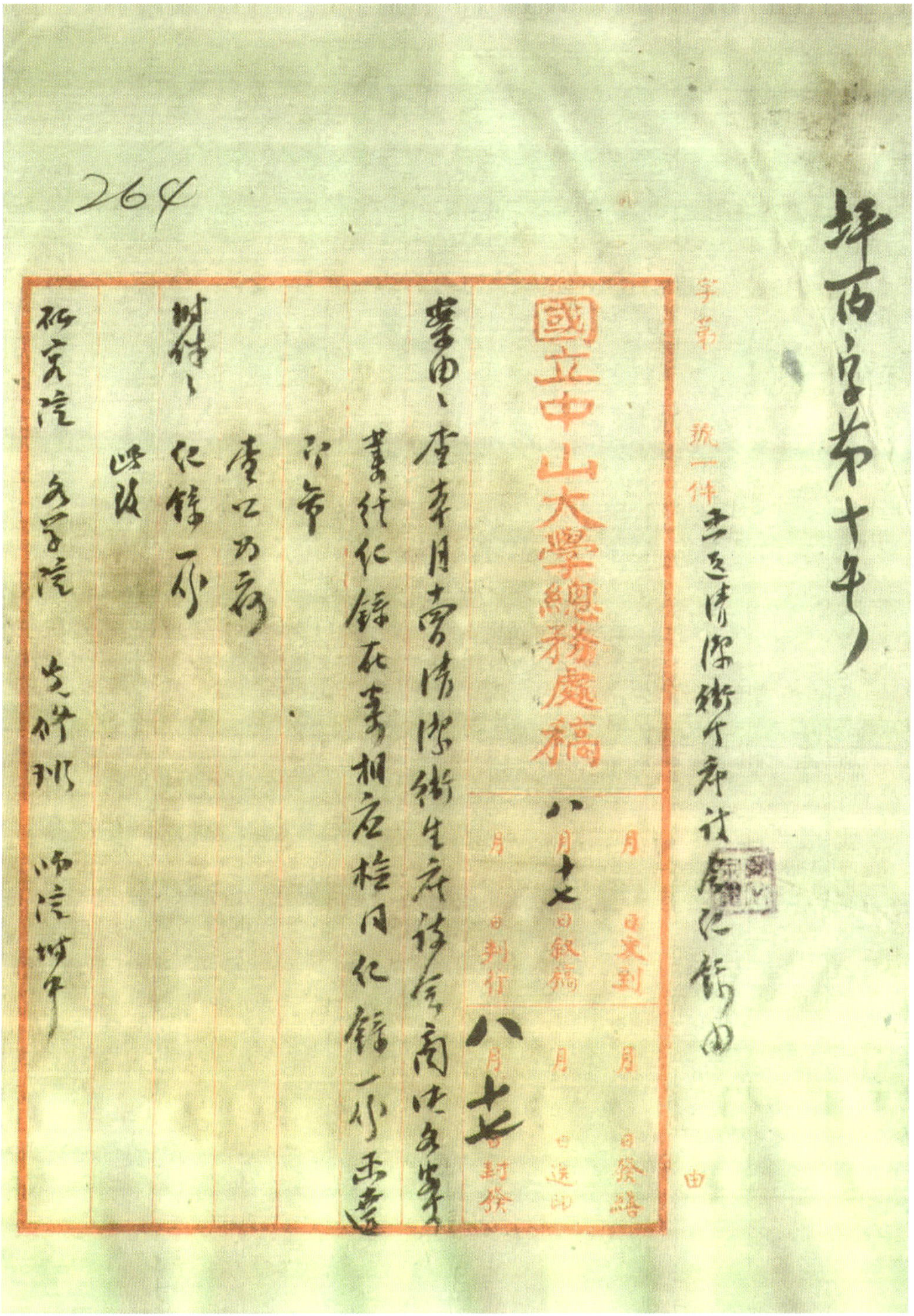
264

國立中山大學總務處稿

字第　號　一件

送清潔衛生座談會記錄請查照由

月　日文到　月　日發繕

八月十七日叙稿　月　日送閱

月　日判行　八月十七日封發

事由：查本月十一日清潔衛生座談會商決各案業經紀錄在案相應檢同紀錄一份函達

查照為荷

此致

研究院　各學院　先修班　師範學院

附件：紀錄一份

應辦候 核定

總務長 三、十八

總務長 肯十七、

處員 朱天一

事務員

書記

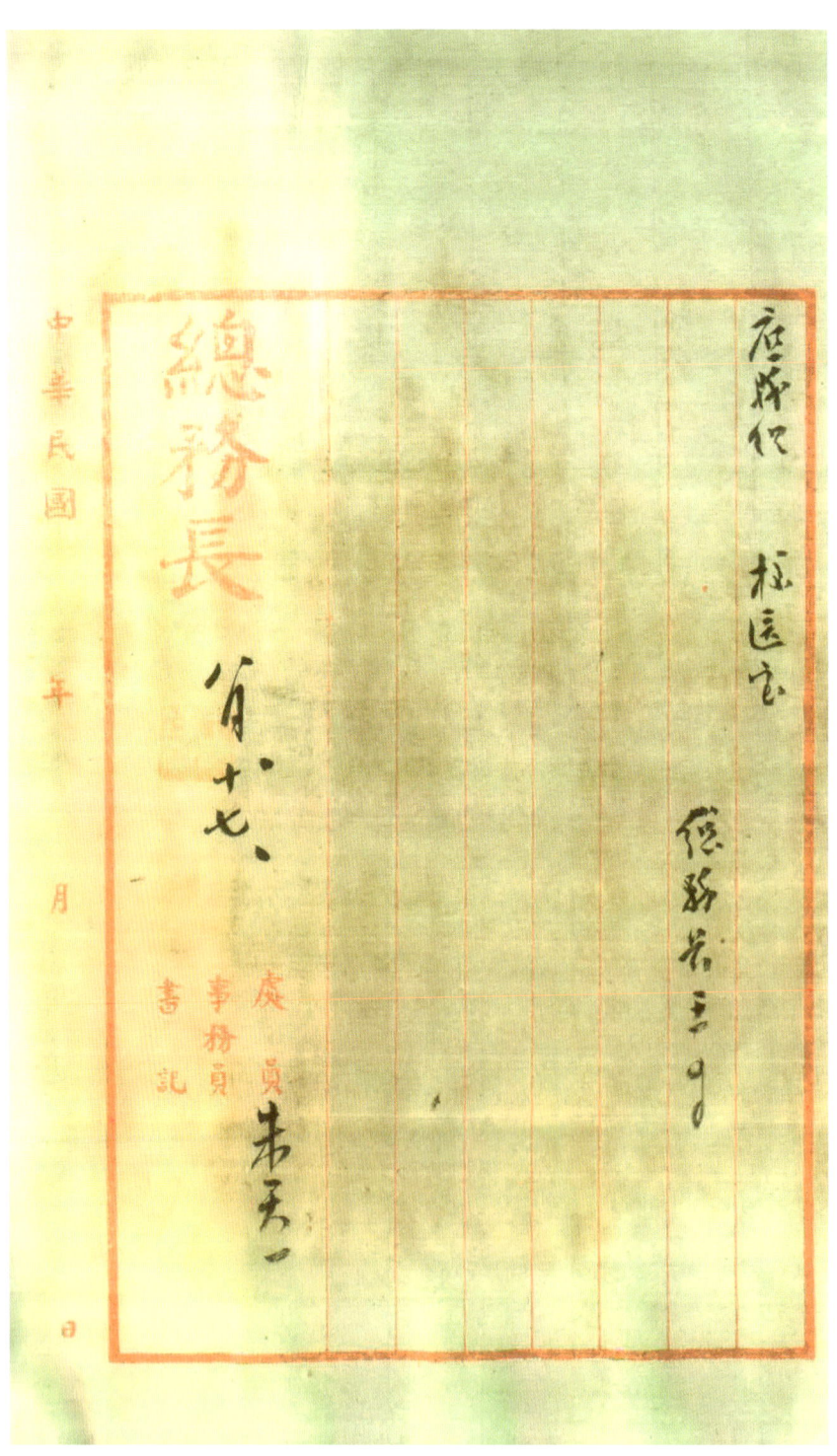

中華民國 年 月 日

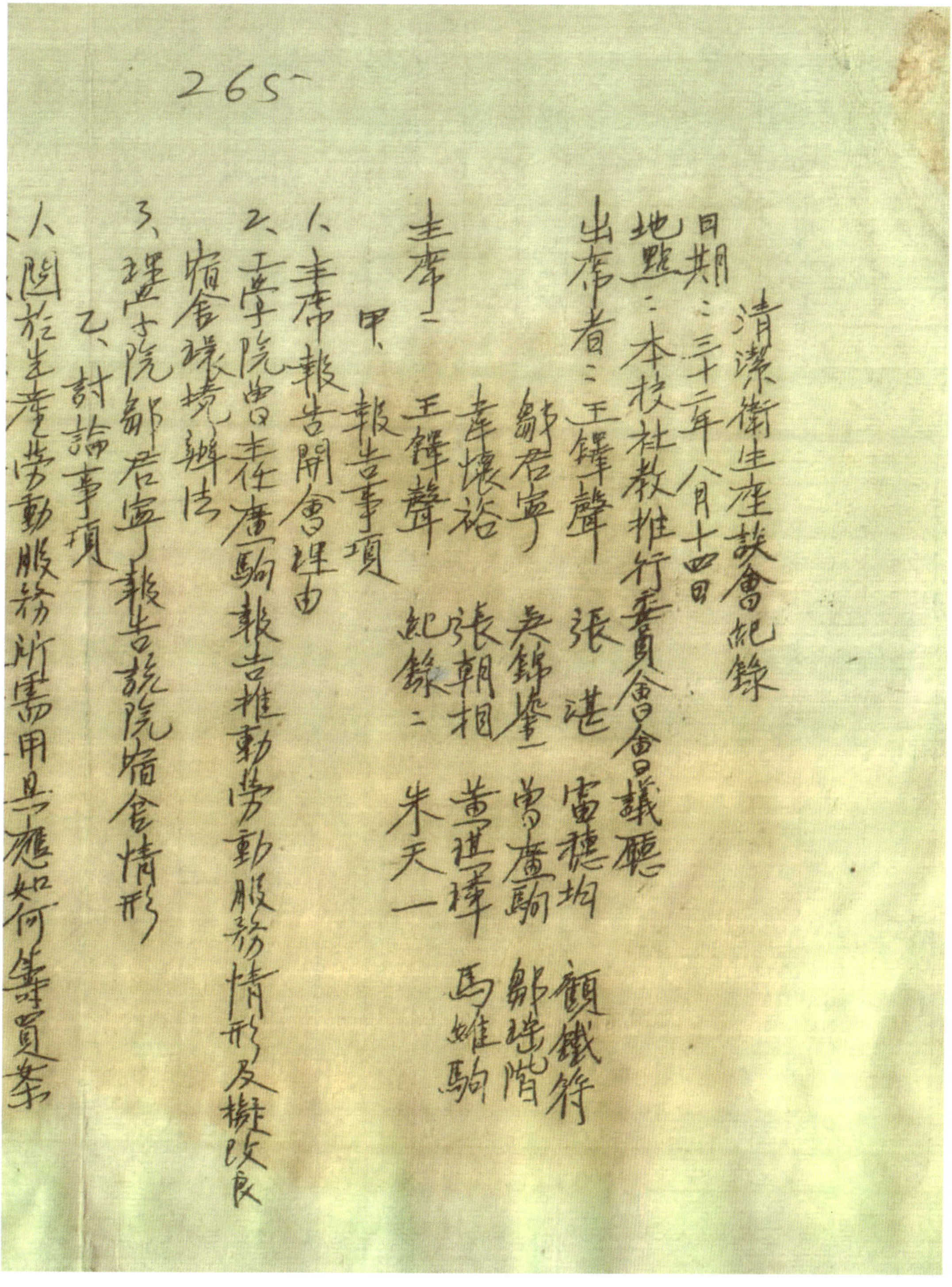
265

清潔衛生座談會紀錄

日期：三十二年八月十四日

地點：本校社教推行委員會會議廳

出席者：王鐸聲　張湛　雷穗均　顧鐵符

鄒君寧　吳錦鏖　曾廣駒　鄒瑞階

韋懷裕　張朝相　黃琪瑋　馬雄騶

主席：王鐸聲　紀錄：朱天一

甲、報告事項

1、主席報告開會理由

2、工學院曾主任廣駒報告推動勞動服務情形及擬改良宿舍環境辦法

3、理學院鄒君寧報告該院宿舍情形

乙、討論事項

1、關於生產勞動服務所需用具應如何籌置案

决議：缺乏用具者照備置，其購置費不多者由各院部自
　　備，多者各部份負担一半，大學負担一半
二、理學院產芳提議改善工友生活擬一律改為六斗米代金
　　并增加工餉案
決議：關於增加食米數量呈部核示
三、關於請派校醫視察各院部清潔衛生并指導案
決議：照辦
四、關於食水消毒所用漂白粉請照各院部人數分配發給
　　以重衛生案
決議：由校醫室洽辦，各部份擬設水池或沙濾
五、派校醫到各院部打防疫針案
決議：以前曾經公佈打針在案，其尚未打針者請到校
　　醫室辦理

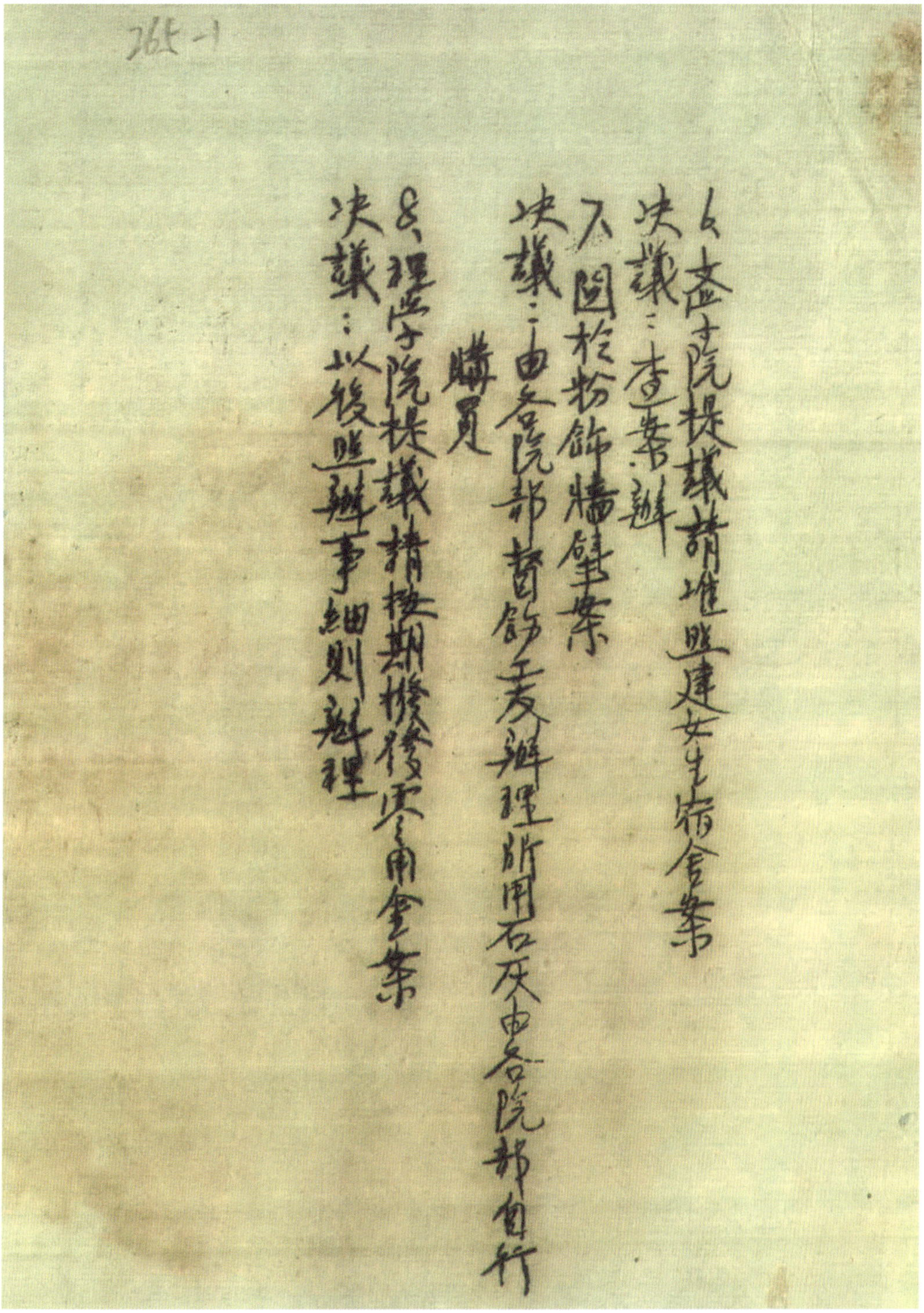
265-1

6、文學院提議請准照建女生宿舍案
決議：：查案辦
7、関於粉飾牆壁案
決議：：由各院部暫飭工友辦理所用石灰由各院部自行購買
8、理學院提議請按期撥修費用金案
決議：：以後照辦事細則辦理

国立中山大学总务处送三十三年度第一次总务会议记录呈请校长查照的函（一九四四年一月二十二日）

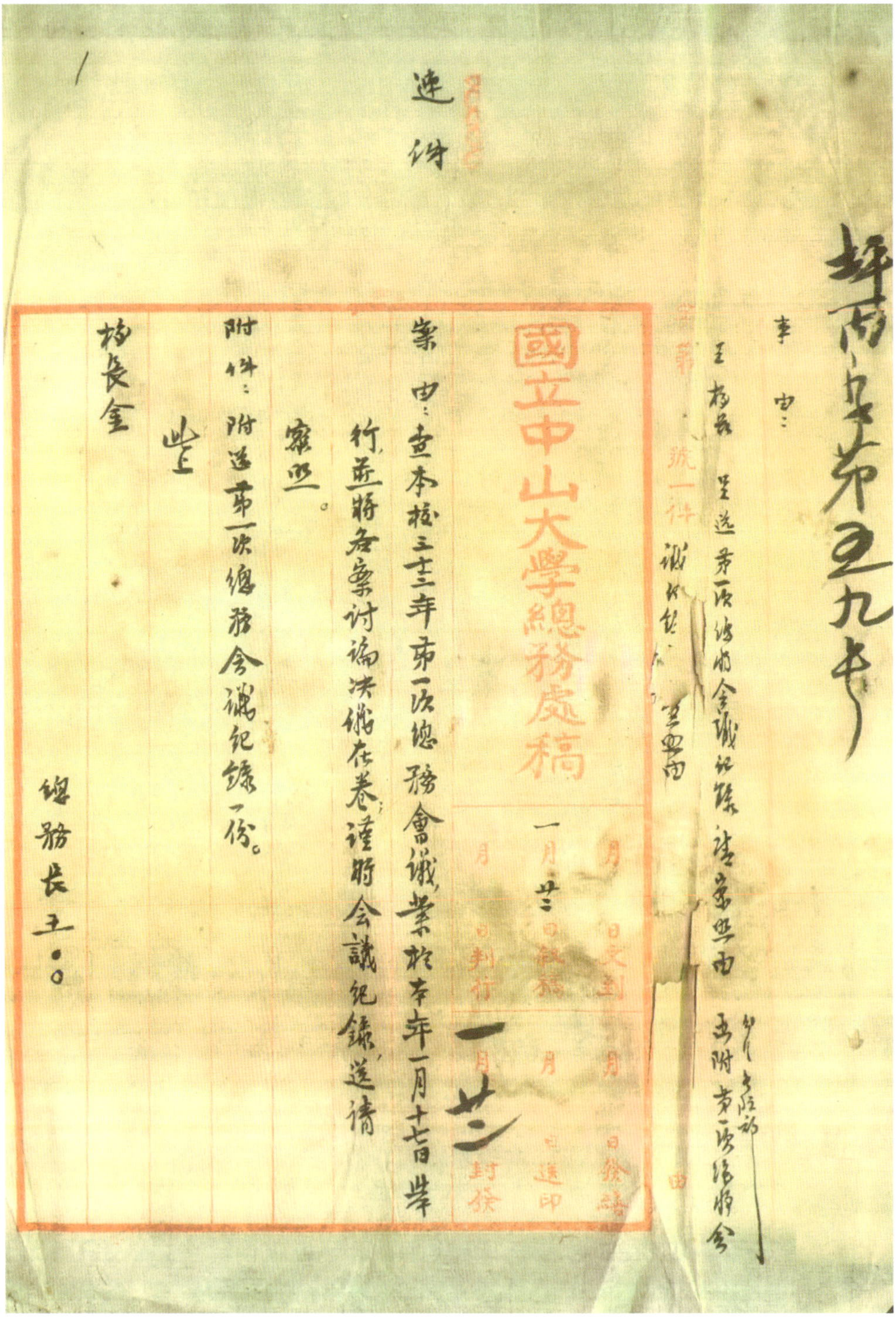
速件

国立中山大学总務處稿

事由：呈送第一次總務會議紀錄請查照由

附：第一次總務會議紀錄

一月廿二日擬稿

月 日判行

月 日封發

一月廿二

案由：查本校三十三年第一次總務會議，業於本年一月十七日舉行，並將各案討論決議在卷，謹將會議紀錄送請

察照。

此上

校長金

附件：附送第一次總務會議紀錄一份。

總務長王〇

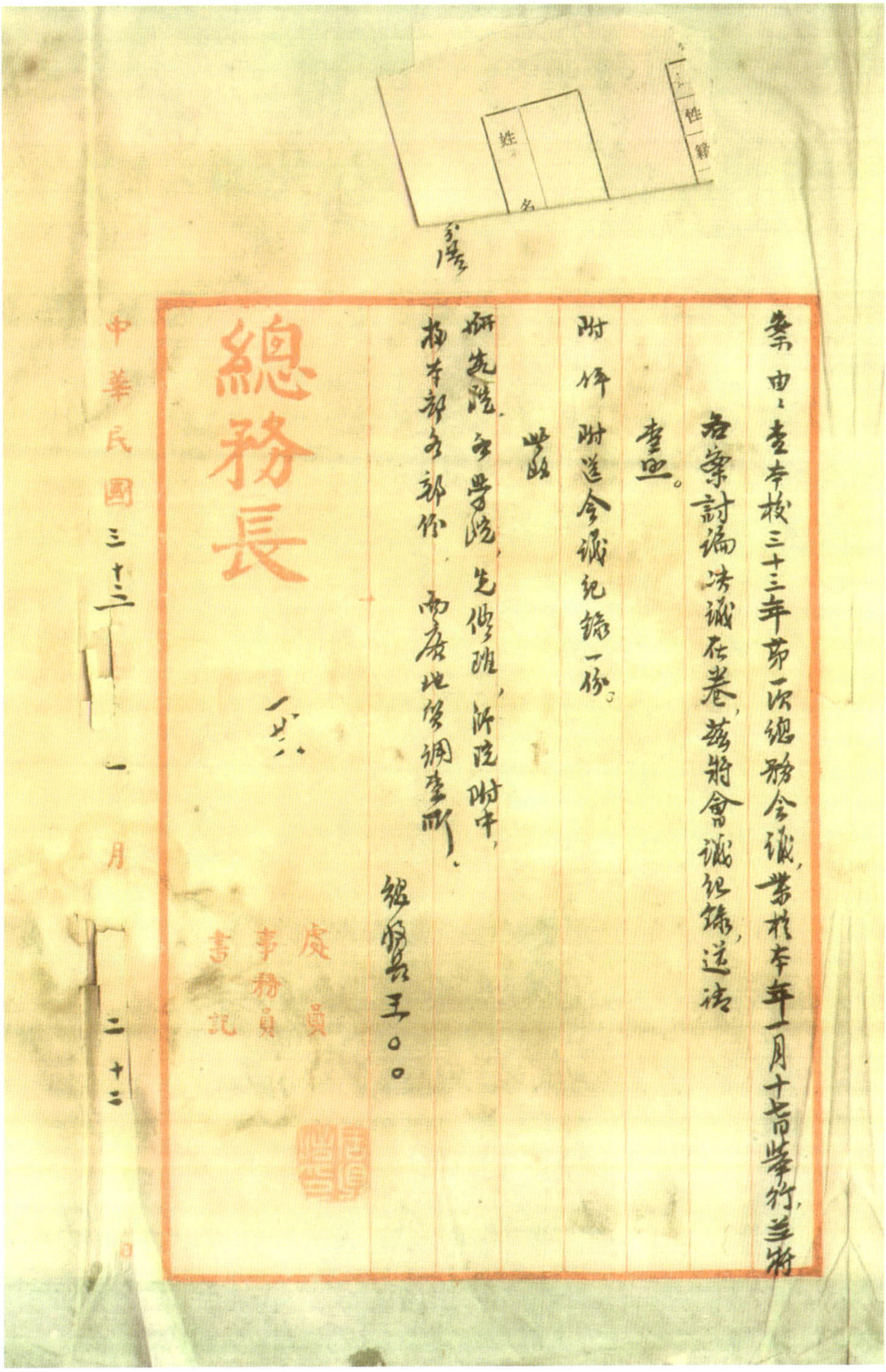

案由：查本校三十三年第一次總務會議，業於本年一月十七日舉行，並將各案討論決議在卷，茲將會議紀錄送請
查照。
附件 附送會議紀錄一份。
此致
研究院、文學院、先修班、師院附中、梅本部各部份，西康地質調查所。
總務長 王〇〇
總務長
中華民國三十三年一月二十二日
處員 事務員 書記

2

呈閱 四印 六十份

本校三十三年第六次總務會議紀錄

日期：民國三十三年一月十七日（星期一）下午一時

地點：教職員同德會

出席者：王鐸聲 全祖勳 虞仰泉 譚乃仁 王駿人（楊德民代）

趙策六（金子文代） 馬國臻 張海帆 劉肇唐 梁昭惠

張濟華 鄧庸盦 何汝錄 鄒君穿 岑曉琮

王萍源 陳麗貞 陳長佑 鄧光華 饒子揚

鄧雅蘭 梁雲坡 周文樞

主席：王鐸聲 紀錄：周鼎培

行禮如儀

紀錄稿呈送 桂閣

三十三年一月十七日

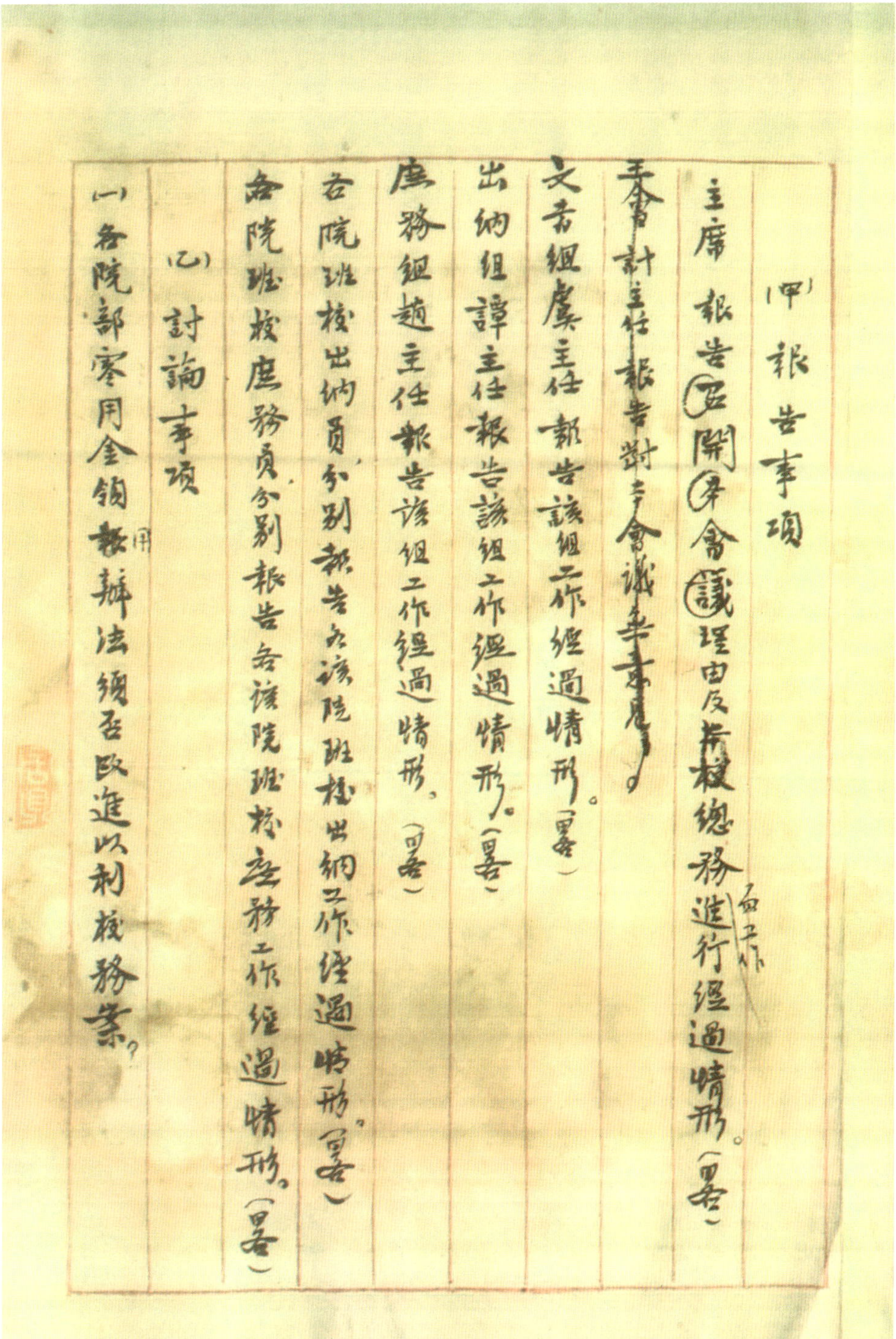
(甲) 報告事項

主席報告召開本會議理由及本校總務進行經過情形。(略)

會計主任報告對本會議無意見

文書組虞主任報告該組工作經過情形。(略)

出納組譚主任報告該組工作經過情形。(略)

庶務組趙主任報告該組工作經過情形。(略)

各院班校出納員分別報告各該院班校出納工作經過情形。(略)

各院班校庶務員分別報告各該院班校庶務工作經過情形。(略)

(乙) 討論事項

(一) 各院部零用金領用辦法須否改進以利校務案?

議決：各院部零用金就核定限額每月如數撥足，由各該部份撙節使用；至校本部零用金遇有超支時由校設法籌維應付。

（二）各院部經領薪津米代金及其他補助費等應如何取得敏捷結報手續以免積壓案。

議決：所領各項費款至遲於一個月內繳回冊據，然後核發下月費款；否則停止發給。

（三）各院部經領儀器費及實習研究費，應否由各該院出納人員按月列報一次以便考核案。

議決：照辦。由各院部出納員于每月終結時表列送總務處

(四)辦理追繳退職人員超領薪津各費案限本年月底以前報核以憑辦理案。

議決：除由各院部跟案具報大學核辦外，并由各院部出納人員，將追繳情形先行報告總務處。

(五)關於出納及庶務人員保證書應否定期具繳案。

議決：限於本年二月二十五日以前繳齊。

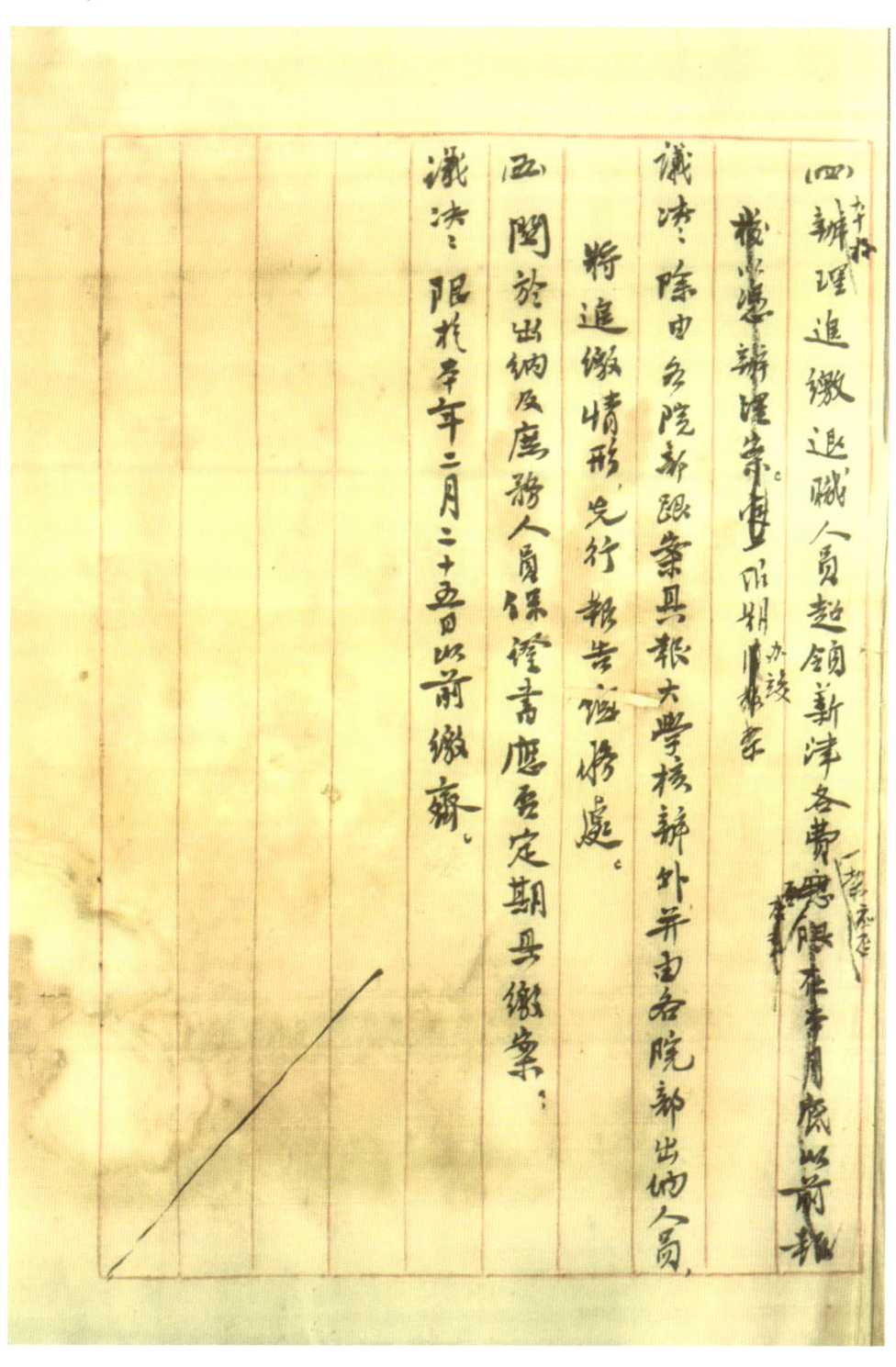

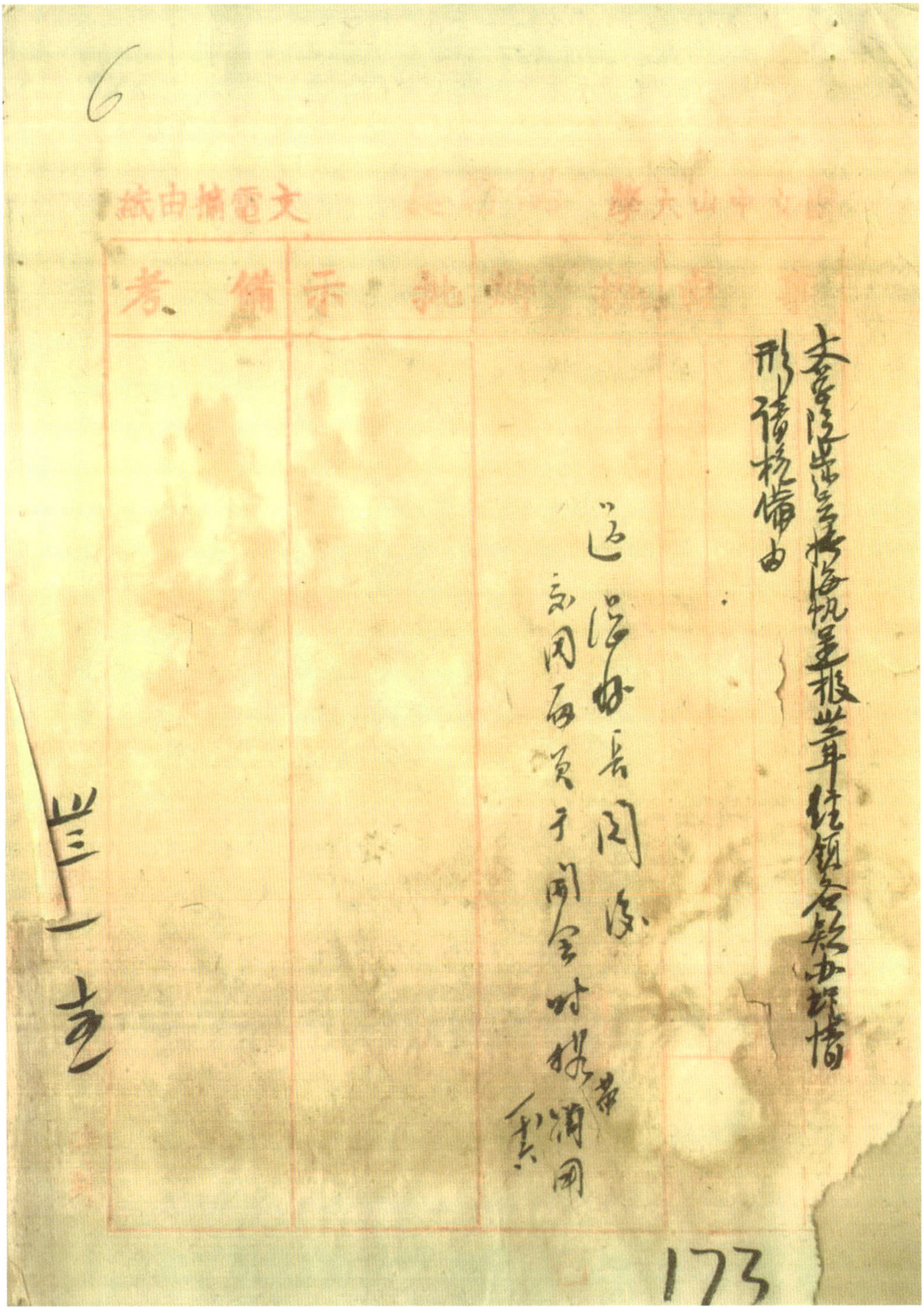
6
國立中山大學文電摘由紙
事由
擬辦
批示
備考
173

案奉本院院長轉准

鈞長本年一月五日坪丙字第五二號通知案由茲定於本月十七日下午一時在同德會開本年度第一次總務會議希轉飭貴院出納處務人員依時出席並準備三十二年經領收支款項及結賬情形之書面報告以憑檢討過去而勵來茲等因奉此查 職由本年一月十四日止經手向大學出納組領發各種款項除學生方面去年七、八月份貸金條額在清發中未辦妥外教職員方面薪津等已領發清楚至去年十二月份止米代金已領清發至去年七月份止預借米代金已領發至去年十二月份止叢主任特別辦公費已領清發至去年十二月份止學生方面貸金已領清發至去年六月份止預借貸金已領發至去年十二月份止燈油茶水補助費已領清發至去年十二月份止所有清冊借據餘款

均接旬清結送回出納組核清并分別呈報在案理合再將三十二年經領收支款項及結賬情形備文呈請

察核備查謹呈

總務長 王

文學院出納員張海帆

中華民國卅三年一月十五日

8

理学院庶務部呈報告

1、零用金：十二月份零用金贰千元單據已報銷，請獎前領六百元鑒核外，仍有贰千元未付，請早日發給，以清數目。

2、十二月份零用金超支贰千元，請早日發給，以清各貴。

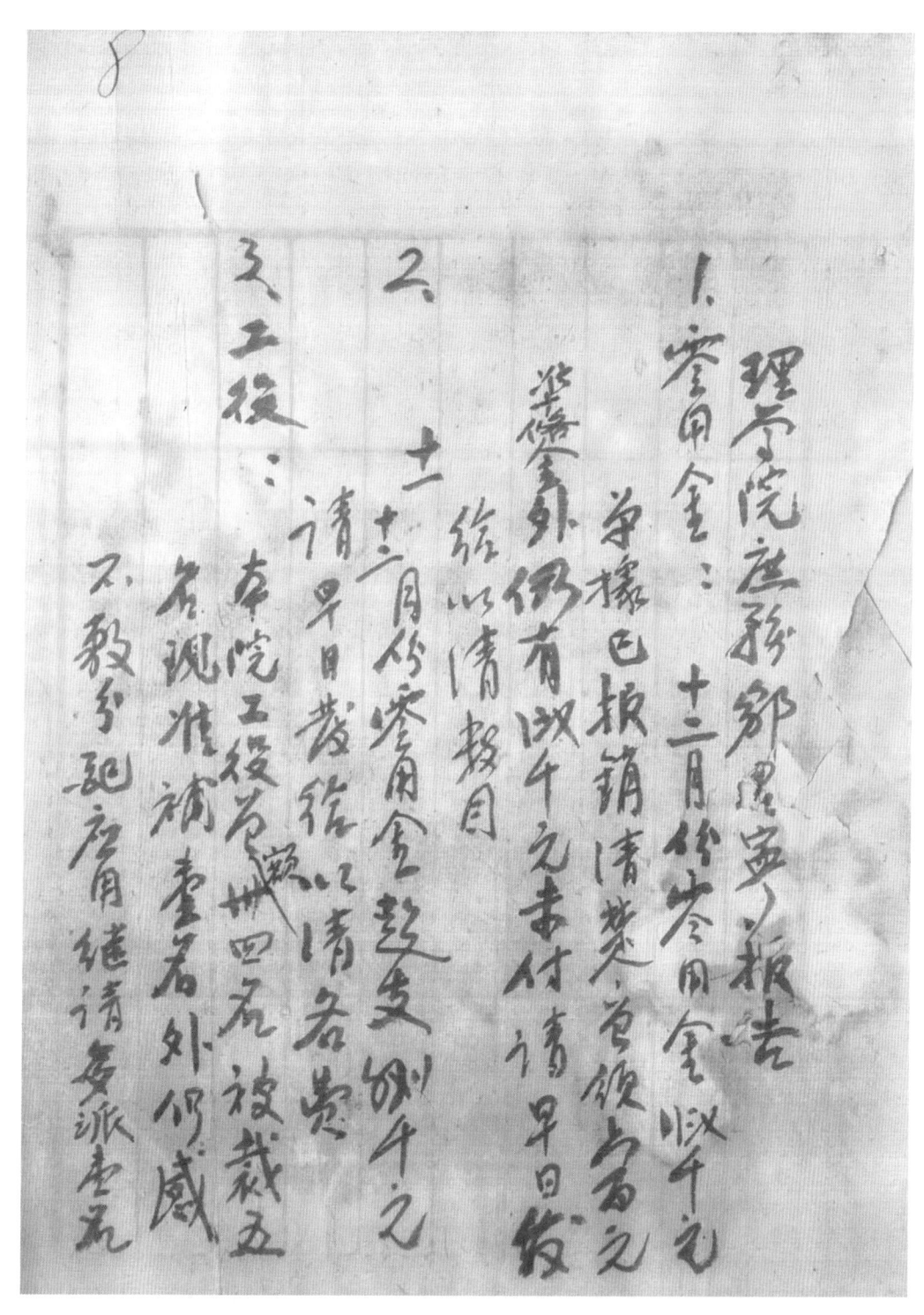

3、工役：本院工役前額卅四名，被裁五名，現准補壹名外，仍感不敷分配應用，繼請委派壹名

史、技藝：准補二名，請早日派來

以上各点，請

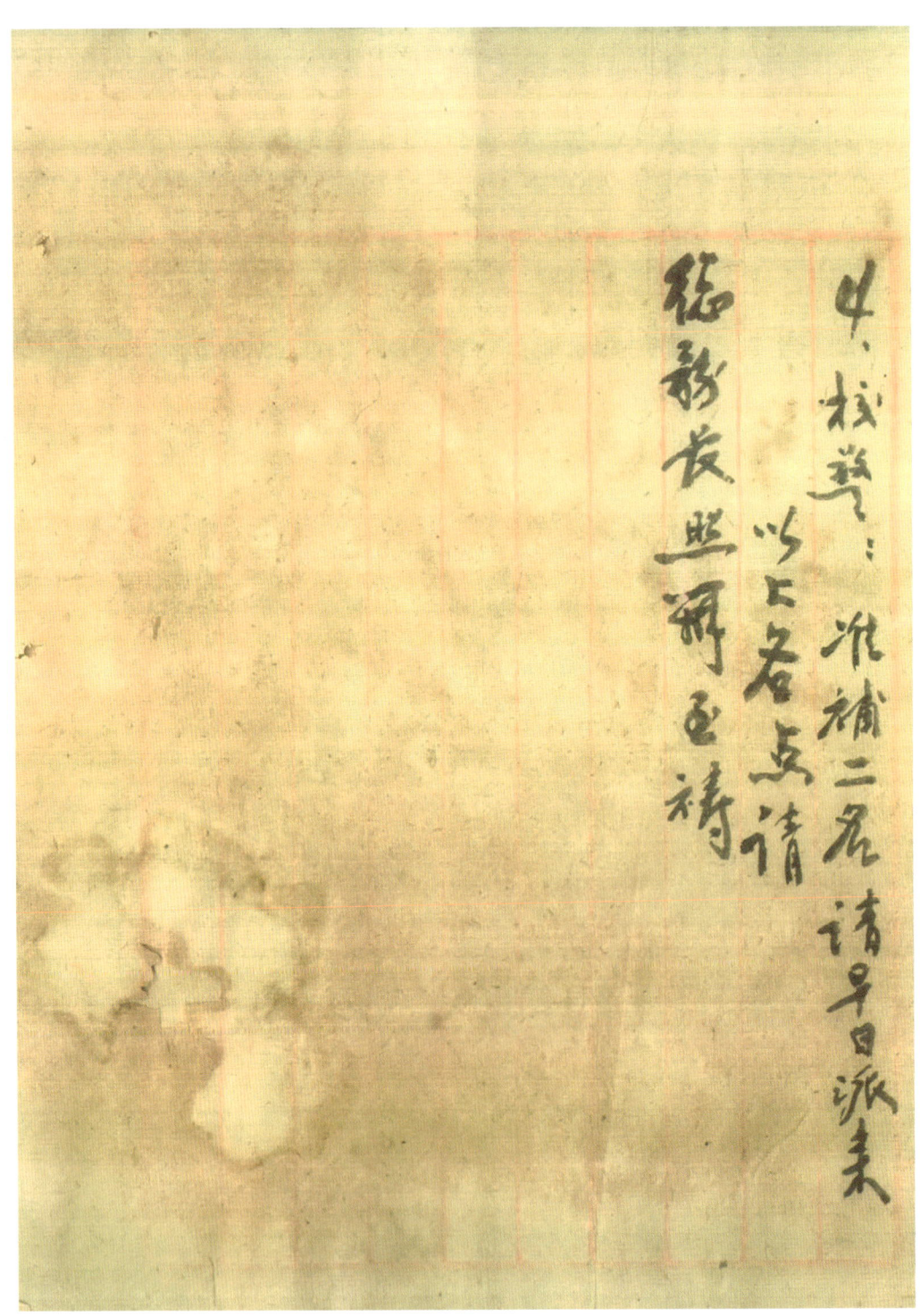

總務長照辦爲禱

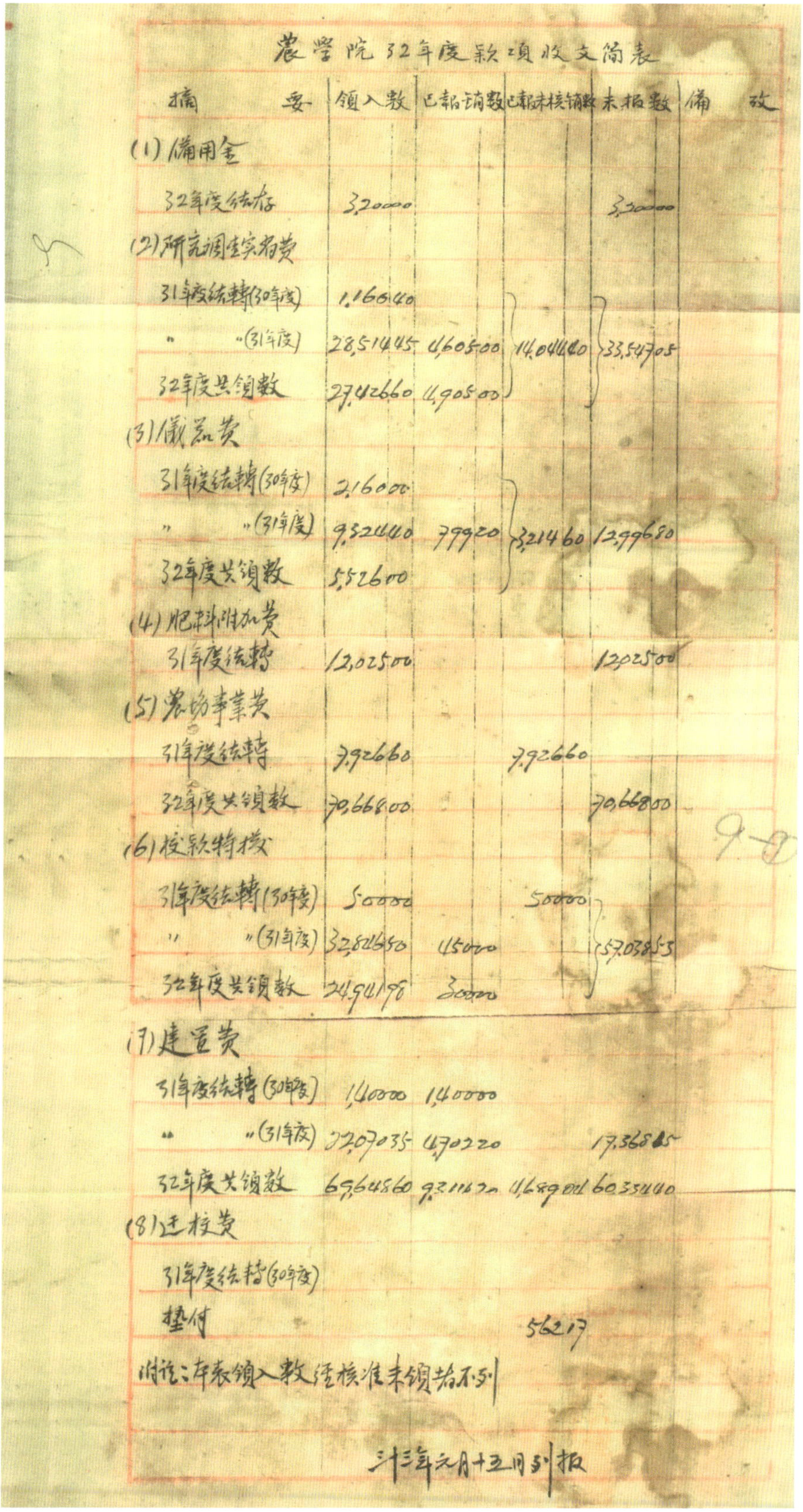

农学院32年度款项收支简表

摘要	领入数	已報銷数	已報未核銷数	未报数	備考
(1)備用金					
32年度结存	3,20000			3,20000	
(2)研究调查实习费					
31年度结轉(30年度)	1,16040		14,04460	33,54705	
〃 〃(31年度)	28,51445	4,60500			
32年度共領数	27,42660	4,90500			
(3)儀器费					
31年度结轉(30年度)	2,16000		3,21460	12,99680	
〃 〃(31年度)	9,32440	79920			
32年度共領数	5,52600				
(4)肥料附加费					
31年度结轉	12,02500			12,02500	
(5)农场事業费					
31年度结轉	7,92660		7,92660		
32年度共領数	70,66800			70,66800	
(6)校款特撥					
31年度结轉(30年度)	50000		50000	57,03855	
〃 〃(31年度)	32,82650	45000			
32年度共領数	24,94196	30000			
(7)建置费					
31年度结轉(30年度)	1,40000	1,40000			
〃 〃(31年度)	22,07035	4,70220		17,36815	
32年度共領数	69,64860	9,31167	4,68900	60,33440	
(8)迁校费					
31年度结轉(30年度)					
垫付			56217		

附注:三年表領入数系核准未領者不列

卅三年元月十五日制报

10

报告

一、本院所有款項均由饒出納向校具領轉發每月零用金由職向出納領出分別按照前定數目配發各系組月終將支出單据繳回彙報學校核銷查舊定年首配定每月伍仟七佰貳拾元雖極力撙節亦超支甚鉅又八月經物價波動為更甚至十月起由校每月增加壹佰捌拾元而杯水車薪亦無濟於物價之飛漲而办公所需各項物品又不能少減超支不已本院與校本部相距甚遠出納庶務每月到校領款報銷均每月所需旅費為六百餘元擬請學校另撥專款報銷免增大零用金超支後奉校核准由十二月份起再予增加四百元然各項物價與日俱增雖云零用金略有增加惟卒卒不能追上

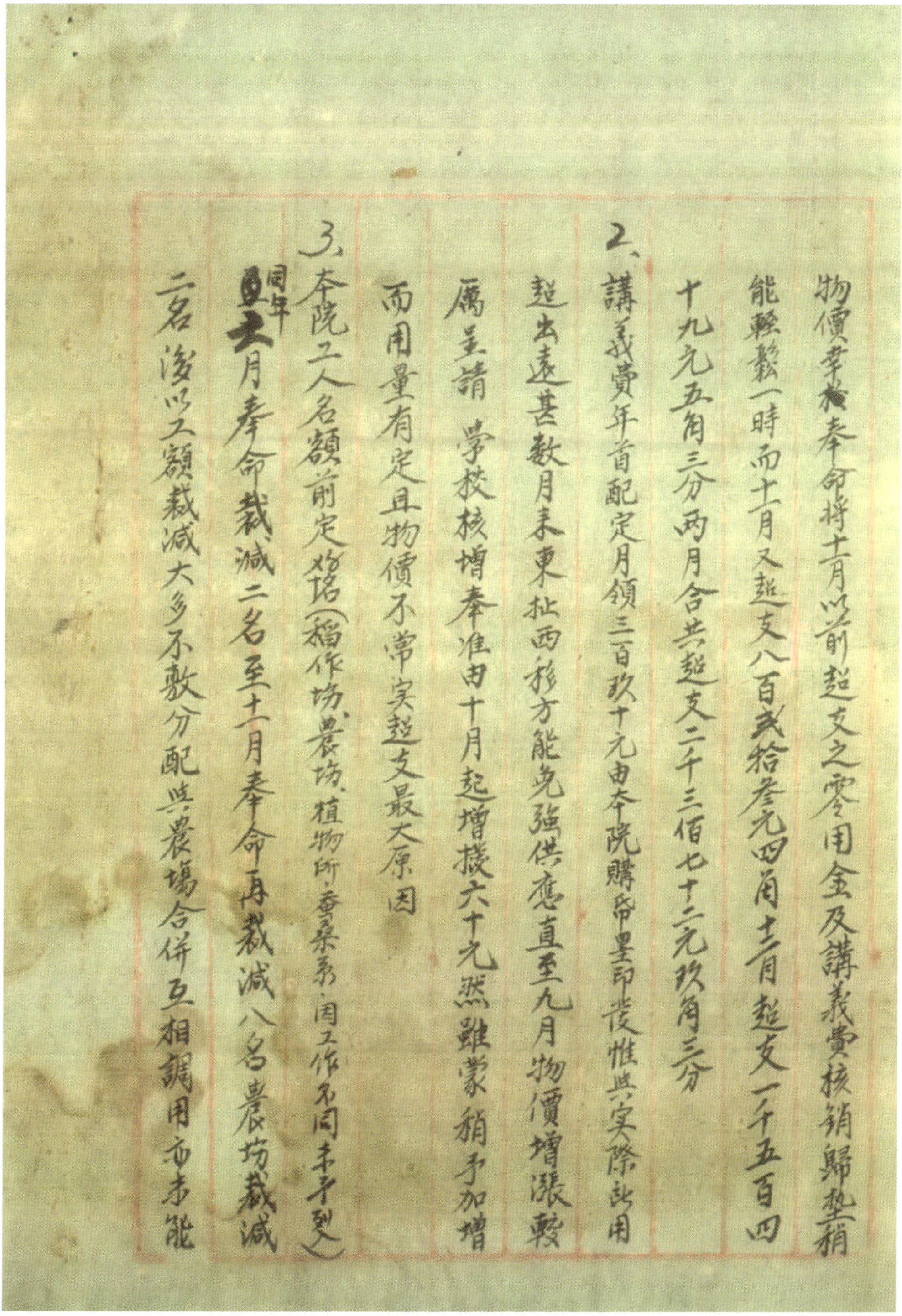
物價李校奉命將十月以前超支之零用金及講義費核銷歸墊稍
能輕鬆一時而十一月又超支八百貳拾叁元四角十二月超支一千五百四
十九元五角三分兩月合共超支二千三佰七十二元玖角三分
2、講義費年首配定月領三百玖十元由本院購買紙墨印發惟與實際需用
超出遠甚數月來東扯西移方能勉強供應直至九月物價增漲較
厲呈請 學校核增奉准由十月起增撥六十元然雖蒙稍予加增
而用量有定且物價不常實超支最大原因
3、本院工人名額前定廿名(稻作场、農场、植物所、蠶桑系、園工作名同未予列入)
同年十月奉命裁減二名至十一月奉命再裁減八名農场裁減
二名後以工額裁減大多不敷分配與農場合併互相調用亦未能

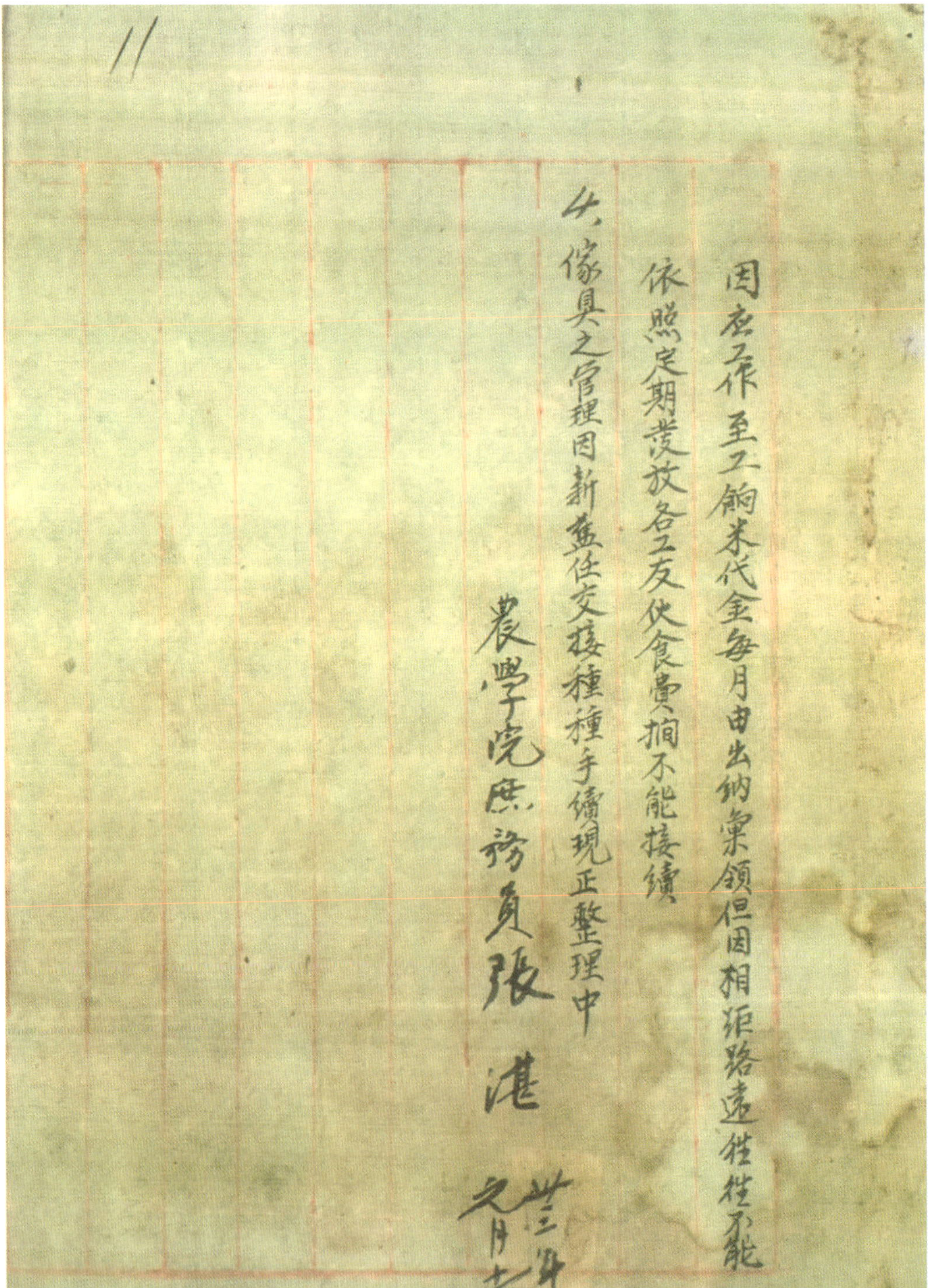
11

因應工作 至工餉米代金每月由出納案領但因相距路遠往往不能依照定期發放各工友伙食費擱不能接續

六、傢具之管理因新舊任交接種種手續現正整理中

農學院庶務員張湛

卅三年九月十七

12

醫學院卅二年度零用金收支報告書

一收入情形 本學院零用金校方規定原為每月二,五〇〇元同年六月奉准加三成發給至十二月又增加庶務出納人員赴坪旅費四〇〇元軍訓中隊燈油辦公費三五〇元合共四,〇〇〇元

二支出情形 查本學院有辦事處訓導處圖書分館病理生理細菌解剖藥物各研究所及寄生蟲學部等以上各單位辦公費用悉由零用金開支所領物品繁多難以應付後將該項零用金作適當之分配始已(各單位共支一,二〇〇元)依本年度六月計算院本部實得零用金不過二,一五〇元此二仟餘元除去每日購買松柴一担為教職員及學生茶水之需外(當李院長赴渝時各學生以所發之燈油茶水費過少以之購油尚感不

足請求曾代院長供給茶水（因而成例難除）所餘不過四百餘元以之購買文具雖屬不敷加以樂昌坪石距離非近若庶務出納人員每月赴坪一次則增加之旅費亦不敷支故自八月份起月有超支計八月超支四八六元九月超支六〇八五·四〇元十月超支六三四二·五〇元十一月超支六七八九·六〇元十二月超支三五〇〇·六〇元（新生集訓費用超支千數百元因單據尚待整理故未列入）透支各款除小數由經手人墊支外餘皆由附屬醫院挪用以應急需至其他如修葺購置等款均由學院專案報校俟核准後方行辦理並先後結報完竣。

三、意見　擬請體察實際情形酌予增加零用金俾利公務並將墊支各款早日撥還

醫學院庶務員陳長佑

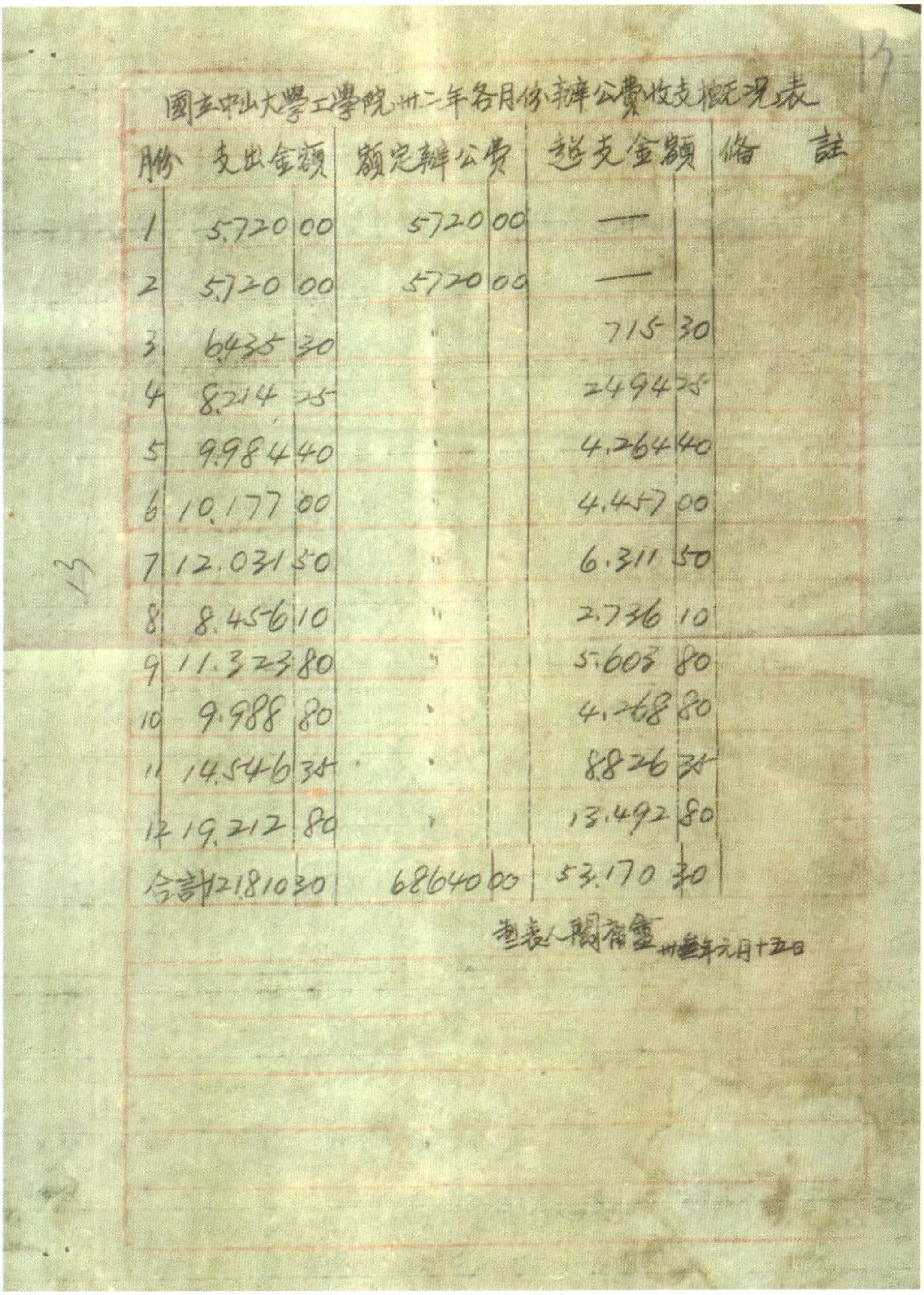

國立中山大學工學院卅二年各月份辦公費收支概況表

月份	支出金額		額定辦公費		超支金額		備註
1	5.720	00	5.720	00	—		
2	5.720	00	5.720	00	—		
3	6.435	30	"		715	30	
4	8.214	25	"		2.494	25	
5	9.984	40	"		4.264	40	
6	10.177	00	"		4.457	00	
7	12.031	50	"		6.311	50	
8	8.456	10	"		2.736	10	
9	11.323	80	"		5.603	80	
10	9.988	80	"		4.268	80	
11	14.546	35	"		8.826	35	
12	19.212	80	"		13.492	80	
合計	121.810	30	68.640	00	53.170	30	

製表人關[illegible] 卅叁年元月十五日

研究院提議　三三、一、一七。

（一）請增加普通工人五名以利工作案

案由：查本院現有教職員生三十九人，照規定標準，每教職員四人，得雇用普通工人一名計，本院應得雇用普通工人十名，另廚役、水伕、茶伕、傳達、技各得雇用乙名，合共十四名。現本院僅有工人八名，除廚伕、水伕、傳達、技工各乙名外，餘僅有普通工人四名，分配於本院辦公廳之用，該名乙名，不但本院辦公室之各種事務，需工人料理，而文教兩學部各學部工作之繁重，工人工名，亦無法應付。

意见

请增加书记三人至五名（其新增加之各名当由各办公室之名额每将新设之各）

以利工作。

提案人　研究院事务员人　张除哥

5

（二）

请增派校警一名加强防卫案，

理由：查本院前有校警（两名），后减为一名，致本院入冬以来，曾先后发生失窃几次，其原因乃本院地形辽阔，致使有校警一名，无法兼顾。本院前曾拟请增派，未能在案，现本院于本学期又扩建新宿舍数座，地形比前更为辽阔，为使本院公家财物（之安全）（公私）以免损失计，计俾策安全，需要，请增派校警一名，是否有当，以昭防卫周密。

研究院

国立中山大学法学院关于政治系三三级考察团申请预借贷金赴桂林考察请总务处核办的函

（一九四三年十二月十七日）

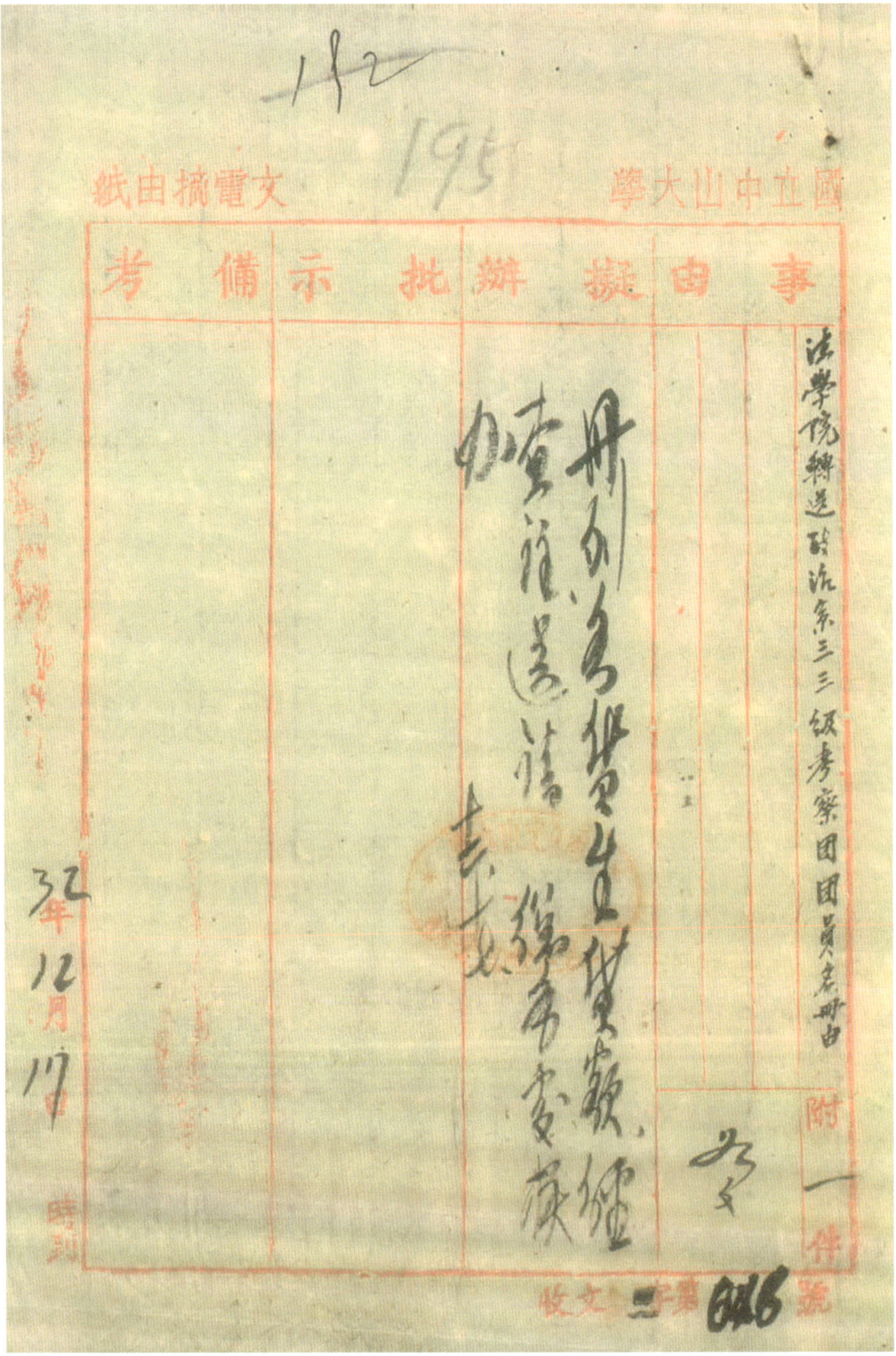
国立中山大学 文电摘由纸

事由	拟办	批示	备考
法學院轉送政治系三三級考察團團員名冊由			

附 一件

收文 字第 號

32年12月17日 時到

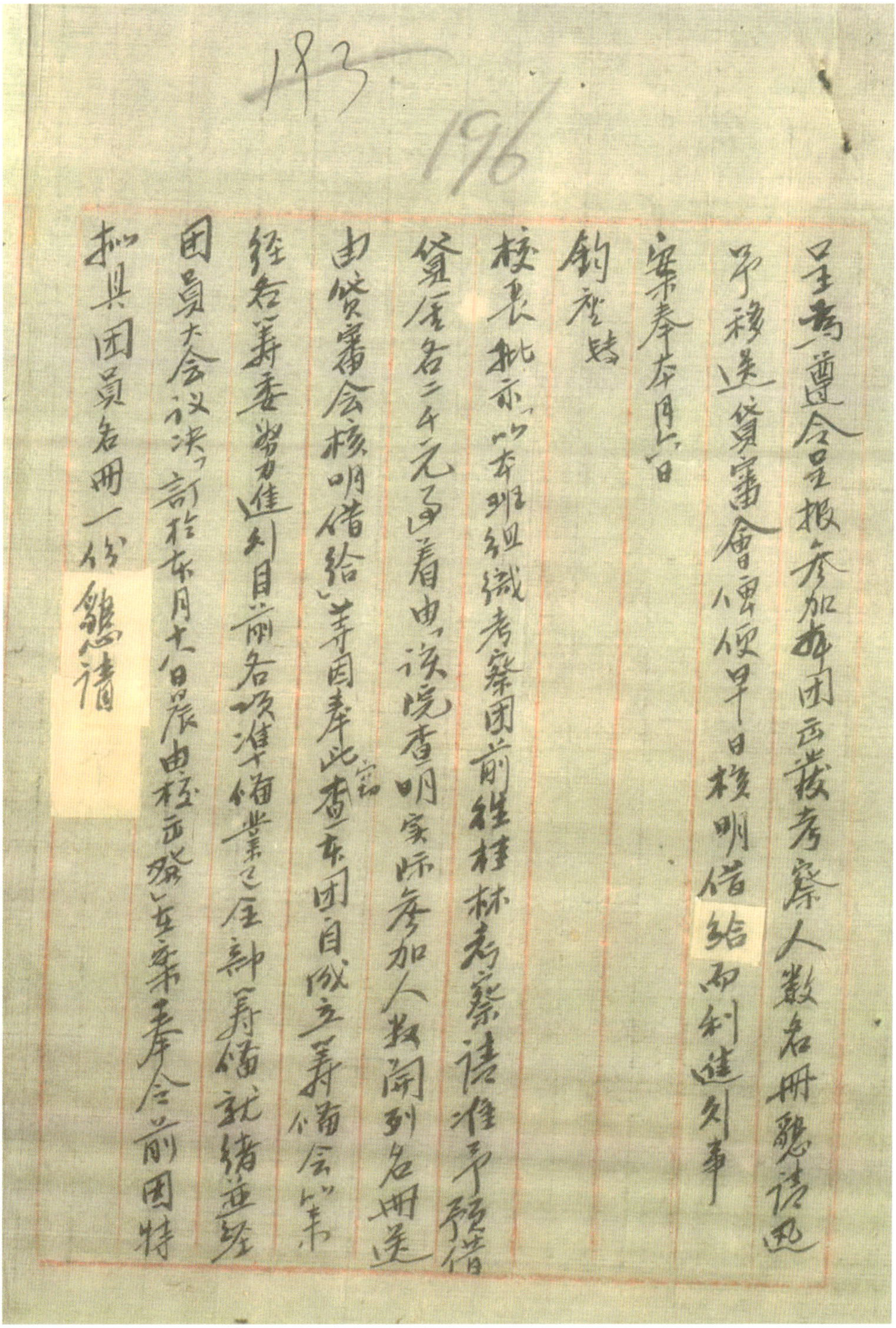

呈为遵令呈报参加寒假考察人数名册恳请迅予移送贷学金会俾便早日核明借给而利进行事
案奉本月六日
钧座转
校长批示：「以本班组织考察团前往桂林考察请准予预借贷金各二千元」等由，着由该院查明实际参加人数开列名册送由贷学金会核明借给」等因奉此。窃查本团自成立筹备会以来经各筹委努力进行，目前各项准备业已全部筹备就绪，并经团员大会议决，订于本月十六日晨由校出发，兹奉令前因特拟具团员名册一份，恳请

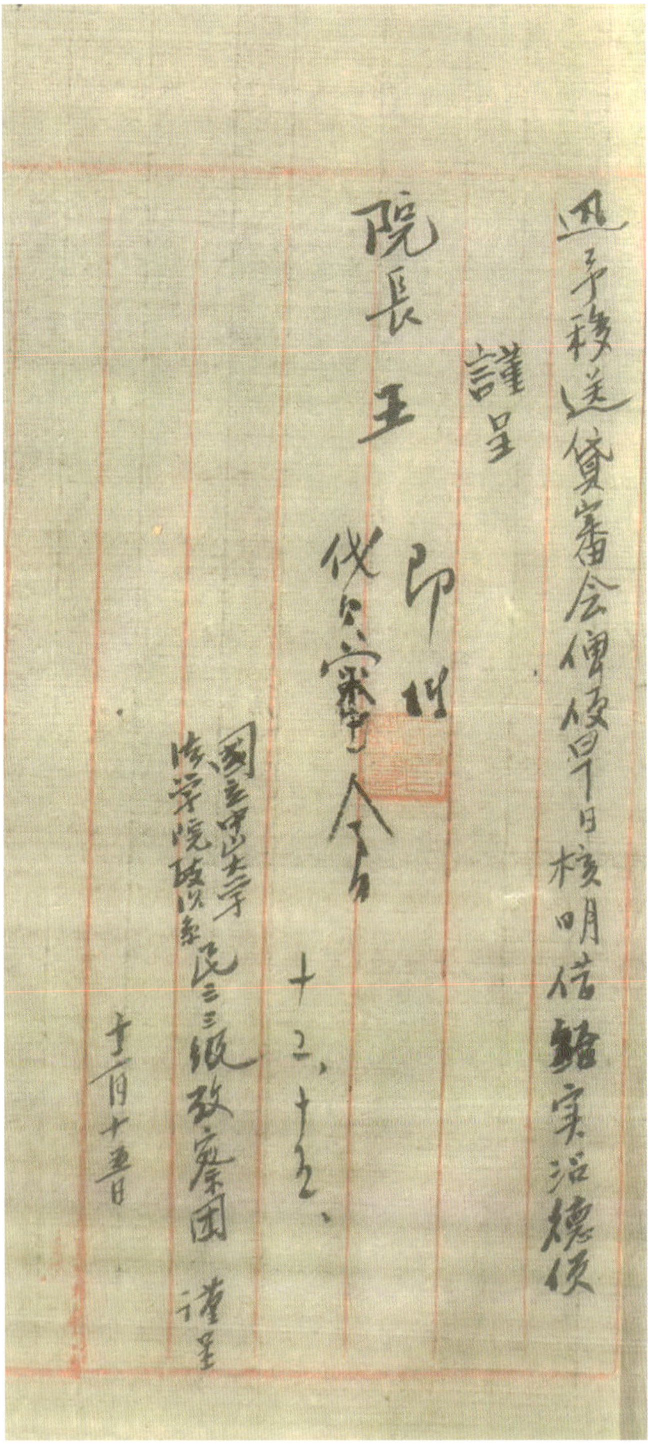

迅予移送貸審會俾便早日核明信館實沾德便

謹呈

院長王

印發

伏乞察核

十二、十五、

國立中山大學法學院政治系民三三級致察團 謹呈

十二月十五日

教育部抄知英国都伦大学教授雷威克拟于最近到国立中山大学参观请国立中山大学查照的代电
（一九四四年二月二十一日）

國立中山大學　文電摘由紙

事由	擬辦	批示	備考
據教育部抄知英國都倫大學教授雷威克擬于最近到校參觀，電希查照由	存　三、八		

收文　字第481號

教育部代電

高字第〇六八六九號

中華民國三十六年六月十八日

國立中山大學覽英國都倫大學(University of Durham)英文教授雷威克(Prof William Renwick)應聘來華作學術與文化之聯繫擬於最近赴該校參觀仰於該教授到達時予以參觀便利

教育部 真 高印

總務處 批 知

學總收 一

中華民國卅六年六月廿四日 第五

教育部关于美国地理学专家葛德石拟于三月间到国立中山大学参观请国立中山大学查照的代电（一九四四年一月十八日）

高字第〇二七七四號
中華民國三十三年八月十八日

教育部代電

國立中山大學：美國地理學專家George B. Cressey擬於本年三月間赴該校參觀，仰屆時予以參觀便利並予接待。教育部高巧印

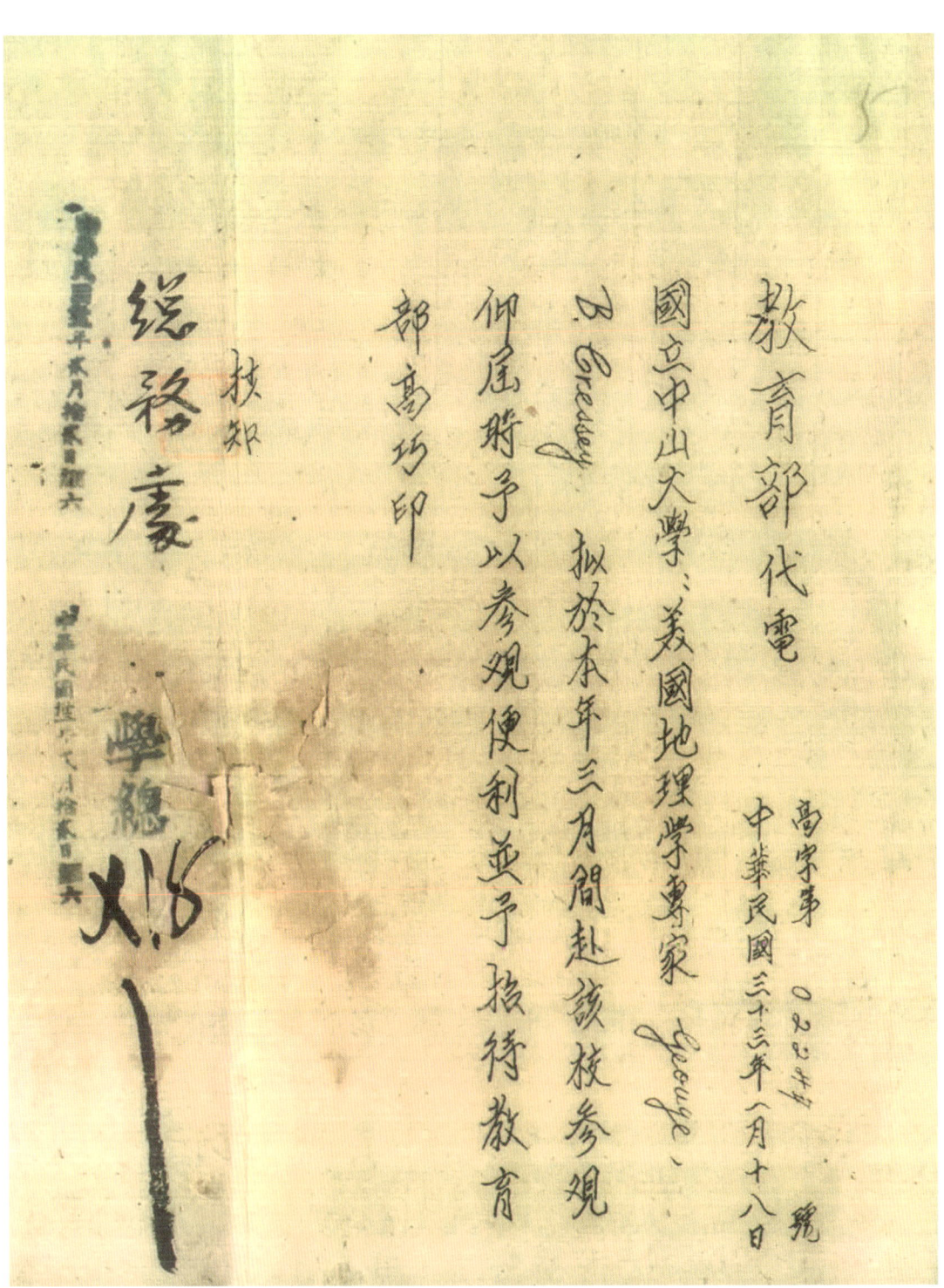

收知

總務處

學總

教育部高等教育司关于英国科学访问团代表尼德汉（李约瑟）教授来粤参观各大学工厂及讲学请中山大学查照办理的函（一九四三年五月十二日）

校长抄知为准教育部高等教育司函知本月中旬英国科学访问团代表尼德汉教授来粤参观各大学及工厂暨讲演……予招待……由

存

丑 831

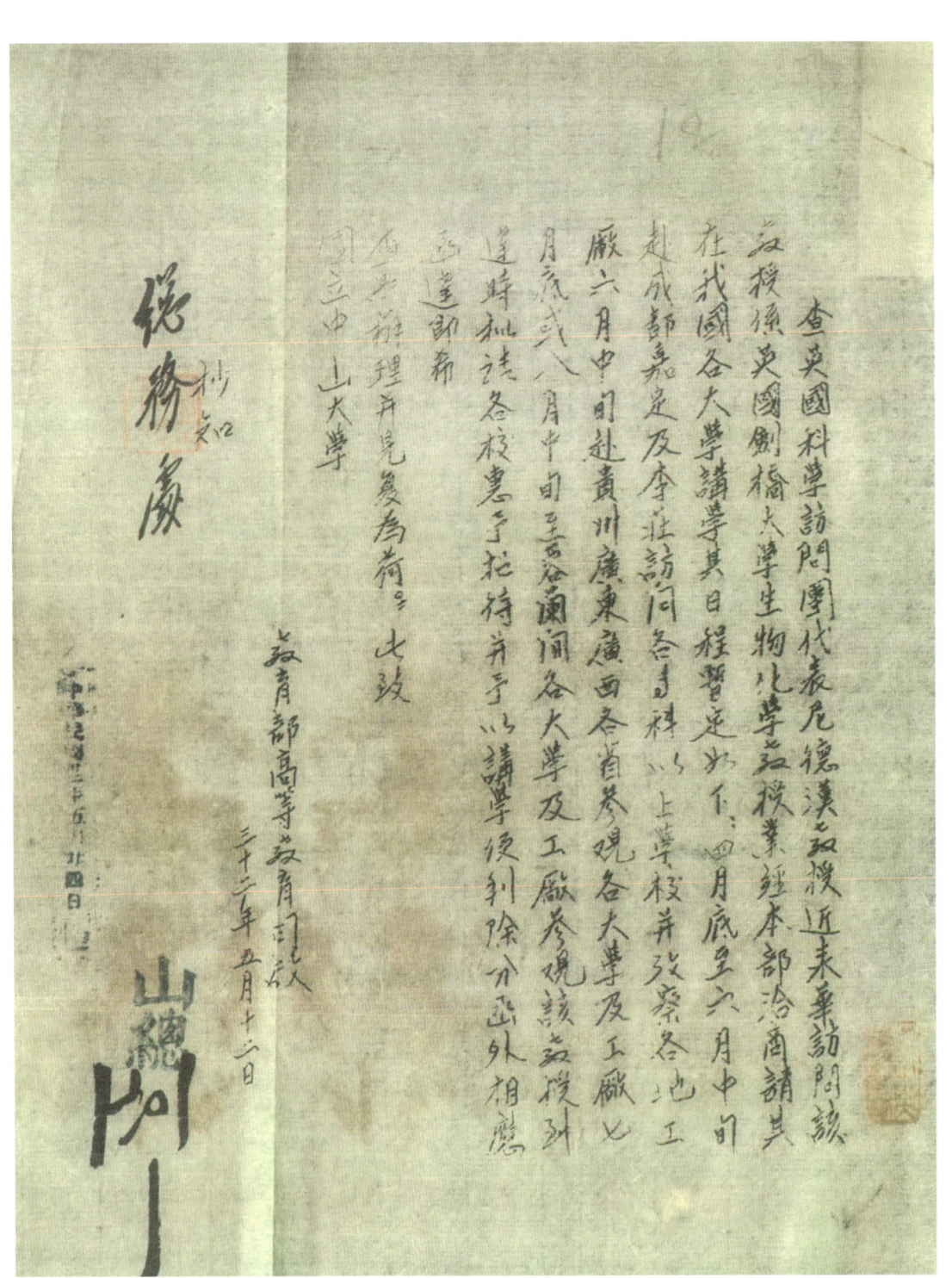

查英國科學訪問團代表尼德漢教授近來華訪問該教授係英國劍橋大學生物化學教授業經本部洽商請其在我國各大學講學其日程暫定如下：四月底至六月中旬赴成都嘉定及李莊訪問各專科以上學校并考察各地工廠六月中旬赴貴州廣東廣西各省參觀各大學及工廠七月底或八月中旬至西安蘭州間各大學及工廠參觀該教授到達時擬請各校惠予招待并予以講學便利除分函外相應函達即希

查照辦理并見覆為荷 此致

國立中山大學

教育部高等教育司啓

三十二年五月十二日

抄知 總務處

三十二年五月廿四日

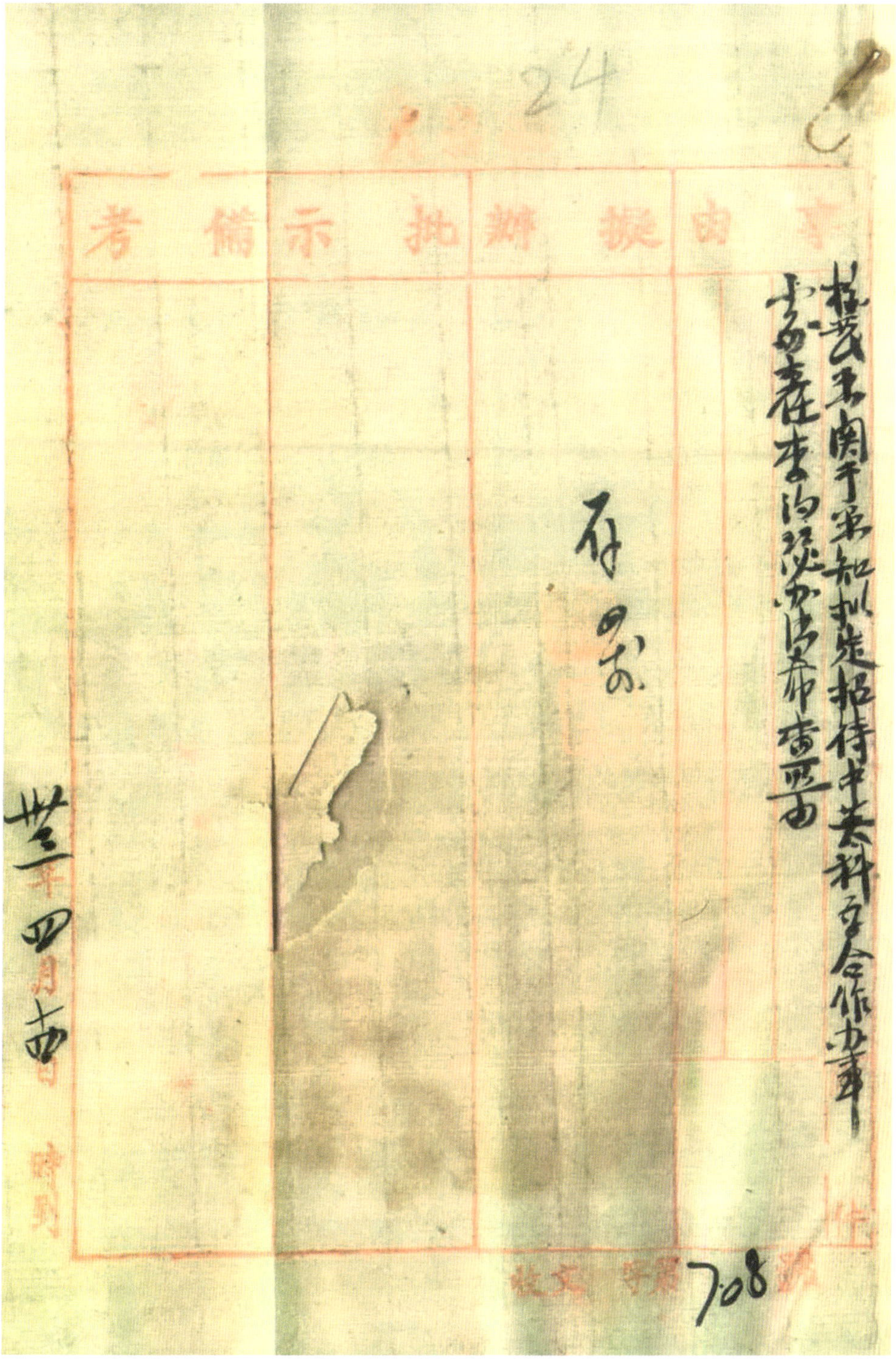

国立中山大学校长关于招待到访中英科学合作办事处主任李约瑟博士办法致总务处查照的函（一九四四年四月十四日）

案由：現准教育部秘丑寅本年三月二十八日渝字二五二號函以中英科學合作辦事處英使李約瑟（英文原名印刷不明）將於四月中旬作東南之行遂經各地擬參觀本校届於李博士到達時妥為招待

辦法：擬懇照辦届時由文學院依福堤教授商同教務處招待并由庶務組預領招待費五千元以便支應除分行外即希　查照為荷

此致

王總務長

代理校長金曾澄

中華民國卅年四月拾四日[illegible]

國立中山大學　文電摘由箋

事由	擬辦	批示	備考
校長抄知關于核准支給蔣英教授兼任理學院功課薪一百六十元由	存查		卅三　一　六

国立中山大学校长关于准予支给农科研究所蒋英教授兼课薪一百六十元请理学院何院长查照的函（一九四四年一月五日）

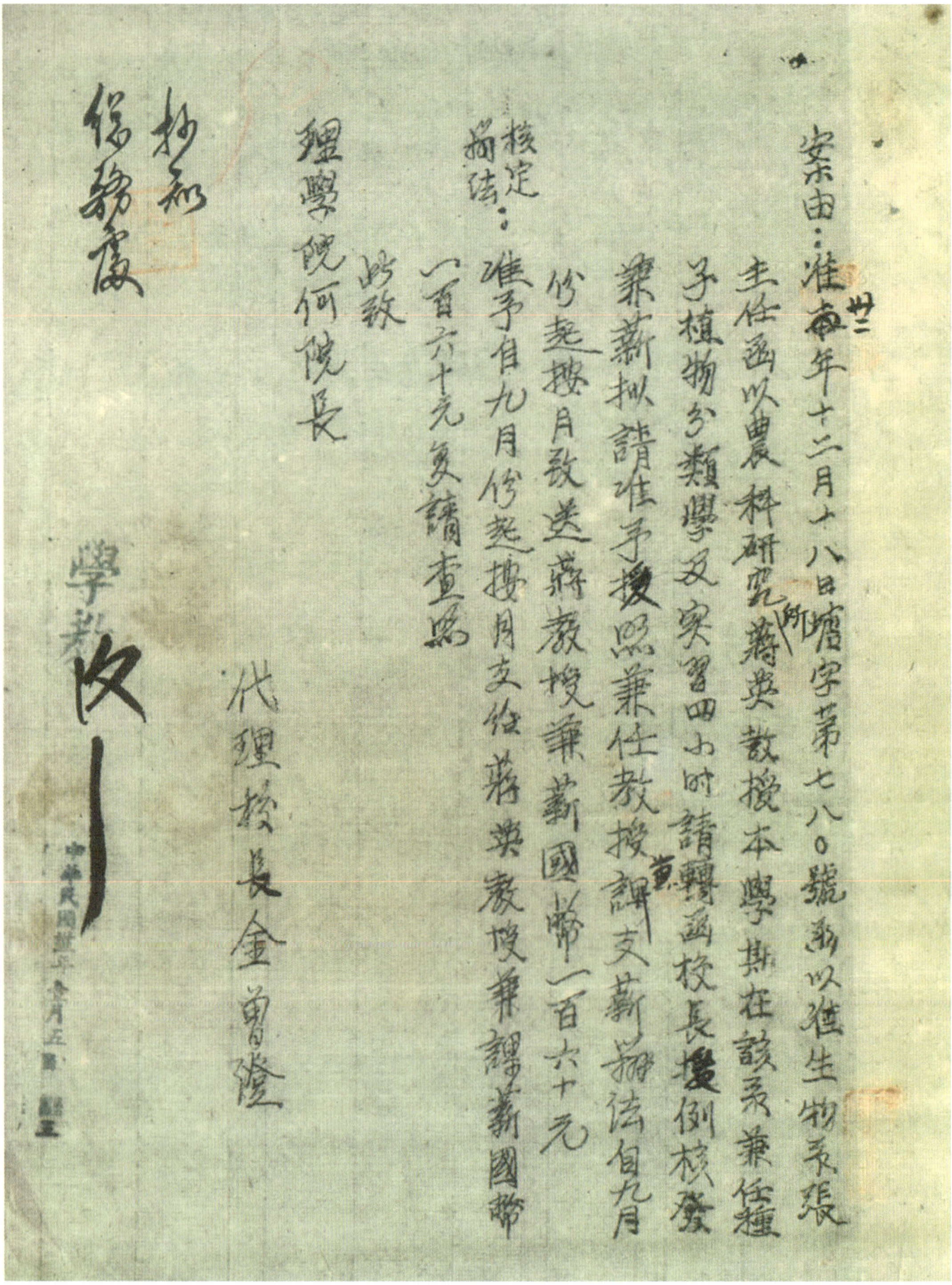

案由：准卅二年十二月十八日塘字第七八〇號函以准生物系張主任函以農科研究所蔣英教授本學期在該系兼任種子植物分類學及實習四小時請轉函校長援例核發兼薪擬請准予援照兼任教授兼課支薪辦法自九月份起按月致送蔣教授兼薪國幣一百六十元

核定辦法：准予自九月份起按月支給蔣英教授兼課薪國幣一百六十元復請查照

此致

理學院何院長

代理校長金曾澄

抄報

總務處

學教 收

中華民國卅三年壹月五日

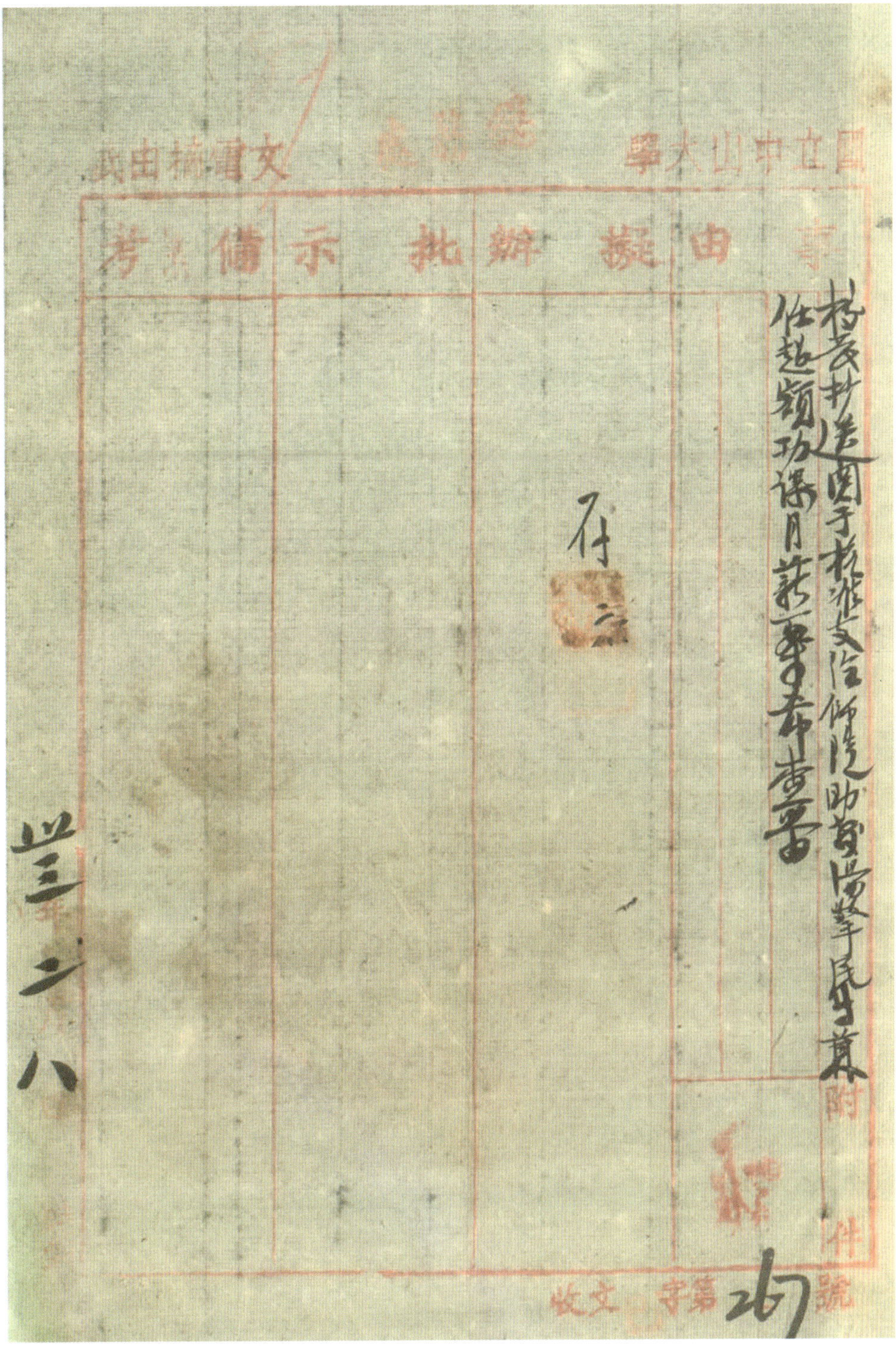
国立中山大学
事由　擬辦　批示　備考
校長批送因予核准支給師院助教湯擎民等任超額功課月薪事希查照
附件
收文　字第　號

国立中山大学校长关于准予超额支给师范学院汤擎民等三位助教任课月薪请师范学院毛院长查照的函（一九四四年二月八日）

案由：據本年八月廿八日教信字第一〇〇號函報聞於該院助教湯肇民超時無課一小時黃麗秋超時無課四小時莫魁超時無課六小時均應由九月一日起發給無課薪請核辦

核定辦法：湯肇民助教照支超額任課月薪十五元黃麗秋助教照支超額任課月薪六十元莫魁助教照支超額任課薪九十元均自三十二年九月份起計希查照

此致

師範學院毛代院長

代理校長金曾澄

總務處

抄送

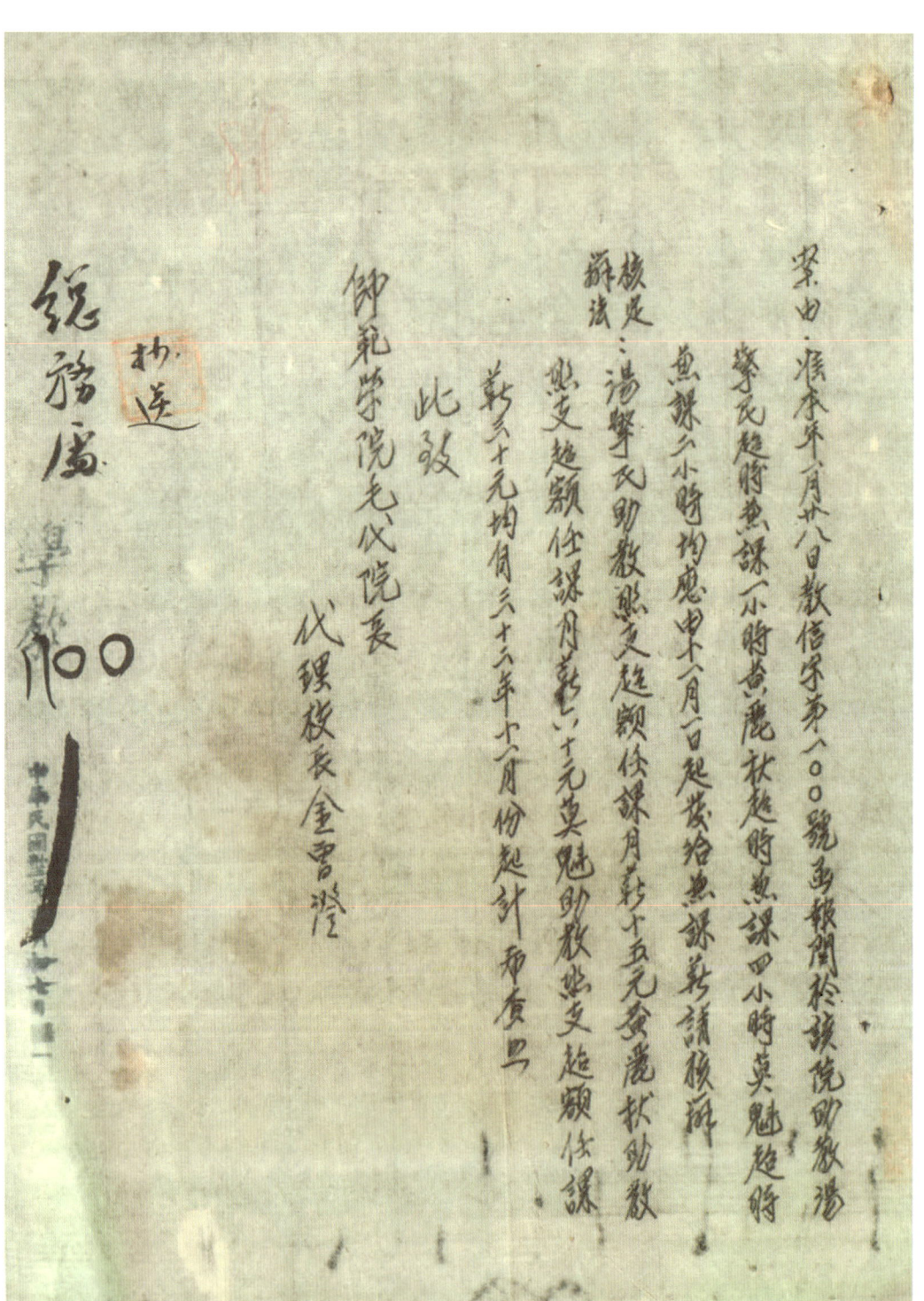

學字第八〇〇

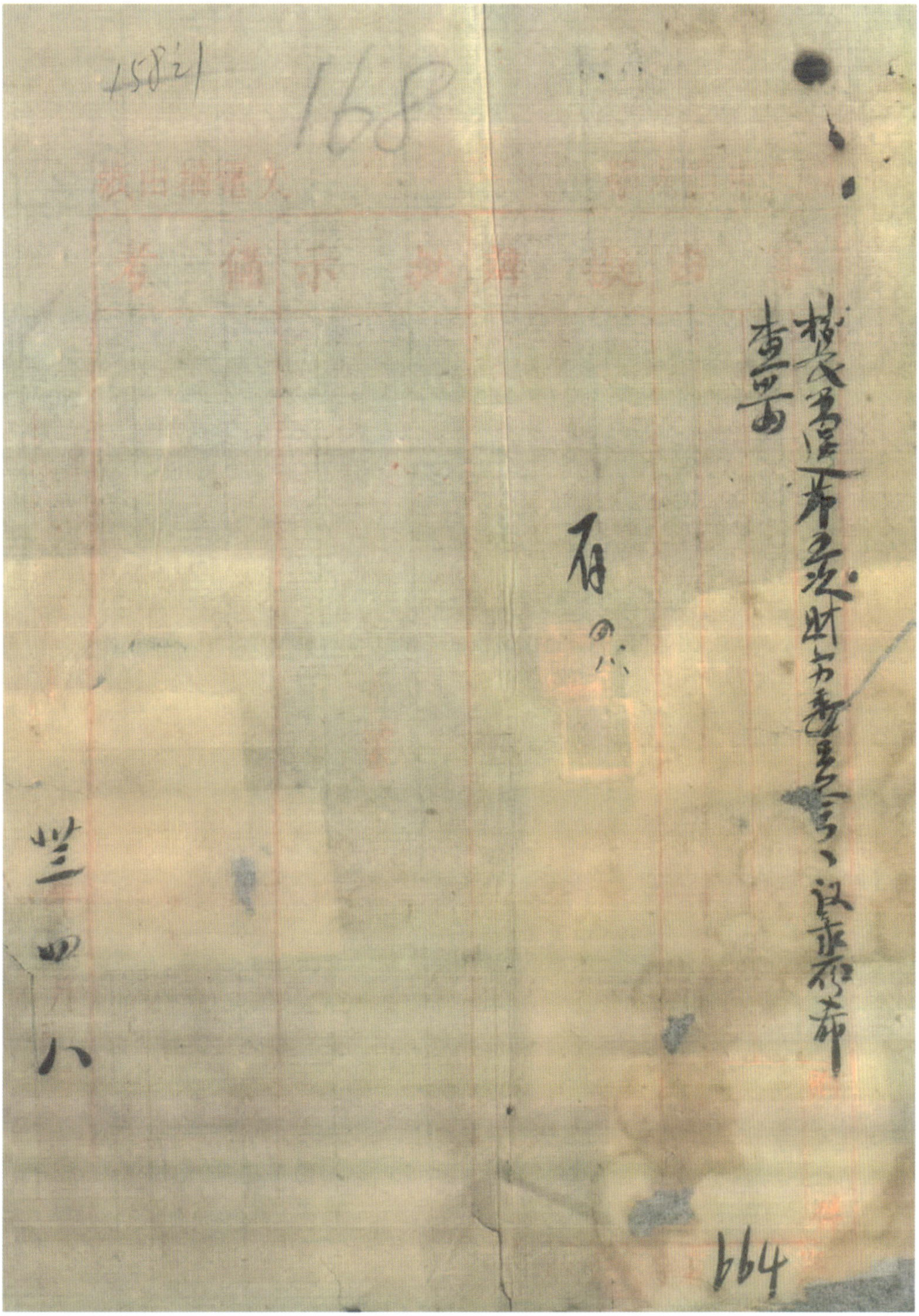

国立中山大学校长送本校财务委员会第五次会议记录致总务处的函（一九四四年四月七日）

案由：

茲函送財務委員會第五次會議紀錄八份即希

查照爲荷

附件：會議錄一份

此致

總務處

代理校長金曾澄

學總一〇六三號

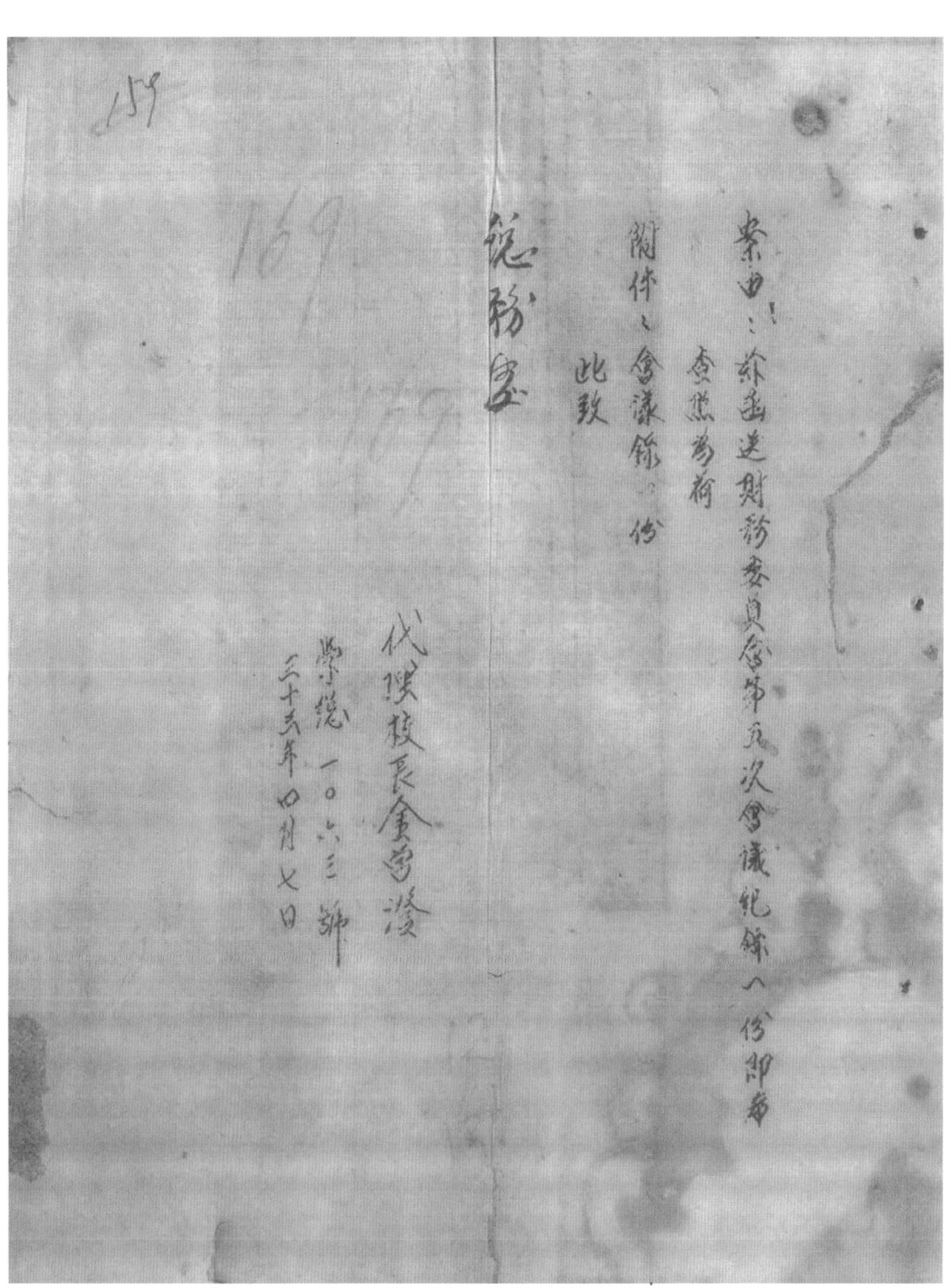

三十五年四月七日

160 170

前

財務委員會第五次會議紀錄

時　間　民國三十三年三月二十八日下午一時

地　點　同德會樓上會議室

出席者　胡體乾　毛禮銳　蔡文顯
崔載陽　張泉林代　謝　申　林亮東
徐學瀞　金曾澄　鄧植儀
陳劭南　周鍔棠代　王鐸聲　林國棠代　黃學勤
李仲文　林亮東代　王慕尊　胡体乾代　王駿人
吳　康　羅鴻詔代　何　杰　[illegible]代　陳安仁

列席者　虞仰泉　羅宗實　金祖懃

主　席　金曾澄　紀　錄　虞仰泉

行禮如儀

報告事項

主席致開會詞（略）

總務處林主任報告經費情形（略）

討論及議決事項

（一）本年度預算分配原案經已訂就請審議決定案

議決：（1）本年經費保留額已奉　部令指定為彌補將來緊急之用非經　委座特准不得動支並不得追加現所保留之成不得支配用途

(2)師院學生燈油由四月份起每人每日領油應照一兩計算發給，但
得全用茶油，暑期內該院學生燈油及各院學生燈油補助費
停止發給

(3)本年修費院須極度緊縮，各院部房舍非屬萬分急要，概須
停建。至於雜費一項，應就部撥本年度建築費限額配支，其本
年已動支者，並須照數抵扣原預算案所列營造費一項報
銷

(4)圖書費照原訂數額月需二萬元，共為三萬元，約佔預算總額
百分之四，其科學刊物費因有售書價款收入，應照原領款額減
配四千元

(5)教職員膳宿補助費由一月份起每人發給一百元，軍訓教官助
教等由本年一月起並照額一體支給，工役膳宿補助費由四月
起改發每人五十元

(6)各院部零用金由一月份起照原額增加四成，各院部實習研究
調查費亦由一月份起增加二成，經增加後絕對不得超支，其在本
年內間有超支者，應在暑期內節省抵補

(7)附小校費得由師院按照實在數報請核發，在大　辦公費及附
中校費配給

私立广州培正培道中学坪石分校民国三十年度招生简章（一九四一年）

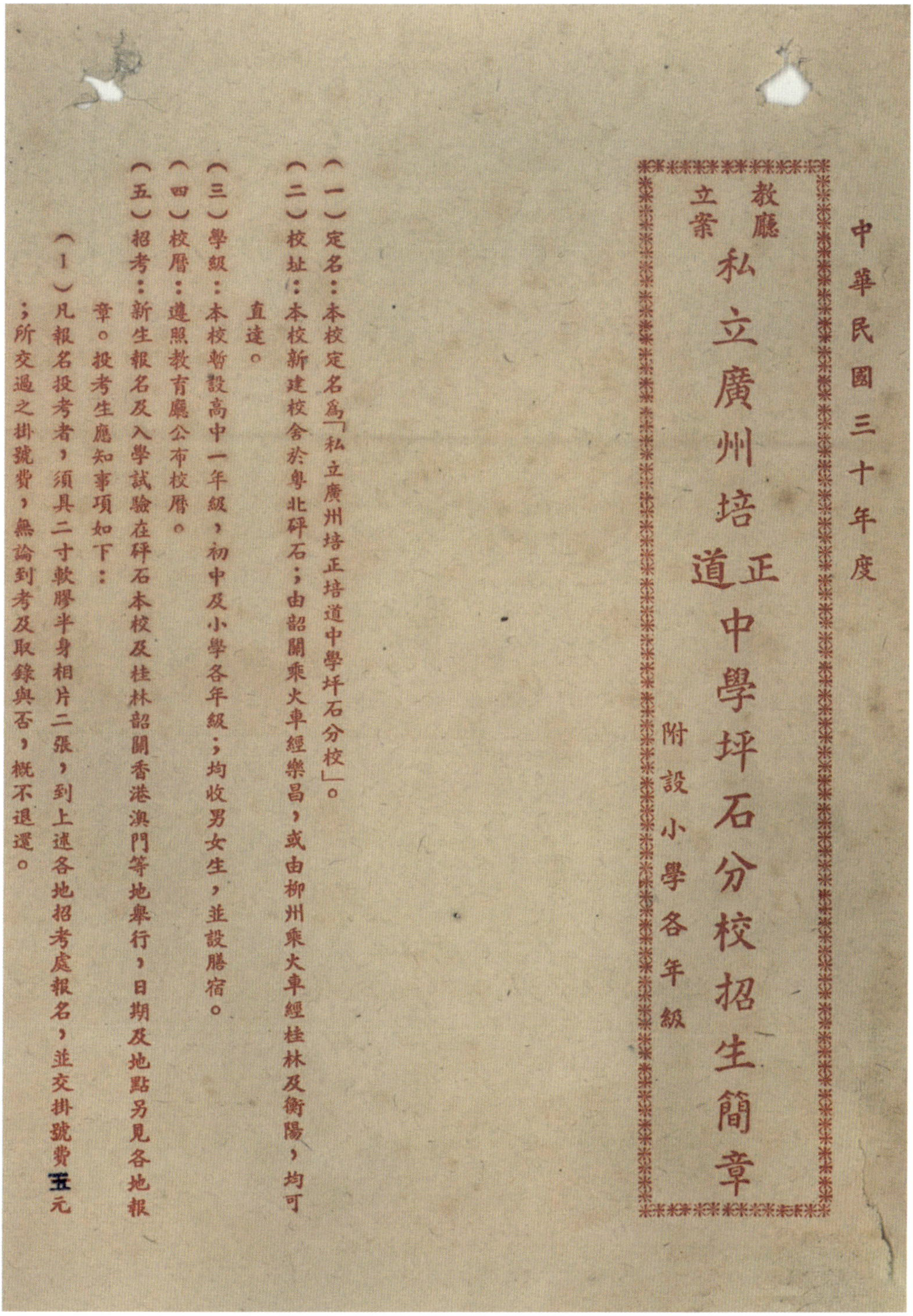

中華民國三十年度

教廳立案

私立廣州培正培道中學坪石分校招生簡章

附設小學各年級

（一）定名：本校定名爲「私立廣州培正培道中學坪石分校」。

（二）校址：本校新建校舍於粵北砰石；由韶關乘火車經樂昌，或由柳州乘火車經桂林及衡陽，均可直達。

（三）學級：本校暫設高中一年級，初中及小學各年級；均收男女生，並設膳宿。

（四）校曆：遵照教育廳公布校曆。

（五）招考：新生報名及入學試驗在砰石本校及桂林韶關香港澳門等地舉行，日期及地點另見各地報章。投考生應知事項如下：

（1）凡報名投考者，須具二寸軟膠半身相片二張，到上述各地招考處報名，並交掛號費五元；所交過之掛號費，無論到考及取錄與否，概不退還。

46

(2)凡報名投考高中一年級者須具有初中畢業証書，若以同等學力投考者，祇取錄百份之三十；投考初中一年級者須具有高小畢業証書，若以同等學力投考者，祇取百份之四十；投考初中二三年級者須具有同等學校之轉學証書。如國外華僑子女回國就學，須具有當地領事或商會團體介紹書及原校成績表。

(六)入學：取錄各生須依照規定時間，到校辦理下列入校手續；逾期不到，即以備取生補入。

(1)到本校校務處領取繳費証。

(2)持繳費証到本校指定繳費處繳費。

(3)繳費後，持收條到本校校務處註册，領取上課証及膳宿証，依期到校上課。

(4)註册時須繳交二寸軟膠半身相片二張及上條所述各項証件。

(七)費用：下列各費，須於開課前繳清；尚逾期一天，罰款二元，罰至十元爲限，(即逾期五天仍不繳費，)即將學籍取銷。

三十年度上學期費用表(各費均以國幣計算)

學級／項目	高中一年級	初中各級	高小各級	初小各級
學費	80.00	60.00	40.00	25.00
堂費	30.00	30.00	25.00	20.00
試驗費	6.00	3.00		
勞作費	5.00	5.00	5.00	2.00
講義費	5.00	5.00		
圖書費	4.00	4.00	2.00	1.00
童軍費		4.00	4.00	
體育費	4.00	4.00	2.00	2.00
醫費	5.00	5.00	5.00	5.00
總數	139.00	120.00	83.00	55.00

三十年度一二學期費用表見後

附註：

（1）凡新生須繳按金：中學及高小各十元，初小五元。

（2）本校新建男女宿舍，在校寄宿者每人每學期繳宿費三十五元，膳費二百元；初小暫不設膳宿。

（3）書籍制服洗衣等費由各生自備。

說明：

（1）醫費：凡學生有病，由本校醫生診視，及男女護士料理；診金概免，藥費則由各生自備。

（2）按金：學生若毁壞公物，在按金扣抵，倘不足抵墊，仍須另行補足。所有按金，除備抵墊毁壞物價外，概不得移作別用。如果在校肄業期內並無毁壞公物，至離校時可將原款領回。如離校一年內不領回，則將此款充公。

（3）膳費：糧食價格起落無常，學生所繳膳費由學校分期按照市價訂定價額發給廚房，多除少補。

（4）書籍制服洗衣等，由學校指定商店供給承辦，以取劃一。

（5）退學：本校甚望來學諸生有始有終，以竟全功；至若中途自行離校或由學校着令離校者，所繳過各費，除按金及膳費外，概不退回。

（八）校規：本校乃兩廣基督教浸信會所設立，遵照教育部頒布私立學校立案規程辦理，各種宗教活動各生得自由參加。

（九）學生入學必需應用物品摘要規定如下：

（1）白色獨睡方形蚊帳

（2）白被單兩張

（3）被褥或毛氈

（4）枕頭
（5）洗臉盆
（6）漱口盅
（7）牙刷，毛巾，肥皂等
（8）黑襪三對，手帕三條
（9）襯衣褲三套
（10）黑皮鞋或黑布膠底鞋一對
（11）灰布棉褸
（12）禦寒內衣
（13）制服（另定）
（14）筆墨文具
（15）中英文字典各一

私立广州培正培道中学坪石分校民国三十年度下学期费用表（一九四一年）

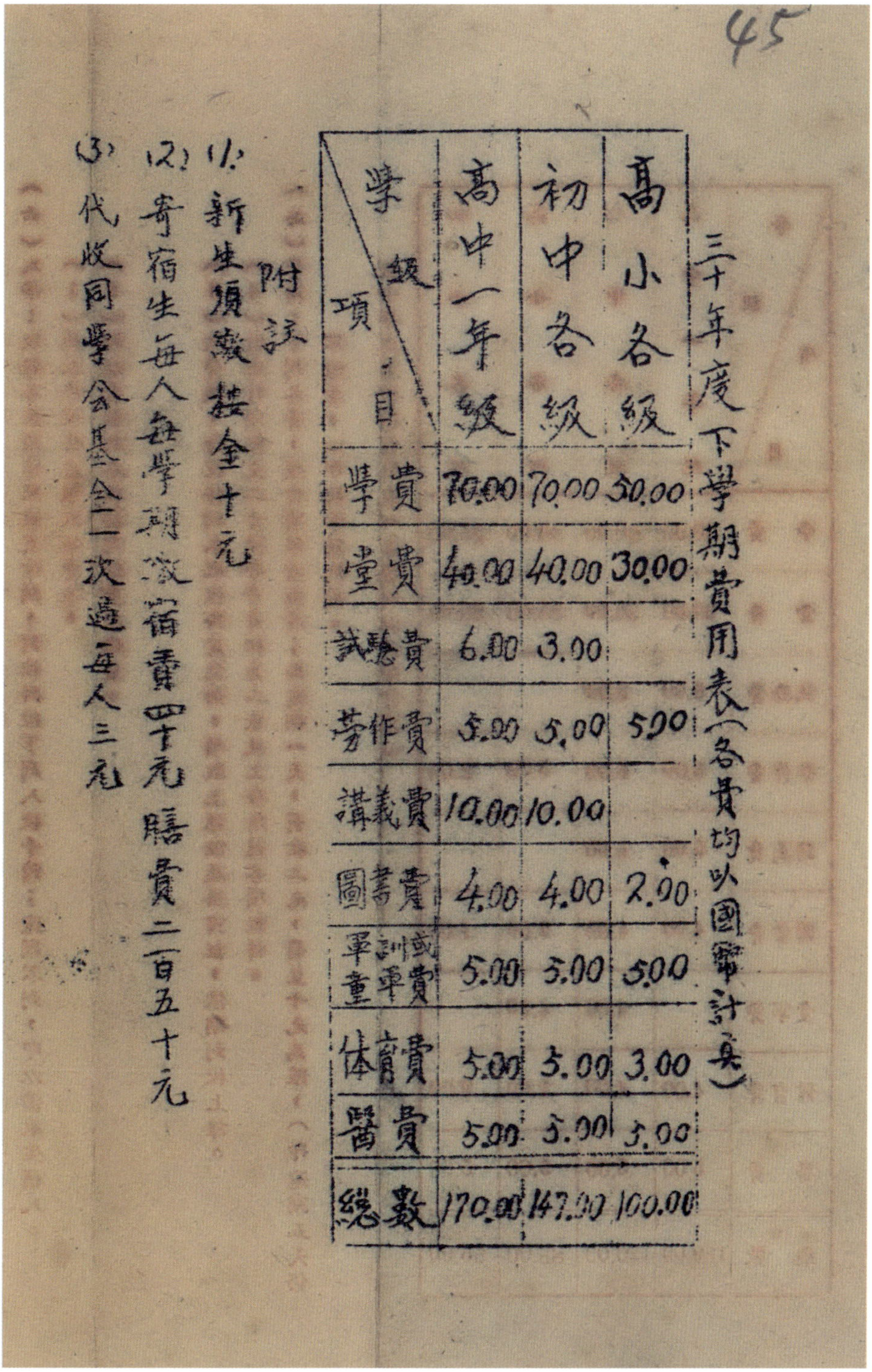

45

三十年度下學期費用表（各費均以國幣計算）

級 項目	高中一年級	初中各級	高小各級
學費	70.00	70.00	50.00
堂費	40.00	40.00	30.00
試驗費	6.00	3.00	
勞作費	5.00	5.00	5.00
講義費	10.00	10.00	
圖書費	4.00	4.00	2.00
軍訓或童軍費	5.00	5.00	5.00
体育費	5.00	5.00	3.00
醫費	5.00	5.00	3.00
總數	170.00	147.00	100.00

附註

(1) 新生須繳按金十元

(2) 寄宿生每人每學期繳宿費四十元 膳費二百五十元

(3) 代收同學會基金一次過每人三元

开平县政府关于派教职员往曲江仲元中学参加教育厅办之中等学校暑期讲习会致国民大学等校的代电（一九四一年六月二十九日）

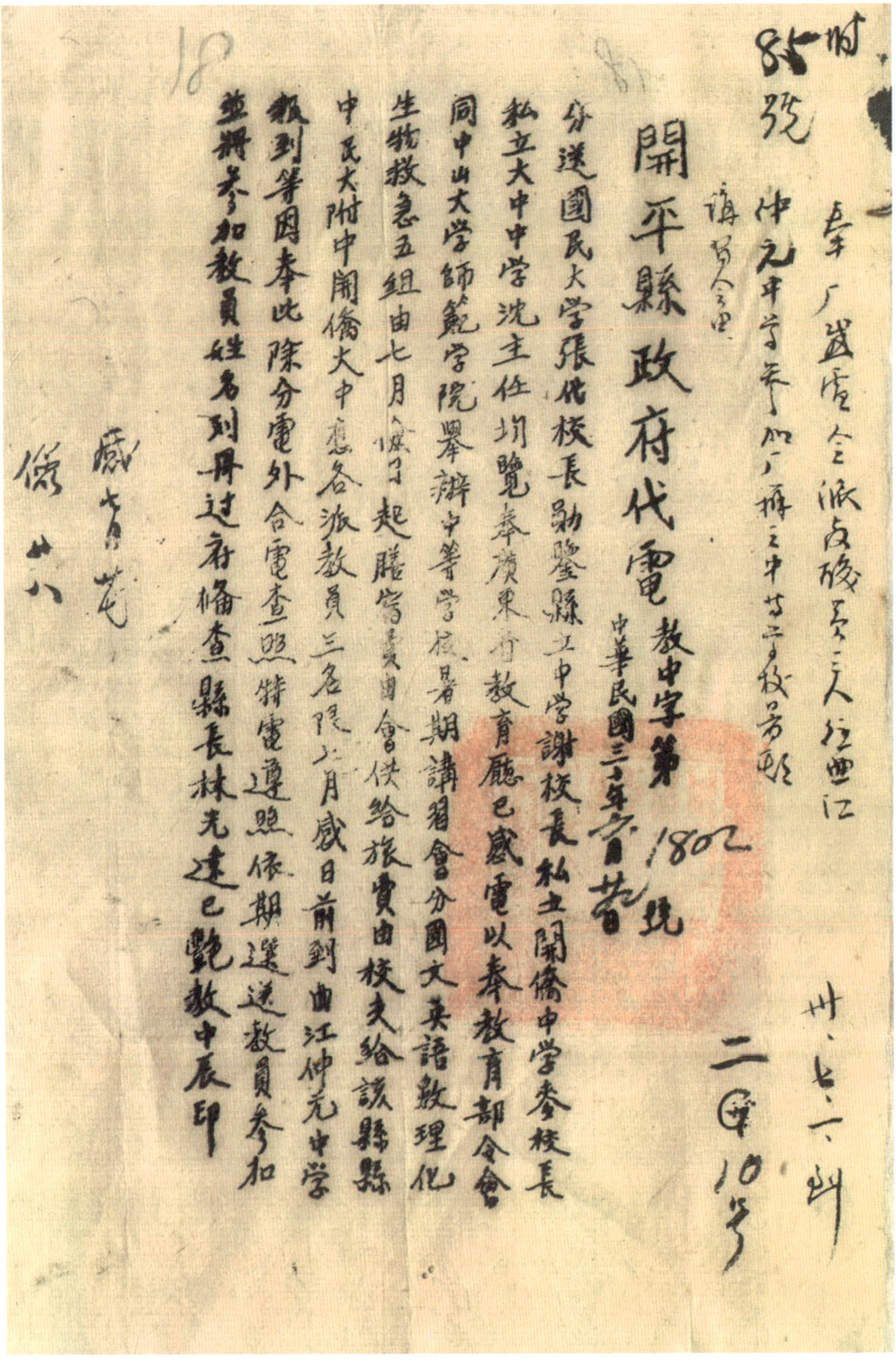

開平縣政府代電 教中字第1802號 中華民國三十年六月艷

分送國民大學張化校長勷鑒縣立中學謝校長私立開僑中學麥校長私立大中中學沈主任圳覽奉廣東省教育廳巳感電以奉教育部令會同中山大學師範學院舉辦中等學校暑期講習會分國文英語數理化生物救急五組由七月八日起膳宿費由會供給旅費由校支給該縣縣中民大附中開僑大中恩各派教員三名限七月感日前到曲江仲元中學報到等因奉此除分電外合電查照特電遵照依期選送教員參加並將參加教員姓名列冊送府備查縣長林先達巳艷教中辰印

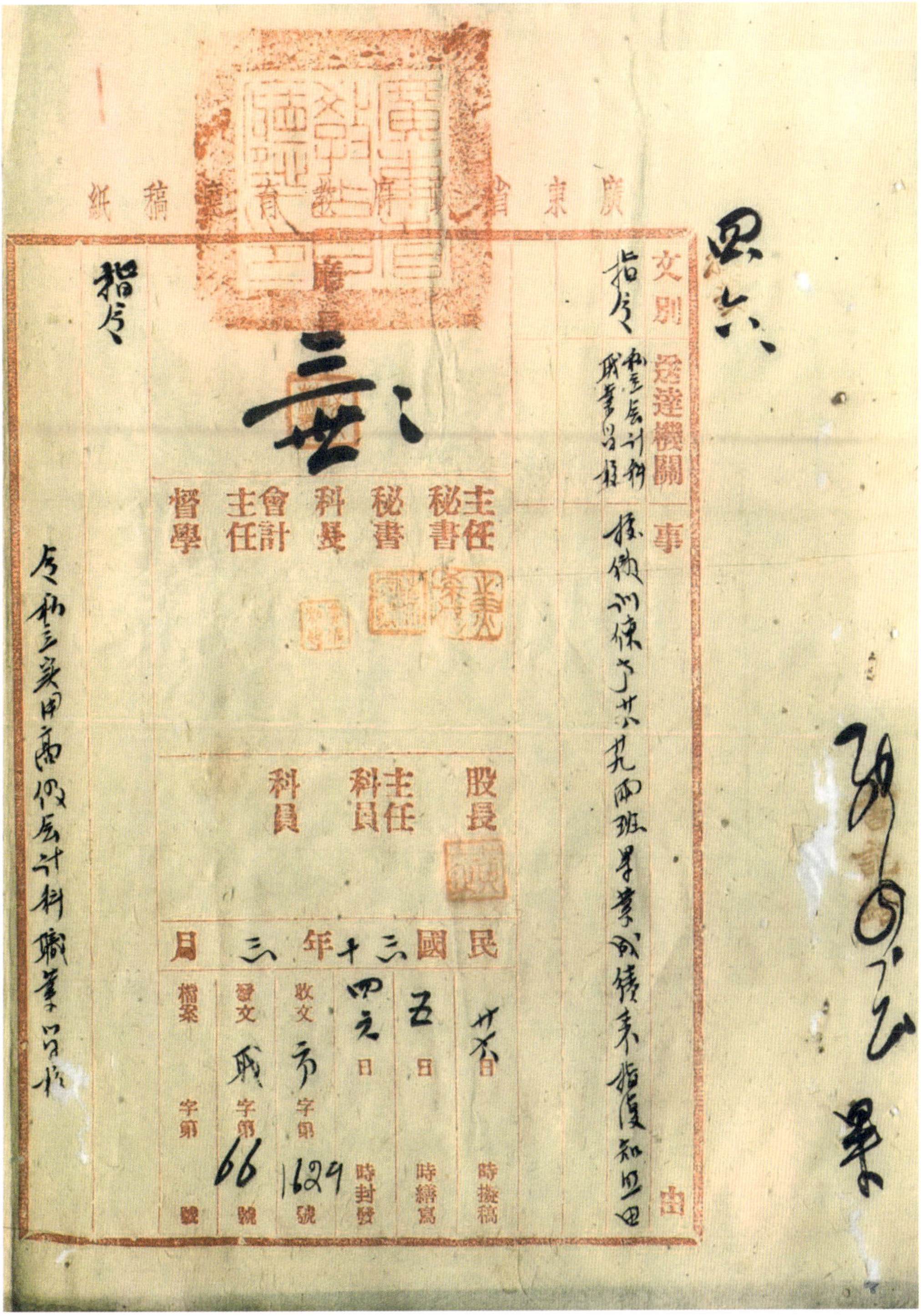

广东省教育厅关于私立实用高级会计科职业学校呈报训练第二十八、二十九班毕业成绩表审查情形的批示（一九四一年三月）

三十年三月不列日第一件　呈該科師範第廿八、廿九兩班畢業成績表，請核由。

呈表均悉。查該科師範第廿八班卓爍榮等三十一名，第廿九班施鴻光等廿七名，訓練期滿，成績及格，應即照章造具畢業成績證明書，連同成績表各二份，呈候核辦。仰即知照，表存。此令。

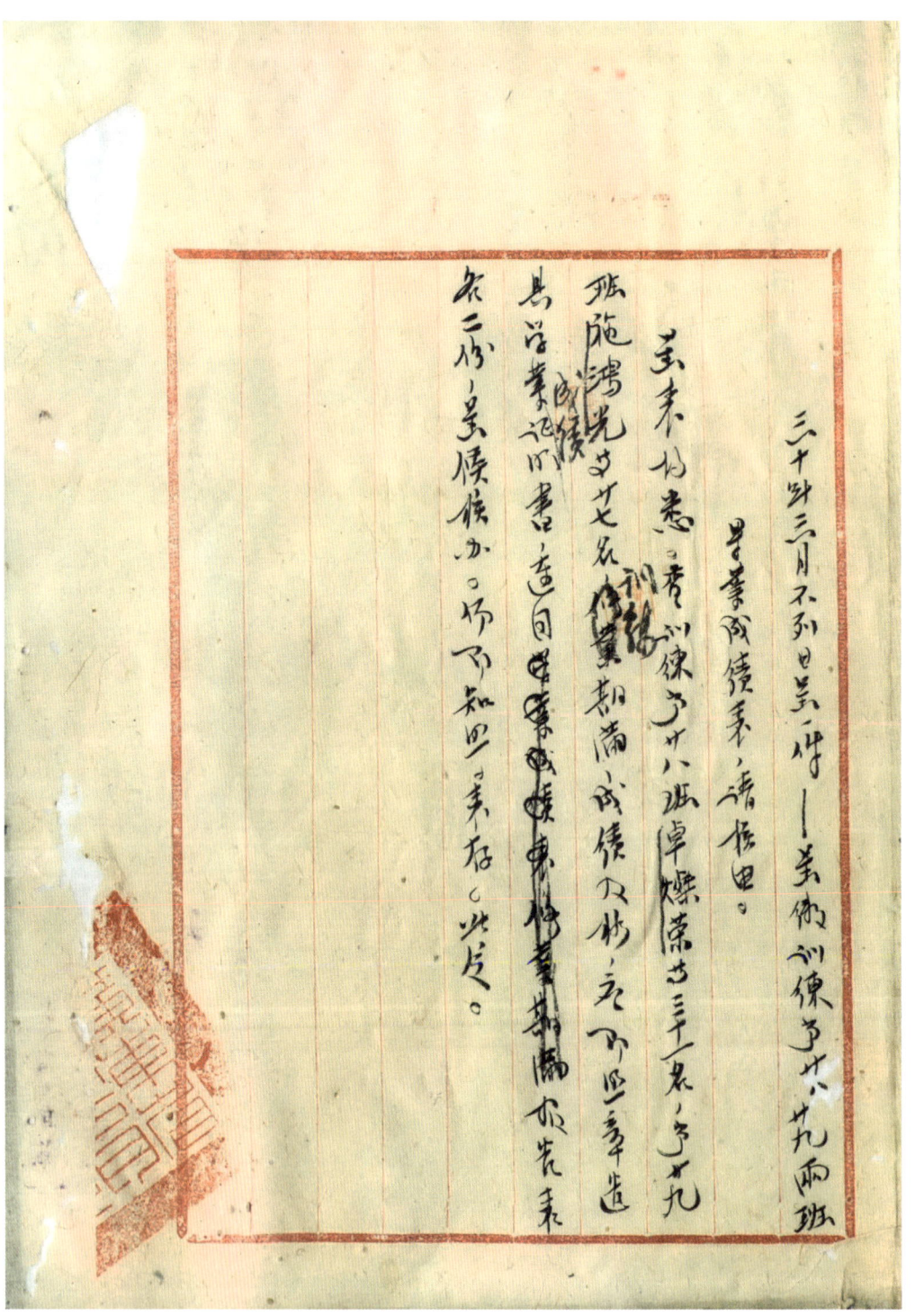

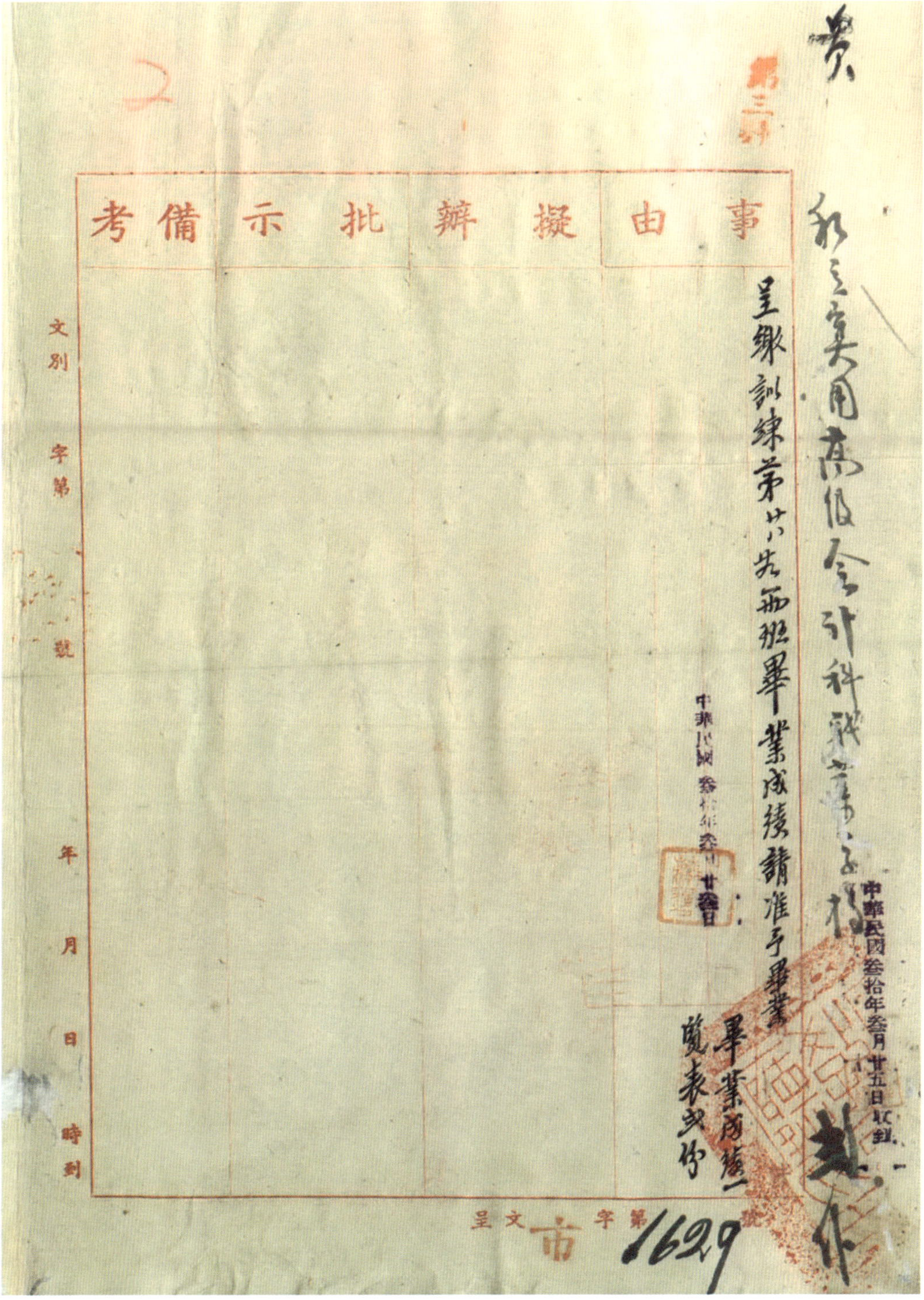
事由　擬辦　批示　備考

文別　字第　號

年　月　日　時到

呈繳訓練第六班畢業成績請准予畢業

畢業成績一覽表貳份

中華民國叁拾年叁月廿五日收到

呈文　市　字第 1629 號

竊屬校訓練第廿八第廿九兩班生係於民國廿六年秋季始業經將新生名冊暨學期考試成績先後呈報在案至二十七年七月復依期舉行畢業考試正擬將畢業考試成績造報不料敵侵廣州該兩班生繳存之相片當攜帶出走時悉遭遺失經由屬校香港分校通函各生補繳來校粘貼證書然後一併呈繳惟迄今未據繳前來現在香港與內地交通更感困難將畢業證書寄呈殊不容易長此案懸深感不妥亦因赴韶人便特將該兩班生畢業考試成績先帶呈

鈞廳察核俯賜准予畢業俟交通稍順再將畢業證

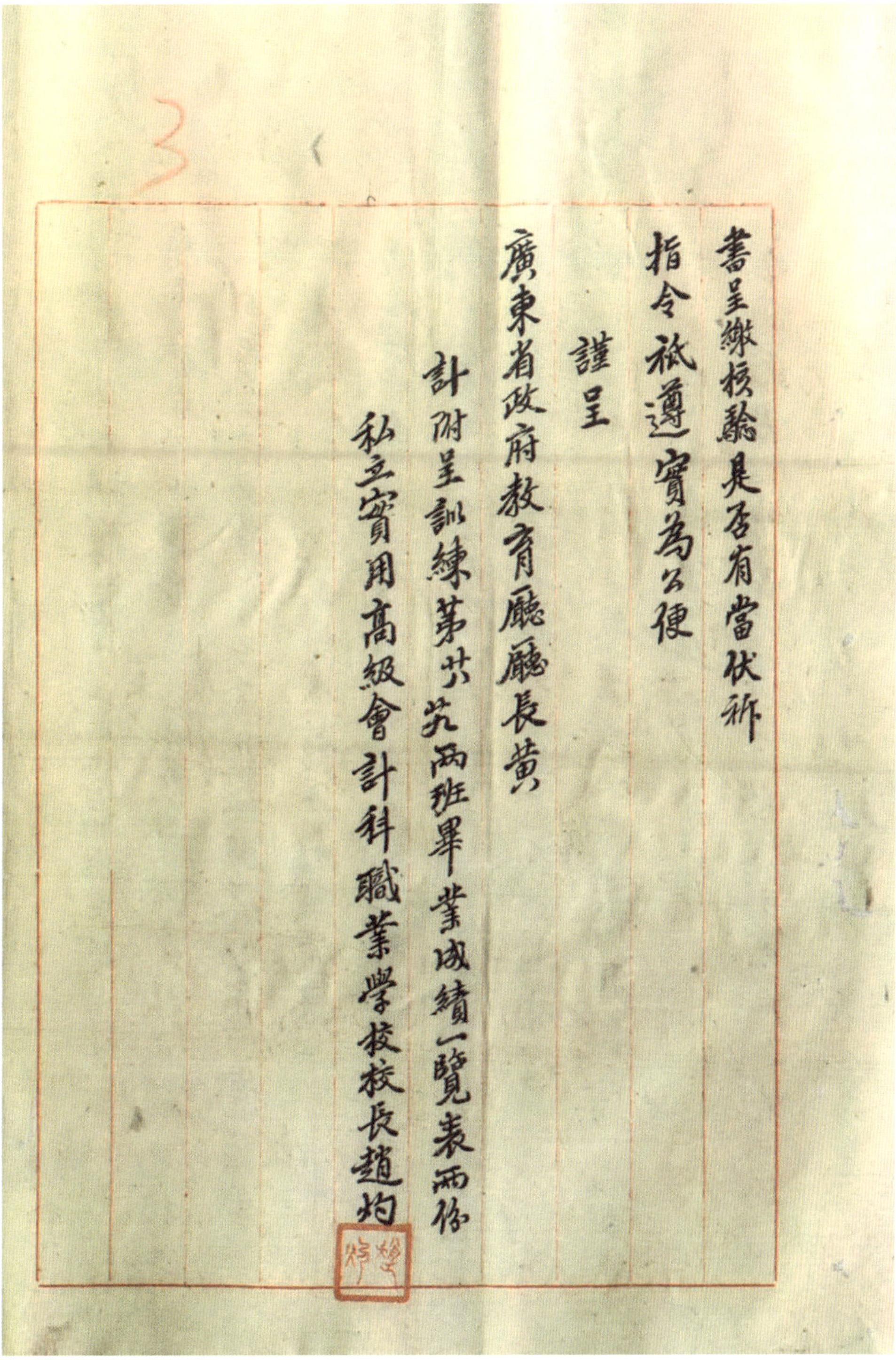

書呈繳核驗是否有當伏祈
指令祇遵實為公便
謹呈
廣東省政府教育廳廳長黄
計附呈訓練第廿八廿九兩班畢業成績一覽表兩份
私立實用高級會計科職業學校校長趙灼

中華民國三十年三月日

广东省立广州女子师范学校关于届时派歌咏队参加游艺会致连县鞋袜劳军运动委员会的公函
（一九四三年六月二十三日）

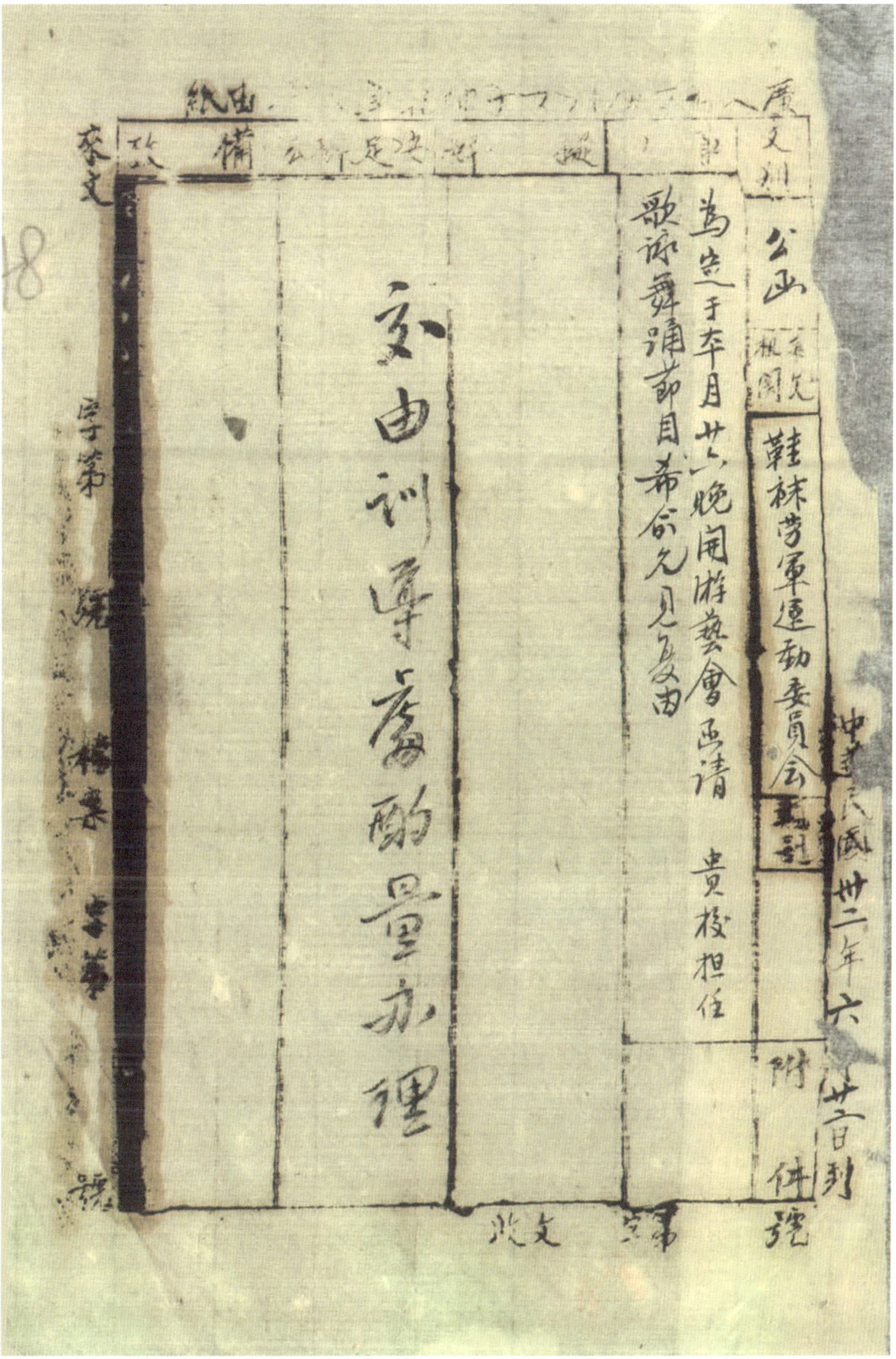
公函

鞋袜劳军運動委員会

為准于本月廿六晚開游藝會函請貴校担任歌詠舞踊節目希允見復由

交由訓導處酌量辦理

中華民國卅二年六月廿二日到

49

連縣鞋袜勞軍運動委員會（公函） 中華民國卅年六月廿一日

查本会經決定於本月二十六日（星期六）晚上六時至十時在民眾会场举行游藝会籌募鞋袜勞軍代金，関於歌詠舞蹈節目亦經決定敦請

貴校担任，尚希

俞允，將節目於本月廿四日以前開列送会，以便辦理為荷。

此致

省立女子師範學校

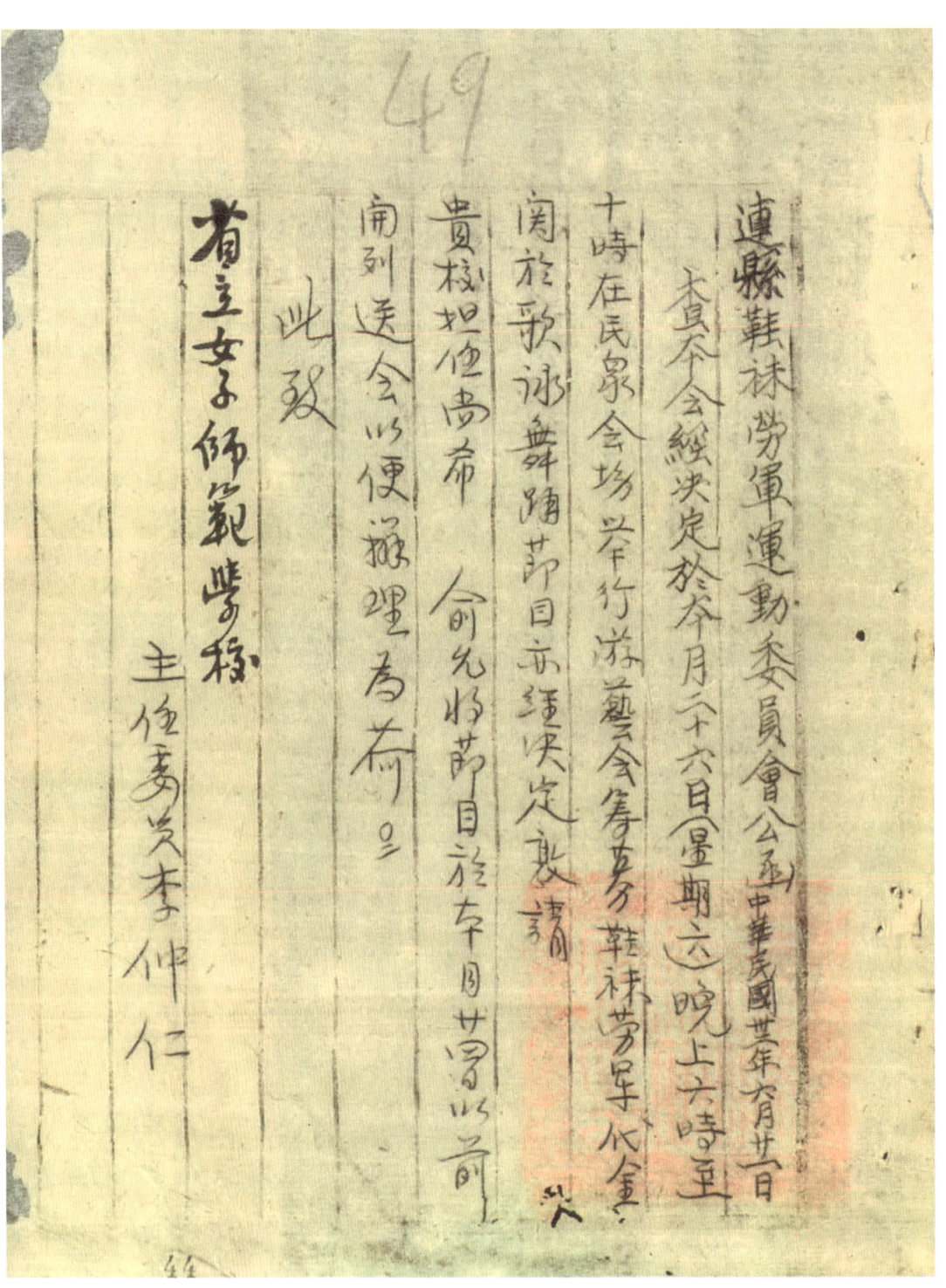

主任委員李仲仁

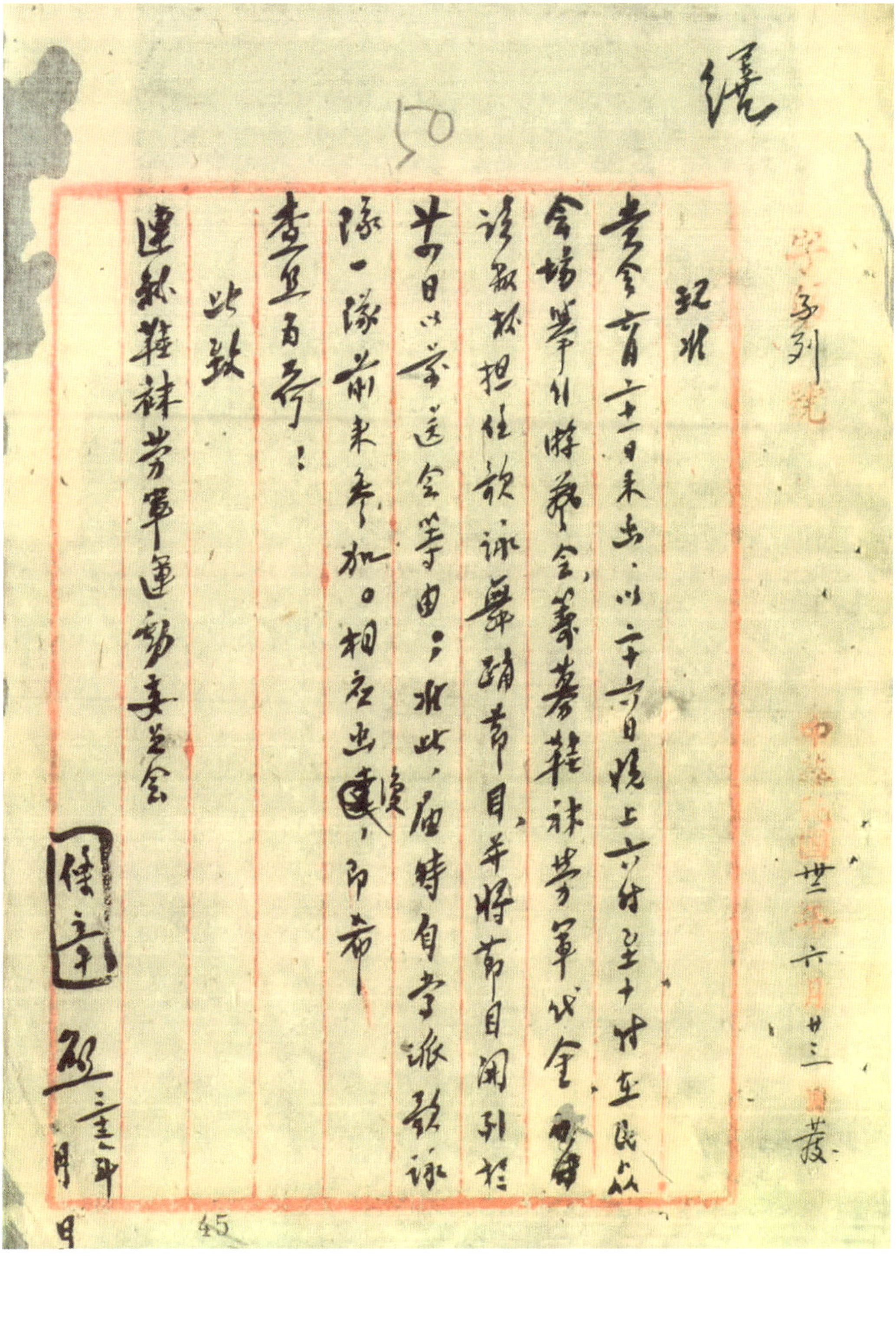
缮

学务列处

径启者：

贵会本月二十一日来函，以二十六日晚上六时至十时在民众会场举行游艺会，义募鞋袜劳军代金，每请敝校担任歌咏舞蹈节目，并将节目开列于廿四日以前送会等由；准此，届时自当派歌咏队一队前来参加。相应函复，即希查照为荷！

此致

连县鞋袜劳军运动委员会

中华民国卅二年六月廿三日发

卅二年　月　日

45

连县鞋袜劳军运动委员会为扩大募捐运动请广东省立广州女子师范学校协助出版壁报的函
（一九四三年六月十四日）

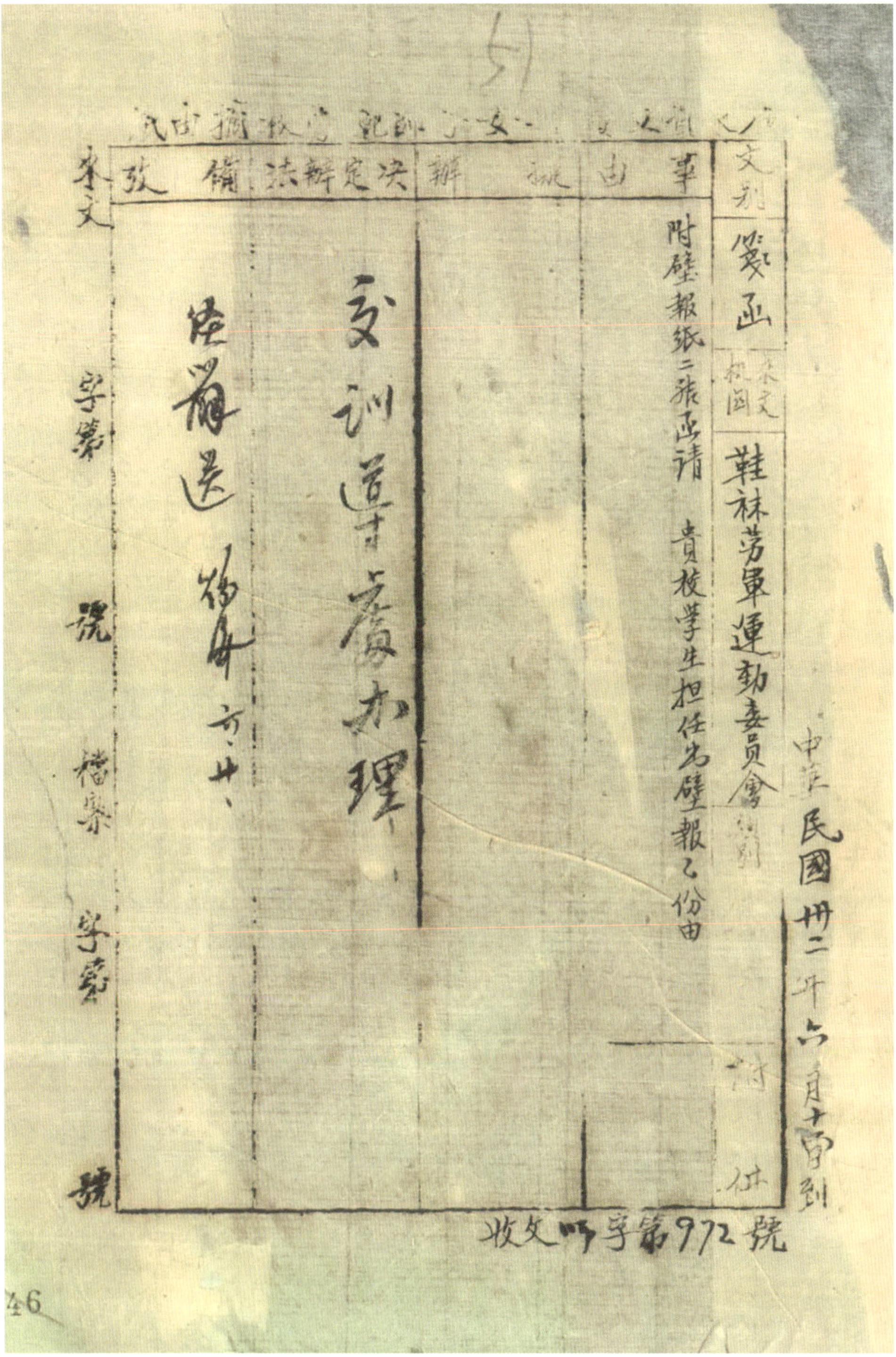
文别 笺函
来文机关 鞋袜劳军运动委员会
事由 附壁报纸二张函请贵校学生担任出壁报乙份由
中华民国卅二年六月十四到
交训导处办理
收文师字第972號
46

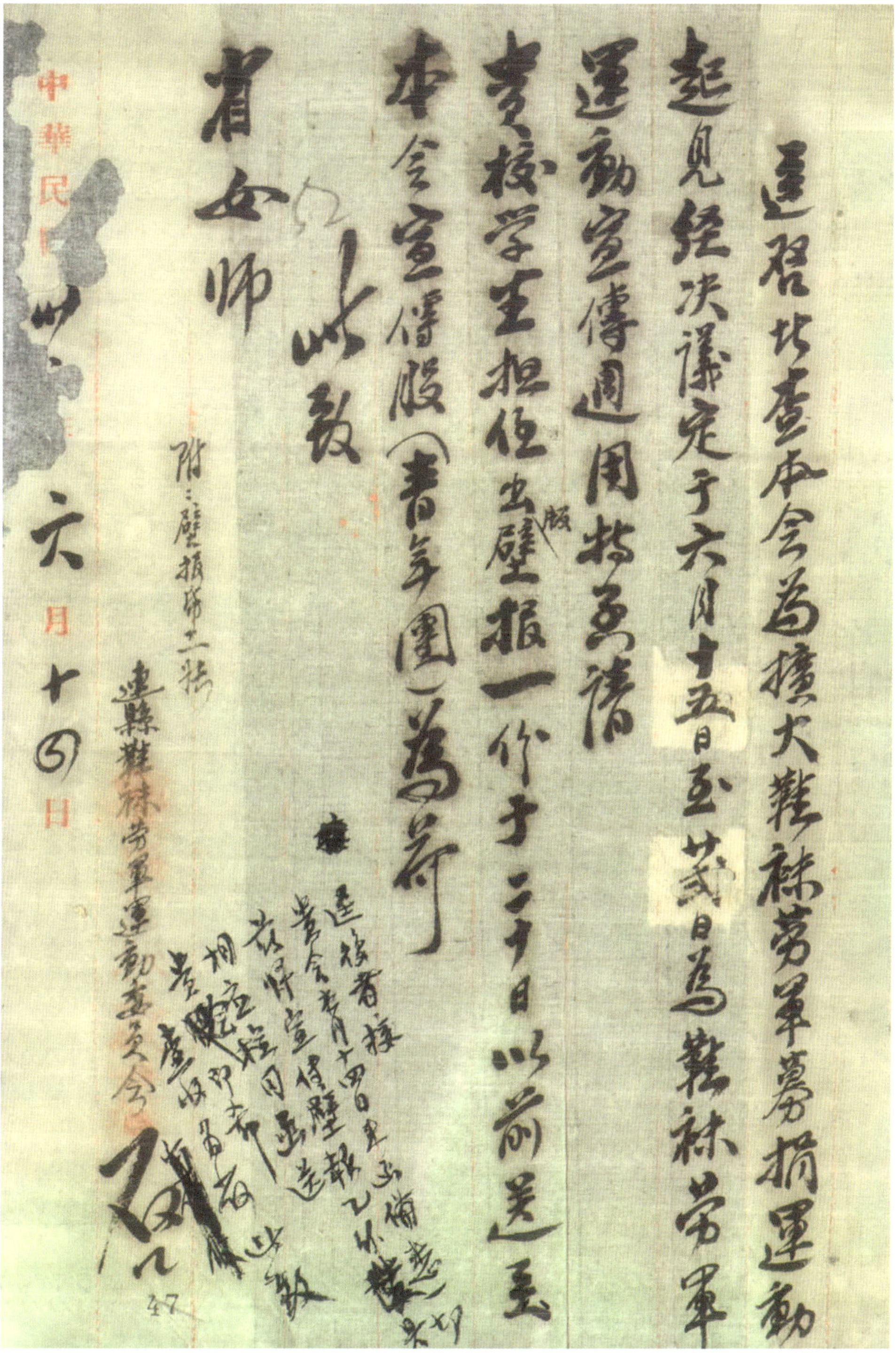
逕啓者：本会為擴大鞋襪勞軍募捐運動起見，經決議定于六月十五日至廿五日為鞋襪勞軍運動宣傳週，用特函請
貴校學生担任出壁報一份，于二十日以前送至
本会宣傳股（青年團）為荷
此致
省女師

附：壁報紙十一張

連縣鞋襪勞軍運動委員會
中華民國[illegible]年六月十四日

逕復者：接
貴會本月十四日來函，備悉一切，茲將宣傳壁報乙份送請
貴會查收，即希
查照為荷
此致

广东省立广州女子师范学校关于送本校学生采集所得之自然科标本致广东省立民众教育馆的函

（一九四三年六月十四日）

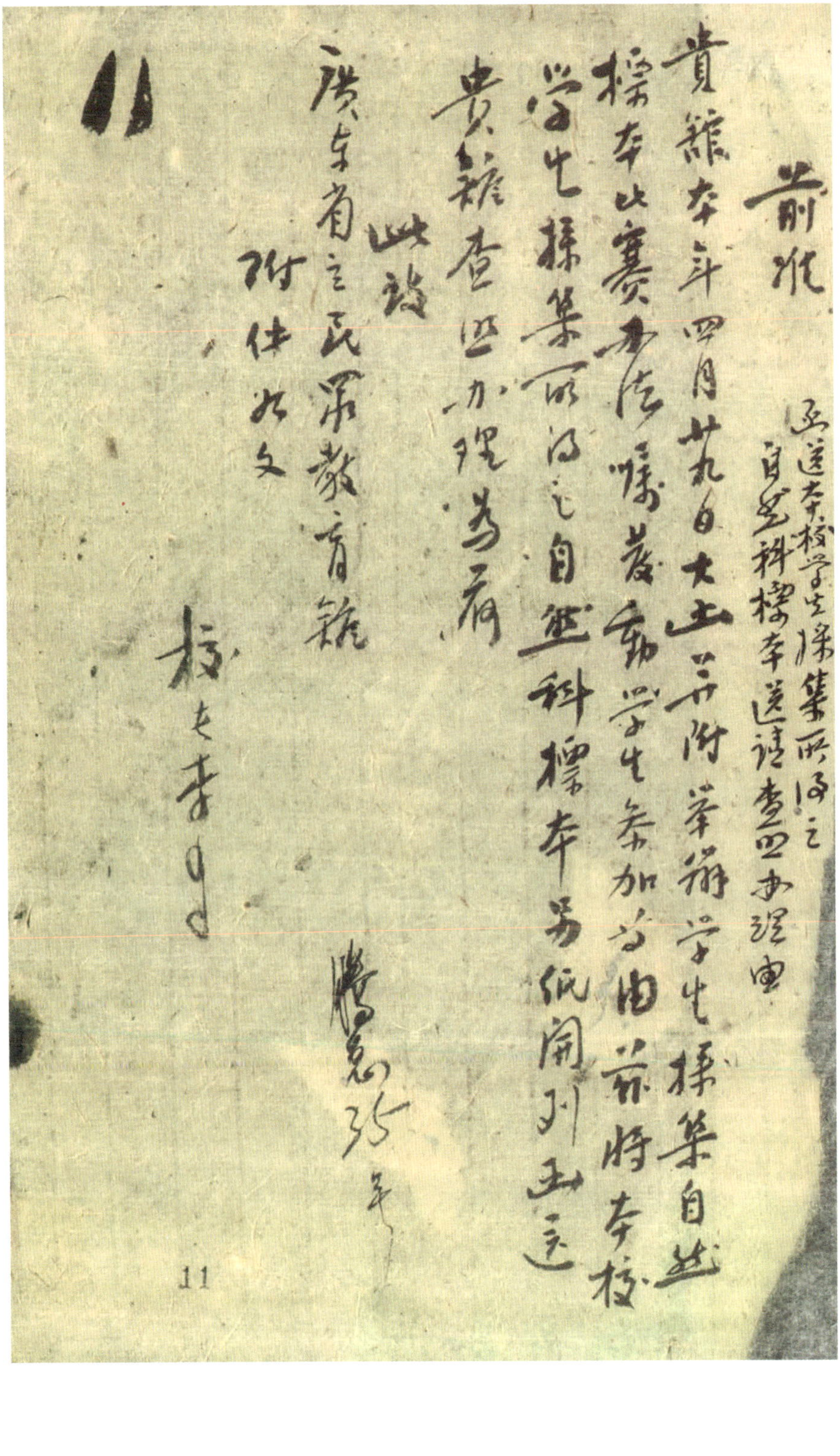
函送本校学生採集所得之自然科標本請查照办理由

前准

貴館本年四月廿九日大函並附籌辦學生採集自然標本比賽辦法囑發動學生參加等由茲將本校學生採集所得之自然科標本另紙開列函送

貴館查照办理為荷

此致

廣東省立民眾教育館

附件如文

校長 [illegible]

11

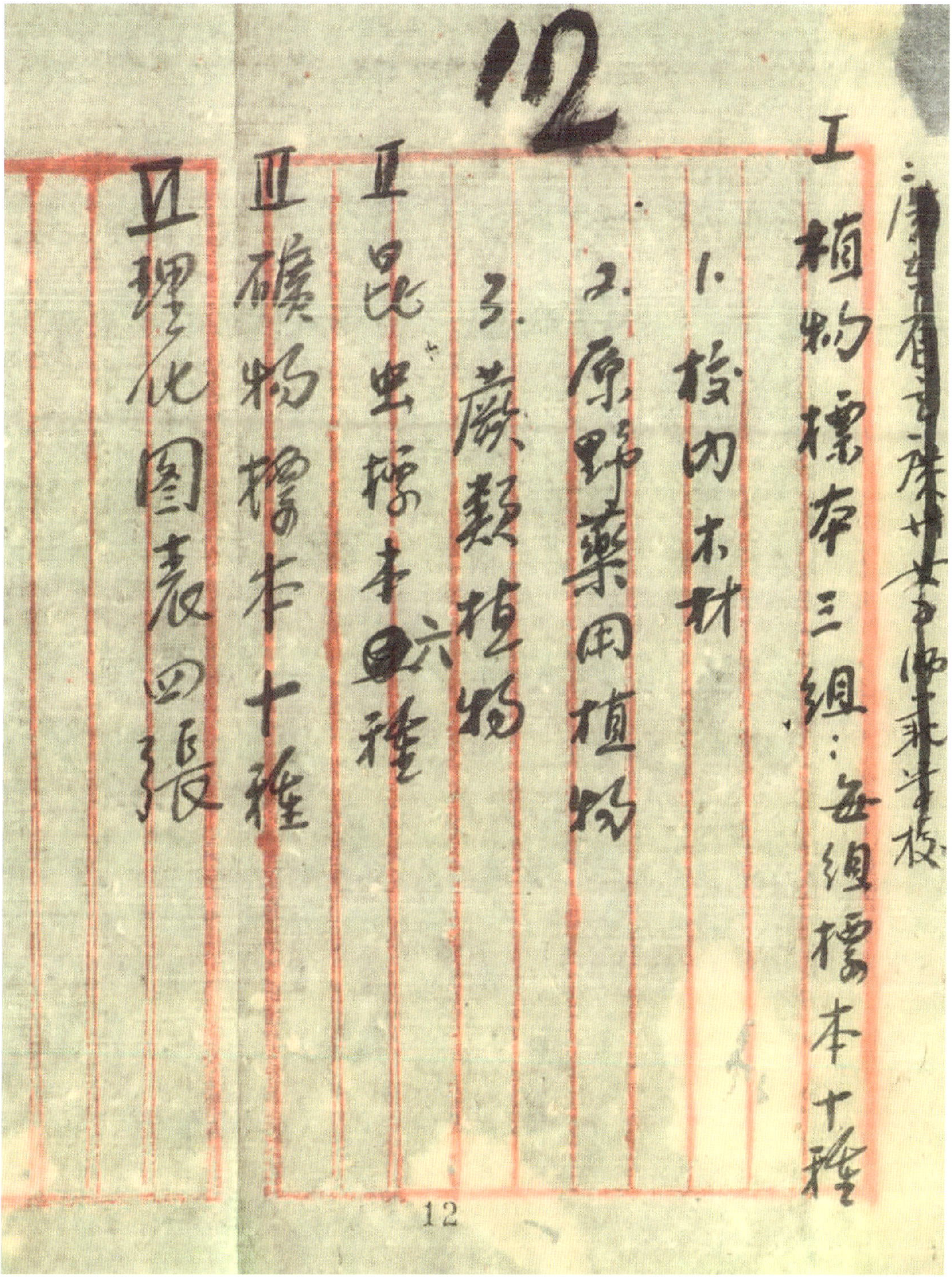

12

I 植物標本三組：每組標本十種

1. 枝內木材

2. 原野藥用植物

3. 蕨類植物

II 昆蟲標本六種

III 礦物標本十種

IV 理化圖表四張

12

廣東省立廣州女子師範學校稿紙

文別	來文機關	事由	擬辦	決定辦法	備攷
公函	省民教館	為舉行擇業指導標準比賽希發動學生參加由	交黃紹勤先生 莫柱孫先生 办理		
類別		附件	比賽簡章乙份		

中華民國卅年五月一日到

收文 字 號

收文 字 2034 號

112

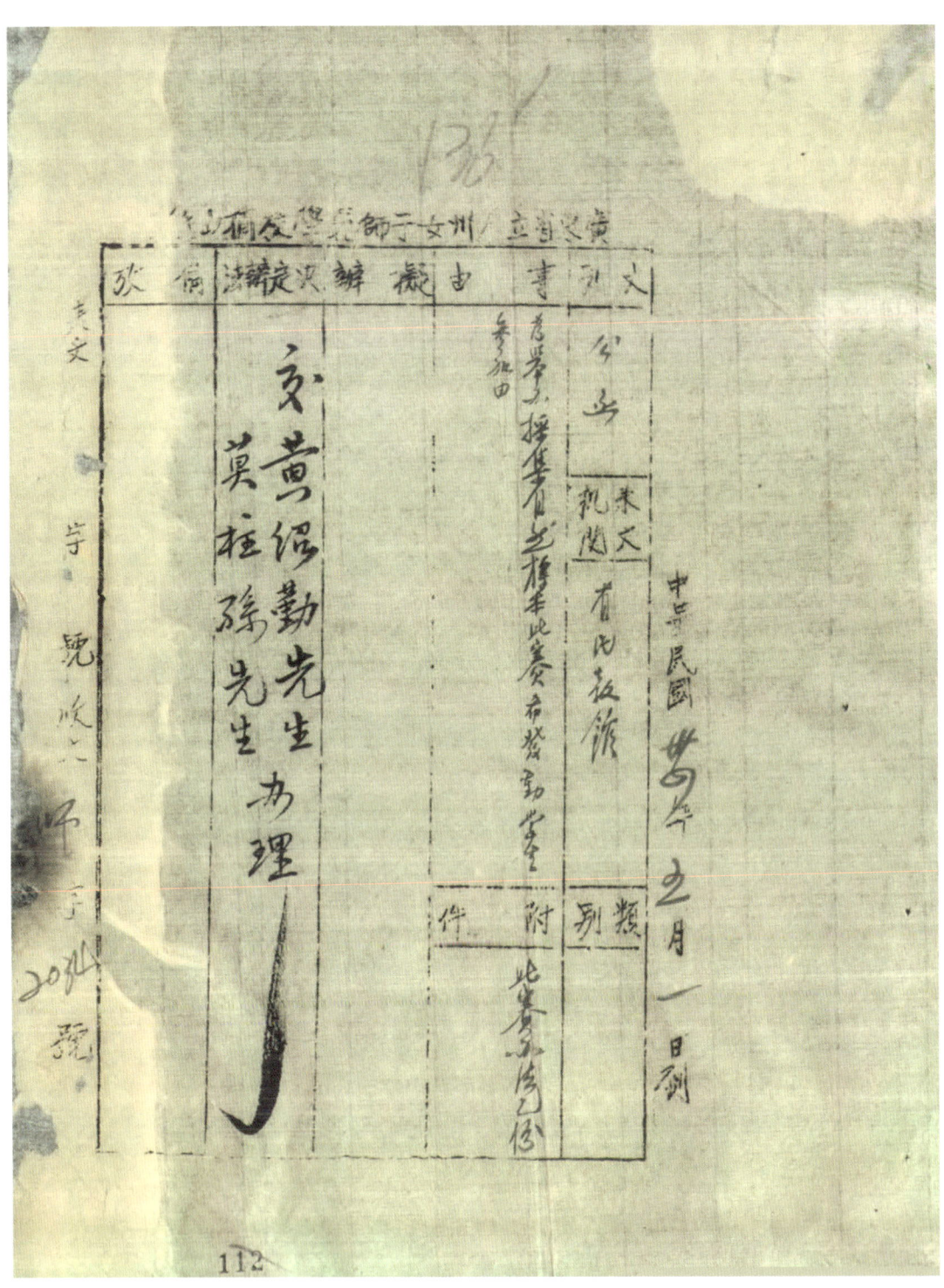

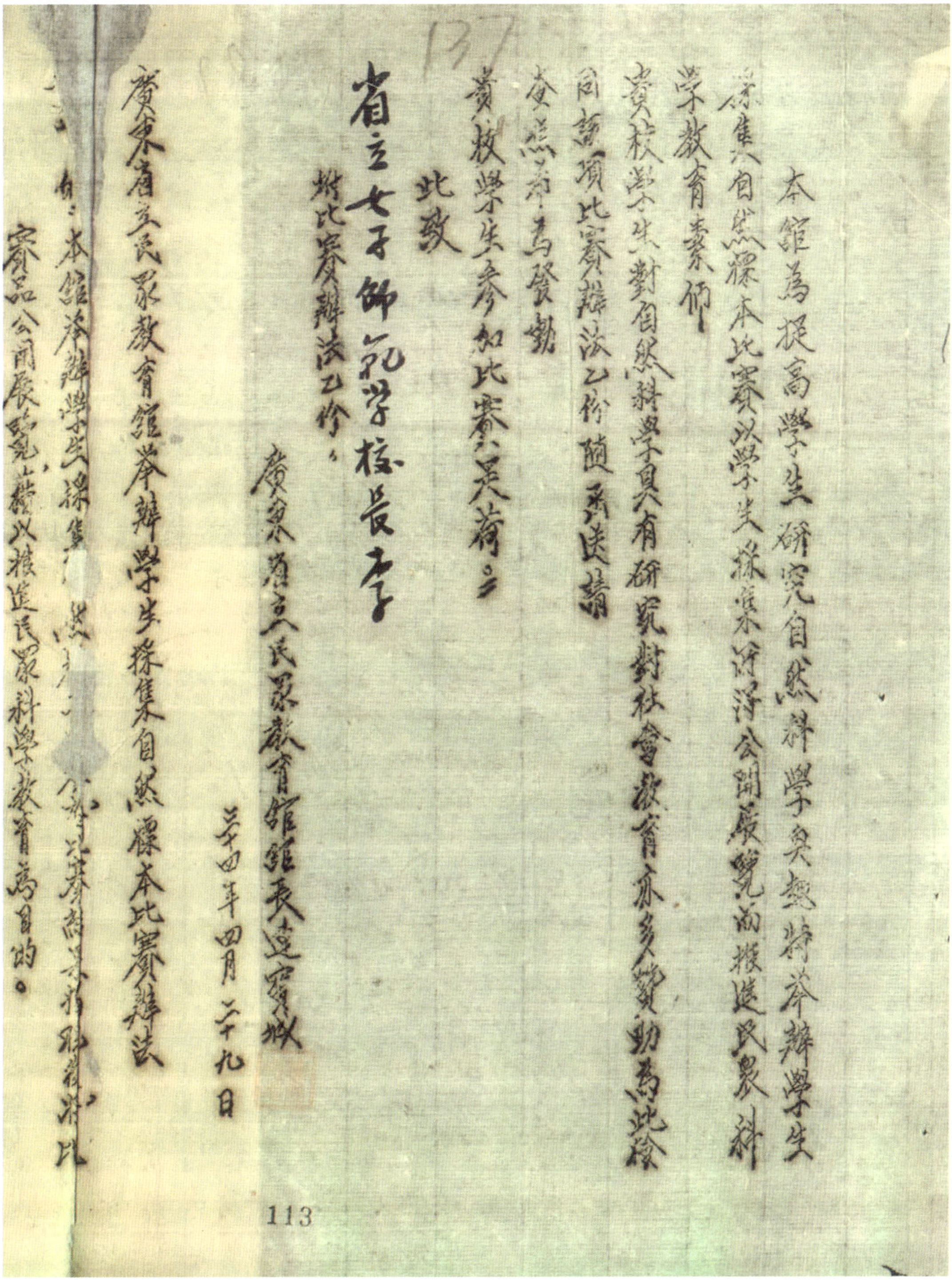

本館爲提高學生研究自然科學興趣特舉辦學生採集自然標本比賽以學生採集所得公開展覽而推進民衆科學教育素願

貴校學生對自然科學具有研究對社會教育亦多贊助爲此檢同該項比賽辦法乙份隨函送請

查照希爲發動

貴校學生參加比賽是荷此

此致

省立女子師範學校長李

附比賽辦法乙份

廣東省立民衆教育館館長區達寶城

三十四年四月二十九日

廣東省立民衆教育館舉辦學生採集自然標本比賽辦法

一、本館舉辦學生採集[illegible]然[illegible]比賽[illegible]比

賽品公開展覽藉以推進民衆科學教育爲目的。

113

（二）标本类别：比赛标本分三类，(1)动物标本、(2)植物标本、(3)矿物标本。

（三）标本组数：每类比赛标本以十件为一组，参加比赛之品类与组数，多少无限。

（四）标本说明：各类比赛标本，每件须附以文字说明。

（五）评判：由本馆聘请自然科学专家担任评判。

（六）奖励：分奖金与奖品两种，选择优良者各三名，给予奖励，（冠军奖金壹仟元、第二名奖金五百元、第三名奖品一件。）

（七）征集时间：自本年五月一日起至六月十五日止。

（八）揭晓日期：三十四年六月廿五日，将比赛结果在本馆公布。

（九）展览期间：比赛结果揭晓后，将比赛品在本馆展览三天，期满后原件发还。

（十）征本件地点：连县中山公园内本馆。

教育部关于令私立广州大学试办短期讲座如试办有效可以推行将补助一万元经费的训令（一九四三年二月十三日）

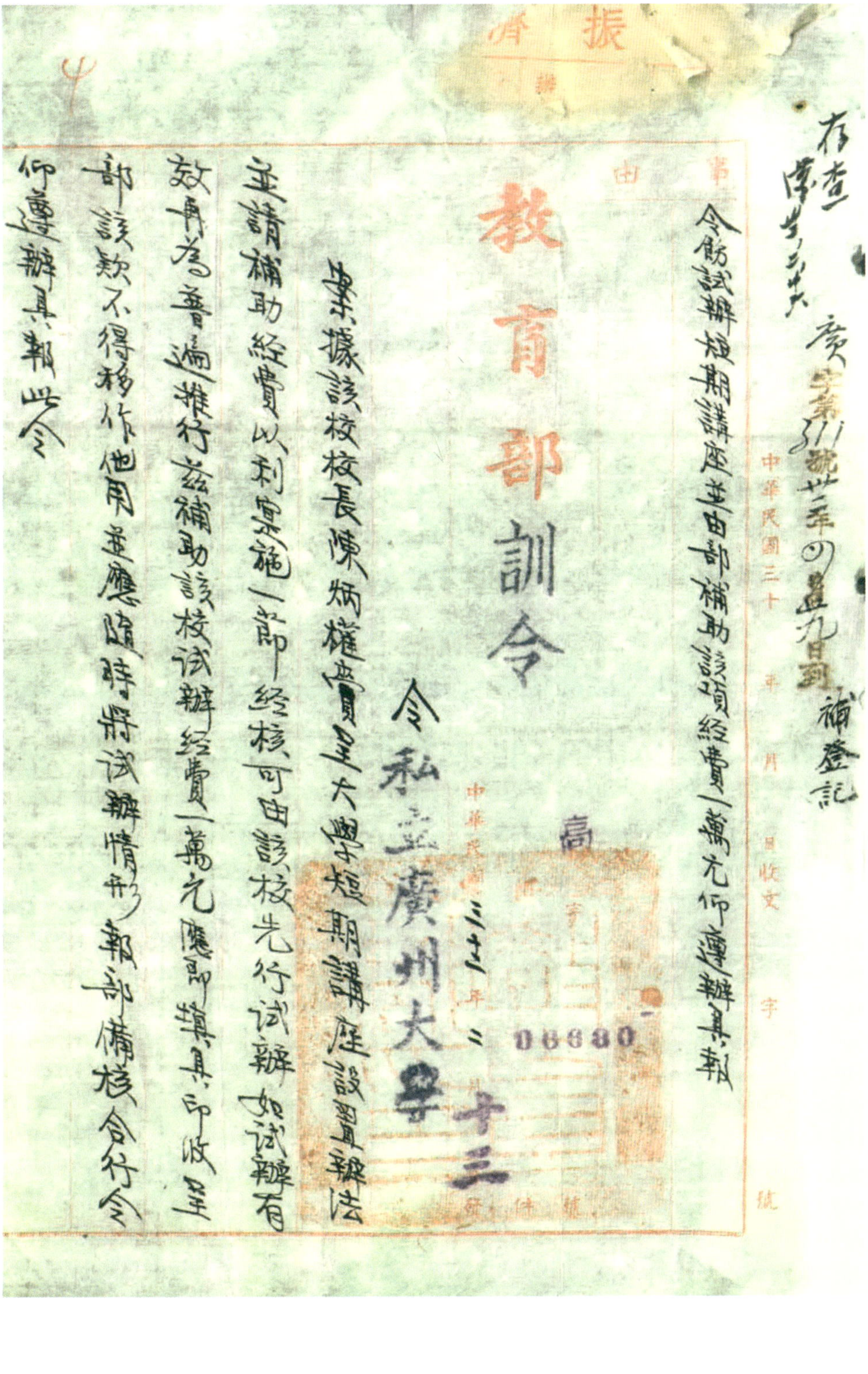
事由：令飭試辦短期講座並由部補助該項經費一萬元仰遵辦具報

教育部訓令 高

令私立廣州大學

案據該校校長陳炳權呈賫大學短期講座設置辦法並請補助經費以利實施一節經核可由該校先行試辦如試辦有效再為普遍推行茲補助該校試辦經費一萬元應即填具印收呈部該款不得移作他用並應隨時將試辦情形報部備核合行令仰遵辦具報此令

中華民國三十二年二月十三

存查

廣字第511號 卅二年四月九日到 補登記

部長 陳立夫

監印左　仲

校對韓幼珊

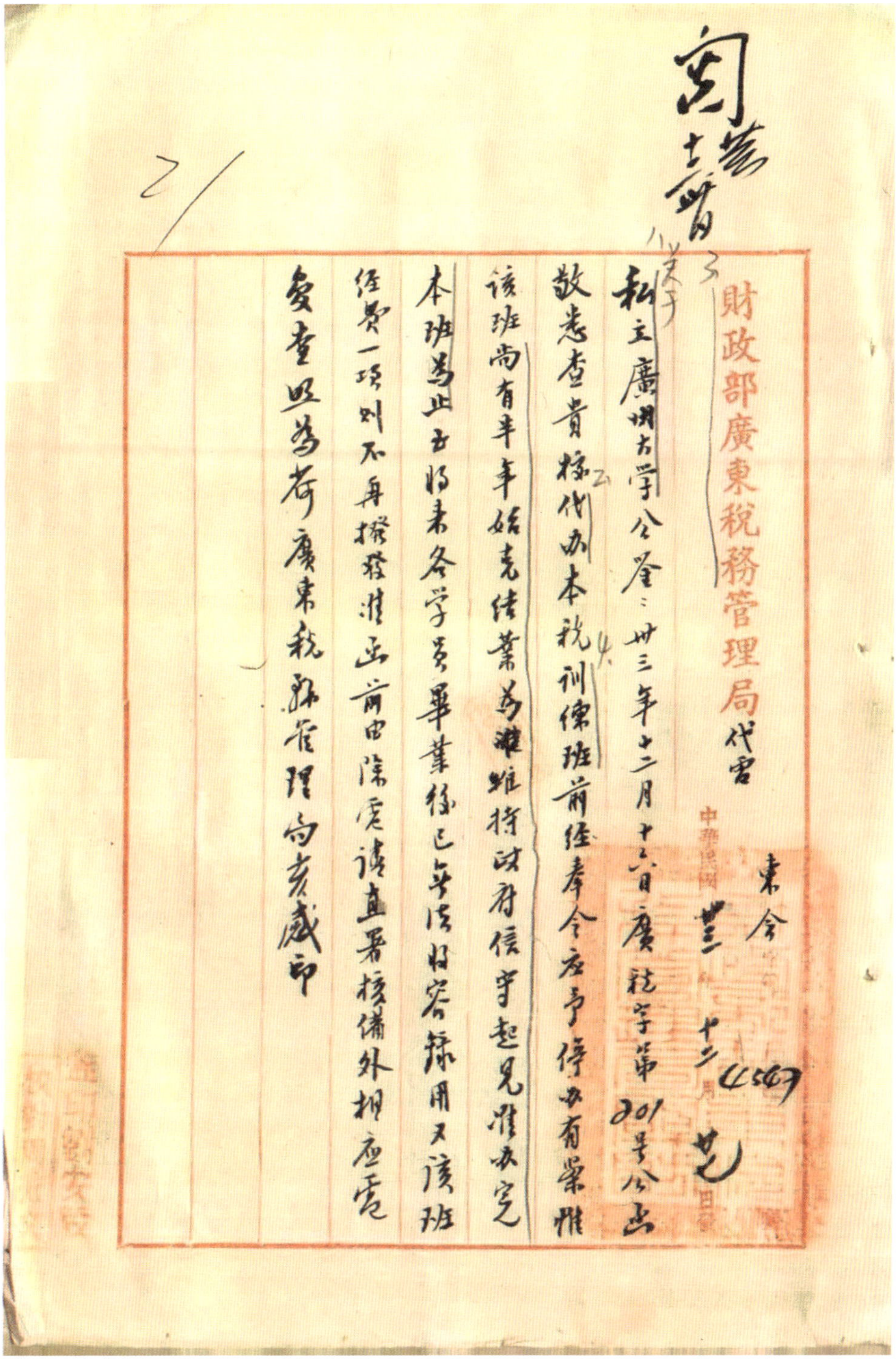

財政部廣東稅務管理局代電

私立廣州大學公鑒：卅三年十二月十六日廣社字第201號公函敬悉。查貴校代辦本稅訓練班，前經奉令應予停辦有案，惟該班尚有半年始克結業，為維持政府信守起見，准予辦完本班為止。至將來各學員畢業，係已無法收容錄用，又該班經費一項則不再撥發，准函前由，除呈請直署核備外，相應電復查照為荷。廣東稅務管理局亥感印

财政部广东税务管理局关于私立广州大学税务训练班尚有半年始克结业为维持政府信守起见准办完本班为止的代电（一九四四年十二月二十七日）

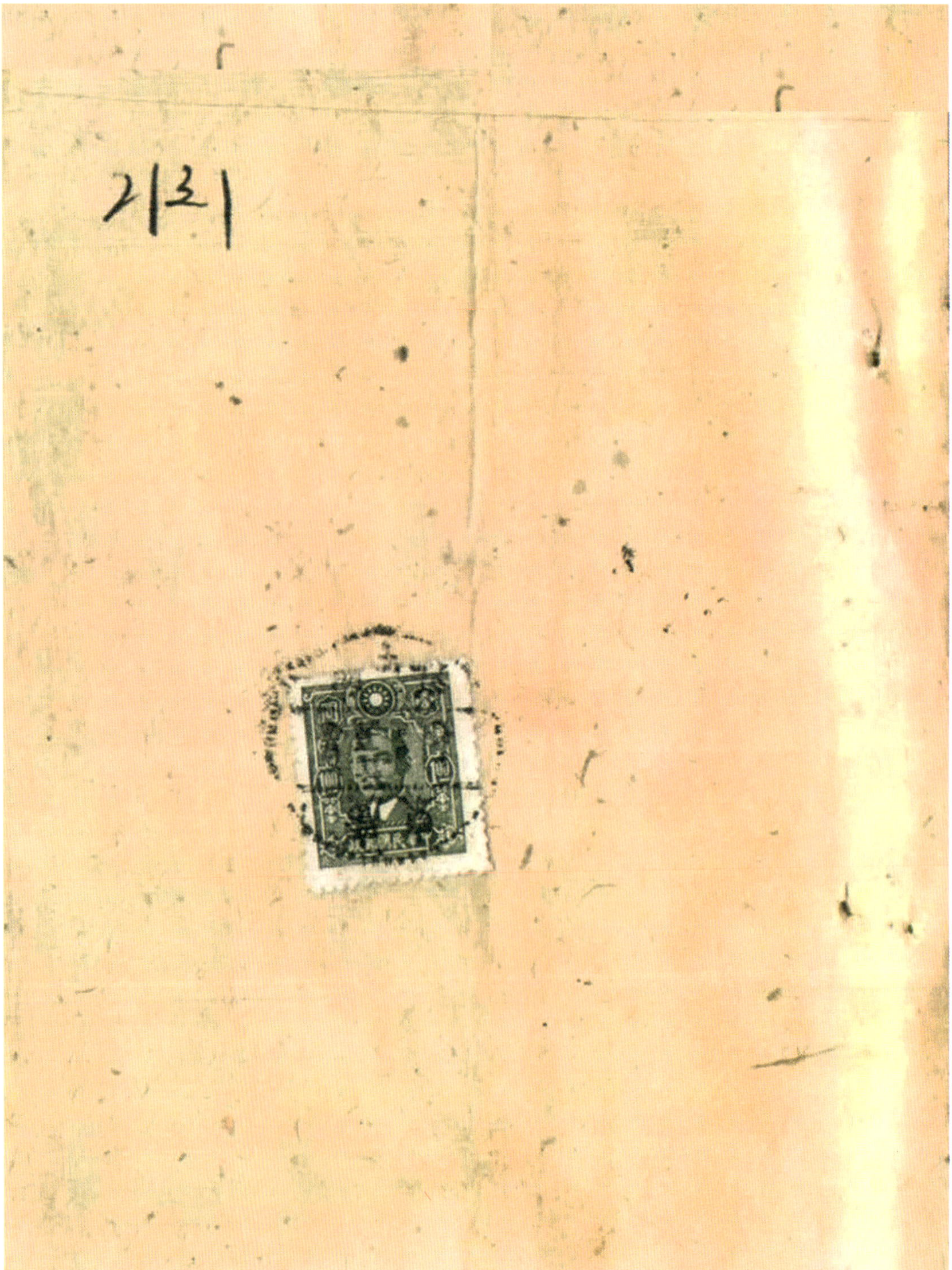

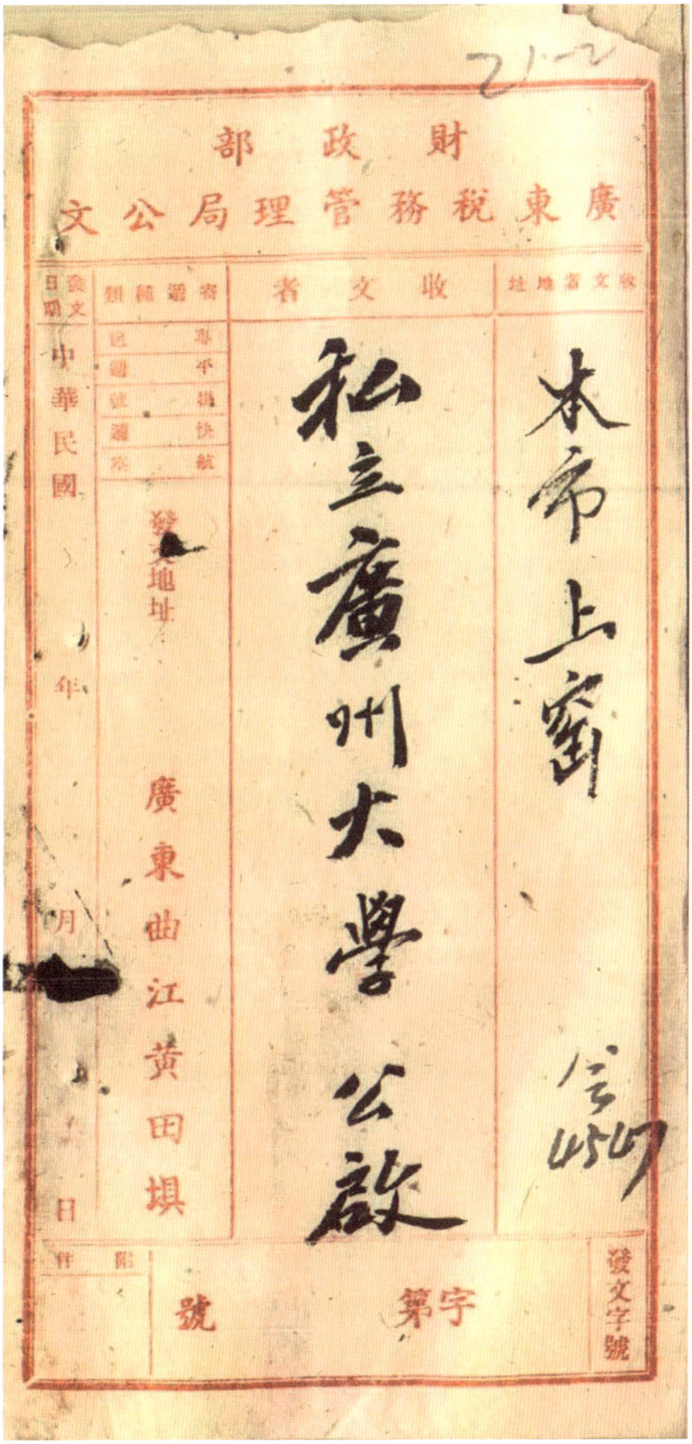
21-2

財政部

廣東稅務管理局公文

收文者地址：本市上窗

收文者：私立廣州大學公啟

寄遞種類：專送、平遞、掛號、快遞、航空

發文地址：廣東曲江黄田垻

發文日期：中華民國　年　月　日

附件

發文字號：字第　號

公
4507

广州市私立培英中学三十二年度第二学期调查报告表（一九四三年）

廣東省中等學校調查報告表

卅二年度第二學期

廣東省教育廳督導室製發

校名	廣州市私立培英中學	校址	韶關市東河壩中正路	現在地址
校董會	十六年 月奉准立案	學校	十六年 月奉准立案；年 月奉准教育部備案	
校長姓名	傅世仕	履歷	北平燕京大學理學士	到校年月 卅二年八月

職教員 性別	合計	專任教員	兼任教員	職員數
男	25	13	2	10
女	6	2	0	4
統計	31	15	2	14

兼辦社教情形：有無設立社教推行委員會？有

學生 科別與級別	班級數	學生 男	學生 女
高級 合計	5	177	49
高中三年級	1	39	12
高中二年級甲班	1	36	8
高中二年級乙班	1	33	12
高中一年級甲班	1	34	8
高中一年級乙班	1	35	9
初級 合計	3	98	25
初中三年級	1	21	5
初中二年級	1	38	8
初中一年級	1	39	12
總計	8	275	74

已辦社教要項	
民教	2 班
壁報	3 期
演講及歌詠	15 次
戲劇	2 次

現辦社教要項	
民教	2 班
壁報	3 期
戲劇	5 次
巡回宣講	3 次

本年度經費預算

歲入經費	數額	歲出經費	數額
經常費 學費	120,300.	經常費 教職員薪津	406,660.
學米	208,650.	圖書儀器	10,000.
堂費	95,700.	印刷文具	34,000.
圖書費	18860.	伙食燃料	20,000.
体育費	18860.	水電郵電	25,000.
醫藥費	26380.	軍訓童軍工作	5,000.
		雜支	71,000.
合計	488,750.	合計	571,660.
臨時費		臨時費 地租	27264.
		校具及裝修	40000.

上年度收支數比較：收入 $35,2530.00元；支出 $55,8982.00元

經費：數目 10,000元；來源 由各有關團体捐助

黨團活動情形：團員人數：86人；組織訓練 成立區隊部、教導部及三民主義青年團韶關分團派員指導校訓行。經費 由分團按月撥助 600元

每生每期繳費數	學費	圖書費	体育費	衛生費	學米	膳費	宿費	堂費	合計
高級	400	60	60	80	650	2000	300	300	3850
初級	300	60	60	80	650	2000	300	300	3750

核 三、十七

擬 存 三、十六

廣東省中等學校調查報告表　其二：職教員

職別	姓名	性別	年齡	籍貫	學歷經歷及所習科系	担任科目	每週授課時數	每月薪津	到校年月	有無校外兼職	曾否經檢定合格	已否入黨
教務主任	張家駒	男	二十一	廣東番禺	私立北平燕京大學歷史系文學士，同校文學研究院歷史部肄業，歷任本校史地國文教員五年	高三高二歷史	六小時	四百[illegible]	卅二年八月	無專任		已
訓導主任	湯卓元	男	五十	廣東新會	私立廣州法政專門學校畢業，私立廣州大學法學士，廣東省黨部檢定高中訓育主任及公民教師，歷任廣州市市立美術學校訓育主任、廣州市市立第二中學訓育主任及本校訓育主任兼黨義教師	高初中各級公民	八小時	四百	卅二年八月	專任	已檢定合格	已
事務主任	陳嘉猷	男	二十九	廣東南海	上海暨南大學商科及上海新華藝術大學畢業，歷任廣州培英中學香港分校事務主任兼美術科教員五年	高初中勞作各級美術	十四小時	四百	卅二年八月	專任		在申請中
軍訓教官	梁嘉驤	男	二十七	廣東中山	中央軍校十五期砲兵科畢業，歷任廣東省保安司令部參謀、東吳大學訓導員及代體育主任、廣東軍管區派駐本校上尉助教	高中軍訓	九小時	叁百?	卅二年八月	專任		
童軍教練	何啟深	男	二十一	廣東新會	新會縣立鄉村師範高中畢業，廣州大東路童子軍團團員，歷任真光中學及基聯中學童軍教練	初中童軍	六小時	一百二十元?	卅三年二月?	兼任		
體育主任	劉澤民	男	二十四	廣東東莞	中山大學文學院社會學系文學士，曾任本校體育主任三年	高初中各級體育	八小時	叁百?	卅二年八月	專任		
校醫	馮秉衡	男	二十九	廣東南海	嶺南大學孫逸仙博士醫學院畢業，曾任廣東省立救濟醫院醫師、南雄樟東陸軍總醫院外科醫師兼眼耳鼻喉主任醫師	高中女生軍事看護	六小時	一百	卅二年十月	兼任		
英文教員	簡康伯	男	五十二	廣東順德	美國長老會別安德書院畢業，歷任廣州尚賢英文學校校長、廣州私立康伯英文中學校長、本校高中英文教員	高三高一初二英語	十八小時	三百	卅二年八月	專任		在申請中
英文教員	張紹棠	男	三十四	廣東番禺	香港大學文學士，歷任香港教育司署特訓教師及香港大學基督教英文刊總編輯九年	高二高一初一英語	十八小時	三百	卅二年九月	專任		在申請中
數學教員	吳一始	男	二十四	廣東順德	中山大學工學院機工系畢業	初中各級數學	十八小時	三百	卅二年九月	專任		

職別	姓名	性別	年齡	籍貫	學歷經歷及所習科系	担任科目	每周授課時數	每月薪津	到校年月	有無校外兼職	曾否檢定及格	已否入党
博物教員 生物化學	謝學賢	男	四十一	廣東台山	美國哥林比亞大學藥物學及藥物化學士第一次檢定教師第一八二號歷任本校生物及化學教員私立賓筏中學教導主任私立光華醫學院藥理教授私立夏葛醫學院生物學及藥學教授	高二初二化學初一博物高一生物初二博物一二班生物	十八小時	叁百	卅三年八月	專任	已	
數學教員	温啟榮	男	二十四	廣東鶴山	中山大學工學院機工系畢業曾任始興縣立中學數學教員	高一數學	十八小時	叁百	卅三年二月	專任		
國文教員	李鏡池	男	四十三	廣東開平	廣州協和大學畢業北平燕京大學宗教學院畢業及國學研究所研究生歷任廣州協和神學院中國文學系主任北平燕京大學國文系助教本校高中文史教員省立越華中學高中文史教員	高三國文	廿八小時	叁百伍	卅三年八月	專任		
英文教員	劉文駿	男	四十四	廣東台山	香港大學文科教育系畢業曾任香港署理新界英文視學官香港官立育才書社灣仔書院英文教師	初中英文	十八小時	三百	卅三年二月	專任		
地理教員	黃愛桐	女	卅一	廣東中山	國立中山大學文學院教育學系畢業歷任省立廣州女師初中地理專任教員曲江縣立中學英語專任教員兼女生指導員廣東兒童教養院教材編纂委員會編輯省立廣州女師高中師範科專任教員國立第三華僑中學專任教員	高初中外國地理	十八小時	三百	卅三年二月	專任		
文史教員	王有德	男	三十六	廣東東莞	國立中山大學法學院法律學系畢業曾任九龍私立民範中學教導主任廣州私立培正中學教員遂溪縣立簡易師範教員省立雷州師範學校教員	初二國文歷史初一地理	十七小時	四百	卅三年八月	專任		
物理教員	譚福璜	男	二十七	廣東番禺	廣東省立文理學院理化系物理組畢業曾任私立華英中學物理教員私立廣州大學附屬中學專任教員	高三初三物理	八小時	三百	卅三年二月	兼任		
文史教員	李貞明	男	二十八	廣東中山	嶺南大學修業協和神學院畢業曾任本校香港分校教員	高一初三歷史	六小時	三百	卅三年八月	專任		
國文教員	顏君裕	男	五十九	廣東南海	香港官立實業學堂師範專科畢業曾任香港官立庇理羅士女子中學及聖道書院國文專科教員	高二高一國文	十八小時	三百	卅三年八月	專任		
國文教員	梁醇如	男	五十六	廣東高要	香港師範學院畢業曾任香港庇理羅士女學校育才書社皇仁書院國文教員	初中國文	十八小時	三百	卅三年二月	專任		

職別	姓名	性別	年齡	籍貫	學歷經歷及所習科系	担任科目	每周授課時數	每月薪津	到校年月	有無校外兼職	曾否檢定及格	已否入党
算學教員	王文棣	女	四十三	河北大[illegible]	北平燕京大學理學士曾任北平華文女中數學教員山東博文女中數學教員廣州真光中學數學教員台山培英中學數學教員	高中高二數學	二十小時	貳百伍	卅三年二月	專任		
体育助教	陳澤棠	男	二十六	廣東台山	廣州培英中學高中畢業廣東國民大學法學院修業	中体 初級 高各育	八小時	叁百	卅三年八月	專任		
會計員	陳允求	男	四十七	廣東南海	金陵大學修業歷任中華基督教會廣東協會會計主任十八年			四百	卅三年八月	專任		
圖書管理員	楊淑英	女	三十二	廣東南海	私立北平燕京大學社會學系文學士曾任香港私立尊群學校教員兩年			二百伍	卅三年八月	專任		
教務員	張新培	男	二十三	廣東從化	香港私立知行中學高中畢業曾任本校教務員四年私立華英中學教務員一年			二百伍	卅三年八月	專任		
教務員	鍾國[illegible]	男	二十八	廣東高要	高要縣立中學修業歷任本校附小及高要縣祿南鄉中心學校教員			弍百	卅三年十二月	專任		
教務員	許秀娟	女	二十六	廣東曲江	廣州知用中學高中師範科畢業曾任廣州市立八十四小學級任教員兩年			壹百伍	卅三年八月	專任		
事務員	范懷敬	男	二十六	廣東惠陽	廣州培英中學高中畢業曾任香港培英小學教員惠陽大鳳鄉中心小學主任教員連縣三江曹溪小學總務主任兼教員嶺南大學農學院圖書館助理員			弍百	卅三年十二月	專任		
事務員	王有賢	男	二十二	廣東南海	廣州培英中學高中畢業			壹百伍	卅三年八月	專任		
訓育員	何淑莊	女	二十三	廣東順德	私立協和女子高級中學畢業曾任私立曹溪小學教員澳门復旦中學附小教員澳門孔教中學附小教員			壹百伍	卅三年二月	專任		

職別	姓名	性別	年齡	籍貫	學歷經歷及所習科系	担任科目	每周授課時數	每月薪津	到校年月	有無兼外職	曾否受過訓練	已否入党
舍務员	王惠貞	女	四十二	廣東番禺	廣東女子体育學校畢業曾任廣州執信學校教員廉伯中學女生管理员舍監十年			壹百伍	卅二年十一月	專任		

廣東省中等學校調查報告表　其二：職教員

職別	姓名	性別	年齡	籍貫	學歷經歷及所習科系	担任科目	每周授課時數	每月薪津	到校年月	有無校外兼職	曾否檢定及格	已否入党
數學教員	王文棣	女	四十三	河北棗强	北平燕京大學理學士曾任北平慕貞女中數學教員山東博文女中數學教員廣州真光中學數學教員台山培英中學數學教員	高三高二數學	十八小時	三百元	卅三年一月	專任		
體育助教	陳澤棠	男	二十六	廣東台山	廣州培英中學高中畢業廣東國民大學法學院修業	高初中各級體育	八小時	三百元	卅三年八月	專任		
會計員	陳允求	男	四十七	廣東南海	金陵大學修業歷任中華基督教廣東協會會計主任十八年			四百元	卅三年一月	專任		
圖書管理員	楊淑英	女	二十一	廣東南海	私立北平燕京大學社會學系文學士曾任香港私立導群學校教員兩年	初中世理	十小時	二百伍十元	卅三年八月	專任		
教務員	張新培	男	二十三	廣東從化	香港私立知行中學高中畢業曾任本校教務員四年私立華英中學教務員一年			二百五十元	卅三年八月	專任		
教務員	鍾國雄	男	二十八	廣東高要	高要縣立中學畢業歷任本校職員及高要縣祿??鄉中心學校級任教員			二百元	卅三年一月	專任		
教務員	許秀娟	女	二十六	廣東曲江	廣州知用中學高中師範科畢業曾任廣州市立八十四小學級任教員兩年			壹佰伍十元	卅三年八月	專任		
事務員	范懷敬	男	二十六	廣東惠陽	廣州培英中學高中畢業曾任香港培英小學教員惠陽大嵐鄉中心小學主任教員連縣三江曾溪小學總務主任兼教員嶺南大學農學院圖書館助理員			二百元	卅三年二月	專任		
事務員	王有賢	男	二十二	廣東南海	廣州培英中學高中畢業			壹百五十元	卅二年八月	專任		
訓育員	何淑莊	女	二十三	廣東順德	私立協和女子高級中學畢業曾任私立曾溪小學教員澳門複旦中學附小教員澳門孔教中學附小教員			壹百五十元	卅三年二月	專任		

廣東省中等學校調查報告表　其二：職教員

職別	姓名	性別	年齡	籍貫	學歷經歷及所習科系	担任科目	每週授課時數	每月薪俸	到校年月	有無校外兼職	曾否檢定及格	已否入党
教務主任	張家駒	男	三十一	廣東番禺	私立北平燕京大學歷史系文學士同校文學研究院歷史部肄業歷任本校史地國文教員五年	高三歷史 [illegible]	[illegible]小時	四百八十元	卅三年八月	專任		已
訓導主任	湯卓元	男	五十	廣東新會	私立廣州法政專門學校畢業私立廣州大學法學士廣東省党部檢定高中訓育主任及公民教師歷任廣州市市立美術學校訓育主任廣州市市立第三中學訓育主任及本校訓育主任兼党義教師	高初中各級公民	八小時	四百元	卅三年八月	專任	已	已
事務主任	陳嘉猷	男	二十九	廣東南海	上海暨南大學商科及上海新華藝術大學畢業歷任廣州培英中學香港分校事務主任兼美術科教員五年	高初中各級勞作美術	十四小時	四百元	卅三年八月	專任		
軍訓教官	梁嘉驥	男	二十七	廣東中山	中央軍校十五期砲兵科畢業歷任廣東省保安司令部參謀東吳大學訓導員及代体育主任廣東軍管區派駐本校上尉助教、	高中軍訓	九小時	三百元	卅三年二月	專任		
童軍教練	何啟深	男	二十一	廣東新會	新會縣立鄉村師範高中畢業廣州大東路童子軍團團員歷任真光中學及基聯中學童軍教練	初中童軍	六小時	四百二十元	卅三年二月	專任		
体育主任	劉澤民	男	二十四	廣東東莞	中山大學文學院社會學系文學士曾任本校体育主任三年	高初中各級体育	八小時	三百元	卅三年八月	專任		
校醫	馮秉衡	男	二十九	廣東南海	嶺南大學孫逸仙博士醫學院畢業曾任廣東省立救濟醫院醫師南雄裡東陸軍總醫院外科醫師兼眼耳鼻喉主治醫師	高中女生軍事看護	六小時	四百元	卅三年十二月	專任		
英文教員	簡廉伯	男	五十二	廣東順德	美國長老會別安德書院畢業歷任廣州尚賢英文學校校長廣州私立廉伯英文中學校長本校高中英文教員	高三高一初二英語	十八小時	三百元	卅三年八月	專任		
英文教員	張紹棠	男	三十四	廣東番禺	香港大學文學士歷任香港教育司署特訓教師及香港大學基督教英文刊總編輯九年	高二高一初三英語	十八小時	三百元	卅三年九月	專任		
數學教員	吳一始	男	二十四	廣東順德	中山大學工學院機工系畢業	初中各級數學	十八小時	三百元	卅三年九月	專任		

廣東省中等學校調查報告表 其二：職教員

職別	姓名	性別	年齡	籍貫	學歷經歷及所習科系	担任科目	每週授課時數	每月薪津	到校年月	有無校外兼職	曾否檢定及格	已否入黨
博物教員 生物化學	謝學賢	男	四十一	廣東台山	美國哥林比亞大學藥物學及藥物化學士第一次檢定教師第一八二號歷任本校生物及化學教員私立實踐中學教導主任私立光華醫學院藥理教授私立夏葛醫學院毒物學及藥學教授	高二初二化學 初一博物 高一生物初一二 生理衛生	十八小時	三百元	卅三年八月	專任	已	
數學教員	溫啟榮	男	二十四	廣東鶴山	中山大學工學院機工系畢業曾任始興縣立中學數學教員	高一數學	十八小時	三百元	卅三年二月	專任		
國文教員	李鏡池	男	四十三	廣東開平	廣州協和大學畢業北平燕京大學宗教學院肄業及國學研究所研究生歷任廣州協和神學院中國文學系主任北平燕京大學國文系助教本校高中文史教員省立越華中學高中文史教員	高三國文 高一國文 (塗去：二高二歷史)	十六小時	三百五十元	卅三年八月	專任		已
英文教員	劉文駒	男	四十四	廣東台山	香港大學文科教育系畢業曾任香港署理新界漢文視學官香港官立育才書社灣仔書院英文教師	初中英文	十八小時	三百元	卅三年二月	專任		
地理教員	黃愛桐	女	卅一	廣東中山	國立中山大學文學院教育學系畢業歷任省立廣州女師初中地理專任教員曲江縣立中學英語專任教員兼女生指導員廣東兒童教養院教材編審委員會編輯省立廣州女師高中師範科專任教員國立第三華僑中學專任教員	高初中各級地理	十八小時	三百元	卅三年二月	專任		
[illegible]教員	王有德	男	卅六	廣東東莞	國立中山大學法學院法律學系畢業曾任九龍私立民範中學教導主任廣州私立培正中學教員遂溪縣立簡易師範教員省立雷州師範學校教員	(塗去：初二國文) 歷史 初中地理	十小時	四百元	卅三年八月	專任		已
物理教員	譚福英	男	二十七	廣東番禺	廣東省立文理學院理化系物理組畢業曾任私立華英中學物理教員私立廣州大學附屬中學專任教員	高三初三物理	八小時	三百元	卅三年二月	專任		
文史教員	李貞明	男	二十八	廣東中山	嶺南大學修業協和神學院畢業曾任本校香港分校教員	高一初中歷史 高一地理	十小時	三百元	卅三年八月	專任		
國文教員	顏君裕	男	五十九	廣東南海	香港官立實業學堂師範專科畢業曾任香港官立庇理羅士女子中學及嘉道書院國文專科教員	高二高一國文	十八小時	三百元	卅三年八月	專任		
國文教員	梁綽如	男	五十六	廣東寶安	香港師範學院畢業曾任香港庇理羅士女學校育才書社皇仁書院國文教員	初中國文 (塗去：初二國文)	十八小時	三百元	卅三年二月	專任		

广东私立志锐中学连县同学会关于约请广东国际救济委员会连县分会球队举行篮球友谊赛一事的函（一九四五年六月四日）

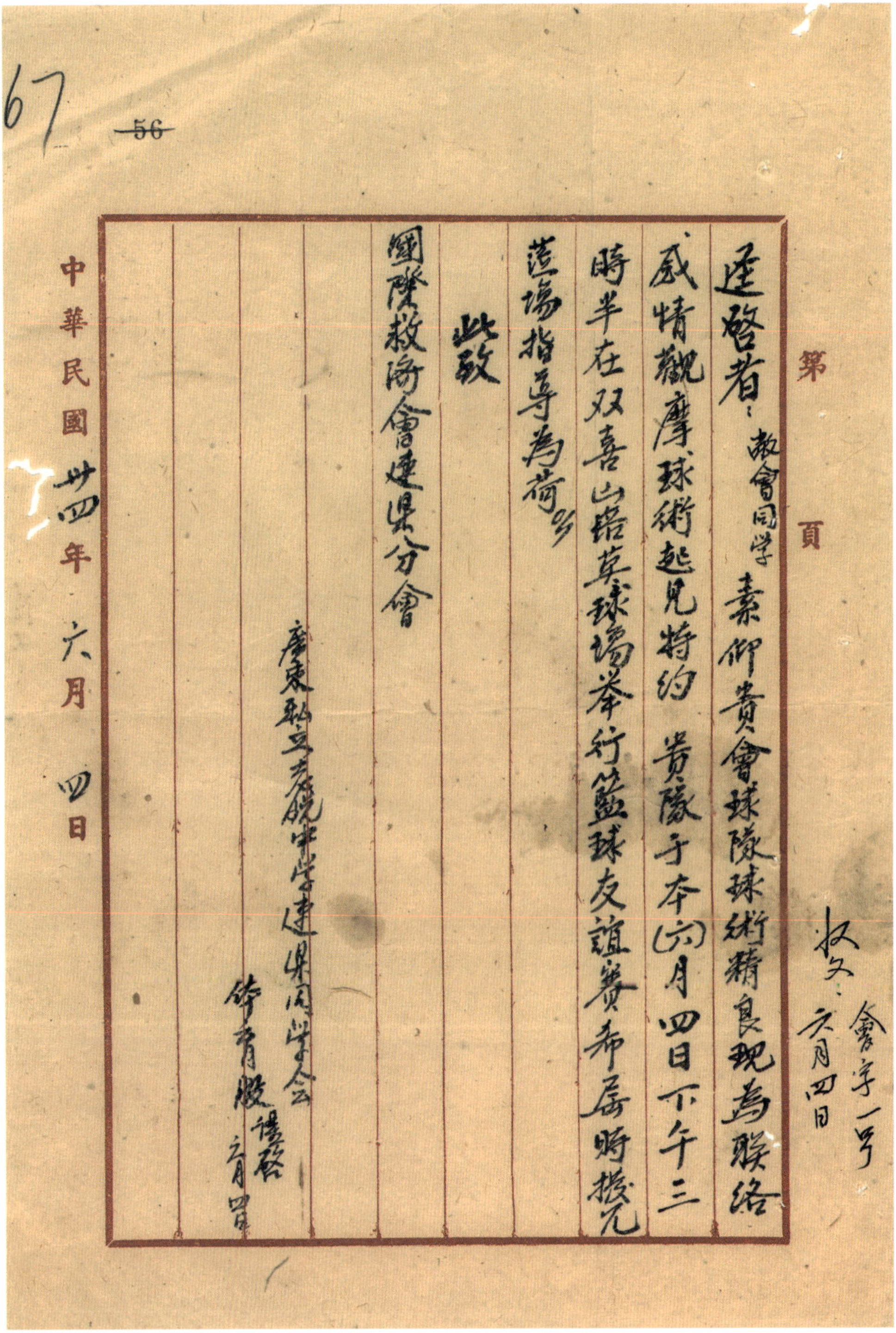
67

56

第　頁

逕啓者：敝會同学素仰貴會球隊球術精良，現為联络感情觀摩球術起見，特约貴隊于本（六）月四日下午三時半在双喜山踏草球場舉行籃球友誼賽，希屆時撥冗蒞場指導為荷。

此致

國際救濟會連縣分會

廣東私立志銳中学連縣同学会

鍾育殿謹啓

六月四日

收文 會字一号 六月四日

中華民國卅四年六月四日

广东国际救济委员会连县分会关于本会与广东私立志锐中学举办篮球友谊赛请陈允基等人依期前赴培英中学球场应战的函（一九四五年六月八日）

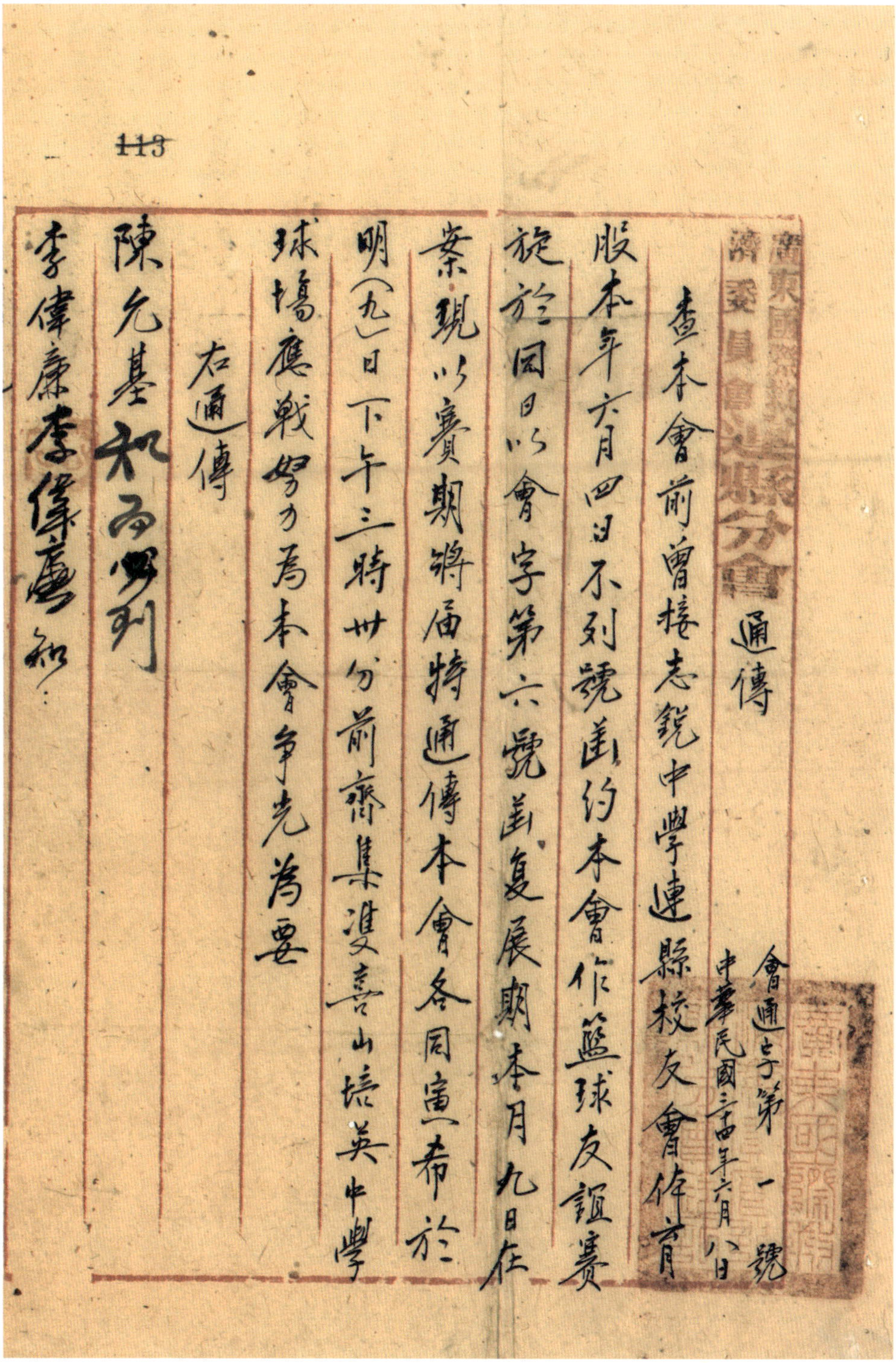

113

廣東國際救濟委員會連縣分會通傳

會通字第一號

中華民國三十四年六月八日

查本會前曾接志銳中學連縣校友會体育股本年六月四日不列號函約本會作籃球友誼賽旋於同日以會字第六號函復展期本月九日在案現以賽期將屆特通傳本會各同寅希於明（九）日下午三時卅分前齊集淮叟喜山培英中學球塲應戰努力為本會爭光為要

右通傳

陳允基 [illegible]

李偉康 李偉康 知

131

黃康道

李護法

李天輔　知到く｜、

馮錫余　知而有病未能到

雷仲堯　知

梁光能　知

葉三端　~~毋庸己請~~義務教引辭事、　汪彼得

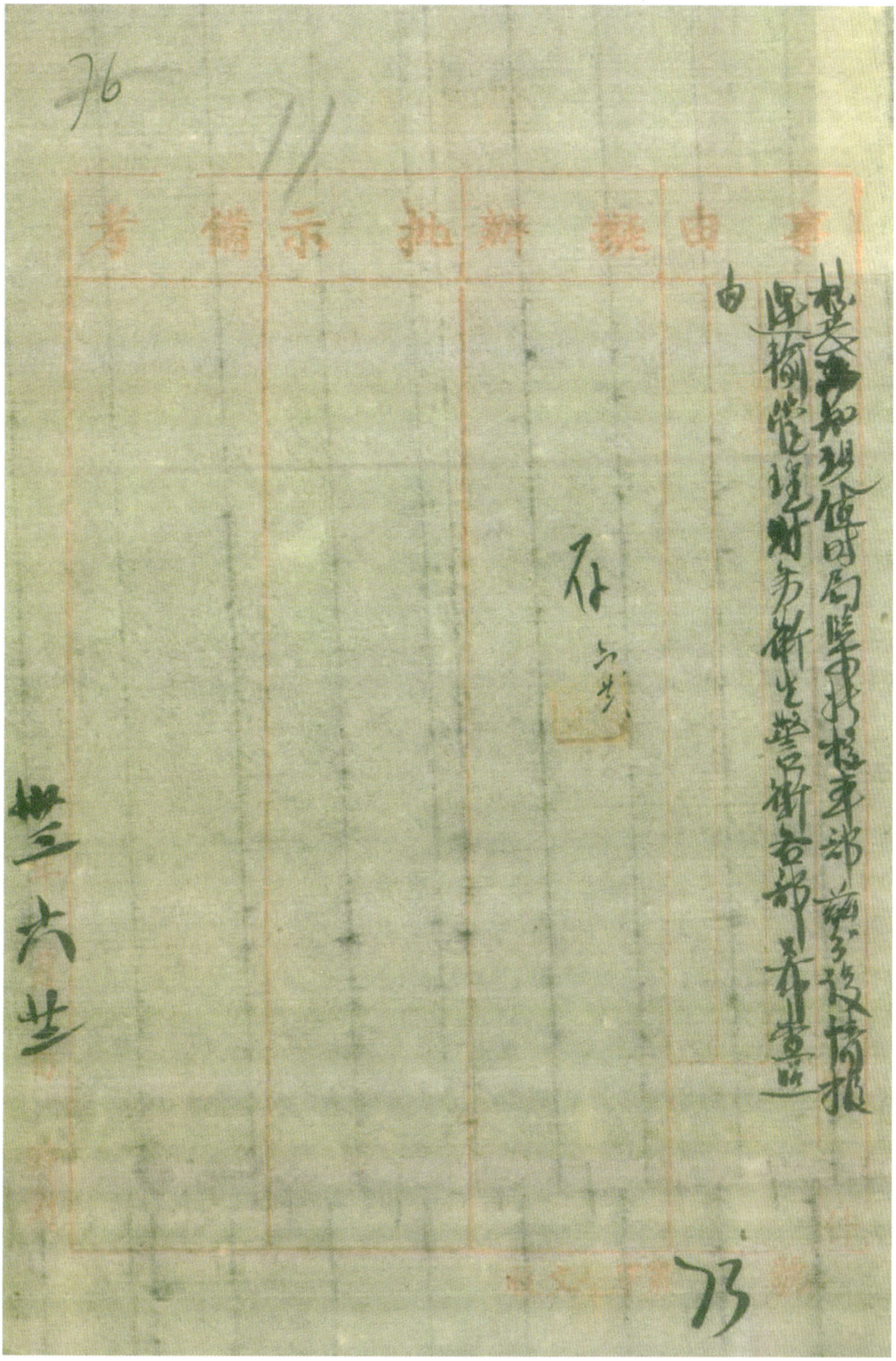
事由　拟办　批示　备考

校长函知现值时局紧张校本部应分设情报运输管理财务卫生警卫各部希查照由

存

六 廿

卅三 六 廿三

国立中山大学校长关于时局紧张校本部分设情报运输管理财务卫生警卫各部的函（一九四四年六月二十一日）

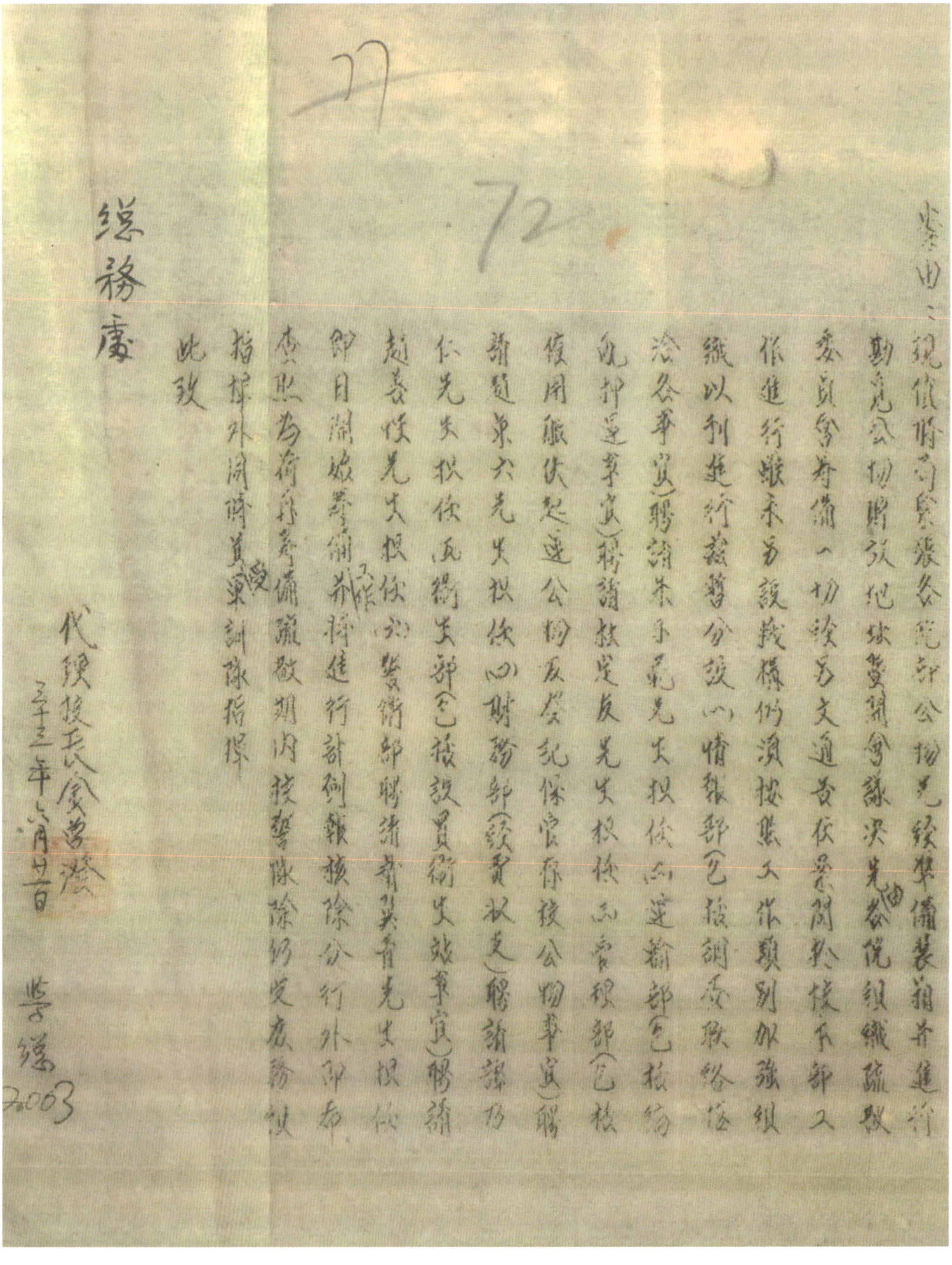

77

72

案由：現值時局緊張各院部公物亟須籌備裝箱並進行
動員公物附設地址並召開會議決先由總院組織疏散
委員會籌備一切該會又通過依照關於校本部又
依進行疏散辦法條例須按照工作類別加強組
織以利進行茲暫分設（一）情報部（包括調查聯絡
給各事宜）聘請朱多元先生擔任（二）運輸部（包括編
配押運事宜）聘請林定良先生擔任（三）管理部（包括
修用服裝起運公物及登記保管存放公物事宜）聘
請趙東六先生擔任（四）財務部（經費收支）聘請孫
仁先生擔任（五）衛生部（包括設置衛生設備事宜）聘請
趙蒼陵先生擔任（六）警備部聘請莫肖青先生擔任
即日開始籌備並將進行計劃報核除分行外即希
查照為荷再籌備疏散期內校警隊除仍受總務處
指揮外同時負責訓練指揮

此致

總務處

代理校長何鴻彬

三十三年六月廿日

毕缮

70063

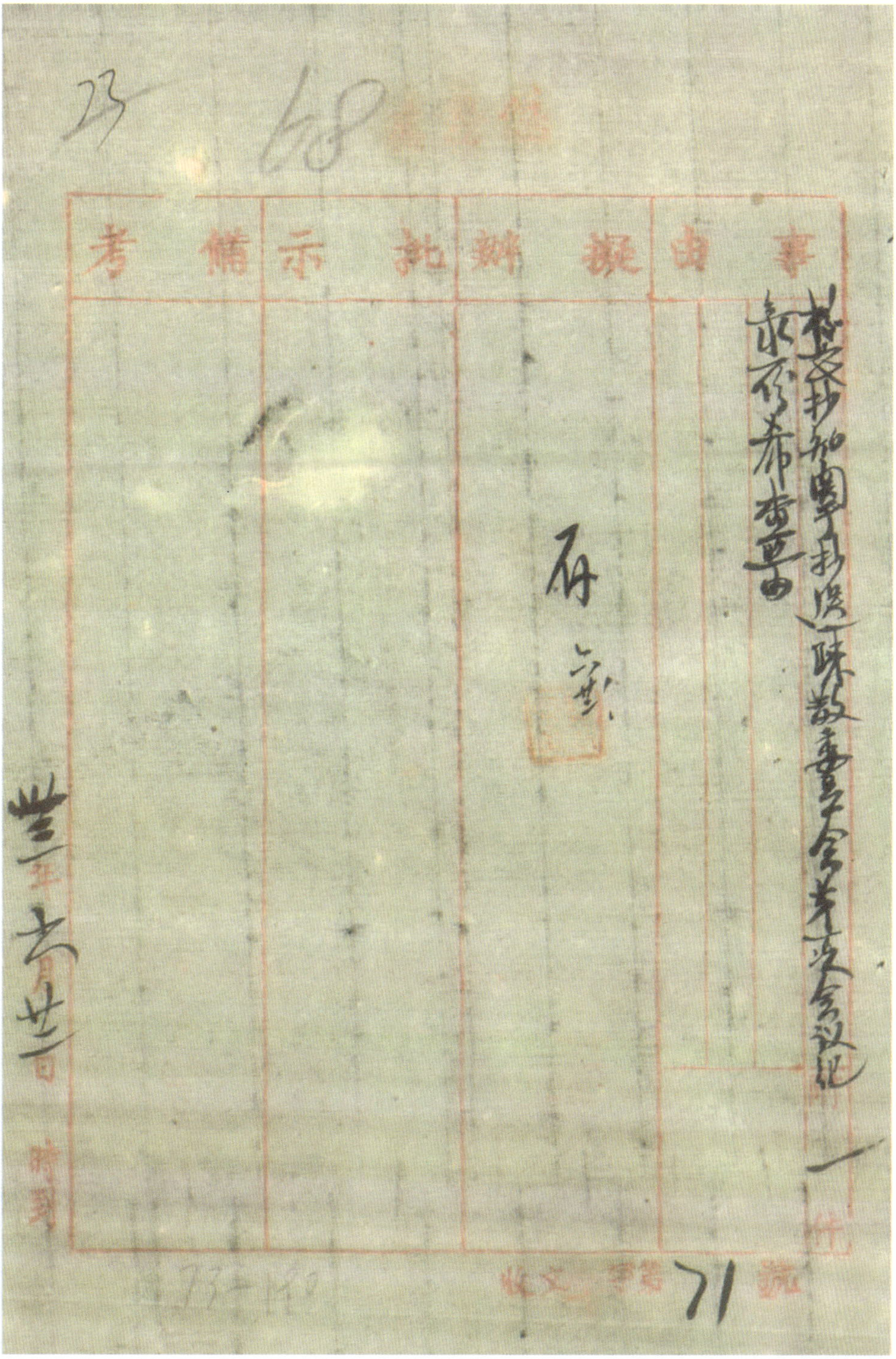
事由

拟办

存

批示

备考

国立中山大学校长抄送国立中山大学疏散委员会第一次会议记录的函（一九四四年六月二十二日）

74

69

案由：查疏散委員會第一次會議議決案(三)項關於準備時期工作人員應如何組織亦經定案業已議決關於今後惟疏散委員會不必組織各學院自行組織疏散委員會負責辦理等語經紀錄在卷自應照辦即希遵行組織疏散委員會并將籌備疏散及已造成木箱數暨公物遷移次序列報除分行外即希查照辦理為荷

此致

各學院　研究院

附件：附送會議錄一份

代理校長　金曾澄

民廿七年六月[illegible]日

學總1993號

總務處　抄知

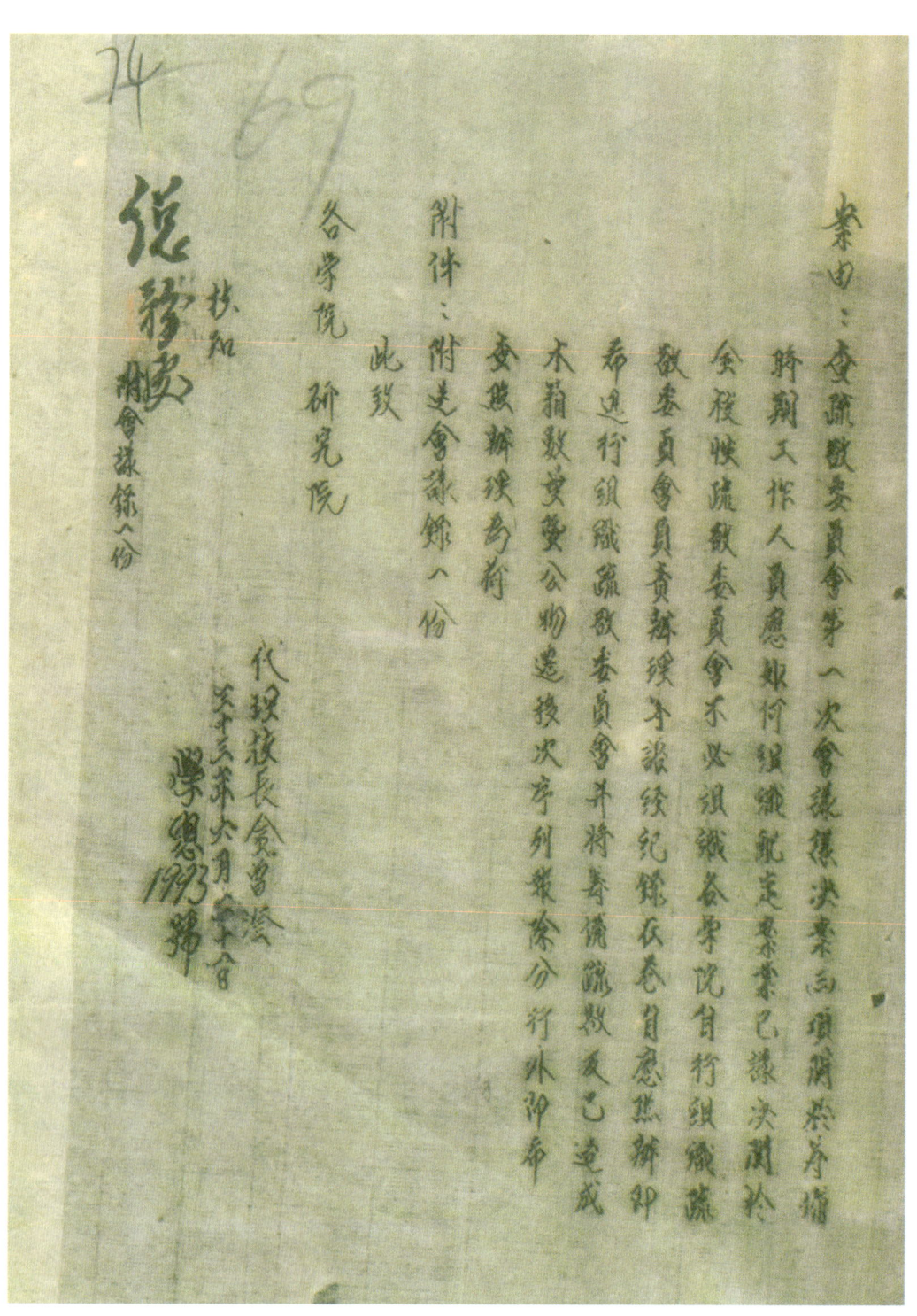

附會議錄一份

疏散委員會第一次會議紀錄

日期：卅三年六月十七日下午八時半

地点：同德會樓上會議廳

出席者：

近　琳(法)　房之龍(医)　楊錦雅(工)　鄧桂燊(註)

鄭鴻俊(附中)　杜定友(圖)　桂　浩(農)　趙棠六(農)

周梅羨(訓)　劉維漢(医)　陳堅若(先)　張泉林(研)

張添華(研)　李慶姓(農)　陳道明(法)　張朝相(工)

羅時憲(出)　虞仰泉(文法)　韓　炎(教)　朱子範(文)

王秀南(師)　李金佳(文)　王俊人　趙善性(師)

羅宗堂　鄧植儀　毛禮銳

主席：金曾澄　紀錄：朱天一

甲、報告事項

主席報告開會理由

法學院代表近琳報告準備及臨武商租房舍情形

文學院代表宋子莞報告準備情形及接洽臨武覓租房舍情形

醫學院代表房之龍報告準備情形

先修班代表陳堅若報告該班準備情形

農學院代表李慶魁報告準備情形

工學院代表張朝相報告準備情形

乙、討論事項

(一)各院部疏散地點應如何統籌分配案

議決：地點決定連縣、星子、臨武三處

(二)關於其他各議案逐項討論案

議決：提前討論第七條議案

(三)關於第七條議案籌備時期工作人員應如何組織配定案

議決：關於全校性疏散委員會不必組織，各學院自行組織疏散委員會負責辦理，其他各項議案不必討論

国立中山大学关于各疏散站人员派定的布告　附：各疏散站人员工作纲要（一九四四年六月二十九日）

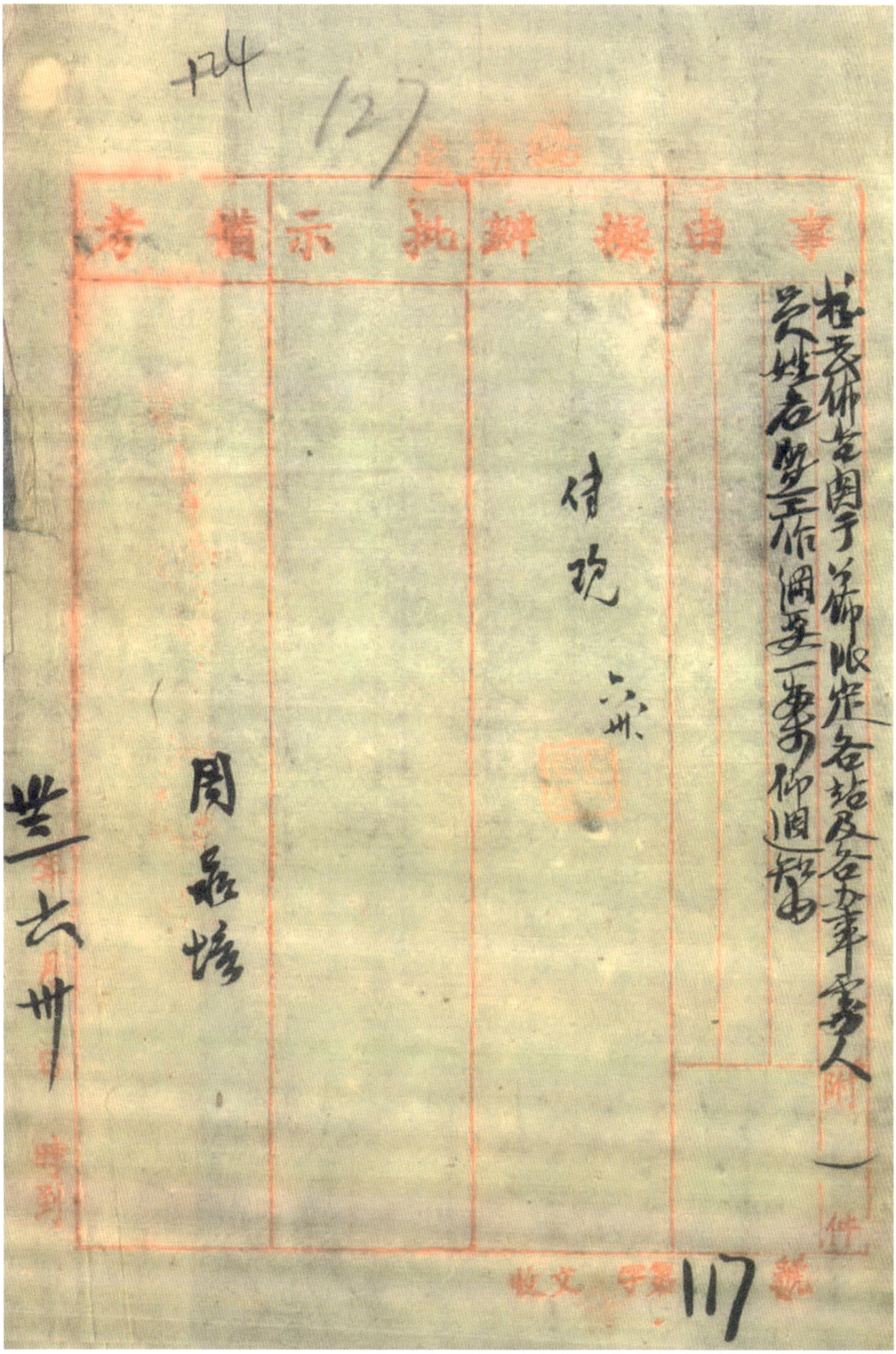

國立中山大學佈告

學號2018號

本校因時局影響必要時由坪石向連縣疏散經派定張湛鄭祥為第一站(梁源貸)正副站長梁仲炘胡日為第二站(紅廟鄉)正副站長雷魏均何英書為第三站(雞婆寺)正副站長陳繼悅梁寒碧為第四站(大路邊)正副站長何熾與陳鐵為第五站(吳不)正副站長並派總務處辦公室主任林國榮為連縣辦事處主任貸籌會總幹事黃有詢為東陂辦事處主任分別辦理各處站事務除沿途路綫全圖已分送各院部外合將派出各站人員工作綱要公布週知

此佈

附發工作綱要一份

中華民國三十三年六月廿九日

代理校長金曾澄

本校派出各疏散站人員工作綱要

(一)各員由校出發及各站撤退日期均須聽候校命辦理

(二)各員奉命出發時除行李(以重量三十公斤為限)挑費由校發給外其伙米代金以人每仟五佰元到站辦事期內不給津貼

(三)奉命出發之日即須到校領取向當地機關洽辦事件之空白公函及坪連全線形圖藥布等項備用

(四)一經到站即須赶速向當地接洽借用辦事房舍及鍋竈設備并即標貼門條及路標

(五)儘量借用公地為疏散員生臨時宿所在可能範圍內向當地商借炊具碗碟或向鄉人接洽承辦員生臨時搭食事項

(六)員生到站時有需要僱用船轎伕役者應為協助辦理

(七)按照到站先後次序分配房舍住宿

(八)借用房舍地面潮濕者應準備多量稻草以備鋪蓆睡眠

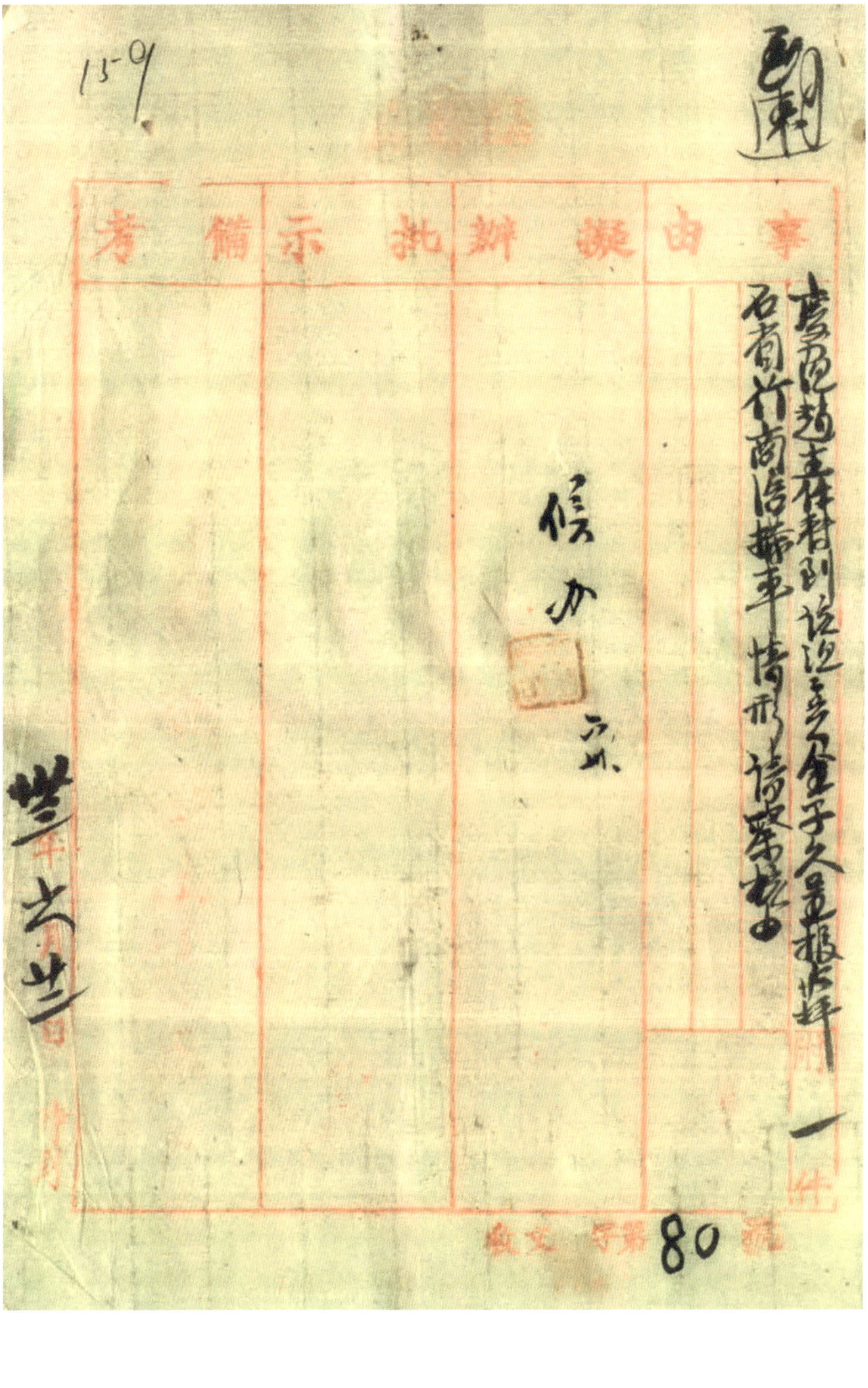
15-9

函覆

事由	擬辦	批示	備考
據坪石省行商借撤車情形 請察核	候办 六.廿		

附件 一件

卅三年六月廿二日

第 80 號

国立中山大学致广东省银行坪石分行关于商洽借用赴连疏散车辆的公函（一九四四年六月二十一日）

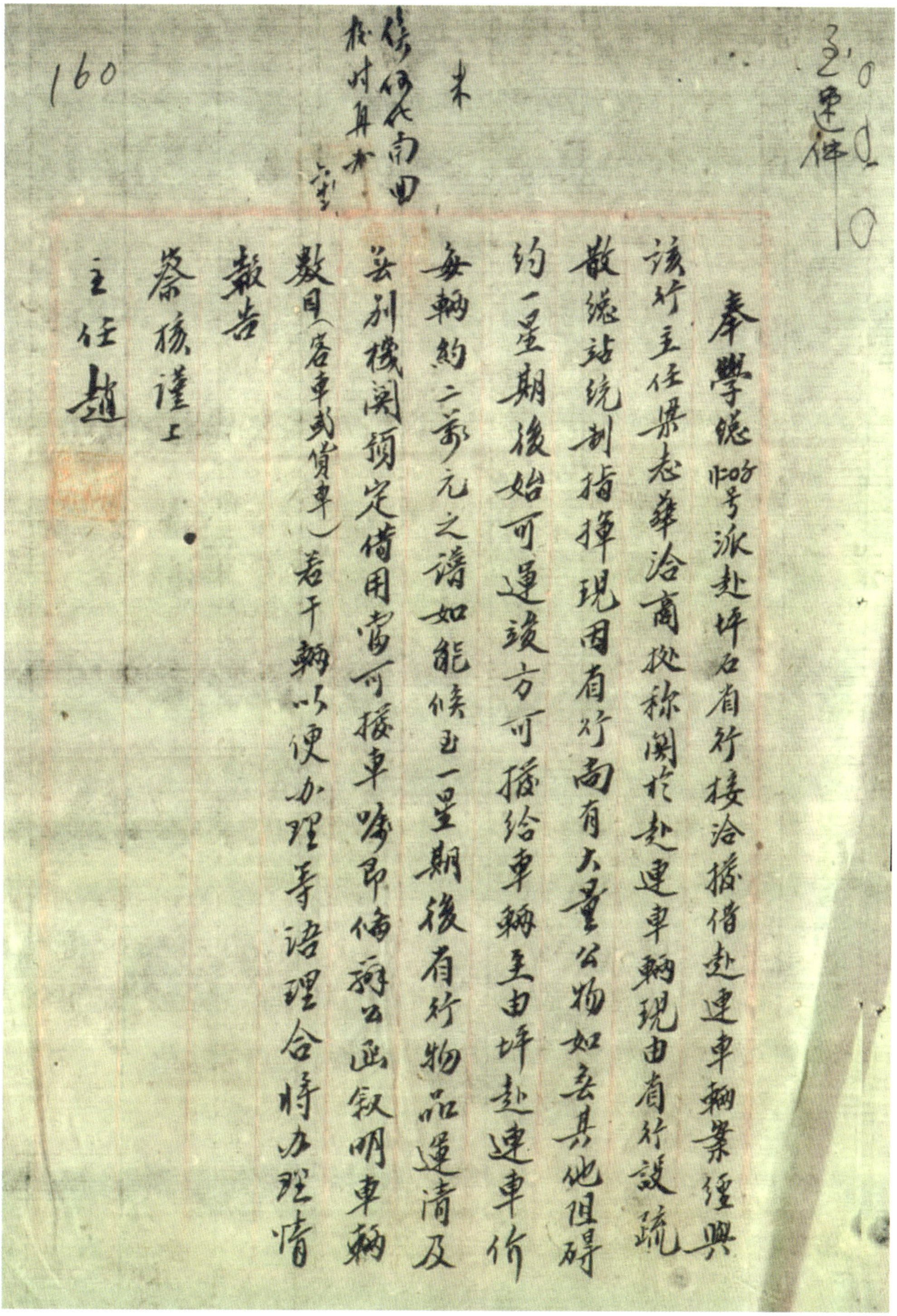

奉學總(字號)派赴坪石省行接洽撥借赴遷車輛業經與該行主任吳志華洽商據稱關於赴遷車輛現由省行設疏散總站統制指揮現因省行尚有大量公物如家具他阻碍約一星期後始可運竣方可撥給車輛至由坪赴遷車價每輛約二萬元之譜如能候至一星期後有行物品運清及並別機關預定借用當可撥車嗣即備函叙明車輛數目（客車或貨車）若干輛以便办理等語理合將办理情形報告
鑒核謹上
主任 趙

總務處

附学[illegible]照片函一件

庶務組組長金子久

卅三年六月廿二日

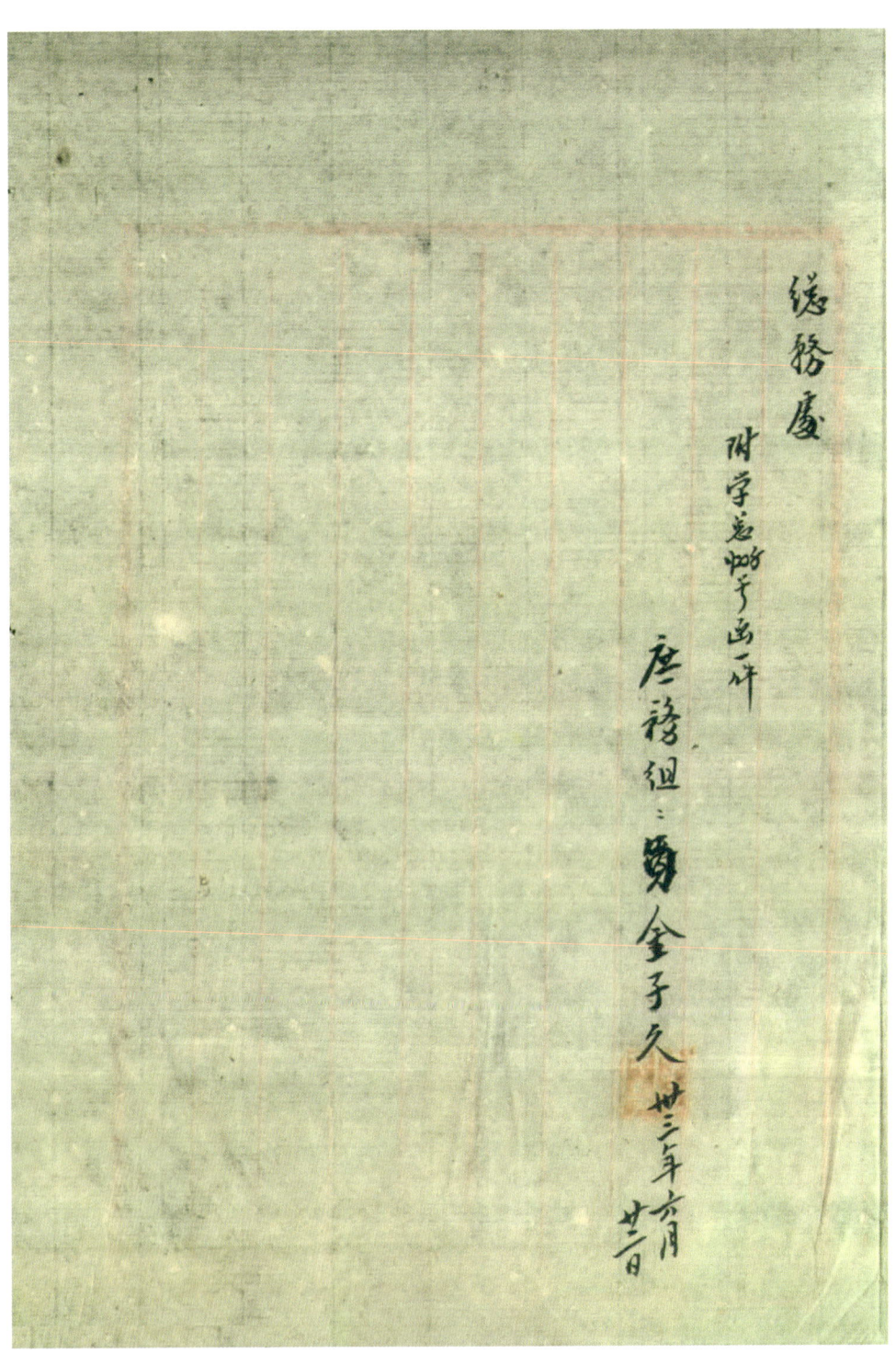

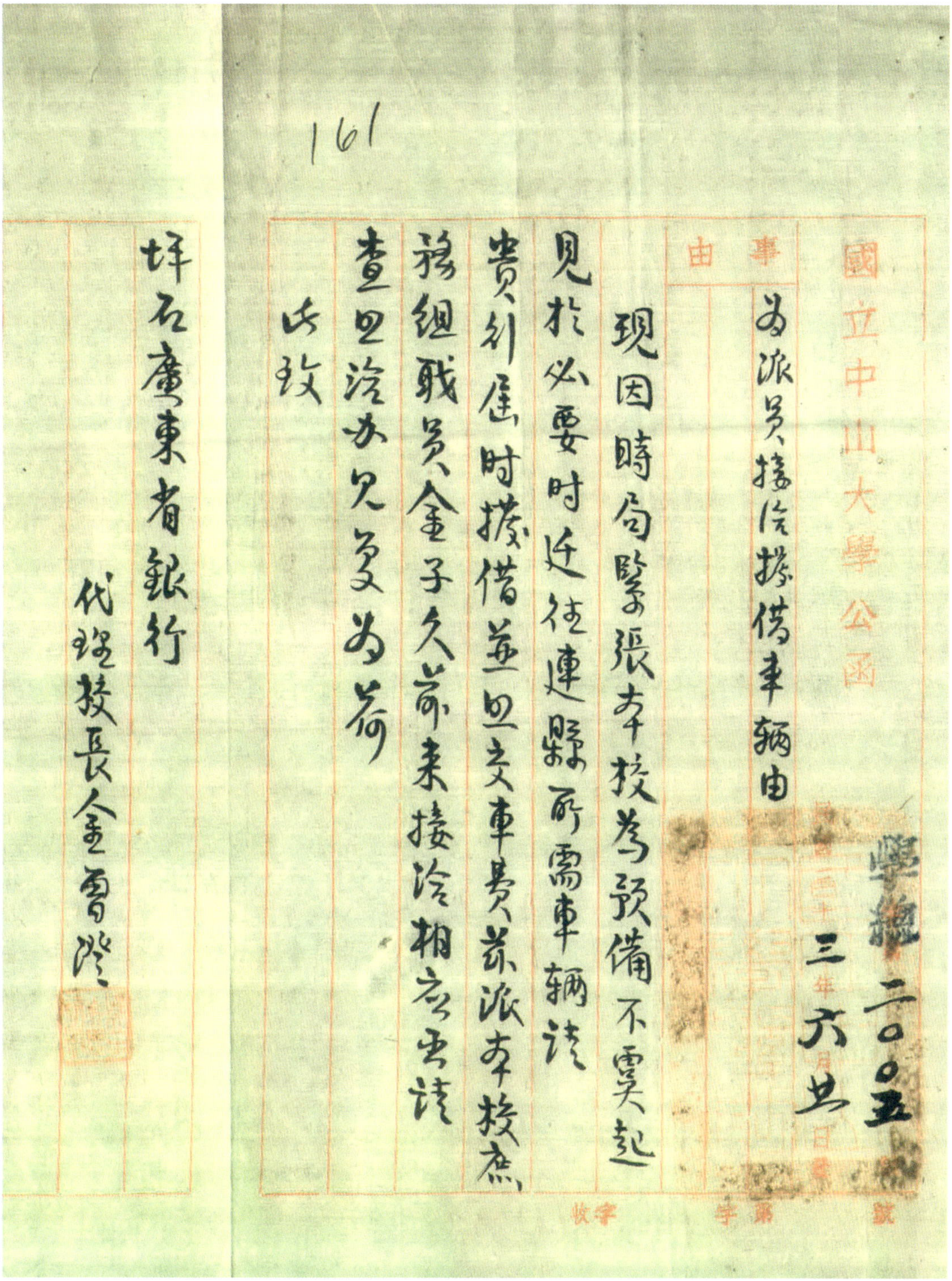
161

國立中山大學公函

事由：為派員接洽撥借車輛由

現因時局緊張本校為預備不虞起見於必要時遷徙連縣所需車輛請
貴行屆時撥借並照交車費並派本校庶務組職員金子久前來接洽相應函請
查照洽辦見復為荷
此致
坪石廣東省銀行

代理校長金曾澄

學總二〇〇五
三十三年六月廿日

字第　號
收字

坪石廣東省銀行 公啓

國立中山大學 月 日

電報掛號：二一四七二

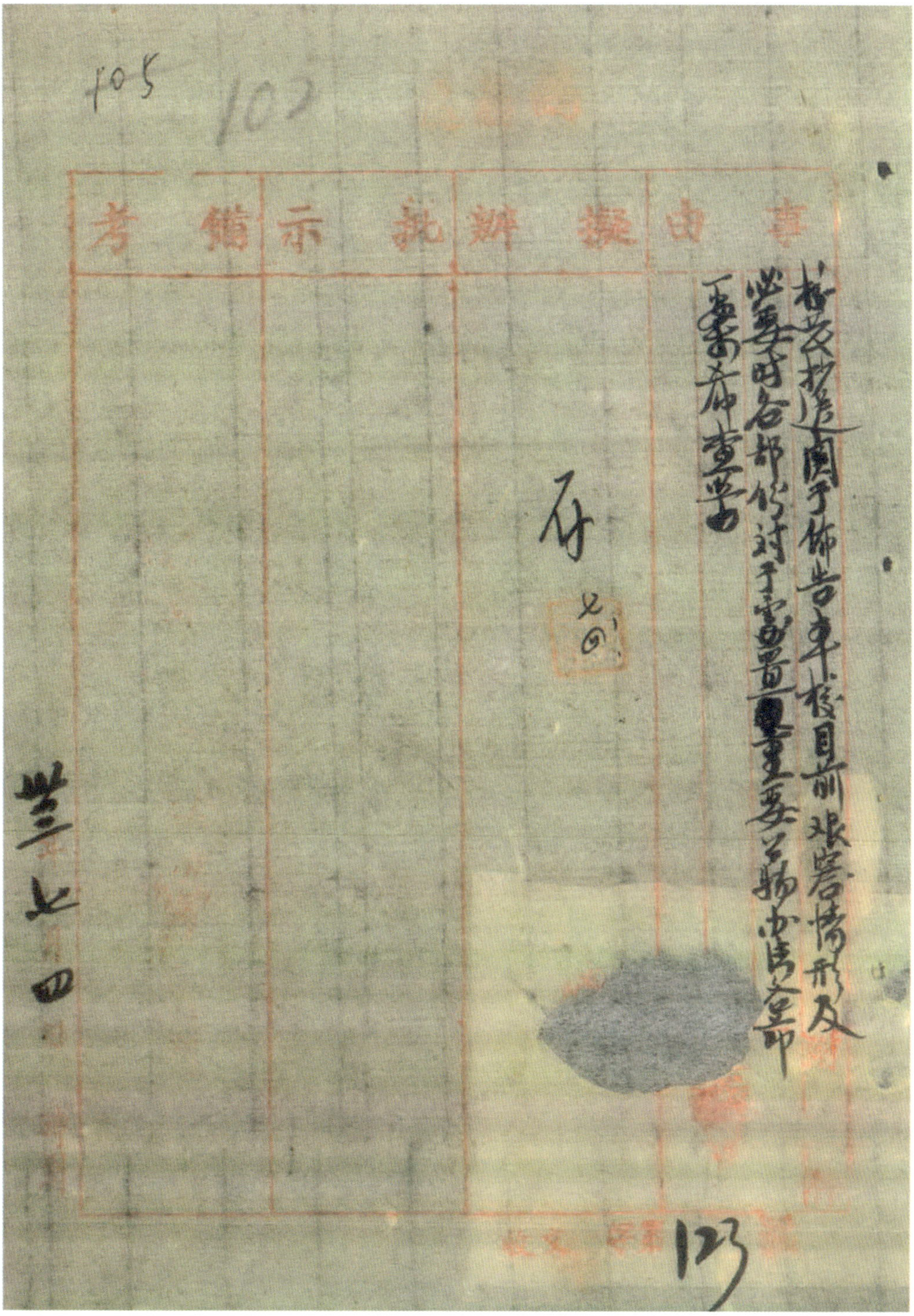
105

102

事由　拟办　批示　备考

校长抄送关于布告本校目前艰窘情形及必要时各部处对于处置重要公物办法之呈即

下一张布告查照

存

卅三年七月四日

123

国立中山大学关于目前艰窘情形及必要时各部处置重要公物办法的布告（一九四四年七月三日）

106 103

國立中山大學代電 粵總字第二二三號

自湘戰爆發敵勢分張本校地處粵路要衝為謀安定校務計原須從事遷移另圖建設惟以交通經濟為慮因權衡緩急就近疏散方法然附近地帶均與戰區接近孰為安全實難臆斷用是疏散方式不免動盪無定人口疏散視戰事趨勢為轉移器材疏散應以深齊度藏物充棟圖書儀器標本物教學上至要器材既已離原地者如所後交之地復多不穩狀態應再轉移則地遠者所藏當人看管守護冊籍文卷簿冊可收債之要品無論如何艱難務須竭力保存肩挑手携亦須帶至辦公所在地前發動員肩擔之組織正為此類文件之籌謀至於校舍不離地方治亂所關係員處境不容忽視關於人口疏散因疏散費累者員稱疏累從籌劃加以每員教薪應領各費約七百萬元全未領得各處銀行因現鈔缺乏拒絕借貸當此存款用罄接濟緊絀之際如何籌

維應付鉅於七月八日本年度第三次校務會議々決發動
各院部員生推行私人借款以期羣策羣力集腋成裘凡我
同人允宜踴躍從事集收速效在部款未到以前如有最近
期內有實行疏散必要時除疏散費用暫由各人自籌候部
款滙到再行統籌補發外生活所需則以借款所得暫為濟
祇以現在借款困難情形推測擬能籌得多少為數亦必不宏
徹須知本校經費現狀實為創校以來未經遭遇之艱窘凡
我同人尚望共體時艱協同贊助庶得維繫於不墜有厚望
焉。此佈々

中華民國三十三年七月三日

代理校長金曾澄

抄送

總務處

国立中山大学校长关于必要时留守员役工作须知抄送各院部的函（一九四四年七月四日）

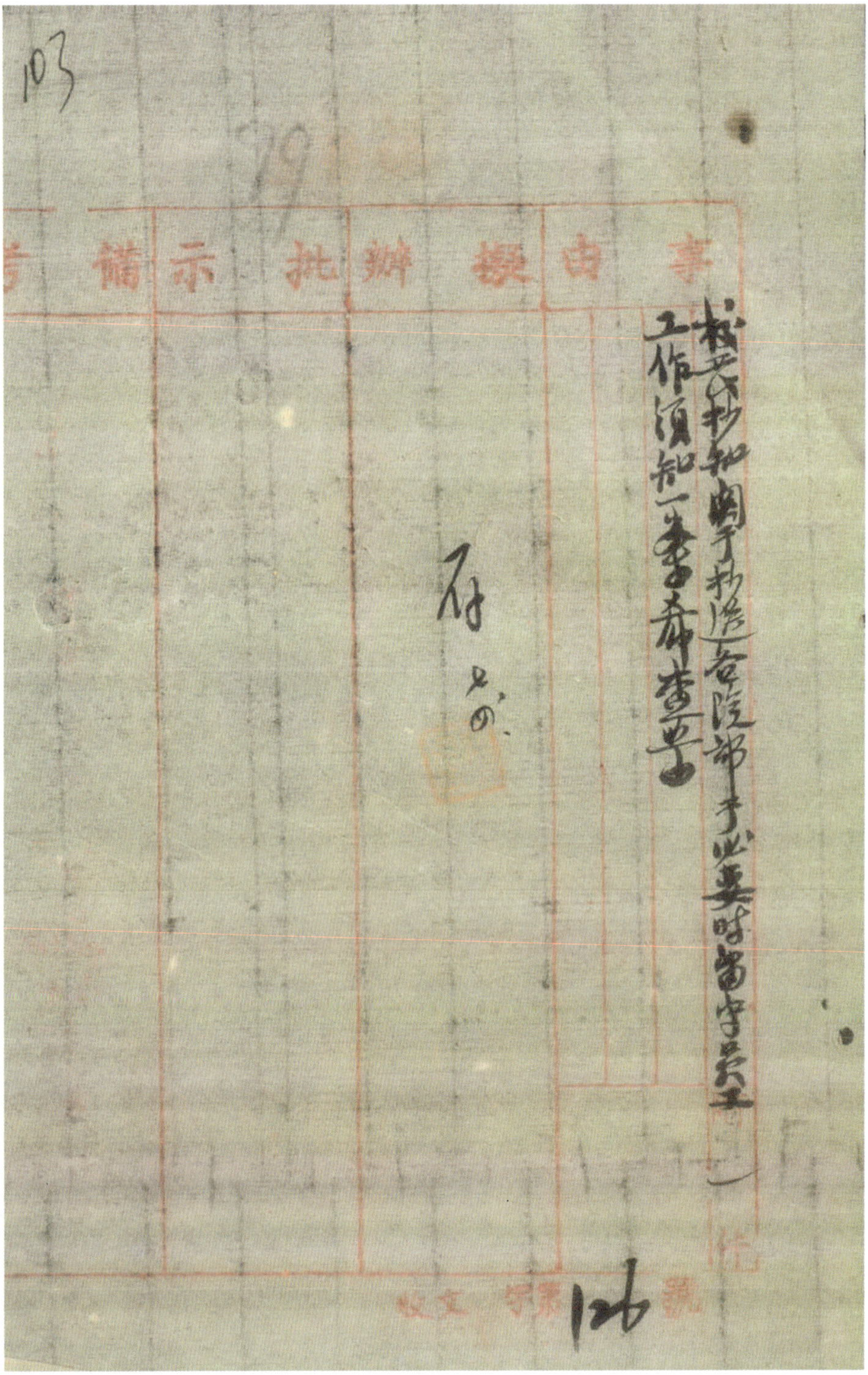
103

事由 | 拟办 | 批示 | 备考

校长抄知函字抄送各院部于必要时留守员工作须知一案希查照

存

126

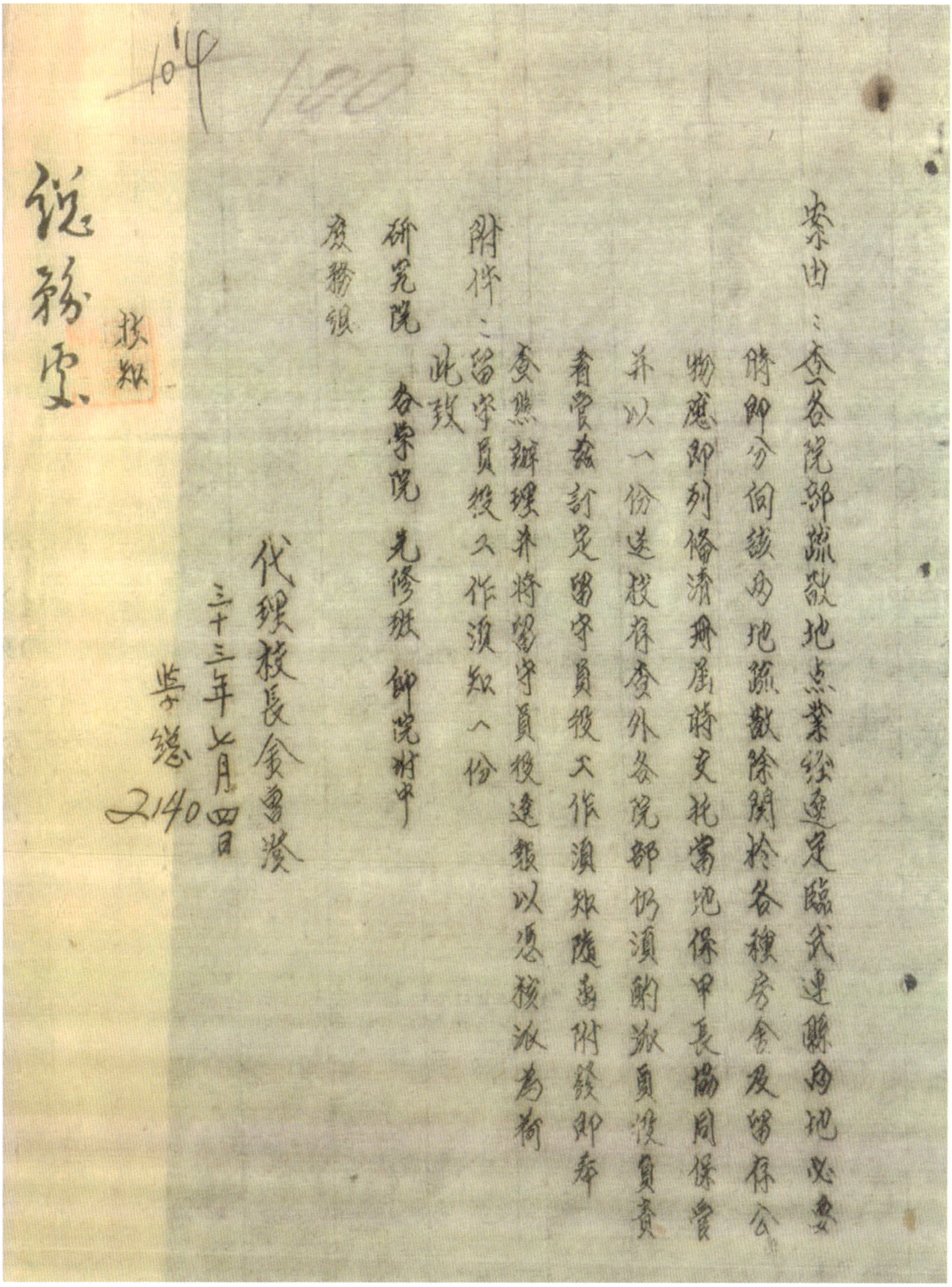

104
180

案由：查各院部疏散地点業經選定臨武連縣兩地必要時即分向該兩地疏散除關於各種房舍及留存公物應即列條清冊屆時交托當地保甲長協同保管并以一份送校存查外各院部仍須酌派員役負責看管茲訂定留守員役工作須知隨函附發即希查照辦理并將留守員役遴報以憑核派為荷

此致

研究院　各學院　先修班　附院附中

總務組

附件：留守員役工作須知一份

代理校長金曾澄

三十三年七月四日

2140

總務室

留守員役工作須知

(一)各院留守員役除農醫師三院之留守職員應與當地警區鄉公所及保甲長等取得密切聯繫如遇事變發生速行報請處理并報校核辦外其餘各院留守員役應與校本部留守職員聯絡遇有事故分別報請軍警聯合巡查處及警察區署處辦同時報告本大學核辦

(二)留守員役每日均須巡視該院各課房舍及一切公物并須在各該部份主管人員指定之地點住宿

(三)留守職員應於每週將地方情形及保管校舍公物狀況分別報告主管部份備查

(四)留守職員非受戰事逼迫不能駐守時不得撤退撤退後須即到所屬院部報告撤退經過情形

(五)留守工役于留守職員撤退後須遷入鄉村住宿仍須留

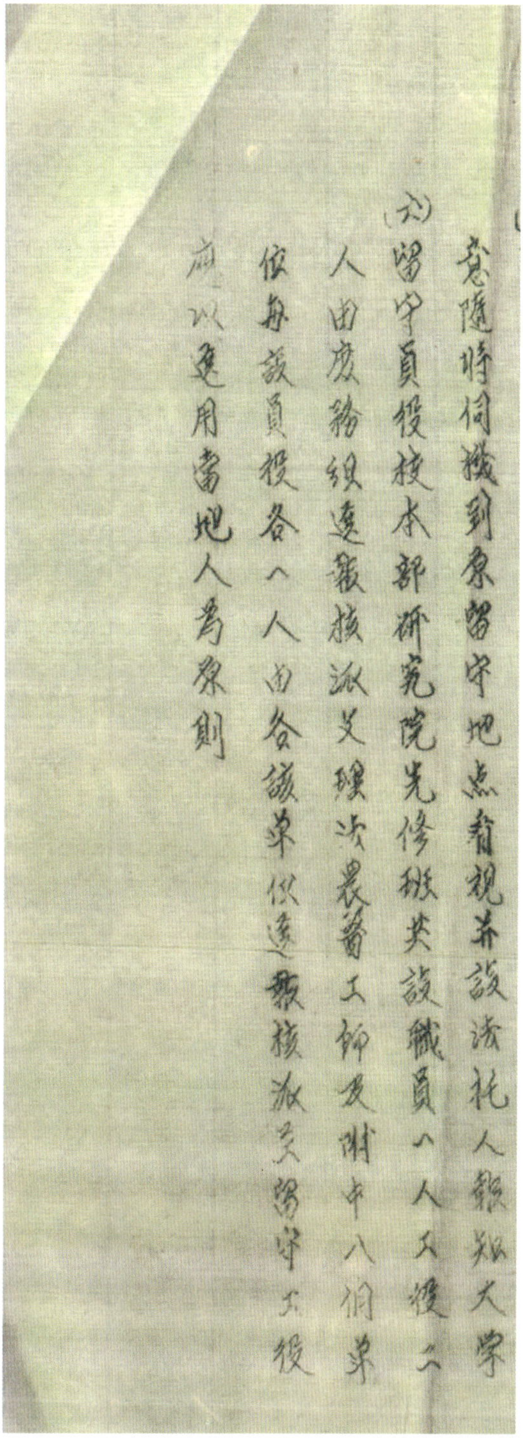
意隨時伺機到原留守地點看視並設法託人報知大學
(六)留守員役校本部研究院先修班共設職員八人工役二
人由總務組遴報核派文理法農醫工師及附中八個單
位每設員役各一人由各該單位遴報核派其留守工役
應以選用當地人為原則